신자/불신자를 막론하고 우리 문화에서는 기적이 있다는 것을 자연스럽게 받아들였었다. 그런데 최근 서구 철학의 영향으로 신학자들과 기독교인들조차도 기적을 믿지 않는 경우가 많아졌다. 극단적 계몽주의의 세례를 받은 극 진보주의자들은 기적을 현대 과학에 반하는 것으로 생각하고, 기적을 믿는 신앙을 미신으로 본다. 또 일부 극 보수주의자들은 기적이란 예수의 신성 혹은 사도성의 표시이기에, 지금도 기적이 일어난다고 믿는 것은 신사도주의라고 비판한다. 본서의 저자 키너는 극단적 계몽주의 철학에 의해 기적을 아무런 고려 없이 인정하지 않는 서구인들의 전제에 도전한다. 현대에 일어난다고 하는 기적에 대한 좀 더 객관적이고 면밀한 학문적 검토가 요청된다는 것이다. 저자는 비서구인들이 경험했다는 기적을 자세히 검토한 결과 그들의 증언이 매우 신빙성이 있다고 판단한다. 또한 그러한 증언은 복음서와 사도행전에 나타난 기적 증언과 맥을 같이한다. 기적은 주로 지식이 모자란 제3세계 사람들이나 신봉하는 것이라는 생각도 서구 엘리트들의 편견이라고 일갈한다. 전반적으로 기적을 믿지 않는 서구 문화에서 서구 학자가 자기 반성적으로 오늘날에도 기적이 일어날 수 있다고 주장하는, 이렇게 방대한 책을 썼다는 것이 그저 놀랍다. 복음서와 사도행전의 기적과 오늘날의 치유 사역을 이해하기 위해 교과서로, 사전으로 읽어야 할 책이다.

김동수　평택대학교 신학과 교수, 한국신약학회 회장 역임

원고를 받아들고 입이 벌어졌다. 크레이그 키너가 일을 저질렀다는 생각 때문이었다. 그는 주석 출판 역사상 최고 분량인 4,559쪽(영문)의 사도행전 주석을 쓴 세기적 기록의 보유자다. 그가 사도행전을 주석하면서 사도행전 본문에 실린 수많은 치유 기적 사례들을 연구하게 되었고, 거기서 파생된 치유 기적 연구를 (우리말 번역서) 1,600쪽이 넘는 단행본으로 출판했으니 어찌 경악하지 않을 수 있을까. "신유(神癒) 기적"에 대해 의심쩍어하는 서구 현대 계몽주의의 영향 아래 있는 서구의 주류 기독교 신학자들 대다수가 치유 기적에 부정적 견해를 보인다. 철저한 학문성과 복음적 기상으로 중무장한 키너는 성경의 치유 기적에 관해 다양한 문맥(문헌적, 철학적, 사회 문화적)에서 벌어지는 논쟁을 면밀하게 조사하고 범주화한다. 이 일을 위해 저자는 고대로부터 현대에 이르기까지, 아시아로부터 아프리카와 남미와 카리브해에 이르기까지, 가능한 모든 치유 기적 문헌과 자료와 사례들을 비교 분석하여 치유 기적의 실제성과 신뢰성을 탄탄하게 구축하는 데 모든 화력을 쏟아붓는다. 저자는 현대 서구 지성인들의 인종 중심의 편견을 과감하게 파쇄하며, 치유 기적을 배척하는 자연주의적 경험론과 그 후 논리실증주의 철학의 대부가 된 데이비드 흄과 기꺼이 치열하게 맞대결한다. 학자로서의 학문적 철저성(듀크 대학교 Ph.D.)과 저자의 신앙과 신학적 배경(오순절 배경)이 절묘하게 조화를 이룬 대작이라는 점에 이의를 제기할 사람은 없을 것 같다. 한국의 주류 신학계와 교회에 상당한 도

전과 숙제를 준다. 저자의 모든 주장에 전적으로 동의하지 않더라도 세심하게 읽는다면 상당한 지적·영적 충격과 신앙적 유익을 받을 것이다.

류호준　백석대학교 신학대학원 은퇴 교수

기적은 일반학문에서는 물론 성서학에서조차 얼버무릴 주제 정도로 인식되는 경향이 짙다. 저자는 이러한 학문 전통에 의문을 품고 엄청난 분량을 할애하여 기적이 부수적인 주제가 아니라 핵심이라고 강조한다. 또한 기적이 성경에 다수 포함되었지만, 전문적인 연구는 태부족이라고 지적하여, 그 공백을 촘촘히 메우려는 시도가 성서학의 중대한 과제라고 제시한다. 과제 수행을 위한 저자의 노력은 세계 곳곳을 찾아 기적과 관련된 이야기들을 수집하는 열정으로 확인된다. 기적을 반(反)초자연적이라고 묵인하는 것이 도리어 반(反)학문적일 수 있다고 비판하는 저자는 불가사의한(paranormal) 현상을 독자 친화적 관점으로 설명하여 초자연적 사건이 발생할 가능성이 크다는 낙관적 입장을 견지한다. 학문적으로 설득력이 클 뿐 아니라 성경에 담긴 기적의 지평을 가장 우아하게 묘사함으로써 독보적인 입장을 구축한다. 본서는 하나의 책이라기보다는 독자의 손에 쥐어질 "기적에 관한 바로 그 책"이라는 명성을 차지할 것이 확실하다.

윤철원　서울신학대학교 신학대학원 신약학 교수

귀신축출과 병 치유 같은 기적들은 단순히 어떤 신화적, 공상적 측면의 문제라기보다는 고대인들의 삶에 매우 친숙하고 밀접한 실제적 현상으로 그들은 오늘날 현대인들보다 이런 현상들을 훨씬 생동감 있게 느끼며 살았다. 초대 교회에서도 이런 현상들은 그들의 삶의 일부이자 공동체의 생생한 현실로 비신자들조차도 놀라고 능력을 받아들일 수밖에 없는 복음전파의 능력이었다. 그래서 성경이나 다른 문헌에서도 적대자들조차 "부정하거나 바알세불의 능력으로 일어난 것"으로 모욕할지언정 기적 자체를 부정하지는 않았다. 저자는 초인간적 현상들에 관해 현대인들이 현대 과학에 치우쳐 평가하는 요소들을 인식하고 재고해야만 한다고 주장하며, 역사 속에서 일어났고 지금도 여러 문화에서 간증하는 수많은 사례를 제시한다. 물론 이 기적들과 관련하여 기독교만의 고유성, 그리고 의학/과학과의 대화와 검증이란 과제를 통과해야 하는 과제는 아직 남아 있다. 그럼에도 저자의 시도는 현대인들에게도 미지의 영역에 관한 열린 태도가 필요하다는 사실을 충분히 공감하게 만든다.

이민규　한국성서대학교 신약학 교수

복음서와 사도행전은 기적으로 가득 차 있기 때문에 기적 이야기는 성경의 신빙성과 신앙의 기초가 되는 중요한 주제다. 학자로서 손대기 어려운 이 주제를 크레이그 키너 교수는 자신의 업적에 걸맞게 최고의 책으로 만들어냈다. 신뢰할 만한 목격자들의 증언과 초자연적 기적의 편재를 증거로 삼아 기적이 학계에서 진지하게 다루어져야 한다고 주장하면서 기적은 실재했었다고 설득력있게 변호한다. 본서는 학문적으로 중요한 논의를 담고 있으면서 실제적인 목회 현장에도 도움이 되는 탁월한 책이다. 신약성서의 기적에 대해 가장 설득력있게 설명한 이 책을 모든 그리스도인들과 사역자들과 신학자들에게 강력하게 추천한다.

이상일　총신대학교 신학대학원 신약학 교수

키너의 이 책은 광활하고 도발적이다. 무엇보다 방법론적인 도발성이 주목된다. 건조한 역사비평의 전통적인 관점과 성령주의적 기적 체험의 주관적 고백 사이로 그는 초자연적 기적에 대한 뻑뻑한 이론의 난장을 통과하며 과학적 이성의 범주에서 초자연적 기적의 불가능성을 명토박아 버린 데이비드 흄의 고전적 관점을 전복해버린다. 나아가 이 책은 통시적인 관점에서 신약성서와 초기 기독교의 기적 주장과 나란히 동시대 유대교와 이방 종교에서 남긴 기적 주장을 비교하면서 그 유사점과 차이점을 정밀하게 추적한다. 이로써 저자는 고대 종교의 맥락에서 초자연적 기적 체험과 그 주장이 문제시된 삶의 자리들을 포괄적으로 조명하고자 한 것이다. 이 책에서 가장 큰 비중을 차지하는 것은 오늘날 제3세계의 각 종교제의의 현장에서 보고된 체험적 자료인데 저자는 이 자료에 입각하여 다양한 초자연적 기적의 체험과 신비 현상을 광범위하게 소개하며 그 의미를 분석한다. 이와 더불어 고대 교부 시대로부터 중세, 근세, 종교개혁 이후 현대 서구 사회에 이르기까지 초월적 권능에 의한 기적의 담론들이 어떻게 생성, 유통되고 수용 또는 거부되어왔는지 그 장구한 일련의 궤적을 상세하게 조망한다. 그 결과 이 책은 성경을 시발점으로 초월적 기적에 대한 기독교 안팎의 만화경을 최대치로 망라하고 집약하면서 우리가 합리적 과학과 인습적 상식의 틀에 눙쳐온 미지와 무지의 초월적 세계를 펼쳐 보이며 그 가운데 잠복된 경이로운 기적의 가능성을 활짝 열어놓는다. 데이비드 흄의 견고한 이성을 뒤집어버린 그의 이 책은 쥐라기의 거대한 공룡이나 천하무적 태권 브이의 포즈로 지지부진한 성서 해석학의 저편으로 담대하게 활공한다. 인간과 함께 인간의 한계를 넘어 놀라운 기적이 당연시될 만한 희미한 신비의 세계로!

차정식　한일장신대학교 신학과 교수

나사렛 예수의 "역사적 이야기를 다룬 사복음서" 및 예수의 목격자와 증인된 초기 교회의 "역사적 이야기를 다룬 사도행전"은 거의 매장마다 불가사의하고도 이례적인 일상의 사건들이 연이어 서술된다. 그것은 그때와 오늘의 독자들이 신앙적으로나 학문적으로 기적/치유의 주제를 정직하게 대면하지 않을 경우 "역사적 예수"와 "역사적 그리스도인들(교회)"을 진지하게 해석하기는 불가능하다는 뜻이다. 그럼에도 현대 (서구) 성서학자들의 다수는 사복음서와 사도행전에서 보도하는 기적들을 역사적 사건으로 수용하기에 여전히 인색하다. 이유가 무엇일까? 키너에 따르면 이것은 기적에 대한 역사적 유사성의 결핍이 결코 아니다. (지구촌 이곳저곳에서 목격되고 증언된 고대와 현대의 기적 사건들을 저자는 친절하고도 꼼꼼하게 보도해 주고 있지 않은가!) 오히려 독자/해석자의 닫혀 있는 세계관의 전제 때문이다. 이 책은 초자연적 유신론 해석학이 지속가능한 인식론으로 인정받아야 하며 (기적을 보도하는) 성경 이야기의 역사적 진정성도 편견 없이 존중받을 학문적 가치가 있음을 철학적 논의 속에 다층적이면서도 실증적으로 도전한다. 이로써 키너는 초인간적 수고를 통해 또 한 권의 흥미진진하고도 이례적인 작품을 우리에게 선물해 주었다.

허주　아신대학교 신약학 교수

기적에 관한 책 중 최고라고 할 수 있다. 본서는 우리 시대의 참으로 큰 질문들에 관심이 있는 모든 사람이 반드시 읽어야 할 책이다.

크레이크 A. 에반스　휴스턴 침례 대학교

독보적으로—참으로 놀라울 정도로—방대한 비교 자료를 수집한 책이다. 키너는 많은 신약성서 학자들이 여전히 헌신하고 있는 기적적인 사건에 대한 방법론적 회의주의에 매우 강력한 도전을 제기한다.

리처드 보컴　세인트앤드루스 대학교, 케임브리지 대학교 리들리 홀

놀라운 업적이다.

C. 스티븐 에반스　베일러 대학교

숨을 죽이게 하는 책은 별로 없지만 키너의 권위 있는 『오늘날에도 기적이 일어날 수 있는가?』는 그런 책이다. 내 견해로는 본서가 그 주제에 관한 최고의 텍스트다.

J. P. 모어랜드　바이올라 대학교 탤보트 신학교

MIRACLES

The Credibility of the New Testament Accounts

Craig S. Keener

오늘날에도 기적이
일어날 수 있는가? 상

신약성서의 기적은 믿을만한가?

CRAIG S. KEENER

The Credibility of
the New Testament Accounts

크레이그 S. 키너 지음

노동래 옮김

새물결플러스

사랑하는 아우 크리스와
그의 가족 밍글란, 제이미
그리고 케일라에게 헌정합니다.

상권 목차

하권 목차

감사의 글

신약성서와 그에 관한 고대의 배경이 내 전공 분야지만 본서를 집필하기 위해서는 어느 정도 다른 분야의 전문성도 필요했다(특히 내가 의료 분야를 공부했더라면 다양한 치료 보고들에 관해 좀 더 비판적인 평가를 제공할 수 있었을 것이다). 내 전공이 아닌 분야들에 대해 최선을 다했지만 다른 사람들의 도움이 필요했다. 본서의 다양한 부분에 관해 검토 의견을 제공해준 친구들과 동료들에게 감사한다. 특히 의사로서 교육받은 바에 기초해 논평해준 내 형 크리스토퍼 키너 박사와 역사가로서 중앙아프리카에서 실시한 인터뷰의 통역자가 되어준 내 아내 메디나 무쑹가 키너에게 감사한다. 그녀는 프랑스어로 진행한 인터뷰뿐만 아니라 키트상어어와 무누쿠투바어로 진행된 인터뷰에도 도움을 주었다.

　바쁜 와중에도 시간을 내서 사례들에 관한 조언을 제공해준 의사들과 전문가들에게 감사한다. 그들은 본서에 인용되지 않은 사례들도 검토했는데, 나는 그들의 의견에 기초해서 그런 사례들은 본서에 싣지 않기로 결정했다. 그런 도움을 준 이들은 타히라 G. 아델라칸, 마니타 파델레, 데이비드 짜리츠키, 그리고 특히 니콜 매튜스를 꼽을 수 있다(그는 상당히 많은 연구를 수행했고 종종 내가 어느 치유 보고들이 일반적인 회복과 유사성이 적은지 구분하도록 도와주었다). 그 과정에서 나는 이미 매우 중요한 몇몇 이야기들을 빠뜨렸다는 것을 발견했고 그는 내가 다른 이야기들도 경시하지 않도록 도와주었다. 음성 장애와 삼키기 장애 임상 디렉터인 내 제자 도널드 무어가 본서에 실린 많은 보고를 검토하여 평가해준 데 감사한다. 이들은 바빠서 본서에 나오는 모든 사례를 검토하지는 못했지만 나는 그들의 도움에 감사한다. 혹시 남아 있을지도 모르는 실수나 본서에 표현된 견해들에 대해서는 나에게 책임이 있다. 본서를 집필할 당시 내가 몸담고 있던 기관인 이스턴 대학교의 파머 신학교에서 나의 여러 저술 프로젝트를 고려해 다른 부담을 덜어준 데 대해 감사한다.

특별히 파머 신학교 도서관의 제론 프레임에게 감사한다. 그녀는 감사하게도 정규적으로 그리고 불평 없이 기적, 신들림, 종교와 건강 그리고 과학 철학에 관한 학문 서적과 대중 서적들을 여러 도서관에서 빌려다 주었다. 그녀는 내가 처음에는 내 저술 프로젝트는 그처럼 다양한 자료에 대해 최소한 어느 정도의 지식을 필요로 하는데, 그런 자료 중 일부는 신학교 도서관이 주로 갖추고 있는 자료가 아니라는 점을 설명하지 않았는데도 그 작업을 해 주었다. 다음과 같은 도서관들과 리서치 센터들도 중요한 도움을 주었다: 필리핀 바기오 소재 아시아태평양 신학교(일반적인 도서관 설비 외에도 특히 D. 로사니 앵코이가 내가 아시아 태평양 리서치 센터에서 귀중한 자료들을 찾도록 도와준 데 감사한다), 미주리주 스프링필드 소재 하나님의 성회신학교(특히 조셉 마릭스), 플라워 오순절 헤리티지 센터에 대한 온라인 접속(다린 로저스의 도움을 받았다), 미네소타주 세인트폴 소재 루터 신학교 도서관과 ELCA 3지역 문서 보관소(브루스 엘데빅 등의 도움을 받았다). 내게 이 주제에 대해 강의할 수 있도록 허락해주고 자극을 주는 교류를 제공해준 다음과 같은 기관들에게도 감사한다: 미국의 휘튼 칼리지, 이스턴 대학교, 애즈베리 신학교, 뉴올리언스 침례교 신학교와 호주의 유나이티드 신학 대학(찰스 스튜어트 대학교의 캠퍼스 중 하나다), 웨슬리 연구소, 크로스웨이 대학. 초록에 관한 데이터베이스, 특히 「종교 및 신학 초록」(Religious and Theological Abstracts)도 자료들에 대한 나의 접근을 상당히 넓혀주었다.

　라틴 아메리카에서 인터뷰할 때 통역해준 데이비드 고메로 보르게스와 브라이언 스튜어트에게 감사한다. 내게 다른 정보의 원천을 알려준 많은 이들, 특히 인디애나 대학교의 캔디 군터 브라운 등 본서의 저술 초기에 도움을 준 이들에게 감사한다. 브라운은 우리의 연구 방법이 다름에도 불구하고 정규적으로 그리고 기꺼이 내 질문에 답하고 자료들을 제공해주었다. 이런 도움을 준 사람들은 다음과 같다: 존 필치(존스홉킨스 대학교), 헨드릭 반 데어 브레겐(프로비던스 대학), 폴 에디(베델 대학교), 크리스토퍼 홀(파머 신학교), 로버트 라머(뉴브룬스위크 대학교), 폴 루이스(아시아태평양 신학교), 마이클 리코나(서던에반젤리컬 신학교), 팀 맥그루(웨스턴미시간 대학교), J. P. 모어랜드(탤버트 신학교), 워렌 뉴베리, 바이런 클라우스, 지금은 고인이 된 개리 맥지(하나님의성회 신학교), 존 피포(파머 신학교), 마리 브라운, 에일린 세실리아, 마이크 핀리, 존 래스로프. 이들의 접근법은 서로 다르며 내 접근법과도 다르고 아무도 본서에 표현된 견해들에 관해서 책임이 없지만, 나는 이들의 도움을 매우 고맙게 생각한다. 나와 인터뷰를 하거나 내게 편지를 보내주느라 시간을 내준 많은 사람에게 감사한다. 그들이 때때로 추가적인 도움을 주기도 했지만 나는 적절한 곳에서 이들의 이름을 표시했다.

　다른 많은 사람도 내가 그들에게 연락했더라면 유용한 정보를 제공했을 것이다. 그러나 이 문제를 좀 더 충분히 다루는 다른 저자들과 다른 책들이 있다고 가정해도 무방할 것이다. 예컨대 캔디 군터 브라운이 곧 펴낼 책은 틀림없이 큰 틈을 메울 것이다.

　마지막으로 원래는 헨드릭슨사와 계약한 본서를 출판해준 베이커 아카데믹사에 감사한다. 베이커사는 본서의 편집 단계에서 헨드릭슨사로부터 여러 책의 판권을 취득했는데 본서를 열정적으로 자사의 출판 프로젝트

로 채택했다. 그들은 매우 관대했고 일처리에 능숙했다. 저자 색인 작업을
해 준 팀 무에더와 브라이언 볼거, 셜리 데커-루케, 앨런 에머리 그리고 특
히 팀 웨스트 등 다양한 단계에서 수고한 편집인들에게 감사한다.

고대 자료

주: 논란이 있는 문헌들은 전통적으로 저자로 추정되고 있는 인물의 저술로 표시했음.

일반

ca.	circa
frg.	fragment
HB	Hebrew Bible
LXX	Septuagint
nt	New Testament
ot	Old Testament/Hebrew Bible
pref.	preface
Q	Quelle(마태복음과 누가복음의 많은 부분 배후의 가설상의 자료)

파피루스와 비문

CIJ	*Corpus Inscriptionum Iudaicarum*, ed. Frey
Epidauros inscr.	Epidauros inscriptions
I. Eph.	*Inscriften von Ephesos*
IG	*Inscriptiones Graecae*

PDM	*Papyri Demoticae Magicae*
PDM Sup.	*Papyri Demoticae Magicae Supplement*
PGM	*Papyri Graecae Magicae*
P. Grenf.	*Greek Papyri*, ed. B. P. Grenfell and A. S. Hunt
P. Oxy.	*Papyrus Oxyrhynchus*
P. Par.	*Les Papyrus grecs du Musee du Louvre*, ed. W. Brunet de Presle and E. Egger
SEG	*Supplementum Epigraphicum Graecum*
SIG	*Sylloge inscriptionum graecarum*. 3rd ed. Edited by W. Dittenberger. 4 vols. Leipzig, 1915-24

히브리 성경/구약성경

창	창세기
출	출애굽기
레	레위기
민	민수기
신	신명기
여	여호수아
삿	사사기
룻	룻기
삼상	사무엘상
삼하	사무엘하
왕상	열왕기상
왕하	열왕기하
대상	역대상
대하	역대하
스	에스라
느	느헤미야
에	에스더
욥	욥기
시	시편
잠	잠언
전	전도서
아	아가

사	이사야
렘	예레미야
애	예레미야애가
겔	에스겔
단	다니엘
호	호세아
욜	요엘
암	아모스
옵	보바댜
욘	요나
미	미가
나	나훔
합	바박국
습	스바냐
학	학개
슥	스가랴
말	말라기

신약성서

마	마태복음
막	마가복음
눅	누가복음
요	요한복음
행	사도행전
롬	로마서
고전	고린도전서
고후	고린도후서
갈	갈라디아서
엡	에베소서
빌	빌립보서
골	골로새서
살전	데살로니가전서
살후	데살로니가후서
딤전	디모데전서

딤후	디모데후서
딛	디도서
몬	빌레몬서
히	히브리서
약	야고보서
벧전	베드로전서
벧후	베드로후서
요일	요한1서
요이	요한2서
요삼	요한3서
유	유다서
계	요한계시록

구약 외경

Bar	Baruch
Jdt	Judith
2 Macc	2 Maccabees
4 Macc	4 Maccabees
Sir	Sirach (Ecclesiasticus)
Tob	Tobit
Wis	Wisdom of Solomon

구약 위경

Apoc. Ab.	Apocalypsis of Abraham
Apoc. Adam	Apocalypsis of Adam
Apoc. Mos.	Apocalypsis of Moses
Apoc. Sedr	Apocalypsis of Sedrach
Apoc. Zeph.	Apocalypsis of Zephanaiah
Ascen. Isa.	Ascension of Isaiah
2 Bar.	2 Baruch
3 Bar.	3 Baruch
4 Bar.	4 Baruch
1 En.	1 Enoch

2 En.	*2 Enoch*
3 En.	*3 Enoch*
Ezek. Trag.	Exekiel the Tragedian *Exagoge*
4 Ezra	*4 Ezra*
Gr. Apoc. Ezra	*Greek Apocalyse of Ezra*
His. Rech.	*History of Rechabites*
Jan. Jam.	*Jannes and Jambres*
Jos. Asen.	*Joseph and Aseneth*
Jub.	*Jubilees*
L.A.B.	*Psedo-Philo's Biblical Antiquities*
L.A.E.	*Life of Adam and Eve*
Let Aris.	*Letter of Pseudo-Aristeas*
Odes. Sol.	*Odes of Solomon*
Liv. Pr.	*Lives of the Prophets*
Pr. Jos.	*Prayer of Joseph*
Pss. Sol.	*Psalms of Solomon*
Ps. Phoc.	Pseudo-Phocylides
Sib. Or.	*Sibylline Oracles*
Sim.	Similitudes (of *1 Enoch*)
T. ab.	*Testament of Abraham*
T. Adam	*Testament of Adam*
T. Jac.	*Testament of Jacob*
T. Job	*Testament of Job*
T. Sol.	*Testament of Solomon*
Tr. Shem	*Treatise of Shem*

12 족장의 유언

T. Dan	*Testament of Dan*
T. Iss.	*Testament of Issachar*
T. Jos.	*Testament of Joseph*
T. Jud.	*Testament of Judah*
T. Levi	*Testament of Levi*
T. Naph.	*Testament of Naphtali*
T. Reu.	*Testament of Reuben*

T. Sim.	Testament of Simeon

사해문서와 관련 텍스트

CD	*Damascus Document*
1Qap Gen^{ar}	*Genesis Apocryphon*
1QM	Qumran *War Scroll*
1Qp Hab	Qumran Pesher Commentary on Habakkuk
1QS	*Manual of Discipline/Community Rule*
4QS	Manuscripts from Qumran Cave Four
11QTemple	Qumran *Temple Scroll*

타르굼 텍스트

Tg. Jon.	*Targum Jonathan*
Tg. Onq.	*Targum Onqelos*
Tg. Ps.-Jon.	*Targum Pseudo-Jonathan*

미슈나, 탈무드 및 관련 문헌

b.	Babylonian Talmud
bar.	baraita(즉 이전 전통의 인용)
m.	Mishnah
p.	Palestinian (Jerusalem, Yerushalmi) Talmud
tos.	Tosefta
Ab.	*Aboth*
A.Z.	*Abodah Zarah*
B.B.	*Baba Bathra*
Bek.	*Bekoroth*
Ber.	*Berakoth*
Bez.	*Bezah*
Bik.	*Bikkurim*
B.K.	*Baba Kamma*
B.M.	*Baba Mezia*
Eduy.	*Eduyoth*

Erub.	Erubin
Git.	Gittin
Hag.	Hagigah
Hal.	Hallah
Hor.	Horayoth
Hul.	Hullin
Kel.	Kelim
Ker.	Keritot
Ket.	Ketuboth
Kid.	Kiddushin
Kip.	Kippurim
Maas.	Maaserot
Mak.	Makkot
Maksh.	Makshirin
Meg.	Megillah
Meil.	Meila
Men.	Menahoth
Mid.	Middot
Mik.	Mikvaot
M.K.	Moed Katan
M.S.	Maaser Sheni
Naz.	Nazir
Ned.	Nedarim
Neg.	Negaim
Nid.	Niddah
Ohol.	Oholoth
Or.	Orlah
Pes.	Pesahim
R.H.	Rosh Hoshana
Sanh.	Sanhedrin
Shab.	Shabbat
Sheb.	Shebuot
Shebiith	Shebiith
Sheq.	Sheqalim
Sot.	Sota

Suk.	Sukkoth
Taan.	Taanit
Tam.	Tamid
Tem.	Temurah
Ter.	Terumoth
Toh.	Toharot
Yad.	Yadaim
Yeb.	Yebamot
Zeb.	Zebahim

기타 랍비 문헌

Ab. R. Nat.	Abot de Rabbi Nathan
A.M.	Sipra Aharé Mot
Besh.	Mekilta Beshallah
Deut. Rab.	Deuteronomy Rabbah
Eccl. Rab.	Ecclesiastes (Koheleth) Rabbah
Exod. Rab.	Exodus Rabbah
Gen. Rab.	Genesis Rabbah
Lam. Rab.	Lamentations Rabbah
Lev. Rab.	Leviticus Rabbah
Mek.	Mekilta
Midr. Ps	Midrash on Psalms (Midrash Tehillim)
Num. Rab.	Numbers Rabbah
Pesiq. Rab.	Pesiqta Rabbati
Pesiq. Rab Kah.	Pesiqta de Rab Kahana
Pesiq. Rab Kah. Sup.	Pesiqta de Rab Kahana Supplement
Qed.	Sipra Qedoshim
Shir.	Mekilta Shirata
Sipre Deut.	Sipre Deuteronomy
Song Rab.	Song Rabbah

암브로시우스

Ep.	*Epistles*

사도 교부

1 Clem.	*1 Clement*
Did.	*Didache*
Herm.	*Shepherd of Hermas*
Vis.	*Vision (of Hermas)*

아타나시오스

Inc.	*De incarnatione*
Vit. Ant.	*Life of St. Anthony*

아우구스티누스

City of God	*De civitate Dei*
Conf.	*Confessions*
Ep.	*Epistles*
Retract.	*Retractions*
Util. cred.	*On the Advantage of Believing*

요한네스 크리소스토모스

Hom. Acts	*Homilies on Acts*
Hom. Cor.	*Homilies on 1-2 Corinthians*
Jul.	*In sanctum Julianum martyrem*

알렉산드리아의 클레멘스

Quis div.	*Who Is the Rich Man That Shall Be Saved?*

키프리아누스

Ep.	*Epistles*
Laps.	*On the Lapsed*

에우세비오스

Praep. ev.   *Praeparatio evangelica*

이그나티오스

Eph.   *To the Ephesians*

이레나이우스

Haer.   *Against Heresies*

히에로니무스

Vit. Hil.   *Vita S. Hilarionis eremitae*

유스티누스

Apol.   *Apology (1, 2)*
Dial.   *Dialogue with Trypho*

락탄티우스

Epit.   *Epitome of the Divine Institutes*
Inst.   *Divine Institutes*

오리게네스

Cels.   *Against Celsus*
Hom. Jos.   *Homilies on Joseph*

테르툴리아누스

An.   *On the Soul*
Apol.   *Apology*
Cor.   *De corona militis*
Idol   *De idolatria*
Praescr.   *De praescriptione haereticorum*
Scap.   *Ad Scapulam*
Spect.   *De spectaculis*
Test.   *The Soul's Testimony*
Ux.   *Ad uxorem*

퀴루스의 테오도레투스

Comm. 1 Cor.	*Commentary on 1 Corinthians*

신약 외경과 위경

Acts Andrew	*Acts of Andrew*
Acts John	*Acts of John*
Acts Paul	*Acts of Paul*
Acts Pet.	*Acts of Peter*
Acts Thom.	*Acts of Thomas*
Apost. Const.	*Apostolic Constitutions*
Gos. Nic.	*Gospel of Nicodemus*

기타 그리스어 문헌과 라틴어 문헌

주: 본서에서는 어느 저자의 작품으로 알려졌거나 현재 남아 있는 문헌만 그 저자의 이름으로 인용된다. 저자 미상인 텍스트는 그 작품을 전통적으로 특정한 저자의 작품들과 관련짓는 경우(이 경우 위서나 기타 작품 등을 그 저자의 이름 아래에 열거한다) 외에는 영문 제목 알파벳순으로 열거한다.

아킬레스 타티우스

Achilles Tatius	*Clitophon and Leucippe*

아일리우스 아리스티데스

Def. Or.	*Defense of Oratory*
Or.	*Oration to Rome*

아에스키네스

Tim.	*Timarchus*

아이스킬로스

Ag.	*Agamemnon*
Cho.	*Choephori (Libation-Bearers)*
Sept.	*Septem contra Thebas (Seven against Thebes)*

알키프론

Farm.   Farmers

아프토니우스

Progymn.   Progymnasmata

아폴로도로스

Bib.   Library
Epit.   Epitome

로도스의 아폴로니오스

Apollonius Rhodius   Argonautica

아피아누스

Bell. civ.   Civil War
Hist. rom.   Roman History

아풀레이우스

De deo Socr.   De deo Socratis
Metam.   Metamorphoses

아리스토파네스

Ach.   Acharnians
Plut.   Rich Man/Plutus

아리스토텔레스

De an.   De anima (Soul)
Div. somn.   De divinatio per somnum (Prophesying by Dreams)
Heavens   On the Heavens
Pol.   Politics
Rhet.   Rhetoric

아리우스 디디무스

Arius Didymus   Epitome of Stoic Ethics

아리아노스
Alex.   Anabasis of Alexander

아르테미도로스
Onir.   Onirocritica

아테네우스
Deipn.   Deipnosophists

아테나고라스
Plea   A Plea for the Christians

아울루스 겔리우스
Aulus Gellius   Attic Nights

비드
Comm. Acts   Commentary on Acts
H.E.G.A.   Historia Ecclesiastica Gentis Anglorum

카이사르
Bell. civ.   Civil War

칼리마코스
Callimachus   Hymns

칼리스트라토스
Descr.   Descriptions

카리톤
Chaer.   Chaereas and Callirhoe

키케로
Att.   Letters to Atticus
Div.   De Divinatione
Fin.   De finibus

Inv.	*De inventione rhetorica*
Leg.	*De legibus*
Nat. d.	*De Natura Deorum*
Off.	*De officiis*
Pis.	*In Pisonem*
Rep.	*De republica*
Tusc.	*Tusculan Disputations*
Verr.	*In Verrem*

코르누투스

Nat. d.	*Summary of Greek Theology*

「다이제스트」

Dig.	*Digest*

디오 카시우스

Dio Cassius	*Roman History*

디오 크리소스토무스

Or.	*Orations*

디오도로스 시켈리오테스

Diodorus Siculus	*Library of History*

디오게네스

Ep.	*Epistle* (in *The Cynic Epistles, ed.* A. Malherbe)

디오게네스 라에르티오스

Diogenes Laertius	*Lives of Eminent Philosophers*

할리카르낫소스의 디오니시오스

Ant. rom.	*Roman Antiquities*
Comp.	*Literary Composition/De compositione verborum*
Epid.	*Epideictic*

에픽테토스

Diatr.	*Discourses*

에우나피우스

Lives	*Lives of the Philosophers*

에우리피데스

Alc.	*Alcestis*
Andr.	*Andromache*
Bacch.	*Bacchanals*
El.	*Electra*
Hec.	*Hecuba*
Herc. fur.	*Madness of Heracles*
Hipp.	*Hippolytus*
Orest.	*Orestes*

「그리스 역사가들의 단편」

FrGrH	*Fragments of Greek Historians*

프론토

Ad M. Caes.	*Ad Marcus Caesarem*
De Fer. Als.	*De Feriis Alsiensibus*
Eloq.	*Eloquence*

가이우스

Inst.	*Institutes*

투르의 그레고리우스

Hist.	*History*

헬리오도로스

Aeth.	*Aethiopica*

헤라클레이토스

Hom. Prob.	*Homeric Problems*

헤르모게네스

Inv.	*On Invention*
Issues	*On Issues*
Progymn.	*Progymnasmata*

헤로디아누스

Herodian	*History*

헤로도토스

Herodotus	*Histories*

헤시오도스

Astron.	*Astronomy*
Op.	*Works and Days*
Theog.	*Theogony*

호메로스

Il.	*Iliad*
Od.	*Odyssey*

「호메로스 찬가」

Hom. Hymn	*Homeric Hymn*

「아르콘들의 위격」

Hyp. Arch.	*Hypostasis of the Archons*

이암블리코스

Myst.	*Mysteries*
V.P.	*Life of Pythagoras*, 또는 *Pythagorean Life*

이사이우스

Astyph.	*Astyphilus*
Menec.	*Menecles*

이소크라테스

Paneg.   *Panegyricus (Or. 4)*

요세푸스

Ant.   *Antiquities of the Jews*
Ag. Ap.   *Against Apion*
Life   *Life*
War   *The Jewish War*

유스티니아누스

Inst.   *Institutes*

유베날리스

Sat.   *Satires*

리바니우스

Narration   *Sample Narrations*
Speech in Character   *Sample Speeches in Character*

리비우스

Livy   *Ab Urbe Condita*

롱기누스

Subl.   *On the Sublime*

롱구스

Longus   *Daphnis and Chloe*

루카누스

Bell. civ.   *Civil War*

루키아노스

Alex.   *Alexander the False Prophet*
Charid.   *Charidemus*
Critic   *The Mistaken Critic*

Dance	The Dance
Dem	Demonax
Dial. D.	Dialogues of the Dead
Dial. G.	Dialogues of the Gods
Hermot.	Hermotimus, or Sects
Hist.	How to Write History
Icar.	Icaromenippus, or Sky-Man
Indictment	Double Indictment/Bis accusatus
Lover of Lies	The Lover of Lies/Doubter/Philopseudes
Lucius	Lucius or the Ass
Men.	Menippus, or Descent into Hades
Peregr.	Peregrinus
Posts	Salaried Posts in Great Houses
Ship	The Ship, or The Wishes/Navigium
Tim.	Timon
True Story	A True Story
Z. Rants	Zeus Rants

루크레티우스

Nat.	De Rerum Natura

마크로비우스

Sat.	Saturnalia

마르쿠스 아우렐리우스

Marcus Aurelius	Meditations

마르티알리스

Epig.	Epigrams

티레의 막시무스

Maximus of Tyre	Orations

메난드로스 레토르

Menander Rhetor	Epideictic Speeches

미누키우스 펠릭스
Oct.   Octavius

「신비의 찬가」
Orph. H.   Orphic Hymns

오비디우스
Am.   Amores
Fast.   Fasti
Metam.   Metamorphoses
Tristia   Tristia

파르테니오스
L.R.   Love Romance

파우사니아스
Pausanias   Description of Greece

페르시우스
Sat.   Satires

페트로니우스
Sat.   Satyricon

필론
Ab.   On Abraham
Conf.   On the Confusion of Languages
Creation   On the Creation of the World
Giants   On the Giants
Migr.   The Migration of Abraham
Mos.   Life of Moses (1-2)
Names   On the Change of Names
Spec. Laws   Special Laws (1-4)

필로스트라투스

Ep. Apoll.	*Epistles of Apollonius*
Hrk.	*Heroikos*
Vit. Apoll.	*Life of Apollonius*
Vit. soph.	*Lives of the Sophists*

핀다로스

Isthm.	*Isthmian Odes*
Pyth.	*Pythian Odes*

플라톤

Epin.	*Epinomis*
Phaedr.	*Phaedrus*
Rep.	*Republic*
Symp.	*Symposium*

대플리니우스

Nat.	*Natural History*

소플리니우스

Ep.	*Epistles*

플루타르코스

Alc.	*Alcibiades*
Alex.	*Alexander*
Bride	*Advice to Bride and Groom*
Br. Wom.	*Bravery of Women*
Cam.	*Camillus*
Cic.	*Cicero*
Cor.	*M. Coriolanus*
Dem.	*Demosthenes*
Dial. L.	*Dialogue on Love*
Face M.	*Face on the Moon*
Isis	*Isis and Osiris*
Luc.	*Lucullus*

Lys.	*Lysander*
M. Cato	*Marcus Cato*
Mor.	*Moralia*
Obsol.	*Obsolescence of Oracles*
Or. Delphi	*Oracles at Delphi no longer given in verse (De Pyth. Orac.)*
Pel.	*Pelopidas*
Pleas. L.	*Epicurus Actually Makes a Pleasant Life Impossible*
R.Q.	*Roman Questions*
Sign Soc.	*Sign of Socrates*
Sulla	*Sulla*
Them.	*Themistocles*
T.-T.	*Table-Talk*
Uned. R.	*Uneducated Ruler*

폴리비오스

Polybius	*History of the Roman Republic*

포르피리오스

Marc.	*To Marcella*
Vit. Pyth.	*Life of Pythagoras*

위(僞)-칼리스테네스

Alex.	*Alexander Romance*

위(僞)-클레멘티누스

Ps.–Clem. *Rec.*	*Recognitions*

콰드라투스

Apol.	*Apology*

퀸틸리아누스

Decl.	*Lesser Declamations*
Inst.	*Institutes of Oratory*

『알렉산드로스를 위한 수사학』
Rhet. Alex.   Rhetorica ad Alexandrum

살루스티우스
Bell. cat.   War with Catiline

대세네카
Controv.   Controversiae

소세네카
Ben.   On Benefactions
Dial.   Dialogues
Ep. Lucil.   Epistles to Lucilius
Nat.   Natural Questions

섹스투스 엠피리쿠스
Math.   Against the Professors (Adv. Math.)
Pyr.   Outlines of Pyrrhonism

실리우스 이탈리쿠스
Silius Italicus   Punica

소크라테스
Socrates Ep.   Epistles(Cynic Epistles에 수록된 글)

소포클레스
Antig.   Antigone
Phil.   Philoctetes

소라누스
Gynec.   Gynecology

소조메노스
H.E.   Historia Ecclesiastica

스타티우스

Silv.   *Silvae*
Theb.   *Thebaid*

스토베우스

Ecl.   *Eclogae*

스트라본

Strabo   *Geography*

수에토니우스

Aug.   *Augustus*
Claud.   *Claudius*
Jul.   *Julius*
Otho   *Otho*
Vesp.   *Vespasian*

타키투스

Ann.   *Annals*
Germ.   *Germania*
Hist.   *History*

테오니우스

Progymn.   *Progymnasmata*

테오필로스

Autol.   *Ad Autolycum*

투키디데스

Thucydides   *History of the Peloponnesian War*

발레리우스 플라쿠스

Valerius Flaccus *Argonautica*

발레리우스 막시무스

Valerius Maximus　　*Memorable Deeds and Sayings*

바로

Lat. Lang.　　On the Latin Language

베르길리우스

Aen.　　*Aeneid*
Ecl.　　*Eclogues*

『아이소포스의 생애』

Vit. Aes.　　*Life of Aesop*

비트루비우스

Arch.　　*Architecture*

크세노폰

Anab.　　*Anabasis*
Cyr.　　*Cyropedia*
Eq. mag.　　*De equitum magistro (Cavalry Commander)*
Hell.　　*Hellenica*
Mem.　　*Memorabilia*

에베소의 크세노폰

Eph.　　*Ephesiaka*

기타 고대 및 중세 문헌

AQHT	Aqhat Epic
Incant. Texts	Aramaic incantation texts
KRT	Keret Epic
L. Takla Haym.	*The Life of Takla Hâymânôt in the Version of Dabra Lîbânôs*
M. Takla Haym.	*The Miracles of Takla Hâymânôt in the Version of Dabra Lîbânôs*

AARAS	American Academy of Religion Academy Series
AARTRSS	American Academy of Religion Teaching Religious Studies Series
AB	Anchor Bible
ABD	*Anchor Bible Dictionary*. Editd by D. N. Freedman. 6 vols. New York: Doubleday, 1992.
ABRL	Anchor Bible Reference Library
ACCS	Ancient Christian Commentary on Scripture
AcOphSc	*Acta Ophthalmologica Scandinavica*
AcT	*Acta Theologica*
Africa	*Africa*
African Affairs	*African Affairs*
AfSR	*African Studies Review*
AfThJ	*Africa Theological Journal*
AfSt	African Studies
AGHer	*Assemblies of God Heritage*
AgMHealth	*Aging and Mental Health*
AIDSPCS	*AIDS Patient Care and Studies*
AILEHS	The Archbishop Iakovos Library of Ecclesiastical and Historical Sources
AJDAA	*American Journal of Drug and Alcohol Abuse*
AJPS	*Asian Journal of Pentecostal Studies*
AJPSS	Asian Journal of Pentecostal Studies Series
AJET	*Africa Journal of Evangelical Theology*
AJT	*Asia Journal of Theology*
Aleph	*Aleph: Historical Studies in Science and Judaism*
Alfinge	*Alfinge*
AmbPed	*Ambulatory Pediatrics*
AmAnth	*American Anthropologist*
AmBenRev	*American Benedictine Review*
AmEthn	*American Ethnologist*

AmFamPhys	American Family Physician
AmHeartJ	American Heart Journal
AmJClinHyp	American Journal of Clinical Hypnosis
AmJEpid	American Journal of Epidemiology
AmJGerPsy	American Journal of Geriatric Psychiatry
AmJHBeh	American Journal of Health Behavior
AmJHPallCare	American Journal of Hospice and Palliative Care
AmJHyp	American Journal of Hypertension
AmJKDis	American Journal of Kidney Diseases
AmJPsyc	American Journal of Psychiatry
AmJPsychT	American Journal of Psychotherapy
AmJTh	American Journal of Theology
AmPhilQ	American Philosophical Quarterly
AmPhilQMS	American Philosophical Quarterly Monograph Series
AmPsyc	American Psychologist
AmSocMissMonS	American Society of Missiology Monograph Series
AmSocMissS	American Society of Missiology Series
Analysis	Analysis
ANCTRTBS	Ashgate New Critical Thinking in Religion, Theology and Biblical Studies
ANES	Ancient Near Eastern Studies
ANET	Ancient Near Eastern Texts Relating to the Old Testament, J. B. Pritchard 편, 1955년도판.
AnIntCare	Anaesthesia and Intensive Care
AnnBehMed	Annals of Behavioral Medicine
AnnEpid	Annals of Epidemiology
AnnIntMed	Annals of Internal Medicine
ANQ	Andover Newton Quarterly
ANRW	Aufstieg und Niedergang der Römischen Welt
ANTC	Abingdon New Testament Commentaries
AnthChr	Anthropology of Christianity
AnthConsc	Anthropology of Consciousness
AnthHum	Anthropology and Humanism
Anthropos	Anthropos
AnthrQ	Anthropological Quarterly

Anton	*Antonianum*
AnxSC	*Anxiety, Stress and Coping*
ANZJPsyc	*Australian and New Zealand Journal of Psychiatry*
APRC	Asia Pacific Research Center
ARAnth	*Annual Review of Anthropology*
Archaeology	*Archaeology*
ArchIntMed	*Archives of Internal Medicine*
ArchOd	*Archaeology Odyssey*
ArchRep	*Archaeological Reports*
ARG	*Archiv für Reformationsgeschichte*
ArIrMed	*Archives of Iranian Medicine*
AsEthn	*Asian Ethnology*
Asian Affairs	*Asian Affairs*
Asian Report	*Asian Report*
AsFolkSt	*Asian Folklore Studies*
AsTJ	*Asbury Theological Journal*
AT	*Annales theologici*
AThR	*Anglican Theological Review*
ATSSWCRMIS	Asbury Theological Seminary Series in World Christian Revitalization Movements in Intercultural Studies
ATSSWCRMPCS	Asbury Theological Seminary Series in World Christian Revitalization Movements in Pentecostal/Charismatic Studies
AUSS	*Andrews University Seminary Studies*
BA	*Biblical Archaeologist*
BAGB	*Bulletin de l'Association Guillaume Bude*
BangTF	*Bangalore Theological Forum*
BAR	*Biblical Archaeology Review*
BBR	*Bulletin for Biblical Research*
BehResTher	*Behaviour Research and Therapy*
BehSN	*Behavior Science Notes*
BeO	*Bibbia e Oriente*
BES	Biblical Encounters Series
BETL	Bibliotheca Ephemeridum Theologicarum Lovaniensium
Bib	*Biblica*
BibOr	*Biblia et Orientalia*

BibSham	Bibliotheca Shamanistica
BibT	The Bible Today
BibTh	*Biblical Theology*
BibW	*The Biblical World (Journal)*
Bijdr	*Bijdragen*
BIS	Biblical Interpretation Series
BJPhilSc	*British Journal for the Philosophy of Science*
BJPsy	*British Journal of Psychology*
BJRL	*Bulletin of the John Rylands University Library*
BJS	Brown Judaic Studies
BK	*Bibel und Kirche*
BL	*Bibel und Liturgie*
BMedJ	*British Medical Journal*
BMik	*Beth Mikra*
BN	*Biblische Notizen*
BollS	Bollingen Series
BR	*Biblical Research*
BrCanRes	*Breast Cancer Research*
Breast Journal	*Breast Journal*
BRev	*Bible Review*
BSac	*Bibliotheca Sacra*
BSClinPsyc	*British School of Clinical Psychology*
BTB	*Biblical Theology Bulletin*
BTCB	Belief: A Theological Commentary on the Bible
BTr	*Bible Translator*
BullHistMed	*Bulletin of the History of Medicine*
ByF	*Biblia y Fe*
BZ	*Biblische Zeitschrift*
BZNW	Beihefte zur Zeitschrift für die neutestamentliche Wissenschaft
CaÉ	Cahiers Évangile
CanJPhil	*Canadian Journal of Philosophy*
CanJPsy	*Canadian Journal of Psychiatry*
CanNur	*Cancer Nursing*
CBC	Cambridge Bible Commentary
CBQ	*Catholic Biblical Quarterly*

CBQMS	Catholic Biblical Quarterly Monograph Series
CBull	Classical Bulletin
C&C	Cross and Crown
CCRMS	Cross-Cultural Research and Methodology Series
CCTh	Cross Cultural Theologies
CCWJCW	Cambridge Commentaries on Writings of the Jewish and Christian World 200 BC to AD 200
CDSR	Cochrane Database of Systematic Reviews
CEC	The Context of Early Christianity
CGB	Church Growth Bulletin
CGl	China Gleanings (earlier issues simply Gleanings)
CGR	Conrad Grebel Review
Charisma	Charisma
CH	Church History
ChapT	Chaplaincy Today
ChGEv	Church of God Evangel
ChH	Christian History (Christian History and Biography로 이어졌음)
ChicSt	Chicago Studies
ChPsycHumDev	Child Psychiatry and Human Development
ChrCent	Christian Century
Churchman	Churchman
Circ	Circulation
CJ	Classical Journal
CJP	Canadian Journal of Philosophy
CJT	Canadian Journal of Theology
ClinGer	Clinical Gerontologist
ClinPsyRev	Clinical Psychology Review
CMAJ	Canadian Medical Association Journal
CMPsy	Culture, Medicine, and Psychiatry
CNS	Cristianesimo nella Storia
Coll	Collationes
CollAntr	Collegium Antropologicum
ColT	Collectanea theologica
ComMedRes	Complementary Medical Research
ComThClPrac	Complementary Therapies in Clinical Practice

Conf	*Confidence*
CounsSp	*Counseling and Spirituality*
CP	*Classical Philology*
CQ	*Classical Quarterly*
CrCareCl	*Critical Care Clinics*
CritInq	*Critical Inquiry*
CrQ	*Crozer Quarterly*
CSHSMC	Comparative Studies of Health Systems and Medical Care
CSIR	Cambridge Studies in Ideology and Religion
CSPhilRel	Cornell Studies in the Philosophy of Religion
CSR	*Christian Scholar's Review*
CT	*Christianity Today*
CulRel	*Culture and Religion*
CurAnth	*Current Anthropology*
CurTM	*Currents in Theology and Mission*
CV	*Communio Viatorum*
DACB	*Dictionary of African Christian Biography* (New Haven, Conn.: Overseas Ministries Study Center; 지속적인 온라인 프로젝트)
Daphnis	*Daphnis*
DBM	*Deltion Biblikon Meleton*
DeathS	*Death Studies*
DécHell	*Décrets hellénistiques*
DepAnx	*Depression and Anxiety*
DiabC	*Diabetes Care*
Dial	*Dialogue*
Diál	*Diálogos*
DialAll	*Dialogue and Alliance*
Divinitas	*Divinitas*
DNTB	*Dictionary of New Testament Background*. Craig A. Evans and Stanley E. Porter 편 Downers Grove, Ill.: InterVarsity, 2000.
DoonTJ	*Doon Theological Journal*
DPL	*Dictionary of Paul and His Letters*. Edited by Gerald F. Hawthorne, Ralph P. Martin, and Daniel G. Reid. Downers Grove, Ill.: InterVarsity, 1993.
DRev	*The Downside Review*

DSD	*Dead Sea Discoveries*
DunRev	*Dunwoodie Review*
EAfSt	Eastern African Studies
ÉgT	*Église et Théologie*
EmmJ	*Emmaus Journal*
Enc	*Encounter*
Enr	*Enrichment*
ÉPROER	Études préliminaires aux religions orientales dans l'empire romain
EpwRev	*Epworth Review*
Eranos	*Eranos*
EstBib	*Estudios Biblicos*
EtBib	*Etudes Bibliques*
EthDis	*Ethnicity and Disease*
EthHealth	*Ethnicity and Health*
Ethnology	*Ethnology*
Ethos	*Ethos*
EurJAg	*European Journal of Ageing*
EurJCC	*European Journal of Cancer Care*
EurZTh	*Europaische Zeitschrift fur Theologie*
Evangel	*Evangel*
EvMissSS	Evangelical Missiological Society Series
EvQ	*Evangelical Quarterly*
EvT	*Evangelische Theologie*
ExAud	*Ex auditu*
Exchange	*Exchange*
Exp	*The Expositor*
ExpT	*Expository Times*
FamComHealth	*Family and Community Health*
FamMed	*Family Medicine*
FidHist	*Fides et Historia*
FoiVie	*Foi et Vie*
Forum	*Forum*
FourR	*The Fourth R*
FPhil	*Faith and Philosophy*
FSCS	Faith and Scholarship Colloquies Series

GeistLeb	*Geist und Leben*
Gerontologist	*The Gerontologist*
GNC	Good News Commentary
GosPersp	*Gospel Perspectives.* R. T. France and David Wenham 편. 6 vols. Sheffield: JSOT Press, 1980–86.
GOTR	*Greek Orthodox Theological Review*
Grail	*Grail*
GRBS	*Greek, Roman and Byzantine Studies*
Greg	*Gregorianum*
GrJ	*Grace Journal*
GTT	*Gereformeerd theologisch tijdschrift*
GynOnc	*Gynecologic Oncology*
HamIsl	*Hamdard Islamicus*
HastCRep	*Hastings Center Report*
HCPsy	*Hospital and Community Psychiatry*
HealthEdBeh	*Health Education and Behavior*
HealthPsy	*Health Psychology*
HealthSR	*Health Services Research*
Helios	*Helios*
Hen	*Henoch*
HeyJ	*Heythrop Journal*
HeyM	Heythrop Monographs
HistPhilQ	*History of Philosophy Quarterly*
HistTh	*History and Theory*
HJAsSt	*Harvard Journal of Asiatic Studies*
HMFT	Health/Medicine and the Faith Traditions
HR	*History of Religions*
HS	*Hebrew Studies*
HSW	*Health and Social Work*
HTIOPS	Hispanic Theological Initiative Occasional Paper Series
HTR	*Harvard Theological Review*
HTS	Harvard Theological Studies
HTS/TS	*HTS Teologiese Studies/Theological Studies*
HUCA	*Hebrew Union College Annual*
HumOrg	*Human Organization*

HumSt	*Hume Studies*
HvTS	*Hervormde Teologiese Studies*
Hypertension	*Hypertension*
IBMR	*International Bulletin of Missionary Research*
ICC	International Critical Commentaries
ICMR	*Islam and Christian-Muslim Relations*
IDS	*In die Skriflig*
IEJ	*Israel Exploration Journal*
IgViv	*Iglesia Viva*
IJAC	*International Journal for the Advancement of Counselling*
IJAHD	*International Journal of Aging in Human Development*
IJAHS	*International Journal of African Historical Studies*
IJGerPsyc	*International Journal of Geriatric Psychiatry*
IJGynC	*International Journal of Gynecological Cancer*
IJNeurSc	*International Journal of Neuroscience*
IJPhilRel	*International Journal for Philosophy of Religion*
IJSocPsyc	*International Journal of Social Psychiatry*
IJT	*Indian Journal of Theology*
IntArHistI	International Archives of the History of Ideas
Interp	*Interpretation*
IntJAd	*International Journal of the Addictions*
IntJAgHDev	*International Journal of Aging and Human Development*
IntJEpid	*International Journal of Epidemiology*
IntJGerPsyc	*International Journal of Geriatric Psychiatry*
IntJPsyMed	*International Journal of Psychiatry in Medicine*
IntJPsRel	*International Journal for the Psychology of Religion*
IntRevMiss	*International Review of Mission*
ITQ	*Irish Theological Quarterly*
JAACAP	*Journal of the American Academy of Child and Adolescent Psychiatry*
JAAR	*Journal of the American Academy of Religion*
JABFM	*Journal of the American Board of Family Medicine*
JAbSocPsy	*Journal of Abnormal and Social Psychology*
JAdDev	*Journal of Adult Development*
JAdHealth	*Journal of Adolescent Health*
JAfDis	*Journal of Affective Disorders*

JAgHealth	Journal of Aging and Health
JAlComMed	Journal of Alternative and Complementary Medicine
JAM	Journal of Asian Mission
JAMA	Journal of the American Medical Association
JAmGerAss	Journal of the American Geriatrics Association
JAmGerSoc	Journal of the American Geriatric Society
JANER	Journal of Ancient Near Eastern Religions
JANESCU	Journal of the Ancient Near Eastern Society of Columbia University
JAnthRes	Journal of Anthropological Research
JAppGer	Journal of Applied Gerontology
JASA	Journal of the American Scientific Affiliation
JATS	Journal of the Adventist Theological Society
JBehMed	Journal of Behavioral Medicine
JBiolRegHomA	Journal of Biological Regulators and Homeostatic Agents
JBL	Journal of Biblical Literature
JBSS	Journal of Biosocial Science
JCCAP	Journal of Clinical Child and Adolescent Psychology
JChrDis	Journal of Chronic Diseases
JCJQS	Joint Commission Journal on Quality and Safety
JClinEpid	Journal of Clinical Epidemiology
JClinOn	Journal of Clinical Oncology
JClinPsy	Journal of Clinical Psychiatry
JClPsychol	Journal of Clinical Psychology
JCommRel	Journal of Communication and Religion
JConClPsy	Journal of Consulting and Clinical Psychology
JContRel	Journal of Contemporary Religion
JCounsClPs	Journal of Counseling and Clinical Psychology
JECS	Journal of Early Christian Studies
JEH	Journal of Ecclesiastical History
JerPersp	Jerusalem Perspective
JEthS	Journal of Ethiopian Studies
JETS	Journal of the Evangelical Theological Society
JEurSt	Journal of European Studies
JewishHist	Jewish History
JFamPr	Journal of Family Practice

JFamPsych	*Journal of Family Psychology*
JFolkI	*Journal of the Folklore Institute*
JFSR	*Journal of Feminist Studies in Religion*
JGBSMS	*Journals of Gerontology Series A: Biological Sciences and Medical Sciences*
JGenIntMed	*Journal of General Internal Medicine*
JGenPsy	*Journal of General Psychology*
JGer	*Journal of Gerontology*
JGPSSS	*Journal of Gerontology Series B: Psychological Sciences and Social Sciences*
JGRCJ	*Journal of Greco-Roman Christianity and Judaism*
JHistSex	*Journal of the History of Sexuality*
JHPsych	*Journal of Health Psychology*
JHS	*Journal of Hellenic Studies*
JHSocBeh	*Journal of Health and Social Behavior*
Jian Dao	*Jian Dao*
JITC	*Journal of the Interdenominational Theological Center*
JJS	*Journal of Jewish Studies*
JMedPhil	*Journal of Medicine and Philosophy*
JMenSc	*Journal of Mental Science*
JNatCInst	*Journal of the National Cancer Institute*
JNeurSc	*Journal of the Neurological Sciences*
JNMedAss	*Journal of the National Medical Association*
JNMDis	*Journal of Nervous and Mental Disease*
JObGynNNurs	*Journal of Obstetric, Gynecologic, and Neonatal Nursing*
JOpPsyc	*Journal of Operational Psychiatry*
JPallMed	*Journal of Palliative Medicine*
JPastCare	*Journal of Pastoral Care*
JPers	*Journal of Personality*
JPerSocPsy	*Journal of Personality and Social Psychology*
JPFC	*The Jewish People in the First Century: Historical Geography, Political History, Social, Cultural and Religious Life and Institutions.* Edited by S. Safrai and M. Stern and D. Flusser and W. C. van Unnik. 2 vols. Section 1 of Compendia Rerum Iudaicarum ad Novum Testamentum. Vol. 1: Assen: Van Gorcum & Comp., B.V.,

1974; Vol. 2: Philadelphia: Fortress Press, 1976.

JPHWMSM	J. Philip Hogan World Missions Series Monograph
JPsycHist	*Journal of Psychohistory*
JPsyChr	*Journal of Psychology and Christianity*
JPsycRes	*Journal of Psychosomatic Research*
JPsyTh	*Journal of Psychology and Theology*
JPT	*Journal of Pentecostal Theology*
JPTSup	Journal of Pentecostal Theology Supplement
JQR	*Jewish Quarterly Review*
JR	*Journal of Religion*
JRelAf	*Journal of Religion in Africa*
JRelGer	*Journal of Religious Gerontology*
JRelHealth	*Journal of Religion and Health*
JRepMed	*The Journal of Reproductive Medicine*
JResPer	*Journal of Research in Personality*
JRH	*Journal of Religious History*
JRitSt	*Journal of Ritual Studies*
JRS	*Journal of Roman Studies*
JRS	*Health Journal of the Royal Society of Health*
JSHJ	*Journal for the Study of the Historical Jesus*
JSJ	*Journal for the Study of Judaism in the Persian, Hellenistic, and Roman Periods*
JSNTSup	Journal for the Study of the New Testament Supplement Series
JSocI	*Journal of Social Issues*
JSOT	*Journal for the Study of the Old Testament*
JSP	*Journal for the Study of the Pseudepigrapha*
JSQ	*Jewish Studies Quarterly*
JSRNC	*Journal for the Study of Religion, Nature and Culture*
JSS	*Journal of Semitic Studies*
JSSR	*Journal for the Scientific Study of Religion*
JStatPlInf	*Journal of Statistical Planning and Inference*
JStIJ	*Jewish Studies: An Internet Journal*
JStRel	*Journal for the Study of Religion*
JTIICC	*Journal of Trauma-Injury Infection and Critical Care*
Judaism	*Judaism*

Justice Quarterly	*Justice Quarterly*
JValInq	*Journal of Value Inquiry*
JWCDN	*Journal of the World Christian Doctors Network*
Kairos	*Kairos*
KD	*Kerygma und Dogma*
KEKNT	Kritisch-exegetischer Kommentar über das Neue Testament, begründet von H. A. W. Meyer
Lancet	*Lancet*
Laós	*Laós*
LCL	Loeb Classical Library
LD	Lectio Divina
LEC	Library of Early Christianity
Lig	*Liguorian*
Lit	*Liturgy*
LNTS	Library of New Testament Studies
Logia	*Logia: A Journal of Lutheran Theology*
Logos	*Logos: A Journal of Catholic Thought and Culture*
LouvS	*Louvain Studies*
LQ	*Lutheran Quarterly*
LRB	Library of Religious Biography
LRE	*The Latter Rain Evangel*
LumVie	*Lumiere et Vie*
Man	*Man*
Maria	*Maria: A Journal of Marian Studies*
MBPS	Mellen Biblical Press Series
MedAnthQ	*Medical Anthropology Quarterly*
Medical Care	*Medical Care*
MedJAus	*The Medical Journal of Australia*
MedT	*Medical Times*
MHRC	*Mental Health, Religion and Culture*
MissFoc	*Mission Focus*
Missiology	*Missiology: An International Review* (continuing Practical Anthropology)
Missionalia	*Missionalia: Southern African Journal of Missiology*
MissSt	*Mission Studies*
MJT	*Melanesian Journal of Theology*

ModAnth	Module in Anthropology
ModCh	*Modern Churchman*
Month	*The Month*
MOrthS	Modern Orthodox Saints
MounM	*Mountain Movers*
MS	*Mediaeval Studies*
MScRel	*Melanges de Science Religieuse*
MSJMed	*Mount Sinai Journal of Medicine*
MSMS	*Modern Spiritual Masters Series*
Muséon	*Muséon*
MusW	*Muslim World*
NatInt	*The National Interest*
Nature	*Nature*
NBf	*New Blackfriars*
NCamBC	New Cambridge Bible Commentary
NCBC	New Century Bible Commentary
NCCS	New Covenant Commentary Series
NCS	Noyes Classical Studies
NDST	Notre Dame Studies in Theology
NedTT	*Nederlands Theologisch Tijdschrift*
Neot	*Neotestamentica*
Neurology	*Neurology*
NewEngJMed	*New England Journal of Medicine*
NFTL	New Foundations Theological Library
NICNT	New International Commentary on the New Testament
NicTobRes	*Nicotine and Tobacco Research*
NIVAC	NIV Application Commentary
NKZ	*Neue kirchliche Zeitschrift*
Nous	*Nous*
NovT	*Novum Testamentum*
NovTSup	Supplements to Novum Testamentum
NRColPap	Nicholas Rescher Collected Papers
NRTh	*Nouvelle Revue Theologique*
NSPR	New Studies in the Philosophy of Religion
NTG	New Testament Guides

NTS	New Testament Studies
NTTS	New Testament Tools and Studies
Numen	*Numen: International Review for the History of Religions*
NYRB	*New York Review of Books*
OCD	*The Oxford Classical Dictionary: The Ultimate Reference Work on the Classical World.* 3rd rev. ed. Edited by Simon Hornblower and Antony Spawforth. Oxford: Oxford University Press, 2003.
OCPHS	Oxford Centre for Postgraduate Hebrew Studies
OEANE	*The Oxford Encyclopedia of Archaeology in the Near East.* Edited by E. M. Meyers. New York, 1997.
OHCC	Oxford History of the Christian Church
OIRSSA	Oxford in India Readings in Sociology and Social Anthropology
OrOnc	*Oral Oncology*
OTE	*Old Testament Essays*
OTP	*The Old Testament Pseudepigrapha.* Edited by James H. Charlesworth. 2 vols. Garden City, N.Y.: Doubleday, 1983–85.
OxBS	Oxford Bible Series
Pain	*Pain*
PallMed	*Palliative Medicine*
PallSCare	*Palliative and Supportive Care*
Parab	*Parabola*
Parac	*Paraclete*
PastPsy	*Pastoral Psychology*
PAST	Pauline Studies (Brill)
PatBibMon	Paternoster Biblical Monographs
PCPhil	Problems in Contemporary Philosophy
PedNurs	*Pediatric Nursing*
PentEv	*Pentecostal Evangel*
PentV	*The Pentecostal Voice (Manila)*
PEQ	*Palestine Exploration Quarterly*
PerIndDif	*Personality and Individual Differences*
PerMotSk	*Perceptual and Motor Skills*
Persp	*Perspective*
PHC	Penguin History of the Church
PhilChr	*Philosophia Christi*

PhilEW	Philosophy East and West
PhilFor	Philosophical Forum
Philo	Philo
Philosophy	Philosophy: The Journal of the British Institute of Philosophical Studies
PhilPhenRes	Philosophy and Phenomenological Research
PhilQ	Philosophical Quarterly
PhilRhet	Philosophy and Rhetoric
PhilSS	Philosophical Studies Series
PhilSt	Philosophical Studies
PhilTheol	Philosophy and Theology
PHNurs	Public Health Nursing
Phoenix	Phoenix
Phronesis	Phronesis
PhysOcTherGer	Physical and Occupational Therapy in Geriatrics
PIBA	Proceedings of the Irish Biblical Association
PNAS	Proceedings of the National Academy of Sciences
Pneuma	Pneuma: Journal for the Society of Pentecostal Studies
Pom	Pomegranate
PPAS	Publications of the Philadelphia Anthropological Society
PracAnth	Practical Anthropology
PrevMed	Preventive Medicine
PrMPhil	Princeton Monographs in Philosophy
PrPam	Princeton Pamphlets
PRSt	Perspectives in Religious Studies
PrTMS	Princeton Theological Monograph Series
PScChrF	Perspectives on Science and Christian Faith
PSocPsyBull	Personality and Social Psychology Bulletin
PsyAdBeh	Psychology of Addictive Behaviors
PsyAg	Psychology and Aging
PsycBull	Psychological Bulletin
PsychMed	Psychosomatic Medicine
Psycho-Oncology	Psycho-Oncology
Psychophysiology	Psychophysiology
Psychosomatics	Psychosomatics

PsychServ	Psychiatric Services
PsycRep	Psychological Reports
PsycRes	Psychiatry Research
PsycTRPT	Psychotherapy: Theory, Research, Practice, Training
PTMS	Pittsburgh Theological Monograph Series
PTR	Princeton Theological Review
PWS	Pietist and Wesleyan Studies
Qad	Qadmoniot
QR	Quarterly Review
RB	Revue Biblique
RBL	Review of Biblical Literature
RCB	Revista de Cultura Biblica
RefRenRev	Reformation and Renaissance Review
REJ	Revue des Etudes Juives
RelHHeal	Religion, Health, and Healing
Religion	Religion
RelL	Religion and Life
RelS	Religious Studies
RelT	Religious Traditions
RenJ	Renewal Journal
ResAg	Research on Aging
RevExp	Review and Expositor
RevMet	Review of Metaphysics
Re-Vision	Re-Vision
RevQ	Revue de Qumran
RGRW	Religions in the Graeco-Roman World
RHE	Revue d'histoire ecclesiastique
RHR	Revue de l'histoire des Religions
RHPR	Revue d'histoire et de philosophie religieuses
RivSAnt	Rivista storica dell'Antichita
RocT	Roczniki Teologiczne
RRelRes	Review of Religious Research
RSPT	Revue des Sciences Philosophiques et Theologiques
RSR	Recherches de Science Religieuse
RSSSR	Research in the Social Scientific Study of Religion

RStMiss	Regnum Studies in Mission
R&T	*Religion and Theology*
RThom	*Revue Thomiste*
RTL	*Revue Theologique de Louvain*
RTPC	*Revue de theologie et de philosophie chretienne*
SAJPsyc	*South African Journal of Psychology*
SAOC	Studies in Ancient Oriental Civilization
SBEC	Studies in the Bible and Early Christianity
SBET	*Scottish Bulletin of Evangelical Theology*
SBFLA	*Studii Biblici Franciscani Liber Annuus*
SBLDS	Society of Biblical Literature Dissertation Series
SBLMS	Society of Biblical Literature Monograph Series
SBLSBL	Society of Biblical Literature Studies in Biblical Literature
SBLSemS	Society of Biblical Literature Semeia Studies
SBLSP	Society of Biblical Literature Seminar Papers
SBLSymS	Society of Biblical Literature Symposium Series
SBLWGRW	Society of Biblical Literature Writings from the Greco-Roman World
SBT	Studies in Biblical Theology
ScAm	*Scientific American*
ScChrB	*Science and Christian Belief*
ScDig	*Science Digest*
ScEs	*Science et Esprit*
SCEthn	Series in Contemporary Ethnography
SCHNT	Studia ad Corpus Hellenisticum Novi Testamenti
SCR	Studies in Comparative Religion
Scriptura	*Scriptura*
SEÅ	*Svensk Exegetisk Årsbok*
SEAJT	*South East Asia Journal of Theology*
SecCent	*Second Century*
SEHT	Studies in Evangelical History and Thought
Semeia	*Semeia*
XVIIᵉ siècle	*XVIIᵉ siècle*
Shamanism	*Shamanism*
SHCM	Studies in the History of Christian Mission

SHR	Studies in the History of Religions
SIFC	*Studi Italiani di Filologia Classica*
SICHC	Studies in the Intercultural History of Christianity
SixtCenJ	*Sixteenth Century Journal*
SJOT	*Scandinavian Journal of the Old Testament*
SJPhil	*Southern Journal of Philosophy*
SJRS	*Scottish Journal of Religious Studies*
SJT	*Scottish Journal of Theology*
SMedJ	*Southern Medical Journal*
SNTSMS	Society for New Testament Studies Monograph Series
SocAn	*Sociological Analysis*
SocCom	*Social Compass*
SocG	*Sociologische Gids*
SocQ	*Sociological Quarterly*
SocRel	*Sociology of Religion*
Soph	*Sophia*
SOTBT	Studies in Old Testament Biblical Theology
SP	Sacra Pagina
SpCh	*The Spirit and Church*
SPhilA	*Studia Philonica Annual (Studia Philonica)*
SPhilMon	Studia Philonica Monographs
SR/SR	*Studies in Religion/Sciences religieuses*
StChHist	Studies in Church History
StEv	Studies in Evangelicalism
StPB	Studia Post-Biblica
StrOnk	*Strahlentherapie und Onkologie*
SSAMD	Sage Series on African Modernization and Development
SSMed	*Social Science and Medicine*
ST	*Studia Theologica*
StChrMiss	Studies in Christian Mission
StHistEc	*Studia Historiae Ecclesiasticae*
StPatr	*Studia Patristica*
Stroke	*Stroke*
StThIn	Studies in Theological Interpretation
StWChr	*Studies in World Christianity*

SUNT	Studien zur Umwelt des Neuen Testaments
SvMT	*Svensk Missionstidskrift*
SwJT	*Southwestern Journal of Theology*
TANZ	Texte und Arbeiten zum neutestamentlichen Zeitalter
TDNT	*Theological Dictionary of the New Testament.* Translated by Geoffrey W. Bromiley. Edited by Gerhard Kittel and Gerhard Friedrich. 10 vols. Grand Rapids: Eerdmans, 1964–76.
TEFSG	Theological Education Fund Study Guide
TexJC	*Texas Journal of Corrections*
TheolEd	*Theological Education*
Theology	*Theology*
ThLife	*Theology and Life*
Thrakika	*Thrakika*
ThTo	*Theology Today*
Time	*Time*
TJ	*Trinity Journal*
TLZ	*Theologische Literaturzeitung*
TorStTh	Toronto Studies in Theology
TranscPsyc	*Transcultural Psychiatry*
TranscPsycR	*Transcultural Psychiatric Research*
TranscPsycRR	*Transcultural Psychiatric Research Review*
TS	*Theological Studies*
TwinResHumGen	*Twin Research and Human Genetics*
TynBul	*Tyndale Bulletin*
TZ	*Theologische Zeitschrift*
UF	*Ugarit Forschungen*
UJT	Understanding Jesus Today
UNDCSJCA	University of Notre Dame Center for the Study of Judaism and Christianity in Antiquity
UrbMiss	*Urban Mission*
VA	*Practitioner VA Practitioner*
VC	*Vigiliae Christianae*
VEE	*Verbum et Ecclesia*
Vid	*Vidyajyoti*
VidJTR	*Vidyajyoti Journal of Theological Reflection*

ViolWom	*Violence Against Women*
VitIndRel	*Vitality of Indigenous Religions*
VOH	Voice of Healing
VT	Vetus Testamentum
WBC	Word Biblical Commentary
WCDN	World Christian Doctors Network
WJBlSt	*Western Journal of Black Studies*
WMANT	Wissenschaftliche Monographien zum Alten und Neuen Testament
WMQ	*William and Mary Quarterly*
WPC	Westminster Pelican Commentaries
WPJ	*World Policy Journal*
WSCM	World Studies of Churches in Mission (World Council of Churches)
WTJ	*Westminster Theological Journal*
WUNT	Wissenschaftliche Untersuchungen zum Neuen Testament
WW	*Word and World*
WWit	*Word and Witness*
YSMT	York Studies in Medieval Theology
ZAW	*Zeitschrift für die Alttestamentliche Wissenschaft*
Zion	*Zion*
ZMR	*Zeitschrift für Missionswissenschaft und Religionswissenschaft*
ZNT	*Zeitschrift für Neues Testament*
ZNThG	*Zeitschrift für Neuere Theologiegeschichte*
ZNW	*Zeitschrift fur die Neutestamentliche Wissenschaft*
ZTK	*Zeitschrift für Theologie und Kirche*
ZPE	*Zeitschrift für Papyrologie und Epigraphik*
ZR	*Zeitschrift für Religionswissenschaft*
ZRGG	*Zeitschrift für Religions- und Geistesgeschichte*
ZSNT	Zacchaeus Studies: New Testament
ZST	*Zeitschrift fur systematische Theologie*
Zyg	*Zygon*

서론

현대의 기적 주장은 대중이 큰 관심을 기울이는 주제지만, 나는 특히 성경 연구를 위한 학문 차원의 공백을 메우기 위해 본서를 집필하고 있다. 많은 학술 문헌들은 중요한 철학적, 성경 해석학적 주제 그리고 최근에는 역사적 주제들에 초점을 맞추어왔지만, 최소한 내 연구 분야에서는 세계 각지에서 넘쳐나고 있는 수많은 기적 주장의 적실성을 고려하기 시작한 학자는 극소수다. 오늘날의 상황은 18세기 철학자 데이비드 흄이 기적은 인간의 경험에 반한다고 주장했을 때나 복음서들에 수록된 대다수 기적과 유사한 현대의 보고들이 20세기 중반의 대다수 복음서 학자들에게 알려지지 않았던 때와는 판이하다.

　본서의 주된 논지는 목격자들이 기적 주장을 제공한다는 것인데, 이는 아주 단순하지만 몇몇 학자들이 복음서들에 실린 기사들에 접근할 때 때때로 소홀히 하는 논지다. 두 번째 논지는 초자연적 설명이 모든 경우에 적합한 것은 아니지만, 토론의 장에서 종종 논의되는 다른 설명들과 더불어 환영받아야 한다는 것이다. 본서가 우선 몇몇 역사적 주제들과 철학적 주제들을 다루기는 하지만(1-6장), 본서의 핵심은 세계 도처에서 수집한 이야기들로 구성되어 있다(7-12장). 연구 기금을 지원받아 1, 2년을 여행할 수 있었더라면 나는 쉽사리 수백 건의 이야기들을 추가로 수집할 수 있었을 것이다(그랬더라면 몇몇 바쁜 독자들에게는 아마도 당황스러웠을 것이다). 내가 그들의 보고서를 조사하고 있던 어떤 집단에서는 나더러 자기들의 경험을 직접 보도록 초대하기도 했는데, 이렇게 더 깊이 조사했더라면 이상적이었겠지만 내 연구 일정과 기타 요인들로 인해 지금까지는 그렇게 할 수 없었다. 나는 이런 이점들을 누리지는 못했지만 본서의 주요 요점을 설명하기 위한 충분한 기사들을 수록했다고 믿는다.

통계수치(7장에서 다른 증거들과 더불어 인용된다)는 기적 주장이 편만하다는 점을 보여주지만, 나는 좀 더 구체적인 기사들을 수록함으로써 독자들로 하여금 좀 더 큰 통계수치들과 관련된 여러 종류의 주장에 대한 충분한 표본을 보여주고자 한다. 나는 이런 기사들 대다수를 인과 관계는 기술하지 않은 채로 7-11장에 수록했는데, 이는 그 기사들은 모두 목격자들이 기적이 발생했다고 주장할 수 있다는 요점을 보여주기 때문이다. 나는 몇몇 기사들은 좀 더 그럴듯하고 다른 기사들보다 우리의 두 번째 요점에 대해 설득력 있는 증거가 된다고 생각하며, 본서의 저술을 끝낼 즈음에는 몇몇 설명들에 대해서는 저술을 시작했을 때보다 그것들이 기적이라고 더 확신하게 되었다. 하지만 나는 그 사건들의 인과 관계는 기술하지 않는다. 나는 그 기사들에 관해 이야기할 때 그것들을 대체로 액면 그대로 받아들이며—이는 인류학 등에서 흔한 접근방법이다—특히 13-15장에서는 대안적 해석의 문제를 다룬다.

따라서 치유 기사들의 구조는 해석과 관련된 장들에 채택된 구조보다 좀 더 대중적인데 이 양상은 대중적인 종교들에 대한 논의에 부합한다. 이는 대중적인 종교들에 관한 사례의 주요 출처는 필연적으로 대중적이기 때문이다. 학술적인 내용에 덜 익숙한 독자들은 비교적·철학적인 주제들을 다루는 전반부의 장들보다 후반부의 치유 기사들이 더 읽기 쉽다고 생각하겠지만, 본서의 학문적인 목적상 나는 이러한 개론적인 문제들을 먼저 다룰 필요가 있었다. 철학적인 질문들을 나보다 훨씬 더 철저하고 완전하게 다룬 사람들도 있지만, 현대의 많은 서양인이 비서구의 기사들 또는 비현대의 기사들에 대해 가지고 있는 편견에 도전하기 위해 나는 본서에서 간략하게나마 그 질문들도 다룰 것이다.

나의 본서 집필에서 서양인들이 복음서들과 사도행전을 반초자연주의적으로 읽는 것에 도전하는 데 개인적인 이해관계가 있음을 미리 밝혀둔다. 나는 반초자연주의가 오랫동안 서구의 확고한 학문적 전제로 군림해 왔지만 이제 그 전제에 도전할 상당한 증거가 존재한다고 믿는다. 서구의 많은 지성인이 아직도 초자연적 원인을 통해 쉽게 설명되는 기적들이나 사건들을 조사해보지도 않고서 기적이 발생할 수 없다고 치부해버리는 반면에, 세계 도처의 수백만 명의 사람들은 그런 사건들을 목격했으며 그런 사건 중 몇몇은 논박할 수 없을 정도로 극적이라고 주장한다. 나는 참으로 열린 마음을 지닌 학자들은 우리의 전제들을 열린 마음으로 재조사해야 한다고 믿는다. 주장들 자체가 증거인 것은 아니지만, 모든 기적 주장에 반대하는 전제들을 알려준 견해들이 형성되었던 때와는 세상이 달라졌다. 목격자의 주장들이 논박할 수 없는 증거인 것은 아니지만, 그 주장들은 선험적으로 무시하기보다는 고려될 수도 있는 증거다.[1] 나는 본서를 쓰기 시작했을 때보다 지금 이 견해를 훨씬 더 확신한다.

위에서 언급한 개인적인 이해관계에도 불구하고, 본서에서 내 학문 연구 방법은 좀 더 미묘하다. 학문 차원에서 그 질문은 내가 조금 전에 표현한 것보다 더 복잡하기 때문이다. 그래서 나는 고대 기적 기사들의 타당성 문제를 두 가지 차원에서 다룬다. 앞서 지적된 바와 같이, 상당한 증거에 기초

---

1   사회학에서 개인의 경험을 증거의 한 형태로 보는 것에 대해서는 Wuthnow, "Teaching," 187을 보라. 법적 증거와 역사 기술도 증언에 크게 의존한다. 나는 이 질문들에 대해 5-7장과 특히 14-15장에서 좀 더 자세히 다룬다.

한 내 주된 논거는 역사가들이 복음서들이나 사도행전에 실린 기적 기사들에 나오는 목격자 정보의 가능성을 무시하지 말아야 한다는 것이다. 많은 목격자가 기적 주장을 할 수 있고 실제로 그렇게 하고 있는데, 그중 많은 주장이 성격상 초기 기독교 기사들과 매우 유사하기 때문이다. 나는 독자들이 본서를 다 읽고 나면 많은 목격자가 "불가사의한"(paranormal) 치유 주장을 제공한다는 내 논지에 동의하지 않는 독자가 있으리라고 생각하지 않는다. 초기 기독교 기적들에 관해 저술하는 많은 학자가 이미 이 접근법을 수용하고 있지만, 나는 좀 더 많은 증거를 제시함으로써 신약성서 학자들 사이에서 이 합의가 좀 더 일반적으로 공고해지는 데 도움이 되기를 희망한다.

내 두 번째 논지를 다루기 전에 잠시 주제에서 벗어나 내가 "불가사의한"이라는 용어를 쓸 때 이 용어가 초능력 경험, 유령의 환영 등과 특별히 관련이 있음을 암시하지 않는다는 점을 지적하고자 한다. 그렇게 하는 저자들이 많이 있지만 말이다.[2] 그 대신 나는 그 용어를 순전히 어원학적인 의미에서 인간의 일반적인 경험과 다르다는 뜻, 즉 "이례적인"(extraordinary)이라는 뜻으로 사용한다.[3] 초자연적(supernatural)이거나 초인간적인 (superhuman) 설명이 적절한지 여부에 관한 질문을 편견에 빠뜨리지 않도록 나는 때때로 "불가사의한"이라는 용어를 사용한다. 나는 이 용어를 자주 사용하지 않는데, 그것은 이 용어가 내가 암시하고자 하는 중립적인 용법으로 받아들여지기보다는 좀 더 좁은 함의가 있기 때문이다. 우리가 "이례적인"이라는 말을 때때로 일상적으로 사용하는 데 익숙해진 경우를 제외하

---

2   Greeley, *Sociology*, 8은 "영매의, 신비한, 그리고 죽은 자 접촉 경험"을 지칭하며 초자연이나 기적 주장을 명시적으로 제외한다. 그 책의 용어 설명에서는 이 용어의 사용을 "텔레파시의" 또는 "영매의" 같은 용어 사용과 연결한다. 이런 용어들은 모든 종류의 초자연적 사건 주장이 아니라 특정한 종류의 주장들을 가리킨다.
3   즉 사전은 이 단어를 (현재의) 과학 지식의 관점에서는 설명할 수 없는 것으로 정의한다.

면 이 용어가 적절할 것이다. 좀 더 적절한 대체어—나는 종종 이 용어를 사용한다—는 "특이한"(extranormal)일 수도 있다. 신조어는 종종 유용하지 않지만 적어도 우리가 신조어를 사용할 수 있는 경우도 있다.

좀 더 논란이 되고 있고 더 많이 논의되고 있는 철학적 접근법과 관련된 내 두 번째 논지는, 이 치유 주장들 몇몇에 대해 초자연적 인과 관계의 가능성을 배제하지 않아야 한다는 것이다. 몇몇 학문 분야의 전문가들은 이 문제들을 논의하지 않는데 그것은 그들의 권리이지만, 그렇다고 해서 다른 학문 분야나 학자들이 이 문제들을 조사하지 못하는 것은 아니다. 초자연적 원인이 모든 보고에 대한 유일한 설명은 아니지만, 몇몇 경우에서는 다른 경우에서보다 그런 설명이 좀 더 설득력이 있는 가설이다. (오늘날의 보편적인 용어를 사용하자면) 자연적 요인들과 초자연적 요인들이 공존할 수 있지만, 초자연적 인과 관계에 대해 의문을 제기하는 측이 입증의 책임을 초자연적 사건이 발생했다고 주장하는 측에게 더 많이 떠넘길수록 초자연적 인과 관계를 지지하는 데이터 풀(pool)은 더 작아진다. 그럼에도 불구하고 나는 많은 독자가 오늘날 발생하고 있는 좀 더 극적인 몇몇 기사들의 성격에 놀라리라고 믿는다. 사실, 나는 원래는 "중립"을 유지하려고 했지만 (그리고 내가 본서에서 몇몇 기적 주장들을 설명하려고 시도하지 않고 단순히 수록하기만 했더라면 중립을 유지할 수 있었음에도) 궁극적으로 하나의 주제(thesis, 즉 이 두 번째 논지)를 주장하기 시작했다. 내가 발견한 몇 가지 증거에 비추어 참으로 초자연적 사건들이 발생했다는 내 확신이 누적적으로 더 깊어짐에 따라, 내가 이 점에 관해 개인적으로 중립을 유지하려고 하는 것은 솔직하지 않다고 느껴질 정도로 내 마음속에서 입증의 책임이 크게 이동했다. 독자들은 편집비평 방법을 취하지 않아도 본서의 몇몇 부분들(예컨대 12장의 많은 부분)은 다른 부분들보다 더 낙관적인 접근법을 반영한다는 점을 알아차릴 것이다.

목격자의 기적 주장들에 관한 내 첫 번째 요점—나는 이 점에 대해서는 동의하지 않기가 어렵다고 생각한다—에 동의하는 독자 중 몇몇은 이 주장 중 일부는 초자연적 원인을 통해 가장 잘 설명된다는 두 번째 요점에 반대할 수도 있을 것이다. 나는 처음부터 몇몇 전통적인 학자들(그리고 아마도 몇몇 검토자들)은 내가 제공하는 증거를 읽거나 고려하지도 않은 채 두 번째 주장을 무시하리라는 것을 알고 있다. 나는 그런 무시는 종종 물려받은 접근법—원래 자신의 견해와 다른 접근법을 지지할 수도 있는 증거가 부족하다고 단언하는 것—을 사용해서 무비판적으로, 그리고 이후에 제공되는 어떤 증거도 조사해보지 않고서 자기의 견해와 다른 주장을 무시한다는 점을 보여줄 수도 있다고 믿는다. 그럼에도 불구하고 나는 오늘날의 풍토는 많은 학자가 그 질문에 대해 좀 더 열린 마음으로 접근할 만큼 충분히 개방적이기를 바란다. 나는 첫 번째 요점과 두 번째 요점 모두에 관해 참으로 관심이 있지만, 본서의 특정한 부분들은 그중 한 가지 요점을 다룰 것이다. 나는 지나친 반복을 피하기 위해 어떤 문제를 다루고 있는지에 관해 항상 반복하지는 않을 것이다. 하지만 어떤 문제를 다루고 있는지에 대한 혼란을 피하기 위해, 그리고 본서의 특정한 부분에 관심이 있는 독자들을 위해 이 문제를 상당히 자주 언급할 것이다(예컨대 여러 곳에서 독자들에게 내가 아직 초자연적 원인 문제를 다루고 있지 않다고 상기시켜 줄 것이다). 많은 예들이 전 세계의 치유 주장들의 다양성을 보여준다. 내 두 번째 주장에 가장 관련이 있는 예들은 12장과 14장 그리고 특히 15장에 등장한다.

1. 본서의 유래

독자들이 본서의 현재 형태가 똑똑하게 구성되었다고 결론을 내리든 그러지 않든 간에, 내 입장에서는 본서가 8년이나 10년 전의 사도행전 주석의 각주에서부터 우연히 발전했다. 몇몇 학자는 기적이 발생하지 않는다는 전제에서 복음서들과 사도행전에 나오는 기적 주장들을 순전히 전설로 취급했기 때문에, 나는 현대 목격자들의 기적 주장 목록을 기록한 몇몇 자료들을 언급함으로써 그런 주장의 가능성을 본능적으로 무시하는 데 도전하려고 했다. 우리가 그런 주장들 안에 들어 있는 초자연적 요소에 동의할 수도 있고 동의하지 않을 수도 있지만, 진실한 목격자들을 포함한 목격자들이 그런 주장을 제공하지 않는다고 생각하는 것은 지극히 순진한 처사다. 나는 그런 정보를 수집한 문헌 두세 권을 인용할 생각이었다. 나는 목격자들의 기적 주장 수백 건을 알고 있었고 그런 주장 수천 건을 공급해 줄 수 있는 교파들도 알고 있었기 때문에 그런 문헌을 쉽사리 찾을 수 있을 것으로 생각했다.

그러나 놀랍게도 그런 주장들을 학문적으로 모아 놓은 문헌이 많지 않았는데, 많은 증언과 함께 의학적인 평가를 제공하는 문서는 훨씬 적었다.[4] 나는 의학 교육을 받지 않았기 때문에 이에 관한 사안은 이를 공급하기에 좀 더 적절한 사람에게 맡겨둔다. 그런 문서를 제외한 현대의 모든 증거를 부인하는 사람은 이를 제공하고 평가할 자격을 더 많이 갖춘 사람들이 출

---

4   놀랍게도 인류학자들은 그리스도인 중에서 불가사의한 치유 주장을 조사한 신학자들이나 선교학자들보다 전통적인 종교에서 불가사의한 치료나 신들림에 대해 훨씬 더 많이 기록했다. 그럼에도 불구하고 학자들이 급속하게 오순절파와 비서구의 기독교에 대한 초점을 넓히고 있어서 이제 그러한 상황에 변화가 일어나고 있는 것으로 보이며, 몇몇 인류학자들은 이제 기독교를 포함하고 있다(예컨대 Turner, *Healers*, 69-74, 105-7, 123, 128).

간한 다른 문헌들을 살펴볼 필요가 있을 것이다. 그리고 이 영역은 추가 논의가 필요한 중요한 분야다.[5] 나는 이런 주장들이 대중적인 자료들에 나타나는 것을 발견하고 처음에는 당황했지만, 궁극적으로 그런 자료들은 내가 관심을 두고 있는 역사 탐구와 매우 유사함을 깨닫게 되었다. 즉 복음서들과 사도행전은 의학 기록이 아니라 대중적인 주장들을 제공한다. 사실 고대 시절에는 현대적인 의미의 의료 기록을 갖출 수 없었다. [의료의 신이자 치료의 신인] 아스클레피오스 신전에서조차 오늘날 선호되는 종류의 증명서는 제공하지 않았다. 이 점이 중요한데, 대중적인 자료들은 역사 기술에서 사람들이 초자연적이라고 인식했던 경험에 관한 그들의 믿음을 포함한 대중 종교를 연구할 때 사용하는 주요 자료들과 같은 종류의 자료들이다. 내가 이러한 대중적인 저자들 대부분과 접촉해서 그들이 사용한 자료들을 점검할 수 있었던 것은 아니지만, 차츰 처음에 기대했던 것보다 훨씬 많은 정보를 입수하게 되었다. 마침내 나는 다량의 목격자 자료들을 발견했는데 그중 몇몇 자료들은 약간의 의학 기록도 제공했다.

내 조사는 매우 재미있어서 그것은 내 사도행전 주석 중 가장 긴 장(chapter)이 되었는데, 그 장은 책 한 권을 쓰기에도 충분한 자료를 수록했다(사도행전에서 기적들을 보고하는 비중이 상당히 높지만, 그것은 결코 내 주석의 중점이 아니었고 전체 원고의 3% 또는 서론의 19%에 지나지 않았다). 나는 그 장을 읽기 위해 사도행전 주석 전체를 구매하기보다는 이 주제에 관심이 있을 독자층이 훨씬 넓으리라고 생각하고서, 이 자료들을 개선하고 상당한 양의 자료들을 추가해서 별도의 책으로 재구성했다. 이 과정에서 나는 사도행전 주

---

5   가톨릭의 기적 사건 기록들은 최근에는 이미 좀 더 엄격한 의학 기록들을 제출하도록 요구하고 있지만(예컨대 Duffin, *Miracles*를 보라), 본서의 뒤에서 다뤄지는 이유로 인해 일반적인 의학적 조사는 현재의 주류 세계에서 나타나는 치유 보고 조사를 다루기가 어렵다.

석에 포함되었던 원래의 장의 많은 부분과 참고 문헌에서 자료 수백 개를 삭제했다.

본서는 최근의 내 저서 『복음서들의 역사적 예수』(*Historical Jesus of the Gospels*)에 포함시켰어도 유용했을 것이다. 그러나 본서가 그곳에 포함되기에는 너무 분량이 많고 방법론적으로도 그 책의 범위를 상당히 벗어나기 때문에, 나는 이 내용을 그 책과 짝을 이루는 속편으로 구성했다.[6] 기적 이야기들이 마가복음의 거의 3분의 1을 차지하지만 나는 『복음서들의 역사적 예수』에서 그것들을 다루기 위한 토대를 놓을 수 없었다. 그랬더라면 그 책이 다뤘던 논쟁이 덜한 문제들로부터 주의가 분산되었을 것이다. 그러나 그 문제들은 서로 관련이 있다. 복음서들의 기본적 내용에 관한 회의주의의 근본적인 이유 중 하나는 급진적인 계몽주의가 기적 주장들을 부정하는데, 복음서들에는 기적 주장들이 아주 많이 기록되어 있기 때문이다.[7] 따라서 본서는 복음서들과 사도행전을 이해하기 위해 적실성 있는 근본적인 역사적 주제들을 다루는 셈이다.

그러나 역사적 예수에 관한 내 책과 달리 기적들이라는 문제는 전통적인 역사비평 기준으로 다룰 수 있는 수준을 넘어서 추가적인 탐구를 하도록 요청한다. 예수의 어록 평가에 사용되는 표준적인 역사적 기준을 사용해서 우리는 예수의 사역에서 복수로 확증되는 기적들과 기적 유형들(이에

---

6   Keener, *Historical Jesus*. 본서의 많은 부분이 당시 헨드릭슨 출판사에서 출판되고 있던 사도행전 주석에 나오는 내용과 관련이 있으므로 내 "속편"은 [*Historical Jesus* 와는] 다른 출판사에서 출판되었다. 그 후 베이커 아카데믹 출판사는 헨드릭슨 출판사로부터 본서와 사도행전 주석을 포함한 여러 책의 판권을 인수했다.

7   Kelly, "Miracle," 46을 보라. 초기의 예는 다음 학자들의 접근법을 주목하라: Karl Friedrich Bahrdt(다음 문헌들에 요약되어 있다. Schweitzer, *Quest*, 39-44; Brown, *Miracles*, 112-13), Karl Heinrich Venturini(Schweitzer, *Quest*, 44-45에 요약되어 있다), 그리고 "합리적"인 다른 학자들(Schweitzer, *Quest*, 27-67에 요약되어 있다).

관해서는 좀 더 쉽게 확증할 수 있다)을 확인할 수 있다. 따라서 대다수 역사적 예수 학자들은 사람들이 치유자로서 예수께 접근했다는 데 동의한다. 그러나 다른 많은 분야의 학자들은 인과 관계를 질문하는 반면에, 전통적인 역사적 예수 학자 중에는 문화적으로 형성된 요인들로 인해 가능한 몇몇 답변(사실은 특히 초기 기독교 저자들 자신이 제공한 답변들)을 제쳐 두는 사람이 많다. 사람들이 예수를 치유자로 생각하고서 그에게 접근했다고 인정하는 역사적 예수 학자 중에서도 특정한 많은 이야기가 발생하지 않았다고 의심하는 사람이 많다. 학자들은 종종 역사적 유사성(historical analogy) 문제를 제기한다. 급진적인 어록이나 행동들과 달리, 기적 보고들의 내용이 일어난다고 알려진 종류의 사건들인가?[8] "예수와 그의 맨 처음 제자들이 서로 달랐을 수도 있는가?"라는 신학적인 문제를 제쳐두면, 이 유사성 문제에 대한 답은—우리 중 많은 이들에게는 놀랍게도—"그렇다"이다. 즉 복음서들과 사도행전에서 흔하게 증언되는 종류의 기적 주장들을 오늘날 증언하는 증인들이 많이 있다. 어떤 기적 주장이 진정한 신적 활동이거나 초자연적 활동인지 여부는 별도로 다뤄져야 할 별개의 질문이지만, 많은 사람이 중요한 종교적 체험을 한 뒤 즉시 회복되는 것과 같은 사건들은 아주 흔하게 증

---

8   예컨대 2010년 11월 20일 SBL의 역사적 예수 세미나를 위한 내 논문("Comparative Studies")에서 나는 (내 저서 *Historical Jesus* 및 논문 "Otho"와 궤를 같이해서) 전기 기록 당시와 가까운 시기의 인물들에 대한 고대 전기의 성격과 전통을 보전한 제자들의 특성에 비춰 볼 때 복음서들에 상당한 역사적 정보가 보존되어 있을 것으로 예상해야 한다고 주장했다. 내 논문에 대해 응답한 사람 중 한 명은 예상된 이의를 제시했는데, 그것은 복음서들에는 초자연적 주장들이 가득하다는 것이었다. 그러나 일단 보고와 해석을 구분하고 나자 우리는 예수가 치유자로 알려졌으며, 흔하지 않은 사건들이 발생했고, 오늘날 세계의 주요 부분의 보고들이 고려되어야 한다는 점에 동의했다. 나는 그러한 동의가 인과 관계 문제는 해결하지 않은 채(아마도 이 문제에 관해서는 우리가 서로 의견을 달리 했을 것이다) 복음서들에 목격자들의 자료가 수록되었다는 데 대한 반대를 없앨 수 있다고 믿는다.

언된다.

동시에 본서는 역사적 예수에 관한 내 책에서 다뤄졌던 복음서들과 사도행전에 수록된 내러티브 자료들이 좀 더 역사 기술적이라고 전제한다. 따라서 나는 여기서 역사를 재구성할 때 이 내러티브들의 가치를 당연한 것으로 받아들이고 그 점에 대해서는 별도로 논의하지 않는다. 이 점에 대해서는 내가 다른 곳에서 논의했기 때문이다. 본서에서 나는 역사 철학 및 복음서들과 사도행전에 묘사된 것과 같은 종류의 사회적 유비에 좀 더 초점을 맞춘다. 대체로 이미 받아들여진 학문적 틀의 범위 내에서 연구하는 내 저서인 『복음서들의 역사적 예수』(*Historical Jesus of the Gospels*)에 대해 편안하게 생각하는 몇몇 학자는 본서가 좀 더 도전적이라고 생각할 것이다. 그럼에도 불구하고 나는 본서가 주류 성경학계가 종종 회피해온 몇몇 쟁점에 대한 허심탄회한 대화를 자극할 수 있기를 희망한다.

2. 본서의 주제

위에서 언급한 바와 같이 나는 본서에서 첫 번째 쟁점에 대해서만 상당히 길게 다루기는 하지만, 두 개의 쟁점을 다룬다. 나는 독자들의 철학적 가정이 어떻든 본서가 역사적 쟁점을 대다수 독자에게 만족스럽게 처리해줄 것으로 믿는다. 이 첫 번째 논지는 복음서들과 사도행전에 기록된 기적 보고들이 일반적으로 역사적으로 타당성이 있으며 반드시 목격자 전승과 모순되지는 않는다는 것이다. 유사한 주장들—이런 주장들은 종종 확신하는 목격자로부터 나온다—이 오늘날 널리 퍼져 있는데, 고대의 목격자들이 유사한 주장을 했다는 것을 의심할 선험적인 이유는 없다.

나는 이를 지지하는 압도적인 증거에 비춰 볼 때 이 첫 번째 논지는 그다지 논쟁적일 것으로 예상하지 않는다. 사실, 오늘날 기적 주장 문제에 초점을 맞추는 신약 학자들의 대다수는 아마도 목격자들이 극적인 회복을 초자연적 원인에 기인한 것으로 여길 수 있다는 점을 인정할 것이다. 그러나 이 주제에 대해 익숙하지 않은 학자들도 있는 것으로 보이며, 몇몇 학자는 여전히 이 점에 관한 이전 세대의 회의주의를 영속화하는 것으로 보인다. 마찬가지로 내가 사도행전의 "각주"를 쓰려고 하기 전까지는 나도 자세하게 조사하지 않았듯이 이 문제를 자세히 조사한 학자들도 별로 없다. 나는 본서가 이 주제에 대해 서구 학자들이 전통적으로 구할 수 있었던 것보다 분량이 많은 문서를 제공할 것이라고 믿는다. 과거에는 몇몇 학자들이 어떤 중요한 점에서 자신의 결론과 다른 결론에 도달한 학자들의 연구를 깡그리 무시하는 습관을 배양했었지만, 내 두 번째 요점에 대한 결론에 반대하는 사람들도 최소한 본서의 첫 번째 요점은 유용함을 알게 될 것이다.

본서의 두 번째 주제는 사람들의 보편적인 세계관에 도전한다. 그러므로—나는 사람들이 내 논지의 정당성을 존중해 주기를 바라지만—몇몇 독자들은 이 대목에서는 반대할 수도 있다.[9] 이 두 번째 요점은 우리가 이 사건 중 어느 것도 지적이고 초인간적인 원인과 관련이 없다는 선험적인 가정으로 시작할 필요가 없다는 것이다. 나는 이 대목에서 잠시 본론을 벗어나, "초자연적"이라는 말이 일반적으로 논란거리가 되는 현대의 문제이기 때문에 나도 종종 이 용어를 사용하지만 고대의 청중들에게는 대개 그 원인이 초인간적이었는지 여부가 문제였다는 것을 지적하고자 한다. 예컨대

---

9 나는 내 논지에 설득되지 않는 사람들도 최소한 내 시도가 용감하고 학문적으로 적절하다는 점을 인정해주기를 기대한다. 나는 철저한 반초자연주의가 우리의 모든 증거를 설명하지 못한다고 확신하지만, 세계관은 쉽게 허물어지지 않는다. 나 자신이 적절한 영역과 사례들에서는 방법론적 자연주의에 상당한 여지를 유지할 가치가 있다고 생각한다. 다행스럽게도 많은 학문 분야들에서 나타나는 현재의 지적 풍토는 50년 전보다 반초자연주의에 훨씬 덜 몰두하고 있다.

이스라엘인들에게는 오직 하나님만이 초자연적이었다. 따라서 그들에게 주된 주제는 신적인 원인이었다.[10] 그러나 유대인, 그리스도인, 그리고 나중에는 이슬람 교도를 포함한 대다수 고대인은 하나님 외에 또 다른 초인간적인 존재들을 인식하게 되었다. 마찬가지로 오늘날의 많은 문화에서는 자연과 초자연이라는 서구의 이분법을 받아들이지 않는다.[11] "초자연"이라는 용어를 사용할 때 나는 이 한도에서 현대적 논의의 용례를 따른다.

루돌프 불트만을 비롯한 이전의 몇몇 현대 신학자들은 "성숙한" 현대인은 기적을 믿지 않으며 그러한 초기 기독교의 관점을 "아무도 진지하게 유지할 수 없고, 유지하지도 않는다"고 주장했다.[12] 그러나 불트만은 (비록

---

10   다른 몇몇 현대 저자들은 "초자연적"이라는 용어를 "초인간적인"이라는 뜻으로 사용한다(예컨대 Fitzgerald, "Miracles," 49). 몇몇 문화(예컨대 티베트)에서는 초자연을 나타내는 어휘가 없는데 이는 그들은 서양인이라면 이례적(anormalous)이라고 생각할 만한 경험들을 단순히 자연의 연속체(continuum)로 취급하기 때문이다(McClenon, *Events*, 1).

11   "자연"과 "초자연" 간의 이분법은 대다수 문화에 단지 외부적으로 부과된 현대 서구의 구분이다(예컨대 Greenfield, *Spirits*, 156을 보라. 좀 더 포괄적으로는 Saler, "Supernatural"[특히 31-32]을 보라. 그러나 그는 궁극적으로는 이 범주가 탐구를 돕도록 사용될 경우 유용하다고 결론짓는다[50-51]). 따라서 예컨대 Mande는 영들을 "폭포, 사람 또는 나무와 같은 자연환경의 일부"로 본다(McNaughton, *Blacksmiths*, 11). Heim(*Transformation*, 173-99) 같은 사상가의 견해로는 기적들조차 초자연적 사건이 아니라, 자연 질서를 통해서 활동하지만 특별 계시적인 방식으로 활동하는 신의 활동을 반영하는 "자연적" 사건이다. 이 대목에서 나는 기술적인 용법이 아니라 일반적인 용법을 따른다.

12   "Mythology," 4; 더 자세한 내용은 ibid., 5-9을 보라. 현대성을 "미몽에서 깨어난"(disenchanted)으로 정의하는 Max Weber(Remus, *Healer*, 106에 수록된 글)를 참조하라. Bultmann은 신이 실존적으로 신화의 언어로 소통하는 방식으로 행동하는 것을 허용하지만("Mythology," 32; "Demythologizing," 110), 기적의 존재를 유대교 텍스트가 진정성이 없다고 판단하는 기준으로 사용한다(Bultmann, *Tradition*, 58). 그는 초자연적 개입에 의해 역사의 연속체(continuum)가 "교란되었을" 가능성을 부인하며(예컨대 "Exegesis," 147. 참조. "Demythologizing," 122; Perrin, *Bultmann*, 86; Thiselton, *Horizons*, 292) 초자연적 힘과 관련된 것은 무엇이든 "신화"라고 확언한다(Bultmann, "Demythologizing," 95. 참조. "Mythology," 9;

그가 내가 뒤에 다루는 어느 학자와 달리 고의로 이렇게 했다고 믿을 이유는 없지만) 부지중에 현대의 감수성으로 보면 용납할 수 없을 정도로 인종 중심주의적이다. 이 점에 관해서는 뒤에 설명될 것이다. 기적에 관한 불트만의 가정들은 다른 각도에서 점점 더 비판에 직면하고 있는데, 나도 그 비판에 공헌하고자 한다. 1988년 라칭거 추기경(교황 베네딕토 16세)이 불트만의 관점은 성서신학 자체의 결과가 아니라 특정한 철학적 인식론의 결과라고 한 말은 옳은 지적이다.[13]

　　나는 본서에서 독자들에게 논쟁이 덜한 내 첫 번째 요점을 설득하는 것을 더 중요하게 생각하는데, 왜냐하면 본서는 복음서들에 기록된 역사적 전승에 관한 내 연구들과 함께 읽히도록 의도되었기 때문이다. 그러나 복음서들과 사도행전 저자들이 기적을 신적 원인에 돌리기 때문에, 내 두 번째 요점인 철학적 주제는 그 책들에 보고된 기사들의 의미에도 관심이 있는 독자들에게 중요할 것이다. 그곳에 기록된 사례들의 확실성 정도는 다양하며, 나는 내 두 번째 논지가 광범위한 의료 문헌들을 갖춘 의학 연구자들이 이를 주장할 경우 가능할 수 있는 학문적 확신만큼 설득력이 있지는 않다는 점을 인정한다. 앞에서 강조한 바와 같이, 나는 그 분야에서 공헌할 전문성을 갖고 있지 않다. 하지만 나는 증언 증거의 신빙성에 관한 일반적 기준에 비춰 볼 때, 우리는 널리 인정되는 많은 주장에 대해서보다 다수의 특이한 치유 주장들에 관해 더 확신할 수 있다고 생각한다. 나는 내가 한때 그랬던 것처럼 몇몇 사람이 초자연적 원인에 반대하는 것을 이해할 수 있지만, 초자연적 원인이 내가 인용할 많은 보고를 가장 잘 설명한다고 확신

Perrin, *Bultmann*, 77에 수록된 Bultmann의 접근법에 관한 관찰; Poland, *Criticism*, 11; Richardson, *Age of Science*, 109). 기적에 관한 Bultmann의 접근법에 대한 조사와 비평에 대해서는 Hay, "View"를 보라.
13　Jaki, *Miracles and Physics*, 13도 그렇게 지적한다.

한다. 내가 수집한 몇몇 사례들에 대한 증거는—때때로 내 조사의 한계로 인해—다른 사례들의 증거보다 강력하지만, 내가 속한 학문 분야에 있는 학자들은 초자연적 유신론(역사적으로 유대, 기독교, 이슬람의 접근법)을 미리 배제하지 말고 그것이 최소한 학문적으로 받아들일 수 있는 설명 방법들 중 하나라는 점을 인정하기를 희망한다.

본서의 두 가지 목표를 명심하는 독자는 내가 언제 어떤 주제에 관해 좀 더 많이 논의하는지를 분별할 수 있을 것이다. 간략히 말하자면 비록 좀 더 극적인 경험들에 대한 설명들(특히 12, 15장에 나오는 기사들)이 두 번째 주제에 가치가 있으므로 내가 궁극적으로 그 설명들에도 초점을 맞추기는 하지만, 나는 기적 주장들을 열거하거나 다룰 때, 특히 8-12장에서 첫 번째 주제에 관해 논의한다고 할 수 있을 것이다. 나는 참으로 초자연적 원인에 대한 철학적 반대에 도전하는 대목(예컨대 5-6장과 13-15장)에서 첫 번째 주제를 옹호하며, 대화에서 이를 배제하는 데 반대한다. 내가 두 번째 주제에 가장 명시적으로 적용하는 사례들은 15장에 등장한다. 기적 주장들을 열거하는 장들은 자연히 읽기가 보다 쉬울 것이다. 그러나 철학적·과학적인 부분은 두 번째 주제를 서구의 학문적 맥락에서 고찰하는 데 있어 중요하다.

3. 한계

이 단락의 몇몇 요점들은 위에서 제공한 정보들을 반복하지만, 본서의 한계를 명시적으로 지적하는 것이 중요하기 때문에 이곳에서 반복될 필요가 있다. 본서는 복음서들과 사도행전에 등장하는 기적들 자체에 관한 연구가 아니라, 그 기적들의 한 가지 측면 연구에 대한 서론이다. 다른 학자들은 기적 이야기들을 하나씩 또는 범주별로 분석했다(서로 같은 목표, 접근법 또는 결론을 공유하는 것은 아니지만 예컨대 레오폴드 사부린, 존 마이어, 게르트 타이센, 폴 악트마이어 또는 웬디 코더를 보라).[14] 복음서들과 사도행전에 관한 상세한 주석들은 대개 각각의 기적 이야기들을 자세하게 다루고 있으니 관심이 있는 독자는 그런 연구들을 참조하기 바란다. 나도 마태복음, 요한복음, 사도행전에 관한 주석을 썼기 때문에,[15] 나는 이 대목에서 이에 대해 반복함으로써 독자들로 하여금 본서의 중심 주제에서 벗어나게 하지 않을 것이다. 다른 저자들도 (그들 중 많은 이들이 내 저서의 각주에서 인용되었다) 내가 처음 몇 장에서 간략하게 다루는 몇몇 역사적 맥락의 주제들에 접근했다.

내 관심사는 복음서들과 사도행전에 등장하는 특정한 예나 범주들을 다루는 것이 아니라 목격자의 기적 보고의 타당성(plausibility)이라는 좀 더 개론적인 문제에 초점을 맞추는 것이다. 즉 나는 많은 학자가 그런 보고들은 역사적으로 진짜가 아니라는 가정들로 시작해야만 한다고 느끼지 않고서 그런 주제들을 다룰 수 있도록 어느 정도의 기초를 닦아두고 있는 셈이다. 따라서 신약성서의 배경에 관한 책들이 신약성서 자체에서 발견되는 내용이 아닌 다른 정보에 더 주의를 기울이는 것과 마찬가지로, 본서의 대부분은 신약성서의 텍스트 자체에 대해서보다는 그 문제의 철학과 역사, 현대의 유사 사례 등을 다룰 것이다. 몇몇 독자들은 신약학자들에게 유용한 책은 다른 학자들(또는 같은 저자)이 다른 곳에서 다룬 같은 기초를 반복할지라도 신약성서 구절들에 초점을 맞춰야 한다고 생각할지도 모른

---

14   Sabourin, *Miracles*; Meier, *Marginal Jew*, vol. 2; Theissen, *Miracle Stories*; Achtemeier, *Miracle Tradition*; Cotter, *Portrait*; 또한 Kee, *Miracle* 및 기타 연구들도 보라. 그리고 다양한 접근법에 관해서는 예컨대 다음 문헌들을 보라. Wire, "Story"; idem, "Structure"; Funk, "Form." 신학적으로는 Polhill, "Perspectives"를 보라. 방대한 주석이 달린 참고 문헌은 (1977년 이후 문헌들만을 대상으로 하기는 하지만) Sabourin, *Miracles*, 237-71을 보라.

15   Keener, *Matthew*; idem, *John*; idem, *Acts*.

다. 그럴 경우 우리는 동의하지 않은 채 살아가야 한다. 나는 대다수 독자를 그들에게 새로울 수도 있는 사안들에 노출시키려 하고 있으며, 이러한 사안들이 신약성서에 나오는 보고들이라는 문제에 적용될 수 있는 가능성이 상당히 기본적이고 자명하다고 생각한다(그러나 이에 대해 주기적으로 언급할 것이다).

나는 초자연적 원인이라는 문제를 제기하기는 하지만, 그것이 모든 기적 주장에 최상의 설명이라거나 어떤 경우에는 그것이 기적 주장들에 유일하게 타당한 설명이라고 가정하지 않는다. 그러나 몇몇 극적인 주장들—예컨대, 장기간 실명 상태였다는 문서 기록이 있던 사람이 즉각적으로 시력을 회복하는 것 같은 사례—은 내게는 그런 논의를 해 볼 수 있는 사례로 생각된다. 특정한 종교 종파의 입장에서 저술하는 학자들은 몇몇 활동을 반드시 긍정적인 것으로 보지는 않으면서도 이를 초인간적이라고 인정할 것이다. 내가 원칙적으로 그런 구분을 탐구하는 데 반대하는 것은 아니지만, 이는 이 대목에서 중요한 요점이 아니다(여기서 논의의 초점은 목격자의 기적 주장의 타당성과 융통성이 없는 반초자연주의적인 틀의 한계다). 성경 신학은 "초자연적"인 범주(심지어 성경 신학이 표적으로 부르는 현상에 대해서조차)에 대해서는 자연 현상을 통한 것을 포함하는 신적 원인에 대해서보다 관심을 훨씬 덜 기울인다.[16]

---

16   해석자들의 학문적 배경과 궤를 같이해서 특별히 기적적인 특징들은 흔히 주변적인 것으로 간주되지만(Wright, "Prologue,"25), 20세기 중반의 신적 행동의 "리사이틀로서 성경 신학"에 대한 강조에 관해서는 예컨대 Wright, *God Who Acts*(예컨대 64)를 보라. 다른 학자들은 이 운동이 역사에서 발생한 특정한 신적 행동(어떤 신이 자연적 원인을 통해 일하는 것과는 구분되는 행동)에 관한 문제를 회피한다고 비판하면서(Dilley, "Act," 67-73에 수록된 불평을 보라), 하나님이 자연 과정을 통해서만 일한다는 현대주의자들이 옳거나 기적들에 대한 성경의 묘사도 옳다고 주장한다(ibid., 73-80. 참조. Wink, *Transformation*, 31). 기적 이야기들은 보고된 기적들에서 하나님이 실제로 행동한 경우에만 행동한다는 신학적 주장을 지지한

따라서 본서에서 다루는 이 특정한 의미의 초자연 문제는 성경 자체보다는 현대 철학을 통해서 짜졌다.

즉 본서에서 내 관심은 역사적이면서도 역사를 초월하며(metahistorical), 일반적으로 좀 더 전통적인 신학적 질문들이 이런 분야와 겹치는 경우를 제외하고는 이 질문들을 다루지 않는다. "신이나 신들이 존재하는가?"라는 질문과 "기적들이 존재하는가?"라는 질문은 확실히 신학적인 관심과 겹치는 점이 많지만, 나는 좀 더 상세한 질문의 대다수를 다루지 않을 것이다. 제기되어야 하지만 반드시 해결되지는 않는 문제에 관해 학자들이 다양한 신학적 의견들을 제공할 때에는, 나는 때때로 이 문제에 관한 나의 확고한 입장을 제시하지 않은 채 이 의견들을 언급할 것이다. 나는 그 주제에 대한 성경적 그리고 신학적 연구의 가치를 무시하지 않으며, 나 자신이 이러한 관심사들에 관해 다른 곳에서 글을 썼다. 하지만 내가 지금 저술해야 할 임무에 비춰 볼 때 그런 연구들에 관해서는 아마도 다른 저자들이 다른 책에서 다루는 것이 좋을 것이다. 나는 본서를 읽는 사람 중 아무도 내가 영적인 치료가 항시 일어나는 것으로 여긴다고 생각하지 않기를 바란다. 절대 그렇지 않으며, 본서를 위한 증언을 제공한 사람들 대다수가 그렇지 않다는 것을 알고 있다. 당연히 우리는 그러한 치료가 일어나지 않은 이야기들로 여러 권의 책을 쓸수 있다. 예컨대 나는 그런 책에 우리 부부가 겪은 여덟 번의 유산을 포함할수 있다. 그러나 사실상 아무도 묻지 않는 사례를 논의하는 것은 별로 의미가 없어 보인다. 기적들에 대한 내 관심은 마치 몇몇 저자들이 기적 연구에 비해 고난이나 정의라는 성경의 주제를 경시하는 것처럼 승리주의적인 것이 아니다. 나는 이 주제들에 관해 다른 곳에서 다뤘다.[17] 고난이나 정의는 내

다(O'Connell, "Miracles," 55). 성경에서는 신적 계시가 말과 행동 모두로 이루어졌다(Mussner, *Miracles*, 5-6).
17 고난에 관해서는 예컨대 다음 문헌들을 보라. Keener, *Spirit*, 69-71; idem,

가 본서에서 다루는 주제가 아닐 뿐이다. 복음서 신학에서 표적들은 왕국을 미리 맛보는 것이지 그것의 완전한 실현이 아니다.

본서에서는 불가피하게 (비록 내가 이런 기사를 수록하는 비율은 미미하지만) 예컨대 성인(聖人)들의 환영을 통한 치유 등 독자들이 다양한 방식으로 대답할 신학적 주제들도 제기될 것이다. 그런 경우 내 주된 관심은 "이런 사례들이 성인, 천사, 하나님, 다른 영들, 매우 특이한 자연적 원인 또는 여러 요인의 결합과 관련이 있는가?"보다는 목격자의 이례적인 영적 치료 주장에 있다. 나는 그런 사례들에 대해 손쉽게 설명하는 교파 출신이 아니며, 설사 그런 교파 출신이라 해도 보고들에 대한 내 조사가 그런 사례들의 신학적 해석에 대한 자동적인 전문성을 부여하지는 않는다. 그러나 본서와 같은 학술적인 성격의 책에서 (특히 그런 주장들에 대해 의료 기록이 동반되는 경우) 그런 주장들을 배제하는 것은 공정하지 않을 것이다. 영적 치유는 내가 협소하게 초점을 맞추는 본서에서 허용하는 것보다 더 많은 연구가 필요한 광범위한 주제다.

학문 연구에서 당면 목적상 내가 몇몇 저자들이나 연구 분야와 취지를 같이한다 해서 내가 그들과 다른 모든 점에서 동의하는 것은 아니라는 점은 말할 나위가 없다. 나는 본서에 포함시킨 모든 학자의 견해나 방법론에 동의하는 것은 아니지만 중요한 음성을 제외하지 않기를 바라는 학문적인 공정성에서 그들의 설명을 포함시킨다. 내 성경 해석적인 견해나 신학적인 견해는 본서의 행간에서 읽힐 필요가 없다. 이에 관한 내 견해는 내가 이 주제들에 관해 쓴 곳에 나와 있다. 내가 불트만이나 역력히 초자연적 주장들을 긍정하기를 싫어하는 그의 입장을 지지하는 저자들

Revelation, 여러 곳. 정의에 관해서는 예컨대 Usry and Keener, *Religion*, 83-139을 보라. 몇몇 비평가의 가정과는 달리 치유나 성령 같은 주제들을 다루는 저자가 반드시 다른 주제들을 소홀히 하는 것은 아니다(예컨대 Mittelstadt, *Spirit*를 보라).

을 비판할 때 그들의 모든 통찰이나 저술을 비판하는 것이 아니라는 점도 말할 필요가 없다. 극단적인 예를 들자면, 내가 특정 사건에 대한 어느 샤먼의 토착 종교적인 설명을 존중하면서 다룰 때 어떤 사람이 내가 그 샤먼의 모든 세계관에 동의하리라고 추론하지 않아야 한다. 내가 서구의 전통적인 몇몇 틀에 도전한다고 해서 개인적으로 가능한 모든 대안적인 틀을 포용하거나 서구의 학자들(나도 그중 한 명이다)이 주장하는 모든 것을 일축하는 것은 아니다. 나는 내 예들을 주로 내가 가장 잘 찾아낼 수 있는 인맥이 있고 가장 잘 탐구할 수 있는 기독교 사례들로 제한했지만, 이 주제에 관해서 나는 다양한 종교 및 무종교의 관점에서 주장하는 사람들과 취지를 같이할 수 있다.

주목할 만한 많은 회복에 관해 정신 면역학의 중대한 공헌 같은 귀중한 시각에서 접근한 학자들이 있다. 나는 그런 접근법들이 우리가 제시하는 모든 사례를 다룬다고 믿지는 않지만, 그런 접근법들이 많은 경우에 유익할 수 있다고 인정한다.[18] 그러나 본서에서 내 목표가 이런 학자들 대다수의 문헌의 목표와는 다르기 때문에 나는 이 접근법에 초점을 맞추지 않기로 했지만, 내 접근법이 이와 모순된다고 여겨져서는 안 된다. 각각의 접근법에는 적절한 역할과 목표가 있다.

본서는 불가피하게 이 주제에 관해 쓸 수 있는 것들의 표본에 지나지 않는다. 추가로 조사하면 치유되었다고 주장하는 사람들에 대한 후속 인

---

18 아마도 어떤 학자가 자신의 해석 기준에 따라서는 좀 더 직접적이거나 진화적 목적론 또는 둘 모두를 통한 신적 설계 관점에서 논의하지 않는 한 일반적인 수준에서는 이 지적 원인에 대한 증거를 제시할 필요가 없겠지만, 나는 개인적으로 그런 사례들이 신적 원인과 양립할 수 없다고 생각하지 않는다. 나는 몇몇 연구들에서 발견되는 "치유"(healing)와 "치료"(cure) 간의 구분을 따르지 않았는데, 이는 내가 그런 구분이 적절하지 않다고 생각하기 때문이 아니라 내가 본서에서 초점을 맞추는 내용과 직접적인 관련이 적기 때문이다.

터뷰를 실시하고 기록된 다양한 자료들에서 그러한 의료 기록을 찾아봄으로써 보다 통제된 연구를 제공할 수도 있을 것이다(이런 연구는 특히 좀 더 회의적인 사람들에게 도움이 될 것이다). 그런 귀중한 조사는 내가 현재 활용할 수 있는 조사 자원 및 자격과는 다른 자원과 자격을 요구한다. 내 전공 분야는 초기 기독교에 대한 역사적 연구이지만, 본서는 인류학, 현대 교회의 역사 및 내 주된 역량과는 가장 거리가 먼 과학 철학에 의존한 다양한 학문적 접근이 필요했다. 이상적으로는 의학 분야의 전문성이 있었더라면 이 주제가 더 잘 다뤄졌을 테지만, 나는 이미 이 분야는 내 역량 밖이라고 고백했다.

나는 필요한 질문을 할 줄 알며 내 인터뷰 기록이 많은 기자가 전통적으로 사용하는 기준을 충족한다고 확신하지만,[19] (한 번의 인터뷰를 제외하면) 구술 역사 인터뷰를 위한 최적의 보관 기준을 충족하는 기록 장비도 갖추지 않았다. 다른 학자들은 현재까지 저자들이 수행해온 연구를 바탕으로 거기서 더 나아가—이후의 연구들이 대개 그러하듯이—내가 본서에 수록하는 것보다 많은 조사 결과를 제공할 수 있을 것이다.[20] 이상적으로는 그런

---

19 이 판단은 최소한 조심성 있는 기자들과 인터뷰한 내 경험에 기초한 것이다. 나는 여기서 조심성이 덜한 인터뷰 실시자는 고려하고 있지 않다. 내가 본서에서 여러 번 인용하는 기사를 쓴 어떤 기자는 한번은 예기치 않은 정보를 입수하자 "내 결혼 청첩장 이면에 적었다"(Wakefield, *Miracle*, 85). 물론 나도 그런 상황에 처한 적이 몇 번 있었다. 어떤 사람이 (대개) 기자들과 인류학자들의 다른 주제에 관한 인터뷰는 긍정하면서 치료에 관한 인터뷰를 단지 "이단"이라고 무시한다면, 그 사람이 반대하는 것은 구술 보고라는 장르가 아니라 (많은 사람이 초자연적이라고 생각하는) 치료의 내용인 것 같다. 즉, 그 사람은 자신의 입장에 반하는 증거를 제거하고 있는 셈이다.

20 본서에서 종종 무리하게 자신의 주력 분야를 넘어서야 했던 신약성서 학자의 조사 보다는 선교학 논문 등의 연구가 그런 연구들에 더 적합하다. 우리는 생존해 있는 인간 증인들과 인터뷰하는 데 익숙하지 않다. 인류학자들은 종교적인 치유 조사 활동을 활발하게 수행하고 있으며, 전 세계적인 기독교 치유도 연구 분야의 하나가 되어 가고 있다(Brown, "Afterword," 372을 보라).

연구들이 기적 주장이 입증됨(높은 정도의 확률), 개연성이 높음, 가능성이 있음, 확실히 거짓임(기만적이거나 오류임)을 포함하는 연속선(continuum)에 따른 구분을 제공할 수 있을 것이다.[21] 이 분야에서의 내 한계로 말미암아 내가 수행할 수 없었던 사안들에 대해서는 다른 연구에서 조사되어야 한다.

이러한 한계 외에도 내게는 조사를 위한 팀이나 조수, 기금도 없다. 감사하게도 내가 소속되어 있는 기관에서는 내 업무 부담을 덜어줬고 도서관에서는 내가 요청한 많은 책을 도서관간 대여 프로그램을 통해 확보해준 막대한 도움을 주었지만, 나는 이 조사를 수행하기 위한 안식년을 갖지도 못했다. 나는 다른 학자들이 이 주제에 관한 조사를 내가 할 수 있었던 수준보다 더 진전시키도록 촉구하는데, 주류 세계에서 일하고 있는 의사들이 내가 할 수 없었던 측면들을 더 발전시키는 데 가장 좋은 위치에 있다고 생각한다. 그러나 나는 본서가 그러한 후속 조사를 위한 유용한 토대를 제공하리라고 믿는다.

하나님이 오늘날에도 기적을 행한다는 믿음이 널리 퍼져 있음을 보여주는 증언이 많이 있다. 이 중 많은 증언은 초자연적 인과 관계에 대한 믿음을 지지하는 논쟁에서 가치가 모호한 것으로 여겨지겠지만, 나는 그중 몇몇은—특히 복수의 독립적인 증인들이 이례적인 경험을 확인할 경우—그 주제에 대한 강력한 지지를 제공한다고 믿는다. 몇몇 독자들은 의료 기록이 없는 증언을 모두 무시할지도 모른다. 몇몇 사례에서는 의료 기록을 구할 수 있지만, 의료 기록도 위조되거나 그 해석에 논란이 있을 수 있다. 따라서 궁극적으로는 기적에 관한 회의주의가 철저할 경우 어떤 증언도 믿어지지 않을 수 있다. 몇몇 경우에는 추가로 조사해 보면 내 자료들과 내 자료에 수록된 자료 중 일부의 신뢰성이 약해질지도 모른다. 많은 경우 몇몇 증

---

21   인식론에서 확률 수준의 중요성에 관해서는 Polanyi, *Knowledge*, 31-32을 보라.

인들이 신적인 개입 덕이라고 얘기하는 회복들이 자연적으로 발생하는 사례도 있다. 그러나 그릇되게 형성된 흄과 그의 후계자들의 논거가 무턱대고 채택되지 않는다면, 나는 본서에 기록된 기사 중 몇몇 기사의 무게가 독자들로 하여금 극히 일반적이지 않은 원인을 진지하게 고려하도록 초대할 것이라고 믿는다.

몇몇은 개별적인 부인(disclaimer)이 없는 모든 기적 기사 이야기에 대해 무비판적이라고 일축할 것이다. 그러나 본서의 첫째 목적에는 부인이 필요하지 않으며, 나는 두 번째 목적을 지지하는 기사들의 일부만 명시적으로 인용할 것이다. 더욱이 몇몇 사건들은 기적적일 수 있다는 가능성에 대한 열린 자세가 왜 그 가능성을 선험적으로 일축하는 것보다 더 무비판적인지 질문할 수도 있을 것이다. 이 질문은 그 부인이 독단적이고 자신의 믿음의 역사적 유래와 형성에 관해 자기 비판적 성찰이 없는 학자들에게 특히 적절하다.

어느 책이든 그 책이 쓰이는 시대를 반영한다. 지금 본서를 쓸 수 있게 해 준 틀이 변하면 궁극적으로 본서의 쓸모가 없어질 수도 있고, 다양한 주장들의 성격 구분 등 인간이 아닌 존재의 활동이라고 주장되는 사건들에 관한 문제가 더 중요해질 것이다.[22] 다른 학자들이 본서의 연구를 기초로 좀 더 정교하게 연구를 수행하면 본서는 기본적이라고 보일 수도 있을 것이

---

22 즉 현대주의자들의 기적 기사 부인은 그런 모든 기사의 가치가 동일하다는 포스트모더니즘에 길을 내줄 수도 있다. 신학 차원에서 그러한 동일시는 단순히 상대주의를 전제함으로써 배타주의적 세계관(가령 유일신론적 세계관)보다 상대주의적 세계관(가령 다신론적 세계관)에 우선권을 부여할 수 있다(Hume, *History of Religion*, 48-51은 다신론이 일신론보다 훨씬 더 관용적이라고 보았다). Hume의 접근법에 관한 논평은 Smith, "Introduction," 15을 참조하라). 그들은 또한 회복의 성격에 관한 객관적인 과학적 평가보다 개인의 경험에 대한 주관적 해석을 우선시할 수도 있는데, 이런 태도가 의학에 적용될 경우 조사가 방해될 수도 있다. 그런 논의가 본서의 요점이 아니라고 해서 이를 논의할 가치가 없는 것은 아니다.

다. 그러나 어떤 책에 적합한 때가 있다면, 나는 지금이야말로 본서가 필요한 시기라고 생각한다. 본서는 원래는 2009년 초에 출판 계약을 맺었던 출판사를 위해 준비되었으나 그 과정의 지연으로 인해(그리고 궁극적으로는 그 출판사의 다른 많은 책과 더불어 본서의 판권도 베이커 아카데믹이 인수함에 따라) 나는 이에 관해 연구할 시간을 좀 더 가질 수 있게 되었다. 나는 처음에는 저널리즘 측면에서 다양한 지연들이 못마땅했지만(나는 긴급한 "특종"을 갖고 있다고 생각했다), 학문적인 측면에서는 내가 추가로 시간을 가질 수 있게 됨으로써 본서가 좀 더 강력해지고, 더 미묘한 부분들을 다루게 되고, 궁극적으로 더 영속적인 작품이 될 수 있었다.

독자가 저자의 관점을 아는 것이 중요하기 때문에, 나는 현재 이 사건들 중 몇몇은 초인간적 원인을 갖고 있다고 확신한다는 점을 거듭 밝혀둔다. 그러나 내가 항상 그렇게 확신했던 것은 아니며, 독자들이 나와 같은 관점을 갖고 있다고 전제하고서 본서를 쓰는 것이 아니다. 나는 유신론적 편견이 내가 한때 갖고 있던 무신론적 편견보다 더 심한 편견이라고 생각하지는 않지만, 저자의 관점은 그 저자가 초인간적 원인에 대해 접근하는 방법에 영향을 주지 않을 수 없다(유신론자 중 소수는 기적이 발생할 가능성을 부인하지만, 유신론자 대다수는 최소한 그 가능성을 긍정한다. 그리고 그러한 가능성에 대해 개방적인 자세를 취하는 것이 그 가능성을 닫아두는 것보다 더 편견에 빠진 자세라고 말할 수는 없다). 아무튼 학자들이 그에 대해 어떻게 해석하든 오늘날 많은 사람이 기적 주장을 제공한다는 사실은 아무도 부인할 수 없다.

4. 문제

리처드 보컴은 최근에 복음서들에 등장하는 상당한 목격자 자료의 진정성에 대한 설득력 있는 논거를 제공했다.[23] 그의 모든 결론에 동의하든 그렇지 않든 간에(예컨대 나 자신은 복음서들이 종종 그것들의 목격자 전승의 개별적인 원천을 명시한다는 데 회의적이다),[24] 그의 귀중한 논거는 진정한 목격자 내러티브에 등장하는 학계의 회의주의 전통에 대해 한 가지 질문을 제기한다. 몇몇 학자는 기적 보고들을 선험적으로 깡그리 배제하는데, 이런 접근법은 그런 내러티브들이 많이 등장하는 문서(특히 마가복음)들을 읽는 데 영향을 준다.

몇몇 학자는 복음서들은 전기이며 사도행전은 정확한 역사적 정보를 많이 담고 있는 역사적 문헌임을 인정하면서도 동일한 내러티브에 나오는 기적 보고들에 문제가 있다고 생각한다. 접근법에서 나타나는 이러한 명백한 모순은 장르의 변화에서 비롯되는 것이 아니라, 다른 문화와 시대에서 지성인들이 무엇을 보았다고 믿을 수 있는지에 대한 철학적 가정에서 나온다.[25]

복음서들과 사도행전은 증인들과 참여자들이 그들 자신 및 복음서나 사도행전 저자들이 기적이라고 믿은 것을 보았다고 주장한다. 이런 주장들

---

23 Bauckham, *Eyewitnesses*(『예수와 그 목격자들』, 새물결플러스 역간).

24 참조. Tuckett, "Review"에 수록된 몇몇 관찰들; Keener, "Review of Bauckham."

25 다음 문헌들은 이러한 회의주의를 언급하지만 이를 지지하지는 않는다: Talbert, *Acts*, 248; Achtemeier, *Miracle Tradition*, 136-37. 참조. Clark, "Miracles and Law," 23. 그는 좀 더 대중적인 차원에서 단지 기적 기사들 때문에 복음서들을 무시하는 사람들을 언급한다. 그 보고들을 인정하지만 초기 기독교 저자들의 해석에만 의문을 제기하는 사람들은 무엇이 가능한가에 관해 초기 그리스도인들과는 다른 철학적 가정하에서 연구를 수행한다. 실제로 그들은 정신 신체 의학적으로 설명할 수 있는 치유와 축귀 보고들을 받아들이는 경향이 있지만, 복음서에 기록된 소수의 자연 기적들과 죽은 자를 살린 사건에 대해서는 좀 더 회의적이다.

중 몇몇은 그렇게 말하는 사람이 현장에 있었다고 주장하는 부분에 등장한다(행 20:9-12; 28:8-9).[26] 학자들은 자신의 가정에 따라 그런 사건들 대다수를 자연주의적으로나 초자연적 관점에서 설명할 수 있지만, 그 사건들을 소설적인 윤색이나 전설적인 첨가물[27]로 축소시키려면, 그 부분을 복음서나 사도행전에 나오는 내러티브들과 다른 방식으로 읽어야 한다.[28]

우리가 역사적 질문을 연구하려면 복음서 시대의 비기독교 기적 기사들을 조사할 필요가 있다. 고대의 기사들은 복음서와 사도행전의 최초 청중들이 그런 기사들을 어떻게 들었는지에 대한 맥락을 제공하지만, 그 유비에는 여러 면에서 한계가 있으며 인간의 경험에서 나오는 좀 더 넓은 유비는 반드시 고대의 유비에만 의존할 필요가 있는지 의문을 제기한다. 우

---

26 대다수 학자는 누가가 "우리"라고 쓰는 부분이 목격담이며 그중 많은 부분이 누가 자신의 목격담이라고 여긴다. 예컨대 다음을 보라. Dupont, *Sources*, 164-65; Fitzmyer, *Acts*, 103; Rackham, *Acts*, xv-xvii; Packer, *Acts*, 3; Neil, *Acts*, 22-23; Barclay, *Acts*, 6; Munck, *Acts*, xliii; Thornton, *Zeuge*(Campbell, *We Passages*, 8에 인용된 내용); Arrington, *Acts*, xxxii; Jervell, *Apostelgeschichte*, 66, 82; Fusco, "Sezioni-noi"; Hanson, *Acts*, 21-24; Spencer, *Philip*, 249; Hemer, *Acts in History*, 312-34; Martin, *Foundations*, 2:67-68; Hengel and Schwemer, *Between Damascus and Antioch*, 7; Barnett, *Birth*, 190-92; deSilva, *Introduction*, 299; Gonzalez, *Acts*, 4; Pao, *Isaianic Exodus*, 22-23. 많은 학자는 이에 반대한다. 좀 더 자세한 논의에 관심이 있는 독자는 Keener, *Acts*, 행 16:10에 수록된 논의를 참조하라.

27 비역사적이고 정경보다 이후의 저술인 외경 복음서들과 행전들의 경우는 대개 그런 내용이 많다. 그런 문헌들의 소설적인 성격에 관해서는 예컨대 다음 문헌들을 보라. Aune, *Environment*, 151-52; Lalleman, "Apocryphal Acts," 67; Rebenich, "Historical Prose," 307-8; Bauckham, "Acts of Paul"; Keylock, "Distinctness," 210; Krasser, "Reading," 554; Hofmann, "Novels: Christian," 846-48; Perkins, "World."

28 나는 복음서들과 행전의 장르와 성격에 관해서는 역사적 예수에 관해 연구한 내 책과 사도행전 주석에서 좀 더 일반적으로 다룬다. 이 주제에 관한 논의는 본서의 분량만큼 방대하기에 나는 본서에서는 그런 논의를 되풀이하지 않을 것이다. Keener, *Historical Jesus*, 5-8장; idem, *Acts*, 서론, 2-8장; "Assumptions"; "Biographies"를 보라. 참조. Idem, *Matthew*, 8-14, 16-36; idem, *John*, 11-34, 57-65.

리는 또한 기적에 대한 고대 및 현대의 철학적 회의주의의 역사적 맥락도 고려해야 한다. 그러한 맥락은 그 기사들에 대한 우리의 태도를 형성할 뿐만 아니라, 초자연적 주장들은 종종 매우 다양한데도 우리가 왜 그 주장들을 일괄해서 취급하는지 설명하는 데 도움이 되기 때문이다. 그다음에 우리는 "현대 서구의 독자들이 그런 주장들을 어떻게 이해할 수 있는가?"라는 문제에 관해 훨씬 더 자세하게 알아봐야 한다. 나는 다른 문화들과 우리 문화 안의 몇몇 종교적 하위문화들이 우리의 지배적인 서구 학문의 틀들보다 복음서들의 주장들을 공감적으로 읽기 위한 더 나은 틀을 제공한다고 제안할 것이다.[29]

이른 시기의 고대 이스라엘의 역사 기술에서와 마찬가지로, 고대의 역사가들은 흔히 그들의 저술에 기적적인 요소들을 포함시켰다.[30] 따라서 기적 주장이 있음을 인정한다 해도 복음서들과 사도행전을 고대의 전기나 역사 기술 장르로 보는 관점이 달라지지는 않는다. 복음서들과 사도행전은 (일정 분량의 지면당) 표적들을 당대에 활동했던 전형적인 역사가들보다는 좀 더 자주 보고한다. 그러나 복음서와 사도행전은 이스라엘의 내러티브의 특정한 부분들과는 같은 비율로 기적을 보고하며, 엘리야-엘리사 사이클 부분보다는 기적을 덜 자주 보고한다.[31]

---

29 예컨대 Roschke, "Healing"은 아프리카 문화는 서구 문화보다 치유와 축귀 이해를 위한 좀 더 다 나은 토대를 갖고 있다고 강조한다. Jenkins, "Reading," 72은 "아프리카와 아시아의 독자들이" 치유, 묵시적 실재 및 영적 실재들—이것들은 전형적인 서양인들에게보다 그들의 맥락에 더 적실성이 있다고 여겨진다—에 대한 성경의 관점에 "보다 더 강하게 공감할 수 있다"고 지적한다.

30 예컨대 Krasser, "Reading," 55과 Plumacher, *Geschichte*, 33-84을 보라.

31 우리의 자료들 사이에도 차이가 있다. 예컨대 누가-행전은 표적들을 마가복음이나 요한복음에서보다 더 분명하게 긍정적으로 강조하며, 바울 서신에서보다 중심적인 사건으로 묘사한다. 그러나 누가-행전과 바울 서신 사이의 차이는 장르의 차이일 수도 있다(고후 12:12을 보라). 따라서 야고보는 명백하게 기적들을 기대하

많은 고대 역사가들이 특이한 현상들을 언급했지만, 그들은 좀처럼 복음서들 및 사도행전만큼 이러한 현상들을 곱씹지 않았다. 그러나 이 차이는 특히 당대의 대다수 역사가는 기적을 행하는 사람과 그 당시에 그 표적들로 알려진 "은사" 운동의 초기 역사에 관해서 쓴 것이 아니라 정치적 또는 사회적 사건들에 관해서 썼기 때문일 가능성이 있다. 그리고 앞으로 살펴보겠지만―그 이후의 몇몇 부흥 운동처럼―최초의 그리스도인들이 그들 중에서 표적들이 발생하고 있고 자기들은 그런 사건들에 대해 직접, 2차, 3차 증언을 할 수 있다고 믿었다는 것을 우리가 의심할 이유가 별로 없다.

본서는 특히 복음서들과 사도행전에 기술된 사건들의 일반적인 가능성을 다룬다. 즉 우리는 이런 사건들이 일어날 수 있음을 긍정하거나 심지어 때때로 그런 사건들이 초자연적으로 일어날 수도 있다고 인정할 수도 있지만 그렇다고 해서 역사적으로 발생했다고 주장되는 특이한 현상들이 모두 발생했음을 의미하지는 않으며, 그 사건이 초자연적으로 일어났음을 의미하는 것은 더더욱 아니다. 나는 복음서들과 사도행전에 나오는 모든 기적 주장을 해결하려는 것이 아니다. 원칙적으로 구술 자료는 시간이 지남에 따라 세부 내용을 흐리거나 과장할 수 있으며 심지어 직접 목격한 저자조차도―역사가들이 일반적으로 자신의 자료들에 대해서 그런 작업을 하듯이―문학적 목적상 그 이야기를 다듬었을 수도 있다. 그런 이슈들을 논의하고자 하는 사람은 구절별로 그렇게 하거나 해당 전승의 일반적인 신뢰성에 기초해서 그렇게 할 수 있다. 앞에서 언급한 바와 같이, 나는 이런 기사들 대다수와 그 전승의 신뢰성 문제 모두에 대해『역사적 예수』

─────────────

지만(약 5:14-16), 야고보가 그 문제를 제기하는 한 문단이 없었더라면 우리는 이러한 기대를 알지 못할 것이다. 바울은 비록 서신들에 더 길게 기록하기는 하지만 이 문제를 야고보보다 더 자주 제기한다. 그러나 초기 기독교 내러티브들은 표적들을 좀 더 많이 포함한다(특히 복음서들. 참조. 계 11:5-6).

(*Historical Jesus*)에서, 그리고 좀 더 자세하게는 마태복음, 요한복음 그리고 사도행전에 대한 내 주석들에서 다뤘다.[32] 그러나 본서에서 나는 논의의 출발점으로서 "우리가 기적들을 그 기적들이 일어나는 내러티브들의 나머지 부분과는 다르게, 즉 진정성이 떨어지는 것으로 취급할 필요가 있는가?"라는 좀 더 넓은 질문을 다룬다.

5. 맺는 말

위에서 언급한 바와 같이, 본서는 신약성서의 기적 기사들에 대해 회의적인 독자들에게 그런 기사들은 목격자들에게서 나왔을 수 있고 실제로 발생했던 현상들을 보고할 수도 있음을 설득시키는 데 초점을 맞춘다. 나는 본서에 제시된 증거가―그것들의 증거력이 균등하지 않기는 하지만―이 주장을 충분히 유지하고도 남는다고 믿는다. 하나님과 같은 초인간적인 존재가 때때로 그런 현상을 일으킨다는 주장은 신학적 주장인데, 나는 이 주장에 반대하는 편견에 대해 도전하고 그 타당성을 보여주기를 바란다. 나는 내 첫 번째 (역사적인) 주장을 인정할 용의가 있는 몇몇 독자들도 (신학적인) 두 번째 주장에 대해서는 반대할 수도 있다고 가정한다. 그럼에도 불구하고 나는 많은 독자가 증거가 동의하기에 충분하다는 것을 알게 될 것이고 다른 많은 독자는 최소한 증거가 그 가능성을 인정하거나 학자들이 그렇게 주장할 만하다고 인정하기에 충분하다고 생각하기를 기대하기 때문에 이 주장도 제공한다. 내가 두 주장을 설명하기 위해 사용하는 자료는 또한 현

---

32   특히 Keener, *Acts*, 서론, 2-9장; 또한 idem, *Historical Jesus*, 여러 곳; idem, *Matthew*, 8-14, 16-36; idem, *John*, 11-34, 57-65.

대의 독자들에게 가장 초기의 대다수 편집자가 이 텍스트들에 보여줬을 경이감을 갖고서 이 텍스트들에 좀 더 공감하면서 접근할 수 있는 방법도 제공할 것이다.

2009년 12월
크레이그 키너

1부

고대의 증거

○ ◑ ○

초기 기독교를 연구하는 학자들 사이에는 예수가 기적을 일으키는 사람이었다는 데 대해 일반적인 합의가 이뤄져 있다. 고대에는 기적 주장들이 흔했지만, 이런 주장들은 그 형식이 달랐다. 사람들 대다수는 치유하는 성소에서 신적 도움을 추구했다. 이 시기에는 공개적으로 기적을 일으키는 사람들은 그다지 흔하지 않았고, 이적을 일으킨 사람들은 좀처럼 치유에 특화되지 않았다. 그럼에도 불구하고 후자의 범주를 비교해보면 "예수와 그의 초기 제자들이 그들의 동시대인들에게 어떻게 이해되었을 수 있는지" 그리고 "그들이 어떤 면에서 더 두드러지게 보였을지"에 관해 더 잘 이해하는 데 도움이 될 것이다.

나는 본서의 뒤에서 주의를 기울일 질문들에 비하면 이러한 서론적인 질문들에 대해서는 간략하게만 다룰 것이다. 이 주제들은 초기 기독교를 연구하는 학생들과 학자들에게 익숙한 주제이며 다른 곳에서 길게 다뤄져 왔기 때문이다. 그러나 서론적인 이 논의는 본서의 뒤에 나오는 질문들을 위한 기초를 쌓는 데 도움이 되기 때문에 중요하다. 여기에는 다음과 같은 질문들이 포함된다. 예수가 기적을 일으키는 사람으로 여겨졌다는 점을 인정한다 치고, 원칙적으로 기적에 관한 특정한 주장들이 목격자에게서 나왔을 법한가? 이런 기적들에 대한 설명들을 고려할 때 어떤 범위의 대안들이 고려 대상으로 열려 있어야 하는가? 자연적 원인뿐만 아니라 초자연적 원인도 가능한 것으로 여겨져야 하는가?

1장

초기 기독교의 기적 주장에 관한 서두 질문

따라서 복음서들의 관점에서는 예수의 능력 있는 행위들인 치유와 축귀는 모두 거룩한 사람으로서 그를 통해 흘러나온 능력의 산물이었다. 예수의 능력은 카리스마적이었는데 이는 그가 자기와 그의 동시대인들이 영이라고도 불렀던 다른 영역의 힘에 대한 통로가 된 결과였다.

마커스 보그[1]

요약하자면 나는 마법사이자 기적을 행하는 사람으로서 예수는 그의 적들뿐만 아니라 그의 친구들에게도 매우 문제가 많고 논쟁의 대상이 되는 현상이었다는 입장이다.

존 도미니크 크로산[2]

⋯육체적으로 및 정신적으로 병든 사람들의 강력한 치유자인 그는⋯공동체가

---

[1] Borg, *Vision*, 67.
[2] Crossan, *Historical Jesus*, 311(『역사적 예수』, 한국기독교연구소 역간).

아니라 궁핍한 사람들을 구하기 위해 조건 없이 주어졌다.

게자 버미즈[3]

[예수는] 아마도 자신의 기적들을 새 시대가 도래했다는 표시들로 보았을 것이다. **그는 자기가 예언자들의 소망을 성취했다**는—또는 최소한 그 소망이 성취되려 하고 있다는—복음서 저자들의 견해를 공유했다.

E. P. 샌더스(강조는 원저자의 것임)[4]

[예수의] 치유와 축귀는 그의 하나님 나라(또는 하나님의 통치) 선포의 본질적인 부분이었다. 능력 있는 행위들과 선포는 병행해야 한다. 어느 것도 다른 것이 없이는 이해될 수 없다.

크레이그 에반스[5]

역사가들은 증언을 기초로, 때때로 유물을 기초로, 그리고 자주 맥락, 내재적 확률 및 증거에 대한 평가를 기초로 역사를 재구성한다. 따라서 역사가들은 초기 기독교에서 나타난 기적에 대해 논의할 때 두 가지 문제에 직면한다. 첫째, 증거의 성격에 관해서는 몇몇 증언은 있지만 1세기의 유물은 없다. 둘째, 확률 논쟁은 (비록 현재는 이러한 철학적 가정이 쇠퇴하고는 있지만) 기적들은 일어나지 않거나, 최소한 어떤 개별적인 기적 주장도 타당한 것으로 받아들여질 수 없을 정도로 높은 회의주의 기준에 의해 평가되어야 한다는 서구의 철학적 가정을 다뤄야만 한다.

이 두 번째 문제가 그런 식으로 해석될 수 있는 현상을 보았다고 주장

---

3   Vermes, *Religion*, 206 『유대인 예수의 종교』, 은성 역간).
4   Sanders, *Figure*, 168.
5   Evans, *Fabricating Jesus*, 141(『만들어진 예수』, 새물결플러스 역간).

한 증인들을 항상 부정하는 것은 아니지만 때때로 그런 결과를 가져왔다. 나는 이러한 철학적 질문에 대해 5-6장에서 다루고 7-12장에서는 그에 기초해서 유사 사례 논증을 다루겠지만, 이 대목에서는 증거의 성격에 관한 문제에 초점을 맞춘다.

1. 예수의 기적에 대한 증거

증거의 종류가 제한적이지만 (즉 유물은 없지만) 예수가 기적을 일으키는 사람이었다는 증거는 상당히 많다. 그 증거는 대체로 특정한 기적들로 한정되지만, 이 문제에 대해 언급하는 많은 고대 자료들—Q, 마가복음, 마태복음과 누가복음에 수록된 특수 자료, 요한복음, 사도행전, 바울 서신들, 요한계시록, 유대 자료와 이방인 자료 모두에서 나온 비기독교의 증언—모두 예수와 그의 초기 제자들이 기적을 일으켰다는 데 동의한다.[6] 누군가가 Q는 기적에 관해서는 완전한 내러티브 하나(마 8:5-13//눅 7:1-10. 마 11:5//눅 7:22; 마 12:28//눅 11:19에 수록된 기적 요약은 포함하지 아니함)만을 포함하고 있다고 이의를 제기한다 해도, 이 내러티브가 일반적으로 Q에 할당되는 내러

---

6   바울 서신에 관해서는 다음 구절들을 보라. 롬 15:19; 고전 12:8-10; 고후 12:12; 갈 3:5. 요한계시록은 계 11:6을 보라(참조. 계 11:18; 19:10). 회의주의적인 관찰자들은 비기독교 증거가 인상적이라고 생각할지 몰라도 복음서 전승들은 현존하는 다른 자료들보다 그 사건들이 발생했던 때와 더 가까운 시기에 쓰였다. 나는 다른 곳에서 이 자료들로부터 구할 수 있는 예수에 관한 진정한 정보가 매우 많다는 점에 대해 매우 자세하게 주장했다(Keener, *Historical Jesus*를 보라). 광범위한 자료를 주목하고서 많은 이들이 예수를 기적 행위자로 보는 묘사를 지지하는 복수의 증거에 호소한다(예컨대 Sabourin, *Miracles*, 69; Boobyer, "Miracles," 40-41; Rowland, *Origins*, 146-47; Sanday, "Miracles," 63-64).

티브의 아마도 절반 또는 전부를 차지한다는 점을 주목할 가치가 있다.[7] 마태복음 11:5//누가복음 7:22에서 예수가 자신이 일으킨 기적을 요약한 내용은 그가 자신을 기적을 일으키는 자로 믿었다는 것을 명확히 보여준다.[8] 더욱이 예수 이후의 제자들이 고라신 같은 모호한 그의 사역 장소를 지어 냈거나 이른 시기의 이름인 벳새다라는 이름을 사용했을 가능성이 매우 낮다는 점으로 미루어 마태복음 11:21//누가복음 10:13에 들어 있는 Q 자료는 널리 기반 전승으로 여겨진다.[9] 그런데 이 자료는 이 갈릴리 마을들이 자기들 가운데서 행해진 예수의 이례적인 기적들에 철저하게 반응하지 않은 데 대해 심판받는다고 말한다.[10] 그리고 예수가 믿음이 없는 곳에서는 치유

---

7   Robinson, "Challenge," 321을 보라. 나는 Q에 내러티브 몇 개가 더 있을 수 있다고 생각한다(마 4:1-11//눅 4:1-12; 마 8:5-13//눅 7:1-10). 나는 Q가 막 3:22-30 배후의 내러티브 구문을 포함할 개연성이 높다고 믿는다. 마 12:22-32, 43-45//눅 11:14-26에 수록된 병행 구절은 마가가 삭제했을 수도 있는, 추가로 겹치는 자료(마 12:28; 눅 11:20)를 포함하기 때문이다. 그러나 이 구절들은 Q가 아닌 다른 구전 전승에서 유래했을 수도 있다. 그러나 이 Q 기사들은 모두 초자연적 요소를 포함한다. Eve, *Healer*, 84-91는 Q 가설을 의심하며 따라서 주로 마가복음에만 의존한다(따라서 92-117에서 기적 이야기들에 대한 마가의 신학적 적용에 초점을 맞춘다). 오늘날 유력한 학자 중 중요한 소수(예컨대 Goodacre and Perrin, *Questioning*)는 Q에 관한 Eve의 회의주의에 동의하지만, 이 접근법에 대해 비판하는 학자도 있다(예컨대 Hagerland, "Review").

8   Dunn, *Remembered*, 671(『예수와 기독교의 기원』, 새물결플러스 역간)은 바울이 롬 15:19에서 자신이 표적으로 능력을 부여받았다고 믿은 것을 의심할 필요가 없듯이 예수의 이 믿음을 의심할 필요가 없다고 올바로 지적한다.

9   다음 문헌들을 보라. Mussner, *Miracles*, 19-22; Charlesworth, "Sketch," 97; Burkitt, *Sources*, 14; Theissen, *Gospels in Context*, 49-52; Witherington, *Christology*, 166; Keener, *Historical Jesus*, 183; Adinolfi, "Lago"; Arav and Rousseau, "Bethsaide"; 나는 Bultmann, *Tradition*, 112에 반대한다.

10   Mussner, *Miracles*, 19-20을 보라. Mussner(31-36)는 예수의 한센병 치유를 방어하기 위해 비유사성 기준에 호소해서 그 치유를 상충 전승(conflict tradition)에 위치시킨다. 그리고 예수가 안식일에 치유한 사건도 그렇게 본다(38). 그러나 오늘날 예수의 기적들은 상충하는 전승보다 논쟁이 덜한데, 나는 이에 대해 *Historical Jesus*, 16장에서 다룬다.

할 수 없었다(막 6:5)는 아이디어를 마가가 지어내지는 않았을 것이다.[11]

따라서 이 주제에 관해 연구하는 오늘날의 대다수 학자는 예수가 치유자이자 귀신을 쫓아내는 사람이었다는 주장을 인정한다.[12] 이 주장에 대한 증거는 예수나 가장 초기의 기독교에 관해서 우리가 제기할 수 있는 대다수의 다른 어떤 구체적인 주장에 대한 증거보다 강력하다. 학자들은 종종

---

11 다음 문헌들도 같은 취지로 말한다; Funk et al., *Acts of Jesus*, 85; Montefiore, *Gospels*, 1:119. 예수가 종종 믿음을 요구한 것은 그가 믿음에 의존했기 때문이 아니라 최소한 그 현장에 있던 몇몇은 그 표적의 요점을 이해하기를 원했기 때문일 수도 있다(Robinson, "Challenge," 326). 다른 요소들을 강조했을 수도 있는 마태조차 기적들을 무시하지 않는다(Heil, "Aspects," 여러 곳, 예컨대 276). 다음에 나오는 기적에 대한 논의를 참조하라. 마가복음(예컨대 Lamarche, "Miracles"), 마태복음(다른 곳, 예컨대 Légasse, "Miracles"), 누가복음(예컨대 George, "Miracle"), 요한복음(예컨대 Léon-Dufour, "Miracles"; Johns and Miller, "Signs"; Charlier, "Notion"). 마가의 기적 이야기들은 아마 더 오래된 전승일 것이다. Metzger, *Index*, 18-21에 수록된, 예수의 기적에 관한 1962년 전에 발표된 62개 논문 목록을 보라(몇몇 중요한 표본은 다음과 같다. Scherer, "Miracles de Jésus"; Chadwick, "Miracles"; Young, "Value"; Delling, "Verständnis"; Foster, "Miracles"; Ropes, "Aspects").

12 이 합의에 대한 요약은 다음 문헌들을 보라. Blackburn, "Miracles," 362; Eve, Miracles, 16-17; Welch, "Miracles," 360; Green, "Healing," 758; Licona and Van der Watt, "Historians and Miracles," 2; Dunn, *Remembered*, 670; Hultgren, "Stories," 134-35; Davies, *Healer*, 44; Eddy and Beilby, "Introduction," 38; Twelftree, "Message," 2518-19; 참고. Evans, "Prophet," 1228-29; 약 1세기 전의 동일한 합의문. Wilson, "Miracles," 13에 실린 글도 보라. 몇몇 학자는 "타당성"(plausibility) 문제도 해결했다(예컨대 Remus, *Healer*, 113). Ehrman, *Prophet*, 197-200은 학자들이 예수가 초자연적으로 행동했는지 여부에 관해서는 판단을 내리지 않은 채 그를 귀신을 쫓아내는 사람이자 치유자로 받아들일 수 있다고 지적한다. 여러 학자(예컨대 Hunter, *Work*, 86; Blessing, "Healing," 186)가 (*Word*, 124, 172을 인용하여) Bultmann조차 예수를 치유자이자 귀신을 쫓아내는 자로 받아들였다고 지적한다. 몇몇은 복음서들에 나타나는 특정한 묘사들은 믿을만해 보인다고 주장했다(Mansour, Mehio-Sibai, Walsh et al., "Jesus and Eye," Kub, "Miracles," 1273-74에 요약된 글; Bultmann에 대해 반대하는 의견으로는 Wilkinson, *Healing*, 예컨대 122을 보라).

기적들이 그의 가르침과 예언 활동만큼이나 예수의 역사적 활동의 특징이라고 지적한다.[13] 기적 보고들이 복음서들에 매우 중요하기 때문에 우리는 복음서들이 예수에 관한 진정한 정보를 거의 조금도 보존하고 있지 않다고 여길 경우에만 그 보고들을 제거할 수 있을 것이다.[14] 실로 마가복음에 기록된 구절 중 기적과 관련된 절들이 31%를 상회하며,[15] 마가복음 내러티브의

---

13 예컨대 다음 문헌들을 보라. Twelftree, "Miracles"; idem, *Miracle Worker*; idem, "Message," 2520-24; Richardson, *Apologetics*, 170-71. 복음서들에서 초자연적 요소들을 비롯하여 기타 다른 요소들을 제거하는 이신론자들은 "그들의 텍스트의 거의 절반"을 삭제할 수 있다(Woodward, *Miracles*, 18, Jefferson에 관한 평가. Jefferson의 방법론에 관해서는 Brown, *Thought*, 280도 보라). "제3의 탐구"(Third Quest)는 소위 첫 번째 탐구와 제2의 탐구보다 복음서들의 기적 전승을 더 존중한다(Meier, "Third Quest"). 예수를 예언자이자 기적을 일으키는 사람으로 취급하는 학자들이 주류인 것 같다(예컨대 다음을 보라. Meier, "Quest"; Tan, *Zion Traditions*, 237; Flusser, "Love," 154; Theissen and Merz, *Guide*, 113, 281-315; Kee, "Quests"; Robinson, "Challenge," 321; Pikaza, "Jesús histórico"; Rusecki, "Kryteria"); 현자와 신비론자가 양립할 수 없는 것이 아니듯이(Sterling, *Ancestral Philosophy*, 99-113), 이 틀은 예수를 현자로 보는 데 본질적으로 반대하는 것이 아니다(Van Oyen, "Criteria"; 다음을 보라. Evans, "Prophet"; Keener, *Historical Jesus*, 2, 34). Burton Mack의 회의주의(*Myth*, 76)는 예외일 수도 있다.

14 Pittenger, "Miracles 1," 106(복음서들이 제자들에 의해 알려진, 귀중한 예수의 "'인상적인' 그림"을 제공한다고 믿는다); Robinson, "Challenge," 321-22; Betz, *Jesus*, 60. 참조. Eder, *Wundertäter* (Sabourin, *Miracles*, 245에 인용된 내용); Dod, "Healer," 169 (예컨대 눅 13:32에 수록된 예수의 사역에 대한 요약을 지적한다); Brockingham, "Miracles," 495; Wright, "Miracles," 189; Kallas, *Significance*, 112-13; O'Connell, "Miracles," 59. Polkinghorne, *Reality*, 74. Pittenger는 기적들은 오늘날의 과학의 기준에 의할 때 진정으로 초자연적이라고 주장하지 않으며("Miracles 1," 107), 예컨대 그가 "요정 이야기"와 비교하는 동정녀 탄생 기사들을 부인한다("Miracles 2," 147-48). 기적 기사들에 대체로 이성적으로 접근했던 Schleiermacher조차도 그 기사들이 복음서들에서 차지하는 역할에 비춰 볼 때 예수의 사역에서 중요했다고 결론을 내린다(Loos, *Miracles*, 17). 초기 자료들에서 축귀의 중요성에 대해서는 예컨대 Mills, *Agents*(특히 136에 수록된 요약)를 보라. 누가-행전에 기록된 예수의 사명에서 치유의 중요성에 대해서는 Green, "Daughter of Abraham," 654을 보라.

15 Robinson, "Challenge," 321. 마가가 기적을 많이 강조하는 데 관해서는 예컨대

약 40%가 기적과 관련이 있다고 추정된다![16] 예수에 관한 가장 초기 자료에서 모종의 기적이 나온다는 점을 부인할 비평가는 극소수일 것이다.[17]

제자들이 예수의 가르침을 보존하려 했다면, 특히 회복을 경험한 사람들이 예수의 이례적인 능력의 행위에 관한 보고를 더욱더 확산시키려 하지 않았겠는가?[18] 기적 주장들은 고대 인물 중에서는 (순회자이든 아니든) 비교적 소수와만 연결되었기 때문에 예수가 그런 활동을 하지 않았는데도 놀라운 일을 하는 사람으로 명성이 자자해졌다고 가정할 이유가 없다.[19] 고통받는 사람들에 대한 예수의 사역은 그가 엘리트들과는 빈번히 갈등을 빚은 반면 취약계층의 사람들은 돌본 것과도 일관성이 있다.[20] 역사적 예수학자

Van Wyk and Viljoen, "Benaderings"를 보라. 마가가 축귀를 많이 강조하는 데 관해서는 Finger and Swartley, "Bondage," 19을 보라(그들은 막 3:20-28을 강조한다. 참조. 마 12:28/눅 11:20). 주로 마가에 의존하는(92-117) Eve, *Healer*, 118-19은 마가가 예수가 기적을 일으키는 사람이었다는 역사적 전승을 진실하게 반영한다고 주장한다. 사람들은 대개 역사적 인물에 관한 소설조차도 그 사람의 알려진 행적과 완전히 다르게 쓰지 않으며(118-19), 사건들의 종류가 개별 사례들보다 중요하다(119).

16 Wilkinson, *Health*, 19; idem, *Healing*, 65. 기적들을 열거하는 데 마가복음 처음 10장의 거의 절반이 소요된다(Placher, *Mark*, 76).

17 이 합의에 대해서는 Boobyer, "Miracles," 40-41을 보라. 몇몇 학자는 대다수 치유 기사들을 받아들인다(예컨대 Heard, *Introduction*, 40).

18 Wright, "Seminar," 114(그 보고들은 계속 말해짐에 따라 급속히 표준적인 형식을 띠었을 것이라고 가정한다).

19 Theissen and Merz, *Guide*, 113. 기적들은 메시아적인 인물이나 대다수 예언자와도 널리 결부되지 않았다. 일관성과 비유사성 기준을 사용해서 Eve, *Miracles*, 386은 예수의 독특한 치유와 축귀 사역의 진정성을 지지한다.

20 해방 신학자들은 가난한 사람들과 취약계층의 사람들에 대한 예수의 관심을 올바로 강조해왔다. 누가복음이 이를 강조하기는 했지만(예컨대 Green, "Good News," 특히 66-69, 71-72), 이 관심은 복음서 전체에 나타난다. 마가복음에서 취약계층 치유에 관해서는 예컨대 Gaiser, "Touch"에 수록된 논의를 보라. 본서의 주제와 관련이 될 수도 있는 현상으로서, 비록 타 교파들은 때때로 구조적인 문제들에 대해서 근시안적이기는 하지만(Brown, "Introduction," 10. 참조. Sánchez Walsh, "Santidad," 151-54, 163-66에 수록된 믿음의 말씀[Word of Faith] 가르침의 메

인 게르트 타이센과 아네트 메르츠가 말하는 바와 같이, 하나님 나라가 예수의 설교의 중심에 위치하는 것과 마찬가지로 치유와 축귀는 그의 활동의 중심을 이룬다."[21]

비기독교 자료 중 랍비들[22]과 켈수스는 이 기적들에 대해 적대적이기는 하지만 예수가 기적들을 일으켰다는 점을 명확히 한다(이후의 많은 비기독교 자료들은 그러한 기적적인 일들을 마법 탓으로 돌리는데, 이는 아마도 기독교의 기적들에 대한 가장 초기의 적대적인 설명일 것이다[23]). 기독교, 유대교, 심지어 만다야교에서도 세례 요한과 같은 존경받는 예언자들의 기적에 관해 침묵하는 점에 비춰보면, [예수가 기적을 일으키는 사람이었다는 데 대한] 이러한 일치는 놀랄만하다.[24] 고대의 어느 자료도 예수의 기적 주장에 대해 그것들을 부

시지는 혼합되어 있다), 몇몇은 해방 신학과 범 세계적 오순절파의 진보 진영에서는 이 세상의 가난한 사람들에 대한 능력 부여에 관한 관심이 점점 일치해 가고 있다고 생각한다(참조. Cox, "Foreword," xix; Brown, "Introduction," 12; Oblau, "Healing," 321, 324).

21 Theissen and Merz, *Guide*, 281(더 자세한 내용은 281-315을 보라).

22 Yamauchi, "Magic," 90-91은 다음 문헌을 인용한다. *b. Sanh*. 43a; *tos. Hul*. 2:22-23. 참조. Loos, *Miracles*, 156-67; Vermes, *Jesus the Jew*, 79; Mussner, *Miracles*, 23; Rowland, *Origins*, 306; Hruby, "Perspectives Rabbiniques," 94.

23 참조. *b. Sanh*. 107b; 이교 문헌에서는 Cook, *Interpretation*, 36-39, 138을 참조하라. 랍비 자료들은 2세기 말 전에는 그러한 비난을 말하지 않지만(Flusser, *Judaism*, 635), Sanders, *Jesus and Judaism*, 166은 예수에 대한 그런 비난은 틀림없이 이른 시기에 비롯되었다고 올바로 지적한다; "Why answer a charge that was not levelled?"(마 12:24를 보라. 참조. 요 8:48; Mussner, *Miracles*, 23).

24 Stauffer, *Jesus*, 10-11을 보라. 그러나 그가 인용하는 만다야교와 이슬람의 증거는 이 대목의 논의와 실제적인 적실성을 갖기에는 너무 후기의 자료이다. 이슬람에서 예수를 기적을 일으키는 사람으로 보는 견해는 (그를 비방하는 사람들은 이를 마법 탓으로 돌렸다) 예컨대 코란 5.110; 61.6을 보라. 9세기(현존하는 가장 이른 시기의 텍스트) 자료는 Thomas, "Miracles," 221-22에 수록된 텍스트를 보라. 이후 시기의 이슬람의 논의는 예컨대 Rahman, "Interpretation"에 수록된 텍스트를 보라(그러나 이슬람은 그러한 사건들을 주의 깊게 신적 기적들로 묘사하며 예수는 단지 예언자로 행동할 뿐이라고 설명한다—Zebiri, "Understanding"). 기독교

인하는 방식으로 대응하려고 하지 않았다.

이 점이 더 중요한데, 1세기 유대 역사가인 요세푸스는 예수가 기적을 일으키는 사람이었다고 명백하게 주장한다.[25] 예수 시대에 관한 저명한 전문가인 유대인 역사가 게자 버미스는 요세푸스의 스타일에 기초해서 그의 이 기적 주장은 진짜라고 지적했다.[26] 이 보고에서 요세푸스는 예수를 "놀라운 일들도 했던"[27] 현인으로 부르는데, 이 표현은 요세푸스가 예언자 엘리사와 관련된 기적들에 적용했던 말이다.[28]

따라서 오늘날 예수에 관한 역사적 연구를 발표하는 대다수 학자가 기적 주장에서 나타난 신적 활동에 관한 그들의 가정이 어떠하든 예수가 기적을 일으키는 사람이었음을 인정한다 해도 놀랄 일이 아니다. 예컨대 E. P.

의 영향이 무함마드와 관련된 기적들의 부상(浮上)에 기여했을 수도 있다(Sahas, "Formation"). 그러나 소수의 이슬람 교도 사상가들은—기적의 가능성을 배제하지는 않지만—Hume과 비슷하게 생각했다(Teghrarian, "Al-Ghazali"를 보라). 바울에게서는 바울 자신이 기적을 일으킨 것과 관련된 경우를 제외하고 이 문제를 명확히 다루지 않는다. Wenham, "Story," 307-8을 참조하라.

25 Josephus, *Ant.* 18.63.

26 Vermes, "Notice"; idem, *Jesus the Jew*, 79; 다음 문헌들도 보라. Meier, *Marginal Jew*, 2:621; Theissen and Merz, *Guide*, 74(요세푸스가 요한과 야고보에 관해 적용했던 것과 동일한 중립성을 적용해서 예수에 관해 보고하려 했다고 주장한다); Voorst, *Jesus*, 102; Montefiore, *Miracles*, 99.

27 Παράδοξα. 참조. 눅 5:26. 슬라브어역은 이 주장을 더욱 발전시키지만 상당히 의문스럽다(Gruson, "Josephe")

28 『유대고대사』 9.182. 요세푸스는 종종 이 용어를 좀 더 중립적으로 사용하지만(예컨대 『유대고대사』 2.91; 6.290; 8.130, 317; 12.87; 13.140; 15.261; 16.343; 『유대전쟁사』 1.518; 4.238, 354; 6.102; *Ag. Ap.* 1.53; 아마도 『유대고대사』 14.455), 때때로 신적이거나 초자연적 요소로 말미암아 놀랍게 여겨지는 활동을 가리키기도 한다(『유대고대사』 2.223, 267, 285, 295, 345; 3.1, 14, 30, 38; 5.28; 9.14, 58, 60, 182; 10.235; 15.379. 참조. 2.347; 5.125; 6.171; 10.28; 13.282; 아마도; *Ag. Ap.* 2.114에 등장하는 가짜 신적 활동). 그러나 다른 예언자에 대한 비교는 많은 것을 보여주기 때문에 이 예는 매우 귀중하다(그 역시 엘리사를 언급하는 『유대고대사』 9.58-60도 보라).

샌더스는 "예수가 설교하고 치유한 갈릴리 사람이었다"는 역사적 사실은 "거의 논란의 여지가 없다"고 간주한다.[29] 전통적인 역사비평 도구를 사용해서 존 마이어는 보고된 예수의 많은 기적이 진짜라고 판단한다.[30] 레이먼드 브라운은 "학자들은 가장 오래된 전승들이 예수를 치유자로 보여주기 때문에 순전히 현대 합리주의자의 토대에서 예수의 기적들을 부인할 수 없음을 깨닫게 되었다"고 지적한다.[31] 오토 베츠는 예수가 치유자였다는 점은 "확실하다"고 간주하며 "예수를 마법사라고 부르는 유대교의 반론에서조차" 그렇다고 주장한다.[32] 그는 기적들은 복음서들에 핵심적이며 기적들이 없으면 복음서들에 등장하는 다른 데이터 대다수를 설명할 수 없다고 지적한다.[33] 복음서 전승에 대해 대체로 회의적인 현대 학자 중 모튼 스미스조차 예수가 기적을 일으킨 것이 예수에 관한 전승의 가장 진정한 부분이라

---

29 Sanders, *Jesus and Judaism*, 11. 확실히 복음서들은 예수의 기적들을 "그 사역의 필수적인 부분"으로 묘사한다(Filson, *History*, 105). 몇몇 학자는 Sanders가 역사 기술 연구에 대해서는 초자연적 개입의 실재를 부인한다고 지적하지만(Martin, "Historians on Miracles," 414-15), 그 경고는 예수가 치유자가 아니었다는 주장과는 다르다.

30 *Marginal Jew*, 2:678-772; 예수가 기적을 일으키는 사람이었음을 지지하는 역사적 증거는 *Marginal Jew*, 2:617-45을 보라. 다음 문헌들도 보라. Twelftree, *Miracle Worker*; Blomberg, *Gospels*, 127-36. 그러나 Eve, "Meier"는 복수의 증언 기준에 대해 덜 긍정적이다. Martin, "Historians on Miracles," 417은 Meier가 역사가들은 기적 가능성에 대해 찬성하거나 반대하여 결정하지 않아야 한다고 주장하는 것으로 이해하는데, 이는 부지중에 한쪽에 유리한 증거를 받아들일 가능성을 닫아버리는 접근법이다.

31 Brown, *Death*, 143-44.

32 Betz, *Jesus*, 58

33 Ibid., 60.

고 주장한다.[34] 예수에 대한 이른 시기의 험담꾼들처럼[35] 그도 그것을 마법으로 설명하기는 하지만 말이다. 위에서 언급한 내용들이 복음서들에 수록된 개별적인 기적 이야기들의 문제를 해결하지는 않지만,[36] 종종 그 이야기들에 불리한 입증 책임을 지웠던 한 가지 기본적인 가정에 도전한다. 즉 어떤 이들의 전통적인 가정들과 달리 우리는 예수가 기적들을 일으키지 않았다는 판단을 근거 삼아 특정한 기적 이야기들을 무시할 수 없다.[37] 그러므로 예수의 기적들에 관한 이야기를 순전히 전설적인 첨가물로 여길 필요가 없

---

34 Smith, *Magician*, 16. 유대와 그리스의 유사 사례가 있기는 하지만 대체로 동시대의 교사들이나 철학자들에 관한 것은 아니다. 전통적으로 「에녹 1서」에 나오는 에녹과 노아 같은 먼 과거의 인물들이 각색 대상이었다. 그 전승에 이후의 그리스식의 기적이 추가되었음을 강조한 Bulmann조차도 팔레스타인의 유대인 그리스도인들이 예수의 놀라운 일들에 관한 이야기들을 말했음을 인정한다. 그러나 그는 그리스의 유비들을 매우 강조했다(McGinley, *Form-Criticism*, 67).

35 Neusner는 "Foreword," xxvii과 *New Testament*, 5, 173에서 아마도 Smith의 마법 주장에 대해 가장 거친 비판을 가한다. 최근의 몇몇 학자는 Smith가 "고대" 복음서 자료를 지어냈다고 비난했다("Secret Mark"; 다음을 보라. Jeffery, *Secret Gospel*; Carlson, *Hoax*; 다양한 견해들에 대해서는 예컨대 다음 문헌들을 보라. Hedrick, "Stalemate"; Stroumsa, "Testimony"; Ehrman, "Response"). 그러나 그의 마법 주장은 그 주장에 특수한 이유로 인해 설명력이 부족하다고 평가되었다.

36 예컨대 다음과 같은 문헌들에서 표명된 우려를 보라. Lincoln, *John*, 41-42(그는 제4복음서에 기술된 몇몇 기적의 역사적 진정성에 의문을 제기하지만 이런 문제들과 예수의 부활이나 그의 치유 능력에 대한 믿음을 구분한다); Boobyer, "Miracles," 45-47; Hunter, *Work*, 86. 많은 학자들은 예수가 기적을 일으켰다는 것을 인정하지만 대부분의 **특정한** 기적 기사들의 진정성에 관해서는 불가지론을 고수한다(R. H. Fuller and Alan Richardson, Maher, "Writings," 167에 요약된 입장). 16세기에 John Locke는 특정한 기적 주장들의 확률은 의문이 있을 수 있음을 인정했지만 한 사람을 둘러싼 기적들에 대한 복수의 증언의 누적적인 무게는 전반적인 확률을 기하급수적으로 높인다고 주장했다(Burns, *Debate*, 68-69).

37 Bultmann 및 이전의 다른 학자들에 반대해서 오늘날 역사적 예수 학자들의 대다수(예컨대 Morna Hooker, E. P. Sanders, 그리고 대다수 제3의 탐구 학자들)는 어떤 주장을 하는 사람(어떤 전승에 찬성하든 반대하든)이 입증 책임을 진다고 주장한다(특히 Winter, "Burden of Proof"를 보라).

다.[38] 교회의 이후의 기독론이 많은 예수의 기적 기사들을 지어내게 했다고 생각해서도 안 된다.[39] 그런 관심이 기적 기사들의 해석과 형성에 영향을 주었을 수는 있지만,[40] 기독론적인 이유로 기적들을 지어낼 이유는 별로 없었다. 유대인들이 기적을 일으키는 메시아를 기대했다는 그 시대의 구체적인 증거가 없으며 바울처럼 메시아가 아닌 인물들도 기적을 일으키는 사람이라고 믿어졌다(고후 12:12). 기독론이 기적 주장을 지어내도록 자극한 것이 아니라, 틀림없이 이미 돌아다니고 있던 예수의 기적들에 관한 주장이 예수에 관한 다른 주장들과 결합해서 고(高)기독론을 위한 변증에 기여했다.[41] 더욱이 몇몇 역겨운 "기독론"이 예수에게 적용되어 그를 위대한 종말의 예언자나 통치자로 제시할 수 있는데, 이 역할은 현대의 인물 중에도 유사한 사례가 없지 않다.[42]

---

38 Dibelius, *Tradition*, 70-103은 몇몇 기적 이야기들(그 "[가공의] 이야기들")을 그렇게 다룬다. Bultmann, *Tradition*, 227도 마찬가지다. 참조. Bultmann은 심지어 "요정 이야기들" 및 "민요들"과도 기꺼이 비교하려 한다(ibid., 6. 참조. 예컨대 229, 236). 아래에서 나는 그들이 제기하는 양식비평 문제들과 (이후의 장들에서) 비교 문제들을 다룬다. 그러나 다른 학자들이 훨씬 더 자세하게 다뤘기 때문에(예컨대 McGinley, *Form-Criticism*; Eve, *Miracles*) 나는 간략하게만 다룬다. Cotter는 복음서들에 등장하는 기적 이야기들의 내러티브 기능은 Dibelius 및 Bultmann이 그 이야기들과 비교하는 고대의 내러티브들과도 현저하게 다르다는 것을 보여준다(*Portrait*, 3-4). 내가 본서의 뒤에서 지적하는 바와 같이, 복음서에 나오는 기적 기사 중 몇몇 학자들이 대체로 "[가공의] 이야기들"(특히 자연 기적들)로 분류한 기사들조차 오늘날의 증언들과 어느 정도 유사점이 있다.

39 Bultmann, *Tradition*, 219, 226. Rudolf Pesch는 복음서 기사에 나타난 기독론적 관심이 나중에 진정한 전승을 형성했을 가능성을 인정하기보다는 이를 진짜가 아닌 표시로 보았다(Maher, "Writings," 169-70에 나오는 요약을 보라).

40 복음서 저자들이 자신의 자료들을 그 안에 구현시킨 문학의 맥락에 비춰 형성한 것에 관해서는 예컨대 Leon-Dufour, "Fonction," 329-31을 보라.

41 Maher, "Writings," 173. Bultmann, *Tradition*, 229이 기적을 일으키는 메시아에 대한 기대에 관해 제시하는 증거는 보잘 것 없다(그나마 그중 일부는 맥락을 벗어난다).

42 Keener, *Historical Jesus*, 238-67, 523-40을 보라. 몇몇 종류의 고"기독론적" 요소

대개 기적 이야기들의 내용을 구분하기보다 그 형식을 구분하기가 더 어렵다.[43] 당연히 다른 고대의 기사들과 비교해보면 많은 공통적인 모티프들을 알 수 있는데, 이는 때때로 익숙한 서술 형식들이 어떻게 이야기들을 다룰지를 결정하는 데 도움을 주었을 수도 있음을 암시한다.[44] 동시에 기본적인 정보 서술과 관련해서는 하나의 기적을 여러 방식으로 얘기할 수 있

들은 성경 해석학자들이 종종 가정해온 것보다 더 이른 시기의 것일 수도 있다. Hurtado, *Lord Jesus Christ*, 여러 곳과 Keener, *Historical Jesus*, 268-82, 540-49을 보라.

43 예컨대 다음 문헌들의 결론을 참조하라. McGinley, *Form-Criticism*, 63-64, 153; 76-95에 수록된 공식적인 의견; Cotter, *Portrait*, 1-2에 수록된 Bultmann의 시대 착오적 범주들에 대한 비판. 몇몇 공식적인 의견들은(예컨대 Funk, "Form," 90-94에 수록된 의견)은 우리가 내러티브 구조들을 좀 더 일반적으로 고려할 뿐만 아니라 고대의 치유들에서 기대된 다른 요소들 및 다른 내러티브 이전의 특징들도 고려할 때 깊이가 부족한 것으로 보인다(그러나 89에 요약된 Funk의 세심한 분석은 주목할 가치가 있다. Léon-Dufour, "Fonction," 295-305에 수록된, 그것들의 기본적인 조직에 관한 모티프와 의견들을 모아놓은 유용한 자료를 보라). Robinson, "Challenge," 322은 Dibelius의—몇몇 다른 양식비평 연구에서의 통찰력에도 불구하고—틀(paradigm)과 중단편 소설(novellen) 사이의 대체로 임의적인 구분(Dibelius, *Tradition*, 70-103에서 나타난 것과 같은 구분; 몇몇 설명은 좀 더 정교한 것으로 보이지만, 우리는 증인들 외에 어떠한 "'이야기꾼' 부류"도 아는 바 없다)에 대한 Jeremias의 비판에 올바로 동의한다. Dibelius의 주관적 사변에 관한 더 많은 비판은 McGinley, *Form-Criticism*, 48-59(특히 56-59)를 보라. 좀 더 협소한 근거에 대해서는 Wikenhauser, *Introduction*, 264을 보라. George Ladd는 진짜 기적 이야기는 필연적으로 지어낸 이야기와 같은 형식일 것이라는 의견을 Henry Cadbury에게 돌린다(Ladd는 Cadbury와 함께 공부했다)(D'Elia, *Place*, 26). 학자들은 복음서의 기적 이야기들을 다양한 방식으로 분류한다. 아주 간단한 방법 중 하나에 대해서는 Léon-Dufour, "Fonction," 306-13을 보라. 좀 더 오래된 논문에 대해서는 (Metzger, *Index*, 20에 수록된) Jordan, "Classification"을 보라.

44 공통의 모티프에 대해서는 특히 Kahl, *Miracle Stories*, 여러 곳을 보라. 예수에 관한 기적 이야기들의 한 가지 독특한 특징은 그가 거부되었음을 강조한다는 것이다(ibid., 236-37). 그 후의 형식들에 대해서는 예컨대 Stephens, *Healeth*, 69-70을 보라. 몇몇 아시아 교회들에서 일어난 기적 이야기들(복음서들에 나오는 기적 이야기보다 훨씬 더 추상적이고 일반화되어 있다)은 Oblau, "Healing," 322을 참조하라. 여러 문화에서 자주 나타나는 요소들에 관해서는 Duffin, *Miracles*, 168을 보라.

다. 가장 근본적으로는 우리는 최소한 그 문제와 그 문제 해결에 대한 진술, 그리고 이야기를 말하는 사람이 그렇게 알고 있거나 정당한 추론을 통해서 그 기적 행위자라면 당연히 그곳에 있던 사람의 놀람에 대해 말할 것이라고 강조하기를 원한다고 예상할 것이다. 따라서 어떤 기적 이야기의 가장 기본적인 형식은 그 치유의 상황, 치유 자체 그리고 그 사건의 확인이나 그것이 그곳에 있던 사람에게 미친 영향에 대한 진술이 될 것이다.[45] 본서의 뒤에서 묘사하는 현대의 많은 기적 이야기들은 지면상의 제약 때문에 기본적 요소 중 처음 두 가지 요소라는 특별한 형식을 취한다. 내가 이 이야기들을 조직화하기는 했지만, 거기에 수록된 모든 이야기는 "전승"(내 인터뷰나 읽은 자료. 이 중 상당한 수는 목격자나 치료받은 사람들이다)에서 나왔다.[46] 내가 이 관찰사항을 제시하는 요점은 우리가 오로지 역사적 기사들의 형식

---

45 Aune, *Environment*, 50. 기적들이 일어난 뒤 놀라는 사람들에 대해서는 예컨대 Philostratus *Vit. Apoll.* 여러 곳을 보라. 예컨대 누가복음을 시작하는 이야기에서 두려움(눅 1:12, 64-65), 놀람(눅 1:12, 29), 찬양(눅 1:42) 그리고 기쁨(눅 1:58)을 주목하라. 청자의 반응은 그 이야기를 보고하는 전통적인 방식의 특징을 나타낼 수도 있지만, 대다수 문화에서 놀랍지 않은 요소일 것이다(참조. 예컨대 Hickson, *Heal*, 120-21, 129).

46 좀 더 이른 시기의 형식을 알지 못하는 개종자를 포함한다. 몇몇 경우에는 세 번째 요소들도 나오는데, 그것이 오늘날에는 종종 의사들이 놀라는 형태로 나타난다(특히 Duffin, *Miracles*, 116-17, 142-43, 185에 수록된 관찰 내용을 보라). 즉각적인 치유에서 이것을 본 사람의 놀람은 당연한 것으로 여겨질 수도 있는 반면에 현대에 기적적인 치유 이야기를 듣는 사람들은 의학적 의견에 더 관심이 있다(현대의 많은 비평가에게는 의학적 의견이 기적을 확립하기 때문이다). 그러나 나로서는 (의사로부터든 다른 사람들로부터든) 놀랐다는 대다수 보고가 진짜라는 것을 의심할 이유가 없다(때때로 필요한 수준 이상으로 장황하게 늘어놓을지라도 말이다). 특이한 사건은 정의상 일반적인 사건과는 다르기 때문이다(물론 치료되었다는 주장들이 다 진정으로 특이한 것은 아니며, 이 이유 및 기타 이유로 인해 좀 더 많은 표본에 기초한, 회복에 관한 의사들의 견해는 환자들의 견해와 다를 수도 있다). 나는 기사들을 압축했으며 세 번째 요소는 내가 그 기사들을 인용하는 목적에 덜 적실하다.

에만 의지해서 그 기사들의 진정성에 관해 손쉬운 추론을 할 수 없다는 것이다. 역사적 주장을 다룬다고 해서 (이는 이 대목에서 나의 주목적이다) 예수의 기적들에 대한 다른 문학적 접근법이 중요하지 않음을 의미하지는 않는다. 그러나 그것은 현대 서구의 독자들이 때때로 불편해하는 복음서 신학의 한 측면을 가리킬 수도 있다. 예수는 아마 애초부터 자신의 기적들을 예언적인 상징 행위로 의도했을 것이고 따라서 어느 정도 은유적인 의미를 띠도록 의도했을 것이다.[47] 주석자들은 이 기사들이 등장하는 곳에서 내러티브 차원의 더 많은 비유적 의미를 발견하는데, 이는 옳은 일이다. 나는 내 주석들에서 종종 이러한 의미를 주목하고 있으며,[48] 만일 그것이 논의의 초점이라면 전적으로 이에 관해서만 다루는 책도 쉽사리 쓸 수 있을 것이다.

그러나 그런 기사들의 상징적 중요성에도 불구하고—때때로 행동으로 보여준 비유로서조차도—그 기사들은 예수의 비유들이 소개되는 방식과는 달리 사건들의 직설적인 내러티브로 소개된다.[49] 이 기사들에서 오로지 비물리적인 영적 의미만을 발견하고 때때로 이 기사들을 다른 내러티브들보다 더 알레고리로 보는 현대의 해석자들은[50] 우리의 문화적 기대에 비

---

47   Baum, "Heilungswunder"는 올바른 균형을 유지한다. 다음 문헌들을 참조하라. Robinson, "Challenge," 330-31; Davey, "Healing," 61; O'Connell, "Miracles," 54; Van den Berghe, "Wonderverhalen"; Ellenburg, "Review," 176, 180; Barton, "Feedings," 113에 수록된 군중을 먹인 사건들의 상징적 의미. 확실히 요한은 그의 표적들에서 추가적인 의미를 발견한다(예컨대 "Significance"를 보라). 기적 기사들의 신뢰성에 관해서는 이전 시기의 Sabourin, "Powers"를 보라. 현존하는 기적에 관한 자료들의 해석 충들을 정확하게 강조하는 이들은 종종 그 배후의 역사적 자료들도 인정한다(예컨대 Pilch, "Understanding Miracles," 1211). 그러나 이전의 편집비평은 종종 충들에 관해 지나치게 사변적이었다(참조; Fuller, *Miracles*; 예컨대 Van Cangh, "Sources"에 수록된 비판).

48   예컨대 Keener, *Matthew*, 258-73 여러 곳(예컨대 273), 288-91, 301-7.

49   Everts, "Exorcist," 360에서 이미 언급되었다.

50   Judge, *First Christians*, 416-23(특히 416)에 수록된 비판을 주목하라. 예수의 치유

취 그 기사들을 읽을 수도 있다. 예컨대 우리는 아스클레피오스 신전들과 관련된 치유 주장의 물리적 측면들을 경시하지 않는다. 그런데 왜 예수에 관한 내러티브들에 들어 있는 신학을 반초자연주의자 또는 심지어 오직 영만을 강조하는 이원론자로서 우리가 편안하다고 느끼는 것들만으로 국한하는가? 아스클레피오스 신전에서 나타난 치유 기사들은 더 많은 치료에 대한 믿음을 격려하기 위해 고안된 것으로 보이며, 세계 대다수 지역의 그리스도인들도 복음서의 기적 이야기들을 같은 방식으로 읽는다.[51] 여기서 내 관심은 역사적이지만, 그것이 우리가 이런 텍스트를 읽는 방법을 어떻게 넓힐 수 있는지에 관해 다소의 함의가 있을 수도 있다.

2. 예수 운동 초기의 기적 주장

그처럼 특이한 경험들이 예수의 공생애의 특징이었다면, 그런 경험들이 그의 후계자들로 여겨진 사람들의 활동의 특징이었을 수도 있음을 의심할 이유가 없다. 스승들이 대개 자기 제자들이 자신이 했던 것과 동일한 활동을 수행할 수 있기를 기대하면서 그들을 훈련시켰듯이, 예수도 자기 제자들을 의도적으로 자신의 후계자들로 훈련시켰을 것이다(참조. 막 9:18-19, 28-

---

기사들에서 영적 적용만을 도출하는 관행은 18세기 개신교 은사중지론자를 포함하여 긴 역사를 갖고 있다(Kidd, "*Healing*," 166을 보라). 오늘날 대중 및 학계 차원 모두에서 세계적으로 주요한 몇몇 해석자들은 서구의 이런 접근법에 불만을 표시한다(참조. 예컨대 Tari, *Wind*, 56; Yung, *Quest*, 7. 추가로 7장을 보라). 참조. Roelofs, "Thought," 227에 등장하는 가톨릭 은사주의자를 참조하라.

51 그럴지라도 몇몇 독자들(예컨대 더 직관 지향적인 사람)은 다른 사람들보다 치유 내러티브들에 등장하는 내러티브 등장인물들과 더 쉽게 동일시한다(Village, "Influence"에 수록된 연구를 보라).

29; 11:23;눅 9:40-41; 17:6). 사실 사도행전에서 주장되는 대다수 표적은 복음서들에 기록된 것과 마찬가지로 치유와 축귀인데,[52] 이는 이후에 당대의 목격자들로부터 제공된 기독교 자료들에서 주장되는 것과 같은 종류의 표적이다.[53] 복음서 저자들은 명백히 자기들이 구할 수 있는 기적 이야기들을 다 수록하지 않았고, 때때로 그 이야기들을 요약하기도 했다(예컨대 복음서에서는 막 1:34; 3:10; 6:5, 56을 보라. "Q"에 대해서는 마 11:5//눅 7:22을 보라). 마찬가지로 사도행전에서 누가가 바울의 기적을 모두 보고하지는 않는데, 바울의 편지들은 그의 공적인 사역에서 기적들이 편만했음을 암시한다(참조. 롬 15:19; 고후 12:12).[54] 사실 그런 표적들이 자신이 새로운 지역을 복음화하는 것의 특징이었다는 바울의 주장에 비춰 볼 때, 우리에게는 누가가 바울의 생애에서 일어난 기적들을 묘사할 때 자신이 입수할 수 있었던 전승의

---

52 가령 *Acts John* 60-61에서 빈대에게 떠나라고 명령하는 것과 대조된다. 나는 나를 포함하여 대다수 학자가 후대에 삽입된 것으로 보는 막 16:17-18의 논의는 제쳐둔다. Metzger, *Text*, 226-29과 idem, *Textual Commentary*, 122-26을 보라. 그러나 외적 근거(3-75)와 내적 근거(79-103)에서 이와 반대 의견을 갖고 있는 Farmer, *Verses*와 비교하라.

53 이 주장들에 대해서는 본서의 뒤에서 다룬다. 그 주장들에 대한 설명은 그 사람의 자연관에 따라 다르지만, 그것은 역사적 데이터 자체의 문제가 아니라 신학적·철학적 문제다. 현대의 사례들은 사람들이 그런 현상을 목격했다고 믿을 수 있음을 보여준다(아래의 논의를 보라).

54 다음 문헌들을 보라. Caird, *Apostolic Age*, 64; Williams, *Miracle Stories*, 6-9; 길게 논의하는 Jervell, "Paul in Acts: Theology"; 특히 idem, *Unknown Paul*, 77-95(Bruno Bauer의 논란이 없는 1850년 주장과는 다르다). 고후 12:12의 "표적과 기사와 능력"에 대한 일반적인 성경적 의미에 대한 Schmithals의 (증거가 없는) 부인은 진지하게 고려되지 않아야 한다(Borgen, "Paul to Luke," 175-76을 보라. 여기서 그는 "지극히 크다는 사도들"에 대해 이해할 수 있는 의미가 필요하다고 지적한다; Remus, "Terminology," 535-51에서 다뤄진 성경 밖의 기적 용어들을 참조하라. 그 용어의 많은 부분은 상호 교환될 수 있다). 표적이라는 용어를 일반적으로 기독교를 변호하기 위해 사용하는 변증가들과 달리 바울은 종종 자신을 변호해야 했다(Kelhoffer, "Paul and Justin"을 보라).

토대가 훨씬 더 많았지만 그것들로부터 일부 사건들과 기간들만 선택했다고 믿을 이유가 많이 존재한다. 누가가 기적들을 강조하는 것을 전설 및 누가가 놀라운 현상들에 집착하는 탓으로 돌리는 학자들의 주장과는 달리,[55] 바울의 사역에 대한 좀 더 완전한 내러티브는 누가가 사도행전에 포함시킨 것보다 많은 보고를 포함했을 것이다. 기적을 일으킨 것이 바울 사역의 모든 기간에 걸쳐 동일한 특징은 아니었을지라도 바울은 예수와 마찬가지로 기적을 일으키는 사람이었다. 따라서 누가는 고린도에서 나타난 기적들을 묘사하지 않지만, 바울은 기적들을 자신의 고린도 사역의 극적이고 관찰할 수 있는 부분으로 보고한다(고후 12:12). 누가는 단지 몇 곳에서 일어난 기적들만 언급하는 반면에 바울은 사실상 자기가 복음을 전한 곳마다 기적이 일어났다고 믿은 것으로 보인다(롬 15:18-19).[56] 바울이 자기 편지의 독자들이 자신의 모든 사역지에서 기적이 일어났다는 것을 알고 있다는 점에 호소한다는 사실(고후 12:12; 참조. 갈 3:5)은 기적 주장이 바울 편에서 의도적으로 지어낸 것이라는 주장에 반한다. 바울은 자신의 사역 내내 기적이 일어나고 있으며 고린도 같은 지역의 독자들이 자기 말에 동의하리라고 참으로 믿었다.

---

55 예컨대 Scott, *Literature*, 101을 보라. 많은 학자들은 사도행전에 나오는 많은 기적을 편집된 전설이나 수정된 이교도의 이야기들로 취급한다(예컨대 Kanda, "Form," 여러 곳, 예컨대 547, 550-51을 보라).

56 누가는 자신이 보고하는 사건들을 지어내지도 않는다. 비록 누가가 모두 기적적으로 그 폭풍에서 살아났다고 말하기는 하지만—폭풍을 잔잔하게 했던 예수처럼(눅 8:24-25)—바울도 폭풍을 겪었을 때 이를 잔잔하게 했다고 묘사할 기회가 있었지만 누가는 이 폭풍이 기적적으로 끝났다고 말하지 않는다(행 27:24-26, 44. "우리" 자료에서). 누가의 글이 병행적인 특성을 매우 강조함에도 불구하고 말이다(예컨대 다음을 보라. Ehrhardt, *Acts*, 12-13; Boismard and Lamouille, *Actes*, 2:26; O'Toole, "Parallels between Jesus and Disciples"; Verheyden, "Unity"; Malina and Pilch, *Acts*, 181-84; 상당히 자세한 최근의 문헌인 Clark, *Parallel Lives*).

만일 어떤 사람이 사도행전에 반대하여 바울 자신이 주장하는 대다수 표적은 심인성이었거나 우연히 발생했을 것으로 주장할 경우, 그 사람은 누가가 바울에 관해 보고하는 대다수 표적에 대해 같은 반응을 보일 것이다.[57] 어떤 철학적 접근법을 취하든 우리는 그런 회복이 일어났다는 역사적 주장에 의문을 제기할 필요가 없다. 누가는 어떤 자연 기적도 바울과 관련시키지 않는다. 그러나 표적들에 관한 누가와 바울 모두의 기대(롬15:19)는 당대 비그리스도인들의 기대를 넘은 것으로 보인다[58](이후의 티아나의 아폴로니오스 등의 묘사의 기초가 되는 예언자들이나 마법사들은 예외일 수도 있다.)[59] 바울이 기독교 공동체들에서 주목할 만한 기적적인 현상을 예기했다는 사실(고전 12:9-10, 28-30; 갈 3:5)은 그 공동체들을 고대의 다른 회당들 및 종교 단체들과 구분시킨다(가령 치유가 기대되었던 아스클레피오스 신전과 기독교 공동체들의 비교).[60]

물론 흔하지 않은 현상에 관한 기사들은 시간이 지남에 따라 부풀려질

---

57 회의적인 사람들과 [기적적인] 치유를 주장하는 사람들은 흔히 초자연적 이유들이 작용하고 있는지에 대해 의견을 달리한다(몇몇은 양쪽을 번갈아 하는 설명을 완전히 배제하지 않는다. 예컨대 *Science Digest*의 기여 편집인인 William Nolen은 "Woman," 36-37에서 자연적 종양 차도에 대한 정확한 예측을 다룬다).

58 최소한 그들에 관한 보고가 남아 있는 사람 중에서는 말이다. 기적을 일으키는 사람들은 많은 주목을 받았지만 대개 뛰어난 저술들만 남아 있는데, 이는 제자들을 통해 전해진 철학자들의 저술들이 더 잘 입증됨을 의미한다. 예수 운동은 독특하게도 참으로 기적을 일으키는 현자가 설립한 운동으로 인정받았다.

59 아폴로니오스에 대한 현존하는 대다수 증거는 더 늦은 시기의 것이다(아래를 보라). 요세푸스의 저술에 나타나는 표적 예언자들은 좀 더 적실한 시기의 인물들이지만, 그들은 치유를 행하지 않거나 요세푸스에 관한 한 자기들이 약속한 표적도 행하지 않는다. 민속 치유자들에 대한 비교문화적 접근법에 대해서는 Pilch, "Sickness," 193-94을 보라.

60 치유하는 신들과 아레탈로지(aretalogies, 신의 기적적인 행위에 관한 내러티브)에 대해서는 예컨대 Stambaugh and Balch, *Environment*, 43과 Grant, *Gods*를 보라. 그러나 이들은 우리가 복음서, 사도행전 및 아폴로니오스에 대한 필로스트라투스의 설명에서 발견하는 인간 치유 행위자들과는 다르다.

수 있다. 출처를 정확하게 귀속시키는 구전 전승도 3세대만 내려가더라도 유령과 같은 매우 불가사의한 사건들을 보고할 수 있는데,[61] 그중 몇몇은 시간이 지남에 따라 차츰 부풀려졌을 수도 있다. 그러나 누가가 바울보다 매우 멀리 떨어진 후대 인물이라고 보는 학자는 소수에 지나지 않으며,[62] 내 사도행전 주석에서 논의된 저자에 관한 견해[63]에서는 확실히 3세대라는 전달 기간은 사도행전에 수록된 누가의 기사들에 적합하지 않다. 복음서들에 대해서도 같은 점을 지적할 수 있다. 마가복음은 기적 이야기들로 가득 차 있는데, 아마도 이 복음서는 예수가 십자가에 처형된 지 40년 이내에 쓰였을 것이다.[64] 기적 이야기들은 시간이 지나면 항상 부풀려질 것이라는 가정

---

61 Eunapius *Lives* 459-60. 에우나피우스(기원후 345년경 출생)는 신플라톤주의자들을 "기독교 성인들의 전기와 경쟁한다"고 이상화하며(Matthews, "Eunapius," 569), 따라서 우리 시대에 대한 강력한 배경을 제공하지 않는다.

62 Keener, *Acts*, 서론, 10장을 보라. 사도행전 저작 시기를 좀 더 후기로 보면서도 대다수 학자가 사도행전이 1세기에 쓰인 것으로 본다는 점을 인식하는 학자들의 견해에 대한 조사는 다음 문헌들을 보라. Pervo, *Dating Acts*, 359-63; Tyson, "Dates"; idem, *Marcion*, ix.

63 Keener, *Acts*, 서론, 11장에서 다뤄졌음. 그 주석에서 행 16:10에 등장하는 "우리 내러티브"에 관한 내 추가 설명(excursus)도 보라.

64 나는 마가복음 저작 시기로 64년경을 선호하는 편인데(예컨대 Bruce, "Date," 78도 같은 의견인데, 그곳에서 그는 학자들 간의 합의를 인용한다), 이는 십자가 처형 뒤 35년도 지나지 않은 시점이다. 만일 마가복음이 66년 직후에 쓰였다면 산으로 도망하라는 경고(막 13:14)는 적실성이 없어진다(Bruce, "Date," 80-81). 마가복음이 네로의 박해 이후에 저술된 것에 부합한다는 견해에 대해서는 Senior, "Swords"를 보라. 그러나 복음서들의 저작 연대 결정에는 유감스럽게도 상당한 수준의 추측이 포함된다. 다수의 입장일 수 있는 65-70년 저작설에 대해서는 예컨대 Anderson, *Mark*, 26과 Aune, *Dictionary of Rhetoric*, 289("중대한" 합의라고 언급함)를 보라. 70년 이전 저작설에 대해서는 Hengel, *Mark*, 20을 보라. Allison, *Jesus of Nazareth*, 16-17이 지적하는 바와 같이, 70년 이후에 저술된 것으로 보는 학자들도 70년보다 그리 오래 뒤로 보지는 않는다(70년 직후로 보는 견해에 대해서는 예컨대 다음 문헌들을 보라. Juel, *Messiah and Temple*, 212; Theissen, *Gospels in Context*, 261-62; Smith, *Magician*, 11조차도 마가복음 저작 시기가 75년보다 늦지는 않다고 본다). 소수의 학자들은 심지어 상당히 이른 시기로 보기도 한다(참조.

과 달리, 다른 복음서들이 마가복음을 사용한 것을 조사해보면 기적을 생략한 사례가 기적이 발전한 사례만큼이나 흔했음을 알 수 있다.[65] 이야기를 재미있게 전달하기 위해 때때로 [원래의 내용에] 확장해서 세부 사항을 덧붙이기도 했지만,[66] 고대의 수사 관행은 흔히 이러한 발전조차도 상식이나 다른 구전 전승들에 호소할 수 있었음을 보여준다.[67] 마가가 몇몇 목격자들과 그들을 아는 사람들이 살아있는 동안에 예수를 기적을 일으킨 사람으로 묘사한 것은 예수를 알았던 사람들이 예수가 기적을 일으켰다고 믿었을 경우에만 사리에 맞는다.[68]

벤자민 윌리엄스는 사도행전에서 누가가 이야기하는 기적들에 나타난 누가의 편집과 이전의 전승을 구분하기 위해 마가복음에 나오는 기적

외부의 증거를 인용하는 Kennedy, "Source Criticism," 134-35).

65 Léon-Dufour, "Fonction," 324-26에 수록된 논의를 보라. 복음서 전승 일반에 대해서는 (사실상 Bultmann을 논박하는) Sanders, *Tendencies*, 19, 46-87, 88-189, 272을 보라. 참조. Stein, "Criteria," 238-40; Frye, "Analogies in Literatures," 283-84. 이 양상은 2세기 및 그 이후에도 유지된다. 교회는 원래의 이야기들을 더 많이 말한 것이 아니라 덜 말했다(Achtemeier, *Miracle Tradition*, 178, 215, 217. 이어서 Hultgren, "Stories," 134도 같은 취지로 언급함).

66 참조. 예컨대 Plutarch *Alex*. 70.3

67 의미를 변경하지 않으면서 수사적으로 정교화하기에 대해서는 예컨대 다음 문헌들을 보라. *Rhet. Alex*. 22, 1434b.8-11; Dionysius of Halicarnassus *Lit. Comp*. 9; Theon *Progymn*. 4.37-42, 80-82; Longinus *Subl*. 11.1; Hermogenes *Progymn*. 3. On Chreia, 7; Aphthonius *Progymn*. 3. On Chreia, 23S, 4R; 4. On Maxim, 9-10. 참조. Menander Rhetor 2.3, 379.2-4. 다른 자료로부터 보완하기에 대해서는 예컨대 다음을 보라. Pliny *Nat*. pref. 17; Eunapius *Lives* 494; Kennedy, "Source Criticism," 138-39; Aune, *Environment*, 65. 지중해 연안의 스토리텔러들은 자주 그들이 명시하는 것보다 넓은 범위의 전승에 의존했다. 예컨대 호메로스에 등장하는 많은 언급들(예컨대 *Od*. 12.69-72)은 나중에 발전된 것이지만, 그 이야기들은 자체로는 너무도 불완전해서 호메로스가 자신이 기록하지 않은, 보편적으로 알려진 좀 더 자세한 이야기들을 언급한 것이 확실하다. 나는 이 문제들을 Keener, *Historical Jesus*, 126-61, 459-82의 여러 곳에서 좀 더 자세히 다룬다.

68 Ellens, "Miracles and Process," 1-2을 보라.

들에 대한 누가의 편집을 비교한다. 이 방법을 통해서 그는 누가의 기적 묘사와 관련이 있는 편집 양상을 찾아낸다.[69] 윌리엄스의 접근법은 누가가 자신의 두 번째 책(역사 연구)에서 역사적 전승을 그의 첫 번째 책(그 책의 용어로 표현하자면 전기)에서보다 덜 가치 있게 여기지 않을 것이라는 논리적 가정에서 나오는 일반적인 방식을 따른다.[70] 예컨대 윌리엄스는 누가가 마가복음의 기사 내용을 유지하면서도 (인간의 본성으로부터 그런 반응을 보이리라고 추론할 수 있음에도) 마가복음이 청중의 놀람, 두려움 등의 반응을 누락할 경

---

69 Williams, *Miracle Stories*, 13, 35-54. 예컨대 누가는 마가복음에 수록된 기적들의 결론을 달리 표현할 때 최대로 자유롭게 편집한다(52). 누가는 마가복음에 수록된 군중들의 반응을 완전히 고쳐서 (예컨대 눅 5:15, 26; 6:11; 8:47에서) 마가복음과는 "개별적인 단어들"에서만 겹치게 만든다. 이 이야기들의 형식을 쉽게 기억할 수 있어서 기적 이야기들은 초기 기독교 전승의 가장 알아보기 쉬운 전승 중 하나가 되었다(Williams, 15). 그러나 Weissenrieder, *Images*, 336-37은 누가복음과 사도행전에서 치유에 대한 접근에는 차이가 있을 수도 있다고 주장한다. Kanda, "Form"(예컨대 230, 534, 547, 내 의견으로는 과장된 표현이기는 하지만)도 참조하라. 몇몇 차이는 신비한 능력 소지자로서 예수와 그의 추종자들 간의 차이를 반영할 수도 있다. 다른 차이들은 사도행전의 배경인 새로운 디아스포라 환경을 반영할 수도 있다. 초기 유대 저자들이 성경의 기적 기사들을 수정한 정도는 다양하다(Koskenniemi, *Miracle-Workers*, 300).

70 복음서들을 전기로 보는 견해에 대해서는 예컨대 다음 문헌들을 보라. Talbert, *Gospel*, 여러 곳; Aune, *Environment*, 46-76; Stanton, *Jesus of Nazareth*, 117-36; Burridge, *Gospels*, 109-239; idem, "People," 121-22; idem, "Biography, Ancient"; Frickenschmidt, *Evangelium als Biographie*; Keener, *Matthew*, 16-24; idem, *John*, 11-37; idem, *Historical Jesus*, 73-84; Ytterbrink, *Biography*. 사도행전을 특정한 형식의 고대 역사 기술로 보는 견해에 대해서는 예컨대 다음 문헌들을 보라. Palmer, "Monograph" (1992); idem, "Monograph" (1993); Johnson, *Acts*, 3-7; idem, "Luke-Acts," 406; Fitzmyer, *Acts*, 127; Balch, "ΜΕΤΑΒΟΛΗ ΠΟΛΙΤΕΙΩΝ," 141-42, 149-54(정치사); idem, "Genre," 여러 곳, 특히 11-19; idem, "Gospels(형식)," 948-49; Marguerat, *Histoire*, 49(전기와 겹친다는 점을 지적한다); idem, "Pionnier"; Jervell, *Apostelgeschichte*, 77-78; Flichy, "État des recherches," 28-32; 좀 더 자세한 논의는 Keener, *Acts* 서론을 보라. 상당한 역사적 정보를 포함하고 있다는 점 등 고대 전기의 최근 특징에 대해서는 예컨대 idem, "Otho"를 보라

우 자유롭게 이를 지어낸다고 결론짓는다. 누가는 특히 하나님께 대한 찬양의 환호성을 추가한다.[71] 그는 줄이거나 "어휘를 개선하거나 담화를 완전히 빠뜨리는" 경우는 있어도, 어느 곳에서도 자신의 기적 이야기들에 담화를 추가하지 않는다.[72] 기적들 자체의 본질적인 내용은 유지된다.

누가의 두 번째 책의 자료들의 성격은 복음서 자료들의 성격과 다를 수도 있다고 이의를 제기하는 사람이 있을 것이다. 아마도 어느 정도의 차이는 있을 것이다. 누가복음의 많은 자료와 달리 사도행전의 많은 자료는 아마도 구전 자료여서 "편집"의 성격이 다를 것이다.[73] 동시에 우리는 누가의 역사적 관심은 그의 첫 번째 책에서와 마찬가지로 두 번째 책에서도 유지되었으리라고 기대할 수 있을 것이고,[74] 따라서 윌리엄스가 주장하듯이 그가 두 번째 책에서도 그의 기적 이야기들을 지어내기보다는 계속 자료들을 구체화할 것으로 기대할 수 있을 것이다.[75]

이 점이 더 중요한데, 누가가 자기의 두 번째 책을 쓰기 위해 사용하는

---

71 Williams, *Miracle Stories*, 53.
72 Ibid., 54.
73 복음서들에 기록된 기사들 배후의 구전 전승에서조차 주의 깊게 기억된 예수의 어록을 제외하면 담화의 정확한 단어는 아마도 유동적이었을 것이다(예컨대 다음을 보라. Dunn, *New Perspective*, 112[110과 함께 보라], 118, 122(『예수님에 관한 새 관점』, CLC 역간). 참조. Bauckham, *Eyewitnesses*, 333-34; Eddy and Boyd, *Legend*, 275-85). 연설 자료라는 특별한 문제에 대해서는 Keener, *Acts*, 서론, 8장을 보라.
74 오히려 두 번째 책의 성격은 종종 첫 번째 책보다 더 고대의 역사 기술로 여겨지는데, 고대 역사 기술은 현대의 역사 기술과는 다르지만 역사적 사실에 관심을 기울인다(Keener, *Historical Jesus*, 7장을 보라).
75 몇몇 형식의 기적 이야기들, 특히 축귀와 죽은 사람을 살리는 형식의 이야기는 그리스적인 특징이 아니라 중동에 기원을 둔 특징이 있으므로(Williams, *Miracle Stories*, 22-26, 32), Williams는 그 시기로부터 몇몇 특성들을 도출해 낼 수 있는, 유대의 선교 운동이 그리스 세계로 확장된 기간을 식별하기를 희망한다(32-33). 늦은 시기의 형식이기는 고사하고, "이 이야기들의 대다수는 새로운 운동의 최초 30-40년의 그리스도인들의 필요와 확신을 반영하며, 그 이야기들은 기본적으로 그 기간에 구체적인 형식을 취했다"(168).

자료의 성격으로부터 우리가 잃을 것보다 얻을 것이 더 많다. 사도행전에 수록된 몇몇 기적 보고들은 누가복음 자료들보다 누가에게 훨씬 가까운 시기에 발생한 장면에 등장한다. 즉 우리가 특이한 활동이라고 부를 수 있는 주장들(치유들과 죽은 자를 살린 사건을 포함한다)은 누가의 "우리" 내러티브에 나오는데, 이는 대개 최소한 목격자 자료이거나 (많은 학자에게는) 누가가 목격한 자료로 여겨진다(행 20:9-12; 21:11; 27:21-26; 28:3-6, 8-9).[76] 누가는 명백히 기적이 일어났다고 확신한다. 바울도 명백히 자신의 사역을 통해 기적이 일어났다고 확신한다(롬 15:19; 고후 12:12). 현대 학자들도 대개 예수와 많은 초기 그리스도인들(예컨대 2세기의 축귀자들)이 기적을 일으킨 것으로 믿어졌다고 확신한다. 예수와 그의 최초의 추종자들이 자기들이 치유 기적을 직접 경험했다고 믿었다면, 그들은 성격상 신적인 특이한 사건들이라고 믿었던 회복을 증언한 것이다. 현대의 청자들은 이 주장들과 어떻게 관련될 수 있는가?

3. 방법론적 질문

현대의 관점에서 보면 이 증거는 두 가지 종류의 질문을 제기한다. 첫째, 초기 기독교 문헌은 1세기의 다른 운동들에서 이런 정도로까지는 입증되지 않는, 기적을 행하는 많은 사람을 강조하는데 고대에는 배경을 달리하는

---

76 예컨대 다음 문헌들을 보라. Nock, *Essays*, 827; Dupont, *Sources*, 164-65; Fitzmyer, *Acts*, 103; Thornton, *Zeuge*; Jervell, *Apostelgeschichte*, 66, 82; Fusco, "Sezioni-noi"; Hanson, *Acts*, 21-24; Hemer, *Acts in History*, 312-34; Barnett, *Birth*, 190-92; Cadbury, "We in Luke-Acts"; Dibelius, *Studies in Acts*, 135-37; 그리고 본서 서론에서 언급된 자료들.

기적 주장들이 풍부했다. 많은 기독교 주장들은 유사한 주장들에 비해 어떠한가? 모든 주장이 심인성 질병, 속임수나 오해, 또는 초자연적이지 않은 다른 관점에서 설명되어야 하는가? 몇몇 주장들은 다른 주장들보다 실제로 발생한 사건일 가능성이 큰가? 그리고 어느 진영에서 나타난 주장이 그러한가? 모든 주장이 같은 방식으로 설명되어야 하는가?

둘째, 현대주의자의 가정들이 초자연적 주장들과 양립할 수 없다면, 따라서 그러한 충돌 때문에 초자연적 활동의 가능성을 선험적으로 배제하는 것이 정당화되는가? 아니면 우리가 다른 대안을 고려하고 현대의 몇몇 가정들을 재평가해서, 최소한 자연적이지 않은 (이 경우 대체로 유신론적인) 설명의 가능성에 문을 열어둬야 하는가? 내가 두 번째 종류의 질문들에 어떤 답변을 제시하든 간에 모든 사람을 만족시키지는 않겠지만, 최소한 내가 그러한 질문들을 제기하지 않는다면 역사적 질문을 완전하게 다루지 않는 셈이다. 이러한 사건들의 진실성은 차치하고, 설명 모델 문제는 역사 탐구의 적절한 주제이며 인과 관계는 (비록 특히 인간적인 인과 관계라 할지라도) 보편적인 역사적 관심 사항이다. 하지만 순전히 역사적 목적에서는 결국 목격자들이 그런 현상을 주장했는지 여부는 이런 현상들에 대해 제안된 설명들이나 모델들에 의존하지 않는다. 따라서 사건들의 발생 여부는 인과 관계 문제와 겹칠 수도 있지만(대부분의 유신론 신자들은 이 문제들을 함께 다룬다), 원칙적으로 나는 이 문제들이 별도로 다뤄지도록 허용한다. 본서는 특히 첫 번째 문제에 초점을 맞추지만 두 번째 문제도 반복하고 그 성격에 대해 재고하도록 도전할 것이다.

2장

고대 기독교 외부의 기적 주장

신들조차도—많은 경우에 개인들에게뿐만 아니라 공개적으로도—나를 신적인
인간이라고 말했다.

Philostratus *Ep.Apoll.* 48.[1]

그들은 랍비 하니나 벤 도사가 병든 사람을 위해 기도하고 나서 "이 사람은 살
것이다" 또는 "이 사람은 죽을 것이다"라고 말하곤 했다고 얘기한다. 그들은 하
니나에게 "당신이 어떻게 아는가?"라고 물었다. 그는 이렇게 대답했다. "내 입
에서 기도가 술술 나오면 나는 그가 받아들여졌다는 것을 안다. 그렇지 않으면
나는 그가 거절되었다는 것을 안다."

m. Ber. 5:5.[2]

---

1 Trans. F. C. Conybeare, LCL 2:445.
2 Trans. H. Danby, 6.

복음서들과 사도행전은 각각 전기[3]와 역사[4] 장르에 속하는데, 누가복음은 양쪽에 걸쳐 있을 수도 있다.[5] 그러나 복음서들과 사도행전 저자들은 전형적인 고대의 전기 작가나 역사가들보다 표적들을 더 자주 보고한다. 현존하는 역사서 대다수의 목표 독자인 엘리트 독자들 사이에서는 회의주의가 더 강하다는 점 같은 다양한 요인들이 이 차이를 설명하는 데 도움이 되지

3   Talbert, *Gospel,* 여러 곳; Kennedy, "Source Criticism," 128-34; Aune, *Environment,* 46-76; Stanton, *Jesus of Nazareth,* 117-36; idem, *New People,* 63-64; idem, *Gospel Truth,* 137 (Stanton, *Gospels,* 19에서 이전의 회의주의를 바꾸었다); Robbins, *Jesus the Teacher,* 10; Burridge, *Gospels,* 109-239; idem, "People," 121-22; idem, "Biography, Ancient"; Cross, "Genres," 402-4; Frickenschmidt, *Evangelium als Biographie*; Plümacher, *Geschichte,* 13-14; Keener, *Matthew,* 16-24; idem, *John,* 11-37; idem, *Historical Jesus,* 73-84; Ytterbrink, *Biography*; Crossan, "Necessary," 27. 최근 인물들에 관한 전기의 역사적 성격에 대해서는 Keener, "Otho"를 보라.

4   Dibelius, *Studies in Acts,* 123-37; Cadbury, *Acts in History,* 여러 곳; Plümacher, "Luke as Historian," 398; idem, *Lukas,* 33-38 (사명 연설을 비교한다), 137-39; idem, *Geschichte,* 1-32; idem, "Cicero und Lukas," 772-73; idem, "Monographie"; idem, "Historiker"; Palmer, "Monograph" (1992); idem, "Monograph" (1993); Schmidt, "Influences," 59; Fuller, "Classics," 189 (George Kennedy의 논평을 다룬다); Petersen, "Genre"; Bovon, *Theologian,* 5; Johnson, *Acts,* 3-7; idem, "Luke-Acts," 406; Stagg, *Acts,* 17; Wall, "Acts," 12-13; Fitzmyer, *Acts,* 127; Cross, "Genres," 404-6; Tuckett, *Luke,* 29; Ehrman, *Historical Introduction,* 142-44; deSilva, *Introduction,* 349-51; Balch, "ΜΕΤΑΒΟΛΗ ΠΟΛΙΤΕΙΩΝ," 141-42, 149-54 (정치사); idem, "Genre," 여러 곳, 특히 11-19; idem, "Gospels(형식)," 948-49; Marguerat, *Histoire,* 49 (전기와 겹친다는 점을 지적하기는 하지만 말이다); idem, "Pionnier"; Eckey, *Apostelgeschichte,* 20-31; Jervell, *Apostelgeschichte,* 77-78; Flichy, *L'oeuvre de Luc*; idem, "État des recherches," 28-32 (최근의 리서치를 검토한다); Rothschild, *Rhetoric of History,* 296; Guijarro Oporto, "Articulación literaria"; Riesner, "Zuverlässigkeit," 39; Keener, *Acts,* 서론의 추가 논의를 보라.

5   예컨대 Keener, "Luke-Acts and Historical Jesus"를 참조하라. 혼합된 장르일 가능성에 대해서는 Spencer, *Acts,* 13-14과 Barrett, *Acts,* lxxviii-lxxix를 참조하라. 제국 초기 기간 중 혼합된 장르가 흔했다는 점에 대해서는 다음 문헌들을 보라. Aune, "Problem of Genre," 10-11, 48; idem, *Dictionary of Rhetoric,* 307; Burridge, *Gospels,* 33-34, 56-61. 그러나 누가복음과 사도행전이 같은 장르에 속할 필요는 없다 (참조. Palmer, "Monograph" [1993], 3; Parsons, "Unity," 특히 45-48).

만, 그 차이는 특히 복음서들과 사도행전의 초점이 다르다는 점을 반영한다. 대다수 다른 문서들과 달리 복음서들은 기적 수행자의 전기를 제공하며 사도행전은 카리스마적인 운동의 선교 역사를 제공한다. 따라서 표본과 중요한 기적 기사들의 보고는 그들이 묘사하기로 선택한 이야기의 일부다. 이러한 상대적인 대조점에도 불구하고 기적들에 대한 믿음과 보고는 고대에 널리 퍼져 있었다. 이 장에서 나는 먼저 그리스-로마 세계의 이교도[6]의 기사들을 조사하고 나서, 특성 면에서 예수와 그의 최초의 추종자들의 종교 세계와 좀 더 가까운 유대 세계의 기사들을 조사할 것이다. 다른 학자들이 이런 연구들을 훨씬 자세하게 탐구하거나 조사했는데, 내 요점은 그들의 연구를 반복하는 것이 아니다. 앞에서 지적한 바와 같이 본서에서 나는 진정한 목격자들이 이례적인 회복 등을 주장할 가능성을 강조하기를 원한다. 따라서 나는 특히 전설적인 내용을 덧붙일 가능성이 적은, 사회적으로 유사한 현대의 주장들에 의존한다. 하지만 적어도 조사를 통해서 고대에 나타난 유사한 현상에 관한 주장들을 지적할 필요가 있다. 그런 주장들은 그것들이 묘사하는 사건들로부터 떨어진 기간이 다양한데, 그런 설명들의 성격은 목격자 증언에서부터 전설에 이르기까지 사례마다 다를 수도 있다.

---

6 나는 이 단어를 경멸조로 사용하는 것이 아니라 전통적인 명명법을 따르고 있다. 나는 널리 이해되는 동등어가 보편적으로 사용된다면 기꺼이 이 용어를 바꿀 용의가 있다("이방인"이나 "다신론자" 어느 쪽도 이 의미를 제대로 포착하지 못하며, "비그리스도인 이방인"은 적절하지만 번거롭다).

1. 이방 그리스-로마의 기적 기사

그리스와 로마의 불가사의한 현상 이야기들은 얼마나 많은 이른 시기의 청중들, 특히 이방 배경 출신의 청중들이 복음서들과 사도행전에 등장하는 기적 이야기들을 들었을 것인가에 대한 맥락을 제공한다. 그러나 불트만은 유감스럽게도 때때로 그리스의 기적 이야기들과 복음서의 기적 이야기들 간의 병행들을 과장하는데, 그는 확실히 전자가 후자에 수록된 전승에 영향을 주었을 가능성을 과장했다.[7] 사실 내가 뒤에서 지적하는 바와 같이 초인간적인 현상에 대한 현대 서구 학자들의 학문적 회의주의는 역사적으로 특이하며, 따라서 초자연적 모든 주장을 마치 그것들이 역사적 차용물을 반영하는 양 일괄하여 취급하는 것은 논리적으로 적절하지 않다.[8] 그러나 복음서 저자들은 초인간적인 치유와 기타 현상에 관한 주장이 편만한 환경

---

[7] 다음 문서들을 보라. Bultmann, *Tradition*, 236-39; idem, "Study," 36-37; Kundsin, "Christianity," 123. McGinley, *Form-Criticism*, 67-68, 73-75과 Sabourin, *Miracles*, 67에서 제기된 우려들에 주목하라. 이미 50년 전에 그런 유사성을 찾는 데서 벗어난 동향에 대해서는 Neil, "Nature Miracles," 370을 보라. 몇몇 학자는 Bultmann이 조심스러워서 그리스의 이야기들을 복음서 내러티브들의 **자료들**로 취급하지 않고 그것들을 단지 복음서 내러티브의 환경의 일부로 여겼다고 생각한다(Loos, *Miracles*, 136-37은 이 접근법을 영향에 관해 아무것도 증명하지 못하는 일반화라고 요약하고 이를 비판한다). 그러나 *Tradition*에 등장하는 그의 몇몇 언어는 이보다 훨씬 강하다. 그는 팔레스타인 교회가 기적들을 예수에게 귀속시키는 것을 허용하며, "그리스의" 무대를 이후의 것으로 취급한다(Bultmann, *Tradition*, 239).

[8] 학자들은 흔히 현대 서양이 역사적으로 그리고 문화적으로 더 특이하다는 사실을 인식하지 못하고서 복음서들은 사람들이 기적을 믿었던 시기인, 현대가 아닌 배경에 속한다는 점을 강조한다(예컨대 McKenzie, "Signs," 5; 8-9에서는 예를 들고 있다). "민속 문학"은 "이례적인" 주제의 기미가 있을 수도 있지만(예컨대 Pyysiäinen, "Fascination," 21에 인용된 Thompson, *Motif-Index*, 4-200을 보라), 우리가 알고 있는 우주에 관한 참된 설명조차도 우리의 조상들에게는 "이적"으로 여겨졌을 것이다.

에서 그들의 복음서를 저술했으며 우리는 이 맥락을 조사해야 한다.[9]

기적에 대한 믿음이 로마 제국에서 유행했다.[10] 우리가 이 대목에서 불가사의한 다양한 주장들을 다룰 수 있지만, 몇몇 주장들은 다른 주장들보다 더 적실한 것으로 보인다. 예컨대 나는 고대 역사가들의 저술에서 많이 등장하지만, 우리가 본서에서 조사하고 있는 불가사의한 현상들과는 성격이 다르다고 널리 인정되는 전조들에 대해서는 지면 제약상 논의하지 않는다.[11] 고대의 대다수의 초자연적이거나 초인간적인 치유 기사들, 특히 1세기의 치유 기사들은 특정한 치유 신전과 관련이 있는 것으로 보이는데, 이 기사들은

---

9   가장 건전한 접근법은 예수를 그가 사역했던 환경의 맥락으로 축소하지 않으면서 그 맥락을 진지하게 다룬다(Mills, *Agents*, 12을 보면 도움이 된다). 고대의 인물들 각자는 어느 정도 독특성이 있는데 예수는 특히 그렇다.

10 예컨대 Strelan, *Strange Acts*, 26을 보라(Theissen, *Miracle Stories*, 274을 따른다). 그러나 관련 모델들은 엘리야와 엘리사이고 가장 가까운 병행은 그리스적 유대 자료임을 주목하라(Strelan, *Strange Acts*, 27-28). 자료 모음에 관해서는 Cotter, *Miracles*, 35-47을 보라(그리스 영웅들에 관한 자료; 성경의 기적을 일으키는 사람들에 대해서는 47-53을 보라. 좀 더 간략한 내용은 idem, "Miracle Stories"를 보라). Cotter(*Miracles*, 7)는 그 모음을 이해를 위한 문화적 틀로서보다는 일반적인 자료로 보는 방식에서 나타나는 남용에 대해 올바로 경고한다. 좀 더 간략한 내용은 다음 문헌들을 보라. Achtemeier, *Miracle Tradition*, 205-9에 수록된 조사; Van Cangh, "Miracles grecs," 213-26; McGinley, *Form-Criticism*, 119-43; George, "Miracles." 좀 더 이른 시기의 자료는 Herrlich, *Wunderkuren*(Sabourin, *Miracles*, 250에 인용된 글)을 보라. 간략하지만 많은 고대의 기적 이야기들을 열거한 것으로는 Kahl, *Miracle Stories*, 57-61(이에 더하여 Gospels and Acts, 61-62)을 보라.

11 Léon-Dufour, "Conclusion," 359-63을 보라. 모두는 아니지만 고대의 전조들에 대한 방대한 보고는 Keener, *Matthew*, 568-69(Livy 21.62.1-5; 24.10.6-11; 27.11.2-5; 33.26.7-8; 43.13.3-6; Arrian *Alex.* 4.15.7; Aulus Gellius 4.6.2 포함)을 보라. 그리고 예컨대 Tacitus *Ann.* 12.43, 64; 14.32; 15.22, 47도 보라. 전조들은 때때로 "표적들"로 불릴 수도 있지만(Arrian *Alex.* 4.15.8), 이는 신적 특성을 계시하는 것이라기보다 장래의 사건들에 대한 전조를 나타낸다. 전조들의 모음은 중국의 육조(317-589)와 당나라 시대(618-906)에도 나타나는데, 여기에는 약 3,000건의 사례가 있으며(McClenon, *Events*, 152, Kao, *Tales*, 48을 인용함), 중세 일본과 1600년대 한국의 전조 모음도 있다(McClenon, *Events*, 155).

복음서들 및 사도행전에 나오는 기사들과 손쉽게 비교할 수 없다. 나는 아래에서 이 기사들을 먼저 다룬다. 그러나 그리스의 기적을 일으킨 사람들에 관한 몇몇 보고들도 있는데, 이 보고들은 더 적실성이 있을 수 있다. 이 보고들에 대해서는 치유 신전과 관련된 기사들을 살핀 뒤에 다룬다.

(1) 치유 신전

치유 같은 실제적인 유익을 제공할 수 있다고 믿어졌던 아클레피오스나 세라피스 같은 신들이 종종 대중적인 신앙에서 좀 더 전통적이고 실제적인 도움이 덜 되었던 신들을 대체했다.[12] 치유는 특히 아스클레피오스와 관련이 있었지만—그에 관해서는 아래에서 추가로 논의한다—그에게만 한정되지는 않았다. 많은 사람이 이집트의 신 세라피스가 알렉산드리아에서 매일 치유하는 꿈을 가져왔다고 믿었고,[13] 그는 고린도에 있는 자신의 신전들에서 꿈을 통해

---

12 다음 문헌들을 보라. Grant, *Gods*, 38, 54, 66-67; Nilsson, *Piety*, 171; Kee, *Miracle*, 104. 치유하는 신들에 대해서는 Graf, "Healing Deities"와 Martins Terra, "Milagres"를 보라. 바알에 대해, 그러나 그가 **주로** 치유하는 신이었다는 견해에 대해 비판하는 관점은 Brown, "Asclepius"를 보라. 고대 이집트에 대해서는 Jansen-Winkeln, "Healing Deities"를 보라. 로마 치하의 이집트에 대해서는 Frankfurter, *Religion in Egypt*, 46-52을 보라. 자료 모음에 대해서는 Cotter, *Miracles*, 11-34을 보라(헤라클레스, 아클레피오스와 이시스). 아클레피오스와 그의 치유 의식에 대해서는 다음 문헌들을 보라. Klauck, *Context*, 155-68; Ferguson, *Backgrounds*, 173-76; Wickkiser, "Asklepios"; Martin, *Religions*, 50-52; Kee, "Self-Definition," 특히 129-33; idem, *Miracle*, 78-104; Van Cangh, "Miracles grecs," 213-22; Avalos, *Health Care*, 49-51. 복음서와 비교될 가능성에 대한 제한에 관해서는 Sabourin, "Miracles," 296-300을 보라(300에서 진정한 치료들을 양호한 간호나 심인성 요인 탓으로 본다).

13 Dio Chrysostom *Or*. 32.12. 그러나 사람들이 그런 꿈을 꾼 뒤 죽을 수도 있었다 (Toner, *Culture*, 41).

치유하는 것으로도 알려졌다.[14] 아스클레피오스와 세라피스는 둘 다 치유 전 문이었기 때문에 몇몇 사람들은 그들을 동일시하기도 했다.[15] 세라피스와 관 련이 있는 이시스는 치유하는 신으로 알려졌다.[16] 사람들은 치유하는 힘과 관 련된 다른 신들[17]과 (시간이 지남에 따라 점점 더) 영웅들[18]을 존경했다. 에피다우 로스 비문들[19]은 아스클레피오스와 더불어 아폴론이 숭배되었음을 암시한 다.[20] 아폴론도 전통적으로 치유와 관련된 신이었다.[21]

---

14 Engels, *Roman Corinth*, 105. 오늘날의 몇몇 치유 보고들은 여전히 꿈과 관련이 있 다(예컨대 Shorter, *Witch Doctor*, 153-54; Bush and Pegues, *Move*, 51, 61).

15 Tacitus *Hist*. 4.84. 그러나 때때로 이집트인들은 아스클레피오스를 [세라피스] 대 신 의료 기술이 있었던 고대의 왕과 동일시했다고 한다. Manetho *Aeg*. frg. 11(출처. Syncellus, p. 104); 그리고 frg. 12a(출처. Syncellus, p. 106)와 frg. 12b(미국판 에우 세비우스).
    주된 치유 신은 아스클레피오스와 동일시된, 지방 신 이모테프였는데(Lewis, *Life*, 99) 그는 이무테스와 아스클레피오스의 합성이었다(*P. Oxy*. 11.1381, 32-52행, Frankfurter, *Religion in Egypt*, 238에 수록된 글). 좀 더 이른 시기의 이집트의 치유 신에 대한 몇몇 가능하지만 불확실한 증거는 Kaiser, "Pantheon," 94을 보라.

16 예컨대 Diodorus Siculus 1.25.2-3. 특히 아폴론과 관련된 섬인 델로스에서 발생 한 이시스와 세라피스의 치유도 주목하라(Heyob, *Isis*, 65). Avalos, *Health Care*, 51-53에 수록된 논의를 보라.

17 참조. 빌립보에서 시행된 디아나 제의(Abrahamsen, "Reliefs," 119-21); 그리고 엘레 우시스에 있던 신전(Burkert, *Mystery Cults*, 20). 참조. Kent, *Inscriptions*, #64(plate 7, inv. 877 = Meritt #118; *SEG* 11.88)에 수록된, 아스클레피오스와 히게이아 사이의 관련성; 특히 Engels, *Roman Corinth*, 100.

18 예컨대 다음 문헌들을 보라. Philostratus *Hrk*. 4.10; 16.1; 28.5; Pausanias 6.11.9. 암 피아라오스에 대해서는 예컨대 Ferguson, *Backgrounds*, 173을 보라. 이집트 신전의 제사장들도 마법적인 치유를 행한 것으로 간주되었다(Dunand, *Religion en Égypte*, 125). 마법과 치유에 대해서는 *PGM* 18b.1-7, 1-2도 보라.

19 고고학자들이 이를 발견했지만, 성전의 비문들은 Pausanias 2.27.3에도 언급되었 다. 그 비문들에 관해서는 예컨대 Edelstein and Edelstein, *Asclepius*를 보라. 간략한 표본은 예컨대 George, "Miracles," 97-100을 보라.

20 Klauck, *Context*, 160. 아스클레피오스의 치유 재능은 그가 아폴론의 아들이라는 데서 나왔다(Philostratus *Vit. Apoll*. 3.44).

21 예컨대 Homer *Il*. 5.446-48; 16.526-31; Euripides *Licymnius* frg. 477(출처.

① 아스클레피오스 신전

그러나 아스클레피오스는 그리스의 가장 현저한 초인간적인 치유자였다. 고대 신화의 일반적인 판본에 의하면 그는 원래 인간으로서 너무 많은 동료 인간들을 살려내서 또는 특정한 인간들을 살려내서 제우스에게 죽임을 당했다.[22] 그러나 이제 불멸의 존재가 된 아스클레피오스가 흔히 자신의 신전에서 꿈을 통해[23] 계속 병자들을 치유했다고 널리 믿어졌다.[24] 사람들은 심지어 그가 시각 장애도 치료할 수 있다고 기대했고 따라서 시각 장애인에게 아스클레피오스 신전에서 밤을 보내도록 제안하기도 했다.[25] 몇몇은 심지어 아스클레피오스 신전에 가서 신들에게 다른 사람을 치유해 달라고 간청하기도 했다.[26] 그러나 다른 신들과 마찬가지로 아스클레피오스 역시 심판을 내릴 수도 있었다. 배를 만들기 위해 이 신의 신성한 숲의 나무를 베도록 지시한 사람은 죽임을 당했다.[27]

Macrobius *Sat.* 1.18.6); Menander *Dyskolos* 192; Horace *Carmen Saeculare* 62-64행; Ovid *Fast.* 3.827; (Ps.-Tibullus) 3.10.1-12; Dio Chrysostom *Or.* 32.56-57. 내러티브상의 필요로 때때로 다른 결과가 나왔다; 아폴론은 자기가 사랑한 처녀를 살릴 수 없었다(Ovid *Metam.* 2.617-18. 참조. *Metam.* 4.247-49에서 태양신이 사랑한 자를 치유하지 못함).

22　Panyassis frg. 5, in Sextus Empiricus *Math.* 1.260; Lucian *Dance* 45. 그가 죽은 자를 살린 일에 대해서는 Pausanias 2.26.5도 보라. 아마도 뮤즈가 아폴론의 이 아들에게 치유와 예언을 가르쳤을 것이다(Apollonius Rhodius 2.512).

23　Pausanias 2.27.2; Aelius Aristides *Or.* 2.30-36, 74-76; Philostratus *Vit. soph.* 1.25.536; 2.4.568; Iamblichus *Myst.* 3.3; Herodian 4.8.3. 현대의 독자들은 이런 기사들에 다양한 각도로 접근한다. 정신분석적 접근에 대해서는 Rousselle, "Cults"를 보라.

24　Sophocles *Phil.* 1437-38(이제 신격화된 헤라클레스에게서 보내짐); Suetonius *Claud.* 25.2; Maximus of Tyre 9.7.

25　Aristophanes *Plut.* 410-11, 620-21. 이시스도 시각 장애인을 치유할 수 있다고 생각된 신들 중 하나였다(Heyob, *Isis*, 65).

26　Lucian *Dem.* 27(아들을 위해).

27　Valerius Maximus 1.1.19.

아스클레피오스 신전들은 대개 건강에 유익한 샘 근처에 있었다.[28] 따뜻함 때문에 에피다우로스의 물은 오랫동안 치유와 연관지어졌다[29](치유 신전과는 전혀 별개로, 치료 효과가 있는 샘들이 널리 인정되었는데,[30] 팔레스타인에도 그런 샘들이 있었고[31] 많은 지역에서 계속 인정되었다). 그러나 아스클레피오스와 관련된 치유 주장들은 치료 효과가 있는 물들에 제한되지 않았다.

아스클레피오스 제의는 널리 퍼져 있었다. 스트라본은 에피다우로스, 코스 그리고 트릭세(Triccê)에서 일어난 아스클레피오스의 치유 능력을 찬양한다.[32] 로마 제국 시대에 소아시아의 페르가몬이 아스클레피오스 숭배의 중심지였다.[33] 그곳의 아스클레피오스 신전은 거대했고,[34] 아스클레피오

---

28 Vitruvius *Arch.* 1.2.7.

29 Xenophon *Mem.* 3.13.3. 아일리우스 아리스티데스는 자기를 치유한 공을 아스클레피오스 신전의 우물에 돌렸다(*Or.* 39.14-15).

30 예컨대 Vitruvius *Arch.* 8.3.4; Pliny *Nat.* 31.31.59-61; Plutarch *Sulla* 26.3; 그리고 Velleius Paterculus *Compendium* 2.25.4에서 그 뒤에 디아나에게 헌정된 물들(Pliny *Ep.* 2.8.2). 건강에 유익한 온천에 관해 좀 더 일반적으로는 예컨대 Valerius Maximus 2.4.5을 보라.

31 티베리아스의 온천들에 대해서는 예컨대 다음 문헌을 보라. Josephus *War* 2.614; 4.11; *Life* 85; Pliny *Nat.* 5.15.71; *Pesiq. Rab Kah.* 11:16; *Eccl. Rab.* 10:8, §1(다음 문헌들에 수록된 좀 더 일반적인 언급을 참조하라. Josephus 『유대고대사』 18.36; *p. Ber.* 2:7, §3; *b. Sanh.* 93a; 108a; *Shab.* 40b; 147a; *p. Ned.* 6:1, §2; *Gen. Rab.* 76:5). 팔레스타인의 다른 곳에서 또는 좀 더 일반적으로는 다음 문헌들을 보라. Josephus 『유대전쟁사』 1.657; Pliny *Nat.* 2.95.208; 5.15.72; Hirschfeld and Solar, "Hmrhs'wt"; idem, "Baths"; Dvorjetski, "Healing Waters."

32 Strabo 8.6.15.

33 Klauck, *Context,* 157; Fronto *Ad M. Caes.* 3.9.1. 페르가몬의 중요성에 대해서는 다음 문헌들도 보라. Statius *Silv.* 3.4.23-24; Tacitus *Ann.* 3.63; Pausanias 2.26.9; Lucian *Icar.* 24; Philostratus *Vit. Apoll.* 4.11, 34; *Vit. soph.* 2.25.611. 그곳은 오랫동안 유명했다(Homer *Il.* 5.446-48).

34 약 130x110m(McRay, *Archaeology and New Testament,* 271. 이 문헌은 그 신전에 대한 세부 사항도 제공한다).

스와 관련된 뱀으로 유명했으며,[35] 다른 장소들과 마찬가지로 꿈을 통해 치유하는 특징이 있었다.[36] 코스의 성전도 중요했고 유명했다.[37]

바울의 선교 중심지 중 하나였던 고린도에 좀 더 가까운 에피다우로스의 아스클레피오스 신전[38]도 유명했다.[39] 에피다우로스 제의는 아스클레피오스가 그 신전에서 태어났다고까지 주장했다.[40] 로마인들은 에피다우로스의 아스클레피오스가 로마의 전염병을 치료했다고 믿었고, 그래서 그들은 이 신에게 로마로 오라고 꼬드겼다.[41] 에피다우로스는 계속 성공적인 치유와 관련이 있었다.[42] 에피다우로스에서 멀지 않은[43] 고린도의 북쪽 벽 근처에 세워진 아스클레피에이온은 그 도시의 좀 더 현저한 제의 장소 중 하

---

35 Statius *Silv.* 3.4.25; 그곳에서 나온 동전들 및 조상(彫像)들에서도 명백하다 (Ramsay, *Letters*, 286; Koester, *Introduction*, 1:182; Hemer, *Letters*, 84-85). 뱀은 에피다우로스와도 관련이 있는데, 그 관계는 로마로 이전되었다고 알려져 있다 (Valerius Maximus 1.8.2). 뱀들을 치유와 연결시키는 것은 동방의 관습이며 그리스 이전에 형성된 것이다(Kaiser, "Pantheon," 42-43).

36 예컨대 Herodian 4.8.3; Philostratus *Vit. soph.* 1.25.536.

37 예컨대 Pliny *Nat.* 20.100.264; Tacitus *Ann.* 4.14. 참조. Grant, *Religions*, 4-6; 그 건축에 대해서는 Owens, *City*, 120을 보라.

38 Pausanias 2.26.1-2.27.6.

39 나는 준거점의 하나로 바울을 언급하지만, 이처럼 이른 시기에도 기독교와 이교도 장소들의 경쟁이 불가능하지 않았다. 부록 B에 수록된 "능력 대결"에 대한 논평을 참조하라.

40 Klauck, *Context*, 158. 파우사니아스는 설득된 것으로 보인다(2.26.8).

41 Valerius Maximus 1.8.2.

42 Ovid *Ex Ponto* 1.3.21.

43 종종 지적되는 바와 같다(예컨대 Pliny *Nat.* 4.5.18); 에피다우로스는 아가야의 나머지와 달리(6권에 등장한다) 고린도와 함께 파우사니아스의 *Description of Greece* 2권에 (2.26.1-2.27.6, "Corinth"라는 제목하에서) 수록되었다. 고린도의 비문 에피다우로스에 대해서는 West, *Inscriptions*, p. 57 #71을 보라. Pausanias 2.10.2에 언급된 신전을 참조하라.

나였는데[44] 자체의 물 공급처를 가질 수 있는 곳에 위치했다.[45] 그 신전은 에피다우로스, 코스 또는 페르가몬의 아스클레피오스 신전에는 필적하지 못했고 트로이젠이나 아테네의 좀 더 수수한 신전들과 유사했다.[46] 그래서 그 신전은 주로 현지인들을 위해 사용되었을 가능성이 크다. 그곳은 큰 신전들이 때때로 먼 곳에서 온 탄원자들을 한 번에 몇 개월씩 묵게 했던 것 같은 숙박은 제공하지 않았다.[47]

에페수스에 있는 아스클레피오스 신전은 아스클레피오스와 히게이아를 숭배했다.[48] 도르에 있던 아폴론 신전은 아스클레피오스 신전이 되었다가 나중에 비잔틴의 바실리카 성당으로 바뀌었다.[49] 아스클레피오스는 길리기아의 아기아 신전에서 꿈에 자신을 계시했다고도 알려졌다.[50] 그는 시칠리아의 아그리겐툼에 오랫동안 신전을 갖고 있었고[51] 나중에는 크레타의 이디산에 매우 유명한 신전을 갖게 되었다.[52]

---

44 Rothaus, *Corinth*, 42(그곳의 이후 역사에 대해서는 47을 보라); 특히 Roebuck, *Asklepieion*(신성한 구역에 대해서는 23-64를 보라). 그곳은 경기장에 인접했다 (Biers, *Bath*, plate 56. 참조. Engels, *Roman Corinth*, 151; Pausanias 2.4-5).

45 Roebuck, *Asklepieion*, 1, 3, 96-99를 보라.

46 Ibid., 25.

47 Engels, *Roman Corinth*, 100-1.

48 Aurenhammer, "Sculptures," 266-67. 에페수스의 아스클레피오스 숭배에 관해서는 *I. Eph.* 105, 1253-54을 보라(그러나 아스클레피오스 숭배는 제우스 숭배보다는 훨씬 덜 현저했고—*I. Eph.* 1239-43—디오니시오스나 데메테르 숭배만큼 현저했다).

49 Dauphin, "Apollo and Asclepius."

50 Philostratus *Vit. Apoll.* 1.7, 10.

51 Cicero *Verr.* 2.4.43.93.

52 Philostratus *Vit. Apoll.* 4.34.

② 복음서들에 대한 비교

그러한 고대의 기적 보고들은 복음서들에 등장하는 기적 보고들과 어떻게 비교되는가? 내가 앞에서 지적한 바와 같이 대개 기적 이야기들의 내용보다 형식이 더 독특하다. 에피다우로스에서 나타난 치료들에 대한 다양한 기록들은 후세를 위해 표준적인 양식으로 정형화되었다.[53] 기적 이야기들이 복음서들에서 발견되는 것과 유사한 내러티브들 안으로 연결되었을 때 에피다우로스의 개별적인 기사들과 탈무드에 들어 있는 서론적인 메모들은 생략되었을 것이다.[54] 내가 앞에서 지적한 바와 같이 기적 이야기의 가장 기본적인 형식은 치유의 상황, 치유 자체 그리고 치유되었다는 사실에 관한 확인이나 청중에게 미친 효과에 대한 묘사가 될 것이다.[55] 정확한 형식은 수집된 특정한 기사의 편집자가 다룬 상황에 따라 다소 다를 것이다. 예컨대 에피다우로스에 있는 비문 표본에는 다음과 같은 단계들이 묘사되어 있을 수 있다.[56]

1. 탄원자의 원래의 질병에 대한 진술. 때로는 아마도 기록을 위해 환자의 이름과 고향을 포함하기도 한다.
2. 탄원자가 신전에 온다.
3. (선택 사항: 때때로 탄원자가 그 비문들에 열거된 치료들을 비웃는다.)
4. (대개) 탄원자가 그 신전에서 잠이 든다.

---

53 Dibelius, *Tradition*, 170을 보라.
54 Theissen, *Miracle Stories*, 128-29.
55 Aune, *Environment*, 50. 기적이 일어난 뒤 사람들이 놀라는 것에 관해서는 예컨대 Philostratus *Vit. Apoll.* 여러 곳을 보라.
56 Grant, *Religions*, 56-58에서 표본을 취했음. Pausanias 2.27.3은 그 비문들은 치유된 사람의 이름, 그 사람의 질병, 그리고 그들이 어떻게 치료되었는지를 열거한다고 지적한다. Horsley, *Documents*, 2:21-25에 등장하는 치유 기록들도 참조하라.

5. (대개) 아피클레피오스가 꿈에 탄원자에게 나타난다.

6. 때가 되면 그 사람이 치료된다.

탄원자가 그 신전에 와서 배양하는 관행(꿈을 받기 위해 신전에서 자는 것)[57] 같
은 몇몇 특성들은 여행하면서 기적을 일으키는 교사와 대비되는, 특정 지
역 치유 신전의 특징이었다.[58] 복음서들의 기적 이야기들과 가장 유사한 두
가지 요소는 문제에 대한 진술과 그 질병의 초자연적 치료인데, 이는 문화
나 그 이야기의 역사적 진실성과 무관하게 기적들을 내러티브 형식으로 묘
사하기 위해서는 거의 필수적인 요소들이다. 즉 형식에서 나타나는 제한적
인 유사성이 그 기사 배후에 있는 어떤 전승의 역사적 진정성을 결정해주
지는 않는다. 그러한 유사성이 나타난다고 해서 복음서 저자들이 규칙적으
로 그리스의 형식을 이용하여 기적 이야기들을 묘사한 것은 아니다. 이런
형식들을 사용했다 해서—어떤 경우에는 이런 형식을 차용했음이 밝혀진

---

57   Grant, *Gods*, 66-67; Aelius Aristides *Or*. 2.30-36, 74-76(Grant, *Religions*, 53-55).
      이처럼 배양하는 관행은 이미 우리 시대 전에 적어도 2,000년 동안 성행했을 것이
      다 *ANET*, 150에 등장하는 AQHTA i, "The Tale of Aqhat," 149-55을 주목하라.
      ANET, 143에 등장하는 KRTA i, "The Legend of King Keret," 142-49은 적실성
      이 덜하다. 참조. 창 15:12; 삼상 3:3-15; 왕상 3:4-15. 초기 기독교에서 이 관행이
      계속된 점에 관해서는 Markschies, "Schlafkulte"와 Crisafulli and Nesbitt, *Miracles*,
      23-25을 보라.
58   에피다우로스 신전에서 나타난 치유와 야외에서 나타난 예수의 치유 사이의 비
      교는 Van Cangh, "Miracles grecs," 222-23을 보라. 아일리우스 아리스티데스는
      아스클레피오스가 때때로 신전과 떨어진 곳에서도 치유했다고 증언한다(Grant,
      Gods, 66). 다른 신전 기반 치유 제의에 대해서는 다음 문헌들을 보라. Ferguson,
      Backgrounds, 173-77(암피아라오스); 코스의 아스클레피오스(Grant, *Religions*,
      4-6). 빌립보의 디아나도 그럴 가능성이 있다(Abrahamsen, "Reliefs," 119-21). 엘
      레우시스도 치유 기적들을 일으켰다고 여겨졌으며(Burkert, *Mystery Cults*, 20), 아
      폴론도 치유 기적과 관련이 있었다(Horace *Carmen Saeculare* 62-64). 유대교에서
      는 질병에 대한 권한을 라파엘에게 위임한다(참조.「에녹1서」40:9;「솔로몬의 유
      언」18).

다 해도―그렇게 형성된 이야기들이 후대의 그리스 그리스도인들에 의해 지어졌음이 분명함을 암시하지도 않는다.

③ 이교도, 유대교, 기독교에서의 전인 의료

현대 치유 운동의 소수파(예컨대 존 알렉산더 도위의 치유 운동)와 대조적으로 고대인들은 초자연적 치유에 의존한다 해서 의사들을 거부하지는 않았다.[59] 에피다우로스에서는 기적적인 치료를 선언하는 봉헌판(votive tablet)들이 발견된 반면에,[60] 코스에 있는 아스클레피오스의 신전에서는 의료 기기들이 발견되었는데 이는 의사들을 신적인 활동과 분리하는 장애물이 없었음을 암시한다.[61] 대플리니우스는 심지어 코스에 있는 아스클레피오스 신

---

59 그러나 사람들 대다수는 의사의 치료를 받을 여유가 없었기 때문에 주로 민간요법에 의존했을 수도 있다. 타이완이나 미국 같은 나라에서 아마도 70%에서 90%가 의학 차원보다는 민간 차원의 처치에 의존하기 때문에(Eve, *Miracles*, 356. Kleinman, *Healers*, 50에 찬성하면서 이렇게 주장한다), 고대 때 그 비율이 그보다 낮지 않았다고 가정하는 것이 합리적이다(Eve, *Miracles*, 356. Chin, "Practices," 1은 타이완의 85%가 민속 신앙을 따른다고 주장한다). 민간 요법과 함께 필요하면 의사의 치료도 받는 것에 대해서는 Avalos, *Health Care*, 77를 보라(고대의 보건 일반에 관해서는 같은 책 여러 곳을 보라).
60 예컨대 Strabo 8.6.15. 고고학적으로 확인되었다. 고린도 같은 몇몇 장소에서는 치유된 신체 일부의 모델이 포함되었다(예컨대 다음을 보라. Klauck, *Context*, 165; Hill, "Temple of Asclepius"; 델로스에서는 Heyob, *Isis*, 65을 보라). 신체 일부의 모델을 포함하여, 치유를 위한 봉헌 제물 관행은 몇몇 기독교 전통에서 계속된다(Oktavec, *Prayers*, 특히 xvi, 55, 195-98에 나오는 봉헌 제물을 참조하라. 신체의 일부에 대해서는 Duffin, *Miracles*, 156을 참조하라).
61 Goppelt, *Theology*, 1:141. 참조. Klauck, "Ärzten"; Markschies, "Schlafkulte"; Van Cangh, "Miracles grecs," 223. 에피다우로스에서도 양쪽이 경쟁 관계에 있었다기보다는 각 영역이 자신의 위치를 갖고 있었다(Klauck, *Context*, 166-67). 고대인들은 오늘날의 우리처럼 의학과 종교를 구분하지 않았다. 전승들은 히포크라테스를 치유 신전에 있는 의사들인 "아스클레피오스의 아들들"과 연결했다(Kee, "Hippocratic Letters," 498-99).

전 벽에 보존된, 뱀에 물렸을 때의 해독제도 기록한다.[62] 의사들은 아스클레피에이온에서 훈련을 받았다.[63]

유대인들은 궁극적으로 하나님이 치유자라는 것을 인식했고,[64] 기도로 그분의 도움을 구했다.[65] 의사들이 치유에서 담당한 역할에 대한 의견은 갈렸다. 어떤 고대의 유명한 현자는 약물이 아니라 하나님의 말씀이 치료한다고 선언했고,[66] 몇몇 유대 전승들은 의사보다는 하나님을 신뢰하기를 선호했다.[67] 2세기 말에 랍비 예후다 바르 일라이는 의사들을 사회적으로 금지된 직종으로 언급한다. 이는 부분적으로는 계급 분열 문제일 수도 있지만 그는 최고의 의사를 게헨나에 할당한다.[68]

그러나 좀 더 국제적인 교육을 받은 몇몇 팔레스타인 유대인들은 의사

---

62 *Nat.* 20.100.264.

63 Engels, *Roman Corinth*, 101. 그들은 자신의 기술의 연원을 기꺼이 아폴론이나 아스클레피오스 같은 신들에게 돌릴 수 있었다(예컨대 Quintilian *Decl.* 268.21을 보라).

64 예컨대 출 15:26; 솔로몬의 지혜16:12; *b. Pes.* 68a(Raba). 질병은 때때로 죄와 관련이 있었다(창 20:7, 17; 민 12:10; 왕하 5:27; 15:5; 대하 26:21; 욥 42:8; 집회서 38:9-10; 약 5:14-16; 계 2:22-23; *Gen. Rab.* 97, NV; *Lev. Rab.* 18:4; *Pesiq. Rab.* 22:5. 참조. 4Q560 in Naveh, "Fragments"). 1세기에 저술되었을 수도 있는 문서에서 라파엘이 질병, 상처, (그리고 명백히) 치유를 주관했다(에녹1서」 40:9). 「솔로몬의 유언」 18에서는 천사에게 기원하면 질병을 야기하는 영들을 쫓아낸다.

65 아람어 주문 그릇들의 텍스트 42.12에 수록된 기도(Isbell, *Bowls*, 101); 집회서 31:17; 38:9; 약 5:14-15; *m. Ber.* 5:5; *b. Ber.* 60b; *Gen. Rab.* 53:14. 참조. 회당 기도들, 특히 여덟 번째 축복이 육체적 질병에 적용되었을 때(*p. Taan.* 2:2, §7. 참조. *Song Rab.* 7:2, §3). 의료상의 도움은 대개 2차적으로만 추구되었으며(Goppelt, *Theology*, 1:142), 의사에게 갈 필요가 있는 사람은 하나님께서 치유해 주실 것을 기도해야 한다(*b. Ber.* 60a).

66 솔로몬의 지혜 16:12.

67 대하 16:12; 「욥의 유언」 38.7-8/11-13. 참조. 욥 13:4. 그러나 고대 유대에서 의사들은 우리가 흔히 가정하는 것보다 많은 의학 지식을 갖고 있었을 것이다(Wright, *Archaeology*, 171).

68 *M. Kid.* 4:14. 참조. *Ab. R. Nat.* 36A.

들을 이용했으며(Josephus *Life* 404), 1세기에 그의 지혜가 널리 회람되었던 어떤 현자는 의사들과 그들의 약을 하나님의 도구로 칭찬했다(집회서 38:1-9).[69] 2세기 이쉬마엘 벤 엘리사 학파는 하나님이 의사들을 통해 일할 수 있다는 입장을 취했고,[70] 갈릴리의 의사들조차 큰돈을 벌 수 있었다.[71] 몇몇 사람은 의사가 없는 도시에서 살지 말아야 한다고 생각했다.[72]

몇몇 랍비들은 기후와 건강에 관한 전통을 포함한 히포크라테스의 전통에 익숙했던 것으로 보인다.[73] 고대의 몇몇 의사는 해부학과 생리학에 관한 상당한 경험적 지식을 갖고 있었고,[74] 몇몇 학자는 랍비들이 때때로 최고의 그리스 의술보다 나았고 이론에 과도하게 의존하는 것을 피했다고 주장한다.[75] 그러나 그들은 여전히 당대에 활용할 수 있었던 의학 지식의 한계에 직면했다. 유대의 민간 의술은—고대의 다른 많은 의술 형태와 마찬

---

69 집회서 10:10도 참조하라. 집회서 38:15은 의사들에게 적대적일 수도 있지만, 문맥상 아마도 질병에 대해서만 적대적일 것이다. 집회서에서 의사들을 긍정적으로 보는 견해에 관해서는 McConvery, "Ancient Physicians"와 idem, "Praise"를 보라. Kraemer, "Doctor"는 집회서를 일반적으로 부정적인 성경의 전통과 좀 더 개방적인 탈무드의 접근법 간의 과도적인 입장으로 본다. 고대 팔레스타인의 의료 및 치과 장비에 대한 고고학적 증거는 Avalos, *Health Care*, 78을 보라.

70 *B. Ber.* 60a(비록 그 텍스트에서 많은 사람이 치유를 오직 하나님께만 돌리지만 말이다).

71 Goodman, *State*, 60은 *tos. B.B.* 10:6을 인용한다. 부적절한 치료가 막 5:26에 나오지만, 고대의 의료적 치료의 부적절함에 관해 보고하는 사람은 마가만이 아니다 (von Bendemann, "Arzt"를 보라).

72 *p. Qid.* 4:12, §2. "병에 걸리기 전에 네 의사를 존중하라"라는 말은 문제가 생기기 전에 기도하라는 속담이었다(*Exod. Rab.* 21:7).

73 Newmyer, "Climate."

74 Vallance, "Anatomy"에 수록된 논의를 보라. 좀 더 이른 시기의 의술의 형태에 관해서는 예컨대 Weeks, "Medicine"을 보라. 다양한 지역에서 시행된 의술에 관해서는 Avalos, "Medicine"을 보라. 오른쪽으로 누워있으면 더 빨리 소화되었다(Pliny *Nat.* 28.14.54).

75 Newmyer, "Medicine."

가지로—많은 사람이 마법이라고 생각할 만한 것들을 과학적 요소와 혼합했다.[76] 갈릴리의 의사들은 아마도 그리스의 공식적인 훈련을 받지 않았겠지만, 그리스의 몇몇 의술을 채택했다.[77] 갈릴리의 의사들은 그리스의 의사들과 마찬가지로 진정한 의학 지식[78]과 우리가 미신이라고 간주할 만한 것[79]을 혼합했다.

이후 세기의 그리스도인들이—아마도 가장 이른 시기의 그리스도인들의 영적 치료뿐 아니라 신체의 치료에 관한 관심도 배워서—몇몇 아스클레피오스의 신전들과 몇몇 유대 자료들에 나타나는 바와 같은 두 가지 접근법을 결합한 것도 놀랄 일이 아니다. 아마도 이교도와 계속 관련을 맺는다는 이유로 교회가 의술 및 의료 학교들을 반대한 곳도 있었지만[80] 수도승들은 의술 전통을 보존하여 사용했다.[81] 기원후 350년경에 안디옥의 감독

---

76 Urbach, *Sages*, 1:101; Safrai, "Home," 764-66; *b. Bek.* 44b; *Pes.* 111ab; *Git.* 68b-70b; *Shab.* 66b-67a; 108b-111a. 참조. Vermes, *Jesus the Jew*, 63; 「에녹1서」 7:1; 8:3; Brayer, "Psychosomatics." 마법적인 상담과 의학적인 상담을 혼합하는 것이 고대, 예컨대 이집트의 의술에서는 표준이었다(Jordan, *Egypt*, 157).

77 Goodman, *State*, 60은 해부학적 세부 사항을 포함한다("갈비뼈의 숫자," *m. Ohol.* 1:8 등. 참조. *tos. Ed.* 2:10; *Ab. R. Nat.* 16A; *Pesiq. Rab Kah. Sup.* 3:2; *Gen. Rab.* 69:1; *Lev. Rab.* 12:3; 창 1:27에 관한 *Tg. Ps.-Jon.*).

78 Goodman, *State*, 60은 다음 문헌들을 열거한다. *m. Pes.* 2; *tos. Shab.* 12(13):10-11. 그리고 숙련된 수술을 인용한다(*m. Bek.* 8:1; *Ker.* 3:8; *tos. B.K.* 6:20; *Ed.* 1:8; *Ohol.* 2:6).

79 Goodman, *State*, 60은 다음 문헌들을 열거한다; *m. Yoma* 8:6; *tos. Shab.* 4(5):9. 고대의 의학적 미신에 관해서는 Keener, *Acts*, 서론, 11장을 보라.

80 Dawson, *Healing*, 172-74. 환자의 건강이라는 공통의 목표에 비춰보면 이런 태도는 이상해 보이지만, 고대의 의술은 규제되지 않았고 과학적인 내용에 있어서 변동이 많았으며, 많은 장소에서는 아스클레피오스와 연결되어 있어서 현대의 대부분의 의술과는 적실성이 없는 방식으로 의술을 미심쩍게 보이게 했을 것이다.

81 Dawson, *Healing*, 174-77. 기독교에서 의학을 긍정적으로 사용한 것에 관해서는 예컨대 Gardner, *Healing Miracles*, 46-60을 보라. 그리스의 의학 저자들에 대한 의존은 예컨대 다음을 보라. Dawtry, "*Modus Medendi*," 25-27; Palmer, "Plague," 87-88. 몸에 대한 유대인의 관심의 긍정적인 성격에 관해서는 Kaplan, Schwartz, and

은 특별히 환자들을 돌보는 데 할애된 건물들을 사용하기 시작했는데 이는 기독교 세계에 널리 퍼지게 되었고 우리가 알고 있는 병원의 효시가 되었으며[82], 이슬람 세계도 기독교의 관습을 이어갔다.[83] 중세 시대에 많은 서구 교회들은 의술을 얕보았지만, 동방 기독교는 훨씬 더 총체적이고 교육을 중시했기 때문에 기적적인 치유와 의술을 모두 수용했다.[84] 양자의 결합은

Jones, "View"를 보라. 몇몇 사람들이 생각하는 것과는 달리 기독교는 고대 과학에 대해 반대하지 않았다(Lindberg, "Rise").

82 Nutton, "Hospital," 525-26; Porterfield, *Healing*, 51-54(초기 기독교 의술 포함); Hart, *Delusions*, 29-30(참조. 70-74에 등장하는 의학); Schmidt, *Influence*, 151-69; Miller, *Birth*(특히 21-29)를 보라. 중세 병원들에 관해서는 Bird, "Medicine"과 idem, "Texts"를 보라. 간략한 설명은 Koenig, *Medicine*, 33을 보라. Scherzer, *Healing*, 40-45에 수록된 요양 지시를 참조하라. 몇몇 병원은 상당히 커졌다. Nutton은 기원후 550년에 예루살렘의 성 사바스 병원이 "200개가 넘는 병상을 갖고 있었고 콘스탄티노플의 성 삼프손 병원은 그보다 거의 두 배의 병상을 갖고 있었다"고 지적한다("Hospital," 526). [고대 그리스에 존재했던 치유 성소인] 아스클레피에이온과 유대 숙박 시설들에 병원의 전신들이 존재했다(524). 참조. Dawson, *Healing*, 156-59, 177; Constantelos, "Physician-Priests," 141-42, 149-50에 등장하는 아스클레피에이온; Nutton, "Medical Ethics," 555에 수록된 기독교의 보편적 자선 윤리에 대한 관계; Nutton, "Medicine," 580. 그리스도인들은 세계의 여러 곳에서 병원들을 시작했고 지금도 병원들을 운영하고 있다(Wilson, *Healing*, 64). 좀 더 최근의 기독교 치유 운동들도 흔히 그들의 사역이 의술과 양립할 수 있다고 보았다(예컨대 Kuhlman, *Miracles*, 15; Wilkerson, *Beyond*, 126, 131; Venter, *Healing*, 62). Cherry, *Healing Prayer*, 129-43은 신앙과 관련된 의학적인 치료 역사를 제공한다(때때로 약물을 사용하지만, 자연적 관점에서 볼 때는 기대하지 않았던 긍정적인 결과가 나온다).

83 Nutton, "Hospital," 527. 중세 이슬람 세계는 처음에는 그들의 영토의 다수파였던 그리스도인들을 많이 이용했는데, 그 그리스도인들이 의학을 포함한 좀 더 고대의 그리스 학문을 전해주었다(Irvin and Sunquist, *History*, 277-78을 보라). 다음에는 이슬람 교도 학자들이 서구의 그리스도인들에게 영향을 주었다(Efron, "Christianity," 84). 중세 이슬람이 과학에 대해 우호적이지 않았다는 견해에 반대하는 주장은 Haq, "Culture"를 보라.

84 Porterfield, *Healing*, 75-77. 동방의 의사-성직자에 관해서는 Constantelos, "Physician-Priests"(이른 시기에 대해서는 142-44, 중세 시대에 대해서는 145-49)와 Horden, "Saints"를 보라. 이 치료 방법들의 빈번한 보완성에 대해서는(*Miracles*

역사의 대부분에 걸쳐 매력적인 접근법으로 남아 있었다.[85] 바울의 선교 여
행 동료 중 한 명이 의사로서 누렸던 평판(골 4:14)이 기도와 더불어 의술을

---

of Artemios에서는 그다지 많지는 않지만) Crisafulli and Nesbitt, *Miracles*, 44-45
을 보라. 서양에서도 의술이 없지는 않았다. 영국에서 베네딕토 수도회가 환자들
을 의학적으로 돌본 데 대해서는 Dawtry, "*Modus Medendi*"를 보라. 왈도파의 명
백한 의술에 관해서는 Biller, "*Curate infirmos*"를 보라. 서구의 의학 저술들에 관해
서는 예컨대 일반적으로 빙엔의 힐데가르트의 저술로 여겨지는 저술들을 참조하
라(예컨대 Maddocks, *Hildegard*, 279-81; Schipperges, *Hildegard*, 59, 66, 73-75에
등장하는 저술들. 그러나 이 저술들은 그들이 살던 시대나 그 이전 시대의 저술들
과 마찬가지로 현대의 의학적 관점과는 확실히 다르다). 중세의 의술에 관해서는
특히 Biller and Ziegler, *Medicine*을 보라(이전의 자료들의 "이교도적 요소 제거"에
대해서는 Nutton, "Galen"을 보라). 중세 대학교에서의 과학에 대해서는 Shank,
"Suppressed"를 보라. 중세 그리스도인들이 지구가 평평하다고 생각했다는 신화에
반하는 견해는 Cormack, "Flat"을 보라(19세기의 선전에 반하는 견해가 28-29에
수록되어 있다).

85 예컨대 18세기의 어떤 캔터베리 대주교는 의사로 훈련받았다(Guy, "Physician").
일반적으로는 Sheils, *Healing*을 보라. 특히 예컨대 다음 문헌들에서 다루는 의
료 선교를 주목하라. Williams, "Healing"; Walls, "Medical Missionary"; idem,
Movement, 211-20; Grundmann, *Heal*(특히 인도의 Abdul Masih 목사, 1776-
1827; 중국의 Kwan Ato, 1818-74과 1800년대 말 의사 Wong Fun 등 159-62에
수록된 초기 원주민 의료 선교사들); Mogashoa, "Survey"에 등장하는 원주민 간호
사 훈련. 의료 선교는 처음에는 다른 방법으로는 반응을 보이지 않는 지역에서 강
조되었고(Walls, "Medical Missionary," 288-91; Williams, "Healing," 274-76), 자
선을 강조하는 문화를 반영했지만(Williams, "Healing," 277-80, 283) 19세기 마
지막 4반세기부터 현저해지기 시작했다(Williams, "Healing," 271-73). 의료선
교는 대규모였고 영향력이 있었다. 예컨대 1940년에 인도의 간호사 중 90%가 그
리스도인이었고 로마 가톨릭은 1964년에 인도에서 205개의 병원을 운영했다
(Pirouet, Christianity, 63). 루터교의 중국 의료 선교도 주목하라(예컨대 Skinsnes,
"Hospital"; Kravig, "Heal"; Peterson, "Hospital"; Guldseth, "Cases"). 그들 중 몇몇
은 일본이 그들이 사역하고 있던 지역을 침략한 뒤에도 의료 선교를 계속했다(예
컨대 Guldseth, "Hospital"; idem, "Power," 3; Skinsnes, "Reopening"). 의료 선교
는 상당한 헌신을 수반했다. 예컨대 6년짜리 의료 선교 과정에서 "중국 침례교 선
교회에서 대체로 젊은이들인 의사 다섯 명이 질병이나 과로로 사망했다"(Walls,
"Medical Missionary," 291).

환영하는 것을 방해할 수는 없었을 것이다.[86]

(2) 이교도 기적 행위자

치유 신전들보다 복음서들과 사도행전에 훨씬 더 적실성이 있는 그리스 전
통은 기적을 행하는 개인에 관한 이야기들이지만, 이 기간에 기적을 행한
개인들에 관한 이야기는 기록이 훨씬 적다. 나는 중요한 차이들을 지적하
겠지만 먼저 마법에 대한 관련성 및 시대착오적인 "신적인 인간" 개념을
포함한 이방인 기적 행위자들을 조사할 것이다. 예컨대 어떤 사람은 (소설에
서) 죽은 사람을 살리는 후대 이집트의 예언자-마법사에 관한 허구의 기사
를 취할 수도 있을 것이다.[87] 널리 이야기되는 아스클레오피스의 능력―그
는 신격화 후뿐만 아니라 전에도 이 능력을 갖고 있었다고 전해진다―[88]은
기독교 이전의 이교도 치유자 이야기들이 없었다고 주장할 수 있는 여지를
미리 봉쇄한다.[89] 확실히 먼 과거의 이야기들에서는 영웅들의 생애에 신들

---

86 가장 도움이 되는 자료로는 Weissenrieder, *Images*를 보라. 비록 질병에 대한 고대
     의 상이한 개념화가 주된 강조점이기는 하지만 Keener, "Fever"에서 행 28:8을 의
     학 자료 관점에서 읽는 것도 참조하라.
87 Apuleius *Metam.* 2.28. 이 특정한 이야기는 아마도 그런 이야기들을 좀 더 일반적
     으로 말하는 풍자로 의도되었을 것이다.
88 그 신화는 예컨대 Achtemeier, *Miracle Tradition*, 205에 등장한다(예컨대
     Apollodorus *Bib.* 3.10.3.5-4.1; Xenophon *Cynegeticus* 1.1-6을 인용하고, Edelstein
     and Edelstein, *Asclepius*, 1:3, 9, 54, 56을 따른다).
89 Price, *Son of Man*, 21, 131은 이 이야기들이 예수가 일으켰다고 이야기되는 몇몇
     기적들에 대한 최고의 병행이라고 생각한다. 그러나 그 이야기들은 먼 과거에 속
     하며, 예수의 최초의 유대인 추종자들(특히 대개 스승을 정확하게 제시할 책임이
     있는 제자들)이 예수의 기적 전승에 근거가 없이 그런 이야기들을 지어냈을 가능
     성은 작다. 한 세대 안에 그들이 치유와 축귀가 그 전승의 모든 충(stratum)에 스며
     들 정도로 예수에 관한 그런 전승을 철저하게 꾸며냈으리라고는 생각할 수 없지만,
     Price는 이 대목에서 치유와 축귀를 다루고 있는 것이 아니다. Price가 그리스 신화

이 규칙적으로 개입하는 일이 잦았다.[90] 그러나 인간 행위자를 통해 신적 활동이 중개될 수 있다는 초자연주의 세계관과 믿음을 공유하는 것(인간 사회에서 그런 경우가 그렇지 않은 경우보다 더 보편적이다) 외에는, 신화적인 과거에 관한 그런 이야기들은 최근 인물들의 전기나 역사적 업적과는 병행 관계가 약하다. 정치 선전자들은 베스파시아누스와 관련된 두 개의 치유 사례를 잘 이용했다.[91] 이 이야기들은 진짜 회복을 나타낼 수도 있지만, 베스파시아누스와 관련된 치유는 이 두 건이 전부다.[92]

를 예수의 많은 전승의 배경으로 의지하는 것이 설득력이 있다고 생각하는 학자는 별로 없다(예컨대 Costa, "Review"에 수록된 비평을 보라).

90 참조. 예컨대 기원전 2세기 시인인 Apollonius Rhodius의 *Argonautica*.

91 Tacitus *Hist.* 4.81(그렇게 하는 것이 더 이상 정치적으로 유용하지 않게 된 뒤에도 그 이야기를 확인한 증인들을 조사한 내용을 인용한다); Suetonius *Vesp.* 7.

92 Hume, *Miracles*, 41-42은 그 증거를 인용하고 나서(Gaskin, *Philosophy*, 125이 "반계몽주의자"라고 올바로 비판하는 방식으로) 단순히 이를 무시해버린다. 그러나 두 역사가 모두 이 대목에서 이전의 자료에 의존했음이 확실하다. 그 맥락은 정치 선전적이고, 나는 이 역사가들이 이 증인들과 실제로 접촉한 것이 복음서 전승 형성에서 증인들이 지배적인 역할을 한 것보다는 덜 확고하다고 생각하지만(Bauckham, *Eyewitnesses*와 Keener, *Historical Jesus*를 보라), 나는 우리가 (많은 해석자의 입장과 달리) 이런 예기치 않은 치유가 일어났을 가능성을 고려해야 한다고 생각한다. Flew, "Introduction," 15은 내 의견과 유사하게 그 사건들이 실제로 발생했을 가능성이 있다고 인정한다(비록 그는 심신상관적으로 발생했을 것으로 생각하지만 말이다). (참조. 이와 유사하게 Licona and Van der Watt, "Adjudication of Miracles," 5은 이 보고들은 베스파시아누스 사후 예수의 사역과 관련하여 마가복음이 경과한 기간과 대체로 같은 기간 내에 출현했다고 지적한다.) 그 이야기들은 그것들이 기록되기 전부터 존재했다. 그러나 예수의 치유하는 타액에 관한 마가의 보고(막 7:33; 8:23을 보라. 요 9:6을 참조하라)는 예수가 메시아라는 주장을 플라비우스 왕조의 허식과 대조한다는 Eve의 제안(Eve, "Spit"; idem, *Healer*, 45-46)이 타당하려면 마가가 자신의 복음서를 쓸 때 베스파시아누스의 치유 이야기들이 로마 세계에 널리 알려졌어야 하는데, 나는 다른 이유로 (특히 비교 대상 기간) 그 제안의 설득력이 떨어진다고 생각한다. 몇몇 유신론자들은 하나님이 베스파시아누스를 황제로 확인해주기 위해 이런 기적들을 허락했을 가능성을 허용한다(비록 그는 그 기적들이 연출되었다는 설명을 선호하지만[Burns, *Debate*, 116], 이미 1732년에 John Leland가 한 말을 보라[Burns, *Debate*, 117에 수록됨]).

이와 대조적으로 티아나의 아폴로니오스에 대한 현존하는 유일한 문헌상의 설명 같은, 기독교의 기적 행위자 이야기들에 병행하는 이교도의 가장 중요한 이야기들은 기독교의 기적 이야기들이 널리 알려지고 기독교와 이교도의 기대들이 좀 더 일반적으로 상호 영향을 준 뒤인 3세기 문헌에 최초로 등장한다.[93] 이와 관련하여 좀 더 오래된 가설인 예수가 "신인(神人)"이라는 견해는 불운한 꼴을 당했다(이 점에 관해서는 아래에서 좀 더 자세히 다뤄진다). 많은 사람이 이 견해를 버린 주된 이유는 학자들이 이 합성물 범주에서 한때 발견했던 특징들의 조합이 훨씬 이후 시기의 자료들에서야 혼합되었는데, 이는 이 자료들이 기독교로부터 영향을 받았을 가능성이 있는 반면에 초기 기독교에 영향을 주었을 가능성은 작으며, 예수와 예수의 사망 직후 갈릴리의 예수 추종자들에게 영향을 주었을 가능성은 훨씬 더 작기 때문이다.[94] 나는 이 문제를 아래에서 더 깊이 논의한다.

① 마법과의 관련성

모든 사람이 이 기적 행위자들을 긍정적으로 본 것은 아니었다. 기적은 공개적으로 일으키고 마법은 비밀리에 수행되는 경향이 있었지만, 그리스-로마 세계의 기적 행위자들은 마법사로 이해되기 쉬웠다.[95] 마법사들은 일반적으로 두려움과 혐오의 대상이었다(그래서 다음 구절들에서 마법에 반대하는

---

93   Blackburn, "ANΔPEΣ," 199-204.
94   다음과 같은 신약성서 학자들의 문헌에 나타난 "신인" 가설에 대한 비판을 보라. Holladay, *Theios Anēr*; Gallagher, *Divine Man*; Pilgaard, "Theios Anēr"; Blackburn, "ANΔPEΣ"; Tiede, *Figure*; Theissen and Merz, *Guide*, 305; Sabourin, "Miracles," 291-95; Twelftree, "Message," 2524-27; 그리고 Keener, *Spirit*, 66-67; idem, *John*, 268-69에 인용된 다른 학자들과 논의들. 개별적인 이교도의 기적 행위자들은 특히 1세기에 동방에서 일어났고 그 뒤에는 초기 기독교와 경쟁하면서 발전했다 (Frateantonio, "Miracles," 53).
95   Harvey, *History*, 105.

변증이 등장한다. 막 5:7, 9; 행 8:9-11; 13:8-11; 19:13-19).[96] 마법이 종종 해를 입히는 데 사용되었기 때문에[97] 사회는 일반적으로 마법을 파괴적이고 반사회적이라고 보았다(이 견해는 오늘날의 많은 사회에서도 널리 퍼져 있다[98]). 그럼에도 불구하고 많은 사람이 마법이 악의적인 것으로 여겨질 경우에조차 마법 이야기들에 매료되었다.[99] 그래서 루키아노스는 좋은 충고를 거절하고 마법을 갈망한 루키우스라는 사람에 관해 말한다.[100] 그의 마법 추구는 잘못된 쪽으로 보상을 받아서 그가 당나귀로 변하는데,[101] 이 이야기는 일반적인 교

---

96 사도행전에 보고된 이 기사들 각각은 하나님의 말씀이 퍼지는 것으로 끝난다 (행 8:12; 13:12; 19:20). 누가-행전에서 마법에 반대하는 변증에 관해서는 다음 문헌들을 보라. Spencer, *Philip*, 99-102; Trémel, "Risque de paganisation"; 특히 Garrett, *Demise*. 기독교가 마법과 관련이 있다는 비난(예컨대 *Eccl. Rab.* 1:8, §4) 때문에 그런 변증이 더 요긴해졌다.

97 예컨대 *SIG* 3/985(= *LSAM* 20), 12-15행, 소아시아에서 유래한 자료(Klauck, *Context*, 66). 추가로 다음 문헌들도 보라. Theissen, *Miracle Stories*, 239-42; Yamauchi, "Magic," 90; Kippenberg, "Magic". 참조. Carastro, "Divination et magie." 마법은 심지어 좋은 사람들에게 해코지를 하는 데도 효과가 있는 것으로 생각되었으며(Apuleius *Metam.* 9.30), 시체의 일부를 사용하기도 했다(Apuleius *Metam.* 2.20, 30. 참조. *PGM* 1.248-49; Pliny *Nat.* 28.2.4, 7; *m. Shab.* 6:10에 기록된, 십자가 처형에 쓰는 못). Welch, "Miracles," 369-71은 마법의 불법성에 찬성하지만 그의 주된 증거의 대다수는 사망 예언과 관련이 있다.

98 "호의적인" 마법을 실행한 사람들도 있지만 "흑주술"은 많은 사회에서 여전히 반사회적 존재다(예컨대 Kadetotad, "Practices," 383-84을 보라). 많은 사회에서 마법이 사람을 죽이는 데 사용되고 있으며(예컨대 Tippett, *Solomon Islands Christianity*, 15) 특히 한 남성의 여러 아내 사이에서 위험하다고 생각된다(Stephens, *Family*, 68; Whisson, "Disorders," 288). 다양한 용도에 관해, 그러나 특히 해롭거나 이기적인 용도에 관해서는 Mbiti, *Religions*, 196, 200, 203-4, 221, 258, 275, 278, 328을 보라. 사회가 마녀들을 저주하는 것에 관해서는 예컨대 Mbiti, *Religions*, 209을 보라. 전통적인 "부두 주술을 통한 사망" 이후 의학적인 진단과 수분 보급을 통해서 몇몇 사람이 회복되었다(Eastwell, "Voodoo Death," 특히 5).

99 Lucian, *Lucius* 4; Apuleius *Metam.* 3.19.

100 *Lucius* 4-5. 56에서 그는 자기의 호기심의 위험을 인정한다.

101 Lucian, *Lucius* 13.

훈과 일치함을 암시한다. 몇몇 관리들은—성공하지는 못했지만—결국 민간의 마법 실천 성행을 억압하려고 했다.[102]

사람들은 마법사들의 악의적인 활동 때문에 그들을 두려워했다.[103] 따라서 예컨대 특정한 마법의 동작들은 출산하는 동안 해로운 마법사의 활동이 있음을 드러내는 것으로 여겨졌다.[104] 이미 로마의 12표법(Rome's twelve tables)은 곡물을 해치려고 주문을 걸거나 다른 마법적인 피해를 끼치는 사람들에 대한 처벌을 규정했다.[105] 마법사들을 잡을 수 있다면 그들을 죽이는 것이 유익하다고 생각한 사람도 있었다.[106] 소설에서는 가장 강력한 마법사들에게 엄청난 힘이 부여되었다.[107]

학자들은 마법을 기적이나 종교와 구별하기 위해 오랫동안 애쓰고 있지만, 그것들 각각의 공통적인 정의가 항상 명확한 것은 아니다.[108] 전형적인 구분 하나는 마법은 전통적으로 영이나 힘들을 조종하려 하는 반면에 종교와 기적은 그러지 않는다는 것이다.[109] 그러나[110] 심지어 몇몇 시민종

---

102 Horsley, *Documents* 1, §12, 47-51을 보라(기원후 2세기 말 이집트의 한 장관에게서 나온 문서).

103 마법이 죽이거나 꼬드기는 것 등을 할 수 있다고 믿는 많은 사회에서는 지금도 마찬가지다(예컨대 Tippett, *Solomon Islands Christianity*, 15).

104 Pliny *Nat.* 28.17.59.

105 Pliny *Nat.* 28.4.17. 그러나 Rives, "Magic in XII Tables"는 이러한 초기 법률들은 원래는 마법에 적대적이지 않았다고 주장한다. 기원전 1세기 무렵 로마의 법률은 확실히 마법을 규탄했다(Smith, *Magician*, 75-76).

106 Lucian *Lucius* 54. 참조 출 22:18; *Hammurabi* 2. 오늘날의 사례는 Mbiti, *Religions*, 263, 275을 보라.

107 Apuleius *Metam.* 2.5; 3.15.

108 다음 문헌들을 보라. Aune, "Magic," 1511-12; Grant, *Religions*, 45-46(그러나 대다수 마법은 종교적 관심이 결여되었다고 지적한다).

109 예컨대 Arnold, *Power*, 19; Klauck, *Context*, 215-18, 특히 218 ("마법에는 강압이 전형적이고 종교에는 탄원이 전형적이다"); Reimer, *Miracle*, 3-7(그 견해를 요약한다), 250.

110 Remus, *Conflict*, 52-62과 Reimer, *Miracle*, 7-8을 보라. 몇몇 학자는, Smith,

교들도 신들을 조종하려고 시도하기 때문에 이 구분이 항상 들어맞지는 않는다.[111] 영적인 힘을 이기적인 목적이나 교화적이지 않은 목적에 사용하는 것은 마법을 식별하는 또 다른 기준이었지만 이 구별도 절대적이지는 않았다.[112]

고대인들은 흔히 좀 더 주관적인 기준을 채택했다.[113] 즉 그들은 자기들 가운데서 벌어지는 유사한 활동에 대해서는 그렇게 하지 않으면서 사회적 외인(外人) 집단에서 일어나는 초자연적 활동을 마법이라고 불렀다.[114] 일반적으로 공개적인 시민의 활동은 종교로 여겨진 반면에 비밀리에 수행하는 파괴적인 활동은 마법으로 여겨졌다. 이 편견은 아스클레피오스 신전 같은 공적인 신전과 달리 초기 기독교의 가정 모임에서 일어나는 기적들에 대한 부정적인 인식으로 이어질 수도 있었다. 그러나 또 다른 문제가 더 중요했다. 내가 지적해 온 바와 같이 결국 주된 문제는 사람들이 "그 힘이 개인적 이익을 위해 사용된다고 믿었는지 공공의 이익을 위해 사용된다고 믿었

Magician, 69처럼 지나치게 나간다. 오늘날 많은 사회에서 점쟁이 자신이 영들을 사용해서 어떤 영들이 문제를 일으키고 있는지 점친다(예컨대 Berends, "African Healing Practices," 283과 Ritchie, *Spirit*, 24-25을 보라. 마법에 대항해 보호하는 것에 관해서는 Kapolyo, *Condition*, 103을 보라). 샤먼들은 능력을 사용해서 사람을 치료하거나 해칠 수 있다(Peters, *Healing in Nepal*, 61, 63; Ritchie, *Spirit*, 28).

111 예컨대 다음을 보라. *b. Taan.* 25b에 나오는 기우제; Moore, *Judaism*, 2:44-45(이 교도들 사이의 헌주의 기능을 비교한다); Ringgren, *Religion*, 190; Harrelson, *Cult*, 69; Uval, "Streams." 나는 Keener, *John*, 723-24에서 이 관행을 좀 더 자세하게 조사했다. 예컨대 Pliny *Nat.* 28.3.11-14과 Plutarch *Cor.* 25.3 같은 문헌에 나타난, 정확한 의례에 관한 로마의 관심도 주목하라.

112 Remus, *Conflict*, 62-67을 보라. 아프리카 전통들에서는 영적 힘이 사용되는 목적이 선한 힘과 악한 힘을 구별하는 기준이다(Mbiti, *Religions*, 258-59).

113 현대 인류학의 접근법은 현대 해석자들의 가치 판단을 피하기 위해 노력한다(Aune, "Magic," 1509).

114 Remus, *Conflict*, 67-72; Remus, "Magic or Miracle?". 참조. Reimer, *Miracle*, 8-10(그 견해를 요약하는 것이기는 하지만 10-12을 보라). 마법사들이 종교 공동체를 벗어난 데 관해서는 Reimer, *Miracle*, 248을 보라.

는지"였다.[115] 따라서 아폴로니오스에 대한 필로스트라투스의 견해[116]에서는 다양한 기준이 마법과 기적을 구별하지만 가장 중요한 요소는 탐욕 문제다. 기적을 일으킨 사람 모두에게 마법이라는 비난이 가해졌지만, 이러한 비난에 대한 최선의 답변은 그것을 원치 않는 것으로 보이고 탐욕적으로 보이지 않는데도 계속 기적적인 힘을 사용한다는 것이었다.[117]

몇몇 마법사들은 사기꾼으로 인식되었다.[118] 루키아노스가 거짓 예언자 알렉산더에게 반대했듯이, 의심하는 지성인들은 때때로 그들의 정체를 폭로했다.[119] 알렉산더는 신에게 제기한 질문들을 끄집어내서 그 질문들에 대해 자신이 최선이라고 생각하는 답을 제시했고(Lucian Alex. 20), 이 방법으로 1년에 80,000 오볼로스[약 13,300 드라크마]까지 수입을 올렸다고 알려졌다(Alex. 23). 그는 예언이 실패하면 기록에서 그것을 변경했다(Alex. 27-28). 그는 뱀의 껍질 안으로 음성을 투사하는 방법도 발견했으며(Alex. 26), 존재하지 않는—청중들에게는 이 사실이 알려지지 않았다—사람들에게 상세한 신탁을 제공했다(Alex. 50). 루키아노스 등은 그를 계속해서 가두었지만(Alex. 53-55), 아마도 알렉산더 같은 사람들이 흔했을 것이다.[120] 오늘날

---

115 Reimer, *Miracle*, 139-41을 보라(양쪽의 경계 상태를 강조한다). 기원후 172년에 보고된 사건에 대한 기독교의 해석과 이교도의 해석이 갈리는 것을 참조하라(DeFelice, "Legend").

116 *Vit. Apoll.* 1.34.

117 Reimer, *Miracle*, 246. 참조. 예컨대 마 8:20//눅 9:58; 행 3:6; 20:33-34.

118 "마법사"를 의미할 수 있는(참조. 「유다의 유언」 23:1; Plato *Meno* 80A, 비유적으로 쓰임; Philostratus *Vit. Apoll.* 7.17; Porphyry *Marc.* 33.509) 고에스(γόης)라는 용어(참조. 딤후 3:13)는 Babrius 57.13에서는 "사기꾼"을 뜻할 수 있다(참조. 마카베오하 12:24에 등장하는 속임수). 어떤 사람은 마법이 단지 "모든 최고 거짓말쟁이의 망상"일 뿐이라고 의심했다(Quintus Curtius 7.4.8, LCL 1:153).

119 플라톤의 비판도 보라(*Rep.* 2.364BC).

120 Lucian *Alex.* LCL 4:173에 수록된 역자의 주석은 비문들이 알렉산더가 여러 지역에서 유명했음을 확인해준다고 언급한다.

몇몇 사기적인 치유 기법들은 고대 선구자의 길을 따른다.

마법은 전혀 교육을 받지 못한 사람들에게만 한정되지 않았다. 몇몇 사람은 교육 수준이 매우 높은 사람이라면 마법에 빠지지 않을 것으로 생각했다.[121] 그러나 마법은 특히 하위 계층 사람들 사이에서 횡행한다고 생각되었지만,[122] 좀 더 솜씨 있는 마법 실행자들은 올바른 주문을 사용하고 이에 따르기 위해 충분한 지식을 갖추고 글을 읽을 수 있어야 했다.[123]

저주 기원(祈願)은 고대 마법에 핵심적이었다.[124] 해로운 것은 거의 무엇이든 마법 탓으로 돌릴 수 있었다.[125] 성적인 영향력을 확보하기 위한 색

---

121 Philostratus *Vit. soph.* 2.10.590.

122 Aune, "Magic," 1521; Arnold, *Power*, 19. 사회적 힘에 접근할 다른 수단이 없는 사람들 사이에서 마법이 사용되었을 개연성이 있지만, 이집트에서는 마법이 제사장들에게서 시작되었다. Kee, *Miracle*, 213은 주술에 대한 비난이 상류층에서 더 보편적이지만, 이는 단지 그러한 비난이 상류층에서 더 흔하게 보존되었기 때문일 수도 있다고 주장한다. 전통적인 여러 사회에서는 흔히 더 운이 좋고 부유한 사람들이 시기성 마법 공격의 대상이 된다(Gelfand, "Disorders," 167).

123 예컨대 Lucian *Lucius* 11. Frankfurter, *Religion in Egypt*, 228-29은 이 문해력을 특히 이집트의 제사장직과 연결한다. Koester, *Introduction*, 1:201은 교육을 잘 받은 사람들 가운데서 마법이 사용된 것을 지적한다.

124 Klauck, *Context*, 223-26; Harder, "Defixio," 175; 예컨대 Jordan, "New Curse Tablets"를 보라. 좀 더 최근의 마법 형태에서도 마찬가지다(참조. Mbiti, *Religions*, 276; MacNutt, *Power*, 74-75; Peters, *Healing in Nepal*, 61, 63; Lewis, "Possession," 189, 214; Shorter, *Witch Doctor*, 198에 나오는 마법사들이 영들을 "보내는" 전통들). "사악한 눈"(나는 그것에 관한 다양한 개념들을 함께 열거했지만, 어떤 개념들은 단지 인색함만을 의미한다)에 관해서는 다음을 보라. *P. Oxy.* 292.11-12; Aelian *On Animals* 11.18; Pliny *Nat.* 7.2.16-18; Aulus Gellius 9.4.8; *b. Ber.* 20a; 55b; *Sanh.* 93a; *Lev. Rab.* 16:8; 17:3; *Num. Rab.* 12:4; 창 42:5에 관한 *Tg. Ps.-Jon.*; Kern-Ulmer, "Evil Eye"; Dickie, "Evil Eye"; Elliot, "Fear"; Pilch, "Eye." Rab은 거의 모든 질병의 원인을 이것에 돌렸다(Yamauchi, "Magic," 124). (4Q477 2 II, 4, 7의 한 번역에 등장하는 내용은 재구성된 것이다). 좀 더 최근에 쓰인 다음 문헌들에 등장하는 개념을 참조하라. Kadetotad, "Practices," 384; Mbiti, *Religions*, 259.

125 Faraone, "Spells."

정적인 주술도 있었다.[126] 몇몇 주문들은 스포츠에서 부정을 저지르기 위함이었다(예컨대 상대편 전차들을 넘어뜨리고 망가뜨리기 위한 주문).[127] 방어적인 마법과 (예컨대 출산에서) 보호[128]를 위한 마법도 있었다.[129] 마법은 보이지 않게 하는 것[130]이나 어떤 물질을 다른 물질로 바꾸는 것[131]과도 관련이 있었다. 명백히 마법을 통해 자신이 원하는 것은 다 얻을 수 있다고 주장하는 사람도 있었다.[132]

마법의 수단들은 문화마다 다르다.[133] 그리스-로마의 고대 마법사들은 종종 영들을 조종한다고 생각되었고,[134] 따라서 엄격한 초기 유대교와 기독

---

126   예컨대 다음 문헌들을 보라. *PGM* 13.304; 32.1-19; 36.69-133, 187-210, 291-311, 333-60; 62.1-24; 101.1-53; Pliny *Nat*. 27.35.57; 27.99.125; Philostratus *Hrk*. 16.2; *T. Reu*. 4:9; Frankfurter, "Perils"; Jordan, "Erotic Spell". 참조. Theocritus *The Spell* (in *Greek Bucolic Poets* LCL 26-39); Horsley, *Documents* 1:33-34에 등장하는 주문. 소설에서는 마녀가 젊은 남자 등의 머리카락을 입수하면 그 사람을 홀릴 수 있었다(Apuleius *Metam*. 3.16-18). 소설가들이 여성 마법사들을 강조한 것과 달리, 남녀 마법사 모두 이런 방법을 채택했다(Dickie, "Who Practised Love-Magic". 참조. Lewis, *Life*, 96에 나오는 남성 마법사들에 대한 강조). 아풀레이우스는 심지어 이 비난에 대해 자신을 방어해야 했다(Bradley, "*Apologia*"). 좀 더 최근의 사회에 대해서는 예컨대 Tippett, *Solomon Islands Christianity*, 15을 보라.

127   *PGM* 4.2211-16.

128   Whittaker, *Jews and Christians*, 219-20에 ("흑주술"과 더불어) 등장하는 몇몇 예들을 보라. 오늘날의 사례는 MacNutt, *Power*, 74-75을 보라.

129   예컨대 Dunand, *Religion en Égypte*, 114.

130   예컨대 *PGM* 1.222-31, 247-62(특히 1.256-57). 참조. (소극[笑劇]에서) Tibullus 1.2.58. 좀 더 많은 내용은 Keener, *John*, 773-74을 보라. 미다스의 반지(Pliny *Nat*. 33.4.8)나 기게스의 반지(Lucian *Ship* 42; Philostratus *Vit. Apoll*. 3.8)도 마찬가지다. 좀 더 최근의 예로는 예컨대 Owusu, "Strings," 146을 보라.

131   Homer *Od*. 10.239-40; Ovid *Metam*. 14.414-15; *p. Hag*. 2:2, §5; *Sanh*. 6:6, §2.

132   Lucian *Dem*. 23(데모낙스는 자기가 원하는 것을 돈으로 살 수 있다고 역설함으로써 이 주장을 반박했다고 언급한다).

133   몇몇 사회에서는 마법은 단지 유사성에 기초한 동정적인 마법을 통해서가 아니라 금기를 깸으로써 기능할 수도 있었다(Makarius, "Violation," 특히 232).

134   예컨대 다음 문헌들을 보라. *PGM* 1.88-89, 164-66, 179-85, 252-53; 2.52-54;

교의 관점에서는 귀신들과 내통한다고 생각되었다.[135] 인간들과 신들 사이를 중재하는 존재들이 가장 흔하다고 생각되었지만,[136] 신들도 관련이 있었다.[137] 마법은 약물, 즉 약이나 독약을 사용할 수도 있었다.[138] 요세푸스는 성경의 마법 금지를 다른 사람들을 중독시키지 못하게 하는 것으로 해석한다.[139] 약물의 사용은 경쟁자를 잉태하지 못하게 하거나,[140] 순전한 허구에서는 사람들을 짐승으로 변화시킬 수도 있었다.[141] 마녀들도 자기들의 해로운

4.3043-44; Lucian *Men.* 9; *Alex.* 13. 참조. Klauck, *Context*, 228; Nilsson, *Piety*, 171; Smith, *Magician*, 97-99; Arnold, *Power*, 18. 현대의 샤먼들이 영들을 조종하는 것에 대해서는 예컨대 Shorter, *Witch Doctor*, 178을 보라.

135 CD XII, 2-3(이 자료는 귀신을 통제한 사람들을 강신술사들과 비교한다. Gaster, *Scriptures*, 85도 보라); *L.A.B.* 34:2-3; *b. Sanh.* 67b.

136 Klauck, *Context*, 214. 부록 A의 논의를 보라.

137 Graf, "Initiation"; 예컨대 *PGM* 1.298(아폴론); 2.98-117(오시리스); 4.2626-29(사람이 [달의 여신인] 셀레네에게 기원할 때 그녀를 화나게 하지 않도록 부적을 요구한다); 12.67(일반적인 신들). 신들을 조종하기 위한 시도에 대해서는 Pliny *Nat.* 28.4.19를 보라.

138 예컨대 Diodorus Siculus 4.45.3; Philostratus *Hrk.* 25.13; *Sib. Or.* 5.165(φαρμακίην을 얻기 위한 로마의 파괴); 「요셉의 유언」 5:1(치명적인 독약들); 6:1(음식에 넣는 사랑 주술들). 참조. Guthrie, *Orpheus*, 17-18(오르페우스에 관하여). 유대인들은 그것들의 사용을 반대했다(*Sib. Or.* 3.225, 아마도 기원전 2세기; 갈 5:20. 참조. 그 이후의 저술인 Deissmann, *Light*, 424에 등장하는 비밀리에 "약물에 중독된" 연인에 대항하는 저주 기원). 로마의 법률은 중독시키는 것을 엄하게 다뤘다(Grant, *Paul*, 114, Paulus *Dig.* 48.19.38.5을 인용했음). 약물은 감각을 손상시킬 수도 있었다(Isaeus *Astyph.* 37, φαρμάκων). **파르마콘**(φάρμακον)의 좀 더 일반적인 의학적 의미는 달랐다(Diodorus Siculus 17.31.6; Appian *Hist. rom.* 6.14.87).

139 Josephus 『유대 고대사』 4.279.

140 Euripides *Andr.* 355.

141 Homer *Od.* 10.235-36, 290, 317, 326에 등장하는 키르케; Parthenius *L.R.* 12.2. 참조. Diodorus Siculus 4.45.3. 키르케는 약을 사용하여 동물들에게 마법을 걸기도 한다(Homer *Od.* 10.212-13). 물질들을 변화시키는 마법에 대해서는 예컨대 다음을 보라. Ovid *Metam.* 14.414-15; *p. Hag.* 2:2, §5; *Sanh.* 6:6, §2. 그러나 신들도 물질들이나(Homer *Od.* 13.162-63) 사람들을(예컨대 Hesiod *Astron.* frg. 3; Apollodorus *Bib.* 2.1.3.1; Euripides *Bacch.* 1330-32; Longus 1.27) 변화시켰다.

계획을 달성하기 위해 짐승들로 변한다고 생각되었다.[142]

마법에 관여하는 것의 위험이 기적을 일으키는 개인에 관한 이야기를 묘사하는 데 영향을 주었다. 피타고라스 학파의 엠페도클레스는 "마법적인 위업(γοητευοντι)을 수행했다"고 전해지는데 이 용어는 일반적으로 불쾌한 함의를 가진 말이었다.[143] 마찬가지로 아마도 "필로스트라투스 배후에는 아폴로니오스에 대한 더 오래된 두 견해가 있다"는 퍼거슨의 말이 옳을 것이다. 즉 마법사이자 사기꾼이라는 견해와 기적 행위자라는 견해 말이다.[144] 아폴로니오스의 몇몇 행위의 마법적인 특성은 필로스트라투스의 글에서 빈번하게 드러난다.[145] 비록 그가 아폴로니오스가 마법을 사용했다는 비난을 벗겨주기 위해 노력했음에도 불구하고 말이다.[146] 나는 아폴로니오스에 대해 아래에서 더 논의한다.

② "신인"

많은 그리스인에게는 인간과 신 사이의 경계가 유대인에게서보다 훨씬 희미했다.[147] 하지만 현대의 학자들이 "신인"과 관련시키는 범주는 그 사람을 신 자체로 만든 것이 아니라 그 사람의 신적인 특질들에 주의를 기울인

---

142 Lucian *Lucius* 54; Apuleius *Metam.* 2.30. 좀 더 최근의 마법에 대해서는 다음 문헌들을 보라. Mbiti, *Religions*, 258(220도 참조하라); Prince, "Yoruba Psychiatry," 92; Umeh, *Dibia*, 132; Nanan, "Sorcerer," 82; Zempleni, "Symptom," 99에 등장하는 변신도 참조하라.

143 Diogenes Laertius 8.2.59, 자신이 목격자라고 주장한 고르기아스를 사티로스가 인용한 것을 재인용한 글.

144 Ferguson, *Backgrounds*, 306.

145 예컨대 *Vit. Apoll.* 4.43; 6.43. 참조. Evans, "Apollonius," 80-81.

146 Smith, *Magician*, 87; Klauck, *Context*, 169. Reimer, *Miracle*도 보라(아래에 언급된다).

147 예컨대 Keener, *John*, 178-79, 291-93에 나오는 자료들을 보라.

다.[148] 많은 학자들은 신약성서에 보고된 예수의 기적들과 때때로 그의 대리인들의 기적들을 이 범주에 비추어 해석했다.[149]

그러나 몇몇 다른 학자들이 지적하는 바와 같이 기독교와 이교도의 기적 묘사 방법 간의 몇 가지 구조적인 유사성에 비춰 볼 때 신약성서의 기사들이 신인 이데올로기를 나타낼 가능성은 거의 없다.[150] 이 경고는 다음과 같은 두 가지 이유로 적실성이 있다. 첫째, "신인"이라는 범주 자체를 1세기에 기적을 일으킨 사람에게 적용할 수 있는지 여부가 상당한 논란거리다. 둘째, 유대교는 이미 엘리야-엘리사 주기(cycle)에 기적을 일으키는 전통이 있어서 그리스식의 변증을 강조하지 않았다. 유대교에서 나타나는 이러한 무관심은—우리가 갖고 있는 다른 몇몇 유대 자료들보다 그 내용 면에서 덜 그리스화된—복음서들이 그렇게 할 가능성을 감소시킨다. 신성한 전기(aretalogies)와 신인 간에 연결 관계가 있다고 상정하는 것도 적절하지 않다.[151] 과거에 많은 학자들은 신인이 고대에 특정한 특징들을 지닌 합성 유형(type)이었다고 주장했다.[152] 그러나 오늘날 학자들 대다수는 다양한 특징들은 다

---

148 Strelan, *Strange Acts*, 20 (Josephus 『유대고대사』 10.35에서 이사야에게, 그리고 Philo *Mos*. 2.188에서 모세에게 "신적인"이라는 말을 적용하기도 함을 지적한다). 이 신인을 "하나님의 아들"이라는 예수의 호칭과 연결시킨 사람도 있지만, 내가 다른 곳에서 주장한 바와 같이 복음서들은 아마도 유대교에서 사용된 의미로 예수께 그 호칭을 적용할 것이다 (Keener, *John*, 291-96을 보라).

149 Reitzenstein, *Religions*, 207; Bultmann, *Theology*, 1:130; Koester, "Gospels," 230-36 (in Sabourin, *Miracles*, 253); Koester, *Paul and World*, 118-20; Mack, *Lost Gospel*, 66. 참조. Mills, *Agents*, 126. 나는 이 단락의 많은 부분을 Keener, *John*, 268-70에 수록된 자료에서 가져왔다.

150 Kingsbury, *Christology*, 39. 참조. Kee, "Aretalogy," 422.

151 Gallagher, *Divine Man*, 173-74. 참조. Gundry, "Genre," 107.

152 오늘날의 학자들이 과도하다고 보는 한 가지 예로는 Bieler, *Theios anēr*를 보라. 훨씬 조심스러운 견해로는 Talbert, *Gospel*을 참조하라. 그는 불멸성을 달성한 사람 (26-31)을 **테오이 안드레스**(*theoi andres*)와 관련시키지만 *theoi andres*가 모두 불멸의 존재가 된 것은 아님을 지적한다 (35-38). Aune, "Problem of Genre," 19은 탈

양한 자료들에서 나왔고 현대 학자들의 창의성에 의해서 한 유형 안에서 통합되었음을 인정한다.[153] 고대의 어구(phrase)는 너무 광범위한 의미로 사용되어서 특정한 유형을 묘사할 수 없다. 그 말은 문자적인 "신인", "영감 받은 사람", 모종의 방식으로 신과 관련이 있는 사람, 그리고 "이례적인 사람"을 지칭할 수 있다.[154] 3세기의 문서인 『아폴로니오스의 생애』(Life of Apollonius)에서 그 의미로 사용되는 그런 어구는 1세기에는 존재하지 않았다.[155] 그래서 하워드 키는 이 유형은 존재하지 않는다고 주장하면서 이전의 신인 유형 옹호자들을 신랄하게 비판한다.[156] 따라서 오늘날 학자들은 일반적으로 이전 시기의 학자들이 그들의 "신인" 그림에 너무도 많은 이질적인 특징들을 혼합했다는 결론을 내린다.[157] 그 유형에 가장 부합하는 인물 중 피타고라스는 역사적으로 알려진 것이 별로 없고, 아폴로니오스에 관해서는 우리가 주로 3세기의 필로스트라투스에게 의존하며,[158] 엠페도클레스[159]도 앞의 두 사람과 마찬가지로 피타고라스 학파와 관련이 있었다.[160] 피타고라스와 엠페

   보트의 "영원한 존재"와 "불멸의 존재" 간의 구별에 좀 더 회의적이다.

153 다음을 보라. Tiede, *Figure*, 99(참조. 14-29, 피타고라스의 개념들에 관한 내용; 71-97, 헤라클레스에 관한 내용); Gallagher, *Divine Man*, 173; Shuler, *Genre*, 18; Liefeld, "Divine Man"; Blackburn, "ΑΝΔΡΕΣ," 188-91; Kingsbury, *Christology*, 34; Martitz, "Υἱός," 8:339-40; Sabourin, *Miracles*, 47; Betz, *Jesus*, 64; Koskenniemi, "Background," 105-7. "유형"은 그것의 많은 특징들이 아직 문서화되지 않은 1세기에는 특히 부적절하다.

154 Holladay, *Theios Anēr*, 237.

155 Kee, *Miracle*, 37.

156 Ibid., 297-99. 참조.. idem, *Origins*, 61-62.

157 Klauck, *Context*, 177을 보라.

158 Philostratus *Ep. Apoll.* 48에서 아폴로니오스는 신들이 자신을 공개적으로 "신인"으로 입증했다고 주장한다.

159 Klauck, *Context*, 176.

160 피타고라스 학파의 기적 이야기들은 "자연의 원소들은 합리적이며" 그들에게 반응한 "살아있는 힘"이라는 견해를 반영한다(Cotter, "Miracle," 103).

도클레스는 초기 기독교보다 수백 년 전에 살았지만, 그들이 기적을 일으켰다는 기록은 명백히 그들이 생존했던 때로부터 오래 뒤에 출현했다.

그보다 더 뒤의 자료들은 훨씬 더 문제가 많다. 하워드 클락 키가 다음과 같이 이의를 제기하는 것처럼 말이다. "복음서들 및 사도행전의 저자들 같이 아주 다른 세계에서 작업했던 1세기의 저자들이 보고한 사건들에 대해 필로스트라투스나 그리스 마법 파피루스를 역사적 증거로 제시하는 것은 무책임하다."[161] 나는 그것이 하워드 키의 조사가 암시하는 때보다 이른 시기에 더 많이 퍼져 있었다고 생각하지만, 하워드 키가 지적하는 바와 같이 기원후 3세기는 특히 신들의 직접적인 개입에 대한 고대의 염원을 강조했다.[162] 로마 제국 시대에 몇몇 치유 기사들이 좀 더 자세해졌고 문헌 텍스트들에 나타나기 시작했는데, 그 시기에는 마법도 두드러지기 시작했다.[163] 몇몇 학자는 역사를 배경으로 쓰인 작품들에서 "공상적인 이야기들" 및 다른 허구적인 요소들이 특히 네로 황제 치하의 문학 부흥 때부터 유행하기 시작했다고 주장한다.[164] 아무튼 차츰 기적을 일으킨 사람들에 관한 이야기들이 많아졌다.

3세기의 기적 내러티브들이 보다 이전 시기의 역사가들의 저술에 실린 설명들보다 훨씬 완전하다는 점은 아마도 이교도인 선전자들이 자기들의 설명을 기존의 유사한 기독교 이야기들에 꿰맞췄을 것이라고 암시한

---

161 Kee, *Miracle*, 288. 참조. 52.

162 Ibid., 288. 참조. Klauck, *Context*, 170. 그는 전기 소설들에서 기적을 선전 도구로 사용한 증거를 제공한다(Kee, *Miracle*, 252-89).

163 Theissen, *Miracle Stories*, 269-71, 274.

164 Bowersock, *Fiction as History*, 22(이 중 몇몇을 예수 전승의 영향에 돌린다, 27, 143. 그러나 기독교가 네로의 통치를 통해 로마의 귀족 사회에 그런 영향을 행사했겠는가?). 2세기 상황은 루키아노스의 몇몇 풍자 문학에 대한 반대를 참조하라.

다.[165] 그러므로 예수가 죽은 자들을 살렸다는 1세기의 기독교 이야기들과 1세기 인물인 티아나의 아폴로니오스[166]가 같은 일을 했다는 3세기의 기사들 간의 유사성은 고대 말기에 기독교가 이교도에 영향을 주었을 가능성이 그 반대 방향의 가능성보다 높다고 말해주는 것일 수 있다.[167] 연대기적인 증거에 맞서 이와 다르게 주장하는 것은—어떤 대가를 치르더라도 초기 기독교가 아폴로니오스로부터 차용했다고 가정하려는 것이 아닌 한—방어하기 어렵다.

---

165 Lown, "Miraculous"를 보라.

166 Anderson, *Philostratus*, 121-239은 아폴로니오스 전승이 더 오래되었다고 주장한다. Bowie, "Apollonius," 1653-71과 idem, "Philostratus," 181-96은 그 전승이 늦게 출현했다고 주장한다(*Fiction as History*에서 기독교의 이야기들이 시기적으로 앞선다는 Bowersock의 견해도 참조하라). Reimer, *Miracle*, 20-22은 Anderson과 Bowie를 요약하고 설사 우리가 그 내러티브들의 고대성을 부인한다 해도 그 이야기들은 이전 시기에 적실성이 있는, "공유된 문화 데이터를 보여준다"고 결론을 내린다(23, Anderson, *Philostratus*, 121과 견해를 같이함). 나도 이 수준에 대해서는 동의한다. 따라서 나는 내 연구에서 필로스트라투스의 자료를 사용한다.

167 Pélaez del Rosal, "Reanimación"이 필로스트라투스가 누가복음을 읽었다고 한 말이 옳을지도 모른다; Theissen, *Miracle Stories*, 277은 그 의견에 반대한다. 참조. Price, "Easters"는 복음서의 몇몇 표적들을 필로스트라투스 및 유사한 자료들에 비추어 읽는다. 필로스트라투스와 누가복음 간의 중요한 차이에 대해서는 Harris, "Dead," 301-3을 보라. 왕상 17:17-24에 나타난 내러티브 기법이 누가의 글쓰기에 영향을 주었을 수도 있지만(참조. Pélaez del Rosal, "Reanimación"; Brodie, "Unraveling"; Hill, *Prophecy*, 53), 누가가 단순히 이 자료로부터 그 이야기를 지어낸 것은 아니다(Harris, "Dead," 299-301; Witherington, *Women*, 76. 이에 대한 반대 의견으로는 Drury, *Design*, 71을 보라). 아무튼 죽은 사람을 되살리는 누가복음의 기사가 왕상 17장에 의존할 가능성이 아폴로니오스의 이야기에 의존할 가능성보다 훨씬 크다. 누가는 자신의 기적이 별 볼 일 없는 나인에서 발생했다고 말하고 내세에 관한 그 젊은이의 계시를 보고하지 않으며 달리 꾸미지도 않는데, 이런 점들은 누가의 이야기가 이교도의 윤색된 유사 사례보다 이후에 쓰인 것이 아니라 훨씬 전에 쓰였을 가능성을 높인다(Harris, "Dead," 299).

③ 아폴로니오스에 관한 필로스트라투스의 주장

모든 기적 행위자에 관한 고대의 모든 이야기 가운데 아폴로니오스에 관한 이야기들이 복음서들에 수록된 예수에 관한 이야기들과 가장 가깝다. 이 두 인물만이 내재적인 초자연적 힘을 지닌 자로서 그들이 행한 복수의 치유 내러티브들이 보고되었다.[168] 그러나 우리가 어느 이야기들이 먼저 유포되었는지 묻는다면, 아폴로니오스에 관한 이야기들이 성행하기 전에 예수에 관한 이야기들이 유포된 것이 확실하며, 마가는 필로스트라투스가 아폴로니오스에 관한 이야기들을 기록하기 100년도 훨씬 전에 예수의 기적 이야기들에 관해 글을 썼다. 예수의 십자가 처형과 마가의 복음서 사이의 기간은 대체로 40년으로 추정되는데, 이 기간은 아폴로니오스의 사망 또는 실종과 그에 관한 필로스트라투스의 이야기 사이의 기간의 1/3보다 짧을 수도 있다.[169]

위에서 제안한 바와 같이, 필로스트라투스 전의 몇몇 자료들—대다수 자료일 수도 있다—은 아폴로니오스를 마법과 결부시켰다.[170] 필로스트라투스는 자신의 묘사에서 이 비난을 반박하고자 했다. 필로스트라투스의 글에서 사용된 반마법적인 변증은 사도행전 및 기타 자료들에 나타난 변증을 닮았다. 호의적인 기적과 해로운 마법을 구분할 때 윤리적 및 공동체적 기준이 중요했다.[171] 따라서 예컨대 마법은 개인적인 이익을 위해 신을 조종하려고 할 수도 있었다.[172] 아폴로니오스는 마법과 기적을 일을 구분하는 다양한 기준을 갖고 있었지만 가장 중요한 기준은 앞에서 언급한 바와 같이 탐

---

168 Kahl, *Miracle Stories*, 236.
169 100년도 더 전에 Wilson, "Miracles," 20은 필로스트라투스가 아폴로니오스에 관해 글을 쓴 시기와 아폴로니오스의 사망 사이의 기간이 140년이라고 주장했다.
170 Klauck, *Context*, 169.
171 Reimer, *Miracle*, 249.
172 Ibid., 250.

욕이었다. 기적 행위자들을 비판하는 자들에 대한 가장 효과적인 답변은 기적적인 힘을 원하거나 탐욕스러운 것으로 보이지 않으면서 그 힘을 사용하는 것이었다.[173] 선한 중개자들은 다른 사람들의 이익을 위해 자신을 위험에 빠뜨릴 것으로 기대되기도 했다.[174] 고대의 마법에 관한 그런 믿음들이 아마도 필로스트라투스 및 복음서와 사도행전 저자들이 변증을 형성하도록 도움을 주었을 것이다.

필로스트라투스의 묘사는 대체로 1세기 말의(즉 아폴로니오스 당대의) 배경보다는 2세기 말이나 3세기의(즉 그 저자 자신의) 배경에 훨씬 잘 들어맞는다. 아폴로니오스에 대한 그의 설명은 심지어—비록 특히 다양한 "위작" 들이 그러하지만—기독교 복음서들의 보고들을 닮았다.[175] 이는 고의적이 었을 가능성이 매우 크다. 즉 4세기 이교도 저자들은 아폴로니오스를 명시

---

173 *Vit. Apoll.* 1.34; Reimer, *Miracle*, 246. 참조. 139, 252. 사람들은 마법사를 종교 공동체 밖의 일탈자로 보았다(248). 그러나 야망이 있다는 비난을 피하기 위해 사회적 주변화는 기적 행위자들에게 필요하고 바람직한 요소였다(139-41은 사도들이 그러했고 필로스트라투스에 등장하는 아폴로니오스 및 다른 이색적인 현자들은 더욱더 그러했다고 지적한다). 좀 더 이전 시기의 기적 행위자들의 금욕주의에 관해서는 Frateantonio, "Miracles," 53을 보라.

174 Reimer, *Miracle*, 85은 사도들을 비교한다.

175 Klauck, *Context*, 170. 물론 현존하는 위경 복음서들에서는 기적 행위자로서 예수의 이야기들이 제한적이다(Achtemeier, *Miracle Tradition*, 177-78. 참조. Remus, *Healer*, 92-95). 그러나 위경 사도행전에는 기적 이야기들이 풍부하다(Achtemeier, *Miracle Tradition*, 179-88. 참조. Remus, *Healer*, 102-3). 위경 사도행전에 등장하는 기적들은 이 작품들의 좀 더 넓은 교화 틀에 들어맞는다(Bovon, "Miracles"를 보라). 2세기와 3세기의 위작들은 사도들을 신인 유형 모델들에 일치시키지만, 예수에 관한 정경 복음서 전승들에는 이런 요소가 없는 것으로 보인다(Achtemeier, "Divine Man"). (예컨대 Purtill, "Proofs," 47에서 강조된) 필로스트라투스의 이야기에 나타나는 공상적인 요소들은 가령 누가의 역사서에서 나타나는 좀 더 단조로운 요소들과 현저히 다르다(Keener, "Official"을 보라). 필로스트라투스의 지리는 로마 제국의 영역 내에서는 상당히 정확하지만, 이전의 저자들에게 의존하며 메소포타미아 및 인도에서는 대체로 실제와 다르다(Jones, "Passage").

적으로 예수에 대한 대안으로 사용해서 이교도 세계가 자신의 치유자들을 제공했다고 주장했다.[176]

몇몇 사람이 아폴로니오스 등에 대한 이야기들을 예수에 대한 경쟁자로 사용함에 따라 기독교의 논쟁적인 반응이 등장했다.[177] 대중적인 차원에서 가장 중요한 변증은 그리스도인들 가운데서 기적 행위자들에 관한 보고가 계속된다는 사실을 지적하는 것이었을 테지만 말이다(이런 보고에 대해서는 본서의 뒤에서 다뤄질 것이다. 10장을 보라). 오늘날의 학자들은 종종 (강력한 유사성들은 제외하고) 필로스트라투스가 아폴로니오스를 예수에 대한 대안으로 제시하려 했다는 19세기의 견해[178]를 의심하지만, 기독교의 이야기들은 확실히 최소한 그의 기적 이야기들에 문학적 재료를 제공하는 등 그의 이야기 기법에 가장 큰 영향을 준 요인 중 하나였다.[179]

---

176 Klauck, *Context*, 170; Conybeare, "Introduction," xi-xii. 특히 Charles Blount(1654-93) 같은 이신론자들도 복음서들에 관한 이 비교를 채택했다(Burns, *Debate*, 72–74; Cragg, *Reason*, 77; Lawton, *Miracles*, 47; Brown, *Miracles*, 49; idem, *Thought*, 204–5). 이후의 몇몇 회의적인 비평가들도 이 비교가 유용하다고 생각했다(Sabourin, Miracles, 45에 언급되었다). 기독교 저술가인 W. Weston은 1746년에 필로스트라투스가 기독교의 신뢰성을 논박하기 위해 예수의 기적들을 차용했다고 반박했다(Burns). *Debate*, 116). Hume이 예수와 루키아노스의 알렉산더를 비교하려 한 시도도 명백히 편향적이다(ibid., 241을 보라).

177 예컨대 "The Treatise of Eusebius, the Son of Pamphilus, against the Life of Apollonius of Tyana written by Philostratus, occasioned by the Parallel drawn by Hierocles between him and Christ"(Philostratus *Vit. Apoll.* LCL, 2:484-605에서 발견된 글)을 보라. 그는 (1장에서) 켈수스가 이미 오리게네스에게 그런 논박을 받아야 했다고 지적한다. Cook, *Interpretation*, 250-76, 특히 266-68을 보라. 대중적인 수준에서는 기독교의 성인전들이 아마도 성인들의 위업에 관한 더 많은 이야기로 대응했을 것이다(참조. Rapp, "Saints," 550).

178 예컨대 Borzì, "L'accostamento"(필로스트라투스 자신이 아니라 다른 고대 저자들). Klauck, *Context*, 170-71도 보라. 그는 이 문제는 미정으로 놔둬야 한다고 주장한다.

179 네로가 통치하던 시대에 아폴로니오스는 로마를 떠나 스페인으로 갔다는 것도 주목하라(Philostratus *Vit. Apoll.* 4.47). 바울도 그랬다고 믿어진다(롬 15:24; *1 Clem.*

예컨대 아폴로니오스는 상여를 멈춰 세우고 죽은 소녀를 살려낸다.[180] 이는 예수에 관한 기사들과 유사하다(막 5:41-42; 눅 7:14-15). 그의 축귀에 반영된 귀신에 대한 이해는 복음서들 및 사도행전에서 발견되는 것과는 다르고(부록 A와 B를 보라) 더 극적으로 표현되었지만, 여기서도 몇몇 유사성이 나타난다.[181] (비록 그 제자의 관점에서는 자기 스승이 죽었다 살아난 것으로 보였겠지만) 아폴로니오스가 자기 제자에게 자기가 살아서 특정한 장소에서 그를 만날 것이라고 한 약속은 예수에 관한 그리스도인들의 주장에 대한 반응일 가능성이 있다.[182] 아폴로니오스가 먼 곳에 있는 제자들에게 나타났을 때[183] 제자들이 그를 유령이라고 생각하자 그는 제자들에게 자기를 만져보고 자기가 유령이 아님을 알라고 촉구했다. 그러자 그들은 그를 얼싸안았다.[184] 예컨대 아폴로니오스가 전에 미쳐서 소년을 물었던 개로 하여금 그 소년의 상처를 핥게 해서 치료했다거나[185] 몇몇 이야기에서는 마법이 사용되기도 하는 등 다른 몇몇 요소들은 상당히 다르다.

그러나 아폴로니오스의 이야기들 중에서 대체로 그의 편지들[186]을 통

5.7). 필로스트라투스는 유대 전쟁의 피 흘림을 혐오하는 배경에서 아폴로니오스가 베스파시아누스가 황제가 되기 전에 그에게 지혜를 제공한 것을 요세푸스의 이전 이야기(참조. 또한 Johanan ben Zakkai)에서 차용했을 **수도 있다**(*Vit. Apoll.* 5.27-28).

180 *Vit. Apoll.* 4.45.

181 비교를 위해서는 Wire, "Structure," 88-92도 참고하라. 비교 관점에서 추가로 Sabourin, "Miracles," 284-91과 idem, *Miracles*, 41-46을 보라.

182 *Vit. Apoll.* 7.41. 사실 아폴로니오스는 자신을 부활한 것으로 제시하지 않고 불사의 영으로 제시한다(Licona, *Resurrection*, 147[『예수의 부활』, 새물결플러스 역간]은 *Vit. Apoll.* 8.12.1; 8.31.1을 인용한다).

183 참조. *Vit. Apoll.* 8.10-11. 막 14:28; 16:7.

184 참조. *Vit. Apoll.* 8.12; 눅 24:39.

185 *Vit. Apoll.* 6.43.

186 그 편지들의 진정성에 무관하게(그 진정성은 의심스러울 수도 있다) 그것들은 필로스트라투스의 이야기보다 앞서 기록되었다. 그 편지들은 아마도 아폴로니오스가

해 확인되는 경향이 있는 부분들은 복음서들과 유사한 내용이 가장 적다는 점을 주목할 가치가 있다. 즉 필로스트라투스의 이야기에서 복음서들에 가장 가까운 요소들은 아폴로니오스에 관한 이른 시기의 전승에 기초한 것이 아니라 널리 회자되고 있는 예수에 관한 이야기들에 기초해서 추가된, 늦게 등장한 요소들이다. 그렇다고 해서 기독교의 이야기들이 필로스트라투스가 활용한 유일한 자료임을 암시하는 것은 아니다. 아폴로니오스가 흡혈귀를 다뤘다거나 점을 쳤다는 이야기 같은 그 내러티브의 다른 요소들은 복음서들에 묘사된 예수의 이야기와는 현저히 다르다.[187] 필라스트라투스는 짧게는 대략 아폴로니오스 사후 120년에서 길게는 현존하는 최초의 복음서가 출현한 지 150년 뒤에 아폴로니오스에 관한 글을 썼으며, 그 글은 복음서들과는 장르도 다르다. 복음서들은 고대의 전기인데 이런 자료들에서는 유사성이 강하다.[188] 이에 반해 필로스트라투스는 특히 이색적인 곳에서 소설적인 많은 요소를 채택한다.[189] 예컨대 필로스트라투스는 틀렸을 뿐만 아니라 목격자 자료를 반영하는 것일 수 없는 지리적 세부 사항들을 포함한다(예컨대 낙타들이 캅카스를 가로질러 인도로 갔고, 캅카스가 홍해에 접해 있는 것으로 묘사한다).[190] 마찬가지로 바빌로니아 왕들이나 인도의 왕들이 아폴로

실제로 여행했던 그리스의 도시들에 초점을 맞춘다(필로스트라투스의 가장 환상적인 이야기들이 일어나는 장소인 에티오피아, 인도 등에 대해서는 언급하지 않는다).

187 Van Cangh, "Miracles grecs," 224-26(특히 224).

188 Burridge, *Gospels*에 수록된 논의를 보라. 좀 더 간략한 논의는 Keener, *Historical Jesus*, 73-84을 보라.

189 Purtill, "Miracles," 201은 코끼리를 삼킬 수 있을 정도로 큰 인도 뱀 같이 소설적인 요소들을 강조한다. 먼 곳에 존재하는 그런 "이색적인" 특성들은 소설의 특징이지 누가의 저술 같은 역사적 내러티브의 특징이 아니다(Keener, "Official"에서 내 논거를 보라).

190 Wilson, "Miracles," 20-21, 특히 21.

니오스와 더불어 그리스 철학을 논의했을 개연성도 없다.[191] 그러나 이 작품에서는 그런 소설적인 특징들에 놀랄 필요가 없다. 필로스트라투스는 위경 복음서 저자들과 마찬가지로 그리스 소설의 전성기 때 저술했다.[192]

④ 유대의 "신인"?

초창기 예수 운동은 유대적이었고, 누가나 바울 같이 가장 그리스적인 1세기 기독교의 표적 보고자들조차도 그들의 동시대인들이 선호했던 고전적인 자료들보다 성경 자료를 훨씬 더 많이, 그리고 자주 인용한다. 그리스의 "신인" 모델이 초기 유대교에 영향을 주었다면, 초기 그리스도인들이 (유대교를 통해서) 이 모델을 사용했을 개연성이 더 커진다.

그러나 몇몇 학자의 주장과는 달리 그리스적인 유대인 저자들이 그리스 청중들을 위해 기적적인 요소들을 강조했다는 점이 명확해 보이지는 않는다. 몇몇 다른 학자의 주장과 달리[193] 유대교 자료들이 모세를 일관성 있게 신인으로 묘사하지는 않는다. 모세는 아르타파누스의 글에서는 기적 행위자이고 필론의 글과 요세푸스의 글에서는 철학자이지만, 이 두 개념은 하나의 범주에 속하지 않는다.[194] 몇몇 학자는 기원전 3세기 초 인물인 솔리

---

191 Ibid., 21.
192 위경 복음서들과 사도행전에 관해서는 Aune, *Dictionary of Rhetoric*, 322을 보라.
193 예컨대 Georgi, *Opponents*, 122-64은 특히 그리스적인 유대인들의 그 모티프 사용을 탐구한다. 390-409을 참조하라.
194 Tiede, *Figure*, 101-240 2장, "Images of Moses in Hellenistic Judaism"). 모세는 신에게 영향을 받았다는 의미에서 "신적"이었다(Josephus *Ag. Ap.* 1.279). 참조. 요세푸스가 예수를 교사이자 기적 행위자로 제시할 개연성(『유대고대사』 18.63; 위에서 지적한 바와 같이 요세푸스는 『유대고대사』 9.182에서 예언자 엘리사가 일으킨 기적에 대해 사용한 것과 동일한 용어인 **파라독사**[παράδοξα]를 채용한다. 참조. 유대고대사』 2.267, 285; 10.28, 235; 13.282; 15.379). Koskenniemi, *Miracle-Workers*, 298도 마찬가지로 기적을 일으키는 것이 유대 자료들에 등장하는 **테이오스 아네르**(*theios anēr*)를 가리키지 않는다고 결론짓는다.

의 클레아르쿠스,[195] 기원전 3세기에서 2세기 인물인 아르타파누스[196] 같은 디아스포라 유대인 저자들은 종종 역사상 유대 영웅들의 기적적인 힘을 기꺼이 강조한다고 주장한다. 이 강조가 어느 정도는 사실일 수도 있지만, 이 저자들이 자신의 책이 그리스에서 읽히도록 기적을 강조한 것으로 보이지는 않는다. 필론은 심지어 모세의 기적들을 줄인 것으로 보이며, 아르타파누스가 모세를 윤색한 부분은 기적에 초점을 맞추지 않는다.[197] 뒤에서 살피는 바와 같이, 유대 역사가들은 엘리트 이방인 독자들을 위해 기적적인 요소들을 누그러뜨리거나 설명해야 할 이유가 있었다.

과거의 영웅들에 대한 초기 유대교의 묘사가 티아나의 아폴로니오스에 대한 3세기 필로스트라투스의 묘사와 너무도 다르다 보니 우리는 1세기와 2세기에 "기적을 일으키는 사람 모티프가 이교도들에게 얼마나 매력적이었는지"를 묻지 않을 수 없다. 이 점이 "왜 사도 교부들의 저술에서 예수 전승의 이 측면이 존재하지 않는지를 설명해줄 수 있"고,[198] 왜 사도행전에서의 설교들이 좀 더 그리스화됨에 따라 기적을 일으키는 것에 대한 강조가 줄어드는 경향이 있는지를 설명해줄 수도 있다.[199]

유대인들에게는 그들 자신의 초자연적 전통이 있었다. 따라서 2세기의 냉소적인 수사학자 루키아노스는 기적들을 무시하면서도 기적을 행했

---

195 Hengel, *Judaism and Hellenism*, 1:241을 보라. 그는 Josephus *Ag. Ap.* 1.176-83을 인용한다.

196 Collins, "Artapanus," 893은 Tiede, *Figure*, 166-74과 의견을 같이한다.

197 Holladay, *Theios Anēr*, 238-39.

198 Ibid., 238. 그러나 현존하는 많은 사도 교부들의 저술은 일반 청중보다는 철학적인 청중을 겨냥하는 반면에 복음서들은 그렇지 않다는 것을 인정해야 한다.

199 Ibid., 239은 다음 구절들을 비교한다. 행 2:22; 10:38; 17:22-31(마지막 구절은 철학적인 청중을 대상으로 한다. 이와 대조적으로 행 13:23-31에서는 그런 청중이 없다. 참조. 고전 1:22).

던 유대인들이 있었음을 확인하며,[200] 2세기의 풍자 작가인 유베날리스는 하늘의 이름으로 점치는 유대인 여성에 관해 불평한다.[201] 신인 문제를 매우 자세하게 조사한 칼 홀러데이는 다음과 같이 경고한다.

> 기적 행위자의 신성을 입증하는 주된 수단으로 기적에 주의를 집중하는 편
> 견은—랍비 전통의 기적 행위자와 비교하든 그리스의 기적 행위자와 비교하
> 든—구약성경과의 근본적인 연속성과 기적들을 구원 역사, 특히 그것들의 종
> 말론적 함의 관점에서 보는 이해를 모호하게 만든다.[202]

"신인"이라는 표현은 70인역이나 신약성서에 한 번도 나오지 않으며 유대 자료에서도 극히 드물다.[203] 요세푸스가 한 번 쓴 이 용어는 대략 "하나님의 사람"과 동등한 단어일 것이다.[204] 필론의 용법은 스토아 철학의 개념과 더 가깝지만, 기적과는 관련이 없다.[205] 그러니 그리스화가 "신인"이라는 유대 개념의 문제를 작아지게 한 것이 아니라 오히려 더 커지게 했을 수도 있다.[206] 유대교에서 기적을 일으킴이라는 주제는 구약성경—특히 하나님이 역사에서 자신의 대변자들을 통해 일하시는 것—에서 자연스럽게 도출되었다.[207] 복음서들에서 특정한 그리스 기적 행위자에 대한 언급이 없는 것과

---

200 Stern, *Authors*, 2:221-23. 다음 문헌들을 인용한다. *Philopseudeis* 16; *Alexander Pseudopropheta* 13; *Tragodopodogra* 171-73.

201 Juvenal *Sat.* 6.542-47.

202 Holladay, *Theios Anēr*, 239.

203 이 수는 ibid., 237-38에서 가져왔다.

204 *Ant.* 3.180, Meeks, *Prophet-King*, 138에 수록된 글에서 그 구절에 대한 논의를 보라.

205 Tiede, *Figure*, 123, 240. 참조. Philo *Names* 125-28.

206 Holladay, *Theios Anēr*, 238.

207 Kee, *Origins*, 62도 같은 취지로 말한다. 참조. Betz, *Jesus*, 64도 비슷하다. 고대 근

는 대조적으로 출애굽 전승과 엘리야-엘리사 주기에 관한 언급은 여러 곳에서 반복된다.

몇몇 학자는 마가복음이 이 이미지를 다룬다고 주장하지만, 이 칭호를 예수에게 적용하는 것은 문제가 있다. 몇몇 학자가 주장하는 바와 같이 마가복음에서 예수가 기적 행위자였기 때문에 군중들이 그를 따랐을 수도 있지만, 마가는 예수의 사역을 그런 용어로 축소하는 데 반대하며 그의 사역의 고난 받는 측면도 고려되어야 한다고 주장한다. 마가 자신은 카리스마에 반대하기보다는 카리스마적이지만,[208] 그가 예수의 수난보다 예수의 기적을 강조하는 기독론이나 성령론을 반대할 가능성은 더 크다. 그러나 **테이오스 아네르**(θεῖος ἀνήρ)라는 용어는 너무 광범위해서 그런 범주에 유용하도록 지정될 수 없다.[209] 그것은 다른 복음서들이나 사도행전에서도 적절하지 않다.

동과 그리스의 맥락에서 구약성경의 치유 신학에 대한 조사는 특히 Brown, *Healer*를 보라. 구약성경에 나타난 치유에 관한 좀 더 간략한 설명은 Wilkinson, *Healing*, 31-62을 보라. 구약성경에 기록된 기적들에 관해서는 Laato, "Miracles"를 보라. 치유에 관한 텍스트들에 대한 조사는 Warrington, "Healing"을 보라.

208　Boring, *Sayings*, 201-2에서 마가가 Q에 들어 있는 카리스마 과잉에 반대한다고 주장하는 것은 옳지 않아 보인다. 사실 마가는 확실히 간혹(예컨대 그의 단축된 서론에서 및 막 3:22-30에서) Q에 의지한다. 그러나 Boring은 카리스마파로서 마가는 카리스마의 과잉에 반대했을 수 있다고 올바로 지적한다(203). Kümmel, *Introduction*, 93은 Weeden에 반대하여 마가가 예수의 기적 행위자로서 역할을 부인하지 않음을 올바로 지적한다. 표적들은 십자가에 비추어 읽혀야 하지만 그것들은 확실히 긍정적이다(Rhoads and Michie, *Mark*, 105; Kingsbury, *Christology*, 76-77).

209　Vander Broek, "Sitz," 131-89. Lane, "Theios Anēr," 160은 그 견해가 군중들에게 귀속될 수도 있다고 생각한다. Weeden, *Mark*, 52-69은 마가의 반대자들이 고린도후서에 나타난 바울의 반대자들에게 귀속시키는 것과 같은 **테이오스 아네르** 기독론을 따랐다고 생각했다(Weeden, "Heresy"도 참조하라). "반대자들(opponents)"이라는 용어는 너무 강하고 **테이오스 아네르**라는 용어는 너무 모호할 수도 있다(비록 그들이 "기적적인 행위들…로 특징지어지는 승리주의 신학"을 유지할 수도 있지만 말이다, vii). 고린도의 반대자들에 관해서는 예컨대 Keener, "Corinthian Believers," 58과 idem, *Corinthians*, 144-46을 보라 .

2. 초기 유대교의 기적 행위자

내가 주장해왔듯이, 초기 기독교의 기적들에 대한 유대의 병행 기사들이 이방인 대다수의 유사 사례들보다 가까운 모델을 제공해 주는 것 같다.[210] 결국 유대인들은 치유를 참되신 한 분 하나님께 돌렸고(출 15:26), 예수도 그분을 믿었으며, 유대인들은 이스라엘의 병을 치유하기 위해 규칙적으로 하나님께 기도했다.[211] 기독교 이전의 몇몇 유대 병행 사례들, 특히 구약성경에 수록된 사례들도 복음서들에서 사용된 기적 형태를 닮았다.[212] 마찬가지로 사도행전에 보고된 몇몇 기적 이야기들은 구약성경의 기사들과 명백한 텍스트 간의 연결 관계를 갖고 있다.[213] 본질적으로 누가처럼 좀 더 그리스화된 복음서 저자들조차 치유 신전에서 발견된 비문이나 마법사들 및 다신교의 기적 행위자들의 구두 보고를 참조하기보다는 70인역을 예수의 기적들을 묘사하기 위한 주된 모델로 삼았을 가능성이 크다. 누가는 그 역본의 내용과 스타일을 숙지했고 명시적으로 인용 표시를 하고서 규칙적으로 70인역을 인용한다.

---

210 예컨대 다음 문헌들도 같은 취지다. Koskenniemi, "Apollonius"; idem, "Background," 107-11; idem, *Miracle-Workers*, 292-93; Strelan, *Strange Acts*, 27(상당한 자료를 제공하는 Weiss, *Zeichen*, 22-39을 따른다). 나는 여기서 특히 Keener, *John*, 255-57에 수록된 자료를 사용한다.

211 영적 질병과 신체적 질병을 포함한, 아미다의 여덟 번째 축복 기도(Bonsirven, *Judaism*, 131).

212 Blackburn, "ΑΝΔΡΕΣ," 199-204. 소생 이야기들이 진기하지 않았다. 참조. Diogenes Laertius 8.2.59; *4 Bar.* 7:19-20에 수록된 엠페도클레스에 관한 주장("그들로 하여금 믿게 만들기 위한 소생." 내 번역); *b. B.K.* 117a에 등장하는 랍비들; 「아브라함의 유언」 14:11-14; 18:9-11A; 14:7B에 등장하는 아브라함.

213 Brucker, "Wunder"를 보라. 예컨대 Jervell, *Apostelgeschichte*, 298과 Stipp, "Vier Gestalten"도 보라. 이후의 기독교 기적 행위자들도 엘리야의 모델을 따랐다 (Frankfurter, *Religion in Egypt*, 20을 보라).

물론 몇몇 유사성은 여러 유대교 진영들에서 볼 수 있는 모델, 즉 고
대인들이 종종 마법에 귀속시키는 보편적인 모델을 닮았다. 유대의 마법
실천자들—초기의 몇몇 기독교 비방자들은 기독교를 마법과 결부시켰
다—은 디아스포라에서 보편화되었는데(참조. 행 8:9-11; 13:8)[214] 특히 그들
이 갖고 있다고 가정된 하나님의 비밀스러운 이름에 대한 접근을 통해 그
렇게 되었다(비밀스런 이름들은 마법에서 강력하다고 여겨졌다; 참조. 행 19:13. 아마
막 5:7-9도 여기에 해당할 것이다).[215] 이후의 랍비 문헌 등 많은 유대교 자료들
은 공식적으로는 마법에 반대했지만,[216] 마법 실천은 심지어 랍비 진영들에

---

214 다음 문헌들을 보라. Goodenough, *Symbols*, 12:58-63; Koester, *Introduction*,
    1:380-81; Gaster, *Studies*, 1:356 이하; Schäfer, "Magic Literature." 모세와 마법의
    연관성에 관해서는 Gager, *Moses*, 134-61을 보라. 이후의 마법 텍스트들에 나타난
    유대교의 영향에 관해서는 예컨대 다음 문헌들을 보라. *PGM* 1.301-2, 305; 3.405;
    4.1200-1204, 2355-56, 3040-41, 3047-48; 5.114-15; 13.327, 815-18; 35.1-
    42; *PDM* 14.1061-62; *CIJ* 2:373-74, §1448; 아람의 마법 그릇들(참조. Levene,
    "Heal"; Isbell, "Story," 13). 바빌로니아 랍비들 가운데 시행된 마법에 관해서는
    Stratton, "Imagining," 372-77을 보라.
215 마법에서 이름들을 사용하는 것에 관해서는 예컨대 다음 문헌을 보라. Lucan *Bell.*
    civ. 6.732-34; *PGM* 1.160-61, 167, 171-92, 216-17; 12.316; 「요셉의 기도」
    9-12; 「솔로몬의 유언」 5:2, 6-9; Scholem, *Gnosticism*, 32-33, 45; Pulleyn, "Power
    of Names"; 아마도 막 5:7, 9. 이름이 알려지지 않은 신들에 관해서는 예컨대 다음
    문헌들을 보라. 할리카르나소스의 Dionysius *Ant. rom.* 1.68.3; Pliny *Nat.* 28.4.18-
    19; Aune, *Revelation*, 926-27; Harrauer, "Agnostos Theos."
216 예컨대 *m. Sanh.* 7:11; *p. Hag.* 2:2, §5; *R.H.* 3:8, §1; *Sanh.* 7:13, §2. 다음 문헌들도
    주목하라. 솔로몬의 지혜 17:7; Ps.-Phoc. 149; 「에녹1서」 65:6(Sim.); 「이사야의 승
    천」 2:5; 「바룩2서」 60:2; 66:2; 「르우벤의 유언」 4:9. 적대적인 마법사들의 이야기
    에 관해서는 예컨대 다음을 보라. 출 7:11, 22; 8:7, 18-19; 9:11; 「희년서」 48:9; CD
    V, 18-19; *L.A.B.* 34; 「솔로몬의 유언」 25:4; *Jan. Jam.* (OTP 2:428-42); *Tg. Ps.-
    Jon.* on Gen 49:22-23; *Tg. Ps.-Jon.* on Exod 1:15; 7:11; 딤후 3:13. 랍비들은 이스
    라엘에서 일어난 사건들은 기적으로 분류했지만 이방인들 사이에서 일어난 유사
    한 사건들은 마법으로 분류하곤 했다(Signer, "Balance," 112-13). 팔레스타인 랍
    비와 바빌로니아 랍비 간의 차이를 포함하여 마법에 관한 랍비들의 견해 발전에
    관해서는 Stratton, "Imagining Power"를 보라(이에 반대하는 Bavli의 글에 수록된

도 침투했다.[217] 그러나 표적들을 긍정적으로 다룬 율법 교사들은 대체로 경건한 사람들을 위해 하나님을 통해서 일어난 기적들을 강조했고 자기들이나 다른 사람들이 마법이라고 여긴 것들을 피했다.

유대교는 성경의 기적 행위자와 이후의 기적 행위자를 모두 알고 있었다. 엘리야 및 엘리사 같은 성경의 몇몇 예언자들은 특히 기적 행위자로 강조되었다.[218] 이사야 같은 다른 몇몇 예언자들은 때때로 치유와 관련될 수도 있었다(사 38:21)[219] 그리고 유대교 자료들은 기적들을 성경의 여러 예언자와 결부시킨다.[220] 3세기 팔레스타인의 전승에 의하면 아브라함에게는 치유 은사가 있었다.[221]

다른 기적 행위자들은 성경의 인물들이 먼 후대에 전승에 등장하는 것보다는 자기들이 활동한 시기에 좀 더 가까운 후대에 출현했다. 예컨대 전

팔레스타인 랍비에 관해서는 377을 보라).

217 다음 문헌들을 보라. Goldin, "Magic"; Neusner, *Sat*, 80-81; *b. Sanh*. 65b; 67b. 참조. *Ab. R. Nat*. 25 A(랍비 엘리에세르 벤 히르카누스에 관한 내용)와 Basser, "Interpretations"를 참조하라.

218 요세푸스의 저술에 나타나는 엘리야와 엘리사의 치유 기적의 예에 관해서는 Betz, "Miracles in Josephus," 219-20을 보라. 표적 현자 중의 모델의 예는 Galley, "Heilige"를 보라. Blenkinsopp, "Miracles," 특히 70-80에서 엘리사에 관한 성경의 내러티브와 하니나 벤 도사에 관한 랍비 전통 간의 비교 및 특히 대조를 주목하라. 그곳에서는 각각의 내러티브의 상이한 사회적 배경을 지적한다.

219 Cohen, *Maccabees*, 200은 이에 동의한다. Eve, *Miracles*, 385은 그 기사에서 이사야에게 직접 귀속되는 유일한 기적은 그림자가 뒤로 물러간 것이라고 주장한다. 그러나 이사야는 이 대목에 나타난 치유에서 일정한 역할을 한다.

220 예컨대 집회서 48:13; *Liv. Pr*. 2.3(예레미야에 관한 내용, OTP 2:386-87에 수록됨; Schermann, 81-82, §25). 초기 유대교가 기적들을 다양한 성경 인물들과 관련시키는 점에 관해서는 특히 Koskenniemi, "Figures"에 수록된 조사 및 idem, *Miracle-Workers*를 보라.

221 *Gen. Rab*. 39:11, R. Levi. 나중에 라브 후나가 이 전승을 확대했다. 성경이 기록된 이후 성경 속 인물들이 기적을 일으키는 전승에 관해서는 Koskenniemi, *Miracle-Workers*를 보라.

승에 의하면 하니나 벤 도사는 요하난 벤 자카이의 아들과 가말리엘 2세의 아들을 치유했다.[222] 유대인 역사가인 게자 버미스는 심지어 하니나 벤 도사 같은 성인들이 제사장들이나 서기관들보다 1세기 갈릴리의 종교 경험을 더 주도했다고 주장하기까지 했다.[223] 이는 확실히 지나친 주장이지만, 카리스마적인 리더들의 일반적인 특성과 그들이 1세기 갈릴리에서 어느 정도까지 영향력을 행사할 수 있었는지를 올바로 강조한다.[224] 초기 랍비들에 관한 우리의 자료들은 제한적이지만, 내가 뒤에서 지적하는 바와 같이 그 자료들은 예수가 활동한 유대교 배경 내에서의 기대의 연속성을 보여준다.

요세푸스는—비록 그들을 폄하하기는 하지만—몇몇 종말론적 표적 예언자들에 좀 더 관심을 갖는다. 그들이 종말론적 구원을 확보하기 위해 애쓰는 과정에서 약속된 활동들이 모세를 환기시킬 수도 있다. [225] 표적들과

---

222 B. Ber. 34b. 이후의 보고들도 이후의 랍비들에게 적용된다(참조. 예컨대 Rosenfeld, "Simeon b. Yohai").

223 Vermes, *Jesus and Judaism*, 5. 이와 대조적으로 랍비의 기적들에 대한 보고의 대다수—아마도 랍비 문헌들은 유대교 율법을 다루는 것이 압도적이라는 특징에 부합할 것이다—는 "규칙 기적들", 즉 어떤 사람의 율법에 관한 가르침이 진실하다는 것을 보여주기 위한 표적들이다(Theissen, *Miracle Stories*, 106-12).

224 다른 학자들은 마 12:27//눅 11:19을 인용하여 다른 축귀자들과 기적 행위자들이 존재했다고 오랫동안 주장해왔다(Dakin, "Belief"도—38에서 예수의 기적들은 다른 사람들의 기적 주장보다 더 나아갔다고 주장하지만—그렇게 생각한다).

225 Keener, *John*, 270-71과 Eve, *Miracles*, 115-16, 324을 보라. 이러한 표적 예언자들에 관해서는 우선 Barnett, "Prophets"(= idem, "Sign Prophets")와 idem, "Eschatological Prophets"를 보라. 그리고 Gray, *Figures*, 112-44도 보라. 그녀는 드다(Teudas) 및 그 이집트인의 경우만이 진정으로 출애굽과 정복 전승들을 환기한다고 지적하는데(137), 이는 아마도 바른 지적일 것이다. 그러나 이 두 예조차도 우리가 그런 견해들이 (예수 당대에 이미 존재했든 아마도 예수에 관한 몇몇 초기 견해들을 환기했든) 1세기 유대 지역에서 퍼져 있었다고 주장할 수 있는 충분한 증거를 제공한다. 필론의 기적들은 특히 "먼 모세 시대의 과거"에 관한 것이며(Eve, *Miracles*, 84), 초기 유대교 기적 보고들의 대다수도 마찬가지다(그러나 Eve, *Miracles*, 377은 그들이 은사 중지론자가 아니라고 지적한다).

기적들은 흔히 모세와 결부되었는데,[226] 모세는 "기적들과 표적들"을 사용해서 왕에게 맞섰다고 알려졌다.[227] 예수가 5,000명을 먹인 기적(막 6:41-42)은 모세(출 16:12-21)뿐 아니라 엘리사(왕하 4:42-44)도 상기시킬 수 있다. 많은 유대인은 아마도 최종 구원 전의 중요한 표적들과 종말의 특별한 기적들을 기대했을 뿐만 아니라,[228] 이사야, 에스겔 그리고 성경의 다른 예언자들을 통해 약속된 메시아 시대의 표적들(예컨대 사 35:5-6)도 숙고했다. 후대의 랍비들은 예언자들이 고대했던 성경의 표적들은 메시아 시대에 일어나리라고 가르쳤는데,[229] 이 또한 예언자들이 생각했던 이미지와 일치한다.

기록된 예수의 기적들은 Q의 이사야서 35:5-6 언급(마 11:5//눅 7:22)과 잘 조화되는데,[230] 이는 그의 기적들을 미래의 왕국의 축복이 현재 임한 것으로 보는 종말론적 해석을 암시한다.[231] 표적들의 이러한 종말론적 갱신 개념

---

226 「희년서」 48:4; *L.A.B.* 9:7; *Sipre Deut.* 9.2.1; 4Q422 10 5. 추가로 Meeks, *Prophet-King*, 162-63과 Eve, *Miracles*, 244도 보라. 그러나 집회서 같은 몇몇 자료들은 기적들을 모세 뒤의 예언자들과 관련시킬 수도 있다(Eve, *Miracles*, 115-16).

227 솔로몬의 지혜 10:16. McCasland, "Signs," 149-50은 자기가 전에 이교도들의 문헌에 나타난 기적에 대해 강조하느라 70인역에 사용된 신약성서 관용어라는 좀 더 가까운 자료를 소홀히 했음을 고백한다.

228 예컨대 집회서 33:1-8/36:1-8. Eve, *Miracles*, 263-66, 379은 초기 유대교 자료들이 기적들을 종말론과 연결할 수도 있지만(4Q521; 「희년서」 23:23-31을 인용한다), 그 연결이 "자동적"이지는 않았다고 경고한다(266). 4Q521은 하나님이 종말의 전투 후에 이스라엘의 다친 자들을 회복시킬 것을 지칭할 수도 있다(Eve, *Healer*, 48-49).

229 *Pesiq. Rab Kah.* 9:4, Amoraic. 참조. Marmorstein, *Names*, 175에 수록된 관련 아이디어들; Hruby, "Perspectives Rabbiniques," 79-80에 수록된 메시아 시대의 전조들.

230 대다수 학자는 이 말을 진정한 것으로 받아들인다. 예컨대 다음 문헌들을 보라. Bourke, "Miracle Stories," 23-24; Davies and Allison, *Matthew*, 2:244; Meier, *Marginal Jew*, 2:130; Sanders, *Figure*, 94; Wink, "Reply"; Witherington, *Christology*, 42-43, 165.

231 참조. Harvey, *History*, 115(그러나 그는 너무 멀리 나간다); Heil, "Aspects," 281-82; Witherington, *Christology*, 171; Sanders, *Figure*, 167-68; Loos, *Miracles*, 246,

은 누가가 기독교 운동을 오순절 이후에 시작된 것으로 보는 방식과 어울린다(행 2:17-18). 학자들 대다수는 복음서들에서 예수의 기적들이 왕국의 표적들로 기능한다는 점을 인정한다(마 12:28//눅 11:20도 보라).[232] 그런 관점은 전통적인 유대교의 기대들과 관련이 있지만, 하나님 나라가 예수 안에서 이미 활동하고 있다고 확언한다는 점에서 대다수 기대를 뛰어넘는다.[233] 나는 다음 장에서 전통적인 유대교 모델에 대한 몇 가지 대조를 강조하려 한다.

254; Mussner, *Miracles*, 41-42, 73-74; Sabourin, "Healings," 157; Montague, *Growth*, 306. 참조. Léon-Dufour, "Fonction," 344-45; Van Cangh, "Miracles grecs," 232; Dunn, *Remembered*, 694-96(예수는 자신을 종말론적 대리인으로 본다); B. B. Warfield(in Brown, *Miracles*, 199). Kallas, *Significance*는 예수의 기적들을 그의 종말론적 선포와 불가분하게 연결한다(예컨대 112-13). 현대에 치유를 행한 몇몇 인물들도 치유를 임박한 왕국과 연결했다(Hickson, *Bridegroom*, 35, 387-88; 애즈베리 신학교 도서관에 소장된 이 책의 v에 Hickson이 손으로 적은 노트). 다른 사람들도 종말론적 전도(轉倒)에 관한 이사야의 언어를 채택하고(1QM XIV, 6), 종말론적 기적을 위해 기도했다(4Q176 1-2 I, 1). 쿰란도 예수가 여기서 언급한 바로 그 텍스트들을 결합했을 수도 있는데, 이는 아마도 팔레스타인의 전통을 암시할 수도 있다(Evans, "4Q521," 696; Le Cornu, *Acts*, 1388; 그러나 Kvalbein, "Wunder"; idem, "Wonders"를 참조하라).

232 다음 문헌들을 보라. Blackburn, "Miracles," 372-74; Mussner, *Miracles*, 41-49; Rowland, *Origins*, 147-48; Evans, *Fabricating Jesus*, 141; Dod, "Healer," 169-70; Finger and Swartley, "Bondage," 19. 추가로 Twelftree, *Miracle Worker*, 여러 곳도 보라. 많은 학자가 주장하는 바와 같이 구전 전승이 예수의 기적들과 관련하여 기독론적 강조를 발전시켰다면, 그것은 아마도 이미 그 안에 내재되어 있던 예수의 왕국 개념에서 발달했을 것이다(Robinson, "Challenge," 326; Mussner, *Miracles*, 49-50). 예수의 하나님 나라 설교는 그 자신이 메시아라는 의식과 뗄 수 없기 때문이다(참조. 마 19:28//눅 22:30; Keener, *Historical Jesus*, 특히 257-58에 수록된 논의를 보라. Sanders, *Jesus and Judaism*, 234). 그러나 기적들이 신성에 대한 신임장으로 기능했다고 주장하는 사람들은 불가피하게 요한의 해석에 의존해야 한다(예컨대 Keyser, "Rationale," 359에서처럼 말이다).

233 쿰란 두루마리들은 아마도 실현된 종말론을 드러내고(Aune, *Cultic Setting*을 보라), 표적 예언자들은 (비록 궁극적으로 필요한 표적을 보여주지 못했지만) 그 나라가 자기들 안에서 현존함을 보여줄 것으로 기대했을 수도 있다.

3. 기적의 인증 기능

찰스 탈버트는 정당화, 전도, 행동에 관한 지침을 줄 기회라는 고대 기적 이야기들의 세 가지 기본 기능을 구분한다.[234] 나는 여기서 첫 번째 기능인 정당화 또는 인증 기능에 초점을 맞춘다. 특히 헬레니즘 시기부터 신성한 전기들은 기적들을 아스클레피오스 같은 그리스의 신 숭배뿐만 아니라 이시스나 세라피스 같은 외래 신 숭배 등 경쟁하는 숭배들에 대한 선전 수단으로 사용했다.[235]

고대의 작가들과 이야기꾼들은 종종 기적적인 사건들을 사용해서 신들이나 죽을 운명인 인간들의 정당성을 입증했다.[236] 그런 표적들은 그 대상[237]이 참으로 자기의 주장을 정당화하기 위한 신비한 권위를 지녔다는 것을 입증했다. 교부 자료들도 계속해서 기적과 특히 축귀를 그들의 주장을 입증하는 증거로 사용했다.[238] 그러한 입증은 성경 자료에서뿐만 아니라 이교의 자

---

234 Talbert, *John*, 162은 요한복음에서 이 기능들 각각의 병행 사례를 발견한다. 정당화에 관해서는 그는 황제 후보였던 베스파시아누스가 기적을 일으켰다고 주장되는 사례를 비교한다. 전도에 관해서는 루키우스가 회복된 후 이시스 숭배로 개종한 사례를 제시한다(Apuleius *Metam*. 11). 지침에 관해서는 솔로몬의 지혜 16:26; Aelian frg. 8을 제시한다.

235 Versnel, "Miracles." 숭배 담당 관리들이 그런 이야기들을 수집해서 선전 목적으로 기적적인 측면들을 강화했다(Klauck, *Context*, 161, 166). 그러나 그 이야기들은 뚜렷한 문학 장르일 필요는 없었고(Aune, *Dictionary of Rhetoric*, 57), 신약성서의 치유 내러티브들과는 장르가 달랐다. 신약성서의 치유 내러티브들은 치유 목록이라기보다는 더 넓은 내러티브에 속했다(Klauck, *Context*, 167. 다른 대조에 대해서는 168을 보라). 그리스 기적들의 선전 가치를 지나치게 강조하는 Hobbs, "Miracle Story"는 세속적인 TV 광고들을 적합한 현대의 유비로 생각한다(117에서는 현대 부흥 운동자의 주장을 유비로 보기를 거부한다).

236 나는 이 자료를 Keener, *John*, 272-74 및 내 사도행전 주석에서도 사용했다.

237 좀 더 후대의 소시파트라 같은 예외가 있기는 하지만, 대다수 사례에서 이런 기적 행위자들은 남성이었다.

238 Lampe, "Miracles," 특히 215-17. 교부 신학이 이 점을 어떻게 다뤘는지에 관해서

료들에서도 나타난다. 에피다우로스에서 나타난 치유 목록 사례에서처럼 신들에게 적용될 경우 기적에 대한 증언들은 사람들로 하여금 자기들이 치유되었음을 믿도록 설득하기 위함이었는데,[239] 이 점은 특히 아스클레피오스가 회의주의자들을 치유한 데 적용되었다.[240] 이와 유사하게, 마가의 치유 보고들은 상징적인 기능 외에도 청자들로 하여금 부활하신 그들의 주님께서 그들 가운데서 행동하고 계심을 신뢰하도록 격려하기 위함이었을 가능성이 있는 것으로 보인다. 따라서 수난과 고난이 마가의 내러티브에서 더 큰 역할을 수행하기는 하지만(막 3:6, 21-22; 6:14-29; 8:34-38; 12:3-8; 13:9-13, 20-22; 14-15), 기적에 대한 제자들 자신의 믿음이 부적절할 경우 그들은 꾸중을 듣는다(막 4:38-40; 8:14-21; 9:18-29; 11:20-25).[241] 그러나 마가복음 11:20-25에서처럼 믿음에 대한 마가복음의 약속들은 에피다우로스 비문의 약속들보다 상당히 크다. 전자는 사실상 모든 신자를 하나님께 직접 접근할 수 있는 "성인들"로 만든 반면에 후자는 "기대를 높일" 뿐 아니라 "실망을 완화시키기를" 추구했다.[242]

기적들의 선전적 가치가 커짐에 따라 로마인들은 이시스 숭배를 정치적 선전에 사용할 수 있었다.[243] 고대 저자들이 베스파시아누스가 플라비우스 왕조를 출범하기 전에 치유했다고 기록한 것은 의심할 나위 없이 그의

는 Wiles, "Miracles"도 보라.

239 Dibelius, *Tradition*, 170도 마찬가지다. Grant, *Gods*, 66을 참조하라. Grant, *Religions*, 55-58에 수록된 이 기사들 중 몇몇의 번역을 비교하라.

240 비문 3과 4(Grant, *Religions*, 56, 57).

241 마가복음에서 표적들은 설사 부적절할지라도 긍정적이다. Rhoads and Michie, *Mark*, 105과 Kingsbury, *Christology*, 76-77을 보라.

242 에피다우로스 비문들의 이 기능에 관해서는 Theissen, *Miracle Stories*, 283-84을 보라.

243 Kee, *Miracle*, 128-31.

통치권을 정당화하기 위한 선전 목적이었다.[244] 그러나 기적을 일으키는 현자라는 일반적인 개념은 대개 "신적인" 현자들에게만 적용되었고,[245] 오랜 기간에 걸쳐 발전했다. 1세기 철학자들은 기적적인 인증보다는 진정한 현자들의 신적인 지혜를 강조했다. 2세기에 루키아노스 같은 작가들은 대중이 그런 인증을 점점 더 이상적으로 생각하는 경향에 대해 이의를 제기했다. 3세기가 되자 많은 사상가가 그런 대중의 이상에 굴복해서 과거의 지적인 영웅들을 기적 행위자들로도 묘사했다. 동방에서 전해진 마법과 기타 관습들이 좀 더 합리적인 지향점을 지녔던 로마의 종교들을 대체함에 따라 이런 추세가 심화되었다.[246]

일반적으로 성경의 기적들과 유대교의 기적들도 사람들을 인증할 수 있었다. 히브리 성경은 하나님이 직접 일으킨 기적과 하나님의 대리인인 특정한 유형의 예언자들을 통해 일어난 기적을 모두 기록했다.[247] 기독교 초창기에 두 종류의 기적에 대한 유대인들의 기대가 계속되었다. 대중 차원에서, 아마도 기도에 대한 응답이 하나나 벤 도사,[248] 원 그리는 사람 호니, 그리고 버미스가 "카리스마적인 랍비들"이라고 부른 다른 교사들을 인증했을 것이다.[249] 호니는 하나님 앞에서 아버지의 특별한 아들 같은 대우를

---

244 Tiede, *Figure*, 91은 Tacitus *Hist*. 4.81를 인용한다. Dio Cassius 65.8; Suetonius *Vesp*. 7. 수에토니우스의 보고(*Vesp*. 7.2-3)에 관해 좀 더 자세한 내용은 Spahlinger, "Sueton-Studien II"를 보라

245 Aune, *Environment*, 34에 수록된 그리스 전기 작가들. 예컨대 냉소주의자들은 기적에 별로 관심을 보이지 않는다(Downing, *Cynics*, 222-23).

246 Tiede, *Figure*, 99.

247 Kee, *Miracle*, 147을 보라.

248 참조. Moore, *Judaism*, 1:377; Strack, *Introduction*, 110. 다음 문헌들에 수록된 그의 기적들. *b. Ber*. 33a; 34b; *Taan*. 24b; 그리고 그가 요하난 벤 자카이와 동시대 인물이었다는 내용(*m. Ab*. 3:9, 10; *Mek*. on Exod 18:21).

249 호니와 하나나에 관해서는 예컨대 Daube, "Enfant"를 보라. 하나나에 관해서는 Vermes, "Hanina"를 보라. 일반적인 유대 기적 이야기들의 예는 Montefiore and

받았기 때문에 그가 특정 사안들에 관한 하나님의 마음을 바꿀 수 있었다고 전해진다.[250] 그는 "하나나 벤 도사가 죽은 뒤로는 어떤 기적 행위자도 남지 않았다"라고 말해질 정도로 존경을 받았다.[251] 이런 표적들은 그것들을 일으킨 사람들을 인증했다. 성인은 그가 거룩했기 때문에 어떤 일들을 일으킬 능력이 있었다.[252] 그런 모티프들은 이후의 중세 성인전 전통에서도 중요했다.[253]

유사한 전통에서—그것들은 아마도 최소한 사도행전에는 더 적실성이 있을 것이다—표적들은 어떤 사람의 메시지를 입증할 수 있었다.[254] 이 이야기들은 교훈적이기는 하지만, 랍비 엘리에제르 및 랍비 여호수아 같은 율법학자도 자기들의 율법이 정당함을 입증하기 위해 기적을 일으켰다고 전해진다. 비록 이런 이야기는 명백히 교훈적이지만 말이다.[255] 그런 이야기들은 표적 행위자들을 영예롭게 했을 뿐만 아니라, 더 광범위하게 적용할

Loewe, *Anthology*, 339 이하를 보라. 기적에 대한 초기 유대교(특히 랍비)의 견해에 관한 논의는 다음 문헌들을 보라. Hruby, "Perspectives Rabbiniques"; McGinley, *Form-Criticism*, 96-118. Bokser, "Wonder-Working"은 팔레스타인 전통은 하나님께서 경건한 사람들을 보호하시는 것을 강조한 반면에 바빌로니아 전통은 그런 사람이 다른 사람들에게 지는 책임을 강조했다고 주장한다.

250 *P. Taan.* 3:10, §§61-63.

251 Moore, *Judaism*, 1:378은 *m. Sot.* 9:15, "a late appendix"를 인용한다.

252 *P. Taan.* 3:11, §4. 참조. *b. A.Z.* 18a(랍비 메이르); *Meil.* 17b(랍비 시므온 벤 요하이); *Suk.* 28a(요나단 벤 우지엘). 참조. *b. B.M.* 86a, Neusner, *Sat*, 77-78에 수록된 글(여기서 표적들은 랍비 b. 나흐마니에게 영광을 돌리기 위해 기록되었다).

253 부록 C를 보라.

254 *P. Sanh.* 6:6, §2, 시므온 벤 세타에게 보내진 사람에 관한 글. 참조. 행 4:29-30; 14:3; 그보다 뒤에 쓰인 막 16:20.

255 *B. B.M.* 59b, 여기서 여호수아는 논쟁에서 지는 것이 아니라 결국 유대교 율법 (halakah)은 기적을 통해 해결되지 않는다고 선언한다. 유대교 율법을 확인하는 기적들의 중요성에 관해서는 특히 Baumgarten, "Miracles"를 보라. Wire, "Structure," 92-96은 복음서 기사들이 율법(예컨대 안식일 논쟁) 및 기적 모두와 뒤얽힌 것을 비교한다.

수 있는 교훈도 제공했다. 과거의 랍비들을 통해 일어난 그런 기적적인 일들에 관한 기사 대다수는—때때로 칭송 일색이기도 하지만—경건하거나 경건하지 않음에 관한 주장을 입증했다. 즉 하나님은 경건한 사람들을 듣고 율법의 적절한 가르침을 무시하는 사람들, 특히 기적이 없이는 믿으려 하지 않는 사람들을 처벌한다.[256]

그러나 이후의 랍비들은 카리스마적이고 주관적이기보다는 성경 기록을 더 중시했다. 그들은 지금 초자연적 활동이 일어날 가능성을 배제하지 않으면서도 일반적으로 기적들이 성경 시대와 동일한 수준으로 일어나리라고 기대하지 않았다.[257] 더 이후 시기의 더 중요한 랍비들은 기적들[258]과 심지어 하늘의 음성들[259]조차 주의 깊게 유대교 율법 해석 전통에 종속시켰다. 이후의 몇몇 랍비들은 예언자들은 표적들에 의해서 입증되어야 하지만 해석자 역할을 하는 장로들은 표적이 없이도 수용될 수 있다고 주장했다.[260] 버미스는 하나 같은 카리스마적인 사람들이 때때로 랍비 율법을 경멸했지만 랍비들은 그들의 신적인 능력 때문에 감히 그들을 징계하려고 하지 않은 한편,[261] 법적 의사결정을 내릴 때 초자연적 증거에 주의를 기울였다고

---

256 Dibelius, *Tradition*, 145-46. 참조. Urbach, *Sages*, 1:108-9.

257 Signer, "Balance," 115-16을 보라. 그들은 이전 시기의 랍비들의 기적들도 인용하지만 자신들 당대의 기적들에 관해서는 침묵하는 듯하다(Signer, "Balance," 120-21). 몇몇 이야기들은 바빌로니아 탈무드의 하누카 기름 전설 같이 단순히 문학적인 구성물일 뿐이다(Noam, "Miracle"; idem, "Cruse").

258 예컨대 *tos. Yeb.* 14:6, "the rabbis" to R. Meir. 참조. Hruby, "Perspectives Rabbiniques," 89-90.

259 예컨대 *b. Hul.* 44a; *Pes.* 114a; *p. M.K.* 3:1, §6. 참조 Hruby, "Perspectives Rabbiniques," 86-88.

260 *P. Sanh.* 11:4, §1.

261 Vermes, *Jesus the Jew*, 80-81. 그는 다음 자료들에 의존한다. *m. Taan.* 3:8; *p. Taan.* 67a; *b. Taan.* 23a.

생각한다.[262] 랍비들은 확실히 기적 행위자들의 지위를 자신들과 같은 율법 학자의 지위에 종속시켰다.[263] 따라서 이후의 랍비들은 심지어 호니의 기도 들마저 응답이 지연되었는데 이는 그가 하나님께 겸손하게 접근하지 않았 기 때문이라고 설명할 수 있었다.[264]

몇몇 학자가 주장한 바와 같이, 그리스도인들이 인증 기적들을 더 많 이 사용한 데 대한 대응으로 좀 더 이전 시기의 랍비들의 규칙 기적에 대한 존경은 더 줄어들었을 것이다.[265] 예수를 인증하는 기독교의 기적들은 이후 시기의 랍비들에게는 문제가 있었을 것이다. 따라서 우르바흐는 랍비들이 우리는 아브라함의 하나님께 의존해야지 기적 행위자로서 아브라함 자신 에게 의존하지 말아야 말 것을 강조했다고 주장한다.[266] 바울의 편지들[267]부 터 랍비 문헌에 이르기까지[268] 그리스도인들과 외부인들 모두 계속해서 초 기 기독교 운동이 예수의 표적 같은 표적들로 자신을 입증하는 것으로 인 식했다.

복음서 저자들은 실제로 예수의 메시지뿐만 아니라 예수도 입증하기

---

262 참조. *b. B.M.* 59b(Longenecker, *Paul*, 4 각주 17에 인용된 글).
263 Dibelius, *Tradition*, 149-50와 참고 문헌들.
264 *P. Taan.* 3:9, §3.
265 Theissen, *Miracle Stories*, 107. 참조. Guttmann, "Miracles"; Hruby, "Perspectives Rabbiniques," 90.
266 Urbach, *Sages*, 1:117.
267 Aune, *Prophecy*, 194은 바울이 자신을 기적 행위자로 묘사하는 예로 다음 구절들을 인용한다. 갈 3:5; 롬 15:19; 고후 12:12; 살전 1:5; 고전 2:4. 그리고 바울은 확실히 그런 활동들이 초기 기독교 공동체의 특징이라고 믿었다(고전 12:8-10, 28-31). Koester, *Paul and World*, 25은 살전 1:5을 그런 예로 사용하는 것에 반대한다(6절 을 인용하는데, 그러나 그 구절은 메시지를 가져온 것이 아니라 받은 것을 가리킨 다). 그 문제는 논의의 여지가 있다.
268 그리스도인들은 예수 벤 판디라의 이름으로 치유했다(*tos. Hul.* 2:22-23. 다음 문 헌들도 보라. Urbach, *Sages*, 1:116; Herford, *Christianity*, 103-11; Klausner, *Jesus*, 40; Pritz, *Nazarene Christianity*, 96-97).

를 원하지만, 그를 여러 현자 중 하나로 제시하려 하지 않는다. 복음서 저자 중 한 명인 누가는 예수의 대리인들에 관한 두 번째 책을 제공한다. 이곳 사도행전에서 표적들은 계속해서 (사도행전이 그들은 예수의 대리인임을 확인한다는 점을 제외하고) 예수의 대리인들이 아니라 예수를 더 입증한다. 즉 그들은 예수의 이름으로 치유한다(행 3:6; 4:7, 10, 30; 16:18; 19:13, 17. 참조. 행 14:3; 눅 9:49; 10:17). 따라서 누가의 첫 번째 책에서 치유했던 예수는 그의 대리인들을 통해서 계속 표적들을 보여준다(특히 행 9:34을 보라).[269] 표적들을 사용하여 인증하는 것도 이후의 몇몇 기독교 자료들에서 계속된다.[270]

4. 이번 장의 결론

고대 지중해 세계에서 신적인 치유를 구하는 가장 보편적인 방법은 치유 신전과 관련이 있었는데, 그곳에서 탄원자들은 종종 성지에서 꾼 꿈을 통

---

269 대리나 대표 개념에 관해서는 Keener, *John*, 310-15을 보라. 누가복음과 사도행전에 등장하는 치유 사이의 관계에 관한 논의는 Warrington, "Healing Narratives"와 Shelton, "Response"를 보라. 예수와 제자들 간의 병행을 올바로 강조하지만, 제자들은 예수의 메시아 사역을 모방하지는 않음을 지적하는 Warrington은 치유의 기독론적 기능("Healing Narratives," 195)을 강조하고, 또 치유가 예수의 현존을 드러낸다는 점을 강조한다("Healing Narratives," 217). 그는 예수의 치유들은 개별적인 제자들을 위한 모범이 아니라고 주장한다(Warrington, *Healer*, 160-62. 참조. Idem, "Response"). Shelton 역시 Warrington에게 답하면서 예수의 치유들은 교회를 위한 모범이기도 하다는 점을 올바로 긍정하는 듯하다("Response," 221-22, 224). 우리가 그것을 교회 전체로 받아들인다면 말이다(은사를 받은 몇몇을 통한 치유). 누가-행전에서 모델로서 예수의 축귀에 관해서는 특히 Twelftree, *Name*, 130-7(『초기 기독교와 축귀 사역』, 새물결플러스 역간)을 보라.

270 예컨대 Justin *Dial.* 35.8. 참조. Ward, "Monks," 133-34. 정통성 변증은 예컨대 Griffith, "Signs"(특히 160-1)를 보라.

해 치유를 받았다. 그러나 이 방법과 예수 및 그의 최초의 제자들이 행한 치유 간의 공통점은 이 방법과 인류의 모든 역사에 널리 퍼진 개념인 신에 의한 치유 사이의 공통점보다 많지 않았다. 그렇다면 개별적인 치유자들, 특히 현자들이 [기독교의 치유와 비교하기에] 더 적절할지도 모른다. 그러나 유감스럽게도 이 범주에 속하는 이방인들의 예는 예수에 관한 이야기들이 널리 퍼지기 전에 쓰인 현존 자료에서 기독교의 치유 사례와 유사한 사례가 보이지 않는다. 몇몇 차이들이 남아 있고 현존하는 자료들에 이 시기에 발생한 사례는 많지 않지만, 유대교의 모델이 더 유익한 비교 대상일지도 모른다.

　1세기에 기적 행위자들이 어떻게 생각되었는지 이해하면—요소들이 비교할 만하든 상당히 다르든 간에—초기 기독교에서 나타난 기적들의 맥락을 이해하는 데 도움이 된다. 이 장에서 몇몇 차이들을 살펴보았지만, 다음 장에서는 이를 좀 더 자세히 알아보자.

3장

초기 기독교 기적 기사와 고대의 기타 기적 기사 비교

아폴로니오스는 필로스트라투스의 책에 근거해서 예수에 필적하는 인물로 확립되었다. 고전 종교에도 자체의 구원자와 치유자들이 있었다는 것이 그 논거였다. 그리고 사실 필로스트라투스의 책에 나오는 많은 부분이—비록 정경 텍스트보다는 위경 텍스트와 더 비슷하기는 하지만—복음서들을 연상시킨다.

H. J. 클라우크[1]

예수는 명백히 많은 기적(최소한 치유와 축귀)을 일으켰지만, 표적 예언자들이 실제로 그렇게 했다는 징후는 없다(그리고 치유와 축귀는 그들의 행위 목록의 일부를 구성하는 것으로 보이지 않는다).

에릭 이브[2]

다른 곳에서는 복음서에 기록된 예수처럼 한 사람이 그렇게 많은 기적을 일으

---

1   Klauck, *Context*, 170.
2   Eve, *Miracles*, 321.

켰다고 보고된 사례가 없다.[3]…역사적 예수의 기적들의 독특성은 현재 일어나는 치유와 축귀들에 종말론적 중요성이 부여된다는 사실에 놓여 있다.…우리는 다른 어느 곳에서도 그의 기적적인 행위가 옛 세상의 끝과 새 세상의 시작을 의미하는 카리스마적인 기적 행위자를 발견하지 못한다.

게르트 타이센과 아네트 메르츠[4]

70인역 성경에 심취했던 초기 그리스도인이나 하나님을 경외하던 사람들 사이에서는 복음서 저자들의 초자연적 주장들이 개연성이 없는 것으로 보이지 않았을 것이다. 엘리트 고대 역사가들이 복음서에 기적과 신적 소통이 많다는 점에 비추어 (우리는 역사적이든 그렇지 않든 간에 기적 행위자들에 관한 기록들에서만 복음서들에 기록된 것과 같은 정도로 많은 기적이나 신적 소통을 기대할 것이다) 복음서 저자들이 기적을 강조한 것을 선정주의적이라고 경멸한 것도 무리가 아니었지만, 그것은 성경적 세계관에 들어맞는다. 현대 서구의 독자들은 대개 기적 행위자들의 표적과 징후에 관한 유명한 역사 기술에 대한 엘리트 고대 역사가들의 부정적인 평가에 동의하지만, 이러한 선호는 부분적으로는 우연히 현대 서양인의 문화적 편견이 고대 역사가들의 편견과 일치하는 것을 반영할 수도 있다.[5]

고대의 청중 대다수는 초자연적 현상에 대한 믿음을 갖고 있었기 때문에 그들에게는 초기 기독교의 기적 기사들이 문제가 있는 것으로 보이지

---

3   Theissen and Merz, *Guide*, 290

4   Ibid., 309.

5   우리의 편견은 비록 지배적인 고전 전통으로부터는 아니더라도 몇몇 계몽주의의 토대에 영향을 준 고전주 전통을 반영할 수도 있다. 그러나 과학 이전 시대의 사고에 관한 현대의 가정들은 과장되었으며(Sider, "Methodology," 29), 현대인이 고대의 역사 기술에 실제로 일어난 일은 없다고 무시하는 것도 마찬가지다(Keener, *Historical Jesus*, 95-108, 441-50을 보라).

않았던 반면에, 바로 그 맥락이 현대의 많은 청자에게는 걸림돌이 된다. 몇몇 학자는 초기 기독교 기사와 몇몇 다른 고대 기적 기사들 간의 병행을 지적하면서 둘 다 지어낸 것이라고 주장했다.[6] 그 전제로부터 반드시 논리적으로 그 결론이 나오는 것은 아니지만—두 종류의 기사가 모두 정확하기 때문이든, 유사한 형태가 동일한 활동이라기보다는 표현에 대한 문화적 대안을 반영할 수도 있기 때문이든—(다른 모든 고대의 기적 기사는 허구라는) 함축된 가정에는 몇 가지 문제가 있다.[7] 그러나 나는 지금은 현존하는 1세기 기독교 기사 대다수와 그 시대의 가장 전형적인 기사 사이의 차이에 초점을 맞출 것이다. 몇몇 병행이 나타나지만, 독자들은 기독교의 기적 이야기를 포함한 다양한 기적 이야기 사이의 차이도 고려해야 한다.

모든 기적 기사가 현대 서구의 독자들에게 매우 비슷하다는 인상을 주는 것은 부분적으로는 우리의 문화적 가정에서 볼 때에는 모든 기적 보고가 실재에 대한 우리의 구성 개념과 현저하게 다르기 때문일 수도 있다. 내가 본서의 뒤에서 광범위하게 보여주려고 하는 바와 같이, 이 관점에서는 오늘날의 세계 문화뿐만 아니라 좀 더 넓은 역사에서도 우리의 문화적 가정이 이례적이다.

---

6 이전 시기의 몇몇 학자는 병행 집착증도 보였다. 참조. 예컨대 Bultmann, *Tradition* (1963), 222: "H. Jahnow는…막2:4에서 지붕을 뜯어낸 것이" 잊혔거나 전달 과정에서 변경된 "축귀 관습에 거슬러 올라갈 수도 있음을 보여주었다."
7 추정상의 병행에서 유도된 역사가들의 일반화는 과학에서 도출된 일반화보다 개연성 수준이 훨씬 낮다. 기적에 대한 이 논쟁에 관한 논의는 Sider, "Methodology," 32을 보라.

1. 초기 기독교 기적과 대다수 이방 기적 사이의 차이

나는 앞 장에서 초기 기독교의 기적 기사와 이교도 기사 사이의 차이에 관해 설명하기 시작했기 때문에 이곳에서는 논의를 좀 더 일반적인 몇 가지 관찰사항에 국한할 것이다. 각각의 진영과 문헌(예컨대 필로스트라투스 또는 랍비들)에는 그들의 기적 이야기에 독특한 특성이 있다. 그러나 나는 복음서들과 사도행전에 수록된 기적 이야기에 초점을 맞춘다. 원시 기독교의 기적 보고들은 다른 기적 이야기들에 보편적으로 등장하는 몇몇 특징(예컨대 문제가 해결되고 대중이 인정함)을 갖고 있지만, 많은 학자가 차이들에 관해 언급한다.[8] 우리가 타이센이 수집한 기적 이야기들[9]을 분석하면 몇몇 모티프, 특히 어떤 배경에서든 기적 이야기에 내재한 모티프들이 널리 퍼져 있음을 알 수 있다. 동시에 그런 분석을 해보면 신약성서의 다른 몇몇 모티프들은 유사성이 극히 드물고, 설사 유사한 점이 있다 해도 아마도 우연히 그렇게 된 것일 뿐이라는 점이 드러날 것이다.[10] 마찬가지로 그들의 논평 대상

---

8   차이에 대한 강조는 예컨대 다음 문헌을 보라. McGinley, *Form-Criticism*, 145-52;
     Sabourin, "Miracles," 305(Maher, "Writings," 169은 부분적으로 이를 추종한다);
     Sabourin, *Miracles*, 39-55; Sabourin이 인용한 다른 자료들(Albright and Mann,
     Matthew, cxxiv-cxxi; Zeilinger, "Wunderverständnis")도 보라. 몇몇 비평가가 상대
     방의 말을 논거로 이용하여 논쟁적인 모티프(즉 비난하는 모티프)를 인정한 것을
     비난하려 한다면, 우리는 구분을 부인하는 것은 보고들 간의 구분은 이해하지 않
     은 채 병행을 바라보는 환원주의라고 대꾸할 수 있을 것이다. 편견은 신약성서 기
     적들의 독특성을 축소하거나 확대하려는 의도의 어느 방향으로도 일어날 수 있다
     (참조. Strelan, *Strange Acts*, 11). 유사한 요소들을 조사하는 것이 합당하다면 커다
     란 여러 차이도 주목해야 한다.
9   Theissen, *Miracle Stories*, 47-72을 보라.
10   McGinley, *Form-Criticism*, 145-49에 수록된 상세한 비교표를 참조하라. 그 조사
     는 지나치게 도식화되어 있지만, Bultmann(그는 현대의 요정 이야기들도 포함시
     킨다) 등이 초자연적 모든 주장을 무비판적으로 일괄 취급하는 것에 대해 균형을
     유지한다.

보다 훨씬 이후의 자료에 수록된 것이기는 하지만 이례적인 현상을 일으키는 이교도에 관한 빈번한 예는 이 이전 시기의 기독교 기적 이야기들과 유사한 사례가 별로 없다. 예컨대 루키아노스의 작품에 등장하는 무사에우스, 칼라이스, 제테스, 아바리스, 그리고 북방의 마법사는 날아다닐 수 있었지만,[11] 유일하게 이런 이야기들과 병행사례일 수도 있는 사례(행 8:39)는 성경의 언어를 차용한다는 점이 명백하다(겔 8:3; 11:1, 24에 의존함. 그러나 그곳에서의 경험은 가시적이었다). 이와 유사하게, 어떤 기사는 피타고라스가 동시에 두 장소에서 가르쳤다고 전한다.[12] 요한복음 6:21의 즉각적인 도착과 부활 후 주님의 갑작스러운 사라짐(눅 24:31)은 이 기적에 대해 제시할 수 있는 1세기 기독교의 가장 가까운 병행 사건이지만 이 예들조차 시간의 제약이 아니라 장소의 제약을 초월하도록 의도되었다. 사랑 마법,[13] 계속적인 금식,[14] 75년간의 낮잠,[15] 마법사 스스로 동물로 변하는 것[16] 그리고 황금 넓적

---

11 Blackburn, "ANΔPEΣ," 190. 이 텍스트를 편리하게 보려면 Cotter, *Miracles*, 191도 참조하라. 하늘을 나는 마녀에 대한 현대의 주장(풍문)은 Naipaul, *Masque*, 123에 수록된 아프리카의 전통적인 제보자를 보라.

12 Blackburn, "ANΔPEΣ," 190.

13 The Hyperborean (ibid., 191).

14 Abaris (ibid.). 놀랍게도 그런 주장들은 그것들을 검증할 수 있는 우리 세대에도 계속된다. http://news.bbc.co.ul/2/hi/south_asia/8652837.stm (April 29, 2010 접속)에서 "인디언 남자는 '음식이나 물 없이 수십 년을 생존한다'"는 말을 보라.

15 Blackburn, "ANΔPEΣ," 191. Washington Irving의 "Rip Van Winkle"에 관해 언급하자면, 오랜 낮잠의 줄거리는 고대의 것이다(예컨대 Varro *Lat. Lang.* 7.1.3; Pliny *Nat.* 7.52.175; Pausanias 1.14.4; Maximus of Tyre 10.1; 38.3; Alciphron *Farm.* 36 (Eudicus to Pasion), 3.38, paragraph 2; 「바룩4서」 5; *p. Taan.* 3:9, §4).

16 Periclymneus, Nectanebus (Blackburn, "ANΔPEΣ," 190, 193). 마법사들이 물질로 변하는 것에 관해서는 예컨대 다음 문헌들을 보라. Homer *Od.* 10.239-40; Ovid *Metam.* 14.414-15; *p. Hag.* 2:2, §5; *Sanh.* 6:6, §2. 그들이 동물로 변하는 것에 관해서는 다음 문헌들을 보라. Ovid *Am.* 1.8.13-14; Lucian *Lucius* 4, 12, 54; Apuleius *Metam.* 2.30; Ps.-Callisthenes *Alex.* 1.10. 오늘날의 많은 문화에서는 마녀 등이 동물로 변하는 것을 의심한다(Mbiti, *Religions*, 258; Umeh, *Dibia*, 132; Zempleni,

다리를 드러내는 것[17]은 복음서들에 나오는 기적과는 병행하지 않는 종류의 기적들이다.[18] 복음서의 기적들은 일반적으로 자비로운 동정 행위로서 치유와 축귀를 강조한다(예컨대 막 1:41; 6:34, 41-42. 참조. 8:2, 6-8).[19]

몇몇 학자는—이는 부분적으로는 서술할 이야기들은 많은데 지면이 너무 부족했기 때문일 수도 있지만—정경 복음서에 수록된 대다수 기적 이야기들에서 확대하기보다는 "사실로 국한한" 측면이 있다는 점도 지적했다.[20] 복음서 저자들은 전형적인 서사시 시인이나 신화 작가처럼 쓰지도 않았다. 예컨대 베르길리우스의 "아이네이스"(Aeneid)와 대조적으로, 그들은

"Symptom," 99).

17 Pythagoras, Alexander Abonuteichos(Blackburn, "ANΔPEΣ," 193). 이런 텍스트들이 예수의 변용(막 9:2-8)에 가장 가까운 사례들인데, 예수의 변용은 시내산 위에서 모세가 변용된 것을 훨씬 더 상기시킨다(참조. Bultmann, *Tradition*, 229; Glasson, *Moses*, 70-71; Davies, *Sermon*, 20-21. 몇몇 주석가는 일반적인 묵시적 이미지에 더 많이 호소한다).

18 전통적인 종교에서 나타나는 초자연적 많은 행동, 예컨대 Mbiti, *Religions*, 258에 수록된 행동과도 대조된다. 추가로 Blomberg, *Gospels*, 115-19을 보라. Blackburn 등과 마찬가지로 그는 다음과 같이 지적한다(116). "그리스 종교에서 나타나는 다음과 같은 대다수 기적은 예수의 기적들과 닮은 점이 없다. 인간이 짐승 및 새들과 이야기함; 다른 생물들로 변함; 그들의 음악으로 바위와 나무들에 마법을 검; 나타났다 사라지거나 동시에 두 곳에 나타남; 먹지 않고 여행하거나 자신의 몸은 집에 있으면서 그들의 영혼이 여행을 떠나게 함."

19 자비가 예수의 기적 대다수를 지배한다(참조. Sabourin, *Miracles*, 54; Dod, "Healer," 170; LaCocque, "Competition," 97; Neyrey, "Miracles," 24-27에 수록된 예수의 기적과 고대의 선행에 관한 논의). 현대 치유 운동에서 나타나는 이 동기에 관해서는 Lee and Poloma, *Commandment*를 보라.

20 Gundry, *Use*, 190; Witherington, *Christology*, 161-62. Bultmann과 비교하라. 그는 기적들이 일어나거나 일어난 것으로 보이는 곳에서 기적적인 요소들이 확대되었음을 강조한다(*Tradition*, 228. 그는 복음서들에서는 자료를 거의 인용하지 않지만 229에서 독일 및 심지어 러시아의 민화들에서 나타나는 확대에 대한 병행을 인용한다). Sanders가 보여준 바와 같이(*Tendencies*), 내러티브들은 확대되거나 **또는** 압축될 수 있다. 고대의 수사적 정교화와 압축에 대해서는 내가 1장에서 논평한 내용을 보라.

"하나님이 무슨 생각을 하고 있는지 또는 하나님이 인간의 영역에서 펼쳐지고 있는 사건들을 어떻게 보는지"에 관한 장면[21]을 제공하지 않는다. 장르상의 차이는 중요한 쟁점이다.[22] 복음서들은 그 인물들에 대한 자료가 많이 남아 있는 최근 인물에 관한 고대의 전기다. 따라서 복음서들은 (아폴로도로스나 오비디우스의 신화집 같은) 신화나 (페트로니우스나 헬리오도로스의 소설 같은) 소설과 유사하지 않다.[23] 복음서 저자들은 이국적인 땅에 관한 허구를 보고하지 않고, 신적 궁정에서의 내부 회의를 보고하지 않으며, 괴물이나 우화에 등장하는 생물들을 보고하지도 않는다.[24] 그들은 치유와 예언들을 보고하지만, 우리는 바울의 편지들로부터 초기 그리스도인들은 이런 사건들이 자신들의 시대에 참으로 일어나고 있다고 믿었음을 알고 있다(롬 15:19; 고전 12-14; 고후 12:12; 갈 3:5; 살전 5:20). 아마도 세상의 대다수 지역의 대다수 그리스도인들도 오늘날 그런 사건들이 일어나고 있다고 믿을 것이다(7-12장을 보라). 동일한 텍스트들이 바울은 이 주장을 어떤 이론적인 의미에서 믿은 것이 아니라, 바울과—몇몇 구절들에서는—교회들이 자기들

---

21 Alexander, *Context*, 179, 사도행전에 관한 내용.
22 예컨대 Licona and Van der Watt, "Historians and Miracles," 4도 의견을 같이한다. 몇몇 학자는 이미 18세기에 (신화 기술과 관련하여) 이 점을 지적했다(Burns, *Debate*, 243을 보라).
23 복음서들의 장르에 관해서는 Keener, *Historical Jesus*, 73-94, 428-41에 수록된 훨씬 더 광범위한 논의와 자료들을 보라. 복음서들의 자료에 관하여는 126-61, 459-82을 보라(그리고 팔레스타인의 유대교 환경에 비추어 본 훨씬 개별적인 자료들에 대한 평가는 163-348, 482-590 등 여러 곳을 보라). 최근 인물에 대한 고대의 전기들은 상당히 역사적이라는 점에 관해서는 idem, "Otho"를 보라.
24 이 요소들 중 많은 것들이 대중적인 문학 작품에 보편적이었다(참조. Penner, *Praise*, 134). 몇몇 학자는 누가의 아프리카 궁정 관리 기사(행 8:26-40)를 소설들에서 이국적인 땅을 사용한 것(Pervo, *Dating Acts*, 32)에 비교하려고 했지만, 우리가 실제 자료들을 자세히 조사해보면 그런 기사들은 내용 면에서 비슷한 점이 거의 없음을 알 수 있다(Keener, "Official").

이 그런 현상들의 경험에 참여하고 있다고 믿었음을 드러낸다.

더욱이 이교도들은 자연히 예수가 한 일들을 악의적인 마법사들의 일일 수도 있다고 이해했지만(막 5:15-17),[25] 예수의 기적들은 가장 흔하게 정의되는 마법 특히 3세기 마법 파피루스에 정교하게 기록된 마법과는 공통점이 거의 없다. 마법과 예수의 기적들에 관한 논쟁의 일부는 앞에서 논의되었던 "마법"의 정의[26]에 좌우되지만, "종교"와 "마법"이 구분되는 한 일반적인 기준은 가장 흔하게 보고된 예수의 활동과 마법을 손쉽게 구분한다.[27] 물론 예수를 비방하는 사람들은 그가 마법을 사용한다고 비난했다(막 3:22. 아마도 Q 자료인 마 12:24//눅 11:15도 여기에 해당할 것이다).[28] 그러나 이 비난은 놀랄 일이 아니었다. 그것이 기적 행위자들에게 가할 수 있는 가장 쉬운 비난이었기 때문이다. Q에 수록된 시험 내러티브에서 예수는 돌을 떡으로 바꾸라는 유혹을 거절한다(마 4:3-4//눅 4:3-4). 어떤 물질을 다른 물질로

---

25 Keener, *Matthew*, 287-88과 그곳에서 인용된 자료들을 보라. Morton Smith가 Tacitus *Ann.* 15.44.3-8에서 그리스도인들에 대한 비난을 "마법사들에게 적절한 비난"이라고 표현한 내용을 인용한 것은 도움이 되지 않지만(Smith, *Magician*, 51-52)—이교도들은 유대인들을 "인간성을 증오"한다고 싸잡아 비난했다)—그는 아마도 막 3:22 등에 나타난 예수의 반대자들의 시각뿐만 아니라 예수의 기적들에 대한 최초기 이방인 목격자들이 그를 어떻게 인식했을지에 대해 올바로 파악했을 것이다.

26 참조. Aune, "Magic," 1557; Blomberg, "Reflections," 449; 앞 장에서의 논의. 따라서 Hull, *Magic*, 54-56, 142은 마법 파피루스에서 발견된 공식은 없지만, 마법으로 기능하는 의지의 행동을 허용한다. 그러나 "마법"에 관한 그의 정의는 너무 광범위해서 불가피하게 이렇게 연결할 수밖에 없다.

27 Kee, *Miracle*, 214-15; Meier, *Marginal Jew*, 2:537-52; Twelftree, *Exorcist*, 190-207; Goergen, *Mission*, 173-75; Vermes, *Religion*, 6; Sabourin, *Miracles*, 54.

28 두 문서 가설에 관하여, 이 사건에서 마가복음과는 다르고 마태복음 및 누가복음은 일치하는 부분(특히 마 12:28/눅 11:20)은 마가복음 외에 공통의 자료가 있음을 암시한다. 다음 문헌들을 보라. Keener, *Spirit*, 104-9; Stanton, "Magician," 174-80. Keener, *John*, 714-16에 수록된 요 7:20에 대한 논의를 참조하라.

바꾸는 것[29]은 사람이 자기의 형태를 바꾸는 것[30]과 마찬가지로 마법사들의 특징이었다. 누가는 예수뿐만 아니라 초기 그리스도인들을 오해하거나 반대한 사람들과 대조함으로써 예수와 초기 그리스도인들에게 씌워진 혐의를 벗기려고 열심히 노력한다(행 8:9-11; 13:6-8; 19:11-19).

갈릴리의 현자이자 예언자로서 예수는 마법 파피루스를 만들었던 그리스적인 환경과는 상당히 다른 환경에서 사역했다.[31] 이교도 마법사들은 대개 주문을 통해 신이나 영들을 강요하려고 한 반면에 예수는 하나님의 권위 있는 대리인으로서 단순히 명령하기만 했다.[32] 물론 이교도들도 그렇게 하는 것이 자신의 이익에 도움이 될 때에는 마법과 신적인 개입 사이의 차이를 분명히 할 수 있었다. 따라서 예컨대 마법이 루키아노스를 당나귀로 변화시켰지만 이시스가 그를 다시 인간으로 되돌린 것은 마법에 반대되는 것으로 묘사된다.[33] (유대교의 랍비들도 그 둘을 구분하기 위해 노력해야 했다.[34])
나는 이미 아폴로니오스와 비교하는 내용을 다뤘다. 그러나 복음서 전승들

---

29 예컨대 Homer *Od.* 10,239-40; Ovid *Metam.* 14,414-15; *p. Hag.* 2:2, §5; *Sanh.* 6:6, §2. 신들은 또한 물질이나(Homer *Od.* 13,162-63) 사람을(Hesiod *Astron.*, *frg.* 3; *Aegimius,* Apollodorus *Bib.* 2,1,3,1에 수록된 글; Euripides *Bacch.* 1330-32; Longus 1,27; Lucian *Lucius* 4에서는 돌로 변화시켰다) 변화시킨다고 생각되었다.

30 Ovid *Am.* 1,8,13-14; Lucian *Lucius* 4, 12, 54; Apuleius *Metam.* 1,9; 2,1, 5, 30; 3,21-25; 6,22; Ps.-Callisthenes *Alex.* 1,10. 신들은 자신을 변화시킬 수도 있었다 (Homer *Od.* 4,417-18; Ovid *Metam.* 1,548-52). Keener, "Human Stones"(눅 3:8에 대한 논평)에 수록된 논의를 보라.

31 예컨대 Theissen and Merz, *Guide,* 306-7도 같은 의견이다. 마법 파피루스는 이집트의 영향도 받았을 것이다. 로마 제국 시대 때 다른 사람들은 마법으로 간주했던 고대 이집트 제사장 종교의 영향에 관해서는 특히 Frankfurter, *Religion in Egypt;* idem, "Magic"; idem, "Curse"에 수록된 논의를 보라.

32 Drane, "Background," 122-23. 참조. 다음 문헌들도 비슷한 의견이다. Theissen, *Miracle Stories,* 296; Yamauchi, "Magic," 133; Twelftree, *Exorcist,* 172-73.

33 Apuleius *Metam.* 3,21-25; 그는 *Metam.* bk. 11에서 인간으로 돌아온다.

34 Urbach, *Sages,* 1:102-3을 보라.

은 많은 기적 이야기들을 제공하지만, 그중 아무것도 주문과 관련이 없으며[35] 복음서 전승의 불가사의한 주장들은 그런 점에서 고대의 지배적인 마법 양식들에 부합하지 않는다.

우리는 또한 마법적이지 않은 다양한 기적을 주장하는 자료 사이의 차이도 주목할 수 있다. 예수의 기적 기사와 다른 사람들의 기적 기사를 주의 깊게 비교한 뒤 마이어는 "예수의 기적에 대한 문헌 증언의 시기가 이른 것, 즉 문서가 기록된 시기와 예수의 생애에서 기적이 일어났다고 주장되는 시기 사이의 근접성은 그 점에 관해 거의 유례가 없다"고 결론짓는다.[36] 예수에 대한 복음서들의 증언에 관한 그의 결론은 사도행전에 더욱더 타당하다. 사도행전에는 그 저작 시기로 제안되는 가장 보편적인 범위인 예수의 공생애 후 약 30년 뒤[37]에 일어났고(행 28:8-9) 따라서 저자의 기억이 생생하게 남아 있는 기적도 수록되어 있다.

---

35 아람어 명령, 즉 예수와 대다수 갈릴리 청중의 모국어로 된 명령은 참으로 유사한 것은 아니지만 몇몇 이방인인 복음서 청중에게는 그렇게 들렸을 수도 있다. 예수와 그의 갈릴리 청중 모두 아마도 아람어를 모국어로 사용했을 것이기 때문에(참조. Goodman, *State*, 66; Levine, *Hellenism*, 80-84; Millard, *Reading and Writing*, 85-102, 특히 91-102; Poirier, "Linguistic Situation"), 마가가 아람어 단어를 보존한 것은 마법적인 언어를 대표하지 않는다(다음 문헌들을 보라. Aune, "Magic," 1534-35; Riesenfeld, *Tradition*, 23. Smith, *Magician*, 95은 견해를 달리한다; Theissen, *Miracle Stories*, 61).

36 Meier, *Marginal Jew*, 2:624. 추가로 2:536, 576-616; Clark, "Miracles," 207도 보라.

37 예컨대 Pervo, *Dating Acts*, 359-63에 수록된 다수 의견(이는 그 자신의 견해와 다르다).

2. 초기 기독교 기적 기사와 유대교 기적 기사 비교

복음서들과 사도행전에 기록된 예수와 그의 제자들의 기적들은 특히 히브리 성경에 기록된 엘리야, 엘리사 및 모세의 기적들과 유사하며,[38] 예수, 그 전승을 구두로 보고한 사람들, 복음서들과 사도행전에 그런 양상을 기록한 사람들은 아마도 고의로 그런 양상을 사용했을 것이다. 간략한 하나의 예로 누가복음의 짧은 단락(누가복음 4-10장)에서 예수와 엘리야나 엘리사 사이의 몇 가지 연결 고리를 살펴보자.

활동	예수	엘리야	엘리사 또는 다른 사람들
한센병 환자를 치유함*	눅 5:12-13	—	왕하 5:14. 참조. 민 12:13-15
비교적 은밀하게 죽은 사람을 살림	눅 8:51	왕상 17:19-23	왕하 4:33
아이의 생명이 돌아옴	눅 8:55	왕상 17:22	왕하 4:35
다락방에서 죽은 사람을 살림	(행 9:37-39에 기록된 베드로)	왕상 17:19, 23	왕하 4:10, 21, 32
음식을 늘림	눅 9:16-17	왕상 17:16	왕하 4:3-7, 42-44
"아무에게도 문안하지 아니함"	눅 10:4	—	왕하 4:29
명시적인 비교	눅 4:25-27	—	—

* 대다수 학자는 이 질병을 오늘날 우리가 한센병으로 부르는 질병과 구분한다. 예컨대 다음 문헌들을 보라. Seynold and Mueller, *Sickness*, 138-39; Trapnell, "Health," 459; Gundry, *Commentary*, 139; Matthews and Benjamin, "Leper"; Mull and Mull, "Leprosy"; Malina, *Windows*, 14; Davies, *Healer*, 68. 그러나 Zias, "Lust"를 참조하라. 쿰란 두루마리에 등장하는 피부병에 관해서는 Baumgarten, "Fragments"를 보라. Davies, *Healer*, 68-69은 복음서 전승을 예수가 한센병을 치료한 것이 아니라 그 병이 치료되었다고 선언한 것으로 읽는다. 그러나 자료 자체에 기록된 세부 사항들과 모순되는 것은 차치하고(막 1:40-42; 눅 17:14. 참조. 눅 4:27에서 사용된 용법), 율법은 제사장이 정하다고 선언하도록 요구했는데(레 13:6, 13, 17, 23, 28, 34,

---

38 예컨대 다음 문헌들도 보라. Strelan, *Strange Acts*, 27; 특히 Brown, "Elisha." 참조. Eve, *Miracles*, 377; 엘리사와 사람들을 먹인 기적에 관한 Barton, "Feedings," 113; Keener, *Acts*의 행 1:9-11에 관한 추가 주석; idem, *Historical Jesus*, 17장, 특히 243-44(또한 idem, *John*, 434-36에 수록된 엘리야가 돌아올 것이라는 기대에 관한 자료). 엘리사의 기적도 엘리야의 기적들을 상기시켰다(Levine, "Twice"). 병행들은 이미 D. F. Strauss(Kee, "Aretalogy," 419)가 지적했다.

37, 39; 14:2-32; 막 1:44; 눅 17:14) 사람들이 왜 예수로 하여금 그들이 정하다고 선언하게 했겠는가)? 예수가 한센병 환자들을 사회적으로 치료했지만 신체적으로는 치료하지 않았다는 견해에 대한 비판은 Gaiser, *Healing*, 180-81을 보라. (비록 그 자신은 치유와 치료 사이의 구분을 이해하지만[178-79]) 그는 그런 견해는 대다수 비서구의 맥락에서는 거의 말이 되지 않을 것이라고 올바로 경고한다.

몇몇 현저하고 의심할 여지 없이 고의적인 대조도 있다(이 대목에서 나는 누가복음 1장의 참고 구절을 추가한다).

엘리야 또는 엘리사	예수
(엘리야가 그를 예우함, 눅 9:30-35)	예수가 자신이 새로운 엘리야라는 생각을 부인함(눅 9:8, 19-20)
엘리야가 불을 내리게 함(왕상 18:37-38)	예수가 불을 내리기를 거절함(눅 9:54-55)
엘리야가 엘리사로 하여금 그의 가족에게 작별인사를 하도록 허용함(왕상 19:19-21)	예수의 요구는 엘리야의 요구보다 높음(눅 9:61-62)
—	예수가 아니라 (세례) 요한이 주(예수가 그분임) 앞에 먼저 오는 자임(눅 1:17)

이 연결 중 일부는 누가의 각색일 수도 있지만, 이 유사성들의 대다수는 누가가 자료로 활용한 마가복음에서 나온 것인데, 마가복음은 그런 연결의 합일에 관심을 덜 기울인다. 기적 행위자들 자신이 자기보다 앞선 시기의 성경 기사들을 참조했을 수도 있음을 인정한다면, 우리는 기록된 복음서들에서 엘리야와 예수가 연결되었다고 해서 복음서 전승의 진정성을 의심할 필요가 없다.[39] 물론 초기 그리스도인들은 그렇게 유사한 점을 좋게 보았을 것이고, 확실히 마법이라는 비난에 대한 반박으로 보았을 것이다. 여기서 더 중요한 점은 예수와 그의 초기 제자들이—다른 몇몇 유대 기적 행위들과 마찬가지로[40]—의도적으로 이런 모델들을 모방했을 수도 있다는 사

---

39   Eve, *Healer*, 150-51은 그렇게 주장하는 것으로 보인다. Eve는 다른 곳에서는 대개 가설상의 자료들을 의심하지만(84-89), 마가복음에 수록된 군중들을 먹인 기사 배후에 엘리사 내러티브에 대한 암시가 놓여 있다고 주장한다(152).

40   표적 현자들 중의 모델에 관해서는 Galley, "Heilige"를 보라. 표적 예언자들이 모세나 여호수아를 모방하려 한 시도에 관해서는 예컨대 Eve, *Miracles*, 115-16, 324을 보라.

실이다. 몇몇 학자들이 제시하는 다른 모델들과 달리 성경의 이런 예들은 확실히 우리의 초기 기독교 기사들보다 시기적으로 앞섰으며 확실히 예수, 그의 청중, 그리고 그에 관해 말했거나 기록했거나 들었던 사람들에게 알려져 있었다.

(1) 랍비의 기적들

하지만 복음서 전승에 뚜렷이 나타난 엘리야나 엘리사의 흔적을 넘어서, 나는 몇몇 학자가 제시한 다른 몇 가지 비교도 다루고자 한다.[41] 기적들을 보고하는 자료에서 장르가 현격히 다르기 때문에 어떤 측면에서는 예수의 기적들과 랍비들에게 돌려지는 기적들 사이의 비교는 예수의 기적 기사와 그리스-로마 기사들 사이의 비교보다 어렵다. 몇몇 저자는 랍비의 기적들을 예수의 기적들보다 더 마법적이라고 폄하함으로써 대조를 과장했다.[42] 랍비들의 몇몇 활동의 병행이 마법에서만 나타나기는 하지만, 마법적인 요소들은 랍비의 기적 이야기의 대다수에서 나타나는 것이 아니라 일부에서만 나타난다. 이 점이 더 중요한데, 복음서 전승은 기적 행위자에게 관심이

---

41   호니와 하나 같이 카리스마적인 능력이 있는 사람들이 엘리야의 모델을 따랐을 수도 있지만(예수의 많은 갈릴리 추종자들은 그런 구분을 하지 않았을 수도 있지만), 그들은 일반적으로 그 모델 중 예수가 개발했던 것과는 다른 측면(비가 오게 하는 사람 같은 측면)을 개발한 것으로 보인다. 랍비들에 대한 비교는 예컨대 Fiebig, "Wunder"를 보라. Fiebig에 대한 반박은 Schlatter, *Wunder*(다음 문헌들에 인용된다. Loos, *Miracles*, 142-45; Sabourin, *Miracles*, 247, 264; Kahl, *Miracle Stories*, 18-20)를 보라. Fiebig의 접근법의 진정한 문제는 기적 이야기들의 결여가 아니라 랍비 자료들이 복음서보다 늦게 출현했다는 점과 장르가 유사하지 않다는 점이다.

42   Alexander, *Possession*, 59.

있고 랍비 전승은 교사에 관심이 있다는 모든 스미스의 대조[43]가 과장되기는 했지만, 두 종류의 기사들은 다른 종류의 인물을 묘사하고 그 인물들에 관한 다른 종류의 정보를 전달한다는 그의 말은 옳다. 예컨대 최소한 몇몇 랍비 기적 이야기들은 단순히 교훈적인 예시다. 두 종류의 기사들 사이의 차이는 상당히 크다. 스미스가 다른 곳에서 지적하는 것처럼 기적 이야기들은 초기 기독교 텍스트들에서는 흔하지만 랍비 텍스트들에서는 비교적 드물다.[44]

장르 문제는 매우 중요하다. 랍비 문헌들은 일반적으로 어떤 가르침에 관한 교훈적인 요점을 역설하기 위해 기적을 일으키는 랍비들의 기사와 관련이 있다. 복음서들과 사도행전은 단지 특정한 가르침이 아니라 주로 예수의 인격과 사역을 입증하기 위해 예수와 그의 제자들의 기적들을 묘사한다.[45] 복음서 전승에서 예수와 그의 사역에 초점을 맞추는 양상은 사도행전에서 바울의 이방인 사역에도 함축적으로 적용되는데, 이 점은 누가의 신학에서 예수의 사역이 외부인에게 영속화되게 만든다.[46] 더욱이 복음서들과 사도행전의 주된 주인공들의 대다수(예수, 그의 제자들, 그리고 다른 몇몇 사람들)는 기적 행위자들이다. 이에 반해 랍비 문헌에서 가장 자주 등장하는 주요 인물들은 기적을 일으키는 것이 그들의 특징이 아니며, 특히 그들에 관한 가장 이른 시기의 자료들에서는 기적이 등장하지 않는다.

그러나 장르가 기적 이야기들의 초점에 영향을 주지만, 그 이야기들의

---

43 Smith, "Tradition," 173-74.
44 Smith, *Parallels*, 84. Sabourin, "Miracles," 300-4은 고대 유대의 기적 텍스트(특히 랍비의 기적 텍스트, 301-3; idem, *Miracles*, 51-53)의 진정한 역사성을 의심한다.
45 예컨대 Eve, *Miracles*, 285-86도 이에 동의한다. Dibelius는 이와 다소 유사하게 랍비 기사들은 성인들을 칭찬하는 반면 복음서들은 하나님의 대리인인 예수를 통해 하나님의 능력의 현현을 말한다고 지적한다(Dibelius, *Tradition*, 150-51).
46 예컨대 행 9:34을 보라. Warrington, "Healing Narratives"를 참조하라.

내용 역시 특정한 대조를 제공한다. 1세기 기독교 텍스트들은 다양한 종류의 기적을 묘사하는데, 그런 기적의 대다수는 궁핍한 처지에 있는 사람들을 돕는 자선 행위 기능을 하며 이를 위해 특히 치유와 축귀를 필요로 한다. 이와 대조적으로 랍비 이야기들은 치유보다는 (엘리야의 주요 기적 모델을 따라서) 비를 내리게 하는 것을 다룬다(이 기적 역시 자선적이다).[47] (그러나 기적들은 성경에 수록된 범주들로 제한되지 않는다. 미쉬나에서 하나님은 엎드린 예배자들을 수용하기 위해 일시적으로 성전 공간을 넓히기도 한다.[48] 후대의 유대 이야기들은 종종 치유 기적들과 그리스도인들이 특정한 관련이 있음을 인식한다.[49]

사실 유대 전승 일반과 예수와 그의 제자들이 치유했던 특징적인 방식 사이에는 유사성이 거의 없다. 아마도 가장 근접한 병행 사례는 예수가 아주 드물게 침을 사용한 것(막 7:33; 요 9:6)과 관련이 있을 것이다.[50] 하비는 보

---

47 Harvey, *History*, 100. Blomberg, "Reflections," 450-51도 이 견해를 따른다. 예 컨대 다음 문헌들을 보라. Josephus 『유대고대사』 14.22; *m. Taan*. 3:8; *tos. Taan*. 2:13(호니와 비슷한 익명의 인물); *Ab. R. Nat*. 6; *b. Taan*. 8a; 19b-20a(Naqdimon b. Gurion); 23ab(23a에서 호니 등을 포함함; 23b에서는 아바 힐키야뿐만 아니라 그의 아내도 포함함); 24a-26a; *p. Taan*. 1:4, §1; 3:9, §§6-8; 3:11, §4. 참조. Josephus 『유대고대사』 8.343-46; 14.22; Diogenes Laertius 8.2.59-60에 수록된 엠페도클레스; Pausanias 2.29.8에 수록된 아이아코스의 기도; Vermes, *Jesus the Jew*, 70, 76 에 수록된 추가 정보. 그 이야기들의 교훈에 대해서는 Schofer, "Cosmology"를 참조하라. 공동체의 경건과 연결하는 점에 관해서는 다음 구절들을 보라. 「에녹1서」 101:2; 「솔로몬의 시편」 17:18; *Gen. Rab*. 13:14; *Lev. Rab*. 34:14; 35:10; *Num. Rab*. 3:12. 참조. *b. Taan*. 19b; (부활의 은총에 포함된) 비의 기적적인 성격에 관해서는 다음 문헌들을 참조하라. *b. Ber*. 29a; 33a; *Taan*. 2b; 7a; *p. Taan*. 1:1, §2; *Gen. Rab*. 13:6; *Deut. Rab*. 7:6. 비가 오게 하는 사람들은 많은 문화에서 두드러지게 나타난 다(예컨대 Mbiti, *Religions*, 89, 234-37). 좀 더 일반적으로, 바람과 바다를 통제하는 신들과 영웅들에 관해서는 Cotter, *Miracles*, 131-65을 보라.

48 *M. Ab*. 5:5. 참조. Segal, "Few Contained Many."

49 참조. Herford, *Christianity*, 50-51, 54-56, 211-15; Bagatti, *Church*, 95-96, 106-7; Manns, "Jacob." *P. Shab*. 14:4, §3은 하나의 예일 수도 있지만 확실하지 않다. *Eccl. Rab*. 1:8, §4에 등장하는 마법과 비교하라.

50 Vermes, *Jesus the Jew*, 65. 참조. Van Cangh, "Miracles"; Harvey, *History*, 100 각주

고된 예수의 치료 중 적어도 8건은 청각 장애, 언어 장애, 시각 장애, 절뚝거림과 관련이 있는데 그런 기적들은 이교도의 치유 신전들에서는 등장하지만, 유대교의 기사들에서는 존재하지 않는다는 점을 지적한다.[51]

(2) 이브의 상세한 비교

지금까지 다른 초기 유대교 자료들과 가장 자세하게 비교 및 대조한 연구는 에릭 이브의 연구다. 그는 예수의 치유와 축귀 사역은 일반적인 유대교의 틀과 어느 정도 유사성을 보이지만 초기의 다른 유대교 모델들과는 중요한 측면들에서 다르다는 결론을 내린다.[52] 그가 지적하듯이 비기독교 초기 유대교 자료들에 기록된 기적 이야기들 대다수는 초기 기독교 자료들에 보고된 기적 이야기들과는 다른 종류다.[53] 이브는 요세푸스의 글에 등장하는 대다수 기적은 복음서들과 사도행전에 수록된 기적들과는 유형이 다르며 치유에 별로 관심을 기울이지 않는 반면에[54] 성경이 기록되고 난 뒤의 기적 이야기들은 요세푸스의 작품 밖에서는 별로 흔하지 않고,[55] 치유는 특

---

10. 그러나 Bourgeois, "Spittle," 32-33과 비교하라.

51   Harvey, *History*, 115. 이교도의 기사에 등장하는 기적에 대해서는 Blackburn, "ΑΝΔΡΕΣ," 192을 보라.

52   Eve, *Miracles*, 여러 곳. 참조. 이와 유사한 결론을 내리는 Avery-Peck, "Charismatic," 164은 특히 자료들의 저작 시기에 초점을 맞춘다.

53   그가 발견한 유일한 병행은 기독교 자료 또는 적그리스도적인 인물에 관한 몇몇 고립된 묘사에 등장한다(Eve, *Miracles*, 244-45). 나는 후자는 다른 많은 적그리스도 자료들과 마찬가지로 초기 기독교 자료들보다 시기적으로 늦게 출현했다고 의심한다(참조. Keener, *Matthew*, 573-75).

54   Eve, *Miracles*, 52(Josephus, 24-52에 수록된 기적에 관한 자신의 논의에 대한 결론을 내린다). 요세푸스와 마찬가지로 필론은 주로 공급 기적들에서 복음서들과 겹친다(Eve, *Miracles*, 84-85).

55   Eve, *Miracles*, 244. 기적들은 이후에 아모라임 하가다(Amoraic haggadah)에 좀 더

히 드물다[56]고 지적한다. 『예언자들의 생애』(Lives of the Prophet) 같은 몇몇 문헌들을 제외하면 초기 유대 자료 대다수는 기적에 대해 제한적인 관심만을 보이며, 초기 기독교 자료들보다 기적에 관심을 훨씬 덜 보인다.[57]

초기 유대교 자료들이 가장 관심을 보이는 기적은 나라의 해방과 관련된 기적이었는데, 그것은 대체로 예수의 사역과 관련이 있었던 기적의 범주가 아니었다.[58] 한편 예수의 사역 이후 수십 년 안에 등장한 몇몇 표적 예언자[59]는 각각 종말론적인 주요 표적이 일어날 것이라고 선언할 수 있었지만 그 표적을 행하지는 않았다.[60] 그들과 달리 예수는 "치유하고 귀신을 쫓아냈지만 화려한 특정 표적을 약속하지는 않은 것으로 보인다."[61]

호니(오니아스)는 의심할 여지 없이 비에 관한 기도 응답을 받은 것으로 알려졌는데,[62] 우리가 그에 관해서 접하는 세부 사항의 대다수는 그가 살았

등장한다..

56 Ibid., 253, 378. 그는 몇몇 축귀자를 인정하지만 그들이 흔했는지 여부에 관해 의문을 제기한다(378). (현존하는 다른 1세기 문서 대다수의 초점이 다르다는 점에 비춰 볼 때 확실히 축귀자가 흔했기는 어렵다.) 그는 몇몇 축귀자는 마법과 관련이 있었다는 점도 올바로 지적한다(378).

57 Ibid., 243.

58 Ibid., 377; idem, Healer, 6-12.

59 Eve, Miracles, 324은 요세푸스를 통해 보고된 이 예언자들은 명백히 모두 예수보다 후대 인물임을 강조한다.

60 Theissen and Merz, Guide, 308-9. 많은 학자들은 표적 예언자들의 범주에 의존해 왔다(초기의 Barnett, "Prophets"를 보라). Eve, Miracles, 296-325(특히 324)은 요세푸스가 그들을 일괄해서 기록했음에도 불구하고 그들을 다른 집단으로 본다. 그러나 Eve는 공통 요인들을 과소평가했을 수도 있다.

61 Eve, Miracles, 385은 대다수 구약성경 예언자들조차도 치유와 축귀를 행하지 않았기 때문에 그것들은 "예언 역할에 그다지 본질적이지 않았다"고 지적한다. 기적, 특히 치유나 축귀를 행하지 않은 이러한 표적 예언자들에 관해서도 ibid., 321을 보라.

62 Josephus 『유대 고대사』 14.22. 참조. Eve, Miracles, 277-78은 요세푸스의 초점은 이에 관한 것이 아니고 전쟁에서 호니의 역할(그것은 요세푸스의 초점이기도 했다)이라고 주장한다. 비를 내리게 한 것은 호니와 하니나에게 공통적인 유

던 때로부터 약 500년 후의 아모라임 전승에서 나타난다.[63] 아무튼 랍비 전승에서 호니에 관해 묘사하는 많은 부분은 그가 사망한 지 오래 뒤에 나온 것이다. 따라서 예컨대 "원 그리는 자 호니"가 랍비 전승에서(그러나 요세푸스의 글에서는 나오지 않는다) 이 행위를 통해 이 이름을 얻게 된 것처럼 자기 주위에 실제로 원을 그렸는지,[64] 아니면 단지 비를 내려 달라고 기도했는지 우리는 알지 못한다. 이브는 더 나아가 호니가 자신을 넘어 좀 더 넓은 계층을 대표하는지 불분명하다고 주장한다.[65]

랍비 문헌에 나타나는 또 다른 사례인 하니나 벤 도사는 대개 1세기 인물로 제시된다.[66] 그는 예수와 마찬가지로 갈릴리 사람이었는데, 예수 외에 표적을 행했다고 알려진 유일한 갈릴리 사람이었다.[67] 그는 3세기 초 자료들에 여러 번 등장한다.[68] 그는 기도할 때 환자가 나을지 여부를 알 수 있었

일한 기적이며, 예수의 사역에서는 등장하지 않는다(Blackburn, "Miracles," 378-79). 비를 내려 달라는 호니의 기도에 관한 요세푸스의 보고조차도 그 사건이 발생하고 나서 아마도 1세기 반 뒤에 기록되었을 것이다(Licona and Van der Watt, "Adjudication of Miracles," 5).

63   유일한 탄나임 기사는 m. Ta'an. 3:8(Eve, Miracles, 274-75)인데, W. Scott Green 과 Neusner 둘 다 그곳에서조차도 믿을만한 정보가 있음을 부인한다(ibid., 275-77). 예루살렘 탈무드에 관한 좀 더 자세한 설명은 호니를 요세푸스가 설명하는 것보다 500년 앞선 기원전 6세기에 위치시킬 수도 있지만(Licona and Van der Watt, "Adjudication of Miracles," 5), 랍비 이야기들에서 시대착오는 다반사다(예컨대 b. Ber. 3b; Gen. Rab. 74:15; Exod. Rab. 1:13; Pesiq. Rab. 11:3).

64   사람들은 최후통첩으로 원 그리기를 사용할 수 있었다(Livy 45.12.5; Valerius Maximus 6.4.3; Velleius Paterculus Compendium 1.10.1-2. 좀 더 일반적으로 바닥에 원을 그리는 것에 관해서는 Hermogenes Inv. 4.8.195을 보라).

65   Eve, Miracles, 274(Vermes에 반대한다); idem, Healer, 13-14.

66   Eve, Miracles, 281은 이 연대가 불확실하다고 지적한다(그러나 282에서 그는 아마도 제2성전기 인물이었을 것이라고 동의한다). 아모라임 전승은 그를 1세기에 위치시킨다(ibid., 287-88을 보라).

67   Blackburn, "Miracles," 378.

68   Eve, Miracles, 280-81은 다음 문헌들을 인용한다. m. Ber. 5:5; Sot. 9:15(= tos. Sot. 15:5); Ab. 3:10-11; tos. Ber. 3:20; Mek. on Exod 18:21.

고,[69] 그가 기도할 때 그를 물었던 뱀이 그 자리에서 죽었다.[70] 하나나에 관한 이후의 자료들은 훨씬 더 많은데, 그것들은 3세기 또는 4세기에 걸쳐 전달되고 발전해왔다.[71] 더욱이 그 전승이 믿을만하다 하더라도, 그것은 중요한 몇몇 측면에서 예수에 관한 전승과는 다르다. 사람들이 그에게 와서 기도를 받았을 뿐이고 치유와 관련하여 신이 개입한 적도 별로 없다.[72] 각각의 자료에서 하나나는 초자연적 힘 또는 신적인 힘을 기원하는 존재였던 반면에 예수는 그 힘을 가진 존재였다.[73] 우리는 다른 갈릴리 민간 치유자들에 관해 많이 알 수 없지만, 예수가 보통 사람이 아니었다고 암시하는 충분한 증거를 갖고 있다.[74]

따라서 이브는 초기 유대교의 병행 사례들은 예수의 표적들에 대한 가장 가까운 병행 사례들인 성경의 엘리야, 엘리사, 그리고 (바다와 군중을 먹이는 기적들에 대해서는) 모세의 모델보다 나을 게 없다고 결론짓는다.[75] 그는 증거는 "남아있는 그 시대의 유대 문헌에서 예수가 많은 치유와 축귀를 시행

---

69   M. Ber. 5:5.
70   Tos. Ber. 3:20.
71   Eve, Miracles, 282-83 (4세기, 바빌로니아 탈무드에 기초함); idem, Healer, 14-16; Blackburn, "Miracles," 378 (3세기, 예루살렘 탈무드에 기초함).
72   Eve, Miracles, 285. 축귀와 관련된 것은 하나도 없다(294).
73   Ibid., 289, 295. 그는 또한 "행위"(deed)라는 말의 의미상의 범위는 "기적"보다 훨씬 광범위함을 지적하면서 미쉬나가 하나나를 "행위의 사람들"(m. Sot. 9:15)로 분류한다고 해서 반드시 기적 행위자들을 지칭하는 것은 아니라고 주장한다(292-93). 고대의 기사에서 초자연적 힘에 대한 기원자 또는 중재자들은 그 힘을 지닌 존재보다 훨씬 흔하다. 그리스 전승에서는 아스클레피오스 등이 이 역할을 했지만, 유대 전승에서는 하나님이 초자연적 힘의 보유자였다(Kahl, Miracle Stories, 234).
74   Eve는 자기 당대의 다른 민간 치유자들보다 두드러진 멕시코 민간 치유자인 Pedrito Jaramillo를 비교한다(Eve, Miracles, 357-59, 379).
75   Ibid., 377. 나는 군중을 먹이는 기적에서 모세에 대한 강조가 Eve가 인식하는 것보다 강할 수도 있다고 생각한다. 그는 예컨대 324-25에서 이를 경시하는 경향이 있다.

한 것으로 묘사하며" 특히 그를 신적인 힘의 중재자나 기원자가 아니라 그 힘을 보유한 자로 묘사한다고 주장한다.[76]

이브만 그렇게 주장하는 것이 아니다. 타이센과 메르츠는 유대인 기적 행위자들은 이교도 기적 행위자들보다 더 가까운 병행 사례를 제공하지만, 그들은 특히 기도를 통해서만 기적을 일으키고 종말론적인 기적을 일으킨 적이 없다는 점에서 예수와는 상당히 다르다고 결론짓는 점에서 현대의 많은 학자를 대표하는 것으로 보인다.[77] 초기의 다른 어떤 유대교 자료도 한 개인이 복음서들이 예수에 관해 보고하는 것만큼 많은 기적을 일으킨 것으로 보고하지 않으며,[78] 기적 행위자 중 오직 예수만이 기적을 사용하여—그의 경우 치유와 축귀를 통해—종말론적 질서가 왔음을 나타낸다.[79]

이런 제한은 있지만 병행 사례들은 우리가 팔레스타인 유대인들이 예수나 그의 최초의 제자들을 어떻게 보았을지에 대해 이해하도록 도움을 준다. 어떤 병행 사례도 모든 측면에서 완전하지는 않으며, 차이들이 있다 해도 예수의 동시대인들이 그에게 접근했을 수도 있는 몇몇 방식을 보여주는 데 어느 정도 적실성이 있을 수 있다. 게자 버미스는 이러한 병행 사례들에 의지해서 역사적 예수를 탐구하기 위해 지리적으로 좀 더 먼 이방인의 치유 전통을 살펴볼 필요가 없음을 유용하게 보여주었다. 예수는 여러모로 독특했지만, 그 자신의 환경 내에서 개인을 통해 역사하는 자애로운 신적

---

76 Ibid., 378. 그는 이 두 가지를 기초로 복음서들의 예수에 대한 한결같은 묘사와 예수의 말씀에 함의된 기독론뿐만 아니라 그의 활동들에 함의된 기독론도 진정한 것일 수 있다고 주장한다(ibid., 386).

77 Theissen and Merz, *Guide*, 307-8; Blackburn, "Miracles," 379도 보라. 그는 예수가 기적을 일으키기 전에 기도했다는 말이 거의 나오지 않는다고 지적한다.

78 Theissen and Merz, *Guide*, 290.

79 Ibid., 309.

활동의 가능성은 이해할 만한 것이었다.[80] 더욱이 유대인 엘리야의 활동은 널리 이용할 수 있는 이른 시기의 자료이며 말라기 4:5-6에 비춰 볼 때 종말론적으로도 이해될 수 있다. 예수가 표적 행위자와 종말론적 예언자라고 주장된 다른 사람들이 따랐던 모델들에서 적실성이 있는 요소들을 결합했을 수도 있다. 그럼에도 불구하고 증거는 예수와 그를 모방했던 그의 제자들 역시 여러모로 독특했음을 암시한다.[81]

3. 병행과 진정성 문제

양식(또는 심지어 기능)이 병행한다 해서 몇몇 학자들이 주장하듯이[82] 복음서들과 사도행전의 진정성이 부인된다고 암시하는 것은 아니다. 고대의 치유 이야기들은 필연적으로 동일한 과정을 따르기 때문에 대체로 동일한 양식을 공유한다. 피에르 브누아가 "기적을 달리 이야기할 수 있는 방법이 있는가?"라고 질문하듯이 말이다. 그는 다음과 같이 결론짓는다. "양식이 어

---

80 카리스마적인 능력을 보유한 유대인으로서 예수에 관해서는 추가로 다음 문헌들을 보라. Vermes, *Jesus the Jew*, 여러 곳(예컨대 58-80); idem, *Jesus and Judaism*, 여러 곳; idem, *Religion*, 여러 곳(예컨대 6, 70-74). 참조. Borg, *Conflict*, 198, 234-37; idem, *Vision*, 39-56, 150-71; idem, "Experience."

81 Eve, *Miracles*, 384-86, 특히 386을 보라.

82 Taylor, *Formation*, 128은 이에 동의한다. Bousset, *Kyrios Christos*, 101-3과 Jeremias, *Theology*, 88-92은 이에 반대한다. Jeremias가 병행을 사용해서 이 기적들의 진정성에 의문을 제기하거나 그것들을 심신상관적인 활동으로 돌리는 것(88-92)은 현대성은 기적적인 것들을 부인한다는 그의 가정에 의존한다(89). 우리는 "내가 설명할 수 있는 것은 사실이고 나머지는 허구다"라는 기준 말고 사실을 허구와 분리하기 위한 더 나은 "독립적인 기준"을 갖고 있어야 한다(Purtill, "Miracles," 203은 그런 접근법의 논리의 위험을 지적한다). 이 문제에 관해서는 Keener, *John*, 260-61을 보라.

떤 문헌을 다른 문헌과 구별하는 것은 아니다. 내용, 외적 인증, 내적 개연성이 구별한다."[83] (그 문제에 관해서는 실질이 항상 다른 것은 아니었다. 아마도 고대 치유 신전에서 많은 기원자도 병을 고쳤을 텐데 이 점에 관해서는 아래에서 다시 간략하게 다룰 것이다.) 독자들은 본서의 뒤에서 알게 되겠지만 방대한 현대 기적 보고들도 복음서들과 사도행전에 나타난 것과 동일한 기본적인 형식을 따른다.[84] 이 유사성은 부분적으로는 복음서들과 사도행전의 문학적 영향에서 비롯되었을 수도 있지만, 기적적인 치유를 묘사하는 데 필요한 기본적인 요소들을 반영할 수도 있다.[85]

(1) 치유하는 현자

다양한 종류의 자료에 수록된 치유의 특성이 모두 같지는 않다. 고대 이교도 기사들에 관한 위의 조사에서 암시되었듯이 이교도의 치유 주장 대다수는 다음과 같은 몇 가지 범주 중 하나에 속한다—치유 신전에서 발생한 치유(종종 꿈과 관련이 있음), 신들의 직접적인 개입, 반(半)선사 시대의 과거에 관한 신화 작가의 이야기, 순회 현자-치유자(확실히 3세기까지는 지배적인 범주가 아니었고 부분적으로는 그 시대에 기독교의 기적적인 치유 주장이 점증함에 따라

83　Benoit, *Jesus*, 1:34.
84　그리고 고대의 비기독교 병행 사례들에 나타난 것보다 더 자주 같은 형식을 따르는데, 이는 종종 내용에서도 마찬가지다(이 유사성에서 복음서들과 사도행전의 영향이 상당한 역할을 했을 수도 있지만 말이다).
85　따라서 "증언" 형식이 압도적으로 많은 것은 파생적일 수도 있다. 철저한 비교 조사는 해보지 않았지만, 내게는 증언 형식이 기독교와 관련이 없는 문화들에서 나온 기사들에서보다 기독교 기적 이야기들에서 더 흔한 것으로 보인다. 그러나 다른 기사들이 참으로 초자연적 치유를 설명할 때에는 그 이야기들은 최소한 문제와 그 치료에 관한 모종의 내용을 묘사해야 한다. 서술의 몇몇 요소들은 문화를 초월한다.

영향을 받은 것으로 보인다).[86] 치유하는 현자의 경우에도 초자연적 치유가 복음서들 및 사도행전에서 발견되는 것과 동일한 정도로 그 현자의 주된 초자연적 활동은 아니며, 매우 가까운 병행 사례가 있는 경우 (후대에 등장한) 몇몇 기사들은 확실히 (위에서 언급한 바와 같이) 복음서들 및 사도행전의 문학적 영향을 받았다. 비록 1세기 기독교 자료에 몇몇 꿈을 통한 계시와 신의 직접적인 개입이 등장하기는 하지만, 텍스트들에 등장하는 기독교 "병행 사례들"의 대다수는 (기독교 자료 밖에서는) 가장 드문 유형이다.

이 시기의 동방에서 이 모델은 (축귀와 더불어) 현존하는 자료들이 암시하는 것보다 더 지배적이었을 수도 있다. 대부분의 유대교 병행 사례들은 1세기보다 후대의 것이지만 호니나 쿰란 파편[87]에 수록된 유대 축귀자에 관한 전승은 시사하는 바가 있을 것이다. 엘리야의 모델은 비록 치유에 주된 초점을 맞추지는 않았지만 확실히 예수보다 앞선 시대의 것이며 유대인들에게 널리 알려졌다.[88] 그러나 현존하는 증거는 복음서들과 사도행전이 이전에 존재하고 있던 이교도 모델을 예수 운동의 창시자와 초기 지도자들에게 적용했다는 주장을 지지하지 않는다.

---

86 가령 이집트의 기독교 축귀자들이 점점 더 압도적으로 많아진 데서 명백히 알 수 있듯이, 만연한 영향은 양방향으로 진행되었다. 그러나 이 자료들은 복음서들 및 사도행전보다 상당히 후대의 것이기 때문에 이 점은 우리가 고려하고 있는 대상과 관련이 없다.

87 4Q242 1 III, 4.

88 Eve, *Miracles*, 377은 비록 예수에 대한 몇몇 초기 유대교의 유비에 대해 회의적이지만, 엘리야 모델을 기꺼이 수용한다.

(2) 초자연적 요소는 충분한 병행이 아니다

사실 여기서 가장 초기의 기독교 자료들과 지배적인 이교도 모델들 사이의 주요 "병행"은 양쪽 모두 "초자연적"[89] 활동을 예상한다는 것인데, 이는 역사상 대다수 사회에서 완전히 받아들일 수 있는 전제(premise)다.[90] 명백한 병행이 현대 서구 문화에 놀라워 보이는 것은 단지 그것이 우리에게 낯설기 때문이지만, 그 측면에서는 바로 우리의 문화 자체가 독특하다. 우리는 좀처럼 초자연적 주장을 제공하는 모든 문화에서 그 주장들에 발생상의 연결 관계가 있다고 가정하지 않는다.

모든 문화에서 사람들은 건강, 치유 등을 필요로 하며 대다수 문화는 이 필요들에 대해 인간을 초월한 도움을 추구한다. 기적 행위자나 치유자 등으로 알려진 사람들은 사람들이 느끼는 핵심적인 필요를 충족해준다고 주장하기 때문에 (서구 학계 같은 희귀한 문화를 제외한) **대다수** 문화에서 인기가 있을 것이다. 그 필요는 문화를 초월하며 인류학 연구들은 그들을 연결해주는 외부의 영향이 없어도 그런 인물(예컨대 샤먼)이 등장한다는 것을 보여준다. 오늘날 몇몇 종교 진영에서 등장하는 증언은 (자동차 엔진이나 컴퓨터 수리처럼) 1세기에서는 기대하지 않았을 요소들을 포함하지만, 치유에 관한 증언은 어느 특정한 시대로만 국한되지 않는다.

그러한 일반성을 넘어서면, 예수와 사도들의 신약성서 이야기들은 후대의 필로스트라투스 등의 이야기들보다 전대의 엘리야 및 엘리사 이야기

---

89 이 문제에 관해 이교도 치유자들은 비록 일반화된 그리스적 의미에서는 종종 내재적인 신성을 소유하지만, 그들이 모두 신의 이름으로 행동한다고 주장하지는 않는다. "초자연적"이라는 말은 폐쇄된 자연계에 관한 현대 서구의 가정(현대 물리학과 완전히 양립할 수 있는 것은 아니다)을 반영하는 포괄적인 표현이다.
90 우리가 아클레피오스 신전을 제외하고 좀 더 협소하게 개인들을 통한 초자연적 활동을 다룬다 해도 마찬가지다.

들(이는 예수와 사도들이 입수하여 모방할 수 있었던 모델들이다)과 공통점이 더 많다. 그렇다고 해서 필로스트라투스 등과 비교하는 것이 전혀 가치가 없다는 뜻은 아니지만, 이 점은 우리로 하여금 그 비교를 적절하게 보도록 요구한다.

브누아는 정경 복음서의 기적 이야기들을 몇몇 이교도 기사(이는 예외적인 사례이기는 하지만, 에피다우로스에서 5년째 임신하고 있던 여인[91] 같은 이야기), 여러 유대교 기사(하나님과 바다의 천사 간의 대화의 기록), 위경 복음서[92]들과 위경 행전들[93]에 수록된 대다수 기사를 비교한다. 물론 이런 기사들이 모두 같은 종류는 아니다. 문자적인 사건을 묘사할 의도로 기록되지 않은 보고들도 있지만, 복음서들과 사도행전에 기록된 압도적인 사례들을 많이 닮은

---

91 참조. Van Cangh, "Miracles grecs," 223. Boring et al., *Commentary*, 65은 이전에 있던 이야기를 기원후 4세기에 신화적으로 윤색한 것일 수도 있는 이 이야기를 복음서 전승과 비교하지만, 시간 경과 및 복음서 전승에는 목격자가 계속된다는 점 같은 차이들은 그 비교의 힘을 약화시킨다. 원래의 봉납판(votive tablet)은 단지 "상상 임신"만을 묘사하는데 후대의 해석에서 실제 임신으로 격상되었다(Klauck, *Context*, 161-62을 보라. 때때로 생리적인 효과를 수반하는 의사임신(擬似妊娠)에 관해서는 Benson, *Healing*, 43-44, 역사적 사례들과 Fried et al., "Pseudocyesis"를 인용한 글과 Knight, "Pregnancy"를 보라).

92 Benoit, *Jesus*, 1:34. Benoit가 언급하는 하나님과 바다의 천사 사이의 대화는 장르 측면에서 역사적인 문서가 아니라 교훈적인 문서다. 이전의 위경 복음서들에 대한 비교는 예컨대 Trench, *Miracles*, 32-35을 보라.

93 우화적인 요소들은 (「베드로행전」에 등장하는) "말하는 개들"과 "하늘 여행", "복종하는 빈대"(「요한행전」), 세례 받은 사자"(「바울행전」)" 등을 포함한다 (Hofmann, "Novels: Christian," 847). 위경 행전들은 신의 영광을 증폭하기 위해 기적을 포함하여 그 내러티브의 모든 특징을 결집한다(Bovon, *Studies*, 253-66). 참조. "Miracles, Miracle-Workers," 54: 위경 복음서들과 위경 행전들은 "기독교 진영의 오락, 교화, 믿음의 영웅들의 미화 필요에 대해 민간 전승이나 소설 같은 방식으로 대응하려 했고 기적들을 엄청나게 확대했다." 그러나 기적 이야기들은 위경 복음서들에서보다 위경 사도행전들에서 훨씬 더 흔하다(Achtemeier, *Miracle Tradition*, 177-88). 아르타파누스 같이 오락적 가치를 위해 성경 이야기를 바꾸어 말하는 몇몇 유대 작가에 관해서는 Koskenniemi, *Miracle-Workers*, 296을 보라.

보고들도 있다. 그러나 기적을 묘사하는 내러티브 방법론들이 유사할지라도 이 문학 양식은 그것이 보고하는 사건의 진정성에 아무런 관계가 없다는 브누아의 말은 옳다.[94]

그러나 이교도 기사들의 진정성을 부인하는 브누아와 달리, 많은 초기 그리스도인들은—비록 자기들은 유일신론자였지만—다수의 이교도들의 초인간적인 활동 주장에 관해 그것을 승인하지 않으면서도 그 타당성을 받아들였을 것이다(참조. 고전 10:20; 살후 2:9; 계 13:13; 「디다케」 16.3-4).[95] 이런 태도는 랍비들과 이교도들이 예수를 마법사로 비판하여 힘은 인정하면서도 그것을 그릇된 초인간적인 원천에 돌리는 것과 비슷하다.[96] 유대인 호니와 하니나의 기사도 아마도 참된 전승에 뿌리를 두고 있을 것이라는 던의 주장은 옳을 것이다.[97] 몇몇 초기 그리스도인들은 그런 현자들, 특히 기독교 시대 이전의 현자들을 하나님의 진정한 대리인으로 기독교화하기까지 했을 것이다.

순전히 역사적인 방법을 통해서는 수혜자들이 신으로 말미암아 일어났다고 믿은, 갑작스럽고 예기치 않은 회복에 대한 몇몇 목격자 주장이 사실일 가능성을 우리가 선험적으로 배제할 수 없다. 실로 몇몇 아스클레피오스 신전에서 발견된 비문과 그곳에서 행해진 신체 일부의 모형 봉헌은

---

94 Benoit, *Jesus*, 1:33.
95 추가로 다음 구절들을 참조하라. 고전 12:2; 1 요 4:1-3; *Herm.* 43.2-4. 몇몇 20세기 초 그리스도인들도 강신술사들과 연대하여 지배적인 물질주의 세계관에 맞섰다(Mullin, *Miracles*, 219-20).
96 계몽주의 시대 이후 일반적인 서구의 "마법"과 대조적으로, 고대의 마법은 미혹에 한정되지 않았다(그것을 포함할 수는 있지만 말이다. Quintus Curtius 7.4.8; *Sipra Qed.* pq. 6.203.2.1-2; *Sipre Deut.* 171.4.1; 171.6.1; *b. Sanh.* 67b).
97 Dunn, "Demythologizing," 291. 요세푸스의 글에 수록된 오니아스(호니)에 관해서는 Gray, *Figures*, 145-47을 보라. 그곳에 수록된 그의 묘사의 몇몇 측면은 엘리야와 비슷하다.

많은 사람이 이렇게 믿었음을 가리킨다. 우리는 그런 사건들에 대한 통상적인 고대의 해석을 부인하겠지만, 그러한 부인은 역사적 판단이 아니라 신학적 판단과 관련이 있다.[98] 기독교 기사들의 독특성은 실로 주목할 만하지만, 그 사실 자체로는 다른 기사들도 초자연적 행위자들에게 귀속시키는 몇몇 치유 주장을 하고 있다는 일반적인 현상을 배제하지 않는다.

그러나 집단들 사이의 차이를 해결해야 본서의 기본 주제를 논의할 수 있는 것은 아니다. 목격자들과 그들에게 의존하는 사람들은 자기가 진짜 기적이라고 믿는 특이한 주장을 보고할 수 있다.[99] 관찰자들이 기적으로 분류하는 사건들이 일어난다는 사실도 초자연적 개입에 관한 문제를 해결하지 못한다. 나는 그런 문제들을 본서의 뒤에서 다시 다룰 것이다.

그러나 고대인들은 쉽사리 믿는 경향이 있다고 단언하면서 초기 기독교 기사를 깡그리 무시하는 사람들은 그런 경향을 과대평가한다. 몇몇 고대인들은 쉽사리 아무거나 믿지 않았을 뿐만 아니라(4장의 논의를 보라), 초기 기독교 주장들의 누적적인 힘에 관한 모종의 독특한 점으로 인해 그 주장들은 과거에 관한 단순한 신화나 몇몇 특정한 민간 치유자에 관한 주장보다 더 설득력이 있기도 했다. 공상 이야기들은 다른 곳에도 많았기 때문에 단지 사람들이 공상 이야기들을 좋아해서 예수 운동이 확산된 것이라고 말할 수는 없다. 예수 운동이 확산된 것은 부분적으로는 그 주장들이 그 창시자뿐만 아니라 그 운동에서 그를 대표한다고 주장했던 이후의 많은 인물들에 관한 것이었기 때문이었다(10장의 논의를 보라).

---

98 예컨대 Sabourin, *Miracles*, 51은 자연적 치료 및 심신상관적인 치료가 아스클레피오스 신전들의 모든 회복을 설명할 수 있었다고 믿는 듯하다. 그러나 어떠한 초인간적인 존재도 관여할 수 없었다고 전제하지 않는 한 나는 우리가 이 입장을 그렇게 확실하게 단언할 수 없다고 생각한다.

99 이는 다양한 종교의 주장들이 서로를 상쇄한다는 Hume의 강조와 어긋나는데, 나는 이 주제에 관해 곧 좀 더 자세히 다룰 것이다.

(3) 하늘의 전조

나는 초기 기독교 자료들을 몇몇 로마의 배경에서 자주 제공되는 다른 범
주의 불가사의한 주장(신전을 때리는 번개나 돌연변이 아이들 같은 주장)보다는
비교하기에 가장 적합한 치유라는 주제에 관한 자료들과 비교하려고 노력
했다. 이 균형을 맞추기 위해 마지막 유형의 불가사의한 경험을 살펴보면
그 차이를 충분히 알 수 있을 것이다.[100] 고대 지중해 세계의 사람들은 전조
와 징조를 가치 있게 여겼는데, 그중 신약성서의 맥락에서 취한 특정한 사
례가 이 점을 보여줄 것이다. 예루살렘이 함락되기 전에 보고된 전조들로
는 하늘에서 충돌한 군대들과 "신들"이 성전에서 떠날 것을 선언한 음성이
있었다(Tacitus Hist. 5.13).[101] 타키투스는 요세푸스(『유대전쟁사』 6.297-99)를 따
르는데, 그는 사람들이 하늘의 마차들이 구름과 주변 도시들 사이로 움직
이는 것을 보았고(참조. 왕하 6:17; 마카베오하 3:24-26; 「마카베오 4서」 4:10-11;
Sib. Or. 3.805-8), 제사장들이 성전에서 음성들을 들었다고 보고한다.

　　몇몇 학자는 이 환영(幻影)들을 집단적인 환상으로 간주하지만,[102] 원칙
적으로 그것들은 다음과 같은 다양한 현상일 수 있다. 진정한 하늘의 이미
지(우리는 그럴 가능성이 매우 낮다고 간주하는 경향이 있다), 하늘의 현상(특히 해
당 지역에 나타난 새로운 현상)에 대한 오해, 황혼에 태양이 눈에 착시를 일으

100　Eve, *Healer*, 148-49은 최소한 복음서의 기적들과 비교할 수 있는 잠재력이 있는
　　　것으로 취급한다.
101　하늘 군대 환상에 관한 그런 보고들은 다른 전쟁 보고에도 나타난다(Pliny *Nat.*
　　　2.58.148). 마찬가지로 좀 더 최근에는 사람들이 예컨대 하늘에서 십자가를 보았
　　　다고 주장했다(Sung, *Diaries*, 106, 다른 몇몇 사람의 주장을 보고한 글; Wacker,
　　　Heaven, 93에 수록된 천상의 유사 현상). 그러나 구름의 모양이 잘 바뀐다는 점에
　　　비춰 볼 때 하늘에 나타난 형상에 관한 보고들은 회복에 대한 집단적인 회복 증언
　　　이나 집단적인 환상 또는 개인의 경험과는 동급이 아니다.
102　Horsley and Hanson, *Bandits*, 182-84.

킴, 사후에 예루살렘 함락을 정당화하기 위한 선전(요세푸스는 이 설명을 받아 들인다),[103] 요세푸스 자신의 선전(요세푸스는 그에게 의존하는 자료들을 제외하고 현존하는 유일한 증인이다),[104] 또는 그런 요소들의 결합.

요세푸스가 그런 보고를 지어내거나 공표하는 데 관여했을 가능성이 있다. 과장이 매우 심한 역사가였던 그는 멸망의 징후로 그런 사건들에 관한 표준적인 보고를 사용했을 수도 있다.[105] 몇몇 저자들은 그런 주제들에 관한 시[106]—분노의 여신이 그 도성을 활보하면서 자기 머리카락에서 뱀들을 떨쳐내는 시[107]—를 썼다. 다른 역사가들은 좀 더 냉정하게 특정 연도에 관한 보고들을 인용했다. 전조들은 출생 시의 신체적 기형, 신전에 번개가 치는 것, 혜성 등 현대의 해석가라면 자연 현상으로 여길 사건들을 포함했지만,[108]

---

103 다소 유사하게, Saulier, "Josèphe"는 요세푸스가 플라비우스의 선전에 등장하는 전승에서 차용했다고 주장한다.

104 Tacitus *Hist.* 5.13.2-7도 마찬가지로 Josephus 『유대 전쟁사』 6.288-315에 의존한다.

105 예컨대 Aulus Gellius 4.6.2. 그러나 마가복음 13:24-26에 등장하는 이미지는 역사 기술적인 모티프가 아니라 예언적이고 묵시적인 모티프를 반영한다.

106 예컨대 Lucan *Bell. civ.* 1.526-57. 가장 확실하게는 누가 카리브디스에 관해 보고했는가?(1.547-48)

107 Lucan *Bell. civ.* 1.572-73. 루카누스는 역사 자체가 아니라 역사적 사건들에 관한 서사시를 쓴다. 그리고 아무도 그가 문자적으로 분노의 여신을 보았다고 주장하는 것으로 생각하지 않을 것이다.

108 예컨대 다음 텍스트들에 포함된 많은 전조들. Livy 21.62.5; 24.10.7-10; 25.7.7-8; 26.23.4-5; 27.4.11-14; 7.11.2-5; 29.14.3; 29.37.1-5; 32.1.10-12; 33.26.7-8; 34.45.6-7; 35.9.2-3; 35.21.3-6; 36.37.2-3; 40.45.1-4; 41.21.12-13; 43.13.3-6; 45.16.5; Lucan *Bell. civ.* 1.562-63. 고대 역사가들의 저술에 등장하는 전조들에 관해서는 예컨대 Keener, *Matthew*, 568-69을 보라. 중세의 연대기 저자들의 저술에 등장하는 예로는 Daston, "Facts," 100을 보라. 마귀적인 현상과 자연 현상을 신적인 기적에서 분리하기 위해 열심인 비평가들은 이 현상들을 점점 더 자연주의적으로 설명했다(Daston, "Facts," 106-8). 그러다 17세기 중반이 되자 그들은 종교와 연결하기를 버리고 과학 연구라는 다른 입장을 취했다(108-9). Francis Bacon은 그런 특이한 현상들이 아리스토텔레스의 범주들의 토대를 허무는 데 유익함을 발

천상의 인물들이나 군대들에 관한 환상을 포함하기도 했다.[109] 그 군대들은 때때로 보이지는 않고 들리기만 했고,[110] 시각적인 광경들은 물리적으로 존재하는 물체라기보다는 신적인 환각으로 여겨졌다.[111] 그리고 군대의 환영들은 결코 아무에게도 다가오지 않았다.[112] 그런 보고들은 일반적으로 증인을 인용함으로써 확인할 수 있는 것이 아니며, 그런 이야기들을 보고하는 역사가들은 때때로 그것들의 가치를 의심한다. 그들은 때로는 상상력을 사용하여 창작하며,[113] 또 때로는 그런 보고들이 속기 쉬운 사람들 사이에서 서로에게 자양분을 제공했다고 지적한다.[114] 멀리서 실제로 본 것 중 일부는 오해되었을 수도 있다. 따라서 예컨대 두 개의 태양이나 밤중의 빛은 극광(aurora)을 반영할 수도 있다.[115]

견했다(110-11).

109　예컨대 다음 문헌들을 보라. Livy 21.62.4-5; 24.10.10; 42.2.4; Plutarch *Them.* 15.1; Herodian 8.3.8-9.

110　Appian *Bell. civ.* 4.1.4(기원전 43년); Livy 24.44.8(기원전 213년)에 수록된 전조들 중 하나; Caesar *Bell. civ.* 3. 105; Philostratus *Hrk.* 56.2.

111　예컨대 Livy 24.10.11; 24.44.8. 내가 리비우스의 요약을 바르게 해석했다면 몇몇 텍스트에서 어떤 사람이 다른 장소에 있는 인물을 보았는데, 그곳에 있던 사람들은 그것을 확인할 수 없는 사례를 보고했다. 때로는 그 환영이 어떤 사건의 전조로 여겨졌는데, 일어나리라고 예상되었던 사건이 일어나지 않은 적도 있었다 (Plutarch *Cic.* 14.3).

112　Livy 21.62.5. 수 5:13-15과 비교하라(참조. 왕하 6:17).

113　예컨대 Livy 21.62.1; Herodian 8.3.8(비록 그는 8.3.9에서 그것이 믿을만하다고 결론을 내리지만 말이다). 사후에 허구의 또는 증폭된 주장 하나(예컨대 Lucian *Peregr.* 39-40)만 있으면 그런 많은 보고서를 공급할 소문을 지어내기에 충분했는데, 이와 대조적으로 바울 서신과 복음서들에 수록된 예수의 부활 주장을 입증하기 위해서는 충분히 많은 복수의 증거를 제공할 필요가 있다.

114　Livy 21.62.1; 24.10.6; 27.37.2; 29.14.2.

115　다음을 보라. Livy 29.14.3에 관한 LCL 주석; Strothers, "Objects"에 수록된 몇몇 논의; 하늘에 보인 불꽃(예컨대 Livy 32.8.2); "돌" 소나기(36.37.3); 맑은 하늘에 뜬 무지개(41.21.12); 유성들(예컨대 Livy 43.13.3); 7일 밤 동안 빛난 혜성 (Suetonius *Jul.* 88) 그리고 다른 많은 현상도 이런 방식으로 보면 타당할 수 있다. 물론 몇몇

아무튼 구름의 대형(formation) 등의 해석에 근거한 주장들은 복음서 기사들에 서술된 사건들처럼 증인들 앞에서 사람들을 치유하거나 귀신을 쫓아내는 것을 목격했다는 주장과는 다른 범주에 속한다. 고대인들은 흔히 극적인 사건을 예고하는 것으로 여겨질 수도 있는 전조들을 축적했지만, 가장 초기의 기독교 저자들은 핵심적이고 극적인 역사적 사건의 진실성에 헌신된 증인을 인용하고 그 사건의 물리적 성격(고전 15:3-8)을 강조하는 데 더 관심이 있었다. 예수의 치유에 관한 그들의 기사는 대개 그 전승의 주된 보증인으로 기능했던 목격자들에게 알려졌을 수 있다.[116]

4. 이번 장의 결론

기적 이야기들의 몇몇 특징은 이례적인 현상들을 묘사하는, 문화적으로 공통적인 방법이다. 그럼에도 불구하고 우리는 초기 기독교 기사들에만 상당히 독특한 특징들에도 주목해야 한다. 유대의 자료들은 이방인의 자료들보다 좀 더 자연스러운 비교를 제공하지만, 성경의 선례를 제외하면 그 자료들은 풍부하게 입증되지 않는다(확실히 초기 기독교에 특정적이었던 수준으로는 입증되지 않는다).

초기 기독교 기적들이 어느 정도로 독특한지는 본서의 핵심 질문, 즉 증인들이 기적 주장들을 제공하는지 여부와는 엄격한 적실성이 없다. 몇몇 고대 자료들은 아마도 궁극적으로 인간적으로 설명될 수 없는 현상들과

보고들은 단순히 누군가가 꾸며낸 것이었다.

116 예컨대 Davies, *Invitation*, 115-16도 같은 의견이다. 좀 더 긴 논의는 Keener, *Historical Jesus*, 10장을 보라. 목격자에게 연결하는 것에 관한 가장 포괄적인 논의는 Bauckham, *Eyewitnesses*를 보라.

신들에게 귀속되고 치유 신전에서 가장 흔하게 입증된 [질병] 회복에 관한 증인의 보고들에 의존할 것이다. 그러나 우리기 복음서들 및 사도행전에서 관찰하는 치유처럼 특정한 인간 행위자들을 통한 치유는 이 시기에 훨씬 드물게 입증되었으며, 그런 사건들이 일어날 경우 그 사례들은 대개 우리가 복음서들과 사도행전에서 발견하는 것보다 훨씬 오랜 기간에 걸쳐 전달된 것을 반영한다. 이러한 보편적인 차이는 1세기 기독교 자료들에는 학자들이 흔히 그것들과 비교하는 많은 문서에서 나타나는 수준보다 전설적인 첨가가 적다고 예상할 수 있음을 암시한다. 따라서 초기 기독교 진영 밖에서 불가사의한 현상이 발생했을 가능성을 배제하지 않으면서, 우리는 초기 기독교 공동체에서 기적들에 대해 극적이고 특징적으로 강조했다는 점을 강조할 수도 있을 것이다.

2부

기적이 발생할 수 있는가?

○ ● ○

초기 기독교 시대부터 현대에 이르기까지 기적 주장에 대해 험담하는 사람들은 상당한 세력을 형성해왔다. 역사의 대부분 동안 그런 험담꾼들은 때때로 참으로 초자연적 활동의 가능성을 배제하지 않으면서 근거가 없는 주장들에 대해 비판적이었다. 그러나 데이비드 흄 이래 현대의 많은 학자는 자연 세계에서 직접적인 초자연적 활동이 일어났다는 주장들을 선험적으로 배제해왔다.

흄의 논거의 토대 중 많은 부분이 더 이상 이 시대의 철학적·과학적 맥락에 들어맞지 않기 때문에 많은 학자가 흄의 사고 틀에 의문을 제기하기 시작했다. 흄이 살았던 당대의 많은 학자는 심지어 그 당시에도 흄의 기본적인 논거들이 순환논법적임을 인식했다. 다음 몇 장에서 나는 먼저 신약성서 학계에서 진정성 기준이 되어 있는 초자연에 반하는 가정들을 소개할 것이다(4장). 그다음에 나는 기적에 대한 흄의 반대와 그의 논거에 대해 제기된 논박 몇 가지를 간단히 살피고, 흄의 논거는 초자연적 활동의 가능성을 선험적으로 배제할 적절한 근거를 제공하지 못한다는 점을 간략히 주장할 것이다(5장). 그러고 나서 나는 흄의 논거의 측면 몇 가지를 추가로 논의하고, 흄의 틀이 끼친 몇몇 사회적 영향과 철학적 영향을 살필 것이다(6장).

4장

반초자연주의가 진정성 기준이 될 수 있는가?

발생할 수 있는 사건의 범위를 좁게 생각하는 사람들은 그 확신을 성경 연구에 들여오며, 자신의 경험 빈곤으로 인해 성경을 축소시킨다.

월터 윙크[1]

이번 장은 현대의 학자 대다수가 흄 등에게서 물려받은 독단적인 반초자연주의에 의문을 제기하는 다음 두 장을 위한 역사적 서론을 제공한다. 이 장들에서 나는 급진적인 계몽주의 시대에 발전했던, 기적에 적대적인 접근법을 더 자세하게 다룰 것이다. 나는 이 장에서는 특히 몇몇 계몽주의 사상가들이 의존하고 있는 고전적인 사상 몇 가닥을 조사한다. 그다음에 나는 우리가 흔히 반초자연주의를 단순히 자동적이고 검사되지 않은 가정으로 받아들여왔음을 강조하는 다른 학자들에 가세하고, 반초자연주의 역시 문화적 배경을 반영한다는 점을 지적할 것이다.

고대 역사가 대다수는 최소한 그들이 신이나 중재자에게 귀속시킨 불

---

1   Wink, "Write," 6.

가사의한 현상들에 대한 몇몇 주장들을 기술했지만, 현대의 비평가들은 종종 초사연적 요소들을 고대 역사에서 참으로 역사적인 것과 그렇지 않은 것의 구분 기준으로 사용한다.[2] 예컨대 나는 몇몇 20세기 복음서 비평가들이 비초자연적으로 설명할 수 없었던, 상당히 기적적인 요소를 보이는 이야기들을 전설적인 이야기라며 그 진정성을 배제했음을 이미 지적한 바 있다.[3]

마찬가지로, 누가 자신이 목격자였던 사도행전의 뒷부분의 역사성이 더 크다고 역설했던 이전 시기의 몇몇 학자는 부분적으로는 천사와 표적이 바울이 전면에 등장하는 부분보다 사도행전의 전반부에서 훨씬 더 압도적으로 나타나며(행 27:23 제외), (천사나 표적이) 바울 서신에서는 별로 나타나지 않는다는 점을 강조했다.[4] 그러나 [표적을 언급하는] 구절의 수를 세는 이 간단한 방법은 사도행전의 뒷부분이 다루는 기간이 더 짧다는 점과 상세한 변론 연설에 많은 지면이 할애되었다는 점을 소홀히 한다. 더욱이 표적과 관련된 구절의 수와 무관하게 표적은 사도행전(19:11-12; 28:6-9)과 바울의 서신들에서(고전 12-14장에 수록된 그의 가르침의 내용에서 어느 정도. 그러나 특히 롬 15:19과 고후 12:12에 수록된 그의 사역에 대한 묘사에서. 참조. 갈 3:5) 여전히 핵심적인 요소로 남아있다.[5] 성령의 역사의 표적 묘사는 바울이 교회들

---

2   켈트 족의 몇몇 기적 전승에 대한 19세기 및 20세기 중반의 비평가들에 대해서는 Gardner, "Miracles," 1927, 1932에 수록된 요약(그 비평가들에 대해 반론을 펼침)을 보라.

3   Dibelius, *Tradition*, 70-103과 Bultmann, *Tradition*, 227을 보라.

4   Harnack, *Acts*, 148-49; Knox, *Acts*, 91-93. 신학적으로 기울어진 Harnack의 역사 기술 접근법에 관한 몇몇 우려를 좀 더 일반적으로 다루는 내용은 Keener, *Historical Jesus*, 5-6과 그곳에서 인용된 자료를 보라.

5   다음 문헌들을 참조하라. Jewett, *Romans*, 911; Parsons, *Luke*, 126-27; Keener, *Corinthians*, 242; idem, "2 Corinthians," 822. 바울이 표적을 일으킨 점에 관해서는 추가로 Twelftree, "Signs"와 idem, "Healing"을 참조하라. 더욱이 표적들이 사도

에 보낸 서신들에서보다 누가의 저술에서 더 많은 지면이 할애되지만, 그렇다고 해서 바울의 전도사역에서 이 표적이 덜 중요했음을 의미하지는 않는다. 이런 생각은 바울 자신의 명시적인 주장에 모순된다. 기적 기사에 할애된 지면의 차이는 대체로 장르의 문제, 즉 사건들을 묘사하는 내러티브와 우발적이고 대개 현재의 지역적인 사안들에 초점을 맞추는 교정적인 편지들의 관심사 차이다.[6]

진정한 초자연적 활동은 발생하지 않는다는 내용상의 기준이 복음서들과 사도행전 모두에서 보고된 사건들을 비역사적이라고 제외하는 전제가 되어왔다.[7] 이 경우에도 비평가는 몇몇 사건들은 우연히 발생한 것으로 설명하기를 원하겠지만(따라서 그 사건들의 신학을 희생하면서 그 역사적 핵심을 건지려 함), 나는 기적이 일어날 수 없다는 전제에 대해 우리가 왜 이의를 제기하지 않고 그대로 인정해야 하는지 의아하게 생각한다. 위에서 언급된 비평가들은 단순히 기적이 일어나지 않는다는 것을 당연하게 받아들이기 때문에, 우리는 기적이 일어나지 않는다는 철학적 제약이 논쟁의 여지가 없을 정도로 확고하리라고 생각할 수도 있을 것이다. 그러나 이런 예상은 근거가 없다. 실상은 기적에 반대하는 논거가 허약하기 때문에 기적이 발

행전 후반부로 가면서 점차 감소한다는 주장(또는 후반부의 묘사가 전반부의 묘사를 대체했다는 주장. 참조. Hickling, "Portrait in Acts 26")은 누가가 이미 표적에 관한 자신의 요점을 성공적으로 제시했기 때문에 이 점을 추가로 반복할 필요가 없었을 수도 있음을 무시한다. 누가는 눅 3:22; 4:1, 14, 18에서 성령이 예수께 임했음을 강조하지만, 아무도 이후에는 예수에게서 성령이 감소한다고 주장하지 않는다(Dollar, "Theology of Healing," 47).

6   참조. Bovon, *Theologian*, 198-238, 특히 238. 바울은 그리스도인의 삶 전체의 초자연적 요소를 강조했다(참조. 예컨대 롬 8:2-9; 고후 3:17-18; 갈 5:16-23; Keener, "Perspectives").

7   이 가정에 대한 하나의 예로 Wink, *Transformation*, 30-31은 Morton Smith("Method," 12)를 인용한다. Kelly, "Miracle," 46-48에 등장하는 예들도 보라.

생할 가능성은 오늘날의 종교 철학에서 살아있는 문제로 남아있다.

복음서들과 사도행전에 등장하는 주인공들 대다수는 기적 행위자들로 간주되었기 때문에 우리는 그들의 사역에서 기적 주장이 나온다 해도 놀라지 말아야 한다. 그렇다면 기적 주장들의 존재가 역사적 장르나 심지어 정확성의 기준으로 사용되어서는 안 된다. 좀 더 최근의 기적 행위자들에 관해서 쓰는 역사가들은 종종 다른 사람들이 이러한 치료들을 설명하기 위해 제기하는 형이상학적인 질문들에 관해 판단하지 않은 채 그들의 활동의 맥락에서 일어난 치료들을 묘사한다. 예수는 기적 행위자로 간주되었고 많은 사람이 그를 기적 행위자로 경험했다.

그러나 사실적인 이 접근법이 그 자체로 정당하기는 하지만, 역사가들이 사건들의 원인에 대해 묻는 것도 정당하다. 역사가들과 신학자들은 추정되고 있는 원인이 신적인 경우 종종 이런 질문들을 누락할 수도 있지만, 학문의 전문화라는 정치학 때문에 이 질문이 철학적으로 부적절해지지는 않는다. 우리가 기적이나 다른 불가사의한 주장들을 어떻게 해석해야 하는가? 그것들은 모두 한 종류인가? 고대 때나 지금이나 이 질문들에 관한 합의가 이뤄지지 않고 있다.

1. 기적에 관한 고대의 회의주의

대개 똑같은 이유(급진적인 계몽주의)로 그랬던 것은 아니지만, 고대의 몇몇 저자들은 현대의 비평가들과 마찬가지로 불가사의한 사건들에 대한 과도한 관심에 대해 우려했다.[8] 르네상스 시기에 서구에서 회복된 그들의 몇몇

---

8   나는 최소한 기독교의 성경에 수록된 초자연적 보고에 대해 좀 더 개방적이었

아이디어들은 자연히 계몽주의 시대 동안의 기적에 관한 논의에 기여했다. 2세기 후반의 의사였던 갈레노스의 전통적인 유일신론 종교 비판은 현대의 비판과 거의 판박이다. 그는 당대의 여러 입장 중에서 "하나님은 질서정연한 자연 과정에 매이지 않는다는 '모세'의" 견해를 비판했다. 그는 신들이 정상적인 자연 과정에 거슬러 일한다는 비합리적인 개념보다 진정한 섭리의 증거인 "자연의 하나님의 합리적 선택"을 선호했다.[9] 갈레노스는 전통적인 신 개념을 "자연" 자체로 대체한다.[10] 그럼에도 불구하고 기독교 저자들을 포함한 후기 고대의 대다수 저자는 "자연을 거스른다"는 어구를 기적에 대해 적용한 것이 아니라 단지 도덕법에 모순되는 사람들이나[11] 자연을 통해 확립된 이성의 규범에 모순되는 사람들에게만[12] 적용했다.

던 몇몇 초기 계몽주의 사상가들의 관점과 구분하기 위해 "급진적인 계몽주의"라는 표현을 사용한다(5장의 논평을 보라). 18세기 계몽주의 사상가들은 도덕성에 관한 합리적인 토대도 추구했던 반면에 현대의 합리주의는 이전의 합리주의와는 양립할 수 없는 상대주의적인 가정들과 혼합되어 있다. 이 단락의 많은 부분은 Keener, *John*, 261-63에서 가져왔다.

9   Grant, *Miracle*, 13.

10   Ibid., 13-14.

11   Ibid., 17. 참조. Aristotle *Pol.* 1.2.3, 1253b(다른 사람들을 인용한다); Porphyry *Marc.* 31.484; Philo *Spec. Laws* 3.39; Josephus *Ag. Ap.* 2.273, 275; Ps.-Phoc. 190-92; *T. Naph.* 3:4-5; 롬 1:26-27(이 예들 중 몇몇은 다음 각주에 동등하게, 또는 더 적실성이 있을 것이다). 그러나 그 어구는 단순히 자연의 일반적인 경로와 다른 현상에도 적용될 수 있었다(예컨대 Soranus *Gynec.* 1.12.43; 롬 11:24; 아마도 Artemidorus *Onir.* 1.80도 그럴 것이다).

12   예컨대 다음 문헌들을 보라. 냉소주의자 디오게네스(Diogenes Laertius 6.2.65에 의함); Aeschines *Tim.* 185; Seneca *Ep. Lucil.* 66.37-39; Musonius Rufus 12, p. 86.8-10; Dio Chrysostom *Or.* 33.52, 60; Arius Didymus 2.7.6a, p. 38.12-14; 2.7.7e, p. 48.1-2, 11-13; 2.7.7-8, p. 48.14-15; 2.7.8a, p. 52.25-26; 2.7.10a, p. 56.1-3, 23-25; 58.2-5; 2.7.10e, p. 62.13-16; Iamblichus *V.P.* 30.186; 아마도 Diodorus Siculus 32.10.6도 그럴 것이다. 그러나 몇몇 사안들은 "자연을 거스르지만" 도덕적으로는 관련이 없었다(Arius Didymus 2.7.7a, p. 42.31-44.7). 부록 D를 보라.

비록 충분한 자연 과학 지식을 갖고 있지는 않았지만[13] 몇몇 고대 저자
늘은 자연 현상에 대한 설명으로 다신교석인 그늘의 대다수 농시대인이 제
시한, 전통적인 종교적 설명과는 다른 자연주의적 대안들을 생각해냈다.
따라서 예컨대 바람을 신의 활동이라고 생각한 사람이 있었는가 하면,[14] 바
람이 신이나 천사의 권위 아래에 있다고 제시하는 사람도 있었고,[15] 바람이
순전히 자연 현상이라고 본 사람도 있었다.[16] 마찬가지로 사나운 바람이 천
둥과 번개를 만든다고 생각한 사람도 있었고,[17] 어떤 사람은 바람은 한 방향
으로 흐르는 공기라고 생각했다.[18] 물론 고대인들의 그런 설명들은 현대 지
식의 관점에서는 정확도가 매우 제한적이거나 때로는 전혀 정확하지 않다.
예컨대 행성들과 별들이 비를 내리게 한다는 견해,[19] 별에서 나온 불들이 구
름 속으로 떨어져 번개 폭풍을 일으킨다는 견해[20] 또는 지구와 반대 방향으
로 움직이는 별들이 바람이 불게 할 수도 있다는 견해[21] 등이 있었다. 모두

---

13   만약 바람이 억제되지 않는다면 우주를 날려버릴 것이다(Virgil *Aen.* 1.58); 바람이
      헬레네를 이집트로 데려갔다(Philostratus *Hrk.* 25.10); 바람이 태양의 마차와 달
      의 마차를 나른다(「에녹1서」72:2, 5); 바람이 하늘을 지탱한다(「에녹1서」18:2-5;
      「요셉과 아스낫」12:2/12:3).

14   Naber, p. 211, section 7에 수록된 프론토; 최소한 Plutarch *Bride* 12, *Mor.* 139DE
      에서 의인화됨.

15   예컨대 Valerius Flaccus 8.322-27; 「에녹1서」4:3; *Tg. Jon.* on 1 Kgs 19:11-12; 아
      마도 「모세의 묵시」38:3에 등장하는 천사들도 여기에 해당할 것이다.

16   Seneca *Nat.* 5.16.1-5.17.2을 보라. 날씨에 관한 고대의 "과학" 이론에 관해서는
      Pliny *Nat.* 2.39.105-6을 보라.

17   Pliny *Nat.* 2.38.104.

18   Seneca *Nat. Q.* 5.1.1; Pliny *Nat.* 2.44.114.

19   Pliny *Nat.* 2.39.105-6(이와 대조적으로 플리니우스는 2.42.111에서는 훨씬 더 정
      확한 설명을 제공한다).

20   Ibid., 2.43.112.

21   Ibid., 2.45.116. 참조. Pliny *Nat.* 2.6.32-33, 여기서 행성들은 세상의 반대 방향으
      로 움직인다. 지구에서 생성된 돌풍, 태양열, 그리고 산들의 불규칙성도 바람을 불
      게 할 수 있다(2.44.114-15)는 설명은 좀 더 타당성이 있다.

가 동등하게 정확한 것은 아니었지만 그 추측들은 순전히 또는 대체로 자연주의적인 관점에서 설명하려는 진지한 시도였다.

그러나 회의주의가 오늘날이라면 쉽게 자연 현상으로 묘사할 사안들에만 적용된 것은 아니었다. 그것은 종종 불가사의한 현상 주장에도 적용되었다. 그런 회의주의는 소설 속의 인물과 역사 기록의 인물 모두에게서 나타난다. 오비디우스는 자신의 저술에 등장하는 인물 중 몇몇은 초자연적 현상을 의심하는 것으로 표현하고 다른 인물들은 신들이 무엇이든지 할 수 있다고 긍정하는 것으로 나타냄으로써 의심하는 사람들을 좀 더 신빙성이 있게 묘사한다.[22] 그러다 그들은 바쿠스를 믿지 않아 모두 박쥐로 변했다![23] 대다수 저자와 달리 헤르미포스는 신비한 피타고라스가 사기꾼이라고 의심했다.[24] 디오그네투스라는 사람은 마르쿠스 아우렐리우스에게 기적 행위자, 마법사, 축귀자를 믿지 말라고 가르쳤다.[25] 대플리니우스는 비록 다른 거의 모든 사람이 주문의 효능을 인정한다고 불평했지만, 가장 현명한 사람들은 그것을 부인한다고 강조했다.[26] 비록 키케로의 회의주의에 동조한 사람은 소수에 불과했지만, 그는 (아마도 정치적인 이유로) "점쟁이들인 제사

---

22 Ovid *Metam.* 4.272-73.

23 Ibid., 4.402-415. 다른 곳에서 뭔가 믿을 수 없는 것(로마를 공포에 빠뜨린 유령들, Ovid *Fast.* 2.551-54)을 묘사할 때, 그는 자기도 그것을 믿을 수 없다고 지적한다 (*Fast.* 2.551).

24 Diogenes Laertius 8.1.41.

25 Marcus Aurelius 1.5. 축귀에 관한 언급은 특히 그리스도인들에게 적용되었다는 Loeb 주석(LCL 4-5 주석 6, 다음을 인용함. *Dig.* 50.13.1, §3; Justin *Apol.* 2.6; Tertullian *Apol.* 23; Irenaeus *Haer.* 2.6, §2; Lactantius 5.21)이 옳을 수도 있지만, 필로스트라투스와 3세기의 마법 파피루스는 그것이 반드시 그리스도인들에게만 적용된 것은 아니라고 암시한다.

26 Pliny *Nat* 28.3.10. 그러나 그는 조상들의 관행을 존중해야 한다고 생각했고 (28.3.12-13) 그런 사안들을 독자들이 결정하도록 맡겨 둔다(28.5.29).

장 집단"의 일원이었음에도 그런 관행을 미신적이라고 간주했다.[27] 심지어 아폴로니오스와 신격화된 영웅이었던 프로테실라오스에 관해 썼던 필로스트라투스도 당대의 몇몇 회의주의를 수용했는데 이는 아마도 자신이 마법과 관련이 있다는 혐의를 반박하기 위함이었을 것이다.[28]

다양한 저자들이 잘 속는 것을 풍자했다. 예컨대 페트로니우스는 이런 경향을 하층민 상인인 트리말키오가 늑대 인간 이야기를 믿는 것으로 풍자했다.[29] 루키아노스는 어떤 사람은 그 자료를 믿을만하다고 여겼기 때문에 믿기 어려운 보고에 설득된 반면에,[30] 다른 곳에서는 좀 더 신뢰할 만한 인물이 신화에 대해 더 회의적이라고[31] 길게 묘사한다. 루키아노스는 과장된 이야기로 알려진 시인들과 저자들을 흉내 낸다(True Story 1.2-4). 이 점이 가장 적실성이 있는데, 루키아노스는 학식이 없는 자기 청자들의 희생하에 재미 삼아 터무니없는 주장으로 페레그리누스의 죽음 이야기를 윤색했는데, 몇몇은 그의 보고를 믿었을 뿐만 아니라 그가 꾸며낸 현상을 목격했다고 증언하기까지 했다(Peregr. 39-40). 마찬가지로 루키아노스는 역사가 자신

---

27   Klauck, Context, 180, 그는 Cicero Div. 2.83을 인용한다. Loos, Miracles, 7은 Div. 2.28에 등장하는 기적에 대한 키케로의 회의주의를 인용한다.

28   Theissen, Miracle Stories, 284-85. 훌륭한 궤변론자와 마찬가지로 필로스트라투스는 때때로 합리적인 설명을 제공한다(Maclean and Aitken, Heroikos, l-li, 그들은 다음 문헌들을 인용한다. Hrk. 48.11-13; 50.1, 7-11. 참조. lxiv on Dio Chrysostom Troikos 11, 54, 70). 참조. Hrk. 33.6; 4.2에 나타난 억제된 언어; 51.11에 나타난 회의주의에 대한 공감; 목격자 증언과 소문을 구분하여 전자를 더 믿을만하게 함 (8.8); 다음 단락들에서 편견이 없는 회의주의자에 대한 점진적인 설득. 3.1; 7.9, 11; 8.2, 8. 그 회의주의자는 아이처럼 믿었다(7.10).

29   참조. Petronius Sat. 62-63. Apuleius Metam. 2.28에 등장하는 어리석은 이야기.

30   Lucian Lover of Lies 15, 32; 29-32에서 어느 믿을 수 없는 인물이 어떤 집에 유령이 출몰한다고 증언한다. 훗날 다른 사람들은 이 내러티브 접근법을 채택했는데, 그곳에서는 회의주의적인 인물이 승리했다(Philostratus Hrk. 7.9, 11; 8.2).

31   Lucian Dial. D. 446-47(9/28, Menippus and Tiresias 2-3).

이 잠재적인 신화를 긍정하지 않고 이를 청중이 결정하도록 맡겨두는 한, 역사가가 신화를 보고하는 것을 인정한다(*Hist.* 60).[32] 그러나 불가사의한 사건들을 역사에 수록하는 것을 가장 철저하게 비판하는 사람은 비판적인 역사가인 폴리비오스다.

(1) 폴리비오스의 선정적인 역사가 비판

폴리비오스는 기이한 일(τερατεία)에 과도하게 초점을 맞추고 비극적인 색채를 사용하는 역사가들에 관해 불평했다(7.7.1).[33] 몇몇 표적 보고들은 그런 기능을 수행했다.[34] 그러나 누가와 다른 복음서 저자들은 기적이 폴리비오

---

32 다른 사람들도 이 접근법을 따랐다. 예컨대 Pliny *Nat.*28.5.29.

33 폴리비우스는—비극 극작가들의 경우에서처럼—절박한 장면을 해결할 신의 힘 (*deus ex machina*)을 필요로 하는, 그럴듯하지 않은 장애물들을 지어내고서는 알려진 역사적 결과를 낳기 위해(3.48.7-8) 자기가 사용한 자료에서는 발견되지 않는 신의 출현을 창조해내는(3.48.9) 역사가들에게도 반대한다. George, "Miracles," 103도 참조하라. 그런 저자들이 존재함에 비추어서 Plümacher는 누가가 독자들의 즐거움과 열정을 고취할 목적으로 이러한 선정적인 역사 기술 형태를 따른다고 주장한다. 그에 의하면 그것은 인정된 역사의 형태였지만 실제로 일어난 일에 관심이 있으면서도 그것에만 관심이 있는 것은 아닌 역사였다(Plümacher, "TERATEIA." 참조. Idem, *Geschichte*, 33-84). 그러나 Plümacher의 "비극적이고 애처로운 역사 기술"은 누가복음에 들어맞지도 않고 고대의 범주로서 제대로 기능하지도 않는다. 몇몇 역사가들의 저술에서는 다른 역사가들의 저술에서보다 비극적인 요소들이 지배적이기는 하지만, 특정한 비극적인 역사 기술 "학파"는 없었다(Rutherford, "Tragedy," 513-14을 보라. 그는 다음 문헌들을 따른다. Walbank, "Tragedy" = *Papers*, 241; Hornblower, "Introduction," 44). 누가의 표적 보고 때문에 Dormeyer, "Historii"는 누가복음을 그리스의 역사 기술보다는 이스라엘의 역사 기술에 더 가깝다고 본다(비록 놀라운 일들이 양쪽 모두에서 나타날 수는 있지만, 누가가 70인역 모델을 사용한다는 Dormeyer의 말은 아마도 옳을 것이다).

34 예컨대 발레리우스 막시무스는 많은 **기적들**을 단순히 유별난 현상의 수집으로 보고한다(Valerius Maximus 1.8. praef.; 1.8.1-2; 1.8. ext.1-19); 그는 어떤 보고가 단순히 자신의 자료에 등장한다는 이유로 그것을 믿을 수 있는 것으로 정당

스가 비판하는 선정적인 작품들을 닮았기 때문이 아니라—그런 작품들은 대개 애처로운 장면을 정교화하나—기적 행위자에 관해 말하기 때문에 기적에 초점을 맞춘다.[35]

유별난 현상에 초점을 맞추는 폴리비오스의 불평은 사건의 협소한 범위를 정교화해서 중요한 인물들의 행동을 설명하기보다는 과장하고 무관한 사항들에 초점을 맞추는 사람들에 관한 그의 좀 더 긴 불평의 일부다 (7.7.1-8). 이것이 부분적으로는 폴리비오스가 역사와 지리의 좀 더 넓은 범위를 다루는 자신의 저술과 다른 사람들의 저술을 구분하고 자기의 작품이 더 낫다고 주장하는 방식이다. 투키디데스가 폴리비오스보다 다루는 범위가 좁지만 그럼에도 불구하고 그는 조심스러운 역사가였다는 사실을 폴리비오스가 알아차리지 못했을 수도 있지만, 투키디데스도 터무니없는 이야기를 삼간다.

폴리비오스와 마찬가지로, (투키디데스와 타키투스 같은) 최고의 다른 몇몇 역사가는 표적에 대해 회의적이었다. 사실 투키디데스는 듣기 좋은 신화들에 초점을 맞췄던 이전 시기의 역사가들보다 "터무니없는" 기사들을 적게 포함시키겠다고 약속한다. 그는 자기가 그럴 법한 이야기, 즉 역사적으로 반복될 수 있는 종류의 사건들을 다루기를 선호한다고 주장했다 (Thucydides 1.22.4, LCL).[36] 어느 웅변가는 시인은 신들에 관해 썼기 때문에

화한다(Valerius Maximus 1.8.7). 마법의 위험도 소설에 흥미를 더했다. 예컨대 Heliodorus *Aeth*. 6.14.

35 우리는 예수의 십자가 처형에 관한 간결한 묘사와 선정주의자 및 몇몇 다른 고대 역사가들의 저술에 등장하는 정교한 핏덩이 묘사를 대조할 수 있을 것이다(참조. Goguel, *Life*, 527).

36 투키디데스는 구전 전승에 의존한 고난과 자연재해에 관한 이전 시기의 몇몇 묘사는 자신이 묘사하고 있는 좀 더 최근의 사건을 통해 믿을 수 있게 되었지만 (1.23.3), 자신의 기사를 독특하게 하는 것이 자기 과제의 일부임을 인정했다. 투키디데스는 그의 많은 계승자들에게 효과적인 제약 모델을 제공했다(Remus,

신화적인 언어를 사용할 수 있었지만, 사람들에 관해서 쓴 역사가들은 그들의 자료를 면밀하게 유지해야 한다는 의견을 표명한다(Menander Rhetor 1.1.333.31-1.334.5). 플리니우스는 확실히 놀라운 이야기들은 자기의 무미건조한 연구 논문보다 잘 팔릴 것이라고 믿었다(*Nat.* pref. 12-13).

(2) 주요 역사가들의 저술에 수록된 표적

그러나 확실히 폴리비오스가 선정주의자라고 규정한 역사가들 모두 그의 묘사에 동의하지는 않을 것이다. 역사가들이 반드시 철저한 반초자연주의에 의존해야 비판적으로 판단하는 것은 아니다. 로마 제국 시대의 역사가들은 흔히 "기적적이고 환상적인 요소"를 포함시켰으며,[37] 불가사의한 사건들을 포함시켰던 저자들 모두가 일반적으로 "선정주의자"였던 것은 아니었다. 루키아노스와 폴리비오스는 회의주의자였던 반면에 그리스와 로마의 많은 역사가는 그들의 자료에 수록된 진기한 내용들이 "회의주의와 경신(輕信) 사이에서" 어느 영역에 속하는지 불확실하다고 보고했다.[38] 다른 저자들은 자연적 요인과 신적 요인을 나란히 허용했다.[39] 예컨대 헤로도

Conflict, 36-37을 보라).

37 Krasser, "Reading," 554(Livy, Appian, Plutarch 등을 인용한다).

38 Hemer, *Acts in History*, 428-29. 좀 더 자세하게는 428-43을 보라. 궤변론자들은 가능하면 "합리주의적인 설명"을 채택했다(Maclean and Aitken, *Heroikos*, 1, lxiv); 일식이나 월식 같은 천문 현상에 대해서도 마찬가지다(Philostratus *Hrk.* 33.5-6; Keener, *Acts*에서 행 2:20에 관한 언급을 보라). 예컨대 Tacitus *Germ.* 3을 보라. 몇몇 현상은 발생 시기 면에서 신의 개입으로 돌려질 수 있지만 우연으로 돌려질 수도 있었다(Remus, *Conflict*, 45-47).

39 Remus, *Conflict*, 42-44. 참조. 45-47. Koskenniemi, *Miracle-Workers*, 297에서 회의주의자들이 소수파였고 여러 배경 출신의 대다수 사람들이 놀라운 기사들을 즐겼다고 한 말은 옳은 것으로 보인다.

토스는 신들의 규칙적인 개입에 대해서는 말하지 않으면서도 그들의 활동을 자신이 쓰는 대상에 관한 자연 질서의 일부로 본다.[40]

리비우스는 폴리비오스 이후 매년 유별난 사건들(불가사의들)에 관해 연대순으로 보고한 저자 중 한 명이다.[41] 우리는 이 사건들 중 일부는 자연 현상으로 간주하고 다른 몇몇 사건들은 지어낸 것으로 여기겠지만, 그 사건들은 의심할 나위 없이 리비우스가 사용한 자료에서 나왔다.[42] 그러나 리비우스 자신이 종종 보고된 많은 경이로운 사건이 그 당시 사람들에게 너무 쉽게 받아들여졌을 수도 있다고 경고한다.[43] 그는 그런 보고가 더 많이 믿어질수록 이런 성격의 보고들이 더 많이 만들어졌다는 의견을 표명

---

40 헤로도토스는 신들에 대해 말하지만, "호메로스 및 고전 드라마"에서처럼 신들이 내러티브에 규칙적으로 개입하는 것으로 말하지는 않는다(McDonald, "Herodotus," 86). 누가는 신적인 활동을 훨씬 많이 보고하지만(비록 사도행전에서 부활한 예수가 나타나기는 하지만) 하나님이 직접 등장하는 경우는 눅 3:33과 9:35에서처럼 매우 드물다. 헤로도토스에게는 신적인 능력은 사람마다 다르게 보였다. 그는 신의 개입을 "의인화된 관점에서" 다루지 않는다(ibid., 86). 헤로도토스는 신적인 활동과 인간의 활동 모두를 자연 질서 안에 있는 것으로 본다(ibid., 88-89). 누가와는 달리 기적 전승에 관해 보고할 때 "그는 규칙적으로 자기의 유보를 나타낸다"(87). 한편 크세노폰은 자신이 신들과 그들의 활동에 대해 믿는 것을 변명하지 않는다(Brown, *Historians*, 97).

41 다른 저자에 관해서는 예컨대 다음 문헌들을 보라. Valerius Maximus 1.6.5; Appian *Bell. civ.* 1.9.83; 2.5.36; 2.10.68; 4.1.4. 다른 불가사의에 관해서는 다음 문헌들을 보라. Cicero *Verr.* 2.4.49.108; Pliny *Nat.* 17.38.241-45; Tacitus *Ann.* 12.43, 64; 14.32; 15.22, 47; 16.13; Suetonius *Jul.* 81.3; Aulus Gellius 4.6.2; Arrian *Alex.* 4.15.7-8. 과장되고 허구인 형태로는 다음 문헌들을 보라. Lucan *Bell. civ.* 1.529-63 여러 곳; Phaedrus 3.3.4-5. 추가로 Keener, *Matthew*, 568-69에 수록된 논의를 보라.

42 예컨대 Livy 21.62.1-5; 24.10.6-11; 24.44.8; 25.7.7-9; 26.23.4-5; 27.4.11-14; 27.11.2-5; 27.37.1-6; 29.14.2; 32.1.10-12; 32.8.2; 33.26.7-8; 34.45.6-7; 35.9.2-4; 35.21.3-6; 36.37.2-3; 40.45.1-4; 41.13.1-2; 41.21.12-13; 42.2.4-5; 43.13.3-6; 45.16.5. 리비우스의 초자연주의에 대한 정당화는 Laistner, *Historians*, 69을 보라(비록 그가 69-77에서 스토아학파의 사상일 수도 있다고 언급하는 것이 사실은 대중적인 종교일 수도 있지만 말이다).

43 Livy 21.62.1.

한다.[44]

훨씬 더 신뢰할 만한 역사가들도 그런 현상—타키투스와 수에토니우스의 저술에서 베스파시아누스를 인증하는 표적[45]이나 예루살렘 멸망을 둘러싼 표적[46] 같은 현상—을 보고한다. 비록 그들은 객관적으로 보이기 위해 충분한 거리를 두기는 하지만 말이다.[47] 심지어 바로 앞 세대에 관한 보고조차 오늘날의 우리라면 고대의 비평가들보다 더 회의적이었을 사건들과 관련이 있는 경우도 있다. 타키투스는 관록이 있는 역사가는 단순히 자신의 독자들을 "즐겁게" 해주기 위해 "터무니없는 이야기들을 수집하지" 말아야 한다고 단언하지만, 자기는 "…감히 보편적인 전승의 진실성을 부인할 수 없다"고 경고한다.[48] 다른 자료들은 타키투스가 최소한 개인적으로 신들과 그들에게 제사 지내는 것을 믿었다고 강하게 암시한다.[49]

---

44 Livy 24.10.6.
45 Tacitus *Hist*. 4.81; Suetonius *Vesp*. 7.2-3. Tacitus *Hist*. 4.82에 등장하는 베스파시아누스의 환상도 참조하라. 현대의 학자들은 대체로 그런 이야기들이 로마 제국에 대한 선전으로 만들어졌다고 의심하지만(참조. 예컨대 Clark, "Religions," 62) 그 이유로 타키투스를 고대의 기준에서 볼 때 중요한 역사가 자격이 없다고 추론하지는 않는다. 타키투스는 플라비우스 왕조가 끝난 뒤에 썼기 때문에 후원 관계가 그의 객관성에 영향을 주지도 않았다. 타키투스는 의사들에게 자연주의적인 설명을 제공하게 했지만(Johnson, *Hume*, 85-86에서 강조됨), 내게는 이런 설명들이—특히 시각 장애인의 경우—그럴듯해 보이지 않는다.
46 Tacitus *Hist*. 5.13(아마도 Josephus 『유대 전쟁사』 6.288-310을 따를 것이다). 예루살렘 멸망을 둘러싼 표적에 관해서는 Keener, *Matthew*, 584에 수록된 더 상세한 논의를 보라.
47 따라서 *Hist*. 4.81에 수록된 타키투스의 설명은 다소 자연주의적이며 이곳과 특히 Suetonius *Vesp*. 7.3 모두에서 베스파시아누스는 그 자신의 예상과 달리 사람들에게 납득된다.
48 Tacitus *Hist*. 2.50(LCL 1:243)은 하나의 징조로서 오토 황제가 죽을 때까지 어떤 새를 겁주어 숲에서 쫓아낼 수 없었던 것을 보고한다. Tacitus *Ann*. 15.7-8은 징조를 무시하는 사람들을 어리석다고 여긴다.
49 Pliny *Ep*. 9.10.1을 보라. 그곳에서 타키투스는 플리니우스에게 미네르바뿐만 아니라 디아나에게 제사 지내도록 촉구했다(그리고 플리니우스는 자기는 충분한 돼지

디오도로스 시켈리오테스는 몇몇 초자연적 주요 위업을 받아들이지만, 그는 종종 비초자연적 설명을 선호하며 그런 기사들을 "비신화화"하여 자신이 생각하기에 그것들이 어떻게 신화적인 이야기들로 각색되었는지 묘사한다.[50] 에우나피우스는 거의 믿을 수 없는 사건을 마지못해 설명하며, 목격자라고 알려진 사람 중 아무도 이에 대해 기록하지 않았다고 지적했다.[51] 아리아노스는 신적 개입의 가능성을 인정하기는 했지만[52] 극단적으로 잘 속지는 않았다. 그가 몇몇 저자들은 지구 끝에서 일어난 다양한 이적(인도인들을 위해 금을 채굴하는 개미, 인도에 있는 물 괴물들과 그리핀들[독수리의 머리 및 날개와 사자의 몸을 가진 괴수])에 대해 말한다고 불평하는데, 이는 오직 그들이 독자들이 점검할 수 없는 사안들에 관해 재미있는 이야기들을 지어내도 아무런 불이익을 받지 않고 넘어가기 때문이다.[53] 플루타르코스는 몇몇 보고들을 수용했지만, 비판적인 판단력을 발휘하여 특정한 이야기를 믿을 수 없다며 거부할 수도 있었다.[54] 그는 조각상의 활동에 관한 다양한 견해를

가 없다고 대답한다). 타키투스의 제안은 농담으로 한 말일 수도 있지만, 아마도 진정한 믿음에 근거할 것이다. 확실히 그는 기이한 일들과 전조들을 믿는다(Tacitus *Hist.* 1.86. 동일한 통치자에 관해 Suetonius *Otho* 8.3을 참조하라).

50 예컨대 Diodorus Siculus 4.47.3-4. 참조. Plutarch *Alex.* 35.5-6.

51 Eunapius *Lives* 460(주장된 사건은 두 세대 전에 일어났는데, 구전 하나만 남아있다). 52. *Alex.* 5.1.2.

52 *Alex.* 5.1.2.

53 Arrian *Alex.* 5.4.3.

54 Plutarch *Isis* 8, *Mor.* 353F. 수백 년 전의 신탁과 관련된 이례적인 사건들을 서술한 뒤(Plutarch *Cam.* 5.4), 그는 이 이야기가 "신화적"이라고 생각될 수도 있다고 인정한다(*Cam.* 5.5). 플루타르코스의 저술에 등장하는 다른 불가사의한 현상에 관해서는 예컨대 *Sulla* 27.2을 보라(한 생물이 반인반수(半人半獸)인 사티로스로 간주된다). 몇몇 보고들에 대한 그의 의심 또는 헌신 결여에 관해서는 예컨대 *Alex.* 35.5-6을 보라. George, "Miracles," 103에 수록된 다른 몇몇 예를 보라. Mackay, "Plutarch," 108-9은 플루타르코스가 부활과 성육신을 제외하고 신약성서에 등장하는 기적 이야기 대다수를 받아들일 수 있었을 것이라는 입장을 취한다(비록 그는 기독교의 특이성을 문제가 있다고 생각했겠지만 말이다).

주의 깊게 보고하며(Plutarch *Cam.* 6.1-4) 너무 많이 믿거나(미신) 너무 많이 불신하지(무종교) 않아야 한다고 결론짓는다(*Cam.* 6.4).[55]

많은 역사가는 때때로 "~라고 전해진다"나 이와 유사한 주의 장치로 보고에 제한을 가했다.[56] 그들은 자신이 사용한 자료에 수록된 경이로운 사건들을 자유롭게 보고하지만, 독자들로 하여금 그러한 보고의 진정성을 스스로 평가하도록 경고함으로써 자기가 너무 잘 믿는 것으로 보이지 않도록 거리를 둔다.[57] 그러나 다른 많은 사람에게서보다 지식 계층에서 회의주의가 더 만연했다는 점이 이해할 만하기는 하지만, 고대의 역사가들은 급진적인 계몽주의의 산물이 아니었다. 그들은 확실히 모든 사람이 초인간적인 모든 주장을 믿지 않을 것이라고 생각할 수 없었다.

---

55   이 경우 플루타르코스가 아리스토텔레스의 중용의 원칙을 적용했을 수도 있다. 당시에 사람들 대다수는—오늘날 우리가 그렇게 생각하듯이—조각상이 비활동적이라고 이해했지만(예컨대 Diogenes *Ep.* 11) 많은 사람이 유별난 현상은 예외라고 생각했다(나는 Keener, *Revelation*, 351-52, 362에서 몇몇 참고 자료를 나열했다. 참조. 계 13:15). 조각상이 말하는 것에 관해서는 예컨대 다음 문헌들을 보라. Dionysius of Halicarnassus *Ant. rom.* 8.56.2(in Aune, *Revelation*, 762); Valerius Maximus 1.8.3-4; Plutarch *Cam.* 6.1. 멤논의 조각상에 관해서는 Callistratus *Descr.* 9과 Philostratus *Hrk.* 26.16을 보라. 조각상이 우는 것에 관해서는 Livy 43.13.4과 Lucan *Bell. civ.* 1.556-57을 보라. 방향을 바꾼 것에 관해서는 Plutarch *Cam.* 6.3을 보라(Aune, *Revelation*, 762, Dio Cassius 41.61; 54.7을 인용한다). 피 흘린 것에 관해서는 다음 문헌들을 보라. Livy 27.4.14; Appian *Bell. civ.* 4.1.4; 또는 Caesar *Bell. civ.* 3.105; Appian *Bell. civ.* 2.5.36; 4.1.4; Plutarch *Cam.* 6.3; Philostratus *Hrk.* 19.4. 조각상의 머리카락이 자라는 것도 전조로 기능했기 때문에 유별나다고 여겨졌다(Livy 32.1.10).

56   Witherington, *Acts*, 221-22(Josephus 『유대 고대사』 1.108을 인용한다). Ovid *Fast.* 2.551도 이와 유사하다. 심지어 한 소설의 객관성에 대한 동의도 그렇다(예컨대 Philostratus *Hrk.* 4.2에 등장하는 τι; 8.8의 선택적 주장; Philostratus *Vit. Apoll.* 4.45).

57   예컨대 Pliny *Nat.* 28.5.29; Aune, *Environment*, 134(다음 문헌들을 인용한다. Herodotus 2.123; 5.45; Dionysius of Halicarnassus *Ant. rom.* 1.48.1). 참조. Pausanias 1.26.6(하늘에서 떨어졌다는 조각상에 관한 내용).

이런 점들은 다른 기준에 의하면 가장 주의 깊은 역사가들은 때때로 가장 덜 경신하는 사람들이라는 점을 암시하지만, 우리는 그 차이는 대개 그들이 겨냥하는 청중의 기대에 상응하며 그들의 인식론적 전제가 효과적인 역사 연구를 보증하지 않는다는 점도 주의해야 한다. 고대 역사가 대다수는 어떤 보고들의 가능성을 받아들이면서도 몇몇 보고들에 대해서는 비판적이었다. 즉 그들은 불가사의한 사건에 대한 모든 주장을 선험적으로 진짜라거나 진짜가 아니라고 결정하지 않았다. 우리는 이 이유로 그들의 역사가로서의 진정성이나 그들이 제공하는 다른 보고들의 진정성을 부인하지 않는다.[58] 기적 행위자의 추종자이자 카리스마적 운동의 구성원이면서 대체로 그리스-로마의 엘리트가 아니었던 그리스도인들은 대다수 엘리트 역사가들보다 기적 주장에 더 마음이 열려 있었다. 우리가 무슨 근거로 이 차이로 인해 그들의 접근법이 그 시대 엘리트들의 접근법보다 열등하다거나, 그 접근법의 역사적 내용을 감소시킨다고 생각할 필요가 있는가?[59] 그런 질문에 대해 (일반적으로 우리 자신의 철학적 전제를 근거로) 어떻게 답변하든 우리는 불가사의한 주장들이 나타난다고 해서 반드시 어떤 작품의 **장르**가 바뀌는 것은 아니라는 점을 주의해야 한다(고대의 많은 역사가에게서 그런

---

58 마찬가지로 우리는 그들의 정보에 관한 그들의 부정확한 회의주의에 동의하지 않는다고 해서 그 정보를 항상 부인하지는 않는다(비록 다른 목적을 위해 인용되기는 했지만 Flew, "Arguments," 51에 수록된 예를 참조하라).

59 비판적인 역사가라면 불가사의한 주장들을 제외해야 한다고 생각하는 사람들은 자기가 덜 비판적이라고 생각하는 역사가가 기록한 자료를 제거할 수 있다. 따라서 복음서들과 사도행전이 기적 행위자들에게 초점을 맞춘다는 점을 감안하면, (이 점에 관해서는) 대중주의적인 그 책들이 고대의 비판적인 역사가들이 때때로 우리를 위해 제거한 1차 자료들보다 취약한 자료가 아닐 것이다. 그러나 [불가사의한 요소들이 제거된다면] 마가복음 같은 작품에서는 그 내러티브의 상당한 부분이 제거될 것이다.

보고들이 나타난다).[60] 복음서들과 사도행전은 대개 다루는 주제(즉 학자들이 일반적으로 기적 행위자라고 인식하는 사람들) 때문에 불가사의한 주장에 대한 비율이 훨씬 높다.

(3) 고대의 타당성 구조

확실히 고대의 모든 지성인이 초자연적 현상에 대해 회의적이지는 않았다. 따라서 스토아학파는 비도덕적인 신화를 경멸했음에도 불구하고 신들과 점술을 옹호한 것으로 알려졌다.[61] 마찬가지로 피타고라스 전통에 영향을 받은 사상가들은 확실히 유형의(tangible) 신적인 초자연적 활동을 긍정했다.[62]

위에서 언급된 바와 같이 그리스식의 역사는 복음서들 및 사도행전이 그랬던 것처럼 흔히 신적인 행동의 표적으로서 전조를 포함했다(복음서들과 사도행전은 오늘날 일반적으로 그리스식의 역사로 인식된다).[63] 특이한 사건들은 신

---

60 (위에서 언급된) Plümacher는 누가를 경솔하게 "선정주의적인" 역사가로 분류하지 않는다. 비판적인 역사가라고 해서 모두 표적을 싫어하지는 않았다. 누가가 표적에 대해 더 많이 쓰는 것은 그가 기적 행위자들에 관해서 쓰고, 선정주의적인 그리스 전승을 따르는 것이 아니라 이스라엘과 유대교 전승을 따르기 때문이다. 더욱이 그런 저술에서 표적에 대한 강조로 인해 반드시 그 저술이 특정한 장르에 배정되는 것도 아니고, 그 저술과 관련된 모든 특이사항을 기록하는 것도 아니다.

61 Cicero *Nat. d.* 2.4; Lucian, *Z. Rants* 4, 40; Klauck, *Context*, 181. 그들은 신화를 우화로 해석함으로써 그것들을 보존했다. 다음 문헌들을 보라. Cornutus *Nat. d.* § 19(33.14 Lang) (in Grant, *Religions*, 78-79); Cicero *Nat. d.* 2.28.70.

62 아폴로니오스에 관한 위의 논의를 보라.

63 다음 문헌들을 보라. Laistner, *Historians*, 7, 69; 특히 Squires, *Plan*, 78-84; 누가-행전에 관해서는 추가로 89-101을 보라. 다른 역사가들에 관해서는 78-89을 보라. 예컨대 다음 문헌들에 수록된 것처럼 성전이나 성물의 신성을 더럽힌 데 대한 심판의 예를 지적할 수도 있다. Polybius 31.9.1-4; 32.15.3-14; Corn. Nep. 17(아게실라오스), 4.8; Valerius Maximus 1.1.ext. 5; 1.1.18, 21; 1.1.ext. 3(저자의 사후에 출

적인 사람이나 영웅들의 간헐적인 활동이며 따라서 일반적인 사람들의 활동보다 덜 그럴듯하지는 않지만 독특한 행동이라고 여겨질 수 있다. 아리아노스는 디오니시오스에 관한 초기의 이야기들은 믿기 어렵지만, 신적인 요소가 다뤄지고 있을 때에는 일반적 상황에서는 있을법하지 않은 사건들이 무시될 수 없다고 지적한다.[64]

이 저자들은 일반적으로 단순히 독자들을 즐겁게 해주기 위해서 표적을 사용한 것이 아니라 그것을 "신적인 지침의 예시로서" 사용했다.[65] 우리가 그들의 보고의 일부 또는 많은 부분의 진정성을 논박할 수는 있겠지만, 설사 그런다고 해도 그것이 그 저자들이 자기가 진지하게 여겼던 자료에서 그 보고를 도출한 것이 아니라 임의로 지어냈다는 뜻은 아니다. 몇몇 역사가는 다른 역사가보다 더 많이 지어냈지만, 우리가 예컨대 그것들의 역사적 연원이 무엇이든 타키투스나 수에토니우스가 베스파시아누스에게 돌려지는 표적들에 관한 보고를 지어냈다고 의심하지는 않을 것이다.[66]

이 원칙은 초기 기독교의 보고에도 적용되어야 한다. 켈수스와 후대의 다른 기독교 비판자들은 그 보고에 등장하는 기적들을 부인하려 한 것이 아니라 그것들의 근원(마법)이나 그리스도인들의 사회적 지위에 의문을

판되었다); 1.1.ext. 5; Pliny *Nat.* 33.24.83; Appian *Hist. rom.* 3.12.1-2; Babrius 78; Phaedrus 4.11.1-13; Lucian *Z. Rants* 24, 32; Pausanias 3.23.3-5; 9.25.10; 9.33.6; 9.39.12; Diodorus Siculus 14.63.1; 16.58.6; 27.4.3; 28.3.1; Athenaeus *Deipn.* 12.523ab. 참조. 삼상 5:4; Strabo 17.1.43. Lucian *Tim.* 4과 대조하라. 유대교 문헌 중에서는 다음을 보라. 마카베오하 3:25-26; Josephus 『유대 고대사』 12.358-59. 참조. 「마카베오4서」 18:5.

64 Arrian *Alex.* 5.1.2. 참조. 신들에게는 모든 것이 가능하다고 지적한 몇몇 철학자들 (Iamblichus *V.P.* 28.139, 148. 참조. 눅 1:37). Sallust *Bell. cat.* 3.2은 자기의 기사들이 독자들이 예상하는 것보다 고상한 인물들에 관해 보고하기 때문에 몇몇 사람이 그 기사를 무시할 것이라고 두려워한다.

65 Squires, *Plan*, 102.

66 Tacitus *Hist.* 4.81; Suetonius *Vesp.* 7.2-3. 위의 관련 주석에 수록된 논의를 보라.

제기함으로써 이런 현상들의 가치에 도전하려고 했다.[67] 좀 더 회의적이었던 루키아노스는 그리스도인들이 증거 없이 "믿고" 따라서 사기꾼들에게 재정적으로 쉽게 이용당한다고 비난했다.[68] 하지만 그의 설명은 그 과정에서 그리스도인들이 그런 특이한 현상들과 관련이 있었고, 자기들의 문학적인 목적을 위해 그런 현상에 관한 주장을 지어내지 않았다는 다른 자료들의 보고를 확인하는 것으로 보인다.[69] 마찬가지로 우리는 고대 역사가들(그들 모두가 서로에게 동의한 것은 아니었다)이 선행 정보에 의존했다는 점을 논박하지 않으면서도 초자연적 현상에 대한 보고에 관한 그들의 다양한 해석을 논박할 수 있을 것이다. 같은 원칙이 복음서들과 사도행전에도 적용될 수 있을 것이다.

몇몇 엘리트 그리스 역사가의 저술과 대조적으로 그리스의 지적인 소비를 위해 만들어진 것이 아닌 초기 유대 자료들은 대체로 불가사의한 일을 보고하기를 주저하지 않는다[70](유명한 2세기 기독교 기사들과 이후의 랍비 기사들은 화려한 기적들을 훨씬 더 많이 묘사한다[71]). 좀 더 그리스적인 청중을 위해

---

67   Cook, *Interpretation*, 39; Hemer, *Acts in History*, 428-29.
68   Lucian *Peregr*. 13.
69   *Peregr*. 11에서 페레그리누스는 그리스도인들의 "이적의 지혜"(θαυμαστὴν σοφίαν)를 배웠는데, 이는 표적을 행한 것과 관련된 지혜였을 수도 있다(참조. 70인역 출 15:11; 34:10; 수 3:5; 미 7:15; 토비트 12:22; 솔로몬의 지혜 19:8). 그는 페레그리누스의 사후에 몇몇이 아마도 기적들을 그의 영에 돌릴 것이라고 지적했다(*Peregr*. 28, **아마도** 그리스도인들이 예수의 이름으로 치유하는 데 영향을 받았을 것이다).
70   예컨대 4Q422, 10 5(모세); 4Q176 1-2 I, 1(종말론적); 다음 문헌들에 등장하는 불가사의들. 「에녹1서」 24:4-25:6; 27:1-4; *Let. Aris.* 99; 70인역 전체. 구약성경 저자들과 고대 근동이라는 맥락에서 나타난 치유 신학에 대한 그들의 조사는 Brown, *Healer*, 여러 곳을 보라.
71   거의 신성한 전기로서 "행동들"에 관한 위작(僞作) 모음에 대해서는 Aune, *Environment*, 147을 보라.

글을 쓴 요세푸스는 때때로 자기 시대 그리스인들의 조심스러운 관습을 따르며, 성경의 기적들을 보고한 뒤 애매한 소견을 덧붙인다.[72] 그는 엘리야의 기적들[73]과 다른 몇몇 기적들[74]을 경시한다. 그럼에도 불구하고 요세푸스는 기적을 믿었고 자기의 청중들도 그러기를 원했다.[75] 그는 전조를 일종의 "표적"(σημεῖα)으로 사용하기도 했다.[76] 요세푸스는 (적지 않은 현대 신약성서 학자들뿐만 아니라) 몇몇 그리스-로마 역사가들과 마찬가지로 몇몇 특이한 현상들에 대한 믿음을 인정했지만, 대체로 그 현상들에 관해 쓸 때 역사물 장르에서 오랫동안 확립된 관습에 동의한 것으로 보인다.[77]

복음서 저자들 중 한 명도 그리스인 역사가였지만, 다른 복음서 저자

---

72 예컨대 『유대 고대사』 1.108; 2.348; 3.81, 322; 4.158. Aune, *Environment*, 109; Squires, *Plan*, 84-89; Betz, "Miracles in Josephus," 212-13도 요세푸스가 기적들을 대체로 과거에 한정했다고 지적한다(218). 요세푸스는 그리스의 역사 기술 관습을 따른다(Aune, *Environment*, 134은 다음 문헌들을 인용한다. Lucian *Hist.* 60; Herodotus 2.123; 5.45; Dionysius of Halicarnassus *Ant. rom.* 1.48.1).

73 Feldman, "Elijah."

74 Feldman, "Hellenizations," 150.

75 Betz, "Miracles in Josephus," 212-13; Eve, *Miracles*, 52. Koskenniemi, *Miracle-Workers*, 228-30은 학자들 대다수(그리고 특히 Feldman)는 요세푸스가 기적을 유보한다고 보며 몇몇은 그가 기적에 대해 모호하다고 본다고 지적한다. 그러나 Koskenniemi도 요세푸스가 좀처럼 기적을 생략하지 않으며 심지어 때때로 기적을 과장한다고 생각한다(295). Betz는 그가 이제 기적이 일어날 것으로 기대하지 않았다고 생각한다("Miracles in Josephus," 218). 만일 Betz가 이렇게 조심하는 것이 옳다면 요세푸스는 틀림없이 예언을 제외했을 것이다(다른 사람들에 관해서는 『유대 전쟁사』 1.78-80; 2.159을 보라. 자신에 대해서는 다음 문헌들을 보라. Isaacs, *Spirit*, 48; Hill, *Prophecy*, 26-27, 『유대 전쟁사』 3.351-54에 관한 글. 다음도 보라. 『유대 전쟁사』 6.300-309에 등장하는 여호수아 벤 하나니야; Noack, *Jesus Ananiassøn*; Gray, *Figures*, 158-63).

76 Betz, "Miracles in Josephus," 231-33. 전조에 관한 이 언어에 대해서는 다음 문헌들도 보라. Plutarch *Dem.* 19.1; Philostratus *Hrk.* 16.5; 17.4; 18.2; 31.5.

77 그리스의 영향이 요세푸스가 합리적으로 다루는 데 기여했을 수도 있지만, 하나님의 능력을 반영하는 기적에 대한 유대인의 믿음이 더 큰 영향을 주었다(MacRae, "Miracle," 142).

들이 가졌던 본질적으로 유대교적인 신학적 준거 틀을 공유한다.[78] 강력하고 역사적으로 활동적인 신을 믿는 그리스도인들을 위해 글을 쓰는 누가는 기적을 보고하기를 조금도 꺼리지 않는다. 그러나 그는 몇몇 비평가의 회의주의에 민감해서 "증거들"을 인용하고(행 1:3) 몇몇 사람은 이 주장이 믿을 수 없다고 생각한다는 점을 인정함으로써(행 26:8), 예수의 부활에 대한 자신의 주장과 좀 더 믿을 수 없는 인기 있는 이야기들을 구분한다.[79] 마찬가지로 누가는 모든 종류의 이적과 전조를 보고하려 하지 않는다. 그의 초점은 표적들(σημεῖα)—"즉 하나님 나라가 임했다는 표적들(참조. 눅 11:20)"—이다.[80] 누가의 이야기는 엘리야와 엘리사의 노선을 따른 기적 행

---

78 그리스인 역사가로서 누가에 관해서는 예컨대 다음 문헌들에 수록된 논의를 보라. Palmer, "Monograph" (1993); Plümacher, "Luke as Historian," 398; idem, *Geschichte*, 1-32; idem, "Monographie"; Keener, *Historical Jesus*, 6장; idem, *Acts*. 역사 기술에 나타난 신학에 관해서는 예컨대 Squires, "Plan," 15-77과 Keener, *Historical Jesus*, 121-23을 보라.

79 누가는 자신이 목격한 보고에서도 표현을 억제한다(행 20:12). Moule, "Classification," 242은 눅 23:44에서 "(비록 이것이 오해임을 보여줄 수 있지만) 누가가 어느 정도 합리적으로 설명하는 경향이 있다"고 생각하는데, 이는 누가가 예수가 십자가에서 처형될 때의 우주적인 어둠(막 15:33)을 "일식"으로 돌리기 때문이다(*BDAG*는 그것을 "비추기를 그치다"로 해석하지만 다음을 인용해서 "누가의 표현은 일식에 대한 표준적인 묘사다"라고 지적한다; Thucydides 2.28; 7.50.4; Xenophon *Hell*. 1.6.1; *FrGrH* 239 B 16; Plutarch *Pel*. 31.3; 집회서 17:31; Philo *Mos*. 2.271). 그럼에도 불구하고 때맞춰 발생한 일식들을 자연주의적으로만 설명하기는 어려웠다. 몇몇 사람은 그것들을 이런 식으로 생각했지만(다음 문헌들을 보라. Polybius 9.19.1; Valerius Maximus 8.11.ext.1; Seneca *Nat. Q.* 7.1.2; Heracl. *Hom. Prob*. 57.6; Philostratus *Hrk*. 33.6. 참조. Diogenes Laertius 7.1.145-46; 10.96; Pliny *Nat*. 2.6.47; Dio Cassius *R.H*. 60.26.1-5; Livy 44.37.6-7), 다른 많은 사람은 그것들을 징조로 생각했다(예컨대 다음 문헌들을 보라. *tos. Suk*. 2:5-6; Aristophanes *Peace* 414; Xenophon *Hell*. 1.6.1; Thucydides 2.28.1; Polybius 29.16.1-3; Diodorus Siculus 20.5.5; Philostratus *Vit. Apoll*. 4.43; 8.23; Keener, *Acts*에 수록된 행 2:20에 대한 훨씬 자세한 주석).

80 Bruce, *Acts*, 31.

4장 반초자연주의가 진정성 기준이 될 수 있는가?   **239**

위자들에 초점을 맞춘다. 그는 또한 엘리트 역사가들의 몇몇 독자들과 달리 이미 누가의 글에 등장하는 주인공들이 표적을 행했다는 것을 믿은 공동체를 위해 글을 쓴다. 따라서 누가는 엘리트 역사가들보다 기적에 대해 많이 보고함으로써 그들의 규범을 벗어난다.

그럼에도 불구하고 이 기적들을 선정주의 역사 기술에 등장하는 다양한 범위의 이색적인 보고들과 연결시키고, 그 역사 기술 범주의 다양한 모든 특질을 누가의 글에 귀속시키면 누가의 글은 너무 많은 범주에 포함된다.[81] 정교한 수사학적 파격이 아니라 누가의 역사가 다루는 주제가 그의 표적 기사를 주도한다. 앞서 언급된 바와 같이 바울의 편지들은 누가가 바울이 표적을 행했다고 주장하는 것보다 훨씬 폭넓게 그것들을 예기했음을 암시한다(롬 15:19; 고후 12:12). 그들의 결론이 대체로 옳든 그르든 간에 많은 고대 사상가들이 특정 사례에서 비판적 판단을 행사하기로 한 결정은 초자연적 현상을 선험적으로 깡그리 무시하는 극소수의 고대 사상가나 다수의 현대 사상가들과 대조된다.[82] 그 결정은 우리가 궁극적으로 의존하는 증인들이나 자료들이 기적 주장을 제공할 수도 있다는 데 대한 현대 독자의 회의주의와도 대조된다. 이 차이를 인식해야 한다는 말은 많은 고대 사상가들이 지녔던 견해를 다 긍정하자는 뜻이 아니라, 현대의 회의주의를 많은 세계관 중 하나로서 보다 넓은 맥락 안에 두자는 뜻이다.

---

81 누가-행전은 비극적이고 애처로운(tragic-pathetic) 역사 기술 범주에 쉽게 들어맞지 않는다(Keener, *Acts* 서론에 등장하는 4장을 보라). 아무튼 이렇게 주장되는 복합적인 범주는 의문스럽다(다음을 보라. Rutherford, "Tragedy," 513-14, Walbank, "Tragedy" = *Papers*, 241과 같은 취지임; Hornblower, "Introduction," 44).

82 예컨대 필론은 자연법칙과 기적에 대한 성경의 증언을 모두 수용한다(Wolfson, *Philo* 1:347-56). 좀 더 후대의 어떤 신플라톤주의자는—비록 쉽게 믿는 사람이기는 하지만—철저한 회의주의 자체가 증명되지 않은 전제를 반영했다고 비난한다. 신들은 능력이 있으므로 그들이 관여했을 수도 있는 사안에서 경이로운 주장들을 무시하는 것은 신중하지 못한 처사다(Iamblichus *V.P.* 28.148. 참조. 28.139).

2. 초자연적 현상에 대한 현대 서구의 회의주의

현대 학자들은 때때로 이적들을 복음서들과 사도행전을 포함한 고대의 역사 기술에 나타난 허구적인 요소로 취급한다.[83] 그러나 우리는 다른 타당성 틀을 갖고 있던 고대인들은 현대 서구의 많은 해석자가 다른 원인으로 돌렸을 진정한 사건들을 경험했을 수도 있음을 인식해야 한다.

그리고 특히 이 단락에서는 그런 모든 사건에 대해 회의적이거나 그 사건들을 순전히 자연주의적인 틀을 통해서 읽는 현대 서구 해석자들의 가정은 별로 중립적이지 않다. 내가 다음 두 장에서 강조하는 바와 같이 반초자연주의는 고대나 현대, 서구나 비서구의 초자연주의적인 접근법 못지않은 특정한 역사적 상황에서 출현했다. 이 점이 반초자연주의가 반드시 논리적으로 틀렸다고 암시하는 것은 아니지만 우리가 그것을 선험적으로 가정할 필요가 없다고 암시할 수는 있다.[84]

문학적 관점에서 볼 때 우리는 현대의 반초자연주의가 고대 텍스트에 대해 이해심이 없는 태도로 읽기를 무심코 받아들이는 것—이는 최초의 독자들이 그 텍스트를 들었던 방법과는 현격한 차이를 보인다—을 조심해야 한다.[85] 이 점은 텍스트의 독자들에게 덜 중요한 사항이 아니며, 그 편견

---

83 예컨대 사도행전에 관한 Plümacher, *Geschichte*, 33-84을 보라. 이와 유사하게 이전 시기의 엘리야 사이클에 관한 Gordon, *Near East*, 222도 보라. 문학적 접근법 관점에서는 Aichele, "Fantasy"를 보라(54에서 비유 구조를 비교한다. 그러나 그 구조는 좀 더 일반적으로 내러티브에 더 관습적인 것으로 보인다).

84 과학적 틀에서의 역사를 포함한 사상의 역사(참조. Kuhn, *Structure*[『과학 혁명의 구조』, 까치 역간])는 틀의 근본적인 변화(paradigm shift) 뒤에는 같은 데이터가 다양한 기준(grid)을 통해 해석될 수 있음을 보여준다. 해석 모델이 종종 무엇이 가능한가에 관한 우리의 관점을 통제한다.

85 참조. Keener, "Comparisons." 마찬가지로 Wink, "Write," 6은 "합리주의적, 학자적 종교"나 엄격한 독단주의를 배경으로 하지 않는 학자들은 손쉽게 "공감적으로

은 우리가 최초의 청중들만큼 그 내러티브의 세계로 완전히 들어가는 것을 방해할 수 있다. 철학적 방법론 차원에서는, 역사적 내러티브들 안에 수록된 주장들에 대해 "무죄로 증명될 때까지는 유죄"라는 회의주의에서 시작하는 것을 논리학자들은 대체로 "우물에 독을 푸는" 오류로 볼 것이다. 어떤 비평가는 "철학의 역사에서" "그것은 데카르트의 인식론적 방법론을 대표"하며, 막다른 골목이라고 말한다.[86]

따라서 나는 이 대목에서 초자연적 현상에 관한 현대 서구의 철학적 가정의 역사적 맥락을 간략히 소개하고 그것에 대해 질문을 제기할 것이다. 그리고 그 맥락에 대해 다음 두 장에서 더 자세하게 다룰 것이다. 나는 그다음 장들에서 현대 세계에서 보고되는 기적 주장들과 그 주장에 대한 제3세계 및 서구의 다양한 해석 몇 가지를 다룰 것이다. 신적인 인과 관계를 선험적으로 배제하는 순전히 자연주의적인 틀은 실재에 대한 모든 문화의 지성인들이 취하는 유일한 해석 방법도 아니고, 모든 문화의 관찰자에게 자명한 것도 아니다.

(1) 우리의 문화적 한계

7장에서 나는 전통적인 서구의 반초자연주의에 대한 제3세계의 통렬한 몇몇 비판을 포함시킬 것이다. 나는 이 대목에서는 단지 우리의 몇몇 철학적 전제들의 문화적 한계 문제를 소개할 것이다. 실재(reality)에 관한 가정들은

초기 교회의 자연발생적이고 경계를 흔드는 환경 안으로 들어"가지는 않을 것이라고 지적한다. *Transformation*, 2에서 Wink는 성서학자들이 종종 성경의 저자가 관심을 기울였던 것들을 무시한다고 경고한다. 문서의 메시지를 이해하기 위해서는 그것을 공감적으로 읽을 필요가 있다는 점에 관해서는 Vermes, *Jesus and Judaism*, 63을 보라.

86   Padgett, "Advice," 296.

종종 문화적으로 형성되며, 어떤 문화의 기준에 의하면 "실재"로 기능하는 사건들이—그 가정들이 다른 문화들에게는 낯설지라도—그것의 역사를 형성할 수도 있다[87]

저명한 고대 그리스-로마 역사가인 램지 맥뮬렌은 엄밀한 의미에서 역사는 고대인들이 그들의 기적 주장을 올바로 믿었는지 그릇되게 믿었는지에 관한 판단을 전하지 않는다고 경고한다. 역사는 그저 그들이 믿었던 것을 묘사한다. "그들이 본 것에 관한 그들의 기사를 의심하는 것—[서아프리카의 예언자 윌리엄 와데] 해리스나 어떤 성자 또는 예수 자신이 참으로 자연법칙을 일시적으로 정지시켰다는 사실을 의심하는 것—은 좋든 나쁘든 간에 신학일 뿐이다. 그 당시에 아스클레피오스가 기적을 행했다는 사실을 의심하는 것도 마찬가지로 신학일 것이다." [88]

오늘날 학자들은 때때로 고대의 관점에 대한 인종 중심적 평가를 피하기 위해, 고대 의학과 현대 의학 간의 차이에 대한 문화적 감수성의 중요성을 강조한다.[89] 마찬가지로 학자들은 기적에 관한 현대 서양인의 비판적인 견해와 1세기 사람들의 견해 간의 차이를 고려하면 주어진 인식론 틀에서 무엇이 "현실적으로" 보일지에 대한 우리의 이해를 넓히는 데 도움이 될

---

87 Achtemeier, *Miracle Tradition*, 137과 그가 언급하는 자료들을 보라. Remus, *Healer*, 112-13은 (어떤 인류학 연구를 인용해서) 치유자 자신은 회의주의적일지라도 사회가 그들을 믿으면 전통적인 치유자들이 효과적일 수 있음을 발견한다. 우리는 자연히 치유자가 이 효과를 증대할 수 있다고 자신할 것으로 예상할 수 있다.

88 MacMullen, *Christianizing*, 24. 마찬가지로 몇몇 종교사회학자들은 자신의 연구 대상자의 기적 주장들을 보고할 수는 있지만, 사회학자로서 연구 대상자의 초자연적 활동 주장의 가능성에 관해 결정을 내릴 수는 없다고 주장한다(Miller and Yamamori, *Pentecostalism*, 153. 참조. 104). Harris에 관한 추가적인 논평은 7장을 보라.

89 Pilch, *Healing*, 1-4. 예컨대 조현병에 대한 오늘날의 다양한 문화적 관점(영국과 중국의 이해를 비교하는 Furnham and Wong, "Comparison")을 참조하라.

수 있다고 지적한다.[90] 나는 이후의 장들에서 서로 다른 문화적·철학적 이해의 많은 예들을 다룰 것이다.

고대 역사가들이 보고한 불가사의한 사건들에 대한 그들의 관점은 현대 역사 기술의 관점과는 다른 문제이기는 하지만 질문해볼 만한 문제다. 고대 지중해의 역사 기술이 그 과제를 오늘날 우리와는 다르게 정의한다는 이유만으로 그것을 우리 자신의 역사 기술 장르보다 상당히 열등하다고 깔볼 유혹을 받는다면, 우리는 자신의 철학적 및 실존적 지평을 고려해야 한다. 그런 방법론적인 편견이 몇몇 포스트모더니즘 학자들의 비판을 받기 쉽다는 점은 차치하고,[91] 이 회의적 접근법이 연구 가설로부터 논증 없이 존재론적 긍정으로 격상되는 것은 역사적으로 순진한 처사로 보인다.

서구 계몽주의 틀을 통해 연구하는 사람들은 고대의 불가사의한 사건 주장을 이해하기가 어려운데, 그런 주장이 초자연적 원인에 귀속될 때에는 특히 더 그렇다. 그렇지만 우리가 복음서들과 사도행전을 공감적으로 읽기 위해 상상력을 발휘하여 그 문서들의 내러티브 세계 안으로 들어가 그 저자들이 자신의 이상적인 청중과 공유했던 전제들을 이해하면, 그들의 텍스트를 읽기 위해 현대의 급진적인 계몽주의 틀이 아닌 모델들을 발견하는 데 도움이 될 것이다.[92]

---

90 특히 Anderson, Ellens, and Fowler, "Way Forward," 249을 참조하라.
91 참조. Berger, *Rumor*, 52, 120-21. 몇몇 포스트모던주의자들은 다른 사항에 대해서는 좀 더 다원주의적이면서도 현대주의자의 반초자연주의를 유지한다(Licona, *Resurrection*, 567에서 이 입장을 비판한다). 그럼에도 불구하고 일반적으로 포스트모더니즘 접근법은 기적 주장에서 현대주의자들보다 복수의 요인들에 좀 더 개방적이다(Hoffman and Kurzenberger, "Miraculous," 75. 고전 전통에 대한 반대로서 포스트모더니즘과 기독교 전통 간의 공통점에 관한 Judge, *First Christians*, 717을 참조하라).
92 Roschke, "Healing," 471에서 다른 문화 안으로 들어가는 것에 대해 유사하게 암시하듯이, "우리는 누가의 세계관을 외부인으로서—타자(The Other)로서—관찰

피터 버거가 지적한 바와 같이 진정한 상대주의는 초자연적 현상의 가능성을 허용해야 한다.[93] 학자들은 이제 역사 기술에서 완전한 객관성이라는 계몽주의 주장의 한계를 인식하고 있다. 즉 저자들의 관점이 그들이 데이터를 분류하는 방식에 영향을 준다.[94] 서구에서는 포스트모더니즘이 발흥하면서 서구의 전통적인 틀이 붕괴되고 오래 유지되어왔던 실재에 관한 많은 해석이 재평가받게 되었다.[95] 다른 학문 분야들도 틀의 근본적인 변화를 겪었다. 몇몇 학자는 우리에게도 그런 대전환이 필요하다고 주장한다.[96] 내가 뒤에서 지적하는 바와 같이 많은 문화의 독자들, 아마도 특히 서구의 틀에 대해 가장 훈련을 덜 받은 사람들은 초기 기독교의 표적 주장을 문제로 보지 않고 그것을 사역 모델의 하나로 본다. 나는 좀 더 넓고 세계적인 기독교의 이 독법이 우리의 통상적인 서구의 접근법보다 초기 기독교 저자들의 이상적인 청중에 더 가깝다고 생각한다.[97]

하기를 원하는가, 아니면 이 세계 안으로 들어갈 용의가 있는가…?" 참조. Wink, "Write," 6; deSilva, "Meaning," 4; Keener, "Comparisons."

93 Berger, *Rumor*, 52, 120-21.

94 역사적 예수 연구에 관한 언급에 관해서는 예컨대 Dunn, *Remembered*, 27-28을 보라. 참조. Wink, *Transformation*, 2-3, 30-31.

95 계몽주의의 합리주의에 대한 포스트모더니즘의 비판에 관해서는 예컨대 Smith, *Postmodernism*, 59-80을 보라. 포스트모더니즘이 급진적인 계몽주의에 대한 최초의 반발(backlash)은 아니다. 프랑스 혁명 뒤의 극심한 혼란은 지나치게 낙관적인 "이성의 시대"에 관한 대중의 환멸을 조장했고, 낭만주의의 반발에 기름을 끼얹는 데 일조했다(Cragg, *Reason*, 283-84). 편협한 폭군들이 때때로 엘리트의 계몽주의를 지원했다(ibid., 209-33)는 사실도 우리에게 대다수 운동은 그 역사에 다소 불쾌한 정치적 맥락을 갖고 있다는 점을 상기시켜준다. 나는 급진적인 포스트모더니즘을 수용하지 않으며 계몽주의의 유용한 많은 통찰을 버리는 것을 옹호하지도 않는다. 그러나 나는 지나치게 자신하는 계몽주의의 극단에 관한 우려를 공유한다.

96 Wink, *Transformation*, 13-15에 수록된 초청을 주목하라. 다른 학문 분야에서는 위에서 언급된 Kuhn을 보라.

97 Keener, "Comparisons"를 보라. 사도행전에 등장하는 표적에 대한 이 접근법이 교회 전체의 선교에 적용되었을 가능성에 관해서는 Keener, *Acts* 서론 15장("누가의

기적에 관한 현대 서구의 회의주의의 역사적 맥락을 살피고 나서, 나는 다른 세계관에서 등장하는 몇몇 견해의 표본을 조사할 것이다. 전통적인 역사 기술 관점에서 볼 때 복음서들과 사도행전에 대한 쟁점은 그 인과 관계의 성격을 규명하는 것이라기보다는 단순히 증인들이 그런 사건들을 주장할 수 있는지 여부다(이에 대한 답은 확고한 "예"임이 틀림없다). 하지만 인과 관계에 관해 문화적으로 편견이 있는 정보에 기초한 **해석**을 맥락에 비추어 살펴보는 것은 그 자체로 중요한 문제이며, 그렇게 하면 최소한 우리가 고대의 해석을 좀 더 공감적으로 읽는 데 도움이 된다.

나는 이 대목에서 진행을 멈추고 사용될 수 있는 몇몇 용어들을 구분하고자 한다. 일반적인 현대주의자의 편견은 초자연적 현상에 대해 반대하지만, 문제를 이런 식으로 정의하면 그 사안에 편견을 갖게 만들 수도 있다. 고대 지중해의 세계관 및 다른 많은 사고 체계 모두 자연 질서의 **일부**이면서도 지적인 초인간적 활동을 허용하기 때문이다.[98] "불가사의한"(paranormal) 활동은 자연 질서에 대한 현재의 지식으로는 설명할 수 없는 활동이지만, 이 용어는 좀 더 중립적이고 (신 같은) 초인간적인 인격적 실체가 관여한다는 전제를 요구하지 않는다. 따라서 이 단어는 "초인간적인"(suprahuman)이라는 용어보다 광범위한 용어다. "초인간적인"이라는 단어는 좀 더 협소하게 신적인 활동이나 많은 고대 및 현대의 종교 체계와 고대의 철학 체계에서 허용된 다른 지적인 실체들의 활동에 관한 주장에 사용된다.[99] 아마도 가장 정확하면서도 가장 관습적이지 않은 용어는 "특이

몇몇 강조 사항"), 표적에 관한 내용인 단락 6에 수록된 논의를 보라.

98 유대인들과 그리스도인들은 하나님과 인간 사이의 중간 지위를 허용한다. 그리스인들은 신들과 반신반인들을 허용했는데 그들은 특정한 시점에 생겨났고 때때로 최고신, 자연, 운명에 종속되었다.

99 그 용어를 좀 더 광범위하게—그런 실체가 존재하는지 여부가 증명되지는 않았지만 그 가능성을 선험적으로 배제할 필요는 없는—인간보다 똑똑하거나 인간과 동

한"(extranormal)과 "인간을 넘어서는"(extrahuman)이라는 표현일 것이다. 이 단어들도 약점이 있는데 특히 이 단어들은 일반적으로 사용되지 않는다. 그러나 오늘날 문제시되고 있는 사항은 특히 "초자연적"(supernatural) 사안들에 포함되어 있으므로 나는 일반적으로 내 논의에서 그 언어를 사용하기로 동의한다.

(2) 우리가 특정한 서구의 세계관에 특권을 부여했는가?

몇몇 신약성서 학자들은 이미 때때로 다른 학문 분야나 문화에서 나온 통찰에 의존해서 전통적인 비평 접근법에 이 점에서 편견이 있다고 도전해왔다. 찰스 탈버트는 게르트 뤼데만 같은 몇몇 학자가 기적이 일어나지 않는다고 가정하기 때문에 기적 이야기들의 모든 역사적 정수(精髓)를 배제한다고 지적한다.[100] 그런 접근법들과 대조적으로 몇몇 저자는 초자연적 활동

등하게 똑똑하지만 육체적으로나 비육체적으로 인간보다 더 힘이 있는 모든 존재를 포함하도록 정의할 수도 있다. 그러나 이 정의는 현재의 논의에 관련된 내용을 넘어선다.

100 Talbert, *Mediterranean Milieu*, 215; idem, *Acts*, 248-49(또한 Parsons, *Acts*, 52에 수록된 우호적인 평가를 참조하라). 모든 기적을 거절하는 것은 그 자체가 비판적이지 않다고 항의하는 Witherington and Fitzmyer에 반대하여 Lüdemann, *Acts*, 23은 "우리는 기적이 일어난다는 가정을 갖고 시작해서는 안 된다"고 주장한다. 그러나 기적이 일어나지 않는다는 가정은 기적이 일어난다는 믿음보다 더 중립적인 것이 아니다. 우리는 증거를 검증해야 한다. 그러나 Lüdemann, *Acts*, 22-23은 자신은 기술적으로 기적에 대한 부인을 전제하지 않는다고 주장하며, 또한 우리는 하나님이나 신들을 전제할 수 없고 다른 설명이 가능한 한 기적이라는 설명을 거절해야 한다고 주장한다(23). 이 제한은 사실상 모든 증거를 배제하고 조사를 편견에 빠뜨릴 수도 있다(몇몇 사례에서는 자연주의적인 설명이 초인간적인 지적 인과 관계보다 훨씬 타당성이 작은 경우에도 우리는 언제나 **몇몇** 자연주의적인 설명을 찾아낼 수 있기 때문이다). 하지만 Lüdeman은 자신의 가정들에 관해 많은 학자보다 엄밀하고 정직하다.

의 증거라는 모든 주장을 선험적으로 일축하는 것이 진정으로 편견이 없고 객관적인 접근법인지 질문한다.[101] 탈버트가 지적하는 바와 같이 기적의 가능성에 관한 질문은 우리의 세계관에 나타난 가능성에 대한 이해를 반영하며, "세계관은 부당성 입증에 격렬히 저항한다. 뤼데만이 그 대표자인 물질주의적 세계관은 세상은 심지어 하나님조차도 굽힐 수 없는 엄격한 물리법칙의 지배를 받는다고 말한다." 그러나 이 말은 세계관이지 논증이 아니다.[102] 학자들은 무엇이 가능한지에 대한 평가에서 의견을 달리하는데, 이 평가는 나아가 그들이 사도행전 및 복음서들에 등장하는 주장의 역사적 신뢰성을 평가하는 방식을 형성한다.[103] 어느 철학자는 기적을 일축하면서도 견고한 논증을 제공하려 하지 않는 사람은 "자기들이 기적의 가능성을 차단하는 신앙에 헌신한다는 점을 인정할" 필요가 있다고 경고한다.[104]

사회학자들은 우리가 학습한 세계관을 통해 실재를 해석하는 압도적인 경향이 있음을 지적해왔다. 데이비드 드실바는 기적 주장에 대한 반초자연주의 접근법하에서 교육받은 학자들은 자기의 전제에 관해 비판적으

---

101 이 질문은 Gardner, *Healing Miracles*, 165을 통해 잘 제시되었는데 Gardner는 불가사의한 치유에 대한 상당한 증거를 갖고 있다고 주장하는 의사다.

102 Talbert, *Mediterranean Milieu*, 215를 보라. 부당성 입증에 대한 세계관의 저항에 대해서는 Wink, "Stories," 212도 보라. 새로운 세계관을 격려하는 치유 경험에 대해서는 Talbert, *Matthew*, 323을 보라. 현대 물리학의 관점에서 물질주의 세계관을 비판하는 Barr, *Physics and Faith*(예컨대 256)를 보라. 완전히 물질주의적인 관점에 반대하는 반응은 예컨대 다음 문헌들을 보라. Barr, *Physics and Faith*, 167-252, 특히 225-26; Beauregard and O'Leary, *Brain*(후자는 보편적인 우주 의식을 가진 이원적 연결을 지지한다). 그러나 우리가 물질주의적 견해를 거부해야만 물질적 우주와 그 외부에 있는 우주의 구조(즉 정보 내용)를 구분할 수 있는 것은 아니다. C. S. Lewis의 *Miracles*는 많은 가치에도 불구하고 현대 물리학보다는 플라톤적 세계관에 더 호소하는 것으로 보인다.

103 Talbert, *Mediterranean Milieu*, 216.

104 Kelly, "Miracle," 52.

로 생각하지 못하며 자신의 관점에서 복음서들과 사도행전에 접근하는 데 어려움을 겪었다고 경고한다.[105] 한편 그들로 하여금 텍스트에 들어 있는 대안적 세계관을 더 잘 들을 수 있도록 도와줄 수 있는 대화 상대방들은 종종 그 대화에서 배제된다. "다른 세계관에 나타난 요소들을 소개하거나 혁신을 통해 그 세계관에" 도전하는 사람들은 "…속아 넘어간 변절자(이단자, "무비판적인" 사람)로 이해되어 용인되거나, 대화—그 세계관을 유지하는 것을 궁극적인 기능으로 삼는다—로부터 추방된다."[106] 종교 사회학의 관점에서 학계의 이러한 불관용은 일종의 무비판적인 "근본주의"로 기능한다.[107] (학계의 일부 진영에서) 대안적인 입장에 대해 듣지 않음으로써 이의를 질식시키면서도 학문적 "객관성"을 유지한다고 주장하는 것은 모순이 아닌가?[108]

고대의 거의 모든 역사가는 우리 중 대다수가 의심스럽다고 여길만한 몇몇 현상을 보고한다(또는 최소한 그런 현상에 관한 다른 역사가의 보고를 언급한다). 앞서 지적된 바와 같이, 아무도 단순히 어떤 책이 우리 자신의 관점과 다른 철학적 (또는 종교적, 정치적, 도덕적) 관점을 지니고 있는 사람의 저술이라는 이유만으로 그 가치를 깡그리 무시하지는 않는다. 우리는 예수의 사역에서 나타난 치유들이든 유성 소나기처럼 보이는 로마의 전조들이든 간에, 그들이 이적이나 전조라고 설명하는 기사를 모두 묵살하는 것도 아니

---

105 DeSilva, "Meaning," 4(그는 P. Berger의 종교 사회학에 대한 접근법을 채용한다). 참조. Keener, "Comparisons"도 비슷한 견해를 보인다.

106 DeSilva, "Meaning," 6. 참조. 15.

107 Ibid., 20. 심리학 관점에서는 엄격한 "전부 아니면 아무것도 아니라는 정신 자세"는 "흑백 논리식 사고"이며 역기능적이다(Pugh, "Miracle," 80).

108 Wink, *Transformation*, 24, 29에 수록된 다음과 같은 경고를 주목하라. "현대 학문 전통은 신학상의 독단을 대체했지만, 여전히 전통을 통해 인식론상의 권위를 갖고 있다."

다. 우리는 아마도 대안적인(즉 우리의 사례에서는 자연주의적인) 설명에 민감하지 않은 보고들의 신뢰성을 일축하는 경향이 있을 것이다. 일반적으로 우리의 의심은 과학적 실재와 사건들의 "통상적인"(ordinary) 경로에 관해 고대인들이 입수할 수 있었던 것보다 더 완전한 이해에 근거를 두고 있으므로 충분한 근거에 기초하고 있다.[109]

그러나 "통상적"이라는 개념에 대한 우리의 현재의 이해는 실재를 포괄적으로 묘사하지 않으며, 우리는 초인간적인 개입의 모든 가능성을 일축하기 전에 그런 전면적인 일축이 어떤 전제에 근거할 것인지를 명확히 밝히고 이를 평가해야 한다. 우리가 역사적으로 고대에 선호된 전제들을 감안한다면 우리는 현대 학계의 전제들도 고려해야 한다. 이 점도 논의의 적절한 맥락을 구성하며, 이전 시대의 세계관이 일시적이었듯이 우리 시대의 세계관도 일시적인 것으로 드러난다면 현재의 학자들에 대한 후세대의 해석자들이 이 점을 고려할 것이다. 우리가 고대의 내러티브들을 공감적으로 들으려면 전통적인 현대의 역사 기술에 대해 많은 것을 알려주는 전제들에 관해 명확히 밝힐 수밖에 없으며, 우리가 고대의 어떤 기적 주장이 참으로 초인간적인 인과 관계를 반영할 수도 있는 가능성을 정직하게 조사하려면 더욱더 그렇게 할 수밖에 없다.

---

109 과학은 전통적으로 원인과 결과의 양상을 탐구하는 데 유용한 엄격성을 제공하는 접근법인 방법론적 자연주의에 몰두한다(5장의 논평을 보라). (이 접근법의 문화적 전개에 대해서는 Numbers, "Science"를 보라. 간략하게는 idem, "Aggressors," 17-19을 보라. Numbers 자신은 유신론자 관점에서 쓰지 않는다. "Introduction," 5-6을 보라.) 그러나 우리가 알고 있는 대다수 과학 분야의 기초를 세웠던 초기 서구의 과학자들은 이것을 객관적이라고 생각했고 신적인 설계나 인과 관계를 부인하기보다는 창조에 나타난 질서라는 그들의 전제로부터 동일한 실제적인 결과를 달성했다. 즉 그들의 자연주의는 유신론적이었고 오늘날 지배적인 틀과는 다른 철학적 메타내러티브를 전제했다. 5장의 논의를 보라(이신론 자체가 "하나의 새로운 종교"였다." Spickard and Cragg, *Global History*, 242에 등장하는 논의를 보라).

우리는 대개 우리가 의문을 제기하지 않는 현대 서구의 세계관에 기초해서 초자연적 현상에 대해 비판하며, 그다음에는 검증되지 않은 이 가정들을 사용해서 권위가 있는 메타내러티브 또는 실재에 대한 해석을 사실로 상정한다. 서구 계몽주의의 후예로서, 서구의 많은 성서학자는 우리 자신이 들여온 철학적 편견을 비판적으로 조사하지 않고서 초자연적 활동에 관한 모든 보고를 부인한다. 어떤 철학자는 우리가 "우리 자신의 보편적인 기본 가정들에 대해 대체로 무비판적으로 복종"하는 것을 치하하는 반면에 이전 시대의 문화가 그들 시대의 가정들을 무비판적으로 수용한 것을 유감스럽게 생각하는 경향에 대해 경고한다.[110] 전 세계의 치유 내러티브 분야의 어떤 전문가는 우리 서양인들이 그런 내러티브에 불편해하는 것은 "개신교 종교개혁과 가톨릭의 반(反)종교개혁, 데카르트 식의 정신-몸의 이원론, 그리고 계몽주의와 다윈주의 과학의 미몽을 깨우는 함의"를 반영한다고 지적한다.[111] 이런 몇몇 접근법은 사회에 유익을 끼쳤지만, 많은 사람이 그런 접근법들이 실재의 전 영역을 설명한다고 가정하는 사람은 환원주의자(reductionist)라고 믿는다.

오늘날 다른 문화 및 서구 포스트모더니즘 출신의 비평가들은 서구 계몽주의 전통의 패권적인 가정에 도전한다. 하지만 현대의 몇몇 접근법들은 여전히 비판적 사고를 본질적으로 다른 사회의 세계관을 일축하는 것과 동일시한다. 그 접근법들은 다른 접근법의 토대를 평가해보지도 않은 채 이 견해들을 일축하고 많은 계몽주의 전통을 선호한다.[112]

---

110 Hart, *Delusions*, 102.
111 Brown, "Introduction," 10.
112 나는 여기서 포스트모더니즘의 비판을 언급하고 있지만, 내가 본서와 다른 곳에서 사용하는 역사적 방법론에 비춰 볼 때 내가 역사적으로 서양 또는 계몽주의의 방법론적 공헌을 환영한다는 점은 자명하다. 포스트모더니즘의 많은 주장과는 달리 나는 진정한 정보 및 가능하면 객관적으로 만족스럽고 논리 정연한 해석

따라서 몇몇 비판가는 자기의 세계관을 조사하라는 도전을 즉각적으로 일축할 수도 있지만(따라서 본서의 두 번째 논점을 일축할 수도 있다), 나는 이런 비판가 중 다수가 자신이 결코 진지하게 조사해 본 적이 없고 몇몇 사람이 융통성 없이 유지하고 있는, 역사적으로 조건이 부여된 선험적 전제라는 토대에서 그렇게 한다고 생각한다. 만일 초자연적이라고 주장되는 경험들이 알려지지 않았거나 조롱받는 진영 안에서만 활동하는 사람이 그런 주장을 진지하게 취하는 사람에 대해 편향적이라고 비난한다면, 그런 일들이 일어난다고 믿는 진영이나 문화에서 활동하는 사람이 이를 믿지 않는 사람에게 똑같은 비난을 돌려주기 십상일 것이다. 독단적인 가정들의 그런 난국과 상호 간의 무례(그리고 때로는 명시되지 않은 계급 분열)는 문화 간 및 철학 간의 대화의 토대를 훼손한다.

따라서 현장 연구에서 직접 체험한 사람들에게서 들은 증언을 포함한 광범위한 기적 주장을 접한 몇몇 사회학자들은 자신의 연구가 "교수진의 정치학을 제외한 모든 것이 합리성과 경험적 검증 가능성이라는 가정 위에

을 추구한다는 목표가 가치가 있다고 인정한다. 이 목표를 완벽하게 달성하지 못할 수도 있지만, 그것은 학문적인 토론을 위한 공통의 토대를 제공하는 반면 그러한 공통의 목표를 공유하기를 거절하면 자유로운 질문보다는 정치적인 전략과 힘이 더 중요하게 여겨지는 파벌 싸움 안으로 말려들어갈 수도 있다(참조. Wink, *Transformation*, 21: 다른 사람들에 대한 존중에서 객관성을 가치 있게 여기기). 급진적인 포스트모더니즘의 접근법은 다양한 종류의 과거 사건들을 가능하면 정확하게 재구성한다는 대다수의 전문적인 역사 기술의 목표와 모순된다(Licona, *Resurrection*, 70-89에 수록된 합의 요약을 보라). 이와 대조적으로 문화적으로 다양한 음성은 고려할 대안들을 풍부하게 해준다. 본서의 뒤에 수록된 논의와 다소 관련이 있는 내용으로는 몇몇 오순절파 학자가 계몽주의의 반초자연주의에 대한 포스트모더니즘의 비판을 수용하는 한편 포스트모더니즘의 측면들을 비판하기도 하는 점을 참조하라(Johns, "Healing," 46은 오순절파를 비판 능력 발달 전[precritical]이라기보다는 "유사 비판적"[paracritical]이고 겨우 지각할 수 있는 것으로 묘사한다). 경험에 대해 공통적으로 강조하는 점에 관해서는 Noel, *Hermeneutics*(특히 146-47, 164-81)를 보라.

서 작동하는 학문의 은신처 안에서 살고 있는" 서구 학자들에게 위협적으로 느껴질 수도 있다고 경고한다.[113] 그들은 모든 학자가 기꺼이 현상에 도전하겠다고 말은 번드르르하게 하지만, 때때로 어떤 현상에 대해서는 초자연적 설명이 가장 "검약적인"(parsimonious) 설명일 수 있다고 생각하도록 허용하는 것이 학계의 지배적인 틀에 대한 진정한 도전이 될 것이라고 주장한다.[114]

마찬가지로 예수 세미나의 회원인 신약성서 학자 월터 윙크는 한때는 자신의 지적 무결성(integrity)으로 인해 자기가 사도행전에서 발견한 세상으로부터 소외되고 있다고 생각했다고 지적한다. 사실 그는 실재에 관한 자신의 물질주의적 가정이 자기의 문제임을 발견했다.[115] 그는 나중에 자기가 신적 치유라고 믿었던 것이 자신이 한때 지니고 있던 반초자연주의적인 가정과 조화되지 않는다는 것을 발견했다. 이런 치유에는 커다란 자궁 암이 기도한 뒤 즉시 사라진 것이 포함되었다.[116] "그 사건 때문에, 그리고 다수의 영적 치유 경험 때문에" 그는 다음과 같이 결론짓는다. "나는 예수가 심인성 질병들뿐만 아니라 실제로 사람들을 치유했다고 믿는 데 아무런 어려움도 느끼지 않는다."[117] 윙크는 본인의 세계관을 방어하기 위해 자기 이야기의 진실을 부인하려는 학자들은 "역사적 근거에서가 아니라 그들의

---

113 Miller and Yamamori, *Pentecostalism*, 158. DeSilva, "Meaning," 17은 마찬가지로 반초자연주의 세계관을 유지하기 위해 서로 지원하며 험담꾼을 그들의 대화에서 배제하는 "책상머리" 교수들에 관해 불평한다.

114 Miller and Yamamori, *Pentecostalism*, 158(Smith, *Animals*, 109을 따른다). 검약 원칙은 오컴의 면도날(경합하는 모델 중 복잡한 모델보다 간결한 모델이 낫다는 원칙)을 따른다.

115 Wink, "Write," 4. 참조. Idem, "Stories," 214.

116 Wink, "Write," 6.

117 Ibid. 많은 학자들은 예수가 심인성 질병을 가진 사람들을 치료했을 가능성을 허용한다(예컨대 Burkill, "Miracle").

물질주의적 세계관의 토대에서" 그렇게 한다고 비난한다.[118]

윙크는 "역사 연구는 유비에 의존하여" 과거에 관한 기사의 타당성을 평가한다고 주장하지만,[119] 우리의 제한된 경험은 우리가 연구하는 유비들을 부당하게 압축할 수 있다고 경고한다. "발생할 수 있는 사건의 범위를 좁게 생각하는 사람들은 그 확신을 성경 연구에 들여오며, 자신의 경험 빈곤으로 인해 성경을 축소시킨다."[120] 그는 몸과 마음의 연결에 관한 의학 연구뿐 아니라 특히 새로운 물리학도 현재 가능하다고 여겨지는 것들의 범위를 넓혔다고 주장한다.[121]

역사는 명백히 변칙적인 현상(anomaly)들로 가득 차 있으므로, 다른 학자들도 문화적 또는 다른 경험상의 제한들이 때때로 어떻게 역사 기술에 관한 유비 논거의 유용성을 훼손하는지 지적해왔다. 몇몇 학자는 경합하는 인식론에 대한 하나의 예로서 오랫동안 조롱되어 온 [태국의] 시암 왕조 국왕에 관한 이야기를 인용했다. 네덜란드의 방문객들로부터 그들이 날씨가 매우 추워지면 돌같이 단단해진 강물 위에서 말을 탄다는 이야기를 들은 이 통치자는 "그 사람들이 거짓말쟁이들이라는 것을 알았다."[122] 그 국왕

---

118 Wink, "Write," 6. "Worldview"에서는 환원주의적 물질주의에 도전한다(20-21). 광범위한 사상가, 신물리학, 세계 종교들에 의존하는 그의 "완전한(integral) 세계관"은 모든 것에 대한 내적 측면 및 외적 측면에 찬성한다(21). 그는 만유재신론(panentheism, 22)과 자아와 우주 간의 밀접한 관계를 옹호한다. Murphy, "Social Science," 32-33은 Wink의 환원주의 비판을 가치가 있다고 여기지만, 이를 철학적으로 분류하기 어렵다고 여긴다. 다른 학자들도 환원주의적 물질주의를 비판한다(예컨대 Blessing, "Healing," 187).
119 이는 다음과 같은 문헌에서 사용된 접근법이다. Hume, *Miracles*(예컨대 38); idem, "Miracles"(예컨대 36) 그리고 기적을 긍정하기를 반대하는 오늘날의 많은 연구들(참조. 예컨대 Craffert, "Origins," 342-43).
120 Wink, "Write," 6.
121 Wink, "Stories," 213.
122 McClymond, *Stranger*, 83. 참조. Brown, *Miracles*, 129은 이 논증을 Troeltsch에 반

254   2부   기적이 발생할 수 있는가?

의 추론은 그에게 익숙한 실재에 근거한 논리적인 추론이었다. 그 실재는 자연에 대한 인간 경험의 엄격한 획일성에 관한 그의 기대였는데, 그 기대는 정확하지 않은 것으로 드러났다.[123] 따라서 변칙적인 사건이 일어난다고 옹호하는 사람들은 그 국왕을 데이비드 흄처럼 그들 자신의 제한된 경험에 기초해서 특이한 현상을 배제하려는 사람들에 대한 경고로 제시한다.

현대주의자의 반초자연주의에 주된 토대를 제공하는, 기적에 반대하는 논증을 제공한 흄은 그런 비판에 대해 "서리의 효과에 관한 첫 번째 관계를 믿기를 거절했던 인도의 왕자는 정당하게 추론해서" 자기의 획일적인 경험에 반하는 강력한 증거를 올바로 요구했다고 답변했다.[124]

대하는 데 적용한다(참조. Silvoso, *Perish*, 101-2은 그린란드의 시골에서 멕시코시티의 스모그를 이해할 수 없음과 비교한다). 이와 유사하게 Blomberg, *Gospels*, 111은 (따뜻한 지역 출신에게는 얼음에 대한 유비가 없을 수도 있으므로) 진정한 문제는 유비의 결여가 아니라 비역사적인 것(예컨대 너무도 자주 "풍선으로 밝혀진" UFO 관찰 및 그러한 다른 현상들)에 대한 유비라고 주장한다. 내가 뒤에 지적하는 바와 같이 UFO 관찰과 관련된 숫자는 기적을 목격했다는 수억 건의 주장과 쉽게 비교될 수 없다.

123 Bitzer, "Prince"는 Locke에서 Hume 그리고 Richard Price에 이르기까지 이 유비의 역사를 다룬다. 그 이야기는 증언의 중요성에 관한 Locke의 1690년 논문으로 시작한다(Bitzer, "Prince," 176). Hume은 자기의 반대자들의 무기고에서 그것을 제거하려고 했지만 성공하지 못했다(Bitzer, "Prince," 175). Locke는 이 특이한 사건이 시암의 국왕에게는 본질적으로 "기적"이라고 본다. Hume은 이 사건을 기적으로 보는 견해에 반대하는데, 왜냐하면 그는 기적을 자연법칙 위반으로만 보기 때문이다(Bitzer, "Prince," 179). Coleman, "Probability," 208-12은 Hume을 옹호하면서 자기가 기적보다 더 지지될 수 있는 사항에 관한 합리적인 회의주의라 하더라도 증거에 의해 논박될 수 있음을 보여주기 위해 (자기의 유비 이야기에서) 인도의 왕자를 사용했다고 주장한다. 그러나 나는 그 예에서 우리의 일반적인 경험을 넘어서는 현상에 대해 마음이 열려 있어야 할 이유를 발견하는 사람들에게 동의할 것이다. 한편 기적을 옹호하는 많은 사람은 경험으로부터의 논거를 **약화**시키기 위해 이 이야기를 Hume보다 더 많이 채용해서 본의 아니게 기적에 대해 찬성하는 그들의 논거에 반하는 결과를 가져왔다(Bitzer, "Prince," 221).

124 Hume, *Miracles*, 29; idem, "Miracles," 32. Hume은 자기의 입장을 방어하기 어렵게 만들지 않으면서 그가 할 수 있는 유일한 방식으로 Locke에게 답변했다(Burns,

그러나 자기 반대자들의 무기고에서 이 논증을 압수하려는 흄의 시도는 실패한다. (유비의 필요성에 대한) 그의 유비 자체가 본의 아니게 인간의 경험은 획일적이지 않으며 충분한 증거가 있으면(철학적 비평가 다수는 흄의 당대에 이미 기적에 관한 그의 입장에 충분히 도전할 만한 증거가 있었다고 믿는다) 한 사람 또는 심지어 한 문화의 경험의 획일성에도 도전하도록 허용되어야 한다는 데 동의한다.[125] 물이 어는 것을 경험해보지 못한 그 왕자는 자신이 무경험으로부터 물이 언다는 사실을 확실하게 유비해낼 수 없으며,[126] 일상적인 상황만을 경험한 사람들은 자신이 기적 주장이 암시하는 것과 같은 특별한 신적 중요성이 있을 수도 있는 상황에 대한 무경험으로부터 이런 활동이 일어날 수 있다고 추정할 수 없다.[127] 우리는 가능한 모든 사례를 조사하지 않고서는 부정적인 사안을 귀납적으로 증명할 수 없는데, 표본의 크기가 점점 더 제한될수록 이 문제는 더 불확실해진다(나는 다음 장에서 흄에 대해서 그리고 특히 6장에서 트뢸치가 개발한 역사 기술 유비 논쟁에 대해 다룬다).

사실 빅뱅은 어떤 의미에서는 독특하기 때문에, [어떤 주장이] 타당하려면 엄밀한 유비가 필요하다는 논거는 현재의 과학자들이 빅뱅을 긍정하

Debate, 167).

125 다음 문헌들에 등장하는 비판을 보라. Larmer, Water, 39; Earman, Failure, 34-35; 더 이전 시기의 Taylor, Hume, 8-10. Geisler, "Miracles," 79이 경고하듯이 기적에 반대하는 Hume의 논증은 공식적으로는 "우리는 설사 기적이 일어난다고 하더라도 그것을 믿어서는 안 된다"고 주장한다. Gaskin, Philosophy, 125은 Hume이 자신의 논문에서 "인도의 왕자" 역할을 해서 "전적으로 무엇이 자연법칙을 구성하는가에 관한 Hume 자신의 다소 불완전한 이해에 근거해서" 가능한 사건들을 일축한다고 지적한다.

126 Burns, Debate, 227.

127 아무도 모든 주장을 무비판적으로 받아들이는 것을 찬성하지 않는다. 많은 학자가 참으로 신적인 기적에는 신학적 또는 종교적 맥락이 중요하다고 논증한다(다음 장의 논의를 보라). 동일한 신앙이나 운동에 속한 학자들조차 때때로 맥락이 그 사안이 복잡함을 암시한다는 점을 다르게 이해한다.

는 데 도전할 것이다. 하지만 대다수 과학자는 증거가 그런 회의주의를 뒤집기에 충분하다고 믿는다. 기적의 경우에 많은 사람이 증거가 회의주의를 뒤집기에 충분하다고 믿듯이 말이다.[128] 우리가 다른 기적들이 일어난 적이 없다는 전제로부터 연구를 수행하지 않는 한, 방어할 수 있는 다른 기적 주장들에 비춰 볼 때 기적도 반드시 독특한 사건인 것은 아니다. 기적은 단지 유별난 것일 뿐일 수도 있다. 아무튼 내가 다음 장들에서 지적하는 바와 같이 오늘날 유비 논거로 기적이 덜 타당해지는 것이 아니라 더 타당해진다.[129] 즉 한때는 기적을 반대하여 만들어진 논거가 지금은 인간 경험의 지식이 더 넓어짐에 따라 기적을 지지한다. 다음 장에서 나는 흄과 그의 가상의 인도 왕자가 충분한 증거를 받아들일 만큼 현명해져야 한다고 주장할 것이다.

3. 이번 장의 결론

고대의 역사 기술은 특이한 현상들에 대한 (종종 조심하는) 보고뿐 아니라 그런 현상에 관한 선정적인 주장에 대해 의심하는 전통을 포함한다. 그러나 급진적인 계몽주의는 초자연적 모든 주장에 대한 철저한 의심을 도입했다. 많은 학자가 여전히 급진적인 계몽주의 틀을 갖고서 연구하고 있지만, 아마도 이전의 종교 논쟁 시기로부터 물려받은 그 틀의 독단주의는 다른 많은 문화나 포스트 계몽주의 비판의 관점에서 평가하면 설득력이 떨어진다.

---

128 다음과 같은 학자들도 같은 견해를 보인다. Geisler, "Miracles," 79; Licona, "Historicity of Resurrection," 102 각주 39(예컨대 Hawking and Penrose, *Space and Time*, 20을 인용하는데 Hawking은 뒤에 견해를 변경했다).

129 예컨대 (치유와 축귀에 관한) Theissen and Merz, *Guide*, 310을 보라.

급진적인 계몽주의의 관점은 자체의 문화적·역사적 맥락을 갖고 있는데 그것은 심지어 현재 서구의 과학적 발견의 맥락도 아니다.

다음 두 장에서 나는 기적에 대한 현대의 철학적 반대를 좀 더 자세하게 조사하려 한다. 그러나 내가 뒤에 지적하는 바와 같이 전 세계적인 맥락은 오늘날 이러한 전통적인 반대들의 설득력을 심각하게 약화시킨다.

5장

흄과 철학적 질문

기적은 자연법칙 위반이다. 그리고 확고하고 변경할 수 없는 경험이 이 법칙들을 확립했기 때문에 사실의 본성 자체에서 비롯되는 기적에 반하는 증거는 경험이 상상할 수 있는 것에서 등장하는 어떤 논거 못지않게 완전하다.

데이비드 흄[1]

구름 같이 많은 증인이 있지만 그들이 말하는 사건들의 절대적인 불가능성 또는 기적적인 성격에 대해 우리는 무엇을 반대해야 하는가? 모든 합리적인 사람의 눈에는 확실히 이것만으로도 충분한 논박으로 여겨질 것이다.

데이비드 흄[2]

앞서 언급된 바와 같이 본서의 핵심적인 요점은 그 주장을 실제로 어떻게 설명하든 간에 목격자들이 기적 보고를 제공한다는 것이다. 그러나 두 번

---

1   Hume, *Miracles*, 30-31(참조. 51); idem, "Miracles," 33.
2   Hume, *Miracles*, 44; idem, "Miracles," 40.

째이자 좀 더 논쟁적일 수도 있는 요점은 잠재적으로 초자연적일 수 있는 설명을 적절한 대안으로 고려하도록 초청하는 것이다. 우리가 7-12장에 수록된 이야기들을 듣기 시작할 때 독자들이 이 점을 명심할 수 있도록 나는 여기서 그 질문들을 다룬다. 초자연적 활동에 관한 불가지론적 가정부터 시작할 때, 모든 이야기가 초자연적으로 설명할 때 가장 잘 이해되는 것은 아니지만, 그런 경우도 있다(특히 12장에서 그렇다). 이번 장에서 중요한 점은 초인간적인 활동은 불가능하다는 가정은 입증된 사실이 아니라 하나의 해석 틀이라는 점이다. 100-200년 전의 많은 지성인에게 그렇게 보였던 바와 달리, 역사는 모든 문화가 이 관점을 향해 직선적으로 발전하는 것을 지지하지 않는다.[3] 기적을 예상하는 세계관이 있는가 하면 그것을 의심하는 세계관도 있는데, 각자 자기의 전제에 따라 경험과 현상을 해석한다. 그러나 두 세계관 모두 전제들이다.[4] 사실은 기적의 가능성에 비판적으로 열려 있는 자세가 가장 편견이 없는 자세를 허용한다.[5]

1. 이 장에서 다룰 내용

이번 장과 다음 장에서 나는 반초자연주의라는 지배적인 틀은 하나의 전제일 뿐이고 우리가 반드시 이후의 장들에 수록된 기적 보고들을 이 틀에 따라서 해석할 필요가 없다고 주장한다. 많은 독자는 이번 장의 내용이 특히

---

3   Cladis, "Modernity"와 Butler, "Theory"를 보라. Haught, *Atheism*, 58-59도 참조하라.

4   Swinburne, *Miracle*, 71을 보라.

5   Tonquédec, *Miracles*, 89-90은 특정한 기적 주장에 마음이 열려 있지만 이를 받아들일 의무는 없는 신자는 본인의 입장으로 인해 기적 주장을 거부해야만 하는 불신자보다 더 많은 지적 자유를 갖고 있다고 주장한다.

어렵다고 생각할 것이다. 따라서 나는 이 대목에서 이번 장의 핵심 주제를 요약한다. 기적을 긍정하는 데 대한 18세기 철학자 데이비드 흄의 반대가 계몽주의 경험주의자의 유일한 접근법이 아니었음을 살핀 후, 나는 논리적으로 성공하기 위해서는 그의 접근법이 반드시 무신론이나 이신론(deism)을 **전제**해야 한다고 주장할 것이다. 즉 흄의 접근법은 중립적인 논증이 아니며, 명시하지 않은 이 가정을 확립하지 못하는 한 반드시 그 결론이 뒤따르는 것도 아니다.

더구나 흄은 결정론적인 자연법칙 해석에 근거해서 정의상 기적을 없애버린다. 우리가 그의 접근법을 초기 계몽주의 과학자들 대다수의 접근법과 비교하면 알 수 있듯이 이 접근법이 불가피한 것도 아니었다. 이 점이 더 문제가 되는데, 오늘날 많은 비평가는 이 대목에서 흄의 논거를 알려주는 형이상학적 가정들은 현대 물리학에 비추어 보면 이치에 맞지 않는다고 지적한다. 가장 중요한 점으로는, 귀납적으로 추론한다는 흄의 주장과 달리 그는 학자들이 종종 지적하듯이 연역적으로 연구한다. 그는 "경험"에 근거해서 기적이 일어나지 않는다고 주장하면서도, 기적은 일어나지 않는다는 자기의 가정에 근거해서 기적에 대한 믿을만한 목격자의 증언(즉 **다른 사람**의 경험)을 무시한다.

특히 흄이 실제로 의도한 것이 무엇인지에 관한 해석이 경합하고 있으므로[6] 흄과 이번 장의 주제에 대한 자세한 논증은 다소 복잡하지만, 위의 단락은 우리가 이 장에서 다룰 주요 요점들을 요약한다. 나는 오늘날 기적에

---

6 Tucker, "Miracles," 374이 지적하듯이 "흄의 논문의 어떤 부분들은 모호해서" 한 가지 해석만을 겨냥한 비판이나 옹호의 가치를 약화시킨다. 다수의 현대 해석자들은 아마도 Hume의 지성을 존중해서 그가 원칙적으로 어떤 증언이 기적 주장을 충분히 믿을 만하게 만들 수 있다는 점을 부인한 것을 관대하게 눈감아주고 있지만, Larmer, "Interpreting Hume"은 Hume이 바로 그렇게 주장하려고 노력했다는 전통적인 해석을 옹호한다.

대해 증언하는 증거는 흄이 그의 시대에 입수할 수 있던 수준에 비해 압도적으로 많다고도 주장할 것이다. 흄이 우리 시대에 살았더라면 기적을 경험하지 못했다는 데 기초한 논거는 훨씬 더 어렵고 그의 동시대인들에게 (그리고 흄 자신에게조차) 설득력이 훨씬 떨어졌을 것이다.

본서에 등장하는 몇몇 요소들과 달리, 이번 장은 기적이나 심지어 특이한 현상의 존재에 대해 긍정하는 논증이 아니다. 이 장은 왜 학자들이 몇몇 특이한 경험들에 대한 초자연적 인과 관계의 가능성을 가볍게 무시해버릴 권리가 없는지를 보여주고자 한다. 내 논거에 설득되지 않는 독자라도 최소한 이 문제가 현재 철학에서 뜨거운 논쟁거리이며, 기적에 반대하는 철학적 합의가 존재하지도 않는데도 마치 그런 합의가 있는 것처럼 그 합의를 인용함으로써 기적을 긍정하는 목소리를 무시하는 것은 학문적으로 부당하다는 점을 인식할 것이다. 이 경고는 증거를 받아들일 의향이 있지만 반초자연주의적인 가정을 토대로 증거의 기준을 너무 높게 설정해서 법률이나 역사 기술에서 대체로 인정될 수 있는 증거조차 배제하려는 사람들에게도 적용된다.

2. 질문의 성격

제한된 방법론적 자연주의는 가급적 자연적 관점에서 현상들을 해석하며 (신적 섭리가 작동할 수도 있고 그렇지 않을 수도 있다) 자연적 원인과 결과를 모색한다. 특히 자연에서 일어나는 전형적인 대규모 현상을 다룰 때 이 접근법은 발견학습법적으로(heuristically) 큰 가치가 있다.[7] 그런 방법론을 개척

---

7   예컨대 Evans, *Narrative*, 159과 Davies, "Preface," xi도 같은 의견이다(Davies에 관

한 초기의 현대 과학자들 다수는 그렇게 하면서도 기독교 신앙을 긍정해서 창조주가 우주로 하여금 대체로 예측할 수 있는 방식으로 행동하도록 설계했다고 주장했다. 그러나 이 귀중한 발견학습 도구는 경험적으로 진실임이 증명되거나 거짓임이 증명될 수 있는 사건들에 관한 주장을 포함하여 초인간적인 존재의 지적 활동을 반영하는 활동의 가능성을 선험적으로 부인하는 철저한 철학적 자연주의와 혼동되지 않아야 한다.[8]

해서는 Frankenberry, *Faith*, 412-36을 보라). 따라서 내 저서 *Historical Jesus*는 대체로 합의된 방법론(학계에서 공유된 공통적인 몇몇 가정을 통해 연구함)을 따랐으며, 추가적인 방법론적 질문들은 본서를 위해 남겨두었다. 몇몇 학자는 그릇되게 방법론적 자연주의에 의존해서 신적 행위자를 고려하는 것을 비합리적이라고 배제하지만, 그 용어는 단순히 제한된 탐구 영역을 가리키는 데 사용될 수도 있다(참조. 예컨대 O'Connor, "Science," 17; Plantinga, "Science," 100-1). 그러나 우리 인간은 완전히 구획될 수 없기 때문에 방법론적 자연주의를 계속 적용하면 형이상학적 자연주의를 더 타당하게 보이도록 만들 위험이 있다.

8 좀 더 이른 시기에 Tennant, *Miracle*, 25은 순전히 방법론적인 "기술주의"(descriptionism, 과학 탐구 본체에서 설명을 배제하는 것―사실 과학은 그것을 할 수 없다)와 설명을 타당하지 않다고 여길 수도 있는, 그것의 좀 더 문제가 있고 일관성이 없는 규범적인 역할을 구분한다. 19세기 영국의 정치가인 William Gladstone은 방법론적으로 과학을 옥죄는 것과 그 결과 종종 모순되는 일반적인 형이상학적 주장 모두를 비판했다(Numbers, "Aggressors," 35-36). 다른 학자들은 그 구분을 다음과 같이 다양하게 묘사했다: 방법론적 자연주의와 형이상학적 자연주의(Plantinga, "Science," 100-101; Evans, *Narrative*, 158-61; Geivett and Habermas, "Introduction," 12, 21; Licona, "Historicity of Resurrection," 99 각주 28; idem, *Resurrection*, 142 각주 28), 단순한 "방법론적 전략" 대 "존재론적 판단"(Frankenberry, *Faith*, 344에 수록된 Polkinghorne), 또는 방법론적 환원주의 대 존재론적 환원주의(Davies, "Preface," xi-xii). 환원주의에 반대해서, 몇몇은 "창발주의"(emergentism)를 인용하는데 여기서는 복잡한 전체가 극소 차원의 물리적 구성 요소들보다 크다(예컨대 Davies, "Downward Causation," 35-39, 50-51; Kim, "Realistic," 189). 몇몇은 예컨대 유독성 원소 나트륨과 염소가 결합하여 식탁의 소금이 만들어지는 것을 통해 이 원칙을 보여줄 것이다(Deacon, "Emergence," 121). 좀 더 완전한 인식론은 좀 더 복잡한 전체를 조사해야 하며, 일반적인 과학 데이터를 수집할 때처럼 단순히 구성 요소들만 조사해서는 안 된다. 다른 몇몇 사상가들은 증명되지 않은 전제를 사용해서 창발주의의 형태들이 일원

이 논의에 관련된 쟁점들은 복잡하며 어떤 합의에 호소함으로써 쉽게 해결될 수 있는 것이 아니다.[9] 철학자들은 "기적"의 의미에 관해 논쟁을 벌이고 있으며 오늘날 흄에 대해 비판하는 많은 학자는 다양한 관점에서 그를 공격하는데, 이 관점들 가운데 몇몇은 서로 모순된다.[10] 그러나 이 장에서 내 요점은 이 시대의 철학에 대한 조사 결과를 제공하는 것이 아니고 현대 학계의 다수가 흄에게 물려받은 반초자연주의적인 합의에 대한 도전과 대안을 제공하는 것이다. 나는 한 가지 반대 또는 입장에 초점을 맞추기보다 이 반초자연주의의 유산에 대한 현재의 몇 가지 이의를 자세히 열거할 것이다.[11]

론적이라고 비판한다(Smith, *Thinking*, 90-92).

9   아무튼 합의에 대한 호소가 너무 많이, 때때로 권위에 대한 거의 종교적인 호소로 사용되는 경향이 있는데(Poirier, "Consensus"에 실린 경고를 주목하라), 이는 엄격한 합리주의나 경험주의의 인식론과 모순된다.

10 이러한 비판에는 다음과 같은 연구가 포함된다. Swinburne, *Miracle*(Macmillan, 1970); Beckwith, *Argument*(University Press of America, 1989); 좀 더 최근의 연구로는 다음과 같은 주요 대학 출판부의 문헌이 있다. Houston, *Miracles*(Cambridge, 1994); Johnson, *Hume*(Cornell, 1999; Fogelin, *Defense*, 32-40에서 비판받았다); Earman, *Failure*(Oxford, 2000; Fogelin, *Defense*, 40-53에서 비판받았다. 특히 Hume이 "직선 규칙"을 사용한 것을 부인한다. 또한 Sober, "Proposal," 493에서 의심받았다. 비록 그는 Earman[ibid.]에 대해 좀 더 인정하지만 말이다). 그리고 많은 논문 및 기타 연구들이 있는데, 나는 그중 몇몇을 아래에 인용한다. 아마도 Hume의 접근법에 대한 가장 활발한 공격은 Earman의 비판일 것이다. 그는 자신에 대한 몇몇 비방자의 인신공격적인 비판과는 달리 기독교 신학에 집착하지 않으며(*Failure*, viii) 실제로 기적을 지지하는 논증을 펼치지도 않는다(Tucker, "Miracles," 389에 실린 비판을 보라). 그는 자신의 과제를 단순히 Hume의 빈약한 논거를 드러내는 것으로 본다.

11 몇몇 학자는 다양한 개념들의 요소들을 결합한다(예컨대 Kellenberger, "Miracles"는 145에서 위반 기적, 우발성 기적, 그리고 자연 기적은 논리가 정연하며 이 기적들을 합하면 모든 기적을 포함한다고 언급한다. Nichols, "Supernatural," 25도 복수의 종류의 기적을 허용한다). 단지 자연 현상을 관찰하고 반영하기만 하는 것보다는 초자연적 현상에 대한 반대가 그 입장을 규정하는 특징이자 내가 그 입장에 반대할 만한 특징이기 때문에 나는 "반초자연주의"라는 표현을 사용한다. 몇몇은

비록 이 정의에는 여러 관점에서 문제가 있기는 하지만, 여기서 사용된 일반적인 목적상 "기적"은 유별난 초자연적 원인을 갖고 있는 이례적인 사건[12]으로 정의될 수 있다. 자연적 모든 것은 궁극적으로는 초자연적 원인을 갖고 있으므로 전통적인 유신론적 관점에서 볼 때 그 정의에는 문제가 있다. 실제로 창조는 차치하고, 바다가 갈라진 것 같은 성경의 극적인 몇몇 기적은 근사한 자연적 원인을 포함한다(강한 동풍 같은 원인, 출 14:21).[13] 또한 "이례적인"과 "유별난"(이 단어들은 내가 첫 번째 문제를 감안하기 위해 사용하는 형용사다)은 정도 문제이기 때문에 그 정의는 문제가 있다. 따라서 특정 사례에서 이 용어들을 사용하는 것의 적절성은 많은 논쟁거리가 될 수도 있을 것이다.[14] 우리가 뒤에서 살펴보는 바와 같이 특히 다양한 관찰자들의 증

예컨대 Tonquédec, *Miracles*, 5 같이 "자연주의"를 그렇게 정의한다. 그러나 방법론적 자연주의와 형이상학적 자연주의를 구분하는 것이 중요하며, 후자는 단순히 그 질문을 무시함으로써가 아니라 초자연의 가능성을 부정함으로써 형이상학적 자연주의로서 존재한다. 따라서 나는 내가 그 용어를 사용하는 대다수 맥락에서 "반초자연주의"가 더 엄밀하다고 생각한다.

12 Tucker, "Miracles," 378은 성경의 기적에 대한 요약으로서 "힘 있는 신적 위업"이라는 표현을 제공하는데, 이는 초기의 성경 자료들에 나타나는 다신교적인 신적 주장들에 대한 갈등을 강조한다. McGrew, "Argument," 596은 "오직 자연 질서만이 작동했더라면 일어나지 않았을 특별한 사건"이라는 유용한 정의를 제안한다("자연 질서"를 물질에 의해 구속된 실체라는 관점에서 다룬다).

13 Hume의 정의에도 불구하고 기적으로 개념화된, 바다가 갈라진 사건에 관해서는 예컨대 Clarke, "Definition," 53도 보라. 전통적인 기독교적 유신론에서는 하나님이 때때로 몇몇 자연법칙을 일시적으로 정지시킬 수도 있지만, 하나님은 자연 과정을 통해 일하거나 자연 과정을 촉진할 수도 있다(Nichols, "Supernatural," 예컨대 40). 하지만 성경의 몇몇 기적은 자연의 규칙성에 대한 예외로 보인다(일련의 성경적 접근법에 관해서는 예컨대 Kasher, "Miracles"롤 보라).

14 Polkinghorne, *Science and Providence*, 50은 "이례적인"은 받아들이지만(다음과 같은 학자들에 동의한다. Swinburne, *Miracle*, 1; 좀 더 이전 시기의 Trench, *Miracles*, 9; Tonquédec, *Miracles*, 2) "개입"은 받아들이지 않는다(Lewis, *Miracles*, 15에 반대한다). 그리고 "일반 섭리와 특별 섭리, 기적이 뚜렷이 구분되지 않는다"고 주장한다. Polkinghorne은 그 유비의 유용성의 한계를 인정하면서도 극도의 고온

거에 대한 기준이 다르다는 점에 비춰 볼 때 어떤 사건이 명백하게 초자연
적임을 입증하는 것은 인식론상으로도 문제가 있다(예컨대 극단적인 경우 어
떤 사건이 초자연적으로 야기되었다는 **모든** 증거를 배척하는 사람이 있을 것이다. 이와
대조적으로 기독교 신앙의 입장은 아무리 평범해 보일지라도 모든 상황에서 하나님의
활동을 긍정할 가능성이 있다). 하지만 제안된 기적의 정의들 중에서 내가 제안
하는 이 정의는 논의할 때 유용하게 사용될 수 있다.[15] 나는 내가 의도하는

이나 다른 유별난 상황에서만 명백해지는 물리 법칙들의 특징을 유비로 사용한
다(50-51). "이례적인", "기적" 그리고 "섭리" 간의 거리도 다양한 사건들과 관
련하여 달라진다고 말할 수 있다. 즉 창조 사건(빅뱅/**무로부터의** 창조라는 이해)
과 부활(새 창조를 시작함)은 특히 이례적이다. 몇몇은 "통상적인" 기적(자연적으
로 발생할 개연성이 낮음)과 "이례적인" 기적(자연적으로 발생할 가능성이 없음;
Flach, *Faith*, viii)을 구분한다. 계몽주의를 다루지 않는 성경은 그런 구분에 관심을
기울이지 않는다. 증거의 위대성에 따른 아퀴나스의 기적 등급 분류를 참조하라
(McInerny, *Miracles*, 146). 하나님은 자연의 일반적인 경로를 유지하는 것만큼이
나 손쉽게 그 경로를 바꿀 수 있으므로, 신학자 Samuel Clarke(1675-1729)는 기적
을 하나님의 일반적인 사역에 비해 유별난 것으로 정의했다(Daston, "Facts," 117).
Gwynne, *Action*, 23-38은 일반적인 신적 행동과 특별한 신적 행동 간의 구별에 대
해 많은 사람이 제기하는 문제들을 지적하지만, 후자를 식별하는 것을 지지한다.

15 가장 유용한 정의들에 관해서는 예컨대 다음 문헌들을 보라. Larmer, "Laws,"
227(이것이 없이는 자연이 만들어내지 않았을, 하나님에 의해 야기된 행동);
Fitzgerald, "Miracles," 48(명백히 초인간적인); Mawson, "Miracles," 56(신의 의
지와 관련된 "특정한 초자연적 행위자의 표적"); Mumford, "Miracles," 192-
93(초자연적 원인에 의해 야기된 자연적 사건, 191에서 Hume, Swinburne 등
에 반대하여 제시함); Clarke, "Response"(초자연적 의도를 강조함. 참조. Fern,
"Critique," 351-54); Luck, "Defense," 특히 468-69(초자연적 의도는 무관함);
Clarke, "Luck"(Mumford에 반대하며 Luck의 대답은 요점을 벗어난다고 주장함).
일련의 기적의 정의에 대한 조사에 관해서는 다음을 보라. Licona, "Historicity of
Resurrection," 94-95, 특히 주석 3; idem, *Resurrection*, 134-36 주석 3. 세 가지 포
괄적인 유신론적 접근법에 관해서는 다음 문헌들을 보라. Larmer, *Water*, 5-15;
Swinburne, "Introduction," 2-10; Purtill, "Defining Miracles." 기적에 관한 견해에
대한 지난 세기의 조사에 관해서는 Brown, *Miracles*, 171-238을 보라(그리고 특히
예수의 기적에 초점을 맞추는 부분은 239-77을 보라). 성경의 기적에 대한 견해의
조사는 Blomberg, "Miracles," 427-37을 보라.

독자층을 위해 기적에 반대하는 모든 논거를 본서에서 다루는 것이 적절하지는 않다고 생각하지만, 그런 반대들을 다룬 사람도 있다.[16]

사람들이 기적으로 해석하는 현상들은 해석에 관한 논쟁과 무관하게 **사건**으로서 과학적으로 및 역사적으로 조사될 수 있다.[17] 최초의 진단을 확실하게 해줄 정보에 우리가 접근하지 못하는 경우가 종종 있기는 하지만, 원인이 무엇이든 간에 질병에서 회복된 사람도 있고 회복되지 못한 사람도 있다. 역사가들은 원인에 관해서는 확실히 표명하지 않으면서도 사건들을 다룰 수 있다. 예컨대 학자들이 카를로마누스 1세가 자연사했는지 (그의 형 카롤루스 1세 마그누스의 지시에 따라) 살해되었는지에 관해 동의하지 않지만 그가 기원후 771년에 사망했는지 여부에 관해서는 거의 논란이 없다.[18] 마찬가지로 신약성서 학자들은 우리가 살펴본 바와 같이 예수의 기적들의 성격과 원천이라는 좀 더 논란이 있는 문제들을 다루지 않고서도 기적 행위자로서의 예수에 관해 글을 쓸 수 있다.

그러나 대다수 학문 분야에서 가능한 원인에 관해 가설을 세우는 관행이 있다. 관행적으로 그렇게 하는 분야에는 역사학과 의학이 포함된다. 논의 중인 사안에 관한 인과 관계를 질문할 경우 우리는 무엇을 발견하는가? 13-15장에서 논의되는 바와 같이, 관찰자의 관점에 따라서 그리고 사안에 따라서 확률 추정치가 달라진다. 특정 질병으로 고생하는 사람들이 일반적으로 특히 휴식과 수분 보급 후 회복된다면, 우리는 회복 효과를 순전히 자연적 요인들에 돌릴 것이다. 그러나 많은 사람이 기도 후 신속하게 회복되

---

16 예컨대 Evans, *Narrative*, 137-69.

17 예컨대 다음과 같은 학자들도 이에 동의한다. Sider, "Methodology," 30, 33; Beckwith, "History and Miracles," 88; Habermas, *Evidence*, 25.

18 Licona, "Historicity of Resurrection," 123; idem, *Resurrection*, 177; Licona and Van der Watt, "Adjudication of Miracles," 2. Velleius Paterculus *Compendium* 2.4.6에 수록된 유명한 장군의 죽음에 관한 고대의 유사한 논쟁을 참조하라.

었고 그 회복이 유별나다면 어떤가? 초자연적 설명이 좀 더 매력이 있게 되지만, 우리는 여전히 초자연적 설명을 제공해야만 한다고 느끼지는 않는다. 즉 심인성 요인이 작동했을 수도 있다. 그러나 특정 사례에서 심인성 요인은 개연성이 없다고 가정하자(가령 그 사람이 호흡과 맥박으로 미뤄볼 때 두세 시간 전에 사망했다고 가정하자. 일반적으로 그런 상황에서는 뇌가 6분 이내에 죽기 시작한다). 만약 그 사람이 살아나기를 기도한 뒤 회복되는 사례가 많이 발생하고 이 요인이 없을 때는 그런 회복이 훨씬 덜 빈번하게 일어난다면 우리가 그 기도와 회복 간에 밀접한 관계가 있을 가능성에 대해 좀 더 조사해도 무방하지 않겠는가?[19] 몇몇 종류의 사례에서는 초자연적 설명이 활용할 수 있는 가장 그럴듯한 설명으로 입증될 수도 있다[20].

---

19 몇몇 종류의 사건에 대해(특히 Coleman, "Probability," 219 등에서 널리 지적되는 바와 같이 Hume이 부활한 것으로 가장한 "여왕"의 사례[*Miracles*, 52]를 예로 들면서 예수의 부활도 그런 경우라고 강조하는 데 대해) Licona, "Historicity of Resurrection," 402, 414은 제자들의 역사 심리를 공상적이고 다양하게 재구성하는 것은 부활이 일어났다는 단순하고 따라서 더 검약적인 가정보다 복잡할 수 있다고 주장한다(Hume이 설명하는 예수의 부활 사례에 관해서는 Howard-Snyder, "Case," 특히 398-99, 407-11에 수록된 논의도 참조하라). 신학적으로는, 칼뱅주의자는 기도를 하나의 요인으로 보면서도 하나님께서 미리 결정하신 것으로 볼 수도 있다(Young, "Petitioning," 198에 실린 논평을 보라. 그는 또한 신의 예지와 인간의 자유가 양립할 수 있다고 본다, 201). 나는 본서에서 특정한 신학적 접근법들을 중재하려 하지 않지만(현재 많은 학자가 양자 불확실성[quantum indeterminacy]을 인용해서 무작위적으로 "갈라진" 미래를 지지한다), 나는 기도에 관한 이 제안에서 아무런 논리적 모순을 발견하지 못한다.
20 나는 Johnson, *Hume*, 73(예수의 부활에 관한 견해)에 동의한다. 역사가는 어떤 사건에 대한 설명으로 경합하는 가설 중에서 가장 그럴듯한 가설을 추구해야 하며, 특히 자연주의적인 설명이 부적절해 보일 때에는 하나님의 행동도 인간 행위자의 행동과 마찬가지로 그 가설들에 포함되도록 허용되어야 한다(Young, "Epistemology, 124-25). 인격적인 존재들은 현재의 물리법칙을 통해 적절하게 묘사할 수 있는 것보다 높은 복잡성 수준에서 행동하기 때문에 우리는 지적인 초인간적 원인을 추론한다 해도 물리학이나 수학에서 예측할 수 있는 것과 똑같은 방식으로 예측하지 못한다(예컨대 심리학은 수리물리학이 주어진 조건에서 포물

모종의 초인간적인, 그리고 어쩌면 초자연적 지성적 인과 관계일 수도 있는 가능성을 배제하면 몇몇 증거의 매우 그럴듯한 설명이 선험적으로 제외된다. 그런데도 서구의 많은 지성인은 이렇게 하고 있다. 어떤 사람들은 단지 기적은 일어나지 않는다는 전제에 기초해서 어떤 기적 주장이라도—비록 임상적으로 며칠 동안 죽어 있다가 공공연하게 살아난 사례라 하더라도—배제할 것이다. 기적이 일어나지 않는다는 것을 그 비평가가 어떻게 아는가? 그 비평가는 데이비드 흄과 마찬가지로 기적이 일어나지 않는다는 경험의 획일성을 논거로 제시할 수도 있을 것이다. 그러나 이 주장은 고려 대상인 주장의 증거를 배제하는 순환논법이다.[21] 혹은 그 비평가는 신이나 다른 초인간적인 지성이 존재하지 않으며, 따라서 초자연적 현상의 근원을 제공할 수 없다는 사실을 우리가 알고 있다는 무신론 관점에서 주장할 수도 있을 것이다. 그러나 몇몇 학자들이 생각하는 것과 달리 신의 존재 부정은 현시대의 종교 철학자들에게서 올바른 전제로 받아들여지지 않고 있고[22] (심지어 모든 과학자에게서도 그렇다),[23] 따라서 논란이 없는 전제로 통

체를 예측할 수 있는 것과 같은 정도로 정밀하게 인간의 행동을 예측할 수 없다). Hume은 우리가 그것들에 대한 자연의 유비를 갖고 있다면 인과 관계의 추론을 할 수 있다고 생각하지만(Fosl, "Hume," 178), 이 제약은 무신론적 접근법을 필요로 한다.

21 이는 Hume이 기적 주장에 대해 그런 사건은 "어느 시대에도, 어느 국가에서도 결코 관찰된 적이 없다"고 반대하는 것(Hume, *Miracles*, 31; idem, "Miracles," 33)과 똑같은 논리다. 참조. Giere, "Naturalism," 222: 자연주의는 정의상 신들을 배제한다. 그런 관찰에 대해서는 뒤의 장들을 더 보라.

22 Smith, "Metaphilosophy," 197을 보라(이 주제에 관한 문헌의 수량을 조사하며 그 자신은 자연주의적인 관점에서 쓰고 있다). 2007년 Baylor 조사에서 미국 인구의 4%만 무신론자였으며(6-7%는 불가지론자였다), 또 다른 조사에서 다른 대다수 서구 국가들의 무신론자 비율은 1-6%였다(Stark, *Believe*, 62, 117, 122, Licona, *Resurrection*, 159 주 92에 인용된 내용).

23 Salam, "Science," 93-94는 심지어 **대다수** 과학자는 최고의 존재, 즉 "우월한 지성"을 인정한다는 의견을 표명한다. 유신론자인 과학자가 통계적으로 다수파이든 아

하지 못할 것이다.

좀 더 합리적인 관점에서 비평가는 하나님의 존재에 관해 합의가 이뤄지지 않았기 때문에 이 원인은 고려 대상에서 제외된다고 주장할 수도 있을 것이다.[24] 그러나 역사가들은 특히 정치적, 민족적, 혹은 기타 편견들이 합의가 이뤄질 가능성을 가로막는 사안 등 합의가 이뤄지지 않은 모든 종류의 원인에 관한 가설을 제시한다.[25] 신적 원인에 관한 주장들은 오로지 신

니든(유신론자가 상당히 많고 그 비율이 높아지고는 있지만 그들이 다수파가 아닐 수도 있다, Weber, "Figure." 특히 Ecklund, *Science*와 idem, "Religion"를 보라), 그들이 희귀하다고 말할 수는 없다(예컨대 Margenau and Varghese, *Cosmos*에서 언급된 응답자들, 위에서 이미 언급된 과학자들, 그리고 아직 언급되지 않은 다음과 같은 학자들. Yoshikawa, "Variables," 135; Szentágothai, "Existence," 216-17; 또한 Frankenberry, *Faith*, 여러 곳; Davies, *Mind*, 15-16의 관찰 내용). Oursler, *Power*, 26은 Louis Pasteur가 "인간이 과학을 약간 알면 하나님에게서 멀어지지만, 많이 알면 다시 하나님께 돌아온다"고 주장했다고 인용한다. 전에 무신론자였던 나는 존스홉킨스 대학교 생물학 교수인 C. B. Anfinsen이 "Power," 139에서 "나는 오직 바보만이 무신론자가 될 수 있다"고 한 과장된 주장에 동의하지는 않지만, 이 말에 웃을 수 있다. 그 학문적 질문은 엄밀히 말하자면 과학이 아니라 종교 철학에 속하지만 여기서 내 요점은 과학자들은 무신론자라는 대중의 인식이 무신론의 지적인 지위에 불공정한 중요성을 부여하고, 고(故) Carl Sagan(그의 실제 견해는 기독교 신앙에 대한 깊은 이해는 결여하고 있지만 좀 더 미묘해 보인다. Frankenberry, *Faith*, 222-48에 수록된 자료를 보라) 같은 특정한 과학자들의 공개적인 견해에 특권을 부여한다는 것이다.

24 전제가 그 사안에 관한 역사가의 결론을 형성하기 마련이라는 점은 사실이지만 (Richardson, *Miracle Stories*, 126-27), 그렇다고 해서 이 문제에 관한 대화를 시도하기를 단념할 필요는 없다. Martin, "Historians on Miracles," 417은 Meier가 기적의 가능성에 대해 찬반을 결정해서는 안 된다고 주장한 것으로 이해하는데, 이 접근법을 취하면 본의 아니게 기적에 대한 강력한 증거를 받아들일 가능성을 닫을 것이다.

25 Licona, "Historicity of Resurrection," 108(125-26도 참조하라); idem, *Resurrection*, 155-56. 참조. Licona and Van der Watt, "Adjudication of Miracles," 3-4. 과학과는 대조적으로 역사는 사건들의 의미와 중요성을 비교할 것을 요구한다(Lonergan, *Method*, 179-80, 215). Marsden, *Outrageous Idea*, 6, 51-54은 마르크스주의나 다른 이념들의 관점에서 연구하는 학자들은 인기가 없다고 불평한다. McGreevy,

학자들의 전문 영역이며 따라서 다른 학자들은 이것을 고려할 필요가 없다고 주장하는 것은 단지 방법론적인 책임을 전가하고 신학자들에게 억지로 역사 기술 철학 등을 다루게 하는 처사다.

그러나 역사가가 **역사가로서** 원인에 대한 판단을 진술하지 않기로 작정한다고 해서, 논리적으로 볼 때 우리가 필연적으로 그런 역사가가 신적인 인과 관계가 **그릇되었음을 증명했다**거나 어떤 역사적 증거가 그런 상황을 배제했다고 말할 수 있게 되는 것은 아니다. 그런 주장은 완전히 순환 논리적이며 그 논의를 시작할 때 갖고 있던 전제를 다시 진술하는 데 지나지 않는다. 논쟁을 피하고자 신적 원인의 가능성을 중재하기를 거절하는 것은 단지 방법론적으로 불가지론적인 자세를 취하는 것이다. 그러나 신적 원인의 가능성을 부인하는 것은 무신론적이거나 이신론적인 입장을 취하는 것이다.[26] 후자(무신론 또는 이신론)의 입장은 철학적으로 중립적이지 않다.[27] 왜 학계에 그런 입장이 그리 흔한가? 이는 학자들의 견해도 다른 사람들의 견해와 마찬가지로 종종 부지불식간에 무비판적으로 물려받는 우리의 지적 유산의 세계관에 의해 형성되기 때문이다.

"Histories," 65도 참조하라.

26 Ronald Sider의 경고를 참조하라: 개인의 견해와 무관하게 역사가들은 방법론적으로 불가지론을 유지하여 기적의 가능성을 허용하지만 이를 요구하지는 않아야 한다(Sider, "Methodology," 28).

27 예컨대 Padgett, "Advice," 290-91에 수록된 비평을 보라. Bowald, *Rendering*, 18에 수록된, 학계에서 횡행하는 "방법론적 이신론"("기껏해야" 이신론이고 심지어 22에서는 중립성의 가능성을 부인하기까지 한다)에 관한 불평도 참조하라.

3. 흄의 자연에 근거한 논거

오늘날 많은 학자가 지적하듯이 반초자연주의는 좀처럼 논의되지 않고 좀처럼 증거를 정리하려고 하지 않는 전제에 지나지 않는다.[28] 현대 학계에서 초자연적 현상에 대한 믿음을 즉결로 부인하는 것은 특정한 증거에 기초하기보다는 17세기와 18세기의 합리주의 철학에 기인한다.[29] 앞 장에서 살펴본 바와 같이 그런 접근법에는 몇몇 고전적인 선례들이 있는데, 그런 선례들은 그 당시에 그들의 동시대인 대다수를 설득시킬 만큼 충분히 보편적이지는 않았다.

이전 시기의 대다수 사상가보다 영향력이 있었던 17세기 철학자 베네딕트 드 스피노자는 하나님을 자연의 질서와 동일시하는 자신의 일원론에 근거해서 "자연법칙"을 하나님이나 하나님의 뜻과 동일하다고 보았기 때문에 기적은 자가당착이라고 주장했다.[30] 스피노자의 접근법은 데카르트에게

---

28 예컨대 다음 문헌들을 보라. Torrance, "Probability," 249-50; Kee, *Miracle*, 3-12; Gregory, "Secular Bias"; deSilva, "Meaning," 13-18; Sabourin, *Miracles*, 14; Stein, *Messiah*, 18-23; Marsden, *Outrageous Idea*, 29, 74; Nash, "Conceptual Systems," 119-23; 또한 Pannenberg, *Jesus*, 109(다음 문헌들에서 인용되었다. Licona, "Historicity of Resurrection," 93; idem, *Resurrection*, 133); 그리고 아래에 인용된 다른 학자들. Eddy and Boyd, *Legend*, 372-73은 복음서 전통에 관해 회의적인 많은 학자들은 공개적으로 기적은 일어나지 않는다고 전제한다고 지적한다.

29 Benoit, *Jesus*, 1:39. Kee, *Miracle*, 3-12과 Dembski, *Design*, 49-69도 보라. 이러한 세계관에 대한 긴 반응은 Eddy and Boyd, *Legend*, 39-90을 보라.

30 다음 문헌들을 보라. Dembski, *Design*, 55; Tonquédec, *Miracles*, 10; Léon-Dufour, "Approches," 15; Loos, *Miracles*, 11; Dunn, *Remembered*, 29; McGrew, "Miracles" (3.1.1). 참조. Zachman, "Meaning," 3-5; Barbour, *Religion and Science*, 16; Culpepper, "Problem of Miracles," 212; Keller, *Miracles*, 29-39; Rognon, "Relecture." 좀 더 이전 시기의 문헌은 Trench, *Miracles*, 51-53과 Bernard, "Miracle," 380을 보라. 기적에 대한 Spinoza의 접근법에 관해서는 Walther, "Kritik"도 보라. 성경의 텍스트에 대한 Spinoza의 접근법은 오늘날의 성서학자들보다 훨씬 더 회의적이었다(Popkin, "Bible Scholar," 105, 110). 기적이 자가당

큰 빚을 지고 있지만, 유신론이 데카르트의 접근법의 일부였음에도 스피노자는 데카르트의 방법론을 중세 유대교 신비주의의 범신론 개념에 비추어서 채용한 것으로 보인다.[31] 또한 스피노자의 자연주의적인 결정론은 그의 17세기 네덜란드의 상황인 현저한 칼뱅주의 결정론의 영향을 받았다.[32] 따라서 그의 방법론에서는 어떤 기적 보고가 사실이라 해도 거기에는 반드시 아직 발견되지 않은 자연주의적인 설명이 있어야 하는데,[33] 이 접근법이 오랫동안 지속되고 있다. 스피노자는 신의 본질이 자연법칙과 동일하다고 믿기 때문에 기적을 자가당착이라고 본다. 그러나 이 가정은 과거의 몇몇 합리주의 체계의 타당성 구조와는 일치하지만, 현대 물리학의 신학적 및 철학적

착이라는 견해에 대한 반대 의견은(종종 Hume의 견해나 이후의 견해에 도전한다) 예컨대 Miller, "Miracle"과 Landrum, "Miracle," 56-57을 보라. 대다수 학자의 견해와 달리 Hunter, "Spinoza"는 Spinoza가 기적을 부인하지 않았다고 주장한다. Spinoza는 1656년 자신의 회당에서 쫓겨났으며(Keller, *Miracles*, 39; Brown, *Miracles*, 30-31), 확실히 이전의 유대교 전통과 달랐다. 중세 유대 철학에 대해서는 Kreisel, "Miracles"를 보라. Maimonides(1135-1204)는 명백히 완전한 결정론에서 돌이켜서 기적을 허용했다(Langermann, "Maimonides." 그가 몇몇 다른 측면에서 Newton에게 영향을 주었을 가능성에 관해서는 Popkin, "Comments"를 보라). 그 뒤에 Gersonides(1288-1344)는 그것들을 기적으로 보면서도 어느 정도는 합리적으로 설명했다(Klein-Braslavy, "Use"를 보라). 유대교는 역사적으로 기적으로서 자연과 개별적인 기적을 모두 강조했다(Birnbaum, "Polemic," 441-44. 히브리어 성경에 등장하는 내용이기는 하지만, Kasher, "Miracles"를 참조하라).

31 Brown, *Miracles*, 31-32(Descartes에 관해서는 25-26도 보라). Descartes 자신보다는 이후의 데카르트주의 사상가들이 인식론상의 회의주의를 옹호했는데, 이는 Descartes가 자기의 자아 중심적 접근법이 극복하기를 원했던 문제였다(Burns, *Debate*, 27-28). Descartes는 회의주의를 발견학습법적으로 채용했지(Landesman, *Epistemology*, 78), 실제로 모든 믿음을 중지시키고 그에 따라 살지는 않았다(80-81). Hume과 논리 실증주의자들은 불신앙을 한층 더 밀어 부쳤다(Lonergan, *Insight*, 411). 심지어 그의 이원론의 특성마저도 과장되었다(Harrison, "Descartes").

32 Brown, *Miracles*, 32.

33 Ibid. Spinoza는 사실상 성경의 기적 보고들을 이용해서 그 사건들에 대한 자연주의적인 설명을 제공한다(ibid., 32-33).

독법으로부터 비판을 받는다.[34] 역설적이게도 이후의 많은 사상은 스피노자의 범신론은 거절하면서도 순진하게 그의 철저한 자연주의를 떠안았다.[35] 내가 이러한 모순을 지적한다고 해서 그의 범신론으로 돌아가기를 옹호하려는 것은 아니다. 즉 일원론적인 해석이 가능한 유일한 접근법은 아니다. 예컨대 우리는 스피노자의 범신론을 부인하고, 물질적 우주 외부에 정보 내용의 원천이 존재할 가능성을 고려할 수도 있다.[36] 이 경우 지성의 활동이 자연

---

34 Dembski, *Design*, 55, Spinoza에 관한 부분을 보라. 현대 물리학에 관해서는 Meyer, "Evidence," 53-66과 그가 인용하는 자료들을 보라. 몇몇 학자는 비결정론은 일상생활을 다루는 것이 아니라 소립자들을 다룬다고 분별 있게 답변한다(참조. Loos, *Miracles*, 77). 그러나 우리는 인간의 지성은 일상생활에서 좀 더 근본적인 본질에 영향을 주는데, 초지성적인 행위자는 훨씬 더 그럴 수 있다고 유비할 수 있다(아래의 논의를 보라).

35 범신론은 특히 우주가 무한하다고 생각한 철학자들에게 호소력이 있었을 수도 있지만(참조. Heim, *Transcendent*, 34), 현대 물리학은 우주가 유한하다고 여긴다. 복잡한 정보와 질서가 과거에 시작된 유한한 우주라는 빅뱅 이론의 폐쇄 체계 안으로 유입된 점과, 우주적인 인류 원리에 관한 현대의 몇몇 이론화(Barrow and Tipler의 영향력 있는 초기 연구 *Principle*을 보라. 비록 그들은 전통적인 유신론적 적용을 지지하지 않을 테지만 말이다. 예컨대 그들은 자연의 외부에 존재하는 지성에 대해 회의적인 것으로 보인다, 107) 모두 창조주를 식별하는 데 대한 반대 논거로 사용될 수 있다. 즉 일원론의 매력은 문화적으로 전보다 절충할 수 있게 되었다(예컨대 Barr, *Physics and Faith*; 인류 원리에 관한 부분, 118-57). 그러나 물리학의 우주론은 급속히 변하므로(예컨대 Barbour, *Religion and Science*, 198은 같은 견해를 보인다), 그것에 기초한 신학적 성찰은 잠정적이고 계속 적용해 나갈 수 있다.

36 Polkinghorne, "Chaos Theory," 251은 잠정적으로 "적극적 정보를 통한 하향식 상호작용"의 견해를 상기한다. 참조. Idem, *Reality*, 35; Polkinghorne and Beale, *Questions*, 51, "인과 원리"(causal principle)로서의 "적극적 정보"에 관한 부분. 더 자세한 내용은 Gwynne, *Action*, 189-203, 321-22을 보라. 더 광범위하고 덜 신학적인 접근법에 관해서는 다음 문헌들을 참조하라. Davies, "Downward Causation"에 수록된 "downward causation"; Murphy, "Causation," 228-30; Chalmers, "Emergence," 248-50(그것을 신봉하지는 않는다); Ellis, "Nature," 82-92에 실린 하향적인 복잡한 인과 관계. 전체가 부분들의 기능에 영향을 주는 접근법으로서, "창발"(emergence)이 반드시 초자연주의적인 것은 아니지만, 그것은 유신론적 해석을 잘 받아들인다(Gregersen, "Emergence," 특히 280). 우주에 신적 정보가 입

법칙에 복종해야 할 필요성이 사라진다.[37] 몇몇 우주론 학자들은 빅뱅의 구

력되는 유비에 관해서는 예컨대 Peacocke, "Incarnation," 328, 330을 보라(예컨대 Bowker, *Sense*를 인용한다. Peacocke의 논거의 일부는 성육신에 대한 흠이 있는 역사적 이해에도 의존한다. 특히 다음 문헌들을 보라. Hurtado, *Become God*; idem, *Lord Jesus Christ*; idem, *One God*). 우주와 인간의 창의적인 "정보 형성"에 신적 정보가 입력되는 유비에 관해서는 Puddefoot, "Information Theory," 312을 보라. 어떤 책이 인쇄기에 의해서뿐만 아니라 저자와 출판사에 의해서도 "야기된다"는 유비도 참조하라(Haught, *Atheism*, 85, 88-89에서 일원론적인 자연주의적 설명에 반대하여 제기되었다). 위의 창발 접근법도 주목하라. 그 방법론에서는 비결정론적인, 좀 더 넓은 복잡성 구조의 원칙이 물리학이 대체로 순응하는 미세 수준(microlevel)의 역학과 모순되지 않음도 주목하라(Davies, "Preface," xii-xiii). 우리가 문장의 의미와 그 문장의 개별적인 문법적 구성 요소들의 의미를 비교할 수도 있을 것이다. "약한" 형태의 창발 접근법이 현재 물리학을 지배하고 있지만 "강한" 형태가 진척될 수도 있으며(Clayton, "Foundations," 27) 과학과 신학의 대화에 매우 유용할지도 모른다. Schleiermacher, Ritschl, 그리고 Barth 같은 신학자들은 자연 신학에 대한 의존을 약화시켰지만, 자연 신학은 좀 더 최근에는 종종 신학적으로 지향된 과학자들에게서 부활을 경험했다(Roberts, "Darwin," 167-68).

37 이는 그런 지성을 가리키는 양상의 일관성을 부인하는 것이 아니라, 그런 지성이 마치 그런 양상들에 의해 결정되기라도 한 것처럼 그 양상들에 따라서만 행동할 수 있다는 주장을 부인한다. 지적인 인과 관계에 대한 논증은 아래의 논의 및 특히 주석을 보라. 에피쿠로스학파의 원자 일원론과 스토아학파의 자연(*physis*)을 구조화하는 지성(*logos*)에 대한 긍정을 대조하라. 이 지성에 관해서는 예컨대 다음 문헌들을 보라. Diogenes Laertius 7.1.88, 134; Marcus Aurelius 7.9; Long, *Philosophy*, 120, 148-49. 하지만 초기 스토아학파는 범신론적이고(후기의 문헌은 다음과 같다. Cicero *Nat. d.* 2.7.19-20; Seneca *Nat.* 1.pref.13; 2.45.1-2; *Dial.* 7.8.4; *Ep. Lucil.* 95.52; Marcus Aurelius 4.40; Diogenes Laertius 7.1.134; 7.1.148. 추가로 Baltzly, "Stoic Pantheism"과 Klauck, *Context*, 353-54을 보라. 참조 Jacquette, "Divinity". 참조. Cicero *Nat. d.* 1.10.24에 실린 어느 에피쿠로스 철학자의 비판; 1.13.34; Lucian *Hermot.* 81에 실린 철학자가 아닌 사람의 견해), 일종의 일원론을 유지했다고 묘사될 수 있다(Gould, *Philosophy of Chrysippus*; Todd, "Monism"). 심지어 현대에도 우주의 현재 구조가 논리적으로 필요하지는 않기 때문에 우주가 우연히 존재하기는 너무 "개연성이 낮다"(improbable)고 보는 것은 오래된 논증이다(예컨대 Sturch, "Probability," 353-54을 보라. 그는 351에서 Tennant에 동조한다). 20세기 초의 지적 설계 논쟁에 관해서는 예컨대 Tennant, *Theology*, 2:121-26에 수록된 논의를 보라(다음 논의들도 함께 보라. 1-50에 수록된 과학 법칙; 51-77에 수록된 자연에 나타난 합리적 구조; 78-120에 실린 우주의 목적론. 그런 설계를 긍정

조화된 결과를 설명하기 위해 그러한 외부의 기원이 필요하다고 믿는다.[38] 대다수 신학자는 이 접근법을 현재 우주론의 주요 경쟁 이론, 즉 독립적인 수많은 우주가 있다는 설명보다 선호한다.[39] 많은 학자들은 그것은 다중 우주(multiple universes)가 아직 경험적으로 지지되지 않았기[40] 때문만은 아니고,

한 다른 학자들도 있다. 예컨대 Tonquédec, *Miracles*, 2은 이에 대해 간략하게 서술한다). Frankenberry, *Faith*, 351에서 Polkinghorne은 진화는 모든 면에서 "맹목적"이거나 목적이 없는 것이 아니라고 주장하는 한편 진화에서 나타난 ("역사적 우발성"으로서) "우연"이 신정론(theodicy)을 돕는다고 주장한다. 작금의 지적 설계 운동에 대한 선도적 반대자인 Kenneth Miller(그는 지적 설계 운동을 특히 진화와 관련하여 설명한다)는 지적 설계를 "존재에서의 질서, 의미 그리고 목적" 관점에서 인식한다(Miller, "Darwin," 81, 85-86). 몇몇 학자들이 진화의 형태들에 반대하는 논쟁적인 설계 이론을 내놓고 있지만(그 이분법이 필수적인 것은 아니다. 예컨대 다음 문헌들을 참조하라. Johnson, "Neurotheology," 220; Plantinga, "Science," 107, 114-16; Miller, "Darwin," 90-91에 인용된 교황청의 위원회; 심지어 Ruse, "Design," 210-11에 실린 몇몇 반대자들에 관한 내용), 우주에서 좀 더 넓은 설계 개념은 철학에서 당면한 논쟁거리다(우주상수 설계에 관해서는 예컨대 Spitzer, *Proofs*, 45-46, 50, 57-68, 73-74에 수록된 논의를 보라).

38   Spitzer, *Proofs*, 13-74에 수록된 논의를 보라. 고대의 선례에 관해서는, 현대의 이 접근법은 플라톤 철학의 세계 형성자나 이상적인 형태보다는 위에서 언급된 스토아학파의 로고스와 더 가까운 것으로 보인다. 사제이자 물리학자인 Georges Lemaître는 상대성으로부터 빅뱅을 추론하고 Einstein을 포함한 다른 사람들을 설득했다. 그러나 그는 과학 이론과 그것에 대한 형이상학적 해석을 구분했다 (Krauss, "Religion," 147-48). 대다수 신학자는 창조 사건은 일회성이었다고 생각한다. 아퀴나스 같은 사람들은 영원한 우주와 창조를 조화시킬 수 있었다(Giberson and Artigas, *Oracles*, 105-6에서처럼). 그러나 이 접근법은 그런 설명과 같이 부담스럽지는 않을 것이다.

39   그런 우주에 관해 예컨대 Barrow and Tipler, *Principle*, 472-509에 실린 논의를 참조하라. Leslie, *Universes*도 참조하라. Spitzer, *Proofs*, 45-46이 언급하듯이 여전히 대안은 미세 조정이나 다수의 우주다.

40   예컨대 다음과 같은 문헌에서 종종 지적된다. Murphy, "Apologetics," 113; Polkinghorne, "Universe," 114. 경험적 지지 결여에 관해서는 Turner, "Multiverse"도 보라. 특히 Gordon, "Cosmology"의 논거를 보라. 그는 다중 우주 접근법의 사변적인 형이상학적 성격을 강조한다.

그 가설이 엄밀하게는 과학적이 아님에도 불구하고[41] 그것이 때때로 과학적인 체하기 때문이라고 주장한다. 이 점이 더 중요한데, 다중 우주 가설은 정보 내용의 단일한 원천에 대한 호소보다 이성적으로 덜 검약적인 것으로 보인다.[42] 즉 우리가 대다수 유신론자의 하나님 같은 단일한 지성의 원천을 배제하지 않는다면, 유신론은 특히 유용한 합리적인 설명을 제공한다. 비록 그 주제에 관한 유신론적 철학 논의는 현재 시작 단계에 머물고 있지만, 다중

---

41 Polkinghorne and Beale, *Questions*, 13을 보라. 그들은 다중 우주론을 "과학이 아니고" "형이상학적 추측"이라고 비난한다(45에서도 "과학적 논증이 아니다"라고 주장한다). 물론 모든 우주론 추론이 엄격하고 실증적인 경험주의에서 벗어나기는 하지만, 심지어 단 하나의 다른 우주도 관찰을 통해 지지되지 않는다. Frankenberry, *Faith*, 347에서 Polkinghorne은 두 대안(다중 우주와 유신론적 설계) 모두 동등하게 형이상학적이라고 지적한다.

42 다음 문헌들을 참조하라. Leslie, *Universes*; Davies, "Effectiveness," 52-53; idem, *Mind*, 220; Polkinghorne and Beale, *Questions*, 13, 45(Stephen Hawking의 이전 비평을 인용한다. 비록 Hawking이 좀 더 최근에는 창조주를 불필요하게 만들기 위해 그런 접근법을 사용했지만 말이다); Frankenberry, *Faith*, 347에 실린 Polkinghorne; Collins, "Argument," 256-72; idem, "Hypothesis"; Folger, "Alternative." Polkinghorne and Beale, *Questions*, 46(그리고 동일한 내용인 105)도 보라: "다른 불편한 관찰사항들을 둘러대기 위해 [필요한 최소의 숫자인] 다른 우주 10^{500}개를 상정하도록 허용된다면, 어떤 것이라도 '둘러댈' 수 있으며, 과학은 불가능해진다." Gordon, "Cosmology," 98은 10^{500}개의 추정은 너무 적은 수일 것이라고 지적한다. Spitzer, *Proofs*, 58, 68은 (특히 Penrose, *Mind*, 343을 따라서) 관찰된 우주 하나를 설명하는 데 필요한 관찰되지 않은 우주의 수는 10의 10^{123}개라고 지적한다. 만약 오컴의 면도날 원칙이 **모든** 설명에 적용될 수 있다면, 이 설명에도 그 원칙이 적용되어야 한다(참조. Spitzer, *Proofs*, 69-70). Dawkins의 우주론적 자연선택의 과학적 타당성에 대한 반대 의견은 Polkinghorne and Beale, *Questions*, 106-11을 보라. McGrath, *Universe*, 124(『정교하게 조율된 우주』, IVP 역간)는 다중 우주 가설에 존재하는 문제들을 지적하고 몇몇 무신론자들이 우주의 미세 조정이라는 주장에 저항하기 위해 그것을 너무 진지하게 채택해왔다고 주장한다. 몇몇은 한 세트의 방정식들보다는 그 논의의 파라미터들이 Hawking and Mlodinow, "Theory"에 수록된 M 이론을 알려준다고 주장하는데, 이에 대해서는 여러 해법이 가능하다.

우주에 관한 가설들도 마찬가지다.[43]

그런 지성의 가능성을 고려하는 것은 결코 현대 과학 철학에 낯설지 않다. 단지 두 명만 예를 들자면 1964년 빅뱅을 확인한 공로로 훗날 노벨상을 받은 아노 펜지어스는 과학적 관찰에 근거해서 "초자연적 계획"이 개연성이 낮은 색다른 우연보다 가능성이 크다고 생각했다.[44] 또 다른 노벨상 수상자인 존 에클스는 빅뱅부터 진화까지 "그 모든 것에 목적"이 있는 것 같다고 주장했다.[45] 내가 그들을 인용하는 것은 유신론을 증명하기 위함이 아

---

43 어떤 하나의 우주든 다중 우주든 간에 시작이 필요하다는 점에 관해서는 Spitzer, *Proofs*, 33-43에 실린 논의를 보라(Hartle-Hawking 모델, 특히 Borde-Vilenkin-Guth 정리를 넘어서는 전개를 언급한다). 어떤 사안에서든 미세 조정에 관해서는 Gordon, "Cosmology," 82은 참조하라. McGrath, *Universe*, 124은 그것이 옳다 하더라도 그것은 여전히 유신론적 설명을 지지할 수 있다고 주장한다. 그 모델은 존재를 허용하는 물리현상의 설계를 설명하는 대신 단순히 그 문제를 다른 차원으로 미룰 뿐이다. 몇몇 학자는 심지어 우연을 원하는 결과를 산출하는 신적 수단으로 여긴다. 한편으로는 몇몇 학자는 우주가 광대할수록 우리가 우연에 의해 존재할 가능성이 커진다고 생각한다. 다른 한편으로는 관찰자로서 우리의 특정한 위치와 인식하는 실체로서 우리의 역할(이 점을 소홀히 해서는 안 되지만, 몇몇 세계관은 현실의 이 측면을 소홀히 한다)이 중요해 보인다. **특정한** 자아를 인식하는 관찰자로서 **우리**가 존재할 가능성은 무한소(infinitesimal)에 가까워지기 때문이다(자아 인식에 관해서는 예컨대 Polkinghorne, *Reality*, 41-46, 51-57을 보라). 나는 아홉 살 때 신이라는 가설에 의존하지 않고서도 우주를 설명할 수 있다고 생각했지만, 곧바로 내가 내 정체성을 설명하지 못한다는 것을 깨달았다. 열세 살 때 플라톤을 읽다가 나는 내 정체성이나 의미를 명확하게 말할 수 있다고 생각했지만, 우주의 나머지는 설명하지 못했다. 나는 나중에 유신론 안에서만 내적 실재와 외적 실재 모두에 대해 설득력 있고 논리 정연한 설명을 발견했다.

44 Penzias, "Creation," 78, 83. 그는 1978년 노벨상 수상자로 선정되었으며 이 논문을 쓸 당시 AT&T Bell 연구소의 리서치 부사장이었다. 그가 아직도 이 견해를 유지하고 있다는 것은 Licona, "Historicity of Resurrection," 11 각주 82와 idem, *Resurrection*, 157 각주 86을 보면 확실하다. Licona는 Arno Penzias와 나눈 사적 교신(July 24, 2002)을 통해 확인한 말을 인용한다. 나의 확인 요청에 대해 Licona는 내게 그 편지 내용을 제공했다. Spitzer, *Proofs*, 49은 "설계하는 지성"을 지지하는 다양한 물리학자를 열거한다(Penzias, Roger Penrose, Fred Hoyle 등).

45 Eccles, "Design," 161(1963 노벨상 수상 소감).

니라 신의 부존재를 전제하는 접근법은 보편적으로 공유되고 있지 않은 전제를 갖고서 연구하는 것이며 따라서 공개적인 대화에 진정으로 참여하는 것이 아니라고 주장하기 위함이다. 대다수 유신론자처럼 우리가 일단 우주의 기원을 신적 인과 관계에 돌린다면, 우리는 선험적인 유비를 통해 좀 더 소규모의 신적 활동이 새로운 물질/에너지의 창조 같은 사건에서조차 선험적으로 개연성이 높다고 주장할 수 있다.[46] 그러나 스피노자의 자연주의가 이후에 자연주의적 방법론 및 그것이 달성하고자 하는 결론을 위한 기본적인 접근법을 설정하는 데 도움이 되었다.

(1) 흄과 과학 철학

스피노자 등의 역할에도 불구하고 기적에 반하는 현대의 오랜 편견에 기여한 가장 영향력 있는 인물은 의심할 나위 없이 18세기 철학자인 데이비드 흄(1711-76)이었다. 그러나 그의 주장이 즉각적으로 이 "표준적인" 역할을 하게 된 것은 아니었다. 비판적 역사 기술의 부상으로 흄의 동시대인들이 그의 (역사가로서) 학문적인 주요 공헌이라고 생각한 것의 가치가 떨어진 반면에, 영어 사용권의 분석 철학 설립자들은 흄을 자기들의 철학적 선조로 찬양해서 그의 철학 논문들의 영향력이 커졌다.[47]

---

46 이 점에 관해서는 특히 Breggen, "Miracle Reports," 212-376을 보라. 그는 우주의 미세 조정에 나타난 설계에 대한 "암시들"을 지적하고(212-304) 초월적이고 지적인 원인이 합리적이라는 결론을 내린 뒤(302, 304), 우주를 "대규모 기적"(317-23)이라고 정의하며 이 관점이 어떻게 "소규모 기적들의 타당성을 높이는지" 보여준다(323-74). 증거가 특정한 소규모 기적들을 지지하는 경우 이 유비를 통해 기적 가설의 개연성이 좀 더 높아진다(375, 376).

47 Tucker, "Miracles," 374(Russell과 Ayer의 영향을 언급한다). Tucker는 (앞의 책에서) 기적에 대한 Hume의 접근법은 그의 역사 기술에서 발견되는 비평 능력 발달 전, "과학 발달 전, 실로 역사와 관계없는(ahistorical)" 접근법이라고 불평한다.

흄의 철학 연구는 그의 생전에는 별로 관심을 끌지 못했고 기적에 관한 그의 특정한 연구조차 스피노자, 이신론, 그리고 다른 학자들에 영향을 받은 것으로서 그다지 독창적이지 않다고 여겨졌다.[48] 1720년대 후반에 윌리엄 울스턴의 기적에 반대하는 논문 약 3만 부가 인쇄되었고 그에 반대하는 사람들이 그에 대한 반응으로 60편이 넘는 논문을 발표했다.[49] 더욱이 흄의 시대에는 이신론이 철학의 주된 도전이었는데,[50] 그것은 대체로 사회 일반에서 영향력이 있지는 않았지만[51] 기독교계가 (종종) 성경의 기적들을 부인한 역사에서 최초의 가장 현저한 운동이었다.[52] 그러나 많은 초기 이신론자들조차도 기적에 반대하지는 않았고 다만 기독교 변증에서 기적을 사

---

48 Brown, *Miracles*, 79; Beckwith, *Argument*, 23. 기적에 관한 그의 맥락에 관해서는 Earman, *Failure*, 14-20과 Burns, *Debate*, 특히 9-10, 70-95을 보라.

49 Burns, *Debate*, 10. Toland의 *Christianity Not Mysterious*에는 115건이 넘는 답변이 나왔다(Manschreck, *History*, 221).

50 이신론의 신에 관해서는 Barbour, *Religion and Science*, 36-38을 보라. 새로운 종교로서 이신론에 관해서는 Spickard and Cragg, *Global History*, 242을 보라. 기적에 관한 이신론의 입장은 다음 문헌들을 보라. Craig, *Faith*, 128-30(기독교의 답변에 관해서는 132-34을 보라); Brown, *Miracles*, 47-77(48에 수록된, 교회와 성경에 대한 초기 이신론의 적대감 포함); Lawton, *Miracles*, 26-45; Okello, *Case*, 110-17(99-127에서 기적을 비판한다). Grenz and Olson, *Theology*, 23을 참조하라. 이신론의 미묘하지만 간략한 역사에 관해서는 Brown, *Philosophy*, 74-81을 보라(긍정적인 초기 이신론자부터 좀 더 회의적인 이신론자까지, 그리고 그들에 대한 기독교의 반응을 다룬다). 이신론은 "하나님께서는 단순히 자연 안에서가 아니라 역사 속에서 자신을 계시하신다"고 보는 성경적 세계관과 조화될 수 없었다(Lawton, *Miracles*, 192). 기적을 둘러싼 이신론과 기독교 간의 갈등에 관해서는 Cragg, *Reason*, 160-67을 보라. 회의론과 정통파 모두를 공격하는 한편 그것들에 의존하는 기생 신앙으로서 이신론은 불가피하게 흔들릴 수밖에 없다(Brown, *Miracles*, 77). 그러나 이신론이 전성기 때는 신봉자 수에 비해 월등히 큰 영향력을 행사했다(Popkin, "Deism," 27).

51 Nichols, *History*, 99-101을 보라. 그는 이신론의 주된 실패가 "대체 신앙"으로서 실패였다고 지적한다(101).

52 Richardson, *Apologetics*, 158. 그들의 합리적인 종교가 창조와 섭리 외에는 하나님을 멀리하는 경향에 대해서도 Smart, *Experience*, 471을 보라.

용하여 특별 계시를 옹호하면서 이신론의 전제를 공격한 것에 반대했다.[53] 흄 자신은 확실히 이신론자가 아니었지만[54] 이신론은 그가 다뤄야 했던 사상의 맥락의 일부를 제공했다. 즉 흄의 특정한 논거들의 많은 부분이 처음에는 기독교의 기적에 반대하는 이신론의 논증에서 개발되었다.[55] 흄의 생애의 어느 지점에서 그의 개인적인 의견이 어떠했든 이 논문에서 그의 몇몇 논거들은 이신론을 통해 보급된 세계관을 반영한다.[56]

흄의 스타일은 그의 선행자들의 스타일보다 훨씬 뛰어났지만, 그는 종종 이전 이신론자들의 오래된 논거들을 수정하지 않고 재활용했다. 따라서

---

53 Burns, *Debate*, 70. 그러나 Toland와 Tindal 등 18세기 이신론자들은 후대의 철학적 이신론과 달랐고(Tennant, *Miracle*, 7, 96-97. 참조. Nichols, *History*, 100), (Tindal과 Toland 등) 몇몇은 기적을 긍정했다(Burns, *Debate*, 14). 따라서 예컨대 John Toland(1670-1722)는 신약성서의 기적들이 구약성경의 기적들보다 개연성이 크다고 생각했다(Loos, *Miracles*, 13).

54 Hume은 (Fosl, "Hume," 171, 188 주 23에 인용된 그에 관한 일화에서) 자신이 이신론자라는 호칭을 거부했으며, 그의 몇몇 논증들은 유일신론의 정통 교리뿐만 아니라 이신론도 훼손했다(Fosl, "Hume," 174; González, *Story*, 2:190; Heimann, "Enlightenment," 476; Manschreck, *History*, 221-22).

55 Brown, *Miracles*, 52-53을 보라. 그는 Hume이 특별히 복음서의 기적들을 겨냥할 때 단지 이신론자들보다 좀 더 유보적이었다고 지적한다.

56 몇몇 학자는 그를 "약화된 이신론" 또는 현대의 에피쿠로스학파와 관련시킨다(Brown, *Thought*, 256을 보라). 많은 학자들은 Hume의 *Enquiry* 섹션 11에서 그가 자연에 나타난 설계에 기초해서, 그러나 그런 실체의 인격적인 속성들은 알지 못하면서 마지못해 창조주를 받아들인다고 주장한다(Weintraub, "Credibility," 373을 보라). 다른 학자들은 Hume이 에피쿠로스학파의 설계에 반대하는 논증을 흉내 내면서 설계의 가능성을 용인한다고 주장한다(Smith, "Introduction," 51-53, 57-59, 64). 에피쿠로스학파의 자연에 대한 견해는 무작위적이었지만(Lucretius *Nat.* 1.958-1115. 다른 많은 사람은 명백하다고 생각했던 지적 설계를 부인한다. 예컨대 Dio Chrysostom *Or.* 12.37과 Cicero *Nat. d.* 1.9.21-22을 보라), 자연을 떠나서는 신들을 알 수 없고(Lucretius *Nat.* 2.646-51) 신들이 자연에 관심을 기울이지 않는다(*Nat.* 2.646-51, 1090-1104; 그리고 Lucian *Indictment* 2; Sextus Empiricus *Pyr.* 3.218. 참조. Furley, "Epicurus," 533; Long, *Philosophy*, 41)는 그들의 견해는 사람들에게 친숙했을 것이다.

이미 반대자들이 그 논거들에 대해 가했던 많은 비판이 예견되었다.[57] 따라서 흄은 그 논의에 늦게 가담한 사람이었고 그 당시 흄의 논문과 거의 같은 시기에 발표된 코니어스 미들턴의 연구의 악명은 흄 자신의 논문의 악명을 능가했다[58](몇몇 학자는 그의 논문 "조사"[Enquiry]의 논쟁적인 어조는 바로 관심을 끌기 위함이었는데, 그것이 없었더라면 그 논문도 그의 "논문"[Treatise]처럼 무시되었을 것이라고 믿는다[59]). 그럼에도 불구하고 부분적으로는 흄이 다른 분야에서 명성이 있었기 때문에 오늘날 그는 일반적으로 현대 기적 논의의 출발점으로 여겨진다.[60] 흄은 기적에 관한 보고를 변증 목적으로 사용하는 데 대한 대다수 계몽주의 논증의 토대를 제공했으며,[61] 현대의 많은 논증은 단순히 흄의 이전 주장들을 되풀이한다.[62]

---

57 Burns, *Debate*, 141. 이신론자들의 논거가 Hume의 논거와 아주 비슷하다는 점에 관해서는 70-95을 보라. 반대자들의 반응에 관해서는 96-130을 보라.

58 Ibid., 10(Hume이 분하여 투덜댄 것을 언급한다).

59 Hume은 이 논문을 통해 더 큰 악명을 얻으려 했으며 몇몇 학자(Taylor, *Hume*, 2-4, 19-20. 몇몇 저자들은 Burns, *Debate*, 10, 140에서 이 견해에 대해 긍정적으로 언급한다)는 심지어 그가 관심을 끌기 위해 그 논문을 썼다고 주장한다. 기술적으로는 논리와 무관한 그의 논문의 많은 특징은 논쟁으로 볼 경우에만 이해된다 (Taylor, *Hume*, 22-23, 23에서 주의를 끄는 가치를 강조한다).

60 Williams, *Miraculous*, 19, 24; Twelftree, *Miracle Worker*, 39-40; Collins, *God of Miracles*, 148. 참조. Keller, *Miracles*, 48-66.

61 Houston, *Miracles*, 3. 참조. Harrison, "Miracles," 508-9(자연철학자들이 변증에서 기적을 사용하는 점에 관해서는 504-8을 보라). 오늘날 Hume의 견해는 때때로 당연하게 받아들여진다. 따라서 예컨대 Lüdemann, *Two Thousand Years*, 4은 이렇게 말한다. "이 행동들은 자연법칙이 깨졌다고 전제하는 것으로서 실제로 발생한 것이 아니다." 참조. Grenz and Olson, *Theology*, 270에 실린 Hans Küng의 입장도 비슷하다. 오늘날 기적에 반대하는 신학적 논거들은 대개 궁극적으로 Hume과 그의 계승자들에게 의존한다(Houston, *Miracles*, 102). Houston(210-20)은 부활에 반대하는 철학적 가정에 반대하여 이를 긍정하는 Pannenberg의 논거들을 인용하지만, Pannenberg가 Hume의 몇몇 논거들을 다루지 않기 때문에 Houston이 그를 대신해서 이 점을 다룬다.

62 Johnson, *Hume*, 76-78에서 Hume의 입장을 되풀이하는 현대의 사례를 다루면서

그러나 "계몽주의" 사상가들이 모두 흄을 추종한 것은 아니었고, 그의 계몽주의 선행자들은 경험주의에서 흄의 결론을 수반하는 어떤 것도 발견하지 않았다.[63] 흄과 대조적으로 그의 선행자로서 "18세기 경험주의의 창립자"인 존 로크(1632-1704)는 신이 기적을 일으킬 가능성을 긍정했으며 그런 기적이 이성과 조화될 수 있다고 보았다.[64] 흄이 로크를 모방한 점은 심지어 그가 로크의 입장과 대화하고 있었다고 암시하기까지 한다.[65] 그의 몇몇 동시대인들과 마찬가지로 로크는 성경의 기적들에 의존해서 기독교의 진정성을 입증하려고 했는데[66] 흄은 바로 이 입장에 도전하기를 원했다(오늘날에는 그들의 논증이 좀 더 미묘하게 표명되기는 하지만 많은 유신론 학자들은 여전히 기적을 신적 활동의 증거로 사용한다[67]).

지적한 바와 같다.

63 그의 견해는 그 시대 사상가들 가운데 유별났다(Dembski, *Design*, 59).

64 Melinsky, *Miracles*, 45-47(47에서 인용함. 45에서는 Locke를 Spinoza와 대조한다); Zachman, "Meaning," 5-6; Houston, *Miracles*, 33-48; Brown, *Philosophy*, 63-64; Okello, *Case*, 91-95. Locke는 우주론적 논증을 사용하여 신의 존재를 긍정했으며(Wolterstorff, "Theology and Science," 98) 신약성서의 무오류성에 대한 좋은 근거가 있다고도 생각했다(ibid.). 몇몇 학자는 Locke의 기적 논증에 도전한다(Mooney and Imbrosciano, "Case").

65 Houston, *Miracles*, 50; Earman, *Failure*, 14-15.

66 Burns, *Debate*, 57-69; McKenzie, "Miracles," 79; Mullin, "Bushnell," 462; Brown, *Miracles*, 42-46(55에서 그 항목들을 한정한다). Locke는 성경이 기록되고 난 뒤의 기적들을 지지하지는 않지만(Mullin, "Bushnell," 462), 몇몇 다른 계몽주의 사상가와 마찬가지로 증언의 가치를 강력하게 옹호했는데(Kennedy, "Miracles," 11-14) Hume은 (기적 주장과 관련하여) 이 입장에 반대한다.

67 작금의 기독교 변증에서 기적을 적절하게 사용하는 것(대개 절대적으로 결정적인 증거로 사용하는 것이 아니라 보강 증거로 사용함)을 옹호하는 견해에 관해서는 예컨대 다음 문헌들을 참조하라. Cramer, "Miracles," 137; Craig, "Review," 479-85(즉 기적들은 증거로서 기능한다); Purtill, "Proofs," 50; McKenzie, "Miracles," 78-80; Jensen, "Logic," 145; Jantzen, "Miracles," 355(기적들은 신앙이 불신앙보다 더 합리적인 태도가 되게 한다); Larmer, "Evidence," 55; Dennison, "Signs". 좀 더 이전 시기의 문헌으로는 Trench, *Miracles*, 68-74을 보라. 기적들은 "증거"라기

기적 주장에 대한 반격은 과학자들의 경험주의에서 자연적으로 나온 것이 아니라 기독교계의 기적에 근거한 변증 사용이 증가한 데 대한 반작용이었다.[68] 사실 흄이 반대했던 이 변증 신학 운동은 영국의 과학 혁명을 낳았던 운동과 밀접한 관련이 있었다.[69] 그 혁명을 이끈 온건한 경험주의자들은 종종 흄이 그들의 추론에 대해 다투었던 증거주의 변증자였다.[70] 따라서 예컨대 흔히 화학의 아버지로 알려진 로버트 보일(1627-91)은 기적을 기독교를 옹호하는 주요 논거들의 하나로 제시했다.[71] 흄은 그 과학 운동이 거부한 전제를 갖고서 작업했다. 예컨대 피론의 회의론에 대한 그의 모호성에도 불구하고 그는 "그것에 의해 깊이 그리고 직접 영향을 받은 영국의 유일한 주요 사상가였다."[72]

다트머스 대학교의 낸시 프랑켄베리 교수는 "과학 혁명의 역사적 거

보다는 "표적"인 측면이 더 크지만(예컨대 McKenzie, "Signs," 14-16), 기적의 요소가 배제될 필요는 없다(참조. O'Connell, "Miracles," 53-54. 그는 제1차 및 제2차 바티칸 공의회를 인용한다). 기적들은 유신론의 가능성에 대해 마음이 열려 있는 사람들에게 그것을 지지할 수 있으며(Ward, "Believing," 746), 최소한 유신론의 신빙성을 높여주거나(Schlesinger, "Miracles," 232) 좀 더 넓은 유신론적 틀 내에서 유신론에 대한 찬성 논거의 일부를 제공할 수 있다(Reppert, "Miracles"; 특히 48-49을 보라). 종교적 결정이 어떻게 역사적 확실성 없이 역사적 개연성에 의존할 수 있는지에 관해서는 (예수의 부활을 다루는) Sider, "Methodology," 34-35을 보라. 역사 인식론은 본래 수학적 확실성이 아니라 개연성과 관련이 있다 (O'Connell, "Miracles," 57).

68 Burns, *Debate*, 12, 69을 보라.
69 Ibid., 12, 19. 둘 다 18세기 초 영국 성공회에서 지배적이었던 자유주의적인 광교주의(Latitudinarian) 운동에서 성장했다(ibid., 14). Burns(37-43)는 (당대의 다른 몇몇 기독교 운동의 신앙주의에 반대하는) 그 광교주의자들이 영국 학술원의 과학적 노력의 신학적·철학적 토대를 제공했다고까지 주장한다.
70 ibid., 47-69을 보라.
71 Ibid., 18, 53(참조. 51-57); MacIntosh and Anstey, "Boyle."
72 Burns, *Debate*, 28-29(28에서 인용함. 참조. 238-39, 242). 그렇다고 해도 Hume이 Newton 같은 과학 사상가들을 존경했다는 데는 의문의 여지가 없다. 그러나 그 존경은 Hume의 대다수 동시대인의 특징이기도 했다(Burns, *Debate*, 181을 보라).

인들—모두 한 사람에 대한 독실한 신자였던 갈릴레이, 케플러, 베이컨, 파스칼, 그리고 뉴턴—이 어떻게 그들의 기독교 신앙을 자기의 과학적 발견 사항들과 매끄럽게 관련시킬 수 있었는지"를 지적한다.[73] 회의주의는 경험적 데이터나 과학 자체에서 발생한 것이 아니라 특정한 철학자들에게서 발생했다. 16-17세기의 자연주의는 결정론적이지 않았고 신적인 원인을 모두 배제하지는 않았다. 순수한 기계론으로 이끈 경향은 "철학적이었을 뿐만 아니라 정치적이고 신학적"이었는데[74] 특히 각각의 정치적 배경을 지닌 개신교 신학자들과 가톨릭 신학자들 간의 논쟁을 반영했다.[75] 경험주의 자체는 신의 존재와 활동에 대해 중립적이며, 기적을 반대하는 사람들뿐만 아니라 기적에 대한 전통적인 믿음을 지지하는 사람들도 경험주의를 사용해왔다. 따라서 흄의 논증을 주도한 요소는 기본적인 경험주의 접근법 자체가 아니라 흄이 선험적으로 신을 타당한 원인에서 배제한 것이었다.

초기 계몽주의 과학 사상가들은 자연법칙에서 아주 판이하고 논리적

---

73 Frankenberry, *Faith*, ix. 영국의 과학 창시자들의 경건에 관해서는 Gould, *Rocks*(Frankenberry, *Faith*, 256에 인용된 내용)도 지적한다.

74 Daston, "Facts," 113. 이 시기의 이신론자들은 신적인 기적에 관해 중립적인 기계론적 세계관을 그다지 많이 강조하지 않았다(Burns, *Debate*, 83. 참조. 247).

75 Daston, "Facts," 114-23을 보라. Hume은 가톨릭의 기적에 대한 개신교의 반감에 호소하려 했고 심지어 화체설에 대한 개신교의 반대 정서에도 호소하려 했다. Scarre, "Tillotson," 53은 Hume이 John Tillotson의 화체설에 대한 반대 논증을 채택했다고 주장한다(Hume, *Miracles*, 24). 비록 Tillotson은 Hume이 하는 말을 하지 않았고(Fogelin, *Defense*, 67, 89 주 2), 그 자신은 기적 증언을 수용했지만 말이다(사실 Mullin, "Bushnell," 462은 Tillotson이 기적을 변증적으로 사용했다고 지적한다). Levine, "Belief"(특히. 154-57. 참조. Idem, *Problem*, 103-22)는 Hume의 논거가 Tillotson의 논거와 유사하다는 점(Hume이 Tillotson을 잘못 제시함에도 불구하고 Hume은 예컨대 126, 133에서 그의 논거와 자기의 논거가 비슷하다고 말한다. 아마도 그는 일반적인 유사성만을 의도했을 것이다[참조 Fogelin, *Defense*, 67])과 Hume의 논증의 실패를 보여준다. 몇몇 학자는 Hume이 Tillotson을 언급하는 것을 냉소적으로 생각한다(Burns, *Debate*, 138, 144). Tillotson은 기적을 지지한 광교주의 운동에 속했다(ibid., 14, 40-43).

으로 흄의 논증에 못지않게 강력하게 주장할 수 있는 결론을 끌어냈다. 예
컨대 아이작 뉴턴, 로버트 보일 등은 "오직 입법자가 있었기 때문에" 자연
에 법칙이 있는 것으로 보았고 "하나님은 그 법칙들을 바꿀 자유가 있었
다"고 명시적으로 주장했다.[76] 하나님[77]은 인간이 자신의 손발을 통제할 수
있는 것보다 더 쉽게 자연을 통제할 수 있다.[78] 뉴턴의 가장 충실한 제자들
은 200년간 이신론에 대항했으며[79] 결코 기적을 의심하지 않았다. 뉴턴은

---

76   Brooke, "Science," 9. 참조. Idem, *Science*, 118. 오늘날 대다수 유신론자도 마찬
     가지로 그런 법칙들이 하나님의 의지에 복종하며, 따라서 필요할 경우 하나님에
     의해 채택되었다고 본다(Purtill, "Defining," 38). Boyle은 심지어 "자연의 법칙"
     이라는 말이 자연에게 창조주부터 벗어난 자율을 허용하는 것으로 보였기 때문
     에 그 언어에 저항했다(Sharp, "Miracles," 11). 반면에 몇몇 무신론자들은 자연의
     "법칙"이라는 말이 입법자를 내포하기 때문에 그 개념을 싫어한다(예컨대 Harré,
     Introduction, 107. Sharp, "Miracles," 6에 인용된 내용).
77   다른 많은 저자와 마찬가지로(예컨대 Davies, *Mind*, 17) 내가 남성 대명사를 사용
     하는 것은 신의 성별에 관한 신학 논쟁을 벌이고자 하는 것이 아니라 위에서 인용
     한 과학자들을 포함한 유일신 전통의 관습을 따르는 것이다. 오늘날의 대다수 신
     학자와 마찬가지로 나는 생물학적인 성별이 하나님께 적용될 수 있는 범주라고 생
     각하지 않는다(저자는 3인칭 남성 대명사인 "He"를 사용하지만, 본 번역서에서
     는 하나님이나 그분으로 번역하므로 신의 성별 문제가 두드러져 보이지 않을 것이
     다—역자 주).
78   Brooke, "Science," 9. Newton이 물질은 활동력이 없다고 주장한 것은 부분적으
     로는 피조물과 창조주 간의 구분을 강조하기 위한 신학적인 이유 때문이었다
     (Murphy, "Apologetics," 116). (비록 부분적으로는 세상이 붕괴하지 않도록 방지
     하기 위함이고, Boyle의 우주는 그가 부인한 이신론의 우주와 유사하기는 하지만)
     하나님이 기계적인 세상에 적극적으로 관련을 맺는다는 Boyle의 견해에 관해서
     는 Burtt, *Foundations*, 194-202을 보라. 다음 문헌들도 참조하라. Daston, "Facts,"
     122; Burns, *Debate*, 16-17, 21-24; Osler, "Revolution," 94. 기적 주장에 대해 처음
     으로 도전을 제기한 사람들은 초기 과학자들이 아니라 주로 경쟁 교회들의 주장을
     훼손하려 했던 신학자들이었다(Brown, *Miracles*, 23-24).
79   유신론자가 이신론에 반대하는 핵심적인 요점은 유신론자는 하나님이 자
     신이 창조한 창조세계를 보존 또는 유지한다고 주장한다는 것이다(Quinn,
     "Conservation," 50. 좀 더 이른 시기의 문헌은 Trench, *Miracles*, 7을 참조하라). 이
     관점은 다양한 형태로 표명되었는데(예컨대 Freddoso, "Aristotelianism"), 일종의

"자연법칙"은 "하나님의 계속적인 적극적 힘으로부터 자율적인 것이 아니라 그 힘을 통해 유지된다"고 주장했다.[80] 이신론자들과 대조적으로 뉴턴과 그의 추종자들은 하나님이 여전히 활동적이라고 믿었기 때문에[81] 자연에 나타난 일반 섭리와 더불어 역사에 나타난 특별 섭리에 대한 그들의 믿음은 기적을 허용했다.[82] 하나님이 자신의 "일반법칙"을 통해 일할 때에만 기적이 배제되었는데, 흄의 동시대인 중에서 오직 이신론자들만 하나님이 **언제나** 일반법칙을 통해 일한다고 주장했다.[83] 그의 대다수 동시대인과 달

계속적인 창조(온건한 형태는 Kvanvig and McCann, "Conservation"을 보라. 반대 의견은 예컨대 Quinn, "Conservation," 71을 보라)부터 하나님이 자연의 규범을 확립해두고 필요할 때 사건들의 방향을 재설정하는 경우(아마도 이 견해가 과학에 초점을 맞추는 신학자들 가운데서 좀 더 보편적일 것이다)까지 다양한 관여를 포함한다. 이 범위 중에서 다양한 입장을 채택하는 철학적 유신론자들은 기적을 다양한 방식으로 이해하겠지만, 원칙적으로 이 범위 안에 놓인 입장은 모두 신자들이 기적이라고 부르는 사건을 허용한다.

80 Wykstra, "Problem," 156. Newton의 사상에서 우주가 필연적으로 하나님의 의지에 의존한다는 점에 관해서는 예컨대 다음 문헌들을 보라. Force, "Dominion," 89, 91; idem, "Breakdown," 146; Frankenberry, *Faith*, 105. Newton은 효율적인 원인들에 초점을 맞추면서도 최종 원인으로서 신을 명시적으로 받아들였다(Osler, "Revolution," 95). 심지어 Spencer조차 자연이 기계적으로 기능하려면 그것을 유지할 신이 필요하다고 생각했다(Daston, "Facts," 112). Descartes와 Leibniz 같은 다른 학자들은 창조주는 자연에 이미 그것의 계속적인 존속을 위해 필요한 원리들을 확립해놓았다고 답변했다(Frankenberry, *Faith*, 105-6). Newton 및 다른 학자들을 통해 확립된 자연과 종교 간의 종합(영국 학술원 1662-1741, Force, "Breakdown," 144-51을 보라)은 1720-41년경에 급진적인 이신론자들로부터 점점 더 큰 도전을 받게 되었다(Force, "Breakdown," 143). "모든 것에 미치고, 무조건적이고, 변경할 수 없는 필요성"으로서 "법칙"에 대한 이신론자들의 합리주의적 접근법은 오랫동안 불신을 받고 있다(Tennant, *Miracle*, 13).

81 Force, "Breakdown," 146. Newton의 접근법은 이신론의 정반대였다. 즉 그는 생명이 없는 기계적인 우주와 시계 장치 이미지를 거절했다(Davis, "Cosmology," 115, 121). Newton의 이 반대 개념의 현대판은 훗날 18세기 프랑스 **철학자들**을 통해 선전으로 시작되었다(121).

82 Force, "Breakdown," 147-50; Frankenberry, *Faith*, ix도 보라.

83 Wykstra, "Problem," 156.

리 흄은 뉴턴의 일반 섭리와 특별 섭리의 종합을 비판했다.[84] 나는 뒤에서 자연법칙에 대한 흄의 접근법과 그의 정반대의 출발점을 좀 더 심도 있게 살펴볼 것이다. 하나님이나 기타 초연적인 힘들을 고려 대상에서 제외하면 자연만 남게 되지만, 이러한 배제는 정의에서 기인하며 중립적인 전제가 아니다.

이전 시기의 초자연주의적인 세계관에 반대하는 반초자연주의적인 경험주의의 많은 부분은 이후의 과학적·철학적 발전에 비추어 포기된 철학적 전제들에 의존했다.[85] 물리학 교수인 스티븐 바가 얘기하는 바와 같이 1세기 전의 물리학은 완전히 물질주의적이고 결정론적이었으며[86] 종교가 우주를 "인과적으로 닫힌" 것이 아니라고 주장한다고 비난했다. 그러나 뜻밖에도 "결정론은 새로운 발견들에 직면하여 물러갔는데" 그 당시의 물리학이 아니라 전통적인 종교가 우주의 특성에 관해 성공적으로 예측했다.[87]

---

84 Force, "Breakdown," 151-56. Hume은 일반 섭리(152-53)와 특별 섭리(153-56) 모두를 공격했다.

85 Williams, *Miraculous*, 137-57, 205. 그는 반초자연주의에 대한 철학적 도전을 제공한다(158-202). Williams 자신은 "최면술"과 강신 현상을 이용하여 물질주의적 설명이 적절하지 않다고 하면서 그 증거가 누적적으로 강력하다고 주장한다(54-131, 특히 82-83, 131). 그러나 나는 그런 적극적인 논증은 반초자연주의가 단지 선험적 가정일 뿐이라는 그의 도전보다는 설득력이 약하다고 생각한다.

86 한편 결정론을 긍정한 사람들은 좀처럼 자신의 견해가 미리 결정되었다고 생각하지 않았다(Jaki, *Miracles and Physics*, 42-43). 결정론적인 접근법에 대한 반대 의견은 Barrow and Tipler, *Principle*, 138-39을 보라. 어쩌면 근본적인 법칙들은 결정될 수도 있을 것이다(Loewer, "Determinism," 335-36).

87 Barr, *Physics and Faith*, 253. (이전 시기의 자연주의의 예측과 달리) 우주는 유한하며 시작이 있다는 주장은 같은 범주에 속한다. 참조. 예컨대 Collins, *Language of God*, 66-84(『신의 언어』, 김영사 역간. Collins의 과학과 신앙의 종합은 과학계에서 널리 존경받는다는 점을 주목하라. Ecklund, *Science*, 46-47); Ramm, *View*, 104-7. 과학적 검증과 가설 수정에서는 예측의 성공 또는 실패가 중요하다. 전통적인 많은 진영에서 나타나는 무비판적인 물질주의적 편견에 대해서는 (그들의 접근법에도 문제가 있어 보이기는 하지만) 다음 문헌들을 보라. Beauregard and

과학은 일반적으로 성공적인 예측에 근거해서 이론이 정당함을 인정한다. 따라서 유신론이 많은 물리학자와 우주학자 가운데서 더 존중받는 설명이 된 것도 놀랄 일이 아니다.[88] 그렇다고 해서 나는 우주론의 모든 세부 사항에 관해 절대적이거나 영원한 의견일치가 있다거나 있을 수 있다고 암시하려는 것은 아니고, 우리가 단순히 무신론을 전제하고 본서에 수록된 종류의 증거들에 대해 유신론적으로 해석하는 것을 선험적으로 배제하지 말아야 한다고 주장할 뿐이다.[89]

O'Leary, *Brain*, 93-94; Barbour, *Religion and Science*, 78-82. 참조. Peat, "Science"; McDermid, "Miracles"에 등장하는 "온건한" "물리학주의"(physicalism, 물리적 영역에서 인과 관계상의 폐쇄를 부인함). 기능을 발휘하는 최초의 유기체 출현 후 생명의 형성에 관해서는 견해를 달리하기는 하지만, 생명의 기원 문제에서 순전한 자연주의 및 맹목적 우연 이외의 접근법에 관해서는 예컨대 다음 문헌들에 수록된 세심한 논의들을 보라. Behe, *Box*(예컨대 26-48, 168-69, 185-231); Templeton, "Introduction," 12-20; Rana and Ross, *Origins*(그러나 Collins, *Language of God*, 92-93에 수록된 이런 접근법들에 대한 주의를 참조하라). 좀 더 온건한 입장은 McGrath, *Universe*, 127-42을 보라. 간략한 설명은 Roth, "Piling," 199을 보라. 선도적인 철학적 무신론자를 이신론으로 전향시킴에 있어서 우주의 설계 논쟁이 수행한 역할에 관해서는 Flew, *God*, 95-154을 보라(새로운 우주론의 합의가 전통적인 무신론에 제기하는 도전에 관한 우려가 이미 예컨대 Flew, "Response," 241에 명백하게 나타나는 것으로 보인다). 많은 과학자가 이에 동의한다(예컨대 Becker, "Laws"). Rothschild, "Emergence in Biology," 161-64은 세포의 자기복제 같은 생물학의 많은 미해결 문제들은 창발을 통해 설명될 수 있을 것이라고 주장한다. 그러나 아래의 추가 논의를 주목하라.

88   예컨대 다음을 보라. Gingerich, "Scientist," 24-25에 수록된 Fred Hoyle의 생각의 변화; Davies, "Effectiveness," 48-49(그의 유별난 범종설[panspermia]에 관해서는 Herrick, *Mythologies*, 226-29을 보라). 몇몇 학자는 100년도 더 전에 아마도 너무 낙관적으로 그런 변화가 있을 것으로 주장했다(예컨대 Wright, "Miracles," 186-87은 "영적인" 것을 물질적인 것의 토대라고 생각했다).

89   새로운 이론들과 주장들이 계속 나온다. 반론이 존재한다고 해서 그 이론이 반드시 타당한 것은 아니지만, 나는 이것은 내 전공 분야가 아니라는 점을 인정한다. 그리고 생물학 분야에서보다 천체 물리학 분야에서 특히 유신론적이거나 이신론적인 설명에 대한 존중에 호소하기가 훨씬 쉽다. 생물학 분야의 (전부는 아니지만) 몇몇 문제들은 부분적으로는 융통성이 없고 언제나 목적이 없는 진화만이 전통적

결정론에 묶이지 않은 현대 물리학의 관점에서 연구하는 자연철학자들은 대개 엄격한 인과 관계보다는 자유를 강조한다.[90] 그러나 이것이 의미하는 바는 전통적인 이신론과 기계적 우주 간의 타협이 설사 필요한 적이 있었다 해도 이제 그런 타협이 필요치 않다는 것이다.[91] 만일 창조주가 존재한다면 신적 개입, 또는 문제가 덜한 언어로 표현하자면 행위자로서 활동하는 것에 반대하는 주장을 펼칠 이유가 없다. 따라서 우리가 처음에 갖고 있는 무신론, 이신론 또는 유신론에 관한 전제가 우리의 결론을 형성할 것이다.

인 유신론에 문제가 됨에도 불구하고 신학자들이 불필요하게 그들의 생물학적 주장들을 넓게 정의된 진화에 반대하는 것으로 틀을 짰기 때문에 생겼을 수도 있다 (참조. 예컨대 Plantinga, "Science," 107, 114-16, 121). 부분적으로는 해석자들이 특히 이례적인 결과들(예컨대 인간의 수학적 추론)만 유신론적으로 설명하는 것이 아니라 모든 세부 사항(예컨대 "정크 DNA"와 해로운 돌연변이)까지 유신론적으로 설명하기를 원하기 때문에 발생할 수도 있다. 그러나 많은 해석자는 성경에 서조차 하나님이 심지어 인간 존재의 모든 세부 사항들을 직접 대본을 쓰는 것이 아니라 특정한 결과가 나오도록 관리 또는 주선한다고 생각한다(예컨대 하나님이 직접 죄의 대본을 쓴다고 생각하는 사람은 거의 없을 것이다). 아무튼 필요한 것은 최소한의 결론이다. 의견일치의 정의가 변하기는 하지만, 위에서 발견한 내용이 유신론보다 무신론을 더 요구하지는 않는다. 철학적 교착 상태도 청자들에게 특정한 역사적 사례(그중 몇몇은 본서의 뒷부분 및 다른 곳에 수록된다)에서 제공된 특정한 **증거**를 고려하도록 초대하기에 충분하다.

90 예컨대 Polkinghorne and Beale, *Questions*, 31-34, 42-43. 참조. Davies, "Downward Causation," 46-47. 그러나 양자물리학을 (자유의지에 대한 지지부터 불교에 대한 지지까지) 신학적인 용도로 너무 많이 사용하는 것은 이론을 너무 과도하게 해석하는 것임을 주의해야 한다(Thurs, "Quantum Physics"를 보라).

91 엄격한 결정론의 회복이 신학에 미치는 함의에 관해서는 Gwynne, *Action*, 205-21, 322을 보라. 심지어 Newton 및 뉴턴 학파에서도 전반적인 기계적인 우주와 창조주가 필요할 경우 그 메커니즘을 변경하는 것이 양립할 수 있었고, 이를 통해 과거 및 (좀처럼 일어나지 않는) 현재의 기적들을 허용했다(Force, "Breakdown," 146).

(2) 과학이 신학에 관해 진술하는가?

오늘날 과학이나 역사 기술이 기적의 가능성을 부인한다고 주장하는 사람들은 과학적 관찰을 하고 있는 것이 아니라 흄에게서 유래한 철학적 전제를 반복하고 있는 것이다.[92] 많은 사람이 오늘날 우리가 알고 있는 사실에 비추어 그것들을 다시 읽는다면 그 논거들이 얼마나 허약한지를 인식하지 못하고서 흄의 18세기 논거들을 되풀이한다.[93] 기적의 가능성을 부인하는 사람들은 사실은 경험적 데이터 자체가 아니라 과학 **철학**이 쟁점임에도 불구하고 종종 자기들이 과학적 발견의 토대에서 연구를 수행하고 있다고 가정하기 때문에 이러한 현대의 가정들의 철학적 토대를 검사하는 것이 중요하다.[94] 과학적 방법은 정보를 축적하는데, 그 접근법은 이상적으로는 과거의 추론들을 방어하기보다는 새로운 추론으로 실험을 해보게 되어 있다. 과학 자체는 다른 설명 모델들에 닫혀 있지 않으며[95] 초자연적 인과 관계의

---

92   Houston, *Miracles*, 4.

93   Hume이 자기 철학의 논리에 나타나는 몇몇 약점에 대해 인정한 것에 관해서는 Jaki, *Miracles and Physics*, 19-21을 보라. 오늘날 Hume의 논리에 대한 혹독한 공격에 관해서는 Earman, *Failure*를 보라. 그 역사적 맥락에서 본 Hume의 논거에 관해서는 예컨대 (Hume을 비판하는) Schulz, "Ende"를 보라.

94   과학계의 일반적인 관행에서 데이터뿐만 아니라 해석상의 구조에 많이 의존하는 점에 관해서는 예컨대 Kuhn, *Structure*와 Popper, *Myth of Framework*을 보라. 예컨대 "우주의 의미와 목적" 같은 질문들은 단순히 데이터의 문제가 아니라 철학적인 질문으로 여겨진다(이는 Russell, "T = 0," 209에서 지적된 견해다. 참조. ibid., 221). (조직되고 복잡한 정보라는 의미에서) "의미"는 "체계들에 걸쳐 분포되어" 있어서 어떤 요소도 "스스로를 해석"하지 않는다(Puddefoot, "Information Theory," 301; "의미-정보"에 관해서는 추가로 304-5, 309-11을 보라). 인간의 지성과 도덕 이론이 도덕과 관련이 없는 물리적 실재와 조화할 수 없는 것으로 보일지라도, 좀 더 복잡한 수준의 탐구에서는 상호작용이 가능할지도 모른다(참조. Graham, "Materialism").

95   Popper, *Myth of Framework*, 201-2을 보라. 참조. Idem, *Conjectures*, 33-65.

가능성은 데이터의 문제일 뿐만 아니라 해석의 문제이기도 하다.

"변칙적인 현상이나 형이상학적인 현상을 어떻게 다룰 것인가?"는 철학적인 질문이기 때문에, 과학자들이 **일반적인**(normal) 자연 현상에 관한 전문가이기는 하지만 일반 규범을 벗어나 발생하는 사건에 관해 질문할 때에는 그들이 더 이상 과학자로서 얘기하는 것이 아니다.[96] 따라서 기적을 부인하는 한 과학자는 자기의 추론은 본질적으로 과학적이 아니라 신학적이라고 인정한다. 그는 하나님이 "자신의 법칙을 위반"**할 수도 있다**고 인정하지만, 이 과학자는 하나님이 역사 속에서 특별 계시로서 그렇게 할 수 있다는 "생각을 혐오한다"[97](자신의 주관적인 또는 문화적으로 형성된 지각 외에는, 그는 이 생각이 왜 혐오스럽게 보이는지에 대한 이유를 제공하지 않는다). 그 문제를 조금 다르게 진술하자면 "자연법칙에 예외가 있을 수 있는가?"라는 질문은 휴스턴의 말로 표현하면 "엄격하게 과학적인 쟁점이라기보다는 철학적인 쟁점이다."[98] 몇몇 학자는 많은 과학자가 적극적으로 활동하는 신을 믿는다는

---

96 참조. Idem, *Myth of Framework*, 71-72. Popper는 더 큰 질문들에 대해 생각하지 않고 오직 기술적인 수준에서만 훈련을 받은 과학 전문가들에 관해 불평한다(좀 더 이른 시기의 문헌인 Wright, *Miracle*, 124, 과학의 기술적인[descriptive] 역할의 한계에 관한 글을 참조하라). 동시에 나는 이 상황에 대해 과학자들을 탓할 수 없다고 생각한다. 나는 과학 분야에서는—내 전공 분야에서보다—지식이 더 증가하면 자신의 "전공" 분야조차도 적절하게 숙련되기 어려워진다고 생각한다. 참조. Kuhn, *Structure*, 64: "전문화는…그 과학자의 시각에 커다란 제약을 가하고 틀의 변화에 격렬하게 저항하게 한다." 전문화는 특정 지식을 엄청나게 축적할 수 있게 만들어주지만, 전문화의 제한된 시각으로 인해 전문성의 틈 사이에 떨어지는 지식이 형성될 수 있다(그리고 그에 대한 찬성론이 나올 수 있다. 참조. Taylor, *Hume*, 52-53).

97 Mott, "Science," 66은 과학 자체는 자신의 선호를 직접 알려주지 않는다고 인정한다.

98 Houston, *Miracles*, 123. 과학과 철학 각각의 영역에 관해서는 Flew, *God*, 89-90도 참조하라. William Paley는 Hume에게 "기적이 '일반적인 경험에 반한다'는 논거는 미결 문제를 논거로 삼아 이론을 세우는 것에 지나지 않는다"고 올바로 답변한다(Melinsky, *Miracles*, 50에 요약되어 있다. 비록 Melinsky 자신은 52에서 Paley의

사실(그 비율은 분야마다 다르다)은 그 문제가 반드시 과학 자체의 문제로 여겨질 필요가 없음을 충분히 잘 보여준다고 주장한다.[99] 과학은 반복될 수 있는 사건들과 관련이 있으며, 따라서 일반적으로 기적들처럼 역사에서 발생하는 독특한 특정 사건들[100]에 관한 판단을 선언할 수 없다.[101] 과거의 사건 중에서 빅뱅[102] 및 역사에서 일어난 과거의 사건들에 대한 현재의 관찰들은 예외이지만, 이런 사건들은 예측 가능성이 떨어지는 역사와 인간의 삶의 세부 사항이 아니라 대규모 사건들이다.[103] 따라서 자연을 탐구하는 사람들

입장 대다수에 대해 회의적이지만 말이다. Wolterstorff, "Theology and Science," 99은 "과학"과 "종교" 간의 가장 심각한 갈등은 "우리가 받아들일 수 있다고 생각하는 **종류의 이론들**"을 결정하는 확신들로부터 발생한다고 주장한다(Murphy, "Apologetics," 115-17도 참조하라).

99 참조. Jaki, *Miracles and Physics*, 15. 내가 어떤 견해 신봉자의 비율이나 존재가 진리의 기준으로 기능한다고 말하는 것은 아니다(신의 활동 문제가 과학 자체에서보다는 좀 더 편안하게 느껴지는 분야인 과학철학 분야에서도 학자들 사이에 다양한 의견이 존재한다). 나는 유신론적인 견해를 취하는 과학자 비율이 평균적으로 그런 견해를 취하는 일반인 비율보다 낮다는 점을 부인하지도 않는다. 내 요점은 순수한 자연주의에 대한 예외가 있다는 믿음으로 말미암아 과학적 방법 적용이 훼손되지는 않는다는 것이다.

100 참조. Polkinghorne in Frankenberry, *Faith*, 344. 기술적으로, 다른 기적들이 일어날 경우 기적이 독특한 종류는 아니다. 그러나 기적들은 어느 특정한 인간의 행동들에서는 독특하다는 의미에서는 독특하다. 즉 기적이 일어날 가능성은 있지만, 예측 가능성이라는 측면에서는 반복될 수 없다. 그것은 물리학이나 생물학의 재료가 아니라 역사와 심리학의 재료다.

101 Charlesworth, "Resurrection," 170; Ward, "Believing," 746-47; Polkinghorne, *Physics*, 34-35(『양자물리학 그리고 기독교 신학』, 연세대학교 출판부 역간); Gorsuch, "Limits," 284. 참조. Ramsey, "Miracles," 8.

102 Tucker, *Knowledge*, 244을 보라.

103 몇몇 학자는 빅뱅 같은 우주론적인 문제들이 엄격히 과학인지에 관해 의문을 제기한다(Segre, "Origin," 109). 그 사건들은 기술적으로는 상당한 해석과 관련이 있지만, 우리가 그것들을 과학적이라고 간주할지는 우리가 과학을 어떻게 정의할지에 좌우된다(이 점은 우리의 논의와 관련이 있다). 고생물학은 역사와 마찬가지로 다른 종류의 증거 및 유비에 기초해서 반복될 수 없는 사건들을 다룬다(참조. Polkinghorne, *Physics*, 9).

이 추구하는 질문은 지성적인 (대개 인간의) 인과 관계와 관련이 있는 특정한 사건들을 조사하는 역사가들[104]이나 논리적인 가능성을 다루는 철학자들이 추구하는 질문과는 다르다. 과학은 좀 더 큰 양상들에 대한 세부 사항들로부터 귀납적으로 연구하기 때문에 좀 더 큰 양상들을 살피며 기적처럼 하나의 변칙적인 현상을 다룰 수 없다.[105] 원칙적으로는 충분한 기적들을 조사하면 인식할 수 있는 다소의 양상이 나타날 수도 있다.[106] 하지만 만일 초자연적 행위자가 인격적인 존재일 경우 그런 양상들은 과학적으로 형성될 수 없다.[107] 인격적인 행위자는 기본적인 물리법칙에서 발견되는 수학적 예측 가능성보다 복잡성 수준이 높고 예측 가능성이 떨어지는 방식으로 활동한다.[108]

104　인간 행위자들의 대안은 물리학과 생물학으로 말미암아 제약되지만, 그 제약 범위 내에서는 물리학과 생물학의 일반적인 양상들보다 복잡성 수준이 더 높고 예측 가능성이 더 떨어지는 방식으로 작동한다. 만일 우리가 궁극적인 창조주나 무한한 존재가 있다고 단언한다면 그 존재는 자연 "법칙"에 얽매이지 않을 것이고 인간보다 훨씬 더 "자유로운" 지성적인 인과 관계의 행위자가 될 수 있을 것이다. 설사 마음이 두뇌에 완전히 의존한다고 할지라도 우리가 그 상태(state)를 확률 이상의 수준으로 예측할 수는 없다(Margenau, "Laws," 59-60). 우리는 자연에 의존하지 않는 지성이 자연을 통해 결정될 것으로 생각하지 않아야 한다.

105　Wills, "Miracles," 144. 참조. Gorsuch, "Limits," 284. 순수과학은 귀납적이며 형이상학적 가능성을 다루지 않는다(Tonquédec, *Miracles*, 69. 참조. Ellens, "God and Science," 5). 순수과학은 알려진 사례들로부터 추정(extrapolate)하거나 수학 원리로부터 연역적으로 연구할 수도 있지만, 위의 어떤 방법도 특정한 신적 행동의 가능성을 배제하지 않는다.

106　Wills, "Miracles," 144도 같은 입장이다. 최소한 우리가 특정한 상황에서 기적을 좀 더 많이 경험한다는 의미에서 양상이 인식될 수도 있다.

107　Ward, "Believing," 747에 등장하는 이 논점을 주목하라.

108　따라서 인물에 초점을 맞추는 역사 기술은 특정 상황하에서 보편적으로 적용할 수 있는 법칙보다는 특정 사건들을 다룬다(Popper, *Historicism*, 143). 경험주의자들 중 Locke는 이미 (자연의 행동에 비해) 개인들의 행동을 예측하는, 인간의 행동에 관한 "법칙"을 확립하기가 더 어렵다는 것을 알았다(Burns, *Debate*, 63). Wigner, "Relativity," 277-78은 "인생"은 아직은 우주의 나머지 부분과 달리 기본적인 물

기적 논의에 대한 과학적 접근법과 신학적 접근법 사이의 이 구별을 명료하게 설명하기에 존 폴킹혼 경보다 더 자격이 있는 학자는 별로 없을 것이다. 성공회 사제인 그는 또한 전 케임브리지 대학교 수리물리학 교수, 케임브리지 대학교 퀸스 칼리지 학장이자 2002년 템플턴상 수상자다. 그는 기독교의 기적 개념은 정의상 신적인 인과 관계와 관련이 있으므로 그것은 "주로 과학적인" 문제가 아니라 신학적인 문제라고 주장한다. "과학은 단지 우리에게 이 사건들은 일반적인 기대에 어긋난다고 말해줄 뿐이다. 우리는 애초에 이 점을 알았다. 과학은 하나님이 특별한 경우에 전례가 없는 일을 할 가능성을 배제할 수 없다. 결국 하나님은 자연법칙에 종속하는 존재가 아니라 그것의 제정자다." 하나님은 자신이 자연에 확립해 둔 양상들과 일치하지만 "일치(consistency)는 지루한 획일성과는 다르다. 하나님은 전례가 없는 상황에서 예기치 않은 일을 할 수 있다."[109] "예기치 않은

___

리학 법칙 관점에서 쉽게 설명되지 않았다고 주장한다(생체계[biological system]에서 관찰되는 조직화된 고등 복잡성에 관해서는 예컨대 Davies, *Mind*, 138을 보라). 인간의 지성을 예측하기는 더 어려울 것이다. 예측할 수는 없지만, 자연의 외부에서 행하는 하나님의 활동에 대한 성경의 주장에서 공통적인 특성은 예컨대 그리스도에 관한 충분한 통찰력이 없는 상황에서 그리스도나 그의 메시지를 입증하는 하나님의 자기 계시(따라서 특정한 종류의 신학적 맥락)다. 좀 더 이른 시기의 문헌은 Mozley, *Lectures*, 129-30을 보라. 다양한 존재의 질서들(물질, 식물, 동물, 인간)은 점점 더 높아지는 복잡성 법칙을 갖고 작동하는데 이보다 더 높은, 우리의 직접적인 인식 차원을 넘어서는 신적 영역을 배제할 이유가 없다.

109 Polkinghorne, *Quarks*, 100(나는 이 참고 문헌에 대해 주의를 기울일 수 있게 해준 Michael Licona에게 감사한다). 다음 문헌들도 마찬가지다. Polkinghorne, *Way*, 56; idem, *Physics*, 34; Frankenberry, *Faith*, 363에 실린 인용문. 하나님의 자신이 창조한 법칙으로부터의 자유에 관해서는 예컨대 Helm, "Miraculous," 93을 보라(그는 Leibniz에 반대한다). 하나님이 일반적인 자연 경로를 통해서도 일하고, 특별한 목적을 위해 때때로 자연 경로를 바꾸거나 특별히 상호 소통하는 방식으로 자연 경로를 통해서도 일한다고 주장하는 데 아무런 모순이 없다(참조. Alston, "Action," 60-61, 기적에 관한 논의). 다른 지적인 행위자가 선택적으로 개입하는 것이 모순적이지 않듯이 말이다. 성경 자체에서 하나님은 "일반적인" 방식으로 활

일"은 과학의 예측할 수 있는 재료가 아니지만, 과학의 일반적이고 예측할 수 있는 재료에 적대적이지도 않다.[110]

폴킹혼 등도 지적하는 바와 같이 유신론적 종교와 과학은 관심사가 겹치지만, 그 둘은 종종 다른 문제들을 묻는다.[111] 앞서 언급된 바와 같이 이런

동할 뿐만 아니라(참조. Collins, *God of Miracles*, 107-19에 수록된 논의) 이례적인 방식으로도 활동한다(참조. 87-106, "특별한 신적 활동"에 관한 논의). 거의 100년 전에 케임브리지 대학교의 F. R. Tennant는 "통계적 평균은 불변성을 가지며" "획일성"은 이와 같이 "기계적이 아니라 근사치"일 수도 있으므로 심지어 인간의 개체성도 "획일성"처럼 보일 수도 있다고 지적했다(*Miracle*, 103).

110 Giberson and Artigas, *Oracles*, 103-4에 실린 Stephen Hawking의 1989년 진술에 대한 해석을 보라. Hawking은 하나님이 과학 법칙을 넘어서는 방식으로 행동할 가능성을 인정하지만, 과학자로서 자신의 연구는 "과학 법칙을 통해 묘사될" 수 있는 방식들만을 다룰 수 있다(이 진술은 104-5에 요약된 1986년 인터뷰의 견해와 다른 듯하다. 좀 더 최근에는 그는 창조주가 불필요하다고 간주했다). 좀 더 일반적으로는 Giberson and Artigas, *Oracles*, 229-32에 등장하는 논의(철학적 자연주의와 과학 자체를 구분한다)와 233-34에 등장하는 유비를 보라. 어류학자는 언제나 최소 5cm 크기의 물고기만 잡기 때문에 바다 생물의 크기는 언제나 최소 5cm는 된다고 주장할 수도 있을 것이다. 비평가가 그 어류학자의 "그물이 더 작은 생물을 잡도록 만들어지지 않았다"고 지적하면 그 어류학자는 5cm 미만의 생물은 그 그물을 통해 정의된 합의된 방법론을 벗어나며, 따라서 검증할 수 없는 형이상학이라고 주장할 수도 있을 것이다. 문제는 증거 부족이 아니라 관련된 증거를 발견하기에 적합하지 않은 방법론을 고집하는 것이다. Giberson and Artigas, *Oracles*는 주로 일반적으로 그런 선언을 할 필수적인 철학 역량이 없이 형이상학적 문제들에 대해 선언하는 저명한 과학자들을 다룬다.

111 예컨대 다음 문헌들을 더 보라. Polkinghorne, *Belief*(『과학시대의 신론』, 동명사 역간); idem, *Faith*; idem, *Quarks*(『쿼크,. 카오스, 그리스도교』, 비아 역간). 다음 문헌들도 보라. Polkinghorne and Beale, *Questions*, 8(과학은 "어떻게"를 다루고 신학은 "왜"를 다룬다. 참조. Phillips, "Science"; Schawlow, "Why"; Bernasek, "Mechanism," 149-50). 엄밀한 의미의 과학은 지식의 제한된 한 분야를 다루는 반면에 신학은 "통합하는 학문으로서…다른 학문 분야에서 수행된 인간의 탐구 결과들을 가장 심오하고 포괄적인 이해의 매트릭스 안으로 정리한다(Polkinghorne, "Origin," 87). 최소한 이상적으로는 말이다(다방면에 걸쳐 박학다식한 사람들도 관련 학문 분야의 전문적인 이해를 갖추지 못할 수도 있으므로 그들에게도 약한 부분이 있다). 성경적 전통과 과학 모두 자연 질서를 긍정하지만 과학은 그 데

차이가 있다고 해서 역사 속에서든(예컨대 정복이나 발명) 의학에서든(예컨대 찔린 상처나 소아 타박상) 그 원인이 지적일 수도 있을 경우 인과 관계 문제가 부적절해지지는 않는다. 그 차이는 경험적인 데이터를 다루는 역량이 있다고 해서 자동적으로 자기가 다루는 데 익숙하지 않은 질문에 그 데이터를 적용할 논리적 역량으로 전환되지는 않음을 의미한다. 초자연적 원인을 배제하는 방법론이 그런 원인은 없다는 확실한 지식을 반영한다고 단순하게 가정하지 않는 한, 과학의 역량은 초자연적 원인이 아니라 물리적인 원인을 다루기 때문에 과학이 반드시 초자연적 원인이 존재하지 않는다고 선언해야 하는 것은 아니다.[112] 사실 저명한 많은 과학자들이 과학과 종교가 보완적이며 둘 다 귀중하다고 여겨왔다. 그들의 구체적인 접근법은 다르지만 알베르트 아인슈타인, 막스 플랑크, 베르너 하이젠베르크 등이 그런 학자들이다.[113]

이터를 분석하는 반면에 유신론적 관점은 "그 데이터로부터 창조주에 관해 무엇이 추론될 수 있는지"를 탐구한다(McGrath, *Dialogue*, 208-9; idem, *Science and Religion*, 53-54[『과학과 종교』, 도서출판 린 역간]). 신앙과 과학 간의 대화 및 통합에 관해서는 Padgett, "Advice," 300-7도 참조하라.

112 Ward, "Believing," 744.

113 Varghese, "Introduction," 1(위의 세 학자 각자를 인용한다. 그는 Stephen Hawking 도 거명하지만 Hawking은 지금은 창조주가 불필요하다고 여기고 있다). 같은 논문에 등장하는 예컨대 다음과 같은 다른 과학 교수 및 수학 교수들도 보라. Margenau, "Laws," 57(예일 대학교 물리 및 자연 철학 Eugene Higgins 명예교수); Becker, "Laws"(MIT 대학교); Favre, "Action" (Université d'Aix-Marseill); Josephson, "Conflict"(1973년 노벨 물리학상 수상자); Salam, "Science"(1979년 노벨 물리학상 수상자); Naumann, "Religion," 71(프린스턴 대학교); Russell, "Difficulty," 89-90(남캘리포니아 대학교); Schawlow, "Why"(스탠퍼드 대학교); Smith, "Universe," 111-12(오리건 대학교); Thirring, "Guidance"(빈 대학교); Townes, "Question"(캘리포니아 대학교 버클리 캠퍼스); Uhlig, "Origin"(MIT 대학교); Bernasek, "Mechanism"(프린스턴 대학교); Emmel, "Process"(플로리다 대학교, 게인즈빌); Gautheret, "Spirit," 174-75(1979-80 파리 과학 아카데미 회장). Frankenberry, *Faith*에 등장하는 광범위한 조사를 보라(예컨대 157-59, 164-68에

(3) 흄, 자연법칙 위반 그리고 유신론

오늘날 많은 철학자는 비록 여러 관점에서 저술하기는 하지만 자연법칙에 관한 흄의 주장에 도전한다. 예컨대 J. 휴스턴은 최근의 케임브리지 대학교 논문에서 "관련 자연법칙(들)에 대한 증거는…" 주장된 기적의 "개연성 평가에 적절하다는 점을 부인할 수 없다"는 흄의 주장에 대해 길게 도전한다.[114] 옥스퍼드 대학교의 철학자인 리처드 스윈번도 흄에 반대하여 다음과 같이 주장한다.

> 신이 존재하지 않는다면 자연법칙이 발생하는 사건들의 궁극적인 결정요소다. 그러나 만일 신이 존재한다면 자연법칙이 작동하는지 여부 그리고 얼마나 오래, 어떤 상황에서 작동하는지는 신에게 의존한다. 신이 존재한다는 증거, 그리고 특히 간헐적으로 자연 질서에 개입할 것으로 예상되는 신이 존재한다는 증거는 그가 그렇게 했다는 역사적 증거를 지지하는 증거일 것이다.[115]

등장하는 Einstein). 많은 학자는 이 신을 "지성"으로 보며, 때때로 그들이 "성직자들"에게 돌리는 "하얀 수염의 노인으로서 하나님"에 반대한다(Little, "Planned," 55. 참조. 좀 더 온건한 견해는 Bernasek, "Mechanism," 151과 Watt, "Evidence," 224을 보라). 이 견해는 내가 알기로는 우리의 신학교들 중 어느 곳에서도 장려하지 않는다.

114 Houston, *Miracles*, 133(133-50에서 상세하게 설명한다). 이 대목에서 Hume의 주장은 정의상 그런 법칙에 모순되는 기적(또는 적어도 기적의 개연성)을 배제한다. 그래서 그는 정의를 사용해서 기적이 일어날 수 없도록(또는 적어도 일어날 개연성이 매우 낮다고 믿어지도록) 그 주장을 확정시킨다.

115 Swinburne, "Evidence," 198(인간의 습성도 어떤 상황에서는 규칙성을 깨뜨린다고 덧붙인다). 이 지점에서 호의적인 신에 대해 찬성 논거를 펴는 것은 내 영역을 넘어서지만, 몇몇 학자는 "인류" 원리에 찬성하는 물리학에 근거한 논거(다음 문헌에 등장하는 데이터를 보라. Barrow and Tipler, *Principle*, 288-575 여러 곳; Barr, *Physics and Faith*, 118-57)를 활용해서 이렇게 주장할 수 있었다(좀 더 근본적으로는 우주는 "생명 중심적"인 것으로 보인다. 예컨대 Davies, *Mind*, 198-

대다수 자연법칙은 정의상 닫힌 체계(closed system)를 가정한다. 자연법칙은 일반적인 예측을 하지만 문제의 그 시스템 외부의 영향력을 설명한다고 주장하지 않는다.[116]

역사적으로 유일신론적으로 이해해 온 신을 믿는 사람은 아무도 신이 자연의 시스템에 영향을 줄 가능성을 부인하지 않을 것이다.[117] 그 가능성에 대한 부인은 틀림없이 이런 신에 대한 부인에 입각할 것이다. 그러나 어떤

200을 보라[비록 그가 인간에게 특별한 지위를 부여하지만 말이다, 232]). Barrow and Tipler는 그 데이터를 인간 중심의 목적론적 관점에서 제시하는데, 이 데이터는 유신론적으로 사용될 수 있고 실제로 오랫동안 그렇게 사용되고 있다(Tennant, *Theology*, 2:113-15을 보라). Barrow and Tipler의 접근법은 그렇게 주장하지 않지만, 많은 학자는 설계 관점의 시공간의 우주가 생기기 전에, 그리고 그 우주 외부에 무한한 설계자가 존재하고 있었다는 가설이 순전히 자연적 실체들의 유한하고 변하는 지성에만 근거한 설명보다 설계를 더 잘 설명한다고 주장할 것이다. 유일신교적인 증거 해석은 이제 인정된 몇 가지 해석 중 하나이며(예컨대 Rolston, "Science," 63을 보라), 많은 학자가 작금의 "설계" 논거를 지지한다(예컨대 다음 문헌들을 보라. Murphy, "Evidence of Design"; Barbour, *Religion and Science*, 204-6에 실린 요약; 20세기 초 신학자에서는 예컨대 Ramm, *View*, 99-104). 물리학에서의 "미세 조정"에 대해서는 예컨대 다음 문헌들을 보라. Polkinghorne and Beale, *Questions*, 13, 44-45, 99-116; McGrath, *Universe*, 특히 111-26(동식물이 기능하기 위해 필요한 화학의 미세 조정에 관해서는 127-42을 보라). 몇몇 학자는 물리학 법칙을 플라톤의 이상적인 형태와 유사한 것으로 본다(Davies, *Mind*, 73-92). 인류 원리가 신의 문제 또는 물리학에서의 신적 설계 주장에 적실성이 있다는 인정에 대해서는 예컨대 다음을 보라. Margenau, "Laws," 59; Varghese, "Introduction," 20-23; Kistiakowsky, "Order"; Penzias, "Creation," 82-83; Mott, "Science," 65; Eccles, "Design," 161-62. 참조. Freeman Dyson의 2000년 템플턴상 수상 연설(Frankenberry, *Faith*, 381에 수록된 자료); 물리학과 **무로부터의** 창조에 관해서는 예컨대 Stoeger, "Origin"을 보라.

116 Alston, "Action," 56. 따라서 자연이 일반적으로 작동하는 방식에 관한 지식은 만일 초자연적 실체가 개입할 경우 사건들이 어떻게 일어날지에 관해서는 아무것도 말해주지 않는다(Otte, "Treatment," 155-56; Collins, *God of Miracles*, 148).

117 만일 "기적"이 정의상 신을 "가장 가까운 원인"으로 갖고 있다면, 기적은 자연의 정상적인 양상에 조화되지 않는 인과 관계 사슬과 무관하다(Gilman, "Miracles," 480-81). Hume의 그릇된 논리에 관해서는 Gaskin, *Philosophy*, 121도 보라.

철학자가 말한 바와 같이 흄은 먼저 독자들이 그들의 유신론을 단념하도록 설득하려는 예의를 보이지 않고 곧바로 그들에게 기적을 믿지 말라고 설득하려 했던 것으로 보인다.[118] 이처럼 흄의 논리는 그의 수사(修辭)보다 못하다.[119] 존 스튜어트 밀 같은 비평가는 흄의 논문의 결실을 하찮게 여겼다. 흄이 이룩한 것은 기껏해야 "만일 우리가 이미 초자연적 행위자를 믿고 있지 않다면, 어떤 기적도 그런 행위자의 존재를 증명할 수 없음"을 보여준 것이었다.[120] 몇몇 학자는 흄이 이만큼이라도 달성했는지 여부에 관해 논쟁을 벌인다.

자연법칙은 고전적인 개념이지만(부록 D를 보라) 계몽주의 사상가들은 그것을 독특한 방식으로 발전시켰다.[121] 흄은 기적을 자연법칙의 위반으로

---

118 Burns, *Debate*, 246의 결론(245에서는 Hume이 자기 논문의 첫 부분에서 그 문제를 회피하는 것을 지적한다). 몇몇 다른 사람들과는 달리 Hume 같이 저명한 지위에 있던 사람은 그런 사전적인 논의를 하는 것을 두려워할 이유가 별로 없었지만, 설사 그런 논의를 했다고 하더라도 많은 사람을 설득하지는 못했을 수도 있다. 그리고 Hume 자신이 그렇게까지 주장하기를 원했는지도 확실하지 않다.

119 Hume이 기적을 믿는 사람들이 이성보다 웅변을 선호한다고 불평함에도 불구하고 말이다. *Miracles*, 36.

120 Mill, *Logic*, 3권, 25장(Burns, *Debate*, 244에 인용된 내용; Kelly, "Miracle," 50).

121 Sharp, "Miracles," 4은 계몽주의 이전의 "자연법칙"은 대개 정의와 도덕을 다뤘다고 지적한다(우리나라에서는 영어의 natural law가 이 의미로 사용될 때에는 대개 "자연법"이라 부르고, 자연에서 확립된 규칙을 가리킬 때에는 "자연법칙"이라 부르는 것으로 보인다. 본 번역서에서는 문맥에 따라 양자를 구분해서 표현할 것이다—역자 주). 이 요약은 너무 협소하기는 하지만 그 개념이 뉴턴의 기계적 원리로 바뀌었을 때의 심각한 차이를 올바로 반영한다.

보았는데[122] 이는 아우구스티누스,[123] 아퀴나스,[124] 그리고 다른 이론가 같은 이전의 몇몇 사상가들이 전통적으로 이해했던 기적 개념과 다르다. 아우구

---

122 Houston, *Miracles*, 103. Hume은 이 정의의 많은 부분을 이신론자인 Ethan Allen 같은 당대의 몇몇 학자들과 공유했다(Fosl, "Hume," 177). John Locke와 비교하라. 그는 기적을 받아들였지만 기적을 "확립된 자연 경로에 반한다"고 보았다(Daston, "Facts," 117). 기술적으로는 그의 주장은 때때로 자연법칙 자체라기보다는 자연법칙으로 말미암아 **수반되는 일반적인 주장과 관련된다**(Fosl, "Hume," 180). "위반"이 이 대목의 쟁점인 반면에 Hume의 논문은 사실상 일관성이 없는 "기적"의 정의를 갖고 장난친다(Taylor, *Hume*, 7. Taylor는 11에서 Hume이 논의 과정에서 오로지 "근본적인 정의를 변경하는 부적절한 책략을 통해" 자기의 주장을 전개한다고 불평한다).

123 Houston, *Miracles*, 104은 아우구스티누스 및 다른 많은 사람이 기적을 자연에 **반한다**기보다는 자연 **위에 있다**고 말했음을 지적한다. Polkinghorne, *Science and Providence*, 47은 아우구스티누스가 몇몇 기적들을 "일종의 가속화된 자연의 형태"로 취급했다고 본다. 다음 문헌들도 보라. Lacey, *Nature*, 71-91에 등장하는 세부 사항(특히 84-85); Pannenberg, "Concept"; Ward, "Believing," 742; Okello, *Case*, 48-52; Gousmett, "Miracle"; Slupic, "Interpretation," 519; Hardon, "Concept," 230-31(하나님은 자신이 확립한 자연에 따라 행동하며, 기적은 그의 행동 방식과 모순되지 않는다); Richardson, *Apologetics*, 154; Culpepper, "Problem of Miracles," 215-16; Clark, "Miracles and Law," 25; Gounelle, "Théologien"; Smith, *Thinking*, 104-5. 자연은 기적적이었다. 따라서 하나님의 보편적인 사역과 창조에서 나타난 그의 활동 간의 주된 차이는 관찰자에게 미치는 영향이었다(Harrison, "Miracles," 495-96. 참조. Lacey, *Nature*, 80-81). 그러나 아우구스티누스는 "자연"을 Hume보다 광의로 정의하며, 단순히 관측할 수 있는 규칙성 차원으로만 정의하지 않는다(Gwynne, *Action*, 67-68; Collins, *God of Miracles*, 40).

124 Hardon, "Concept," 231-34(아퀴나스는 진정한 기적은 천사를 포함한 피조된 자연을 초월해야 한다고 주장했음을 지적한다. 231-34을 보라); Nichols, "Miracles," 708(자연에 "반한다"기보다 "자연을 넘어선다"). 기적에 관한 아퀴나스의 견해에 대해서는 다음 문헌들을 더 보라. Brown, *Miracles*, 11-12; Harrison, "Miracles," 497-99; Okello, *Case*, 53-56; Saler, "Supernatural," 37, 47. 좀 더 긴 논의는 다음 문헌들을 보라. Boublik, "Finalita"; Cirillo, "Valore"; Berceville, "L'étonnante." 아퀴나스도 실제로 이따금 "자연에 반한다"는 표현을 사용했지만 이것은 그의 일반적인 접근법이 아니었다(Gwynne, *Action*, 183). 아우구스티누스, 아퀴나스, 그리고 Locke는 기적을 일반적인 자연 경로 위반으로 보기도 했지만(Tennant, *Miracle*, 33-34), 하나님께 불가능하거나 하나님이 자신이 복종해야만 하는 법칙을 불법적으로 위반한다는 의미의 경로 위반으로 보지는 않았다.

스티누스는 기적이 자연에 반하는 것으로 **보일** 수 있음을 인정하지만, 하나님께는 그렇게 보이지 않는다. "하나님께는 자신이 하시는 일이 '자연'이다."[125] 아퀴나스는 자연에서는 불가능한 일을 행한 기적도 있고, 자연이 할 수 있는 일을 초자연적으로 성취한 기적도 있음을 인식했다. 그는 경외감이라는 결과를 기적의 본질적인 기준으로 보았다.[126] 기독교 신학 역사에서 기적은 반드시 자연법칙에 반하는 것이 아니며, 설사 그럴 경우에도 그런 모순은 신적인 은혜의 표적으로서 기적의 주된 특성에 주변적이다.[127] 불변의 자연법칙이라는 개념은 최근에 도입되었기 때문에 흄이 이전의 기적 주장들을 자연법칙이란 관점에서 정의한 것은 그 주장들에 시대착오적인 범주를 부과한 것이다.[128] 16세기 또는 그 이후가 되어서야 기적들은 비로소 자연법칙과 관련해서 정의되기 시작했다.[129] 실제로 아이작 뉴턴—그의 접

---

125 Brown, *Miracles*, 9(Augustine *Literal Commentary on Genesis* 6.13.24을 인용한다).

126 Daston, "Facts," 96. 아퀴나스는 기적들의 증거의 위대성에 따라 기적의 등급을 분류했다(McInerny, *Miracles*, 146). King-Farlow, "Insights," 209에 실린 구분을 참조하라. 아퀴나스는 초자연적 경이들(무생물 자연, 천사 또는 귀신들로부터 비롯되는 경이들)을 신적이고 창조적인 기적들과 구분했다(Daston, "Facts," 97).

127 Laurentin, *Miracles*, 91. 실제로 Heim(*Transformation*, 173-99[특히 186-87]) 같은 몇몇 학자는 하나님은 언제나 자연을 통해 기적을 일으킨다고 생각한다. 그런 사건들을 기적적으로 만드는 요소는 그 사건들이 특히 명확한 하나님의 자기 계시와 관련된다는 점이다(189-90).

128 Tucker, "Miracles," 373. 실제로 랍비 자료들과 가톨릭 신학은 20세기 전에는 기적을 과학 법칙과 연결하지 않았다(Tucker, "Miracles," 377).

129 다음 문헌들을 보라 Ward, *Miracles*, 214; Meier, "Signs," 758; Nichols, "Supernatural," 28-29; Tucker, "Miracles," 373(Tucker는 이 개념이 17세기에 등장한 것으로 본다). 중세의 저자들은 하나님이 자연에서 및 "자연의 일반적인 경로로부터의 기적적인 이탈이나 그 안에서의 우연의 일치" 모두에서 활동한다고 생각했다(McFadden, "Elements," 442). 스콜라 철학자들은 "…자연의 위반할 수 없는 법칙보다는 자연의 습관적인 관습을, 즉 언제나 일어나는 현상보다는 대체로 일어나는 현상을" 다뤘는데, 이를 중개하는 초자연이라는 개념이 16세기에 성장했다(Daston, "Facts," 99). 몇몇 학자는 기적을 자연에 반하여 그 위에 있는 것으로 정의하기 시작했지만, 신학자인 Samuel Clarke(1675-1729)는 하나님이 임의

근법 중 일부는 흄에게 영향을 주었다[130]—은 기적을 자연법칙의 위반으로 정의하지 않았다.[131]

흄이 자신의 논문에서 반대했던 사람들은 기적을 자연법칙의 위반으로 보지 않았고, 거의 모든 그의 비판자들은 이런 묘사에 항의했다.[132] 흄은 왜 자기의 비판 대상자들이 확고하게 주장하고 있지 않았던 입장에 도전했을까? 기적에 초점을 맞춘 학위 논문을 쓴 어떤 철학 역사가는 "흄이 반대하고 있던 저자들의 문헌에 그런 용어들이 거의 나오지 않았기 때문에" 그가 일부러 '침해'(transgression), '위반'(violation) 같은 표현을 사용해서 "의도적으로 도발한" 것이라고 주장한다.[133] 우리는 우리가 그 법칙에 구속받는

로 자연의 경로를 변경하거나 유지할 능력이 있음을 인정했고 따라서 기적을 하나님의 일반적인 역사에 반하는 유별난 역사라고 정의했다(Daston, "Facts," 117). John Donne(1571/2-1631)은 자연 자체를 하나님의 계속적인 섭리로 이해했다(Brown, *Miracles*, 28). 자연법칙에 관하여 기적을 달리 정의하는 것에 관해서는 Craig, *Faith*, 143-44에 수록된 간략한 논의도 보라.

130 Hume은 Newton의 저작을 활발하게 참조했으며(Force, "Interest," 183-87) 그의 논리 원칙들을 모방했다(ibid., 187-91).

131 Newton에게는 자연의 모든 것이 기적적이었고, 사람들은 그것들이 자아내는 경외감에 의해 특별한 기적을 구분했다(특별한 기적은 하나님이 대체로 유지하는 자연법칙을 일시적으로 정지하는 것과 관련될 수도 있지만 말이다. Force, "Breakdown," 148과 Okello, *Case*, 88-91에 수록된 논의를 참조하라).

132 Burns, *Debate*, 234-37(Gwynne, *Action*, 183-84에도 인용되었다). 참조. Burns, "Hume." 그 당시의 자연법칙 개념은 부분적으로는 국법(國法)에 대한 새로운 강조에 대한 유비를 통해 그 당시의 정치적 개념을 반영할 수도 있으며(Sharp, "Miracles," 3-4), 그것이 나아가 하나님이 법칙에 근거해서 우주를 다스린다는 Calvin의 아이디어에 영향을 주었을 수도 있다(Sharp, "Miracles," 4. 그는 과학사가인 Mason, *History*, 173-74을 따른다). 그러나 법칙 위반이라는 기적 개념은 Calvin이 지어낸 것이 아니다. 자연법칙은 Descartes를 통해서 그리고 궁극적으로 이신론자들에게서 좀 더 자율적인 지위를 얻기 시작했다(Sharp, "Miracles," 4).

133 Burns, *Debate*, 236. "침해"에 관해서는 Hume, *Miracles*, 32을 보라. Hume의 언어는 자연 질서에 개입하는 하나님에 대한 이신론자들의 도덕적 이의와 유사하지만, Hume은 합리론자들이 대체로 자연법칙에 부여했던 형이상학적 중요성을 부인했다(Burns, *Debate*, 236). 이와 대조적으로, 비록 마치 하나님이 자연 "법칙"에 매였

법칙만을 위반한다. 따라서 "위반"이라는 언어는 최소한 그 말이 관습적인 표현이 되거나 도발적인 힘을 상실할 때까지는 유신론적인 전제들과 조화되지 않을 것이다. 몇몇 학자는 흄과 그의 몇몇 동시대인들이 "계몽주의의 종교와 과학 간 정치적 갈등"을 반영하는 방식으로 법칙이 다스리는 우주와 신이 다스리는 우주 사이에 인위적인 모순을 만들어냈다고 주장한다.[134] 비록 이 갈등은 영국의 계몽주의보다 프랑스의 계몽주의와 더 일치하지만 말이다.[135]

그러나 법률 언어는 차치하더라도, 상상 속의 신이 자연법칙에 종속되는 이미지는 전통적인 유일신론 개념과는 조화되지 않으며 따라서 애초에 유신론자들을 그 대화에서 배제했다. 그래서 내가 여기서 때때로 편의상 채용하는[136] 개입이라는 언어마저 기계적인 자연의 독립성을 전제하고, "유신론자들이 하나님이 **한다**고 말하는 것보다…이신론자들이 하나님이 **하지 않는다**고 말하는 것"을 더 잘 묘사한다고 생각될 수 있다.[137] 기술적으로

다는 의미의 "위반"은 아니었지만 "자연에 반하는"(contrary to)이라는 표현은 종종 사용되었다(ibid., 237). Spinoza도 자연에 대한 "개입"으로서 기적을 부인했다 (참조. 예컨대 Brockingham, "Miracles," 493). 그러나 Hume의 "위반"이라는 표현은 더 도발적이다.

134 Tucker, "Miracles," 378.
135 종교와 과학은 본질적으로 갈등 관계에 있다는 그릇된 신화는 특히 18세기 프랑스 계몽주의의 구성물이다(Lindberg, *Beginnings*). 그 당시 대다수 영국 과학자들은 유신론자들이었고 몇몇 과학자들은 Hume이 그들에 맞서 반응했던 변증자들이었다 (Burns, *Debate*, 12, 19).
136 우리는 지성적인 행위자가 원하는 결과를 확보하기 위해 자신이 이전에 시작했던 절차를 조정하는 데 대해 "개입"이라는 표현을 사용할 수 있다. 이 의미에서는 (나는 그 단어를 이 의미로 사용한다) 그 단어는 반드시 순수한 이신론에서처럼 그 절차에 관여하지 않음을 암시하는 것은 아니다. 이 대목에서 나는 구체적인 어떤 유신론적 접근법을 명시하기보다 기적들은 모든 범위의 유신론적 접근법에서 일리가 있음을 강조한다.
137 Inwagen, "Chance," 215.

는 이 대목에서 흄의 정의는 문제가 있으며 논의를 편향시킬 수도 있다.[138] 따라서 몇몇 학자는 흄의 비판자들이 왜 그에게 이 논쟁에서 용어의 많은 부분을 주도하도록 허용했는지 의아하게 생각한다.[139] 더 이상 자연법칙 위반이라는 기적의 정의를 사용하지 않는 학자가 많이 있으며,[140] 여러 학자들이 자연과 관련하여 문제가 적은 기적 정의들을 제공하려고 노력해왔다.[141]

흄의 언어가 기본값으로 설정된 예측으로 간주된 나머지, 사람들은 그

---

138 예컨대 다음 문헌들을 보라. Johnson, *Hume*, 5-8(비록 9에서 그는 Hume을 다른 각도에서 반박하기 위해 논의의 편의상 Hume의 가정들을 인정하지만 말이다); Larmer, *Water*, 17-30(기적과 자연법칙이 모순이라는 주장에 반대한다. 30에서 그는 하나님은 기껏해야 단순히 자연법칙이 적용되는 것들을 창조하거나 회복할 뿐이라고 주장한다. 참조 idem, "Physicalism"); Sharp, "Miracles," 1; Pannenberg, "Concept"; Fitzgerald, "Miracles," 48; Griffith, "Miracles," 35-36; Mawson, "Miracles," 33-34; Jensen, "Logic," 151-52; Ward, "Believing"; Gwynne, *Action*, 321; Collins, *God of Miracles*, 148; McGrew, "Miracles" (1.2); McGrath, "Mill"(John Stuart Mill에 반대한다)도 마찬가지다. Walker, "Miracles," 108(위반이 아니라 초자연적 인과 관계가 기적의 정수라고 강조하며 위반을 일관성이 없는 것으로 간주한다); Kreeft and Tacelli, *Handbook*, 111-12; Langtry, "Miracles". 참조. 아마도 Malina, "Thinking," 1203-4도 여기에 해당할 것이다. 기적을 선호하는 증거와 자연법칙을 선호하는 증거가 상호 배타적이기라도 한 것처럼 그 증거들의 수를 세는 Hume의 접근법에는 문제가 있다(Larmer, *Water*, 41).

139 Sharp, "Miracles," 1.

140 참조. Basinger and Basinger, "Concept," 165에 실린 논평. 신학에서는 예컨대 Van den Berghe, "Wonderverhalen"을 보라. 성경 주해에서는 Neil, "Nature Miracles," 369을 보라. 19세기의 이의에 관해서는 *Miracles*, 11에 실린 Richard Trench 대주교를 보라(Trench의 비판은 Burns, *Debate*, 235에서도 언급되었다).

141 참조. Slenczka, "Schopfung"은 기적을 자연과 모순된다기보다는 자연을 복원하는 것으로 본다. Purtill, "Proofs," 40은 "위반"보다 "예외"를 선호한다(그리고 "Defining," 37에서는 "예외"나 "정지"를 선호한다). B. B. Warfield는 "자연을 넘어서는"(extra-natural)이나 "초자연적"을 선호했다(Brown, *Miracles*, 199). John Henry Newman은 기적이 "자연의 헌법과 일치하지 않는다"고 말한다(Brown, *Miracles*, 138에 인용되었다). 몇몇 학자는 기적을 "자연의 **통상적인**(regular) 경로에 모순된다"고 말하는데(Beckwith, "Epistemology," 87; idem, *Argument*, 7), 이는 아마도 가장 도움이 될 만한 정의일 것이다.

가 자신의 전제를 정당화하지 않고서 수사적인 승리를 공언하도록 허용한 것으로 보인다. 그는 자연법칙을 예외를 배제하는 방식으로 정의하고 "기적"을 그런 예외 없는 법칙에 대한 예외로 정의하는 것으로 보인다. 그래서 그는 단순히 이 두 정의를 제공함으로써 얻어낸 교묘한 명령을 통해 기적을 선험적으로 제외할 수도 있을 것이다.[142] 그러나 우리가 그의 정의들을 받아들일 필요가 없으며, 그 정의들은 그것들이 반박하려고 하는 몇몇 개념들에 상응하지 않는다. 실제로 성경이 기록된 후의 기적 이야기들의 역사적 서술뿐만 아니라 성경의 많은 기적 기사들도 하나님이 단지 이례적인 방식으로 자연을 통하여 일하는 것으로 묘사한다. 예컨대 흄이 그것에 대해 반론을 펼치는 "기적" 이야기는 복음서들에서 "표적" 또는 "기적"으로 취급되는 예수의 많은 일들을 다루지 못한다.[143] 마찬가지로 대다수 이슬람

---

142 다음 문헌들을 보라. Johnson, *Hume*, 19; Kellenberger, "Miracles," 149; Nichols, "Miracles," 704(703에서 그 정의를 사용하는 Hume의 목적은 선험적으로 기적을 배제하는 것으로 보인다고 지적한다). Brown, *Thought*, 243. 참조. Larmer, *Water*, 37: "Hume은 정의상의 곡예를 통해 사실에 관한 문제를 결정하려고 하는 잘못이 있는 것으로 보인다." 놀랍게도 현대의 저자들은 종종 그의 추론법을 취한다(예컨대 Everitt, "Impossibility"는 훨씬 더 놀랍게도 349에서 현대의 저자들이 Hume의 입장을 무시한다고 주장한다. 참조. Wei, "Young," 337). Ahern, "Physical Impossibility," 77은 (Flew에 반대하여) Hume이 그렇게 해석되어야 하는지에 관해 의심하지만(좀 더 자세한 내용은 Ahern, "Evidential Impossibility"를 보라. Fogelin, *Defense*, 17-19도 보라. Hume의 역사적 맥락의 관점에서는 Burns, *Debate*, 142-75을 참조하라), 정의를 통해서 (Hume의 많은 추종자가 그렇게 해온 것처럼) 기적을 제거하는 것은 적절한 논증이 아니라는 점을 인식한다.

143 Boobyer, "Miracles," 31-32; Eve, *Healer*, xvi-xvii. 따라서 Hume의 정의는 진정한 대화 상대와 관계를 끊는다. 현대 은사주의자들의 경험도 특별한 신적 행동을 위해 준비된, 신적으로 인도되는 세상을 기대하는데 아무도 그것에 반대하지 않는다(Smith, *Thinking*, 93, 98, 103-5). 놀랍게도 Pullum, "Believe," 137은 Hume의 정의를 성경의 정의로 채택한다(비록 138-39에 수록된 성경의 몇몇 사례들은 성경의 대다수 기적보다 이 정의에 더 잘 들어맞지만 말이다).

교도는 코란은 기적이지만 자연법칙을 위반하지는 않는다고 주장한다.[144]

아비에저 터커가 『역사와 이론』(History and Theory)에서 "흄의 기적 정의는 가장 전형적인 기적 사례들을 포함하지 않는다"[145]고 지적하듯이 성경에 수록된 기적의 대다수는 자연을 위반하지 않으면서도 때때로 인간의 고안을 통해 복제되거나 모방될 수 있다.[146] 마찬가지로 공상과학 소설들은 상수로서 빛의 속도 제거 등 우리가 자연법칙으로 취급하는 것들에 대한 위반으로 가득 차 있지만, 우리는 그런 소설을 기적 이야기로 부르지 않으며 그 저자를 마법적 사실주의자로 부르지도 않는다.[147] 흄은 전형적인 사례 대다수를 포함하지 않는 "기적" 개념에 비추어 논증함으로써 이 사례들 대다수에 진정으로 적실성이 있는 논증을 제공하지 못한다.[148] 그의 비평은 기껏해야 "스타트렉"(Star Trek)의 에피소드들을 사실에 관한 내러티브로 읽는 것에 대한 경고일 수는 있지만 성숙한 관람자라면 아무도 그렇게 하지 않을 것이다.[149]

---

144 Clarke, "Definition," 51. 코란 자체가 충분히 입증하는 기적이라는 이슬람 교도의 빈번한 주장은 (일종의 역사적 유비로서) 초기 은사중지론자인 개신교인들이 가톨릭 교인들과 벌인 논쟁에서 현대의 입증 기적이 없이 성경에 의존한 것과 유사할 수도 있다(비록 이슬람 교도들은 이런 개신교인들과 달리 은사중지론자가 아니었지만 말이다).

145 Tucker, "Miracles," 375.

146 Ibid., 375-76은 심지어 오늘날 이용할 수 있는 무기들보다 더 강력한 대량 살상 무기인, 하늘에서 내린 암석(수 10:11, 이 구절은 출 9:18-34 등에 등장하는 용어를 사용해서 그것들을 "우박"으로도 부른다)을 비교한다.

147 Ibid., 376(Star Trek과 Isaac Asimov를 예로 든다).

148 Ibid., 379. 예수의 부활 같은 몇몇 사례들에 반대하는 사람도 있을 것이다. 그러나 그 사례에서조차도 빈 무덤과 "부활"이라는 유대의 언어는 단순한 대체라기보다는 변형을 암시한다(참조. Keener, Historical Jesus, 337-42). 몇몇 해석자는 좀 더 일반적으로 종말론적 새 창조를 그렇게 본다(예컨대 Stephens, "Destroyers." 나는 그 의견에 동의하는 편이다). 예수의 부활과 새 창조 간의 연결 관계에 관해서는 예컨대 Moltmann, "Resurrection"과 Wright, "Resurrection"을 보라.

149 Tucker, "Miracles," 379.

하나님이 다른 방법으로 행동하는 것으로 보이는 경우에도 우리는 기술적으로는 하나님이 자연법칙에 종속된다고 볼 경우에만 법칙 위반이라고 말할 수 있을 것이다. 또는 자연이 자율적이고 하나님은 일반적으로 자연에서 활동하지 않을 경우에만 "개입"이라는 말을 할 수 있을 것이다.[150] 기적을 초자연과 관련이 있는 것으로 정의한다면, 무엇이 자연적으로 "불가능"한지를 정의할 때 그 정의의 이 측면이 고려되어야 한다.[151] 유신론적 토대에서는 기적이 초자연적으로는 가능할 수 있기 때문이다(참조. 막 10:27; 눅 1:37; 18:27). (이신론자들처럼) 하나님이 자연의 활동을 하나의 규범으로 확립했다고 생각할 수도 있다. 그러나 (이신론자들과는 반대로) 마치 하나님의 자유재량이 그 규범에 종속되기라도 해야 하는 것처럼 말하지 않고 하나님이 규범과 다른 방식으로 행동할 수 있다고 말하더라도 아무런 모순도 없다. 우리는 하나님을 (정의상 행위자들[agents]이 그렇게 할 수 있듯이) 자연법칙을 "위반"함이 없이 인과 관계조건들을 변경할 수 있는 행위자로 볼 수 있을 것이다.[152] 결국 자연법칙은 자연이 어떻게 기능하는가에 관해 우리가 만

---

150 Evans, *Narrative*, 144-46; Polkinghorne, *Science and Providence*, 46; Ward, "Believing," 746. 참조. Witmer, "Doctrine." 대중적인 차원에서 기적을 단지 "유별난" 신적 활동으로 보는 견해에 관해서는 다음 문헌들을 보라. Little, *Believe*, 60, 62; idem, *Faith*, 119; Hawthorne, *Windows*, 103-10; Lutzer, *Miracles*, 17. Little은 Hawthorne, *Questions*, 55로부터 유용한 인용문을 제공한다(그 내용도 Hawthorne, *Windows*, 104에 발견된다): "기적들은 하나님으로 말미암아 야기된 유별난 사건들이다. 자연법칙은 하나님에 의해 야기된 통상적인 사건들에 관한 일반화다."

151 참조. Ahern, "Physical Impossibility," 78. Odegard, "Miracles," 46은 우리가 만일 기적을 자연법칙 위반으로 정의할 경우, 기적을 "신이 그런 사례를 만들지 않는 한 불가능한 종류의 사건에 대한 예"—이는 가설상으로 허용할 수 있는 명제다—로 이해한다면 이는 논리적으로 일관성이 없는 처사라고 지적한다(실제로는, 많은 기적 주장은 신의 활동이 없이는 절대적으로 불가능하다기보다는 단지 개연성이 극도로 낮은 사례들로서, 이러한 사례들은 전체적으로 서로를 지지할 수도 있다). 아래에 등장하는 "경계 조건"(boundary conditions)에 관한 논평도 참조하라.

152 Young, "Petitioning," 196; idem, "Miracles," 465; idem, "Impossibility," 33;

들어 낸 구성 개념(construct)이다. 만일 어느 누가 그것을 벗어나기가 불가능한 방식으로 자연법칙을 정의한다면 그 사람은 논증한다기보다 단지 실재에 관한 단어를 재정의하는 것일 뿐이며, 다른 누군가가 "기적"을 그 실재의 일부로 재정의함으로써 반격할 수 있을 것이다. 어떤 종교 철학자가 다음과 같이 말했듯이 말이다. "이 주장은 신의 존재에 관한 존재론적 논증에 대한 비판자들이 신의 존재를 증명하려고 시도했던 안셀무스의 논증에서 찾아내는 잘못, 즉 우리가 용어들을 정의하는 방식을 통해 실제 세계에서 무엇이 참인지를 결정하려고 하는 것과 똑같은 잘못을 저지른다."[153]

이처럼 흄은 "기적"을 자연법칙 위반으로 정의하면서도 "자연법칙"을 위반될 수 없는 원칙으로 정의함으로써, 정의를 통해 일반적으로 기적이 발생할 가능성을 제거한다.[154] 어떤 철학자가 불평하듯이 일단 기적이 일어날 수 있다고 입증될 수 있으면 그 사례를 수용할 수 있도록 자연법칙이 재정의될 것이고, 그러면 그 사례는 더 이상 기적적인 것으로 받아들여지지 않을 것이다. "기적이 자연법칙을 위반하려는 시도는 영원히 좌절될 것으로 보인다. 기적이 간신히 자연법칙 위반에 성공하자마자 위반할 것이 아무것도 없음을 발견하게 될 것이기 때문이다!"[155] 즉 흄의 정의는 자기가 증

Nichols, "Miracles," 709.

153 Evans, *Narrative*, 148. 존재론적 논증에 대한 한 가지 도전은 우리가 연역적인 논쟁으로부터는 그 전제에 본래부터 존재하고 있는 것 이상을 얻을 수 없다는 점이다(Davies, *Mind*, 188). 안셀무스의 논증에 대한 요약은 예컨대 Brown, *Philosophy*, 20-24을 보라. 안셀무스 자신의 논증에 대한 좀 더 자세한 내용은 Bush, *Readings*, 237-70을 보라. 이와 대조적으로 Scarre, "Tillotson," 63-64은 기적을 "인식론적으로 불안정하게 하여" "우리의 인식 과정의 신뢰성"에 의문을 제기하는 것으로 본다.

154 비록 그는 귀납적으로 그 "법칙"에 도달했다고 생각되지만, 나는 이 문제에 관해 아래에서 더 논의할 것이다.

155 Smart, *Philosophers*, 33.

명한다고 주장하는 것을 가정하는데, 이는 논리에서 인식되는 표준적인 오류다.

(4) 자연 대 흄

설사 기적에 대한 흄의 정의(자연법칙 "위반")를 인정하는 사람이 있다고 하더라도 모든 사람이 자연법칙에 대한 그의 정의, 또는 최소한 그의 접근법에 동의하지는 않을 것이다. 흄의 논거의 상당 부분이 그의 자연법칙 개념에 의존하는데,[156] 자연법칙에 관한 그의 관점은 이제 좀 더 최근의 물리학 발달 내용에 비추어 시대에 뒤떨어진 것으로 여겨진다.[157] 현대 물리학은 뉴턴의 물리학보다 인과 관계를 덜 엄격한 관점에서 보며 그 세계관은 "훨씬

---

156 Williams, *Miraculous*, 20. 따라서 Swinburne, "Violation," 78-81은 기꺼이 Hume의 묘사를 사용하며 나아가 그런 "위반"이 논리적으로 가능함을 보여준다. Clark, "Miracles and Law," 33은 기적에 대해 비방하는 사람들은 일반적으로 자연법칙이 어떻게 기적을 불가능한 것으로 만드는지 설명할 수 있을 만큼 충분히 명확한 자연법칙의 정의를 제공하지 않는다고 불평한다(Hume은 몇몇 문헌에서는 단순히 발생빈도가 낮다고 생각하지만 말이다).

157 예컨대 다음 문헌들을 보라. Pannenberg, "History," 65; Williams, *Miraculous*, 204-5; Gilman, "Miracles," 478; Griffith, "Miracles," 35(그는 Hume이 말하는 의미의 자연법칙은 존재하지 않을 수도 있다고 단언한다); Hunter, *Work*, 88; Meier, *Marginal Jew*, 2:519-20; Charlesworth, "Resurrection," 170-71; idem, "Origin," 227; Blomberg, *Gospels*, 105-6(그리고 그가 인용하는 자료들). 참조. Carlston, "Question," 99(오늘날에는 어떤 세계관도 우위를 점하지 않는다). Twelftree, *Miracle Worker*, 51에 수록된 논증도 참조하라(그는 Larmer, *Water*, 52-56 등을 따른다). Hume에 대해 직접 반대하는 방식으로 구성되지 않고 좀 더 일반적으로 철저한 자연주의에 반대하는 것이기는 하지만 특히 Barr, *Physics and Faith*를 보라. 과학 철학자들은 여전히 "법칙과 비슷한" 이론 틀을 만들 수도 있지만(참조. 예컨대 Salmon, "Explanation," 225. 비록 그가 통계적 설명을 강조하지만 말이다), 외부의 틀은 잠정적인 것으로 생각되어야 한다. 현대 물리학을 사용해서 기적을 설명하는 데 대한 반대 입장은 Keller, *Miracles*, 173-74을 보라.

많은 변화와 열린 가능성"과 관련이 있다.[158] 대다수 사상가에게 자연 "법칙"은 단지 정상적인 활동을 체계적으로 묘사한 것일 뿐이고 다른 조건하에서는 이 양상들이 더 복잡한 원칙들에 종속된다고 입증될 수도 있다.[159]

158 Peacocke, *Creation*, 135. Gilman, "Miracles," 479과 Davies, *Mind*, 29-30도 보라; 훨씬 이전의 문헌으로는 Spurr, "Miracles," 325을 참조하라.
159 법칙은 단지 양상을 묘사할 뿐이라는 견해에 관해서는 예컨대 다음 문헌들을 보라. Wills, "Miracles," 139; Phillips, "Miracles," 34; Mumford, "Laws," 265-66(이 점에 관해서는 Lowe, "Miracles"와 견해를 달리한다); Lonergan, *Method*, 226; Kelly, "Miracle," 49, 55-56. Mumford, "Laws," 276-77은 현실주의적 묘사(actualist description)보다 성향상의 묘사(dispositional description), 즉 조건 여하를 불문하고 항상 발생해야 하는 보편적인 주장이 아니라 발생 확률에 근거한 규범을 찬성한다. 몇몇 학자는 우리가 법칙을 위반할 수 없는 것으로 보기보다는 정상적인 실재에 관한 묘사로 이해하는 한(Lowe, "Miracles," 273-77. 좀 더 이른 시기의 문헌은 Tennant, *Miracle*, 22-24을 참조하라), **자연적으로는** 불가능한 사건도 논리적으로는 가능하다고 주장한다(Lowe, "Miracles," 271). 그런 법칙들은 논리적이거나 수학적 필요성(연역적인 선험)이 아니라, 제한된 조건하의 유한한 관측들로부터 일반화한 것이다(참조. Helm, "Miraculous," 91). 따라서 법칙은 새로운 증거나 좀 더 완전한 틀이 나옴에 따라 주기적으로 수정된다(Sharp, "Miracles," 6). 우리는 수정을 필요로 하는 연역에서 나온 부정확한 결론인 "물리학 법칙"에 대해서만 말해야 한다(Clark, "Miracles and Law," 29-30). 새로운 상황이 발생할 경우에는 특히 더 그렇다. 비록 이 묘사는 특히 소규모의 사건들과 관련되기는 하지만 양자 이론으로 인해서 기본적인 자연법칙에 대한 과학적인 묘사가 물리적 결정주의에서 "통계적" 묘사로 바뀌었다(Swinburne, "Introduction," 3. 법칙의 "통계적" 힘에 관해서는 다음 문헌들도 참조하라. Wills, "Miracles," 141; Ward, "Believing," 746). 다른 학자들은 희귀한 위반(또는 예외)은 일반적인 규범을 파괴하지 않는다고 주장한다(Ward, "Believing," 743). 법칙은 같은 유형의 사안들에 적용되면서도 개별 사례들에 대한 예외를 무효로 하지 않는다(Mumford, "Laws," 272-73, 278은 Lowe의 "유형 논리"를 한정한다). 또는 법칙은 "신적 개입이 없을 경우" 같은 그 자체의 내재된 경계 조건을 갖고 있다(Hoffman, "Comments," 349-50. 참조. Howard-Snyder, "Case," 405-6). 인간의 법과 자연법칙 사이의 유비에 관해서는 Mavrodes, "Miracles," 특히 345을 보라. 그러나 이에 관해서는 Hoffman, "Comments," 350-51에 수록된 비판도 보라. Mumford, "Laws," 275-76(Lowe를 한정한다). Hume 이전의 몇몇 학자들에게 자연법칙은 이 비교를 수반했다(Daston, "Facts," 112, Spencer에 관한 부분을 보라). (예를 하나 들자면) 오늘날 과정 신학은 자연법칙을 단순히 실체들의 "평균적인 행동"에 대한 묘사로 보는데, 이 법칙에는 하나님이 심

오늘날의 과학적 방법은 대개 법칙을 규범적(prescriptive)이거나 포괄적인 것이 아니라 증거를 **묘사하는** 것으로 이해한다. 규범적이거나 포괄적인 것으로 보는 접근법은 이전의 틀에는 쉽게 들어맞지 않지만 규칙적으로 발견된 많은 증거를 제외할 것이기 때문이다.[160] 몇몇 학자는 심지어 "자연법칙" 개념을 단순히 17세기와 18세기의 잔존물로 여긴다.[161]

다른 차원이나 다른 조건에서는 법칙이 더 높은 원칙이나 더 복잡한 원칙에 종속될 수도 있다. 따라서 이 법칙들은 "유별난 상황(예컨대 초전도 또는 블랙홀)에서는 극단적인 방식으로 행동한다."[162] 어떤 조건하에서 어떤 종류의 물질에 적용될 수 있는 원리들은 유의미하게 높은 기온, 밀도 등의 조건하에서는 조정될 필요가 있을 수도 있기 때문에, 특정한 상황에 한정된 관측이 다량으로 존재한다고 해서 반드시 모든 상황에서 발생하는 현상을 예측할 수 있는 것은 아니다. 같은 맥락에서 우리는 우주를 넘어서는 능동적인 지성이 우주 안에서 독특한 방식으로 행동할 경우 자연의 규범이 상황을 예측하리라고 기대해서는 안 된다. 따라서 우리는 명백한 변칙 현

지어 자연 "안에서" 일하기로 할 수도 있는 광범위한 이탈이 있다(Keller, "Power," 121-22). Hume에 대한 Mozley의 비판은 아래의 논의를 보라.

160 Nichols, "Miracles," 705; Cramer, "Miracles," 136-37; Gwynne, *Action*, 172; Byrne, "Miracles," 165-66. Wills, "Miracles," 138-39은 (근본 원칙이라는 의미의) "자연법칙"과 "과학 법칙"(과학자들이 인식하고 공식화한 양상. Sharp, "Miracles," 7, 13도 참조하라) 간의 차이를 명확하게 제시한다. 도구주의자들은 심지어 법칙을 단지 유용한 적용을 위한 가설상의 구성 개념으로 본다(Toulmin, *Philosophy*, 70. Sharp, "Miracles," 6에 인용된 글). 법칙 개념은 현대 철학에도 문제가 있다(특히 법칙이라는 말은 입법자를 생각하게 한다고 생각하는 무신론자에게 문제가 된다. Ibid.를 보라).

161 Van Fraasen, *Laws and Symmetry*. 그는 Kelly, "Miracle," 55에 수록된 요약을 참조했다.

162 Nichols, "Miracles," 705은 신적 행동이라는 상황에서도 법칙이 그럴 수 있다고 주장한다.

상들을 엄격하고 결정론적인 체계의 관점에서 말할 필요가 없다. 사실 기적이 자연법칙을 위반한다는 개념은 오늘날 편만해 있는 세 가지 주요 자연법칙 이론 중 어느 것에도 부합하지 않으며, 따라서 흄의 주된 철학적 논거를 유지할 수 없게 만든다.[163] 오늘날 타당성이 있는 다른 우주론적 틀에서는 흄의 논거 자체가 그에게 불리하게 작용한다.[164]

그러나 몇몇 학자는 흄이 자연법칙에 호소하는 것은 현대 물리학에 위배될 뿐만 아니라 그 자신의 인식론 체계에도 위배된다고 주장한다. 따라서 오늘날 학자들은 때때로 흄이 이 논문에서 사용한 접근법이 그의 일반적인 인식론(그 자체에도 부적절한 요소가 있을 수 있다)과 일치하지 않는다고 도전한다.[165] 흄은 자기가 경험주의의 귀납적인 접근법을 사용한다고 암시하지만, 나는 아래에서 기적에 대한 그의 접근법은 거의 귀납적이지 않음을 보여줄 것이다. 예컨대 흄은 귀납법을 합리적으로 정당화할 수 없다고 주장하면서도 베이컨의 귀납법을 받아들였다.[166] 흄의 일반적인 경험주의는 너무도 과격해서 연결되지 않은 경험들만 허용하고 해석을 통한 인과관계의 결정은 허용하지 않았다. 과거의 사건들의 순서는 우리로 하여금

---

163 Breggen, "Miracle Reports," 58-77은 그 접근법들을 요약하고(61-69) 그 어느 접근법에서도 "기적이 자연법칙 위반이라는 개념은 논리적으로 모순이며 따라서 포기되어야 한다"고 결론짓는다(69). 그는 71-77에서 "기적이 자연법칙 위반이 아니라는 개념"을 옹호한다. 접근법들에 관해서는 Lange, "Laws," 208-11을 보라.

164 Ibid., 376-77을 보라.

165 Varghese, "Introduction," 16은 하나님이 존재하지 않는다는 Hume과 Kant의 비판은 "그들의 별난 지식 이론"에서 나오며 "과학 모델 근저의 핵심 가정들에 어긋난다"고 비난한다.

166 Popper, Conjectures, 200. Hume과 실증주의자들이 따랐던, 관측에 대한 Bacon의 엄격한 강조는 이론의 역할을 소홀히 했다(Barbour, Religion and Science, 11). 많은 학자는 Hume이 귀납법에서 추론을 도출하는 것에 관해 합리적으로 주의를 기울인다고 지적한다(Landesman, Epistemology, 136-37; Davies, Mind, 27. 이 대목에서는 Hume, Miracles, 26을 보라).

그것들이 계속될 것으로 예상하게 하지만, 우리의 예상을 정당화할 수는 없다.[167] 예컨대 흄은 자연의 획일성을 인정하기는 고사하고 우리가 다음 날에도 태양이 습관적으로 뜰 것이라고 가정할 수 있지만 그것에 관해 확신할 수는 없다고 주장했다.[168] 그는 전통적인 인과 관계 개념을 비판했고, 법칙을 "관측된 획일성"에 지나지 않는다고 보았으며, 이전의 합리주의자들과 달리 법칙에 형이상학적인 역할이 있음을 부인했다.[169] 따라서 몇몇 학자는 흄 자신이 (단순한 해석의 습관이 아닌) 위반할 수 없는 법칙 개념을 지지할 수 없었다고 주장한다. 그 논리적 결론을 취한다면 흄의 기적 논문에서 인식론상의 엄격성은 심지어 뉴턴의 물리학마저 약화했을 것이다.[170]

흄의 실제 표현이 반드시 그의 회의적인 인식론과 모순되는 것은 아니다. 그는 자연법칙에 근거한 논증이 "경험에 근거한 모든 논증만큼 완전할"

---

167 Taylor, *Hume*, 27-29; Beckwith, *Argument*, 22. Hume 의 철학에서 기적은 과거의 경험과 예상에 반할 수도 있지만, 그런 경험은 기적이 일어나지 않으리라고 보증할 만큼 충분히 포괄적일 수 없다(Gaskin, *Philosophy*, 122을 보라). 한 사람은 유럽에 있고 다른 사람은 북아메리카에 있으면서 그 두 사람이 대화하는 일이 Hume에게는 기적적인 사건일 수도 있다. 그러나 그런 사건은 논리적으로 불가능하지 않으며, 이제는 일상적으로 일어나고 있다(124).

168 Beckwith, *Argument*, 22. 참조. Jones, *Hobbes to Hume*, 322. 하지만 그는, 우리들 대다수와 마찬가지로, 그 가능성 정도를 일상생활에서 당연하게 여길 수 있을 정도로 충분히 크다고 보았을 것이다.

169 Gwynne, *Action*, 171. Jones, *Hobbes to Hume*, 315-20과 Taylor, *Hume*, 25-27에 수록된 논의를 보라. 거의 100년 전에 Tennant, *Miracle*, 81은 이 논문의 악명에도 불구하고 일반적으로 "그것은 그 저자의 특징을 가장 적게 드러낸다"고 평가했으며, (82에서는) 그의 좀 더 최근의 연구에 비해 "그것은 근거가 취약하고 심지어 진지성이 애매하며" 자기 자신의 인과 관계 논리에 위배된다고 지적했다.

170 Brown, *Miracles*, 93; D'Souza, *Christianity*, 183-88, 특히 187-88. 참조.. Taylor, *Hume*, 37-42(42에서 과학적 방법으로 Hume보다 Leibniz를 선호한다). 형이상학은 더 깊은 수준의 인과 관계를 탐구한다. 인과 관계 문제를 부인하면 그저 고립된 현상들을 관찰할 수 있게 된다(참조. Tonquédec, *Miracles*, 42-43). Hume의 시대 이후 심지어 즉각적인 형태의 인과 관계에 대한 논의도 유의미하게 확대되어왔다(Spitzer, *Proofs*, 222-24을 보라).

수 있다고 인정하는데,[171] 이는 기술적으로는 흄이 그런 논증이 그다지 신뢰할 만하지 않다고 여긴다는 것을 암시하지 않는다. 이 경우 흄 자신은 경험에 근거한 그런 논증에 동의하지 않으며 그것에 동의하는 사람들에 대한 반대로서만, 또는 누적적인 경험이 신뢰할 수 있는 **정도**로만 그 논증을 제공한다. 그러나 이것이 흄이 자신의 논증을 통해 의미하는 바라면, 그것은 흄이 심지어 자기의 가정에 입각할 때에조차 그다지 확실하지 않으며, 따라서 증명력이 제한적인 논증을 제공하고 있는 셈이다. 물론 그런 논증이 다른 측면에서는 건전하다면 그것은 인식론적 확률을 지지할 수 있다. 그러나 나는 그 논증의 자연관 및 순환 논리적으로 초자연적 행위자는 고려에서 제외될 수 있다고 주장한 전제에 비춰 볼 때 그 논증이 건전하지 않다고 주장해왔다.

　다른 사람들은 흄이 그의 일반적인 인식론과 일관성이 있다고 생각하는데, 바로 그것이 문제다.[172] 몇몇 저술에서 흄의 인식론은 귀납법이 단순히 사건들을 열거하는 것이 아니라 사건들로부터 **추론**하는 것과 관련되는 한 귀납법 자체를 공격했다.[173] 자연히 우리는 흄이 애초에 인과 관계의 지식에 관해 회의적이기 때문에, 그가 신적인 인과 관계에 찬성하는 논증을 받아들였을 것으로 예상할 수 없다.[174] 그러나 나는 기적과 관련해서뿐만 아니라 좀 더 일반적으로 흄의 인식론이 오늘날의 상황에서는 별로 타당성이

171　Hume, *Miracles*, 31; idem, "Miracles," 33.

172　Levine, *Problem*, 186; Burns, *Debate*, 176.

173　Taylor, *Hume*, 39(Hume이 경험에 대한 어떤 외부 구조도 부인했다고 지적한다), 43. 아마도 Hume은 귀납법에 입각해서 확실성을 주장하는 것만을 공격했을 것이다(Landesman, *Epistemology*, 137을 보라). 이는 합리적인 우려다. 그럴지라도 지식에 관한 그의 이론은 자기의 방법을 설명하지 않는다(Lonergan, *Understanding*, 38, 231).

174　참조. Brown, *Thought*, 250.

없다는 점을 지적했다.[175]

홈은 부분적으로만 일관성이 있을 가능성이 크다. 그의 전제에서는 유별난 사건일수록 덜 믿을만하다. 그러나 그의 인식론에서 이 신뢰성 문제는 위반할 수 없는 법칙에서 발생하는 것이 아니라 이전의 경험을 통해 형성된 정신의 사고습관에서 나온다. 그리고 과거의 이런 경험이 믿음을 형성하지만 그것을 정당화하지는 않는다.[176] 그러나 몇몇 사람은 어떤 사건들이 믿을 수 없다고 생각한다는 점을 증명하는 것은 많은 관심을 일으키지 않았을 것이다. 그래서 홈은 사람들이 무엇을 믿을만하다고 생각**해야 하는지**에 대해 주장하는데, 이것은 자기가 말한 인식론에 반하는 논증이다.[177] 인식론을 다룰 때 홈은 모든 믿음을 정당화할 수 없는 의견이라고 간주했다. 비록 그는 철학 연구를 할 때에만 그 관점(그것 자체가 믿음이다)에 따라 산다고 주장했지만 말이다.[178] 즉 홈은 전략적인 변증 목적상 이 논문의 논증에 자기가 다른 곳에서는 유지하지 않는 입장을 채택한 것으로 보인다.[179]

---

175 Levine, *Problem*, 186(그 인식론은 자신을 포함하여 현대 철학자 대다수에게 문제가 있다고 지적한다). 참조. Burns, *Debate*, 176; Varghese, "Introduction," 16

176 Taylor, *Hume*, 29-30.

177 Ibid., 31-36(Hume이 믿음에 관한 논리적 및 도덕적 의무를 배제하는 것에 관해서는 28을 보라).

178 Ibid., 24-25(믿음의 비합리성에 관한 Hume의 입장은 추가로 33을 보라. 이것이 Hume의 기적 논문에 수록된 본인의 믿음에 가하는 문제에 관해서는 40을 보라). Hume은 사건들과 그 순서에 관한 관측을 허용했지만, 그것들의 관계나 인과에 관한 믿음에는 의문을 제기했다. 실제로는 사건들과 그 순서 간의 관계나 인과 문제는 완전히 확실하지는 않은 우리의 지식에 근거한 확률 정도로 받아들여질 수 있다. 다음 문헌에서 고대 스토아학파가 (**이상적인** 현자에게서) 단순한 의견보다는 확실한 지식을 강조하는 것을 참조하라. Arius Didymus 2.7.11m, p. 94.5, 13-16, 19-24; 96.9-14(참조. 2.7.10b, p. 58.18-23, 27, 30); 경건의 문제에서는 다음과 같은 사상가를 참조하라. Porphyry *Marc.* 17.284-85; 19.310-11; Philostratus *Ep. Apoll.* 52.

179 Brown, *Miracles*, 168; Gwynne, *Action*, 171.

사실 흄은 자기의 기적 논문에서 기꺼이 선험적으로 자연의 획일성을 가정했지만, 심지어 그곳에서조차 "너무 약삭빨라서 그것의 보편성을 증명하려고 시도하지 않았다."[180]

철학자인 헨드릭 반 데르 브르겐은 흄의 접근법은 오늘날 자주 문제가 있는 것으로 여겨진다고 지적한다. "많은 철학자가 흄의 논증에 대해 비판적으로 조사한 결과 흄이 기적 주장의 신뢰성에 대한 자연법칙의 부정적 증거의 비중을 심하게 과대평가했음이 명확해졌다."[181]

(5) 흄의 무신론적 가정

초자연적 또는 신적 활동에 대한 흄의 논증은 중립적이지 않고 그 가능성을 선험적으로 배제하며, 따라서 조사의 결론을 미리 판단한다.[182] 참으로 중립적인 출발점에서는 반드시 신의 존재를 전제해야 신이 행동한다는 가설을 허용하는 것이 아니라, 그 가설을 배제하지 않기만 하면 된다.[183] 흄의 논증은 바로 이렇게 해야 한다. 어떤 철학자가 지적하듯이 자연법칙이 기적이 발생할 가능성에 반한다는 것을 "조금이라도 설득력 있게 제시하려면…최종적으로 정당화된 **무신론**을 전제하거나 기적은 일어나지 않는다

---

180 Tennant, *Miracle*, 15(자기 제자인 John Stuart Mill이 "덜 주의 깊게" 증명한다고 비판한다).

181 Breggen, "Scale," 443.

182 Houston, *Miracles*, 133-34; Smart, *Philosophers*, 32; Twelftree, *Miracle Worker*, 41(Alastair McKinnon의 논증에 반대하는 44도 참조하라. McKinnon의 논증은 McKinnon, "Miracle"을 보라). 참조. Baxter, "Historical Judgment," 30.

183 Houston, *Miracles*, 148, 160; Swinburne, "Introduction," 14. 참조. Lawton, *Miracles*, 56. Larmer, *Water*, x. 본서의 6장에 수록된 신의 행동에 관한 나의 간략한 논의를 보라.

는 믿음을 전제할 수밖에 없다."[184] 무신론자는 무신론의 전제에서 기적이 불가능하다고 미리 가정할 이유를 갖고 있지만, 기적이 **논리적으로** 불가능한 것은 아니다. 기적에 부여된 확률 정도는 우리가 사전에 갖고 있는 가정에 의존한다.[185]

사실 다른 학자들은 만일 우리가 자기를 계시하고 적극적인 신이 존재하는 유신론을 긍정할 이유를 갖고 있다면[186] 우리가 기적이라고 부르는 현상들이 기대되기도 할 것이라고 지적한다.[187] 기적은 관측된 자연의 **통상적**

---

184 Houston, *Miracles*, 162. 다음 문헌들도 참조하라. Sider, "Methodology," 27; Ward, "Believing," 742; Evans, *Narrative*, 156; McInerny, *Miracles*, 135-38; Breggen, "Seeds." Houston은 만일 어떤 사람이 방법론적으로 무신론을 전제해서 그 사람의 결론도 무신론적일 수밖에 없다면, 어떤 논증도 그 입장의 요구를 만족시킬 수 없을 것이라고 지적한다(Houston, *Miracles*, 168). Backhaus, "Falsehood," 307은 Hume이 "무신론자들의 믿음"이 "유신론자들의 믿음"에 못지않게 신앙과 관련된다는 점을 인식했다고 주장한다.

185 Ward, "Miracles and Testimony," 137-38. Ward(ibid., 144)는 기적은 무신론자에게도 논리적으로 가능하며, 유신론자에게는 개연성이 높다고 주장한다.

186 몇몇 학자는 만일 다른 근거들이 정당화된다면 유신론을 전제하고 시작할 것이라고 주장할 것이다(참조. Evans, "Naturalism," 특히. 205). 몇몇 학자는 인과 관계상의 원인으로 하나님께 호소하기 전에 유신론을 확립하려고 하거나(Young, "Epistemology." 참조. Tennant, *Miracle*, 63-64에 인용된 저자들을 참조하라), 기적은 오직 유신론적인 전제에서만 그렇게 이해될 수 있다고 지적한다(Taylor, *Hume*, 46-51). 그러나 이 설명을 하나의 설명상의 가설로 다룬다면, 그 문제들은 나란히 접근될 수 있다(비록 충분히 논리 정연한 유신론적 이론이 없는 것을 한탄하기는 하지만 Weintraub, "Credibility," 373을 참조하라). McGrew, "Argument," 639-40이 지적하는 바와 같이 "하나님이 존재한다는 사실을 모르는 것"은 "하나님이 존재하지 않는다는 사실을 아는 것"과는 다르다"(640에서 인용한 말).

187 다음 문헌들을 보라. Swinburne, "Evidence," 204-6(예수의 부활 가설에 관한 내용); idem, "Introduction," 14-15; idem, "Historical Evidence," 151; Polkinghorne, *Science and Providence*, 58; Taylor, *Hume*, 51; Hambourger, "Belief," 601; Evans, *Narrative*, 155; Ward, "Miracles and Testimony," 144; Purtill, "Proofs," 43; Otte, "Treatment," 155-57; Langtry, "Probability," 70; Kelly, "Miracle," 50. 다음 문헌들을 참조하라. John Henry Newman(Brown, *Miracles*, 137-38에 수록된 글); Mozley, *Lectures*, 74-92; Akhtar, "Miracles"(전통적인 기독교 신앙에서 기적의 필

인 경로에 반하지만, 바로 그것이 기적의 **요점**이다.[188] 특히 이 하나님이 소통하려고 하는 메시지와 관련이 있는 특별한 상황에서라면 우리는 때때로 그런 유별난 행동들을 기대할 수 있을 것이다(비록 항상 기대할 수는 없지만 말이다―그렇지 않다면 우리는 그것들을 자연법칙으로 볼 수도 있을 것이다).[189] 따라서 많은 학자가 기적 주장을 평가할 때 종교적 및 신학적 맥락을 고려하는데,[190]

요성을 지적한다); Keene, "Possibility of Miracles," 214(인간에 대한 하나님의 관심 때문에). Smart, *Philosophy of Religion*, 113은 비록 이 이분법은 현대 서구의 가정들을 반영하기는 하지만 기적은 그 배후의 권위 때문에 받아들여지는 것이지 그 반대가 아니라고 주장한다. 우리는 이 대목에서 종교적 맥락을 비합리적이라고 여겼기 때문에 그 맥락에서 서술된 기적 이야기들의 신뢰성을 부인한 Hume을 비교할 수 있을 것이다(예컨대 Hume, *Miracles*, 36, 50).

188 참조. Swinburne, "Evidence," 201-2(예수의 부활에 관한 내용). 참조. 이 말은 Ellin, "Again," 209에서 Hume에게 역사적으로 반대하여 답변한다. Polkinghorne, *Science and Providence*, 51에 제시된 하나님 나라의 "표적"(의미)으로서 가치도 참조하라. 성경의 기적 이야기들은 종종 자연적으로는 불가능한 사건들에 초점을 맞춘다(참조. Wire, "Story," 36-37).

189 예컨대 Evans, *Narrative*, 159을 보라. 그는 적절한 인식론상의 주의를 극복하기 위해 필요한 "증거의 양"은 아마도 "그 기적의 본질적인 타당성과 명백한 종교적 의미에 따라" 다를 것이라고 지적한다. 적극적이고 자신을 계시하는 하나님을 전제하면, 우리는 이 신의 활동을 서술한다고 주장하는 내러티브에서 기적을 더 많이 기대하는 경향이 있을 것이다. 참으로 **신적**인 기적의 의미(즉 일관성이 있고 은혜로운 신의 목적의 표현)에 관해서는 Polkinghorne, *Science and Providence*, 45(Swinburne, *Miracle*, 1을 따른다), 51과 Smart, *Philosophers*, 43, 46을 보라.

190 많은 학자는 기적 주장이 좀 더 넓은 신학적 도식에 부합할 경우 개연성이 더 크다고 주장한다(Tonquédec, *Miracles*, 52; Ward, "Miracles and Testimony," 142; Jantzen, "Miracles," 356; Licona and Van der Watt, "Historians and Miracles," 4-5. 좀 더 넓은 복음서 이야기에서 복음서 기적들의 신학적 맥락에 관해서는 예컨대 Helm, "Miraculous," 86-88을 보라. 좀 더 넓은 신적 현실의 일부로서는 McKenzie, "Signs," 17을 보라). 기적에는 종교적 의미가 있어야 한다(Nicolls, "Laws"; Jensen, "Logic," 148; Beckwith, *Argument*, 11-12; Licona and Van der Watt, "Historians and Miracles," 1-2. 참조. Fitzgerald, "Miracles," 60-61; Phillips, "Miracles," 38-39). Fern, "Critique," 351-54은 기적이 의미 있으려면 그것이 설명할 수 없을 뿐만 아니라 목적이 있음을 보여줘야 한다고 주장한다. 기적의 목적에 관해서는 예컨대 Burhenn, "Miracles," 488을 보라. 초자연적 의도에 관한 논쟁

이 입장은 긴 역사를 갖고 있다.[191] 만일 우리가 무신론적이거나 이신론적인 가정이 아니라 불가지론적이거나 (특히) 유신론적인 가정을 갖고 시작한다면 우리는 기적에 대한 증거에 더 열린 자세를 보일 것이다. 만일 우리가 의도를 갖고 행동하는 신을 허용한다면 또 다른 학자가 말한 바와 같이 기적에 대한 "신뢰할 수 있는 증거를 받아들이지 않는 것은 불합리할 것이다."[192]

나는 많은 기적 주장들은—비록 특정한 신의 행동이 없으면 별로 믿을 수 없기는 하지만—바람이 바다를 가르는 것 같이 자연 안에서 생각할 수 있는 사건들과 관련이 있음을 지적했다. 종말론적인 존재 질서로 부활하는 것 같은 특정 종류의 사건들은 자연적으로는 발생하지 않을 수도 있지만, 우리가 초자연적 활동의 가능성을 선험적으로 배제하지 않는다면 그런 사건들을 배제할 필요가 없다.[193] 즉 우리가 그런 사건들이 순수한 자연 현상 중에서는 개연성이 낮으므로 그 발생 가능성을 배제해도 무방할 수 있지만, 그 사건들이 이례적인 초자연적 기원을 암시하는 상황에 속할 때에는 발생 가능성을 배제할 필요가 없다.

(예컨대 Clarke, "Definition," 53-55; idem, "Response")도 참조하라.

191 기적의 종교적 목적은 많은 논의를 지배하다가 마침내 계몽주의에 대해 반박하기에 이르렀다(따라서 McNamara, "Nature"는 이제 논의에 균형이 회복되고 있다고 주장한다). 17세기 학자로는 Joseph Glanvill(Burns, *Debate*, 49-50), Robert Boyle(ibid., 55-56), 그리고 정통적인 변증가 대다수(예컨대 ibid., 114-15)를 주목하라. Hume은 이 입장에 저항하며 그의 논증을 지나치게 단순화한다(ibid., 169-70, 178을 보라. Hume이 *Miracles*, 32에서 "신의 특별한 의지"에 관해 언급하는 것을 참조하라).

192 Ward, "Miracles and Testimony," 144-45(145에서 인용했음). 유신론이 사실이라면 기적이 논리적인 가능성에서 **실제적인** 가능성으로 바뀐다(Sider, "Historian," 312).

193 Licona, "Historicity of Resurrection," 99, 111(이 대목에서 다음 문헌들도 인용한다. Polkinghorne, *Quarks*, 100-101; Pannenberg; 그리고 다른 학자들의 저술); Craig, *Faith*, 151.

흄은 자신의 결과들은 무신론적이라기보다는 불가지론적이라고 주장
했지만[194] 그가 기적의 가능성을 평가하기 위해 사용하는 논증은 중립적이
지 않다. 참으로 불가지론적인 접근법은 원칙적으로 신적 행동에 관한 모
든 증거를 순환 논리적으로 거부하지 않을 것이다. 불가지론적 입장은 유
신론이나 무신론 모두 긍정하지 않지만, 양쪽 모두의 가능성을 허용한다.
휴스턴은 아무런 논거도 없이 지적인 행위자가 있을 수 없다고 미리 가정
하는 것은 "존재론적 경제(ontological economy)를 최고의 위치로 높이는" 것
으로서 "심지어 오컴조차도 그것을 허용하지 않는다"고 지적한다.[195] 게다
가 흄은 중립성을 가장하지 않는다. 그는 비록 기독교를 "우리의 종교"라고
부르기는 하지만(18세기 영국인에게는 충분히 자연스러운 일이다) 기적에 반대
하는 자기의 논쟁을 노골적으로 **"기독교"**에 대한 긍정에 반대하여 틀을 짠
다.[196] 흄의 지지자들과 반대자들 모두 그가 당대의 종교에 편견을 품고 있
었다는 점을 인식하고 있고,[197] 그가 자기의 접근법을 기독교의 변증에 반대

---

194 Barbour, *Religion and Science*, 44.
195 Houston, *Miracles*, 195(형이상학적 자연주의의 일원론을 언급한다). 몇몇 학자
는 오컴의 면도날에 의존해서 기적에 반대했다. 예컨대 Goulder의 주장과 Licona,
"Historicity of Resurrection," 414 및 idem, *Resurrection*, 494-95에 수록된 답변을
보라. 가장 단순한 해답이 대개 가장 검증하기 쉽다(Popper, *Conjectures*, 61). 나는
위에서 (다른 많은 학자와 마찬가지로) 범신론과 존재론적 물질주의(즉 어떤 신도
자연과 구분되지 않는다)는 적절하지 않다고 간략히 주장했다. 나는 또한 유신론
자들 대다수는 몇몇 형태의 단일한 설계자 가설이 그 가설의 철학적 주요 경쟁자
인 다중 우주 가설보다 우주의 질서를 더 단순하게 설명한다고 여긴다는 점을 지
적했다. 순수한 이신론은 "왜 인격적인 신이 처음에 세상을 창조해 놓고 나서는 그
세상에 거의 관여하려 하지 않는지"(물리적인 측면에서는 인간보다 덜 관여한다)
에 대해 답변하지 않기 때문에 그 설명력이 제한된다.
196 Hume(*Miracles*, 24; idem, "Miracles," 29)은 "기독교가 참이라는…우리의 증거는
우리의 감각이 참이라는 증거보다 적다"고 주장한다. 많은 사람은 그가 조롱조로
말한다고 생각하는데(Taylor, *Hume*, 19과 Brown, *Thought*, 245에서 지적되었다),
그들이 옳을 수도 있다(Hume, *Miracles*, 54을 참조하라).
197 Fogelin, *Defense*, 61은 Hume이 기적뿐만 아니라 자기의 자연주의적인 세계관에

하여 구축하였다는 점을 거의 언제나 인식하고 있다.[198]

흄은 우주에서 나타나는 기본적인 규칙성 배제를 자기의 자연주의적 접근법에 대한 유일한 대안으로 채택하며, 따라서 유비와 경험의 가치를 버린다.[199] 그러나 그의 대안은 강요된 선택 논리에 근거한 허상이다. 유신론자는 단순히 "일반적으로는 질서를 부여하지만 간헐적으로 기적을 행하는 신"이나 다른 초자연적 행위자를 허용하면서도 우주에 일반적인 질서를 가정함으로써 논박할 수 있다.[200] 즉 우리는 이신론적/무신론적으로 질서가 잡힌 우주나 질서가 없는 우주 사이에서 선택하도록 강요될 필요가 없다.[201] 실제로 그렇게 강요하면, 이신론적인 신을 믿은 사람들도 있지만

불리한 "자연적 자유로운 행동"도 배제했다는 점을 강조하는 한편, Hume의 "종교적 열심 혐오"를 인정한다. 종교적 지식에 대한 Hume의 공격에 관해서는 Force, "Breakdown," 156-57도 보라. Backhaus, "Falsehood," 303은 종교에 관한 Hume 의 개인적인 편견과 그것이 Hume 자신의 철학적 틀 안에서 어떻게 다뤄질 수 있는지를 지적한다(308-9에서 하나의 예로 19세기 Hume 학파의 믿음을 인용한다).

198 Flew, "Arguments," 46; Brown, *Miracles*, 80; idem, *Thought*, 242-45; Slupic, "Interpretation," 518, 520-23; Jaki, *Miracles and Physics*, 21-22; Larmer, *Water*, 103-4. Helm, "Miraculous," 83-85에서 Hume이 이의를 제기한 변증의 몇몇 예를 주목하라. 그 변증에 대한 좀 더 최근의 역사적 재구축은 예컨대 Daston, "Facts," 95를 보라.

199 변덕스러운 영들이 인과 관계를 지배하는 세계관에서처럼 말이다. 그러나 우리는 보고된 경험의 한계─그리고 Hume이 불규칙적인 사건들을 선험적으로 배제한 사실, 최소한 그 사건들이 하나님과 관련되어 있을 경우─도 감안해야 한다(대중적인 수준에서는 Lewis, *Miracles*, 13장도 참조하라). 전체를 아우르는 목적(따라서 암묵적으로 신)을 믿는다고 해서 효율적인 원인 조사를 제한할 필요가 없다(Wilcox, "Blind," 169, 175을 보라).

200 Houston, *Miracles*, 141. 참조. Collins, *Language of God*, 50-53; Tonquédec, *Miracles*, 11. 예외를 믿는 것이 많은 종류의 사건들이 일반적이라고 믿는 것과 조화될 수 있음에 관해서는 예컨대 Geisler, *Miracles*, 81을 보라.

201 Larmer, *Water*, 123은 다른 철학적 대안은 범신론과 만유재신론(반드시 그런 것으로 보이지는 않지만 다신교와 "정령신앙"은 유신론이나 범신론으로 흡수된다)이라고 주장한다.

대개 기독교의 하나님을 믿었던 현대 과학의 창설자들 대다수가 지녔던 대안적인 견해가 무시될 것이다.[202] 내가 지적한 바와 같이 그 인식을 바꾼 것은 새로운 과학 데이터가 아니라 철학적 틀의 변경이었다.

위에서 언급된 최근의 반대자들(나는 그들에게 동의한다)에도 불구하고 흄 이후 기적 옹호자들의 대다수는 우주의 본질적인 규칙성에 호소해서 기적을 그 규칙성과 다른 어떤 것으로 정의해왔다.[203] 즉 기적을 자연에 반하는 것으로 정의하는 많은 사람조차 흄이 강요하는 대안에서 어떤 논리도

---

202 다음과 같은 그리스도인들을 주목하라. Blaise Pascal; Galileo(그의 딸인 Celeste 수녀는 그의 영적 조언자였다); Johannes Kepler; Antony van Leeuwenhook(미생물학 분야); Robert Boyle(화학 분야, 그는 유언으로 유신론적인 강의에 자금을 지원했다); Andreas Vesalius(해부학 분야); William Harvey(생리학 분야); 또는 수도승 Gregor Mendel(유전학 분야). Isaac Newton은 신학적으로 아리우스주의자였지만(다음 문헌들을 보라. Popkin, "Deism," 30-31; Force, "Gentleman," 122-28; Frankenberry, *Faith*, 103. 그는 부분적으로는 아타나시우스가 신약성서의 삼위일체 텍스트들을 위조했다고 주장함으로써 아리우스주의를 유지했다[Popkin, "Bible Scholar," 107; idem, "Fundamentalism," 165]. 이는 텍스트상 지지될 수 없는 입장이다), 우주의 설계에 찬성론을 폈다. 그에 반대한 자연신론자로는 다음 문헌들을 보라. Force, "Deism," 53-62; idem, "Gentleman," 134-36; Frankenberry, *Faith*, 106(이 사상가 중 몇몇에 관해서는 *ChH* 76[4, 2002]에 실린 논문들을 보라). "18세기 사상 중 대다수는 하나님의 존재에 대해 설계에 근거한 논증이 주어질 수 있다고 생각했다"(Wolterstorff, "Theology and Science," 98). 이는 심지어 Hume에게 적용될 수 있을지도 모른다(Backhaus, "Falsehood," 293에 실린 편지 인용구는 비록 이후에 쓰인 것이 아니고 1745년에 쓰인 것이기는 하지만 이렇게 들린다).

203 다음 문헌들에 실린 이 요약을 참조하라. Lawton, *Miracles*, 55; Sharp, "Miracles," 1-2(그의 견해가 아니라 보편적인 견해임). 예컨대 다음을 보라. Tonquédec, *Miracles*, 13, 21; Sabourin, *Miracles*, 15; Dhanis, "Miracle"; Miller, "Miracle," 36(이 접근법은 Hume이 기대했던 것과는 반대라고 주장한다, 35-36); Pearl, "Miracles," 489-90; Ellin, "Again," 207-8. Ashe, *Miracles*, 13(참조. 26)에 등장하는 일반적인 기적 옹호자들은 "기적"이 자연법칙에 의존하기 때문에 기적을 진보된 개념이라고 생각한다. 그러나 이 접근법은 현대 서구의 기적 개념과만 관련이 있으며 반드시 가장 최근의 형태인 것은 아니다. 표적들이 이례적이라는 점의 가치에 관해서는 예컨대 Bernard, "Miracle," 395을 보라.

발견하지 못한다. 우주 안의 질서는 우주와 구별되고 우주에 의존하지 않는 신의 특별한 행동을 배제하지 않는다. 실제로 기적 옹호자 대다수는 기적을 자연의 규범이라기보다는 예외적인 표적으로 보기 때문에, 그들은 활용할 수 있을 경우 의료나 인간의 필요를 충족할 다른 자연적 수단을 사용하는 것을 지지한다. 그들은 유신론적 전제는 무신론적 전제나 이신론적 전제와 다르다는 것을 이해하기 때문에 자연법칙에 관한 자기의 견해로부터 흄의 결론과 똑같은 결론을 도출해야 할 의무를 느끼지 않는다. 만일 신이 존재하고 우주가 신에게 의존하며 그 반대가 아니라면 이 신이 자연의 통상적인 작동 양상에 종속할 논리적 필연성이 없다.

많은 해석자와 달리 몇몇 학자는 흄이 기적의 가능성에 반대한 것이 아니라 인간 경험의 규범에 비추어 특정 기적 주장들의 타당성에 반대했고[204] 그것들을 특정한 종교 체제의 토대에 대한 충분한 증거로 사용하는 데 반대

---

204 Geisler, "Miracles," 75-76. Evans, *Narrative*, 153은 비로 그 문제가 논란이 되기는 하지만 Hume은 아마도 "해당 사건 및 상황에 관해 알려진 바에 기초해서 어떤 사건이 발생할 확률인 **인식론적 확률**"을 의미했을 것이라고 주장한다. 다음 문헌들도 참조하라. Mackie, "Miracles and Testimony," 86(95-96에 실린 자신의 결론에도 불구하고); Evans and Manis, *Philosophy of Religion*, 128-29; Hambourger, "Belief," 587; Brown, *Miracles*, 81; Ellin, "Again," 203; Beckwith, *Argument*, 23-24; Wallace, "Hume," 231. 좀 더 이전 시기의 문헌으로는 Trench, *Miracles*, 54을 보라(이신론자인 Ethan Allen도 마찬가지로 기적에 대해 반대한 것이 아니라 기적을 믿을 이유가 있다는 데 반대했다. Fosl, "Hume," 176). Hume의 논문 전체에 비춰 볼 때 그를 그렇게 협소하게 생각하는 것은 문제가 있다는 의견에 관해서는 Larmer, *Water*, 31-34과 Fogelin, "Hume"(비록 그는 이것이 보편적인 해석이라는 점을 인정하기는 하지만 말이다, 81)을 보라. 자연 세계와 초자연적 세계를 철저하게 분리하는 Kant는 원칙적으로는 기적(즉 초자연적으로 일어난 사건들)을 허용했지만, 그것들을 인정하는 것은 허용하지 않았다(Nuyen, "Kant on Miracles," 314). 따라서 Kant는 기적에 호소할 필요가 없다고 생각했다. 그에 의하면 기적은 비물질적인 영역에 속하는데 그 영역은 이성을 통해 검증될 수 없다(Brown, *Miracles*, 103-7). 과학에 관해 Kant에 반대하는 입장은 예컨대 Tennant, *Miracle*, 12-13을 보라.

했다[205]고 생각한다. 가장 관대하게 읽을 경우, 흄은 단지 (자기가 속한 진영의 경험에서) 입증할 수 있는 이전의 기적이 없으면 기적 주장의 개연성이 훨씬 낮아진다고 보았을 뿐이다[206](비록 개연성이 낮다는 주장이 덜 철저할수록 반대 증거를 통해서 그 주장을 극복하기가 더 쉽지만 말이다). 이것이 흄의 주된 의도였을 수도 있지만, 만일 그럴 경우 그의 몇몇 논평들은 여러 대목에서 이보다 더 나아가는 주장으로 빠져든다는 것을 나타낸다.[207]

우리의 논의에서는 이 점이 더 중요한데, 만일 그것이 사실이라면 흄의 많은 후계자가 그의 원래의 논증을 왜곡한 것이다. 흄의 사고 노선에 대한 통속적인 이해가 여전히 영향력이 있고 논박을 필요로 하는데, 나는 이 대목에서 바로 그 일을 하고 있다. 흄의 몇몇 옹호자가 순환 논리라는 비난으로부터 그를 보호하기 위해 그의 논증을 수정하거나 정제할 수도 있다. 비록 많은 기적 주장의 양과 질에 비춰 볼 때 우리 중 상당수는 순환 논리라는 비난이 여전히 적용된다고 단언하겠지만 말이다. 특정 기적에 대한 모든 목격자 증거를 배척하는 것은 여전히 문제가 있으며 여기서 제시된 것과 똑같은 답변을 받게 될 것이다.[208] 내가 아래에서 더 자세하게 언급하는 바와 같이 흄은 사건들이 유별날 경우 그 사건들에 관해 완전히 불가지론적이지 않다. 그가 선험적으로 증거를 배척하는 것은 그 증거가 가장 쉽게 초자연적 행동으로 생각될 수 있을 때뿐이다.

---

205 Johnson, *Hume*, 1-4. 이것은 최소한 그의 관심사 중 하나다. Hume, *Miracles*, 51을 보라.

206 예컨대 Sober, "Proposal," 490.

207 Holder, "Hume," 57-58. 나는 Hume이 자연법칙과 관련된 그의 논문의 첫 번째 부분에서 좀 더 많이 주장한다고 생각하지만, 아마도 그가 증거를 다루는 곳 대부분에서 인식론적 확률에 대해서만 좀 더 많이 주장할 수도 있다.

208 흄의 인식론적 확률 개념 관련 문제는 Mackie, "Miracles and Testimony," 91을 보라.

4. 기적에 관한 흄의 인식론

흄은 자기가 귀납적으로 논증한다고 주장하지만, 기적에 반대하는 그의 논증은 연역적이다. 그는 기적에 반대하는 자연의 획일성에 입각해서 논증하는데, 이것이 문제다. 그는 기적이 일어난다는 좋은 증거가 없다고 단언한 뒤, 이 주장을 일반화하여 사실상 기적이 일어났다는 좋은 증거일 수도 있는 사건을 배제한다. 만일 흄이 그런 논증으로 기적을 불가능하게 만들려고 하는 것이 아니라 단지 유한 확률(finite probabilities)의 가중치를 예측하려고 의도하기만 한다면, 그의 입장은 기적이 존재한다는 상당한 증거에 어긋난다. 만일 흄이 어떤 증거도 원칙적으로 기적에 대한 믿음을 강제하기에 충분하지 않을 수 있다고 주장한다면 그의 주장은 그 증거의 평가자가 완강하게 기적에 반대하는 전제를 유지하는 정도만큼 성공할지도 모른다. 그러나 평가자가 그 문제에 대해 참으로 마음이 열려 있다면 그것은 논리적으로 불필요하다.[209] 흄에 대한 다양한 해석 중 어느 것도 기적의 가능성에 반대하거나 그의 논증이 매우 설득력이 있다는 성공적인 논증을 제공하지 않는다.

(1) 증거에 관한 흄의 입장

증거의 신뢰성이 초기 경험주의자들이 기적에 찬성하는 주요 토대였기 때문에 흄의 지적 배경은 그 신뢰성에 도전하도록 강요했다.[210] 그는 이 대목

---

209 참조. Perry, "Miracles," 66은 증거가 조금만 있어도 특이한 주장들을 입증하기에 충분하다고 불평하며 "인간의 어떤 증거도 기적을 증명할 만한 힘을 가질 수 없다는 Hume의 아집과 비교한다.

210 참조. Burns, *Debate*, 51.

에서 유신론자들이 강조하는 신약성서의 증거에 반대하는 논증 노선을 따랐다.[211] 따라서 흄은 자기의 입장을 강화하기 위해 재빨리 기적을 입증하기에 충분히 믿을만한 증인이 존재한다는 것을 부인했다.[212] 이와 대조적으로 기적 주장에 관한 이후의 장들에서 나는 오늘날 흄이 입수할 수 있었던 것보다 압도적으로 많은 증거가 있다고 강조할 것이다. 이 점은 흄의 입장이 그 시대에 근거가 빈약한 것으로 보였던 수준보다 오늘날에는 훨씬 더 초라해 보이게 만들 것이다. 그러나 그의 논증을 좀 더 자세히 고려해보자. 증인들과 기적이라는 그들의 해석이 믿을만한가?

흄에 대한 일반적인 독법(나는 이것이 대체로 개연성이 있다고 생각한다)에 따르면 그는 사실상 기적이 일어날 가능성이 없다는 견해에 도전할 만큼 충분히 믿을 만한 증인이 있음을 부인한다. 그는 순환론법적으로 이 부인에 기초해서 그런 기적에 반대하는 경험의 획일성을 가정하는데[213] 그 획일성은 그런 명확한 사례 하나만 있어도 무너질 것이다. 학자들은 종종 획일

---

211 Ibid., 77(영국의 이신론자들이 독일의 성서비평에 미친 영향에 대해서도 지적한다).
212 Hume, *Miracles*, 27-54, 특히 32-37.
213 예컨대 Hume, *Miracles*, 31. 참조. Ibid., 38에 수록된 논증. Idem, "Miracles," 36은 고대 역사가들의 저술에 언급된 경이들은 지금은 일어나지 않는다고 지적한다. 다른 학자들도 이 순환성에 대해 불평한다(예컨대 Craig, *Faith*, 151. 참조. 아마도 Boobyer, "Miracles," 41에 수록된 T. H. Huxley조차 그럴 것이다). 그는 기적이 개념적으로 불가능하기 때문에—무엇이 개념적으로 가능**한지**에 대한 그의 선험적인 가정 때문에—기적에 대한 모든 증거를 배척한다(Brown, *Miracles*, 94). Hume에 대한 이 답변은 그가 애초에 기적의 가능성을 부인했다는 것을 가정하는데, 몇몇 학자는 빈번한 이 해석을 부인한다. 예컨대 Fogelin, *Defense*, 16-31은 Hume의 **실제** 논증은 증거에 관한 논증(그의 논문의 2부)일 뿐이라고 주장한다. 그럴 경우 (나는 이 해석이 설득력이 있다고 생각하지 않는다) 증거에 관한 그의 논증은 대체로 그것 자체로 성립해야 하는데 나는 (내가 본문에서 제공하는 이유로) 그러기가 어렵다고 생각한다. 나는 그 논문의 2부는 독자들이 1부에 완전히 설득되지 않을 경우에 대비한 보충적인 부분이라고 생각한다(나는 예컨대 Tucker, "Miracles," 388-89에 동의한다).

적인 경험이 기적에 반대한다고 주장하는 것은 사실은 논증이 아니라고 지적한다. 왜냐하면 "그것은 '누가 기적을 경험한 적이 있는가?'라는 미결 문제를 논거로써 이론을 세우기" 때문이다.[214] 또는 어느 비평가가 말하는 바와 같이 "흄은 (기적은 가능하지 않다는) 증명되지 않은 결론을 사용해서 (기적은 일어나지 않는다는) 자신의 주장의 논거로 삼았다."[215] 몇몇 기적 지지자들은 이 논리적 문제를 "그것은 '기적은 기적이 결코 일어나지 않는다는 원칙을 위반한다'고 말하는 격"[216]이라고 지적한다(그러나 몇몇 학자는 심지어 그 논문 안에서조차 순환론적인 기적 배제에 관해 일관성이 있는지 의심한다[217]). 자연 및 기적에 관한 주장들은 모두 경험에 의존하기 때문에 전자의 경험 주장이 후자의 경험 주장을 무효로 만들 수 없다. 만일 물은 일반적으로 포도주로 변하지 않는다는 것을 아는 경험이 믿을만하다면, 왜 물이 포도주로 변할 때 그것을 인식하는 것이 믿을만하지 않겠는가?[218]

흄은 진정한 기적과 그 기적 보고자의 부정확성이나 기만성(欺瞞性)이

---

214 Evans, *Narrative*, 154; Evans and Manis, *Philosophy of Religion*, 130. 다음 문헌들도 보라. Beckwith, *Argument*, 28-32; Larmer, *Water*, 36; Taliaferro and Hendrickson, "Racism," 427-28; Holder, "Hume," 57; Kelly, "Miracle," 49. 마찬가지로 Levine, "Belief," 135도 참조하라.

215 Larson, "Centuries," 87. "조사하지 않고 증거를 무시"하려는 Hume의 시도는 자신의 논문에서조차 실패한다(Taylor, *Hume*, 13을 보라).

216 Kreeft and Tacelli, *Handbook*, 111. 참조. Cooper, "Ventriloquism," 27: Hume은 "기적이 진짜라고 보고하는 것은 본질적으로 출처의 약점에 대한 증거로 여겨질 수 있으므로" 기적에 대한 증언을 신뢰할 수 없다고 믿었다.

217 Hume은 비록 어떤 기적적인 사건도 일어날 수 없다는 획일적인 경험을 가정함에도 불구하고 한 곳에서는 자기가 기적적이라고 간주하는 특정한 사건이 원칙상 가능한 것으로 받아들여질 수 있다고 인정하는 것으로 보인다. 그의 논증에서 얼마나 많은 요소가 해석되는지에 따라, 이 양보는 그의 논증에서 모순으로 이해될 수도 있다(Johnson, *Hume*, 6, 19). 물론 입증 책임은 (최소한 경미하게라도) 모순이라고 주장하는 측에 있으며, Hume의 양보는 단지 전술적인 것일 수도 있다.

218 Levine, *Problem*, 126(Kellenberger, "Miracles," 148 각주에 동의한다).

이례적이지 않는 한 [219] "어떤 증언도 기적을 확립하기에 충분하지 않다"고 단언한다.[220] 그러나 흄은 그런 주장을 확립할 수 있을 정도로 충분히 신뢰할 만한 보고자가 존재할 가능성에 대해 열린 자세를 유지하기는커녕 사실상 그 가능성을 배제한다. 그는 원칙적으로 공개적인 사건이라고 주장하며 거짓말을 하면 잃을 것이 많은, 의심할 여지 없이 믿을만한 증인들을 우리가 인정할 수도 있다고 인정한다. 그러나 학자들은 그가 실제로는—어느 누구라도 이 일반적인 이 질문 기준을 통해 인식할 수 있는 한—바로 이 기준을 충족하는 개별적인 증언들을 배척한다고 지적한다.[221] 흄이 기적에 관해 증언할 수 있는 모든 증거를 부인하는 것은 그저 자신의 권위에 기초해

---

219 물론 놀라운 주장들도 있는데, 최소한 복수의 독립적인 증인 중에서는 그런 주장들을 지어내기가 똑같이 놀라울 수도 있다(Hambourger, "Belief," 597. 그는 598에서 흔하지 않은 이름은 실제로는 그 이름을 지어내는 것도 똑같이 흔하지 않다는 점을 예로 든다). 우리는 이에 대한 예로 예수의 제자들이 종말론적인 부활이 자기들의 스승에게서 시작되었다고 주장한 것을 생각할 수 있는데, 이는 사실이든 아니든 보고하기에는 경악스러운 주장이다.

220 Hume, *Miracles*, 32; idem, "Miracles," 33. 아마도 비판 때문에 Hume은 자기의 논증이 실제로 기적에 대한 충분한 증거의 **가능성**을 배제할 수 없음을 인식하고 나중에 1767년 판에서 이 주장을 "어떤 증언도…에 필적하지 못했다"라고 좀 더 관대하게 수정했다(Sober, "Proposal," 492).

221 예컨대 다음 문헌들에서 언급되었다. Polkinghorne, *Science and Providence*, 54-55; Swinburne, "Introduction," 13; Licona, "Historicity of Resurrection," 97. 기독교의 주장 외에 Hume, *Miracles*, 42과 idem, "Miracles," 38-39은 베스파시아누스에 관한 타키투스의 강력한 보고를 채택해서 가장 강력한 증언조차 ("추잡하고" "명백한 허위"로) 배척되어야 함을 보여준다. Brown, *Miracles*, 88은 Hume의 언어가 어떻게 복음서들에 대한 기독교 변증가들의 언어에 병행하게 고안되었는지를 지적한다. 그러나 Hume이 배척한 몇몇 증언들은 심지어 엄격하게 자연주의적인 관점에서도 타당성이 있다(Flew, "Arguments," 50-51 및 베스파시아누스에 관한 52-53을 보라. 참조. Keller, *Miracles*, 64-65). 타키투스 자신은 그 의사들에 대해 자연주의적으로 해석한다(Johnson, *Hume*, 85-86에 언급되었다. 비록 나는 그 점에 대해 덜 확신하며, 타키투스도 그랬을 수 있다고 생각하지만 말이다). 얀센파들의 특별한 경우에 관한 아래의 논의를 보라.

서 제공된 단언일 뿐이다. 이와 대조적으로 그의 초기 반대자 중 한 사람은 그런 주장에 대응해서 100쪽이 넘는 논증을 제공했는데, 우리는 이 논증이 단순한 주장보다 훨씬 더 가치가 있다고 생각할 것이다.[222]

더욱이 증인의 수용 가능성에 관한 흄의 몇몇 기준은 그의 주장을 지지하기에는 계량화하기가 너무 모호하다. 즉 그는 증인들은 평판이 매우 좋고 거짓말을 함으로써 잃을 것이 많은 사람이어야 한다고 주장한다. 우리가 원칙상으로는 이런 요구들에 동의할 수도 있겠지만, 흄은 그 기준들을 저의를 갖고 사용하는 것으로 보인다. 어느 정도로 평판이 좋아야 평판이 매우 좋은 것인가? 잃을 것이 얼마나 있어야 잃을 것이 많은 것인가? 우리가 증인에 관한 그의 기준을 가급적 극단적으로 채택한다면 어떤 사건에 대한 **모든** 역사적 증언을 배척할 수도 있을 것이다.[223] 내가 아래에서 보여주는 바와 같이 흄은 실제로 법정에서 사용되는 일반적인 기준에 따르면 매우 평판이 좋고 잃을 것이 많은 증인을 배척하는데, 이는 그가 이 기준들을 저의를 갖고 사용하고 있음을 암시한다. 더욱이 흄은 증인들이 "의문의 여지가 없는 양식(良識)"을 갖출 것을 요구하는데, 그는 기적을 목격했다고 주장하는 모든 사람의 양식을 문제 삼는 것으로 보이기 때문에 이 요구는 충족할 수 없는 기준으로 보인다.[224] 이와 대조적으로 우리가 그 기준을 일상적으로 사용되는 일반적인 의미로 채택한다면, 우리는 평판이 좋고 지각이 있다고 간주하지만 흄은 만족스럽지 않다고 무시할 증인들이 많이 있을 것이다. 만일 그가 어떤 사람의 증언이라도 만족스럽다고 여기지 않으

---

222 McGrew, "Argument," 651-52을 보라(예수의 부활에 관하여 Annet에 대한 Samuel Chandler의 반응을 인용한다). Hume의 비판자들에 관해서는 추가로 Okello, *Case*, 129-39을 보라.
223 Colwell, "Miracles and History," 10.
224 Ibid.

면서, 그가 자기의 비판자들에게 이 주의사항을 알리기 전에 그 비판자들이 증인을 평가하는 수고를 하도록 기대한다면 그것은 정직하지 않은 처사일 것이다.[225]

다시 말하거니와 그는 조사의 필요를 배제하기 위해 선험적인 정의를 채택하는 것으로 보인다. 즉 그는 기적을 "결코 관찰되지 않았던" 사건으로 정의함으로써 그런 사건들을 보았다고 주장하는 사람들이나 그것을 보았다고 주장하는 다른 사람의 말을 믿는 사람들의 관점을 일축하거나 무시한다.[226] 앞서 언급된 바와 같이 그는 자연의 일반적인 경로에서 일어나는 것으로 관측될 수 있는 것은 모두 기적에서 제외하면서도, 자연의 일반적인 경로에서 일어나지 **않는** 것이라면 어떤 것도 그 가능성을 배제한다.[227] 이런 식의 추론은 논거를 제공하는 것이 아니라 단지 자기의 전제를 다시 진술할 뿐이다. 이는 과학자이자 신학자인 한 사람이 지적한 바와 같이 자신의 전제를 다시 천명한 것일 뿐 과학 연구에서 일반적으로 인정되는 열린 마음 자세가 아니다.[228]

---

225 Ibid. 참조. Taylor, *Hume*, 23, 44-45. Colwell, "Miracles and History," 11은 다소의 사울은 잃을 것이 많았다고 주장하는데 이 의견에 의문을 제기하기는 어려울 것이다(박해자 바울은 다음 구절을 참조하라. 고전 15:9; 갈 1:13-14; 빌 3:6-7; 딤전 1:13. 그리스도를 위해 고난 받는 바울에 관해서는 다음 구절들을 참조하라. 롬 16:7; 고전 4:11-12; 15:31-32; 고후 1:8-9; 4:8-11; 6:4-10; 11:23-33; 빌 1:7, 13; 살전 1:6; 2:2, 15-16; 몬 1, 9, 10, 13, 23). 몇몇 학자는 증인의 평판이 좋아야 한다는 기준(아마도 사회적으로 엘리트주의자)에 의문을 제기한다(참조. McGrew, "Miracles," 3.2.1).

226 Johnson, *Hume*, 19.

227 따라서 Hume 학파의 학자는 충분한 증거의 압박을 받으면 기적이라고 주장된 사건이 일어났다고 인정하지만, 그 사건이 진정으로 기적적이고 자연에 반하는 것이 되지 않도록 자연법칙의 정의를 바꿀 수 있다(Martin, "Historians on Miracles," 413에 수록된 요약을 참조하라).

228 Polkinghorne, *Science and Providence*, 55. Hume의 많은 견해들(예컨대 지구가 혜성에서 성장했을 수 있다는 견해[Force, "Interest," 195])은 현대 과학과 조화되지

흄이 자기의 이론을 유지하기 위해서는 많은 목격자가 실수했다거나 정직성(integrity)이 결여되었다고 가정해야 하지만, 그는 자기의 이론 외에는 목격자가 속이고 있다고 비난할 근거를 갖고 있지 않다[229](본서의 뒷부분 및 다른 곳에서 수집된 상당히 많은 증거에 비춰 볼 때 이 점은 매우 중요하다). 어떤 학자가 말한 바와 같이 흄은 본질적으로 모든 증인을 "바보들이거나 거짓말쟁이들"이라며 일축한다.[230] 그러나 증인에 대한 이러한 의심은 오로지 흄의 이론에 의존한 자의적인 것이며 일반적으로 신뢰할 만한 증인이 증가할수록 점점 더 타당성이 떨어진다.[231] 사람들이 경신(輕信)과 속임수에 빠지기 쉽다는 그의 경고는 모든 개인들게 동일하게 적용되는 것이 아니며, 따라서 우리가 주장들을 사안별로 평가하지 않고서 모든 주장을 일축할 수는 없다.[232] 우리가 이 기준을 사용하고 개연성이 낮은 선행 사건들에 관한 정보에 대해 선험적으로 의심한다면 일반적인 의사소통이 저해될 것이

않지만 그 당시의 과학을 반영한다.

229 기적이 그 자체로는 의미를 전달하지 않지만 Phillips, "Miracles," 35은 회의주의자들이 증인이 속인다고 비난할 근거를 갖고 있지 않다는 점도 지적한다. Ward, "Believing," 745은 Hume과 달리 충분한 보고자가 있을 때에는 "관측에서 미혹되거나 속을 가능성이 때로는 지극히 낮다"고 지적한다.

230 Cramer, "Miracles," 136-37. 증인이 거짓말을 할 가능성에 관해서는 Hume, *Miracles*, 27을 보라. 일반적으로는 심지어 존경할 만한 사람조차 거짓말을 할 가능성에 관해서는 29을 보라. (다른 종류의 증인들보다) 속은 사람이거나 속인 사람으로서 기적에 대한 증인에 관해서는 32, 34, 36-37, 52-55을 보라(참조. 38: "나이를 불문하고" 사람들이 "거짓말하는 것은 전혀 이상하지 않다; 39: "바보들"; 43: "속임수와 경신"; 52: "속임수와 어리석음").

231 이에 관해서는 Weintraub, "Credibility," 371을 참조하라.

232 Breggen, "Miracle Reports," 6은 Hume의 이런 논거는 중요하게 여기기에는 "너무 일반적"이라고 불평한다. Idem, "Seeds"는 사안별 접근법을 취했더라면 반박되었을, 상당한 분량의 Hume의 과도한 일반화 목록을 제공한다. 따라서 그는 "신뢰할 만한 증인으로 간주되기 위해 **모든** 사람이 교육을 많이 받아야 하는 것은 **아니며**, **모든** 사람이 똑같이 경신하는 경향이 있는 것도 **아니다**"라는 점 등을 인식했어야 했다.

다.[233] 만일 흄이 증인이 진실을 말하지 않을 가능성을 계산한다면(이는 너무 단순한 접근법이다) 몇몇 사람은 증인의 "거짓말"은 여러 형태를 띨 수 있어서 어느 특정한 형태를 띨 개연성이 매우 낮을 것이라고 반박할 수 있을 것이다.[234] 이 논증은 증인이 한 명일 경우에는 별로 중요하지 않을 수도 있지만, 복수의 독립적인 증인들이 관련될 경우에는 상당히 중요해진다(복수의 독립적인 증인에 관한 아래의 내 논의를 보라).

더욱이 흄은 본질적으로 일어날 확률이 낮다는 기적의 유별난 성격을 중복해서 사용한다. 그는 "의문의 여지가 없는 양식"을 요구함으로써 잠재적인 증인 후보군의 범위를 기적들은 유별나다는 점을 **인식함으로써** (최소한 자연적으로 발생하지 않는 사건과 관련된 기적 주장에 대해) 통상적인 증거 이상을 요구할 사람들로 좁히기 때문이다.[235] 우리가 흄의 논리를 다른 탐구 분야에 일관성 있게 적용한다면 무슨 일이 일어나겠는가?

(2) 다른 학문에 그러한 인식론적 요구를 할 경우의 영향

이런 사안(기적 주장에 대한 목격자 증언)에 대해 흄은 사람들이 증언이라는 증거에 의존하는 것이 비합리적이라고 생각하고 대신 직접 증거를 요구한다.[236] 그러나 이 기준의 공평성에는 의문의 여지가 있다. 이 경우(그러나 대

---

233 받을 필요가 없었던 정보만 신뢰하는 사람도 있을 것이다. Schlesinger, "Credibility," 121를 보라. Weintraub, "Credibility," 360도 같은 입장을 취한다.

234 다음 문헌들에 실린 논증을 참조하라. Holder, "Hume," 52; Schlesinger, "Credibility," 121; Weintraub, "Credibility," 361.

235 Breggen, "Scale," 451-52을 보라. 그는 Ward, "Miracles and Testimony," 134의 아이디어를 발전시킨다.

236 Hambourger, "Belief," 588. 그렇다면 하나의 기적이 그것을 직접 경험한 사람에게는 사실이지만 그것을 직접 경험한 사람의 증언만 갖고 있는 사람에게는 가짜인가? Hume은 직접적인 감각이 다른 사람의 증언보다 더 믿을만하다는 대주교

다수의 다른 경우에는 그렇지 않다) 그런 직접적인 경험을 한 사람들은 다른 사람들에게서 믿을 수 없다고 여겨질 것이다. 아마도 흄 자신은 그런 경험을 하지 않았을 테지만 그의 획일성 논거는 자기가 속한 진영에서 이런 경험을 하지 않았다는 사실을 토대로 이를 모든 인간에게 일반화한다.[237] 흄의 인식론에서는 "획일적인 경험"은 자기와 자기 동료들에게 알려진 일련의 사건들에 대한 소극적인 기억과만 관련이 있을 뿐 그 이상은 아니었다.[238] 그런 일반화는 너무도 작은 표본에 의존하기 때문에 적절하지 않다(흄 자신의 인식론이 경고하듯이 말이다)[239] 흄이 자기의 경험에 관해서는 권위 있게 말할 수 있을지 몰라도 그가 어떻게 인류 전체에 대해 이런 식으로 말할 수 있는가?[240] 그 자신의 "획일적인 경험"을 이용해서 다른 사람이 증언하는 경

Tillotson의 견해에 의존했다. 몇몇 학자는 훈련을 받았거나 자격을 갖춘 관찰자들의 증언은 실제로 자기의 관찰보다 더 신뢰할 수도 있다고 반대한다(Taylor, *Hume*, 6).

237 Mavrodes, "Hume," 175-76. 참조. Sider, "Methodology," 24은 자기가 경험한 범위에 기초해서 과거의 목격자들을 판단하는 것을 비판한다. 참조. Sanday, "Miracles," 65. Cranston, *Miracle*, 172은 몇몇 회의적인 의사들은 루르드에서 발생한 치료를 인정하는 것에 대해 비판적이지만 자기들이 직접 그런 치료를 보고 나면 그런 태도가 완전히 바뀐다고 지적한다.

238 Taylor, *Hume*, 26. 여기서 Hume의 역사 기술 접근법은 당대에 가정되었던 지적 전제와 분리될 수 없다(Lonergan, *Method*, 222). 더욱이 그 자신의 정신은 그 자신이 정신이 관여하고 있다고 생각한 일, 즉 관례에 따라 인상들을 연결하는 것보다 많은 일을 하고 있었다(ibid., 21). 그러나 Smith, "Introduction," 27은 Hume의 단편적인 접근법을 Descartes의 일방적인 접근법에 대한 대응으로 본다.

239 Mavrodes, "Hume," 176; Kelly, "Miracle," 49. Mavrodes는 예수의 부활을 예로 든다. 그는 이 사건은 역사적으로 독특한 사건이었기 때문에 Hume이 "단 한 번의 변칙적인 사건을 접했을" 개연성이 낮다고 주장한다("Hume," 176). Hume 자신의 인식론은 그런 관측을 허용했지만, 한정된 표본에 근거한 귀납적인 추론의 가치를 제한했다(Landesman, *Epistemology*, 136-37). 비록 무작위적이기는 하지만 대표적인 표본들이 증가하면 개연성이 커짐에도 불구하고 말이다(ibid., 138-41).

240 Mavrodes, "Hume," 180.

험을 배제할 수는 없다.[241] 데카르트식의 합리주의자들과 필론의 회의주의
자들을 추종하여 자기가 개인적으로 알지 못하는 사안에 관한 다른 사람의
증언을 배척하는 흄의 고집은 공동의 연구와 지식을 강조했던 당대 영국
의 과학과는 현저하게 대조된다.[242] 따라서 온건한 경험주의자들이 일반적
으로 흄의 증거 배척을 비합리적이라고 본 것은 놀랄 일이 아니다.[243] 오늘
날 다른 분야에서 흄의 아주 철저한 인식론상의 회의주의를 추종하는 사람
은 별로 없다. 기적 문제에 관해 그런 회의주의가 생존해 있다는 사실은 많
은 사람이 종교적 맥락 안에서 제시된 주장을 다른 종류의 주장보다 가치
가 떨어지는 특별한 범주로 취급하려 한다는 점을 암시할 수도 있다.

더욱이 어떤 비평가는 과거의 많은 사건은 단 하나의 검증되지 않은
원천에 의존하기 때문에 "만일 흄의 증거 인정 기준이 기적 주장이 아닌 영
역에서 채택된다면, 우리가 오늘날 과거에 대해 알고 있다고 믿고 있는 대
다수 사건을 일축해야 할 것이다"라고 올바로 이의를 제기한다.[244] 이 점은
흄의 논거에 치명적인 것으로 보인다. 그는 "증거에 관한 일반 원칙, 합리
적인 신뢰성 등"의 관점에서 논증을 전개하지만 우리는 확실히 종교 이외
의 분야에서는 그의 접근법을 채택하지 않는다.[245] 사건들에 대해 영적으로

---

241 Taylor, *Hume*, 10-11.
242 Burns, *Debate*, 16. 과학은 그 자체의 성격상 상궤를 벗어나거나 예외적인 사례들
     이 아니라 보다 넓은 양상에 관해 연구하기는 하지만, 과학자들은 데이터를 한곳
     에 모았다. 과학계의 이런 움직임과 당시 유럽 대륙에서 우세했던 몇몇 철학적 대
     안에 대한 이 움직임의 반대에 관해서는 19-46을 보라.
243 Ibid., 179(215도 참조하라).
244 Licona, "Historicity of Resurrection," 97. 목격자의 간접 증거가 아니라 우리 자
     신의 직접적인 앎이 필요하다고 주장하는 사람들에 반대해서 Licona(117)는
     William Lane Craig와 마찬가지로 직접 관측하지는 못해도 증거에 기초해서 쿼크
     와 끈에 호소하는 물리학자들을 인용한다.
245 Mavrodes, "Hume," 168. Mavrodes는 Hume의 논거가 기적들이나 종교적 현상에
     서 특별할 것이 없다고도 주장한다. (Hume에 대한 가장 보편적인 독법에 근거할

설명하지 않을 경우, 설사 그 사건들이 다른 방식으로는 믿을 수 없다 하더라도 역사가들은 대개 단순히 증언을 무시하는 것이 아니라 그 사건들을 받아들이거나 증인이 신뢰할 만한지 점검한다.[246] 물론 문제의 사건이 특히 유별날 경우 단발적인 증언은 그렇지 않을 수도 있지만, 복수의 독립적인 증언들에 관해서는 그렇게 적용될 것이다.[247] 흄이 모든 기적 증언을 선험적으로 배제하려는 것이 아니라 역사상 지금까지 존재했던 모든 기적 주장은 믿을 수 없었다고 결론을 내리려는 것이었다는 반론을 제기하는 사람도 있

때) Hume은 틀림없이 기적은 자연법칙 위반이기 때문에 자신이 기적을 독특하게 취급하는 것이라고 답변할 것이다. 그러나 내가 지적한 바와 같이 그 정의 자체에 문제가 있다. 그럼에도 불구하고 Coleman, "Probability," 214은 Hume을 옹호하면서 자신은 "종교적 기적"에 대한 증언을 "경이로운 사건들에 대한 증언들보다" 더 회의적으로 다룬다고 인정한다. 그 둘 사이의 차이는 바로 전자는 신이 그 행위자라는 주장이었다(Fosl, "Hume," 177). 신이 전 세계의 모든 인류와 직접 소통한다는 것을 받아들이면서도 기적 주장을 틀리기가 매우 쉬운 것으로 간주하겠다고 주장함으로써 Hume을 옹호하는 것(Fogelin, *Defense*, 29)은 불합리하게 높은 증거 수용 기준을 정하는 것이다(확실히 그리스도인 유신론자들은 그런 접근법에 동의하지 않을 것이다. 기독교의 가르침에서 계시의 약속은 종말론적이고 그런 목적상으로는 시대에 뒤진 것이다. 막 13:26).

246 Kennedy, "Miracles," 20-21. 이 점에 관해서는 Ward, "Believing," 745도 주목하라. Kennedy, "Miracles," 11-14은 증언의 가치에 관한 Locke 및 다른 계몽주의 사상가들의 강력한 논증을 지적한다.

247 Hume이 복수의 자료를 고려하지 않는 인식론적 실패를 비판하는 내용은 Tucker, *Knowledge*, 51-52을 보라(역사 기술을 일반적으로 다룬다). 변칙 현상에 대한 증언이 (고의적이고 기만적인 공모의 결과가 아니라) 참으로 독립적임을 보일 수 있다면 그 증언은 더 신뢰할 수 있게 될 것이다. 복음서 전승들의 기본적인 신뢰성을 가정한다면 (예컨대 다음 문헌들에 실린 논거들 및 다른 자료들을 보라. Hengel, *Mark*; Bauckham, *Eyewitnesses*; Keener, *Historical Jesus*), 우리는 복음서들에 보고된 종류의 변칙 현상들을—자연적 변칙 현상이든, 좀 더 빈번하게는 초자연적 변칙 현상이든 간에—단지 그런 현상들이 발생할 수 없다는 전제에 근거할 때에만 그것들을 배제할 수 있을 것이다. 초자연적 형태의 변칙 현상 부인은 대개 그런 현상을 만들어 낼 수 있거나 만들어 낼 신이나 힘이 존재한다는 데 대한 의심을 전제한다.

을 것이다.[248] 그러나 이런 판단에 관해서는 이론의 지원 없이는 증거가 그런 평결을 제공하지 않으며, 내가 믿기로는 오늘날에는 이를 유지하기가 더 어렵다.

좀 더 일반적인 방법론을 고려하자면 부적절하게 엄격한 흄의 경험주의는 경험의 가치를 증언의 가치보다 더 위에 두지만, 우리의 일반적인 지식 대다수는 자신의 한정된 개인적인 경험에 의존하는 것이 아니라 증언 (다른 사람의 경험 보고)에 의존한다.[249] 물론 모든 목격자 증언은 배심원들의 해석을 통해 조정되는데, 증언을 평가하는 사람들은 그런 증언 배후의 사건들의 중요한 측면들을 추론할 수 있을 것으로 기대된다. 이 가정이 없다면 현대의 사법 체계는 붕괴될 것이다.[250] 거의 모든 역사적 주장들은 해석된 증언과 증거에 대한 다른 해석에 의존한다.[251] 우리 중 대다수는 그렇다고 해서 우리가 현재 보유하고 있는 자료에 근거해서 몇몇 과거의 사건들에 관한 정보를 추론할 가능성을 일축하지 않을 것이다.

증언의 가치에 관한 이런 관찰은 역사에 가장 확실하게 해당하고 적실성이 있지만[252] 그것은 우리의 대부분의 과학 지식에도 적용된다[253](그러나

---

248   참조. Fogelin, *Defense*, 62.

249   Lawton, *Miracles*, 56(Hume의 논문에 대한 Campbell의 1762년 비판을 인용하는데, 이 비판에 대해 Hume은 "자신의 논문에 대한 공정한 취급"이라고 인정했다); Helm, "Miraculous," 94-95(Augustine *Confessions* 6.5[『고백록』, CH북스 역간]와도 비교한다); Larson, "Centuries," 88.

250   Licona, "Historicity of Resurrection," 129.

251   역사가 증인이 관찰한 내용에 의존한다는 점에 관해서는 예컨대 Popper, *Conjectures*, 21을 보라.

252   방금 전에 언급된 바와 같이 역사 기술은 증인들의 관찰에 의존한다(예컨대 Popper, *Conjectures*, 21을 보라).

253   다음 문헌들에 수록된 논의를 보라 Jaki, "Miracles and Physics"; Licona, *Resurrection*, 103. 자연의 규칙성에 기초한 사건들의 확률에 대한 우리의 기대조차도 다른 사람들에게서 나온 증언에 토대를 두는 경향이 있다(Ward, "Miracles and

과학 실험은 좀 더 복잡한 역사적 사건들과는 달리 통제된 환경 아래에서 반복될 수 있

으므로 과학에는 적실성이 덜하다). 만일 흄이 기적에 적용하는 접근법이 다른

곳에 똑같이 엄격하게 적용된다면, 새로 관찰된 사건 중 자연에 관한 현재

의 이해와 양립할 수 없거나 그것에 도전하는 사건은 연구 대상에서 배제

될 것이다.[254] 따라서 흄의 회의적 접근법을 채택하면 과학의 발전이 불가능

해질 것이다.[255] 어느 학자가 지적하는 바와 같이 입자 물리학은 양성자 붕

괴를 증명한 적이 없지만, 이 결함이 있다 해서 양성자 붕괴를 찾아내려는

조사가 무의미해지지는 않는다.[256] 어떤 물리학자는 순전히 인식론적인 형

태에서조차 흄의 논거는 이전의 이해에 위반되는 "중요한 발견을 했다고

발표하는 다른 과학자의 말을 믿지 못하도록 방해하는 데 사용될 수 있다"

고 주장한다. 물리학자들은 흄의 접근법을 따르지 않는다. 그들은 현재의

이해로는 불가능하다고 보였던 "고온 초전도성" 발표에 놀랐지만, 그 주장

을 배척하지 않았다.[257] 그들은 그 주장들을 조사해서 그것들이 옳음을 확인

Testimony," 133).

254 Jantzen, "Hume," 319-20. 참조. Brooke, *Science*, 187.

255 참조. Kuhn, *Structure*, 98-108, 154-55. 과학에서의 틀 이동에 대한 저항에 관해
서는 다음 문헌들을 보라. Polanyi, *Knowledge*, 138; Kuhn, *Structure*, 64-65, 107,
133, 169. Hume의 동시대인 몇몇은 이미 그의 접근법에 대한 이 비판을 제시했으
며(Burns, *Debate*, 224를 보라), 20세기 중반의 그의 옹호자 중 한 사람은 이 대목
에서 우리가 Hume의 접근법을 따른다면 유감스럽게도 과학의 진보가 저해될 것
이라고 인정했다(Robinson, "Causation"은 따라서 과학자들은 때때로 철학을 무
시해야 한다고 주장한다. Burns, *Debate*, 225에서 인용되었다). Taylor, *Hume*, 5은
Hume이 불합리한 종교뿐만 아니라 Newton의 과학의 비합리성을 조롱했다고 주
장한다.

256 Earman, *Failure*, 31.

257 Cramer, "Miracles," 136-37은 자기가 "기꺼이 다른 사람들[증인들]을 바보나 거
짓말쟁이라 부르는 Hume과 Flew"가 숨긴 종교적 의제를 갖고 있다고 힐난한다.
과학이 때때로 과거의 관찰 내용을 수정하는 새로운 관찰 내용에 대해 개방적이라
는 점에 관해서는 예컨대 Sober, "Proposal," 489과 Weintraub, "Credibility," 369,
372도 보라. 100년도 더 전에 Wilson, "Miracles," 10-11은 우리가 일반적으로는

하거나 틀렸음을 확인했다. 변칙 현상들은 더 엄격한 조사를 받기는 했지만, 그것들은 종종 "그 현상들을 수용할 수 있는 경쟁 이론들이 출현하기도 전에" 인정되었다[258](심지어 이 논문 밖에서도 흄의 인식론은 사실상 과거의 관찰 내용에 관해 과학이 경험적으로 일반화하는 것을 제한한다. 흄이 그럴 법한 추론을 허용하기는 했지만, 그는 과학적 예측을 하려고 하지는 않았다[259]).

게다가 흄과 과학 사이의 관계가 어떠하든 규범을 증언보다 우위에 두는 그의 인식론상의 논거는 역사 기술과 법률상의 증언이라는 영역의 일반적인 관행을 허용하지 않는다. 그러나 이 분야는 종종 증언을 평가하기에 가장 적실성이 있는 분야이고 따라서 증언 평가에서 흄보다 노련하다. 예컨대 심지어 우리가 고대의 역사 자료를 다른 점에서는 신뢰하지 않을 경우라도 믿지 않을 강력한 이유가 없는 한 일반적으로 증인의 증언을 받아들인다(항상 그들의 해석까지 받아들이는 것은 아니지만 말이다).[260] 대체로 증인의 자료가 아닌 곳에서 허구의 정보가 존재한다는 사실이 우리의 세계관에 들어맞지 않는 모든 주장을 배척할 강력한 이유인가? 역사적 사건들은 역사적 사건의 **종류**에 대한 유비를 통해 평가될 수도 있는데, 기적에 대한 모든 역사적 증언은 설득력이 없다고 미리 전제할 때에만 우리는 이 유비를 사용해서 기적적인 사건들을 부정할 수 있다.

실제로 흄은 자기의 역사 기술에서 이처럼 엄격한 접근법을 따르지 않는다[261](당대에 흄이 유명해진 것은 그의 역사 기술 덕분이었다.[262] 비록 비판적 역사 기

"유비 과정을 통해" 새로운 데이터를 받아들이고 때로는 유사하지 않은 것을 배척하거나 무시하는 반면, 자연 과학은 새로운 발견을 수용하는 것을 관찰했다.

258 Weintraub, "Credibility," 372. 본서의 14장에 수록된 틀에 관한 논의도 보라.
259 Jones, *Hobbes to Hume*, 320-22.
260 예컨대 Brown, *Historians*, 142, 146, 메가스테네스에 관한 부분을 보라.
261 Licona, "Historicity of Resurrection," 97(Habermas, *Risen Jesus*, 7-8에 동조한다).
262 Tucker, "Miracles," 373.

술이 대두해서 궁극적으로 흄의 역사 기술 접근법은 시대에 뒤떨어지게 되었지만 말이다[263]. 흄의 인식론적 접근법은 그 논리적 결론을 따른다면 자신의 추론을 포함해서 일반적인 추론을 훼손한다.[264] 어떤 학자는 흄의 인식론이 모든 **믿음**을 비합리적이고 정당화할 수 없다며 배척한다고 설명하지만, 흄 자신은 자기가 철학 연구를 할 때에만 그 관점을 따른다고 설명하면서 그것 자체가 하나의 믿음이라고 지적한다.[265] 흄은 어떤 요인들이 일반적으로는 믿어지지 않을 사건들을 믿을 수 있게 만들 수도 있는가라는 문제를 끄집어내는 데 도움이 되었을 수도 있지만,[266] 그는 무비판적인 경신을 반대하는 변증으로 말미암아 모든 증거에 대해 무비판적으로 충분성을 부정했다. 개연성이 낮은 사건이라도 증언 증거가 있으면 그 사건이 일어났음이 인정되어야 한다. 그렇지 않을 경우 신문의 복권 당첨 번호 보도(이 예에 관해서는 아래에서 더 자세하게 설명된다)처럼 "일상의 삶과 과학에서 이루어지는 추론을 할 수 있는 길이 없다.[267]

263　Ibid., 374.
264　Bertrand Russell이 *History of Western Philosophy*, 698, Brown, *Philosophy*, 70-71에 인용된 글에서 가하는 호된 비판을 주목하라. 좀 더 대중적인 문헌으로는 D'Souza, *Christianity*, 183을 보라.
265　Taylor, *Hume*, 24-25. Lonergan, *Understanding*, 38, 231은 지식에 대한 Hume의 견해는 습관에 의해 연결된 감각상의 경험과 관련이 있다고 지적하지만, 이 접근법에 대한 지식을 제한하는 것은 Hume의 접근법을 설명할 수 없다. Kant는 "Hume의 경험적 원자론"을 뛰어넘으려고 열심히 노력했다(idem, *Insight*, 340). 그런 원자론을 엄격하게 따른다면(Hume 자신도 그렇게 하려고 하지는 않았을 것이다) 정상적인 인간 생활이 불가능해질 것이다. 유아기의 경험은 연결되지 않은 감각상의 경험들로 구성되어 있는 반면, 인간의 좀 더 완전한 발달은 인과 관계에 관한 연결 및 구성 개념들과 관련이 있다(이러한 발달상의 접근법에 관해서는 예컨대 Zaphiropoulos, "Sullivan," 428-29을 보라). 연결에 대한 우리의 지식이 불완전하다고 해서 이 지식을 다듬으려는 시도를 포기해서는 안 된다.
266　참조. Keller, *Miracles*, 63.
267　Earman, *Failure*, 33.

(3) 증언에 대한 흄의 입장과 일반적인 논리의 입장

흄은 증언에 대한 자기의 접근법이 논리적이라고 주장하지만, 그 접근법은 증언의 가치에 대해 일반적으로 적용되는 논리의 형태와 모순된다. 우리는 (새로운 발견들을 수용하기 위해 그 규칙성에 대한 우리의 이해를 정기적으로 수정한) "자연의 규칙성"에 호소할 수 있듯이, 법적 증언이나 역사적 증거를 어떻게 평가하는가에 관련된 규칙성에도 호소할 수 있다. 기적을 부정하는 흄의 논거는 자연의 규칙성을 인간의 증거의 규칙성보다 우위에 두는 한편, 신적 인과 관계를 허용하지 않기로 전제한다.[268] 흄이 자연의 규칙성을 인용해서 증인이 틀릴 가능성을 주장하는 것은 사과와 오렌지를 비교하는 셈이다. 과학적 귀납법은 실로 역사적 증거에서보다 훨씬 많은 데이터 풀(pool)을 기반으로 연구를 수행하지만, 그것은 다른 종류의 문제를 다룬다.[269] 과학은 변칙 현상이 아니라 자연의 규칙성을 다루려고 하며, 변칙 현상에 관해서는 대개 더 높은 규칙성 안에서 이를 수용하고자 한다. 역사는 인간의 성격의 특이성을 포함한 특이사항들을 다뤄야 하는데 인간의 행동을 항상 예측할 수 있는 것은 아니다. 기적이 신의 행동이고 순수한 변칙 현상이 아

---

268 See Beckwith, "History and Miracles," 95-96(Swinburne, *Miracle*, 41-48 등과 의견을 같이한다), 98을 보라. 참조. Mozley, *Lectures*, 98.

269 참조. Lonergan, *Method*, 179-80, 219-20, 228-30(각각에서 증명의 다른 형태에 관한 관찰을 포함한다). 역사와 문학은 물리학의 보편성이 아니라 특이성을 강조한다(참조. Meyer, *Realism*, xi). Flew, "Evidence"는 과학적 주장에 모순되는 역사적 주장을 부정하는 것을 정당화하지만, 이 접근법은 무신론을 전제하는 방식으로 불변의 자연법칙에 호소한다(Flew의 전반적인 접근법에 관한 두 학자의 비판은 Larmer, *Water*, 100-102과 Larson, "Centuries," 98-100을 보라. 참조. Wallace, "Hume"[예컨대 230, 237]). 그는 Flew가 역사 지식의 목표와 다루는 주제를 인식하지 못하고서 과학 지식을 역사 지식보다 우위에 둔다고 도전한다. Wallace, "Hume," 233-34을 참조하라.

니라면, 기적은 자연의 일반적인 양상에 비추어 평가될 것이 아니라 사안별로 조사되거나 유사 사례(다른 기적들)와 함께 조사되어야 한다.[270] 따라서 증언에 관한 역사 기술의 관심은 규범에 관한 진술보다는 기적(기적은 대다수 정의에서 규범에 얽매이지 않는다)을 조사할 때 훨씬 더 적실성이 있다.

증언을 가장 신중하게 평가하는 영역은 아마도 법정일 것이다. 관련된 이해관계들 때문에 증언에 관한 법률적 접근법은 엄격하게 되는 경향이 있는데, 이 접근법이 우리의 당면 현안에 적용될 수 있다.[271] 따라서 몇몇 통계학자들은 흄에 반대하여 현대 컴퓨터의 창안자인 수학자 찰스 배비지(1792-1871)의 증인에 관한 연구 결과를 인용한다. 그는 "상당히 많은 증인이 사전에 공모하지 않고서 의견 일치를 보인다면 어떤 사건의 확률은 그 사건에 관해 반대하는 어떤 편견도 극복할 수 있을 정도로 충분히 높아진다"고 말한다[272](배비지는 흄에 반대하는 자신의 수학적 계산을 공식으로 나타냈다[273]). 너무 많은

---

270 Sanday, "Miracles," 65: 귀납적 추론을 위해 수집된 대다수 표본은 통상적인 사례들과 관련이 있지만, 우리는 "그분의 이례적인 행동에 대한 경험"을 많이 갖고 있지 않기 때문에 "어떤 귀납적 추론도 그분이 예외적인 수단을 사용하는 것을 배제하지 못함"을 인정해야 한다. 나는 본서의 뒤에서 우리에게는 비교할 만한 경험들이 없지 않다고 주장할 것이다. 그러나 나는 이 대목에서 평균에 기초해서 예외적인 사례를 배제할 수 없다는 Sanday에게 동의한다.

271 Beckwith, *Argument*, 122-33.

272 Licona, "Historicity of Resurrection," 104-5은 다음 학자들을 인용한다. Bartholomew, *Belief*, 92-98(Zabell, "Probabilistic Analysis," 344-45도 보라), 그리고 Babbage, *Treatis*(특히 Babbage, "Argument"를 보라); Licona, *Resurrection*, 149-50도 보라. Swinburne, "Introduction," 13-14은 한 명의 증인만 고려하는 Owen, "Probabilities"의 확률 계산에 반대하여 독립적인 증인들의 이 확증을 진척시킨다. 복수의 증인의 원칙적인 가치에 관해서는 Mackie, "Miracles and Testimony," 93도 보라. Babbage도 속도계와 기관차의 배장기(cowcatcher)를 발명했다.

273 King-Farlow, "Insights," 209, 212-14. 같은 논문에서 King-Farlow는 아퀴나스의 기적에 대해 미묘한 차이가 있는 접근법을 사용해서 Hume 및 다양한 기적에 대한 다양한 증인의 주장의 확률 수준을 구분하지 않는 Babbage의 접근법 모두에 도전한다.

변수가 (특히 흄을 해석할 때) 흄에 대한 수학적 확률 접근법들의 정밀도를 왜곡하지만,[274] 그 접근법들은 증인에 대한 흄의 견해가 적절하지 않음을 보여준다.

이미 흄의 시대에 몇몇 학자는 흄이 복수의 독립적이고 신뢰할 수 있는 증인들의 의견 일치는 증언이 정확할 확률을 높인다는 점을 적절하게 고려하지 못했다는 점을 명확하게 인식했다.[275] 복수의 독립적인 증인이 있는 경우 우리가 더 이상 이례적인 증거가 있어야만 이전에 개연성이 낮던 사례에 반하는 사건이 일어났다고 인정하는 것은 아니다.[276] 개별적인 증언에 대한 흄의 도전에도 몇몇 측면에서 문제가 있으며 그는 복수의 증언의 힘을 다루지도 않는데, 이 점은 확률 계산에 중대한 변화를 가져온다.[277]

흄의 시대에는 확률에 관한 논쟁이 증언 및 기적에 관한 논쟁에 핵심

---

274 다른 학자들도 다른 이유로 수학적 검증의 적절성, 심지어 Bayes의 확률의 적절성에 도전한다(예컨대 Tucker, "Miracles," 382. 비록 비수학적인 검증은 유효하지만 말이다).

275 Earman, "Bayes," 305. Hume이 이를 고려하지 않은 것은 고의였을 수도 있다. 그는 Locke가 한 사람으로 말미암는 기적들에 관한 복수의 증인의 누적적인 힘에 호소했다는 점을 알았을 것이기 때문이다(Locke에게서 나타난 이 논증에 관해서는 Burns, Debate, 68-69을 보라). 고대 로마법에서는 수학적으로 공식화되지는 않았지만 복수의 독립적인 증인들의 기하급수적인 누적적 가치가 이미 인식되었다(Tucker, "Miracles," 381). 유대-기독교 진영의 예로는 복수의 증인이 필요하다는 다음 구절들을 참조하라. 민 35:30; 신 17:6; 19:15; 11QTemple LXI, 6-7; LXIV, 8-9; CD IX, 17-19; 고후 13:1; 딤전 5:19; 마 18:16; Josephus Life 256;『유대 고대사』4.219; m. R.H. 1:7; 2:6; b. Sanh. 37b, bar.; p. Git. 4:1, §2; Smith, Parallels, 169; Daube, "Witnesses." 가장 광범위한 문헌은 Van Vliet, No Single Testimony다. 그러나 몇몇 사람은 이 요건을 우회할 수 있는 방법을 발견했을 수도 있다(다음 문헌들에 등장하는 다른 해법들. Rabinovitch, "Parallels"; Neusner, "Testimony"). Qur'an 24.4, 13에서는 4인의 증인이 필수적이다.

276 이 점은 종종 지적되고 있다(참조. 예컨대 Sober, "Proposal," 491에 수록된 요약).

277 Holder, "Hume," 53.

적이었지만,[278] 현대의 흄 비판자 한 사람은 기적에 대한 그의 접근법은 "귀
납적 추론 및 확률에 대한 조잡한 견해"를 반영한다고 책망한다. 그는 흄
의 접근법은 토머스 베이즈 목사의 좀 더 정교한 귀납적 추론 접근법을 통
해 교정될 수도 있었지만, 베이즈의 연구는 1763년에야 발표되었기 때문
에 흄은 자신의 논문에서 이 연구에 접근할 수 없었다고 지적한다.[279] 사실
베이즈의 논문은 리처드 프라이스를 통해서 처음 발표되었는데, 그는 그
논문을 사용해서 귀납법에 관한 흄 자신의 의심에 반대했다.[280] 오늘날에는
대체로 잊힌 인물인 프라이스는 그 당시 영국에서는 거의 흄만큼 유명했고
미국 식민지에서는 흄보다 더 유명했다.[281]

흄은 프라이스의 도전이 "그럴 법하고 독창적"이며 자기로 하여금 본
인의 입장을 재고하도록 요구할 수도 있음을 인정했지만, 결코 그 도전에

---

278 Sober, "Proposal," 487.
279 Earman, "Bayes," 305. 몇몇 학자는 Hume의 논문은 Bayes의 논문보다 먼저 발
     표되었기 때문에 Hume의 논문은 그런 관점에서는 쉽게 이해될 수 없다고 주장
     한다(Gower, "Probability," 17. 참조. Coleman, "Probability"). 그러나 Hume은
     Locke 등이 확률을 충분히 상세하게 다루지 않았다고 불평했고, 확률 논증을 제시
     했기 때문에 Earman, *Failure*, 25은 Hume이 설사 그것이 자신의 논리가 아니었다
     고 하더라도 적절한 표준적인 논리를 유지했어야 했다고 주장한다(참조. Holder,
     "Hume," 50). 몇몇 Hume의 초기 비판자들은 이미 인생에는 다른 상황들보다 수
     학적인 확률 계산이 더 잘 적용되는 상황이 있다고 주장했다(Burns, *Debate*, 181).
     오늘날 과학에서 사용되는 베이즈 방법론에 관해서는 Howson, "Bayesianism"을
     보라.
280 Dawid and Gillies, "Analysis," 58; Sober, "Proposal," 487. Gower, "Probability," 17
     은 그 발표 시기를 1764년으로 보며 Price가 1767년에 그 주제에 관해 발표하기
     전에 그것에 관해 알았으리라는 점에 대해 의심한다. Price의 1768년 논문 2판은
     Price, "Dissertation"을 보라. Price는 확실히 Hume보다 더 베이즈 방법론자였으며,
     Hume은 아마도 관련된 치밀한 계산들이나 그것들의 적실성을 이해하지도 못했
     을 것이다(Gower, "Probability," 18; Earman, *Failure*, 25).
281 Earman, *Failure*, 24.

비추어 자기의 논문을 수정하지 않았다.[282] 좀 더 최근에는 베이즈의 확률 계산이 흄을 지지하는 방향과 흄에 불리한 방향으로 제시되고 있지만[283] 대체로 이 통계적 방법에 접할 수 없었던 흄은 그것을 만족시키지 못하는 논증을 구성한 것으로 보인다.[284] 앞서 언급한 바와 같이 고려될 요소들(특히 흄이 의미하는 바가 무엇인지에 대한 정확한 해석)이 다양해서 그러한 수학적 논

---

282 Coleman, "Probability," 196; Earman, *Failure*, 25(비록 Earman은 Hume이 한 번 수정했다고 생각하지만 말이다). Hume은 그럭저럭 자기의 비판자들에 대한 반응에 끌려 들어가지 않을 수 있었다("Life," 235).

283 몇몇 학자는 Bayes의 통계치를 사용해서 Hume을 지지했다(예컨대 Gillies, "Proof," 255은 Hume의 입장은 "엄격하게 증명될 수 있다"고 주장한다; Millican, "Theorem"; Sobel, "Theorem," 특히 236-37에 실린 증명). Millican, "Theorem," 495은 백만 명 중 한 명만 걸리는 희귀성 질환과 99.9% 정확한 검사에서 결과가 양성으로 나온 사람의 유비를 제공하며, 검사에서 정상으로 판정된 사람의 0.1%만 그 질병에 걸릴 것이라고 논증한다. 그러나 다른 학자들은 베이즈 방법론이 Hume에 불리하게 작용한다고 지적한다(Mavrodes, "Theorem"; Earman, "Bayes," 305-6; DePoe, "Bayesian Approach," 230-31; Otte, "Treatment," 156-57; Tucker, "Miracles," 374. 참조. Earman, "Hume"). Earman, *Failure*, 30은 심지어 "사전 확률을 할당하는 베이즈 규칙은 Hume이 존재하고 있다는 기적을 확실성으로 만든다"라고 주장한다. 일반적인 독법에 의하면 Hume은 명백히 기적에 '0'의 확률을 부여했는데 이것은 단지 자연의 획일성에 관한 그의 선험적 가정 때문에 가능하다 (Levine, *Problem*, 34. 참조. Taylor, *Hume*, 9). Sobel, *Logic*, 338은 Hume이 기적의 사전 확률을 무한소(infinitesimal)로 책정하고 따라서 모든 증거 증언을 배제했다고 주장한다. DePoe, "Bayesian Approach," 233은 우주에서 무작위로 원자 하나를 취할 경우조차 유한한 확률(대략 10^{80}개 중 하나)을 산출한다고 답변하며 (234에서) "어떤 사건이든 무한소의 확률"을 부여할 이유를 의심한다(그런 확률은 불가능하지는 않고 낮기는 하지만 그럼에도 불구하고 유한한 확률일 것이다). 기적의 "무한소 확률"은 단지 기적이 발생할 수 없음을 확인하는 전제를 다시 진술하는 셈일 것이다. 아무튼 Licona, *Resurrection*, 119은 통계적 확률 논증은 독특한 사건들을 다룰 수 없음을 보여준다.

284 Gower, "Probability," 29은 "확률 및 확률 평가에 관한 Hume의 많은 주장은 베이즈 방법론과 일치하지 않음"을 발견한다. 베이즈 방법론은 확실히 그의 "종교적인 기적에 대한 어떤 증언도 확률값에 도달하지 못했다는 최소주의자 주장"에 불리하게 작용한다(Earman, "Bayes," 302).

증의 힘이 다소 약화되지만,[285] 그런 요소들은 흄의 확률 주장은 상당히 모호하고 추측에 근거한 의견이라는 점을 보여준다.[286] 그 요소들은 또한 이 접근법의 지지자들이 말하는 바와 같이 대체로 믿을만하다고 간주되는 사람들에게서 나온 복수의 독립적인 증언은 신뢰성이 매우 높음을 보여준다.

증인들이 언제나 사건들을 건전하게 해석하지는 않을 수도 있지만, 그들은 종종 우리가 물려받은 가정들에 근거해서 목격자의 주장을 간단하게 일축하는 학자들보다 그 사건들을 평가하기에 더 좋은 위치에 있을 수도 있다. 흄은 자연법칙이 기적에 반대한다고 주장하지만—자연"법칙"이 신의 행동을 제한하는가에 관한 위의 문제는 차치하고—우리에게 하나 또는 몇 개의 증언만 있는 것이 아니라 많은 경우에 "독립적인 확률들이 수렴한다."[287] 구체적인 확률 계산을 해보면 기적이 발생할 사전적 확률이 아무리 낮더라도 이 점은 복수의 독립적인 증언들에서 입수할 수 있는 종류의 증거를 통해 극복될 수 있음을 알 수 있다.[288]

더욱이 흄의 확률 취급 배후의 추론은 그릇된 확률 등식을 제공하는

---

285 Coleman, "Probability," 195-96은 Bayes 식의 계산은 우연(chance)에 대한 Pascal 의 미적분에 의존한다는 점을 근거로 그 계산을 비켜 가지만, Hume은 그런 미적 분과는 무관하게 (제거적 귀납법[eliminative induction]을 사용하여) Bacon의 확률을 사용하고 있었다. Bacon의 확률 옹호자는 소수파에 머물고 있다(ibid., 197-98은 그럼에도 불구하고 이 방법에 호소해서 Hume을 옹호한다). 그러나 우리가 설사 Hume의 자격 요건을 충족하지 못하는 사람을 제외해도 기적 주장에 관한 많은 예가 남기 때문에 이 토대에서 Hume의 논증은 실패할 것이다. 몇몇 학자는 특히 Hume의 논증이 더 많이 성공하는 경우에 Bacon의 확률이 아니라 Bayes의 확률이 적실성이 있다고 주장한다(Langtry, "Probability," 70). Gower, "Probability," 24-25, 29은 Bernoulli 접근법이 Hume의 의도에 더 가깝다고 생각한다.

286 Hume은 "확률"에 의존한다고 표명하지만, 그의 논증에서 (자기 당대에 이미 알려진 형태로도) 확률을 거의 사용하지 않는다(Gower, "Probability," 28).

287 Beckwith, "Epistemology," 99(Newman 추기경을 인용한다).

288 McGrew, "Argument," 641-42.

듯하다. 특정한 초자연적 사건이 기적일 확률은 역사상 알려진 기적의 수를 역사상 추정되는 사건들의 수로 나눔으로써 외견상 극히 작은 숫자를 산출하는 방식으로 결정될 수 없다. 우리가 기적의 확률을 이런 방식으로 계산할 것이 아니라, 그 사건에 대한 증거와 사람에게 관심이 있는 신이 그런 사건을 일으킬 확률을 고려함으로써 주장된 **특정** 사건의 확률을 구할 필요가 있을 것이다.[289] 우리가 신이 행동할 확률 같은 요인들을 계량화할 수 있는 능력은 지극히 제한적일 수도 있지만, 단순히 전제를 통해 이를 배제하는 것은 순환 논리다. 내재 확률(intrinsic probability)에 관한 흄의 논증은 대체로 영국의 이신론자인 윌리엄 울러스턴(William Wollaston, Woolston으로도 쓴다)의 논증을 반향하지만,[290] 유감스럽게도 그의 논증은 잘 고안되지 않았다.[291] 흄의 그 논증은 다른 곳에서 사용된 흄의 접근법과 모순된다고 종종 지적되는데, 이는 흄이 이전 학자들의 논증에 의존하기 때문일지도 모른다.[292]

내가 아래에서 지적하는 바와 같이 흄은 기적에 대해 사실상 어떤 증거라도 미리 배제될 만큼 높은 증명 기준을 전제한다. 즉 흄은 자기의 입장이 그릇되었음을 증명할 수 없고 따라서 전통적인 논리 기준에 따라 공론화될 수 없도록 틀을 짰다.[293] 유감스럽게도 이처럼 "앞면이 나오면 내가 이기고

---

289 Collins, *God of Miracles*, 149-50. 많은 학자는 하나님의 자유 때문에 하나님이 그런 상황에서 행동할지 여부를 계산할 수 없다고 주장한다(Licona and Van der Watt, "Historians and Miracles," 5).

290 Burns, *Debate*, 89-92를 보라. Wollaston에 관해서는 Deconinck-Brossard, "Acts of God," 372도 보라.

291 Burns, *Debate*, 92-93을 보라.

292 그 모순에 관해서는 예컨대 다음 문헌들을 보라. Brown, *Miracles*, 168; Gwynne, *Action*, 171; Smith, "Introduction," 46-47.

293 참조. Geisler, "Miracles," 83; Corduan, "Miracle," 110. Larmer, *Water*, 83-87은 우리가 세계관들이 그릇되었음을 증명하기는 어렵지만, 좀 더 정확한 요소들은 폐기

뒷면이 나오면 네가 진다"는 형태의 논증은 기적에 대해 오늘날에도 여전히 인기가 있다. 예컨대 나는 약 20년 전에 기적에 대한 증거를 일축하던 어떤 교수에게 누군가가 자기가 보는 앞에서 죽었다가 살아난다면 초자연적 활동을 믿겠는지 물어봤다. 그는 믿지 않겠다고 대답했는데, 이 답변은 그의 접근법과 일관성이 있었다. 흥미롭게도 몇몇 학자는 흄이 경험론자였으면서도 설사 그가 자기가 보는 앞에서 누군가가 살아나는 것을 목격하더라도 그 사람이 부활하지 않았다고 완강하게 주장할 것으로 의심한다[294] (과학도 비인격적인 물리학 차원에서조차 일련의 무작위적이고 예측 불가능한 결과들을 인정한다. 신뢰할 수 있는 기적 보고들의 경우 몇몇 학자는 그런 사건들은 무작위 변칙 현상이라고 설명할 수도 있는데, 이는 그 해석자들이 적절한 설명으로서 신적 인과 관계의 양상을 자의적으로 제외하기 때문이다).

하지 않고서도 특정 요소들에 관해서는 선별적으로 그릇되었음을 증명할 수 있다고 주장한다. 그는 에너지가 만들어질 수 없다는 (전통적인 형태의) 순수한 자연주의의 주장에 관련해서는 우리가 그것이 틀렸음을 증명할 수 있다고 주장한다.

294 Smart, *Philosophers*, 32. 그러나 Brümmer, *Pray*, 84은 Hume은 단지 그 사건을 "이례적이거나 설명할 수 없는 변칙 현상"이라고 보고 신적 인과 관계의 가능성을 부인했을 것이라고 주장한다(인간의 특성, 또한 "Hume의" 특성에 비춰 볼 때 Brümmer가 이론적으로 옳고 실제적으로 똑똑한 것일 수도 있다). 인간의 개입은 고려에서 제외하지 않는 반면 예수의 이름으로 하는 기도의 적실성은 고려에서 배제하는 것은 출발선상의 가정을 반영한다. Hume 학파는 기적에 대한 증언보다는 직접적이고 감적적인 기적 경험을 더 신뢰하는 경향이 있을 것이다(참조. Levine, *Problem*, 131). 그러나 많은 사람은 여전히 어떤 사건이 진실인지와 초자연적 인과 관계에 관한 해석을 구분할 것이다(ibid., 159, 기초주의자[foundationalists]에 관한 부분).

(4) 이례적이고 희귀한 사건들은 부인해야 하는가?

흄은 기적에 반하는 현대인의 "획일적인" 경험을 거론한다.[295] 내가 언급한 바와 같이 흄은 자기가 경험주의의 특징인 귀납적 추론을 사용한다고 암시한다. 그러나 경험은 획일적이라는 가정에 근거해서 새로운 증거를 배제하는 것은 별로 귀납적이지 않다. 학자들은 그의 접근법에 많은 문제가 있다고 지적한다. 나는 다른 문제들을 설명하기 전에 첫 번째 문제를 다소 길게 다룰 것이다. 우선 내가 뒤에서 설명하는 바와 같이 기적에 반하는 획일적인 경험은 없다. 우리가 자기가 기적을 경험했다는 수천만 명의 주장을 믿든 믿지 않든, 그렇게 많은 주장은—최소한 그중 몇몇은 견고한 실체가 있다—단순히 기적에 반하는 "획일적인 경험"을 **가정**하는 것에 대한 강력한 도전을 제기한다.[296] 획일성 논증은 본질적으로 획일성 전제에 불편한 모든

---

295 예컨대 Hume, *Miracles*, 31. 우리가 일반적인 사건들에 관한 경험에 기초해서 모든 종류의 이례적인 사건들을 배제하는 데 대해 덜 논쟁적이지만 또한 덜 설득력 있게 논증할 수도 있을 것이다. 그러나 이 논증은 몇몇 이례적인 사건들이 존재한다는 사실과, 기적에 대한 증거는 정의상 이례적이기 때문에 그 증거를 듣지 못하게 하려고 고안되었다는 사실을 인식하지 못한다(참조. Tonquédec, *Miracles*, 13).

296 몇몇 학자는 누가 기적을 배제하려고 하더라도 과거는 인간의 획일적인 현재의 경험에 합치해야 한다는 논증은 공룡(화석은 공룡을 지지하고, 증언은 기적을 지지한다)이나 빅뱅 같은 사안을 배제할 것이라고 주장한다. 그런 사례에서 증거가 획일성이라는 가정에 도전하도록 허용한다면 우리는 또한 증거가 우리의 당면 현안에서도 그렇게 하도록 허용해야 한다. 획일성을 (특정한 인간의 경험에 적용하는 것이 아니라) 자연적으로 가능한 사안으로만 한정하면, 또다시 선험적으로 신의 행동을 배제할 수 있는가라는 질문으로 돌아오는 것이다. 다음 문헌들을 보라. Beckwith, "History and Miracles," 96-97; Geisler, "Miracles," 79(이는 빅뱅에 관한 내용이다. idem, *Miracles*, 80도 보라); Licona, "Historicity of Resurrection," 98-99; idem, *Resurrection*, 140-41; Craig, *Faith*, 153(특히 Troeltsch에 반대한다). Hume의 유사한 확률을 그가 탐구하지 않은 문제에 비추어 적용할 뿐만 아니라 그것을 설명하고 옹호하는 입장에 관해서는 Coleman, "Probability," 203-7을 보라. 빅뱅 모델에서 나타나는 **무로부터의** 독특한 창조와는 다른, 양자 유동

기적 보고들을 배척한다. 그러나 그런 보고들이 매우 널리 주장되고 있는데 나는 이 보고들에 관해 이후의 장들에서 좀 더 길게 기술할 것이다. 이런 모든 주장을 선험적으로 배척하는 것은 지적 탐구 정신이기는커녕, 공정한 탐구를 통해서가 아니라 독단적 주장을 통해 승리를 선언하는 셈이다.

어떤 증거가 기적을 지지하는 것으로 인정될 수 있을 정도로 충분히 일어났을 법한 기적은 결코 발생하지 않는다는 논증은 순환론법적으로 기적은 결코 일어난 적이 없다고 전제해야 성립할 수 있다. 그렇지 않다면 신뢰할 만하다고 받아들여질 증거가 어떤 사람 또는 그 사람의 통제 그룹의 경험이라는 기준에 의하면 지극히 유별나다는 이유로 그 사건에 대해서 배척되어야 하는가?[297] 우리가 어떤 사건의 빈도에 따라 증거가 사실일 확률을 책정해서 다른 면에서는 신뢰할 만한 증인이 낚시하러 갔다는 주장은 신뢰할 만하다고 평가하고, 바로 그 사람이 올림픽 메달을 땄다는 주장은 신뢰할 수 없다고 평가해야 하는가?(그렇게 함으로써 올림픽에서 메달을 딴 몇몇 선수들을 배척할 위험을 무릅써야 하는가?)[298] 다시 말하거니와 인간의 경험은 흄이 도전하기 원하는 요점인 기적에 관해 많은 주장을 하고 있으므로, 우리는 흄의 주장과는 달리 인간의 모든 경험에 기초해서 기적을 배척할 수 없다.

물론 유별난 사건들에 대한 보고는 일반적인 사건들보다 주의 깊게 조사되어야 하지만,[299] 어떤 사건이 유별나다는 점과 그 사건에 관한 "보고가

(quantum flux)에 근거한 현재의 기적들의 창조에 관해서는 Polkinghorne and Beale, *Questions*, 40-41을 보라.

297 Larson, "Centuries," 89과 Ward, "Believing," 745의 비판들을 보라.

298 또는 수상 스키를 했다는 사람의 주장은 신뢰하고, 파리 대학교에서 아프리카계 미국인 여성이 역사에 관한 박사학위 논문을 썼다는 사람의 주장은 배척해야 하는가(내 아내는 후자에는 해당하지만, 전자에는 해당하지 않는다)?

299 나는 예컨대 다음과 같은 학자들에 동의한다. Evans, *Narrative*, 159(배척하지는

신뢰할 수 없음"을 결부시키는 것은 방법론상의 오류다.[300] 우리가 현재 사건들의 일반적인 규칙성에 의존해서 과거의 **특별한** 사건들을 판단하는 반면에, 오늘날 관측된 규칙성에 예외인 특별한 사건들(최소한 변칙 현상으로 여겨지는 사건들)을 무시해야 하는가?[301] 누가 그렇게 주장하든 간에 기적은 일어난 적이 없다는 전제에서 기적에 반대 주장을 펼치는 것은 순환논법이다. 그러나 어느 비평가가 언급한 바와 같이 단지 기적이 희귀하다는 근거에서 기적에 반대하는 논증을 펼치면 일어난 것으로 확증된 희귀한 사건들을 배척하게 될 것이다. 이 비평가는 누군가가 "브릿지 게임에서 완벽한 [13장의 카드를 같은 종류로 받는] 브릿지 핸드를 받는 예"를 제시한다. 그는 이 확률이 "1,635,013,559,600분의 1"이라고 제시하면서, 자기의 지인 중 어떤 사람이 이런 카드를 받은 일이 있다고 지적한다.[302]

마찬가지로 「라이프」는 지극히 개연성이 낮은 사건을 보도했는데, 이 사건은 (그런 맥락을 특히 문제가 있다고 간주하는 사람들을 위해) 아마 종교적인 맥락에서 발생했을 것이다. 1950년 3월 1일 어떤 교회의 성가대원 15명 모

않되 인식론적으로 주의를 기울여야 한다고 제안한다); 좀 더 이전 시기의 학자로는 Bernard, "Miracle," 395(충분한 증거는 이 유보를 극복할 수 있다고 언급한다). Hume, *Miracles*, 26과 비교하라.

300 Ward, "Believing," 745.

301 Geisler, *Miracles*, 81은 "일반적인 사건에 호소해서 특별한 사건을 배척하는 것"의 오류에 관해 Flew의 논증에 반대 주장을 펼친다. 나는 7-12, 15장 및 14장 일부에서 그런 특별한 주장을 수록한다. 획일성 가정은 일반적으로 해석자의 경험이나 해석자 자신의 환경의 경험을 무비판적으로 반영한다(Lonergan, *Method*, 226).

302 Geisler, "Miracles," 79. 어떤 현상의 희소성을 사용해서 그 사건에 대한 증언을 논박하는 것에 반대하는 견해는 Craig, *Faith*, 151도 보라. Beckwith, "History and Miracles," 92-93(그리고 idem, "Epistemology," 96; Argument, 33)은 "[카드 게임에서 같은 종류의 A, K, Q, J, 10 카드를 받는] 로열 플러쉬를 받을 확률"은 0.15×10^{-5}인데 증인들이 보는 앞에서 Beckwith의 친구 한 명이 포커를 치다가 이 카드를 받았다고 지적한다. 그런 카드를 받을 가능성이 거의 없다는 점에 기초해서 우리가 그 증언을 배척해야 하는가?

두 오후 7시 15분에 모이기로 한 연습 시간에 각기 다른 이유로 지각했다 (예컨대 한 명은 자동차 시동이 걸리지 않아서 늦었다). 그 교회 건물이 7시 25분에 폭발했는데 성가대원들이 모두 지각해서 아무도 목숨을 잃지 않았다. 이런 별개의 사건들이 우연히 동시에 발생할 확률이 백만분의 일밖에 되지 않기 때문에 어떤 학자는 자신은 흄의 논거를 따라 그 잡지의 증언을 배척할 수밖에 없다고 주장한다.[303]

정확한 확률 추정치에 대해 옥신각신할 수는 있겠지만 이 대목의 요점은 희귀한 사건들이 일어나고 있으며, [사전] 확률에 의존해서 그런 사건들을 배척하려면 그 사건들을 지지하는 구체적인 증거를 배제해야 한다는 것이다. 희귀하기는 해도 가능한 사건이라면, 무작위로 한번 선택하는 경우 발생할 가능성은 작아도 충분히 여러 번 선택한다면 그런 사건이 발생할 수도 있다고 주장하는 사람이 있을 것이다(예컨대 흰 조약돌 9,999개와 검정 조약돌 1개가 들어 있는 표본에서 검정 조약돌을 뽑을 확률).[304] 정의상 인간의 희귀한 경험은 일반적인 경험보다 드물지만, 그런 사건들이 발생한다는 충분한 증거(위의 예에서 검정 조약돌을 뽑았다고 증언하는 증인 같은 증거)가 있을 경우 희귀한 사건이라고 해서 그런 사건이 결코 발생하지 않는다는 논거가 되지는 않는다.[305] 일련의 주사위 던지기에서 숫자들이 특정한 방식으로 나올 확률

---

303 Beckwith, "History and Miracles," 92은 그 계산을 제공한다. 그런 확률 계산은 가능한 모든 요인을 쉽게 고려할 수 없는데, 1950년에 그 사건이 발생하고 나서 이렇게 오랜 시간이 지난 현재로서는 그 요인들을 쉽게 재구성할 수 없지만(우리는 그 성가대원들이 모두 연습에 지각하는 습관이 있던 것은 아니었다고 가정한다. 그렇지 않았더라면 그 사건의 뉴스 가치가 없었을 것이다), 그런 예들은(그리고 다른 예들도 제시할 수 있다) 이례적으로 개연성이 낮은 사건들이 실제로 일어난다는 점을 강조한다.

304 Evans, *Narrative*, 154; idem, "Judgment," 197.

305 마찬가지로 Johnson, *Hume*, 72을 보라. Tucker, "Miracles," 373은 **특정한** 기적이 발생할 확률과 "어떤" 기적이 발생할 확률 사이의 차이를 지적한다. Fitzgerald,

은 1/1,000일 수도 있지만, 그렇다고 해서 그런 숫자들이 나왔다고 주장하는 증인이 진실을 말할 확률이 0.1%라고 단언할 수는 없다[306](이 점은 여전히 신적 맥락이 기적을 **개연성이 있는** 것으로 만드는 요소다).

기적에 관한 흄의 입장에 대한 최초의 비판자 중 한 명인 리처드 프라이스는 복권에서 특정한 숫자가 당첨될 확률이 10^{-6}에 불과할 수 있지만 우리는 여전히 누군가가 당첨되었다는 보고를 믿는다고 주장했다.[307] 원래는 흄에게 설득되었지만 궁극적으로는 흄의 논거가 틀렸다고 확신한 어떤 학자는[308] 이 논거를 현대의 언어로 되풀이한다. 만일 「뉴욕 타임즈」가 스미스 씨가 복권에 당첨되었다고 보도한다면, 그 사람이 복권에 당첨될 확률(가령 1/1,000,000)은 「뉴욕 타임즈」가 실수할 확률(예컨대 1/10,000)보다 낮다. 흄의 추론에 의하면 「뉴욕 타임즈」가 옳을 확률은 만분의 일에 지나지 않을 것이다.[309] 진정으로 **적실성이 있는** 질문은 "「뉴욕 타임즈」가 실수할 가능성이 이 특정한 개인이 당첨될 가능성보다 큰가?"가 아니라 「뉴욕 타임즈」의 당첨자 보도의 신뢰성이다. 따라서 이 경우 옳을 가능성이 그렇지 않을 가능성보다 1만 배 높다.[310]

마찬가지로 모르는 사람이 자기 이름에 관해 거짓말할 가능성은 그 사

"Miracles," 61은 어떤 사건이 인격적인 지적 설계를 명확히 나타낼 경우 기적의 정의에서 희소성은 불필요하다고 주장한다.

306 Burns, *Debate*, 93. 그 숫자들이 무작위적이고 나중에 보고된 것이 아니라 미리 예측되었다면, 주사위 굴리기가 이미 시행된 것이 아닌 한 그 확률은 낮아질 것이다. 예언 기적은 이러한 후자의 확률 범주에 속할 것이다. 그것은 예언 기적은 일어날 수 없다는 믿음(즉 무신론, 이신론 또는 몇몇 형태의 유신론)에 근거할 때만 선험적으로 일축될 수 있다.

307 Dawid and Gillies, "Analysis," 59.

308 Hambourger, "Belief," 587.

309 Ibid., 591-92.

310 Ibid., 598. Hume의 사전확률에 반대하는 Licona, *Resurrection*, 144-45도 보라.

람이 유별난 이름을 갖고 있을 가능성보다 크다.[311] 예컨대 60억 명이 넘는
사람 중 내 아내가 현재 메디나 무쑹가 키너(Médine Moussounga Keener)라는
이름을 갖고 있는 유일한 사람일 확률은 상당히 높다. 흄 학파의 학자가 내
아내의 이름을 듣는다면 그(녀)는 내 아내가 자기 이름에 대해 거짓말하고
있다고 결론지어야 하는가? 생일 및 주소 등 자신에 관한 몇 가지 진술을
결합하면 극도로 개연성이 낮아지며,[312] 우리의 특정한 유전자 조합을 지니
는 사람이 존재할 가능성은 훨씬 낮다. 흄의 "상대적 가능성 원칙"이 기계
적으로 적용된다면 그런 일들은 터무니없는 것으로 여겨질 것이다.

그런 이의에 반하여 흄의 진짜 논거는 특정한 사건이 아니라 특정한
종류의 사건의 개연성이 낮음과 관련될 수도 있다.[313] 따라서 몇몇 사람은
(누군가 당첨되는) 이런 종류의 사건은 보증된 반면에 기적 같은 사건은 개연
성이 낮다고 지적함으로써 복권의 유비에 합리적으로 반격한다.[314] 유감스
럽게도 특정한 사건이 아니라 사건의 종류가 실제로 쟁점이라고 하더라도

---

311 Hambourger, "Belief," 592(598에서 몇몇 이름들의 조합은 1억 명 중 한 명에게서
    만 나타난다. 따라서 이 경우 확률은 1억분의 1이다).
312 Ibid., 598.
313 이 구분은 지지자들의 Joseph Butler 주교의 변증 비판에서도 큰 비중을 차지한다
    (Brown, *Miracles*, 62은 W. E. Gladstone 수상의 관심을 자세하게 설명한다. 그러나
    다른 곳에서 언급된 바와 같이[예컨대 Baxter, *Healing*, 23], Gladstone은 기적에 대
    한 Hume의 접근법에 회의적이었다). 그러나 Butler의 접근법은 대체로 공정하게
    추론되었다. Burns, *Debate*, 111-14, 117-20, 125-30 등을 보라. 적실성 있는 확률
    평가에서 복권 사례 등의 타당성에 관해서는 Langtry, "Probability," 69-70을 보
    라.
314 Dawid and Gillies, "Analysis," 59. 참조. Schlesinger, "Miracles," 222(몇몇 사건들
    은 "아무튼 일어나게 되어 있다"). 그들은 논증 목적상 기적의 확률을 10^{-6}으로 상
    정하고(62), (기만, 환각 또는 다른 요인들 때문에) 신뢰할 수 있는 증인들이 기적
    을 허위로 보고할 확률을 그보다 높게 상정한다(63). 그러나 이러한 일반화는 신뢰
    할 수 있는 증인들이 기적을 허위로 보고할 확률이 훨씬 낮은, 복수 증인의 구체적
    인 사례가 엄청나게 많다는 사실을 염두에 두지 않는다.

기적에 반대하는 이런 반론은 그것이 증명하고 있다고 주장하는 바를 전제한다. 기적은 무신론적인 전제에서만 개연성이 낮기 때문이다.[315] 복권 유비에 대해 제기된 이의들 중 하나는 특정 개인이 복권에 당첨될 개연성은 낮지만, **누군가**는 당첨될 수도 있으므로 그것은 믿을 수 없는 사건이 아니라는 것이다. 이와 달리 "어제 코끼리 한 마리가 런던 상공을 날았다는 것은 믿을 수 없다"고 주장된다.[316] 물론 코끼리가 하늘을 난다는 것은 믿을 수 없지만, 어떤 신이 다른 경우에 코끼리로 하여금 하늘을 날게 한 일이 있다고 알려졌거나 우리가 그 신이 코끼리로 하여금 하늘을 날게 할 수도 있다고 믿을 충분한 이유가 있는 경우라면 그것은 믿을 수 없는 사건이 아닐 것이다.[317] 그런 신이 보고되지는 않았지만 (단지 유별난 사건들뿐만 아니라) 자연적

---

315 예컨대 나는 Beckwith, *Argument*, 35에 동의한다. Dawid and Gillies, "Analysis," 64-65도 유신론자에게는 개연성이 낮지 않고 높다고 인정한다. 따라서 기적의 가능성은 모든 증인이 속일 가능성보다 높아진다. Smart와 Swinburne 등 (Kellenberger, "Miracles," 149)은 [자연법칙] "위반" 기적은 "반복되지 않는" 자연법칙에 대한 예외, 즉 그 기적들은 아마도 인격적인 행위자와 관련이 있을 것이기 때문에 복제될 수 없는 사건이라고 간주할 것이다. 비록 그가 이 경험을 주관적으로 설명하기는 하지만 Grindal, "Heart," 76에서 언급되는 바와 같이 불가사의한 인류학적 경험도 복제될 수 없다. 우리는 "상대적 가능성 원칙"을 사용해서 기적에 대한 증언이 허위라고 주장할 수 없는데, Hambourger, "Belief," 597이 지적하듯이 "이는 우리가 상대적 가능성 원칙을 사용해서 발견하기를 원했던 것에 지나지 않기 때문이다"(참조 Gower, "Probability," 27-28). 우리는 절대적으로 독특한 자연적 사건의 확률을 계산할 수 없듯이 (예수의 부활 같은) 독특한 초자연적 사건의 자연적 확률도 계산할 수 없다(Cramer, "Miracles," 134-35. 참조. Kelly, "Miracle," 55).

316 Weintraub, "Credibility," 368.

317 코끼리는 하늘을 날게 되어 있지 않지만, 인간의 운송을 통해 대형 제트 비행기를 타고 하늘을 날거나(완전히 성장한 코끼리의 경우 비행기에 들어갈 수단을 마련해야 할 것이다) 초인간적인 실체로 말미암아 하늘을 날 수도 있을 텐데 그런 경우에는 물리학 법칙이 위반되지 않을 것이다. Weintraub, "Credibility," 369은 "코끼리가 하늘을 나는 것은 개연성이 낮을 개연성이 매우 높음에 대한 하나의 예다"라고 단언한다. 그러나 개연성이 낮은 사건은 발생하는 경우가 있지만, 코끼리가 하늘을

으로는 믿을 수 없는 다른 사건들의 보고는 종종 신들의 행위로 돌려진다.

따라서 그런 종류의 사건들에 관한 질문은 "주어진 상황에서 유사한 기적 보고는 얼마나 자주 사실인가?"라는 식으로 틀이 짜여야 한다.[318] 확실히 많은 기적 보고 중에서 사실이 아닌 주장들도 있지만, 가능성이 선험적으로 배제되지 않는다면 통상적인 조사 수단을 통해 사실로 여겨질 주장도 많이 있다(나는 이 논의를 13-15장으로 미뤄 둔다). 나는 그런 보고 중 몇몇은 본서의 뒤(8-12장)에서 조사할 것이다. 그런 보고들은 복음서들 및 사도행전과 유사한 배경에서 상당히 빈번하게 발생하며 우리가 신뢰할 만한 증인이라고 간주할 사람들에게서 나온다.[319] 더욱이 단순한 변칙 현상은 기대되지 않는 반면, 유신론적 전제는 우리로 하여금 유신론적 맥락에서 몇몇 기적의 가능성을 예기(豫期)하도록 허용한다.[320] 우리는 또한 이러한 변칙 현상들을 그 자체로 특별한 부류의 기적이라고 간주하지 않고, 먼저 그러한 사건들이 일어났다는 어떤 증거가 있는지 묻고 나서 그 후에야 신적 인과 관계를 질문할 것이다. 일정한 시간 안에 혜성과 행성이 충돌하는 사건은 매우 희귀해서 그 개연성이 낮아 보이지만, 우리는 그런 사건이 과거에 일어났을 가능성이나 미래에 일어날 가능성을 배제하지 못한다. 우리는 행성과

나는 것은 불가능하다. 지적 설계(예컨대 인간이 만든 비행기)나 토네이도(토네이도는 물체들을 다른 곳으로 옮긴다고 알려져 있고 동물원을 강타한 토네이도가 코끼리가 "하늘을 날게" 만들 수도 있을 것이다. 비록 코끼리를 죽이지 않아야 하겠지만 말이다)로 말미암은 수송 같은 외부 요인이 없다면 말이다.

318 Hambourger, "Belief," 599. 참조. Schlesinger, "Miracles," 228. 변칙적인 사건 보고들을 함께 연구한 문헌은 Ellens, "Conclusion," 303도 보라.

319 이런 배경들이 복음서들 및 사도행전에 수록된 보고 배후의 배경들과 유사한지에 관해서는 논란이 있지만, 다른 근거에서 이 내러티브들이 주의 깊게 전달된 전승을 반영한다고 주장하는 이들은 실제로 몇몇 현대의 보고들—특히 구전으로 간접적으로 전달된 내러티브들—을 우리가 그것들과 비교하는 고대의 유비들보다 더 신뢰할 만한 것이 아니라 덜 신뢰할 만하다고 간주할지도 모른다.

320 기적의 종교적 맥락에 관한 위의 논의를 보라.

혜성이 일반적으로는 충돌하지 않는다는 사실에 근거해서 그런 일이 발생할 가능성을 부인하기보다는, 그것들에 대한 지식에 근거해서 주어진 유한한 기간 안에 그런 충돌이 일어날 가능성을 예측할 수도 있을 것이다.[321] 마찬가지로 만일 다른 변칙 현상들이 관측된다면 신뢰할 만한 증인이 현재의 지식에 비추어 판단할 경우 변칙적인 것으로 보이는 사건에 관해 진실을 말할 가능성이 뒷받침될 수 있다. 그리고 신적 인과 관계라는 추가 질문은 그 사건들을 설명한 논리 정연한 지적 틀을 제공함으로써 이런 관측들의 타당성을 강화한다.

(5) 유신론적 요인

복권에 대한 유비는 단지 인식론적인 이유로 인해 적실성이 있지만, 진정한 쟁점은 유신론적인 맥락(만일 이것이 배제되지 않는다면)은 기적의 가능성을 허용하며 그 맥락에서 잘 입증된 복수의 기적 주장이 있다면 기적의 개연성이 높아진다는 것이다. 철학자 리처드 퍼틸이 강조하는 바와 같이 적절한 맥락에서는 유별난 사건들이 **기대될** 수도 있다.[322] 우리는 운동 경기의 세계기록이 규칙적으로 깨질 것으로 기대하지 않지만, 올림픽 경기에서 때때로 그 기록이 깨질 것으로 기대할 수도 있을 것이다.[323] 퍼틸은 이어서 예

---

321 Evans and Manis, *Philosophy of Religion*, 131.

322 Purtill, "Proofs," 43. 참조. Hamburger, "Belief," 601. 기적 맥락의 종교적 중요성에 관한 위의 논의를 보라.

323 Purtill, "Proofs," 43. 이런 종류의 유비에 관해 좀 더 상세하게 논의를 전개하는 문헌은 Evans, "Judgment," 197-98을 보라. 그는 입수할 수 있는 관련 데이터의 질에 근거해서 타당성 정도를 정한다. Purtill도 대통령들이 규칙적으로 전직 대통령을 사면하지는 않지만 Ford 대통령이 Nixon 전 대통령을 사면해준 사건은 그 특수한 맥락에서 정치적 및 역사적으로 일리가 있다는 예를 제공하는데(Purtill, "Proofs," 44), 아마 이후에도 이런 맥락에서 그런 일이 일어날 수도 있을 것이다.

수의 부활은 무작위 사건으로서는 말이 안 되지만, 부활을 정점으로 하는 예수의 생애와 가르침이라는 맥락에 잘 들어맞는다고 주장한다.[324] 마찬가지로 예수의 그전 기적들도 부활 주장을 지지하고, 부활 주장은 그 기적들을 지지할 것이다. 우리가 둘 중 어느 것이라도 받아들인다면 말이다.

위에서 언급된 바와 같이 많은 사상가는 기적의 종교적 맥락의 중요성에 호소한다. 유신론자들은 일반적인 경험을 부인하지 않지만 신의 행동과 관련된 사례들이 적실한 비교 사례라고 주장하기 때문에, 흄의 일반적인 경험에 대한 호소는 유신론적인 틀 안에서 일어나는 기적 주장을 논박할 수 없다.[325] 달리 말하자면 유신론이나 무신론 중 어느 것도 전제하지 않는다면 우리는 특정 기적 주장들에 대한 증거를 귀납적으로 조사해서 특정한 양상이 출현하는지 살펴야 한다. 그리고 증거를 조사해보니 그런 기적이 일어났을 개연성이 높다고 판단될 경우 조사 전에 선험적으로 기적이 일어날 개연성이 낮다고 했던 판단은 수정된다.

만일 흄이 희귀한 사건들은 단지 개연성이 낮을 뿐이지만 기적들은 불가능하다고 말한다면, 그는 증거를 제시하지 않고서 자기의 (궁극적으로는 신학적인) 전제를 다시 진술하는 셈일 것이다.[326] 그가 참으로 반대하는 것

---

324 Purtill, "Proofs," 44. 참조. Licona, *Resurrection*, 146, 162-64. 확실히 예수의 부활 주장은 그의 신학 및 사명과 일치한다(Keener, *Historical Jesus*, 347에 수록된 논의를 참조하라).

325 Schlesinger, "Miracles," 228(물이 피로 변한 예를 사용한다).

326 Beckwith, "History and Miracles," 93-94. Hume이 (예외가 초자연적 원인으로 일어났다고 설명하지 않는 한) 알려진 자연법칙에 대한 예외를 인정하는 것으로 보이는 한 구절에서 이것이 그의 접근법으로 보인다(Dietl, "Miracles," 130을 보라). Ellin, "Again," 206은 Hume에게는 단순히 이례적인 사건은 자연법칙(자연의 **통상적인** 경로)에 어긋나지 않지만, 기적은 자연법칙에 모순된다고 주장한다. 이 입장은 위에서 지적된 바와 같이 하나님이 그런 법칙 위에 있지 않음을 전제한다. McKinnon, "Miracle"은 기적의 논리적 가능성을 부인한다(예컨대 Swinburne, "Violation," 80에 수록된 반박을 보라). Holland, "Miraculous"는 무언가 "개념상

이 기적의 희소성이 아니라 기적을 일으키는 하나님이 존재할 가능성이라면, 그는 잘못된 논거를 제시하는 것이다. 흄이 종교와 관련되지 **않은** 특이한 현상을 받아들일 것이라는 점은 심각한 편견적인 요소가 있음을 암시한다.[327] 어느 학자가 다음과 같이 지적하듯이 말이다. "기적적인 사건을 단지 이례적이기만 한 사건과 구분하려는 흄의 시도는 흄 자신의 원칙에 비춰 볼 때 별로 정당화되지 않는다."[328] 그의 논거는 "무엇이 필연적으로 발생하는가?"가 아니라, 즉 가능한 것에 관한 선험적인 제한이 아니라 "무엇이 항상 발생하는가?"(이것이 논쟁의 핵심이다)에 의존한다.[329] 그러므로 그의 결론은 성립하지 않는다.

(6) 흄의 접근법의 순환성

휴스턴은 특정한 부류의 사건들은 일반적으로 개연성이 낮다는 사실이 "실제로 그런 사건이 일어났다는 보고가 사실일 확률"을 미리 결정한다는 흄의 믿음에 길게 도전한다.[330] 내가 지적해온 바와 같이 흄은 자기가 귀납

으로 불가능한 일"이 그럼에도 불구하고 일어날 수 있다고 인정한다.

327　이는 Lawton, *Miracles*, 56과 Taylor, *Hume*, 11-12에서 지적된 논점이다. Hume의 논증에서 모든 기적을 배척하면서 변칙 현상들을 허용하는 것은 그가 경험의 희소성에 입각하여 논증하는 한 정당화될 수 없다(참조. Taylor, *Hume*, 10-12). 사실 신학적인 맥락에서 직접적인 신적 행위자가 매우 이례적인 현상에 대해 특히 논리 정연한 설명이 될 수도 있다.

328　이 논점은 다음 문헌들에 Lawton, *Miracles*, 54 및 Taylor, *Hume*, 16-17에 등장한다.

329　Swinburne, "Introduction," 13을 보라. 이 제한은 Hume의 전통적인 경험주의 접근법에 내재한다.

330　Houston, *Miracles*, 133(151-68에서 이 점에 대해 자세히 설명한다). 그런 논증에 대한 반대 의견은 Ward, "Miracles and Testimony," 133을 보라(더 주의할 필요가 있지만 세심한 관찰을 배척해서는 안 된다고 지적한다). 분류된 종류별로 발생 가

적으로 논증하고 있다고 암시한다. 그러나 그는 실제로는—부분적으로는 자신이 동의하지 않는 증거를 선험적으로 배제했기 때문에—부적정한 데이터에 의존하는 결론에 근거해서 연역적으로 주장한다. 흄은 증거에 기초한 진정한 귀납적 추론을 허용하지 않고 선험적으로 기적에 대한 증거를 사실상 제외하는 연역적인 접근법을 만들어냈다. 그는 경험에 반대되는 경험을 거론한다. 즉 그는 둘 다 증인들에 의해 입증됨에도 불구하고 일반적인 경험이 희귀한 경험을 배척한다고 주장한다.[331]

(위에서 논의된 내용을 포함해서) 오늘날 자주 지적되는 바와 같이 기적에 반대하는 흄의 논거는 증명하려는 것을 가정하는 순환논법인데,[332] 이 점에 관해서는 흄의 동시대인들도 지적한 바 있다. [333] 그가 통상적인 경험과 다르다는 이유로 몇몇 경험을 배척하는 것은 사실은 자신의 경험주의 전통과

능성을 미리 판단하는 것은 또한 그 분류의 신뢰성 및 특정 종류에 배정된 사건의 발생 가능성에 의존한다. 다시 말하거니와 일반적이었던 사건은 기적적인 사건으로 정의되지 않을 것이기 때문에 이례적인 사건을 배제하면 실제 역사의 많은 부분을 배제할 뿐만 아니라 종종 지적된 바와 같이(예컨대 Tonquédec, *Miracles*, 13) 기적의 가능성을 선험적으로 배제하는 기본 환경을 조성한다.

331 Hume이 인간의 증언의 경험에 반하는 자연법칙의 경험을 인용하는 것과 그 주장의 문제에 관해서는 Johnson, *Hume*, 93과 Mozley, *Lectures*, 98-99을 참조하라. Johnson은 (97에서) 선험을 제외하면 왜 타키투스나 실험실 연구원의 증언은 받아들이면서 성경 정경에 수록된 역사적 보고는 배척해야 하는지에 관한 의문도 제기한다. 초기 그리스도인들은 편향되었고 타키투스는 그렇지 않았다고 주장하는 것은 고대 역사 기술의 특징에 대한 심각한 오해를 반영하는 처사일 것이다 (Keener, *Historical Jesus*, 95-125, 특히 117-23을 보라).

332 예컨대 다음 문헌들을 보라. Lewis, *Miracles*, 102(이 취지로 자주 인용된다); Taylor, *Hume*, 15; Johnson, *Hume*, 18-19; Larmer, "Critique," 163-64, 167; Kennedy, "Miracles," 17-18; Evans, *Narrative*, 153-54; Brown, *Philosophy*, 72; Purtill, "Defining Miracles," 66; Geisler, "Miracles," 77-78; Licona, "Historicity of Resurrection," 100(Lewis 및 Gregory, "Secular Bias," 137-38을 인용한다); Ruthven, "Miracle," 548. 놀랍게도 Hume을 지지하는 Millican은 "Theorem," 494 에서 Hume이 같은 말을 반복하는 추론방법을 신경 쓰지 말라고 주장한다.

333 Burns, *Debate*, 219을 보라

도 모순된다.[334] 당대의 영국 과학자들의 참으로 더 귀납적인 접근법은 다양한 현상들에서 나온 새로운 증거를 수용하기 위해 리서치 모델 및 방법을 조정했는데, 이러한 접근법 덕분에 그들의 입장은 다른 이신론자들과 흄이 제기한 논거들에 상처를 받지 않았다.[335]

흄은 자신의 명제와 모순되는 증거를 배척함으로써 자신의 논거가 잘못임이 증명되지 못하게 한다. 로버트 라머가 불평하는 바와 같이, 흄은 기적을 지지하는 어떤 증거도 받아들일 수 없다는 관점을 취하기 때문에 "그는 어떤 경험적 사건이 논리적으로는 가능하다고 할지라도 그것을 확인할 수 있는 긍정적인 증거가 없다는 입장을 취하지만, 이 주장은 약간의 증거만 있어도 틀렸음이 입증된다." 흄은 일단 경험적인 증거가 그 문제를 결정하는 데 적실성이 있음을 인정하고 나서 그 증거를 배척함으로써 일반적인 경험적 접근법에 모순된다.[336]

우리는 흄 자신의 논증에서 이 경향을 보여줄 수 있을 것이다. 내가 지적한 바와 같이 그는 몇몇 기적 보고들에 대한 강력한 증언을 인용하고 나서 바로 이 증언의 강력함을 이용해서 이 특정한 기적들은 무시될 수 있으므로(그는 논거도 없이 단언한다) 강력한 증언들조차도 기적을 지지하기에는 쓸모가 없다고 주장한다![337] 20세기 초의 한 작가는 이렇게 불평했다. "흄은

---

334 Jaki, *Miracles and Physics*, 23(Geisler, "Miracles," 78에서도 인용되었다). Smart, *Philosophers*, 31-32도 참조하라. Wright, *Miracle*, 54은 Hume이 증거에 무감각했던 점을 진정한 역사적 탐구를 "무의미하게 하는" 증거라고 묘사한다. Lawton, *Miracles*, 53은 많은 학자가 현재의 경험과 일치해야 한다는 Hume의 요구가 "새로운 과학적 발견 수용에 불리하게 작용한다"고 불평한다는 점을 지적한다.

335 Burns, *Debate*, 15-16.

336 Larmer, *Water*, 38.

337 Hume, *Miracles*, 41-48; idem, "Miracles," 38-40. Hume은 죽었던 사람이 살아난 적이 없다는 것을 근거로 예수의 부활에 대해서조차 부활을 반대하는 주장을 펼치는데(Hume, *Miracles*, 31; idem, "Miracles," 33), 이 근거는 그와 반대되는 주장을

사실상 '당신의 논거가 아무리 결정적이라고 할지라도 그 논거는 받아들일 수 없기 때문에 이런 사건들을 조사하는 것은 소용이 없다'고 말한다."[338]

다양한 저자들은 예컨대 흄이 단지 기적은 일어날 수 없다는 자신의 주장을 토대로 얀센파들의 기적 보고를 부인해 온 것[339]의 순환성을 지적

깡그리 무시한다(Licona, "Historicity of Resurrection," 105-6). 그것은 875명의 증인이 살인 용의자가 지금까지 살인하는 것을 본 적이 없다고 단언한 것을 기초로 그 사람이 살인하는 것을 목격한 5명의 증인의 신뢰성을 무시하는 것과 유사하다(Beckwith, "History and Miracles," 93. 참조. Idem, "Epistemology," 96). 대중적인 표현을 사용하자면 Hume은 사과와 오렌지를 비교했다.

338 Wright, *Miracle*, 52. Dietl, "Miracles," 132은 그처럼 극단적으로 자연주의적인 설명이 얼마나 터무니없는 논거에 의존할 수 있는지 보여준다.

339 Hume, *Miracles*, 43-47을 보라. 그는 많은 증인을 인용하지만 그들의 증언을 배척하며, 44에서 그 증언들에 반하는 유일한 (그러나 충분한) 논거는 기적이 불가능하다는 점이라고 지적한다. 얀센파 신자들의 교육, 숫자, 명성에도 불구하고 Hume이 그들의 증언을 배척한 이유는 부분적으로는 그 기적들 중 몇몇은 공개적인 것이 아니라 소수의 증인 사이에서 발생한 것이었고(비록 증인들에 관한 논평에서 Hume이 이를 인정했지만 말이다), 그 기적들이 뭔가 종파적인 것을 정당화하는 데 사용되었기 때문이다(이는 Hume이 새로운 종교를 정당화하기 위해 만들어질 수 있는 것은 무엇이든 배척했기 때문이다. Slupic, "Interpretation," 525-26). Slupic, "Interpretation," 535은 Hume이 기적의 역사를 사람들이 자신의 종파를 정당화하기 위해 기적을 주장한 것으로 보았다고 주장한다(참조. Hume, *Miracles*, 40-41, 50). 실제로는 새로운 종교들이 기적을 주장하지 않는 경우가 흔한데, 우리는 조사해보지도 않고서 기적을 경험한 결과로 새로운 종교가 출현하게 된 것이 아니라 새로운 종교가 기적을 꾸며냈다고 주장해서는 안 된다(Taylor, *Hume*, 16-17). Hume보다 한술 더 떠서 몇몇 솔직한 사람들은 Rev. Robert Wallace(1697-1771), "Observations"(1764. 몇몇 논평은 Badía Cabrera, "Nota"를 보라)의 논박에서처럼 얀센파의 기적 주장을 조롱했다. Hume보다 훨씬 더 나아가서(확실히 Hume은 이 주장을 반색했겠지만 말이다. *Miracles*, 47) 예수회 성향이 있는 프랑스의 몇몇 가톨릭 교도들은 얀센파의 기적을 마귀가 자연적 원인을 조종한 것으로 돌렸는데(Daston, "Facts," 107), 이 주장은 Pascal을 매우 짜증나게 했다(117). 그리고 주교와 얀센파들은 상대방이 사회에 심판을 가한다고 서로를 비난했다(Deconinck-Brossard, "Acts of God," 362). 기록된 최초기 얀센파 증언의 형태 및 기능에 대한 접근법 중 하나에 관해서는 Engels, "Grammaire"를 보라(기적 기사들의 고전적인 구조와 얀센파 신학을 언급한다).

해 왔는데, 오늘날 몇몇 학자는 흄의 이런 부인을 "몽매주의"로 간주한다.[340] 흄은 얀센파들의 기적에 대한 증거(흔히 직접적이고, 신뢰할 수 있는 복수의 증언이었다)가 예수가 행했다고 알려진 기적의 증거보다 강하다고 보았는데,[341] 따라서 전자를 부인하면 후자를 부인하기가 훨씬 쉬웠다. 그러나 적어도 몇몇 치유가 실제로 일어났다는 점은 부인하기 어렵다. 교황이 1713년 얀센파를 파문한 뒤 금욕주의적 얀센파 교도인 프랑수아 드 파리 신부는 훨씬 더 엄격하게 살다가 1727년에 사망했다. 그를 매장할 때 한 과부의 마비된 팔이 치유되었다고 하며, 그 후 많은 방문객이 몰아지경과 치유를 경험했다. 노아이유 추기경의 1728년 보고서는 진짜 치유를 인정했으며, 그곳에서 보고된 치유에는 "암의 종양,…마비, 청각 장애, 시각 장애"가 포함되었다. 결국 국왕이 1732년 그 묘지를 폐쇄했는데 이에 대해 어떤 사람은 "왕의 명령으로 하나님이 이곳에서 기적을 행하지 못하게 되었다"고 낙서했다.[342] 관리들은 이런 특정한 기적 주장 중 가장 극적인 주장들이 허위라

---

340 Gaskin, *Philosophy*, 125. 다음 문헌들도 보라. Wright, *Miracle*, 51-52, 80; Brown, *Miracles*, 88; Larmer, *Water*, 106; Gardner, *Healing Miracles*, 39-40. 참조. Lawton, *Miracles*, 58; Holder, "Hume," 57; deSilva, "Meaning," 14-15. 따라서 Keller, *Miracles*, 65은 Hume이 Abbé Pâris의 기적을 사기로 일축한 것은 단지 Hume이 자기 시대의 소산임을 드러낼 뿐이라고 비판한다. (Monden, *Signs*, 309-21은 그 기적들을 자연주의적으로 설명하는데, 이는 분명히 그들이 정통 로마 가톨릭이 아니기 때문이다.)

341 Kreiser, *Miracles*, 399. Hume, *Miracles*, 44-45에 수록된 그의 놀림조의 논증을 보라. 정통 개신교 비방자들은 유사하지만 궁극적으로 손상된, 증언에 대한 신뢰와 진정한 기적을 확립하기 위한 기준에 도전하려고 했다(Kreiser, *Miracles*, 399).

342 Brown, *Miracles*, 64. 그 낙서에 관해서는 Kreiser, *Miracles*, 181을 보라. 현존하는 보고서들에 나타난 반론적인 상황 때문에 François 자신에 대한 우리의 지식은 제한되어 있다(Kreiser, *Miracles*, 82). Warfield, *Miracles*, 119은 의사 두 명이 확인했듯이 두 다리가 없었던 어느 얀센파 신자가 기적적으로 자기 다리가 생겼다고 한 주장이 믿을 수 없다고 불평한다.

는 상당한 증거를 확보했지만,[343] 그들의 증거가 옳을 수도 있고 또는 그것이 선전전에서 정치적 힘이 사용된 것을 반영할 수도 있다. 확실히 이제 주변적인 지위로 전락한 얀센파는 주류 가톨릭이나 주류 개신교 어느 쪽에서도 다루기 쉽지 않았다. 그러나 흄은 그들의 신뢰성에 대한 상세한 도전(그들의 주장을 다른 몇몇 역사적 기적 주장과 차별화함)이나 그 도전의 잠재적인 정치적 동기(그 치유 주장들이 그들의 비판자들이 인정하는 것보다 더 신뢰할 수도 있음을 허용함)에 주의를 기울이지 않았다.

흄은 대다수의 가톨릭 비판자 및 개신교 비판자와 마찬가지로 얀센파들의 보고를 일축했지만 그 사건들에 더 가까웠던 몇몇 지성인들, 즉 흄보다 "직접적인 경험"에 더 가까이 있던 사람들은 다르게 생각했다. 현대 컴퓨터의 전신인 계산기를 만들었고, 주사기와 기압계를 발명했으며, 수학적 확률 이론을 고안했고(그래서 그의 "신앙에 관한 유명한 내기"가 나왔다), 진공의 가능성을 입증했던 영향력 있는 수학자인 블레즈 파스칼을 고려해보라.[344] 파스칼의 얀센파에 대한 헌신(및 그가 광세를 쓴 이유)은 바로 얀센파에서 자기 조카인 마르그리트 페리에가 치유된 사건을 통해 강화되었는데, 이 사건은 위에서 언급된 좀 더 논란이 있는 치료들이 일어나기 오래전에 발생했다. 1656년 3월 24일 얀센파 소속의 포르 루아얄 수도원에서 성스러운 유품에 손을 대고 있는 동안 그의 조카딸의 오래된 눈병이 사라졌다. 구할 수 있는 모든 증거에 비춰 볼 때 그 기적은 인체 조직에 관련된 것이지 심인

---

343 McGrew, "Argument," 656-58은 자기들의 문서가 조작되었다고 주장한 몇몇 증인 등의 증언 취소를 포함한 증거를 인용한다. 비방자들은 경미한 치유를 상상이나 일반적인 회복 과정이라고 주장했다. McGrew는 사적 교신에서 나로 하여금 이 자료에 주의를 기울이게 했다(Nov. 26, 2009).

344 Frankenberry, *Faith*, 84에 실린 요약을 보라(Pascal의 저술에서 따온 발췌문을 포함하여 그에 관한 좀 더 자세한 내용은 79-101을 보라). Pascal, *Pensées*; idem, *Life* 도 보라.

성이 아니었다. 상처에서 나는 역겨운 냄새—이 냄새 때문에 그녀는 또래 소녀들과 어울리지 못했다—와 명백한 뼈 손상이 즉시 없어졌다. 그녀의 사례는 중요한 의학적 증거를 제공했고 교구 관구를 통해 확인되었다. 왕실 의사들이 페리에 양을 검사했고 황태후도 그들이 기적에 대해 긍정적인 판단을 내린 것을 납득했다.[345] 그 뒤로 몇 달 동안 추가로 기적 주장 약 80건이 잇따랐다.[346] 오늘날 우리 중 대다수는 그 유품(그리스도의 가시관에서 나온 가시)의 진정성에 대해 의문을 제기하겠지만,[347] 극적인 회복은 부인하기 어렵다. 심지어 얀센파의 비판자들도 그 기적이 진짜임이 공식적으로 인정되었다는 데 동의하지만, 얀센파 교도들은 이를 신의 승인이라고 주장한 반면 그들을 비방하는 사람들은 그 기적을 경고로 취급한다.[348] 그러나 개신교와 가톨릭 논객들이 누구의 기적들이 진짜인지에 대해 논쟁을 벌이던 시기에 글을 쓴 흄에게는 기적 주장은 모두 종파성이 강했고 따라서 그는 기적 주장을 믿을 수 없었다.[349] 이 기적들은 최근의 것이었고, 공개적이었으

---

345 Brown, *Miracles*, 39; Larmer, "Manuscript"; Kreiser, *Miracles*, 70-71. Mlle Perrier 는 87세까지 살았는데 François de Pâris의 무덤에서 일어난 기적들을 계속 긍정했다(Brown, *Miracles*, 39-40). (성인들의 무덤 부근에서 발생하는 가톨릭 기적 전통에 관해서는 Duffin, *Miracles*, 45, 47, 151, 153-55에 수록된 예들도 보라.) Hume, *Miracles*, 47-48은 Pascal의 조카가 치유된 사건에 관한 풍부한 증언을 인정하는데, 그러고 나서는 별다른 논거도 없이 단순히 그것이 기적 증언이기 때문에 이를 일축한다.

346 Kreiser, *Miracles*, 71.

347 Hume의 조롱은 이 대목에서 웅변적인 어조를 띤다.

348 Daston, "Facts," 119. Hume 자신은 존경할 만한 증인 수십 명이 있음을 알았기 때문에 얀센파의 적들이 초기의 기적들을 부인하지 못함을 인정했다(*Miracles*, 44-47). 몇몇 얀센파 신자들이 기적을 변증 목적으로 사용한 데 관해서는 Kreiser, *Miracles*, 71-73, 97을 보라.

349 그는 종교적 맥락에서 발생한 기적 보고들을 비합리적이라고 간주했다(Larmer, *Water*, 105은 이 견해를 비판하는데, 그는 Hume이 부당하게 일반화한다고 지적한다). 그러나 Hume은 종교적 속임수에 대한 비난을 가톨릭에 반대하는 개신교 논객들에게서 쉽게 구할 수 있음을 발견했다(이 점에 관해서는 Daston, "Facts," 118

며, 많은 증인을 통해 확인되었지만—즉 그 기적들은 흄의 증거 기준을 충족했다—흄은 그 기적들이 자신이 자연법칙 위반이라고 간주하는 것들을 수반할 것이기 때문에 그것들을 적실성이 없다고 일축했다.[350] 그래서 그의 배척은 위에서 언급된 그의 논거에 의존했다. 즉 흄, 코니어스 미들턴 등이 얀센파의 주장을 배척한 것은 증거가 없어서가 아니라 그 주장들이 **기적 주장이었기** 때문이었다.[351]

흄은 위그노 교도들의 최근의 기적 주장(1705)에 도전한 이신론자의 선례를 통해 확립된 논증 노선을 따른다. 이신론자인 토머스 처브는 많은 기적 주장이 신약성서의 기적 주장들보다 더 잘 확증된다고 주장하면서 신뢰할 수 있는 많은 증인이 있음을 강조했지만, "이제 열 명 중 한 명도 그것을 믿지 않는" 의견 일치의 권위에 호소함으로써 그들의 신뢰성을 부인했다.[352] 다른 이신론자들은 같은 형태의 논증을 발전시켰는데, 흄은 단지 이 논증을 채택해서 특히 얀센파를 겨냥했을 뿐이다.[353] 얀센파는 (흄의 주된 독자층인) 개신교인들이 보기에는 가톨릭에 너무 가까웠지만 가톨릭 교도에게도 받아들여질 수 없었기 때문에 흄은 얀센파를 조롱하고도 무사할 수 있었다.[354]

을 보라).

350 Swinburne, *Miracle*, 16; Beckwith, *Argument*, 51.

351 Brown, *Miracles*, 71. Hume은 그들에게 반대해서 그런 치유는 자연적으로는 불가능하다는 의사의 보고서를 제시하는데, 기적이 일어났다고 주장하는 이들은 물론 이것이 바로 요점이라고 대응했다(Ellin, "Again," 209). Middleton은 성경이 기록된 뒤의 기적 주장만 다루었고, 가톨릭에 반대할 목적을 갖고 있었다(Fogelin, *Defense*, 1). 그는 확실히 그의 많은 동시대인보다 창 1-3장의 문자적인 역사적 진정성에 덜 충실했지만(Frei, *Eclipse*, 5-6, 120-22, 125, 168, 171), 이것은 장르상의 문제였을 수도 있다.

352 Burns, *Debate*, 74.

353 Ibid., 75.

354 당대의 개신교인들이 얀센파의 증언을 배척한 데 관해서는 ibid., 174을 보라.

흄은 그런 사례에 대한 신뢰할 수 있는 많은 증인이 있으며 우리가 일반적인 조사 방법을 통해서 판단하면 기적이 일어났다고 결론을 내릴 것이라는 점을 인정했다. 하지만 그는 기적이 일어날 수 없다는 자기의 전제에 호소함으로써 그런 증거를 일축해도 무방하다고 생각했다.[355] 이 접근법이 순환논법이 아니라면 무엇이 순환논법의 자격이 있을지 알기 어렵다. 흄은 기적이 미리 "논리적으로 불가능하다('네모난 동그라미'나 '결혼한 총각' 같이 개념상으로 불가능하다)"는 점을 입증할 수 있을 경우에만 기적 주장이 설득력이 있을 수 있다는 점을 논리적으로 부정할 수 있을 것이다. 그러나 흄은 그렇게 하지 않는다.[356] 몇몇 비판자들은 흄의 접근법은 그것이 참조상으로 (referentially) 자멸적이라는 점에서 인식론적으로 흠이 있다고 추가로 비판한다.[357]

---

355 Larmer, "Manuscript."

356 Beckwith, "History and Miracles," 94; Wright, *Miracle*, 52. 기적의 논리적 일관성에 관해서는 예컨대 다음 문헌들을 보라. Dietl, "Miracles"; Mumford, "Miracles," 191; Blaauw, "Verdediging"(용어를 주의 깊게 정의한다); Helm, "Miraculous," 91("원을 네모나게 만들기"를 대조한다). Hume은—무엇이 개념상 가능한지에 대한 그의 선험적인 가정 때문에—기적은 개념상 불가능하다며 기적에 대한 모든 증거를 배제한다(Brown, *Miracles*, 94).

357 이는 오늘날의 우주론의 문제이기도 한데, 그 원칙을 따른다면 우리는 (인간의 마음이 그럴 것이라고 가정되는 것처럼) 순전히 우연의 산물이 인식론을 인증하기에 필요한 추상적인 수준의 추론을 할 수 있다고 기대할 아무런 이유가 없다(다음 문헌들을 참조하라. Polkinghorne, in Frankenberry, *Faith*, 345; Nash, "Conceptual Systems," 127-30은 Taylor, *Metaphysics*, 115-19과 의견을 같이한다; Plantinga, *Warrant*, 11-12장). 적자생존이 적용할 수 있는 지성을 설명할 수 있을지도 모르지만, 그것만으로 예컨대 이론 수학 수준의 추상화—이는 최근의 천년(그리고 대체로 과거 수백 년)에 들어와서야 가능해졌다—를 설명할 수 있는가? 그것은 또 하나의 "운 좋은 사건"이었는가(Polkinghorne, *Reality*, 41-46, 51-57에 수록된 유사한 논의를 참조하라)? 지성인들 사이에 의견 일치가 이루어지지는 않았지만, 몇몇 학자는 인간의 지성에 대한 설명으로 (특히 "우연"이 캄브리아기 대폭발로부터, 그리고 훨씬 더 협소하게는 인류가 발달한 기간이라는 그처럼 한정된 기간에 그런 위업을 이루기에는 시간이 너무 짧다는 점에서) 설계가 우연보다 훨씬 더 가

흄의 논증은 귀납적이지 않다. 오히려 그것은 그의 결론을 지지하도록 고안되었다. 그가 믿을 수 있는 많은 목격자를 통한 공개적인 사건이 필요하다고 언급하고 나서 그들의 증언마저 일축할 때 그의 언어 자체가 완전한 논증으로 기능하기에는 너무 일반적이다. 그는 단지 기독교를 변호하는 사람들이 사도들의 증언이 진짜라고 인용하는 항목들의 임시방편적인(ad hoc) 성격을 열거하고 나서 그 증언들이 충분치 않다고 주장한다.[358] 흄은 이러한 점들에 관해 완전한 논거를 제시하지 않아서 그의 동시대인들로부터 가혹한 비판을 자초했다.[359]

(7) 흄의 접근법에서 귀납적이지 않은 다른 요소들

다른 요인들도 흄이 귀납적으로 논증하지 않음을 보여준다. 나는 먼저 흄이 귀납적으로 논증하지 않고 그의 유신론적이지 않은 가정을 출발점으로 삼는 확률에 근거해서 기적에 반대하는 연역적인 논증을 구성한다고 지적했다. 둘째, 흄이 "무식하고 야만적인 국가들"[360]의 믿음을 명시적으로 배제하는 것은 오늘날 대다수 학자가 받아들일 수 없는 인종적 편견을 반영한다. 이것은 큰 문제이지만 나는 이 점에 대한 더 광범위한 답변은 이후의 장들(특히 7장)에서 다룰 것이다. 지금은 그가 전형적인 이신론을 채택하고 있었다고 말하는 것으로 충분하다. 예컨대 존 톨런드는 "무식하고 야만적인" 사람들 사이에서 성행하는 미신을 힐난했다.[361] 셋째, 흄은 자기가 살던 시

능성이 크다고 믿는다.

358 Burns, *Debate*, 237. Hume의 일반화에 반대하는 견해는 Breggen, "Miracle Reports," 6과 idem, "Seeds"도 보라.

359 Burns, *Debate*, 237-38(예컨대 John Leland를 인용함).

360 Hume, *Miracles*, 37; idem, "Miracles," 36.

361 Burns, *Debate*, 75(Toland가 기적을 겨냥한 것이 아니라 마법을 겨냥한 것임을 지

기의 유럽의 몇몇 기적 주장(즉 얀센파의 주장들)을 명시적으로 언급하고 나서는 자기가 기적은 일어날 수 없다고 주장하기 때문에 그 기적 주장들을 배척한다. 나는 이 추론의 순환적 성격을 이미 언급했다.

넷째, 흄은 (많은 기독교 비평가들에게 이미 배척된) 많은 가짜 기적 주장을 사용해서 모든 기적 주장의 진실성을 부인한다.[362] 그러나 이 연좌제 접근법은 세부 사항들에 있어서 차이가 있을 수도 있는 다른 사례들을 조사해보지도 않고서 특정한 사례들에 근거해서 일반화하는 잘못된 유비의 논리적 오류를 반영한다.[363] 흄은 이렇게 사실상 허수아비처럼 하찮은 논리에 반대하여 논증한다. 흄이 참으로 귀납적으로 논증하려 했다면 각각의 기적 주장을 조사해서 그것이 거짓임을 입증했어야 했을 것이다. 그랬더라면 그는 몇몇 기적 주장의 가능성을 배제하지 않았을 것이다. 흄이 귀납적으로 논증하는 한 기적이 하나만 확인되더라도 그의 주장이 그릇되었음이 입증될 것이다.[364] 사실 충분히 많은 다른 기적들에 대한 신뢰할 만한 증인들

적하지만, 좀 더 일반적으로 논증하면서 Thomas Chubb를 인용한다). Toland의 영향은 McGrew, "Argument," 653에서 독립적으로 언급되었다. Toland에 관해서는 추가로 Okello, *Case*, 103-8을 보라.

362 Hume, *Miracles*, 36-37.

363 다음 문헌들을 보라. Larmer, *Water*, 121-22. 그는 극단적 회의론의 오류(이에 대한 이의는 이미 18세기에 지적되었다. Burns, *Debate*, 117, 119을 보라)를 인용한다; Smart, *Philosophers*, 43; Beckwith, *Argument*, 51-52. 몇몇 학자는 설득할 때 하나의 사물과 관련된 것을 다른 사물로 옮기는 것은 비윤리적이라고 생각한다(참조. McLaughlin, *Ethics*, 146-47). 아마도 더 정확하게 얘기하자면 그것은 빈약한 논리일 것이다.

364 Smart, *Philosophers*, 33-34(관련 논리 원칙을 상술한다); Holder, "Hume," 58; Licona, "Historicity of Resurrection," 100; Keener, *Gift*, 90(『현대를 위한 성령론』, 새물결플러스 역간). 참조. Lawton, *Miracles*, 54. 다른 학자들도 기적 하나가 진짜라면 일반적으로 기적의 확률을 높인다는 아이디어를 논의한다(예컨대 Tucker, "Miracles," 383, Earman에 관한 논의에서). 몇몇 학자는 "하나의 반증 사례가 법칙을 잘못된 것으로 입증할 수 있다"는 견해를 "Popper의 오류"라고 비난한다(Mumford, "Laws," 271, Popper에 반대하는, *Logic*, 62-63, 그리고 다른 학자들).

은—그들이 참으로 독립적이라면—그 부류의 사건들을 지지한다.[365]

　우리가 제한된 범위의 데이터만 관측한 경우에는 귀납적 추론을 통해 부정적인 명제를 증명할 수 없으며, 많은 목격자 주장이 존재하는데도 우리가 그저 이를 증거로 받아들이기를 거절하면서 귀납적 방법을 통해 부정적인 규칙을 추론하는 것은 위험하다. 미신적인 초자연적 현상에 관한 주장을 근거로 **모든** 초자연적 현상 주장이 배척되어야 한다고 추론하는 것은 논리적으로 우리가 초기 형태의 다신론들에 부족한 점이 있다는 것을 발견했기 때문에 모든 형태의 유신론을 배척하는 것과 유사하다. 그러나 후자의 논증은 흄의 당대에 더 물의를 야기했을 것이다. 그 시대의 환경은 유신론 일반을 배척하기보다는 자연계에 대한 신의 직접적인 행동을 배척하는 분위기였다.

5. 흄의 반대자들

기적에 대한 흄의 접근법은 명백한 약점에도 불구하고 인기를 끌었고 이후 시기의 많은 사고를 지배했다. 그렇지만 흄은 처음부터 심각한 비판을 받았다. 기독교 변증가인 윌리엄 페일리(1743-1805)는 신뢰할 수 있는 증언이

나는 법칙을 기술적(記述的)인 것, 즉 다른 원칙이나 행위자들을 통해 수정될 수도 있는 일반적인 진술로 취급하기 때문에 일반적으로 그런 주장을 하지 않는다. 오히려 나는 이 대목에서 기적에 대해 어떤 여지도 남겨두지 않는 Hume의 덜 유연한 "자연의 획일성"에 대해 대응하고 있다. 그는 귀납법이 기적을 배제한다고 주장한다. 그러나 귀납법에 의하면 기적 사례 한 건만 있어도 그의 완고한 논증을 불신임할 것이다(초자연적 해석은 확률 문제로 여겨질 수도 있겠지만 몇몇 경우에는 그 확률이 매우 높을 수도 있다).

365 Holder, "Hume," 54-56을 보라(그는 Schlesinger에 도전한다).

사람들이 자연법칙이라고 가정한 것에 도전하도록 허용되어야 한다고 주장함으로써 흄을 논박했다.[366] 자연법칙의 정의가 귀납적인 관찰에서 나온 것이라면—흄은 그렇게 하는 것으로 보인다[367]—이 점에 대한 페일리의 접근법은 합리적이다.[368] 예컨대 E. A. 보거(1784-1820) 같은 다른 학자들도 초자연주의를 변호하려 했다.[369] 나는 이미 배비지와 프라이스 및 다른 비판자들을 언급했으며 다른 반대자들도 많이 있다.[370]

그러나 대부분의 지적 환경은 결국 흄의 접근법을 받아들였다. 대다수 사상가는 법칙을 증언보다 우위에 두었고, 일단 현재의 기적들에 대해 그렇게 하고 나자 불가피하게 성경의 기적 증언에 대해서도 같은 이의를 적용했다.[371] 비판자들이 그들의 논리에 내재된 문제들을 지적했음에도 그들은 그렇게 했다. 예컨대 1865년 제임스 B. 모즐리 목사(1813-78)는 다른 학자들과 내가 계속 언급한 것과 똑같은 문제를 지적했다. 그는 자연법칙은 많은 사례로부터 도출한 일반화인 경향이 있지만, 예외를 배제하기 위한

366　Mullin, *Miracles*, 33. Paley의 논증에 관해서는 Paley, "Evidences"를 보라. Paley 식의 설계 논증에 관한 Hume의 비판은 예컨대 Smith, "Introduction," 28을 보라.

367　관측된 현상에만 의존한 Hume의 자연법칙에 대한 견해는 관측되지 않은 현상을 배제하지 못한다(Cramer, "Miracles," 132. 133에서 그는 이전에는 백조들은 정의상 흰색으로 생각되었지만, 현재 관찰되는 몇몇 백조들은 회색이라는 점을 지적한다). 자연이 획일적이라면 관측되지 않은 현상이 발생할 확률을 낮추겠지만, 우리는 이제 자연은 다른 조건에서는 다르게 행동하는데 그 모든 것이 우리에게 알려지지는 않았다는 것을 안다(신적인 조건은 진정한 기적 주장으로 여겨지게 만드는 차별 요인이다).

368　다음 문헌들에서 Hume에 대한 이전 시기의 비판자들을 보라. Craig, *Faith*, 134-38(Paley, 137-38을 포함한다); Brown, *Miracles*, 89-91, 그리고 (Paley에 관한) 144-46; Lawton, *Miracles*, 62-80(Paley, 70-74를 포함한다).

369　Van der Woude, "Discussie"를 보라.

370　Burns, *Debate*, 176-246에 수록된 조사 결과를 보라. 좀 더 이전 시기의 이신론에 대한 비판은 96-130을 보라.

371　Mullin, *Miracles*, 33.

일반화는 귀납법 원칙을 부적절하게 사용하는 것이라고 불평했다.[372] 일반화는 모든 증거를 수용해야 한다. 그런데 자연법칙에 대한 이 접근법은 귀납법이 마땅히 고려해야 할 예외적인 사례를 부당하게 배제한다.[373] 반초자연주의의 변증가인 존 틴들은 논점에서 완전히 빗나가 과학적 귀납법이 엄청난 발전을 가져왔다고 대꾸했다.[374] 이와 대조적으로 많은 학자는 흄이라면 배제했을 증거에 호소해서 역사상 대다수 문화에서 보고되는 증거를 귀납적으로 조사해보면 초자연적 현상에 대한 풍부한 증언이 포함된다고 논박했다.[375] 특히 자연선택 이론에 대해 찰스 다윈과 공동으로 저술한 저자는 반초자연주의에 대한 이의를 분명히 밝혔다.[376] 과학적 귀납법은 유용한데,

---

372 Ibid., 37. 참조. Jaki, *Miracles and Physics*, 22. Mozley의 논증에 대한 좀 더 일반적인 내용은 Brown, *Miracles*, 159-62을 보라. 우리가 자연에 대해 알고 있는 내용을 토대로 자연의 획일성을 추정하는 것에 대한 반대는 Mozley, *Lectures*, 26-48(예컨대 26-27, 34-35)을 보라. 1925년 Tennant, *Miracle*, 17-18은 이후의 논의에 비춰볼 때 Mozley의 기본적인 주장에 한계가 있다고 단언하기는 했지만, 그 주장은 "답변할 수 없는" 차원에 있다고 간주했다(18. 63, 81, 87, 89에 실린 추가 언급을 참조하라). 이 논증은 Mozley의 또 다른 논증과 더불어 당대의 "기적 논쟁을 재형성했다"(Mullin, *Miracles*, 40). 몇몇 학자는 계속 Mozley에게 답변했다(예컨대 Hay, "Contranatural View"는 그의 강의를 비판한다). 과학 철학에서 귀납법을 변호하는 것에 관해서는 Shimony, "Scientific Inference"를 보라(161에서 다듬을 필요가 있기는 하지만 Hume의 "기본적인 교훈은 여전히 타당하다"고 결론짓는다. 우리로 하여금 귀납적 추론에 의존하게 하는 우리의 존재의 성격은 "우리가 그것을 정당화할 능력"을 제한하기도 한다).

373 참조. 예컨대 Earman, "Bayes," 298: 만일 Hume이 아무리 증거가 많아도 (귀납법에서 유래하는) 추정상의 자연법칙에 도전할 수 없다고 말한다면 그의 논증은 비논리적이며 어떤 형태의 베이즈 방법론을 통해서도 지지받을 수 없다.

374 Mullin, *Miracles*, 40-41. 종교에 관한 Tyndall의 적대감은 예컨대 Numbers, "Aggressors," 34-35을 보라.

375 예컨대 Wink, "Write," 6. 스스로는 덜 초자연적 관점을 취하지만 초자연적이라고 해석되는 현상의 편만성에 대해 보고하는 Theissen and Merz, *Guide*, 310도 보라.

376 Alfred Russel Wallace(Mullin, *Miracles*, 186). 오늘날 점점 더 많이 논의되고 있는 Wallace는 그리스도인이 아니라 심령주의자(spiritualist)였지만(예컨대 다음을 보라. Herrick, *Mythologies*, 113-14; Michael Casey, "Forgotten Evolutionist Lives

흄의 인식론적 환원주의가 문제다.

오늘날 서구의 세계관에 흄의 논증의 결론이 편만해 있기는 하지만, 그의 논증에 대한 비판은 과거보다 오늘날 더 강력하다. 데이비드 존슨이 코넬 대학교 출판부를 통해 펴낸 흄과 기적에 관한 최근 논문에서 다음과 같이 지적했듯이 말이다.

흄의 논문이나 그 논문에 기초해서 재구성될 수 있는 내용에 피상적으로라도 좋거나 조금이라도 강력하거나 압도적인 논증이나 답변이나 이의가 있다는 견해는 단지 철학적인 신화일 뿐이다. 이 문제에 관해 기꺼이 흄의 말을 들었던 사람들은 흄의 탁월한 말주변에 미혹되었을 뿐이다.[377]

존슨은 흄의 논증은 하도 일관성이 없어서 진술되지 않은 몇몇 가정을 어떻게든 덧붙이지 않는 한 논리정연해 보이지 않는다고 주장한다. 그래서 학자들은 이 논증을 다양한 방식으로 재구성한다. 이러한 재구성 중 **어느 것도** 기적에 반하는 논리정연한 논증을 제공하지 **않는다**는 존슨의 논제는 설득력이 있다.[378] 존 어만이 옥스퍼드 대학교 출판부를 통해 발표한 아주

---

in Darwin's Shadow," http://news.yahoo.com/s/ap/as_fea_malaysia_forgotten_evolutionist. 2009년 6월 28일 접속), 그의 입장은 두 가지 이상의 접근법이 존재함을 보여준다.

377 Johnson, *Hume*, 4. 나는 그의 논문에 관해 들어보았지만 읽지는 않은 많은 사람이 그의 명성에 미혹되었을 수도 있다고 덧붙이고 싶다. Earman, *Failure*, 71도 참조하라.

378 다양한 재구성에 관해서는 다음 문헌에 수록된 조사 결과를 보라. Johnson, *Hume*, 22-27(J. L. Mackie), 28-45(John Stuart Mill), 46-54(Antony Flew), 55-67(Jordan Howard Sobel). Mackie의 논증은 Mackie, "Miracles and Testimony"를 보라. 그의 결론에 대한 반대 의견은 예컨대 다음 문헌들을 보라. Reppert, "Miracles"; Ward, "Miracles and Testimony"; Otte, "Treatment." Mill의 획일성 공리(axiom of uniformity)는 원인과 결과를 불가피한 것으로 다뤘다(McClenon,

다른 논문의 제목인 「흄의 비참한 실패: 기적에 반대하는 논증」(*Hume's Abject Failure: The Argument Against Miracles*)도 이에 동의하는 듯하다.[379] 그러나 흄의 논문은 논리적 약점에도 불구하고 오늘날 기적에 반대하는 대다수 편견 배후의 주요 논거를 제공했다.

6. 이번 장의 결론

기적에 반대하는 흄의 논증의 보편적인 해석에 따르면 기적은 위반될 수 없는 자연법칙에 위배되며 따라서 발생할 수 없다. 오늘날 대다수 학자는 만일 이것이 흄의 논증이라면 이는 정의상 순환논증이며 따라서 아무것도 증명하지 못한다고 지적한다. 다른 질문들은 차치하고 만일 어떤 신이 자연의 양상을 만들었다면, 덜 지적인 행위자들이 자연 **안에서** 행동할 수 있듯이 그 신이 더 복잡한 차원에서 그 자연에 대해 마음대로 행동하지 못할 논리적인 필연성은 없다. 흄은 명백히 기적에 반대하는 이 첫 번째 논거에 근거해서 목격자 증언은 결코 기적에 반대하는 획일적인 경험을 극복할 만큼 충분히 설득력이 있을 수 없다고도 주장했다. 증언에 반대하는 이 논증이 일반적으로 이해되는 방식대로 이해된다면, 그것도 순환논증에 해당한

Events, 5). 기적에 대한 Mill의 접근법에 대한 반대 의견은 McGrath, "Mill"을 보라. 좀 더 이른 시기에 이에 대해 간략하게 다룬 문헌은 Tennant, *Miracle*, 15-18과 Tonquédec, *Miracles*, 31-34를 보라.

379 일찍이 케임브리지 대학교에서 발간한 Taylor, *Hume*도 보라. Taylor는 계속해서 Hume의 논증의 "혼란된 상태"를 지적하며(예컨대 15), 철학은 우리의 개인적인 삶과 무관한 "피상적인 의견" 이상을 포함해야 하기 때문에 "Hume이 참으로 위대한 철학자였는지 아니면 단지 '아주 영리한 사람'일 뿐이었는지" 궁금하다는 말로 결론짓는다(54).

다. 바로 인간의 경험이 획일적으로 기적에 반대하는지 여부가 논쟁 대상이기 때문이다. 오늘날 때때로 잘 입증된 기적 주장이 많다는 사실에 비춰 볼 때, 21세기의 비교 문화 맥락에서는 이 점에 관한 흄의 주장이 그 당대에서보다 설득력이 훨씬 없어 보인다(7-12장을 보라).

흄의 논쟁은 대체로 연역을 통해서가 아니라 정의를 통해 진행되며, 따라서 흄 자신의 철학적 가정에서조차 논리적으로 맞지 않는다. 그 논증은 대체로 그의 지적 명성 및 그것이 당대의 지적 환경에서 인기가 있었던 특정한 성향에 들어맞았다는 이유로 성공했다. 옥스퍼드 대학교의 신학자인 키스 워드가 지적한 바와 같이 기적에 관한 흄의 논거는 "아주 초라하며 그의 일반적인 철학적 영민함—기적에 관한 그의 말로 옮겨오지는 않는 영민함—에 감탄하는(이것은 옳은 일이다) 사람에게만 받아들여질 수 있다."[380]

나는 이번 장에서는 흄의 논증의 몇 가지 요점을 다루지 않았는데 그 점들에 관해서는 뒤의 적절한 장들에서 간략하게 다룰 것이다. 여기에는 종교적 증언에 반대하는 그의 특정한 편견, 특히 경쟁하는 종교들에서 나온 증언에 비춘 편견(6장)과 "야만적이고 무식한" 사람들에게서 나온 증언에 반대하는 편견(7장)이 포함된다. 우리는 또한 흄의 입장 및 그것을 공유하는 사람들로부터 발생하는 더 광범위한 결과와 문제들도 살펴봐야 한다.

---

380 Ward, "Believing," 742. 참조. Johnson, *Hume*, 4; Earman, *Failure*, 여러 곳.

6장

기적에 대한 흄의 회의주의 고찰

많은 학자 가운데서는···기적이 원칙적으로 불가능하다는 믿음이 자연적이고,
일반적이고, 명백한 것으로 보인다. 그것은 긴밀하게 맺어진 전통적인 학계에서
는 신앙과 같다. 그 확신은 마치 그것이 독단적인 종교인 것처럼, 그리고 초월적
인 실재가 존재할 가능성 자체를 부정하는 것이 지성인에게 명백한 기본적인 입
장인 것처럼 중립성과 객관성이라는 분위기(aura)를 띠고 있다.

브레드 그레고리, 「역사와 이론」(History and Theory) 2006년 특집판[1]

---

1   Gregory, "Secular Bias," 138. 이념적인 세속주의 종교로서의 기능은 다음 문헌
    들도 보라. Hanciles, *Beyond Christendom*, 40(Minogue, "Religion"에 동조한다);
    Wolfe, "Potential," 34(그런 비판은 재세례파와 기타 종교의 긍정적 가치인 종교적
    관용이라는 의미의 세속주의가 아니라, 종교에 적대적인 독단적 신조 형태의 세속
    주의와 관련이 있다. 부분적으로는 "세속적"이라는 호칭을 다양하게 사용하는 것
    이 문제다. Boer, "Introduction," 2-3에 수록된 논의를 보라. 이 단어에 대한 다양
    한 의미에 관해서는 Plantinga, "Science," 94-97를 보라). 과학 이론을 연구 가설로
    사용하는 것조차 종교적 신앙과 비교하는 것은 Gingerich, "Scientist," 27과 Kuhn,
    Structure, 158을 보라. 종교의 사회학적 정의에 부합하는, 과학에 대한 몇몇 접근법
    은 Wuthnow, "Contradictions," 164을 보라.

앞 장에서 나는 기적에 반대하는 흄의 논증 또는 적어도 그 논증의 빈번한 적용에 대해 언급했다. 그는 기적은 자연법칙 위반이므로 기적이 발생했다는 증인들의 말은 믿을 수 없고 따라서 어떤 증거도 기적이 일어났다는 사실을 설득력 있게 증명할 수 없다고 주장한다. 나는 심지어 기적에 대한 흄의 정의를 인정한다 해도 이 논증은 순환적이라는 많은 학자의 의견에 동의한다. 나는 또한 흄의 입장은 오늘날보다 흄의 동료들 사이에서 기적이 좀처럼 주장되거나 받아들여지지 않던 맥락에서 더 설득력이 있었다고 주장했다. 나는 이 맥락에 대한 이유를 10장에서 다룰 것이다. 획일적이라고 상정되는 자연 과정에 근거한 흄의 논증은 많은 사람이 기적을 목격했다고 주장한 환경에서는 그리 설득력이 있는 것으로 보이지 않는데 나는 이 점에 관해서는 7-12장, 특히 7-9, 12장에서 설명할 것이다. 그것은 그런 주장 중 어느 정도나 진정한 초자연적 활동을 반영하는지에 관해 미리 결정하지 않겠다는 뜻이다. 이 주제에 관해서는 13-15장에서 다룬다.

이 장에서 나는 흄이 기여한, 기적에 반대하는 철학적 전통의 몇몇 전개와 흄에 의해 제기되었지만 앞장에서 다루어지지 않았던 몇몇 문제들을 다룬다.

1. 흄 학파의 합의의 영향과 문제

흄이 설명한 논증은 궁극적으로 철학의 많은 분야에서 지배적인 위치를 차지해서 심원한 영향을 끼쳤다. 나는 이 장에서 이런 영향 중 몇 가지를 다루려 한다. 이 영향으로 궁극적으로 신학의 몇몇 형태들이 흄 학파의 합의에 맞추는 방향으로 조정되어서 하나님은 자연계에서 일할 때 이미 그 질서 안에 확립된 수단을 통해서만 일한다는 데 동의했다. 역사 기술 논의 시 초자연적 인과 관계 문제는 선험적으로 배제되는 경우가 훨씬 흔해졌다.

이번 장에서 우리는 앞장에서 논의되지 않았던 흄의 몇몇 논증도 다룰 것이다. 학계에서 그의 접근법이 대체로 우월한 지위를 차지하고 있는 외에도, 종교들 사이의 경쟁에 바탕을 두고 기적에 반대하는 그의 논증이―비록 오늘날에는 대체로 예전보다는 무게감이 덜할지라도―오늘날 별도의 호소력을 발휘할 수도 있다. 초자연적 인과 관계의 가능성을 인정하면 종교적 중립성이 훼손될 것을 학자들이 암묵적으로 우려하는 것으로 보인다. 조사를 수행하기 위해 반드시 학자의 종교적 중립성이 훼손되어야 하는 것은 아닌데도 말이다. 그리고 현대의 독자는 종교들이 서로 대립한다고 생각하는 경향이 덜한데, 이 점 역시 흄의 호소력을 약화시킨다. 좀 더 일반적으로는 당대의 영국의 이신론과 기독교 변증의 맥락에서 일리가 있었던 흄의 많은 논거가 현대 상황에서는 더 이상 그다지 일리가 없다. 더 넓은 세계관이 변하고 있으므로 초자연적 관점에 관한 논의를 금지하는 전통적인 학문의 경계도 더 자유롭게 도전받고 있는데, 이 점은 뒤에 논의되는 장들에 대해 우리를 준비시켜 줄 것이다.

(1) 철학에 끼친 영향

우리는 흄의 사상 같은 회의적인 사상의 물결이 실제로는 별로 영향을 미치지 않았다고 생각하지 않아야 한다. 계몽주의 엘리트와 더 전통적인 종교 대중 사이의 간극은 특히 정신병을 다루는 데 영향을 주었다. 보호시설에 억류된 가난한 사람 중에서 "자기들의 고통이 영적인 질병이라고 고집했던 환자들은 자기들의 증상을 믿음으로 간주하는 경향이 있었다."[2] 존 웨

---

2   MacDonald, "Healing," 124.

슬리와 조지 휘트필드 모두 자기가 단지 종교적으로 헌신할 뿐이라고 믿은 사람들을 그런 보호시설에서 풀려나게 했다. 베드럼 병원에서 1772년에서 1795년까지 환자 90명이 "종교와 감리교 때문에 미쳤다"는 말을 들었다고 인정했다.[3]

흄이 종교 및 철학에 미친 영향은 더 잘 알려졌다. 철학에서는 독일의 사상에 오랫동안 영향을 주었고, 슈트라우스 등의 헤겔학파 추종자를 두고 있는 헤겔이 특히 효과적으로 현대 서구 사상의 방향을 재설정했다. 이 주제에 관해서 그는 "고대 종교"와 19세기 "지적 소양"을 뚜렷이 대조했다.[4] 이 관점은 비교적 최근까지 논쟁의 여지가 없는 합의로 굳어졌고,[5] 다양한 기적 주장에 대해 적절하고 공정한 경험적 조사는 많이 이루어지지 않았

---

3   Ibid. 초창기 미국 감리교도들도 "몇몇 사람을 미치게 한다"는 비난을 받았다 (Wigger, *Saint*, 66). 마찬가지로 독일의 합리주의자들은 몇몇 사람이 경건과 때문에 미쳤다고 허위로 비난하고(Ising, *Blumhardt*, 263) 법률의 힘을 사용해서 몇몇 성경 교사들을 억압했다 (91). 심지어 20세기 초에도 몇몇 사람이 다른 사람들의 종교를 근거로 그들을 미쳤다고 비난했다고 한다(Stewart, *Only Believe*, 20). 개신교가 가톨릭의 기적 주장을 비난할 때에도 그들을 미쳤다고 비난했다(Daston, "Facts," 118). 웨슬리는 성공회 신자들과 마찬가지로 기적에 관한 Hume의 논문을 싫어했다(Deconinck-Brossard, "Acts of God," 374).

4   Kee, *Miracle*, 14-16을 보라. 그 시대의 몇몇 지배적인 관점과 마찬가지로 Hegel의 구성 개념에는 민족 중심주의 요소가 있었다. Hegel은 프러시아의 부패에 불만을 표출했음에도 불구하고, 정신(*Geist*)이 역사를 자신이 살고 있던 19세기 독일 문명에서 정점에 도달하도록 이끌었다고 믿었다. 유대교에 대해 대체로 부정적인 그의 평가에 관해서는 예컨대 Luft, "Unfolding," 56-57을 보라.

5   예컨대 우리가 4장에서 살펴본 바와 대조적으로 Darwin은 그의 명민함에도 불구하고 초기 기독교의 기적 주장을 모든 "야만인들"의 신앙과 마찬가지로 이해할 수 없을 정도로 "무식하고 경신하는" 고대인들의 견해라며 무시했다(Frankenberry, *Faith*, 135, Darwin의 자서전에서 인용함). 하지만 그는 초기에는 자신의 자연선택 이론을 자연에 나타난 신의 법칙과 양립할 수 있는 것으로 제시했는데(Moore, "Darwin's Faith," 146-47), 이런 견해를 취하는 사람이 많았다(Livingstone, *Defenders*를 보라). 최근까지 전개된 역사비평 방법, 특히 환원주의 및 반초자연주의 형태에 관해서는 Kee, *Miracle*, 12-41을 보라.

다.[6] 과학자들이 (다른 사람들과 마찬가지로) 경험적 인식론의 지시에만 매여서 살지는 않는데도 불구하고 현대 계몽주의 사상은 흔히 "과학적"인 것은 참이고 "과학적이지 않은" 것은 거짓이라고 규정했다. 동시에 현대 사상이 선험적으로 "초자연을 과학의 영역에서 제외"함에 따라 초자연적 접근법에 "허위와 비합리성"이라는 오명이 씌워졌다. 그러나 그렇게 규정짓는 것은 인식론적으로 불공정한 간판을 붙이는 처사다.[7] 이 급진적인 계몽주의 접근법이 20세기에도 이어졌다. 20세기 초의 논리 실증주의자들은 선험적 진리나 경험적으로 검증할 수 있는 진리만 받아들이고 형이상학, 규범적 윤리, 신학을 배척했다. 그러나 그러한 실증주의 접근법은 자체의 인식론을 통해 검증될 수 없어서 결국 그 접근법, 특히 그것의 가장 강력한 형태의 호소력을 약화시켰다.[8] 실증주의자들의 보편적인 실책 중 하나는 단순히 인정된 과학적 틀이 옳다고 가정함으로써 그것이 수정되지 못하게 했

---

6   몇몇 비교 문화 연구는 다양한 문화에서 지적인 초인간적 실체들에 의해 야기된 것으로 해석되는 현상을 인정한다. 신들림을 다루는 많은 인류학 문헌도 우리의 해석 틀 여하에 무관하게 충분히 객관적인 데이터를 입수할 수 있게 해준다(예컨대 다음 문헌들에 나타난 묘사를 참조하라. Kiev, *Magic*, 여러 곳; Goodman, *Demons*; Goodman, Henney, and Pressel, *Trance*. 좀 더 자세한 내용은 부록 B를 보라). 특별한 치유 운동에 대한 유익한 조사들도 있지만(예컨대 Harrell, *Possible*; Hardesty, *Faith Cure*), 내가 아는 한 간헐적인 차원을 제외하면 심지어 내가 속해 있는 진영에서조차 아무도 치유 사례 연구 수집을 시작하지 않았다.

7   O'Connor, *Healing Traditions*, 15. 16과 좀 더 일반적으로는 1장("Defining and Understanding Health Belief Systems," 1-34)도 참조하라.

8   McGrath, *Universe*, 195; Geivett and Habermas, "Introduction," 14(15에서 철학에서 기독교 사상이 노골적으로 부활한 것을 언급한다). 참조. Clark, *Philosophy of Science*, 80; K. Clark, *Philosophers*, 11-12; McInerny, *Miracles*, 17-18; D'Souza, *Christianity*, 182-83. Popper, *Conjectures*, 198-99은 경험적인 이론들은 일반적인 이론들과 마찬가지로 그 이론들이 해결하려고 하는 문제들에 관해서만 합리적이라고 묘사될 수 있다고 주장한다. 앞에서 언급된 바와 같이 많은 학자는 형이상학적 자연주의를 선험적 추론으로서(참조. Giere, "Naturalism," 214) 인식론적으로 자멸적이라고 생각한다(참조. Nash, "Conceptual Systems," 127-30).

고[9] 따라서 실제로는 과학의 발전을 방해할 수 있었다는 것이다.[10] 실증주의는 또한 과학 이론 형성에서 주관성의 역할을 소홀히 했다.[11] 더구나 역사를 알지 못하는 사람은 그것을 되풀이하게 되어 있는데, 고의로 역사 철학을 소홀히 했던 실증주의자들은 지난 세기의 많은 논쟁을 마치 자기들이 그 논쟁을 처음 시작한 것처럼 되풀이했다.[12] 실증주의의 가치는 그것의 경험주의이지만, 우리는 그것이 다루려고 하는 종류의 데이터에 대해 경험적인 접근법을 활용한다고 하더라도 추상적인 수학이나 심지어 인식론 자체에 관한 질문 같은 다른 인식론적 접근법을 배제하지 않으면서 그렇게 할 수 있다. 전통적인 과학적 경험주의는 실험을 통해 반복될 수 있는 지식과 관련이 있다. 그러나 모든 지식이 이 접근법으로 한정된다면 역사가, 언론인 또는 다른 형태의 지식 분야에서 일하는 전문 직종 구성원들을 위한 자리가 거의 없을 것이다.[13] 우리는 또한 실험적 방법만을 통한 실험주의 인식론을 정당화할 수도 없다.[14] 철학사가인 프레더릭 코플스턴이 지적하는 바와 같이 "경험 과학을 통해 제시되는 것과는 다른 차원의 경험과 지식이 있

---

9   Kuhn, *Structure*, 98.

10   Barbour, *Myths*, 36.

11   Barbour, *Religion and Science*, 11, 93.

12   Colodny, "Introduction," xii-xiii.

13   예컨대 Gorsuch, "Limits," 284-85은 인식 방법은 관련 분야에 맞춰야 한다고 지적한다. Hart, *Delusions*, 10-11와 Licona, *Resurrection*, 102에 수록된 내용도 참조하라.

14   MIT 대학교 원자핵 과학 및 공학 학과장인 Hutchinson은 순수한 과학주의(과학적 지식만을 의미 있는 것으로 받아들이는 접근법)에 유창하게 반대 주장을 펼친다. Ecklund, *Science*, 107-8을 보라(참조. ibid., 138에 등장하는 과학자가 자신의 전문 영역이 아닌 영역에 대해 발표하는 것에 관한 어느 정치학자의 경고; 139-40에 수록된 생물학자에 대한 경고). 과도한 전문화가 지식에 대한 비과학적인 접근법을 유지하는 소수파 과학자를 멸시하는 데 대한 주된 책임이 있다. 몇몇 인문학자들도 마찬가지로 과학적 지식의 오만을 펼쳤다. 어느 한쪽의 다른 쪽에 대한 편견은 어느 것도 도움이 되지 않는다.

다."[15] 사실 복수의 인식론이 필요하다. 추상적인 수학과 경험적인 조사가 보완적으로 채택될 수 있듯이 우리가 다른 종류의 지식을 발견하기 위해서는 다른 방법이 필요할지도 모른다.[16] 많은 경우 각각 우리의 데이터의 다른 요소들을 설명하는 보완적인 모델들이 협력할 수 있다.[17] 순수한 경험주의와 대조적으로 심지어 수학의 많은 구조조차 증명되기보다는 전제된 공리들(axioms)에 의존한다.[18] 수학의 구조들은 닫힌 계(closed system) 내에서 "성립"(work)하지만, 이전 시기의 몇몇 합리주의자들이 가정한 "순수한" 귀납

---

15 Copleston, *Philosophy*, 43-44. Ecklund, *Science*, 17은 비록 소수이기는 하지만 몇 몇 과학자들은 과학을 인생의 모든 영역에 대한 신뢰할 만한 지침으로 간주했다고 지적한다(18에서 그녀는 의미 문제를 중요하지 않다고 일축하면서 인간의 존재가치를 바퀴벌레의 존재가치와 동등하다고 본 한 과학자의 예를 제시한다).
16 다음 문헌들을 참조하라. Gerhart and Russell, "Mathematics," 122-24; Smart, *Philosophers*, 30, 40. 다음 문헌들도 참조하라. Polkinghorne and Beale, *Questions*, 26-27, 52에 수록된(Kurt Gödel을 한정적으로 읽는) 과학 및 심지어 수학의 한계; Jaki, *Patterns*, 200-1(과학적 인식론과 "통계적 유의성"의 한계를 언급한다); Margenau, "Laws," 62; Mott, "Science"; Salam, "Science," 97-98; Townes, "Question," 123; Granit, "Attitude," 178; Snell, "Science," 211; Szentágothai, "Existence," 215. 복수의 인식론적 기준에 관해서는 Barbour, *Religion and Science*, 109-10을 보라. Peach, "Miracles," 82을 참조하라.
17 Niels Bohr는 외관상으로는 모순되는 것으로 보이는 전자(electron)의 행동의 측면들을 보완적인 것으로 보았다(MacKinnon, "Complementarity," 256, 261-69. 참조. Rescher, *Studies*, 145 각주 2; Bohr의 접근법의 역사철학적 배경에 관해서는 다음 문헌들을 보라. Loder and Neidhardt, "Dialectic," 284-88; Kaiser, "Complementarity"에 수록된 논의. 이에 대한 평가는 Barbour, *Religion and Science*, 167-70을 보라. Bohr의 사례를 부정적으로 보는 견해에 관해서는 Saunders, "Physics," 578을 참조하라). Kant도 어느 정도의 보완성에 찬성했다(MacKinnon, "Complementarity," 259-61). 그리고 다양한 관점들을 보완하는 것이 우리의 다양한 데이터에 필요한 접근법으로 보인다(ibid.; Ward, "Cross-Cultural Study," 16에 나타난 몇몇 주관적 접근법과 객관적 접근법의 보완을 참조하라). 그러나 종교 철학에서 어느 정도 과학 모델을 차용한다고 해도 그다지 미묘한 차이가 있는 것은 아니다(예컨대 Woodsmall, "Analysis," 167-256에 수록된 Barbour의 비판을 참조하라).
18 Stannard, "Purpose," 43.

적 논리를 허용하지 않는다.

부분적으로는 위에서 언급된 이유로 오늘날 많은 철학자가 기꺼이 실증주의 및 실증주의 인식론과 거리를 둔다.[19] 그러나 철학 분야에서 실증주의가 쇠퇴하기는 했어도 그것이 20세기의 역사 기술에 끼친 영향이 즉각적으로 사라지지는 않았고,[20] 종교에 반대하는 이 접근법의 편견이라는 보편적인 유산이 모두 중화되지도 않았다.[21] 우리는 우선 철학적 회의주의가 종교와 신학에 끼친 영향을 살펴볼 것이다.

(2) 종교와 신학에 끼친 영향

종교 철학 및 철학적 신학 분야에서 연구하는 학자들로 말미암아 많은 토대들이 철회되었기는 했지만 아직도 몇몇 신학 진영에는 기적과 기타 초월적인 사건 주장에 관해 불편해하는 흄, 칸트 및 실증주의자들의 영향이 남아 있다.[22] 그러나 그들이 종교에 끼친 가장 강력한 영향은 회의주의가 등장한 당시와 좀 더 최근에 그것이 고생하고 있는 시기의 중간 시기에 느껴졌다.

종교 차원에서는 18세기 영국의 이신론이 흄 등의 반초자연주의 논증을 기꺼이 수용했다. 19세기의 종교는 그런 세계관을 자연주의적인 독일

---

19 예컨대 Popper, *Myth of Framework*, 67, 75-76; idem, *Conjectures*, 21-22, 69-71, 156-57, 253-92 여러 곳; Polanyi, *Knowledge*, 예컨대 9, 11; Copleston, *Philosophy*, 26-44. 참조. Hesse, "Language"; Maxwell, "Theories," 33; Craffert, "Origins," 337, 342; 실증주의 유산이 그것의 방법론으로부터 상당히 멀어졌다고 주장하는 몇몇 학자들(참조. Giberson and Artigas, *Oracles*, 121-22, Hawking에 관해 언급하는 부분).

20 Geivett and Habermas, "Introduction," 15.

21 Marsden, *Outrageous Idea*, 26-28을 보라.

22 Morris, "Introduction," 3-4을 보라.

개신교 자유주의 안으로 직접 흡수했다.[23] 내가 언급한 바와 같이 흄 자신은 엄밀한 이신론자가 아니었고,[24] 그의 몇몇 논증들은 유일신론적인 정통뿐만 아니라 이신론도 손상했다.[25] 하지만 그의 몇몇 논증은 이신론의 영향을 반영했으며,[26] 의심할 나위 없이 그의 명성으로 인해 유럽에서 그런 논증이 점점 더 존중받았다.[27] 흄의 논문이 발표되기 오래전에 이미 이신론자인 존 톨런드(1670-1722)가 구약의 기적들을 모세가 사람들을 속인 것으로 본 헤르만 자무엘 라이마루스(1694-1768)와 달리 그것들을 자연주의적인 설명으로 포용했다.[28] 흄을 알았지만 그와 사이가 나빠진 프랑스 철학자인 장 자크 루소(1712-78)는 성경을 존중했지만, 예수의 가르침이 그의 기적보다 더

---

23 Geivett and Habermas, "Introduction," 11. 그러나 미국의 많은 이신론자는 Hume 에게는 낯선 형이상학적인 근거에 호소했으며, Hume의 정치적 견해로 인해 영국의 식민지들에서는 그가 논쟁의 대상이 되었다(Fosl, "Hume"을 보라).

24 Hume은 자기에게 이신론자라는 호칭을 붙이는 것을 거절했다(이 점은 Fosl, "Hume," 171, 188 각주 23에 수록된 Hume에 관한 증언에 등장한다). 그가 진지하게 말한 것이라면 Hume은 자신이 칼뱅주의자로 양육된 점이나 그의 장로교인 친구들을 존중해서 신앙 지상주의자를 위한 피난처를 마련해 두었을 수도 있지만(Backhaus, "Falsehood," 290-91), Miracles, 55은 빈정거림일 수도 있다(Gaskin, Philosophy, 125은 두 대안을 다 열어놓는다). 그는 자기가 어떤 종교도 공격하려고 하지 않는다고 주장하지만 진정으로 그의 공격에서 벗어나는 종교는 거의 없으며(Smith, "Introduction," 19, 51), 그는 자신이 받은 칼뱅주의 양육에 반하여 반응했다(1-13, 47). 종교에 대한 불신이 그의 젊은 시절의 종교를 영원히 대체했다(76-79은 Hume을 상대로 실시한 마지막 인터뷰를 다시 실었다).

25 Fosl, "Hume," 174.

26 Brown, Miracles, 52-53과 Burns, Debate, 141(참조. 70-95)을 보라.

27 Hume의 접근법과 이신론 사이에 유사한 점들이 있지만(Fosl, "Hume," 174-75; Backhaus, "Falsehood," 292), 미국의 이신론자들은 Hume에게 많이 의존하지 않았다(Fosl, "Hume," 175).

28 Lang, "Toland." Brown, Miracles, 49도 보라. Reimarus에 관해서는 다음 문헌들을 보라. Schweitzer, Quest, 14-26; Brown, Miracles, 107-10; Heyer, Jesus Matters, 21-23; Mullin, History, 167. Hillerbrand, "Historicity"에서 다뤄진 18세기 초의 논쟁도 주목하라.

중요하다고 믿었다. 그의 관점에서는 기적들은 자연적으로 설명될 수도 있는데 단지 잘 알지 못하는 사람들에게 기적적인 것으로 보였을 뿐이었다.[29]

종교에 대한 자연적 접근법이 빠르게 성장했다. 예컨대 하인리히 파울루스(1761-1851)는 복음서의 기적들에 대해 자연주의적인 설명을 제시했다.[30] 가령 복음서에 수록된 치유들은 단지 환자의 신경 시스템에 유익을 주었고, 죽은 사람은 단지 "생명이 정지"해 있었을 뿐이었으며, 많은 사람을 먹인 일은 단지 음식을 나누는 좋은 모범을 보인 데 지나지 않았다.[31] 그 전에 칼 프리드리히 바르트(1741-92)는 비밀 종파인 에세네파가 의료와 심인성 치료를 제공했다는 의견을 피력했다. 그는 예수와 에세네파는 단지 합리적인 진리를 소통하기 위해 미신을 수용했을 뿐이었다고 주장했다.[32] 칼 하인리히 벤투리니(1768-1849)도 그와 비슷하게 예수가 약물을 지참하고 다니면서 사람들을 치료했다고 생각했다.[33] 내가 다른 곳에서 불평했듯이 "바르트와 벤투리니는 편리하게도 고대의 의료 역량을 과대평가한 것으로 보인다."[34]

다비트 프리드리히 슈트라우스(1808-74)의 견해는 그 텍스트를 설명하기 위해 재주를 덜 부려도 되었기 때문에 더 설득력이 있었는데,[35] 슈트라

---

29 Burne, "Rousseau," 143(그가 성경을 중시하는 데 관해), 145-47(기적에 관해, 특히 고대인들이 자연적 설명을 아직 이해하지 못한다는 데 관해서는 146).

30 Sabourin, *Miracles*, 63; Geivett and Habermas, "Introduction," 11; Schweitzer, *Quest*, 48-57; Trench, *Miracles*, 59-62.

31 Loos, *Miracles*, 17. 오늘날 대다수 학자는 이 접근법의 약점을 알고 있다(예컨대 Eve, *Healer*, 147). Clark, "Miracles and Law," 24은 이 접근법을 옹호하는 사람들을 불성실하다고 주장할 정도로 그것을 경멸한다.

32 Schweitzer, *Quest*, 39-44.

33 Ibid., 44-45.

34 Keener, *Historical Jesus*, 4.

35 오늘날 대다수 성서해석학자는 자연주의적인 설명이 우리가 갖고 있는 사실상 유일한 자료인 그 보고들의 요점을 놓칠 뿐만 아니라(예컨대 O'Grady, "Miracles,"

우스는 초기 기독교의 기적들을 역사로 묘사된 신화로 설명했다.[36] 슈트라 우스는 18세기의 자연주의적인 역사적 설명을 발전시켰는데, 그는 문헌- 심리 범주를 사용해서 텍스트에서 "비역사적인" 초자연적 요소들을 벗겨 내는 한편 텍스트의 가치를 보존했다.[37] 우리가 슈트라우스가 생각하는 종 류의 신화가 형성되려면 수십 년보다는 더 소요되었으리라고 생각할 것이 기 때문에 슈트라우스는 복음서들이 아주 늦게 기록되었다고 주장할 필요 가 있었다. 그래서 그는 구체적인 모든 내적·외적 증거에 반하여 복음서들 의 기록 시기를 2세기로 보았는데,[38] 오늘날 대다수 학자는 이런 편의주의 를 따르지 않을 것이다.[39] 대체로 그의 자료들의 지지할 수 없는 저작 시기

371을 보라), "터무니없다"고 본다(Placher, *Mark*, 78).

36 Frei, *Eclipse*, 233-44(특히 236, 239을 보라), 275; Brown, *Philosophy*, 152; idem, *Miracles*, 117-23; Loos, *Miracles*, 19-21; Sabourin, *Miracles*, 63-64; Kahl, *Miracle Stories*, 14; Keller, *Miracles*, 80-91; Geivett and Habermas, "Introduction," 12; Dunn, *Remembered*, 32-34. 거의 동시대의 비평에 관해서는 Trench, *Miracles*, 62-67을 보라. 심지어 Schweitzer, *Quest*, 68-95도 Strauss가 너무 멀리 나갔다는 의 견을 피력했다. Strauss에 관해서는 Heyer, *Jesus Matters*, 24-25과 Paget, "Quests," 143을 더 보라. Rössler, "Mensch." Strauss는 자기가 생각하기에 그 기적들이 상 징하는 상상력이 풍부한 이상을 가치 있게 여겼다(Zachman, "Meaning," 12-13). 그는 그의 책 3판에서는 신화라기보다는 몇몇 자연주의적인 해석을 허용했지만 (1838-39, 1840년에 출판된 4판에서는 양보가 축소되었다) 결코 초자연주의적 인 접근법을 인정하지는 않았다(Brown, *Miracles*, 121-22). Strauss가 현대 학자들 이 기적을 다루는 태도에 끼친 영향에 관해서는 추가로 Twelftree, *Miracle Worker*, 32-33를 보라. Ludwig Feuerbach(1804-72)는 기적을 공상 또는 소원 성취로 보 았다(Brown, *Miracles*, 123-24; Keller, *Miracles*, 94-108. 참조. Larson, "Centuries," 96-98).

37 Frei, *Eclipse*, 239, 241-42을 보라. 참조. 274. Strauss는 예수가 "신경" 장애를 고쳤 을 가능성을 인정했다(Wilson, "Miracles," 13도 마찬가지다).

38 Sabourin, *Miracles*, 64과 Bernard, "Miracle," 392에 나타난 이 주장을 주목하라.

39 따라서 Dunn, *Remembered*, 672이 지적하는 바와 같이 이런 이야기들은 최초로 말 해질 때부터 기적으로 이야기되었다. 복음서들이나 그 일부가 2세기에 쓰였다고 주장하는 학자들(예컨대 Koester; Pervo)이 상당히 많지만 그들은 소수파다.

는 잊힌 반면 오늘날에도 슈트라우스의 신화적 접근법의 후계자들이 남아 있다.[40] 비록 나는 그것이 역사적 예수 학자들에게서는 유력한 접근법이 아니라고 생각하지만 말이다.[41] 따라서 이를 교정하는 것이 내가 본서를 저술한 중요한 동기 중 하나다.[42]

홍미롭게도 슈트라우스는 자신의 친구 중 한 명이 루터파 목사인 크리스토프 블룸하르트를 방문한 뒤 걷지 못하는 것이 치유되었다는, 블룸하르트와 관련된 당대의 기적 주장(10장을 보라)에 대해 들었다. 그러나 그는 자기의 세계관에 걸맞게 친구의 치유를 심인성이라며 무시했다.[43] 마찬가지로 그는 블룸하르트를 단순히 진지하지만 정신적으로 모자란 목사로 여겼다.[44] 신학 훈련을 받았던 블룸하르트—그도 합리주의에 대해 알고 있었다—편에서도 슈트라우스를 높게 평가하지 않았다.[45]

스피노자가 신학에서 반초자연주의를 대중화하고 나서 2세기 뒤의 인물인 프리드리히 슐라이어마허(1768-1834)는 애초에 자연주의적인 전제를 수용할 때에만 성립하는 삼단논법을 사용했다[46](나는 스피노자의 견해가 그의

---

40   Sabourin, *Miracles*, 64은 이 접근법이 대체로 학자들이 실제로 그 이야기들의 기원을 설명하지는 않으면서 초기 기독교 공동체가 예수의 기적에 관한 이야기들을 지어냈다고 말하는 형태로 나타난다고 지적한다.

41   예컨대 다음 문헌들에 나타난 비평을 보라. Evans, "Mythology"; Craig, "Tomb"(부활에 관해, 특히 67-69), 그리고 복음서의 장르에 관한 Burridge, 나 자신 및 다른 많은 학자의 연구.

42   다른 많은 학자와 마찬가지로 나는 다른 곳에서 1세기 복음서들에 정교한 전설을 덧붙이는 데 반대해왔으며(Keener, *Historical Jesus*), 복음서 내러티브들을 신화적인 알레고리로 보는 견해의 옹호자는 더 적다고 생각한다.

43   Ising, *Blumhardt*, 222-23(Eduard Mörike의 보행 능력 개선에 관한 일화).

44   Ibid., 93. 좀처럼 어떤 주장도 직접 조사하지 않았으면서도 당대의 합리주의자들은 Blumhardt와 직접 치유를 경험했다고 주장하는 사람들을 조롱했다(263-64).

45   Ising, *Blumhardt*, 93-94. 그는 기적에 대한 자연주의적인 설명을 포함하여(92) 계몽주의의 합리주의 신학에 반대했다(90-92, 404).

46   Dembski, *Design*, 63, 66을 보라. 기적에 대한 그의 접근법에 관해서는 다음 문헌들

범신론적인 가정에 의존했음을 지적했다. 슐라이어마허는 스피노자에게 큰 영향을 받은 것으로 보인다[47]). 슐라이어마허의 영향력 있는 비평은 단순히 자기가 증명하려고 하는 자연주의를 전제했다. 두 논증 모두 하나님이나 다른 비물리적 실체를 적절한 인과 관계상의 형이상학적인 대안에서 배제함으로써 미결문제를 토대로 이론을 전개했다.[48] 슐라이어마허는 예수의 기적을 받아들였지만 우리는 물질과 영의 역학을 이해하지 못한다고 주장함으로써 그것을 받아들였다.[49] 그는 사건들이 기적이 되게 만드는 것은 그 사건들이 자아낸 주관적인 경이라며,[50] 신자들에게 하나님이 오늘날 개입할 것으로 기대하지 말라고 경고했다.[51]

19세기 후반이 되자 초자연적 개입에 관한 회의주의가 심지어 신학계에서조차 우세해졌다.[52] 예컨대 아돌프 하르나크는 신약성서에 수록된 많

에 수록된 논의도 보라. Brown, *Miracles*, 114-17; Grenz and Olson, *Theology*, 48; Loos, *Miracles*, 17-18; Trench, *Miracles*, 56-59; Manschreck, *History*, 339-40에 실린 발췌문.

47 Schleiermacher의 토대는 "그가 스피노자와 동화(assimilation)된 것"으로 보이는데(Dembski, "Critique," 443), Dembski는 그것을 "불충분한 논리 행사"로 간주한다(463).

48 Idem, *Design*, 63, 66. 이론적인 반초자연주의의 철학적 역사에 관해서는 Hamilton, *Revolt*(다양한 형이상학적 접근법은 67-124; Schleiermacher와 그의 지지자는 특히 67-90; Hamilton 자신의 Bonhoeffer의 접근법 선호는 169-80)를 보라. Schleiermacher가 기적의 필요를 부정한 데 관해서는 다음 문헌들을 보라. Frei, *Eclipse*, 313, 316; Richardson, *Age of Science*, 81; Zachman, "Meaning," 10-12. 심지어 빅토리아 시대의 그리스도인들조차 기도를 그들의 자연법칙의 획일성 가정과 조화시키기 위해 애썼다(Opp, *Lord for Body*, 17).

49 Larson, "Centuries," 94-96을 보라.

50 Clark, "Miracles and Law," 26(Schleiermacher와 Ritschl에 관한 부분).

51 Edwards, *Christianity*, 418.

52 19세기 말 신약성서 학계에서 초자연적 개입에 대한 회의주의의 승리—이는 이전 시기의 "케임브리지 3인방"인 J. B. Lightfoot, B. F. Westcott 그리고 F. J. A. Hort의 분투에도 불구하고 그들의 명백한 후계자인 William Sanday가 초자연주의에서 회의주의로 돌아섬에 따라 가장 효과적으로 진척되었다—는 Mullin, *Miracles*,

은 역사적 정보에 관심이 많았으면서도 기적, 천사, 묵시적 예언 등을 신약성서 메시지에 대한 비역사적이고 이질적인 침입이라고 간주했다.[53] 그는 예수의 강력한 인격이 몇몇 회복을 가져왔을 수도 있다는 점은 인정한 반면 자연 기적 등은 의심했다.[54] 그러나 경험적 증거가 아니라 형이상학적 전제가 과학 연구를 물질주의적인 방향으로 몰고 갔으며,[55] 현대 과학의 확실한 결과가 신학의 연구 방향을 형성했다.

좀 더 최근에는 불트만과 그의 동료들이 그런 지배적인 철학적 가정들을 단순히 재진술했다.[56] 그런 논증의 와중에서 몇몇 학자는 신학적인 이유에서조차 성경의 기적들을 경시했다.[57] 이와 대조적으로 최근의 몇몇 학자

138-78를 보라(Sanday에 관해서는 163-65을 보라. 참조. Sanday, "Miracles"에 나타난 미묘한 입장). (특히 1920년대에서 1950년대까지의) 신정통주의에 대한 진보적인 재고에 관해서는 Mullin, *Miracles*, 254-59을 보라. 그러나 이미 18세기 말에 독일의 대다수 목사는 더 이상 현대의 자연재해에서 기적적으로 탈출한 데 대한 신학적인 설명을 제공하지 않았다(Lehmann, "Miracles," 334). 영국과 프랑스에서 나타난 "불가항력"(acts of God)에 대한 접근법 변화에 관해서는 Deconinck-Brossard, "Acts of God"을 보라.

53 Grenz and Olson, *Theology*, 60. 역사적 예수에 대한 Harnack의 접근법은 예컨대 Keener, *Historical Jesus*, 5-6 및 그곳에 수록된 자료를 보라. 이전 시기에 쓰인 예수의 "자유로운 생애"에 관해서는 Schweitzer의 저술에 실린 조사 외에 다음 문헌들을 보라. Heyer, *Jesus Matters*, 25-32; Theissen and Merz, *Guide*, 5; Paget, "Quests," 143-45.

54 Loos, *Miracles*, 28은 Harnack도 몇몇 사례들을 설명하지 않고 놔두었다고 지적한다.

55 Dembski, *Design*, 82-85을 보라.

56 다음 문헌들을 보라. Jaki, *Miracles and Physics*, 13-14; McGinley, *Form-Criticism*, 71; O'Connell, "Miracles," 55; deSilva, "Meaning," 7-10(특히 10-12에서 H. Braun을 비판한다); Anderson, *Quest*, 178; Smith, *Thinking*, 94. 다른 유신론자들도 기적에 관한 Bultmann의 입장을 비판했다(예컨대 Geisler, *Miracles*, 67-74; Torrance, *Space*, 37-38, 48 이하. Yung, *Quest*, 7에 인용된 글; McGowan, *Authenticity*, 70); 하나님 외에 다른 영적 힘들에 관하여 Bultmann 등에 반대하는 의견도 Twelftree, *Triumphant*, 135-70에 수록된 논증을 보라.

57 예컨대 Hobbs, "Miracle Story," 126은 진정한 복음서의 틀은 "예수는 결국 기적을

는 기적이 일어나지 않는다는 불트만의 가정과 그의 유신론적 가정이 양립할 수 없다고 주장했다.[58] 좀 더 일반적으로 살펴보자면 윙크는 많은 학자가 하나님이 인간 행위자를 통해서만 일한다고 말하는 것을 관찰했다.[59] 그는 "우리가 이렇게 기능적이고 방법론적인 무신론에 너무 익숙해져서" "우리는 이 견해와 하나님이 자연과 역사에 하나님 뜻대로 직접 개입하는 것으로 묘사되는 성경의 견해 사이의 거대한 틈에 더 이상 충격을 받지 않을지도 모른다"고 불평한다.[60] 반초자연주의에 필요한 철학적 토대는 유신론적이 아니라 무신론적이거나 이신론적이다(5장을 보라). 그러나 우리가 살펴본 바와 같이 단순히 초자연적 설명을 받아들일 수 없다고 전제하는 이 관행은 긴 계보를 갖고 있다.

일으키지 '않았고', 십자가를 피하지 않았다"와 비슷할 것으로 생각한다. 서구의 이러한 독특한 독법은 여하튼 부활 내러티브를 간과한다.

58 Ward, "Believing," 742. 참조. Culpepper, "Problem of Miracles," 213; deSilva, "Meaning," 10(Bultmann의 접근법은 신약성서의 진정한 "타자성"(otherness)을 억압한다고 지적한다). Ward, "Believing," 743은 Immanuel Kant조차 지적인 존재의 법칙에 대한 행동을 그렇게 융통성 없이 제한하지 않았다고 지적한다. Kant는 심지어 창조에 나타난 신의 설계 같은 것을 허용했을 수도 있다(Nuyen, "Kant on Miracles," 320-21를 보라). 사실 Hume이 다른 곳에서 그런 취지로 진술한 몇몇 예가 있다(Backhaus, "Falsehood," 293을 보라). 몇몇 신학 저자들은 과학적인 논증이 아니라 인간의 불신이 기본적인 문제라고 여겼다(Spurr, "Miracles," 333-34).

59 즉 이것이 신이 일할 수 있는 유일한 방법인 것처럼 말이다.

60 Wink, *Transformation*, 31.

(3) 이것이 건전한 접근방법인가?

과학의 이름으로 빈번히 실제적인 것을 물질적인 것으로 축소시키고 그렇게 함으로써 하나님 같은 설명을 배제하는 것은[61] 경험 과학 자체의 산물이 아니라 철학적 구성 개념의 산물이다.[62] 이 논증의 많은 부분은 그것이 유래한 시대에 지배적이었던 타당성 구조에 바탕을 둔 단순한 주장으로 전락한다.[63] 영향력 있는 철학자인 윌리엄 제임스는 "정통성은 교회에서처럼 과

---

61 그러나 유신론에서 진정한 문제는 하나님이라는 문제 **바깥의** 물질주의(나는 여기서 이 문제만 다룬다)가 아니다. 이원론 접근법이 여전히 널리 퍼져 있지만(참조. 예컨대 Garcia, "Minds"; Beauregard and O'Leary, *Brain*), 유신론자들은 일원론적인 인류학적 접근법을 제시할 수도 있다(다음 문헌들을 보라. Richardson, "Agency," 357; Peacocke, *Creation*, 133; Green, *Life*; Polkinghorne and Beale, *Questions*, 9, 59-60, 75-76, 117-37; Polkinghorne, *Reality*, 46-49. 몇몇 접근법에 대한 조사는 Johnson, "Neurotheology," 218-22을 보라). 대체로 중재적인 창발 접근법도 주목하라(다음 문헌들을 보라. Davies, "Preface," x-xi, xiii; Clayton, "Foundations," 27; idem, "Appraisal," 312, 315; Ellis, "Nature," 97-98; Deacon, "Emergence," 149; Silberstein, "Defense"; Murphy, "Causation"; Peacocke, "Emergence." Van Gulick, "Charge"도 주목하라). 이 차원의 실재에 관해 인류학적 일원론을 수용하는 사람들이나, 실재에 대해 물질적 및 영적 요소들을 통합된 전체로 보려는 개념을 지닌 사람들은 신약성서에 나타난 것 같은 기능적 차원의 측면 구분을 배제할 필요가 없다. 몇몇 저자들은 의식(consciousness)을 신이 창조한 것으로 본다(예컨대 Mott, "Science," 66; Eccles, "Design," 164; Garnham, "Stage"). 다른 학자들은 의식과 두뇌의 연결을 더 완전하게 강조한다(Snell, "Science," 210. 그러나 그는 이 주제에 관해서는 자신을 이원론자로 본다).

62 Houston, *Miracles*, 123과 Williams, *Miraculous*, 204을 보라. Marsden, *Outrageous Idea*, 75-77를 참조하라. (인류학 교수인) Macklin, "Yankee," 74은 따라서 과학주의는 과학으로서가 아니라 종교로서 기능한다고 주장한다(참조. Barrington-Ward, "Spirit Possession," 464 등도 유사하게 주장한다). 그런데도 이전 시기에 종교적으로 형성된 독단주의를 불쾌하게 생각하는 많은 학자는 지적인 인격체의 인과 관계를 경험적 고려에서 배제하며 그들이 부지중에 물려받은 독단주의적인 태도를 지니고서 그렇게 한다.

63 Williams, *Miraculous*, 34을 보라.

학에서도 거의 권위 문제가 되었다"고 불평했다[64] 형이상학적인 대안의 적절성은 엄격하게 과학적인 문제가 아니라 철학적이고 형이상학적인 문제다. 그리고 형이상학적인 자연주의는 반드시 과학적인 데이터를 해석한 것이 아니고 형이상학적인 이론이다[65](그것은 적어도 부분적으로는 아리스토텔레스의 목적론에 반대하는 반응이었다[66]). 즉 과학자나 다른 누가 초자연적 실재의 가능성을 일축하면 그 사람은 형이상학적인 관점을 제시하고 있는 것이며, 단순히 그 반대로 가정하는 사람 못지않게 형이상학에 대해 오만한 태도를 보이는 것이다. 더구나 내가 5장에서 논의한 바와 같이 이 가정들은 오늘날과는 상당히 다른 과학적 세계관에 의존했으며, 과학자들이 그 가정들을 제시한 것이 아니라 종교적 의제를 지닌 철학자들(특히 이신론자들과 흄)이 제시했다.

---

64 Macklin, "Yankee," 74에 언급되었다.

65 Osmond, "Physiologist," 158. 그는 최종적인 인과 관계를 배제할 과학적인 이유 자체는 없다고 지적한다(159). 추가로 Alston 및 Plantinga와 의견을 같이하는 Okello, *Case*, 10-13을 보라.

66 Osmond, "Physiologist," 155은 17세기의 작용인(efficient cause)을 강조하는 기계론적인 철학은 아리스토텔레스의 목적론에 반대했다고 주장한다. 특정한 결과(궁극인, final cause)를 위해 "원재료"(**질료**인, material cause)에 작용하는 "형성력"(**작용**인, efficient cause)을 통해 도구를 만드는 인간(지적 형성인, formal cause)의 비유에 관해서는 예컨대 Wilcox, "Blind," 169을 보라. 그는 목적/궁극인을 믿어도 과학적인 작용인 추구를 배제하지 않는다고 지적한다. 인과 관계에 대한 접근법의 간략한 역사에 관해서는 Wilcox, "Blind," 170-71을 보라. 인과 관계에 대한 중세의 접근법이 과학 및 신학에 대한 현대의 논의에 대해서 갖는 가치는 Ramachandra, *Myths*, 175를 보라. 다양한 수준의 인과 관계 및 신학에 관해서는 Spitzer, *Proofs*, 210-15, 220-25을 보라. 아리스토텔레스에서 나타나는 다양한 인과 관계 형태에 관해서는 예컨대 Deacon, "Emergence," 113을 보라. 이러한 형태가 기적 문제에 적용된 경우에 관해서는 Tonquédec, *Miracles*, 40-45을 참조하라.

(4) 신이 자연계에서 활동하는가?

유신론자들 사이에서조차 우주에서 행해지는 신의 활동의 **본질**에 관해 합의가 이루어지지 않고 있다.[67] 용례가 사회적으로 정의된 그 용어의 의미를 정의하지만, "기적"이라는 용어의 가장 느슨한 사용조차도 대개 우주에서 행해지는 하나님의 일반적인 활동과는 다른 무엇을 일컫는다[68](몇몇 사상가들은 그 용어를 성경 텍스트들이 흔히 "표적"이라고 말하는 것과 비슷한, 하나님의 특성을 드러내는 행동으로 제한한다[69]). 몇몇 유신론자는 하나님이 자연 질서를 통해서 일하는데, 오직 그 질서를 통해서만 일하고 자연주의적인 설명이 불가능한 다른 방식으로는 일하지 않는다고 결론지었다.[70] 따라서 그들

---

67 접근법들에 대한 조사는 Peacocke, *Theology*, 135-83을 보라. Tillich가 자연법칙을 위반할 수도 있는 기적을 부인한 데 관해서는(Tillich, "Revelation") Swinburne, "Introduction," 15을 보라. Tillich의 접근법에 대한 다른 도전들에 관해서는 Putnam, "Tillich"를 보라. Tillich의 역사에 관한 인습에 대해서는 Brown, *Miracles*, 172을 보라. Hay, "Concept," 195은 Tillich와 Bultmann의 접근법—거기서는 하나님이 모든 것에서 활동한다—에서는 기적이 무의미하다고 지적한다. 그러나 그는 (과정 신학 관점에서는) 하나님이 모든 것에서 활동하지만 "그 활동의 내용은 상황마다 달라서" 기적이 의미가 있다고 주장한다. Keller, "Power," 122은 과정 신학에서는 하나님이 자연적 요소들에 영향을 줄 수 있으며 초자연은 자연과 종류 측면에서 다르기보다는 정도 측면에서 다르다고 주장한다. Epperly, "Miracles," 61은 과정 신학 접근법에서조차 치유와 기적이 언제나 발생하지는 않지만 우리는 "치유를 위해 기도할 수 있고", "기적을 기대할 수 있다"고 인정한다(또한 idem, *Touch*, 16-22, 43-46, 109-11도 참조하라). 이와 대조적으로 Langford, "Problem," 52은 하나님의 마음이 인간의 마음에 영향을 주기는 하지만 "심신상관적인" 방식으로만 영향을 준다고 주장한다. 나는 과정 신학 접근법이나 여기에 소개된 다른 어떤 접근법도 장려하지 않는다. 나는 철학적인 신학자가 아니며, 여기서는 때때로 기적을 수용할 수 있는 다양한 접근법들을 조사하고 있을 뿐이다.

68 Evans, *Narrative*, 137, 141.

69 Ibid., 141. 5장에 수록된 기적의 종교적 맥락에 관한 논의를 참조하라.

70 Peacocke, *Theology*, 183. Peacocke은 하나님이 정보 입력과 유사한 하향식(top-down) 방식으로 일하는 것을 찬성한다("Emergence," 261-66에서 그는 하향

은 하나님이 확립한 자연의 규칙성이라는 규범 밖의 기적들은 발생할 가
능성이 작고, 하나님이 일반적으로 일하는 방식과 일치하지 않는다고 생각
한다.[71] 그러나 이 결론은 증거의 필연적인 추론이 아니다. 물론 성경적 유
신론자는 하나님이 대개 자연계를 통해 일한다고 생각할 것이다. 성경 내
러티브들에서 하나님은 강력한 바람을 통해 이례적인 행동을 할 수도 있다
(출 10:13; 14:21; 민 11:31). 몇몇 학자는 이집트에 내린 재앙들조차도 이례적
인 방식으로 지역의 생태계를 격렬해지게 했다는 그럴듯한 논증을 제시했
다.[72] 마찬가지로 많은 영아가 죽었지만 모세는 영아 시기에 이례적이지만

___

식 인과 관계를 맥락상으로 부분들에 영향을 주는 전체라고 생각한다). 그 점에
서 철저한 일관성에 대한 요구는 플라톤적 신학의 냉정한 신인 전적 타자(wholly
other)를 닮았지만, 이 접근법은 내재성 및 플라톤주의가 허용할 수 있었던 것보
다 훨씬 많은 신의 특성을 강조한다. 그는 "복잡성의 층위"를 찬성한다(Peacocke,
"Emergence," 257-61). 몇몇 학자는 좀 더 일반적으로 범신론을 받아들이지 않
고서도 이 접근법의 몇몇 통찰을 수용할지도 모른다(범신론에 관해서는 예컨대
Grenz and Olson, *Theology*, 38, 39, 126, 142, 181-82에 수록된 논의와 비평 및
Davies, *Mind*, 43에 수록된 요약을 보라). 몇몇 신학자는 오랫동안 범신론을 사용
해서 유신론을 현대 과학 모델들과 조화시키기 위해 노력해왔다(예컨대 Pittenger,
"Miracles 1," 106). 하나님의 행동이 "확률의 한계" 및 자연 영역 안에서 나타나는
변이로 말미암아 "제약된다"는 가정에 대한 반대 의견은 Ward, "Believing," 747을
보라.

71 Peacocke, *Theology*, 208, 211. 부활에 관해서는 284을 보라(Peacocke은 이 대목에
    서 독단적이지는 않지만 이례적으로 높은 증거 기준을 요구한다).

72 예컨대 다음 문헌들을 보라. Hort, "Plagues"(Sarna, *Exodus*, 70-73에서 적절하게
    도전한 그 사례에 관한 고전적인 진술); Duncan Hoyte, "Plagues"(Duncan Hoyte
    는 기생충 학자다); Fretheim, "Plagues"(자연적 재앙을 닮았지만 우주적인 수준으
    로 변했다); Stieglitz, "Records"(고대 배경, 특히 아마르나, 메소포타미아 그리고
    우가리트 텍스트에 수록된 기록). 그 아이디어는 이르게는 1911년에 두드러졌으
    며(Flinders Petrie, Perry, "Believing," 341에 인용된 글; idem, "Miracles," 67), 이
    집트의 생태계에 대한 신적인 강화는 일찍이 Trench, *Miracles*, 10(Hengstenberg를
    따른다)에 등장한다. 그 재앙에 포함된 이집트적인 요소들은 Zevit, "Ways"를 보라.
    출 1-15장에 나타난 이집트의 영향은 Niccacci, "Faraone"을 보라. 다른 학자들은
    이집트인들은 첫 번째 재앙과 마지막 재앙을 자연주의적으로 생각할 수 없었다고

인간적인 수단을 통해 구조되었다(출 2:1-10). 바울은 로마 시민이었기 때문에 스데반이 순교한 것과 똑같은 상황에서 살아남았다(행 6:13-14; 7:57-58; 21:28; 25:3, 10-12). 많은 그리스도인은 전통적으로 그런 구조들을 섭리로 묘사해왔다. 내 요점은 성경은 특정한 사례들이 자연법칙 위반인지에 관해서보다 신적 행동에 관해 더 관심이 있다는 것이다. 그러나 심지어 많은 그리스도인조차 부지중에 궁극적으로 흄 철학에서 유래한, 기적을 자연법칙 위반으로 보는 정의를 받아들였다. 그러나 "자연계를 통하여 일하는 것"을 우리가 그 말을 통해 일반적으로 의미하는 것보다 한 단계 높은 차원에서 정의하지 않는 한 하나님이 자연을 통하여 일한다는 것이 성경의 모든 증거나 오늘날 우리의 모든 경험을 설명하지 못한다. 이것이 기적을 설명하는 한 가지 방법일 수는 있지만, 그것은 정의를 바꾸는 문제일 뿐 그 현상을 배제하는 문제가 아니다.[73]

폴킹혼 등이 답변한 바와 같이 왜 하나님이 한 가지 방식으로만 일하도록 제한되어야 하는가?[74] 물론 하나님은 자연(및 인간의 삶)의 외관상의 무작위성을 통해 장기적인 목적을 달성할 수도 있지만,[75] 하나님이 때때로 다

지적하며(Currid, *Egypt*, 106-7), 신학적인 문제가 현저한 것으로 보인다고 올바로 강조한다(ibid., 108-17 및 그곳에서 인용된 자료들; 출 12:12과 민 33:4을 보라).

73   참조. Evans, *Narrative*, 157.

74   나는 예컨대 Polkinghorne, *Quarks*, 100에 동의한다.

75   하나님이 자신이 창조세계 안에 적어 놓은 우연과 상호작용한다는 개념에 관해서는 다음 문헌들을 보라. Peacocke, *Creation*, 105; Polkinghorne and Beale, *Questions*, 56, 142-43; Inwagen, "Chance"; Bartholomew, *Chance*. 기적에 대한 과정 신학 접근법(하나님이 자연 밖에서가 아니라 자연 안에서 일한다는 이론)은 Hay, "Concept"를 보라(예컨대 188에서 그 접근법은 과학적 세계관을 충족시키려 한다고 주장한다). Evans, *Narrative*, 138은 유신론자들이 반드시 하나님이 각각의 사건을 **직접 일으키는** 것으로 보지는 않는다고 지적한다(참조. Young, "Impossibility," 33-34도 하나님을 몇몇 사건들에서 하나의 그리고 결정적인 인과 관계 요인이라고 주장한다). 양자(quantum) 수준의 무작위 본질에 관해서는 Polkinghorne and

르게 일해서 뭔가 특별한 것을 더 광범위한 일반 계시와 구별하는 방식으로 소통하지 못할 어떤 이유가 있는가? 그런 추정은 하나님의 성품 안의 비일관성을 요구하지 않으며, 인간이 물리적인 일을 직접 수행하거나 물리적인 반응을 끌어내는 구술 의사소통을 통해 수행할 수 있는 것과 마찬가지로 하나님의 목적을 달성하기 위한 복수의 수단이 있다고 말할 뿐이다.[76] 유신론자가 (현재의 지배적인 우주론 모델인 빅뱅을 통한 우주 시작 모델에 따라) 하나님이 시간과 공간을 만들 수 있었다고 허용한다면, 일관성이 있는 하나님이 **오직** 시간과 공간의 일반적인 성격을 통해서만 일해야 한다고 주장하는 것이 어떻게 논리적으로 일관성이 있는가? 우리가 그 사례를 정의하기 위해 어떤 용어를 사용하든 자연을 통해 일하는 하나님은 그 자체로는 표적으로서 이례적이고 비전형적인 하나님의 행동에 대한 가능성을 배제하지 않는다. 오히려 그 가능성은 복음서들과 사도행전에서 주장된 종류의 기적들을 성취하기에 필요한 충분한 능력을 드러낸다.[77]

물리적인 과학은 반복할 수 있는 자연적 사건들에 초점을 맞추기 때

Beale, *Questions*, 42을 보라. 오늘날 몇몇 학자는 무작위와 지적 인과 관계 사이의 이분법을 넘어섰지만 그것은 오래된 구분이다. 고대 스토아 철학자들은 지적 설계를 긍정한 반면에 에피쿠로스 철학자들은 무작위를 긍정했다(Wilcox, "Blind," 170). 고대의 설계 논증에 관해서는 예컨대 다음 문헌들을 보라. Cicero *Nat. d.* 2.54.133-2.61.153; Epictetus *Diatr.* 1.6.3-10, 23-24; 1.16.8; Dio Chrysostom *Or.* 12.28-29, 34, 36-37; Plutarch *Isis* 76, *Mor.* 382A; Maximus of Tyre 27.8.

76 인간의 유비나 자연의 다른 어느 것의 유비도 한계가 있지만, 그것이 가능한(그리고 그 사례를 만들기에 충분한) 것에 관한 우리의 인식이 아닌 한(몇몇 학자는 그렇다고 주장할 것이다) 우리가 하나님의 활동과 비교할 수 있는 비자연적 것은 아무것도 없다(참조. 사 1:3; 46:5; 요 3:12; 롬 6:19).

77 종말론적 변화로서 부활은 다른 성격일 수도 있지만, 이는 창조 사건과 유사하다고 보일 것이다. 우리가 자주 논쟁이 되고 있는 인류 원리를 받아들인다면, 자연을 통해 일하는 하나님 개념을 사용해서 하나님이 인간에 대한 충분한 자비와 관심에서 기적처럼 특별한 몇몇 행동을 일으킬 수 있다는 논증을 지지할 수 있을 것이다.

문에 그것은 지적인 행위자의 모든 구체적인 행동을 예측하지 못한다. 몇몇 과학 철학자는 "(신이든 인간이든 간에) 자유로운 행위자의 행동이 반드시 자연법칙 위반인 것은 아니다. 대다수의 경우 그것은 단지 자연법칙이 그에 따라 작동하고 있는 최초의 조건 및 경계의 조건을 변경할 뿐이다"고 지적했다.[78] 기적들은 법칙의 표현으로 이해되어서는 안 되고 "우발적인 사건들"(contingent events)에 속하는 것으로 이해되어야 한다.[79] 우리는 인과 관계의 모든 조건을 알 경우에만 자연의 획일성에 근거해서 지적인 (그리고 이 경우 자연 외부의) 원인을 배제할 수 있다고 추론할 수 있을 것이다. 주사위가 평평하지 않으면 주사위 던지기의 확률 추정이 편향되듯이, 몇몇 상황에서 독특한 신적 행동의 가능성이 허용될 경우 우리는 이런 상황에서 기적을 배제할 수 없다.[80]

---

78 Meyer, "Scientific Status," 167(인용); Colwell, "Defining Away"(Meyer가 언급하는 자료에 수록되어 있음); Young, "Petitioning," 196; Jaki, *Miracles and Physics*, 59; Nichols, "Miracles," 704; Larmer, "Laws," 231. 참조. Brümmer, *Pray*, 69-87. 따라서 우리가 자연적 원인의 실재를 인정한다고 해도 결코 자연 밖의 원인을 배제하는 것이 아니다(Alston, "Action," 53). 포스트모던 시기에 인간의 힘들에 대한 강조로 인간 행위자라는 문제가 새로운 방식으로 변했지만(Shaw, "Agency," 1-3), 그렇다고 해서 하나의 요인으로서 인간 행위자가 없어지는 것은 아니며(Shaw, "Agency," 7-9), 어떤 유비도 정확하지는 않기 때문에 어떤 경우에도 인간 행위자가 신적 행동에 대한 유비에서 반드시 자율적일 필요는 없다. 하나님의 더 큰 자율성은 하나님께 **더 큰** 행동의 자유를 부여해야 한다(상호작용 없이 고립된 우주의 영역을 담당하는 초월성이라는 **속도**[pace] 개념). 그러나 우리가 하나님의 자유는 자신의 도덕적 성품을 위반한 "자유"를 요구한다고 가정할 필요가 없다. Moreland, "Agency," 155-56에 수록된 논의를 보라. 그런 주장은 똑같은 명칭하에서 다른 개념들을 혼합하는 것이며, 행위자로서의 자유보다는 논리적 불가능성과 관련이 있다.

79 Tonquédec, *Miracles*, 11은 고대 그리스 철학에서 이해된 필연성과 우발성의 구분에 대해 언급하는데, 이 대목에서 이 구분이 유익하다.

80 참조. Levine, *Problem*, 35(Hume은 여전히 자연의 획일성 및 기적이 일어났다는 것을 알 수 없다는 주장을 선택할 것이라고 지적한다, 35-36).

즉 지성이 없는 실체나 과정들만이 아니라 인간이나 신적 행위자도 원인으로 기능할 수 있다.[81] 우리는 단지 물리법칙이 인간의 행동을 예측하지 않는다는 이유로 인간의 행동이 자연법칙을 위반한다고 말하지 않는다.[82] 물리학과 생물학은 확실히 우리가 선택할 수 있는 것들을 제약하지만, 인간의 행동은 물리학과 화학에서 나타나는 기본적인 양상들보다 높은 복잡

---

81 Blomberg, *Gospels*, 106과 Moreland, "Miracles," 142도 참조하라. 인간의 지적 원인과 신적인 지적 원인 간의 유비(이 유비의 한계를 인정한다)에 대한 다음 문헌들도 보라. Gwynne, *Action*, 184-87; Hesse, "Miracles," 41-42; Peacocke, "Incarnation," 332; Alston, "Divine Action"(예컨대 258, 280은 부분적인 일의성 [univocity], 따라서 부분적으로는 문자적이고 부분적으로는 비유적인 유비를 옹호한다). 이미 다음 문헌들에서 Forsman, "Double Agency," 125-26 및 도처에 나타난 이의들에 대항하여 방어했다. Mozley, *Lectures*, 130; Sanday, "Miracles," 65; Keene, "Possibility of Miracles," 212; Ferm, "Miracles," 217. 신적 행위자라는 철학적인 문제에 관해서는 다음 문헌들에 나타난 논의를 보라. Polkinghorne, "Chaos Theory"; Hebblethwaite and Henderson, *Divine Action*; Ellis, "Action"; Young, "Epistemology," 122; Kellenberger, "Miracles." 신적 행위자에 대해 반대하는 입장은 Chryssides, "Miracles"를 보라(그러나 Berhenn, "Miracles"에 수록된 답변을 주목하라). 많은 학자들은 또한 신적 원인과 인간적 원인을 동시에 허용한다(Thomas, "Thought," 46-50에 나타난 "이중 원인" 관점에 대한 요약을 보라). 몇몇 학자는 기적을 신이 인간의 마음에 영향을 주는 유비의 관점에서 정의한다(Langford, "Problem," 52). 다른 학자들은 기적에 반대한다(Wei, "Meaning"은 Langford의 접근법에 나타난 문제들을 집어낸다). Hume은 인간적 원인과 신적 원인 간의 유비를 거절하고 자연 질서에 기초한 예측만 받아들였다(Langtry, "Probability," 72에 언급되었다). 그러나 인간이 우리가 아는 가장 지성적인 인격적 실체라면, 인간은 자신에 대해 우리가 활용할 수 있는 가장 가까운 유비를 제공해야 한다. 그의 사후에 출판된 저술에서 Hume조차도 인간의 지성과 우주 안의 다른 존재의 지성 간의 먼 유비를 허용했을 수도 있다. Backhaus, "Falsehood," 294을 보라. 비록 그 허용을 신앙주의로 보기는 하지만 말이다. 어떤 신적 행위자에 대해서든 간에 초월은 특정한 신학적 이해에 비추어서만(예컨대 내재성을 배제하고 유사한 언어를 통해서만) 가정될 수 있다.

82 Ward, "Miracles and Testimony," 137. 인격적인 존재의 행동을 물리법칙 측면에서 쉽게 표현하기는 어렵다(참조. Ward, "Believing," 746-47은 하나님을 비물리적인 존재로 본다).

성 수준에 의존하고 그런 수준에서 기능한다. 유신론적인 전제에 따르면 우주에 의존하지 않는 하나님의 행동은 인간의 행동보다 덜 제약될 것이다. 인간의 지성을 통해 만들어진 헬리콥터가 일반적인 중력 법칙에 모순되지 않듯이 하나님의 지성의 특정한 행동도 자연의 일반적인 원칙과 모순되지 않는다.[83] 자연법칙은 일반적인 실존(existence)을 묘사하는 반면[84] 다른 요인들, 특히 지적인 행위자들은 자연법칙이 묘사하는 요인들에 영향을 주고 따라서 그 "법칙"에 "개입"(만일 우리가 그 용어를 사용하기로 한다면 말이다)할 수 있다는 점은 누구나 이해할 수 있다.[85] (사실 지적인 행위자들은 자연법칙을 중지시키는 것이 아니라 특정한 경우에 더 높은 질서의 활동을 도입할 뿐이다). 지난 세기에 과학은 인간 행위자를 수용하는 데 더 "친절"해졌는데, 이 이해는 신적 활동을 더 그럴듯하게 만든다.[86]

---

83   몇몇 학자들(예컨대 Clark, "Miracles and Law," 24)은 이 예가 부적절하다고 생각하지만 이는 흔한 유비다.

84   즉 자연법칙은 기술적이며(descriptive) 존재론적이라기보다는 법칙론적이지만, 그 법칙이 묘사하는 일반적인 상황에서 예측을 제공하기에 충분하다(Dietl, "Miracles," 133). 본서 5장의 논의를 보라.

85   Davis, "Actions," 175-76(Alston, "Action," 56과 아주 유사하다); Evans, *Narrative*, 145-46(그도 Alston과 유사하다). (헬리콥터를 사용하지 않는) 중력 논증은 오래된 논증이다(예컨대 Trench, *Miracles*, 13). Hume 자신이 자연 안에서 인간의 행동을 허용했지만, 신이 비물질적이라고 생각될 경우 신의 행동을 다르게 취급했는데(Smith, "Introduction," 48), 이는 전제를 다시 진술하는 수준에 지나지 않는다. 전자기(電磁氣)는 중력을 이긴다. 그런데 우리가 어떻게 창조주는 그러지 못한다고 생각할 수 있는가? 우리가 (지배적인 서구의 대안들 중) 무신론이나 이신론을 전제함으로써 이 세상에서 활동하는 창조주가 존재할 가능성을 선험적으로 배제할 경우에만 그렇게 생각할 수 있다.

86   Polkinghorne, "Chaos Theory," 250-51을 보라(비록 그는 그 유비를 조심스럽게 표현하지만 말이다). 우주와 인간의 창의적인 "정보 형성" 안으로 신적 정보를 입력하는 유비에 관해서는 Puddefoot, "Information Theory," 312을 보라. 물론 다른 차원에서는 계몽주의가 태동할 때 인간의 활동이 신적 활동 개념을 찬탈했다(Bowald, *Rendering*, 13-19).

비록 지적인 인간 행위자에 대한 우리의 경험은 우주에 비하면 보잘것없이 작지만, 인간 행위자는 복잡성에서는 그렇지 않다. 아주 새로운 학문 분야인 생물 정보학에서 수행된 계산에 따르면 심지어 박테리아 하나의 DNA에 담겨 있는 정보의 내용은 주로 수소와 헬륨 원자들로 구성되어 있던 10억 년 전 우주 전체의 정보의 여러 배다(최근의 추정에 의하면 그 비율은 최소 $10^{10,000}$ 대 10^{80} 가량이다). 인간의 행동, 구체적으로 인간의 지적 행동이 존재하는 데 필요한 복잡성은 위의 수치를 능가한다.[87] 지적인 행위자들이 자연의 "규칙성"을 "방해"하지 않을 수도 있지만 그들의 실존은 인간도 거기에 속하는 광대한 우주의 대부분과는 아주 다른 복잡성 차원에서 작동한다. 우주를 지어내고 그것에 종속되지 않는 존재라고 추정되는 신적 행위자에게는 얼마나 더 그렇겠는가? 성경과 신조("천지의 창조자")를 믿는 사람들은 창조주 하나님께서 자신이 시작한 자연의 양상에 복종할 필요가 없으리라는 점을 긍정한다.

과학적 언어는 자연적 현상을 묘사하는 데 적절하지만(그리고 그것을 위해 고안되었지만) 우리는 인간관계를 묘사하는 데는 다른 차원의 언어를 채택한다.[88] 우리는 어떤 상황에서는—예컨대 의사가 개인적으로 애착 관계가 있는 자기 배우자를 치료할 때—두 종류의 언어를 모두 사용한다.[89] 자연주의적인 묘사가 어떤 사람의 회복을 자세히 설명할 수 있지만, 그 회복을 하나님이라는 관점에서 설명할 때에는 개인적인 관계와 관련된 이차 언어가 적용된다.[90] 인간의 경험은 과학적 언어뿐만 아니라 형이상학적 언어

---

87 다음 문헌들에 수록된 정보를 참조하라. Davies, "Downward Causation," 47; Ellis, "Nature," 97-98; 생물 정보학 분야의 좀 더 상세한 연구.
88 Ramsey, "Miracles," 24.
89 Ibid., 23.
90 Ibid., 24-25. 물리학은 섭리 및 실존의 자연적 측면을 묘사할지도 모른다. 그러나 기적 및 실존의 개인적인 차원은 형이상학적인 개념을 수반한다(25-26).

도 필요로 한다. 이 언어들은 실존의 다른 측면들을 묘사하는 것으로서 본질적으로 모순되는 것이 아니다.[91] 그러므로 인간의 역사는 순전히 과학적인 묘사에 종속하지 않는다.[92] 이안 램지는 "소위 과학과 기적 간의 충돌"은 과학의 언어가 완전히 적정하다고 주장될 때에만 발생하는 사이비 충돌이라고 생각한다.[93]

(5) 신이 역사에서 활동하는가?

흄의 추론은 과학 연구뿐 아니라 역사 기술에도 영향을 주었다.[94] 철학자 F. H. 브래들리는 흄의 접근법을 비판적인 역사 기술에 필수적인 것으로 보았다. 에른스트 트뢸치는 이 논증을 유비의 원리라고 명명했는데, 이 원리에 따르면 오늘날 일어나지 않는다고 알려진 사건들은 과거에 일어난 것으로 받아들여지지 않아야 한다.[95] 독단적인 이 접근법은 내가 앞 장에서 언급한 바와 같이 상당한 도전을 받아왔다.[96] 그러나 트뢸치의 몇몇 추종자는 아

---

91 Ibid., 21.
92 Ibid., 10을 보라.
93 Ibid., 26.
94 예컨대 Force, "Breakdown," 157을 보라.
95 McGrew, "Miracles" (3.3). Troeltsch의 역사비평 방법론에 대한 조사는 Keller, *Miracles*, 198-212을 보라.
96 예컨대 다음 문헌들을 보라. (특히 Troeltsch에 반대하는) Craig, *Faith*, 153; Licona, "Historicity of Resurrection," 98-99; idem, *Resurrection*, 140-42; Licona and Van der Watt, "Historians and Miracles," 3-4; Beckwith, "History and Miracles," 96-97; Kelly, "Miracle," 52-57, 특히 54-56; Okello, *Case*, 15-19. Troeltsch의 선험적인 접근법에 대한 비판은 Evans, "Judgment," 200-201과 Brown, *Miracles*, 128-30을 보라. Troeltsch가 역사적 주장은 문화적으로 조건 지워지는 특징이 있다는 점을 긍정했기 때문에 우리는 Troeltsch 자신의 방법을 무비판적으로 영속화할 것이 아니라 그것을 당시의 역사적 배경에 위치시켜도 무방하다(Kelly, "Miracle," 55).

직도 그의 기본적인 논증을 채택하고 있다. 몇십 년 전에 반 하비가 역사적 예수 연구에서 채택한 방법이 특히 유명하지만,[97] 하비는 형이상학적인 불가능이 아니라 현대 사상가들은 기적을 믿지 못한다고 가정된다는 점을 지적했다.[98] 하지만 이 유비 원리는 현재 많은 학자가 주장하듯이 1세기의 기적 보고들을 오늘날 덜 타당하게 만드는 것이 아니라 더 타당하게 만든다. 나는 이 점에 관해 뒤에 다시 언급하고 이후의 장들에서 그것을 더 충분히 설명할 것이다.

역사가인 로널드 J. 사이더[99]는 현대 역사 기술의 "교훈"은 역사가들이 그들의 개인적인 확신에도 불구하고 "반드시 방법론적으로 중립적"이거나 불가지론적인 "입장에 머물러야 한다"는 것이라고 경고한다. 하나님의 존재 여부에 대한 중립성은 역사가들이 [역사 기술이라는] 공적인 역할에서 기적을 선험적으로 배제할 것이 아니라 진정한 가능성으로 허용해야 함을 의미한다.[100] 역사가들은 유별나거나 초자연적 보고들에 관해 조심해야 한

---

97 Harvey, *Historian*에 대한 비판은 다음 문헌들을 보라. Sider, "Methodology"; Evans, "Judgment," 186-201; Okello, *Case*, 15-19. Sider, "Methodology," 24은 Harvey의 접근법이 연구자 자신의 경험과 다른 과거 사건들을 배제한다고 비판한다. 이 접근법은 Hume의 접근법이 과학적 발견에 불리한 영향을 주는 것과 비교할 수 있을 것이다.

98 Sider, "Methodology," 25-26; idem, "Historian," 311. 본서의 이후의 장들에서 그 가정에 대해 상당히 자세하게 도전할 것이다. 그 도전에는 오늘날 현대성이 세계의 인구의 극소수로 제한된다는 점이 포함되어 있지만 Harvey 당시의 서구의 학문적인 맥락에서는 현대성이 더 그럴듯해 보였을 수도 있다. 몇몇 학자는 신적인 역사(work)에서 하나님의 능력에 주의를 기울이게 하는 현대의 유비를 발견하려고 했다(Steinmetz, "Wunder"는 성경에서 은사중지론을 옹호할 수 있다는 주장을 부정한다). 그러나 몇몇 종류의 "이적"이 배제되면 기적을 찬성하는 유비 논증이 약해질 수도 있다.

99 오늘날에는 그의 사회 활동으로 더 잘 알려져 있다. Sider는 처음에는 예일 대학교에서 역사를 공부했다.

100 Sider, "Methodology," 28. 역사가들이 사안별로 결정하는 것을 옹호하는 철학적인 입장에 관해서는 Basinger and Basinger, *Miracle*, 31-51(특히 51)을 보라.

다. 그러나 그들이 그런 보고들을 배제할 의무는 없다.[101] 설사 오늘날의 저자들에게는 중립성이 덜 성행할지라도 관용은 그렇지 않다. 유신론에 대한 반대 의견이 수용될 수 있다면 유신론에 대한 찬성 의견도 수용될 수 있어야 한다.

오늘날 역사에 대한 몇몇 역사가의 정의는 역사상 발생했던 진정한 기적의 가능성을 배제한다.[102] 그러나 특히 일반적인 수준에서 적용될 경우 이 정의는 역사의 두 의미, 즉 역사는 초자연적 인과 관계 주장에 관한 판단을 표명할 수 없다고 스스로 제한한 방법론**으로서 역사**[103]와 실제로 일어난 사건으로서 역사[104]를 혼동할 위험이 있다. 그런 혼동은 학문으로서 역사가 기

---

101 Sider, "Methodology," 28-29. Légasse, "L'Historien," 140-43에서 역사 기술과 관련하여 전제 및 기적들에 대해 논의하는 내용을 참조하라.

102 예컨대 다음 문헌들을 보라. Ehrman, *Prophet*, 193; idem, *Historical Introduction*, 241-44; idem, *Brief Introduction*, 172; Price, *Son of Man*, 19-20, 131(그는 형이상학적인 전제에 호소하는 것이 아니라 유비로부터의 논증에 호소한다고 주장한다).

103 Ehrman, *Prophet*, 196-97은 신앙이 있는 많은 역사가는 기적이 참으로 일어났다고 믿지만, 이런 경우에는 "역사가로서가 아니라 신자로서" 말한다고 지적한다(idem, *Historical Introduction*, 244도 보라). 역사의 한계에 관해서는 예컨대 Wright, *Miracle*, 81-82을 보라. 그러나 우리는 방법론이 중립적일 경우 증거가 더 강력한 대안적 설명을 암시하는데도 [개인 자격으로서 역사가가 아니라] **역사가 자격으로서** 역사가가 무신론적/유신론적 전제에 충실해야 하는지 궁금하다. 물론 역사가들은 인과 관계의 가능성을 배제하지 않으면서 그 문제를 제쳐놓을 수 있다.

104 역사의 정의의 적실성에 관해서는 Wright, *Resurrection*, 12-13(『하나님의 아들의 부활』, CH북스 역간)에 수록된 논의를 보라. 신적 개입의 가능성을 실제로 배제하지 않는 몇몇 학자는 초자연을 배제하는 역사의 정의를 사용하여 그런 사건들을 제외한다(예컨대 Meier, "Reflections," 106). 그런 차이는 궁극적으로 정의에 관한 문제이지만(몇몇 학자는 역사에서 초자연적 사건들이 일어날 가능성을 인정하지만 그런 사건들의 해석을 순전히 신학으로 미룬다—예컨대 Padgett, "Advice," 303). 몇몇 학자가 특정 사건을 그들의 방법론적인 이해 때문만이 아니라, 논증이 아닌 단순한 성의를 통해 참으로 발생했을 가능성이 있는 사건으로부터 배제하기 위해 그렇게 좁은 정의를 그렇게 하는 데 대한 면허로 사용했기 때문에, 이 차이가 도전에 직면해 있는 전통적인 계몽주의 철학을 강화할 위험이 있다.

적의 가능성을 배척한다고 가정하게 할 (그리고 때때로 이런 가정을 낳을) 위험이 있다. 역사로서 역사는 (부활 같은) 어떤 사건이 **기적**이었는지(이는 하나님의 존재와 활동에 관한 철학적 질문과 관련된 신학적 판단이다) 여부에 관해 판단을 내리지 못할 수도 있지만, 그 사건의 실제 발생 여부는 다룰 수 있다.[105] 만일 어떤 사건이 일어났고 그에 대한 몇몇 증거가 남아 있을 경우, 그 사건은 역사가의 조사 대상이 될 수 있다.[106]

이와 대조적으로 선험적으로 그런 사건이 일어날 수 없다고 부정하는 것은 객관적으로 조사하기 전에 결론을 미리 판단하는 것이며, 그런 판단은 역사적인 문제가 아니라 철학적인 문제와 관련이 있다. 그런 설명들은 원래 철학적인 이유로 과학에서 배제된 것처럼 몇몇 역사 기술에서 배제되었지만, 그렇게 배제한 원래의 추론은 더 이상—다른 학문 분야의 가정들의 토대가 된—종교 철학을 지배하지 않는다. 과학의 표준적인 인식 방법(복제 가능성 요구)은 역사에서 통하지 않는다. 우리는 기껏해야 유사 사례가 없는 **부류**의 사건을 배제할 수 있을 뿐이지만, 그런 사건들이 결코 일어난 적이 없다는 순환론적인 가정에 기초해서만 기적을 배제할 수 있다. 따라서 특정한 기적 주장에 관한 역사적 증거를 선험적으로 불가능하다고 일축

---

105 다음 문헌들을 보라. Habermas, *Evidence*, 25; Sider, "Methodology," 30, 33; Beckwith, "History and Miracles," 88. 이 문헌들은 역사는 오직 "모든 종류의 관찰자들이 접근할 수 있는 사건들"과만 관련이 있다는 Ehrman, *Prophet*, 193의 논증에 답할 것이다. 그러나 기적들은 불규칙적인 사건들이기 때문에 그것들을 어떤 증거도 없이 액면 그대로 받아들이지 않는다는 Ehrman의 지적은 옳다. 여기서 논란이 되는 대상은 증거가 어느 정도여야 특정 사례에서 개연성을 제공하기에 충분한 수준인지 또는 그 기준이 어떤 증거도 받아들이지 않을 정도로 너무 높지는 않은지 여부다.

106 Habermas, *Evidence*, 25. 사건에 대한 설명 또는 설명의 결여는 어떤 사건이 "정확하게 서술될" 수 있는지에 영향을 주지 않는다. 우리는 세부 사항을 설명하는지와 상관없이 예수가 누군가의 손을 만진 뒤 그 사람이 치료되었다고 서술할 수 있다 (Colwell, "Miracles and History," 13).

할 것이 아니라 조사해봐야 한다.[107]

그러나 (위에서 언급한 바와 같이) 역사가들이 인과 관계 문제를 제쳐둘 수도 있지만, 그들은 일반적으로 그렇게 하도록 요구되지 않는다. 만일 어떤 사건이 일어났다면 그 사건에 관여한 원인이나 요인들을 설명하는 최상의 가설들을 탐구하는 것은 적절하다.[108] 우리가 직접 경험하지 않은 원인을 가정해서는 안 된다고 주장하는 사람들이 있지만, 과학에서는 그런 원인에 의지할 필요가 있다. 예컨대 물리학자들은 흔히 입자 및 다른 요인들이 직접 입증되기 전에 그런 요인들을 사용해서 물리 현상들을 설명해왔다.[109] 제한된 방법론적 자연주의가 잘 속는 것을 방지하기 위한 현명한 대비책일 수도 있지만, 우리가 **합당한** 결론은 **반드시** 자연주의적이어야 한다고 주장한다면, 하나님의 존재나 활동 가능성에 관한 우리의 결론은 단지 역사적으로 하나님이 적극적으로 활동한다는 믿음에 반대하여 세워진 가정을 통해 정의되는 것이다.[110] 내가 언급해왔고 15장에서 더 자세하게 설명하는

---

107 Swinburne, *Miracle*, 33-51을 참조하라. 그가 증거 기준을 올바로 상당히 높게 잡기는 하지만 말이다(특히 51을 보라). 역사 기술에서는 Tucker, *Knowledge*, 99(참조. 52)을 보라. 그가 유감스럽게도 99-100에 수록된 자료들에 관해 좀 더 회의적인 비평을 따르지만 말이다(그러나 아마도 대체로 고대 이스라엘의 자료에 대해 그럴 것이다, 53-59). 그러나 일반적인 추세는 예수에 관한 자료에 관해서는 적어도 부분적으로는 좀 더 우호적이다(예컨대 다음 문헌들을 보라. Theissen, *Gospels in Context*; Theissen and Merz, *Guide*; Hengel, *Mark*; Bauckham, *Eyewitnesses*; Keener, *Historical Jesus*; Charlesworth, *Jesus within Judaism*; 특히 Holmén and Porter, *Handbook*).

108 현대 역사 기술 방법에 대한 고대의 선구자들은 실제로 왜 사건들이 일어났는지를 질문했다(예컨대 Polybius 2.56.13; 3.32.2). 고대 역사가들은 몇몇 학자들이 주장하듯이 인과 관계를 무시하지 않았다(Rajak, *Josephus*, 102).

109 이에 관해서는 Johnson, *Hume*, 42을 보라(John Stuart Mill에 반대한다). 간접적인 추론에 근거해서 유신론을 찬성하는 것이 물리학에서 이와 유사하게 실체들을 추론하는 것보다 더 문제가 있는 것은 아니다(Polkinghorne and Beale, *Questions*, 29; Licona and Van der Watt, "Adjudication of Miracles," 2도 참조하라).

110 예컨대 Evans, *Narrative*, 158-61에 수록된, 이 접근법에 반대하는 불평을 보라. 그

바와 같이 이 전제는 오늘날 종교 철학의 유일하거나 심지어 지배적인 관점이 아니며, 따라서 우리가 단순히 그것에 유리한 방향의 보편적인 철학적 합의에 호소할 수 없게 되었다.

몇몇 학자는 어떤 사건에 관한 유신론적인 설명이 지금으로서는 더 설득력이 있어 보일지라도, 궁극적으로는 순수하게 자연주의적인 설명이 출현할 것이라고 주장한다. 이 접근법은 "틈새의 하나님"식의 설명(추가 발견에 비추어 뒤집힐 수도 있는 유신론적인 해석)을 피하고자 한다. 그러나 이런 접근법은 그 자리를 "틈새의 자연주의"적인 설명(추가 발견을 **기다리는** 자연주의적인 설명)으로 대체하며, 따라서 유신론적인 설명만이 입증 책임을 진다고 전제한다.[111] 다시 말하거니와 이런 접근법은 중립적이지 않다. 그것은 단지 유신론은 철학적으로 부적절한 설명이라는 전제를 갖고서 연구할 뿐이다.

데이비드 드실바가 지적하는 바와 같이 초자연적 설명의 가능성을 고려 대상에서 제외하는 것은 "단지 초자연주의적인 세계관에 맞서 자연주의적인 세계관을 인증하고 정당한 것으로 인정하는 데 도움이 되고" 서양인들이 그것을 통해 실재를 바라보는 경향이 있는 인위적인 틀을 강화할 뿐이다.[112] 사회학 용어로 표현하자면 반초자연주의는 순환론적으로 자신을 지지한다. 즉 우리의 세계관이 우리가 우리의 경험을 어떻게 이해하는지를 결정하고, 이어서 (흄처럼) "우리의 경험을 모든 경험에 대해 규범적인 것으로 만들며," 어떤 현상도 우리의 세계관에 도전하도록 허용하지 않는

는 적절한 방법론상의 주의를 극복하기 위해 필요한 증거의 양은 기적 주장의 성격에 따라 달라야 한다고 인정하지만(159) 유신론적인 설명을 허용하기 전에 가능한 모든 자연적 설명을 제거해야 한다는 요구는 단순히 형이상학적인 자연주의를 재진술하는 것이라고 주장한다.

111 이 접근법은 예컨대 Plantinga, "Science," 109, 112-13에서 도전받는다. 나는 14장에서 이 점에 관해 간략하게 다시 다룬다.

112 DeSilva, *Introduction*, 372. 추가로 idem, "Meaning"을 보라.

다.[113] 기적들은 독특한 사건들로 여겨질 수도 있지만, 역사는 과학과 달리 어떤 면에서는 독특한 사건들로 가득 차 있다.[114] 역사가들이 독특하거나 극히 유별난 사건들을 제외하기 시작하면 그들은 역사의 많은 부분을 배제해야 할 것이다. 이 점을 보여주기 위해 1819년에 한 학자는 흄을 흉내 내서 이 방법을 사용하면 나폴레옹의 생애의 많은 부분을 덜어낼 수 있음을 입증했다.[115] 실제로 1세기에 유대교 안에서 예수를 주님으로 높이는 운동이 발흥한 것은 전례가 없다. 그러나 아무도 이 운동이 시작되었음을 부인하지 않는다.[116]

몇몇 학자는 기적을 다른 종류의 독특한 사건들과 구분해서 기적을 독특한 **종류**의 사건으로 간주한다. 즉 기적은 그럴 법하다고 생각되는 일반적인 경험과는 판이한 범주에 속한다.[117] 그러나 이 접근법은 모든 역사가에게 지지를 받고 있는 입장이 아니라, 단지 인간의 경험이 기적을 포함하는

---

113 DeSilva, "Meaning," 15.
114 Ehrman, *Prophet*, 195; Wright, *Resurrection*, 685. 참조. Tucker, *Knowledge*, 240-53. 역사 전개 및 역사의 예측 불가능성이 물리학과는 완전히 다른 특성이라는 점에 관해서는 예컨대 Popper, *Historicism*을 보라. Popper는 "**역사는 법칙이나 일반화에 관심을 갖는 것이 아니라 실제의, 단일하거나 특정한 사건들에 관심을 갖는다는 특징이 있다**"고 주장한다(*Historicism*, 143, 강조는 원저자의 것임). 특정한 요점에 관해 Popper 같은 자료를 인용할 때 나는 우리가 모든 가정을 공유한다고 암시하지 않는다. 예컨대 Popper는 자기 이전의 "현대" 역사주의(historicism)의 "진보" 개념이 그 이전 시기의 신적 "목적론"을 계승한다고 비난한다.
115 Richard Whately (*Doubts*), in Brown, *Miracles*, 146-47; Blomberg, *Gospels*, 110. McGrew, "Miracles," 3.3은 Hudson(*Doubts*)과 Buel(*Lincoln Myth*)에게서 Hume의 방법에 대한 다른 풍자를 발견할 수 있다고 지적한다.
116 Wright, *Resurrection*, 16-17.
117 Ehrman, *Prophet*, 196. Ehrman은 증인들이 아무리 신뢰할 만하다고 하더라도 그들의 신뢰성은 기적이 일어나지 않는다는 우리의 지식보다 덜 그럴듯하다고 주장한다. 그러나 그런 "지식"은 보편적으로 합의되지 않았고 실상은 그 점에 관해 논란 중이다.

지에 관해 미결 문제를 논거로 이론을 세우는 것일 뿐이다.[118] 우리가 초자
연적으로 유발된 사건에 유사 사례가 없다고 주장하려면 초자연적으로 유
발된 다른 사건이 일어난 적이 없다고 전제해야 하는데, 이것은 순환논법
에 해당한다. 이 점이 더 중요한데, 적어도 기적으로 보이는 것의 관점에서
는 오늘날의 유비와 경험에 대한 이 호소는 그것이 처음 등장했을 때와는
다른 방향의 결론을 도출할 가능성이 더 크다.[119] (내가 7-12장에서 다소 길게
주장하는 바와 같이) 초자연적 주장은 오늘날 인간 사회의 많은 부분에서 널
리 퍼진 경험에 속하기 때문이다.[120] 따라서 오늘날 몇몇 종교 철학자는 현
대의 기적 보고들에 호소해서 원칙상 기적의 타당성을 강화한다.[121]

역사 연구가 초인간적인 원인에 대한 논의를 배제하는가, 배제하지 않
는가? 이 문제는 어느 정도는 단어의 의미 문제다. 즉 단어에는 사회적으로
합의된 의미가 있으므로 우리가 그 단어를 어떻게 정의하느냐는 특정 공동

---

118 몇몇 학자는 사건들이 그 자체로는 독특할 수 있지만 더 넓은 범주 안으로 분류될
수 있다고 주장해왔다(Tucker, *Knowledge*, 243에 언급된 학자들). 그러나 여기에도
예외가 있으며(244을 보라), 아무튼 우리가 선험적으로 기적을 배제하지 않는 한
기적들은 그런 부류를 구성한다. Tucker는 역사 기술에 관해 쓰면서 독특한 종류로
보이는 사건들이 여전히 다른 증거를 통해서 확인될 수 있다고 지적한다. 비록 우
리가 비교할 만한 사건들을 사용해서 그 가능성을 높일 수는 없지만 말이다(244-
45). 새로운 발견들이 인정됨에 따라 처음에는 독특하다고 생각되었던 많은 사건
이나 현상들이 데이터의 더 넓은 양상에 길을 내줬지만(참조. 245), 복잡한 역사적
사건들을 유비에 필요한 공통점으로 축소하려는 노력은 부적절하다고 입증되었
다(249-53).
119 Theissen and Merz, *Guide*, 310과 Wink, "Write," 6도 보라. Nichols, "Miracles,"
705을 참조하라.
120 예컨대 다음 문헌들을 보라. Jenkins, *Next Christendom*, 107, 122-31; De Wet,
"Signs"; Lambert, *Millions*, 109-20; Khai, "Pentecostalism," 268-70; Grazier, *Power
Beyond*; Gardner, *Healing Miracles*; Harris, *Acts Today*; Rumph, *Signs*; Chavda,
Miracle; Eddy and Boyd, *Legend*, 67-73, 82-83. Berger, *Rumor*, 1-34을 참조하라.
121 Breggen, "Miracle Reports," 381-84과 Robert Larmer(2009년 8월 4일자 사적 교
신)를 보라.

체 안에서 선택할 문제다. 그러나 학계에서 "역사"를 그런 원인들을 배제하는 방식으로 정의한다고 해도, 우리는 그 질문이 부적절해지지 않는다는 점을 알아야 한다. 우리는 단지 [그러한 정의를 통해] 우리의 특정한 접근법이 작동하는 범위 내의 인식론적인 영역을 제한했을 뿐이다. 우리는 그런 경계 안에서 연구할 수 있다(그리고 나는 적절한 환경 안에서 연구한다). 우리가 그런 질문들을 "역사"의 일부로 정의할지 (또는 정의하지 않을지) 선택할 수는 있지만, 그렇다고 해서 그런 질문들이 학문적인 탐구의 대상으로서 부적절해지는 것은 아니다.

설사 우리가 이러한 점들에 동의한다고 하더라도 그 경계 자체는 특정한 선상의 역사 발전, 즉 우리의 학문 분야에서 나타나는 특정한 서구 계몽주의 전통을 반영한다. 이러한 경계에 모든 문화, 모든 역사가 동의하는 것은 아니며, 몇몇 학문 분야에서는 이미 그 경계를 넘어섰다. 우리가 우주적인 "학문 분야의 규칙들"에 호소하여 이런 문제에 관한 탐구를 막을 수는 없다. 이 규칙들은 특정한 역사적 맥락 안에서 출현했는데 그 맥락에 속한 우리는 필요할 경우 그 규칙들을 재고하고 수정할 수 있다. 즉 우리는 물려받은 학문을 비난할 수는 없지만, 물려받은 것을 어떻게 할지에 대해서는 책임이 있다. 비판적으로 생각한다는 것은 부분적으로는 오래된 질문들을 새로운 관점으로 다시 살펴볼 자유를 의미한다. 유신론 관점에서는 초인간적인 원인을 배제하는 것은 독단적이며 심지어 유신론에 반대하기 위한 논쟁적인 동기가 있는 것으로 보인다. 중립적인 관점에서는 그것은 형이상학적인 결론이 아니라 합의된 가정들에 기초하여 대화하기 위해 그 문제를 미뤄두는 것일 뿐이다.[122] 그러나 우리는 이 분야의 규칙들을 역사 기술이

---

122 한편 학자들은 사실 우리가 동의하지 않는 다양한 가정들에 대해 논쟁하고, 우리의 학문 분야에서 우리가 (예컨대 이중의 차이점[double dissimilarity] 기준 같은 상세한 내용에 관한 문제에 대한) 근거가 빈약하다고 생각하는 다른 "규칙들"에

더 이상 그것의 전통적인 방법 외부의 가능성을 배제하지 않도록 정의한다. 역사가들이 물리학에서는 외부 지식의 가능성을 배제하지 않으리라고 인정하듯이 말이다. 그 질문을 제기하기로 하는 역사가는 인과 관계가 논쟁이 되는 사건들에서 인간의 인과 관계를 추론할 때 채택되는 것과 동일한 수준의 학문적인 엄격함으로써 그 질문을 제기할 수 있다. 포스트모던 상황에서는 역사 기술 규칙들이 나은 방향이나 나쁜 방향으로 (또는 일부는 좋고 일부는 나쁜 방향으로) 이동할 수 있다.

(6) 역사와 이론

「역사와 이론」(History and Theory) 최근호는 때때로 역사 기술에서 만연하는 독단적으로 세속적인 선입관에 도전했다. 특히 역사가인 브래드 그레고리는 역사가들이 순수하게 형이상학적인 자연주의를 전제한 것이 "각각에 내재된 형이상학적 믿음만 다를 뿐, 종교적인 고백적 역사에 병행하는 일종의 세속적인 고백적 역사"를 낳았다고 경고한다.[123] 그는 이 믿음이 무의식 수준에 깊게 뿌리를 내리고 있어서 이 편견을 갖고서 글을 쓰는 사람들은 다른 고백적 역사 저술가들보다 자신의 편견을 훨씬 덜 인정하는 경향이 있다고 경고한다.[124] 그가 사용하는 "고백적 역사"라는 어구는 편견과 연결되어 있으며 고백적인 성격이 종교적인 한 "대다수 전문 역사가들에게

반론을 펼치도록 허용된다.
123 Gregory, "Secular Bias," 132(초록에 수록된 글). Michael Licona는 나로 하여금 이 주제에 주의를 기울이게 했다.
124 Ibid. 역사가의 관점이 그(녀)의 역사 기술 의사 결정을 형성한다는 점에 관해서는 예컨대 Lonergan, Method, 214-22을 보라(상대주의[relativism]를 지지하는 것이 아니라 관점주의[perspectivism]를 지지한다).

거절된다."[125]

그레고리는 나아가 역사 해석에 사용된 전통적인 형태의 사회학적-과학적 방법들에는 종종 종교에 관해 그 방법을 공유하지 않는 사람들이 이해하는 것과는 매우 다른 가정들이 내장되어 있다고 지적한다.[126] 그레고리는 이런 접근법들은 종종 중립적이라고 생각되지만, 종교적인 관점이 그러는 것 못지않게 **"입증할 수 없는 형이상학적인 믿음"**을 부과한다고 주장한다.[127] 따라서 그는 이런 믿음들은 특정한 종교의 믿음 못지않게 역사적 배경에 의존한다고 지적한다.[128] 예컨대 전통적인 종교사회학 접근법은 논거 없이 모든 종교는 자연적 사회적 요인들로 **축소**될 수 있다는 것을 당연하게 여겼는데, 이는 학계에서 유신론에 적대적인 가정들이 성행할 때 형성된 접근법이다.[129] 그는 "종교 분석을 그런 견해에 의존하는 역사가들은"

125　Gregory, "Secular Bias," 135.

126　Ibid., 136. 초창기 심리학에서 Freud와 그의 추종자들은 하나님이나 기적에 대한 믿음을 일종의 소원 성취나 아버지라는 인물의 투사라며 배척하면서(기적에 대한 믿음을 자아도취적인 공상으로 보는 견해에 관해서는 예컨대 Merenlahti, "Reality," 16-18, 31을 보라), 처음부터 종교가 허위라는 명시적인 전제를 갖고 연구했다. 이 환원주의 접근법은 복제할 수 있는 데이터를 제시하지 않았으며 오늘날 많은 학자에게 도전받고 있다(예컨대 Gorsuch, "Limits," 283-84과 Gaztambide, "Relocating," 29-30을 보라). Wilson, "Miracle Events," 278은 사실 기적이 충분히 자주 검증되어서 그것들을 **부인**하는 것은 비합리적인 "열정 또는 편견"을 드러낸다고 주장한다.

127　Gregory, "Secular Bias," 136-38(136을 인용함, 강조는 원저자의 것임).

128　Ibid., 136.

129　Gregory는 Émile Durkheim(1912)의 저서에 나타난 형이상학적인 자연주의에 대한 특별한 열성을 보여주는데, Durkheim의 접근법은 종교사회학이라는 학문 분야의 형성에 도움을 주었다(ibid., 139-40). 종교에 대한 사회학적 접근은 소중하지만 모든 종교를 사회 구조로 축소시키는 것은 단순히 형이상학적인 자연주의를 가정하는 것이다(141, 144. 종교를 정치학으로 축소시키는 것도 마찬가지다, 144-46). Durkheim의 계승자들은 이제 그들이 당연한 것으로 여기게 된 방법론적인 전제들을 입증할 필요를 느끼지 못했다(142-43). 20세기 중반이 지나서도 Durkheim에 도전하는 것은 위험해 보였지만 결국 다수의 도전으로 인해 그의 견

"따라서 세속적인 형태의 고백적인 역사를 쓰고 있는 셈"이라고 결론지었다.[130] 다른 학자들도 종교적 경험이 순수하게 문화적으로 형성된 것이라고 축소한 전통적인 사회과학적 틀은 이후의 연구에 비춰 볼 때 지지될 수 없음을 입증했다.[131]

그는 우리의 주제에 관해 "**어떤** 형이상학적 믿음"도 부과하지 않는 것이 더 나은 접근법일 것이라고 주장한다.[132] 확실히 이 접근법은 중립적이라는 표현을 사용할 자격이 더 많을 것이다. 참으로 중립적인 접근법은 가설을 고려해보지도 않고서 일축하기보다는 그것을 검사해야 한다. 역사 기술이 하나님이나 다른 초자연적 실체에 관해 말할 가능성을 배제하는 사람들은 그런 설명들을 확증할 가능성뿐만 아니라 배제할 가능성도 포기해야 한다.[133]

해가 인기를 잃게 되었다(Turner, "Advances," 39-40). 차츰 종교 인류학이 출현해서 이전의 "엄격한 실증주의"를 버리고 많은 종교적인 경험의 진실성에 대해 의심하기보다는 공감을 나타내게 되었다(44). Turner는 Durkheim의 옛 접근법이 다른 사람들에게 무신론을 강요한다고 생각했는데(51-52), 이는 인류학자들이 때때로 선교사들을 비난한 것과 같은 종류의 행동이다(참조. 51에 수록된 기독교에 대한 그녀의 논평). 좀 더 개방적인 선례에 관해서는 Poewe, "Rethinking," 253-54을 보라.

130 Gregory, "Secular Bias," 143.
131 McClenon and Nooney, "Experiences," 46-47은 유사한 경험에서 알려진 요인들과 그것들이 다양한 문화에서 출현한다는 사실, 그리고 영향 받기 쉬운 유전적 성향(Morgan, "Heritability"의 마지막 요점이다)을 인용한다.
132 Gregory, "Secular Bias," 146. 역사가가 기적의 가능성에 실제로 동의하거나 원칙적으로만 동의하는지는 종종 그들이 처음부터 갖고 있는 전제에 의존한다(Smart, *Philosophers*, 45). 역사적 논의에서 기적 문제에 관해 개방적인 태도를 옹호하는 추가적인 입장은 매우 유용한 Martin, "Historians on Miracles"를 보라. Martin(424-25)은 기적에 대한 몇몇 역사적인 접근을 허용하는 J. D. G. Dunn 같은 다른 학자들을 인용한다.
133 Licona, "Historicity of Resurrection," 122(W. L. Craig에 동의하고 B. Ehrman에 반대한다); Beckwith, "History and Miracles," 88.

그러나 몇몇 학자는 단순히 그 문제는 적절하지 않다고 가정한다. 그들의 견해에 의하면 진정한 현대성은 특정한 기적(앞에서 언급한 불트만의 견해)이나 종교 일반을 가치 있게 여기지 않는다. 따라서 몇몇 사학자들은 종교는 더 이상 현대 사회에서 타당성이 없다고 주장함으로써 학문적 편견을 강화하는데, 이는 예컨대 현대 미국의 대다수 일반인을 놀라게 할 명제다. 놀랍게도 어떤 역사가는 역사로 종교의 사회적 기능을 대체하자고 제안한다.[134] 그러나 몇몇 다른 역사가들은 대다수 현대인은 종교를 거절하지 않았다고 반박한다. 미국을 포함한 많은 문화에서 세속화가 잘못되었다는 점이 입증되어서 종교에 관한 이전 시기의 가정들은 점점 더 주변화되었다.[135] 존 버틀러가 지적한 바와 같이 현대성은 "웨버, 프로이트 및 19세기 미국의 종교 지도자들이 예상했고 홀이 현대성 개념에 핵심적이라고 주장하는 종교의 회복을 낳지 않았다."[136] 사실 현대화는 필연적으로 세속화로 이어질 것이라는 가정은 서구의 과거 동향에 근거해서 끄집어낸 인종주의적인 관점을 결코 그것에 상응하지 않는 전 세계적인 현실에 끼워 넣는 짓이었다.[137]

우리는 이처럼 예측이 실패했으니 그런 예측을 낳았던 이론적 토대를 재고할 충분한 이유가 있다고 생각할 수 있을 것이다. 우리는 흔히 어떤 가설의 예측 성공 여부에 기초해서 그 가설을 평가한다. 따라서 버틀러는 역사는 종교에 관한 이론이 실제 사회 현실을 더 잘 수용하는 해석을 낳을 수

---

134 Fasolt, "History and Religion."
135 Cladis, "Modernity." 다음 문헌들도 보라. Butler, "Theory"; Hanciles, *Beyond Christendom*, 38-47; Ecklund, *Science*, 133, 152. 학계에서는 ibid., 89-90, 92를 보라. 세속적인 맥락에서 종교의 적응이 번성하는 예는 예컨대 Kennedy, "Customers"를 보라. 좀 더 이전 시기에 사회학이 종교의 서거를 예측한 점에 관해서는 Ammerman, "Sociology," 76-77을 보라. 학계의 전통적인 몇몇 가정과 달리 종교가 계속 존재하고 있는 점에 관해서는 Haught, *Atheism*, 58-59을 보라.
136 Butler, "Theory," 54.
137 Hanciles, *Beyond Christendom*, 38을 보라.

있도록 그 이론을 새롭게 파악할 필요가 있다고 주장한다.[138] 데이비드 개리 쇼는 종교 및 역사에 반대하는 것은 몇몇 역사 기술의 역사뿐만 아니라 현재 상황을 소홀히 하는 현대성의 유산이라고 지적한다.[139] 오늘날 역사 기술은 현대성에 대한 이해를 수정해서 그 시야에 성과 속을 모두 수용할 필요가 있다.[140] 달리 말하자면 공적인 담론에서 종교가 배제되지 않고 포함되어야 한다. 우리는 더 이상 프랑스 계몽주의의 정점에서 사는 것이 아니라는 점을 상기할 필요가 있다.

이 대목에서 포스트모던 회의주의를 통해 제기된 또 다른 역사 기술 문제 하나를 끄집어낼 필요가 있다. 이 접근법은 역사는 언제나 우리가 역사를 쓰기 위해 사용하는 자료들과 마찬가지로 어떤 관점에서 쓰인다는 사실을 올바로 인식한다. 순수하게 과학적인 역사 기술이라는 주제넘은 주장에 대한 이 접근법의 비판은 잘 받아들여진다. 그런데 이 비판이 너무 멀리 나가서 자신의 한계를 인식하지 못할 때 문제가 발생한다. 내가 13장("인식론적 전제"라는 단락)에서 좀 더 자세하게 설명하는 바와 같이 우리의 지식에 한계가 있다고 해서 우리가 지식에 관한 주장을 전면적으로 폐기해서는 안 된다. 본서에 관해서 말하자면, 몇몇 사람은 본서의 뒤에 보고되는 대다수의 치유 주장은 (약간의 예외를 제외하고) 저자인 내가 직접 목격하거나 대다수 독자가 직접 목격한 것이 아니라 다른 증인들에게 의존한다고 불평할지도 모른다. 그러나 내가 언급한 바와 같이 우리는 증인이 없으면 역사에 관해 거의 아무것도 알 수 없을 것이다. 나 자신의 역사 연구 영역인 고대에

---

138 Butler, "Theory," 60-61.
139 Shaw, "Modernity"는 "종교는 역사에서 우리의 틀이 생각해온 것보다 여러 면에서 더 중요하고 확실히 영구적인 요인으로 판명되었음을 인식한다"(4).
140 Shaw, "Modernity," 5(C. T. McIntire에 동의한다). 그는 종교와 역사에서 그 주제를 계속 강조하는 것은 "종교적이지 않다는 현대성의 정의"에 대한 공격이라고 지적한다(8).

관해서는 이 경고가 더 절실하게 적용된다.

그 문제에 관해서는 이 한계는 우리가 살아보지 않았던 지역, 우리가 사는 지역의 지인이 아닌 사람, 심지어 우리가 아는 사람들의 삶에 관해 듣는 대다수 사건에 대해서도 적용된다.[141] 실제로 우리는 개별적인 과학자가 모두 이전 과학자의 기록을 신뢰하지 않아서 이전의 모든 실험을 되풀이할 것으로 기대하지 않는다.[142] 우리가 역사나 이 세상에서 벌어지는 사건들을 **아무것**도 모르는가? 물론 우리의 모든 자료는 관찰자와 보고자의 관점으로 말미암아 심각하게 편향되어 있다. 그러나 우리가 자신의 매우 제한된 경험을 넘어서는 것에 관해 말하기를 원한다면 정보를 이런 자료에 의존할 수밖에 없다. 아무리 서구 문화가 개인주의적이라고 할지라도 사건들에 대한 **직접적인** 경험을 기적에 관한 지식의 필수 조건으로 삼는다면—흄은 기적에 관해 그렇게 요구하는 것으로 보인다—그것은 일반인이 실제로 승인하는 수준보다 더 엄격한 자율성을 요구하는 처사일 것이다.

---

141 만일 누가 오늘날 우리는 몇몇 사건들을 비디오로 녹화할 수 있다고 대답한다면, 우리는 그런 많은 사건은 발생할 때 그렇게 기록되는 것이 아님을 지적해야 한다. 더욱이 우리는 그렇게 기록된 몇몇 치유 기록들도 갖고 있다. 그러나 요점을 말하기 위해서는 우리는 단순히 비디오가 등장하기 훨씬 전인 2백 년 뒤로 옮겨갈 수 있다. 그 시기의 아무도 그들이 세상에서 직접 경험하지 않은 것은 아무것도 알지 못했는가? 비디오 기록을 인식론적 요건으로 삼으면 오늘날 세상에 관한 많은 지식뿐만 아니라 대부분의 역사적 지식을 배격할 것이다.

142 다음 문헌들을 참조하라. Jaki, "Miracles and Physics"; Ward, "Miracles and Testimony," 133; Licona, *Resurrection*, 103. 그러나 실험들은 다수의 검증을 통해 확인되고 복제될 수 있어야 하므로 그 문제는 과학에서는 역사에서보다 덜 심각하다. 역사에서 사용되는 유비들은 훨씬 덜 정확하며, 정확한 실험은 대개 불가능하다(예컨대 Clark, "Miracles and Law," 31 등에서 종종 언급되듯이 말이다).

(7) 종교적 요인

기적에 반대하는 흄의 논거 중 하나는 양립할 수 없는 종교들이 기적을 주장하며, 따라서 그의 견해로는 서로 다른 종교의 주장들이 서로를 상쇄한다는 것이다.[143] 양립할 수 없는 종교의 주장들에 근거한 흄의 논거에 대한 몇몇 답변이 가능하지만, 우리는 그것이 중립적으로 구성되지 않았음을 지적해야 한다. 흄은 기적을 주장하는 종교적인 관찰자는 비합리적이라는 입장을 고수했기 때문에 종교적인 맥락에서 이야기된 기적들은 신뢰할 수 없다고 믿었다.[144] 그는 증언의 주장이 종교적인 신앙을 지지한다면 그 주장은 모두 의심쩍다고 경고했으며, 종교적으로 잘 속는 것을 비종교적으로 잘 속는 것보다 더 기만에 취약한 특별한 범주로 취급했다.[145]

---

143 Hume, *Miracles*, 40-41. 다양한 전통적 다신교 종교에 관한 새로운 연구는 이미 이 신론 관점의 종교에 관한 학계의 사상에 영향을 끼쳐왔지만(Popkin, "Deism," 27), Hume이 활동하던 시대의 비교 종교에 관한 이해는 매우 제한적이어서 그는 종교의 진화에 관해 잘못된 결론을 내렸다(Root, "Introduction," 9). Hume이 다신론에서 유신론이 출현했는데((*History of Religion*, 41-45) 다신론이 일신론보다 본질적으로 더 관용적이었다고 본 것(48-51)도 이해할 만하다. 참조. Kugler, "History," 134.

144 Larmer, *Water*, 105. Hume의 편견은 기성 종파인 개신교와 가톨릭이 서로에게 반대하는 변증에 의존했을 수도 있다. 그들은 서로 미신, 기만, 종교적 열심, 그리고 그것과 연결되었을 수도 있는 정신적 불안정에 대해 비난했다(이 점에 관해서는 예컨대 Daston, "Facts," 118을 보라).

145 Colwell, "Miracles and History," 11은 사람들은 잘 속는 것만큼이나 회의적이라고 반박한다. 확실히 오늘날 이 말이 사실인데 우리 중 몇몇 사람은 명백히 특이한 사건들을 목격하고서도 2중, 3중으로 확인하며 자연적 설명을 취하고자 한다. Coleman, "Probability," 214은 비록 Hume을 옹호하지만, 다른 학자들과 마찬가지로 Hume이 "경이로운 일에 대한 증언보다" "종교적인 기적"을 더 회의적으로 다룬다는 데 동의한다. McGrew, "Miracles"(3.2.4)는 발달된 교회의 목적을 위해 늘 어놓은 기적 주장들은 좀 더 의심스럽다는 점을 인정하지만, 이 편향은 신약성서 기록 배후의 좀 더 자연스러운 주장보다는 이후 시기의 상황에 더 잘 들어맞는다고 주장한다.

특히 종교적인 영역에서 나온 증언에 반대하는 그의 논거[146]는 경험적 연구에서 도출한 것이 아니라 기독교에 반대하는 이신론자들의 변증에서 도출되었다.[147] 종교인들이 특히 속기 쉽다는 그의 편견은 저의가 있다. 그는 그것을 상쇄하는 정직성에 대한 종교적 동기부여[148]나 새로운 정보가 자신이 이미 알고 있거나 긍정한 내용과 일치하기를 원하는 보편적인 욕구—이 점은 종교가 있는 사람들로 하여금 쉽사리 기적을 믿도록 만들기 쉬운 만큼이나 종교가 없는 사람들로 하여금 기적 주장이 사실이 아니라고 설명하게 만들 수 있다—를 다루지 않는다. 그들의 환경에 비춰 볼 때 몇몇 계몽주의 사상가가 종전의 종교 전통의 인식론적 제약에 반감을 보이는 것은 놀랄 일이 아니다. 그러나 오늘날의 학계에서는 독단적인 무신론이 더 협소한 인식론적 제약을 가하고 있다.

현대 학계에 만연한 편견에도 불구하고 오늘날 대다수 비평가는 신앙인의 신뢰성에 관한 흄의 일반화는 종교에 적대적인 자신의 비합리적인 편견을 반영한다는 점을 인정한다.[149] 맹목적 신앙은—그것의 신봉자들에게서 나온 모든 증언이 거짓은 아니더라도—그 대상(종교, 연애, 정치 등)을 막

---

146 Hume, *Miracles*, 36-53, 특히 36, 49-50, 53.
147 관련 자료는 Burns, *Debate*, 75-76을 보라. 그 시대의 저자들은 종종 인간의 잘 믿는 경향을 강조했지만(ibid., 76-77), 기만당하기 쉬움을 지적한 저자들은 (특히 몇몇 속임수를 알게 된 뒤에는) 비판적인 조사를 하는 경향이 있었다며 그것을 한정하기도 했다. 종교적인 주장을 하는 사람들이 모두 그들의 근본적인 믿음에 대해 진지한 것은 아니었지만, 독실한 신앙인들은 진실을 말하는 것이 거짓을 피하게 하는 특별한 동기를 제공했을 수도 있다고 강조한다.
148 Hume의 몇몇 다른 저술에서 나타나는, 종교에 대해 저의가 있는 그의 접근법에 관해서는 Root, "Introduction," 17을 보라.
149 예컨대 Larmer, *Water*, 105과 Beckwith, *Argument*, 52 및 그가 인용하는 자료들을 보라. Hume의 장로교 신자인 친구들을 주목하는 Taylor, *Hume*, 2-3은 Hume이 개인적으로는 종교에 적대적이지 않았지만, 그의 논문에서 본질적으로 대중성이 결핍된 언어를 사용했다고 주장한다.

론하고 인식을 왜곡할 수 있다.[150] 사실 독단적인 무종교는 독단적인 종교만큼이나 맹목적이다. 흄이 종교를 가진 증인들을 종교적 "열심"에 의해 오도되었다고 불신한 것은[151] 주제넘게도 자기도 잘 아는 독실한 지성인들을 무시하는 처사다. 이런 지성인에는 내가 이미 언급한 화학의 아버지 로버트 보일이 포함된다.[152] 기적을 변증적으로 사용해서 종교적인 주장을 지지하는 것에 대한 흄의 반대는—특히 모든 종교에 반대하여 전개될 경우—계몽주의의 전성기에 최초로 채택되었을 때보다 오늘날의 환경에서는 덜 중립적이고 덜 관용적으로 보일 것이다.

동시에 흄이 다른 종교보다 어떤 **특정한** 종교에 편애를 보일 수도 있는 기적을 부인한 것은 우리의 환경에서 다소 매력이 있을 수도 있다. 현재 몇몇 서구 학자가 초자연적 활동 주장에 대해 말은 하지 않지만 불편해하는, 그리고 아마도 무례한 한 가지 요인은 그런 주장들이 빈번하게 변증적으로(즉 그런 종교 신봉자들을 위한 표적으로) 사용된다는 점이다. 몇몇 비평가들은 어떤 옹호자가 외관상 초자연적 현상을 사용해서 다른 종교보다 특정한 종교에 편애를 보이거나 몇몇 종교적 주장의 가치를 지지하지 않을까 우려한다. 이 우려가 정확할 수도 있기 때문에 몇몇 비평가는 그런 현상을 인정하면 다양한 세계관에 관한 학계의 중립성을 훼손하는 것으로 보이지 않을까 두려워한다.

그러나 그런 불편함으로 인해 객관적인 조사를 하지 않는 자세에 관해서는 몇 가지 비판이 가해질 수 있다. 첫째, 학계는 내가 지적해 온 바와 같

---

150 사실 몇몇 신봉자들은 그들이 제시하는 보고를 통해 납득된 전향자들이다(참조. 예컨대 고전 15:8-9).
151 Hume, *Miracles*, 36은 그 시대의 몇몇 형태의 종교적 표현에 반대하는 일반적인 비난을 상기시킨다.
152 Burns, *Debate*, 240. Okello, *Case*, 82-88에 수록된 그의 견해를 참조하라.

이 지금까지 세계관에서 중립적이었던 적이 거의 없었다. 사실 역사가들은 20세기 초의 세력 다툼을 기록했는데 거기서 궁극적으로 승리한 측에서 의도적으로 미국 학계에 종교에 반대하는 분위기를 조성했다.[153] 악덕 자본가들이 세속화 노력에 자금을 지원하기도 했으며[154] 궁극적으로 학계의 여러 분야에서 종교에 적대적인 풍토가 조성되었다.[155] 어떤 초자연적 주장이라도 선험적으로 배제하는 사람은 종교적으로 중립적이기는커녕 사실상 세계인구 대다수의 세계관과 종교를 부정한다. 신적인 활동에 관한 질문 제기조차 배제하는 것은 중립적인 자세가 아니라 N. T. 라이트가 반대하는 바와 같이 문화적인 패권 행위다.[156] 우리는 이 가정을 옳거나 틀린 것으로 여길 수도 있지만, 그것은 출발할 때의 가정으로서는 결코 중립적이지 않다. 이신론도 무신론과 마찬가지로 유신론보다 종교적으로 중립적인 견해는 아니다. 우리가 자신이 중립적이라고 주장하면서도 단순히 자신의 세계관에 대한 대안들을 배제해 버릴 수는 없다.

둘째, 이 접근법은 어떤 현상이 어떻게 이용될 수 있는지(이 경우 논쟁적인 목적에 이용되었다)와 그 현상이 참으로 발생했는지(이는 추가적인 해석이 필요한 문제다)를 혼동한다. 이 질문들은 별개의 질문이다. 따라서 객관적이라고 포장한 이 접근법은 객관성을 훼손할 위험이 있다. 경쟁하는 다양한 진리 주장을 조사하는 것이 참으로 더 객관적인 접근법일 것이다(그렇게 하려면 한 분야의 전문성을 통해 얻을 수 있는 수준보다 더 높은, 다양한 분야의 역량이 필요

---

153 예컨대 Smith, "Secularizing Education," 103, 152-53과 Ecklund, *Science*, 87-88 을 보라.

154 Marsden, *Soul of University*, 279-84, 332-33; Smith, "Rethinking Secularization," 74-77.

155 Marsden, *Soul of University*, 396, 429-30, 437-40. Idem, *Outrageous Idea*, 3-7, 13-43. 14장에서 다뤄지는, 종교에 관한 학계의 몇몇 편견에 대한 언급도 주목하라.

156 Wright, *Resurrection*, 712-13.

하다). 무신론적 전제나 이신론적인 전제에 따르면 신적으로 주도된 초자연적 현상은 존재하지 않는다. 여러 종교의 전제에서는 그런 현상이 존재해야 한다. 반면에 그런 주장들에 대해 비판적으로 지적 탐구를 하는 불가지론적 전제에 따르면, 우리는 증거를 조사해서 그런 현상의 존재 여부를 결정해야 한다. 그런 담론에 관여하는 사람들이 이렇게 중립적으로 시작하고자 노력한다고 해서 반드시 그들에게 개인적인 견해가 없음을 의미하지는 않는다. 많은 사람은 불가피하게 개인적인 견해를 갖고 있기 마련이다. 오히려 이는 그들이 학문적인 대화를 위해 판단을 중지하거나 적어도 존중하는 마음으로 귀를 기울이면서 증거를 고려하고 제시하기로 동의한다는 것을 의미한다.

셋째, 만일 우리가 선험적으로 역사 탐구에서 중립성은 어느 특정 종교 운동(들)의 진리 주장에 유리하게 작용한다고 생각될 수 있는 데이터를 찾지 말도록 요구한다고 가정하면, 우리가 방법의 객관성을 원하는 결론에 종속시킬 가능성이 있다. 사실 그런 가정은 종교에 관한 특정한 관점을 추가로 가정하는데, 때때로 종교에 관해 많이 알지도 못하면서 문화적 우월성의 관점에서 거드름피우며 그렇게 한다. 우리의 특정한 주제와 관련해서 인류학자들은—외부인들이 그것을 어떻게 정의하거나 설명하든 간에—다양한 종교에서 발생하는 불가사의한 치유 경험들을 보고한다(몇몇 종교에서는 다른 종교에서보다 그런 경험이 더 많이 발생한다).

(8) 양립할 수 없는 종교들이 기적을 주장하는가?

흄이 위에서 언급된 바와 같이 양립할 수 없는 종교들이 모두 기적을 주장한다는 불평을 제기했을 때 그는 종교적 특질을 중화하려는 이 경향을 보여주었을 수도 있다. 그는 이 논거를 이신론자들에게서 끌어냈을 수도 있는데, 그들은 개신교도들과 가톨릭 교도들이 서로 상대의 기적에 반하는 변증을 펼쳤던 것과 유사한 논증을 사용했다.[157] 흄은 이를 진척시켜서 따라서 기적 주장은 전체적으로 의심스럽다고(보편적으로 또는 적어도 저의가 있는 종교적 수사라고) 주장했다.[158] 그러나 관측된 이 양립 불가능성을 기적에 대한 반대 논거로 사용하는 것은 그 반대에 대한 다수의 철학적 대안 가능성을 인식하지 못하는 처사다. 예컨대 그런 기적들은 최고의 힘들이 특정 종교를 "승인하지는 않으면서" 다양한 신앙을 가진 사람들에게 베푸는 "호의"로 이해될 수도 있을 것이다.[159] 이와 관련하여 대다수 기적은 기도에 대한 응답으로 일어났다는 생각은 특정 종교를 명시적으로 지정하지 않는다.[160] 그런 종교들이 그 신봉자들이 생각하는 것만큼 양립 불가능하지 않을 수도 있다.[161] 또는 복수의 초자연적 존재나 적어도 초인간적인 존재가 있다

---

157 Burns, *Debate*, 72-73. 본서의 10장을 보라.

158 Houston, *Miracles*, 203. 다양한 대안적인 설명이 가능함에 비추어서 Sider, "Historian," 316은 다른 종교 창시자들과 비교하여 논증하는 것은 유비에 근거한 잘못된 일반화에 해당한다고 주장한다. Brooke, "Science," 22의 관찰을 참조하라. 그는 Matthew Tindal의 논증들을 비교한다. Tindal은 이신론자였는데 그보다 이른 시기의 몇몇 이신론자들보다는 온건했다(예컨대 다음 문헌들을 보라. Mullin, *History*, 166; Lawton, *Miracles*, 35-37; Richardson, *Age of Science*, 37; Brown, *Philosophy*, 77; idem, *Miracles*, 50-51; Frei, *Eclipse*, 61). Locke는 이미 이 문제를 다루려고 했다(Dumsday, "Locke"를 보라).

159 Houston, *Miracles*, 204. 참조. Polkinghorne, *Science and Providence*, 58; Breggen, "Miracle Reports," 6. Licona, *Resurrection*, 148은 이 대목에서 왕하 5:11-14을 인용한다.

160 Swinburne, "Introduction," 17(예수의 부활을 예외의 하나로 특정한다). 참조. Larmer, *Water*, 108-9.

161 Houston, *Miracles*, 204; Twelftree, *Miracle Worker*, 43. 모든 종교가 같은 핵심을 공유하는 극단적인 형태에서조차 오늘날 그런 해법이 상당히 퍼져 있다(이는 Brooke, "Science," 25에서 언급된, 모든 종교에서 보편적이고 합리적인 "핵심"을 발견할 것이라던 계몽주의의 낙관론을 상기시키는 아이디어다). 그러나 나는 그것을 **가설적인** 이의로서만 제시한다. 나는 그 해법이 증거를 완전히 정당하게 다루지 않고 논리적인 오류가 있다고 믿기 때문이다. 이 해법이 모든 종교에 적용되

고 주장될 수도 있는데, 전통적인 종교들 및 심지어 대다수의 전통적인 유일신론 형태의 종교들조차 이 견해를 지지해왔다.[162]

우리가 이런 답변 중 어느 특정한 답변이나 그것들의 조합을 지지해야만 흄의 이의가 그가 예상하지 못했던 논리적 비판에 매우 취약하다는 점을 인정할 수 있는 것은 아니다. 이미 그의 동시대인 중 일부가 이 문제에 관한 그의 몇몇 전제들에 도전했다. 예컨대 초기 경험주의 비평가 중 몇몇 학자는 문제가 되는 기적 주장들에 대해 귀납적으로 조사해야 한다고 우기면서 경쟁하는 기적 주장들은 역사적으로 신약성서에 나타난 기적 주장들보다 허약하다고 주장했다. 마찬가지로 명확히 특정 종교를 지지하기 위해

면 잠재적으로 경쟁하는 많은 종교를 (많은 종교에서 여러 면에서 겹치는 점이 많음에도 불구하고) 그들 대다수가 거절할 공통점, 그리고 결국 타당하지 않을 수도 있는 공통점으로 축소할 위험이 있다(예컨대 다음 문헌들에 나타난 논증을 참조하라. Woodward, *Miracles*, 20; Groothuis, *Religions*; Netland, *Voices*; Fernando, *Attitude*). 그 해법은 또한 모든 종교가 온화하다고 가정하지만, Jim Jones, David Koresh 및 나치 국가 교회는 그렇지 않다고 암시한다. 그러한 주장을 "널리 보급된 종교는 모두 온화하다"고 축소하는 것은 장기간의 대중성이 어떻게 온화해지는 기준이 되는지를 보여주지 못한다. 동일한 제한이 진리라는 목표에도 적용될 수 있는데, 진리가 반드시 온화하다는 것과 동일하지는 않다. 대중성은 부적절한 기준이다.

162 참조. 예컨대 Clark, "Miracles," 210; 계 13:13; 16:14. Hume의 논거는 다신교 및 일신숭배는 무시하고서 그 시대에 지배적이었던 무신론/이신론과 유일신교 중에서만 선택할 수 있다고 전제하지 않고서는 말이 되지 않는다. 많은 신 중에서 한 신을 선택하는 택일신론뿐만 아니라 전통적인 유대교와 기독교 그리고 이슬람교는 모두 좋은 천사들과 악한 귀신들을 인정한다. Hume의 직전 시대에 학계에서 초자연적 범주가 대규모로 사라진 점에 관해서는 Daston, "Facts," 100-113을 보라. 참조. Hiebert, "Excluded Middle," 43. 하지만 Joseph Glanvill 및 Robert Boyle 같이 기적에 찬성하는 현대 초기의 옹호자들은 적절한 신학적인 맥락 외부의 초자연적 사건들을 그런 다른 세력들에게 돌렸다(Burns, *Debate*, 49-51, 55. 다른 사람들에 관해서는 예컨대 107-9을 보라). William Fleetwood 같은 다른 몇몇 학자는 오직 하나님만이 기적을 일으킬 수 있다고 주장했지만, 때때로 하나님의 목적을 잘못 해석한 악마나 인간 행위자들을 통해 기적이 일어날 수도 있다고 인정했다(97-99).

고안된 기적들만이 그 종교에 대한 증거로 여겨지므로 설사 다른 기적들이 일어났다고 증명된다고 할지라도 그 당시 성공회의 변증을 약화시키지 않을 것이다.[163] 우리가 기적을 논쟁적인 목적에 사용하는 데 동의할 수도 있고 그러지 않을 수도 있지만, 이러한 이의들의 논리는 흄이 그렇게 사용하는 것을 반대한 논증을 약화시킨다.

더욱이 흄의 불평은 몇몇 구체적인 데이터를 무시한다. 특히 그는 모든 종교가 똑같이 기적을 주장하지는 않는다는 구체적인 사실에 주의를 기울이지 않는다.[164] 더욱이 모든 기적 주장이 똑같이 잘 입증되는 것도 아니

---

163 Burns, *Debate*, 242-44에 수록된, Hume 시대의 이러한 비판에 대한 조사를 보라.

164 Purtill, "Miracles," 199-200; Houston, *Miracles*, 204(예컨대 이슬람은 많은 기적을 주장하지 않는다는 점을 지적한다); Twelftree, *Miracle Worker*, 43; Smith, *Comparative Miracles*(비록 때때로 의도가 있기는 하지만 자세히 설명한다. 요약은 특히 178을 보라); Brown, *Thought*, 247-48. 참조. Licona, "Historicity of Resurrection," 123. 비록 이슬람 및 나중 형태의 불교가 기적을 인정하기는 하지만 대다수 학자는 불교, 유교, 이슬람의 창시자들은 기적을 일으켰다고 주장하지 않는다고 믿는다(Clark, "Miracles," 203-4; Smith, *Comparative Miracles*[무함마드에 관해서는 106-37과 179-80, 부처에 관해서는 150-5에 등장한다]; Wright, *Miracle*, 57-62; Purtill, "Proofs," 46-47[무함마드의 말이 달에 올라갔다는 나중의 전승을 비교한다]; Licona, *Resurrection*, 178; Pagán, "Miracles"[무함마드에게 돌려진 기적들에 의문을 제기한다]; Woodward, *Miracles*, 26에 나타난 부처의 기적 전승이 뒤늦게 나왔음을 참조하라). 전통적인 이슬람은 기적들을 특히 역사적인 사도들 및 예언자들과 관련시킨다(코란만을 무함마드와 관련시킨다). Wensinck, "Mu'djiza"를 보라. 그러나 이후의 전통에 관해서는 Hoffman and McGuire, "Miracles," 224을 보라. 이슬람 및 힌두의 초자연주의에 관해서는 이번 장의 앞에 수록된 내 언급과 7장에 수록된 많은 비기독교 주장을 보라. 그러나 기적들은 몇몇 다른 종교에서는 핵심적이지 않지만, 기독교에서는 (예수의 사역과 관련이 있으므로) **핵심적**이다(참조. Hoffman and McGuire, "Miracles," 221-24). 해마다 수만 건의 치유가 힌두교의 신인 벤카테스와라에게 돌려지고 있으며 불가사의한 현상들이 힌두 요가 수행자, 크리스천 사이언스 및 내가 본서에서 예를 든 대다수 사례와 신학적으로 양립할 수 없는 기타 신영에 돌려지고 있다(Hiebert, *Reflections*, 239). 종교마다 다른 종교에서 일어나는 초자연적 현상의 존재를 다르게 설명할 것이다. 예컨대 힌두교는 힌두교의 우산 아래 광범위한 다른 관점들을 수용할 수 있는 반면에 유

다. 예컨대 최근 사건들을 얘기하는 역사적 내러티브에 등장하는 기적들은 역사적 가치 면에서 수백 년 동안 구전으로 전달되었거나 처음에는 일반적으로 사실이 아닌 장르에서 출현한 전설들과는 비교가 되지 않는다.[165] 단지 근거가 약한 주장이 존재한다고 해서 근거가 강한 주장을 부정하는 것은 논리적 오류다.[166] 진리 주장들에는 일반적으로 허위이거나 더 약한 경쟁 주장들이 있으므로 그런 근거에서라면 우리는 모든 종류의 진리 주장들을 논박할 수 있을 것이다.[167] 흄 자신이 증인의 신뢰성 및 숫자 등을 평가할 필요가 있다는 점에 대해 최소한 말로는 인정했다. 그는 모든 주장을 똑같이 취급함으로써 그 주장들을 무비판적으로 취급하고 단순히 자기가 증명하고 싶은 것을 전제했다.

이 점이 가장 중요한데, 흄이 다른 종교의 증언들을 서로에게 반대되는 것으로 취급한 것은 어느 경우에든 빈약한 논리다. 어떤 법정도 두 증언이 상충할 경우 하나가 허위라는 근거에서 양쪽 다 폐기하지는 않을 것이다.[168] 어떤 증언은 사실이고 다른 증언은 허위일 수 있다. 그러나 몇몇 기적 주장이 허위일 수도 있다(그리고 사실이 그렇다)고 인정하더라도 몇몇 다른

일신론은 특성상 좀 더 배타적이며 몇몇 형태의 유일신론에서는 다른 종교의 표적들을 부정적인 영적 세력들에게 돌린다. 양쪽 모두 서로 다른 영적 세력이 작용하고 있음을 인정할 것이다.

165 Johnson, *Hume*, 88; Beckwith, *Argument*, 55; Clark, "Miracles," 200-201; Jensen, "Logic," 151; Breggen, "Miracle Reports," 6; Licona and Van der Watt, "Adjudication of Miracles," 5; Licona, *Resurrection*, 146-47.

166 Larmer, *Water*, 108.

167 Clark, "Religions," 61.

168 Houston, *Miracles*, 205은 현대의 법정에서 형사 기소 사건에서 전적으로 검사 측의 두 증인 간의 불일치에 의존한 방어 논증을 선호하는 법정이 있다면 이는 서툰 법정이라고 간주한다. 그는 좀 더 약한 증거를 인용함으로써 최상의 설명이 약화됨이 없이 모든 증거가 고려되어야 한다고 지적한다(206-7).

기적 주장들은 사실일 수도 있을 가능성을 전혀 해치지 않는다.[169] 여기서 내 목표는 흄에 대한 특정한 답변이나 답변의 조합을 이 문제에 관한 다른 답변들보다 선호하는 것이 아니고, 일단 가능한 대안들이 고려되면 경쟁하는 종교에 근거한 그의 논거는 어떤 공격에도 견디지 못할 정도로 너무도 취약하다는 점을 지적하는 것이다.

몇몇 학자는 기적의 역사를 사람들이 자기 종파를 정당화하기 위해 기적을 주장한 것으로 보았다.[170] 그러나 실상은 신흥종교들은 흔히 기적을 주장하지 않으며, 우리는 조사해보지도 않고서 신흥종교가 기적을 꾸며냈다고 가정할 수 없다. 오히려 기적을 경험했기 때문에 새로운 종교가 생겨났다.[171]

(9) 독단적 가정의 결과 기적을 불신해야 하는가?

이 모든 점 외에, 우리는 초자연적 주장에 대한 (13-15장에서 다뤄지는) 다른 설명 문제도 조사해야 한다. 특이한 현상은 그것을 경험한 사람들이 그렇게 해석했다는 이유만으로 신적으로 또는 초자연적으로 일어난 것으로 여겨질 필요가 없다.[172] 다양한 종교적·철학적 가정을 갖고서 연구하는 학자들은 어떤 사건(가령 질병의 자연스러운 회복)을 주장하는 사람들의 해석(가령 신적인 치유)을 받아들이지 않으면서도 그 사건에 관한 주장의 타당성을 인

---

169 Johnson, *Hume*, 81을 보라.
170 Slupic, "Interpretation," 535.
171 Taylor, *Hume*, 16-17.
172 전형적인 카리스마적 인식론에서 개인의 경험이 수행하는 역할에 관해서는 Poewe, "Rethinking," 250-52을 보라. Hume의 인식론은 개인의 경험을 높게 평가 했지만, 자기가 카리스마적인 경험을 해보지 않았기 때문에 그런 경험을 주관적이 라고 여겼을 것이다.

정할 수도 있다. 몇몇 사건들은 다른 사건들보다 초자연적 활동에 대한 더 강력한 증거를 제시하지만, 우리가 어디에 기준을 둘 것인지는 우리의 최초의 가정에 크게 의존한다.

이 대목에서 내 요점은 단지 학문의 영역에서 몇몇 해석은 다른 해석보다 더 타당할 수도 있지만(우리는 그런 문제에 관해 통제된 연구가 수행될 수 있다면 그런 연구를 통해서 도출된 누적적인 증거를 선호할 것이다), 우리가 증거를 걸러내는 철학적 틀에 관해 자신과 우리의 학생들에게 정직해야 한다고 말하는 것이다. 우리는 우리의 전제를 증거와 혼동하지 말아야 하며, 그것을 중립성과 혼동하지도 말아야 한다.[173] 앨런 J. 토랜스가 말하는 바와 같이 "확률 평가는 어느 정도는 우리의 인식론적 기반의 함수다." 누군가가 독단적인 가정을 전제한다면 그 사람은 모든 기적 주장에 "0"의 확률을 부여할 것이다. 그러나 다른 가능성에 열려 있는 사람들에게는 이 평결이 필요치 않다.[174]

외계 지성의 존재 여부에 관한 견해는 순전히 경험 과학적인 전문성이 부여하는 추론 영역과는 다른 영역에 속하기 때문에 데이터의 문제가 아니라 해석의 문제다. 어떤 학자가 표명한 바와 같이 따로 떨어져 있는 사실들은 "이해하기 어렵고 설명이 되지 않아서" 별도의 설명을 필요로 한다.[175] 가장 엄격한 의미의 과학**으로서** 과학은 귀납적으로 연구를 진행해서 유한한 정보를 축적하고 양상을 체계화한다. 반면에 그 정보를 체계화하는 해석은 궁극적으로 과학을 초월한다.[176] 과학을 초월하는 차원으로 이동하는

---

173 우리의 전제가 증거의 가장 타당한 해석에 열려 있기 전에는 말이다. 그리고 그 경우에도 우리는 충분한 증거가 그렇게 요구할 경우 "타당성"에 대한 우리의 이해를 재정의하는 데 열려 있어야 한다.

174 Torrance, "Probability," 259.

175 Varghese, "Introduction," 15.

176 Ibid., 11, "the Principle of Explanation."

것조차 순수하고 무작위적인 자연주의를 뛰어넘는 지성을 전제할지도 모른다. 아인슈타인은 이 세상의 "합리성 또는 이해 가능성"을 받아들이는 것은 자신이 신이라고 정의한 "우월한 정신("superior mind)에 대한 믿음을 수반한다고 믿었다[177].

과학 철학자 토머스 쿤이 말한 바와 같이 종종 틀이 전환되어 더 완전한 설명 모델을 제공할 때까지 한동안 지배하는 과학적 가설조차도 문제의 그 틀을 받아들이는 역사적 공동체 안에서만 설득력이 있는데,[178] 그는 종종 이것을 "신앙"으로 부른다.[179] 과학적 방법은 경험적 증거에 대한 설명 모델과 관련이 있다. 증거에 대한 논란이 없는 경우에도 추가 발견으로 구할 수 있는 증거의 범위가 확대됨에 따라 (뉴턴의 물리학 같은) 몇몇 설명은 어떤 상황에서는 적절치 않은 것으로 입증되었다.[180] 합리주의와 경험주의는 종종

---

177 Ibid. 참조. Spitzer, *Proofs*, 48. 내가 Einstein을 인용한다고 해서 그가 기적 개념을 지지하리라고 암시하는 것은 아니다(그는 Spinoza의 범신론을 따랐다. Frankenberry, *Faith*, x, 143-45, 151-52. 따라서 그는 양자역학의 비결정론에 저항했다, 145-46). 나는 단지 이 대목의 요점 때문에 그를 인용한다. Einstein은 자기가 독실한 유대교 신앙을 유지했다고 주장했지만, 그것은 자신의 정의(definition) 중 하나였다(Stanley, "Einstein," 195).

178 Kuhn, *Structure*, 94(『과학혁명의 구조』, 까치 역간).

179 Kuhn은 과학적 틀에 대한 신뢰 또는 "신앙"에 대해 말하는데, 이는 "신앙으로만 이루어질 수 있는" "결정"이다(ibid., 158). 이는 흔히 전통적으로 신앙주의(fideism)와 관련이 있는 언어다.

180 참조. Batens, "Role," 48; Loewer, "Determinism," 331. 그러나 물리학자는 뉴턴 물리학이 그 영역에서는 (대학원 물리 과정에서조차) 입지를 유지하고 있으며 공학에서는 여전히 실제로 적용된다고 답변한다. 새로운 이론들은 단순히 다른 조건들에 대해 뉴턴 물리학을 수정할 뿐이다(새로운 증거에 비추어 이론을 수정한다, Smart, *Philosophers*, 37도 보라). 따라서 "상대적인 속도가 광속에 비해 느릴 때 특수 상대성은 Newton의 물리학으로 환원되며", "소규모 척도(small sizw scales)에 미치는…양자역학의 효과"에도 불구하고 대다수의 경우 대형 입자 집단들은 "뉴턴 물리학을 따르는 경향이 있다"(Chris Keener, Jan. 27, 2009). 그러나 과학 철학자들은 이 수정의 정도를 어떻게 묘사해야 할지 논쟁을 벌인다. 따라서 뉴턴 물리학이 단순히 부적절한지 또는 심지어 Einstein의 틀과 양립할 수 없는지 여부는 여

자신들이 이전의 인식론에서 계시의 권위를 떨쳐냈다고 주장했지만, 이 체계들은 그것들 자체의 인식론을 선험적으로 받아들이도록 (권위 있게) 요구한다.[181] 좀 더 단순하게 표현하자면 모든 사람은 전제를 갖고 있다. 증거를 제시하는 사람이 자기와 다른 전제를 갖고 있으므로 다른 사람의 증거를 일축하는 사람은 관대하지도 않고 마음이 열려 있지도 않으며 대화의 가능성을 차단한다.

만일 어떤 목격자가 자신이 누군가가 죽었다 살아난 것을 보았다고 주장한다면—그리고 내가 본서의 뒤에서 언급하는 바와 같이 많은 목격자가 그런 주장을 한다면—우리는 자유롭게 여러 설명을 조사해볼 수 있다. 그러나 단순히 다른 타당한 자연주의적인 설명들을 차단하고서 각각의 경우에 그런 주장들은 틀림없이 거짓일 것이라고 가정한다면 그것은 자신의 전제를 증거 위에 두는 처사다. 이런 주장 가운데 덜 확실한 주장들이 있다 해서 믿을 수 있는 증인들에게서 나온 사례를 무시해도 되는 것은 아니다.

더욱이 이런 사례 중 초자연적 설명이 타당한 경우 학자들은 마치 흄

전히 논쟁 대상으로 남아 있다(Kuhn, *Structure*, 98-105; Worrall, "Change," 287-88에 수록된 몇몇 학자들). 이미 Whitehead가 한때는 위대했던 뉴턴 물리학의 사망을 말했고(Frankenberry, *Faith*, 178), 다른 학자들이 계속 그런 언어를 사용하고 있다(예컨대 Polkinghorne, *Physics*, 17. 그가 49에서는 Kuhn이 그 대조를 과장했다고 지적하지만 말이다). 다른 예를 들자면 Maxwell의 군림하는 틀은 새로운 증거가 발견됨에 따라 흔들리게 되었다(Kuhn, *Structure*, 107-8; Polkinghorne, *Physics*, 56-57). 몇몇 학자는 현대 물리학자들은 어떤 면에서는 뉴턴의 추종자들보다는 "뉴턴의 선임자들" 같은 입장을 채택한다고 주장한다(Kuhn, *Structure*, 108. 참조. Young, "Chaos," 227-28). 양자 이론 대 고전 물리학에 관해서는 Joos, "Emergence"도 보라

181 교과서들이 어떻게 지배적인 틀을 단순화하고 자세히 설명함으로써 종종 권위의 인식론을 조장하는지 주의하라(과학에서는 Kuhn, *Structure*, 136-39을 보라). 과학 "진보"의 역사는 종종 현재의 패러다임 입장에서 다시 쓰인다(ibid., 167). 그러나 과학 연구의 특성은 권위 접근법의 위험을 유의미하게 완화한다(167-68).

의 18세기 논문이 최종적인 인식론적 권위를 갖고 있기라도 한 것처럼 그런 설명을 배제할 지적 의무를 느낄 필요가 없다. 어떤 비평가는 내가 서구 학계에서 합의된 방법론적 가정에 반하는 주장을 하고 있다고 답변할지도 모른다. 그러나 내가 보여주려고 노력해왔듯이 그 가정은 역사적으로 조건 지워졌으며 결코 효과적으로 입증된 적이 없다.[182] 만일 반초자연적 합의가 존재한다 해도 그것은 역사적으로 그렇게 상정했기 때문이지 그 지지자들이 자신의 믿음에 대한 이유를 조사했기 때문이 아니다. 우리는 또한 "합의"라는 말을 관행상 만장일치라기보다는 다수의 의미로 사용한다. 사실 나는 우리 분야에서 [반초자연적] 합의와 같은 말을 정당화하기에는 신적인 행동을 인정하는 학자들이 너무 많다고 믿는다.

아무튼 나는 인식의 틀의 전환이 적절하다고 믿는다. 어느 분야에서든 진보가 이루어지려면 때때로 합의가 뒤집어져야 한다. 나는 내 생전에 그런 전환이 이뤄질지 알지 못하며 책 한 권으로 그 일이 일어나리라고 생각하지도 않는다. 그러나 우리는 자신이 직접 본 적이 없으면서 단순히 입증되지 않은 가정을 재진술하는 십만 명의 동료들의 주장보다 1천 명의 목격자(비록 그들이 그렇게 말하는 전부라 할지라도)들의 말에 더 큰 신뢰성을 부여해야 하지 않는가? (우리는 사고 현장에 나가 조사하는 경찰관이 모든 목격자의 말은 편향되어 있다고 배제하면서 목격하지 않은 사람들의 말을 가장 신뢰할 수 있는 정보로 받아들이리라고 예상하지 않을 것이다.) 물론 해석은 증언의 신뢰성과는 다른 문제이며, 이후의 장들에 수록된 주장들의 성격을 평가할 우리의 능력이 제한적인 경우가 많다. 그 주장들이 잠재적인 초자연적 활동이라는 주제와 관련성이 있는 정도는 각양각색이다. 그럴지라도 이런 주장 중 몇몇 주장

182　너욱이 학계의 합의에 기초해서 입증 책임을 부담시키는 것은 과학 철학자들이 한 때 종교를 비난했던 그 오류를 되풀이하는 것이다. 즉 인식론이 공정한 증거 조사에 호소하는 것이 아니라 권위 및 합의에 호소하는 처사다.

이 초자연적 관점에서 가장 잘 설명된다면 우리의 환원주의적인 전제들이
재고되어야 한다는 원리는 무효화되지 않는다.

2. 서구의 세계관에서 일어난 변화

서구의 세계관은 다른 세계관들을 향하여 더 개방적인 쪽으로 변하고 있
다. 모든 세계관의 변화를 무비판적으로 유익한 것으로 수용할 필요는 없
지만, 우리는 종종 전통적인 틀을 확대해석하거나 대체하는 것을 고려하지
않고서는 새로운 지식을 수용하지 못한다.

학자들은 종종 근본적인 원리들에서 시작해 이 원리들에 근거해서 어
떤 사례를 체계화하거나 방어하려고 한다. 그러나 과학 철학자들이 언급하
는 바와 같이, 심지어 소위 근본적인 원리들—우리가 당연하다고 생각하
는 전제들—도 추가적인 발견에 비추어 수정될 수 있어야 한다.[183] 다른 분
야에서와 마찬가지로 과학 분야의 인식의 틀 전환은 우주를 개념화하는 방
식의 혁명이 되고[184] 세계관 변화에 영향을 준다.[185] 이론들은 경쟁하는 이론

---

183 Popper, *Myth of Framework*, 59-61에 수록된 논의를 보라. Popper는 지식에 대한
    귀납적·과학적 접근법은 확률에 대한 접근법의 부적정성에 비춰 볼 때 심지어 확
    률을 산출하는 데도 한계가 있다고 주장한다(*Conjectures*, 64-65). 그는 본질주의
    자(essentialist)와 도구주의자(instrumentalist)의 인식 틀 모두에 도전한다(ibid.,
    97-114을 보라).
184 Kuhn, *Structure*를 보라. 비록 Kuhn의 주제 자체가 혁명적이었고 널리 받아들여
    졌지만, 그에 대한 비판도 있었다(Gutting, *Paradigms*에 수록된 몇몇 논문을 보라.
    Shapere, "Structure"도 거기에 포함된다). MacIntyre, "Crises," 73-74은 이론들을
    그것들의 특정한 역사적 맥락 안에 위치시킬 필요가 있다고 주장한다.
185 Kuhn, *Structure*, 111-35.

들보다 더 타당함을 증명함으로써 성공하지만[186] 일단 그 이론들이 우세해지고 나면 그것들을 대체하기는 어렵다. 학계의 정치가 이론들의 복원력에 일익을 담당할 수 있다.[187] 실제로 변화가 일어나면, 그 변화가 극적일 수 있다. 몇몇 과학 철학자는 증거가 새로운 방식으로 제시되면 몇몇 고정된 데이터(hard data)조차 변한 것으로 보일 수 있다고 지적한다.[188] 그러나 전문화로 말미암아 그런 인식의 틀의 전환이 정착되기 전에는 새로운 틀이 대개 상당한 저항에 직면한다.[189] 따라서 전 세계에서 보고되는 특이한 새로운 주장들의 수가 이제 압도적으로 많아지고는 있지만 그런 주장에 대해 일부 저항하는 사람이 있는 것이 놀랄 일도 아니다.

---

186 Ibid., 154-55. 가설 검증 과정에서 다른 가설들을 이해하려는 노력이 포함되어야 한다(Feyerabend, "Problems 1." 그는 "Problems 2", 280-82, 322-23과 여러 곳에서 코페르니쿠스나 갈릴레이의, 외관상 직관에 반하지만 궁극적으로 성공적인 접근법에 나타난 이 주장의 가치를 보여준다).

187 갈릴레이가 직면했던 문제에는 이전에 지배적이던 학계의 견해 외에도 사법 체계의 정치학—"갈릴레이와 교황 우르바노 8세 간의 개인적인 배신감과 종교 개혁에 관한 우려(Osler, "Revolution," 98을 참조하라)—도 포함되었다(Frankenberry, *Faith*, 6을 보라). 갈릴레이의 학문적 대적들은 프톨레마이오스에게서 물려받은 이전의 틀과 결합했다. 학계의 정치적 요소는 갈릴레이 시대에서와 마찬가지로 오늘날에도 작용하고 있다. 인식 틀들에 대한 찬성 논거는 대개 모델들의 설명력이라는 가치 면에서 묘사되지만, "어떤 인식 틀도 완전하게 해결했다고 주장할 수 없는 문제들에 관한 연구를 향후 어떤 인식 틀이 인도할 것인가가 쟁점이다"(Kuhn, *Structure*, 157. 정치학에 관해서는 예컨대 Barbour, *Religion and Science*, 14-15과 MacIntyre, "Crises," 61을 보라. 역사를 미묘하게 다루는 점에 관해서는 Heidelberger, "Astronomy"를 참조하라). Wuthnow, "Contradictions," 164-65은 사회학적 접근법에서 실재에 관한 견해를 체계화하는 데 있어서 과학자들의 경쟁을 지적한다(Latour and Woolgar, *Laboratory Life*, 특히 243을 따른다).

188 Kuhn, *Structure*, 135.

189 Ibid., 64-65. 대답할 수 없는 질문 같은 이전의 인식 틀에 대한 위기들은 종종 새로운 인식 틀을 위한 길을 닦는다(66-76을 보라). 하지만 새로운 인식 틀들은 종종 상당한 공격을 받고 나서야 받아들여신다(예컨대 107, 133). 학자들은 압도적인 양의 새로운 증거들이 이전의 해법들의 타당성을 재평가하도록 강제할 때까지는 그 해법들을 받아들이는 경향이 있다(169).

(1) 학자들 사이에 일어난 변화

누가 저항하든 저항하지 않든 간에 세계관의 변화가 일어나고 있으며, 현대 세계에서는 아무도 기적을 믿지 않는다는 (한때는 널리 퍼졌던) 불트만의 가정이 틀렸다는 점을 지금은 그가 그 주장을 했던 때보다 훨씬 잘 입증할 수 있다. 마찬가지로 내가 앞 장과 이번 장에서 언급해온 바와 같이 스피노자, 흄 등이 기적에 반대하는 현대의 합의를 형성하기 위해 사용했던 특정한 논거들은 우리 시대의 전제가 아닌 그들 시대의 철학적 및 과학적 전제들의 토대에서만 일리가 있었다.[190]

오늘날에는 더 많은 학자가 무신론적이거나 이신론적인 접근법들만이 객관적이라는 (즉 인식론적으로 중립적이라는) 오래된 학계의 가정은 무신론이나 이신론이 자명한 사실임을 전제한다는 점을 인정한다. 이 가정은 그 접근법들이 참임을 증명하지 않으며 확실히 중립적이지 않다. 기독교 철학자인 윌리엄 레인 크레이그는 다음과 같이 주장한다.

> 기적이 불가능하다는 전제는 19세기 및 20세기 대다수 성서 비평의 가정과 대조적으로 어떤 사건의 역사성 결정에 아무 역할도 하지 않아야 한다.…기적의 가능성에 반대하는 가정은 오직 신학에서 이전 시기의 이신론 시대의 잔존물로서만 생존하며 단호하게 포기되어야 한다.[191]

---

190 Meier, *Marginal Jew*, 2:519-20(예컨대 Heisenberg의 불확정성 원리와 Copenhagen 양자역학 해석). Wink, "Stories," 213도 참조하라. 역사에서 구체적인 신적 활동의 가능성에 관한 추가적인 논의는 Geivett and Habermas, *Miracles*에 수록된 논문들을 보라.

191 Craig, "Miracles," 43은 그 연구에서 그의 논의를 마무리한다. Craig, *Faith*, 154도 마찬가지다. Boyd, *Sage*, 113-28과 Wink, "Stories," 211("물질주의"에 관한 내용이다)을 참조하라.

신약성서 학자들은 입증되지 않은 계몽주의 시대의 그러한 전제들에 대해 점점 덜 편안해졌다. 기적은 역사적으로 불가능하다는 주장과 관련해서 레온하르트 고펠트가 언급하는 바와 같이 비판적 성찰은 그 진술에 문제를 제기해야 하는데, 이는 "오늘날 실재에 대한 완전하고 일반적으로 인정된 철학적 이해는 존재하지 않기" 때문이다.[192] 다른 학자들은 "발생한 일"이라는 의미의 "역사"는 "초자연적 원인에 의존하지 않고서 자연적으로 설명될 수 있는 것"이라는 이론적인 의미의 "역사"와 구분될 수 있다고 말한다.[193] 신학자인 볼프하르트 판넨베르크가 지적하듯이 "실재에 관한 대중의 이해에서 하나님을 배제하기로 하는 결정은 물론 특별히 역사적인 문제가 아니라" 만일 실제로 신적 행동이 일어났을 경우 역사 탐구를 오도할 수밖에 없는 "편견"이다.[194]

마찬가지로 역사적 예수 학자인 마커스 보그는 다음과 같이 올바로 지적한다.

> 그것[초자연적 활동]에 대한 주된 지적 반대는 실재에 대한 현대의 세계관을 엄격히 적용한 데 기인한다. 그러나 현대의 견해는 실재에 대해 인간이 해석한 많은 지도 중 하나에 지나지 않는다. 그것은 역사적으로 가장 최신의 것이고 그것이 우리에게 준 통제의 정도 때문에 인상적이지만, 이전의 지도들과 마찬가지로 결코 실재에 대한 절대적인 지도는 아니다. 모두가 상대적이며 특정한 역사와 문화의 산물이다. 현대의 견해도 이전의 견해들과 마찬가지로 대체될 것이다.[195]

---

192 *Theology*, 1:145.
193 France, "Authenticity," 105-7. 참조. Wright, *Resurrection*, 12-13.
194 Pannenberg, "History," 64(71도 참조하라).
195 Borg, *Vision*, 33-34.

실제로 이론과학은 이미 "인기 있는 형태의 현대적 세계관"을 포기했다.[196]

다른 신약성서 학자들도 비슷한 경고를 제공한다. 예컨대 찰스 탈버트는 반초자연주의적이고 물질주의적인 세계관은 오늘날에는 덜 지배적인데 그것은 "새로운 증거" 때문이 아니라 "무엇이 가능한가에 대한 평가가 변했기" 때문이라고 지적한다.[197] 마찬가지로 릭 스트렐란은 학자들이 이전의 인식 틀을 넘어서 초기 기독교 자료들에 나타난 초자연적 현상에 관한 주장들을 조사하는 데 더 마음이 열리고 있다고 지적한다. 비록 대다수 학자는 오로지 과학적인 (예컨대 신경생리학적인) 관점에서 조사하지만 말이다.[198] 특이한 주장을 다루는 학자들은 우리의 이해에 낯선 고대 자료들에 나타난 기적이나 마법 주장을 이해하고자 함에 있어서 그들 자신의 "계몽주의 이후의 서구" 세계관의 편견을 점점 더 많이 인식하고 있다.[199]

(2) 현대인들은 기적을 믿는가?

서구 세계관의 변화를 고려할 때 우리는 협소하게 정의된 지식 분야의 전문가들만 고려해서는 안 되며, 그들이 모두 우리가 다루는 문제에 똑같이 적실한 것도 아니다. 합의가 진리를 결정하지 않으며, 합의가 이루어졌다는 많은 진술은 아무튼 시기상조다. 내가 본서에서 여러 번 언급한 바와 같이 불트만 같은 이전의 몇몇 현대 신학자들은 "성숙한" 현대인들은 기적을

---

196 Ibid., 34. 과학의 정의들은 변한다. Okello, *Case*, 13을 보라. 그는 Plantinga와 견해를 같이한다.

197 Talbert, *Mediterranean Milieu*, 216. Grace Jantzen은 하나님이나 기적에 대한 여지가 없는 일원론적인 환원주의는 "그것이 대체하려고 하는 이원론만큼이나 부적절하다"고 주장한다(Jantzen, "Miracles," 357).

198 Strelan, *Strange Acts*, 9.

199 예컨대 Reimer, *Miracle*, x을 주목하라.

믿지 않으며 신약성서의 세계관을 "아무도 진지하게 유지하지 않고 유지할 수도 없다"고 선언했다.[200] 그런 접근법을 따르는 학자들은 기적 기사들의 역사적 토대는 부정하면서도 그 기사들의 신학적 및 사회적 기능은 조사할 수 있다.[201] 그러나 몇몇 신학자들이 성경을 반초자연주의 청중들에게 적실하게 만들기 위해 그것을 비신화화하고 있는 동안에도 서구의 대중들 사이에서 기적에 대한 믿음이 생겨나고 있었다.[202] 몇몇 성서학자들도 오랫동안 불트만의 접근법이 그 메시지의 형식만이 아니라 내용도 비신화화해서 없애버린 것이 아닌지 질문해왔다.[203]

---

200 Bultmann, "Mythology," 4(5-6에서 현대인들은 모든 활동은 외계의 힘으로부터―심지어 신으로부터―오는 것이 아니라 우리에게서 오는 것으로 전제한다고 언급하며, 9에서는 신약성서의 세계관 전체를 받아들일지 거절할지 선택하도록 강요한다). Idem, "Problem of Miracle"과 현대성을 "환상에서 벗어난" 것으로 묘사하는 Max Weber의 견해(in Remus, *Healer*, 106)를 참조하라. Bultmann은 하나님이 신화적 언어를 통해서 소통하는 방식으로 실존적으로 행동하는 것을 인정한다("Mythology," 32; "Demythologizing," 110). 하지만 그는 유대교 텍스트에서 기적의 존재를 비진정성의 기준으로 채택하며(예컨대 "Exegesis," 147. 참조. "Demythologizing," 122; Perrin, *Bultmann*, 86; Thiselton, *Horizons*, 292) 초자연적 힘과 관련된 것은 무엇이든 간에 "신화"라고 단언한다(Bultmann, "Demythologizing," 95. 참조. "Mythology," 9; Perrin, *Bultmann*, 77; Poland, *Criticism*, 11; Richardson, *Age of Science*, 109). 지금은 지배적인 문화에 대해 반론을 펼치고 있지만 Mack, *Myth*, 51, 54, 76, 209-15의 비슷한 반초자연주의를 참조하라. Beit-Hallahmi, "Signs," 181은 초자연적 것은 무엇이든 간에 경멸하는데, 비신화화하는 접근법을 그 내러티브의 평이한 의미를 회피하려는 뻔한 시도로 여긴다.

201 참조. Kleine, "Wissenschaft"는 그 기사들의 역사적 신뢰성 조사보다는 그것들의 기능 조사를 강조한다. 방법론적으로 역사적 신뢰성 조사 문제들은 제쳐둘 수 있다.

202 Mullin, *Miracles*, 262. Wuthnow, *Heaven*, 115-16은 이런 대중적인 믿음들의 혼합적인 성격도 기록하기는 하지만 기적적인 사건들에 대한 관심이 일고 있다는 사실을 강조한다(참조. 예컨대 229 각주 25).

203 예컨대 Robinson, "Challenge," 330; O'Connell, "Miracles," 55; Kallas, *Significance*, 112-13. 비신화화는 종말론에만 타격을 가한 것이 아니라 기독론의 "신화

현대 세상에서 기적에 대한 믿음이 지속되고 있다는(사실은 번창하고 있다는) 관찰은 오늘날에는 불트만의 시대에 가능할 수 있었던 수준보다 훨씬 더 명백하다. 존 마이어가 지적하는 바와 같이 1989년 갤럽 조사는 오늘날 미국인의 82%가 기적을 믿는 반면 6%만이 절대적으로 그 견해를 부정함을 보여주었다.[204] 「타임」이 1995년 실시한 다른 조사는 미국 인구의 2/3가 넘는 사람이 기적을 긍정하고 있고 표적을 강조하는 교회들이 미국의 기독교 중 "가장 빠르게 성장하는" 부문이라고 보고한다.[205] 1996년 어느 언론 기관에서 실시한 조사는 환자들의 약 80%가 기도가 치유에 도움이 될 수 있다고 믿고 있음을 보여준다.[206] 2003년 「뉴스위크」 조사에서 미국인 응답자의 72%는 하나님이 과학이 희망을 포기한 불치병에 걸린 사람조차도 치료할 수 있다고 믿는다.[207] 교회에 한 번도 가보지 않았거나 별로 가고 있지

학"(Mussner, *Miracles*, 81에서 올바로 인식되었다) 및 신학에도 타격을 가했다

204 Meier, *Marginal Jew*, 2:11, 520-21; Woodward, *Miracles*, 21(갤럽 및 Castelli, *Religion*, 58을 인용한다); Johnson and Butzen, "Prayer," 249. 참조. Keener, *John*, 266. 물론 갤럽 조사에 답변하지 않은 사람들이 모두 그들의 응답에 관하여 동일한 해석을 공유하는 것은 아니다(참조. Cadbury, "Intimations," 80의 관찰).

205 Gibbs, "Miracles," 64(Breggen, "Miracle Reports," 381도 이 부분을 인용한다). "가장 빠르게 성장하는"이라는 주장이 67에도 등장한다. 갤럽이 조사한 지 6년 만에 기적을 믿는 비율이 13% 하락한 것(「타임」조사에서는 69%였다)은 의심스럽지만 질문 방식과 해석 방식이 관련이 있으며(갤럽 조사는 기독교에 관한 더 낙관적인 견해를 반영할지도 모른다), 우리는 상당한 오차를 감안해야 한다. 아마도 미국인 중 기적을 믿는 사람의 비중이 두 조사의 중간인 75% 정도일 가능성이 있지만, 이는 사람들이 "기적"이라는 말로 무엇을 의미하는지에 의존할 수도 있다.

206 Matthews and Clark, *Faith Factor*, 4(*USA Today Weekend*와 *Time*에서 실시한 조사를 인용한다). 캘리포니아주에서 실시한 조사 응답자의 44%는 근골격 통증을 다루기 위해 기도를 사용하고 있으며 통증에 대해 기도한 사람의 54%는 기도가 "매우 도움이 된다"고 주장했다(Koenig, *Medicine*, 55, Cronan et al., "Prevalence"를 인용함).

207 Johnson and Butzen, "Prayer," 249.

않은 미국인 대다수도 기적이 일어날 수 있다고 믿는다.[208]

좀 더 최근의 퓨 포럼(Pew Forum) 조사는 79%가 "기적이 고대 때와 마찬가지로 오늘날에도 일어난다"는 것을 긍정한다고 결론지었다[209](반초자연주의자들뿐만 아니라 성경의 기적은 받아들이지만 기적이 오늘날에도 같은 방식으로 일어난다는 것을 믿지 않는 가장 보수적 은사중지론자인 그리스도인들도 이 진술을 배척할 것이다).[210] 더 놀랍게도 미국인의 34%는 신적인 치유를 **목격**했거나 **경험**했다고 주장한다. 하위 집단별로 구체적으로 살펴보면 힌두교 신도 30%, 정교회 신도 34%, 가톨릭 신도 27%, 아프리카계 미국인 교회 54%, 복음주의자 50%(아마도 오순절파와 독립적인 은사주의자들이 복음주의자 전체의 비율을 높였을 것이다) 등이다.[211] 나는 다음 장에서 국제적으로 더 극적인 수치들을 제시할 것이다.

오늘날 **수억** 명이 자신이 기적적인 치유를 **목격**했거나 **경험**했다고 주장한다. 우리가 이 모든 주장에 동의하지 않을 수는 있을 테지만 이렇게 주

---

208 Wuthnow, *Heaven*, 122.

209 "Landscape Survey," 11. http://religions.pewforum.org/pdf/report2-religious-landscape-study-full.pdf(Licona, "Historicity of Resurrection," 111 각주 89에 인용됨. 2008년 12월 2일 접속).

210 전통적인 은사중지론자들은 확실히 오늘날 복음주의자들 가운데 소수파에 해당한다. 복음주의자들은 현재 기적을 믿는 비중이 가장 높은 교파 중 하나인데(대다수가 기적에 동의할 뿐만 아니라 61%는 강하게 동의하고 천사와 귀신의 존재도 강하게 믿는다), 모르몬교도들만 이들보다 기적을 더 많이 믿으며(약 80%) 역사적으로 흑인 개신교 교회들은 이들과 비슷한 수준을 보인다(58%).

211 http://religions.pewforum.org/pdf/report2-religious-landscape-study-full.pdf(2008년 12월 2일 접속). Matthews and Clark, *Faith Factor*, 23-24은 버지니아 주 리치몬드 거주자 586명을 대상으로 1986년에 실시한 훨씬 소규모 조사를 인용한다. 그 조사에서 응답자의 14%는 그들이 신적인 치유라고 생각한 현상을 경험했다고 주장했다. 위의 저자들은 또 다른 연구를 인용하는데(76에 수록된 King, Sobal, and DeForge, "Experience"), 그 연구에서는 응답자의 절반이 "TV에서 신앙 치유자를 보았다"고 주장했고 "6%는 자기가 신앙 치유자를 통해 치유되었다고 말했으며, 15%는 자기가 이런 방식으로 치유된 사람을 안다고 말했다."

장하는 모든 사람을 자의적으로 현대인에서 제외할 수는 없을 것이다.

　유럽의 많은 국가 같은 몇몇 지역에서는 그렇게 주장하는 사람들의
비율이 낮지만[212] 아프리카 및 라틴 아메리카의 대다수 국가 같은 몇몇 다
른 지역에서는 그런 사람의 비율이 높다. 대다수 종교는 초자연적 활동을
긍정한다. 정통 유대교,[213] 기독교,[214] 이슬람,[215] 많은 힌두교 전통과 불교 전

212　종교를 갖는 비율은 북미에서 더 높은 경향이 있지만(Höllinger and Smith,
　　"Religion," 235), 아시아의 치료 기법들은 서유럽 및 북유럽에서 더 보편적이다
　　(238). 불가사의한 현상에 대한 믿음이 문화적으로 어떻게 달라지는지를 국가별
　　로 보여주는 자료는 McClenon, *Events*, 21을 보라(아이슬란드, 영국, 독일에서는
　　덴마크에서보다 그렇게 믿는 사람 비중이 더 높다). 통계적으로 "조기 종교 훈련"
　　을 받은 사람이 불가사의한 현상에 대한 믿음을 포함하여 신앙을 갖게 될 가능성
　　이 더 높은데(Wuthnow, *Heaven*, 125-26), 이 점이 지리적인 큰 편차를 설명할 수
　　도 있다.
213　성경 외에도 이후의 유대교의 역사는 기적 기사를 포함한다. 루바비치 하시딤 같
　　은 몇몇 초정통파(오늘날 유대교 내에서 작은 소수파)는 유대인 교사의 축복에 반
　　응하여 그가 이적을 베풀 것으로 기대하기까지 했다(Woodward, *Miracles*, 375-
　　77. 랍비 Schneerson의 생전 및 그보다 정도는 덜하지만, 그의 사후에 발생한 기적
　　에 관한 부분). 그러나 나치의 유대인 대학살 이후에는 전설적인 교사들에 돌려졌
　　던 힘이 쇠퇴했다(Lewis, "Martyrdom"을 보라). 하시딤파의 창시자에 관한 기적
　　이야기 및 예언 이야기들에 관해서는 다음 문헌들을 보라. *Praise of Baal Shem Tov*,
　　3, 14-15, 22-24, 31, 71, 213-14, 218-19, 227, 241-42 등; Ben-Amos and Mintz,
　　"Introduction," xxiv, xxix, xxx. 이 이야기들은 종종 중세 말의 기독교 성인전과 다
　　소 유사하다.
214　8-12장 및 그곳에서 인용된 자료들을 보라.
215　무함마드의 기적에 관한 후대의 이슬람 전통에 관해서는 예컨대 Sahas,
　　"Formation"과 Woodward, *Miracles*, 173-205을 보라. Woodward, *Miracles*, 206-
　　30에 수록된 수피파(Sufi) 성인들을 주목하라. 민간의 이슬람교에서는 자연적 치
　　유와 초자연적 치유가 종종 결합한다(Shenk, "Conversations," 7; Hiebert, "Power
　　Encounter," 57). 이례적인 표적들이 "파키스탄의 이슬람 교도 성인 Baba Faridt"
　　에게 돌려졌다(Hiebert, *Reflections*, 239). 남아시아의 이슬람 교도는 물질적인 수
　　단을 통해서뿐만 아니라 영적인 수단을 통해서도 치유를 추구한다(Hermansen,
　　"Healing," 411-12. 수피파에 관해서는 414-16을 참조하라). 남아프리카에 이슬
　　람 신앙 치유자들이 존재한다(Ally and Laher, "Perceptions").

통,[216] 전통적인 부족 종교, 강신술, 그리고 서구의 합리주의—특히 무신론
적인 마르크스주의 포함—에서 도출된 것이 아닌 세계관들이 사실상 초자
연적 현상의 실재를 긍정한다.[217] 불트만의 입장은 그런 세계관—쉽게 말하
자면 세계의 인구 대다수의 세계관—을 즉석에서 현대 세계의 일부가 아니
라고 일축한다.[218] 아마도 그들은 불트만이 활약했던 현대 세계의 일부가 아
니었을테지만,[219] 자신의 개인적인 영역에 기초해서 모든 현대성을 추정하
는 것은 비교적 적은 데이터에 기초한 중요한 추리—이는 흄을 상기시키는
조치다—임을 암시한다. 당대의 철학적인 논증이나 구체적인 과학적 데이

---

216 힌두교의 기적에 관해서는 Dumsday, "Locke," 421과 Thouless, "Miracles," 255-56
을 보라. Wood, "Appetites"에 의하면 몇몇 힌두교도들은 신들이 희생 제물을 먹는
다고 믿는다. 크리슈나에게 돌려진 과거의 기적에 관해서는 Woodward, *Miracles*,
249-66을 보라. 과거의 힌두 성인들에게 돌려진 기적은 Woodward, *Miracles*, 267-
95을 보라. 현재의 힌두 교사들에게 돌려진 기적은 예컨대 Woodward, *Miracles*,
378-82을 보라. 해마다 수만 건의 치유가 힌두교의 신 벤카테스와라에게 돌려지
고 있고 불가사의한 현상들이 힌두 요가 수행자들에게 돌려지고 있다(Hiebert,
Reflections, 239). 부처에게 돌려진 기적에 관해서는 Woodward, *Miracles*, 296-328
을 보라. 불교 성인들에게 돌려진 기적은 Woodward, *Miracles*, 329-62을 보라. 특
히 7장의 각주에 인용된 치유 주장에 대한 많은 비기독교 자료들을 보라.
217 예컨대 다음 문헌들을 보라. Woodward, *Miracles*, 23-24(다양한 종교를 인용한
다); Abogunrin, "Search"; Mbiti, *Religions*, 253-57; Hollenweger, *Pentecostals*,
129; Nanan, "Sorcerer"; Ashe, *Miracles*, 26-27; Loos, *Miracles*, 4("보편적");
McClymond, *Stranger*, 82-83("수억 명"의 견해를 인용하는데, 아마도 이 숫자는
과장이 아닐 것이다). 기적에 관하여 사람이 묻는 질문의 종류도 문화적 맥락에
따라 달라진다(예컨대 Arowele, "Signs").
218 불트만의 비신화화 프로그램과 그것의 신학적 결과는 Bockmuehl, *Theology*,
9-76, 특히 70-74을 보라. 비신화화에 대한 역사적 관점의 비판은 Cadbury,
"Intimations," 87을 보라(왜 현대의 취향에 맞고 따라서 신학적으로 가치가 있다
고 여겨지는 것들만 비신화적이라는 특혜를 받아야 하는가?).
219 Cladis, "Modernity," 93이 언급하는 바와 같이 종교는 "사회에서는 매우 친숙
하지만 학계에서는 매우 낯설다." 96, 103에 수록된 종교의 중요성을 참조하라.
Woodward, *Miracles*, 21에서 언급하는 초자연적 종교에 대한 학계의 회의주의와
대중의 믿음 간의 대조도 참조하라.

터를 만족시키지 않으면서 초자연적 주장을 그렇게 즉석에서 일축하는 것이 불트만이 활동했던 20세기 중반의 서구 학계라는 배경에서 갖고 있던 가정을 공유한 사람들 사이에서는 성공했을지는 몰라도, 확실히 그런 엘리트 하위문화 밖의 대다수를 만족시키지는 못한다.

불트만은 현대성을 20세기 중반의 서구 학계 엘리트의 관점에서 인종주의적으로 정의함으로써 단순히 자신의 철학적 전제들을 재진술한 셈인데, 그 전제 중 많은 것들(예컨대 하이데거의 영향을 반영하는 전제들)이 더 이상 학계에서 유행하지 않는다.[220] 오늘날 선도적인 몇몇 학자는 불트만이 지금은 한물간 세계관(앤서니 티슬턴이 불트만이 신칸트주의에 뿌리를 두었다고 기술한 세계관)에 사로잡혔다고 주장한다.[221] 신, 신들, 또는 영들로 말미암은 진정한 초자연적 활동이 선험적으로 부정될 수도 있는 많은 진영에서 그 견해가 아무리 유행하고 있다고 할지라도, 오늘날의 다문화 세계에서 다른 비판적인 학자들이 경험적인 데이터를 분석하지도 않고서 단순히 그 합의를 받아들이고 이를 선전하는 것은 미련할 만큼 순진한 처사다. 일반적으로

---

220 Bultmann의 사고에 가장 큰 영향을 준 사람은 Heidegger다(Perrin, *Bultmann*, 15; Hasel, *Theology*, 85). Bultmann은 자기가 신약성서에서 발견했다고 생각한 핵심적인 경험과 양립할 수 있는 경험에 관한 현대적 견해를 Heidegger가 발견했다고 생각했다("Mythology," 23-25; Mark, "Myth," 135-36; Thiselton, *Horizons*, 178-79, 226, 232, 262; Brown, *Miracles*, 252. 참조. Zachman, "Meaning," 14; Edwards, *Christianity*, 477). 그는 실존적인 이해가 편견이 아니라 역사에 대한 다른 접근법과 마찬가지로 필요한 관점이라고 보았다("Exegesis," 149. 참조. 예컨대 *Word*, 11; Thiselton, *Horizons*, 3에서 서술된, 세속 철학으로 말미암은 성경의 변질에 관해 경고하는 Thielicke와 대조된다). 이전의 자유주의(Bultmann, "Mythology," 12-13에도 불구하고 말이다. Poland, *Criticism*, 26-27, 29)와 그가 루터주의를 논리적으로 확장한 것(Thiselton, *Horizons*, 205-26. 참조. Poland, *Criticism*, 19-20)도 그에게 영향을 주었다. 좀 더 이전 시기의 신약성서 학자들(D. F. Strauss, J. Weiss, W. Bousset)로부터 받은 영향과 기적을 "신화"로 보는 그의 접근법에 관해서는 Twelftree, *Miracle Worker*, 33-37을 보라.

221 Thiselton, *Horizons*, 260-61. 참조. Jaki, *Miracles and Physics*, 13.

우리는 학문 탐구는 가설들을 도전에 열어놓고 증거에 기초해서 귀납적으로 진행해야 한다고 인정한다.[222] 사실 칼 바르트 같은 학자도 불트만이 19세기의 몇몇 기적 기사들을 무비판적으로 부정한 것을 비판했다.[223] 또 다른 학자가 유감스럽게 생각하는 바와 같이 불트만 등은 기적에 대한 구체적인 강력한 증거를 고려하지도 않고서 기적을 배제했다. "그러나 경험 과학의 특징이 증거에 대한 편견 없는 개방성이라면 그런 식의 연구는 과학적이라고 불릴 수 없다."[224]

현재의 동향에 비추어 몇몇 포스트모던 학자는 그 자료에 관해 도덕적 판단을 하지 않고서 초자연적 현상 주장을 받아들일 수도 있을 것이다.[225] 예컨대 예수의 기적들은 하나님에게서 나왔다는 초기 기독교의 주장이나 그 기적들은 마법의 산물이라는 이교도들의 반대 주장 어느 것도 선험적으

---

222 그렇다고 해서 자연주의 등 현재 작동 중인 가정들(working assumptions)의 가치가 부인되는 것은 아니다. 그러나 그런 가정들은 학계의 전통에 굳어져 있는 것이 아니라 수정에 열려 있어야 한다. 과학적 지식은 잠정적이며 따라서 여러 면에서 이뤄져 있는 합의도 일시적이다(참조. Clark, *Philosophy of Science*, 63-113). 인식 틀의 변화는 쉽게 찾아오지 않는다. 조사자들조차도 전통적인 가정들 및 해당 집단 내의 체면에 관심이 있는 주제들에 접근하는 경향이 있다.

223 Kelsey, *Healing*, 236-37. 참조. Kydd, *Healing*, 34; Moltmann, "Blessing," 149. 다른 학자들은 Bultmann이 자신의 실존주의적인 가정에 근거해서 (신적 활동을 믿을 것을 요구하는) 고전 15:3-8을 케리그마적이라며 부정하는 것을 비판한다(Richardson, *Age of Science*, 112). 공동체마다 다른 케리그마가 전해졌다는 그의 가정은 우리가 갖고 있는 유일하게 구체적인 증거를 공공연히 무시한다(Hunter, *Theology*, 65 각주 1). Bultmann의 많은 동시대 학자들조차도 그의 접근법이 너무 급진적이라고 믿었다(예컨대 다음 문헌들을 참조하라. McGinley, *Form-Criticism*, 여러 곳; Mark, "Myth," 140; Kallas, *Significance*, 110-15; Hunter, *Theology*, 152-53).

224 Nichols, "Miracles," 704.

225 이처럼 도덕적으로 중립적인 접근법을 취하는 객관적인 인류학적 조사는 예컨대 Goodman, *Demons*를 보라. 불가사의한 것과 좋은 것을 구분하는 것의 가치에 관해서는 예컨대 Allen, "Miracle"을 보라(비록 그는 초자연적 치유를 좋아하지 않는 것으로 보이지만 말이다).

로 특혜를 받으면 안 될 것이다. 우리가 그런 문화적 동향을 승인하든 하지 않든 간에,[226] 초자연적 현상이 논의도 되지 않고서 단순히 일축될 수 있는 날은 얼마 남지 않았을 것이다.[227] 좀 더 넓은 세계적인 사고의 맥락(7-9장, 12장에서 다뤄졌다)에 비춰 볼 때 의외의 변화가 없다면 더 큰 개방성을 향한 이 추세는 계속 성장할 것이다. 세계의 여러 곳에서 나온 철학적 접근법들은 많은 관심사를 끄집어낼 것이고 적어도 아프리카와 라틴 아메리카의 대다수 지역과 아시아의 많은 지역의 사람들에게는 초인간적인 활동에 대한 서구 계몽주의의 반감이 없을 것이다.

3. 이번 장의 결론

기적에 반대하는 전통적인 급진적 계몽주의의 편견은 자연에 관한 철학적 전제에 의존했는데, 그 이후 그 전제가 무너졌다. 종교적인 관심이 있는 사람들의 증언에 반대하는 편견도 마찬가지로 특정한 계몽주의 환경을 반영한 것이며 오늘날 유지될 필요가 없다. 초자연적 주장을 단순히 직관적으로 부정하는 것은 이처럼 우리 자신의 문화적 배경에서 이해될 수 있는 논증에 의존하는 것이 아니라—비록 전통은 일반적으로 인식론에 대한 비경험적이고 비합리적인 토대라고 간주됨에도 불구하고—이전 시기의 학문

---

226 예컨대 서구의 그리스도인들은 아시아의 그리스도인들로부터 쟁점은 사건들이 초인간적인지 여부가 아니라 그 배후에 어떤 영이 있는가라는 것임을 배울 수 있을 것이다(Yung, *Quest*, 230은 분별을 강조하면서 다음 성경 구절들을 인용한다. 막 13:22; 마 7:22-23; 살후 2:9).

227 Marsden, *Outrageous Idea*, 30은 경험주의자와 포스트모던주의자를 모두 환영하는 학계가 명백한 기독교적 관점을 부인할 경우 그것은 완전히 모순이라고 지적한다. McGreevy, "Histories," 65도 보라.

적 전통에 의존하고 있다. 현재의 접근법은 현대 물리학이나 비교 문화인 포스트모더니즘 때문에 좀 더 개방적인지 여부를 불문하고 잠재적으로 초자연적 설명을 선험적으로 부정하는 데 필요한 근거를 결여하고 있다. 그런 설명이 어디로 인도할지에 대한 공리주의의 두려움에서 그런 설명을 부정하는 것도 논의를 편견으로 이끌 수 있다.[228] 초자연적 활동의 가능성에 반대하는 완고한 편견은 그 가능성에 대해 선험적으로 충실한 것만큼이나 중립적이지 않다. 우리는 그런 질문에 대해 주로 13-15장에서 다시 다룰 것이다.

나는 내 인생의 다른 시기에 이 질문의 양쪽 입장을 모두 수용했었다. 한편으로는 무신론자로서 그리고 다른 한편으로는 (지금, 그리고 내 인생의 대부분은) 그리스도인으로서 말이다. 나는 이제 독단적인 반초자연주의가 논쟁의 여지가 없으며 현대인 전체를 대변한다는 가정이 문화적으로 얼마나 고립되어 있는지를 살펴보려고 한다. 본서의 주요 주제로서는 이 점이 더 중요한데, 나는 그것을 주장하는 사람들이 기적이라고 믿는 직접적인 경험에 관한 주장이 얼마나 흔한지 보여주려고 한다.

---

228 순전히 공리주의적인 접근법은 증거가 균형을 이루고 있을 경우 유신론적인 믿음을 갖도록 초대하는 "파스칼의 내기"를 선호할 수도 있을 것이다.

3부

고대 이후의 기적 기사들

○ ● ○

(그 발생이 모종의 특이한 현상이었든 초자연적 원인에 기인한 것이었든 간에) 한때는 고대의 모든 기적에 반대 논거로 사용되었던 유비 원리는 이제 바로 그 논거를 손상시킨다. 흄의 시대에 많은 개신교 신학자들은 그들의 반가톨릭 변증의 일환으로 성경의 기적들과 성경 시대 이후의 기적들을 뚜렷이 구분했다. 그들의 변증은 흄이 비교할 만한 현대의 기적 주장이 많지 않은 것을 근거로 고대의 기적 주장들에 반론을 펼치는 빌미를 제공했다. 그 뒤로 많은 신학자가 기적에 반대하는 이 접근법을 수용해서 성경 시대 이후의 기적이 없음을 강조하고 궁극적으로는 종종 기적을 깡그리 부인했다.

그러나 오늘날에는 많은 기적 주장들, 특히 제3세계에서 보고된 기적 주장들이 신뢰할 수 있는 많은 목격자의 존재에 대한 흄의 의심에 도전한다. 흄은 위증을 하면 잃을 것이 많은, 의문의 여지가 없는 정직성과 지성을 갖춘 "충분한 수"의 목격자를 요구했다.[1] 오늘날의 학문 풍토에서는 기적에 대해 증언하는 많은 사람은 진실하게 증언하더라도 잃을 것이 많다. 그

---

1   Hume의 요건은 Breggen, "Scale," 450에도 비슷하게 요약되어 있다.

러나 나는 우선 흄의 양적 요구에 대응할 것이다. 흄이 가정한 환경과 달리 오늘날 수억 명의 사람들이 기적을 목격했다고 증언한다. 더욱이 서구에서 조차 목격자들이 자기들이 기적이라고 믿는 현상을 주장하는데, 역사의 대부분의 시기 동안 상황이 이러했다. 심지어 흄이 종종 기적 주장에 대해 과묵한 학계의 이론적인 틀 안에서 자신의 논거를 구축한 당시에도 말이다. 이런 목격 주장 중 몇몇 주장은 심지어 시각 장애 치유, 죽은 자를 살림, 자연 기적을 포함한다. 나는 이후의 장들에서 이런 주제 중 몇 가지를 다룰 것이다. 7-9장에서는 세계의 대부분에서 보고되는 기적 주장들을 다루고 10장에서는 서구의 기적 역사를 다룬다. 11장에서는 현대 서구의 기적 주장들을 다루고 12장에서는 시각 장애, 죽음, 또는 자연과 관련된 특히 극적인 몇몇 기적 주장들을 다룬다.

사실상 아무도 모든 기적 주장이 확실히 진정한 기적을 반영한다고 주장하지는 않을 것이다(13장에 수록된 논의를 보라). 그러나 우리가 어떻게 해석하든 간에 확실히 기적을 목격했다는 주장이 존재하며, 따라서 복음서와 사도행전에 실린 1세대 및 2세대의 증언도 제외될 필요가 없다. 통계수치는 기적 주장이 매우 많음을 암시한다. 7-12장에서 내 주된 관심은 그런 주장과 관련된 다양한 사례 중 몇몇을 보여주는 것이다. 사건들에 대한 해석이 이 장들의 주된 요점은 아니지만, 이 보고들 중 몇몇은 그 문제와 관련이 있을 수도 있다. 적어도 다양하고 많은 기적 주장이 있으니, 우리는 이제 더 이상 많은 관찰자가 특히 유신론적인 해석이 설득력이 있다고 생각할 특이한 사건들을 인간의 획일적인 경험을 논거로 배제하는 것을 당연하게 받아들일 수 없을 것이다(13-15장에 수록된 논의를 보라).

7장

제3세계의 관점

모든 역사에서 그 자체로 우리를 모든 미망에서 지켜줄 정도로 의문의 여지가 없는 상식, 교육 및 학식을 갖춘 충분히 많은 사람에 의해 입증된 기적은 발견되지 않는다. 증인은 사람들의 눈에 신용과 평판이 있어서 다른 사람을 속이려고 도모한다는 추호의 의심도 받지 않고, 조금이라도 거짓이 발각되면 잃을 것이 엄청나게 많은 사람이어야 한다. 동시에 증언에 거짓이 있다면 탐지될 수밖에 없도록 기적을 입증하는 사실들이 잘 알려진 곳에서 매우 공공연하게 일어나야 한다.

데이비드 흄[1]

모든 초자연적이고 기적적인 관계들은 주로 무식하고 야만스러운 사람들에게서 많이 관찰된다는 사실은 그런 관계들에 반대하는 강력한 추정을 형성한다.… 사려 깊은 독자가 이런 훌륭한 역사가들의 글을 읽고서 **그렇게 놀라운 사건들이 우리의 시대에는 결코 일어나지 않는다**고 말하는 경향이 있다는 것은 **이상하다.**

1   Hume, *Miracles*, 34; idem, "Miracles," 34.

그러나 나는 어느 시대든 사람들이 거짓말하는 것은 전혀 이상하지 않다고 생각한다.

데이비드 흄[2]

문화인류학은 다른 모든 인류학 연구와 마찬가지로 성서해석학자가 문화를 초월하는 입장을 채택하도록 도움을 줄 수 있다.

존 필치[3]

타당성 구조—우리에게 직관적으로 합리적이라고 생각되는 것—는 문화적으로 결정된다. 흄의 주장이 모든 문화에서 일리가 있는 것은 아니다. 반초자연주의가 서구 문화에서는 전통적인 강력한 이념 세력으로 남아 있지만 비초자연주의를 쉽게 수용하지 않는 세계관을 갖고 있는 문화들도 많이 존재하는데,[4] 그런 문화들이 과학이나 경험적 탐구를 이해하지 못해서 그런 세계관을 갖고 있는 것은 아니다. 이번 장에서 나는 제3세계의 몇몇 관점을 소개할 것이다. 나는 다음 두 장에서 제3세계에서 보고된 구체적인 예들을 조사할 것이다. 여기서는—곧 자세하게 살펴보게 되는 바와 같이—**수억 명**의 사람들이 초자연적 치유를 목격했다고 주장한다고 언급하는 것으로 충분하다. 그들의 타당성 구조 및 그들 중 많은 이들이 살고 있는 문화 일반의 타당성 구조는 흄의 전제들을 수립했던 사람들의 타당성 구조와 다르다.

　학자들은 때때로 복음서들 및 사도행전에 수록된 것 같은 기적 보고

2　Hume, *Miracles*, 37, 38; idem, "Miracles," 36.
3　Pilch, *Healing*, 35.
4　형이상학적 자연주의는 우리가 세상에서 입수할 수 있는 다양한 세계관 중 하나일 뿐이다. 예컨대 Nash, "Conceptual Systems," 119을 보라.

들은 틀림없이 이후의 전설이나 저자의 상상력에 의존했을 것이라는 의견을 피력해왔다.[5] 그러나 이 전제는 그런 경험을 해보지 못한 서구의 학문적인 문화를 통해 전 세계의 경험을 해석하는, 문화적 및 지적으로 협소한 가정에 근거한다.[6] (역사적으로 서구의 학계를 포함한 서양 문화뿐 아니라) 다른 많은 문화는 다른 가정을 갖고서 연구해왔으며, 현대 학자들이 이런 가정들을 모욕하기 위해 전통적으로 사용했던 호칭들은 포스트모던 사회 특히 다문화적인 세상에서는 너그러운 대우를 받지 못한다.[7] 따라서 오늘날 몇몇 학자는 예수의 기적을 이해하기 위해서는 샤먼들과 1세기의 유사한 인물들을 비교하는 것이[8] 현대 회의주의자들의 시대착오적인 현대적 독법보다 도움이 될 것이라고 주장한다.[9]

---

5   참조. Dibelius, *Studies in Acts*, 24은 "순진한 스타일의 관련 기적"은 "전설"의 특징이라고 간주한다(참조. 17-18, 20). Achtemeier, *Miracle Tradition*, 136-37과 Jaki, *Miracles and Physics*, 75에 언급된 접근법도 마찬가지다.

6   폴리비오스는 "단지 책으로만 공부한 사람들이 쓴 글들은 경험이나 생생함이 없이 쓰였기 때문에, 그들의 글은 독자들에게 실제적인 효용이 없다"는 의견을 피력했다(12.25g.2, LCL).

7   포스트모던 사상의 많은 부분에 근거하여 반대하기는 하지만 Evans, "Judgment," 201-2은 기적을 평가함에 있어서 이 접근법의 가치 및 그 결과를 강조한다. Young and Goulet, "Introduction," 9은 실재 자체가 아니라 실재에 대한 경험이 다차원적인 것 같다고 주장한다.

8   기술적 의미의 샤먼들은 대체로 수렵 채취 사회에 속할지도 모르지만(Krippner, "Medicine," 193), 치유자들(이들이 일반적인 비교 대상이다)은 좀 더 널리 퍼져 있다. Harner, *Way of Shaman*, 42은 다양한 사회에 속하는 사람들이 독립적으로 유사한 심인성 치료 기법들을 개발했는데 그것은 그들이 그런 기법들에 효과가 있다는 것을 발견했기 때문이라고 믿는다.

9   (그는 여전히 자연주의적이지만) Craffert, "Healer"를 보라. 다음 문헌들을 참조하라. Berends, "African Healing Practices," 285-86; Borg, *Conflict*, 73, 230-31, 305, 373; Malina and Pilch, *Acts*, 211-13; idem, *Letters*, 366-68; Pilch, "Usefulness," 100(예수를 민속 치유자로 본다); Aarde, "Rabbits"; McClenon, *Events*, 90-93. 차이들을 언급하기는 하지만 Eve, *Miracles*, 354도 참조하라(그는 Kleinman, *Healers*, 71-82, 139-40, 366과 같은 입장을 취한다). 이들이 모두 초자연주의적인 것은

이 장에서 나는 제3세계의 몇몇 관점을 소개하고 그다음 두 장에서는 제3세계에서 보고된 몇몇 기적 주장들을 조사한다. 그 뒤에 나는 현대 이전의 서구 세계에서 보고된 그런 주장들을 탐구하고 이어서 서구의 대중문화를 조사할 것이다(물론 세계와 시기를 이렇게 구분하는 것은 임의적이지만, 서양이 기적 주장에 대한 회의론의 주된 원천이자 옹호자였기 때문에 나는 서양을 다소 별도로 다루고자 한다). 현대 세계에서는 아무도 기적을 믿지 않는다는 주장(내가 언급해 온 바와 같이 이는 한때 기적 문제에 대한 대답으로 몇몇 학자들이 진지하게 제공했던 주장이다)은 이제 진지하게 고려하기에는 확실히 너무도 무책임한 주장이다.

1. 다양한 문화의 기적 주장들과 인종주의적 편견

몇 건의 기적 주장만이라도 개연성이 높다고 입증되면 흄의 논거는 무너지고 기적을 반대하는 최초 설정 조건(default setting)이 제거된다. 기적 주장에 대해 특별한 입증 책임을 지우지 않는다면, 그런 주장들도 다른 주장들과 마찬가지로 일반적인 증거 법칙을 통해 사안별로 평가될 수 있다. (우리가 법원에서 다른 사건들에 대한 유사한 성질의 목격자 주장은 받아들이면서도) 기적

아니지만, 이들은 모두 복음서 및 사도행전 텍스트 배후에 존재하는 전설을 여러 층의 편집을 거쳐 재구성한 것으로 보는 가설보다 생동적인 종교적 대안들과 비교하는 것을 선호한다. 몇몇 학자는 자기들이 유사한 식민지 배경에 있다고 생각하는 예언자적인 치유자들을 비교한다(자세한 내용은 Davies, "Prophet/Healer"와 idem, *Healer*를 참조하라. 그러나 Strijdom, "Hallucinating"에 수록된, 요단강에서 받은 예수의 소명에 관한 Davies의 접근법에 대한 몇몇 비판을 참조하라). Miller and Yamamori, *Pentecostalism*, 24은 둘 사이의 신학적인 차이를 인식하기는 하지만 오순절파가 샤머니즘이 실천되는 곳들과 "문화적으로 공명"하며 그들 사이에 기능적인 유사성이 있다고 지적한다(참조. Cox, "Miracles," 90, 91; Kim "Pentecostalism," 32).

을 지지하는 모든 목격자를 물리치는 것은 애초부터 기적에 반대하는 입장을 전제하고서, 미리 기적을 지지하는 모든 증언을 오해나 기만을 반영하는 것이라며 배제하는 방향으로 논의를 몰고 가는 처사다. 그러나 이 대목에서 주요 쟁점은 증인들이 자기가 기적이라고 믿은 사건들에 대한 직접적인 지식을 주장할 수 있는지, 그리고 여기서 그 증거가 처음부터 압도적인지 여부다.

대다수 서구 학자들은 경험하지 못했다 할지라도 오늘날의 세계에는 기적을 직접 목격했다는 주장들로 가득한데, 고대 세계는 달랐다고 가정할 이유가 없다. 서구 학자들은 주장마다 다를 수도 있는 그런 현상들에 대한 설명을 쉽게 논박할 수 있을지도 모르지만, 몇몇 학자들이 그런 현상이 역사적 자료가 될 만한 수준의 목격담에 속한다는 것을 부인한다면 그것은 세계인구의 상당 부분에 해당하는 사회적 실재를 고려하지 않은 처사다. 사실 다른 문화권의 지성적인 사람들 수백만 명은 자신의 경험 또는 그들과 가까운 다른 사람의 경험이라고 믿는 것 때문에 그런 학자들을 경험이 협소한 문화적 제국주의자라고 일축하지 않을 수 없을 것이다. 다른 문화들에 대해 오늘날 입수할 수 있는 수준보다 훨씬 적은 정보만을 갖고 있던 흄과 그가 따랐던 사상가들은 뻔뻔스럽게도 초자연주의 문화에 대한 문화적 우월성을 가정했다(이 문제는 뒤에서 더 자세히 살필 것이다).

따라서 역사적 예수 학자인 게르트 타이센과 아네트 메르츠는 특이한 현상들을 순전히 초자연적 원인으로 돌리기를 꺼리지만,[10] 역사 기술에 사

---

10 Theissen and Merz, *Guide*, 310-13. 그들은 (312에서) 자연 자체에 "초자연적" 요소가 있으며, 많은 사람에게 카리스마가 있는데 이는 호의적으로나 악의적으로 사용될 수 있고, "종교적인" 설명은 사회적으로 결정된다고 주장한다(참조. Ashe, *Miracles*, 26-27). 궁극적으로는 다른 가설들이 더 타당할 수 있지만 Theissen과 Merz는 적어도 그런 현상들이 진짜임을 인정한다.

용된 유비의 타당성 원리는 "우리로 하여금 치유와 축귀의 가능성을 인정하게 한다. 많은 문화에서 잘 정리된 그런 유사한 현상들이 있으며, 공식적으로는 부정될 수도 있지만, 심지어 우리 문화의 '근저'에서도 그렇기 때문이다"라고 지적한다.[11] 이처럼 오늘날 많은 학자는 역사적으로 급진적인 계몽주의 태동기에 목격자의 기적 보고의 신뢰성을 논박하는 데 사용되었던 유비 원리가 지금은 기적의 가능성에 유리하게 작용한다고 생각한다.[12] 다른 분야의 몇몇 사상가도 고대의 기적과 관련된 문제를 논의할 때 현대의 기적 기사들에 의존했다.[13] 오늘날의 많은 기적 보고들은 복음서에 수록된 기적들과 닮았는데, 오늘날의 기적 기사들에 관해서는 우리가 목격자들과 상담함으로써 그것들이 진짜인지 가짜인지 손쉽게 알아볼 수 있다.[14]

---

11   Theissen and Merz, *Guide*, 310. Price, *Son of Man*, 20-21도 참조하라. Theissen and Merz는 같은 유비 원리를 사용해서 자연 기적을 부인한다(310). 그들은 자연 기적은 부활에 비추어 쓰였다고 생각한다(301-4. 그러나 그럴 경우 복음서들에 등장하는 모든 기적이 그렇다). 그러나 내가 다른 곳에서 언급했듯이, 오늘날 치유나 축귀 주장보다 적기는 하지만 자연 기적에 대한 현대의 보고들이 많이 있다(예컨대 Koschorke, Ludwig, and Delgado, *History*, 223-24; Sanneh, *West African Christianity*, 181-83; Kinnear, *Tide*, 92-96; Khai, "Pentecostalism," 268; Dayhoff, "Barros"; Daniel, "Labour," 157; Hellestad, "Prayer," 16-17; Yung, "Integrity," 174; McGee, "Regions Beyond," 70; idem, "Miracles," 253; Bush and Pegues, *Move*, 54-55, 59, 64, 192; Koch, *Revival*, 143-44; Numbere, *Vision*, 206-7; Lindsay, *Lake*, 48-49; Harris, *Acts Today*, 66-67, 80; Emmanuel Itapson, 인터뷰, April 29, 2008; Ayo Adewuya, 전화 인터뷰, Dec. 14, 2009; Paul Mokake, 인터뷰, June 3, 2006; Donna Arukua, 인터뷰, Jan. 29, 2009).

12   위에 열거한 문헌 외에 예컨대 Wink, "Write," 6과 deSilva, "Meaning," 16-17을 주목하라. 이 점은 이미 1896년에 다윈과 독립적으로 자연 선택 이론을 창시한 Alfred Russel Wallace를 통해 제시되었으며(Mullin, *Miracles*, 185-86. Wallace에 관해서는 Vidler, *Revolution*, 120도 참조하라), 1914년에 G. K. Chesterton을 통해서도 제시되었다(그는 기독교적 관점에서 제시했다. Mullin, *Miracles*, 219).

13   Nichols, "Miracles," 705. 대중적인 차원에서는 Cranston, *Miracle*, 277이 루르드에서 보고된 기적에 호소해서 성경의 기적들의 타당성을 확인한다.

14   Laurentin, *Miracles*, 93.

(1) 다문화 접근법

사회과학자들은 다양한 해석에도 불구하고 "모든 문화 출신의 사람들이 자신의 경험에 근거해서 자연적 치유와 기적적인 치유 이야기를 말한다"고 언급해왔다.[15] 이 점은 우리가 치유와 관련된 성경의 내러티브들에 어떻게 접근할지에 대해 어느 정도 적실성이 있다. 후스토 곤살레스가 그의 사도행전 주석에서 언급하듯이, 사도행전 내러티브들의 기적 보고들 때문에 자주 그 역사성을 부인하는 것은 의문스러운 인식론적 기준을 채택한 결과다. 불트만은 과학이 발견한 내용을 사용하는 현대인이 기적을 믿을 수 있다는 것을 부인했지만,[16] "불트만이 불가능하다고 선언했던 것들이 가능하기만 한 것이 아니라 빈번하게 발생한다." 곤살레스는 대다수 라틴계 교회에서는 서구의 기계적 세계관의 영향에도 불구하고 기적이 긍정된다고 지적한다.[17] 쿠바의 루터교 주교인 이스마엘 라보르데 피구에라스는 기적을 믿지 않는 그리스도인을 발견하기 어렵다고 말한다.[18] 저명한 라틴계 여성 신학자인 로이다 마르텔-오테로도 라틴계 여성 공동체에서 치유를 위한

---

15 McClenon, *Events*, 131(추가 정보에 관해서는 다음 문헌들을 인용한다. Hufford, "Folk Healers"; idem, "Folk Medicine"; idem, "Epistemologies"; McClenon, "Experiential Foundations").

16 참조. Bultmann, "Mythology," 4.

17 González, *Acts*, 84-85. González는 좀 더 넓게 말하고 있지만 몇몇 학자는 미국의 모든 라틴계 그리스도인의 28%는 오순절파나 (특히 가톨릭 교도 중에서는) 카리스마 진영으로 파악된다고 추정한다(Espinosa, "Contributions," 124). 당연히 이런 신자들은 González의 말에 동의하는 사람들에 포함될 것이다. 몇몇 학자는 오순절파의 보편적인 특징들이 히스패닉계 및 라틴계 문화와 쉽게 어울린다는 의견을 피력한다(참조. Alexander, *Signs*, 133-34). 최소한 라틴 아메리카의 세계관은 "지나치게 합리화되지" 않아서 초자연을 더 잘 받아들이고 있다(Alvarez, "South," 141-42, 144, 특히 오순절파에 대해 언급하지만 말이다).

18 Ismael Laborde Figueras(인터뷰, Aug. 7, 8, 2010).

기도를 강조하며,[19] 라틴계 여성의 경험이 그들이 성경을 읽는 방식 형성에 도움을 준다고 지적한다.[20]

몇몇 아시아 신학자들도 마찬가지로 불트만 학파의 접근법은 아시아의 현실에 적절하지 않다고 불평했다. 감리교 감독인 융 화는 아시아 세계관은 기적, 천사, 적대적인 영들을 긍정한다고 지적한다.[21] 사실 불트만의 수사(修辭)와는 달리 종교적인 서양인 대다수—많은 과학자를 포함한다[22]—도 기적과 현대 과학의 사용 사이에 모순이 있다고 생각하지 않는다.[23] "현대의" 세

---

19 치유 등을 위한 라틴계 여성의 기도에 관해서는 Martell-Otero, "Satos," 16-17, 32-33을 보라. Idem, "Liberating News," 384-87은 신뢰할 수 없는 압제 구조에 맞서는 저항의 맥락에서 이처럼 하나님께 의존하는 것을 고려한다.

20 Martell-Otero, "Satos," 31-32 및 16은 지배 문화가 자주 히스패닉/라틴계의 신앙을 미신적이라고 보는 데 대해 항의한다. 그녀는 학자들이 소외된 사람들 가운데서 일어나는 멋진 경험을 동정적으로 들을 능력을 상실한 것에 관해 Brueggemann, *Astonishment*, 39, 42을 인용한다. 전 세계적인 오순절파와 근본주의의 구분에 관해서는 예컨대 Cox, "Miracles," 92-93과 Spittler, "Review"를 보라

21 Yung, *Quest*, 7. 글로벌 사우스에 관해 좀 더 일반적으로는 예컨대 McGowan, *Authenticity*, 22-23 같은 다른 문헌을 보라(Walls, *Movement*와 Jenkins, *Next Christendom*을 인용한다). Yung은 이 관점이 서양인들에게는 이상해 보일 수도 있지만 대다수 비서구 문화에는 잘 들어맞는다고 지적한다("Integrity," 173). 다른 곳에서 그는 기적에 대한 개방적인 태도가 오늘날 전 세계 기독교에 매우 특징적이어서 한때는 비서구의 기독교 초자연주의를 주변화했던 반초자연주의적인 서구 기독교가 "참으로 이상한 현상"으로 보인다고 주장한다("Reformation").

22 Jaki, *Miracles and Physics*, 14-15은(15에서) Volta, Ohm, Ampère, Faraday 등을 인용한다. Polkinghorne, *Physics*, 108-9은 Faraday, Maxwell과 Kelvin 경을 인용한다.

23 예컨대 다음 문헌들을 보라. Davis, "Actions," 173-75; Erlandson, "Miracles"(특히 427-28); Sider, "Historian," 309; Robinson, "Challenge," 323; Loos, *Miracles*, 75-76; Clark, *Philosophers*, 69에 수록된 Alvin Plantinga의 비판. 리서치 결과는 치유에 관한 믿음은 복잡하며 교육 및 기타 요인들보다 카리스마적인 관행과 더 관련이 있음을 보여준다(Village, "Dimensions," 404명의 성공회 신자들을 연구한다). 아마도 Bultmann과 그를 비방하는 사람들 중간쯤에 있는 Welbourn, "Exorcism," 596은 영적 치유와 축귀가 과학 기술을 중시하는 사람들에게는 불가능하지만 몇몇 다른 문화들에서는 일리가 있다고 생각한다.

계관은 너무도 다양해서 하나의 인식 틀에 모두 들어맞지는 않는데,[24] 자신의 논거가 참이라는 그의 문화적 가정에도 불구하고 불트만은 결코 그 이유를 제공하지 않는다.[25] 비교 문화 연구에 의하면 몇몇 진영의 회의론은 대체로 과학에 대한 노출 때문이 아니라 사회화 때문이라고 추측된다.[26]

유럽 및 북아메리카 이외 지역에 사는 그리스도인 비율은 1900년에는 18%에도 미치지 못했지만, 오늘날에는 60%가 넘고 2025년에는 70%에 이를 것으로 추정된다.[27] 세계 기독교의 중심이 글로벌 사우스(Global South)로 이동함에 따라 지배적인 기독교 관점도 그에 맞추어 바뀌었다.[28] 기독교

---

24 Carlston, "Question," 99.
25 예컨대 Davis, "Actions," 173-75을 보라. 참조. Jaki, *Miracles and Physics*, 13-14. Bultmann이 논증도 없이 확신하는 태도는 본인이나 다른 사람들이 목격한 사례들을 인용함으로써 기적을 옹호하는 평범한 많은 그리스도인과 대조된다. 몇몇 지성인들은 진지한 고려나 자신의 가정에 대한 자기 비판적인 조사도 없이 이러한 논증을 무시하는데 이런 태도가 엘리트주의를 위험에 빠뜨리는 것이 아닌가?
26 어떤 의료인은 초자연에 대한 경험이 자기가 교육받은 회의적 접근법에 어떻게 도전이 되었는지에 대해 언급한다(Malarkey, *Boy*, 135, 149-50). 그러나 일반적으로 학부생들을 대상으로 한 연구들은 엘리트 과학자 진영의 믿음과는 달리 과학적인 훈련이 "변칙적인 현상에 대한 보고를 감소시키지 않음"을 보여준다(McClenon, *Events*, 35). 마찬가지로 가나 등에서는 과학 지식과 불가사의한 현상에 대한 믿음 사이에 반비례 관계가 없다(ibid., 22). 학계는 엘리트 하위문화이며, (적어도 때때로 학계의 정치학과 관련된) 문화적 요인들이 학계의 신조를 형성하는 데 기여한다.
27 Hanciles, *Beyond Christendom*, 121은 또한 2050년에는 "전 세계 그리스도인의 약 1/5만이 백인일 것"이라고 언급한다. 특히 기독교가 글로벌 사우스로 이동하는 현상은 이제는 널리 정리되어 있고 규칙적으로 언급되고 있어서 (예컨대 Escobar, *Tides*, 84-85; Rah, *Next Evangelicalism*, 13; Barnum, *Silent*, 284-86) 많은 논평을 할 필요도 없지만, 부분적으로는 이민과 인구 이동을 통해 서구 기독교의 모습도 재형성되고 있다(예컨대 Rah, *Next Evangelicalism*, 13-14, 74를 보라).
28 Laing, "Face," 165. "글로벌 사우스"라는 호칭은 지리적으로는 그다지 정확하지 않은 개념이다. 이 대목에서 나는 현재 사용되고 있는 용례를 따른다.

의 은사주의와 오순절파 진영이 이러한 이동과 관련된 유일한 진영은 아니
지만, 그들은 최근의 기독교 확장의 선봉에 서 왔고 1970년부터 2000년까
지 30년 동안 6배 성장했다.[29] 글로벌 사우스에서 성행하는 성경 독법이 종
종 현대 서구 비평가들의 독법과 현격히 대조되는 것도 놀라운 일이 아니
다.[30] 다른 사회의 이런 독법은 종종 서양인들에게 충격을 주는데 그것은 다
른 지역 사람들은 초기 기독교 기적 내러티브들이 그럴듯하다고 믿을 뿐만
아니라 흔히 이런 내러티브들을 자기들의 사역을 위한 **모델**로 여기고 있기
때문이기도 하다.

따라서 서양인으로서 글로벌 기독교 학자인 필립 젠킨스는 일반적으
로 글로벌 사우스의 기독교는 "예언, 환상, 무아경의 언어 그리고 치유를
통한 초자연의 즉각적인 역사"에 관심이 많다고 지적한다.[31] 현대 서구 문
화보다는 초기 기독교 세계관과 더 가까운 그런 접근법은 비서구의 전통적
인 문화들에 호소력이 있다.[32] 위에서 언급된 말레이시아 감리교회의 감독

---

29 Hanciles, *Beyond Christendom*, 121. 오늘날 기독교 확장을 이끄는 오순절파 및 가
톨릭 은사주의를 포함한 은사주의 기독교에 관해서는 Noll, *Shape*, 115도 보라
(Martin, *Tongues*와 idem, *Pentecostalism*을 인용한다).

30 Van der Watt, "Relevance," 특히 237-42을 보라. 비록 원래의 문맥을 무시하는 것
의 위험에 관해 유익하게 경고하지만 말이다(243).

31 Jenkins, *Next Christendom*, 107. 그는 또한 서양인들이 그런 관점의 정당성에 대해
너무도 자주 논쟁을 벌인다고 불평한다(121에서 그는 아프리카 성공회 주교들의
"미신적"이고 "오순절적인" "극단주의"에 관한 John Spong의 인종주의적인 불평
이라는 구체적인 예도 제시한다). 서구에서 많은 사람이 그런 경험을 보고하기 때
문에 이 관찰을 일반화할 수 있다(뒤의 11장과 Kang, "World," 38을 보라).

32 예컨대 Pocock, Van Rheenen, and McConnell, *Face*, 136-37을 보라. 참조. Keener,
"Spirit," 170. 오순절파가 복음서들 및 사도행전에 대한 연결을 제공할 뿐만 아
니라 원주민의 치유 전통에 적실성도 있다는 점에 관해서는 예컨대 Porterfield,
Healing, 126과 Yong, "Independent Pentecostalism," 401을 보라. 영적 실재들에
대한 문화적 수용성이 반드시 이전과 똑같은 영들에 대한 포용으로 이어지는 것
은 아니다. Lehmann, *Struggle*, 145은 라틴 아메리카 오순절파의 치유를 신들림 제
의와 비교하지만 둘 사이의 중요한 차이를 강조한다(오순절파는 신들림 제의를

인 융 화는 전 세계 교회의 다수파를 차지하는 은사주의적·오순절적 특징
은 오순절 교회나 은사주의 교회의 직접적인 영향을 반영하는 것이 아니라
단지 대다수 인간의 세계관을 반영하는 것이라고 말한다. 그들은 단지 초
자연을 거부하는 서구의 기계적이고 자연주의적인 계몽주의 세계관을 수
용한 적이 없을 뿐이다.[33]

저명한 아프리카 종교학자인 존 S. 음비티는 적대적인 초인간적 힘이
라는 유사한 문제를 언급하면서 대다수 서구 학자들은 "그들 자신의 무지,
잘못된 개념, 과장된 편견과 경멸하는 태도를 노정하여" 아프리카에 편만
한 진정한 경험들을 진지하게 받아들이지 않는다고 불평한다.[34] 아프리카

악령으로 묘사하며, 오순절파에는 추종자들이 있는 반면 신들림 제의에는 고객들
이 있다). 학자들은 아프리카에서도 오순절파가 이전의 영들을 악령으로 묘사했으
며, 그것들을 수용한 이전의 "영 교회들"의 희생하에 성장했다고 주장한다(Dijk,
"Technologies," 221. 이에 관한 예는 Ksee, "Mission," 13-14을 보라). 빠르게 성장
하는 카리스마적인 교회들은 종종 전통적인 선교사 교회와 독립 교회 모두를 대체
하고 있다(Mwaura, "Integrity," 198). Turaki, "Missiology," 281도 그들은 종종 "명
목상의 2세대 그리스도인들"을 복음화하고 있다고 지적한다.

33 Yung, "Integrity," 173. Yung, *Quest*, 238-39에서 그는 아시아에서 서구의 영향뿐
    만 아니라 Sadhu Sundar Singh, John Sung, 그리고 다양한 부흥 운동 같은 토착적
    인 카리스마적 영향을 인용한다. 또 다른 예를 들자면 Poewe, "Rethinking," 248은
    전통적인 동아시아 문화가 전통적인 그리스도인 관찰자로 하여금 (은사주의 운동
    이 확산되기 전에) 원시적인 은사주의자가 되도록 영향을 주었다고 지적한다.

34 Mbiti, *Religions*, 253. 참조. Uzukwu, "Address," 9; Wyk, "Witchcraft," 1204. 또
    다른 아프리카 학자는 기적 사역자들—그리스도인과 비그리스도인 모두—은
    아프리카 문화의 진정한 부분이라고 지적한다(Ukachukwu Manus, "Miracle-
    Workers"). 아프리카에 대한 경험이 있는 또 다른 저자는 그런 문제들을 다루는 성
    경 텍스트들을 이해하기 위한 더 나은 토대를 제시한다(Roschke, "Healing"). 어
    떤 아프리카 기독교 전문가는 아프리카의 성경 해석에서 영적인 힘이 현저하다
    는 점을 지적한다(LeMarquand, "Readings," 496-97은 이에 대한 예로 다음 문헌
    들을 인용한다. Abogunrin, *Corinthians*, 126, 131-32; Imasogie, *Guidelines*, 66;
    Ndubuisi, *Charisma*; Udoette, "Charismata"). 아프리카의 전통적인 초자연적 세계
    관에 대한 하나의 예는 예컨대 Kraft, *Worldview*, 263-65을 보라.

의 심리학자인 레지나 에야는 많은 서구 학자가 전통적인 과학적 인식 틀을 그것의 용도가 아닌 사안에 부적절하게 적용하기 때문에 특이한 치유 주장이라면 사이비 주장뿐만 아니라 믿을 만한 주장까지 모두 일축한다고 경고한다.[35] 나이지리아에서 20년 넘게 가르친 서양인 교수인 대니 맥케인은 "거의 모든 아프리카의 그리스도인과 대다수 아프리카 신학자들은" 다른 중요한 문제들에 대해 어떻게 생각하든 간에 서구의 반초자연주의를 거절한다고 말한다. 그는 몇몇 허위 주장들이 있음을 인정하지만, 서구 학자들이 순전히 그런 현상들에 대한 자신의 경험 부족에 근거해서 "수천 명의 증언을 깡그리 무시하고 기적을 완전히 부정하는 것은 거만하고 전문가답지 않은 처사"라고 불평한다.[36]

불가사의한 현상과 관련한 인식 틀의 차이 외에도, 다른 많은 문화는 일반적으로 좀 더 전체적이고 좀 더 영적인 믿음이 육체적인 필요에 영향을 줄 것으로 기대하는데 서구 문화는 이 점을 불편해할 수도 있다.[37] 예컨

---

35 Eya, "Healing," 51-52(당시 슈카 소재 나이지리아 대학교 심리학과의 연구원이었다. 현재는 에누구 주립 과학기술대학교 심리학과의 일원이다). 그녀는 몇몇 서구의 연구는 대안적인 인식 틀들에 더 큰 개방성을 보였음을 지적한다(예컨대 Leshan, *Medium*을 인용한다).

36 Danny McCain, 사적 교신, June 1, 2009. McCain은 나이지리아 플래토주에 소재한 조스 대학교에서 가르치고 있으며, 국제 기독교 연구소(International Institute for Christian Studies) 설립자다. 좀 더 일반적으로는 Ramachandra, *Myths*, 154-55이 서구 지성인들의 엘리트 하위문화가 종종 대중적인 전 세계 기독교 및 다른 종교들을 무시한다고 불평한다.

37 예컨대 다음 문헌들을 보라. Allen, "Whole Person Healing," 130-31(전통적인 아프리카의 관심사를 억압하는 서구식 사회화에 저항한다); Welbourn, "Exorcism," 595(아프리카는 의학적 치료 및 영적 치료를 모두 허용함); Pobee, "Health," 59-60; Bührmann, "Religion and Healing"; Dube, "Search," 135; Jules-Rosette, "Healers," 128; Omenyo, "Healing," 235-38; Downing, *Death*, 62(영적 치유가 없는 생물 의학은 환원주의이고 영적으로 서구적이다); Joubert, "Perspective," 126-27(물질적인 세계와 영적 세계의 연결에 관한 내용, Yusufu Turaki와 같은 견해임); Oduyoye, "Value," 116(생명이 순전히 물질적인 것이 아니라는 아프리카의 인식

대 전통적인 아프리카 사상에서 건강에 대한 종교의 관심[38]이 아프리카 독립 교회(African Independent Churches; AICs) 성장의 요인 중 하나일 가능성이 큰데, 그런 교회의 대다수는 치유를 매우 강조한다.[39] 좀 더 새로운 오순절

에 관한 내용); Githieya, "Church," 240(어느 AIC의 전체적인 접근법 강조에 관한 내용); Burgess, *Revolution*, 223; Pope-Levison and Levison, *Contexts*, 109; Lake, *Healer*, 117(전통적인 아메리카 원주민의 치유); Oblau, "Healing," 324; Griffiths and Cheetham, "Priests"(특히 297, 302-3); Ma, "Encounter," 130(한국에 관한 내용). Clapano, "Perspective," 116(선교사 자매가 본 필리핀에서 통용되는 가정에 관한 내용, 다양한 종교적 배경에서 유래한 관행이 혼합되었을 수도 있다); Maggay, "Issues," 34; Tarango, "Physician"; Shishima, "Wholistic Nature" González, *Tribe*, 94; Byaruhanga-Akiiki and Kealotswe, *Healing*, 100, 108, 128; Krippner, "Medicine," 194. 참조. McCormick and Gerlitz, "Nature." 오순절파의 예배에 대한 이 주장에 관해서는 Johns, "Healing," 48-49을 참조하라. (다른 형태의) 가톨릭 예배에 관해서는 Power, "Response," 101-2을 보라. 오순절파의 전일론(holism)에 관해서는 Droogers, "Normalization"을 보라.

38 예컨대 Pobee, "Health," 58-59을 보라. 전통적인 요루바족의 전일론은 Ajibade, "Hearthstones," 195-99, 211을 보라. 전통적인 줄루 문화의 전일론은 Moodley, *Shembe*, 56-57을 보라.

39 다음 문헌들을 보라. Daneel, *Zionism*, 13, 34; Pobee, "Health," 57; Byaruhanga-Akiiki and Kealotswe, *Healing*, 47-60; Kyomo, "Healing," 151; Parrinder, *Religion*, 115-26; Grundmann, "Healing," 27(서아프리카의 알라두라 교회들과 남아프리카의 시온주의 교회들에서 나타나는 예들을 인용한다); Oshun, "Practices," 242(알라두라 교회에 관한 내용). 알라두라 교회들의 치유 강조에 관해서는 다음 문헌들도 참조하라. Dairo, "Healing," 10(요루바족 사이에서); Brown, "Worshipping"(라이베리아에서); Sanneh, *West African Christianity*, 180, 184-205 여러 곳, 239-40; Ayegboyin, "Heal." 다른 곳에 관해서는 다음 문헌들을 보라. Parrinder, "Learning," 328(치유 및 기타 강조점들은 전통적인 아프리카 상황에 부합한다); Ojebode and Moronkola, "Healing Ministry," 41-42; Becken, "Healing Communities," 230; Amadi, "Healing"; Mwaura, "Response"(67-68에서 몇몇 우려를 제기한다); Zvanaka, "Churches," 74(치유를 시온 사도 교회에 적용된 맥락화로 본다); Le Roux, "Le Roux," 63. 이처럼 많은 교회들은 전통적인 우주론 및 치유 접근법을 적응시키고 그것들을 다룬다(다음을 보라. Oosthuizen, "Healing," 75-80, 89-90; Owuor et al., "Reinventing"). 그러므로 많은 관찰자는 건강에 대한 관심이 유익한 사회적 기능을 수행한다고 믿는다(Oosthuizen, "Healing," 89; Wessels, "Practices," 108; Gumede, "Healers"). 아시아의 (기독교적 요소와 비기독

교회들과 은사주의 교회들도 같은 틈을 채우고 있는데, 이 현상은 때때로 좀 더 오래된 아프리카 독립 교회들의 희생하에 일어나고 있다.[40] 아프리카 문화는 항상 치유를 종교와 연결해왔기 때문에 성경의 치유를 종교와 연결시킨 것을 적용한 아프리카의 기독교 운동이 성장했으며, 아프리카의 그리스도인들은 종종 좀 더 전통적인 서구 교회에서 비밀리에 점쟁이들 및 전통적인 샤먼들과 상담하는 교인들에게 도전이 되고 있다.[41] 아프리카에서는 특히 전통적인 교회들이 현지 문화의 지배적인 우주론과 관여하기를 거부하는 곳에서 좀 더 전통적인 교회들의 희생하에 새로운 교회들이 성장해왔다.[42] 몇몇 지역에서는 현지인이 이끄는 좀 더 오래된 주류 교회들이 마찬

교적 요소가 혼합된) 어느 치유 운동에 관해서는 예컨대 다음 문헌들을 보라. Ma, "Santuala"(특히 68); idem, "Mission," 30; Yong, "Independent Pentecostalism," 395-97. Omenyo, "Healing," 233-34은 이 교회들 중 다수는 선교사들이 세운 교회들이 당시에 영적 은사 및 기타 영적인 문제들을 허용하지 않았기 때문에 형성되었다고 주장한다. 이 설명이 정확하다면 그 과정은 서구에서 많은 초기 오순절과 교회들이 설립된 이야기와 유사하게 보일 것이다. 아프리카 독립 교회들은 1995년에 소속 교인 수가 약 9,500만 명이라고 주장했다(Shaw, *Awakening*, 56).

40 몇몇 학자는 좀 더 새로운 오순절 교회들은 전통적인 독립 교회들의 희생하에 성장하고 있다고 주장해왔다(Gifford, "Developments," 525-27. 참조. Walls, *Movement*, 92-93, 토착적인 은사주의 교회들의 성장에 관한 내용; Shaw, *Awakening*, 166, 가나에 관한 내용; Burgess, *Revolution*, 4). 오순절파는 문화적으로 유연하고 아프리카의 문화적인 요소들을 기꺼이 통합하려는 경향이 있었다(Hanciles, *Beyond Christendom*, 36, 359; idem, "Conversion," 174; Martin, "Expansion," 290. 참조. Stanley, "Christianity," 82). (에티오피아 교회의 반대파인) 시온주의 AIC들은 카리스마적 은사들을 강조한다(Spear and Kimambo, "Prophecy," 229). 그러나 예배 형태에 기초한 분류에도 불구하고 남부 아프리카의 몇몇 AIC들은 오순절파에게 받은 영향보다는 좀 더 이전 시기의 전통적인 교회들에게 받은 역사적 영향을 드러낸다(Daneel, "Churches," 186-90). 모잠비크에서 나타난 치유에 대한 강조 및 성장에 관해서는 Schuetze, "Role," 36-37을 보라.

41 Walls, *Movement*, 117. 이 교회들은 종종 전통적인 종교에서 형식을 빌려 오지만 그 종교들에 대한 가장 심한 반대자들인 경향이 있다(Walls, *Movement*, 99).

42 Ranger, "Dilemma," 364-65은 좀 더 새로운 접근법을 혼합주의 문제에 대한 좀 더 나은 해법으로 본다. Peltzer, "Faith Healing," 399-400은 시온주의와 사도주

가지로 그들의 아프리카 상황에 적실한 방식으로 치유를 강조해왔다.[43] 서구의 관찰자들은 그런 전개를 긍정적으로 볼 수도 있고 부정적으로 볼 수도 있지만,[44] 적어도 다양한 종교를 가진 아프리카인들은 확실히 서양인들이 무시하는 문제에 관여하고 있다. 최소한 몸을 대수롭지 않게 생각하는 전통적인 많은 서구 그리스도인의 세계관보다 몸의 건강에 대한 그들의 관심의 몇몇 측면이 성경의 우주론에 더 잘 부합한다.[45]

우리가 기적 보고들과 다른 초자연적 주장들을 어떻게 해석하든 간에 오늘날 세계 여러 곳에서 그런 보고나 주장이 빈번하다는 사실은 진지한 많은 지성인이 자신의 기도 등을 통해서 오늘날 그런 치료가 일어나고 있

의가 기독교와 결합하여 전통적인 치유자의 역할을 양도받는다고 지적한다. 알라두라 교회는 영들과 여성 마법사들에 대한 요루바족의 전통적인 여러 믿음을 반영하는데(예컨대 Babalola, "Impact"), 이 교회는 기도를 통해 그들과 맞선다(Ray, "Aladura Christianity," 281-87). Dickson, *Theology*, 95-96은 치유 교회들의 관심과 대조적으로 주류 교회들이 이전에 치유를 등한시한 것은 "유럽 지향적 전통"을 반영했다고 주장한다. 주류 교회들이 영들을 다루지 않았기 때문에 신자들이 다른 곳에서 도움을 찾았을 수도 있는데, 그들은 때때로 혼합적이라고 여겨진 방식으로 도움을 모색했다(예컨대 Wagner, "World," 91에 인용된 케냐 소재 아프리카 내륙 교회의 목사인 Jackson Mutie Munyao. 인도의 사례는 Hiebert, "Excluded Middle," 39을 참조하라). 이전에 서구에서도 같은 양상이 발생해서 몇몇 신자들이 크리스천 사이언스로 개종했다(Wilson, *Power*, 16).

43 Rasolondraibe, "Ministry"(344-47에서 전통적인 아프리카의 문화적 기대를 언급한다).

44 진정한 건강상의 유익은 환영할 점이지만, 종교 간 경쟁은 이상한 주장과 그릇된 광고를 낳을 수도 있다. 예컨대 "아프리카에서 목발을 금지하는 교회 광고"를 보라. http://news.yahoo.com/s/ap/20100721/ap_on_re_af/af_south_africa_church, 2010년 7월 21일 접속. 사람들은 합리적으로 그 교회에 그 주장에 관한 증거를 제시하도록 요청했다.

45 종종 언급되는 바와 같이, 예컨대 Pope-Levison and Levison, *Contexts*, 109-10, 167(예수에 관한 내용)을 보라. 성경적 인류학은 몸을 폄하하는 서구의 이원론과 달리 전인(全人)을 귀히 여겨서 치유를 가치 있게 여겼다(Blessing, "Healing," 188-92을 보라).

다고 믿는다는 것을 보여준다. 심지어 현대 서구에서도 마찬가지다. 초기 그리스도인들의 세계처럼 일반적으로 덜 회의적이었던 문화에서는 얼마나 더 그러했겠는가? 우리가 복음서 저자들이 그런 기적 주장들을 지어내야 했다거나 누가가 사도행전에서 주어를 "우리"로 표현하는 목격자 자료(행 16:18; 20:10; 28:4-6, 8-9. 참조. 21:4, 11, 19)에서 그런 주장을 지어내야 했다고 생각할 본질적으로 **역사적인** 이유는 없다.[46] 그 보고가 보고자의 기만이나 상상으로 말미암아 유래했다고 주장할 이유도 없다.

(2) 비교 문화 접근법

이제 다양한 독법이 전통적인 독법에 도전한다. 세계적 인식의 부상 및 제3세계의 발언권 증대와 궤를 같이해서[47] 포스트모더니즘은 서구의 문화적 가정들에 특권을 부여하기를 거부한다.[48] 문화적 개방성을 향하는 추세에

---

46 Bauer는 순전히 기적은 타당성이 낮다는 철학적 가정에 근거해서 그 내러티브에 기적이 등장하는 것으로 볼 때 그 내러티브의 목격 주장은 진정성이 낮다고 주장한다(Campbell, *We Passages*, 9에 언급된 바와 같다). "우리" 내러티브에 관해서는 Keener, *Acts*, 행 16:10에 대한 보충 해설 및 그곳에 인용한 자료를 보라.
47 이런 음성들은 여전히 어느 정도는 서구의 학문을 통하여 걸러진다. 즉 서구의 시스템을 통해서 연구하고 발언권을 얻는 사람들은 종종 서구의 학계에서 받아들여지려면 서구의 언어를 말하고 그 규칙에 따라 연구하도록 요구된다. 서구에서 다양한 소수파 관점의 음성도 마찬가지다. 그렇다고 해서 내가 학문에 경계가 없어야 한다고 암시하는 것은 아니고(현재 인터넷상의 정보 과잉과 대조적으로 대체로 어떤 중요한 기준에 의해서도 구분되지 않는다), 어떤 경계들은 지배적인 문화의 주도권을 강화하기만 하는 것을 한탄한다.
48 문화의 이동에 주목하고 문화적으로 다양한 음성을 가치 있게 여긴다고 해서 포스트모더니즘과 관련된 모든 아이디어를 전면적으로 인정하는 것은 아니다. 결국 다른 문화적 이동이 아마도 포스트모더니즘도 대체할 것이다. 언어는 해체론자들(deconstructionists)이 강조하듯이 불완전할 수 있지만, 일반적으로는 적절하다(Chomsky, *Syntactic Structures*를 주목하라. 예컨대 Green and Sim, *Relevance Theory*에서 설명하는 적실성 이론을 참조하라). 마찬가지로 역사적 증

관한 예를 들자면, 의료 인류학은 이제 질병과 치유에 관한 현재의 서구의 관점만이 진짜라고 생각하고 서구의 관점 밖에 있는 많은 치유 주장들을 논박하는 인종주의적 견해인 "의학 중심주의"를 거절한다.[49] 의료 인류학 이라는 새로운 분야는 많은 학자를 배출해왔다.[50] 이 분야는 성서학자들에 게도 도움이 된다. 존 필치는 성서학자들이 신약성서에 수록된 치유 주장을 다룰 때 의료 인류학이 "성서 해석학자가 여러 문화에 걸친 접근법을 채택하도록 도움을 줄 수 있다"고 주장한다.[51] "질병"은 흔히 문화적으로 정

거에 과학적 정확성이 부족하더라도 역사가가 역사적 사건에 관한 몇몇 주장을 할 가능성을 포기할 필요가 없을 수도 있다. 우려에 관해서는 예컨대 Espiritu, "Ethnohermeneutics," 272-73을 보라. 차이에 대한 포스트모더니즘의 강조 및 밑바탕을 이루는 인간의 연대에 대한 포스트-포스트모더니즘의 답변에 관해서는 각각 Min, *Solidarity*, 47-64과 65-88을 보라. 포스트모던 신학에 관해서는 예컨대 Vanhoozer, *Postmodern Theology*를 보라. 특히 포스트모더니즘의 가정 외에 또 다른 영역에서도 오랫동안 비교 문화 접근법을 가치 있게 여겨왔다(예컨대 Taylor, *Missiology*). 다양한 문화적 관점을 환영한다고 해서 반드시 모든 점에 동의할 필요는 없다(예컨대 Cho, "Healing," 123-24에 언급된 대다수 병은 악령에 의해 야기된다는 견해. 추가로 본서의 부록 B에 수록된, 이 견해를 유지하는 문화에 관한 문서를 보라).

49 Pilch, "Sickness," 183과 idem, "Disease," 135을 보라. 참조. Barnes, "Introduction," 6-7; Crawford, "Healing," 31-32. 서구 의학에서의 동양의 치유 관습(여기서는 심리 요법)에 관해서는 예컨대 Gerber, "Psychotherapy"를 보라. 다양한 문화의 의료 접근법 사이의 긴장이—특히 하나가 경험적으로 더 효과적일 경우—윤리적·법적 문제를 야기할 수 있다(예컨대 "Making Room"을 보라).

50 Barnes, "Introduction," 3을 보라. 그리고 종교 전통과 치유에 관해서만 다루는 Barnes and Talamantez, *Religion and Healing*, 353-78에 수록된 참고 문헌도 주목하라(Barnes, "World Religions," 346-52도 보라). 다양한 문화의 치유 전통의 예에 관해서는 예컨대 Van Alphen and Aris, *Medicine*에 수록된 논문들을 보라(예컨대 Stadtner, "Review"에 요약되어 있다).

51 Pilch, *Healing*, 35(14도 참조하라). 의료 인류학 일반에 관해서는 Pilch, *Healing*, 19-36을 보라. 예수 연구에 대한 적용에 관해서는 idem, "Anthropology"을 보라. 인류학을 좀 더 일반적으로 신약성서의 치유 기사에 적용한 것에 관해서는 Neyrey, "Miracles"를 보라.

의되며,[52] 질병과 건강한 상태에 관한 구성 개념 차이가 실제로 건강에 영향을 줄 수도 있다.[53] 성경 연구 이외의 몇몇 분야는 좀 더 빨리 의료 인류학의 유익을 전용해왔다. 실제로 몇몇 의사들은 원인에 대한 견해와 무관하게 몇몇 영적 치유자의 효과성이 관찰되었기 때문에 그들과 협력하고 있다.[54] 다른 문화 전통들은 흔히 그런 문화에 노출된 적이 없던 서양인들을 깜짝 놀라게 한다. 예컨대 몇몇 서양 학생들이 케냐의 마사이 문화 출신의 객원 강사에게 그가 참으로 전통적인 마사이족의 치료방법을 믿느냐고 묻자, 그는 껄껄 웃으면서 "그것은 효과가 있었다"고 대답했다.[55]

---

52 예컨대 Pilch, *Dictionary*, 72과 Eve, *Healer*, 52-53 등을 보라(많은 학자들은 특히 Kleinman, *Healers*, 71-82 및 여러 곳을 따른다). 오늘날 알려진 대다수 기생충과 질병들이 존재했지만(Avalos, "Health Care," 760-61) 오늘날과는 다른 방식으로 이해되었다.

53 Pilch, "Usefulness," 102-3. 우리는 달에 홀리거나 악한 눈에 홀리는 것을 믿지 않을 수도 있지만, 인류학자들은 이런 현상들을 "민속적으로 개념화된 질환"으로 인식한다(Pilch, *Healing*, 19. 참조. Idem, "Disease," 136, 139). 질병은 사회적 힘의 지위나 주변성에도 영향을 준다(예컨대 Pilch, *Dictionary*, 77과 idem, "Disease," 138을 보라). 문화 체계가 질병에 다르게 접근하는 점에 관해서는 예컨대 Grundmann, "Healing," 33을 보라. 성경의 치유 텍스트를 현대의 의료 개념에 따라 읽지 않고 고대의 개념에 따라 읽으려는 시도에 관해서는 Keener, "Fever"를 보라. von Bendemann, "Arzt"에 수록된 고대의 맥락의 접근법도 참조하라.

54 Remus, *Healer*, 114-15(최근의 의학 연구, 특히 Harpur, *Touch*를 언급한다). 의사 수가 부족해서 전통적인 치료사가 의료에 관여해야 하는 곳이 많이 있다(Abioye, "Faith," 3). 가용 현대 의료 자원 부족이 알라두라 운동에서처럼 전통적인 약품과 치료법에 대한 의존에 이바지하는 점에 관해서는 예컨대 Ayegboyin, "Heal," 233-34을 보라. 몇몇 독립 교회 교인들은 교회 지도자들로부터 또는 그들의 허락 하에만 건강 관리(health care)를 추구하기 때문에(Kgwatalala, Villiers, and Lubbe, "Behaviours," 276-80), 건강 관리에 관심이 있는 사람들은 반드시 그들과 협력해야 한다(281-82).

55 Mitchem, "Healing," 224.

본서에서는 대체로 부록 E로 제쳐 두었지만, 몇몇 전통적인 서구의 가정들에 불편한 또 다른 예는 환상 보고와 관련이 있다. 비교 문화 인류학 연구는 다양한 문화에 속한 사람들이 환상이나 기타 변화된 의식상태(altered states of consciousness, ASC)를 경험한다는 것을 보여주고 있으며, 따라서 사도행전이나 계시록에 수록된 환상 보고들은 세계인구 대다수에게 그럴듯하게 보일 것이라고 암시한다.[56] 위에서 언급된 바와 같이 반초자연주의 자체를 멀리하는 변화도 일어나서 그런 현상의 존재뿐만 아니라 그런 주장에 대한 해석도 과거에 비해 토론에 좀 더 열린 태도를 보이게 되었다.

문화는 우리가 고대의 기적 주장을 읽는 방법에 영향을 준다. 현대의 몇몇 비평가는 초기 기독교가 미신적인 사람들의 두려움에 편승해서 표적과 이적을 주장함으로써 퍼졌다고 불평한다(이와 대조적으로 다른 몇몇 학자는 그들이 문화적으로 적실성이 있는 치료를 제공했다고 확언한다[57]). 그러나 급진적인 계몽주의라는 현대 서구의 전통에 물이 덜 든 제3세계의 대다수 그리스도인은 기적 현상에 관한 이야기들에 대해 서구의 그리스도인들보다 거부감

---

56 Pilch, *Visions*, 여러 곳. 부록 B에 수록된 신들림 상태와 부록 E에 수록된 환상 및 꿈에 관한 논평도 보라. Pilch는 계몽주의가 이전 시기의 역사 전체를 통틀어 나타났던 그런 경험들의 신용을 떨어뜨리려고 시도했음에도 불구하고 그런 현상이 계속되고 있음을 지적한다(158-59).

57 비평가들은 때때로 고대 말의 기독교 축귀사도 다루는데, 그들은 그 시대의 다른 치료자들과 마찬가지로 그 당시에 편만했던 귀신들렸다는 의식에 대응했다. 다른 학자들은 그런 활동을 심리적 필요에 대한 문화적으로 감수성이 있는 적응의 한 형태로 간주한다(Frankfurter, *Religion in Egypt*, 273-77에 수록된 연속성과 불연속성에 관한 관찰을 참조하라. 이 시기에 관해서는 Lewis, *Life*, 98도 보라. 축귀의 치유적 측면에 대한 인류학적 평가에 관해서는 본서의 부록 B를 보라). 어느 경우에든 간에 이 주장들은 복음서들 및 사도행전에 제공된 소수의 표본들보다 훨씬 더 편만하다. 로마의 멸망 뒤 이교도들의 개종 시 이적의 성공에 관해서는 Ward, "Monks," 133을 보라.

을 덜 드러낸다.[58] 이런 다른 문화들은 전통적인 서구의 가정들에 대한 타당성 점검을 제공해준다. 예일 대학교 신학부의 선교 및 역사 교수인 라민 사네는 바로 이 대목에서 서구 문화가 "계몽주의를 통해서 형성된 것이 아닌 사회들에서 수용되고 있고", 따라서 원시 기독교 환경에 좀 더 가까운 "복음을…만날 수 있다"고 지적한다.[59] 서구의 비서구 사회 접촉은 계몽주의가 보편적이라고 여겼던 많은 가정의 지배권에 점점 더 도전을 제기했다.[60] 그러다 보니 서구의 여러 학자조차 아프리카 독자들의 판이한 해석 방법에 비추어 탈신화화하는 전통적인 서구의 접근법의 지배권에 점점 더 도전하고 있다.[61]

내가 뒤에서 자세히 설명하는 바와 같이 이런 많은 음성은 사실은―기독교와 관련된 현상과 기독교와 관련되지 않은 현상 모두―그것을 액면대로 수용할 경우 초인간적인 실체의 활동에 의지하지 않고서는 설명하기 어려운 현상에 대한 보고(때때로 자신이 목격한 증언)일 수 있다. 그것을 어떻게 설명하든 간에 수억 명의 사람들이 초인간적인 세력들이 작용하고 있다거나 기적적인 치유가 일어난다고 진지하게 믿고 있다. 실제로 그런 세력들

---

58 Jenkins, *Next Christendom*, 122-31. 다음 문헌들도 참조하라. Mullin, *History*, 279(참조. 281); Mchami, "Possession," 17(영들에 관해); Richards, "Factors," 95-96; Evans, "Judgment," 201-2; Eddy and Boyd, *Legend*, 67-73, 82-83(71-73에서, "서구의 많은 민속학자들"과 인류학자들 사이에서 초자연적 현상에 대한 다른 문화의 접근법을 존중하는 쪽으로 이동하고 있음을 지적하고 그러한 학자들을 인용한다). 덜 기술적인 차원에서는 Venter, *Healing*, 46-49, 54도 참조하라; Gardner, "Miracles," 1929에 수록된, 선교사들에게서 이 접근법에 반대하는 경고를 받지 않았던 아프리카의 성경 독자들 사이에서 기적들이 확대된 사례도 참조하라.

59 Sanneh, *Whose Religion*, 26.

60 Hanciles, *Beyond Christendom*, 67, 375-76을 보라.

61 Kahl, "Überlegungen." Gaiser, *Healing*, 10은 현재의 치유 신학에 아프리카의 통찰을 포함한 다양한 문화의 통찰 간의 대화를 지지한다.

을 부인하는 사람들은 확실히 세계인구의 소수파에 속한다.[62] 우리가 그것을 좋아하든 싫어하든 간에 단순히 그것들을 일축해버리는 것은 관대하지도 않고 타당하지도 않다. 유비를 통해서 판단하자면 고대의 많은 주장자가 선전 목적을 위해 그런 현상들을 꾸며냈다기보다는, 자기들이 보고한 그런 현상들을 진지하게 믿었을 개연성이 있다.

(3) 기적에 대한 인종주의적 편견

성경의 내러티브들을 순전히 현대 서구의 가정이라는 틀을 통해서 읽는 위험이 단지 이론적인 문제이기만 한 것은 아니다. 다른 문화들에 대한 서구의 전통적인 학문적 접근법은 종종—"종교"에 관한 서구의 경멸적인 가정을 포함하여[63]—인종주의적임이 입증되었다.[64] 우리와 동시대의 문화를 다

---

62 그런 현상을 경험했거나 목격했다고 주장하는 사람들을 넘어서 때때로 그런 현상이 일어난다고 믿는 사람들로 나아가면 그 숫자는 엄청나게 늘어난다. 내가 뒤에서 더 자세히 설명하는 바와 같이 오순절파와 은사주의적인 그리스도인들(그런 현상을 믿는 사람들의 일부에 지나지 않는다)만 해도 5억 명에 달할 수도 있다. 수치에 관한 논의는 Anderson, *Pentecostalism*, 11을 보라. 그런 사람들의 대다수는 아마도 그리스도인과 이슬람 교도들일 텐데, 여기에 다양한 다른 집단을 더하면 반초자연주의자들은 확실히 세계인구의 소수파다(Beit-Hallahmi, "Signs," 161도 참조하라. 비록 그는 초자연주의에 대해 노골적으로 경멸하지만 말이다. 많은 이슬람 교도의 초자연적 세계관에 관해서는 예컨대 Kraft, *Worldview*, 279-80과 Parshall, *Bridges*을 보라). 그렇다고 해서 반초자연주의가 틀렸다는 말은 아니지만(반초자연주의자인 비평가들이 초자연주의가 매력적이라고 지적하는 것은 옳은 말이다. 예컨대 Frank, *Persuasion*, 222-23), 단지 자기의 가정들이 옳음이 명백하다고 주장함으로써 다른 모든 세계관을 일축하는 것은 거만한 처사다.

63 MacGaffey, "Epistemological Ethnocentrism," 43-45. 이전에 아메리카 원주민의 초자연주의를 인류학적으로 원시적이고 비합리적이라고 무시한 데 관해서는 Hultkrantz, *Healing*, 163-64을 보라.

64 예컨대 다음 문헌들에 수록된 비판을 보라. MacGaffey, "Epistemological Ethnocentrism"(idem, "Ideology"도 참조하라); Vansina, "Knowledge"(여러 곳, 그

룰 때에도 연구자가 인종주의적인 가정을 하는 잘못을 범하는데, 우리가 고대 문화를 연구할 때에는 그러한 인종주의를 시대착오와 결합할 위험이 더 크다.

더욱이 종교 일반에 대한 인종주의적인 접근법에 해당하는 내용은 특히 기적에 대한 접근법에도 해당한다. 나는 5-6장에서 기적에 반대하는 흄의 논거들이 19세기와 20세기에 학계에서 기적을 일축하는 데 지배적인 영향을 주었다고 언급했다. 나는 기적에 반대하는 흄의 논거 중 하나는 그 당시에 기적 보고의 대다수가 "무식하고 야만적인 국가"에서 나온 것이었다는 점도 지적했다.[65] 그러나 흄처럼 그렇게 규정하는 것은 동어 반복이며, 초자연적 모든 문화를 "야만적"으로 규정하고 "무식하다"라는 말을 정의할 때 문학 및 기타 교양을 고려 대상에서 제외하는 경우에만 타당할 수 있을 것이다.[66] 예컨대 우리가 어떤 종류의 정의를 통해서 인도와 중국의 고대 문명을 "무식하다"고 무시할 수 있겠는가?[67]

러나 특히 39-40); Chrétien, "Exchange," 77.

65 Hume, *Miracles*, 37(참조. 37-40); idem, "Miracles," 36. 예컨대 Meier, "Signs," 760에서 논의된 것처럼 다른 학자들도 이 점에 대해 자주 언급했다. 종교적 치유를 "원시적인" 미신과 결부시키는 견해는 아직도 대중적인 차원의 몇몇 진영에서 계속되고 있다(예컨대 Mitchem, "Healing," 222에 수록된 관찰을 보라). 이 대목에서 Hume의 언어는 이전의 이신론자인 Toland를 닮았다(Burns, *Debate*, 75과 McGrew, "Argument," 653을 보라).

66 다음 문헌들을 참조하라. Swinburne, *Miracles*, 17; Larmer, *Water*, 106; Beckwith, *Argument*, 53. Colwell, "Miracles and History," 12은 Hume이 자신의 주장을 입증하는 역사적 증거를 제시하지 않기 때문에 그가 무슨 근거로 이런 의견을 형성하는지 묻는다. Colwell은 우리 자신의 문화를 Hume의 주장에 대한 반대 사례로 인용한다. 다른 학자들은 Hume이 기꺼이 자기 시대의 주장들(얀센파)을 일축했음을 관찰하고, 나아가 그의 주장의 인신공격적인 특성을 보여준다(Beckwith, *Argument*, 53).

67 아프리카 사회들이 통일된 전선을 제공하는 경우는 덜 흔하지만, 예컨대 다음 문헌들에서 다뤄진 강력한 아프리카 문명도 보라. Usry and Keener, *Religion*, 27-41; Sanneh, *West African Christianity*, 16; Oliver and Fage, *History*, 1-2; Du Bois,

현대의 어느 흄 비판자가 불평하듯이 흄은 왜 "무식하고 야만적인" 유대인들이—흄이 좀 더 기쁘게 자신이 선조들로 받아들였을—"아테네나 로마의 현명하고 문명화된 이방인들"보다 (예수의 부활의 경우) "시신과 저녁 식사 손님"을 구분하지 못했을 가능성이 더 큰지에 대한 아무런 이유도 제시하지 않는다.[68] 다른 학자들은 흄의 반유대인적인 편견을 다뤘다.[69] 또는 폴킹혼이 경고하듯이 오늘날의 사람들은 계몽주의의 전성기 때만큼 "문명"과 "야만"을 깔끔하게 분리하지 않을지도 모른다. 즉 "다른 문화들은 그들의 다른 실천과 다른 종류의 개방성을 통해 특정한 종류의 경험에 대해 우리의 문화보다 더 도움이 되는 제도를 제공할지도 모른다."[70]

World, 148-75, 211-12; Oliver, "Riddle"; Atmore, Stacey, and Forman, *Kingdoms*. 아프리카 문화에 대한 유럽의 놀라운 식민지식 폄하에 대한 비판적인 조사에 관해서는 Niang, *Faith*, 73-79을 보라. 아즈텍, 잉카, 마야 같은 아메리카 원주민들도 복잡하고 강력한 문명을 이루었다.

68 Johnson, *Hume*, 80. 참조. Evans and Manis, *Philosophy of Religion*, 132. 그 문제에 관해서는 예루살렘의 엘리트들이 그럴 수만 있었더라면 그 운동의 날조나 히스테리를 폭로할 이유가 있지 않았는가?(Colwell, "Miracles and History," 11)

69 Hume은 확실히 유대인들이 "야만적이고 무식하며" 고대에는 훨씬 더 그랬다고 여겼다(예컨대 Kugel, *Bible*, 34에 수록된 언어를 보라. 우리가 다루는 논문에서는 Hume, *Miracles*, 55을 참조하라. 좀 더 명확하게는 그들의 불관용에 관한 *History of Religion*, 50-51을 보라). 그러나 유대인들이 기적을 믿었기 때문에 Hume이 그들을 무식하고 야만적이라고 여겼다면 이는 순환논증이며(Collins, *God of Miracles*, 150), 대중적인 그리스와 로마의 신앙과 실천의 다신론적인 놀라운 일들을 이상하게 소홀히 하는 처사다. 이와 대조적으로 Hume의 몇몇 초기 비판자들이 그리스인들 중에는 (특히 철학자들 중에는) 그리스도인들의 주장을 믿기 어려워하는 회의주의자들이 많았다고 경고했지만(W. Weston, 1746, in Burns, *Debate*, 117), 이는 대중적인 차원에서는 의심스럽다.

70 Polkinghorne, *Science and Providence*, 56. 나는 Keener, "Reassessment"에서 Hume의 논거에 나타난 인종주의적인 요소에 관해 더 충분하게 대응한다.

(4) 흄의 명시적인 인종주의

흄이 자신의 문화만을 칭찬했을 뿐만 아니라 그 문화의 최근 역사가 그런 현상들에 대한 억압에 끼친 영향을 비판적으로 평가하기를 소홀히 했다는 점은 그의 관점이 인종주의적이었다는 것을 보강해준다. 그러나 그의 글들은 그 점에 관해 훨씬 명시적인 증거를 제공하기 때문에 우리는 그의 인종주의에 대한 추측으로 만족할 필요가 없다. 오늘날 학자들은 "민족들의 특징에 관하여"(Of National Characters)라는 그의 논문을 지적하는데, 이 논문은 "피부가 좀 더 검은 사람들의 열등성"과 관련이 있었다.[71] 다음은 흄이 한 말의 일부다.[72]

> 나는 흑인들 및 일반적으로 다른 모든 인종(4-5개의 다른 인종이 있다)은 백인들보다 자연적으로 열등하다고 의심하는 경향이 있다. 흰색 외에 다른 피부색을 한 사람 중에서는 문명국이 존재한 적이 없으며, 행동이나 사고에서 탁월했던 개인도 없었다. 그들 중에는 고유한 제조업자도 없었고 예술이나 과학도 없었다.

그는 유색인종과 대조적으로 백인 중 가장 덜 세련된 사람들도 "모두 뭔가 탁월한 점이 있으며" 다른 인종에 대한 이 차이는 천부적으로 부여되었다고 주장한다. 그는 계속해서 이렇게 말한다.

> 우리의 식민지는 말할 것도 없고 유럽 전역에 흑인 노예들이 있는데, 그들 중

---

71   Fosl, "Hume," 174.

72   Hume, *Works*, 3:252(그의 "Of National Characters"에 등장하는 말, Taliaferro and Hendrickson, "Racism," 429에 인용되었다. Ten, "Racism," 101도 보라).

누구에게서도 창의력의 징후가 발견되지 않았다. 그러나 우리[백인들] 중 교육을 받지 않은 천민들은 갑자기 두각을 나타내고 모든 직종에서 탁월해질 수 있다. 실제로 자메이카에서는 사람들이 어떤 흑인이 다방면으로 재주가 있고 학식이 있다고 말하지만, 그는 마치 쉬운 말 몇 마디를 하는 앵무새처럼 아주 하찮은 성취로 인해 흠모되고 있을 가능성이 크다.[73]

탈리아페로와 헨드릭슨은 기적에 관한 흄의 논문에 등장하는 언어를 차용해서 흄이 "예외"를 일축하는 것을 그의 "규칙적이고, 획일적이고, 예외가 없는 자연의 특성이라는 견해"—이는 확실히 흄이 오해한 특성이다—에 기초한 자메이카인 같은 부류로 해석한다.[74]

흄이 사람의 말을 흉내 내는 앵무새와 비교한 자메이카인은 케임브리지 대학교 출신의 프랜시스 윌리엄스였는데 라틴어로 쓰인 그의 시가 잘 알려졌다.[75] 흄의 편견이 틀렸음을 공개적으로 확인해주는 유명한 사례는 윌리엄스만이 아닐 것이다. 예컨대 뉴잉글랜드의 아프리카계 미국인 시인인 필리스 휘틀리는 흄이 활동했던 시대에 런던에서 그녀의 시 몇 편을 낭송했다.[76] 그러나 우리가 5장에서 본 바와 같이 흄은 개별적인 사례들이 자

---

73 Hume, *Works*, 3:252("Of National Characters"에 등장하는 말, Taliaferro and Hendrickson, "Racism," 429에 인용되었다). 인종을 선천적으로 구분하는 것은 고대의 유산이다. 예컨대 Aristotle *Pol.* 1.1.4, 1252b과 1.2.18, 1255a, 그리고 3.9.3, 1285a을 보라.

74 Taliaferro and Hendrickson, "Racism," 429(433에서 쟁점이 인종이든 기적이든 간에 Hume의 접근법은 획일적인 것을 결정하고 나서 "외관상 반대되는 모든 사례를 배제하는 것"이라고 지적한다). Hume이 자신이 이용할 수 있었던 분명한 사례를 고려하지 않은 것은 그 자신이 주장했던 경험적 방법과 모순된다는 것을 드러낸다.

75 Ibid., 431.

76 Ibid. 이와 유사하게 Thomas Jefferson의 인종주의는 Henri Grégoire가 그에게 보낸 흑인의 업적에 관한 책(433)을 통해서나 그 자신이 Benjamin Banneker를 알

연에 대한 자신의 견해를 재조정하도록 허용하는 대신에, 개별적인 주장들을 자신이 자연에서 일어나는 양상이라고 믿은 바에 비추어 해석했다. 그는 많은 노예의 성취를 제한했던 특정한 사회적 맥락에도 관심이 없었고[77] 다른 배경에서보다 기적이 더 자주 일어나는 특정한 신학적 배경에도 관심이 없었다.

흄의 명성으로 인해 심지어 그의 전문 영역이 아닌 기적이나 인종 같은 문제에 대해서도 그의 의견에 과분한 비중이 부여되었다. 흄은 인종차별주의적인 정서에 지대한 영향을 주었다. 예컨대 철학자인 임마누엘 칸트는 흑인들은 정신적 역량이 열등하며 "천성적으로 사소한 수준 이상으로 올라가는 감정을 지니고 있지 않다"고 선언했다. 그는 "수십만 명의 흑인" 중 자유를 얻은 사람들에게서조차 지적으로 위대해진 사람이 있는지 찾아보라는 흄의 도전을 명시적으로 인용한다.[78] 그는 "흑인들은 자기들의 방식대로 허영심이 아주 강하고 말이 많으므로 매질을 통해서 그들을 서로 떨어뜨려 놓아야 한다"고 결론지었다.[79]

오해한 흄의 접근법은 관념의 세계를 넘어 실제적인 영향을 끼쳤는데,

고 있었다는 사실을 통해 더 완전하게 도전받았을 수도 있다. George Whitefield는 Wesley와 달리 노예 제도를 수용했지만, Phillis Wheatley는 그가 아프리카계 미국인을 인정한 데 대해 칭찬했다(Noll, *History*, 109).

77 James Beattie가 18세기에 Hume의 인종주의에 대해 공격할 때 이 맥락이 강조되었다(Taliaferro and Hendrickson, "Racism," 439-40에서 인용된 내용).

78 Kant의 *Observations on the Feeling of the Beautiful and the Sublime*,. ibid., 432에서 길게 인용된 내용. Ten, "Racism," 101에도 언급되었다.

79 Kant, Taliaferro and Hendrickson, "Racism," 432-33에 인용된 내용. 백인의 우월성에 관한 그런 표현들이 19세기와 20세기 초에 번창했는데(예컨대 Herrick, *Mythologies*, 106-8, 146-47, 160-61, 176-79 등에서 종종 언급되었다), 심지어 인류학에서도 그런 경향을 보이다가(Renfrew and Bahn, *Archaeology*, 371을 보라. 참조. Trigger, "Nubian," 27) 최종적으로는 나치 독일이 그것을 강력하게 실행하고 나서야 불신되게 되었다.

예컨대 그 문제에 관한 흄의 권위를 자주 인용하여 노예 제도를 찬성하는 저자들에게 그의 말들이 유용하게 사용되었다.[80] 인종차별주의에 반대한 저자들은 제임스 비티의 1770년 논문이나 제임스 램지의 1784년 논문에서처럼 흄에게 대응했는데, 이 논문들은 영국의 노예 폐지 운동에 매우 중요한 역할을 했던[81] 노예에 대한 진정한 경험이 별로 없던 흄과 달리 제임스 램지는 카리브 제도에서 수천 명의 노예와 19년을 지냈으며, 따라서 대중적으로 더 존경을 받는 흄보다 폭넓은 경험을 제시한다.[82] 비극적이게도 흄의 의견이 많은 진영에서 더 중요하게 여겨진다. 흄은 그 시대의 총아였지만,[83] 기적에 대한 증언이 "무식하고 야만적인 국가들" 사이에서 나타난다는 데 근거해서 이를 믿기를 거부하는 그의 논거가 다시는 인정되지 않아야 한다. 그 기원은 흄의 인종주의와 분리될 수 없다.

---

80 Fosl, "Hume," 173-74. Taliaferro and Hendrickson, "Racism," 432도 1773-74년 사이에 출간된 몇몇 연구를 언급하는데 그런 연구 중에는 3권 분량의 책도 있다.

81 Taliaferro and Hendrickson, "Racism," 432. 그들은 Beattie가 같은 접근법을 사용해서 기적에 대한 Hume의 입장을 논박한다고 언급한다(440-41). John Locke 조차도 William Fleetwood 주교의 증거주의적인 1701년 저서 *Essay on Miracles in Two Discourses*를 지나치다고 비판했지만(Burns, *Debate*, 66-68, 97), 우리는 Fleetwood가 충분히 명확하게 생각해서 영국에서 최초로 노예 소유를 비판한 사람 중 한 명이라는 점을 주목한다(1710년 이후에 비판했다. Klein, "Anglicanism," 172-73).

82 Ten, "Racism," 103.

83 확실히 그 당시의 개신교 신학자들은 점점 더 기적 옹호자들을 멸시하게 되었다. 교육 수준이 높은 신학자들은 종종 기적 옹호자들이 종교적 "열심"을 동요시킬 위험이 있으며(Daston, "Facts," 118, 121) 무식하다고(ibid., 121) 보았다.

2. 제3세계의 목소리[84]

복음서들과 사도행전의 표적 주장들과 그런 주장에 대한 대중의 수용성(그런 표적에 대한 회의적 저항에 관한 보고가 있기는 하지만)이 오늘날 그런 주장들과 그에 따른 교회 성장이 일어나고 있는 지역들에서는 훨씬 덜 소설적으로 보인다. 극적인 표적들에 관한 초기 기독교의 기사들이 현대 서구의 학계에는 낯설고 불길하게 보일지라도,[85] 그런 기사들은 자기들이 그런 경험을 공유한다고 믿는 아프리카, 라틴 아메리카, 아시아의 역동적인 많은 교회에서는 환영받을 것이다.

가톨릭, 오순절파, 성공회, 다른 많은 기독교 교파의 대다수는 현재 글로벌 사우스, 즉 제3세계에 살고 있다.[86] 2050년에는 아마도 그리스도인의 20%만이 백인일 것이다.[87] 이처럼 비판적인 현대 신약성서 학계의 타당성 구조가 정의된 시기와 대조적으로, 현재 전 세계 그리스도인의 2/3는 제3세계에 살고 있으며 그들의 많은 교회에서 치유에 대한 기대가 보편적이다.[88] "표적과 이적"은 오늘날 제3세계에서 사람들로 하여금 그리스도를 믿도록 이끄는 가장 두드러진 요소이며,[89] 그중에서도 치유와 축귀가 특히 효

---

84 나는 본서, 특히 이 장에 수록된 몇몇 자료를 Keener, "Readings"에서 발전시켰다. 이 자료 중 몇몇은 Keener, "Comparisons"에 수정된 형태로 등장한다.

85 Wink, "Write," 4이 사도행전에 대한 자기의 느낌도 한때는 그랬다고 언급하듯이 말이다.

86 Hanciles, *Beyond Christendom*, 121-22.

87 Ibid., 121 (Philip Jenkins의 견해를 따른다).

88 그 기대에 관해서는 예컨대 Larbi, "Healing"을 보라. 서구의 그리스도인들은 또한 기적이 서구 문화 밖에서 더 흔하다는 것을 오랫동안 관찰해왔다(Blue, *Authority*, 60). 이와 같이 "치유와 귀신들림으로부터의 구원이라는 기적들은 본국에서보다 선교 현장에서 훨씬 많이 일어난다"(William Christie, in Fant, *Miracles*, 108. 기독교 선교동맹[Christian and Missionary Alliance] 진영에서 나온 증언을 제공한다).

89 Yung, "Integrity," 173-75.

과적임이 입증되었다.[90] 극적인 기적 보고들은 지역 및 시기상으로 밀집하는 경향이 있는데, 때때로 몇몇 학자가 (서구의 인식 틀을 사용해서) "부흥"이라고 부르는 시기에 집중된다. 그러나 일반적으로 우리는 오늘날 이런 주장들은 서구에서보다 아프리카, 라틴 아메리카 및 아시아 지역에서 훨씬 보편적이라고 말할 수 있다.

(1) 다른 문화에서 배우기

옥스퍼드 대학교 출판부의 전 세계 오순절파의 치유에 관한 최근의 책에서 종교학자인 캔디 군터 브라운은 수많은 기적 주장들을 언급하면서 그 주장들에 대한 경멸적인 접근법에 대해 경고한다.[91] "많은 관찰자가 신적인 치유 주장들을 조사해보지도 않고서 그것들을 하찮거나 터무니없다고 일축하는 경향은 이미 질병, 고통, 그리고 많은 경우 사회적·경제적 주변화로 고통당해온 사람들의 고통을 증가시키는 불행한 영향을 끼친다."[92] 그녀는 사기와 경신(輕信)이 나타나기도 하지만 이 문제들이 대다수 실천자의 특징은 아니라고 지적한다. 그러므로 우리는 처음부터 그런 현상이 그것을 경험하는 사람들에게 의미하는 개인적인 중요성뿐만 아니라 그런 내러티브들이 말해지는 특정한 사회적 맥락을 존중할 필요가 있다.[93]

---

90 Ibid., 174. 교회 성장과 치유 캠페인의 상관관계에 관해서는 이미 1979년에 McGavran이 "Healing and Growth"에 언급한 내용을 보라(McGee, *Miracles*, 174에 좀 더 최근 형식으로 인용되었다).

91 그녀는 좀 더 미묘한 차이를 덧붙이고 풍부하게 묘사해야 한다고 주장하면서도 최고 수준의 많은 학자가 "두통에서 암에 이르기까지 모든 상태에서 회복되었다고 주장하는 치유 증언들이 셀 수 없을 정도로 많으며, 많은 경우 치유가 개종 및 교회 출석의 주요 동기"라고 요약한다고 지적한다(Brown, "Introduction," 13).

92 Ibid., 6.

93 Ibid. 참조. Duffin, *Miracles*, 183은 "추상적인 철학적 정의에 호소하기 보다는" "이

학자들은 점점 더 전 세계의 종교 경험을 고려하고 있다. 램지 맥뮬렌은 로마 제국에서 보고된 그리스도인들의 주장들을 벨기에령 콩고에서 나타난 시몬 킴방구(1889-1951)의 1921년 이후의 치유와 비교하면서 인류학적 병행으로부터 추정하는 데 대해 경고한다. 그럼에도 불구하고 그는 킴방구의 "이야기는 우리에게 특별한 주의를 기울일 가치가 있는 고대의 증거를 향하도록 주의를 환기할 수도 있다"고 믿는다.[94] 킴방구의 추종자들은 그가 "주 예수의 이름으로 죽은 자들을 일으키고, 사지가 마비된 자들로 하여금 똑바로 서게 하고, 시각 장애인들에게 시력을 주고, 한센병 환자들을 깨끗하게 하고, 모든 질병을 치유했다"고 확언했다.[95] 예수와 마찬가지로 킴방구도 예언 운동의 정치적 잠재력에 대해 우려한 식민지 엘리트와 충돌했다.[96] 킴방구의 사역의 요소들은 200년 전 콩고 왕국에서 일어난 토착 기독교인 안토니아회 운동에서 나타난 양상도 반영한다.[97]

사건들은 관련인들에게 기적**이었다**"고 실용적으로 답변한다.

94 MacMullen, *Christianizing*, 7. Flusser, "Love," 154에 수록된 Kimbangu와의 비교 (및 그 한계)와 Eddy and Boyd, *Legend*, 155-57도 참조하라.

95 Koschorke, Ludwig, and Delgado, *History*, 260은 킴방구파 교회의 초기 문서를 인용한다.

96 예컨대 McClenon, "Miracles," 188을 보라. Kimbangu는 자기가 한때 전도사로 일했던 영국 침례회 등의 교회에서도 멸시받았는데, 그들은 그에게 덜 반대했던 미국 침례회 등의 타 교파 대비 교인들이 줄어들었다(Orr, *Awakenings*, 159). Kimbangu는 병자들을 치유했지만 교회의 부패를 비난한 뒤 화형당했던 여성 가톨릭 신도인 Dona Beatriz Kimpa Vita(1684-1706) 같은 이전 시기의 콩고의 환상가들의 맥락에서 이해될 수 있다(McClenon, "Miracles," 185-86을 보라). 예수와 당국 간의 갈등에 관해서는 Keener, *Historical Jesus*, 283-329, 549-79에 언급된 자료들과 거기서 인용된 다양한 자료들(예컨대 Segal, "Revolutionary," 211-12 등)을 보라. 예수에 대한 다양한 정치적 독법에 관해서는 예컨대 다음 문헌들을 보라. Borg, *Jesus*, 273-74; Hendricks, *Politics*; Herzog, *Jesus*; Horsley, "Death," 405-8.

97 Hanciles, *Beyond Christendom*, 103.

(비록 이 교파의 현재 형태는 원래의 모습과는 다르지만)[98] 킴방구파[99]나 서아
프리카의 윌리엄 와데 해리스의 치유 사역(1913-15)[100] 같이 빠르게 확장하
는 교파들은 그런 현상의 관점에서 생각하는 데 익숙하지 않은 서구 독자
들의 개념적 변수들을 확장하는 데 도움이 될 수 있다. 킴방구와 마찬가지
로 해리스도 식민지 당국에 억류당했지만, 그의 사역으로 그리스도인들이

---

98 Kimbangu를 신격화한 그의 몇몇 추종자들에 관해서는 Kalu, *African
    Pentecostalism*, 70, 78-79을 보라. 식민지 당국에 의한 Kimbangu의 신속한 투옥으
    로 인해 그는 자신의 교파에 추가적인 영향을 행사하지 못했다. 루터가 바르트부
    르크에서 상대적으로 짧은 기간 동안 유배당했을 때 그가 취한 접근법과 대조되는
    문제들을 비교하라(Bainton, *Stand*, 203-5). 초기의 치유 보고들은 비슷하지만, 킴
    방구파에 대한 현재의 견해에 관한 긴 목록은 원시 복음서 전통 형성의 배경과는
    현격히 다르다(예컨대 Keener, *Historical Jesus*, 153을 보라).

99 다음 문헌들을 더 보라. Brockman, "Kimbangu"; Martin, *Kimbangu*; Etienne,
    "Diangienda"; Rabey, "Prophet"; Jenkins, *Next Christendom*, 49-50; Cox, *Fire*,
    252-53; Yates, *Expansion*, 173; Ndofunsu, "Prayer"; Gray, "Christianity," 157-
    58; Coquery-Vidrovitch, "French Africa," 359; Jewsiewicki, "Belgian Africa," 482;
    Gondola, "Kimbangu"; Davies and Conway, *Christianity*, 117-18. 특히 킴방구파
    를 포함한 아프리카 독립 교회들에서 치유가 주의를 끈 점에 관해서는 De Wet,
    "Signs," 99-100을 보라. Kimbangu도 콩고-브라질에서 일어난 1947년 부흥의 지
    도자인 Daniel Ndoundou에게 영향을 주었다(Keener, "Ndoundou"를 보라).

100 MacMullen, *Christianizing*, 23-24에서 인용되었다. 다른 학자들도 종종 그를
    Kimbangu와 비슷하다고 본다(예컨대 Muzorewa, *Origins*, 128). 다양한 "오순절파
    적인" 현상이 그의 사역의 특징이었다(McGee, "Regions Beyond," 91; "healing and
    miracles," Hanciles, "Conversion," 170에 수록된 글). Harris는 널리 기억되고 논
    의된다. 다음 문헌들을 보라. Shank, "Prophet"; idem, *Prophet Harris*; Haliburton,
    Harris; Walker, "Harrist Church"; idem, *Revolution*; Bartels, *Roots*, 174-78; Isichei,
    "Soul of Fire"; Sanneh, *West African Christianity*, 123-25; Bediako, *Christianity in
    Africa*, 91-93, 103-4, 204; Walls, *Movement*, 87-88, 98-99; Anderson, "Signs,"
    202; Southon, *Methodism*, 144-45; Barrington-Ward, "Spirit Possession," 467;
    Gray, "Christianity," 157; Coquery-Vidrovitch, "French Africa," 358-59; Orr,
    Awakenings, 162; Wimber, *Power Evangelism*, 177-78; Wagner, "World," 97-98;
    Jenkins, *Next Christendom*, 48-49; Robeck, *Mission*, 272; Yates, *Expansion*, 170;
    Kalu, *African Pentecostalism*, 20, 31, 36-38; Mullin, *History*, 275; MacCulloch,
    Christianity, 887-88.

급증했다.[101] 몇몇 학자는 그의 기독교가 전통적인 종교의 능력 주장에 그들의 관점에서 맞섬에 따라 18개월 동안 10만 명이 넘는 사람이 세례를 받았다고 추정한다.[102] 이와 유사하게 우리는 이슬람 신의 이름으로 병자들을 치료하고 비를 내린 예언자 개릭 소카리 브레이드를 비교할 수 있다. 그로 말미암아 서아프리카에서 술 판매 이익이 줄어들자 식민지 당국은 1916년에 그를 체포했다.[103] 브레이드 등은 대체로 서양인 선교사들과 독립적인 토착 아프리카 교파들을 이끌었는데 이 선교사들은 대개 그들의 주장에 대해 자신을 파송한 문화의 회의주의를 공유했다.[104]

다른 사람들은 "'미친 사제' 라스푸틴"의 치료가 성공한 기록들을 비교했는데, 그는 러시아의 역사에 영향을 끼쳤기 때문에 역사 탐구에서 빠

---

101 Pirouet, *Christianity*, 160. 서구의 몇몇 그리스도들은 Harris의 사역을 치하했다 (Noll, *Shape*, 138).

102 Hanciles, "Conversion," 170. 참조. Shaw, *Kingdom*, 247; Bartels, *Roots*, 175. 좀 더 보수적인 견해로는 Sanneh, *West African Christianity*, 123이 "[세례받은 사람] 추정치는 6만 명에서 10만 명 사이"라고 언급한다. 가나와 코트디부아르에서는 특히 감리교(Harris 자신의 배경이었다)가 이익을 보았다(123-25).

103 Sanneh, *West African Christianity*, 181-83; Yates, *Expansion*, 170, 172; Hanciles, "Conversion," 169; Burgess, *Revolution*, 67; Brockman, "Braide"; Koschorke, Ludwig, and Delgado, *History*, 223-26; Kalu, *African Pentecostalism*, 31, 36, 38-39; Amadi, "Healing," 367-68. 남아프리카의 예언자적인 인물들(예컨대 Saayman, "Prophecy," 6-10에 수록된 19세기 코사족 그리스도인들)과 9장의 각주에 등장하는 다른 예들을 참조하라. 몇몇 학자들에 의하면 Braide는 Harris보다는 Dowie처럼 좀 더 불운한 종말을 맞이했을 수도 있다(Shaw, *Kingdom*, 249-50).

104 Kalu, *African Pentecostalism*, 31은 토착적인 아프리카의 예언적인 교파는 작금의 아프리카 "오순절파"의 특징의 가장 강력한 전조를 제공했다고 주장한다. 에티오피아의 운동이 Braide 등에게 끼친 영향에 관해서는 Hanciles, *Beyond Christendom*, 305과 idem, "Conversion," 169을 보라. 아프리카의 예언적인 교파들이 자신의 카리스마적인 측면을 강조함으로써 기독교를 선교사들로부터 탈취해오려고 한 일이나 이러한 예언적인 교파들이 때때로 식민 정책에 반대했던 특징에 관해서는 Spear, "History," 8, 16을 보라.

뜨릴 수 없다.[105] 또 다른 사람들은 1881년부터 1907년까지 활동한 멕시코의 민속 성인인 돈 페드리토 자라미요를 비교했는데, 그는 당대의 다른 어떤 치유자보다 명망이 높았다.[106] 나는 맥뮬렌과 이런 학자들의 본을 따라 비교 사례들을 탐구하고자 한다.[107] 동시에 나는 그런 현상에 대한 주장들이 오래 전부터 오늘날까지 편만하다는 점에 비추어 좀 더 넓은 기간을 다루고자 한다.[108]

다른 학자들은 서구의 주석가들이 얼마나 빨리 사도행전이나 좀 더 일반적으로 신약성서에 수록된 기적 주장들을—종종 당황해서—지나치는 경향이 있는지 주목해왔다.[109] 그러나 신약성서를 읽는 인류학자들은 항상

---

105 McClymond, *Stranger*, 83(De Jong, *Rasputin*, 136-42을 따르며, 러시아의 궁정 의사가 Rasputin이 기도하면 혈우병 환자인 황제의 아들의 출혈이 멎곤 했다고 확인했음을 지적한다). 그가 역사에서 현저하다고 해서 그를 Kimbangu와 동일시하는 것은 아니다. 많은 사람이 신비한 Rasputin을 파렴치하다고 보았고 그 점이 그의 황실 후원자들이 그를 배척하는 데 빌미를 제공했다(참조. 예컨대 Vidler, *Revolution*, 229). 치유 은사로 알려진 몇몇 러시아의 금욕적인 수도사들은 좀 더 긍정적이었다(ibid., 229-30).

106 Eve, *Miracles*, 357-59(Romano, "Folk-Healing"을 따른다. Eve, *Healer*, 58-62도 보라)는 그가 신적인 권위를 주장하고 독특한 치료를 제공하고 (그런 치유자들에 대한 문화적 기대에 부응하여) 자신을 부인함으로써 이 지위를 달성했다고 주장한다. Eve, *Miracles*, 360, 379은 예수의 사역의 측면들을 비교한다. Don Pedrito Jaramillo와 멕시코의 다른 치유자들의 인기에 관해서는 Espinosa, "Borderland Religion," 132도 보라.

107 MacMullen은 주로 복음서들을 위주로 다루고 사도행전에 뒤이은 시기도 다뤘지만, 다른 학자들도 그의 대중적인 기독교 확장에 관한 묘사가 이런 의미에서 사도행전에도 적절하다고 여겼다(Alexander, *Context*, 203-4). 다른 학자들은 현대 아프리카의 마법사 모델을 구약성경에 등장하는 사례들과 비교했다(Dapila, "Role").

108 나중에 나는 특이한 치료에 대한 의사의 증명 사례도 인용할 텐데 그것은 고대의 기사를 더 그럴듯하게 해 줄 것이다(특히 Gardner, "Miracles"를 보라).

109 Ashton, *Religion*, 174-75, 177은 MacMullen이 이 지점에서 대다수 신약성서 학자와 다르다고 지적한다. Van Brenk, "Wagner," 253을 보라.

그렇게 과묵하지는 않다.[110] 서구의 신약성서 학자들의 이처럼 당황한 침묵을 비판한 어느 학자는 전 세계의 샤먼들에 관한 문헌을 비교했는데,[111] 그는 오럴 로버츠의 소명 및 사역처럼 자신이 유사한 사례라고 생각하는 이야기들을 포함시킨다.[112] 그의 몇몇 비교 대상들 가운데는 큰 차이가 있는 경우도 있지만, 그런 사례들은 세계 대다수 지역에서 나타나는 초인간적인 능력 부여에 관한 믿음과 그런 믿음에 대한 서구 학계의 회의주의 사이의 대조를 강조하는 데 도움이 된다. 전 세계적인 경험은 특이한 주장과 그 주장에 대한 초자연적 해석에 반대하는 서구의 전통적인 편견에 도전한다.[113] 나는 이 대조를 뒤에서 한층 더 심화시킬 것이다.

역사가인 마크 놀은 제3세계에서 사역하는 서구 그리스도인들은 "대다수 그리스도인의 경험은 서구의 카리스마 진영과 오순절 진영의 특징인

---

110 Field, "Possession," 10은 서아프리카의 사도적인 "성령" 교파에 대해 자신이 관찰한 바를 사도행전과 비교했다. Sung-Gun Kim("Pentecostalism," 32)은 "교회 역사의 관점에서 볼 때 라틴 아메리카, 아프리카, 그리고 아시아의 오순절파 기독교는 사도행전에 기록된 원시 기독교 교회를 닮은 것이 사실이다. 유사성은 그들의 회중의 도시적인 성격, 축귀, 치유 및 성령의 세례 등이다"고 주장한다.

111 Ashton, *Religion*, 32-40은 자신의 논의에 6세기의 금욕주의자인 시케온의 테오도레를 포함시킨다(34-36). 샤먼에 대한 유비는 예컨대 다음 문헌들도 참조하라. Klutz, *Exorcism Stories*, 196-97; Craffert, "Healer"; Porterfield, "Shamanism," 163에 수록된 논의. 무속 치유가 (가장 기본적인 차원에서) 모든 문화에서 일어나는 현상이라는 관점에 관해서는 Winkelman and Carr, "Approach," 171을 보라. Winkelman, "Shamanism"도 보라(진화적인 설명을 제공한다). 좀 더 일반적으로 거의 보편적인 초자연주의에 관해서는 Legrand, "Miracle"을 보라. 샤먼들과 고대 지중해의 점쟁이들 간의 다른 비교(그리고 특히 대조)에 관해서는 Brown, *Israel and Greece*, 81-117을 보라.

112 Ashton, *Religion*, 36-37. Walsh, *Shamanism*, 15-16에 실린 샤먼의 정의는 매우 광범위해서 많은 기독교 사역자들을 포함한다. Frank, *Persuasion*, 60은 그들을 유사하다고 취급한다. Kathryn Kuhlman을 다양한 심령 치유자와 신비 치유자 및 마음 과학과 함께 취급하는 Leek, *Story*, 46, 160-66은 좀 더 논쟁의 대상이 되고 있다.

113 Eddy and Boyd, *Legend*, 67-73과 Evans, "Judgment," 201-2에 동의한다.

초자연적 현상에 대한 인식보다 훨씬 더 강한 수준의 인식을 일관되게 드러낸다"는 것을 발견한다.[114] 실제로 전통적인 편견에도 불구하고 서구의 다양한 사역자들은 제3세계의 사역에서 배웠다.[115] 이처럼 다른 사람들이 치료되기를 위해 성공적으로 기도하기를 시작한 많은 서양인들은 먼저 제3세계—종종 적절한 의료 기술에 접근할 수 없었던 지역—의 사역을 배웠다.[116] (나는 이 대목에서 기독교 치유자들에게 초점을 맞추지만 다른 서양인들은 그들

---

114 Noll, *Shape*, 34.

115 Robeck, "Charismatic Movements," 150과 Poewe, "Nature," 3에 수록된 사례들을 참조하라. 우리는 문화 간의 영향에 놀라지 않아야 한다. 예컨대 심지어 19세기 중반에도 유럽에서 보고된 기적 치료 주장이 미국에서 그리스도인들의 생각에 영향을 주는 데 도움이 되었다(Curtis, "Character"를 보라).

116 Puxley, "Experience," 164-65은 인도를 언급한다(거기서 다른 사람들을 위한 그의 기도에 관한 내용은 167-71에 수록되어 있다). 오늘날 인도 오순절파의 절대 다수는 기도와 더불어 의료를 받아들이는데(Bergunder, *Movement*, 167-70), 그 주요 이유는 이제 그들도 의료를 이용할 수 있게 되었기 때문이다(170). 의료적 처치를 위한 설비가 부적절했던 파키스탄에서 보고된 기적에 대한 의사의 증언을 참조하라(Gardner, *Healing Miracles*, 60-63). 동시에 1975년 나이지리아에서 Francis MacNutt가 가톨릭의 카리스마적 부흥에 기여한 것처럼 영향이 때때로 다른 방향으로 작용하기도 하며(Ikeobi, "Healing," 59; Kalu, *African Pentecostalism*, 93; idem, "Mission," 17; Csordas, *Language*, 32) 그 확산이 미국에서 유래하기도 한다(Csordas, "Global Perspective," 332-33). 그러나 1973-83년 잠비아 루사카의 종전 대주교였던 E. Milingo도 참조하라(Haar and Ellis, "Possession"; Haar and Platvoet, "Bezetenheid," 177-91; Csordas, *Language*, 33-35; idem, "Global Perspective," 345; Lagerwerf, *Witchcraft*, 3, 70-71. 혼합주의라고 의문을 제기하는 비난에 관해서는 예컨대 Hinchliff, "Africa," 484을 보라). 가톨릭 카리스마 운동은 현재 참으로 세계적인 현상이다(예컨대 다음 문헌들을 참조하라. Csordas, "Global Perspective"; 나이지리아에서는 Ajayi, "Sacrament," 55; 필리핀의 사례는 Wostyn, "Catholic Charismatics"; 아이티의 사례는 Rey, "Catholic Pentecostalism." 그런 현상에 관한 좀 더 대중적인 최근의 이야기에 관해서는 예컨대 Darling, *Restoration*, 363-89을 보라). Csordas의 연구를 통해서 인류학자인 Edith Turner(*Healers*, 69-75, 특히 70)는 가톨릭 은사주의자가 자신이 연구해 온 다른 교파들과 마찬가지로 연구할 가치가 있는 적절한 영적 운동이라고 확신하게 되었다. 몇몇 지역에서는 전통적인 아프리카적 요소들이 교회 책임자들과 긴장을 일으켰다(탄자니아의 마

이 제3세계에서 나타난 초인간적인 현상이라고 해석한 것들로부터도 배웠다.[117])

　　예컨대 어느 인류학자는 파나마의 초코 족 가운데서 성경을 번역하고 있던 제이콥 로우웬이라는 동료 인류학자의 경험을 이야기한다.[118] 그가 살고 있던 집 주인의 아내인 아우렐리아노가 폐렴으로 죽어가고 있었다. 로우웬은 가까운 마을에 관련 의료인을 구하러 사람을 보냈지만 도움을 줄 사람이 아무도 없었다. 로우웬은 이미 야고보서 5:14-16에 등장하는 치유 약속을 번역했지만 자기는 그런 기도를 할 믿음이 없었다. 하지만 이 구절을 읽은 현지의 신자들은 그와 함께 그녀가 낫기를 위해 기도했고, 그녀의 병세는 약간 호전되었다. 그러나 다음 날 아침에 그녀가 다시 죽어가자 현지의 신자들은 이번에는 로우웬을 부르지 않고 그녀에게 기름을 발랐다. 그녀는 이번에는 완전히 나아서 즉시 가사 노동에 복귀했다. 아우렐리아노가 하나님의 영이 열의 영들을 쫓아냈다고 즐겁게 선언했을 때 로우웬은 그들이 이번에는 자기 및 자신의 서양인 동료들을 기도에 초대하지 않았다는 것을 알아차렸다. 아우렐리아노는 이에 대해 사과하면서 이렇게 말했다. "당신과 데이비드가 있을 때에는 기도가 효과가 없었어요. 당신과 데이비드는 사실은 믿지 않아요." 이 이야기의 저자는 자기가 알기로 로우웬처럼 일관성이 있는 그리스도인이 별로 없지만, 심지어 로우웬조차도 "자신이 태어난 곳의 세속적인 사회적 가정들과 이해를 초월할 수 없었다"는 것을 발견했다고 말한다.[119]

　　좀 더 긍정적인 이야기를 하자면, 제3세계의 그리스도인들에게 배운

　　　리아 운동에 관한 Sivalon and Comoro, "Mouvement"를 보라).
117　예컨대 Turner, *Experiencing Ritual*, 160.
118　Wilson, "Seeing," 202-4(Loewen의 1974년 이후의 이야기를 인용한다).
119　Wilson, "Seeing," 204. Prather, *Miracles*, 64-66에 수록된, 한 인류학자가 배운 내용을 참조하라.

어떤 그리스도인 인류학자는 자기의 전통적인 "합리주의"를 극복하고 병자들을 위해 기도하기 시작했는데 몇몇 치유가 뒤따랐다.[120] 전 세계의 다양한 국가에서 일어난 교회 성장의 원인에 관한 보고를 연구하는 선도적인 어느 선교학자는 자신이 갖고 있던 이전의 회의주의를 버리고 하나님이 오늘날 많은 치유를 일으키고 있음을 인정할 수밖에 없었다.[121] 제3세계 출신 풀러 신학교 선교대학원 학생들의 기적에 관한 증언은 나중에 서구의 제3의 물결 리더가 된 존 윔버가 카리스마적인 현상에 눈을 뜨도록 도움을 주었다.[122] 걸을 수 없었던 말라위의 어느 장애인 사역자가 영국 성공회의 마

---

120 Kraft, "Worldviews"(자신의 이야기를 말해준다). 다음 문헌들을 참조하라. Idem, *Power*, 4-6; Ball, "Professors," 109-12; Kraft, "Years," 115-17. 마찬가지로 선교 사이자 선교학자인 Peter Wagner도 주목하라(Wagner, "Dynamics," 113은 볼리비아와 관련이 있다). Wagner는 반오순절파였는데 전통적인 많은 오순절파도 불편하게 여길 정도의 사도적인 운동을 포용하게 되었다. Taylor, "Wagner"에 수록된 조사를 참조하라). 몇몇 저자는 Kraft, Wagner 등은 그들의 영적 전쟁 인식 틀에서 너무 나갔다고 주장한다(영적 연결[mapping]에 대한 지나친 강조 등. 예컨대 Priest, Campbell, and Mullen, "Syncretism"을 보라. 다음 문헌들을 참조하라. Hiebert, *Reflections*, 200; Moreau, "Broadening," 127, 129-33; idem, "Perspective"; Lowe, *Spirits*; Liu, "Evaluation"; Tan-Chow, *Theology*, 87. Kraft의 답변에 관해서는 Kraft, "Animism"을 보라. 균형 잡힌 진술은 "Warfare Report"를 보라. 그러나 예컨대 Johnstone, "Intercession"에서처럼 아무도 정보에 근거한 기도를 비판하지 않는다). 나는 현재 인기 있는 몇몇 영적 전쟁 인식 틀 근저의 성경 해석에 관해 심각한 우려를 공유하지만(참조. Keener, "Warfare"), 내가 그 논쟁을 오해하고 있지 않다면 그 논쟁의 어느 쪽도 내가 본서에서 다루는 특정한 쟁점에 영향을 주지 않는다. 그 틀에 대한 비판자나 옹호자 어느 쪽도 반초자연주의자가 아니며, 나는 그들 중 대다수가 초자연적 치유가 일어난다는 것을 부인하지 않는다고 생각한다.

121 McGavran, "Seeing," 66-67(몇몇 학자는 처음에는 평판에 대한 우려 때문에 증거에 저항한다고 지적한다). 그는 실제로 치유가 하나님이 교회 성장을 위해 사용하는 **유일한** 방법이 아니라고 경고한다(68).

122 Wimber, *Power Evangelism*, xix. 11장에서 Wimber에 관해 추가로 논의하는 부분을 보라. 풀러 신학교는 한동안 표적 및 이적 과정을 제공했다(다음 문헌들을 보라. Hubbard, "Hazarding"; Gibbs, "Wimber," 150-54; Wagner, "Introduction"). 이 신학교는 그 견해를 공식적으로 승인하지는 않았지만, 특히 그런 주제가 신약성서에

이클 그린에게 치유를 위해 기도해 달라고 부탁했다(그가 그 일에 관해 글을 쓰고 있을 당시에 그는 옥스퍼드 대학교 위클리프 홀의 선임 리서치 펠로우였다). 그린은 내키지는 않았지만 그 도전을 피할 수 없어서 그를 위해 기도했다. 그리고 "루스드라의 발을 쓰지 못하던 사람에 관해 기록된 바와 같이 그 남자는 일어나 춤을 추기 시작했다."[123] 이 사례가 사도행전과 유사한 것은 우연의 일치가 아니다. 다양한 상황에 처한 선교사들은 계속해서 사도행전에서 기적적인 사역과 능력 대결의 모델을 찾고 있다.[124]

(2) 제3세계에서 편만한 오순절파의 주장

기적이 계속된다는 것을 긍정하는 교파는 결코 현재 번성하고 있는 오순절파 및 은사주의 교회에 한정되지 않으며, 본서에 제공된 주장들도 결코 오순절파나 그들의 신학적인 편애를 공유하는 사람들에게 제한되지 않는다. 그러나 이 교파들은 치유를 일관성 있게 그리고 사실상 만장일치로 강조하므로,[125] 나는 먼저 그들의 주장을 조사할 것이다.

등장한다는 점에 비추어 그것에 대한 탐구의 적절성을 인정했다(Smedes, *Ministry* 에서 언급된 바와 같다).

123 Green, *Thirty Years*, 104(행 14:8-10을 언급한다. 행 3:7-8을 참조하라). 처음에는 걸을 수 없었지만 행 3장에서처럼 치유되고 뛰었던 다른 장애인들에 관해서는 Dunkerley, *Healing Evangelism*, 18과 Clark, *Impartation*, 143을 보라.

124 예컨대 Pettis, "Fourth Pentecost," 252-53과 Green, *Thirty Years*, 9-10을 보라. 나는 내가 세계의 특정 부분에서 사역하고 있는 선교사나 사역자들 수백 명에게 설문지를 보냈더라면—비록 모두 답변할 시간을 내지는 못하겠지만—본서에 수록한 기사들을 여러 배 늘릴 수 있었을 것으로 생각한다. 그렇지만 본서를 논문처럼 읽지 않더라도, 본서는 주장하고자 하는 요점을 지지하기에 충분한 기사들을 담고 있을 것이다.

125 제3세계의 치유 및 구원 필요에 대한 오순절파의 적실성에 관해서는 Anderson, "Structure," 237을 보라. 오순절파 선교학에서 치유의 역할에 관해서는 예컨대

그들에 대한 내 관심은 학계에서 새로운 것이 아니다. 오순절파와 은 사주의는 현재 사회 과학에서 관심의 대상이 되어 있으며,[126] 다양한 문화에서 보고된 치유 주장들을 연구하는 인류학자들도 그들의 연구 대상에 기독교 은사주의자들을 점점 더 많이 포함시키게 되었다.[127] 하버드 대학교의 신학자인 하비 콕스는 관찰자들이 한때는 오순절파의 치유들을 "단순한 속임수, 자기기만, 대규모 최면 또는 위약 효과의 증거로 돌렸는데(그런 것들이 몇몇 치유를 설명할 수도 있다), 현재는 대다수가 치유에 대한 오순절파의 기여에 대해 좀 더 긍정적으로 접근한다고 지적한다.[128]

많은 관찰자가 능력 대결을 강조하는 오순절파와 은사주의 교파가 어떻게 세계 여러 지역에서 기독교 성장의 선봉에 서 왔는지를 주목해왔다.[129]

Hodges, *Indigenous Church*, 50-51과 York, *Missions*, 155을 보라. 그 교파들의 신학은 획일적이지 않지만, 정의상 오순절파 및 은사주의의 믿음은 반초자연주의와 양립할 수 없다.

126 예컨대 다음 문헌들을 보라. Csordas, *Language*; Miller and Yamamori, *Pentecostalism*; Corten and Marshall-Fratani, *Pentecostalism*; Maxwell, *African Gifts*; Anderson, Bergunder, Droogers, and Laan, *Studying*. 오순절파는 현대 종교사 분야의 왕성한 연구 영역이기도 하다(예컨대 Wacker, *Heaven Below*; Blumhofer, *Sister*; Kalu, *African Pentecostalism*).

127 예컨대 Turner, *Healers*, 69-74, 105-7, 123, 128.

128 Cox, "Foreword," xviii은 의료계 내에서 대안적인 접근법에 대해 점점 더 환영하고 있음을 강조한다.

129 이곳에 인용된 다른 자료들 외에 예컨대 Otis, *Giants*, 244을 보라. 오순절파는 전통적인 제3세계 사회들의 초자연적 관심을 다루도록 손쉽게 적용하는 경향이 있으며(예컨대 Martin, "Christianity," 79; Richards, "Factors," 94-96), 치유와 방언 같은 경험 추구가 오순절파의 수적인 성장을 심화시킨다(Hong, "Mission," 301). 오순절파는 "남부의 성결교의 많은 부분"을 흡수했기 때문에 20세기 초 오순절파의 급속한 확장은 순전히 새 신자 증가에 기인한 것만은 아니었지만(Synan, "Churches," 111), 개종자의 증가는 놀라운 현상이었다. Kidd, *Awakening*, 323은 전 세계의 오순절파 복음주의와 비은사주의 복음주의 간의 현재의 분열은 1700년대에 이미 존재했던 온건한 복음주의와 급진적인 복음주의 간의 분열과 닮았다고 주장한다.

부분적으로는 세계의 많은 지역에서 의료 자원이 부적절하기 때문에 치유 경험을 통한 개종이 오순절파의 이러한 성장에 연료를 제공하고 있다.[130] 내가 8장에서 자세히 논의하는 바와 같이 이런 성장을 부풀리는 개종은 흔히 평생의 종교적 제휴 관계에 대한 값비싼 변화와 관련되기 때문에, 뭔가 참으로 이례적인 일이 일어났다는 확고한 새로운 확신에 근거해서만 발생할 것이다. 제3세계의 오순절파뿐만 아니라 서구의 많은 오순절파 관찰자들도 제3세계에서 많은 치유 사례가 발생하고 있다고 보고한다.[131]

전 세계 기독교의 미래를 다루면서 이문장 목사는 "비서구 세계에서 성장하는 교회들은 라틴 아메리카의 오순절파, 아프리카의 독립 교회, 그리고 아시아의 은사주의 교파에서 보는 바와 같이 대체로 오순절파나 은사주의 교회"라고 지적한다. 전통적인 서양식 기독교가 패배하고 있음을 관찰한 이 목사는 기독교가 생존하고 번성하기 위해서는 초기의 은사주의적

---

130 Ma and Anderson, "Renewalists," 100. 치유 강조가 "개발도상국에서 오순절파 성장"의 주요 원인일 수도 있다는 점에 관해서는 Anderson, *Pentecostalism*, 30도 보라.

131 나는 이 대목에서 대중적인 종교 연구에서나 현대 교회 역사 기술에서처럼 대중적인 연구들을 오순절파들이 믿는 바에 대한 주요한 증거로 인용한다. 이런 연구들은 이 주제에 관한 인기 있는 접근법들을 조사하는 학계의 연구보다 훨씬 풍부하다. 예컨대 다음 문헌들을 보라. "Doctor Healed"(백혈병 치유); Hosack, "Church"(현재는 폐간된 하나님의 성회 선교회 잡지에 수록된 이야기); Salvato, "Presence"; Johnson, "Work"; Klaus, "Miracle"; Redpath, "Change"(Harris, *Acts Today*, 92-93에도 보고되었다); "Carried but Walked." 비록 검증 수단은 종종 더 제한되어 있지만 몇몇 서구의 은사주의자들은 복음서들과 사도행전이 아주 보수적으로 보일 정도로 놀라운 주장을 해왔다(예컨대 Rutz, *Megashift*, 3-14, 21-34, 79-80, 88-92, 98, 104-9에 수집된 주장들. 25-26에서 Rutz는 2000년에 라고스의 라인하르트 봉케 집회에서 "수십만" 건의 치유가 일어났다고 언급한다. Synan, *Voices*, 26에 수록된 Bonnke의 집회에서 치유된 사람들은 "셀 수 없을 정도로 많다"). 기독교 방송국들은 방대한 자료를 보유하고 있으며 다른 국가들에 파견되어 있는 그들의 직원들은 치유 보고들을 제공한다(Harrell, *Portrait*, 118-19과 Robertson, *Miracles*, 145에 수록된 논평들을 참조하라.).

인 성격을 완전히 회복할 필요가 있을 것이라고 경고한다.[132] 전 세계의 은사주의자이거나 오순절파인 그리스도인만 해도 수억 명으로 추정되는데, 이들이 5억 명에 근접하거나 심지어 5억 명을 넘는다고 추정하는 이들도 많다.[133] 이 호칭을 더 넓게 정의하면 그렇게 분류된 몇몇 신자들이 놀라겠지만, 높은 추정치에 의하면 2000년 현재 오순절파/은사주의 그리스도인들이 아프리카에 126,000,000명, 아시아에 134,900,000명, 그리고 라틴 아메리카에 141,400,000 명이 있는 반면(북아메리카에는 79,600,000명이 있다) 1세기 전에는 이런 그리스도인들이 거의 없었다.[134] 최신의 추정치에 의하면 2010년에 (전 세계의 약 20억 명의 교인 또는 15억 명의 교회 출석자들 중) 오순절파, 은사주의자, 신은사주의자인 그리스도인 숫자는 약 614,000,000명이며, 2025년에는 8억 명에 이를 것으로 추정된다.[135] 이 추정치에 의하면 모

---

132 Lee, "Future," 105.

133 "은사주의자"를 넓게 정의하는 David Barrett는 이들이 2000년까지 6억 명 이상, 즉 세계 기독교 인구의 거의 30%에 달할 것으로 추정했는데("Statistics," 813), 2000년이 다가올 무렵에는 이 추정치를 다소 낮췄다(idem, "Renewal," 388에 수록된 추정치는 약 524,000,000명이다. 참조. Synan, *Tradition*, ix, 281에 수록된 1995년 추정치는 460,000,000명이다; idem, "Streams," 372에 수록된 1999년 추정치는 530,000,000명이다); Sanneh는 2005년에 이들의 수가 거의 5억 9천만 명이라고 추정한다(그리고 2025년에는 거의 8억 명이 될 것으로 추정한다; *Disciples*, 275); 1994년에 Harvey Cox는 이미 410,000,000명이라는 추정치를 인정했으며(Cox, *Fire*, xv) 몇 년 뒤 "오순절파"가 2030년에는 "수에서 가톨릭과 같아질" 수도 있다고 주장했다(idem, "Miracles," 88). Synan, *Grow*, 5-11에 수록된 숫자 내역을 참조하라(그러나 비활동적인 "포스트 은사주의자"들이 많다는 점도 주목하라). "20억"이라는 숫자(Mullin, *History*, 272에서 "몇몇 추정"에 돌려진 숫자)는 불가능한 수치다.

134 Noll, *Shape*, 22. 이 수치들을(23에서는 이를 "최상의 추정치로 본다) Barrett, *Encyclopedia*에서 인용한다.

135 Johnson, Barrett and Crossing, "Christianity 2010," 36. 좀 더 전통적으로 정의된 복음주의자들의 수는 2010년에는 약 263,000,000명이고 2025년에는 348,000,000명이다(ibid.). 따라서 넓게 정의된 은사주의자들은 전 세계 그리스도인의 약 28%를 차지하며(2025년에는 31%에 근접할 것으로 추정되었다), 아마도

두 치유를 인정하는 은사주의적인 기독교는 규모 면에서 가톨릭에만 뒤지는데 은사주의적인 기독교는 초자연적 믿음을 수용하는 가톨릭과 겹친다.

유동적인 정의 때문에 이 중에서 몇몇 추정치는 기술적으로 지나치게 낙관적일지도 모르며, 서로의 정통성을 모두 인정하지는 않는 집단을 최소한 하나는 포함할지도 모른다.[136] 그러나 우리가 그런 그리스도인이 3억 명(이는 내가 발견한 최근의 어떤 추정치보다 상당히 낮은 수치다)이라고 숫자를 낮춰서 추정하더라도 그 수는 여전히 매우 큰 수다. 기적적인 치유를 위한 기도를 긍정하는 집단의 수는 훨씬 많을 것이다. 오순절파와 은사주의인 그리스도인은 30년간 600% 넘게 증가했으며 몇몇 추정에 의하면 그들이 세계 기독교의 27.4%를 점유했다.[137] 이 추정에 의하면 그들은 세계 인구의

정규적인 교회 출석자들의 40%에 가까울 것이다(2025년에는 45%에 가까울 것이다). 오순절파는 94,383,000명으로 추정된다. 은사주의자들은 206,579,000명으로 추정된다. 그리고 제3의 물결 교도들은 313,048,000명이다(Johnson and Ross, *Atlas*, 102).

136 그 수치에 대한 미묘하고 조심스러운 논의는 Anderson, *Pentecostalism*, 11을 보라. 그러나 가장 낮은 추정치조차도 놀라운 성장을 확증한다(Davies and Conway, *Christianity*, 76). 가장 높은 수치는 대개 레지오(은사주의적인 정체성과 라틴 미사를 모두 보유하고 있는 독립적인 가톨릭교회; Schwartz, "Global History"를 보라) 같은 토착적인 독립 교회를 포함한다(예컨대 Burgess, *Revolution*, 5-6을 보라). 대다수 사회과학자가 오순절파로 분류하는 교파의 다양성에 관해서는 예컨대 Droogers, "Globalisation," 46-48, 57-59을 보라. 참조. Anderson, "Varieties"; Bergunder, "Turn," 52-56.

137 Hanciles, *Beyond Christendom*, 121. 그들은 Barrett, Johnson, and Crossing, "Missiometrics 2006"을 인용한다. 이 교파들은 1970년 이후 2006년 중반까지 8배 넘게 성장했으며(Barrett, Johnson, and Crossing, "Missiometrics 2006," 28), 2025년까지는 거의 8억 명이 되어서 11배 증가할 것으로 예상된다(ibid). 이 추정치가 조정되어야 할 수도 있다. 이 저자들은 2005년 중반까지 이 교파 소속 그리스도인들이 588,502,000명이 될 것으로 추정하며(idem, "Missiometrics 2005," 29), 2006년에 7,594,000명이 증가할 것으로 추정한다. 그리고 2007년 중반까지는 전체 602,792,000명이 되고(idem, "Missiometrics 2007," 32), 2007년 한 해 동안에는 6,696,000명이 증가할 것으로 추정한다; 그러나 2008년에는 601,682,000명이

약 1/12을 점유할 수도 있다.[138] 사회학자인 피터 버거는 넓은 의미의 오순절파는 아마도 "세계의 복음주의적인 개신교 성장의 80%를 차지할 것"이라고 주장한다.[139] 그는 심지어 이 형태의 기독교를 가장 유의미한 "문화적 세계화"의 세력(force) 중 하나로 간주하는데,[140] 이 교파의 현지 적응성은 이러한 판단에 미묘한 차이를 가져온다.[141]

오순절파가 특히 번창하고 있고 문화적으로 적실성이 있는[142] 글로벌

될 것으로 예상하는데(idem, "Missiometrics 2008"), 이는 전년에 비해 1,110,000명이 줄어드는 수치다(1970에도 거의 4백만 명이 감소한 것으로 보인다). 2007년에는 넓게 정의된 오순절파가 전 세계 교회 출석자의 29%를 점유했을 수도 있다(Barrett, Johnson, and Crossing, "Missiometrics 2007," 32). Cox, "Foreword," xxi은 이와 유사하게 그들이 전 세계 그리스도인의 1/4을 점유한다고 추정한다. Tomkins, History, 245은 이들이 전 세계 그리스도인의 1/6에서 1/4을 점유할 것으로 추정하지만, 가톨릭은 세례 받은 모든 유아를 포함하는 반면에 오순절파는 "적극적인 교인들만 세는 경향이 있기" 때문에 이런 수치마저 그들의 비중을 과소평가한다고 지적한다(그러나 나는 몇몇 "오순절파"는 많은 포스트 은사주의를 포함한다고 생각한다).

138 Satyavrata, "Globalization," 3.

139 Berger, "Faces," 425. 참조. Tomkins, History, 220: "역사상 가장 빠르게 성장하는 기독교 형태다."

140 Berger, "Faces," 425(그가 말하는 세계화의 4대 세력 중 마지막 요소). 이 내용은 Hanciles, Beyond Christendom, 53에도 인용되었다. Berger는 세계화의 모든 세력 중 복음주의—특히 오순절파—가 "확실히 가장 역동적이다"고 주장한다("Faces," 425). Droogers, "Globalisation," 59은 세계화에 따른 오순절파의 확산을 식민주의에 따른 전통적인 개신교 및 가톨릭의 확산과 연결한다. Marshall-Fratani, Pentecostalism에 수록된 다른 논문들도 참조하라. 그런 연결을 지나치게 강조하면 영적인 역동성과 맥락화를 소홀히 취급할 위험이 있지만, 오순절파는 세계적이면서 다중심적(polycentric)이다(Freston, "Transnationalisation," 196-97을 보라). 오순절파의 세계화에 관해서는 Dempster, Klaus, and Petersen, Globalization of Pentecostalism과 Satyavrata, "Globalization"도 보라.

141 Hanciles, Beyond Christendom, 36, 53-55을 보라. Berger 자신이 오순절파의 토착화를 인식한다("Faces," 425).

142 제3세계의 오순절파에 관해서는 예컨대 다음 문헌들을 보라. Yong, Spirit Poured, 33-80(아프리카 및 아프리카 이주자 사회 59-80; 아시아 45-58; 라틴 아메리카

사우스에서 일어난 그 교파의 성장을 강조하는 역사가 로버트 브루스 뮬린은 20세기 말에 이미 주류 개신교인들보다 "전 세계적으로 오순절파가 더 많음"을 관찰했다.[143] 기적 주장은 특히 제3세계에서는 오순절파와 은사주의 진영 밖에도 많이 있지만, 이 진영만 살펴더라도 몇몇 현대 학자들이 의심할 만한 주장을 할 증인을 충분히 많이 제공해 줄 것이다(제3세계 주류 기독교의 많은 부분은 서구의 광의의 은사주의 정의에 들어맞는다[144]).

이러한 그리스도인 대다수는 경제적으로 가난하기에 그들의 수에 비해 그들을 대표하는 학자 수는 적지만, 그들은 세계 기독교 안에서 유의미한 음성을 제공한다. 대중적인 정서가 과학적 타당성이나 역사적 타당성을 결정할 수는 없지만,[145] 다른 사람의 세계관에 대한 관용은 최소한 우리로

33-45); Anderson, *Pentecostalism*, 여러 곳(브라질[72-73]; 콩고[111]; 케냐[112, 113]; 서아프리카[116]; 미국[117]; 인도네시아[130]); Jenkins, *Next Christendom*, 122-31; Dempster, Klaus, and Petersen, *Globalization of Pentecostalism*에 수록된 다양한 논문(개요에 해당하는 Klaus, "Global Culture"와 Robeck, "Charismatic Movements," 150-54을 포함한다). 아시아의 많은 지역의 오순절파 성장에 관해서는 예컨대 다음 문헌들을 보라. Ma, "Challenges," 195-96; idem, "Theology"; Yung, "Pentecostalism"; Anderson, "Face." 라틴 아메리카에서는 예컨대 Petersen, "Latin American Pentecostalism"을 보라. 아프리카에서는 예컨대 Maxwell, *African Gifts*, 6-7을 보라. 제3세계 출신의 오순절파 선교사들의 급속한 확대에 관해서는 예컨대 Pate, "Missions," 244-46을 보라. 이 교파의 성장에 관한 우호적인 관점에 관해서는 Wagner, "Perspective," 266-68을 보라.

143 Mullin, *History*, 211(참조. 276). 참조. Noll, *Shape*, 32도 이와 비슷한 취지로 말한다. Sweeney, *Story*, 153은 "성결교-오순절파"(은사주의자도 포함한다)가 "아마도 교회 역사상 가장 빠르게 성장하는 교파일 것"이라고 말한다. 그들은 전 세계 기독교의 상당한 부분을 점유한다(Noll, *Shape*, 22에 나타난 수치를 보라. 그곳에서는 Barrett, *Encyclopedia*를 인용한다).

144 Noll, *Shape*, 34("거의 모두"라고 주장하지만 "어느 정도" 과장이 있음을 인정한다).

145 동시에, 이 특정한 주제에 관한 우리의 생각들이 논증된 것이 아니라 대체로 물려받은 것임에도 불구하고 학자들이 종교에 대한 학자들의 견해만 "중요하다"고 간주하는 것은 엘리트주의적이다. 대중적인 종교의 견해도 마찬가지다. 두 집단 모두

하여금 종종 아무 생각 없이 당연하게 여겨왔던 이전의 철학적 가정들의
우선성을 재평가하도록 초대할 수 있을 것이다. 이런 그리스도인들 모두
가 기적에 대해 신학적으로 똑같이 접근하는 것은 아니지만, 그들 중 절대
다수는 기적적인 현상을 긍정한다. 과거의 부흥 운동(및 다른 부류의 운동들)
에서처럼 극단이 발생하기도 한다. 예컨대 유감스럽게도 많은 이들이 균형
잡히지 않은 번영 신학의 가르침에 기우는 경향이 있다.[146] 그러나 내가 인

<hr>

논거를 인용하지만, 그들 중 자기들의 견해에 대한 근거를 비판적으로 탐구한 이
들은 별로 없다.

146 서구의 몇몇 비평가들은 아프리카에서 "건강과 부"의 가르침이 번창하는 데 대
해 이해할 만한 우려를 제기해왔다(예컨대 Phiri and Maxwell, "Riches"). 그러
나 우리는 아프리카의 맥락에서 채택된 "번영"(prosperity)의 정의는 유동적이라
는 점을 염두에 둬야 한다(몇몇은 단지 필요한 공급에 초점을 맞춘다. Alexander,
Signs, 65-66과 Smith, *Thinking*, 43 각주 70을 보라. Gifford, "Healing," 251-52
을 참조하라. 다음 문헌들에 나타난 미묘한 토착적 이해도 보라. Kalu, *African
Pentecostalism*, 255-63; Byaruhanga-Akiiki and Kealotswe, *Healing*, 100-2;
Gifford, "Miracles," 24에 언급된 상황상의 동기부여 요인; Born, "Churches," 128;
Ndyabahika, "Attitude"에 수록된 이 문제에 대한 균형 잡힌 아프리카의 접근법;
Asamoah-Gyadu, "Leadership," 152-54; Folarin, "State," 89-90; Danny McCain의
유사한 상담, 사적 교신, Sep. 21, 22, 27, 2010. 그 상담의 대다수는 다음 사이트에
게시되어 있다. http://conversation.lausanne.org/en/conversations/detail/10942;
Oct. 2, 2010 접속); Ma, "Theology," 66, 70-72에 수록된 아시아에서의 관찰
(Brown, "Introduction," 11에 인용되었다). 복잡성과 지역적인 변이에 관해서는
Brown, "Introduction," 17-18을 보라. 아프리카계 미국인에 관해서는 Harrison,
*Riches*를 보라. 정의(definition)가 중요하다. 나는 심지어 실제로 가난한 사람들을
위한 경제적 능력 부여에 초점을 맞추는 몇몇 "번영" 교회들도 목격했지만, 단순히
그들의 교사들의 번영을 위해 지도자(그리고 훨씬 더 흔하게는 성경 텍스트)를 따
르는 사람을 착취하는 교회도 보았다. 착취에 관해서는 Newell, "Witchcraft," 477-
84을 참조하라. 번영 신학에서 서구의 영향과 아프리카의 영향이 혼합된 데 관해
서는 Gifford, "Developments," 516과 idem, "Healing," 256-57, 262-63을 보라.
Idem, *Pentecostalism*을 참조하라. 세계의 다른 지역에 관해서는 예컨대 다음 문헌
들을 참조하라. Bowler, "Bodies"; Coleman, "Wealth"; Sánchez Walsh, "Santidad";
Währisch-Oblau, "Healing in Migrant Churches," 68-69에 등장하는 독일의 많은
아프리카 이민자 사이의 믿음의 말씀(Word of Faith) 교리―나는 그 교리가 성경

용한 특정한 예들의 대다수는 그렇지 않으며,[147] 다른 많은 사람은 사회생활

텍스트를 오해하고 잘못 적용한다고 생각한다—에 유사한 가르침.
147 나이지리아의 오순절파에서 번영 신학을 과도하게 강조하는 것의 문제(및 그에
대한 오순절파의 몇몇 비판)에 관해서는 Burgess, Revolution, 238-41을 보라. 번
영 신학 입장이 아닌 오순절파에 관해서는 예컨대 Numbere, *Vision*, 236, 280,
433-34, 469-77, 487과 Olaiya, "Praying," 103을 보라. 참조. Csordas, "Global
Perspective," 339은 나이지리아 은사주의자들이 회복을 강조하는 것을 물질주
의에 반하는 것으로 본다. 하나님 나라 보편교회(IURD)를 제외하고 브라질의
오순절파 대다수가 번영 지향적이지 않다는 데 관해서는 Shaw, *Awakening*, 145
을 보라. 잘못된 번영 신학의 가르침으로 인해 야기된 실망에 관해서는 Gómez,
Mission, 155을 보라. 역사적으로 번영 신학은 초기 오순절파의 일부가 아니었다
(그리고 Oral Roberts 전에는 드물었다). 그 아이디어가 몇몇 19세기 미국 복음
주의의 지류에 뿌리를 두고 있기는 하지만 말이다(Synan, "Streams," 358. 참조.
Barron, Gospel, 62-63; McGee, *Miracles*, 47-48. Roberts 및 다른 영향에 관해서는
Hedges, "Prosperity Theology"를 참조하라. 세속적인 측면에 관해서는 무신론자
인 Andrew Carnegie의 *The Gospel of Wealth*를 참조하라). Coleman, *Globalisation*,
41을 보라. 오순절파는 좀 더 최근에 번영을 강조하기 전에는 성결 배경에서 내핍
을 가치있게 여겼으며, 아프리카 문화의 번영 추구는 전통적으로 마법과 연결되
었다(Stabell, "Modernity," 469). Roberts가 번영을 강조한 후 번영 신학은 예컨
대 브라질의 IRUD 운동으로 확산되었다(Greenfield, *Spirits*, 142. 참조. Oro and
Semán, "Pentecostalism," 183). 오늘날 하나님의 성회 같은 주요 오순절 교파 대다
수(그 교파의 학자들과 교사들 대다수도 마찬가지다)는 충분한 믿음이 있으면 항
상 치료가 일어난다는 가르침을 공식적으로 부인하지만, 심지어 미국에서조차 하
나님의 성회 교회 교인의 1/3이 넘는 사람들이 그 가르침을 받아들인다(Poloma,
Assemblies, 62). 그러나 그 TV 전도자 스캔들이 터진 뒤로 이 수치는 하락했을
수도 있다. 은사주의적인 성경학자들의 번영 신학 비판은 예컨대 Fee, "Disease"
와 Witherington, *Money*를 보라. 은사주의 신학자들의 비판은 예컨대 Alexander,
Signs, 61-78과 Farah, *Pinnacle*을 보라. 나는 오순절파에서 신학을 공부한 Mikael
Stenhammar로부터도 유사한 비판을 들었다(사적 교신, Oct. 4, 2010; http://
conversation.lausanne.org/en/resources/detail/10240은 아프리카에서의 피해도
언급한다). 그리고 일반적으로 현대의 "믿음 운동"을 창시했다는 평을 받는 교사
조차 현대의 극단적인 몇몇 오순절파에 대해 비판했다(Hagin, *Midas Touch*, 특히
131-204). 치유와 번영 간의 연결은 "20세기가 시작되고 나서 한참 후까지는" 나
타나지 않는다(Curtis, *Faith*, 206). 신학이 ("믿음"을 통해서든 **다른** 수단을 통해서
든 간에) 이기적인 부의 획득을 증진하는 것으로 여겨지는 데 대한 모든 우려는 적
절하며, 나는 이 대목에서 잠시 멈추고 이후에 등장하는 사례들의 교파 및 신학적

에 좀 더 적극적으로 관여하고 있다.[148]

퓨 포럼(The Pew Forum)은 10개국의 오순절파와 은사주의자들에 대한 조사를 실시해서 2006년 10월 231쪽 분량의 보고서를 발행했다. 나는 치유를 경험했거나 목격했다고 주장하는 오순절파나 은사주의 그리스도인의 비율에 대한 기본적인 감각을 제공하기 위해 그 보고서의 요약본(executive summary)에 수록된 정보를 아래와 같이 요약한다.[149] 아래의 몇몇 수치는 서로 밀접하게 상응하는 것 같지는 않지만, 그 수치들은 대략적인 추정치로서 기능을 수행할 수 있는데, 그 정도면 내 요점을 확립하기에 충분하다. 많은 주장은 틀림없이 다른 사람들의 조사를 통과하지 못하겠지

다양성을 지적하고자 한다. 이들의 절대다수는 그러한 관점과 관련이 **없다**.

148 다음 문헌들에 수록된 사회생활에 좀 더 적극적으로 관여하는 오순절파의 지류에 관한 논의를 참조하라. Miller and Yamamori, *Pentecostalism*; Shaull, "Reconstruction," 132-33, 150-59, 174-78, 194, 207, 특히 211-12; Petersen, *Might*, 여러 곳; Abraham, "Spirit," 88, 97, 100-2; César, "Life," 25, 31; Hong, "Mission," 300; Hollenweger, "Azusa Street," 7-8; Westmeier, *Pentecostalism*, 84-85, 88; Baker, *Enough*, 여러 곳; Kamsteeg, *Pentecostalism*, 229-48(전통적인 오순절파와 갈등하는 소수파); Mariz, "Pentecostalism"(목표라기보다는 사회적 효과에 초점을 맞춤); Campos M., "Power"(잠재력에 관해). 다음 문헌들도 참조하라. Cox, "Miracles," 95; Elizondo, "Response"는 유익하며 좀 더 규범적이다; Mwaura, "Spirituality," 131-32에 수록된 몇몇 오순절파 아프리카 독립 교회. 구조적인 정의를 위한 사역이 개인적인 변화 및 치유와 양립할 수 없는 것이 아니며, 개인적인 변화 및 치유가 구조적인 정의에 공헌할 수도 있다. 성경에 바탕을 둔 해방 인식 틀과 은사주의가 서로를 지원할 수도 있다.

149 "Spirit and Power: A 10-Country Survey of Pentecostals," Pew Forum Survey (2006), http://pewforum.org/surveys/pentecostal에 게시된 자료(Jan. 4, 2009 접속). 나는 Menzies, "Paradigm," 217 각주 30을 통해 이 조사를 알게 되었다. 그는 자신의 비공식 추정에 의하면 중국의 대다수 그리스도인은 치유를 목격했다고 주장할 것이라고 언급한다. 아래의 수치는 중국에서 그렇게 주장하는 그리스도인 비율은 이 조사에 포함된 대다수 국가에서의 그런 그리스도인 비율보다 높음을 보여준다. 미국의 수치는 그 비율이 30년 전에 실시한 조사 결과에 비해 유의미하게 상승했음을 보여준다(Llewellyn, "Events," 241).

만, 우리가 항상 그럴 것이라고 간단하게 가정해서는 안 된다. 모든 기적 주장을 일축하려는 사람은 자기가 그 주장들에 대해 하나도 조사해보지 않고서 수억 명의 기적 주장을 일축하고 있다는 점을 명심해야 한다.

더욱이 그 조사 요약은 "부흥주의자"(오순절파 또는 은사주의자)인 개신교인의 비율만 제공하는데, 부흥 운동은 개신교인들과 달리 기적이 중지되었다고 주장하는 신학 전통이 없는 가톨릭과 정교회에도 존재한다.[150] 사실 광의의 정의에 의하면 오늘날 최대의 "부흥주의자" 집단은 133,130,000명의 신도를 거느린 라틴 가톨릭이다[151](미국의 한 연구에서는 가톨릭의 은사주의적 치유 예배에 참석한 은사주의자의 86%가 신적인 치유를 경험했다고 주장하는데,[152] 다른 몇몇 지역에서 보고된 수치는 이보다 낮을 수 있다[153]). 따라서 아래의 수치는 기독교 세계 내에서조차 자신이 초자연적 현상을 경험했거나 목격했다고 믿는 사람들 모두를 요약하는 것이 아니다.

국가와 추정된 인구*

전체 인구 중 오순절파, 은사주의자라고 주장하는 사람들 및 합계(오순절파 + 은사주의자) 비율[1]
개신교인 중 오순절파 또는 은사주의자(한쪽에만 소속하도록 계수함) 및 타 교파 신자 비율[2]
"신적인 치유를 목격했다"고 주장하는 오순절파, 은사주의자 및 타 교파 그리스도인 비율

---

150 Sabourin, *Miracles*, 151이 지적하듯이 기적이 계속된다는 것을 부정하는 대다수 신약성서 학자들은 전통적으로 개신교인이었다.

151 Johnson and Ross, *Atlas*, 102(이는 가톨릭의 22.7%를 차지한다고 지적한다).

152 Csordas, *Self*, 31. DeGrandis, *Miracles*, 97-98에서는 응답자(157명)의 93% 이상이 육체(시각 장애, 두뇌 손상, 많은 암, 당뇨병 포함)의 치유를 목격했다고 주장했다. 그런 목격자들은 그런 치유를 목격하지 않은 사람들보다 더 많이 응답하는 경향이 있었을 수도 있다.

153 Rogge, "Relationship," 376-77은 자신이 조사한 가톨릭 은사주의자의 70-75%가 치유 사역을 하는 기도 그룹에 관여하고 있으며 "이들 가운데 네 명 중 세 명은 자기들의 그룹에서 기도한 뒤 실제로 치유가 일어났다고 증언한다"고 지적한다(377). 또 다른 조사(377 각주 6)는 "37%만이 육체의 치유를 목격했다"고 암시했지만, 은사주의적인 **공동체**에서는 아마도 이 비율이 더 높을 것이다. Csordas, *Self*, 31에 수록된 더 높은 수치는 설문에 대한 응답자 비율이다.

미국: 305,199,101	오순절파 5%; 은사주의자 18%; 합계 23%	오순절파 10%; 은사주의자 18%; 타 교파: 72%	오순절파[3]의 62%; 은사주의자의 46%; 타 교파 그리스도인[4]의 28%
라틴 아메리카			
브라질: 197,577,861	오순절파 15%; 은사주의자 34%; 합계 49%	오순절파 72%; 은사주의자 6%; 타 교파: 22%	오순절파의 77%; 은사주의자의 31%; 타 교파 그리스도인의 32%
칠레: 16,454,143	오순절파 9%; 은사주의자 21%; 합계 30%	오순절파 59%; 은사주의자 19%; 타 교파: 22%	오순절파의 77%; 은사주의자의 37%; 타 교파 그리스도인의 24%
과테말라: 13,002,206	오순절파 20%; 은사주의자 40%; 합계 60%	오순절파 58%; 은사주의자 27%; 타 교파: 15%	오순절파의 79%; 은사주의자의 63%; 타 교파 그리스도인의 47%
아프리카			
케냐: 37,953,840	오순절파 33%; 은사주의자 23%; 합계 56%	오순절파 50%; 은사주의자 23%; 타 교파: 27%	오순절파의 87%; 은사주의자의 78%; 타 교파 그리스도인의 47%
나이지리아: 146,255,312	오순절파 18%; 은사주의자 8%; 합계 26%	오순절파 48%; 은사주의자 12%; 타 교파: 40%	오순절파의 79%; 타 교파 그리스도인의 75%
남아프리카 공화국: 48,782,756	오순절파 10%; 은사주의자 24%; 합계 34%	오순절파 14%; 은사주의자 29%; 타 교파: 57%	오순절파의 73%; 은사주의자의 47%; 타 교파 그리스도인의 32%
아시아			
인도: 1,157,276,932	오순절파 1%; 은사주의자 4%; 합계 5%	수치가 계산되지 않았음	오순절파의 74%; 은사주의자의 61%; 타 교파 그리스도인의 55%
필리핀: 96,061,680	오순절파 4%; 은사주의자[5] 40%; 합계 44%	오순절파 37%; 은사주의자 30%; 타 교파: 33%	오순절파의 72%; 은사주의자의 44%; 타 교파 그리스도인의 30%
대한민국: 48,379,392	오순절파 2%; 은사주의자 9%; 합계 11%	오순절파 9%; 은사주의자 29%; 타 교파: 63%	오순절파의 56%; 은사주의자의 61%; 타 교파 그리스도인의 20%

* 인구 추정은 GeoHive, http://www.geohive.com/default1.aspx에서 가져왔다(Jan. 4, 2009 접속).

[1] 오순절파는 오순절 교파 교인이고 "은사주의자"는 자신을 그렇게 묘사하는 사람들로서 스스로를 "오순절파"라고 부르지만 오순절 교파에 소속되어 있지 않거나, "1년에 최소한 여러 번 방언을 말하는" 사람들이다.

[2] 이 보고서 요약본은 개신교인들에 대한 수치를 포함하지만 내가 언급했듯이 많은 가톨릭 교도도 은사주의적이다. 이 조사는 아프리카 독립 교회를 개신교에 포함시켰는데 이것이 아프리카의 수치에 어느 정도 영향을 주었을 수도 있다.

[3] 이 수치는 하나님의 성회 교인 1,275명을 대상으로 한 조사의 수치와 매우 가까운데, 그 조사에서는 61%가 자신이 확실히 기적적으로 치유되었다고 긍정했고 12%는 확신하지 못했다(Poloma, *Assemblies*, 60).

[4] 다른 조사에서는 미국 전체 국민의 84%가 기적을 믿고 있고, 거의 절반(48%)이 기적을 최소 한 번은 목격했다고 증언했다(Woodward, "Miracles," Kub, "Miracles," 1275에 인용된 내용).

이 나라들만으로도, 그리고 이 나라들에서 오순절파와 은사주의자들만으로도 "신적인 치유를 목격했다"고 주장하는 사람의 수는 202,141,082명, 즉 약 2억 명에 달하는 것으로 추정된다. 오순절파 중에서는 평균적으로 73.6%가 신적인 치유를 경험했거나 목격했다고 주장하며, 은사주의자들 중에서 그렇게 주장하는 비율은 52%다. 전 세계적으로 약 5억 명의 오순절파와 은사주의자들이 있음을 감안하면 그들 중에서만도 신적인 치유를 주장하는 사람이 3억 명에 가까울 것으로 추정될 수도 있을 것이다.[154] 내 추정치는 위의 숫자와 비율이 대체로 정확하다는 가정하에 계산된 것이다. 사실 그런 모든 수치는 추정치일 뿐이지만 그 수치들은 현재 우리가 거기서부터 시작할 최상의 어림치를 제공한다. 몇몇 이유로 인해서 우리는 나중에 이 수치들의 1/3만 추정했지만(겉보기보다 오류의 폭이 훨씬 클 수 있다), 우리가 (뒤에서) 비은사주의적인 주장을 더하기 전에도 이미 이 수치만으로 그렇게 주장하는 사람의 수가 막대하다고 할 수 있다.

오해받지 않기 위해서 나는 편만한 기적 주장들을 주목할 때 치유에 관한 믿음을 포함해서 (같은 조사의 다른 곳에서 언급되는) 모든 주제의 대다수에 관한 이들 그룹의 모든 믿음을 무조건 인정하는 것이 아님을 강조하고자 한다. 나는 모든 치료 주장이 진짜라고 암시하지도 않는다. 내가 그 주장 중 어떤 것에도 대안적인 설명이 있을 수 없다고 주장하는 것은 더욱더 아

---

154 Alexander, *Signs*, 17은 같은 조사를 이용해서 "치료되었거나 자기가 직접 기적을 목격했다고 주장하는 사람이 약 3억 9천만 명"일 것으로 추정한다. 자기들이 받았던 전화 기도 요청을 추적 관리해온 한 단체는 치유 증언이 일백만 건이 넘는다고 보고한다(Robertson, *Miracles*, 145).

니다.[155] 내 조사를 통해서 나는 몇몇 기적을 목격했다고 주장하는 사람 대다수는 상당한 실체가 있는 주장을 하는 것일 수 있다고 생각하지만 말이다.[156] 이 대목에서 내 요점은 단순히 전 세계에서 초자연적으로 일어난 치유를 **목격했다**고 주장하는 사람의 엄청난 수에 관해 이 조사가 가리키는 바에 대해 주의를 기울이라는 것이다. 내가 다음 장들에서 제시하는 예들은 이 관찰을 더 구체적으로 보여주겠지만, 확실히 내 예들은 그 수치 앞에서는 무색해진다.

(3) 그런 주장은 오순절파에 한정되지 않는다

그러나 이 조사에서 "신적인 치유를 목격했다"고 주장하는 이 나라들에서 "타 교파 그리스도인" 범주가 약 39%에 해당한다는 점이 더 흥미로울 수도 있다. 즉 전 세계적으로 자신을 오순절주의자나 은사주의자가 아니라고 밝히는 그리스도인 중 1/3이 넘는 사람이 "신적인 치유를 목격했다"고 주장한다. 아마도 이렇게 주장하는 사람 중 많은 이들이 자기가 그런 사례를 두 건 이상 목격했다고 믿을 것이다. 이 사람들은 단지 자신은 초자연

---

155 몇몇 리더가 자기의 사역을 촉진하기 위해 기적 주장들을 꾸며내거나 과장할 수도 있다. 다른 신자들이 자신의 교파를 증진하기 위해 열성적으로, 그리고 선의에서 무비판적으로 이야기들을 퍼뜨릴 수도 있다. 동시에 내가 실시한 인터뷰에 의하면 자신의 삶이나 자신이 직접 알고 있는 사람의 삶에서 기적(즉 공개적인 집회에서 자기가 모르는 사람에게 들은 기적 주장이 아닌 기적)을 보았다고 믿는 사람이 상당히 많으며 이 중 많은 치료는 (특히 가난한 나라들에서) 심각한 건강 문제와 관련이 있는 것으로 보인다.

156 그러나 그런 주장을 하는 사람이 많다고 할지라도 주의를 기울일 필요가 있다. 참조. "Challenge," 267은 익명의 알코올 중독자들(Alcoholics Anonymous)이 "성공을 만들어내지" 못했더라면 2백만 명의 회원을 둔 단체로 성장하지 못했을 것이라고 주장한다.

적 치유가 일어난다고 믿는다고 말하는 사람이 아니라는 점을 주목하라. 이들은 자기가 그런 치유를 목격했거나 경험했다고 믿는다고 말하는 사람들이다.[157]

물론 이런 주장 중 많은 주장이 비판적인 조사를 견디지 못할 것이고, 아마도 믿지 않는 성향이 있는 타인을 설득하지 못할 비율은 더 높을 것이다. 그러나 흄이 그런 주장은 너무 드물어서 믿을 수 없다고 주장했기 때문에 모든 치유 주장을 간단하게 부정하려는 사람은 자기가 최소한 수억 명이 주장한 경험을 논거도 거의 없이 일축하고 있다는 점을 명심해야 한다(우리가 수치를 극단적으로 보수적으로 낮게 잡는다고 해도 "수천만 명"의 주장이 있다고 당당하게 말할 수 있을 것이다). 흄이 자기의 주장의 근거로 삼은 애초의

---

157 즉 우리는 많은 사람이 외계인(좀 더 점잖게 외계의 지성이라고 부른다)을 믿는다고 말함으로써 이 주장들의 가치를 깡그리 무시할 수 없다. 외계인이나 심지어 미확인비행물체(UFO)를 보았다고 주장하는 사람들은 훨씬 적다(참조. Prather, *Miracles*, 47). 연구자들은 한 조사에서 외계인에게 납치된 자가 370만 명이라고 추정했지만, 실제 주장의 수는 ("수천 명"이 될 개연성이 있기는 하지만) 아마도 훨씬 적을 것이다(Appelle, Lynn, and Newman, "Experiences," 255-56, 특히. 256). 이에 반해 같은 나라에서 그리스도인들만 해도 8천만 명이 치유를 목격했다고 주장한다. 외계인 피랍 경험은 변화된 의식상태에 들어맞으며, 많은 "증거들"이 최면을 통해서 상기된 기억에서 도출되는데 최면이 "기억들"을 지어내거나 각색할 수 있다(Walsh, *Shamanism*, 169. 샤먼들 및 변화된 의식 상태에서 그들의 영의 인도에 관해서는 Mack, *Abduction*, 8을 보라. 이는 Herrick, *Mythologies*, 187에서 인용된 종종 당황케 하는 연구다). 아마도 미국 인구의 22%가 외계인이 지구를 방문했다고 믿는다(Appelle, Lynn, and Newman, "Experiences," 258). 이 그룹의 대다수는 신적인 기적을 믿는 사람에 포함된다고 할지라도(이는 의심스럽다. 종교적으로 헌신된 사람 중 불가사의한 현상에 대한 믿음은 덜 흔한 것으로 보인다[McClenon, *Events*, 21. 참조. Greeley, *Sociology*, 15]), 아마도 외계인을 믿지 않으면서 기적을 믿는 사람이 미국 인구의 절반(약 1억 5천만 명)은 될 것이다. 유별난 주장을 모두 일률적으로(예컨대 UFO 경험을 전형적인 종교 경험과 일괄해서) 취급한다면 이는 무비판적인 처사다(이에 관해 올바로 지적하는 Kwan, "Argument," 548을 보라. 외계 생명체에 관한 믿음의 문화적 진화에 관해서는 Herrick, *Mythologies*, 42-73을 보라).

가정과 달리 이제 그런 주장이 **드물다**고 생각하는 것은 더 이상 타당하지 않다.

11장에서 서구의 많은 예가 언급되기는 하겠지만, 위에서 언급된 바와 같이 이런 주장들은 대개 아프리카, 아시아 그리고 라틴 아메리카에 집중되어 있다. 그런 지역에서 활동하는 비오순절파 서양인 기독교 사역자들은 종종 오순절파를 통해 보고되는 것과 비슷한 극적인 현상들을 보고한다.[158] 많은 비서구 지역에서 신앙을 통한 회복이 더 많이 일어나는 데는 아마도 세계관이 하나의 중요한 요인일 것이다.[159] 예컨대 거의 10년 전에 인도 출신의 신실한 침례교 목사인 내 학생 중 한 명이 자기가 북인도에서 기도해준 사람들은 거의 모두 치유되었는데, 자기가 기도해준 미국인들은 좀처럼 치유되지 않았다고 불평했다.[160] 정확하든 정확하지 않든 간에 대규모의 예

---

158 예컨대 "예수 영화" 프로젝트의 보고들에 나타난 보츠와나 여성. 그 여성이 그 영화에서 예수가 눈먼 걸인을 치유한 이야기를 들었을 때 27년간의 시각 장애가 즉각적으로 치유되었다(Dec. 2, 1997, 보고서); 마다가스카르의 중풍 환자 치유(May 17, 1999); 또는 접근이 제한된 지역에서 "치명적인 질병"에 걸린 한 남성의 즉각적인 치유(Jan. 15, 2010). 내가 2001년에 카메룬의 수도 야운데에서 몇몇 "예수 영화" 사역자들에게 강의했을 때, 그들 중 몇 사람이 내게 많은 기적이 일어나고 있다고 말했다. 나는 그렇게 많은 기적을 보지 못한 몇몇 다른 사역자들이 자기들의 사역이 정상적인지에 관한 우려를 표명했을 때 깜짝 놀랐다.

159 예컨대 Kraft, "Worldviews"와 Wimber, *Power Evangelism*, 66-90을 보라. Kraft, *Power*, 37-49(특히 39-40은 최소한 이 점에 관해서는 서구 기독교 국가의 "계몽주의" 접근법을 이신론 실천과 비교한다)를 참조하라. 복음 전도 맥락(즉 치유가 복음의 표적으로 기능하는 맥락)도 적실성이 있는 것으로 보인다. 필요가 또 다른 요인일 수도 있다(참조. Petersen, *Might*, 98-99. 제3세계의 막대한 필요에 관해서는 예컨대 Vries, "Situation"과 Grange, "Globalization"을 보라). 의료 수단이 널리 보급된 곳에서는 신자들이 자연스럽게 이런 수단을 통한 하나님의 활동을 신뢰하는 경향이 있다. 따라서 어느 의사는 적절한 의료 수단을 활용할 수 없는 파키스탄의 시골에서 일어난 기적을 인증한다(Gardner, *Healing Miracles*, 60-3).

160 나는 이전에 Keener, *Gift*, 61에서 이스라엘[그 인도 출신 목사의 이름] 목사에 대해 간략히 언급했다. 나는 그 사건에 관해 상상하기를 지극히 자제하지만, 그는 내가 자기가 살던 도시에 가서 환자들을 위해 기도해도 같은 종류의 치유가 일어날

언, 꿈, 환상 그리고 치유(때때로 치료할 수 없는 말기의 질병 치유)가 기독교가 급속히 확장하고 있고 비그리스도인들 가운데 종교적 열기가 뜨거운 많은 지역의 특징을 이룬다.[161] 비록 몇몇[162] 서양인들은 역사적으로 (특히 라틴 아메리카에서) 식민지의 지배적인 문화나 세력을 사용해서 기독교를 확산시켰지만, 오늘날 많은 토착적인 전도자들은 그들이 사도행전에서 만나는 선교 모델을 수용하며 자신들이 바울의 모델을 따르고 있다고 믿는다.[163] 서구의 은사주의적인 한 선교학자는 몇몇 아시아 그리스도인들은 서구 선교사들이 하나님에 관한 가르침을 가져온 데 대해 감사했지만 많은 아시아 선교사들이 이제 기적을 통해 하나님의 능력을 보여주고 있다고 주장한다.[164] 또

것으로 확신했다.

161 Moreland, *Triangle*, 166-67은 전 세계적으로 (최근 서구의 "정치적" 의미에서가 아니라 어원상의 의미에서) 복음적인 기독교의 극적인 성장에 관한 자료들을 인용하는데(30년 동안 1,000% 증가했을 수도 있다), 중국 등의 예를 인용해서 그 성장의 70%까지는 "표적과 이적에 밀접하게 연결되어 있다"고 말한다. 그는 특정한 몇몇 예를 제공한다(167-71).

162 서양인을 통한 선교가 이전에 종종 식민주의와 연결된 데 관해서는 Hanciles, *Beyond Christendom*, 163-66을 보라. 그런 식민지 당국들도 종종 선교사들을 억압했다(예컨대 영국의 동인도회사는 William Carey의 초기 사역을 억압했다). 아프리카에서는 예컨대 다음 문헌들을 보라. Turaki, "Legacy"; Isichei, *History*, 233; Hanciles, *Beyond Christendom*, 104, 170; Usry and Keener, *Religion*, 26. 사실 자유교회 선교사들(예컨대 영국의 식민지들에서 성공회와 제휴하지 않은 선교사들)은 대개 식민주의와 밀접하게 연결되지 않았다(Bebbington, *Dominance*, 113-14). 선교와 식민주의를 연결하는 전통적인 역사적 가정에 대한 추가적인 도전은 Mullin, *History*, 214-15, 225(예컨대 초기의 토착적인 선교사들을 언급한다)와 Noll, *Shape*, 174에 수록된 몇몇 한정 사항을 보라.

163 예컨대 Isichei, "Soul of Fire" 등 *Christian History*, 79(2003)에 수록된 많은 보고와 Rabey, "Prophet"를 보라. 기독교는 일단 식민 통치의 제약이 벗겨지고 나면 토착적인 복음 전도를 통해서 가장 신속하게 확산된다. 예컨대 Jenkins, *Next Christendom*, 55-56을 보라.

164 Wagner, *Acts*, 438. 그것들을 지나치게 강조하기를 자제하지만 Hiebert, "Power Encounter," 56은 이슬람 교도 같은 초자연주의자인 비그리스도인에게 다가갈 때 치유를 포함한 그런 현상을 보여주는 것의 가치를 인정한다. 다른 학자들(Musk,

다른 저자는 아프리카의 한 지역에서 복음서들만 남겨 놓고 사역지를 떠났다가 복귀한 선교사들이 "그런 일들은 문자적으로 일어나지 않는다고 가르칠 선교사들이 없었기 때문에" 신약성서에 수록된 부류의 기적이 날마다 일어나고 있으며 교회가 번창하고 있는 것을 보았다고 설명한다.[165] 사람들이 성경을 토착적으로 읽으면 종종 "선교사들이 [현지의 신자들이] 보기를 원하지 않았던" 양상을 발견했다.[166]

가장 가시적인 성장은 지난 30년 동안에 일어났지만,[167] 이미 1981년에 여러 나라 출신의 학생이 있는 미국의 대형 신학교에서 남아프리카의 크리스티안 드 웨트는 전 세계의 교회 성장에 관련된 표적에 관해 논문을 썼다. 그는 세계의 대부분을 대표하는 350개 주제를 조사했으며 많은 선교사를 인터뷰했다. 그는 "내 리서치는 표적과 이적이 일어나고 있다는 자료들과 성장하는 교회들에 관한 자료들이 너무도 많아서 내가 그것들을 모두 사용하기가 불가능하다"고 불평했다.[168] 그는 기적 주장이 세계의 많은 지역에서 기독교의 성장을 견인하도록 도움을 주었다고 지적했다.

"Popular Islam," 214-15; Parshall, "Lessons," 255-56)은 이 접근법의 중요성을 한층 더 강조했다. Fernando, "God," 193은 그들의 맥락에서 보면 서구의 복음주의자들은 때때로 합리성을 강조해서 하나님의 능력을 배제했다고 지적한다.

165 Gardner, "Miracles," 1929. 그는 Finlay, *Columba*를 인용한다.

166 Noll, *Shape*, 24.

167 예컨대 Moreland, *Triangle*, 166-67에 동의한다.

168 De Wet, "Signs," 92. 치유와 교회 성장에 관한 좀 더 일반적인 내용은 Kwon, "Foundations," 187-90을 보라(그의 조사에 대한 응답자 604명 중 치유 주장자들의 긍정적인 답변 562건에 기초했다). 제3세계 복음화에서 중요한 요인으로서 표적과 이적에 관해서는 Yung, "Integrity," 173-75도 보라. Wagner, "Wonders," 875은 표적들이 초자연주의 세계관을 가진 지역에서 종종 성장을 가져온다고 지적한다. Hausfeld, "Understanding," 74-75은 (J. D. Woodberry를 따라서) 표적은 다른 종교를 믿는 사람으로 하여금 예수를 따르도록 결심하게 만드는 데 있어서 중요한 촉매의 하나라고 지적한다.

3. 내 접근법의 한계

특정한 사례들을 살펴보기 전에 나는 내 접근법의 몇몇 한계(나는 필요할 경우 이 한계의 몇몇 요점들에 대해 다시 언급할 것이다)를 명백히 밝히고자 한다. 다양한 관점을 지닌 독자들은 다양한 우려를 할 것이기 때문에 나는 이 점에 대해 다소 길게 설명할 것이다. 내 접근법의 한계 중 우선 나는 그리스도인이 아닌 사람의 기적 주장에 관해서는 간략하게만 다루는데, 그 주장들도 특히 대중적인 차원에서는 상당히 많다.

둘째, 이 대목에서 내 주요 관심은 일련의 초자연 주장을 열거하는 데 있고, 이 주장들이 반드시 초자연적 원인을 반영하는 것이라고 주장하는 데 있지 않다. 하지만 나는 이런 많은 주장에 대해 그 설명의 가능성을 열어둘 것이다. 본서의 뒤에서 나는 몇몇 주장은 초자연적 원인과 관련이 있을 가능성이 크다고 주장하겠지만, 나는 모든 주장을 적절하게 평가할 수단을 보유하고 있지 않으며 초자연적 원인이 내가 언급하는 많은 보고에 대해 가능한 유일한 설명이라거나 심지어 최상의 설명이라고 믿지도 않는다. 내가 이런 보고들을 포함하는 일련의 모든 주장을 인용하지 말고 가장 잘 확증된 증언들만 인용하기를 선호하는 사람도 있을 것이다. 그러나 내가 오늘날 그런 주장이 많다고 언급했기 때문에 사람들이 제공하는 종류의 증언들을 반영하는 일련의 표본을 제공할 필요가 있다.

셋째, 내가 반드시 가장 강력한 사례들을 수집한 것은 아닐 수도 있다. 나는 그저 내가 입수할 수 있는 사례들을 수집했다. 나는 내가 입수할 수 있는 사례 중 적실성이 가장 미흡한 사례들을 걸러냈고 좀 더 적실성이 있는 사례들은 강조했지만, 오늘날 제공된 모든 종류의 표본("수억" 건의 주장들과 관련될 수도 있는 몇몇 표본들)을 보존하기 위해서도 노력했다. 넷째, 나는 사례들을 제공하고 그것들에 대한 신학적인 설명은 제공하지 않았다.

나는 그런 주장을 하는 사람들과 신학적인 관점을 달리하는 사람들도 그들의 경험에 관한 주장의 타당성을 고려해보라고 초청하고 싶다.

(1) 기독교 외부의 이례적인 주장 연구

나는 기독교에 초점을 맞추고 종종 주류로 여겨지는 교파들에 더 주의를 기울이지만, 내가 위에서 언급한 바와 같이 우리는 특이한 경험에 관한 주장은 결코 기독교 교파들에 한정되지 않는다는 점을 명심해야 한다.[169] 비서구의 세계관 대다수는 다양한 초인간적 현상을 인정한다.[170] 존 필치는 오늘날 세계 인구의 90%가 "일반적인 실재와 일반적이지 않은 실재"를 모두 받아들이는데, 후자는 신 및 영들을 포함한다고 주장한다.[171] 따라서 내 연구보다 더 완전한 비교 연구는 북미를 포함한[172] 세계 전역에 걸친 현대의

---

169 Cardeña, Lynn, and Krippner, "Experiences," 17-18은 "변칙적인 치유 경험"과 건강 향상 사이의 연관성은 몇몇 전통적인 학계의 가정을 재평가하도록 초청할 것이라고 지적한다.

170 예컨대 Wright, Process, 74-114, 특히 85-88, 95-98; Turner, *Experiencing Ritual*, 여러 곳. 예컨대 영 체험은 북알래스카의 이누피아트 부족에게는 삶의 일상적인 부분이다(Turner, *Hands*, 224).

171 Pilch, *Visions*, 17. 참조. *Walsh*, Shamanism, 179. 실제로 좀 더 세속적인 지역에서조차도 영적인 치료를 보완적으로 사용하는 것이 상당히 흔하다(Molassiotis et al., "Medicine." 이민자 중에서는 Moodley and Sutherland, "Healers"를 보라).

172 예컨대 다음 문헌들을 보라. Turner, "Religious Healing"; Barnes, "Chinese Healing"; Desai, "Health"; Hermansen, "Healing"; Jacobs, "Rituals"; Numrich, "Medicine"; Xiong, "Shamanism"; Krippner, Friedman, and Johnson, "Spirituality," 135-37; Talamantez, "Teaching"; Hernández-Ávila, "Dance Tradition"; idem, "Ometeotl Moyocoyatzin"; Hultkrantz, *Healing*; Medina, "Religion"(이전 시기의 전통적인 요소뿐만 아니라 몇몇 기독교적 요소도 포함한다); Raboteau, *Slave Religion*, 14-15, 80-86, 275-88; Wilmore, *Religion*, 18-27; Mitchem, *Folk Healing*, 15-24(오늘날 계속되는 영향에 관해서는 141-62; 몇몇 그리스도인 치유자들과 겹치는 점에 관해서는 129-37); Chireau, *Magic*; idem, "Natural"; Payne-

방대한, 비기독교의 초자연적 활동도 조사할 것이다.[173] 이 대목에서는 전통

Jackson, "Illness"(이 대목에서도 혼합된 요소들을 포함한다); Bowler, "Bodies,"
91-93(겹치는 것을 언급하지만 경쟁을 강조한다); Fauset, *Gods*, 55(Father Divine;
Bowler, "Bodies," 84-85도 참조하라); Harris, "Healing in Wicca"; Klassen,
"Healing"(이 대목에서도 특히 몇몇 기독교적 관점을 포함한다); Wakefield,
Miracle, 여러 곳. 참조. 신사고(New Thoughts) 운동 및 "마음 치료"에 대해 학계가
이전에 보인 긍정적인 반응(예컨대 James, *Varieties*, 94-126은 신적인 능력보다는
자연주의적인 이원론에 기초했다); Barrow, "Spiritualism"에 수록된 영국의 심령
술(특히 1850-1910)

173 예컨대 Peters, *Healing in Nepal*, 51-53, 61, 63, 65-68(그러나 73-74에서 언급하
는 그 샤먼의 선택적인 유보를 참조하라); West, *Sorcery*, 90(그리고 42의 치유 주
장들을 참조하라); Foster, "Etiologies," 778-79; Castro, "Practices"(예컨대 374);
Filson, "Analysis," 77; Narayanan, "Shanti"; Winkelman and Carr, "Approach";
Arai, "Spirituality"; Hobart, *Performance*(특히 영매와 샤먼에 관한 부분; Bhatti,
"Review"에 수록된 요약); Connor and Samuel, *Healing Powers*(Anderson,
"Review"에 수록된 리뷰); Arakelova, "Practices"; Crawford, "Healing," 34-35;
Finkler, "Religion," 51(그리고 거기서 인용된 자료들); Umeh, *Dibia*, 203-27;
Turner, *Experiencing Ritual*, 여러 곳; idem, *Healers*, 39-50(아프리카), 60-69(힌
두교도의 치유), 76-82, 93-96(아메리카 원주민의 치유), 96-100(모로코의 한
랍비), 142-46(수피교); Accoroni, "Healing Practices," 5-11(세네갈의 이슬람 교
도 신비론자에 관한 이야기); Evans-Pritchard, *Religion*, 308; Eliade, *Shamanism*,
215-58, 300-8, 326-32; Uyanga, "Characteristics"; Firth, "Foreword," xiii-xiv(그
것이 안심시키는 데, 특히 정신질환에 걸린 사람들을 돕는 데 효험이 있다고 생각
한다); Beals, *Culture*, 241(Burnett, Clash, 57에 인용된 내용); Wright, *Process*, 85-
88, 95-98; Chin, "Practices," 4-17; Allison and Malony, "Surgery"(서구의 과학
적 관점에서 현상을 평가한다); Mercado, "Power"; Forsberg, "Medicine"; Droege,
Faith Factor, 85-87; Grundmann, "Healing," 27(Umbanda, *Voodoo*, "필리핀의 영
치유자들", "인도의 기적을 행하는 구루(guru)들" 그리고 "400개가 넘는 일본의
종교 대다수와 '신흥 종교들'"을 언급한다); Bergunder, "Miracle Healing," 295(구
루들); Katz, "Healing"(214에서 질병을 퇴치하기 위한 안수를 언급한다); Singh,
"Prophet," 106(어떤 영에게 제사 지낸 후 회복됨), 108(이름을 부르는 경험 후 회
복됨). 참조. Adeyemi, "Healing Systems," 143-44; Sax, Weinhold, and Schweitzer,
"Healing"; Ashe, *Miracles*, 26-27(그런 현상을 "타자"에 돌리는데, 그것이 반드
시 신들은 아니다); Ritchie, *Spirit*, 24-25, 66(그러나 성공 사례가 없음을 지적한
다). 몇몇 다른 문화적 전통(그 모든 요소가 모두 초자연적 것은 아니고, 몇몇 경
우에는 서구의 관점에서는 엄밀히 "종교적"이지도 않다)에 관해서는 예컨대 다음

적인 약초 치료자의 좀 더 자연주의적인 주장들(13장에서 언급된다)을 언급하지도 않는다.

몇몇 다른 신약성서 학자들은 기독교의 하나님에게 원인을 돌릴 수 없는 몇몇 불가사의한 사건이 일어난다고 올바로 지적해왔다. 에두아르트 슈바이처는 이렇게 말한다.

몇십 년 전에 취리히에 단검으로 심장을 관통당한 인도인이 있었는데, 그는 다른 곳에서 이 일을 보여줬었다. 의과대학 교수들의 통제하에 모든 부위가 엑스선으로 촬영되었다. 기적이 일어났다는 데 추호의 의심도 없었다. 그는 죽었어야 했는데 죽지 않고 살아 있었다. 그는 그 뒤에도 그 실험을 반복하기까지 했다. 그래도 우리는 그 사람을 믿지 않았고, 그는 우리로 하여금 그의 신을 믿도록 인도하기를 원하지 않았다.[174]

문헌들을 보라. Vargas-O'Bryan, "Balance"; Mosher and Jacobs, "Seminar," 270-71; Pui-lan, "Spirituality"; Rosny, *Healers*; 아프리카의 전통적인 치유자들을 통해 다루어지는 질병의 종류에 관해서는 다음 문헌들을 보라. Byaruhanga-Akiiki and Kealotswe, *Healing*, 154-60; Accoroni, "Healing Practices," 4; McClenon, *Events*, 87-88(태국의 무속 치유자), 89-90(명상을 통해 치유되고 나서 샤먼이 된 어느 일본인). 순전히 의학적인 관점에서는 이완과 명상 기법이 어떤 종교에서 수행되는 지를 막론하고 인간에게 도움이 될 수도 있다(Benson, *Healing*, 212-16). 그러나 (주류 종교를 믿는) 우리 중 대다수는 종교에는 이보다 더 많은 것이 있다고 주장한다. 기독교와 쌍둥이 신앙인 유대교에 나타나는 치유 운동을 참조하라(Winston, *Faith*, 109-19).

174 Schweizer, *Parable*, 44. 나는 Schwezer의 정직성이나 학문적 주도면밀함에 대해 의심하지 않지만, 의사들이 설령 누군가가 원한다고 할지라도 실험 도중에 그의 심장에 단검을 꽂도록 허용했다는 데 대해 충격을 받았다. 이런 행위는 전통적인 의료 윤리를 위반한 것처럼 보이기 때문이다. 그러나 나는 그런 주장을 일리가 있도록 만들어줄 수도 있는 맥락에 접근하지는 못하기 때문에 이 일이 실제로 일어났다는 데 대해 의심스러울 경우 피고에게 유리하도록 해석해주는 유익을 그에게 허용한다. Charpak and Broch, *Debunked*, 28-29은 기만할 목적으로 자신의 맥박을 위장하는 기계적 수단에 관해 언급하지만, 이런 종류의 기법은 의사들을 속이지

이 보고가 정확하다면 여러 문화에 속한 많은 그리스도인은 성경의 선례 (예컨대 출 7:12; 행 13:6-10)[175]에 기초해서 그런 현상을 신적인 관점에서 설명하지 않고 초인간적인 관점에서 설명할 수도 있다. 다른 사람들은 다양한 다른 설명을 선호할 수도 있다. 그러나 이 대목에서 최소한 특이한 사건들이 단순히 소설 속에서만 일어나는 것이 아니라 실제로 일어난다는 데 동의해야 할 것이다.

더 많은 예가 제시될 수 있는데, 그 예들은 큰 "세계 종교들"에 국한되지 않는다. 실제로 인류학자들은 전통적인 사회들에 더 주의를 기울이는 경향이 있었고, 따라서 (좀 더 최근의 많은 예외가 있기는 하지만) 본서가 초점을 맞추는 자료들과는 다른 전통적인 종교에서 보고된 사례를 더 많이 제공하는 경향이 있었다.[176] 베를린에 거주하는 어느 사회 인류학 교수에 따르면 병원들이 마사베(masabe) 부족 영 치유자들의 효험을 인정했다.[177] 어느 기자는 실험적이고 형이상학적인 "에너지 기법"을 통한 불가사의한 화상 치유를 보고한다.[178] 학자 두 명은 한 젊은 여성이 아메리카 원주민 샤먼을 통해 극적인 계시를 받은 뒤 점진적으로 치유된 사례[179] 및 강신술을 사용하는

못했을 것이다.

175 대다수 그리스도인은 하나님의 사랑과 활동 영역이 그리스도인들로만 한정된다는 것을 부인하겠지만, 위의 모험담을 신적인 사랑의 표현으로 보기보다는 과시주의적이라고 생각할 것이다.

176 몇몇 인류학 진영에서는 흔히 전통적인 치유자들에게 초점을 맞추고 서구의 그리스도인 사이에 나타나는 병행 사례들은 소홀히 했다(Wilson, "Seeing," 207에 수록된 관찰을 주목하라). 사람들이 때때로 전통적인 처치를 받은 뒤 회복되기도 하지만, 전통적인 종교를 포함한 몇몇 전통적인 처치들은 아무런 효과가 없다는 점도 주목해야 한다(Wilson, "Seeing," 205-6).

177 Luig, "Worlds," 132-33은 기독교 지도자들의 반대와 경쟁하는 영매들에 대해 언급한다.

178 Wakefield, *Miracle*, 77.

179 Krippner and Achterberg, "Experiences," 353-54.

브라질의 외과 의사의 많은 환자가 마취하지 않고서도 통증을 느끼지 않는 것[180]을 보고한다. 그들은 한 연구를 매우 조심스럽게 언급하는데, 거기서 "심령 치료자를 통해 처치받은 천식 환자의 80%가 어느 정도 개선되었다고 보고"한 반면에, 또 다른 연구에서는 그렇게 처치 받은 사람의 11%만이 자기들의 의사를 통해 개선된 것으로 인정받았다고 언급한다(스스로 개선되었다고 보고한 비율은 61%였다).[181]

브라질의 심령 치료자들은 대개 세균, 의약품 같은 현대의 개념들을 받아들이며[182] 몇몇 환자들은 방대한 처치에도 불구하고 사망하지만,[183] 그 치유자들은 때때로 마취하지 않고서 수술한다. 한 연구자는 톱이 상처를 가르자 피가 솟구치다가 그 상처가 봉합되었는데 그동안 그 환자는 의식이 있고 명백한 통증을 느끼지 않는 것을 관찰했다.[184] 필리핀의 심령 치유자 가운데서는 최소한 몇몇 사기가 입증되었지만,[185] 사기 치지 않는 몇몇 사례도 존재할 수 있다.[186] 이 대목에서도 치유자들은 환자들이 의식이 있고 최

180　Ibid., 362. 그들은 363, 369, 379에서 기독교의 사례도 제공한다.
181　Ibid., 379 및 거기서 인용된 연구들. 그들은 "두 연구 모두에서 대조군이 없음"에 관해 경고한다.
182　Greenfield, *Spirits*, 75(영의 질병들이 환생 때 남지 않도록 영의 의사들이 반드시 그것들을 다뤄야 한다고 지적한다).
183　Ibid., 71.
184　Ibid., 51-52. 그들이 공유한 태도는 그들이 그 영매 못지않게 최면상태에 들어갔다고 Greenfield에게 암시했다. 나는 나에게 Greenfield에 대해 알려준 John Pilch에 감사한다.
185　Allison and Malony, "Surgery," 56-57, 60. Frank, *Persuasion*, 44-45은 치유에서 몇몇 샤먼들은 다른 샤먼들보다 더 많이 사기 친다고 지적한다. Toner, *Culture*, 40에 수록된 몇몇 고대의 의사들을 참조하라.
186　Licauco, "Psychic Healing," 96(비록 Licauco가 94에서는 회의적으로 변하기 시작했지만 말이다).

면에 걸리지 않은 상태에서[187] 마취나 통증 없이 "수술한다."[188] 기독교 교파와 관련된 특이한 치유에 관한 목격담을 수집하기 전 및 수집하는 과정에서 나는 산테리아 종교 및 몇몇 전통적인 아프리카 종교 같은 다양한 종교들과 관련된 특이한 현상에 대한 목격담도 접했다.[189] 벧엘 대학교의 폴 에디는 불가사의한 치유 등에 관한 현장 경험을 언급하는 추가적인 몇몇 인류학 자료를 내게 알려주었다.[190] 이 연구들은 신학이나 성경 연구의 전통적인 명명법을 채택하지 않지만, 비인격적이고 물질주의적인 접근법을 제외한 모든 접근법을 거절하는 전통적인 서구의 학문 틀 안에 쉽사리 들어맞지도 않는다. 이 중 몇몇 자료의 출처는 인류학자인 에디스 터너인데, 그녀는 이전에 남편 빅터 터너와 공동으로 저술한 아프리카 지역 현장 연구로

---

187 Ibid., 94.

188 Ibid., 96은 출혈이 그치고 상처가 신속하게 아문 사례를 언급한다. 좀 더 극적인 사례로는 마취 없이 5초 만에 그 자신의 안구가 제거되고 그의 어금니가 발치되었다. 그는 절개 후 제거된 항목들이 분석되었는데, 그것들은 때때로 인체 조직(때로는 적절한 혈액형을 적시했다)을 포함했지만 때로는 동물 조직이었다고 지적한다(94-95). 그러나 그는 "통제된 조건"하의 검증은 이뤄지지 않았음을 인정하는데(97-98), 그런 검증은 시행되기 어렵다. 제거된 물질에는 "머리카락, 유리⋯달걀 또는 조개껍데기"가 포함된다. 병원에서 조직상의 문제를 발견하지 못한 어떤 사례에서 어느 치유자는 마법을 진단하고 "죽은 바퀴벌레를 제거했다"(95).

189 예컨대 현업 종사가가 아닌 내 동료인 Bonnie Ortiz에게 들은 산테리아 종교에 관한 보고(인터뷰, Jan. 10, 2009); Alamino, *Footsteps*, 36에 수록된 보고; Leonel Camejo Tazé에게 일어난 사건에서 가능한 연결 관계(인터뷰, Aug. 11, 2010); 그리고 다른 장소들에서 일어난 사례. 나와 내 아내, 내 처가의 가족 그리고 다른 그리스도인 관찰자들은 전통적인 아프리카 종교들에서 예기치 않았던 불가사의한 현상들을 만났다. 예컨대 Tari, *Wind*, 67, 107에 수록된 인도네시아의 전통 종교들에 관한 그리스도인들의 주장을 참조하라.

190 Paul Eddy, 사적 교신, Oct. 26, 2009. Paul은 관대하게도 이 자료들을 공유하고 그것들에 관한 논평을 제공했다. 나는 그가 언급한 자료들을 읽은 뒤 나의 논의를 다소 확장했을 뿐이다. Paul은 자기가 Edith Turner와 이 서신 교환을 통해 이 자료 중 많은 부분과 다른 자료들을 배웠다고 언급했다(사적 교신, Oct. 25, 2005). 나는 종종 그가 추천한 자료들에서 인용된 재미있는 몇몇 다른 자료들을 추가했다.

도 유명하다.[191] 여러 책의 저자이자 버지니아 대학교에서 인류학을 가르치는 터너는 학술지 「인류학과 휴머니즘」(*Anthropology and Humanism*) 편집자다.

터너는 두 연구에서 북알래스카 이누피아트 부족의 원주민 치유자들과 함께 지내면서 수행한 민속 리서치를 언급한다.[192] 그녀는 거기서 어떻게 치유의 대리인이 되는지에 대해 목격하고, 경험하고, 배우기까지 했다.[193] 그 처치들은 종종 치료의 힘이 있었는데, 모두 극적이지는 않았다. 그녀의 좀 더 현저한 사례 중 하나에서는 치유자가 세 살 아이의 부어오른 무릎을 문지르자 그녀가 보고 있는 동안에 부기가 가라앉았다.[194] 다른 사례에서[195] 그녀는 전통적인 치유자가 "나쁜 영"을 빼내자 손가락의 부기가

---

191 Victor Turner는 영국 성공회 사제로부터 (기독교, 이슬람, 힌두교와 불교의) 역사적 신비주의에 관해 배운 것과 밝은 빛이 그를 찾아오고 나서 그 사제의 사망 사실을 알게 된 경험을 통해 영향을 받았다(Turner, "Advances," 35-36). Edith Turner는 기독교가 독점적인 진리를 보유하고 있다는 자기 교회의 가르침에 반대하지만, 성찬을 받는 가톨릭 신자다(idem, "Actuality," 2).

192 Turner, "Actuality"(미국 인류학 학회에서 발간한 학술지에 수록된 글); idem, *Hands*; idem, *Healers*, 83-89.

193 그녀는 질병을 단지 현미경으로 관찰할 수 있는 물리적 세균을 넘어서는 "영적 실체"(spirit substance)로 봄으로써 치유를 행하는 것을 배웠다고 말했다(idem, *Hands*, 227-28. 참조. Idem, "Actuality," 5).

194 Idem, *Hands*, 136. 아마도 이 사례가 그녀의 책에서 가장 "경험적인" 사례일 것이다(idem, "Field," 9에서 그녀는 "빈번한 비경험적 치료"를 낳는 최면상태에 관해 말한다). 다른 곳에서 Turner는 그런 "영적" 마사지를 통해서 한 여성의 요통에 도움을 주었다(*Hands*, 87-88). 그녀는 약초와 마사지가 그 처치의 일부이기는 하지만 확실히 좀 더 영적인 요소들도 있다고 경고한다("Actuality," 3).

195 Turner, "Actuality," 3. Turner는 전통적인 이누피아트 부족 치유자들이 "기독교의 포스트 선교 버전"을 따른 것으로 묘사하지만(ibid.), 이 대목에서 특정한 기법들은 뒤에 본서에서 인용되는 대다수 사례에 나타난 것보다는 전통적인 종교의 치유자들에게서 특징적인 것으로 보이는데, 이는 아마도 기독교가 전파되기 전의 몇몇 양상을 반영할 것이다. 기독교적인 요소와 기독교 이전의 요소가 모두 종합된 데 관해서는 ibid., 4을 보라(북과 샤먼 같은 몇몇 기독교 이전 요소들은 사라졌다. 나쁜 영 빼내기가 전통적인 치유의 주된 요소이며, 마사지와 약초를 병행하여 사용한 데 관해서는 아마도 논란이 덜할 것이다). 이런 치유자는 기도를 하며 "언제나

사라지는 것을 보았다. 다른 사례에서는 죽어가는 것으로 보였던 한 여성이 소생해서 성공적인 수술을 견딜 수 있었다.[196] 터너 자신도 똑같은 기법을 사용하여 다른 두 여성의 심한 두통을 빼냈으며,[197] 한 치유자는 터너의 복통을 진단하고 마사지를 통해 그 복통을 없앴다.[198] 그녀는 46건의 치료를 직접 관찰했고 105건의 다른 보고를 받았는데, 그중에서 대부분은 성공적이었다.[199] 그녀는 또한 전문가 회의에서 또 다른 사회 과학자가 치료를 위해 그녀를 만졌을 때 구토 등의 질병이 치유되었다고도 보고한다.[200] 다른 연구에서 터너는 다양한 치유 경험을 수집했다.[201] 마지막으로, 미국

그들의 능력을 신에게 돌린다"(ibid., 5; idem, *Healers*, 86, 88).

196 Turner, "Actuality," 5.

197 Ibid., 4. 나 자신이 오랫동안 두통을 앓던 사람들을 위해 짧게 기도하자 그들의 두통이 즉시 사라지는 경험을 했는데, 그들은 이에 대해 깜짝 놀랐다. 그보다 더 극적인 주장을 많이 입수할 수 있었기 때문에 나는 본서에서 그 경험들을 사례에 포함하지 않기로 했다.

198 Ibid(그 통증과 그녀의 스트레스 간의 관계를 언급한다).

199 Ibid., 3은 그 사례들 중 54%는 부상과 관련이 있었다고 언급한다. 23%는 소화 문제였다. 폐렴, 골절 등 다양한 사례가 있었다. Lake, *Healer*, 116은 자신의 사역에서 치료된 많은 문제를 언급하는데, 대부분 "일시적으로나 부분적으로 또는 완전히" 치유되었다.

200 Turner, *Healers*, 26-27. 몇 년 전에 세계성서학회(SBL) 회의에서 아프리카 출신인 Emmanuel Itapson과 나는 잠재적으로 치명적일 수도 있는 질병 때문에 다음 날로 예정된 그의 발표를 취소할 수밖에 없게 되었을 때 전시실 옆에서 기도했다. 나중에 나는 Emmanuel이 그의 발표를 잘 해냈다는 것을 알게 되었다. 그는 우리가 기도했을 때 자기가 회복되었다고 말했는데 이후의 교신에서 나는 그가 그 병이 재발하지 않고 건강하게 잘 지내고 있음을 알게 되었다. 그 교수는 의료 처치도 받았고, 나는 다른 모든 정보를 확보할 수도 없었기 때문에 이 사례도 본서에 포함하지 않았다.

201 Turner, *Healers*. 이누피아트 부족의 치유에서 그 치유자는 어떤 사람의 양손에서 질병을 느끼고 거기서 나쁜 영의 실체를 빼낸다(idem, *Hands*, 71, 74-75). 비록 그녀가 오순절파들의 영 체험을 진짜라고 인정하지만(ibid., 224. 어떤 제보자가 그녀에게 설명한 바와 같이 어느 "참된 그리스도인"이 위험한 영의 실체를 목격하고 기도해서 이를 성공적으로 방어한 데 관해서는 9을 참조하라), 그녀는 이 방법

인류학 협회에서 펴낸 학술지에서 그녀는 샤머니즘을 다루는 인류학 연구 분야에서 전개되고 있는 상황을 언급한다. 이런 연구들은 "영" 체험이나 "영 에너지"와 관련이 있는데, 이 또한 인류학자들의 현장 연구에 기초하고 있다. 그녀는 최근 수십 년 동안 이 분야에 대한 인식이 급증해왔다고 명확히 밝힌다.[202] 그녀는 심지어 영적 치유자가 된 어느 인류학자를 길게 인용한다.[203] 불가사의한 치료가 일어났다고 암시하는 몇몇 증거가 수집되기도 했지만 다른 몇몇 학자는 "주류 과학의 관심"을 끌기에는 그 규모와 복제 가능성이 너무도 부적절하다고 생각한다.[204] 언제든 복제 가능한 것은 자연 과정을 통해 설명할 수 있는 반면 초인간적인 존재이든 아니든 간에 지성적인 인격체에 의한 활동은 그렇게 예측할 수 없을 것이라는 점이 그런 연구의 어려움이다.

최근 학술지에 실린 논문에서 케임브리지 대학교의 어느 인류학자는

이 "그리스도인의 안수"나 브라질의 심령 치료자들이 환부 위에 그들의 손을 흔드는 것보다는 자신이 목격한 잠비아의 치료와 더 가깝다고 생각한다(*Hands*, 137). 유대교와 기독교 외부에서 치유를 위한 안수는 고대 이집트(기원전 1550년), 인도네시아의 이슬람 교도, 소련의 민속 치유자, 브라질의 심령 치료자에게서 나타난다(Krippner, "Medicine," 198-99). 초기 유대교에서는 1Qap Gen[ar] XX, 22, 29(Fitzmyer, *Apocryphon*, 65, 67; Flusser, "Laying on of Hands"; Driver, *Scrolls*, 461)을 보라. 70인역 왕하 5:11을 참조하라. 예수의 사역에서는 예컨대 막 5:23과 8:23을 보라(Vermes, *Jesus the Jew*, 240 각주 35와 Keener, *Acts*, 행 6:6을 보라).

202 Turner, "Advances," 특히 45-51, 그리고 56-61에 수록된 연대기적 순서의 참조문헌을 보라. 그녀가 (48-49에서) 인용하는 제의상의 치유 내러티브는 Willis et al., *Spirits*, 94-96과 Earle, "Borders"에 수록된, 어느 인류학자 자신의 (감염에 대한) 무속 치유자로서 역할(50)을 포함한다. 이미 1975년에 Greeley, *Sociology*, 9은 그의 몇몇 "사회 과학 동료들이…불가사의한 체험을 했다"는 것을 지적했다.

203 Turner, *Healers*, 117-23은 Willis et al., *Spirits* 및 다른 자료들을 인용한다. 그는 자신의 은사가 "관절염, 축농증, 습진, 천식, 고혈압, 편두통"과 다양한 통증을 포함한 일련의 질병의 85%에 대해 효과적이라고 주장했다(Willis, Turner, *Healers*, 119에 인용된 내용).

204 McClenon, *Healing*, 67(몇몇 증거로서 Benor, "Survey"를 인용한다).

자신이 가이아나 원주민인 마쿠쉬 부족의 무속 제의 도중에 "영적인 도우미"라고 주장하는 사람을 통해 치유를 체험했다고 증언했다.[205] 그녀는 전날 다리를 다쳤는데 신비롭게도 그 샤먼이 그녀가 다친 상황을 그녀에게 말했을 뿐만 아니라, 몇 년 전에 자신의 등에 발생한 심각한 부상(그 사실은 아무도 모르고 있었다)에 대해서도 말했다.[206] 그 샤먼 등은 그녀의 다리에서 나쁜 영을 몰아내려고 노력했고, 그들이 그 일을 마치고 나서 그녀에게 좀 나아졌느냐고 물었을 때 그녀는 "놀라서 '네'라고 대답할 수밖에 없었다."[207] 이것이 참으로 인체 조직에 대한 치료였든 아니든 간에 그것은 고통을 효과적으로 줄여줬고 참석자들을 설득했다.[208] 어떤 연구에서는 크리 부족 치유자에게 처치를 받은 건선 환자 10명 중 여섯 명이 유의미하게 개선되었다(한 사람은 완전히 회복되었다).[209]

서구에서 교육을 받은 인류학자들의 새로운 논문집 하나는 (비록 현지인들에게는 일반적이지만) 서구의 기준으로 보면 이례적인 그들의 경험에 초점을 맞췄다.[210] 이런 경험에 대한 해석 틀은 원주민의 해석을 채택하는 데서부터(터너) 순전히 신경학적인 관점에서 이 경험을 해석하는 데까지 넓

---

205 Scherberger, "Shaman," 59-64.
206 Ibid., 60.
207 Ibid., 62.
208 Ibid., 66은 우리는 초연한 분석을 통해서가 아니라 공감적인 관여를 통해서만 사람들의 관습을 배울 수 있다는 점을 근거로 그녀의 참석을 옹호한다.
209 Goulet and Young, "Issues," 326-27에 인용된 연구. 그들은 피부과 치료는 도움이 되지 않았다고 말하지만, 건선에서는 감정이 하나의 요인일 수도 있다. 그들은 그 치유자가 대개 토착적인 맥락에서 결과가 더 좋다고 주장했다고도 언급한다 (327).
210 Young and Goulet, "Introduction," 7. Young, "Visitors," 167이 언급하는 바와 같이 현지인들이 환상을 보았다고 주장할 때 인류학자들은 그것을 데이터로서 기록하기는 하지만, 같은 환경에서 그들 스스로 이 사건들을 경험할 때는 대개 그 사건에 대해 보고하지 않는다.

은 범위에 걸쳐 있다.[211] 인류학자들이 자신의 세계관을 정지시키고 원주민 제보자들로부터 배울 때에는 그들은 "자기들이 '연구하는' 사람들이 묘사하는 것과 일치하는 이례적인 경험을 일관성 있게 보고한다."[212] 이런 경험들은 현지 문화와 맺는 유대도 제공한다.[213] 따라서 몇몇 학자는 그들의 유별나게 자율적인 이미지[214]와 생생한 꿈[215]을 언급한다. "현지의 제보자들"은 종종 관찰자가 참여하기를 거절하기 때문에 경험하지 못하며,[216] 최대한으로 참여하는 상황이 인류학자들에게 "그들이 현지의 실재를 흡수하는 것을 반영하는 꿈과 환상"을 주었다고 생각한다.[217] 세계관의 경계도 이동할 수 있다. 시카고 대학교에서 출판된 한 연구에서 어느 인류학자는 자신이 송가이 부족의 샤머니즘에 빠졌던 경험을 설명했는데, 거기서 궁극적으로 자신을 죽이려고 한 주술 공격을 몇몇 무고한 희생자에게 돌려서 이를 떨쳐냈던 두려운 경험도 이야기한다.[218]

---

211 Young and Goulet, "Introduction," 10.
212 Goulet, "Dreams," 33.
213 예컨대 Guédon, "Ways," 56-57.
214 Goulet, "Dreams," 특히 31. 명상에서는 예컨대 Laughlin, "Energy," 109-10을 보라.
215 Guédon, "Ways," 53-54. 인류학자는 심지어 적대적인 영들에게 부상당했다고 주장되는 어린이를 현지의 치유자가 예수의 이름을 부름으로써 성공적으로 회복시키는 현장에 참석할 수도 있다(ibid., 55-56).
216 Goulet and Young, "Issues," 313.
217 Ibid., 313-14. 그들은 그 경험들이 현지의 세계관을 반영할 경우 데이터로서 유용함을 인식한다(315).
218 Stoller and Olkes, Shadow, 225-27(그는 117-19에서 자신의 주술로 다른 희생자들이 발생한 데 대해 두려워한다). 그가 다른 사람에게는 들리지 않고 자기에게만 들린 쿵쿵거리고 소리 지르는 존재에게 대항하려고 일어나자 그것은 사라졌다(132-33). 현지인들은 이것을 악한 영이 그를 겁줘서 쫓아내기 위해 보낸 것으로 해석했다(135). 그는 점을 치고 주문을 외웠지만, 이렇게까지 해석하는 데는 저항했기 때문에 자기가 발견한 것을 출판할 수 없었다(229). 그러나 Stoller의 고열과 설사(225-26)는 순전히 자연적 원인에 기인했을 수도 있으며, 그는 이 대목에서

또 다른 논문은 인류학자 16명이 보고한 치유, 환영 등 "변칙적인 경험" 약 40건을 언급하는데, 이 학자들은 모두 서양에서 태어나 고등 교육을 받은 사람들이다. 문화상의 커다란 차이와 그 보고들의 독립성에도 불구하고 그들의 보고는 유의미한 일관성을 보인다.[219] 그 자료에 대한 독립적인 평가자들도 동일한 결론을 내렸다.[220] 그들은 그 인류학자들의 보고를 특히 1988년부터 1996년까지 노스캐롤라이나주의 시골에서 수집된 "변칙적인 경험 내러티브 1446건"과 비교했다.[221] 인류학자들과 다른 분야의 학자들 모두 비교 가능한 변칙적인 경험을 보고했지만, 자기의 경험에 대한 인류학자들의 보고에 나타난 회의주의 수준(38%)은 다른 표본들에 나타난 회의주의 수준(7%)보다 상당히 높았다.[222] 하지만 그 경험들은 다른 학자들뿐만 아니라 몇몇 인류학자들의 신념 체계를 변화시켰다.[223] 몇몇 인류학자는 자신의 세계관과 부조화되는 것을 줄이기 위해 그들의 경험을 합리화했다.[224] 다른 학자들은 원주민의 해석에는 의문을 제기하면서도 그 경험의 몇

자신이 원주민의 관점을 공유한 것을 묘사하는 것으로 보인다. 그는 원주민의 몇 몇 관점을 비유로 보았을 수도 있다(229).

219 McClenon and Nooney, "Experiences," 46-48은 다양한 문화에서 나타나는 공통적인 특징들을 인용한다. 다음 문헌들도 마찬가지다. McClenon, "Analysis"; idem, Events; idem, Healing; idem, "Shamanic Healing." 문화적 변수들과 긴밀한 연계가 없는 점에 관해서는 idem, "Shamanic Healing"과 Fox, "Structure"를 보라. McClenon과 Nooney의 논문이 게재된 학술지는 미국인류학학회에서 발행했다. McClenon, "Miracles," 190-93도 보라.

220 McClenon and Nooney, "Experiences," 50을 보라.

221 Ibid., 49(응답자의 71.2%가 아프리카계 미국인이었다고 언급한다).

222 Ibid., 54.

223 Ibid. 다른 문화에 잠기면 때때로 핵심적인 신념이 변화된다(Ibid., McCall, "Peace," 56을 인용한다. 불가사의한 경험을 통한 다른 사람들의 신념 변화에 관해서는 예컨대 McClenon, Events, 229를 보라).

224 McClenon and Nooney, "Experiences," 55. 그들은 다음 문헌들을 예로 제시한다. Grindal, "Heart," 75; Goulet, "Ways of Knowing," 132; Young, "Visitors," 171-72(추가로 Young, "Visitors," 178에 나타난 타협적인 해법을 보라).

몇 요소들이 불가사의하다고 인정했다.[225] 여러 차례 불가사의한 경험을 한 또 다른 학자들은 자신의 세계관을 바꾸고 원주민의 세계관에 좀 더 가까운 세계관을 포용했다.[226]

다른 학자들은 전통적인 틀에 도전하는 데이터에 대한 전문가들의 의심 때문에 자신의 경험을 발표하기를 꺼려왔다.[227] 이 문제에 대해서도 어느 정도 논의—예컨대 인류학자들은 경험을 통한 현장 연구를 수행하는데, 그 연구에서 추출된 수용할 만한 객관적인 데이터뿐만 아니라 그러한 몇몇 경험을 발표하기를 두려워하지 않아야 한다는 논증—가 이루어졌다.[228] 18세기 계몽주의 이후 서구의 지성인들이 환상이나 꿈 등의 가치를 폄하해왔기

---

225 McClenon and Nooney, "Experiences," 56. 그들은 Desjardlais, Body, 23과 Salamone, "Bori," 18을 예로 제시한다(그러나 내게는 Salamone이 원주민의 해석에 상당히 열려 있는 것으로 보인다). 아마도 다음 문헌들도 마찬가지일 것이다. Emmons, Ghosts, 197(현장 연구 중 다소 객관성을 상실했지만 나중에 이를 회복한다), 249-55(가능한 다양한 설명에 대해 인식론적으로 열려 있지만, 특히 초(超)심리학적 설명에 개방적이다); Swarz, "Changed," 211-35(아메리카 원주민의 관습을 "에너지" 관점에서 각색하고 재해석한다).

226 McClenon and Nooney, "Experiences," 56-57. 그들은 Edith Turner(그녀에 관해서는 나도 위에서 및 부록 B에서 인용한다)와 Favret-Saada, Witchcraft, 125-27을 예로 제시한다. 사실 Favret-Saada는 관찰하는 동안에는 마법에 대한 믿음을 지지했지만(Witchcraft, 133, 175), 나중에는 적대적인 가족 관계와 관련하여 마법과 관계가 덜한 해법을 제안한다(135-36. 참조. 122). Young and Goulet, "Introduction," 8에도 다른 대안들이 등장한다.

227 McClenon and Nooney, "Experiences," 50. 그들은 "낙인찍기"의 두려움에 관해 언급한다(Salamone, "Bori," 15을 인용한다). 이와 유사하게 말하는 Young and Goulet, "Introduction," 8과 Wilson, "Seeing," 206도 보라.

228 Tedlock, "Observation," 71-73, 76-78을 보라. 개인적인 요소들을 포함한 몇몇 민속지에 관해서는 Tedlock, "Observation," 73-76을 보라(예컨대 72에서 익명을 쓰는 경우 이외의 사례). 좀 더 최근의 문헌에 나타난 참여에 대한 공개적인 관찰에 관해서는 78-80을 보라. 그리고 특히 "원주민의" 민속지적 관점에 관해서는 80-82을 보라. Goulet and Young, "Issues," 305-10은 인류학에 대한 경험적 접근법(참조. 303-4)을 경험적 방법의 하나로 본다. 한 문화 안으로 더 깊이 들어가도록 허용하는 것에 관해서는 Stoller and Olkes, Shadow, 228-29을 보라.

때문에 인류학자들은 전통적으로 현상 자체를 탐구하지 않고, 그런 주장을 야기한 잠정적인 요인들을 탐구했다.[229] 그러나 몇몇 인류학자는 이제 이 접근법이 역사적으로 인류학이 서구의 제국주의와 공모한 것을 반영하여 제보자들을 진지하게 다루지 않는다고 불평한다.[230] 이례적인 경험에 관하여 합리주의 접근법에서 경험적 접근법으로 이동함에 따라 오늘날에는 원주민의 관점과 진정한 경험들에 대한 감수성이 더 커졌다.[231]

나는 내가 본서에서 초점을 맞추는 많은 사례뿐만 아니라 이런 종류의 몇몇 사례들은 특이한 사건들에 관한 서구 계몽주의의 회의주의에 도전하는 데 사용될 수 있다고 생각한다(다시 말하지만 그런 사건들의 원인을 어떻게 설명하든 말이다). 나는 이미 6장에서, 흄과는 달리, 몇몇 종교들에서 명백히 초자연적 주장이 나타난다고 해서 그 사실 자체가 그 주장들의 타당성을 부정하는 것은 아니라고 주장했다. 나는 더 이상 내가 훈련받았고 쉽게 자료에 접근할 수 있는 영역이 아닌 분야로 들어가기를 원하지 않는다. 그러나 나는 내가 본서에 수록한 자료들이 내가 말하고 있는 기본적인 유사성을 구체적으로 보여주기에 충분할 것이라고 믿는다. 나는 다른 학자들이 다양한 종교 문화에서 나온 보고들을 수집했다고 언급했다. 나는 기독교 자료들에 가장 쉽게 접근할 수 있어서 이 자료들을 더 풍부하게 제공했다. 비기독교의 많은 주장은 (유도되었을 가능성이 덜하기도 하지만) 복음서들 및 사도행전에 나타난 주장들에 대한 유사성도 떨어진다. (위에서 언급한 대다수 인류학자의 초점과는 달리) 내 초점은 기독교의 자료들에 맞춰지겠지만, 나는 위에서 언급된 인류학자들과 마찬가지로 자신의 경험에 관한 몇몇 사람들의 보고를 인용할 것이다.

---

229   Young and Goulet, "Introduction," 9.
230   Ibid., 10.
231   Ibid.

(2) 보고의 한계

나는 제3세계 그리스도인들 수천만 명이 기적을 증언했다고 주장한다고 언급했으니 뒤의 두 장에서 구체적인 몇몇 사례들을 제시할 것이다. 연구자들이 그런 주장들을 많이 수집한다고 하더라도(이는 어렵지 않을 것이다), 그렇게 많은 기적 주장이 수집되었다는 사실이 과거의 기적 주장이 진짜였음을 입증하지는 않을 것이다(많은 주장이 사실은 진짜가 아니었다는 증거 및 그런 이유가 있다). 그러나 그런 연구는 목격자들이 그런 현상을 진실하게 보고할 수 없다는 가정에 경험적으로 도전할 것이다.[232]

서론에서 언급된 바와 같이 치유를 목격했다는 주장이 많음을 입증하는 것이 나의 주된 목적이다. 그러나 나는 그 조사가 내 두 번째 목적에도 공헌하기를 바란다. 나는 소수의 기적 주장들의 진정성에 도전함으로써 자신이 모든 기적 주장들을 손쉽게 일축할 수 있다고 생각하는 사람들이 본서에 제시되는 주장의 수 및 지역적 범위를 보고서 그런 생각을 중단하기를 바란다. 나는 또한 기적 보고들은 고립되어 있으며 극히 드물다는 흄의 가정이 심각한 도전을 받고 더 이상 지지될 수 없다고 여겨지기를 바란다.

나는 8-12장에 일련의 주장들을 수록했다고 해서 내가 그것들을 다 인정하거나 그것들에 똑같은 무게를 부여하는 것은 아니라는 점을 이 대목에서 독자들에게 상기시키는데, 이후에도 이따금 이 점을 상기시킬 것이다. 인류학자들과 사회학자들은 대중의 믿음을 보여주기 위해 일련의 주장

---

232 현대주의자의 반초자연주의는 그런 보고들의 해석에 의문을 제기할 수 있지만, 이 경우에도 진정한 기적이 일어나지 않는다는 주장을 증명하려고 시도하지 않는다. 부정적인 진술을 귀납적으로 증명하기란 불가능하므로 나는 이 대목에서 많은 이의를 제기하지 않는다. 그러나 위에서 언급된 바와 같이 전통적인 반초자연주의자의 연역적인 가정들도 자연 과학 분야의 세계관을 포함한 현대의 많은 세계관에 더 이상 들어맞지 않는다.

들을 보고한다. 증거의 비중 문제는 우리가 본서의 뒤에서 인과 관계 문제를 좀 더 명시적으로 취급할 때에만 중요해진다. 그 경우 우리가 주어진 주장에 어느 정도의 증거상의 가치를 부여할지는 우리가 이 세상에서 나타나는 신적 활동에 관한 전제를 반영하여 요구하는 입증 책임의 성격에 의존할 것이다. 비록 내가 종종 초자연적 가정하에서 받아들여지는 주장이 많이 있음을 보여주기 위해 기도한 후 병이 나은 사례를 많이 인용하기는 하지만, 사람들이 치유를 필요로 하는 대다수 질병은 때때로 기도하지 않고서 나았다고도 알려져 있으므로 개방적이면서도 조심스러운 기준만 적용되어도 질병에서 회복되었다는 많은 보고는 내가 증거로 인용할 가치가 별로 없다.[233] 때때로 기록된 기도가 없이도 병이 낫는 경우가 있으므로, 많은 경우 의학상의 증거도 결정적인 평결을 내리지 못한다.

이 세상에는 다른 사람들의 진실한 기적 주장이 성공한 것을 이용하여 사기 또는 돌팔이 수법으로 자신의 잇속을 챙기고 있는 사기꾼들이 많지만, 그런 사례를 일반화하여 모든 기적적인 치료 주장을 공격하는 것은 적절치 않다.[234] 나는 (철학적 가정 외에는) 증언이 허위라고 단언할 근거가 없는 많은 사례에 관해서는 판단을 내리지 않은 채, 명백하게 꾸며낸 주장(예컨대

---

233 예컨대 나는 기도 후에 두통이 즉시 사라진 현장에 여러 번 있었다. 이 결과가 그 수혜자에게 유익하기는 했지만 나는 그것을 많은 두통을 심인성으로 돌리고 따라서 그러한 치료를 위약(僞藥) 효과로 돌리는 경향이 있는 사람에게 기도 후에 질병이 치료되었다는 증거로 인용하지 못한다. 복음서들과 사도행전의 내러티브에서도 이런 사례들보다 더 극적인 예들을 선택한다.

234 우리는 자신의 철학적 전제가 그것을 요구할 때에만 그런 모든 주장의 진정성을 일축한다(그런 주장의 해석에 동의하지 않는 것과는 별개 문제다). 조사도 해보지 않고서 다른 사람들의 그렇게 많은 증언의 진정성을 일축할 정도로 확고한 전제는 교만에 해당할 정도의 자기비판 결여일 수도 있다. 그러한 선험적인 일축은 대화에서보다는 논쟁에서 더 효과적으로 기능을 발휘한다. 학자들 대다수는 대체로 기적 주장들이 최소한 개별적인 해석자에게는 주관적으로 사실임을 인정한다 (Brownell, "Experience," 226).

나와 사례를 공유한 다른 연구자가 사례 두 건이 허위임을 발견했다)을 가려내기 위해 노력했다. 내가 (아마도 성서비평가로서 나의 훈련에 기초해서) 몇몇 보고들이 진짜 같다거나 가짜 같다는 판단을 제공할 때에는 내가 증거가 가리킨다고 생각하는 곳에 기초해서 의견을 제시했지만, 종종 내가 보유하고 있는 증거가 상당히 제한되어서 때때로 불가피하게 내 판단이 틀릴 수도 있을 것이다. 하지만 나는 많은 경우에 어느 한쪽을 가리키는 상당히 설득력 있는 증거가 있다고 믿는다.

소문이 이야기들을 형성하고 과장하는 경향이 있으므로,[235] 가능하면 목격자의 설명이나 다른 직접적인 자료에 가까이 다가가는 것이 바람직하다.[236] 이야기 서술과 증언의 성격상 성공적인 치료들은 균형이 맞지 않을 정도로 더 많이 기억된다.[237] 그중에서 몇몇 치료는 때때로 자연적으로 사라지는 질병과 관련이 있다. 그런 경우 우리가 특별한 신적인 활동을 배제할 수 없지만, 그것을 증명할 수도 없다. 백내장이 즉각적이고 가시적으로 사라진 것 같은 치료는 자연적으로 일어나는 것으로 알려지지 않았다. 일련

---

235 Bremback and Howell, *Persuasion*, 188-89. 주장되는 사건이 발생한 직후의 (관여하기를 원하는 극적인 성격 유형을 지닌 사람들에게서 나온) 직접적인 목격자의 보고조차도 허위일 수 있지만(Tacitus *Hist*. 1.34에서와 마찬가지로 말이다. 내 아내는 자신이 전쟁 난민이었을 때에 경험한 이런 부류의 몇몇 허위 보고 현상을 지적한다), 그 현장에 있었던 목격자는 소문, 순간적 흥분, 동료의 지지가 없이도, 그리고 최초의 보고가 나오고 나서 오랜 시간이 지난 뒤에도 본인의 증언을 더 힘있게 유지할 것이다(따라서 방금 전에 언급한 타키투스의 자료의 대다수나 내 아내의 자료 같은 허위 사례와 대조된다).

236 참조. Emmons, *Ghosts*, 266 각주 1: "다른 사람의 보고를 정확히 기억하기보다 자신의 경험을 정확히 기억하기가 더 쉽다." 이미 4세기에 아우구스티누스는 기적을 경험한 사람들이 그것들을 기록하는 데 관심을 기울이지 않은 것을 한탄했다(*City of God* 22.8, [『하나님의 도성』, CH북스 역간]).

237 Hume은 기억 문제를 제기한 사람 중 하나다(*Miracles*, 27). 그것은 절대적 요인은 아니지만 제한하는 요인이다(그렇지 않다면 내가 내 학생들에게 과제를 부여한 몇몇 조사는 말할 것도 없고 대다수의 역사 기술이 불가능해질 것이다).

의 증언들을 예시할 때 나는 두 종류의 치료를 모두 포함시켰다.

내가 이 보고들 모두를 개인적으로 인터뷰해서 조사할 수는 없었고, 의학적인 조사를 할 수는 더더욱 없었다. 나는 의학적인 조사를 할 자격이 없다. 그러나 내가 뒤에 언급하는 바와 같이 나는 몇몇 제보자들과는 가까운 관계를 유지하고 있으며 많은 제보자, 특히 내가 잘 아는 사람들의 진정성을 신뢰할 타당한 이유를 지니고 있다.[238] 몇몇 보고들은 관련된 표본의 크기에 비춰 볼 때 통계적으로 우연히 발생할 개연성이 매우 낮다. 나는 부분적으로는 "변칙 현상은 매우 드문데, 그것들을 모두 다 우연으로 설명할 수 있다"는 주장을 차단하기 위해 그런 사례들을 몇몇 사람이 선호할지도 모르는 수준보다 더 많이 포함시켰다. 그러나 우연이 그런 사례 중 몇몇에 대한 설명이 될 수도 있으며, 표본의 규모가 아무리 커도 모든 사람을 설득할 수는 없을 것이다.

내가 언급할 몇몇 보고들은 인류학자들과 의사들의 연구에 등장한다. 더 많은 보고는 좀 더 일반적으로 자신이 목격자라고 주장하는 사람들이나 자신이 목격자의 주장을 보고한다고 주장하는 사람들에게서 나온 것이다. 몇몇 자료들은 치유 집회에서 치유된 사람들이 즉석에서 주장한 내용을 이후의 의학적인 확인이 없이 요약한다(때때로 의학의 도움을 받을 수 없는 지역에서 일어난 치유를 포함한다). 이와 대조적으로 기도한 뒤에 즉각적으로 회복되었고 의학적으로 확인되었으며 그 효과가 오래 간 사람들의 치료 주장도 있다. 나는 때때로 출판된 기사만을 본서에 수록했다. 다른 몇몇 경우에 나는 사람들을 인터뷰해서 그렇게 하지 않았더라면 알 수 없었을 세부 사항

---

238 Alexander, *Signs*, 17이 다음과 같이 말하는 바처럼 말이다. (오순절파의 기적 주장의 맥락에서) "당신이 아는 누군가가 직접 목격한 증언은 당신이 그것을 직접 보는 것 다음으로 가장 좋은 증거다." 연구에서 인터뷰의 가치(이 경우에는 심리학 분야의 연구였다)에 관해서는 Pekala and Cardeña, "Issues," 62을 보라.

을 질문했다. 나는 그런 수단들을 통해 대중 집회에서 도출된 자료들의 잠재적인 편견을 상쇄하기를 원했다(사기가 존재하는 경우 몇몇 대규모 기관들은 우리가 전형적인 개인들에게서 예상하는 것보다 사기적인 치유 주장을 더 설득력 있게 지어낼 자금을 더 많이 보유하고 있다—비록 초대형 기관들에서 지어낸 허위 기사들은 일반적으로 더 많은 사람의 공모가 필요한 것으로 보이지만 말이다).

우리는 대중 집회와 관련된 주장, 특히 치유에 관한 믿음을 확립하는 주장을 주목하지 않을 수 없지만, 이런 종류의 주장들은 특히 풍부하면서도 추적 관찰하기가 가장 어려운 부류이며 즉흥적인 대중의 주장은 평균적으로 치유 후의 개인적인 주장보다 신뢰성이 떨어지는 경향이 있다(따라서 그 주장이 틀렸음을 밝히기가 더 쉽다). 비록 나는 비판자들이 많은 시각 장애나 청각 장애 같이 좀 더 실질적인 주장들을 너무도 쉽게 일축한다고 확신하지만, 최소한 서구에서는 대중 집회 현장에서 보고된 치유 증언들에는 집회 참여자들이 즉각적으로 알아볼 수 없는 주장의 비율이 높다.[239] 한 조사자는 치유자들에게 평가를 위한 그들의 최고의 사례들을 제공해달라고 요청했지만[240] 그런 사역자들이 의사인 경우는 드물고 그들은 그 사례들을 제공하고자 하는 사람들이 주장하는 가장 극적인 치료들만을 제공할 수 있다. 매우 정직한 사역자들조차도 그들의 집회에서 발생하는 모든 기적적인 치료 주장들이 의사의 검진에서도 그렇다고 인정될지 확신할 수 없었다. 몇몇 기만적이거나 스스로 속은 관심 추구자들이 허위 치료 주장을 가려내

---

239 이는 증거에 관한 Randi, *Faith Healers*, 269, 287의 불평 중 하나다. 심지어 좀 더 진지한 치료에 관해서조차 이전 시기의 한 비판가는 다음과 같이 적절하게 지적했다. "'기적적인' 동굴의 벽에는 목발들만…걸려 있고 의족은 결코 없다"(Wright, *Miracle*, 167, Anatole France의 주장을 요약한 글). 그런 정도의 몇몇 기적 주장도 존재하지만 그런 주장은 너무도 유별나서 우리는 대개 그것들을 믿지 않는 경향이 있다(아마도 그런 경우에는 그런 주장의 목적을 좌절시킬 것이다).

240 May, "Miracles," 147.

기 위한 검증을 통과할 수도 있다(13장의 추가 논의를 보라).[241] 비록 대중 집회에서 증언하는 사람들 대다수는 추적 연구에 활용될 수 없지만, 추적 연구가 수행되는 경우 그런 연구는 우리가 증거를 더 완전하게 평가하는 데 귀중하게 쓰일 수 있다. 많은 질병이 일시적으로 다소 나아졌다고 느껴질 수도 있으므로 많은 사람이 대중 집회에서 치료되었다고 믿는데도 장기적인 변화가 따라오지 않을 수도 있다.[242] 그래서 나는 과거에 치유되었다고 주장하는 사람들을 대상으로 실시된 인터뷰가 대중 집회 현장에서 치유되었다고 주장하는 사람들의 보고보다 유용하다고 믿는다.

나는 대중 집회에서 나온 몇몇 보고를 인용하기는 하지만, 다른 부류의 보고를 통해 그것들과 균형을 맞추기를 추구한다. 몇몇 관찰자들은 치유를 경험하는 개인의 대다수는 아마도 치유 운동이나 마리아 사원보다 덜 대중적인 환경의 지역 교회나 성경공부 모임에서 기도를 받다가 치유를 경

---

241 관심 추구자들에 관해서는 예컨대 Bishop, *Healing*, 64과 Prather, *Miracles*, 90을 보라. Charles Wesley가 자신의 집회에서 발견한 단순한 관심 추구자도 참조하라 (White, *Spirit*, 62-63). 자기 기만에 관해서는 May, "Miracles," 145에 수록된 사례를 보라. Bishop, *Healing*, 72-73은 과시하려는 사람들을 가려내는 Kuhlman의 대리인들에게 명시적으로 반대하지만, 이 절차 자체는 (자기가 치료되었다고 잘못 생각한 사람을 포함해서) 참으로 치료되지 않은 사람을 가려내기 위함이었다. 대규모 집회에서는 안내원들을 사용해서 주장들을 확인하고 "사이비 주장을 하거나 관심만을 구하는 사람들"을 가려내는 사람들도 있었다(Daniel, "Labour," 160, 자신의 집회에 관한 내용; Währisch-Oblau, "Healing in Migrant Churches," 70, 아프리카의 은사주의 교회에 관한 내용). 정신과 의사인 W. L. Jacob은 몇몇 외관상의 치유들은 단순한 "연극"이었지만, 그렇다고 해서 그것이 진정한 치유로부터 관심을 빼앗아가지는 않는다고 지적했다(Jacob, "Introduction," xiv).
242 참조. Prather, *Miracles*, 90. Hiebert, *Reflections*, 245은 집회에서 치유되었다고 주장하는 사람 대다수는 1주나 2주 뒤에 의사에게 돌아간다고 지적한다. 그의 자료 (Pattison, Lapins, and Doerr, "Faith Healing")는 범위가 제한되었고 편견이 없지 않지만, 그가 말하는 요점은 타당하다. 증거력이 있다고 여겨지는 치료는 집회 현장에서 느끼는 순간적인 감정보다 오래가야 한다.

험할 것이라고 주장한다.[243] 예컨대 장기적인 치유를 경험했다고 주장하는 미국의 오순절파 교인 중 1/3이 넘는 사람들(35.5%)이 치유의 원인을 개인적인 기도에 돌리고,[244] 거의 1/3(29.8%)은 "친구나 가족과 드린 기도"에 돌린다.[245] 절반을 약간 상회하는 사람들(51.3%)은 예배 중에 기도를 받았지만, "치유 전도자를 통한 특별 예배 중의 기도" 덕분에 치유되었다고 말한 사람은 1/4 미만(24.9%)이었다.[246] 하나님의 성회의 공식 잡지는 치유 증언을 길게 수록하지만 "치유 전도자는 다루지 않는다."[247] 따라서 나는 일련의 자료들을 제공하고자 한다.

내가 질문할 수 있었던 인터뷰의 경우 나는 (비록 그들의 치료에 반드시 초자연적 설명이 필요했다고 믿지는 않지만) 내 인터뷰 대상자들이 모두 진실했다고 믿었다. 나는 이 대목에서 프랑스의 언론인이자 신학자인 르네 로랑탱이 자신이 수행한 인터뷰에 관해서 한 말을 차용한다. "나는 솔직하게 말하고, 정직하게 말하고, 계산적인 증인에게서는 찾아볼 수 없는 꾸밈없는 태도로 말한 증언들을 솔직하게 보고했다."[248] 혹은 나는 의료역사가인 재클

---

243 McKenzie, "Miracles," 82에 동의한다. Kay, Networks, 205은 최소한 서양에서는 지역의 집회에서 기도를 통해 치유된 사람의 비율이 대규모 운동에서 치유된 사람의 비율보다 낮지 않을 것이라고 주장한다. 개인들의 증언에는 그에 따르는 박해에도 불구하고 직접 그리스도를 만나서 개종했다고 주장하는 많은 증언이 포함된다. 몇몇 다른 예로는 예컨대 Clark, *Impartation*, 212에 수록된 요약 보고를 보라.

244 Poloma, *Assemblies*, 60(이 연구는 하나님의 성회 교인들 1,275명을 포함했다). Kay, *Networks*, 205도 최소한 서양에서는 지역의 집회에서 기도를 통해 치유된 사람의 비율이 대규모 운동에서 치유된 사람의 비율보다 낮지 않을 것이라고 주장한다.

245 Poloma, *Assemblies*, 61.

246 Ibid.

247 Ibid., 57은 좀 더 제도화된 교파와 현저한 은사주의 복음주의자 간의 분열을 지적한다.

248 Laurentin, *Miracles*, 89. 그는 실제로 "독립적인 증언들과 아마도 간헐적인 열성의 윤색"에서 마주치는 종류의 변이를 허용한다. 존경받는 학자이기는 하지

린 더핀의 최근 수백 년 동안의 대다수 가톨릭 치유 사건 기록에 관한 소감을 차용할 수도 있다. "나는 이 증인들이 교육을 받았든 문맹이든, 종교적이든 무신론자이든 간에 그들의 선의와 정직을 믿는다."[249] 이런 인터뷰 시행자들의 인상이 모든 사례의 진정성을 보장하는 것은 아니지만(위에서 언급된 사기 사례들과 비교하라), 우리는 대체로 성실한 주장자들을 다루고 있는데 나는 그들 중에서 몇몇 주장자를 상당히 잘 알고 있다.

내가 보기에 몇몇 치유 보고들은 다른 보고들보다 더 양호하게 기록되었고 학문적 진정성 주장에 더 무게가 실린다는 점은 말할 필요도 없다.[250] 그러나 때로는 이런 구분이 명백히 드러나겠지만, 널리 퍼진 믿음을 보여주는 것이 이 대목에서 대다수 주장에 대한 나의 일차적인 목적이다. 나는 많은 사례가 초자연적 관여의 가능성을 지지한다고 믿지만, 의학적인 검사가 없기에 (그리고 종종 인터뷰조차 없기에) 많은 보고를 좀 더 비판적으로 평가할 나의 능력은 제한되어 있다. 내가 심각한 논쟁이 있다고 알고 있는 대다수 사례의 경우, 나는 증거가 내가 어느 한쪽으로 좀 더 명확한 평결을 내리기에 충분하다고 믿지 않는 한 최소한 현재로서는 추가적인 조사를 기다리면서 중립성을 유지하고자 한다.

나는 신학은 본서의 요점이 아니며, 이런 주장들을 언급한다고 해서 주장자의 신학에 대해 무조건 인정하는 것도 아니라는 점을 재차 강조한

만 Laurentin은 특히 메주고레 마을에 관한 그의 나중 연구로 비판받고 있다 (Laurentin, *Medjugorje*를 보라).

249 Duffin, *Miracles*, 183; Prather, *Miracles*, 47. 우리가 그 해석에 언제나 동의할 필요는 없다. 예컨대 나는 개인적으로 심령 현상 경험 주장에 대해 회의적이지만 Einstein이 심령 현상 경험에 관한 Upton Sinclair의 "정직성과 신뢰할 수 있음"을 확신하는 것을 인정한다(Herrick, *Mythologies*, 116).

250 출판되면 독자들이 더 쉽게 접근할 수는 있지만(나는 그 기사들 대다수를 요약 진술 수준으로 단축했기 때문에 그런 출판물이 종종 도움이 될 수 있다), 단순히 출판되었다는 사실 자체가 그 주장의 진정성을 보증할 수는 없다.

다. 사실 기적적인 치유를 주장하는 사람들의 신학적 입장은 광범위하다. 몇 가지 일치하는 점이 있는데 내가 알기로는 어느 진영도 우리가 기도하거나 기적을 추구할 때마다 기적이 일어난다고 주장하지 않는다. 아마도 이 점은 증거를 전체적으로 평가할 때 적실성이 있을 것이다. 그러나 나 자신의 관점에 대한 오해를 불식시키기 위해 밝히자면, 나는 의료 기술을 이용할 수 있는 곳에서는 사람들이 그것을 감사하게 이용해야 한다고 생각한다(나도 규칙적으로 의료 기술을 이용한다). 의료 자원은 많은 질병에 대해 일관성 있는 치료를 제공해주며, 나 자신을 포함한 많은 학자의 신학에서는 하나님이 주신 선물이기 때문이다.

그러나 내가 본서의 다른 곳에서 설명한 것처럼 위에서 언급된 어떤 사항에 기초해서 모든 기적 주장의 진정성을 배제하는 것은 논리적 오류다. 위에서 언급된 주의할 점에도 불구하고 나는 본서의 뒤에 등장하는 많은 현상을 자연주의적인 관점에서 설명하지 못한다. 나는 나와 달리 모든 비자연주의적인 설명의 가능성을 부정하는 몇몇 독자도 그 현상들 중 몇몇 현상은 설명하기 어려울 것으로 믿는다.[251]

확실히 설명은 철학적이든, 심리적이든, 신학적이든 간에 이 장과 뒤의 몇 장의 주요 주제가 아니다. 나는 설명에 관한 내 주장들(그리고 종종 논

---

251 나는 자연주의적인 설명(또는 그럴듯한 자연주의적인 설명)을 채택할 수 없는 경우가 아닌 한 기도 응답이라는 모든 주장이 자연주의적으로 여겨져야 한다고 암시하는 것이 아니다. 성경에 기록된 많은 신적 행동 주장이 사실은 비록 초자연적 차원에서 발생한 것이기는 했지만 자연적 작용을 통한 신적 행동이었음을 암시한다(예컨대 출 14:21; 민 11:31; 고후 36:22-23); 나는 단지 자연적 토대에서보다 초자연적 토대에서 더 쉽게 설명되는 주장들은 때때로 초자연적 요인이 작용한다는 논지에 좀 더 강력한 긍정적인 증거를 제공한다고 지적할 뿐이다(왕하 3:17, 20조차도 바닥이 드러날 정도로 말랐던 시내가 산에서 흘러온 빗물[Gordon, *Near East*, 204; Konkel, *Kings*, 395-96]이나 지하의 수원에서 나온 물[참조. Glueck, *Side*, 14-15]로 넘쳐난 것일 수도 있다).

중)을 13-15장에서 제시할 것이다. 신약성서 연구의 관점에서나 적어도 신약성서의 역사적 측면에서 가장 중요한 점은 그런 현상이 당사자가 직접 묘사한 자료들에서 널리 주장되며, 따라서 이 시점에서 제안된 설명이 무엇이든 간에 1세기에 발생했다고 주장되는 그런 현상에 대해 직접 목격한 사람들이 그렇게 주장했을 가능성을 부인할 필요가 없다는 것이다. 그러나 나는 제3세계의 주장들과 서구의 주장들을 보고한 뒤 그 주장들에 대해 제안된 설명들도 고려할 것이다. 비록 이 설명들이 내 탐구의 가장 협소한 역사적 측면에 속하지는 않지만 말이다.

다양한 지역에서 나온 아래의 보고 중 일부만 진정한 것으로 입증된다고 하더라도, 그것들은 기독교의 하나님이 기적적으로 치료했다는 믿음이 널리 퍼졌으며, 이 믿음이 종종 기독교의 평화로운 성장을 추진하도록 도움을 주었다는 점에 대한 증거가 될 것이다. 따라서 그런 현상이 1세기에 같은 일을 하지 못했으리라는 법이 없다. 이 점은 내가 다룰 본서의 두 번째 논지와 관련이 있는데 이런 보고들, 특히 12장에 수집된 극적인 보고 중 몇몇이 사실로 판명된다면 아마도 대다수 관찰자는 그 보고들을 초자연적 인과 관계의 중요한 증거로도 여길 것이다.

(3) 사례 사용

사례들이 언제나 사람들이 거기서 요점을 밝히는 방식으로 사용되지는 않기 때문에, 이후의 장들에 등장하는 사례들을 살피기 전에 나는 본서의 논증에서 사례를 사용하는 방식을 설명하고자 한다. 우리가 부정적 진술을 귀납적으로 증명할 수는 없지만(따라서 흄은 귀납적으로 기적이 일어나지 않는다는 것을 입증할 수 없었다), 긍정적인 주장에 관해서는 귀납적인 논증을 할 수 있다. 따로 떨어진 개별적인 사례들은 새로운 과학 법칙을 확립하지 못하며, 진정한 기적들이 일어난다고 주장하는 사람들은 이 대목에서 어느 경우에도 기적 발생에 관한 법칙이 존재한다고 주장하지 않을 것이다. 그들은 인격적인 신이 존재한다고 주장하는데, 인격적인 행위자의 행동은 기본적인 차원의 물리학처럼 예측할 수 있는 대상이 아니기 때문이다. 하지만 실상을 알지도 못하면서 그들이 기도한 덕분에 치료되었다는 유별난 많은 회복이 사실은 결코 경험된 적이 없다고 주장하는 사람들을 쉽게 반박할 수 있는 예들이 많이 있다. 특히 이례적인 사례들(또는 온건하게 이례적인 사례들이 누적되는 경우)은, 우리가 그런 설명을 배제하는 가정을 갖고서 시작하지 않는다면 초자연적 설명이 타당할 가능성을 높여준다.

수백만 건의 주장들이 보고되며[252] 그중 일부는 선교학 문헌에서 좀 더 자세히 다뤄지고 있지만,[253]—학문 연구 목적에는 유감스럽게도—오늘날 활용할 수 있는 기적 주장 모음의 대다수는 거의 늘 그러했듯이 대중적이거나(즉 비학문적이거나)[254] 일화적이거나 범위가 제한되어 있다.[255] 이런 한계

---

252 앞에서 언급된 조사에서 그런 주장을 하는 교회의 수 및 그런 사례를 제공하는 사람들의 비율에 비추어 계산해보면 "수억 명"이 더 정확한 추정으로 보인다. 얼마나 많은 주장을 자연적으로 설명하기 어려운지는 추정하기가 훨씬 더 어렵다.

253 예컨대 Wagner, *Acts*, 475-76은 자신 또는 그와 동역하는 사역자가 직접 증언할 수 있는, 아르헨티나와 브라질에서 보고된 이례적인 많은 기적을 범주별로 요약한다(202도 참조하라). 그는 자신의 기록들이 많은 사람이 완전히 치유되었다고 주장하지만, 그렇게 주장하지 않는 사람도 많다는 것을 보여준다는 점을 인정한다(Wagner, *Acts*, 126-27, 213-14). Jackson, *Quest*, 54-56에 수록된 요약도 참조하라.

254 예컨대 다음 문헌들을 보라. T. L. Osborn의 여러 권 분량의 일기(여러 오순절파 도서관들에서 입수할 수 있다) 여러 곳에 수록된 목격자 관찰; Stewart, *Only Believe*, 여러 곳; 중국 그리스도인들의 보고들(참조. Feaver, "Delegation," 34, Wagner, *Acts*, 312에 수록된 글). 그런 목격자들이 학자가 아니라고 해서 내가 그들의 보고의 가치를 폄하하는 것은 아니다. 그들은 대다수 학자보다 사건 현장에 가까이 있으며 대중적인 종교에 관해 학문 연구를 수행하기 위한 최상의 원천이다. 나는 단지 그런 사례들이 학계의 기대를 충족시키기가 어려움을 인식할 뿐이다.

255 견고한 문서화 결여에 대한 한탄은 예컨대 Lucas, *Healing*, 197(부록 1, 193-201

들은 학문 목적상으로는 단점이지만, 내가 이 한계들을 언급하는 것은 이 기사들을 제공한 사람들을 비판하기 위함이 아니다. 치유와 관련된 사람 대다수는 학자가 아니며, 그들이 후세를 위한 문서화에 주된 관심이 있는 것이 아니라는 점도 이해할 만하다.[256] 마찬가지로 몇몇 학문 분야에서 전통적인 서구 학문의 틀 안에서 연구하는 대다수 학자는 학계의 동료 집단으로부터 자신에게 신임장을 부여하는 것으로 보이는 방식으로 치유 주장을 전문가답게 기록하라는 강한 압력을 받을 것이다. 동료 학자들의 점검을 받는 과학 학술지들은 복제할 수 없는 사건들은 게재하지 않기 때문에 기적 같은 변칙 현상은 개별적인 사례 외에는 사실상 문서화에서 제외된다.[257]

그런 연구에서 직접적인 데이터는 필연적으로 사례 연구를 구성할 텐데, 사례 연구는 성격상 수집되고 비교될 때까지는 "일화적"이다.[258] 그러나

에 수록된 "의견이 일치된 진술"에 등장한다)을 보라. 아프리카(이 주제와 관련이 있는 장소다)에서 보고된 많은 기적 주장을 기록하는 좀 더 광범위한 학문적 수집은 Dictionary of African Christian Biography(예컨대 Keener, "Ndoundou"; Akinwumi, "Idahosa"; Dayhoff, "Marais"; Menberu, "Mekonnen Negera"; Negash, "Demelash"; Millard, "Duma"; Odili, "Osaele"[더 자세한 내용을 인용하는 idem, "Agents"]; 위의 추가적인 예들)다.

256 Moreland, *Triangle*, 185도 이 점에 관해 언급한다. Christiaan de Wet가 사적 교신 (Mar. 25, 2008)에서 내게 언급한 바와 같이, 오늘날 아프리카에서 많은 기적이 보고되고 있지만 "기적들의 성격과 맥락 때문에" 서양인들이 만족할 만큼 "검증되고 기록된" 기적은 별로 없다. 내가 뒤에 언급할, 내가 목격자였던(그리고 아직 그 주제에 대해 저술할 것을 고려하고 있지 않은) 사례들에서 나는 의료 문서를 입수할 생각을 하지 않았고, 그 문서를 입수하는 방법을 몰랐으며, 그것에 접근할 수 없었던 것도 당연했다. 몇몇 경우에는 의사의 진료를 받은 적이 없었고, 다른 경우에는 내가 바쁜 사람들에게 의료 기록을 구해 달라고 요청하거나 압박하는 것이 너무 무례하게 참견하는 것으로 보였다.
257 Llewellyn, "Events," 253을 보라. Ellens, "Conclusion," 301-2은 일화적인 보고들을 수집해서(303) 표본들을 함께 평가함으로써 이 상황을 바꾸는 데 찬성한다.
258 Southall, "Possession," 232에 언급된, 신들림 현상의 인류학적 연구에 관한 이 관찰을 참조하라. Wink, "Stories," 212은 "아무리 잘 정리되더라도" "물질주의자들"이 모든 초자연적 치유 주장을 무시한다고 불평한다.

다양한 학문 분야에서 사례 연구가 유의미하게 사용되고 있다.[259] 대다수 역사 기술과 마찬가지로 인류학은 증언에 의존한다. 어느 인류학자가 "증인이 믿을만할수록 더 좋다. 증인이 많을수록 더 좋다. 그러나 '진실'에 관한 판단은 언제나 다른 사람의 경험에 의존한다"고 말하듯이 말이다.[260] 우리가 연구하려는 사건들은 정의상 일반적인 과정의 사건들이 아니라 특이한 사건들이기 때문에 그 사건들은 특히 개별적인 주장들에 대한 사례 연구에 적합한 것으로 보인다.[261] 더욱이 대중적인 기사들은 교회 역사가와 대중 종교를 분석하는 학자들에게 가장 유용한 1차 자료이며, 따라서 이 대목에서 초기 기독교에 대한 유용한 유비를 제공할 수 있다.

특별히 의료 문서를 요구하면 정당화되지 않는, 종종 위험한 주장(우리가 "무면허 의료행위"라 부를만한 행위)의 통제에 도움이 된다. 그러나 그런 요구는 부분적으로는 의학의 분화와 19세기에 벌어진 다양한 형태의 대안적인 의료 부문 간의 경쟁에 기인하는데, 현재 전통의학으로 인정받고 있는

---

259 다음 문헌들을 보라. Pekala and Cardeña, "Issues," 63(변칙적인 경험 연구에서 사례 연구의 가치도 언급한다); Krippner and Achterberg, "Experiences," 383(좀 더 충분한 통제를 원하기는 하지만 변칙적인 치유에 관한 인터뷰와 사례 연구 사용을 언급한다). 참조. 감정적 충격으로 갑자기 사망한 사례에 관한 연구에서 신문에서 수집한 기사 100건을 이용한 연구도 있다(Engel, "Death," Benson, *Healing*, 42에 보고된 글).

260 Straight, *Miracles*, 6. 사회학에서 증거의 한 형태 역할을 하는 개인의 경험에 관해서는 Wuthnow, "Teaching," 187을 보라. Smith, *Thinking*, 48-85은 카리스마주의자의 "정서적, 서사적 인식론"을 포스트모던주의자의 인식론과 비교하는데(특히 51, 59), 이들은 모두 문화적 패권보다는 특수성을 존중한다(55-57). "서사 지식"은 인식적인 기능뿐 아니라 정서적인 기능도 수행한다(65).

261 이와 유사하게 주장하는 Ashe, *Miracles*, 165, 178-79과 McClenon, *Events*, xi을 참조하라. 초자연에 관한 대중의 믿음에서 가장 중요한 점은 그들의 경험을 보고하는 사람들에게 무엇이 사회적으로 실제적인지의 문제다(ibid., xi, 3, 6. 참조. Duffin, *Miracles*, 183). 바티칸의 "수석 의료 전문가" 한 사람은 기적들은 예외적이고 특별하며, 따라서 통계수치를 통해 해결될 수 없다고 강조했다(Duffin, *Miracles*, 187에서 언급되었다).

다양한 형태의 의학이 당시에 자신만이 유일하게 과학적인 처치로 인정받기 위해 노력했었다.[262] 예컨대 몇몇 역사가는 그 시기에 정통 의학의 치료법은 동종 요법의 치료법보다 나을 게 없었다고 말하기는 하지만,[263] 주류 의학은 한때는 약초학 및 동종 요법과 재정적인 경쟁을 벌였다.[264] 오늘날에는 몇몇 대안 치료들이 개선되었고 특정한 종류의 질환을 다루기 위한 보완적인 방법으로 사용될 수 있는 것으로 존중받게 되었다.[265] 접골 의학 같은 몇몇 의학은 지금은 전통 의학의 일부가 되어 있다. 이상적으로는 어떤 회복에 대해서든 그 효과성에 대한 의학적 증거가 요구되며, 대규모의 통제된 연구가 실시되면 단지 일화적인 증거의 위험에 대해 보호될 것이다. 그러나 참으로 이례적인 치료는 (유신론적으로 설명된다면) 순수한 자연 과정이 아니라 지성적인 행위자와 관련이 있으므로 인간이 미리 예측할 수 없다. 따라서 초자연적 치유 주장 같은 사례에서는 주장의 성격에 비춰 볼 때 사례 연구가 더 적합해 보인다.[266]

262　19세기 의학의 전문화에 관해서는 예컨대 Williams, "Healing," 273을 보라. 이 문제와 관련이 있는 내용은 Mullin, *Miracles*, 103-4, 246-47도 보라. 분화 및 전문화에는 명백한 유익이 있지만, 이로 인해 고려되는 증거의 경계가 제한될 수도 있다 (Kuhn, *Structure*, 64).

263　Pickstone, "Systems," 185.

264　Ibid., 175-89.

265　식이요법과 영양의 사용은 물론 매우 귀중하며 그레이엄 크래커 과자가 이상적인 식품으로 여겨졌던(한때는 오벌린 대학에서 건강식품으로 사용되었다) 시기부터 장족의 발전을 이룩해왔다.

266　의학도 사례 연구를 사용하는데 환자들이 증상을 얘기하면 의사들은 주관적인 얘기를 사용해서 어떤 검사를 수행할지 결정한다. 그런 의학은 더 규모가 크고 일관성이 있는 연구들과 규범에 접근할 수 있는 반면에 초자연적 치유 주장들은 성격상 비정상적이며 산발적인 사건들이다.

(4) 다양한 기독교 교파의 초자연적 치료 주장

개별적인 치유 보고들은 종종 대중 집회에서 보고된 대규모 치유 주장 및 특히 성지에서 보고된 치유 보고들보다 신약성서의 기사와 더 유사하다. 하지만 오늘날 이런 자료가 모두 제시되고 있으므로 나는 이런 모든 종류의 자료들에서 최소한 몇몇 표본을 수록했다. 그러나 나의 주된 사례의 추가적인 경계에 대해 특별히 언급할 필요가 있다.

내가 협소한 범위의 자료에서 표본을 뽑아내기를 선호하는 독자가 있는가 하면, 좀 더 넓은 범위의 자료를 선호하는 독자도 있을 것이다. 본서가 현재의 분량보다 더 두꺼워지지 않도록 만들기 위해 나는 내 연구의 범위를 (이 장의 앞에서 연구자들이 찾아볼 수 있는 다른 종교 운동들의 몇몇 자료를 제안하는 각주를 제외하고) 주로 기독교 운동과 밀접한 관련이 있는 주장들에 한정시켰다. 본서의 주된 요점, 즉 종교적인 맥락에서 보고된 그런 현상에 대한 목격자 증언에 관해서는 내가 자료를 기독교의 증언에 국한할 필요가 없었을 것이다. 그런 제한에 대해서도 자의적이라고 간주할 몇몇 학자들이 있을 텐데, 나는 경쟁하는 "기독교적" 주장들을 중재하려고 함으로써 나의 자료들을 추가로 제한하지는 않을 것이다. 나는 주류 가톨릭, 개신교 또는 오순절파 기독교뿐만 아니라 주류 기독교로부터 종종 극단적이라고 여겨져 온 훨씬 소규모의 종파들도 포함한 다양한 기독교 운동에서 보고된 사례들을 수록한다.[267]

기적에 관한 문헌들이 다루는 표본의 종교는 광범위하지만, 10장이 보여주는 바와 같이 많은 학자가 신학적인 이유로 경쟁 종교의 맥락에서 보

---

267 크리스천 사이언스나 기타 정신과학의 치유 주장에 관해서는 다른 학자들이 다른 연구에서 길게 다루었기 때문에, 나는 좀 더 오래된 이러한 운동들은 나의 연구 대상에 포함시키지 않았다.

고된 기적 주장들을 거부했다. 따라서 나는 이 대목에서 잠시 진행을 멈추고, 그 안에서 치료가 일어났다고 증거되는 맥락의 신학적 다양성을 부인할지도 모르는 독자를 다루고자 한다. 개신교인들이 마리아 성지의 신학을 인정하지 않을 수도 있고, 가톨릭 교도들이 복음주의자들의 신학을 인정하지 않을 수도 있다. 두 진영 모두 새로운 종교 운동을 혼합주의라고 비난할 수도 있다. 기적에 대해 회의적인 사람들은 좀 더 일반적으로 특이한 치유 기록과 특히 종교적인 맥락 간의 인과 관계에 의문을 제기할 것이다. 본서가 초점을 맞추는 주제는 특정한 신학적 주장이 아니라 신학적 또는 종교적 함의가 있는 맥락에서 발생한 치유다. 지면 제약상 나는 종종—예컨대 그리스도의 동정심, 그리스도에 대한 신앙 또는 그리스도를 위한 사역으로 인해 그 행위자가 받는 고난 등—기적이 발생했다고 주장하는 사람들이 중요하다고 간주할, 기적 주장의 좀 더 넓은 신학적 맥락을 생략했다. 그렇게 한 이유는 내가 그러한 사건들의 신학적 맥락이나 그러한 맥락에 대한 논의가 가치 없다고 생각하기 때문이 아니라 본서의 핵심 주제에 집중하기 위해서다.

몇몇 독자가 좀 더 논란의 소지가 있다고 여길만한 사례들이 포함되었는데, 나는 몇몇 학자의 신학적 비판이나 여러 종교 간 대화의 가치를 과소평가하지 않는다. 그런 내용을 다루는 것은 이 연구의 목적이 아닐 뿐이다. 그러나 경쟁하는 신학적 입장 문제에 관심이 있는 독자를 위해 간단히 언급하자면 유신론자가 특이한 모든 기적 주장을 반드시 하나님에게서 비롯된 것으로 보는 것은 아니며(예컨대 오늘날 세계의 대다수 유신론자는 하나님보다 하위의 영들을 인정한다), 유신론자는 하나님이 신학적으로 자신이 이상적이거나 적절하다고 믿는 바와는 다른 내용을 믿지만 진짜 신앙을 갖고 있는 사람(예컨대 성지, 번영 신학, 성인의 유물 또는 심지어 사기적인 전도자에게 의존하는 사람)들을 만나줄 수도 있다는 점도 인정한다. 이 한계를 인정한다고 해서 내가 특정한 신학을 지지하거나 신학 지식의 가치를 부정하는 것은 아니다.[268] 나는 이 대목에서 그런 신학적인 문제를 해결하려 하지 않고 본서가 주제로 삼고 있는 문제에 집중하기로 한 나의 결심을 설명하는 중이다.

내가 기독교와 관련하여 본서에 수록한 기적 주장들은 치유에 관한 주제 등에서 신학적으로 입장을 달리하는 진영에서 나온 것들이다. 초기 그리스도인이라면 신학적으로 다양한 진영에서 기적 주장이 등장하는 데 놀라지 않았을 것이다. 그들은 치유 사역을 가르치는 사역과 구분했고(고전 12:28-29), 치유 사역을 수행한 사람이 모두 가르치는 사역도 해야 한다고 가정하지 않았다. 독실한 그리스도인 학자를 포함한 많은 이들을 움츠러들게 할 충분한 이유—논란의 여지가 있는 방법과 의문의 여지가 있는 해석 그리고 노골적인 사기꾼 등—가 있었다.[269] 그러나 진짜가 아닌 것으로 드러난 몇몇 주장에 기초해서 참으로 특이한 모든 회복에 대한 증거를 무시하는 것은 논리적 오류이며, 몇몇 주장들이 평가자의 신학적 입장과 다르다고 해서 증거를 무시하는 것은 솔직하지 않은 태도로 보인다. 많은 사람이 치유를 중재자의 신학적 통찰력으로 보기보다는 고통당하는 사람들을 신원(伸冤)하는 하나님의 자비로 여길 것이다.

내가 목격자들이 초자연적으로 일어났다고 생각하는 사례들을 수록

---

268 만일 하나님이 신앙과 지식이 완벽한 곳에서만 행동한다면 우리가 신적 행동을 기대할 수 없다. 나는 학자로서 지식을 높이 평가한다. 나는 그리스도인으로서 신앙도 가치가 있다고 생각하는데 신앙은 지식이 제한된 경우에도 발생할 수 있다. 물론 독자들은 이 점에 관한 내 의견에 반대할 수 있다.

269 나는 강성 은사중지론이 조금이라도 타당하다는 성경적 근거를 발견할 수 없다고 주장해왔다. 하지만 나는 때때로 극단적인 은사지속론자들과 그릇된 주장들로 말미암아 은사중지론을 신봉하고 싶은 유혹을 느끼며, 확실히 그 입장의 매력을 이해할 수 있다. 하지만 나는 다른 종류의 은사지속론자들을 알고 있으며 (뒤에 언급하는 바와 같이) 스스로 직접적인 몇몇 "은사"를 체험했다. 그러나 건전한 은사지속론자들 중에서도, 그리고 최상의 인간 행위자에게도 오류가 있을 수 있다.

했다고 해서 복음서들과 사도행전에 보도된 것들과 유사한 모든 기적이 발생했다거나 목격자들의 주장들이 서로 유사하다고 주장하려는 것은 아니다. 나는 오늘날 보고되는 목격담이 복음서, 사도행전 그리고 이후의 역사에서 보도된 모든 세부 사항과 명백하게 유사해야 비로소 그러한 사건들을 타당하다고 여길 수 있다고 주장하지도 않는다. 나는 단지 좀 더 일반적으로 반초자연주의의 전통적인 유비 논증에 도전하고자 한다.

내가 언급하는 현대의 몇몇 사례들은 중요한 몇 가지 측면에서 복음서들이나 사도행전에 수록된 사례들과 다르다. 예컨대 복음서들과 사도행전에서 예수와 그의 제자들은 특정한 치유 신전—아마도 아스클레피오스 신전 같은 비기독교의 신전과 경쟁하기 위해 훗날 나타난 기독교의 방식—과 관련이 없었다. 마찬가지로 내가 이후의 장들에서 제시하는 몇몇 예들은 (그들이 대다수 기적 보고를 유포하기 때문에) 기적에 초점을 맞추는 것으로 알려진 사람들에게서 나온 것이지만, 기적이 몇몇 외부인에게는 가장 흥미 있는 요소였겠지만 그것이 예수와 그의 최초 제자들의 주된 초점이나 "전문 분야"는 아니었다. 서아프리카 복음주의 교회 목사인 기드온 아치는 신약성서의 증언과 일치하는 관점을 표명한다. 그는 자신이 직접 몇몇 기적을 목격했지만 "하나님께서는 기적을 사용하셔서 그분의 메시지를 입증하시지, 기적을 일으키는 사람을 높이지 않으신다"고 말한다.[270] 그의 관점은 기독교 교파들의 지배적인 입장을 반영하지만, 몇몇 집단은 기적 주장을 이

---

270 Gideon Achi(애즈버리 신학대학교 Ph.D 과정), 인터뷰, May 25, 2009. 그는 예수보다 기적들에 초점을 맞추는 것을 경고한다. 예컨대 다음 문헌들도 참조하라. Yancey, "Miracle Worker"; 나이지리아 오순절파 목사 Okwudili Ononugbo(in Burgess, *Revolution*, 301); Okonkwo, "Sustaining," 75(정직성을 표적들보다 강조한다). 100년도 더 전에 Gordon, "Ministry of Healing," 200은 치유 기적들은 복음을 촉진하기 위한 것이라며 "기적들은 기독교의 표적이지 그것의 실체가 아니다"고 말했다.

용해서 자기들의 사역을 홍보한다. 그러나 내 사례들 중 기적을 그런 식으로 사용하는 집단에서 보고되었다고 비난받을 수 있는 것들은 소수에 지나지 않을 것이다. 주의가 산만해지는 것을 줄이기 위해 나는 특히 가톨릭, 정교회, 개신교, 오순절파 및 제3의 물결 교파에 초점을 맞춘다. 이 집단들 사이에서 기적 주장이 같은 비율로 발생하지는 않는데, 유감스럽게도 내 사례들의 수는 이 집단들에서 발생하는 기적 주장의 비율을 반영하지 못하고 단지 대체로 내가 쉽게 입수할 수 있는 원천을 반영한다.[271] 그러나 내가 수집한 표본은 우리의 목적을 충분히 달성하고도 남는다.

(5) 한 가지 신학적 주의사항

나는 지금 성경 시대 이후의 치유 주장 사례들을 살피고 있고 몇몇 서양인 독자들은 특정한 신학적 이유로 본서에 실린 여러 치유 주장들이 경악스럽다고 생각할 수도 있으므로, 나는 이 대목에서 잠시 본서의 중심 주제를 벗어나 그런 사례 중 몇몇에 대해 제기될 수도 있는 이의를 다루고자 한다(이렇게 하는 것이 나를 위한 것은 아니며 반초자연주의자들을 위한 것은 더더욱 아니다). 이 이의는 개인을 통한 이례적인 초자연적 현상은 그쳤다고 믿는 믿음인 "은사중지론"과 관련이 있는데, 보수적인 개신교의 일각에서는 은사중지론을 신봉한다. 나는 뒤에서 서구에서 계몽주의의 반초자연주의를 수용해서 오로지 (또는 거의 오로지) 자연적 수단을 통한 하나님의 (가시적인) 활동만

---

271 예컨대 칠레에서는 가톨릭, 오순절파 감리교, 오순절파 모두 침례교에서보다 기적 주장이 훨씬 많이 발생하는데 공교롭게도 칠레에서 보고된 기적 주장에 대한 나의 주된 원천은 침례교인들이다. 유급 인터뷰 시행자가 칠레에서 좀 더 완전한 연구를 수행한다면 다른 집단에 속한 그리스도인들을 면담함으로써 훨씬 많은 치유 주장을 접할 수 있을 것이다.

을 허용하는 개신교 은사중지론의 한 형태가 발생했다는 점을 다룰 예정이
다.[272] 하지만 나는 이 대목에서 잠시 본 주제를 벗어나 현대 은사중지론이
모두 같은 종류는 아니라는 점을 설명할 것이다.[273]

　현대 은사중지론자 중 많은 이들은 지금은 하나님의 초자연적 활동이
전혀 발생하지 않는 것이 아니라 그것이 신약성서에 나타난 것과 같은 정
도나 형태로 발생하지 않는다고 주장한다("은사중지론자"라는 용어가 이들을
지칭하는 가장 좋은 용어는 아닐 수도 있지만 나는 그런 견해의 몇몇 옹호자들이 선호하
는 용법을 존중한다). 이 입장은—본서의 뒤에 제시된 대다수 사례의 경우와
같이—초자연적 인과 관계 문제에 관해서조차 고려 대상에서 제외할 필요
가 없을 것이다. 그 입장은 그 사례들을 규범적이라고 여기지 않겠지만, 규
범성 문제는 본서의 주된 주제인 증인들은 치유를 목격했다고 증언할 수

272　예컨대 Mullin, *Miracles*, 30을 보라. 이 입장은 결국 대체로 그것의 철학적인 비일
　　관성(Ruthven, *Cessation*, 64-71[특히 70]과 Mullin, *Miracles*, 265-66을 보라)의
　　무게를 이기지 못하고 붕괴했다(Mullin, *Miracles*, 265-66). 따라서 20세기 말에
　　는 보수적인 여러 복음주의 지도자들조차 치유 은사가 지속된다고 공개적으로 인
　　정했다(예컨대 Synan, *Tradition*, 273에서 인용된 Harold Lindsell; Graham, *Spirit*,
　　162에 수록된 Billy Graham의 입장).

273　예컨대 Sawyer and Wallace, *Afraid*에 수록된 여러 논문에 나타난 온건한 은사중
　　지론을 보라. Saucy, "View" 및 위에 언급된 자료들에 나타난 은사중지론도 보
　　라. Conyers Middleton(Warfield, *Miracles*, 28-31; Young, "Miracles in History,"
　　106)에게서 나타난 것 같은 선상의 사상을 따르는 Benjamin Warfield의 좀 더 강
　　성 은사중지론은 사도 시대가 지난 뒤의 모든 기적을 부정했다(Barnes, "Miracles,"
　　228-29). 그러나 그 주장은 성경에 기록된 기적들도 논박했을 법한 기준에 근거
　　했다(Barnes, "Miracles," 229-30; Brown, *Miracles*, vi, 198-202). 몇몇 학자(예컨
　　대 Pearl, "Miracles," 492)는 기적들은 초기에 유신론을 정당화하기 위해 필요했지
　　만 이제 더 이상 필요치 않다고 주장했다(이 접근법은 예컨대 Otte, "Schlesinger,"
　　96에서 비판받았다). 이 접근법은 특히 선교 환경에서 만나는 도전에 취약한 것
　　으로 보인다. 현대의 기적에 대한 몇몇 반대자들은 그런 기적들을—심지어 독실
　　한 그리스도인들과 관련된 기적들마저—사탄과 관련시켰다(참조. Whitcomb,
　　"Miracles").

있고, 그런 증언 중에서 몇몇 치유들은 초자연적 원인과 관련이 있을 가능성이 있다는 점을 확립하는 데 중요하지 않다.

오늘날 이 세상의 여러 지역에서 기적이 발생하는 정도가 명백히 줄어든 데 비추어 유비를 통해 연구하는 역사가는 신약성서의 기적들은 과장되었다고 주장할 수도 있을 것이다. 온건한 은사중지론자(내 입장은 아니다)는 예수의 기적(또는 그의 이름으로 일어난 기적) 중 어느 하나라도 진짜 기적임이 인정된다면 하나님이 예수의 사역에서 행동했으며 그의 독특한 주장들을 확인해준 것이고 이 주장들로 인해 예수는 따로 제쳐 둘 수 있다고 반박할 것이다. 이 입장이 취해진다고 하더라도 유비를 통해 복음서들과 사도행전에 참으로 초자연적 기적들이 수록되었다는 내 주장이 약해지지 않을 것이다. 요점은 진정한 기적의 양이나 정도가 아니라 존재 여부이기 때문이다. 내가 5장에서 언급한 바와 같이 진짜 기적이 한 건만 발생해도 경험에 비추어 볼 때 기적이 발생하지 않는다는 흄의 주장을 반박하기에 충분한데, 나는 본서의 뒤에서 우리에게는 진짜 기적 사례가 한 건뿐이 아니라 매우 많이 있다고 주장할 것이다(비록 나는 이후의 장들에 수록된 모든 기적 주장을 진짜 기적이라고 주장하지는 않지만 말이다).

대다수 그리스도인, 특히 서구의 그리스도인들에게는 기적의 성격이 변했다는 이 개념이 우리의 경험에 부합할 것이다. 몇몇 사람이 주장하듯이 예수가 자기에게 오는 모든 사람을 치유했다면[274] 오늘날 문제는 다를 것이다(그리고 서구에서만 그런 것이 아닐 것이다). 만일 치유가 신약성서에서는 (최소한 막 8:24-25을 제외하고 우리에게 알려진 다른 사례들에서) 대체로 즉각적이었다면, 오늘날 신의 도움 덕분이라고 여겨진 많은 또는 대다수 회복은 신

---

274 많은 독자가 마 4:24과 8:16, 그리고 행 5:16과 관련하여 이 견해를 취하지만 다른 사람들은 이런 이해에 반대하는 근거로 눅 14:13과 행 3:2을 인용할 것이다(또는 적어도 예외를 인정할 것이다). 눅 4:26-27도 참조하라.

약성서 시대의 신적 도움에 기인한 회복들과 다를 것이다(나는 오늘날 몇몇 즉각적인 치유 주장들도 인용할 테지만 말이다). 그러나 하나님이 구원사의 특정 시점들에서는 다른 시점들에서보다 기적을 좀 더 후하게 일으키지 않는 한 (많은 은사비중지론자들이 이 관점을 공유한다) 나는 기적의 성격이 변했다는 확고한 신약성서의 근거를 발견하기 어렵다고 믿는다(이 관점을 지지하기 위해 인용되는 텍스트들은 고전 13:8-12의 경우와 같이 때때로 그 텍스트가 말하는 바와 정면으로 반대되는 방향의 신학적 추론에 크게 의존한다).[275] 역사적인 기독교의 가르침에서 예수가 독특한 존재이기는 하지만 사도행전에 기록된 스테반처럼 기적을 행한 사역자들(또는 성경에 기록된 예수 이전 시기의 인물들)도 그렇다고 말할 수는 없다.

본서에서 내 목적은 은사중지론에 대한 신학적 또는 성경적 대응을 제공하는 것이 아니다. 나는 그 답변은 다른 연구들에서 제공했다(거기서 주로 온건한 은사중지론보다는 "강성" 은사중지론에 응답했다).[276] 그러나 나는 이 대목

---

275 그 텍스트에 관해서는 예컨대 다음 문헌들을 보라. Carson, *Spirit*, 66-72; Fee, *Presence*, 204-14(『성령: 하나님의 능력 주시는 임재』 상·하, 새물결플러스 역간); Schatzmann, *Charismata*, 77-79.

276 본서에서 나의 의제는 은사중지론에 도전하는 것이 아니며, 나는 그것에 반대하는 논거를 제시하는 데 지면을 할애하지도 않을 것이다. 그러나 나는 다른 곳에서 그런 목적에 사용될 수 있는 몇몇 논평을 제공했다(Keener, *Acts* 및 Keener, *Matthew*, 312-13, 316-17 같은 다양한 이전 연구 포함. 대중적인 차원에서는 Keener, *Gift*, 89-112. 나의 견해에 관심이 있는 독자는 그곳을 참조하라). 나는 전면적인(강성) 은사중지론은 성경적으로 옹호하기가 너무도 어렵기 때문에 대응할 가치가 별로 없다고 생각하지만, 그 입장의 역사적 기원과 그것이 오늘날 몇몇 보편적인 극단적 "은사주의"의 주장에 맞선 대응이라는 맥락에서 볼 때 그 입장이 이해되지 않는 것은 아니다. 은사중지론 일반에 관해서는 예컨대 다음 문헌들을 보라. Robertson, *Word*; Gaffin, *Perspectives*; idem, "View"; Jeffries, "Healing"; MacArthur, *Chaos*; Derickson, "Cessation"; MacLeod, "Surprised." 내 응답 외에 은사비중지론자들의 대응에 관해서는 예컨대 다음 문헌들을 보라. Fee, *Gospel*, 75-77; idem, *Paul, Spirit, and People*, 여러 곳(『바울, 성령, 그리고 하나님의 백성』, 좋은 씨앗 역간); Turner, *Gifts*, 286-302(『성령과 은사』, 새물결플러스 역간); Ruthven, *Cessation*;

에서 당면한 문제에 관해 간략하게 응답하고자 한다. 만일 하나님이 구원사에서 특히 중요한 몇몇 특정한 시점들에 기적을 좀 더 후하게 일으켰다고 해도(성경을 연구해보면 이런 입장은 합리적이라고 할 수 있다) 우리가 신약성서를 근거로 그런 중요한 시점들이 계속 발생하지는 않을 것이라고 결론지을 수 없다.[277] 기적들은 예수의 사역에서 특히 극적인 것으로 보이지만 이 기적들은 (우리가 지적한 바와 같이) 모세, 엘리야, 엘리사 같은 사람들이 활동하던 이전의 중요한 시기들에 묘사된 표적들과 비슷하며, 이어서 예수 이후 시대인 사도행전의 사역에서도 비슷한 기적들이 발생한다(몇몇 사람이 주장하듯이 사도행전에서 기적들은 우연히 발생하고 열두 제자들과 바울에게만 제한된 것이 아니다. 행 6:8; 8:6을 보라). 기적들은 성경 역사의 어느 국면에만 제한되지 않고 다양한 중요한 시점들에 발생한다. 엘리야와 엘리사 시대는 성경적인 부흥이 최소한 일시적으로라도 국가적인 배교를 되돌린 경우였다. 그렇다면 그 시점들은 예수의 사역이나 가장 협소하게 정의된 "구원" 사건들로만 제한되지 않는다. 그 시점들은 하나님의 메시지 확장에도 적용된다. 오늘날 우리가 많은 기적 보고들을 만나는 맥락인, 전에 복음이 전해지지 않았던 사람들의 복음화는 우리가 사도행전에서 접하는 환경과 유사한 것으로 보인다.[278]

Grudem, *Theology*, 355-75; Deere, *Power of Spirit*; Elbert, "Themes"; Morphew, *Breakthrough*, 169-82; Snyder, *Renewal*, 140-41(그리고 idem, *Problem*, 130-31; "Gifts," 332-34); Green, *Holy Spirit*; Shogren, "Prophecy"; Gardner, *Healing Miracles*, 130-54. 좀 더 온건한 현대의 은사중지론은 Sawyer and Wallace, *Afraid*를 보라. 다양한 견해들에 관해서는 Grudem, *Gifts*를 보라.

277 그런 시점들은 성경에서조차 특정한 시기에 제한되지 않는다. Deere, *Power of Spirit*, 253-66에 제시된 철저한 조사를 보라. 그러나 표적**으로서** 역할을 하는 기적들은 메시지를 전파하는 상황에서 특히 번창하는 것으로 보인다.

278 이 점은 Gordon, "Ministry of Healing," 194-95에서 이미 언급되었다(그는 Theodore Christlieb도 인용한다). 나는 몇몇 은사중지론자는 이 점에 동의할 테지

신약성서의 일관된 관점은 그리스도인들이 종말론적으로 중요한 시기에 살고 있다는 것인데, 신약 학자들은 흔히 이를 가리켜 하나님 나라가 "이미 왔으되 아직 오지 않았다"고 묘사한다.[279] 초기 그리스도인들이 그 시기가 수백 년 동안 계속될 것으로 예상하지는 않았지만, 요점은 그들이 그리스도의 초림과 재림 사이의 시기를 그 기간에 하나님의 많은 약속이 실현되는 종말론적인 시기로 규정했다는 것이다. 우리는 또한 하나님이 신자들로 하여금 이 실재 안에서 살도록 그들의 마음을 흥분시키는 시기는 하나님이 극적인 방식으로 행동하는 시기이기도 하다고 주장할 수 있다. 나는 나의 몇몇 경험 같은 수준의 기적에 대해 상당히 보수적인 은사중지론이 보이는 반응을 공감할 수 있고 널리 퍼진 몇몇 은사주의의 오용에 대한 반응을 이해할 수 있지만, 나는 그것이 우리가 신약성서에서 발견하는 신학과 가장 부합하는 해법은 아니라고 믿는다. 나는 신약성서와 부합하는 신학은 불연속성보다는 연속성을 좀 더 기대하고 그쪽으로 좀 더 나아가야 한다고 믿는다. 몇몇 온건한 은사중지론의 경우 차이들은 정도상의 차이일 수도 있다.

아무튼 강성 은사중지론자는 본서에 수록된 몇몇 기적 보고들이 전면적인 반초자연주의자가 느끼는 것만큼이나 충격적이라고 생각할 수도 있겠지만, 나는 서구에서조차 온건한 은사중지론이 오늘날 은사중지론의 다수

만, 같은 관점을 지닌 많은 은사비중지론자들은 "은사중지론"은 이 입장에 대한 적절한 명칭이 아니라고 생각할 것으로 믿는다.

279 예컨대 막 4:31-32; 마 13:33//눅 13:21; 롬 8:22; 12:2; 갈 1:4; 딤전 4:1(문맥상); 딤후 3:1(문맥상); 히 1:2; 약 5:3; 벧전 1:20; 벧후 3:3; 유 18; 계 12:5-6. 특히 성령과 관련해서는 다음 구절들을 보라. 행 2:17; 롬 8:23; 고후 1:22; 5:5; 엡 1:13-14; 히 6:4-5. 하나님 나라의 이미/아직 성격에 관한 논의는 예컨대 다음 문헌들을 보라. Stein, *Method and Message*, 60-79; Ladd, *Theology*, 70-80; Witherington, *End*, 51-74; Meier, *Marginal Jew*, 2:10, 289-506; Stanton, "Message and Miracles," 57-61; Thielman, *Theology*, 176(『신약신학』, 기독교문서선교회 역간).

파라고 믿는다. 따라서 나는 이 신학 관점을 확고히 믿는 사람들에게 나를 포함한 은사비중지론자의 관점에 합류해서 (대개 신뢰할 수 있는 목격자들을 통해 지지되는) 현대의 기적 주장들 가운데 근거가 더 확고한 기적 주장들을 성경의 기적 주장의 타당성에 대한 적절한 논거로 인식하도록 초대한다.

4. 이번 장의 결론

급진적인 계몽주의가 유비 원리에 기초해서 그럴듯하지 않다고 배제한 기적을 오늘날 세계의 많은 지역에서는 바로 그 유비 원리에 기초해서 받아들일 수 있다. 전 세계에서 수억 명이 그들이 기적이라고 믿는 것을 경험했거나 목격했다. 극적인 회복을 목격했다는 주장이 다양한 문화에서 나타나는데, 그중에서 그리스도인들은 종종 복음서들과 사도행전에서 발견되는 치유 모델들을 성공적으로 모방한다. 물론 그런 치유들이 모든 경우에 나타나는 것은 아니고 그런 기적적인 치유가 일어나는 것을 예측하기도 상당히 어렵다. 그러나 그런 치유들은 그것을 환영하는 문화와 진영에서 특히 자주 발생하는 것으로 보인다. 급진적인 계몽주의의 반초자연주의는 세계의 대다수 견해와는 동떨어져 있으며, 따라서 이제 그것이 옳다고 전제할 것이 아니라 그 견해에 대해 논증해야 한다.

　나는 이 장에서는 제3세계의 관점을 소개하기만 했다. 나는 이어지는 두 개의 장에서 구체적인 사례들을 제시한다.

8장

아시아에서 보고된 사례

서구의 신학은 언제나 "기적이 가능한가?"라고 묻는다. 물론 이 질문은 계몽주의의 닫힌 우주 문제를 다룬다. 아시아의 대다수 지역에서는 기적이 발생한다고 가정되고 상당히 자주 경험되기 때문에 그것은 문제가 되지 않는다.

융 화[1]

교회사 관점에서 보면 사실 라틴 아메리카, 아프리카, 아시아의 오순절파 기독교는 사도행전에 기록된 원시 기독교를 닮았다. 그 교회들 사이의 유사성은 회중들의 도시적 성격, 축귀, 치유…등이다.

김성근[2]

3자 교회를 포함한 중국의 모든 교회는 몇몇 형태의 치유를 수행한다. 실상은 몇

---

1 Yung, *Quest*, 230. 참조. 15(서구 신학에 나타나는 반초자연주의를 거절한다). 당시 쿠알라룸푸르 소재 말레이시아 신학교 학장이던 그는 (앞 장에서 언급된 바와 같이) 말레이시아 감리교회 감독이 되었다.
2 Kim, "Pentecostalism," 32.

몇 조사 결과에 의하면 새 신자의 90%는 자신의 개종 이유로 치유를 꼽는다. 이 점은 의료 설비가 부적절하거나 존재하지 않는 시골 지역에서 특히 현저하다.

에드먼드 탕[3]

구자라트주와 마하라슈트라주에서는 청각 장애와 언어 장애 및 불치병 치유 같은 가시적인 여러 기적이 발생해서 초기 단계의 사역을 강화했다.

아브라함 포텐[4]

앞장에서 나는 제3세계의 몇몇 관점들을 소개하고 조사했다. 이번 장과 다음 장에서 나는 이런 관점들의 구체적인 몇 가지 사례를 제공한다. 나는 이 장에서 아시아의 사례들을 살펴보고 다음 장에서 (내 아내의 출신지인) 아프리카와 라틴 아메리카를 좀 더 간략하게 살펴볼 것이다. 아시아에 더 많은 지면을 할애하는 이유는 세계 인구의 거의 절반을 차지하고 있는 아시아에서 많은 사례가 제공되고 있으며 아시아에서는 내가 영어로 기록된 자료를 더 많이 입수할 수 있기 때문이다.

세계 여러 지역에서와 마찬가지로 포스트모던 시대에 접어든 서구에서 우리는 흔히 이야기를 통해 추론한다. 이 경우—몇몇 이야기들은 다른 이야기들보다 좀 더 진지하고 설득력이 있기는 하지만—이야기들이 부족하지 않다. 나는 기적적인 치유를 목격했다고 주장하는 사람들 수억 명을 언급했다. 내가 이 두 장에서 제시하는 사례들은 이런 주장들에 관해 입수할 수 있는 사례 중 일부에 지나지 않는다. 관련 분야에서 학자 경력을 시작한 사람이라면 치유 주장들을 수집하면서 여생을 보낼 수도 있다. 나는 참

---

3   Tang, "Healers," 481.
4   Pothen, "Missions," 189.

으로 초자연적 활동에 관한 아래 증언들의 증거로서 가치는 다양하지만, 이 사례들 모두 목격자들이 기적적인 치유를 보았다고 주장할 수 있고 이렇게 주장하는 배후의 경험들이 널리 퍼져 있다는 요점을 보여준다는 점을 다시 언급한다. 물론 우리가 치유되지 않은 사람의 사례를 훨씬 더 많이 제시할 수 있겠지만, 그것은 최소한 본서의 대다수 독자에게는 논쟁의 대상이 아니므로 우리가 그런 사례에 대해 특별히 언급할 필요는 없다.

보고된 기적적인 치유가 결코 모든 교회 성장의 원인은 아니지만, 그것이 아시아의 많은 지역에서 교회 성장의 동력이 되었다는 점이 널리 알려져 있다.[5] 내가 이곳 및 본서의 다른 곳에서 치유와 관련된 교회 성장이나 회심에 대해 언급하는 이유는 그런 사례들을 증언하거나 그런 증인들과 가까운 사람들이 그 사례들을 매우 진지하게 취급하기 때문이다. 이들 중에는 종종 아주 판이한 종교 환경에서 양육된 이들이 있는데, 그런 사람들에게는 개종에 사회적으로 값비싼 대가가 수반되며 때로는 추방이나 박해가 수반될 수도 있다. 하지만 그들은 그 치료들이 자기들이 익숙해 있던 종류의 회복들과는 질적으로나 양적으로 완전히 다르다고 생각한다.

---

5   Yung, "Integrity," 173-75. De Wet, "Signs," 108-23은 (내가 본서에 수록한 표본 외에도) 말레이시아(115), 대한민국(115-17), 중국(117-19) 등 아시아의 사례들을 다룬다. 아시아 기독교에서 보고되는 치유 빈도에 관해서는 Ma, "Encounter," 131, 132, 134-38도 보라. 원천 자료(대체로 De Wet에 수록된 자료)는 다음 문헌들을 보라. Daniel, "Signs and Wonders," 103-7; idem, "Dynamics and Strategy," 105-8; Stock, "People Movements," 288; Musk, "Strategy," 114; Thomas, "Growth," 195; Nelson, "Study," 49-51; Skivington, "Strategy," 126-27; Shinde, "Assemblies," 179(참조. Idem, "Animism," 261-62); Hminga, "Life," 254-55; Cornelius, "Growth," 16-18(인도 남부); Cunville, "Evangelization," 153-59; Zechariah, "Strategy," 273-76; Longkumer, "Study," 29-85; George, "Growth," 30-69; Montgomery, "Fire," 148-81; Spruth, "Mission," 433-34. 좀 더 최근 자료는 Clark, *Impartation*, 166, 172을 보라. 인도네시아의 내러티브(가명을 사용했음)는 Knapstad, "Power," 79-92을 보라.

이런 치료들은 내가 본서의 뒤에서 제시하는 사례에서 다루지 않는 지역들에서도 보고된다. 예컨대 몽골에서는 많은 치유가 그곳의 교회 성장에 기여했다고 알려졌다.[6] 그러나 나는 내가 문서를 더 많이 입수한 지역들에 초점을 맞출 것이다. 나는 필리핀의 자료들을 많이 보유하고 있으므로 그곳의 사례들을 다소 길게 다루고 나서 동남아시아, 남부 아시아(특히 인도), 인도네시아, 대한민국, 태평양 지역의 사례들을 다루고, 이어서 중국의 사례를 길게 살펴볼 것이다. 그 후 나는 오늘날 3자 교회 및 가정 교회 모두에게 존경받는 20세기 초반 중국의 토착 교회 지도자인 송상제(John Sung)에게서 나온 잘 알려진 사례를 살펴볼 것이다.

1. 내 사례의 한계

더 진행하기 전에 (7장에서 언급된 다른 종류의 한계에 관한 언급을 보충하여) 나는 내 연구에 내재된 몇몇 한계들을 또다시 언급하고자 한다. 나는 이번 장과 다음 장에서 지리적 다양성을 제공하기 위해 노력했지만 네 나라의 사례들을 다른 나라의 사례들보다 길게 다뤘고, 그 나라들의 사례에 관해서는 나

---

6   Bush and Pegues, *Move*, 62-63(저자 중 한 명인 Bush는 세계 개신교 및 선교학 분야의 지도자다. 예컨대 Aikman, *Jesus in Beijing*, 194을 보라). 예컨대 중증 폐경색을 앓고 있던 사람이 기도한 뒤 엑스레이를 찍어보니 완치되었는데, 그는 그 뒤 그리스도인이 되었다(Bush and Pegues, *Move*, 63). 참조. Seibert, *Church*, 135-36에 수록된 죽은 사람의 소생. 인도 남부 라자리스트회 사제인 Augustine Mundackatt는 몽골에서 마비증 환자 치유를 목격했다(*McGee*, Miracles, 201). (이 몽골은 본서의 뒤에서 언급한 중국의 자치 지역인 내몽고와 다르다.) 나의 오랜 친구이며 현재 몽골에서 사역하고 있는 John Koehler는 지금은 그런 기적이나 성장이 일어나지 않고 있지만, 몇 년 전에는 그런 기적들이 일어나서 폭발적인 교회 성장을 가져온 것으로 널리 알려졌다고 지적한다(인터뷰, May 22, 2009).

자신이 직접 수행한 인터뷰도 더 많이 수록했다. 그중 두 나라는 아시아 국가인데 한 곳은 세계에서 인구가 가장 많은 나라다. 세 번째 나라는 아프리카에 있는 작은 나라이며 네 번째 나라는 라틴 아메리카에 있는 비교적 작은 나라다. 중국이 큰 나라이고 치유에 관한 중국 기독교의 관점에 관해 출판된 기록들이 많으므로 중국 기독교의 사례들은 자신을 강력하게 드러낸다. 다른 세 나라들은 좀 더 무작위로 선정되었다. 나는 필리핀, 콩고, 쿠바에 가 볼 기회가 있었는데 당시에 브라질과 모잠비크에서도 정보를 수집하고 싶었지만 그 나라들에는 가 볼 수 없었다.

이번 장과 이어지는 장들에 수록된 사례들은 내가 즉시 활용할 수 있는 데이터가 한정되어 있음을 감안할 때 단순히 표본일 뿐이다.[7] 몇몇 사례에서는 기적 주장에 의학적인 평가가 수반되었거나 의사들이 내가 입수할 수 있었던 보고들에 대해 피드백을 제공해주었지만, 나는 내가 발견한 주장들을 의학적으로 평가할 자격이 없다.[8] 나는 인터뷰를 약 100건 실시했고 100명이 넘는 사람들과 개인적으로 서신을 교환했지만 개인적으로 인터뷰한 서면 보고서를 다 다루지는 않았다. 그 문제에 관해서는 내가 입수할 수 있었을지도 모르는 주장들을 포함한 많은 기적적인 치유 주장들의 아주 작은 부분만 조사할 수 있었을 뿐이다. 나는 더 많은 자원과 전문성을 갖추고 있고 이와 관련된 특수한 연구에 관심이 있는 다른 학자들이 좀 더 자세히 연구할

7 　내가 이런 종류의 연구에 대해 많이 훈련받지 못한 것은 말할 나위도 없다. 예를 들어 신약성서 연구에서 우리는 일반적으로 목격자들을 인터뷰하려고 하지 않는다. 유감스럽게도 내가 더 많은 모델이나 데이터를 참고하기 위해 참조했던 신약학자들의 많은 연구가 유용하기는 했지만, 그들이 제공한 자료는 내가 본서에서 제시한 것보다 훨씬 적었다.

8 　의사이자 20세기 초의 신적 치유 옹호자였던 Lilian Yeomans의 의견은 이 대목에서 적실성이 있다. 그는 우리가 그 사람이 참으로 병에 걸렸는지 확신할 수 없는 몇몇 증언들은 "과학적 관점에서는 무가치하다"고 올바로 지적한다(Yeomans, *Healing*, 9).

것이라는 기대하에 이 조사 결과를 제시한다.[9] 즉 나는 많은 목격자가 자기들이 기적을 보았다고 확언한다는 내 주장에 대한 구체적인 사례들을 제시한다. 나는 본서의 뒷부분에 가서야 내가 초자연적 인과 관계에 대한 좀 더 강력한 증거 가치가 있다고 믿는 몇몇 사례들을 가려낼 것이다.

나는 또한 내 사례들이 유감스럽게도 기적들이 보고되고 있는 교회의 전체 범위에 걸쳐 있지 않다는 점도 인정한다. 예컨대 몇몇 국가들에 대한 내 자료는 침례교나 감리교에 치우쳐 있는가 하면 몇몇 시기에 관해서는 성공회 쪽 자료들이 많다. 특히 나는 가톨릭교회나 규모가 큰 몇몇 다른 교파의 사례들도 다수 수록했지만, 그 교파들을—특히 몇몇 대륙과 관련해서—규모에 어울리는 비중으로 다루지는 못했다(11장에서는 가톨릭의 사례들이 더 많이 포함되었을 수 있고 14장에서는 루르드의 자료들에 지면이 많이 할애되었을 수 있다). 나는 동방정교회에서는 자료들을 별로 입수하지 못했다. 이러한 결핍들은 나의 인간관계에서 구할 수 있는 자료의 성격(흔히 내가 가르친 곳과 따라서 내가 가장 쉽게 구할 수 있는 목격자들)을 반영하는데, 나는 내가 그물을 좀 더 넓게 폈더라면 다른 많은 이야기를 구할 수 있었을 것이라는 점을 인정한다. 마찬가지로 나는 나의 지리적 한계 및 언어상의 한계 때문에 많은 기적을 보고하고 있는 몇몇 특정 지역들을 좀 더 넓게 다루지 못한 점을 유감스럽게 생각한다(예컨대 라틴 아메리카의 경우 그 지역에서 제공되는 기적 주장들을 고려할 때 그곳의 사례들이 너무 적게 제시되었다). 몇몇 경우에 나는 그 불균형을 교정하기 위해 좀 더 많은 자료를 구하려고 했지만, 접촉 대상자들

---

9   나는 이후의 장들에서 나의 직접적인 전문 영역이 아닌 분야를 연구하고 있으므로 다음과 같은 학자의 저술에 빚을 졌다. 바이올라 대학교 탈보트 신학교의 기독교 철학자인 J. P. Moreland, 하나님의 성회 신학교의 선교학자 Warren Newberry와 역사학자 Gary McGee, 그리고 다른 접근법으로부터는 치유자들과 치유 운동에 관한 사회적·역사적 연구를 발표하고 있는 인디애나 대학교의 역사가 Candy Gunther Brown.

이 바빠서 내 조사에 도움을 줄 수 없었다. 그러나 나는 이 연구에 인용된 사례들이 본서의 요점을 입증하기에 충분할 것이라고 확신한다.

본서의 일차적인 논지는 목격자들이 기적이 일어났다고 주장한다는 점이기 때문에 나는 그 점에 대해 좀 더 길게 보여주려고 한다. 아래에서 제시하는 많은 사례는 내 두 번째 주장인 몇몇 기적 주장 배후에는 신적 원인이 있을 수도 있다는 점을 강하게 뒷받침하지는 않을 것이다. 나는 본서의 뒷부분에서 그 주장을 입증하기에 좀 더 유용한 사례들을 가려낼 것이다(15장. 우리는 내가 시각 장애인이 치유되고 죽은 사람이 되살아났다는 특수한 주장들을 수집하는 12장도 주목할 수 있을 것이다). 내가 제시하는 많은 이야기는—다른 환경에서는 자연적으로 발생하는 것으로 알려진 회복이 점진적으로 일어나는 경우처럼—특별히 초자연적 설명이 불필요하다. 이와 대조적으로 신자들이 기도하는 중에 죽은 지 두세 시간 지난 사람이 다시 살아나는 것 같은 몇몇 다른 기사들은 초자연적 설명이 없이는 신빙성이 떨어진다. 어떤 사례들은 내게는 다소 말이 되지 않는 것으로 보이지만 나는 그 사례들을 들은 그대로 제시했다. 이 사례들은 모두 목격자들이 그것들을 어떻게 설명하든 간에 자신이 기적적인 치유를 보았다고 주장한다는 점을 보여준다.

몇몇 다른 요소들의 다양성에도 불구하고 내가 인터뷰한 사람들 대다수는 매우 진지했다. 어떤 사람들은 하나님이 자신을 도와준 데 대해 자기가 얼마나 감사하게 생각하는지에 관해 울면서 이야기했다. 내가 조사한 사람 대다수는 자신은 하나님이 주권자이며 모든 경우에 치유가 일어날 것으로 기대하지는 않는다고 답변했다. 아무도 그들의 이야기를 통해 재정적으로 이익을 얻을 기회가 없었는데 그들은 자신의 시간을 희생했으며 많은 개인, 특히 특정한 문화적 상황에 처한 어떤 사람은 이런 사안에 관해 내게 공개적으로 말하는 몇몇 문화적 장벽을 극복해야 했다. 몇몇 치유 사역은 과장할 이기적인 이유가 있을 수도 있는 반면에, 나는 그들에 관해 내게 알려진 보고들만 보유하고 있는 상황에서 실시한 좀 더 무작위적인 목격자들을 대상으로 수행한 인터뷰에 그런 동기가 숨어 있다는 인상을 받지 않았다.

2. 필리핀

필리핀은 풍부한 기적 주장을 제공하는데 나는 이 대목에서 그 표본 하나를 제시한다. 서구 출신의 어느 학자가 필리핀에서 사람들에게 기도하고서 호전된 적이 있느냐고 물어보았는데 "83%가 하나님께서 극적으로 자기 몸을 치유해주신 몇몇 경험이 있다고 응답"하는 것을 보고 깜짝 놀랐다. 치유 보고에 포함된 질병은 "암, 결핵, 궤양, 심장병, 편도선염, 상처, 어깨 탈골 등으로 매우 다양했다."[10]

옥스퍼드 선교 연구 센터의 한국인 선교학자인 마 줄리 박사는 자신이 전에 사역했던 필리핀 루손섬 북부의 오순절파 그리스도인들은 치유를 사

---

10 De Wet, "Signs," 119-21에서 Montgomery, "Fire," 148, 177을 인용한다(이 자료는 Devadason, "Missionary Societies," 188-89에도 인용되었다). 한 사람의 치유만으로도 교회 개척으로 이어졌고 수백 명이 개종했다(Montgomery, "Fire," 177). 필리핀에서 결핵이 치유되었다는 다른 주장들에 관해서는 예컨대 Domingo Pasamonte(필리핀 하나님의 교회 세계 선교협회 감독), Rose Engcoy의 인터뷰 녹취록, Mar. 2, 2005과 Angela Salazar Aragona, Rose Engcoy의 인터뷰 녹취록, Apr. 14, 2002을 보라. Jenkins, *New Faces*, 114은 이웃의 죽어가는 아기를 위해 기도한, 필리핀의 새 신자를 인용한다. 그의 자료에 의하면 그 아기가 치유되었고 다른 사람들도 이를 보고 기도를 부탁해서 대다수가 치유되었다. 약 15년 뒤 이 마을의 모든 주민이 치유하는 하나님을 믿게 되었다.

도행전에 기록된 것처럼 경험한다고 지적한다.[11] 다른 학자들도 치유를 경험했거나 치유에 관해 알게 된 것이 필리핀에서 오순절파 교회 성장의 주요 원인임을 지적한다.[12] 마 박사는 필리핀 북부의 칸카나에이 부족의 대다수 개종자는 "기적적인 치유를 통해 그리스도께 나아왔다"고 보고한다.[13] 그녀는 치유가 필리핀의 은사주의 교회와 오순절 교회 그리고 가정 모임에서 규칙적인 현상이라고 지적한다.[14] 마 박사는 이어서 좀 더 구체적인 여러 사례를 통해 자신의 주장을 입증한다. 그들 중 한 사람은 교회 장로였는데 마 박사는 그가 의학적으로 치료 불가능한 암에 걸렸다고 알고 있었다. 교회 목사가 정기적으로 그를 찾아가 기도했는데 마침내 그가 치유되어서 그를 알고 있던 사람들에게 큰 영향을 끼쳤다.[15] 찬양의 대성당(Cathedral of Praise) 교회 목사는 교회 예배 도중 자기 아내의 양쪽 폐의 결핵이 완치되었다고 말한다. 또 다른 교인은 교회 집회 도중에 악성 갑상선 종양에 걸려 죽어가던 자기 아내가 치유되었다고 말한다.[16] 필리핀에서 치유 집회를 관찰한 동정적인 어느 대중 작가는 그런 모임 중 하나에 참석했던 어떤 의사가 청각 장애인인 자기 환자가 치유된 것을 확인했다고 보고한다.[17] 내 가까운

---

11 Ma, "Manifestations."

12 Maggay, "Issues" 34은 포스퀘어 교단의 "개종자들의 최소 80%"가 그 이유로 개종했다고 지적한다. 복음 전도는 필리핀에서 치유 사역의 주된 목적이다(Suico, "Pentecostalism," 356).

13 Ma, "Encounter," 136. Cole, "Model," 263도 참조하라.

14 Ma, "Encounter," 135-36.

15 Ibid., 135.

16 Ibid., 136. 참조. Idem, *Mission*, 65-66. Idem, *Mission*, 66은 시각 장애가 있고 종종 뇌종양으로 의식을 잃기도 해서 침대에 누워지내는 한 여자아이가 점진적으로 회복되어 처음에는 일어나 걷고 나중에는 시력을 되찾은 사례도 제시한다.

17 Doug Wead in Stewart, *Only Believe*, 146. Don Stewart는 자기가 주관한 집회에서 기적적인 치유를 많이 목격했고 그렇게 치유된 사람들에게 많은 편지를 받았다고 말한다(사적 교신, Aug. 10, 2005).

대학 동창 중 한 명도 자신이 필리핀에서 즉각적이고 명백한 치유를 많이 목격했다고 얘기한다.[18]

마 박사는 1940년대와 1950년대에 독신 여성 선교사인 엘바 반더바우트를 통해 칸카나에이 부족에게 기독교가 전파된 사례를 들려준다(마 박사의 학위 논문은 이 운동의 역사와 관련이 있다).[19] 반더바우트 선교사는 가난한 사람들이 가급적 의학의 도움을 받을 수 있도록 도와주었지만[20] 환자를 위해 기도도 했다. 마 박사는 "척추에 심각한 문제가 있어서 짐승처럼 손과 발로 기어 다니기만 할 수 있었던 노인"의 이야기를 들려준다. 1958년 그 노인의 친구가 그를 반더바우트 선교사의 부흥회에 데려왔다. 예배가 끝나자 그는 "즉각적으로 치유되어 일어서서 걸어 나가" 하나님이 한 일을 증언했다.[21] 많은 사람이 듣지 못하고 말하지 못하는 장애가 치유되었는데, 그 중에는 12년 동안 그 장애를 앓았던 여성도 있었고[22] "젊었을 때부터 양쪽

---

18 Bruce Kinabrew는 내게 자기와 자기 자녀들이 필리핀에서 사람들을 위해 기도할 때—누가 치유되고 누가 치유되지 않을지는 결코 예측할 수 없었지만—걷지 못하거나 보지 못하는 사람이 치유되고 갑상선 종양이 즉각적으로 사라지는 것 같은 기적을 직접 목격했다고 말했다(사적 교신, June 24, 2008; Feb. 10, 2011).

19 Ma, "Encounter," 136-37. 학위 논문은 Ma, "Ministry"다(위에 수록된 증언은 89-90에 등장한다). 그녀는 Vanderbout를 다음 문헌들에서도 언급한다. "Planting," 332; (형식을 바꿔서) "Church Planting," 219-20; "Vanderbout"에서는 능력 대결 맥락에서 길게 다룬다(능력 대결에 관해서는 특히 136을 보라).

20 예컨대 Ma, "Vanderbout," 133. 나는 Elva Vanderbout의 사역의 이 측면에 관해 그녀의 돌봄을 받았던 Sharon Lapisac으로부터도 들었다. Sharon이 1956년 바콘 벵구에트의 산악지대에서 태어났을 때 산모가 출산하다 죽으면 아기를 산모의 시신과 함께 매장하는 민간 전통이 있었다(쌍둥이가 태어나면 덜 건강한 아기도 버려지곤 했다). 한 목사가 관 속에 3일을 누워있던 Sharon을 관에서 꺼내 바기오에 있는 고아원에 보냈다(Sharon Lapisac, 인터뷰, Jan. 31, 2009. 그 고아원에 관해서도 Ma, "Vanderbout," 132-34, 139를 보라. 그 문헌에서는 쌍둥이 아들들의 위험과 그들의 구조에 관해서도 언급된다[134]).

21 Ma, "Encounter," 136-37; idem, *Mission*, 62-63.

22 Ma, "Vanderbout," 130("말하지 못하고 듣지 못하는" 장애가 치유된 수십 명의 사

귀가 들리지 않았는데 즉각적으로 치유된 노인"도 있었다.[23] 기도를 통해 즉각적으로 치유된 또 다른 사례를 들자면 28년 동안 선천적으로 듣지 못하고 말하지 못하던 사람이 즉각적으로 치유되었다.[24] 시각 장애[25]나 결핵[26]이 치유된 사람도 있었고, "바기오시에서 유명한 여성의 갑상선 종양이 치유되었다." 사람들이 기도하자 그 종양이 줄어들었고 다음 날 아침에는 완전히 사라졌다.[27]

다른 자료들은 치유 주장들이 필리핀의 다른 지역 교회 성장에도 공헌했음을 보여준다. 1951년에 마누엘 곤잘레스 목사는 매우 허약했고 임종이 가까운 것으로 보였다. 사람들이 그의 회복을 위해 몇 시간 동안 기도했다. 그는 갑자기 몸을 움직이기 시작하더니 완전히 회복되어 침상에서 벌떡 일어났다. 장례식이 취소되었고 이에 관한 소문이 퍼졌으며 그는 결국 더 유명한 기독교 지도자가 되었다.[28] 1954년에 걷지 못하던 사람이 기도 후 즉시 걸을 수 있게 되었다. 시각 장애인이 치유된 사례는 그의 거주지 및 인근 지역에서 큰 관심을 끌었다. 그리고 다른 치유 보고들이 많은 사람을 교회로 이끌었다.[29]

필리핀 출신 신학생 라이언 호티주엘라는 자신이 자기 삼촌이 말하지도 못하고 걷지도 못하는 아홉 살 여자아이를 위해 기도하는 것을 보았다

람들); idem, *Mission*, 63-64.

23 Ma, "Encounter," 137; idem, "Vanderbout," 132; idem, *Mission*, 64.
24 Ma, "Vanderbout," 130.
25 Ibid.; idem, "Encounter," 137.
26 Ma, "Vanderbout," 130.
27 Ibid.; idem, *Mission*, 64. 다른 많은 치유 요약은 idem, "Vanderbout," 131-32을 보라.
28 Benavidez, "Church of God," 259.
29 Lumahan, "Fact and Figures," 41. 그는 1954년에 "치유 보고들"이 아주 흔했다고 지적한다(19).

고 내게 말했다. 그 신학생은 그들이 기도를 시작하고 나서 몇 분 뒤에 그 아이가 갑자기 "일어나 말하기 시작했다"고 증언했다.[30] 세부시에서 사역하는 서양인 선교사이자 목사인 드와이트 팜키스트는 어느 뇌졸중 환자의 언어와 안면 근육 운동이 기도 후 즉시 회복되거나[31] (일반적으로 이런 일이 일어나리라고 기대되지 않는다), 기도하는 도중에 목 부위의 눈에 보이는 작은 갑상선 종양이 즉각적으로 사라진 것 같은 많은 사례를 내게 들려줬다. 그는 간질병에 걸려 생애의 대부분을 발작으로 고생하고 있던 22살 된 사람을 위해서도 기도했는데, 6년 뒤에 그 사람이 자기가 기도한 날부터 발작으로 고생하지 않았다는 사실을 알게 되었다.[32]

내가 인터뷰한 또 다른 신학생인 민다나오섬 출신의 체스터 앨런 테소로는 2005년에 술탄 쿠다라트주 칼라만시그에 거주하는 목사 친구를 방문하고 있었다.[33] 그는 그곳에서 많은 기적이 일어나고 있었고, 보지 못하는 여성이 가시적으로 치유되고 죽은 아이가 살아나는 것을 직접 보았다고 말했다(나는 이 보고들을 12장에서 좀 더 자세하게 설명한다). 또 다른 경우에, 다른 장소에서 체스터 등이 마을 사람들에게 아이들을 방학 중 성경 학교에 보

---

30 Ryan Hortizuela, 인터뷰, Jan. 24, 2009. 그는 또한 지금은 건강해졌고 매우 행복하게 살고 있는 그 소녀의 사진도 보여주었는데, 그 사진은 자기 삼촌의 사역에 관한 기사에 사진의 표제와 함께 실렸다. 그 소녀는 그 후로도 잘 지내고 있다.

31 의사 Nicole Matthews(사적 교신, April 1, 2009)는 내게 경미한 뇌졸중은 대개 "24시간 안에 해결"되지만 "2, 3일 이상 지속되는 기능 손상은 회복될 가능성이 작다"고 설명해줬다. 진전은 대개 "점진적이며 강도 높은 신체 활동이 필요하다."

32 Dwight Palmquist, 사적 교신, Feb. 2, 2009. 그는 간질에 걸린 사람에 관한 내 후속 질문에 2월 8일에 답장도 보냈다. Dwight는 뇌졸중에 걸린 사람을 위해 기도한 사람이었는데 그 사람은 이제 6개월 만에 처음으로 오른손을 벌릴 수 있게 되었다. Dwight는 자기 동료의 목격자 증언에 기초해서 갑상선 종양 치유를 보고한다.

33 Chester Allan Tesoro, 인터뷰, Jan. 30, 2009. 그는 내가 기록할 수 있도록 그 목사의 이름을 얘기해주었지만, 그로부터 자기 이름을 사용해도 된다는 허락을 받지 못했기 때문에 이 대목에서는 그의 이름을 생략한다.

내 달라고 요청하고 있었는데 한 여성이 30세쯤 된 자기 아들을 위해 기도 해달라고 부탁했다. 체스터는 기꺼이 그러마고 동의했는데, 그 아들에 관한 얘기를 들어보니 이 경우는 이례적인 믿음이 필요한 것으로 보였기 때문에 그는 기도해주겠다고 하지 말았으면 좋았겠다고 생각했다. 그 아들은 몇 달 동안 병에 걸려 큰 고생을 하고 있었다. 그의 가족들은 누워서 지내는 그 아들을 필요할 때마다 욕실로 데려갈 수 있도록 욕실 바로 밖에 두었다. 체스터는 부목사였는데 담임 목사가 그에게 기도를 인도하라고 요청했다. 그는 비록 기도하기는 했지만 그 아들이 죽을까 봐 두려워서 가급적 빨리 자리를 피했다. 하지만 다음 날 그 어머니가 그를 찾아와서 자기 집에 가자고 졸랐다. 그가 그 집에 도착하자 그 어머니는 지붕을 고치고 있는 사람을 가리키며 말했다. "목사님, 저 사람을 알아보시겠어요?" 체스터는 그가 자기가 기도해준 사람의 형제냐고 물었다. 그 어머니는 그가 체스터가 전날 기도해준 자기 아들이라고 말했다. 체스터는 처음에는 그 말을 믿을 수 없어서 그 아들이 누워 있던 방에 가서 확인했다. 치유된 사람은 지붕에서 그를 보고 웃었다. 그 젊은이는 이제 치유되어서 즉시 자기가 하던 일에 복귀했다.[34]

현재 61세인 시골 목사 돔 부스트리아는 자기가 1964년부터 1988년 11월 24일까지 간질에 걸렸었고 종종 1주에 한 번씩 발작을 일으켰다고 말했다. 그는 절망에 빠져서 여러 가지 중독, 특히 알코올 의존증에 빠졌다. 1988년 11월 24일, 그는 디에고 가르시아에 있는 해군 기지에서 열린 그리스도인들의 교제 모임이었던 "파티"에 참석했다가 그리스도를 영접했다. 그날부터 그는 간질 발작을 경험하지 않았고 이전에 중독되어 있던 물질들도 원하지 않게 되었다. 그 일이 20년 넘게 계속되었다. 그는 마을들에서 그

리스도를 전하기 시작했고 마침내 보수가 좋은 직업을 버리고 목사가 되었다.[35] 의학적으로 볼 때 오래된 심각한 간질은 대개 "계속 약물을 사용해도 영구적으로 치료"될 수 없다.[36]

렌 미나는 33세 때 호흡곤란증이 있어서 문으로 걸어가려고만 해도 기절하곤 했었다. 그녀는 선천적인 심장병을 앓고 있다는 것을 알게 되었다. 의사가 수술하지 않으면 1년 안에 죽을 가능성이 높다고 경고해서 남편 윌프레드는 집을 팔아서 수술 비용을 마련하기로 결심했다. 렌은 남편에게 집을 팔지 못하게 하고 자기는 기도만 하겠다고 우겨서 의사가 당황했다. 3개월 동안 4가지 처방약을 계속 복용했지만 호흡이 더 나빠지자 그녀는 약을 먹기를 중단하고 하나님만을 신뢰했다. 병세가 호전되었고 그녀는 지난 20년 동안 약을 필요로 하지 않았다. 자기 아내의 회복을 목격한 남편은 신자가 되었고 현재 성경 학교를 인도하고 있다.[37] 그들은 내게 자기들의 사역과 기도에 대한 응답으로 다른 치유들이 일어난 것을 목격했다고 말했다.[38]

---

35 Dom Bustria, 인터뷰, Jan. 29, 2009. 그는 다른 몇몇 사람들과 마찬가지로 울면서 하나님이 자신의 인생에 무슨 일을 했는지 설명했다.

36 Heron, *Channels*, 132. 이 내용은 131-32에서 다른 사람의 간질이 치유된 사례를 설명한 뒤에 등장한다(14년간 발작을 일으킨 후 치유된 또 다른 장기 환자 사례는 DeGrandis, *Miracles*, 94, 100과 Schiappacasse, *Heals*, 20-21에 수록된 장기 환자 치유를 보라. Ibid., 54-55도 보라. Brooks, *Moments*, 233에 수록된 또 다른 사례도 보라). 이와 대조적으로 May, "Healings," 154은 간질 사례의 약 30%는 "몇 년 뒤 사라지기 마련이다"고 주장한다(아마도 장기간의 환자 사례는 다루지 않았을 것이다). 그러나 개종일에 간질이 사라진 것을 우연으로 돌리는 것은 무리한 해석으로 보인다.

37 Len Mina and Wilfred Mina, 인터뷰, Jan. 24, 2009.

38 Wilfred Mina는 필리핀 북부 루손섬의 시골 지역 전도 사역을 할 때 종종 치유를 목격한다고 말한다. 그들은 말기 유방암으로 죽어가던 여성의 예를 들려줬다. 의사도 그 환자를 포기했는데 그들은 1995년 혹은 1996년에 그녀를 위해 기도했다. 그들이 2008년 그 여성을 다시 보았을 때 그녀는 그들이 기도했을 때 자기가 나았다고 말했다(Len Mina and Wilfred Mina, 인터뷰, Jan. 24, 2009).

산간지역의 가난한 사람들을 대상으로 사역하는 목사인 엘레아노 세비아노는 많은 치유를 경험했지만 내게 그중에서 몇 가지만 얘기해줬다. 그녀는 기도하는 중에 극적인 경험을 한 뒤 자기 몸의 위험할 수도 있는 부위에서 심각한 혹이 즉시 사라졌다고 말했다.[39] 그녀는 또한 우리가 인터뷰를 한 날로부터 1주일도 안 된 최근 경험도 들려줬다. 엘레아노는 방문 전도자와 함께 사역하고 있었는데 그 전도자가 목에 대략 지름 5cm 크기의 혹이 있는 여성을 위해 기도했다. 엘레아노는 전도자가 그 혹을 만지자 그것이 없어지는 것을 목격했다.[40] 다른 때 다른 장소에서 그녀의 지인 두 명이 고압 전선에 감전되었다. 엘레아노 등은 그중 한 명인 남자아이의 치료비를 모금해야 했다. 그러나 다른 사람은 교회 모임에서 즉각적으로 치유되었다. 엘레아노는 내게 그 치유에 관해 말해준 뒤 나더러 그 사람을 만나보고 싶은지 물었고 나는 만나고 싶다고 대답했다.[41]

이틀 뒤 엘레아노는 내게 감전되었던 데이비드 도미농을 소개해줬다.[42] 용접공인 데이비드는 내게 자기 팔과 몸통 부위에 난 무시무시한 흉터들을 보여주었는데 나는 흉터로 미루어 감전이 얼마나 심각했는지 알 수 있었다. 2002년 10월 감전된 후 그는 3도 또는 4도 화상을 입고 40일 동안 입원해 있었는데 의사들은 그에게 3-5년이 지나야 걷기 시작할 수 있을 것이라고 말했다. 더 이상 비용을 댈 여유가 없던 그는 퇴원하여 집에서 휠체

---

39 Eleanor Sebiano(인터뷰, Jan. 24, 2009; 사적 교신, Feb. 8, 2009). 그녀의 언니가 암으로 죽었기 때문에 이 혹은 심각한 걱정거리였다.

40 Eleanor Sebiano, 인터뷰, Jan. 29, 2009(이 혹은 2009년 1월 24일에 없어졌다. 그녀는 방문 전도자가 Ken Krivolavech라고 밝혔다). 그녀는 또한 우리가 인터뷰를 하기 전날 밤(1월 28일)에 어떤 여성의 유방 종양이 치유되었다는 말도 했다.

41 Eleanor Sebiano, 인터뷰, Jan. 29, 2009.

42 David Dominong, 인터뷰, Jan. 31, 2009. 그는 대체로 영어로 얘기했지만 때때로 Eleanor Sebiano가 통역해주었다.

어에 앉아서 지냈다. 그는 절단 수술을 받을 것을 고려했지만 그의 누이가 마을 회관에 있는 복음주의 교회에 참석해보라고 권했다. 이 일은 같은 해 12월에 일어났다. 오후 11시경 몇 사람이 그를 자동차에서 꺼내 설교단 위로 데려갔다. 설교자가 그를 위해 기도한 뒤 그에게 걸으라고 말했다. 데이비드는 그것이 가능할 것이라는 확신이 들지 않았지만, 목발을 짚지 않고 약 20미터쯤 걸은 뒤 자기가 지금 걷고 있다는 것을 깨닫고 깜짝 놀랐다. 그를 알고 있던 사람들이 이 일이 진짜인지 알아보려고 그의 주위에 몰려들었다.

다음 날, 교회에서 치유되지 못한 사람을 포함한 다양한 사람들이 그가 여전히 건강한지 보려고 그의 집에 왔다. 그들은 그가 집 밖을 걷고 있는 것을 보았다. 그는 내게 자기가 아내 및 누이와 더불어 복음을 받아들였고 "하나님이 기적을 행하는 신이라는 사실이 증명되었기 때문에" "그 후 나는 일요일마다 교회에 출석했다"고 말했다. 먼 산간지역에 사는 친척들이 그가 병원에 있을 때 이미 문병을 와서 그의 고통을 보고 슬퍼했었기 때문에 그를 보러 왔다. 그래서 그의 다른 누이 두 명이 개종했다. 그는 여전히 건강하다. 그러나 그는 이제 하나님을 사랑하고 한때 자기를 착취한 원수를 용서했기 때문에 자기 마음이 건강하다는 점도 강조한다.[43]

필리핀 바기오시 소재 아시아 태평양 리서치 센터에 있는 역사 기록물 보관소에 비치된 자료들은 이전 시기의 풍부한 증언을 제공하는데 나는 본서에서 그중 일부를 언급한다. 어느 목격자 자료는 기도하는 중에 갑상선 종양이 즉각적으로 사라진 기적 주장을 열거하는데[44] 나는 이런 경험에 관해 다른 자료를 통해서 듣기도 하고 읽기도 했다.[45] 다양한 치유 사례 중 다

---

43 Ibid.

44 Gervacio Tovera, 인터뷰, July 6, 2001 (Rose Engcoy가 인터뷰했다).

45 예컨대 Ma, *Mission*, 65-66; Stewart, *Only Believe*, 143-44, 153; Bruce Kinabrew,

른 사례를 들자면 바콜로드시에서 듣지 못하고 말하지 못하던 삼 형제 모두가 기도 후 치유되었다.[46] 한 목격자는 암으로 2개월 안에 죽을 것으로 예상되었던 의사가 기도 도중에 즉시 치유되었고 그래서 그 의사가 교회에 합류했다고 주장했다.[47] 의사들이 어떤 아이에 대한 희망을 버리고 그 아이의 부모에게 사제를 부르라고 말했다. 그 사제가 기도한 뒤 아이가 숨을 쉬기 시작하고 음식을 달라고 했다. 그 아이는 자라서 그곳의 중요한 사역자가 되었다.[48] 다른 증인들은 17살 청각 장애인이 말을 할 수 있게 되었다거나 제2차 세계대전 이후 청각을 완전히 상실한 사람이 지금은 모든 것을 들을 수 있고 대화할 수도 있다는 등의 공개적인 청각 장애 치유를 묘사했다.[49] 또 다른 자료는 어떤 노인의 등에 있던 지름과 높이가 3cm쯤 되는 종양이 즉각적으로 줄어들더니 없어졌다고 묘사했다.[50]

3. 동남아시아

동남아시아에서도 치유가 보고된다. 태국의 어느 마을에서 한 아이의 고질병이 즉각적으로 치유된 후 주민 대다수가 그리스도인이 되었다.[51] 라오스

사적 교신, June 24, 2008; Dwight Palmquist, 사적 교신, Feb. 2, 2009.

46 Angela Salazar Aragona, April 14, 2002(그녀가 말한 다른 사례로는 몇몇 마비 환자 치유가 있었다).

47 Paul Klahr, 구술 기록, April 2006.

48 Marcelo Arangote, 구술 기록, April 2003. Roque Cagas, 구술 기록, April 11, 2002에 보고된 급성 맹장염 치유를 참조하라.

49 Sobrepeña, "Miracles," 8, 14. 나는 Aragona(April 14, 2002)에서도 청각 장애인들이 치유되었다고 추측한다.

50 Guevara, "Campaign," 13(그 노인이 울면서 주를 영접했다고 말한다).

51 Bush and Pegues, Move, 63-64. 태국에서 좀 더 이전에 일어난 치유에 관해서는

에서는 한 아이가 치유된 사건을 계기로 마을 사람들 모두 예수를 믿게 되었는데, 외부인이 예수에 관한 가르침을 전해주기도 전에 어떤 주민이 예수가 강력한 "영"이라는 말을 들었다고 한다.[52] 베트남의 교회들은 흔히 표적과 기적을 통해 성장해오고 있다.[53]

싱가포르와 말레이시아의 도시 교회들에서도 치유가 일어난다고 말하는 사람들이 있다.[54] 이런 치유들은 특히 싱가포르의 성공회 교회에서 발생했다. 몇몇 전통적인 성공회 신도들은 부분적으로는 과거에 건강하지 않은 경험을 했기 때문에 1970년대 초 싱가포르에서 은사 운동이 일어났을 때 이를 수상쩍게 바라보았다.[55] 하지만 치유를 포함한 영적 은사가 수반됨에 따라 그 운동은 인기를 얻게 되었다.[56] 싱가포르 최초의 원주민 주교인 치우 반 이트 주교는 1972년 이 운동을 통해 하나님과 극적으로 만났고[57] 예기치 않게 자신이 치유 기도 은사를 받았다는 것을 발견했다.[58] 현재 캔터베리와 요크 대주교들에 대한 복음주의 자문이자 옥스퍼드 대학교 위클리프 홀 수석 연구원인 마이클 그린 신부는 자신이 그곳에서 1973년에 직접

Hosack, "Arrival," 113을 보라.

52 Stearns, *Vision*, 87.

53 Joshua, "Pentecostalism in Vietnam," 307. 좀 더 이전 시기의 자료는 Prather, *Miracles*, 203을 보라.

54 Ma, "Encounter," 137. 참조. 1873년에 (인도네시아 동부) 사라왁주의 켈라비트 부족 가운데서 일어난 부흥에는 치유, 축귀, 방언이 뒤따랐다(idem, "Mission," 31-32).

55 Green, *Asian Tigers*, 5-6. 성공회 신도들만 이 책에 관심이 있는 것은 아니다. 미국에서 이 책을 구하기는 어렵지만, 미국의 어느 장로교 사역자가 내게 이 책에 대해 알려주면서 자기가 갖고 있던 책 한 권을 내게 주었다.

56 Ibid., 6. 싱가포르와 말레이시아에서 일어난 기독교(개신교와 가톨릭 모두) 확산에 관해서는 Martin, "Expansion," 286-87을 보라.

57 Green, *Asian Tigers*, 7-8.

58 Ibid., 8.

목격한 일을 들려준다. 그린은 치우 주교가 기도하자 "논란의 여지가 없는 성격의 물리적 치유(나는 목발을 던져버린 사람과 청력을 회복한 사람이 떠오른다)"가 일어나는 것을 보았다.[59] 치유 예배가 복음 전도에 새롭게 헌신하는 촉매가 되었고, 복음 전도에 표적과 기적들이 수반되었으며,[60] 치유는 교회 생활의 일부로도 계속되었다.[61] 그런 요인들은 결국 동남아시아 지역이 "성공회 공동체 중 가장 빠르게 성장하는 지역 중 하나"가 되는 데 기여했다.[62]

주민들이 대체로 이슬람 교도 신도들인 말레이시아 서부 성공회 교회의 인도 출신 주교인 존 사바리무투는 빡빡한 사역 일정 때문에 의학적으로 필요한 삼중 혈관 우회 심장 수술을 미뤘다. 그러나 그의 상태가 나빠지자 마침내 수술 일정이 잡혔다. 수술 예정일 전날 밤에 그는 자신의 상태를 하나님께 맡겼는데 갑자기 가슴에서 열기를 느꼈다. 다음 날 검사를 통해 그가 치유된 것이 확인되었고 그가 이 경험을 한 후 그의 기도를 통해 다른 많은 사람이 치유되었다. 그는 심지어 정부의 허가를 받아 쿠알라룸푸르에 있는 운동장에서 치유 집회를 열기도 했다.[63]

비기독교적인 배경에서 성공회로 개종한 안소체는 가족의 극심한 반대에 직면했다. 그러나 그의 누이가 죽어가고 있었는데 병원이나 절은 그녀에게 도움을 줄 수 없었다. 그의 가족은 결국 그리스도인들이 도와줄 수

---

59 Ibid. 훗날 Chiu 주교는 자기 집에서 Michael Green이 방언의 은사를 받기를 기도했는데 한밤에 그 일이 일어났다. 그래서 그 의미에서 Green 자신의 "은사 체험"이 시작되었다.

60 Ibid., 9은 그 예배들에 참석했던 관찰자인 Canon James Wong을 인용한다(Wong, *Singapore*에서 인용한 듯 하다).

61 Ibid., 56, 90, 104, 110.

62 Ibid., 1. Chiu 주교는 현지의 은사 운동을 성경적인 한계 안으로 유지하려고 했고 환자 치유를 긍정한 램버스 회의의 결의도 환영했다(11).

63 Ibid., 97-98. Green은 기도를 받은 몇 사람이 치유되었다고 증언한 것을 포함해서 자신이 이 주교의 사역을 직접 목격한 개인적인 관찰 내용을 덧붙인다.

있느냐고 물었다. 그들은 열심히 기도했고 그 가족이 보는 앞에서 "기적적
이고, 완전하고, 즉각적인 치유가 일어났으며" 그 가족은 즉시 그리스도인
이 되었다. 싱가포르 성공회 교회는 안소체와 그의 아내를 남아프리카에
선교사로 파송했는데 그들은 다반에서 성공적으로 인종 화합과 사회 화합
사역을 수행했다. 그는 현재 런던에 있는 성공회 교회 선교 협회 아시아 담
당 이사다.[64]

　　미얀마의 어느 연구자는 보고자가 직접 겪은 수많은 기적 보고(기적들
이 교회 성장에 기여했다)를 수집했다.[65] 여기에는 여러 종류의 치유 보고(암, 편
도선염, 시각 장애와 청각 장애 포함)[66] 및 많은 공격자를 개종으로 이끈 기적적
인 보호[67]가 포함되었다(본서의 주제는 아니지만 이례적인 보호는 다른 지역에서도
많이 보고된다[68]). 죽을 뻔했던 마을의 제사장 한 명이 치유되고 나서 개종했

64　Ibid., 100은 Soh Chye Ann이 그의 개인적인 친구라고 말한다.

65　Khai, "Pentecostalism," 268-70. 좀 더 이전 시기의 치유 요약은 다음 문헌들을 보
　　라. Idem, *Cross*, 93-94, 136, 148; Kham, "Story," 220. 미얀마의 오순절파에 관한
　　좀 더 일반적인 내용은 Khai의 논문 "Overview"를 보라. Idem, "Legacy"도 참조하
　　라.

66　Idem, "Pentecostalism," 268.

67　Ibid., 269. 신적 보호에 관해서는 idem, *Cross*, 143도 보라.

68　이런 보고에는 예컨대 다음 문헌들이 포함된다. Numbere, *Vision*, 83(운전사가 설
　　교자를 치려고 하자 자동차 시동이 꺼짐), 97(공이를 당긴 총이 발사되지 않음),
　　111(많은 개미 떼가 다른 것들은 다 덮쳤으면서도 전도자들의 매트 아래에 굴
　　을 파서 그들의 목숨을 살려줌), 225(작은 배 한 척이 기적적으로 갑자기 앞으로
　　나아가 다가오는 큰 배를 피하게 해 줌), 328-30(길에서), 345-46(화재); Ising,
　　Blumhardt, 266(무장한 공격자들 가운데서); Anderson, *Pelendo*, 78-79(Pelendo
　　에게 총을 쏘려 했으나 최소 두 자루의 총이 발사되지 않음); Ran, "Experiences,"
　　4-6(다양한 경험); Eshleman, *Jesus*, 113(미얀마에서 버스가 절벽에서 떨어졌는데
　　계속 굴러서 사역 팀이 다치지 않음), 114(태국의 강도들), 151(다른 악의); Otis,
　　Giants, 245(교도관으로부터 그의 손가락을 전기가 들어오는 소켓에 집어넣으라
　　는 지시를 받은 에티오피아의 전도자가 예수의 이름을 외치고 손가락을 넣었는
　　데 즉시 그 지역 전체가 정전됨); Ten Boom, *Hiding Place*, 66-67, 110-12, 154,
　　191-92; idem, *Tramp*, 15-16, 19, 21; Kure, "Light," 177, 184; Taylor, *Secret*, 142;

다.[69] 20년 동안 마비되었던 한 여성이 극적으로 치유되었다.[70] 랑도쿱이라는 어느 침례교 신자는 마을의 제사장이 그리스도인들은 전통적인 영들에 비해 치료 능력이 없다는 도전을 받고 치유 은사를 위해 기도하기 시작했다. 그가 다리를 저는 소녀를 위해 기도했는데 소용이 없었다. 하지만 그는 귀가했을 때 돌아가서 다시 기도해야겠다는 생각이 들었다. 그가 그렇게 하자 그 소녀는 "일어나 아무런 도움 없이 걸었다."[71] 그런 보고들이 20세기에 이 지역에서만 시작된 것이 아니다. 19세기에 어떤 카렌 부족 신자가 걸어본 적이 없었고 죽어가던 15세 가량의 아들이 기도 후 치유되어 걸었다고 보고했다. 그는 앞 세대에 선교사가 기도할 때 치유가 일어나는 것을 종종 보았기 때문에 기도할 확신이 있었다고 말했다.[72]

나는 미얀마 출신의 침례교 신자인 나의 학생 탕 숨에게 미얀마에서

Crandall, *Raising*, 28-29(광산), 42-43(돌로 침); Bredesen, *Miracle*, 65-70, 75-77; Huyssen, *Saw*, 55, 100-1(추락 직전의 비행기); Kent and Fotherby, *Frontier*, 59-63(명백히 기적적으로 생존한 군인, 지금은 심리학자이자 사역자가 되었음); Koch, *Revival*, 146(인도네시아에서 군인들로부터 보호됨); idem, *Zulus*, 263-70; Carothers, *Prison*, 63-67(전쟁에서); Finlay, "Miracles," 449(제1차 세계대전 중 가톨릭 군목의 주장); Marszalek, *Miracles*, 12-13(유리 폭발 사고에서), 36-38(길에서), 239(케냐에서 일어난 사고); Alamino, *Footsteps*, 44(두 손이 나타나 자동차 충돌을 막음); Filadelfia Bible College, India, 우편, Oct. 18, 2009; 좀 더 이전 시기에도 그런 일이 종종 있었다(예컨대 Goforth, *Goforth*, 140-42, 157-58, 207에 수록된 사례들). 물론 그렇게 보호받아서 살아난 사람만 그러한 보호를 보고하지만, 일부 사례들(그곳에서 정전이 흔하기는 했지만, 그 지역 전체에 발생한 정전 같은 사례)은 그럼에도 불구하고 이례적으로 보인다. 노예 300명을 해방하기 위해 많은 야간 여행을 인도했고 남부군 영토에서 북부군 정찰대를 이끄는 동안 한 명도 잃지 않았던 Harriet Tubman의 "Moses of her people" 이야기는 특히 주목할 만하다 (예컨대 Sterling, Sisters, 259-60을 보라. 참조. 민 31:49).

69 Khai, "Pentecostalism," 269.
70 Ibid., 270(수앙피 마을의 Khup Dim). 장기간의 마비는 일반적으로 돌이킬 수 없다(의사 Nicole Matthews, 사적 교신, April 1, 2009).
71 Khai, "Pentecostalism," 270.
72 Gordon, "Ministry of Healing," 198-99.

치유 사례를 직접 본 적이 있느냐고 물었다. 그는 내게 자기 형제의 회복에 관해 간략히 설명한 후 추가 정보 몇 가지를 제공해 주었다.[73] 그리고 자기 형제 수안 시안 퉁 능과 전화 통화를 할 수 있도록 주선해주었다.[74] 칼라이묘 마을에서 태어난 지 약 두 달 뒤부터 능은 계속 섭씨 38도에서 41도의 고열에 시달렸다. 의사들은 그를 치료하기 위해 최선을 다했으나 결국 아기 엄마에게 주저하면서 아이를 하나님께 맡기라고 권했다. 아마도 수도에 있는 가장 큰 병원이라면 그에게 도움이 되었을 수도 있었겠지만 그 가족에게는 그럴 돈이 없었고 능은 먹지 못해서 그 여행을 견뎌내기에는 너무도 약했다. 당시에 그가 살던 곳의 의사들에게는 적절한 약이 없었고 열의 원인이 무엇인지조차 확신할 수 없었다. 능은 계속 토했고 다른 사람들 역시 기적이 일어나지 않는다면 능이 죽을 것이라고 인정했다. 하지만 능의 엄마는 포기하지 않았다.

미얀마에서는 장례식이 가족의 의무여서 그 가족은 능의 외삼촌 장례식에 참석하기 위해 테딤에 가야 했다. 장례식에 가지 않는다면 사실상 능의 외가와 연이 끊어질 터였다. 그들이 할 수 있는 것은 기도뿐이었다. 그들이 산을 오르기 시작했을 때 능은 갑자기 울기를 멈추고 웃었고 그들이 테딤에서 일주일을 지내는 동안 줄곧 그의 체온이 정상을 유지했다. 이것이 그의 예기치 않은 회복의 시작이었고 모든 가족은 그들을 도와주신 하나님을 찬양했다. 그의 외할아버지는 하나님을 찬양하기 위해 능의 이름에 "시안"을 덧붙였다. 능은 현재 약 29세이며 샘포드 대학교에서 음악 학위를 받았다.

---

73 Thang Sum, 사적 교신, Sept. 5과 11, 2009, 그리고 그를 통해 양곤 미얀마 신학 연구소 소장인 의사 Simon P. K. En 목사에게 보낸 내 질의에 대한 서면 답변. 그는 본서에 수록된 여러 건에 관한 세부 사항을 제공해줬다.

74 전화 인터뷰, Sept. 9, 2009.

나의 학생이었던 사람 중 한 명인 존 코프는 침례교 교회와 메노파 교회의 후원을 받아 그의 아내 데비와 함께 캄보디아에서 사역하고 있다. 그는 자기가 많은 기적 보고들을 전해줄 수도 있지만 그들이 알게 된 최근 사례들만 선정했다고 말한다. 마을 사람들은 어느 50대 과부가 제 정신이 아니라고 생각했다. 그 과부는 몸을 떨고, 때때로 자기 어머니를 알아보지 못하고, 땅바닥에 누워 있곤 했다. 그녀에게는 청각 장애도 있었다. 하지만 마을의 어떤 그리스도인들이 그녀를 그리스도께 인도했는데 자기 죄를 고백하고 있을 때 그녀는 "자기 귀에서 뭔가가 빠져나가는 것처럼 느꼈고 그 순간부터 정상적으로 들을 수 있었다"고 말했다. 존과 데비는 이 사건이 있기 전에는 그 과부를 알지 못했지만 그녀의 마을 사람들과 인근 마을 사람들은 그녀가 청각 장애자였다고 확인해 주었다. 데비는 그녀와 대화하고 나서 그녀가 이제 더 이상 청각 장애자가 아니라고 확인했다. 그녀는 또한 다른 증상의 흔적도 없다는 것을 발견했다.[75]

4. 남부 아시아

치유는 인도, 스리랑카, 네팔에서 기독교 성장에 중요한 요인이었다.

---

75 John Coats, 사적 교신, Oct. 23, 2009; 후속 서신, Oct. 24, 25. 그는 좀 더 직접적으로 경험한 다른 기적 사례들도 알고 있지만 그 기적들은 이 건보다 덜 극적이었다 (Nov. 6, 2009).

(1) 인도

인도의 대중문화는 현대 서구 학계의 문화와는 달리 질병에 대한 초자연적 도움과 영들을 추구한다.[76] 따라서 제보자들은 종종 인도에서 그리스도에 대한 믿음을 통한 치유가 일어났고[77] 이를 계기로 개종자가 많이 나왔고[78] 많은 교회가 설립되었다[79]고 보고한다. 그런 현상을 연구하는 두 명의 종교 사회학자는 "인도에서는 특히 우리가 인터뷰한 그리스도인들 사이에서 치유가 흔한 것으로 여겨진다"는 것을 발견했다.[80] 1981년 연구에서 첸나이 (당시에는 마드라스였다)의 비그리스도인 중 1/10은 "예수에게 기도함으로써 중요한 치유를 경험"했으며 그런 치유를 아는 사람은 그 배가 넘었다.[81] 10년쯤 전에 내가 재직하던 학교의 박사 과정 학생이었던 텔레구 침례 교회

---

76 Hiebert, "Excluded Middle," 36-39. 따라서 자신이 자기 민족의 최고 신으로부터 위임을 받았고(Singh, "Prophet," 107) 기독교에서 다소 영향을 받았다(114)고 믿은 Sardar Birsa 같은 치유자들이 등장했다(Dube, "Formations," 77; Singh, "Prophet," 108).

77 예컨대 Yohannan, *Revolution*, 21을 보라. 인도 북부보다 더 큰 교회가 있는 인도 남부 그리스도인의 상당한 비율은 오순절파다(Bergunder, "Healing," 103은 타밀나두주에 초점을 맞추는데 그곳의 오순절파 비율은 최소 20%로 추정된다. Idem, "Miracle Healing," 287도 보라. 다른 이들은 Bergunder의 연구를 칭찬한다. 예컨대 Frykenberg, *Christianity in India*, 466-67을 보라). 이런 성지 중 몇 곳은 교회 당국에서 논란이 되고 있기는 하지만, 성지들에서 사망한 시리아 정교회 성인 (Dempsey, "Lessons," 154-60)과 로마 가톨릭 신자(167-73)가 살아났다는 주장도 주목하라.

78 Bergunder, *Movement*, 163-65. 이런 예들이 풍부하다(예컨대 Braun, *Way*, 249).

79 Bergunder, "Healing," 109-11. 참조. Devadason, "Band," 111에 수록된 고려 사항.

80 Miller and Yamamori, *Pentecostalism*, 152. 치유와 축귀를 강조하는 교회들이 인도 남부의 기독교 인구의 "큰 부분"을 차지한다(Martin, "Expansion," 288).

81 Bergunder, *Movement*, 233. 많은 비그리스도인이 치유만을 위해 교회에 오며, 치유되고 나면 교회에 나오지 않지만(idem, "Miracle Healing," 298. 참조. 요 6:26), 사회적 장애에도 불구하고 상당히 많은 사람이 개종한다.

의 수포구 이스라엘 목사는 자신이 기도해줬던 인도 북부의 거의 모든 사람이 치유되었다고 말했다. 그가 우리 신학교에 들어오기 전에 그의 교회는 이런 치유를 통해 겨우 1년 남짓한 기간에 6명에서 약 600명으로 성장했다.[82] 치유와 축귀는 그곳의 주민들이 오순절 교회에 매력을 느끼는 주된 이유이며,[83] 통계 수치는 인도 남부에서 오순절파로 새로 개종하는 사람의 대다수는 치유나 축귀에 대한 반응으로 교회에 나왔음을 보여준다.[84] 보고된 치유들은 대개 간략한 기도의 결과로 발생하는데 그런 기도는 흔히 "예수의 이름으로 치유될지어다!"처럼 간단할 수도 있다.[85] 교인이 한 명도 없는 교회의 새 목사가 의사들도 포기한, 암에 걸린 여성을 위해 기도했는데 "그녀가 회복되기 시작한 며칠 안에" 사람들이 그의 교회에 출석하기 시작했고 그 교회는 성공적으로 성장했다.[86] 교인이 없는 교회의 또 다른 새 목사는 방문한 사람에게 안수기도하고 싶다는 느낌을 받았다. 그 사람은 아무 말 없이 떠났다. 그러나 그는 열기를 느꼈고 4년 넘게 자기를 무력하게 했던 신경 쇠약이 치유된 것을 발견했다. 다음 날 의사가 그에게 일해도 된다고 말해주었다. 그리고 다음 일요일에 그 교회에 35명이 출석했고 그 교

---

82 Keener, *Gift*, 61에서 간략하게 언급되었다. 그와 나눈 대화, Nov. 2, 1997; 또한 (내가 그의 몇몇 보고를 읽은 후) 추가 대화, May 6, 1998년 및 몇 번의 추가 대화.

83 Bergunder, *Movement*, 146-47; idem, "Miracle Healing," 297. 인도의 오순절 교회에 대한 좀 더 일반적인 정보는 Burgess, "Pentecostalism in India"를 보라(94-95에 가톨릭 은사주의에 관한 논의가 포함되어 있다). 필사적인 사람들은 도움이 될 수 있는 것이라면 무엇이든 건강해지기 위해 여러 방법을 시도한다(Bergunder, *Movement*, 162). 어떤 사람들은 오로지 치유만을 위해 교회에 왔다가 결과가 없으면 떠나간다(165).

84 Bergunder, *Movement*, 232-33.

85 Idem, "Healing," 103. 치유를 위한 기도가 간단하다는 점에 관해서는 Bergunder, "Miracle Healing," 292을 보라.

86 Bergunder, "Miracle Healing," 297-98.

회는 궁극적으로 첸나이에서 유명한 교회가 되었다.[87]

그러나 치유가 오순절파에게 한정된 것은 아니다. 예컨대 어떤 장로교 치유 집회들은 수백 건의 치유와 수천 명의 개종으로 이어졌다.[88] 타밀나두 주 인도 복음주의 교회는 16년 만에 몇백 명에서 15,000명으로 성장했는데, 그 성장은 부분적으로는 직접적인 치유나 축귀 경험을 통해 주도되었다.[89] 종일 진행되는 가톨릭 은사 치유 집회들에는 많은 비그리스도인을 포함하여 5,000-10,000명이 참석하는데, 어느 추정에 의하면 그중 60%는 치유에 대한 필요로 집회에 참석한다.[90]

나는 치유 주장 중 몇 가지 구체적인 사례만 제공한다. 니시이 부족 가운데서 일어난 교회 성장은 중요한 관리의 아들이 죽었을 때 시작되었다고 한다. 약이나 제사가 소용이 없었는데 어떤 약사가 기독교의 신인 예수께 기도해 보라고 제안했다. 그 관리는 아들의 머리에 손을 얹고 이 기독교의 신이 자기 아들을 고쳐주면 그 신을 예배하겠다고 약속했다. 그 아들이 눈을 떴고 회복되었으며, 이 지역에서 수백 명이 개종했다.[91] 라크쉬미라는 여

---

87 Ibid., 298.

88 McGavran, "Healing," 72-73.

89 Ibid., 74-75. 74에서는 1983년에 그들이 매주 새로운 교회를 세울 것으로 예상한다고 언급한다.

90 Csordas, "Global Perspective," 334.

91 De Wet, "Signs," 110-11. 그는 Cunville, "Evangelization," 156-57을 따른다. 변칙적이기는커녕 대중 운동이 종종 기독교 확산을 특징짓는다(Neill, *History of Missions*, 31, 235, 257, 364, 405, 446, 479-81; Kraft, *Christianity in Culture*, 365, 371; Hanciles, *Beyond Christendom*, 87-89; Noll, *Shape*, 34-35. 사례에 관해서는 예컨대 다음 문헌들을 보라. Khai, *Cross*, 130-31; Devadason, "Missionary Societies," 224-30[특히 228. 참조. 22-23]; Wiyono, "Timor Revival," 276. 나가 족 가운데서는 Philip, "Growth," 162-64과 Longkumer, "Study"를 참조하라. 카렌 족 가운데서는 Say, "History"를 참조하라. 급속히 성장하는 몇몇 다른 교파에 관해서는 예컨대 Hesselgrave, *Movements*를 참조하라).

성의 아들이 간염으로 죽어가고 있을 때 그는 아들을 그리스도인 여성에게
데려갔고 그 여성이 기도하자 아이가 치유되었다. 그리고 라크쉬미는 그리
스도인이 되었다.[92] (나는 이 외에도 아시아에서 일어난 간염 치유 보고를 많이 접했
다.[93]) 인도 북부에서 그 마을을 방문한 어떤 그리스도인들이 그날 밤을 넘
기지 못하리라고 예상되던 아기를 위해 기도했다. 그들이 다음 날 아침에
확인해보니 그 아기는 완전히 회복되어 있었다.[94] 죽음이 임박했던 한 소년
은 기도 후 며칠에 걸쳐 차츰 회복되었다.[95] 죽어가던 여성이 완전히 치유된
뒤 가족 전체가 그리스도를 따르기로 결심했다.[96] 탈장이나 심장협착증 치
유를 보고하는 사람들도 있다.[97] 인도 남부에서 1950년대에 전에 힌두교 신
자였다가 그리스도인이 된 세샤라트남이라는 여성의 전도 치유 사역을 통
해 많은 사람이 치유되었다. 고등 교육을 받은 어느 목격자는 세샤라트남
이 자신의 마을에 왔을 때 그녀가 말을 잘하지는 않았지만, 그녀의 치유 사
역은 매우 효과적이었음을 발견했다. "사람들이 수천 명씩 왔기 때문에 그
녀는 밤새 환자들과 귀신 들린 자들에게 안수하고 그들을 위해 기도하곤

---

92 Bush and Pegues, *Move*, 53.
93 Wesley, *Stories*, 5-7에 수록된 Huang의 사례 외에 다른 사례들도 있다. Eveline
    Susanto Lewis는 검사 결과 B형 간염 항원이 사라질 정도로 철저히 치유된 친구에
    대해 얘기해줬다(인터뷰, Jan. 23, 2009). 필리핀의 Chester Allan Tesoro는 자신이
    심각한 간염에서 치유되었다고 말했다(인터뷰, Jan. 30, 2009). 몇 달 동안 그의 피
    부는 누런색이었고, 그의 소변은 붉은색이었으며, 그는 아파서 잠을 설쳤다. 어느
    날 밤 그는 그리스도께 굴복하고 기도를 받았다. 다음 날, 그는 약이 효과가 있는지
    검사하러 갔는데 그의 혈액에서 간염의 흔적이 전혀 발견되지 않았다. 조사관은
    "정말 간염에 걸렸었나요?"라고 물었다.
94 Bush and Pegues, *Move*, 55-56. 그들은 인도의 어떤 전도자가 칼에 찔렸는데 "예
    수가 그를 치유해주었기 때문에" 병원에 가지 않을 수 있었다는 보고를 전해 준다
    (60).
95 Ibid., 47-49(비록 점진적이기는 했지만 그 치유에 대한 목격담은 잘 기록되었다).
96 Yohannan, *Revolution*, 122.
97 Bergunder, *Movement*, 152(각각 1964년과 1968년에 발생한 사례다).

했다. 많은 이들이 치유되었다."[98] 좀 더 최근에는 케랄라주 출신의 토머스 매튜스(지금은 고인이 되었음)와 그의 필라델피아 협회 동료들이 치유 및 기타 표적들을 통해 인도 북부의 라자스탄주에서 상당한 교회 성장을 이룩했다.[99] 마찬가지로 인도 북부의 한 사역자는 복음을 가르친 뒤 많은 사람이 개종하기 시작했고 설교에 치유가 수반되기 시작했다고 말한다.[100] 또 다른 사역자는 자신과 그의 동료들이 복음을 전할 때 치유가 정규적으로 일어난다고 내게 알려줬다.[101] 첸나이에서 다른 치유들로 인해 개종한 사람이 많다고 한다.[102] 65명이 모이는 어느 교회에서는 거의 2/3가 치유를 통해 개종했

---

98 Devadason, "Missionary Societies," 189. 그 일이 일어난 것을 직접 목격한 그는 "귀신들이 쫓겨났다. 자기가 힌두의 신이라고 고백한 귀신들조차 예수의 이름으로 쫓겨났다"고 말한다. De Wet, "Signs," 89도 Devadason의 보고를 언급한다. Devadason, "Missionary Societies," 190은 치유와 관련된 또 다른 힌두교 출신 개종자를 인용하는데 그의 신학적 방향에 관해 다소 우려를 표명한다.

99 예컨대 Thollander, *Mathews*, 84, 87-90을 보라. 그리고 3, 125, 128-30에 수록된 다른 표적들을 참조하라. 라자스탄 이외의 지역에 관해서는 Pothen, "Missions," 189-90과 그 협회의 정기 간행물인 *Cross and Crown*에 수록된 예컨대 다음과 같은 공개 치유에 관한 증언을 보라. 36(2, July 2007): 6, 21; 37(5, May 2008): 9. 참조. 37(1, Sep. 2007): 4, 19; Finny Philip, 나에게 보내준 필라델피아 성경 연구소를 위한 회람 서신, June 19, 2009. 이 부흥 운동은 한때는 2년 만에 30배 성장했다(Pothen, "Missions," 187). 다른 곳에서도 급속한 성장이 이루어졌다(Keener, "Plausibility"에 수록된 예들을 주목하라). 나는 인도의 신약성서 학자인 Thomas Mathews의 사위인 Finny Philip을 개인적으로 아는데, 그는 Thollander의 책의 진정성을 확언한다(사적 교신, Aug. 14, 2008).

100 Francis, "Conflict," 157(저자의 사역을 설명하며, 158에서 하나의 예를 제공한다).

101 Vasanth Edward(예컨대 2006년 2월에서 3월 초까지의 사역 기간 동안; 2007년 이 기간 동안 또다시; 그리고 2007년 4월에 또다시, 시각 장애 및 장애 치유 포함). 나는 역시 신약성서 교수인 그의 미국인 처남(Jeff Hubing 박사)을 통해 그를 알게 되었다. 내가 만난 사람들의 사례는 많은 기적 주장 중 일부의 표본에 지나지 않는다.

102 Sargunam, "Churches," 194. De Wet에 인용되었고 Devadason, "Missionary Societies," 189에도 인용되었다.

다고 한다.[103] 오늘날 학자들은 때때로 어떤 초교파적 복음 전도 자료도 "예수 영화"만큼 번창하지는 않았다고 지적한다.[104] 이 영화는 인도의 40만 개 마을에서 51개 언어로 상영되었다고 한다.[105] "예수 영화" 사역자들은 종종 기적을 보고한다. 예컨대 한 엄마가 딸이 며칠째 이질을 앓고 있어서 영화를 보러 올 수 없다고 하자 그 사역자가 그녀의 딸을 위해 기도했다. 그 아이는 즉각적으로 치유되었고 그날 밤 그 엄마의 친구와 친척 30명이 영화를 보러 따라왔는데 그중 대다수는 신자가 되었다.[106]

내가 그 주장의 장기적인 상태를 확인할 수는 없었지만, 재미있는 제보자 한 명은 인도에서 청각 장애가 부분적으로 치유되었다고 주장한다. 그 제보자는 제니퍼가 태어날 때부터 양쪽 귀 모두 감각신경을 완전히 상실한 완전한 청각 장애인이었다고 말한다. 제니퍼는 (검사한 최고 강도인) 130dB조차도 들을 수 없었다. 그녀는 보조 장치를 사용하면 약간 들을 수 있었다. 하지만 2002년에 그녀의 어머니는 자기 딸이 다가오는 집회에서 치유되기를 날마다 기도했는데, 넷째 날 그녀는 다섯 살 때 생애 최초로 갑자기 들을 수 있게 되었다. 청력 검사를 해보니 제니퍼는 50에서 70dB을 들을 수 있었는데 이는 중도에서 중고도 청각 손상에 해당했지만, 전혀 듣지 못했던 원래 상태에 비하면 놀라운 변화였다. 그 기도를 드린 날 밤이 제니퍼가 최초로 보조 장치 없이 조금이라도 들을 수 있었던 날이었다.[107]

---

103 Devadason, "Missionary Societies," 189.
104 Noll, Shape, 86. 이 영화의 스폰서들은 거의 60억 명이 이 영화를 보았다고 주장하는데(87), 나는 이 수치는 여러 번 본 사람을 중복하여 계산한 것이라고 생각한다.
105 Ibid., 87.
106 Eshleman, Jesus, 128-29.
107 WCDN 웹사이트에서 채용한 사례 연구. 청력 검사 결과, 의사(Oct. 15, 2002)와 그의 부모 등의 확인서 포함(http://www.wcdn.org/wcdn_eng/case/case_content.asp-id=23&page=4; May 6, 2009 접속). 순회 전도자 외에 제니퍼의 엄마 등이 기도하고 있었는데, 그 전도자는 아시아의 여러 곳에서 논란의 대상이다. 그녀의 부

19세기와 20세기 초에도 인도 토착 교회의 부흥 운동에서 초자연적 현상 주장이 보고된다(이 운동들은 초자연적 주장에 좀 더 회의적인 서양 선교사들의 통제에 종종 도전했다[108]). 예컨대 서구의 전통적인 그리스도인들은 1950년대 인도의 전통적인 그리스도인들의 부흥에서 나타난 환상이나 환자들을 위한 기도 같은 일련의 현상들에 놀라움을 표시했다.[109] 이처럼 인도에서 치유와 축귀를 강조하는 것은 토착적인 현상인데, 이는 때때로 많은 서양인 선교사들의 계몽주의 관점과는 달리 인도의 맥락에서 성경을 읽음으로써 발생한다.[110]

그런 현상은 20세기 초 판디타 라마바이와 관련된 부흥에서도 재부상했는데 그녀는 종종 인도에서 여성의 권리 옹호자로 더 많이 기억된다.[111]

모에게 확인을 요청한 나의 편지(May 15, 2009)는 답장을 받지 못했지만, 답장을 받지 못한 데는 언어 및 기타 요인들이 관련되었을 수도 있다.

108 McGee, "Revivals in India"(특히 1860년 무렵, 1881년 및 1905-7년); idem, *Miracles*, 35-36; Satyavrata, "Perspectives," 205(1860년); Ma, "Mission," 24. 훗날 Sadhu Sundar Singh은 너무 물질주의적인 서구의 영적 감각을 생생하게 유지하게 하는 연결 관계를 위해 서양에서 인도에 선교사를 파송하는 것의 가치를 인정했다 (Appasamy, *Sundar Singh*, 157-58).

109 McGee, "Radical Strategy," 72(Lang, *History*와 Dibb, "Revival"을 언급한다). McGee, "Regions Beyond," 83-84과 idem, "Radical Strategy," 72(예언 및 방언도 언급한다)도 보라. 1860년에 일어난 타밀족 토착 그리스도인들에게서 일어난 부흥에 관해서는 Satyavrata, "Perspectives," 205을 보라.

110 Bergunder, *Movement*, 125-26(특히 귀신들과 관련된 문제들을 언급한다).

111 예컨대 Burgess, "Pandita Ramabai," 194-95. Ramabai와 오순절파 간의 관계는 "Life of Ramabai"(특히 16)와 Jones, "Fire," 212-14을 보라. 아주사 스트리트의 사람들은 인도에서 발생한 현상을 보고했다(*Apostolic Faith* 1[3, Nov. 1906]: 1, Alexander, *Healing*, 79에 인용됨; Anderson, "Signs," 201. 다음 문헌들도 참조하라. McGee, *People of Spirit*, 74; Bartleman, *Azusa Street*, 35; Blumhofer, "Restoration," 152). Ramabai는 신 오순절파와 관련을 맺었지만 결코 방언을 성령 세례의 필수적인 표적으로 받아들이지 않았다(Burgess, "Evidence," 33-34; McGee, "Hermeneutics," 107-8; Hudson, "Strange Words," 67; Burgess, "Pandita Ramabai," 195. Frykenberg, "Introduction," 22과 Hyatt, Years, 169-71도 참조하

20세기 초의 초자연적 주장은 신비주의자이자 전도자인 유명한 사두 선다 싱과도 관련되었는데, 그의 몇몇 친구들(특히 서구 출신 친구들)은 그의 궁핍이 때때로 그의 객관적인 체험과 그 체험에 관한 자신의 몰아지경 상상 간의 구분을 흐려놓았다고 생각했지만 말이다.[112] 그에 관한 안전한 정보 가운데 실론(지금은 스리랑카)의 콜롬보에서 발생한 사건이 있다. 그는 설사 회복된다고 해도 몇 달은 걸릴 것으로 예상되던 열두 살 아이를 위해 기도했다. 그 아이는 기도하고 나서 3일 만에 완전히 회복되었다.[113] 그러나 이 치유로

라). 예컨대 다음과 같은 다른 많은 문헌이 Ramabai에 관해 썼다. Arles, "Study"; idem, "Appraisal"; Frykenberg, *Christianity in India*, 382-410.

112 Lynch-Watson, *Robe*, 69-70; Andrews, *Singh*, 115, 128; Davey, *Robe*, 77; O. Pfister 같은 비판자들은 훨씬 더 가혹한 평가를 내렸다(Appasamy, *Sundar Singh*, 204, 227; Lynch-Watson, *Robe*, 139). 그의 이야기들에서 나타나는 변이들은 특히 몇몇 이야기에서 나타난 생략과 관련이 있는데, 이는 문제가 되지 않는다(Lynch-Watson, *Robe*, 85-86). 특히 그가 자신의 탈출 이야기들과 관련하여 자기를 도와준 사람들의 안전을 위해 비밀을 유지할 필요가 있었다면 말이다. 낯선 사람을 만난 체험들은 장기간의 금식 끝 무렵에 일어나는 것으로 보이는데, 그때에는 실재에 대한 그의 개인적·영적 체험이 때때로 일반적인 경험과 달랐을 수도 있다(때때로 극단적인 궁핍, 사회적 소외 등에 수반하는 경험처럼 말이다). 티베트의 도사(Maharishi)에 관한 그의 일부 보고들은 특히 신기하다(Lynch-Watson, *Robe*, 67-70, 93-94; Andrews, *Singh*, 121-22). Singh이 그곳의 다른 증언들도 취하기 위해 진지하게 노력한 점에 비추어 볼 때(Lynch-Watson, *Robe*, 91-92, 111, 113-15), 그가 티베트에서 영적으로 존경했던 은자를 만났을 개연성이 상당히 높아 보인다(Appasamy, *Sundar Singh*, 90-91; Lynch-Watson, *Robe*, 70). 반대로 그는 교파의 구분(예컨대 Appasamy, *Sundar Singh*, 159-60)과 계급의 구분(Appasamy, *Sundar Singh*, 111)에 도전했다는 점에서 큰 지혜를 드러냈다. 의심할 여지가 없는 그의 삶의 방식에 비추어 오늘날 그의 정직성과 깊은 헌신은 대체로 의심되지 않는다(예컨대 Moore, "Introduction"과 Andrews, *Singh*을 보라).

113 Appasamy, *Sundar Singh*, 107-8(목격자를 인용한다); Lynch-Watson, *Robe*, 106(참조. 102-3); Streeter and Appasamy, *Message*, 32-33(이 대목에서는 그 아이가 죽어가고 있었고 의사들도 그를 포기했다고 보고한다). 기독교 가정 출신인 그 아이의 이름은 윌리엄스였다(Davey, *Robe*, 74에서는 그 치유가 더 신속하게 일어났다고 보고한다). 표범이 Singh에게 굴복했다고 말한 목격자도 있었다(Andrews, *Singh*, 125-27). Appasamy, *Sundar Singh*, 108은 치유가 일어난 경우가 몇 번 더 있다고

인해 그의 악명이 높아지는 것을 우려한 싱은 그 후 환자들을 위한 기도를 삼갔다.[114] 그러나 그런 보고는 잘 알려진 개인들에게만 한정된 것이 아니다. 1914년에 인도에서는 많은 치유가 일어나고 있었다.[115] 1920년대 초 런던선교협회의 한 간행물은 낮은 계급 출신의 가난한 여성이 예수의 환상을 통해 개종했는데 "곧 자기가 환자를 치유할 수 있음을 발견했고" 이 은사를 전도에 요긴하게 활용했다고 전한다.[116]

나는 여러 해 전에 하이 밀 부활 교회(High Mill Church of the Resurrection, 오하이오주 캔턴 소재)에서 제이콥 비라를 만났는데—그 교회는 제이콥의 인도 아동 보호 시설 및 건강 사역을 후원했다—그는 친절하게도 최근에 일어난 몇몇 치유 보고서를 보내주었다.[117] 오래전에 발생했던 치유를 최근에

주장한다(109-10에서 정신 이상 치유 사례도 언급한다).

114 Appasamy, *Sundar Singh*, 108-9(유감스럽다고 말한다); Lynch-Watson, *Robe*, 108; Streeter and Appasamy, *Message*, 32-33. 참조. Andrews, *Singh*, 123. 한 가지 이유는 그가 자신의 상황으로부터 및 복음서를 읽어서 배웠을 수도 있는(참조. 예컨대 막 1:37, 45; 2:2; 3:7-10; 5:31; 6:31) 위험인 다룰 수 없을 정도로 많은 군중이 모인 것으로 보인다(Davey, *Robe*, 74). 스리랑카에서 환자를 위한 그의 기도 사역은 그곳의 기독교 관행에 큰 영향을 주었다(Anderson, *Pentecostalism*, 128).

115 George, "Beginnings," 235. 오순절파 교회도 이 기간에 인도의 마을들에서 치유가 일어났다고 주장했다(McGee, *Miracles*, 136).

116 "Healings in India"는 「더 크로니클」(*The Chronicle*(LMS에서 발행한 간행물이다) 에 수록된 "The Miracle Worker"를 인용하는데 이 글은 그 치유들이 진짜로 알려졌다고 전한다. 그녀는 그곳의 침례교 신자들과 연합하여 사역했다. 런던선교협회는 영국 침례교 선교회 설립(1792; Neill, *History of Missions*, 252) 직후인 1795년에 설립되었다. "Healeth: in India"에 아마도 동일 인물에 관한 유사한 기사가 훨씬 더 자세하게 설명되는데, 그 글은 Rangamma라는 텔레구 부족 여성과 관련하여 「선데이 스쿨 타임즈」(*Sunday School Times*)에 Stanton이라는 미국 침례교 선교사를 인용하여 보도되었다. 좀 더 대규모의 복음 전도에 관해 살펴보자면 인도의 개신교는 1921년부터 1931년까지 매월 평균 12,000명씩 성장하여 그들의 수가 41% 증가했다(Shaw, *Awakening*, 73).

117 Jacob Beera, 사적 교신, Nov. 2, 2009. 2006년 호프 선교회 보고서 8월호와 11월호를 동봉했다.

야 알게 된 사례에서 한 여성이 제이콥에게 자신을 소개하면서 25년 전에 자기가 힌두교 신자일 당시 제이콥이 기도해줬다고 말했다. 당시 그 여성은 심한 협심증을 앓고 있었는데 놀랍게도 그가 기도한 뒤 협심증과 심장 문제가 재발하지 않았다. 그 여성은 결국 그리스도인이 되었는데 이제야 그에게 말할 기회가 생겼다.[118] 나는 제이콥의 기사를 12장에서 더 많이 수록했는데, 12장에서 나는 시각 장애와 보행 불능 치유 주장들을 다룬다.

캘커타 하나님의 성회 교회 지도자이자 사역자(병원, 학교 등)인 이반 사티야브라타 박사는 옥스퍼드 선교 연구 센터에서 박사 학위를 받았고 미국 하나님의 성회 신학교 방문 교수로 일했다. 내가 그에게 자기 교회나 직접 관여하고 있는 곳에서 기적적인 치유가 일어난 적이 있느냐고 묻자 그는 내게 몇 사람을 소개해줬는데 그들은 자신이 치유된 경험을 내게 직접 들려줬다. 그들은 사람들이 치유 경험에 대해 말하는 더 많은 사례도 제공해 주었다.

예컨대 1992년에 니베디타 고쉬는 뇌암 말기 수술과 방사선 치료를 받느라 침샘이 파괴되어 말하지도 못하고 먹지도 못했다. 의사들은 니베디타가 5개월 이상 살지 못할 것이고 다시는 말하지도 못할 것이라고 했다. 어느 그리스도인이 그녀가 거의 의식이 없는 상태에서 기도했다. 니베디타의 열이 떨어지고 그녀가 말을 할 수 있게 되자 가족은 경악했다. 그들은 가족의 신상과 부적들을 제거하고 그리스도인이 되었다. 그 뒤 몇 달 안에 니베디타는 음식을 삼킬 수 있게 되었고 6-8개월 안에 정상이 되었다. 신경외과 의사가 검사해 보기를 원했고, 검사해 보니 그 의사가 수술한 흉터조차 남아 있지 않았다.[119] 마찬가지로 리디아 싱은 말기 자궁암 진단을 받

---

118 "A Miracle Shared After Twenty-five Years," *Hope Ministries Update*, Aug. 2006, 2.
119 Nivedita Ghosh, 내게 들려준 이야기, Oct. 13, 2010.

고 기껏해야 한 달을 더 살 수 있을 것이라는 말을 들었다. 그녀는 합심 기도 후 완전히 회복되었고, 7개월 뒤 완전히 회복되었을 때 의사들이 그녀의 몸에 암세포가 없는 것을 발견하고 경악했는데 이후의 검사에서도 암세포가 없음이 확인되었다.[120] 1977년 프라브하카르 데이비드의 양팔에 심한 물집이 생겼는데, 치료에도 불구하고 호전되지 않아서 의사들이 그의 양팔을 절단하려 했다. 프라브하카르는 몰랐지만 그가 출석하던 교회의 집사 아지트 티와리가 일요일 밤에 그를 위해 기도했다. 그가 다음 날 아침에 일어나 보니 상태가 훨씬 호전되어 있었는데, 또 그 다음 날 아침에는 통증, 열, 물집 그리고 고름이 완전히 사라졌고 흉터조차 남지 않았다.[121] 치유 사례 자체는 아니지만 그는 자기 딸 프리양카 레이첼 데이비드의 경험도 들려주었다. 그의 딸은 네 살이던 1985년 약 30미터 높이의 창에서 길 위로 떨어졌다. 그들이 딸을 서둘러 병원에 데리고 갔으나 그 아이는 자기가 땅에 닿기 직전에 누군가가 자기를 받아서 보호해 주는 것을 느꼈다고 주장했다. 놀랍게도 그의 딸은 긁힌 상처 하나 입지 않았다.[122]

---

120 Lydia Singh, 내게 들려준 이야기, Oct. 13, 2010.
121 Prabhakar David, 내게 들려준 이야기, Oct. 13, 2010. 그는 원래는 카르나타카주 출신인데 지금은 콜카타주에서 하나님의 성회 선교회 운영을 감독한다.
122 Prabhakar David, Priyanka에 관해 내게 들려준 이야기, Oct. 13, 2010. 이 교파는 신앙이 의학적 치료에 반한다고 주장하지 않는다. 2009년에 Senthil Kumar의 왼쪽 눈이 정상적인 위치를 벗어나 있어서 조직 검사를 실시한 결과 악성 종양이 자라고 있었다. Shenthil은 파악된 종양은 일반적인 화학 요법과 방사선 요법에 적합한 종류가 아니었지만, 방사선 처치 후 자기 몸에서 암이 사라졌다고 보고한다 (Senthil Kumar, Oct. 13, 2010에 내게 들려준 이야기).

(2) 몇몇 인도 사역자들과의 인터뷰

나는 마하라슈트라주에 소재한 어느 교회 지도자인 라주 매튜와 긴 대화를 나눴는데 그는 자기 민족을 위해 희생적으로 살고 있고 신실하다는 모든 증거를 보여주는 사람이다. 나와 인터뷰를 하기 위해 합류한 내 친구는 인도에서 그와 많은 시간을 보냈다.[123] 매튜 목사—그는 하나님은 주권자이시며 모든 사람이 치유되는 것은 아니라는 점을 기꺼이 인정한다—는 자신이 목격한 치유 사례 몇 가지를 제공했다. 두 건은 12년 간격을 두고 일어난 자신의 사례였다. 그는 1988년 뭄바이(이전에는 봄베이였다)에서 큰 병에 걸려 대학병원으로 보내졌다. 그의 기억에 의하면 몇 주 동안 거의 75가지 검사를 한 뒤에도 의사들은 무슨 병인지를 알아낼 수 없었고 따라서 (어느 날 밤에 그가 아스피린을 받은 것 외에는) 치료를 받을 수 없었다. 그가 입원한 병동에서 매일 두세 명씩 죽어 나갔다. 그는 때때로 밤에 그들의 인공호흡장치를 뗄 것이라는 말을 들었다. 그는 자기가 걷지 못하고 먹으면 토하는 "장애인"이었다고 말한다. 그는 곧 죽을 것으로 예상되었다. 그의 어린 아들이 5월 6일(그 아들의 생일)에 문병 왔을 때 매튜 목사는 자기가 사랑하는 아들을 남겨두고 죽을 것이라는 생각에 울음을 터뜨렸다.

그러나 머지않아 한 전도자가 문병 와서 그를 위해 기도했다. 매튜 목

---

123 내 지인은 Matthew Lacy인데 그는 그 인터뷰 석상에 동행했고 자기가 인도의 Mathew 목사를 방문했을 때 직접 경험한 몇 가지 이야기도 들려주었다. 2007년 3월에 Matthew는 열로 몸이 펄펄 끓고 있는 한 소년을 위해 성령께서 오시기를 기도했다. 방이 닫혀 있었고 기온은 섭씨 38도를 넘었는데 두 사람 모두 바람이 그 방을 휩쓸고 지나가는 것을 느꼈고 사람들은 경악했다. 그가 아이의 머리에 손을 대자 열이 멎었다. 그는 2008년 1월 또는 2월에 뇌졸중과 신부전증으로 전에는 앉지 못하던 한 여성이 기도 후 부분적으로 회복되어 규칙적으로 앉을 수 있게 되었다고 보고한다. 그들의 사역지에서는 사람들이 의학의 도움을 받을 수 없어서 그들은 자기들이 줄 수 있는 것, 즉 기도를 제공했다(인터뷰, Aug. 29, 2008).

사는 자기가 하나님의 임재를 느끼고 울었고 하나님의 능력이 자기 몸 전체에 밀려오는 것을 느꼈다고 말한다. 그는 자신이 허약해지기는 했지만 치료된 것을 느꼈다. 의사들은 그에게 1주 더 입원하게 했지만 그들은 여전히 진단이나 처치를 하지 않았기 때문에 그는 결국 퇴원했다. 좀 더 최근인 2000년에 그는 병에 걸려서 걸을 수 없었고 자기가 죽을 것이라고 생각했다. 그러나 비자얀이라는 목사가 그를 위해 기도하자 그는 즉각적으로 치유되었다. 그는 1주일 안에 런던으로 떠났다.[124]

그는 또한 15년 동안 병에 걸려서 걷지 못하던 산다라는 이웃 사람에게 1989년 또는 1990년에 일어난 이야기도 들려줬다. 어느 날 밤 매튜 목사가 교회에서 일하다 밤 11시가 넘어서 녹초가 되어 귀가했더니 그의 아내가 산다가 다음 날 죽을지도 모른다고 말했다. 병원 의사들이 산다를 도와줄 수 없어서 그녀는 전통적인 의사를 찾아갔지만 그들도 도움이 되지 않았고, 이제 그녀는 "피골이 상접"했다. 그는 피곤했지만 자기 아내에게 산다를 부르라고 말했다. 그의 아내는 산다가 허약해서 올 수 없다고 대답했다. 결국 산다의 남편이 그녀를 데려와서 매튜 목사의 소파에 눕혔다. 그녀의 남편은 그 지역의 전통적 종교 비품인 코코넛이나 향료가 필요한지 물었다. 매튜 목사는 필요 없다고 대답하고 "악령을 꾸짖었다." 그리고 남편에게 그녀를 데리고 집에 가라고 말했다. 다음 날 아침 산다가 그의 집에

---

124 Raju Mathew, 인터뷰, Aug. 29, 2008. 그가 내게 묘사해준 보건 상황에 비춰보면 그 지역의 사람들이 자주 병에 걸리는 것이 놀랄 일은 아니다. 그러나 그는 우리가 대화를 나누기 2주 전에 워싱턴 D.C.의 어느 교회에서 자기가 기도해준 여성의 치유에 관해서도 알려줬다(나중에 확인을 받았다고도 말했다). 그가 내게 들려준 이야기 중에는 그가 자기 아버지 등으로부터 들은 사례도 있었다. 케랄라에 사는 그리스도인인 그의 아버지는 광견병에 걸린 개에게 물렸다. 그의 아버지는 가시적으로 그리고 즉각적으로 치유되었지만 그 개에게 물린 다른 28명은 모두 광견병에 감염되어 죽었다고 한다.

와서 자기가 15년 만에 처음으로 잘 잤다고 말했다. 그녀는 치유가 계속되도록 기도하기를 원했다. 매튜 목사는 기꺼이 기도해주겠지만 그녀가 몸에 붙이고 있던 많은 부적을 제거할 경우에만 기도하겠다고 말했다. 그녀는 믿음으로 부적들을 다시는 쓸 일이 없을 것으로 기대하고 부적들이 전혀 도움이 되지 않았다고 비난하면서 그것들을 떼어냈다. 그녀는 치유되었다. 그녀는 1년 이내에 세례를 받았는데 매튜 목사는 그녀가 여전히 출석하고 있는 교회도 말해주었다.[125]

나는 지금은 오퍼레이션 아가페라는 교회 개척 사역을 이끄는 신경과 의사인 의사 알렉스 아브라함과도 대화했다.[126] 그는 인도에서는 기적이 흔하며 인도의 새 교회의 80-85%는 특히 치유 등을 통해서 세워진다고 말했다.[127] 우리가 대화한 짧은 시간 동안에 그는 생각나는 대로 몇몇 사례를 제공했다. 어느 시크교 신도인 여성은 끔찍한 통증으로 고생했는데 초음파 사진을 찍어보니 심한 자궁 근종으로 피를 흘리고 있었다. 의사들과 가족 모두 수술을 받으라고 했지만, 그녀는 겁이 나서 통증에도 불구하고 수술을 받으려고 하지 않았다. 그녀가 자기의 상황을 브라만 계급에 속한 이웃에게 털어놓자 그 이웃은 자기가 예수를 믿는 사람이라고 고백하면서 그녀

---

125 Raju Mathew, 인터뷰, Aug. 29, 2008. 이전에도 치유가 믿음으로 인도한 사례가 있었다. 예컨대 Hickson, *Bridegroom*, 393에 수록된 사례에서 극적인 치유가 개종으로 인도했다. Mathew 목사는 1973년 케랄라에서 가난한 홀어머니와 살고 있었는데 다음 날 결혼하기로 되어 있던 소녀를 자기 가족이 도와준 일도 말해줬다. 그녀는 병에 걸려 고열에 시달렸고(이는 그곳에서는 때때로 치명적일 수도 있는 상태다), 일어날 수 없었다. 다음 날 결혼식을 할 수 있는 가능성은 전혀 없었다. Mathew 목사의 아버지가 그녀를 위해 기도했고 그녀는 치유되었다. Mathew 목사는 다음 날 그녀의 성공적인 결혼식에 참석했다. 그녀는 지금도 살아 있다.

126 Alex Abraham, 인터뷰, Oct. 29, 2009. 그가 또 다른 예를 이야기하던 중에 우리가 약속한 시간이 다 지나갔다.

127 그는 치유 및 신들림 대면 등 "능력 대결"에 대해 말했다. 신들림에 관한 논의는 부록 B를 보라.

를 위해 기도해주겠다고 제안했다. 기도 후에 시크교 신도인 여성의 통증이 사라졌고 그녀는 집으로 돌아가서 가족들에게 예수가 자기를 치유해줬다고 말했다. 그녀의 남편은 그녀가 수술을 받지 않으려고 거짓말하고 있다고 생각하고서 그녀의 말을 믿지 않고 초음파 사진을 한 번 더 찍어본 후 그 문제를 상의하자고 제안했다. 그녀는 두려웠지만 초음파 결과는 그녀에게 있던 큰 종양이 사라졌음을 보여주었다. 개종에 대해서 치러야 할 사회적 대가가 매우 컸지만 그 가족은 기적이 일어났다고 확신했기 때문에 모두 예수의 제자들이 되었고 그들의 아들은 알렉스가 속한 교파의 목사가 되었다.

알렉스는 또한 지금은 자기의 동역자인 모한 필립에 대해서 얘기해줬다. 모한은 부유한 사업가였지만 무신론자였다. 그는 39세 때 심장 발작이 일어났고 47세 때에는 혈관 촬영을 해보니 세 개의 주요 동맥의 95%가 막혀 있었다. 그래서 수술 날짜가 잡혔다. 수술하기로 한 전날 신자였던 모한의 딸(당시 14세)이 하나님이 자기 아버지를 치료했고 예정되었던 수술이 실시되지 않을 것이라고 예언했다. 그는 자기 딸을 실망시키고 싶지 않았지만 딸의 말을 믿지 않았고 다음 날 아침에 하이데라바드에 있는 병원에 갔다. 그러나 가족들이 수술을 위해 다섯 시간을 기다린 뒤 의사는 사과하며 수술을 연기했다. 이 병원은 훌륭한 병원이었지만 수술실에 매우 이례적이고 심한 누수가 있었다.

그는 처음에는 화가 났지만 자기 딸의 예언을 기억했다. 전에는 다섯 걸음만 걸어도 협심증으로 인한 통증이 있었는데 통증이 사라졌다. 보스턴에서 의사로 일하고 있던 그의 누이가 그곳의 병원에서 검사할 수 있도록 주선해줬는데 그곳의 의사가 이전에 찍은 혈관 사진을 보고 수술해야 한다고 주장했다. 그러나 모한은 소요 비용에도 불구하고 또 다른 혈관 사진을 찍어볼 것을 주장했고 그 후 며칠을 기다려야 했다. 그동안 최고 수준의 심장학자들이 그의 이례적인 사례를 논의했다. 이전의 혈관 사진에 있던 거의 모든 경색이 사라졌다. 막힌 곳이 50%가 되지 않아서 그는 수술을 받을 필요가 없었다. 그 당시에는 수술이 취소되었지만 6년 후 그는 관상동맥 우회술 수술을 받았고 그 이후 증상이 발현되지 않고 있다. 그 경험이 그를 철저하게 변화시켜서 그는 1,500만 루피를 교회 사역에 기부하고 사업을 그만두고 사역자가 되었다.

알렉스는 여러 해 동안 고치기 힘든 간질병을 앓고 있던 쿨디프 싱에 관해서도 들려줬다. 어느 날 그는 특히 심한 발작을 일으켰고 몇 시간 동안 의식불명 상태에 빠졌다. 자르나일 싱 목사는 그가 환자들을 위해 기도하면 환자들이 낫는다고 알려졌기 때문에 사람들이 쿨디프를 그에게 데려갔다. 쿨디프는 전에는 규칙적으로 발작과 처치를 경험했지만, 기도 후 더 이상 처치를 받지 않았고 발작을 일으키지도 않았다. 이 일은 14년 혹은 15년 전에 일어났다. 치유되었다는 것을 완전히 확신한 쿨디프는 예수를 믿고 목사가 되었다. 나는 알렉스의 전문 분야가 신경과라는 것을 알았기 때문에 그에게 이 사례에 관해 어떻게 생각하느냐고 물었다. 그는 이렇게 심하고 계속 발작을 일으키는 간질 사례가 그 이후 갑자기 영구적으로 완전하게 그치는 경우는 매우 이례적이라고 말했다.

(3) 스리랑카와 네팔

인도에서 일어나는 일이 남아시아의 다른 나라들에서도 일어나는 것으로 보인다.[128] 크리스토퍼 다니엘이 스리랑카의 환자들을 위해 기도하기 시작

---

128 나는 이 대목에서 몇몇 나라들에 초점을 맞추지만 다른 나라들도 포함될 수 있다. 어느 서양인 저자는 또 다른 서양인이 1961년에 파키스탄의 시알코트시에서 "죽게 되었다가 건강을 회복"한 사례에 관한 자신의 목격담을 제공하며(Young,

하자 지체 부자유자인 어린이가 걸었고, 시각 장애자인 어린이가 보았으며, 청각 장애자인 어린이가 들었다고 전해진다.[129] 사람들이 표적에 반응함에 따라 그의 치유 사역은 마침내 "1만 명에서 2만 명의 군중"을 끌어들였다.[130] 다니엘은 자신의 학위 논문에서 어느 관찰자가 자기의 사역에 관해 보고한 내용을 인용하는데 시각 장애인으로 알려진 사람의 치유, 태어날 때부터 말하지 못하던 사람이 이제 소리를 흉내 낼 수 있게 된 사례, 그리고 마비된 두 사람의 치유가 그 논문에 수록되었다.[131]

스리랑카에 보고된 다른 사례에서 의사들은 힌두교 신자인 나다라지가 치료할 수 없는 혈액암에 걸렸다고 결론을 내렸는데 그는 D. F. 로드리고 목사에게 자기를 위해 기도해달라고 부탁했다. 나다라지는 치유되고 난 후 신자가 되었고 그 교회 장로가 되었다.[132] 어떤 불교 신자가 건강이 나빠지고 조금만 움직여도 고통을 느껴 검사를 받아보니 그의 심장에 구멍이

"Miracles in History," 117), 다른 보고는 파키스탄에서 일어난 파키스탄인의 치유와 관련이 있다(ibid., 117-18에 수록된 간접적인 기사; Gardner, "Miracles," 1930에 수록된 보고; idem, Healing Miracles, 60-63). Young, "Miracles in History," 119은 사회 인류학을 공부하는 자기 아들 존이 파키스탄의 힌두교 마을들에서 "그 부족 그리스도인들의 기도에 대한 응답으로 치유 기적들"이 일어나는 것을 목격했다고 말한다(존의 말을 인용한다).

129 Daniel, "Signs and Wonders," 105(De Wet, "Signs," 114에 인용됨). Daniel은 Daniel, "Dynamics and Strategy," 106-7에서 자신이 카리스마적인 영적 체험에 접하게 된 일을 묘사한다.

130 Daniel, "Signs and Wonders," 105-6(De Wet, "Signs," 114-15에 인용됨). 스리랑카에서 듣지 못하고 말하지 못하는 어떤 이슬람 교도 소년이 기도 도중에 치유되었을 때 사람들은 이사 나비(예언자 예수)에게 영광을 돌렸다(De Wet, "Signs," 89. 그는 Chandy, "Discipling"을 따른다). Stirrat, "Shrines," 389은 가톨릭 치유 성지를 언급한다(그러나 387에서 Stirrat는 싱할라 부족 불교가 싱할라 부족 가톨릭의 치유 형태와 신들을 성인들로 대체한 것에 영향을 주었다고 지적한다).

131 Daniel, "Labour," 160.

132 하나님의 교회 세계 선교회 이사인 Douglas LeRoy를 통해 내게 보내준 하나님의 교회에서 나온 증언, 사적 교신, Nov. 9, 2009.

나 있었다. 그는 프레마다사 기니갈로다 목사에게 치유를 위해 기도해 달라고 부탁했다. 그 후 검사해 보니 심장이 건강해져서 심장병 의사들이 경악했다.[133]

스리랑카에 사는 내 친구 한 명이 자기가 아는 목사 중 치유되고 나서 비기독교 배경에서 개종한 사람에 관해 얘기해줬다. 2년 동안 위말라시리의 오른발이 부어서 고생했는데 의사나 약사 심지어 최고 수준의 축귀자마저 통증을 완화해 줄 수 없었다. 그래서 그는 어느 날 저녁 몇몇 그리스도인들이 그의 발을 위해 기도했을 때 그 순간에 그의 발에 뭔가 이상한 것을 느꼈지만 그 기도를 비웃었다. 다음 날 아침에 일어난 그는 자기 발이 완전히 치유된 것을 발견했다. 그는 처음에는 저항했지만 약 3개월 후에 그리스도인이 되었고 결국 전에는 그리스도인이 별로 없던 지역에 지금은 상당히 큰 교회를 세웠다.[134]

관찰자들은 네팔에서 치유가 종종 개종으로 이어진다고 보고한다.[135] 네팔의 상황을 잘 아는 어떤 사람은 "치유를 통해 주께로 나아온 사람 수천 명이 있을 것"이라고 주장한다.[136] 내가 몇 년 동안 연락을 취하던 네팔의 그리스도인인 우다야 샤르마에게 지나가는 말로 기적적인 치유를 목격한 적이 있느냐고 물었을 때 그는 그런 경험이 있다고 대답했다. 그가 내게 들려준 특별한 사례 중 하나는 2005년 12월 15일에 우다야 등이 기도하던 중에 5년 넘게 신장병을 앓던 사람이 치유된 사건이었다. 그 사람은 더 이상 투석할 필요가 없었고 이 일을 계기로 마을의 많은 사람이 그리스도인이 되

---

133 Douglas LeRoy를 통해 내게 보내준 하나님의 교회에서 나온 증언, 사적 교신, Nov. 9, 2009.
134 Ajith Fernando, 사적 교신, Mar. 8, 2009; 후속 서신, Mar. 12, 2009.
135 Stephen, "Church," 58.
136 Barclay, "Church in Nepal," 193. 그는 미국 네팔 선교회 기록 보관자인 Betty Young을 인용한다 (Mar. 1, 2004에 Barclay에게 보낸 이메일).

었다.[137] 렉스 가드너 박사는 네팔에서 어느 외국인 목수의 비장이 파열되었는데 그가 있던 곳이 외딴 지역이어서 의학적인 치료를 받을 수 없었던 사례를 보고한다. 그러나 한 무리의 그리스도인들이 기도했을 때 그 사람은 급속히 회복되기 시작했고 네팔에서 계속 일을 했다.[138]

네팔의 힌두교 신자였던 미나 KC에게는 결혼 후 몇 년이 지나도록 아이가 없었다. 하지만 그녀는 전도 소책자에서 아브라함과 사라의 이야기에 관해 배웠다. 그녀는 그리스도인이 되었고 아들을 낳았으며 그 후 몇십 년 동안 교회를 개척하기 시작했는데, 심지어 내전 중에도 교회를 세웠다. 그녀는 자신의 사역에서 경험한 몇 가지 사례를 내게 들려줬다. 태어날 때부터 마비 환자였던 어느 젊은 여성이 치유되었다. 어느 한센병 환자도 치유되었고 그 치유를 통해서 그 환자와 가족이 그리스도께 인도되었다. 약물 중독이나 정신질환을 갖고 있던 사람들이 회복되었다. 한 마을에서 말을 하지 못하던 사람 세 명이 동시에 치유되어 그 마을 사람이 모두 그리스도께로 나아왔다.[139]

---

137 Udaya Sharma, 사적 교신, Mar. 29, 31, 2009(그 사람과 마을의 이름을 밝혔고 시각 장애인들과 청각 장애인들의 치유도 언급했다). Udaya는 정규적으로 그리고 주로 사람들에게 의학적인 도움을 제공하기 위한 일을 하고 있지만, 이 대목에서는 직접적이고 신적인 치유를 언급한다.

138 Gardner, "Miracles," 1931.

139 Mina KC(John Lathrop이 나 대신 인터뷰를 실시한 후 2010년 3월 10일 내게 그 결과를 제공했다).

5. 인도네시아

몇십 년 전에 인도네시아의 서티모르에서 일어난 부흥 때 많은 사람이 기적이 일어났다고 주장한다.[140] 이 부흥의 핵심적인 요소 중 하나는 그것의 토착성과 인도네시아 상황에의 적절성이었다.[141] 그 부흥이 시작되었을 때 요한네스 라투왈루가 신앙은 성숙하지 않았지만 환상에 반응해서 1964년 10월부터 12월까지 치유를 위해 기도했고 많은 사람이 치유되었다고 한

---

140 예컨대 De Wet, "Signs," 121-23; Wimber, *Power Evangelism*, 181-84; Koch, *Revival*, 여러 곳(*Zulus*, 109-11에서 그의 지인에게 들은 그 이후의 몇 가지 이야기를 추가한다. 예컨대 Young, "Miracles in History," 117 등 다른 사람들도 Koch를 인용한다). 이 부흥은 특히 Tari, *Wind*(치유는 예컨대 54, 99-100 및 *Breeze*, 89, 127에 수록되었다)를 통해 서양에서 유명해졌다. 신학적 이유 등으로 Tari를 불편해하는 사람은 Koch의 저술에서 비오순절파 관점의 인도네시아 기적 이야기들을 찾아볼 수 있을 것이다. 그리고 많은 사람이 개종했다는 점을 부인하기 어렵다(Anderson, *Pentecostalism*, 130-31). Tari는 개혁주의자였고(*Wind*, 22, 65, 117) 그 부흥의 중심에 있던 현지의 목격자이자 참여자였다(*Breeze*, 6). 미국인인 그의 아내는 부흥에 참여한 사람들이 그를 외부인으로서가 아니라 멘토로 생각하고 정보를 공유했다고 말했다(Tari, "Preface," 10). De Wet는 Brougham, "Training," 16-17과 Yoder, "Church," 47도 인용한다. 그 부흥의 의미에 관해서는 Wiyono, "Timor Revival"을 보라. 은사중지론의 신학적 틀 안에서 사역한 George Peters는 그 부흥에 나타난 물리적인 표적은 폄하했지만 그것이 큰 영적 유익을 준다는 점은 인정했다(*Revival*, 86-87. Wiyono, "Timor Revival," 282-83에 인용됨. Peters의 은사중지론 가정에 관해서는 Wiyono, "Timor Revival," 287-88을 보라. 부흥 기간 중의 교회 성장에 관해서는 Wiyono, "Timor Revival," 290, 291을 보라). Koch, *Gifts*, 98-99은 부흥 때 기적이 일어났다는 Koch의 주장을 부인한 Peters가 부흥이 대체로 식은 뒤인 1970년에 인도네시아에 와서는 Koch가 인도네시아에서 지낸 시간의 5%만 살면서 부흥이 일어났던 주요 장소들을 가 보지도 않고 아무 증거도 없이 Koch의 목격담을 비방하며 부인했다고 비난한다. 심지어 부흥을 언급하는 세속적인 자료까지 인용한 글은 York, "Indigenous Missionaries," 243을 보라.

141 York, "Indigenous Missionaries." 그곳의 교회 성장에서 나타난 토착성과 다른 사회적 요인들에 관해서는 예컨대 Willis, *Revival*, 여러 곳을 보라.

다.[142] 치유와 기타 극적인 현상들이 이어진 부흥(1965-69)의 전체적인 특징이었고,[143] 흔히 기도해서 치유되는 사람들의 비율이 높았다.[144] 그 숫자들이 과장되었을 수도 있지만,[145] 몇몇 사람은 이 기간에 기도를 통해 3만 건의 치유가 일어났다고 추정했다.[146] 어느 서양인 연구자는 단기간에 어떤 사람의 짧은 기도를 통한 많은 시각 장애인들의 치유,[147] 청각 장애인 치유[148] 등

---

142 Wiyono, "Timor Revival," 278(예컨대 Brougham, "Work," 155과 Koch, *Revival*, 122-24을 따른다. 참조. Idem, *Gifts*, 100).

143 예컨대 Wiyono, "Pentecostalism in Indonesia," 314과 Koch, *Revival*, 210을 보라. Koch, *Gifts*, 108은 교육을 받은 서구의 비판자들이 부흥의 현장에 찾아와서 기적을 경험했던 순진한 신자들에게 그것이 진짜 기적이 아니라고 설명해서 기적을 폄하함으로써 부흥이 끝나는 것을 촉진했다고 불평한다.

144 Koch는 세계의 많은 부분에서는 치유를 기대하지 않지만, 그는 흔히 인도네시아 팀에게 기도를 받은 사람은 모두 치유를 받았지만 때로는 적어도 처음에는 90%만 치유를 받았다고 전한다(Koch, *Revival*, 151). 그는 어떤 팀(팀 47)의 사역에 관해 언급하는데 그 팀에서는 기도 받으러 온 50명 모두 치유되었다. 그중에서 세 명은 태어날 때부터 말하지 못하는 사람이었다(Koch, *Revival*, 146). Koch는 서양인이 은사주의적 편향이라고 간주할 만한 관점에서 저술하지 않았다. 그 자신이 Oral Roberts 같은 인물을 매우 부정적으로 보며(*Bondage*, 54-55에서 샤먼의 행태로 본다. 그는 52-54에서 Billy Graham이 Roberts를 지지하는 것을 비판한다) 방언에 대해 대체로 부정적이다(*Strife*). 그는 진정한 방언이 일어날 수 있음을 인정하고 (예컨대 *Gifts*, 35-36) 은사중지론자가 아니지만(39, 116), 그의 접근법은 대체로 부정적이다(40-53. 또한 121-22은 여성의 관여를 비판한다).

145 참조. Crawford, *Miracles*, 135에서 몇몇 인도네시아 교회 지도자들은 (진짜 치유가 많이 발생했음을 긍정하는 한편) 과장에 관해 우려한다.

146 Koch, *Revival*, 265은 자기가 방언 사례는 한 건이라고 주장한 것과 대조한다(Koch는 이 방언 은사에 대해 훨씬 덜 편안해한다. 그의 반(反)은사주의적인 입장에 관해서는 Collins, *Exorcism*, 126, 129에 수록된 요약 및 자료들을 보라); Koch, *Zulus*, 88; Tari, *Wind*, 86. 방언이 Koch가 생각하는 것처럼 드물었을지 의심스럽지만(Tari, *Wind*, 123-24은 자신이 속한 진영에서는 방언이 편만했다고 여겼다), 그의 주장은 장로교와 기타 교파들 가운데서 일어난 부흥의 토착성과 그가 극단적이라고 생각한 오순절파의 직접적인 영향이 없었음을 강조한다.

147 Koch, *Revival*, 140-41(De Wet, "Signs," 121-23에 인용됨).

148 Koch, *Revival*, 138(Wiyono, "Timor Revival," 288에 인용됨).

이 일어났다고 보고했다. 그는 물이 포도주로 변한 사건들에 대한 많은 증인을 언급한 후[149] 자기도 5년 전까지는 그 말을 믿지 않았는데[150] 그곳에 있는 동안 그 일이 일어나는 것을 직접 목격했다고 수줍게 말한다.[151] 오늘날에는 기적이 일어나지 않는다고 배운 한 서양인 선교사 부부는 기적이 실제로 일어나는 것을 하도 많이 목격하다보니 그들의 신학을 재고할 수밖에 없었다고 인정했다.[152]

1860년대 인도네시아 기독교의 부흥에서도 비슷한 현상이 일어났다.[153] 1916년부터 1922년까지 니아스에서 일어난 부흥도 기적, 계시 같은 초자연적 사건들을 경험했다.[154] 이에 따라 니아스 지역의 교회는 500명이었던 신자가 40년 동안 135,000명으로 (270배) 증가했으며[155] 기적을 일으키는 사람, 남녀 예언자, 방언, 환상, 꿈에 관한 주장이 이어졌다. 조심스러운 어느 저자는 이렇게 말한다. "치유가 일어나고 죽었다고 생각된 사람들이 살아났다고 한다. 물 위를 걸었다는 사람도 있다."[156] 초기의 기적적인 보호에 관한 이야기들도 있다. 수마트라에서 루드비히 노멘센의 대적들은 독

---

149 Koch, *Revival*, 147 (교회 전체의 증언을 언급한다), 208-17.

150 Ibid., 211-12 (당시의 독자들에게 그곳에 가서 직접 사건을 목격하라고 초대한다).

151 Ibid., 212-17 (이 말도 De Wet에 인용되었다). 대중적인 수준에서는 Tari, *Wind*, 78-84과 Wilkerson, *Beyond*, 79-80을 보라.

152 Wagner, "World," 87, 90 (David Brougham과 Eva Brougham 부부에 관한 이야기).

153 McGee, "Radical Strategy," 73 (Johannes Warneck과 Theodore Christlieb을 인용한다); idem, *Miracles*, 50. 서구의 오순절파와 무관하게 인도네시아에서 발생한 오순절파의 부흥 같은 다양한 부흥에 관해서는 Ma, "Mission," 25을 보라.

154 Wiyono, "Pentecostalism in Indonesia," 313. Orr, *Awakenings*, 118은 1905년에서 1915년 사이에 인도네시아의 복음주의자들이 3배 증가했다고 말한다. Orr, "Call," 423-24에서 그는 1930년대와 1960년대 인도네시아 여러 지역의 교회 성장의 다른 요인들을 언급한다.

155 Dermawan, "Study," 262 (45년이 더 지난 1985년에는 300,000명으로 증가했다).

156 Ibid., 256 (Peters, *Indonesian* Revival, 48을 인용하는데, Peters가 마지막 사항에 대해서는 의심하는 것으로 보인다).

이 그를 해치지 못하는 것을 발견했다.[157]

이런 보고들은 다양한 교파(특히 개혁주의 그리스도인들)와 관련이 있고 결코 오순절파에 한정된 것이 아니지만, 연구자들은 치유, 꿈 등의 체험이 현재 인도네시아 오순절파의 성장을 주도하는 주요 요인이라고 보고한다.[158] 어떤 연구의 저자는 오순절파는 1921년 인도네시아에 들어온 이후 환자들을 위해 기도해왔음을 지적하고[159] 그곳에서 현재 일어나고 있는 몇몇 기적 주장 사례를 제공한다.[160] 어떤 도시에서 당국이 기독교 집회를 금지하려고 했는데 "기적을 본 명목상의 이슬람 교도들이 그 집회가 계속 열리도록 청원했다."[161] 1919년경에 발리에 들어간 선교사들은 곧바로 환자들을 초청하기 시작했다. 치유 보고에는 기름을 바르고 나서 완전히 치유된 한센병 환자 사례도 있었다.[162] 발리의 한 왕자가 백인 외국인이 중병에 걸린 자기 딸을 고치는 꿈을 꾸고 선교사를 초청하여 자기 딸의 병을 고쳐 달라고 했다. 그 선교사가 기도하자 그 소녀는 즉시 치유되었다.[163] 수라바

---

157 McGee, "Regions Beyond," 70; idem, *Miracles*, 50(Warneck, *Christ*, 175-82과 Lehmann, *Study*, 105-40을 인용한다); Gordon, "Ministry of Healing," 196-97(막 16:18을 인용한다). 좀 더 최근에 인도네시아 그리스도인들이 독으로부터 보호되었다고 주장하는 사례는 Tari, *Wind*, 42-43을 보라.

158 Robinson, "Growth," 340-41; Williams, "Answer," 114-16. 참조. Wiyono, "Pentecostalism in Indonesia," 319.

159 Filson, "Study," 134.

160 Ibid., 150-51, 154.

161 Ibid., 154.

162 Anonymous, "History in Indonesia," 136-37. Boehr, *Medicine*, 56은 인도에서 한센병 환자 치유에 대한 많은 반응을 열거한다. 다음 문헌들에 수록된 한센병 치유 사례도 참조하라. Ten Boom, *Tramp*, 125-26; Mina KC(John Lathrop가 실시한 인터뷰, Mar. 10, 2010에 내게 제공됨); Miller, *Miracle of Healing*, 50-53(두 건); Koch, *Zulus*, 71-72; Marszalek, *Miracles*, 3.

163 Anonymous, "History in Indonesia," 137.

야[164]와 다른 지역[165]에서도 기적적인 치유가 일어났다.

전도에 대한 표적과 기사 접근법이 인도네시아의 오순절파에 흔하며, 좀 더 일반적으로 기독교로 개종할 때 표적이 일어나는 일이 흔하다. 기독교가 아닌 배경 출신인 사람의 개종과 관련된 "인도네시아의 대다수 증언"은 "모종의 기적"(즉 치유, 구출, 꿈 등)과 관련이 있다고 한다.[166] 인도네시아에서 기독교로 개종한 사례를 연구한 또 다른 연구의 저자는 자신이 수행한 인터뷰 27건 중 22건에서 기적이나 초자연적 체험이 주요 요인이었다고 말한다.[167] 몇몇 사람은 환상이나 반복되는 꿈을 통해 개종했다.[168] 어느 인도네시아인은 전통적인 종교에서는 기도 응답을 받는 영적인 힘을 발견하지 못했지만, 다소 별난 은사주의 교회에서 영적 힘을 발견하고 기독교로 개종했다.[169] 자바섬 중앙의 파몽간 마을에서 "예수 영화"가 상영된 뒤 몇몇 사람이 큰 위험을 무릅쓰고 그리스도인이 되었고, 신자들의 기도를 통해 치유를 포함한 기적들이 일어났으며 이는 흔히 개종으로 이어졌다.[170] 인도네시아에 사는 중국인 가족의 일원인 에디 스위슨은 죽어가는 자기 할머니 옆에 있었다. 3일간 혼수상태에 빠진 그녀의 할머니에 대해 의사들

---

164 Ibid., 138.
165 Ibid., 139.
166 Ibid., 147.
167 Knapstad, "Power," 78은 자기의 표본에서 이런 경험을 한 사람 대다수는 오순절파나 은사주의 교회 소속이었다고 말한다.
168 Ibid., 82, 83, 87-88.
169 Ibid., 79-81. 그 교회는 10년 만에 0명에서 7만 명으로 성장했다(ibid., 139은 Robinson, "Power," 58을 인용한다). Knapstad는 별남(Knapstad, "Power," 141-42)을 상황화 관점에서 설명하려고 한다(143-45. 다른 사람들은 하나님이 인간의 실수에도 불구하고 그리스도의 명예를 위해 일한다고 주장할 수도 있다). Wiyono, "Pentecostalism in Indonesia," 318은 이 교단의 성장에 관해 언급하며 319에서는 거기서 기적을 강조한 것이 그 교단의 성장에 기여한 요인이었다고 지적한다.
170 Eshleman, *Jesus*, 120-21(124과 125 사이의 그림 29도 보라).

은 살아날 가망이 없다고 말했다. 그녀의 남편은 자신의 종교에 대해 독실했고 그리스도인들에 대해 분노했지만, 어떤 목사에게 할머니를 위해 기도하도록 허용했다. 가족들이 보고 있는 가운데 그녀는 눈을 뜨고 우유 한잔을 달라고 요청하더니 흰옷을 입고 자기에게 나타난 인물에 관해 이야기했다. 그녀는 신속하게 회복되었고 그녀의 남편은 헌신된 그리스도인이 되었다.[171] 인도네시아의 비기독교 가정에서 자란 에벌린 수산토 루이스 역시 치유를 통한 자신의 개종 경험을 내게 들려줬다. 그녀는 약 30년 전 열네 살 때 교통사고를 당했지만, 외부와 내부에 어떤 부상이 생겼는지 몰랐다. 이틀 뒤 그녀는 일어나서 피를 토하기 시작한 후 약 5분마다 피를 토했다. 그날은 주말이라서 어느 병원도 문을 열지 않았다. 그녀의 남자 형제는 그리스도인이었는데 그는 다른 방에서 자기 누이를 위해 기도했고 그녀도 예수께 기도했다. 마침내 그녀의 형제는 자기의 기도가 응답받았다고 느껴서 누이의 방에 가 보니 그녀의 각혈이 멈춰져 있었다. 그녀는 다시는 피를 토하지 않았다. 나중에 병원에 갔을 때 의사는 그녀의 경험은 내장 손상에 기인한 것이었을 수도 있다고 말했다. 그러나 의사는 엑스레이 촬영에서도 아무 이상을 발견하지 못했다. 그녀는 예수가 치유했다고 확신했고 헌신된 그리스도인이 되었다.[172]

---

171 Swieson, *Angels*, 41–43. Eddy의 부친도 명백히 죽어가다가 홍콩 출신 사역자인 의사 Timothy Dzao가 그를 위해 기도한 뒤 개종하고 신속하게 회복되어 10년을 더 살았다(65–66).
172 Eveline Susanto Lewis, 인터뷰, Jan. 23, 2009.

6. 대한민국

대한민국의 주류 개신교는 널리 신적인 치유를 강조했다. 그들은 한국의
토착 문화와 궤를 같이해서, 그리고 샤먼 및 불교 승려들과 경쟁하면서 서
양 선교사들의 은사중지론을 거부했다.[173] 따라서 치유 및 기타 은사들이
1928년 감리교 전도자 이영도의 사역의 특징이었다.[174] 박귀임은 지방의 절
에 다녔어도 낫지 않았는데 오순절파 기독교 신자인 여동생들의 합심 기도
로 치유되었고 고질적인 복부 종양이 사라졌다.[175] 이 경험을 한 뒤 그녀는

---

173 Kim, "Healing,"특히 268을 보라. Kim, "Pentecostalism," 32도 보라(27-31에서 오
    순절파와 이전의 무속 신앙 간에 몇 가지 유사성이 있다고 언급하지만 30에서 양
    자가 똑같지는 않다고 말한다); Cox, "Miracles," 90-91; Mullins, "Empire," 91-
    94; Mullin, *History*, 273; Grayson, "Elements," 53(치유와 무속 신앙을 비교한다),
    54-55(불교의 산신이 물질적인 복을 준 것을 비교한다); Noll, *Shape*, 64-65(O,
    "Volksglaube," 특히 201, 212을 따른다). 무속 신앙과 관련된 많은 특징들은 단
    지 상황화를 반영한 것일 수도 있고(Yung, *Quest*, 209; Kim, "Healing," 281-82;
    좀 더 일반적으로는 Brown, "Introduction," 10-11), 차용하기에는 너무 일반적이
    거나(Kim, "Healing," 279-81. 한국의 기독교와 무속 신앙 간의 차이에 관해서도
    Kim, "Spirit,"92을 보라), 극단적인 교파에만 적용된다(Lee, *Movement*, 112-14).
    몇몇 사람은 무속 신앙과 비교해서 김익두를 변증적으로 비난하기도 했다(Kim,
    "Healing," 282). Knapstad, "Power," 143은 무속 신앙과 비교한 대다수 특징은 한
    국에만 한정된 것이 아니라 성경이나 오순절파에도 나타나는데, 이는"샤먼"이라
    는 비판은 인종주의적일 수도 있다고 올바로 주장한다(Lee, *Movement*, 113도 참조
    하라). Gifford, "Provenance," 63은 한국의 몇몇 교파에서 나타나는 무속적인 특징
    은 미국의 번영 신학에서 비롯되었다고 지적한다. 그러나 몇몇 무속 신앙적인 비
    교(예컨대 환상을 통한 소명, Cho, "Healing," 110, 113; 철야 기도 모임[참조. 눅
    6:12]과 반영이나 치유에 대한 욕구, 128)는 양자 간에 일반적인 연결 관계가 있음
    을 입증하기에는 너무 일반적이다. 때때로 극단적인 마귀론(ibid., 123-24)과 안
    찰 기도 관행(안찰 기도에서는 기도할 때 "아픈 부위를 때리기"가 동반된다, 127,
    131-32, 136)은 아마도 그런 영향을 보여주는 예일 것이다.
174 McGee, "Regions Beyond," 88. 한국의 성결교에 관한 Choi, *Rise*(예컨대 100)도 보
    라.
175 Kim, "Prominent Woman," 204-5(특히 205).

저명한 오순절 교회 개척자가 되었다(1948-62).[176]

한국에서 이렇게 치유를 강조하는 전통은 100년도 더 전에 자생적으로 발생했다. 그것은 그 당시 대다수 서양인 장로교 선교사들의 견해에 반했고[177] 심지어 많은 선교사가 한국 신자들의 입장으로 전환하기도 했다.[178] 1907년 한국의 부흥 때 지도자였고 훗날 일본의 강점 때 순교한 길선주는 기적이 중단되었다는 서구 선교사들의 믿음에 도전했다. 그는 장로교 설교자인 김익두가 마을들에서 사역할 때 치유와 기타 표적들이 나타나는 것을 보고 자신의 견해가 옳다고 생각했다.[179] 김익두는 한국 개신교에서 가장 인기 있는 설교자였는데 어떤 이들은 그의 사역 중에 1만 명이 치유된 것으로 보고되었다고 주장한다.[180] 그의 사역을 통해 "시각 장애인, 마비 환자, 혈우병 환자"가 치유되었고 그의 집회에서 말하지 못하는 사람이 말하고 마비 환자가 걸었다.[181] 그 기적 주장들을 평가하기 위해 구성된 위원회는 진짜 기적들이 일어났다고 확인함으로써 선교사들을 놀라게 했다.[182] 따라서

---

176 Ibid., 208-14.
177 Kim, "Healing," 268. 그는 선교사들은 은사중지론자였음에도 불구하고 현지인 지도자를 장려했다고 지적한다.
178 비난하는 자들이 있었지만 몇몇 선교사들은 한국의 교회를 존중해서 그 관행을 긍정하거나 심지어 그 관행에 참여하기 시작했다(Kim, "Healing," 268-69). 훈련받을 때 영들의 존재를 의심했던 대다수 선교사는 한국에서 사역한 경험을 통해 영들의 존재를 믿게 되었다(270-71). 그렇게 믿게 된 사람 중 "한국에 파송된 최초의 공식 장로교 선교사인 Horace G. Underwood"가 있었는데 그는 죽어가는 사람 옆에서 3일 동안 금식하며 기도했다. 그 사람은 회복되었고 자기 가족을 그리스도께로 인도했다(271-72). 거의 언제나 한국인 신자들이 치유를 위한 기도를 인도했지만 때때로 (Annie Laurie Baird 같은) 선교사들도 참여했다(272).
179 Shaw, *Awakening*, 44-45. 몇몇 학자는 길선주의 종말론에 의문을 제기한다(Kim, "Apocalypse"를 보라).
180 Kim, "Healing," 273(그러나 이 숫자의 자료가 과장되었을 수도 있음을 인식한다). 김익두는 러시아와 만주에 망명한 한국인들을 대상으로도 사역했다(ibid.).
181 Ibid., 274.
182 Shaw, *Awakening*, 45. 추가로 Lee, *Movement*, 41-47, 111, 113, 134을 참조하라. 여

1923년에 "한국장로교는" 당시 미국 북장로교에서 널리 받아들여지고 있던 기적이 중단되었다는 "교리를 공식적으로 폐기했다."[183]

그러므로 치유에 대한 강조가 오늘날 오순절파와 연결된 교회들뿐만 아니라 많은 한국 교회들에서 복음 전도를 촉진한다는 것은 놀랄 일이 아니다.[184] 치유에 관한 어느 연구에서 그리스도인 응답자 604명 중 562명이 치유를 경험했다고 주장했는데 모두 그 경험이 자신의 영적인 생활과 교회 생활에 긍정적인 유익을 주었다고 답변했다.[185] 그 연구의 저자는 (응답자의 주장에 근거하여) 몇 건의 사례 연구도 수록하는데 그 사례들에 의하면 신장병으로 죽어가던 소녀가 치유되었고,[186] 간장 질환으로 죽어가던 여성이 10분 동안의 기도 후 치유되었으며,[187] 다른 여성은 결핵이 치유되었다.[188]

궁핍한 이웃을 위한 기도와 종종 이에 수반된 기적적인 기도 응답이 대한민국 서울에 있는 세계 최대 교회인 여의도 순복음교회에서 교회 성장

러 교파에 영향을 주고 궁극적으로 거의 30만 명의 개종자를 더한 1907년 한국의 영향력 있는 부흥에 관해서는 다음 문헌들을 보라. Lee, "Korean Pentecost"; idem, "Movement," 510-11; Yi, *Movement*; Lee, "Church Growth," 50-56; Anderson, "Signs," 201(Lee, "Distinctives"와 Lee, "Development"를 인용한다); Shaw, *Awakening*, 32-53.

183 Kim, "Healing," 274. McGee, *Miracles*, 184, 300 각주 86도 참조하라.
184 Kim, "Influence"(예컨대 30-31); Kang, "Resources," 279. Kim의 연구는 한국의 다양한 도시 교회들과 관련이 있다(Kim, "Influence," 21).
185 Kwon, "Foundations," 187. 3,000명에게 설문지를 발송했는데, 치유를 경험하지 않은 사람의 응답률은 낮을 가능성이 있으므로 실제로 치유를 경험한 비율은 93%(604명 중 562명)보다는 훨씬 낮을 것이다. 그러나 그 수치는 서구의 기준으로 보면 여전히 높은 수준이다. Wagner, "Genesis," 39-41은 한국인 박사 과정 학생에게서 나타난 녹내장 치유 또는 최소한 축소에 관해 보고한다.
186 Kwon, "Foundations," 227-28(M. K. Yoon에 관한 사례).
187 Ibid., 229-30(J. H. Song에 관한 사례. 그녀는 그 치유로 자기 친척 23명이 개종했다고 말한다).
188 Ibid., 231-32(J. J. Kim에 관한 사례).

의 주요 수단이었다.[189] 이 교회의 사역에 관한 시각은 아시아의 오순절파 사이에서도 다소 다양하지만,[190] 이 대목에서는 치유가 우리의 관심사다. 저명한 신학자인 위르겐 몰트만은 이 교회에서 열린 신학 컨퍼런스에서 조용기 목사와 조 목사의 신학적 성찰에 대한 그의 비판적 이해를 표명했다.[191] 그의 자서전에서 몰트만은 자신이 조 목사를 다시 방문했을 때 자기가 천식을 앓고 있었다고 말한다. 조 목사가 "내 손을 잡고 기도했다. 내가 집에 돌아왔을 때 천식이 그쳤고 몇 주 동안 재발하지 않았다. 나는 이 사례가 기적적인 치유라고 주장하고 싶지 않지만, 그것은 확실히 유별났다."[192] 한국의 어느 책은 (대개 금식) 기도 후 일어난 많은 치유—당뇨,[193] 결핵,[194] 마비,[195]

---

189 Dunkerley, *Healing Evangelism*, 21-22(여의도순복음교회 사례). 금식을 통한 치유 주장에 관해서는 Park, "Spirituality," 51, 59을 보라. 그 교회는 규모로 유명한데 2000년 교인 수가 70만 명을 넘는다고 추정되었으며(Synan, "Revivals," 331; Noll, "Evangelical," 19), 이는 미국의 여러 주요 교파 출석자 전체 숫자보다 많은 수치다 (Noll, Shape, 20). 몇몇 아시아 기독교의 관점에서 본(그중에서 어느 연구도 그 교회에 반대하지 않는다) 학술 연구는 예컨대 *AJPS* 7(1, Jan. 2004)에 수록된 논문들과 Lee, *Movement*, 92-117을 보라. 좀 더 방대한 연구는 Ma, Menzies, and Bae, *Cho*를 보라.

190 Ma, Menzies, and Bae, *Cho*와 Yung, *Quest*, 205-13에 수록된 비판적 이해를 보라.

191 Moltmann, "Blessing," 여러 곳(특히 147-49). Pytches, *Come*, 103-4은 휠체어에 의지하던 여성이 즉각적으로 치유된 데 대해 조 목사가 처음에는 깜짝 놀랐다고 전한다.

192 Moltmann, *Broad Place*, 351(Moltmann은 아마도 무엇이 기적으로 간주되는지에 관해 좀 더 서구식의 정의를 채택했을 것이다). 나는 이 사건을 Mark Shaw, *Awakening*, 47에서 최초로 접했다. 사적 교신, July 23, 2010. 좀 더 소규모로는 열광적인 브라질 오순절파가 비오순절파 연구자의 냉담함을 공격했지만 그 연구자는 그들의 영적 관심사의 "치료적 가치"를 인정했다(Chesnut, "Exorcising," 173). 조 목사 자신이 환상을 본 뒤 결핵 치유를 경험했다고 보고한다(McGee, *Miracles*, 219).

193 Choi, *Korean Miracles*, 24-25, 97-99. 이 책의 저자와 조용기는 함께 천막 교회를 시작했다(Kim, "Foreword").

194 Choi, *Korean Miracles*, 47-48.

195 Ibid., 83; 또한 10일 동안 금식한 후 (5개월 동안 지속된) 한쪽 팔다리 반신불수가

심한 신부전증으로 죽어가던 소년의 치유,[196] 3일간의 기도 후 계속 피를 흘리던 머리 부상 치유(상처도 사라졌다)[197] 등—를 열거한다. 어떤 여성은 통증이 심한 구강염을 치료하기 위해 재산을 다 팔았어도 낫지 않았으나 단지 몇일 간의 기도 후 완전히 나았다.[198].

조금숙이라는 젊은 한국 여성은 내게 자기가 3년간 알고 지내던 동료 학생의 치유에 관해 들려줬다. 그녀의 급우인 이 학생은 어릴 때부터 부분적인 청각 장애가 있어서 보청기를 끼었는데 의사는 결코 증상이 호전되지 않을 것이라고 예상했다. 치유 사역으로 유명한 어떤 사역자가 설교하고 있을 때 이 학생은 자기가 치유되었음을 느꼈고 그 후로 다시는 보청기를 낄 필요가 없었다.[199] 같은 집회에서 그 사역자는 하나님께서 무언가를 보여주기를 원하고 계시며 자기가 누군가의 치아를 고쳐줄 것이라고 말했다. 그 교회의 부목사는 치료비가 부담이 되었지만 치아에 문제가 있어서 정규적으로 치과에 갔었다. 그는 갑자기 5, 6개의 치아에 금 충전이 된 것을 발견했고 내게 이 사례를 알려준 사람을 포함한 그 교회 교인들에게 이 사실을 알렸다[200](나는 치아가 초자연적으로 충전되었다는 이야기에 불편해졌는데, 이는 부분적으로는 내가 좋은 치과 의사에게 치료를 받을 수 있기 때문일 수도 있다).

완전히 치유되었다(99).

196 Ibid., 83-86.

197 Ibid., 96.

198 Ibid., 103-4.

199 Kumsook Cho, 인터뷰, Jan. 24, 2009. 남한에서 부분적인 청력 개선은 *JWCDN* 1(1, 2009): 24-26에 인용된 사례에 등장한다(왼쪽 귀는 들을 수 있는 소리가 112dB에서 78dB로 개선되었고 오른쪽 귀는 120dB에서 92dB로 개선되었다). 청력 상실이 최근에 발생했다면 이는 의학적으로 설명 가능하며(의사 Nicole Matthews, 인터뷰, May 28, 2009), 우리가 청력 검사에서 어느 정도 오류가 존재할 수 있음을 감안해야 하지만 말이다.

200 Kumsook Cho, 인터뷰, Jan. 24, 2009.

또 다른 신학생인 김준은 자기가 2004년 대략 2층 건물 지붕만큼의 높이에서 떨어져 다친 일에 대해 들려줬다.[201] 머리 부상으로 그의 안면이 마비되었다. 그는 한쪽 눈을 뜰 수 없었고 안면 근육의 움직임을 통제할 수도 없었지만, 머리 부상에 대해 수술을 받지 않기로 결심했다. 그 병원의 같은 병실에 입원해 있던 다른 환자도 같은 증상을 보였는데 그 환자는 수술을 받았어도 증상이 개선되지 않았었다. 그 환자는 김준이 수술을 거부하는 것을 보고 놀랐다. 그는 기도하고 나서 하나님이 고쳐주든 그렇지 않든 간에 하나님께 맡겼다. 다음 날 아침 그는 자기 얼굴을 움직이기 시작할 수 있었다. 김준의 얼굴 상태가 변한 것을 보고서 의사는 이는 놀라운 일이라고 말했다. 그는 퇴원해서 계속 얼굴을 움직이는 연습을 했고 지금은 완전히 회복했다. 김준과 같은 입원실에 있던 환자는 그가 자기보다 일찍 퇴원하는 것에 놀랐다. 위의 모든 회복이 자연적 토대에서 설명 불가능한 것은 아니지만, 그중 몇 건은 그런 식으로 설명하기 어려울 것이다. 이 대목에서 요점은 목격자들이 복음서들 및 사도행전에서와 마찬가지로 직접 치유를 체험했다고 주장할 수 있다는 점이다.

7. 태평양 도서 국가

솔로몬 제도의 한 보고에 따르면 "예수 영화"에서 예수가 죽은 소녀를 살리는 것을 보고 감동한 어느 부모가 죽어가는 그들의 다섯 살 딸을 위해 기도했다. 의사들이 그 아이의 상태가 절망적이라고 말했지만, 그 아이는 다음 날 아침 완전히 건강한 모습으로 일어났다. 의사들은 그 아이의 치유를

201　Jun Kim, 인터뷰, Jan. 24, 2009.

의학적으로 설명할 수 없었다.[202] 1970년에 시작된 솔로몬 제도의 부흥 기간 중 "말기 결핵"으로 죽어가던 어떤 사람이 즉석에서 치유되어 일터로 돌아갔다고 보고되었다.[203]

환자 치유가 사모아에서 하나님의 성회 성장에 공헌한 요인이었다.[204] 나는 피지에서 목격자들이 직접 경험한 증언을 좀 더 입수했는데 그중 일부는 당시에 자연적으로 회복된다고 알려진 병이었고 일부는 그렇지 않은 병이었다. 피지 출신의 두 신학생이 자기들이 신적 치유라고 생각한 목격 담 몇 가지를 들려줬다. 어느 날 밤 플린트 힉스가 설교를 마친 후 기도가 필요한 사람은 앞으로 나오라고 초대했다. 자신이 그렇게 초청했음에도 불구하고 그는 열여섯 살쯤 된 한 젊은 여성이 그녀를 위해 기도했던 플린트 의 동료들과 함께 외치기 시작하는 것을 보고 깜짝 놀랐다. 그녀는 양쪽 귀 모두 들리지 않았는데 이제 갑자기 들을 수 있게 되었다.[205]

또 다른 사례에서는 절망적인 상황에 있던 어떤 여성이 기도를 요청 했다. 그녀는 신부전증으로 눈과 피부가 창백해졌다. 의사들은 자기들이 도움을 줄 수 없다며 그녀를 퇴원시켰다. 플린트와 어떤 그리스도인 여성 이 그녀를 위해 기도했고 그의 동료가 그녀에게 "주께서 당신을 고치셨습 니다"고 말했다. 그 여성이 의사에게 가서 검사해 보니 상태가 나빠져 있 었고 그녀는 플린트에게 그의 동료의 예언에 관해 따졌다. 그러나 그는 하

---

202 Eshleman, *Jesus*, 105-6.

203 Koch, *Gifts*, 22(치유 일반을 언급한다), 23(이 사례를 언급한다). Koch는 그 치유 는 잘 입증되며 병원에서 그 사람을 치료할 수 없다며 퇴원시켰다고 전한다.

204 Pagaialii, "Assemblies," 40-41, 45을 보라(나는 이 자료를 찾는 데 도움을 준 아시 아 태평양 신학교 도서관의 William Alcabedos에게 감사한다). 오순절파와 영적 은 사가 태평양 도서 국가 젊은이들에게 갖는 호소력에 관해서는 Davidson, "Pacific," 147, 150도 참조하라.

205 Flint Hicks, 인터뷰, Jan. 29, 2009.

나님이 이 기적을 일으키고 있다는 것을 확신했고 그녀를 그렇게 격려했다. 2주 후 그녀의 눈과 피부색이 정상으로 돌아왔고, 다음번 검사에서 신장이 완전히 정상적으로 기능을 발휘하고 있음이 확인되었다. 그녀는 그가 1998년 2월 8일 설립한 힌디어를 사용하는 교회의 최초 교인 중 한 사람이 되었다. 그녀는 현재까지 잘 지내고 있으며 자기보다 나이 어린 남성과 결혼했다.[206]

뇌막염으로 입원한 플린트의 딸은 죽거나 식물인간이 될 것으로 예상되었다. 플린트는 기도하고 금식하면서 하나님이 자기 딸을 고쳐주실 것이라고 확신했다. 그들의 가족이 그녀를 퇴원시킬 때 의사가 그녀가 잘 먹지 못하고 몸을 움직이지 못할 것이라고 경고했다. 그러나 그녀는 즉시 먹기 시작했고 지금은 다섯 살인데 아무 부작용 없이 건강하게 지내고 있다. 플린트가 그 아이가 바로 병에 걸렸던 자기 딸이라고 말하자 전문가들은 깜짝 놀랐다.[207]

피지 출신 조시아 마타이카는 자기 숙모가 출산했을 때 그 아기는 보지 못했고 며칠밖에 살지 못할 것으로 예상되었다고 말했다. 목사였던 그

---

206 Ibid. 다른 많은 사람과 마찬가지로 Flint는 자기는 모든 경우에 똑같은 일이 일어날 것으로 기대하지 않는다고 강조했다. 그는 단지 자기는 이 경우에 하나님이 이렇게 인도하셨다고 느꼈다고 말했다. 그는 또한 후천성 면역결핍증으로 죽어가던 여성의 증언도 들려줬다(그녀는 2004년 9월 진단을 받은 후 92kg이던 체중이 39kg으로 감소했다). 18개월 동안 병상에 누워 지낸 후 그녀는 환상 중에 보았던 사람을 찾아 기도를 부탁했다. 그때 이후 그녀는 (그가 내가 들려준 증언을 기록한 날인 2008년 11월 14일 현재) 건강을 유지하고 있다. Flint는 검사 결과 그녀의 체내에 이제 HIV가 없다고 들었으며 그 증언이 피지에 잘 알려져 있다고 말했다. 유감스럽게도 회복일이 과거 2년 이내였고 나는 그 말을 독립적으로 확인할 수 없었다.
207 Flint Hicks, 인터뷰, Jan. 29, 2009. 뇌막염에서 살아남는 사람들이 종종 있지만 아이들이 뇌막염에 걸리면 훨씬 위험하다(의사 Nicole Matthews, 사적 교신, April 1, 2009).

의 할머니가 하나님이 개입할지도 모른다는 희망을 안고 가족들로 하여금 기도하게 했다. 그 아이의 눈이 치유되었고 그녀는 지금 초등학교 3학년 학생이다.[208] 조시아는 자기가 방문 중인 교회의 가족에게 기도가 필요하지 않은지 물어본 사례에 대해서도 들려줬다. 그들이 얼굴에 딱지 같은 것들이 있는 아이를 데려왔을 때 그는 신경이 쓰였지만, 아이에게 도유(塗油)할 것을 결심했다. 기름이 없어서 그는 피지의 물을 사용했다. 다음 주에 그 가족들이 왔을 때 그는 그 아이가 완전히 나은 것을 알았고, 그 가족들은 그 결과를 그의 기도 덕으로 돌리며 그에게 피지의 물 전부가 치유 효과를 갖도록 기도해 달라고 부탁했다. 그는 치유가 물과 아무 관련이 없음을 설명해야 했다.[209]

파푸아뉴기니 출신인 돈나 아루쿠아 역시 자신이 겪은 일을 내게 들려줬다. 1997년 11월 그녀는 큰 병에 걸렸다. 그녀의 장티푸스 열이 겉으로 드러나지 않다가 그녀의 친구들이 그녀를 가장 가까운 선교 병원의 응급실로 데려가고 나서야 진단되었다. 병원에서는 그녀에게 약을 주었지만, 병원에 함께 있을 사람이 없어서 그녀는 성경 학교로 돌려 보내졌다. 그녀는 자기가 장티푸스와 약에 시달리느라 거의 듣거나 생각할 수 없었고 손이나 발을 움직일 수 없었다고 말한다. 그러나 킨디와라는 예언자가 그녀를 위해 기도하자마자 그녀는 명확하게 듣고 생각할 수 있었고 움직임이 회복되기 시작했다. 그녀는 자기가 완전히 회복된 뒤 그 예언자의 치유 사역에 합류했는데 거기서 많은 치유를 목격했다고 내게 말했다.[210]

---

208 Josiah Mataika, 인터뷰, Jan. 29, 2009.

209 Ibid.

210 그녀가 내게 들려준 최근의 치유 사례는 2008년 12월 26일 일어났다. 그녀가 인도네시아 자카르타에서 심장병으로 병원에 입원한 비그리스도인 남성을 위해 기도했고, 그는 12월 28일 퇴원했다(Donna Arukua, 인터뷰, Jan. 23, 2009).

2007년 4월 어느 화요일 저녁 뉴질랜드 출신의 예수전도단 회원인 매튜 도슨이 호주에서 정신이 혼미해지고 극심한 통증을 느껴 입원했다. 8시간 후 의사가 그가 뇌막염에 걸렸다고 확인했다.[211] 매튜가 응급실에서 거의 48시간을 지낸 후 의사가 그에게 다른 병실로 옮기라고 하면서 퇴원할 수 있으려면 몇 주에서 몇 달이 걸릴 수 있다고 경고했다. 그러나 목요일 저녁 오후 6시 15분 병실을 옮기고 있을 때 그는 갑자기 몸이 따뜻해지는 것을 느꼈다. 지난 42시간 동안 모르핀 주사도 그의 고통을 별로 줄여주지 못했지만, 고통이 즉각적으로 사라졌다. 그는 몸이 나아진 것을 느꼈고 몇 분 안에 잠이 들었다. 다음 날 오후 1시에 일어난 그는 자기가 다 나았다고 주장했다. 그래서 검사해 보니 그의 몸에 아무 이상이 없었다. 그를 검사했던 의사는 충격을 받았지만, 그가 건강하다고 확인하고 그날 오후 그를 퇴원시켰다. 이 경험을 한 얼마 뒤 그는 자기 아버지에게 전화를 해보고서 "내 치유가 일어난 순간은 바로 내 부친이 내 치유를 위해 소집한 기도 모임이 끝났을 때"였음을 알았다고 말했다.[212]

---

211 문화적으로는 대다수 뉴질랜드인과 호주인들은 본서에서 서구의 사례를 다루는 장에 포함될 수도 있다. 그러나 나는 지리적인 이유로 뉴질랜드를 태평양 도서 국가에 포함시켰다. 호주와 뉴질랜드는 남아프리카 및 몇몇 다른 지역들과 마찬가지로 여러 범주에 속한다고 주장할 수 있는 독특한 지역들이다.

212 Matthew Dawson, 사적 교신, Mar. 29; April 3/4, 2009. Matthew의 부친 John Dawson은 예수전도단 회장이자 국제 화해 위원회(International Reconciliation Commission) 설립자이며 이 사례를 내게 최초로 들려준 사람이다(사적 교신, May 18, 2007).

8. 중국에서 일어난 치유

내가 이 대목에서 아시아의 특정 국가에 초점을 맞추는 이유는 그곳의 치유 주장에 관한 기록이 많이 있고 그 나라 자체가 인도와 마찬가지로 세계 인구의 상당 부분을 차지하기 때문이다. 고대 때부터 중국의 문화에서는 서구의 관찰자들이 불가사의하다거나 기적적이라고 할 만한 많은 변칙 현상들이 존재해왔다.[213] 따라서 중국에서 기독교의 초자연적 사건 주장은 서구의 반초자연주의보다는 그곳의 전통적인 문화와 더 일치한다.[214] 물론 성경 내러티브 자체도 서구의 가정들에 도전할 수 있다. 한때 은사중지론자였던 19세기의 어떤 장로교 선교사는 중국의 그리스도인들이 스스로 신약성서를 읽고서 치유에 관한 성경의 가르침을 실천하기 시작했고 자신은 그 과정에서 자신이 갖고 있던 은사중지론에 관한 견해를 바꿨다고 보고했다.[215]

많은 관찰자가 중국 교회의 치유 및 축귀 강조와 증언을 언급하는데 그런 사례들이 더 많이 제공될 수도 있다.[216] 가정 교회들에서는 좀 더 명백

---

213 McClenon, *Events*, 155-60. 전통적인 도교에서 나타나는 건강과 영들에 관한 관심은 Oblau, "Healing," 315-16을 보라. 중세 중국의 회의주의에 관해서는 160-63을 보라. 몇몇은 중국 사회 일부에서 나타나는 초자연적 주장에 대한 반대는 초자연적 요소가 있는 고유한 중국 문화를 반영하는 것이 아니라, 전통적인 서구의 마르크스주의나 몇몇 서양 선교사들을 통해 중개된 서구의 계몽주의 사상을 반영하는 것이라고 주장할지도 모른다.

214 중국의 많은 전통적인 치유자들과의 중요한 차이는 그리스도인들은 사례비를 받지 않는다는 것이다(Oblau, "Healing," 316. 다른 자료, 예컨대 Espinosa, "Healing in Borderlands," 132도 보라).

215 Gordon, "Ministry of Healing," 197-98에 인용됨.

216 예컨대 Oblau, "Christianity in China," 421; idem, "Healing"; Jenkins, *New Faces*, 114; Menzies, "Sending," 100; Wesley, *Church*, 42(China Gospel Fellowship에서 보고된 증언), 53(가정 교회 일반); Aikman, *Jesus in Beijing*, 87("기적적인 치유

하지만, 이 강조는 삼자교회(Three-Self Church)들에서도 나타난다.[217] 공식적
인 개신교만을 연구한 어느 연구자는 초자연적 치유 주장은 자신이 연구한
모든 교회의 특징이었다고 말했다.[218] 중국에서는 환자들과 더불어 기도한

를 많이 목격"했다고 주장하는 사람을 언급한다), 101, 104; Feaver, "Delegation,"
34("우리가 갈 때마다 표적과 기사가 우리의 형제자매들을 뒤따랐다"). 인기 있는
책으로는 예컨대 Yun, Heavenly Man, 49, 71, 75, 105, 138, 193에 수록된 여러 치
유 주장 요약을 보라. 구체적인 사례는 다음을 보라. 32(혈우병), 50(환상을 본 뒤),
139, 193, 208, 247, 259, 300-1(15, 25-26, 189에 수록된 다른 기적 주장들; 137
에 수록된 치유가 아닌 사례. 이 사역에 대한 긍정적인 평가는 Ross, "Review"를 보
라. 이 사람에 관한 좀 더 이전의 이야기들은 Danyun, Lilies, 23-88을 보라). 좀 더
이전의 자료는 다음을 보라. Jones, Wonders, 61-63, 71, 97, 101, 127, 135, 136-37,
137, 138-39을 보라(137에서는 산지의 여성들이 짝을 이루어 나가서 설교하고 치
유했다고 언급한다. 예컨대 99에서는 세부 사항은 명시하지 않았지만 12년간 병
상에 누워있다 치유된 후 개종했다고 언급한다. 107은 죽어가던 소녀가 모인 사람
들 앞에서 치유된 것과 갑상선 종양이 치유된 것을 언급한다. 118은 거의 죽어가던
남성이 치유된 것을 언급한다). Osborn, Christ, 94. Tang, "Healers," 481은 환자들
을 위한 합심 기도(그리고 덜 흔한 방법으로는 은사가 있는 지도자가 환자에게 안
수하기)가 그 교회의 증언에 핵심적이며 그 증언의 일부라고 지적한다.

217 Tang, "Healers," 481. Hunter and Chan, Protestantism, 151-2은 정부는 삼자교회
목사들이 치유를 경시할 것으로 기대한다고 지적한다. 그들은 치유를 위해 기도
할 수도 있지만, 일반적으로 치유 기도가 성공했다고 공개적으로 주장하지 않는다
(참조. Yamamori and Chan, Witnesses, xx). Aikman, Jesus in Beijing, 140은 삼자 교
회 목사들이 상담 및 기타 전통적인 목회자의 의무를 수행하는 한편 환자들을 위
해 기도도 한다는 데 동의한다. Oblau, "Healing," 321은 인민들 가운데서 사역하
는 공식적인 교회 목사들은 신적 치유에 관여하지만, 신학자들과 관리들은 치유가
그 사회에 적실성이 있음에도 불구하고 그것에 관해 언급하기를 꺼린다고 말한다.
나는 중국에 있는 교회들을 구분할 역량이 있는 체하지 않고—그것은 나의 문화적
및 학문적 경험을 벗어난다—내가 알게 된 치유 보고들을 모두 수록했다. 나는 가
정 교회 진영에서 나온 보고들을 더 많이 구할 수 있어서 그것들을 더 많이 인용하
지만, 가정 교회나 삼자교회에서 나온 보고 대다수의 진위를 직접 확인할 수는 없
었다. Yao, "Dynamics," 27은 삼자교회와 가정 교회 사이의 믿음의 차이를 과장하
는 것에 대해 경고한다(그리고 31-32에서 Aikman이 가정 교회를 지나치게 정치
적으로 해석한다고 비판한다).

218 Währisch-Oblau, "Healthy," 87. Oblau, "Healing," 308은 지성인들은 사회적 효용
때문에 기독교에 매력을 느끼지만(유교의 관점에 부합함), 민초들은 주로 치유에

다는 것은 아무도 홀로 고통당하지 않는다는 점에서 특히 사회적 지원 요소와 관련이 있다.[219] 특별히 치유 기도 사역을 위해 지정된 은사가 있는 그리스도인들뿐만 아니라, 어떤 그리스도인이라도 병을 심각하게 여겨 환자들을 방문하여 그들이 회복될 때까지 그들과 정규적으로 기도한다.[220] 중국 공식 기독교 위원회의 몇몇 회원들에게게서 나온 좀 더 이전의 사례는 "지난 20년간 새로 개종한 사람들의 약 절반은" 그 개종자나 개종자의 지인의 "신앙 치유 경험으로 말미암아 개종했다"고 주장한다.[221] 중국의 그리스도인 일반에 대해 좀 더 넓게 말하는 어느 연구자는 덜 보수적인 추정을 인용한다. "몇몇 조사에 따르면 새 신자의 90%가 치유를 자신의 개종 이유로 꼽는다."[222] 정확한 수치가 얼마든 간에 치유를 통한 개종 경험은 확실히 널

매력을 느낀다고 지적한다. 308, 311에서 그는 공인된 기독교와 비공인 기독교, 좀 더 명시적으로는 은사주의적인 기독교와 주류 기독교 모두에 치유가 편만하다고 언급한다. 그들의 입장에 관한 공개 진술에서 중국의 가정 교회들은 은사중지론을 거절하고 기적이 계속된다는 것을 긍정하며(Aikman, *Jesus in Beijing*, 300), 치유와 축귀를 실천할 수 있는 자유가 그들이 현재 독립 교회로 남아 있는 이유 중 하나라고 주장한다(304).

219 아무도 홀로 고통당하지 않는다는 점에 관해서는 다음 문헌들을 보라. Währisch-Oblau, "Healthy," 88; Oblau, "Healing," 314.

220 한국 및 필리핀에서 존재하는 부류의 지정된 치유자들만이 아니라 모든 그리스도인이 치유를 위한 기도에 참여한다는 점에 관해서는 Währisch-Oblau, "Healthy," 88-90을 보라. 평신도의 방문과 그것의 건전한 영향에 관해서도 Oblau, "Healing," 312, 314, 325를 보라.

221 Währisch-Oblau, "Healthy," 92-93. 의학적 치료의 도움을 받을 수 없는 상황에서 치유가 동정적인 복음 전도 수단 역할을 하는 것에 관해서는 92-95를 보라. 20세기 초반 중국에서 나온 보고들도 있다. 예컨대 (선교 보고서들이 흔히 그렇듯이) 서구의 민감성 때문에 어조를 부드럽게 한 것으로 보이는 간략한 루터교 보고서는 "1년 전에 기도를 통해 병에서 치유되고 신자가 된 Tao씨"에 관해 말한다(Bly, "Glimpses," 10).

222 Tang, "Healers," 481은 이는 의학적인 처치를 받기가 덜 용이한 "시골 지역에서는 특히 더 그렇다"고 지적한다. Oblau, "Healing," 313은 그 수치가 최소 50%라고 말하면서 "중국의 많은 시골 그리스도인들과 나 자신이 관찰한 바에 따르면 이 수치

리 퍼져 있다. 그런 증언이 매우 흔해서 많은 정부 관리들조차 기도해서 치유되었다는 주장에 반응하여 그리스도인이 되는 사람이 많다는 것을 알고 있다고 한다.[223] 어느 저명한 서양인 기자는 치유가 많은 교회의 성장을 촉진했다고 전한다.[224] 그는 "오늘날 중국에서 나타나는 기독교 현상을 조사할 때 기적적인 치유 이야기들을 듣지 않기는 어렵다"고 주장하며, 종종 치유된 사람 본인이 직접 자신의 경험에 관해 말한다고 지적한다.[225]

는 80-90%까지 올라갈 수도 있다"고 지적한다. Brown, "Introduction," 14도 참조하라. 치유를 성장의 한 요인으로 보는 견해는 Yamamori and Chan, *Witnesses*, xv을 보라. 치유를 성장에서 "가장 중요한 요인들 중 하나"로 보는 견해는 Wagner, "Genesis," 47을 보라. 그는 홍콩 소재 아시아 봉사회 이사인 David Wang을 인용한다. 치유를 "가장 중요한 하나의 요인"으로 보는 견해는 Oblau, "Healing," 325를 보라. 중국의 다른 성장 전략들에 관해서는 Lim, "Challenges," 197-202을 보라. 학자인 내 친구 중 한 명은 내게 다양한 지방에서 치유 사역을 하는 자기 친구에 대해 들려줬는데 그 사역으로 마비 환자가 걷게 되었고, 청각 장애인이 들을 수 있게 되었고, 암이 치유되었다고 한다(익명의 제보자, 인터뷰, Jan. 30, 2009).

223 Lambert, *Millions*, 112, 117. 112-13에서 그는 "그 현상이 하도 널리 퍼져 있다 보니 과장과 여러 종교가 혼합된 것을 감안하더라도" 이례적인 치유가 많이 일어나고 있다는 것은 확실하다고 덧붙인다. 호더 앤 스타우턴(Hodder & Stoughton) 출판사에서 펴낸 그의 이전 저서도 치유와 축귀를 통해 개종한 사람이 많다고 언급한다(*Resurrection*, 89, 114). 그는 중국의 그리스도인들은 치유나 기적을 의심하지 않는다는 것을 발견했다(287). Lambert는 마오쩌둥이 사망했을 때 중국 주재 외교관이었으며 중국의 교회에 관해 중요한 연구를 했다(1-9; *Resurrection*은 옥스퍼드 폴리테크닉을 위해 그의 1990년 논문을 개정한 것이다).

224 예컨대 Aikman, *Jesus in Beijing*, 85, 273-74.

225 Ibid., 76은 치유들은 특히 "문화 혁명기 동안 및 그 직후인" 1970년대와 1980년대 초에 왕성했던 것으로 보인다고 말한다. 그 저술의 다른 곳에 치유 및 환상 주장이 수록되어 있다(예컨대 83).

(1) 사례들

어떤 보고에서는 물에 빠져서 거의 죽을 뻔했던 소년이 24시간 넘게 기도한 뒤 회복된 사건이 그 지역에서 기독교의 확산으로 이어졌다.[226] 1989년 거의 병상에 누워 지내던 차오 구이팡은 환상을 보던 중에 고질병(수술할 수 없다고 진단받은 자궁암과 맹장염)이 치유되었다. 그 결과 기독교가 퍼지고 교인이 500명으로 늘었다.[227] 병으로 죽기 직전이었던 대학교 행정 직원이 몇몇 그리스도인 친구들이 그녀를 위해 기도한 뒤 치유되었고 헌신된 그리스도의 제자가 되었다.[228] 어떤 관찰자는 후앙이라는 자기 친구의 간염이 진행되어 그의 몸이 부어올랐다고 말한다. 그는 몸이 누레지고 거의 죽게 되었으며 "의사들은 그가 거의 틀림없이 살지 못할 거라고 말했다." 그런데 그는 기도 후 한두 주 안에 회복되어 의사들을 놀라게 했다. 그가 입원한 뒤에 "비슷한 증상"으로 입원했던 다른 네 명은 모두 사망했다.[229]

1980년대 중국 아시아 봉사회(Asian Outreach) 이사인 데이비드 왕은 기독교를 증거하다 내몽고로 추방된 의사에게서 1981년에 들은 이야기를 전한다. 그 의사의 기도에 대한 응답으로 지방 공무원의 아내가 기적적으로 치유되어서 (그리고 개종해서) 그 관리는 그리스도인들에게 상당한 자유를 허용했고 그 의사의 회중은 1,200명으로 증가했다. 그곳에서 많은 사람이 계속 치유되고 악령들로부터 구출되었다.[230] 1969년부터 1982년까지 월

---

226 Oblau, "Christianity in China," 414; idem, "Healing," 324.
227 Zhaoming, "Chinese Denominations," 450-51(지역도 특정한다).
228 Wesley, Stories, 37은 치유된 사람("양 자매")이 자기에게 얘기해준 증언을 그대로 전한다. "Wesley"(필명)는 학자인데 나와 그를 알고 있는 사람들은 그의 정직성을 신뢰한다.
229 Ibid., 5-7.
230 Wagner, "World," 82-84.

드 비전 회장이었던 스탠리 무네이함 역시 자신이 인터뷰한 소녀에게서 들은 이야기를 전해주었다. 그 소녀의 말에 의하면 그녀가 사는 마을 주민의 80%가 기적적인 치유에 반응하여 개종했다.[231] 해외의 어느 인터뷰 실시자는 중국에서 일어난 다양한 사건들을 보고한다. 어떤 인터뷰 참가자는 이렇게 주장한다. "1992년에…나는 거의 걸을 수 없었고 끔찍한 통증을 겪고 있었다.…내 남동생은 그리스도인이다. 그가 나를 위해 딱 한 번 기도했는데 내 다리가 더 이상 아프지 않았다.…나는 그 후 곧 일어나 다시 걸을 수 있었다."[232] 그리스도인들은 치유에 대한 그런 평판이 있으므로 비그리스도인들, 특히 시골 사람들은 자기들이 치료비를 댈 여유가 없거나 의학적인 도움이 그들에게 효과가 없음이 입증되면 "종종 그리스도인들을 찾아와" 기도해달라고 부탁한다.[233] 내용을 녹음한 어떤 인터뷰에서 딸이 심장병에 걸린 어느 무신론자가 신자가 되었고 그리스도인들에게 기도를 요청했다. 그는 "열흘 뒤 딸이 증세가 많이 호전되어 퇴원할 수 있었다"고 말했다.[234] 녹음한 또 다른 인터뷰는 의사들이 도움이 되지 않자 그리스도인이 되기로 결심하고 난 후 치유된 여성과 관련이 있다.[235] 인터뷰를 실시한 사람은 많은 순회 전도자들이 치유 경험을 보고하였으며 자신은 이 보고들을 정부의 승인을 받은 교회들로부터 들었다고 말했다.[236] 중국 기독교를 연구한 어느

---

231 Ibid., 85-86. Mooneyham은 또한 침례교 교회들과 장로교 교회들에서 목사로 사역했고 Billy Graham의 특별 조수로도 일했으며 1964년에는 전국복음주의협회 임시 집행 이사였다. 좀 더 이전의 사례를 들자면, J. Herbert Kane 역시 중국 안휘성에서 중국내륙선교회와 관련된 신자 수백 명이 치유나 다른 기도 응답을 통해 개종했다고 언급한다(Kane, *Growth*, 106, McGee, *Miracles*, 190, 302에 인용됨).

232 Währisch-Oblau, "Healthy," 89.

233 Ibid., 93.

234 Ibid.; Oblau, "Healing," 314에도 인용되었다.

235 Währisch-Oblau, "Healthy," 93; 이 사례 역시 Oblau, "Healing," 314에 인용되었다.

236 Währisch-Oblau, "Healthy," 94. 그녀는 97에서 자신이 녹음한 인터뷰를 토대로

서양인은 많은 이야기를 묘사한다.[237]

1989년 10월 타이싱에서 의사들은 자오 수에(21세)가 심각한 암에 걸렸고 남은 수명은 6개월이며 장기 생존확률은 1%라고 말했다. 어떤 그리스도인이 그녀를 위해 기도했는데 그녀는 몇 개월 후 회복되었고 검사 결과 완전히 건강해졌다. 그 결과 소수에 불과하던 타이싱 교회의 교인이 1994년까지 5-6천명으로 증가했다.[238] 첸 구이팡은 "식사를 할 수 없어서" 빨대를 통해 음식물을 섭취하면서 "8년간 누워 있었다." 그녀는 개종한 다음 날 몇 년 만에 처음으로 음식을 달라고 요청했고 "한 달 후에는 완전히 회복되어" 새로운 교회 시작을 이끌었다.[239]

마찬가지로 그 연구자는 첸 헤잉이 "3년간 인후암을 앓았고 어떤 의사도 선뜻 수술하려 하지 않았다"고 주장한다. 그녀는 치유된 후 이제 날마다 노래를 부른다.[240] 1985년 리우 칭린은 병원에서 결핵이 치료되지 않았던 어떤 남성을 위해 기도했다. 그 남성은 몇 주 안에 회복되었고 그의 친척도 회복되었다. 그러자 다른 사람들도 기도를 받았고 그 지역의 많은 사람이 주로 치유를 통해 신자가 되었다. 1989년까지 그 지역에 세례 교인 약 3천 명이 생겼지만, 리우 칭린은 체포되었고 그가 감옥에서 죽었을지도 모른다는 소문이 돌았다.[241]

우리는 기적적인 치유 주장을 보고하는 많은 연구를 조사할 수 있다

치유에 관한 다른 증언들도 제공한다.

237 Lambert, *Millions*는 자신의 보고를 오순절파나 은사주의와 분리하지만, 명백히 기독교적인 관점에서 기록한다.

238 Ibid., 113-14(*Bridge*, August 1994을 인용하며 그녀가 교회에서 열심히 활동하고 있다고 언급한다).

239 Lambert, *Millions*, 114-15. 그는 또한 (3주에 걸친) 골절 치유가 많은 사람을 그리스도께로 이끌었다고도 말한다(115-16).

240 Ibid., 114.

241 Ibid., 117-18.

(그중 일부는 앞의 각주들에 언급되었다). 나는 이 대목에서 1991년 홍콩에서 쓰인 연구 하나만 더 추가한다. 이 책은 많은 치유 주장을 수록하고 있다.[242] 나는 그 주장들을 확인할 직접적인 수단은 갖고 있지 않지만, 그 기사들은 신적 치유에 대한 믿음의 빈도를 보여준다. 어떤 보고에서는 거의 죽게 된 죄수가—모두 역병으로 죽은—시체들 가운데 버려졌다. 그가 무의식 상태에서 어떤 천사의 환상을 본 후 깨어났더니 병이 치유되어 있었다. 그 보고는 의사가 그의 회복을 보고 경악했고 훗날 개종했다고 말한다.[243] 다른 사례에서는 비그리스도인 여성이 죽은 것으로 여겨져 의사가 그녀를 시체 안치소에 데려다 두라고 했는데, 그녀가 의식이 소생해서 자기가 별로 알지도 못하던 예수께 부르짖었다. 그녀는 곧 완전히 회복되었고 그녀의 치유가 인근 마을들에 영향을 주었다.[244] 몇 년 동안 출혈로 고생하고 있던 어떤 버려진 노인이 그녀의 증언에 관해 알게 되자, 이제 명백히 새로 그리스도인이 된 그 여성에게 기도를 부탁했다. 그는 이틀 만에 완전히 치유되었고 다른 사람들도 예수께 자기들을 치유해 달라고 요청하기 시작했다.[245] 이 소식통에 따르면 엑스레이를 찍어보니 갈빗대 두 대가 부러진 어떤 사람이 의학적 처치를 받지 않은 채 다른 지역으로 치료하러 갔다. 이틀 뒤 기도하

---

242   예컨대 다음을 보라. Danyun, *Lilies*, 90, 132-33, 217(그 치유 전에는 명백히 불치의 병이었다), 322(많은 치유에 관해 요약한다), 326-27(기도를 통해 말기 간암이 치유되고 통증이 즉시 사라졌다), 328, 329(요약), 330(결핵, 몸져누운 또 다른 여성, 시각 장애), 332(요약), 345(백혈병, 청각 장애 등), 350-51(세례 도중 발생한 다수의 치유). 또 다른 사례에서는 의사가 죽어가는 아이를 포기하고 떠난 뒤 "젊은 신자"가 기도하자 그 아이가 치유되었고 이 일은 궁극적으로 그 마을의 많은 사람이 개종하는 데 기여했다(298). 17년 동안 고통 받던 사람이 설교를 듣다가 갑자기 치유되었다(322). 나는 몇몇 주장은 12장에서 다루기 위해 남겨 둔다.
243   Ibid., 11-12(Miao Zizhong에 관한 사례).
244   244. Ibid., 304.
245   Ibid., 305.

고서 다시 엑스레이를 찍어보니 그의 갈빗대는 더 이상 부러져 있지 않았고 부러졌던 흔적도 없었다.[246] 그리스도인들의 삶을 고달프게 했던 촌장이 자기 아들이 중병에 걸렸는데 의사가 도움이 되지 못하자 그리스도인들에게 기도해달라고 간청했다. 그는 개종했고 그의 아들은 치유되었다.[247] 의학적으로 가망이 없는 뇌종양에 걸린 사람의 치유가 많은 사람의 개종을 가져왔다.[248]

(2) 좀 더 회의적인 견해에 대한 답변

위의 치유 보고 중 몇몇 사례는 자연적으로 회복될 수 있는 상태들과 관련이 있고, 좀 더 극적인 사례들도 있다. 그러나 자연적 현상으로 설명할 수 없는 모든 보고에 대해 의문을 제기하는 사람도 있을 것이다. 초자연적 치유는 발생하지 않는다는 가정을 갖고서 연구한 중국인 연구자 두 사람[249]은 시골 지역들에서 미신적인 치유 주장들이 가득 차 있는 것을 불평한다.[250]

---

246 Ibid., 325-26.
247 Ibid., 331.
248 Ibid., 347-48.
249 Hunter and Chan, *Protestantism*, 146-48은 이 가정을 명백히 밝히는데, "이런 방법을 통해 치료된 생리학적 질병을 확인할 수 있는 증거가 없기" 때문에 영적 치유 주장을 진정한 것으로 받아들여서는 안 된다고 지적한다(148). (나는 그것은 자기가 증명하고자 하는 바를 가정하는 것이라고 생각한다.) Chan의 입장은 Hunter의 입장보다 덜 심하거나 추가적인 증거에 직면해서 바뀌었을 수도 있다. Yamamori and Chan, *Witnesses*, 42-48은 치유 증언들을 인정하는 것으로 보인다.
250 Hunter and Chan, *Protestantism*, 150은 그런 견해들은 전통적인 영적 치유 관행들이 많이 있을 가능성이 큰 시골 지역에서 좀 더 편만하다고 지적한다. 그들은 (152-53에서) 은사 운동은 중국의 전통적인 종교 문화에 잘 들어맞는다고 강조한다(전통 종교 문화에서 치유를 강조하는 점에 관해서는 Barnes, "History," 100을 참조하라). 사실 그것은 과격한 계몽주의에 물들지 않은 대다수 전통문화에 부합한다. 기독교는 그 지역이 민속 종교를 통해서도 추구하는 치유를 제공하기 때

그들은 치유 주장들이 많이 있으며[251] 자기들이 상하이의 가정 교회에서 몇 몇 치유 주장을 들었다고 언급한다.[252] 그러나 그들은 자기들의 제보자 중 한 명의 조카가 그곳의 여성들은 "그런 이야기들을 반복하기를 좋아하는 데, 그에 따르면 그 이야기들은 소문일 뿐이고 언제나 확인할 수 없다"고 말했다는 점을 강조한다.[253] 반초자연주의 틀을 갖고 연구하는 그 저자들은 자기 숙모의 이야기들을 소문으로 간주한다는 그 조카의 증언 자체가 소문 일 것이라고는 생각하지 않으며 이 판단을 사용해서 모든 치유 증언들을 의심하는 것 같다.

그러나 중국에서 보고된 많은 이야기를 어떻게 설명하든 간에 그것들 이 단순히 소문일 수는 없다. 그 보고들은 그 사건들로 말미암아 직접 영 향을 받은 사람들에게서 나왔다. 한 젊은이는 자기가 어렸을 때 의사가 자

문에 시골에서 성공적으로 경쟁한다(Yamamori and Chan, *Witnesses*, 42). 그러나 Lambert, *Millions*, 111-12조차도 시골 지역의 많은 기적 주장을 혼합주의적인 민 속 종교라며 그 가치를 무시한다(117에서는 다른 주장들을 명백히 인정한다; 중 국 전통문화의 기공(氣功)에 관해서는 Turner, *Healers*, 34-36을 보라). Oblau, "Healing," 318은 도시의 지성인들 사이에 이런 태도가 존재하지만 그들 중 몇몇 은 치유를 증언하기도 한다고 지적한다. 많은 사례가 혼합주의를 대표할 수도 있 지만 몇몇 예들은 상황화를 나타낼 수도 있다. 요셉과 다니엘이 특히 이방 환경에 서 꿈 해석자가 되었듯이 말이다(창 40:12-22; 41:9-32; 단 2:16-45). 시골의 기독 교와 도교 사이의 관계의 복잡성은 Oblau, "Healing," 316을 보라. 많은 도시 거주 자들은 지적 탐구를 통해 개종했지만, 시골 지역에서는 치유를 통해 개종한 사람 이 더 많다(Leung, "Conversion," 106). 그러나 그리스도인의 약 80%가 시골 지역 에 살고 있다(ibid., 105).

251 Hunter and Chan, *Protestantism*, 145-52. 그들은 자기를 찾아온 사람에게 안수하 자 그 사람의 큰 종양이 없어졌다는 허난성 가정 교회 지도자의 편지를 의심적게 인용한다(155).
252 Ibid., 150. 그들은 사회 계층에 관한 가정 및 현대주의자의 가정을 별로 숨기지 않 으며, 절이나 교회에서 치유를 추구하는 상하이의 많은 노인은 "문맹이거나 준문 맹이며 아직도 전통 신앙에 큰 영향을 받고 있고" "망상 속에서라도 자기에게 위안 을 줄 수 있는 것이라면 어떤 기회라도" 붙잡는다고 불평한다(151).
253 Ibid., 150.

기를 포기했는데 자기 부친이 하나님께 필사적으로 부르짖으며 자기를 하나님께 바치자 자기가 빠르게 회복되었다고 말했다.[254] 어느 삼자교회 목사는 자기 교회 신자들이 지방의 의사가 조금 전에 죽었다고 선언한 소녀를 위해 기도하고 있는 것을 발견했다고 보고했다. 필사적인 엄마가 그 아이를 교회로 데려왔다. 그 소녀는 회복되었다.[255] (중국에서 발생한, 죽은 자가 살아난 사건에 관한 더 많은 보고는 12장을 보라.) 투옥된 어느 신자가 그 교도소에 수감된 창녀를 위해 기도하자 그녀는 치유되었고 신속하게 그리스도를 영접했다.[256]

다리에 종양이 생긴 농부가 은퇴한 물리학 교수로서 정부 공인 교회에 목사로 임명된 목사에게 기도를 요청했다. 의사들은 수술해야 종양이 제거될 수 있지만 수술비가 그 농부의 1년분 임금을 초과할 것이라고 말했다. 이전에 과학자였던 목사는 신적 치유에 대해 회의적이었음에도 불구하고 그 농부를 진지하게 동정하며 기도했다. 몇 주 뒤 그 목사가 그 마을을 다시 방문했을 때 그 농부가 목사에게 달려와 종양이 거의 없어진 것을 보여주었다.[257]

실제로 위에서 언급된 회의적인 연구의 공동 저자 중 한 명은 7년 뒤 출간된 또 다른 책의 공동 저자로 참여했는데, 그 책은 기적 보고에 대해 덜 비판적이다. 저자들은 중국의 시골 지역 그리스도인 대다수는 "치유나 기

---

254 Wesley, *Stories*, 84-85은 그 젊은이의 증언을 보고한다.
255 Lambert, *Millions*, 109. Lambert는 자기가 그 목사를 직접 인터뷰했고 그 이야기는 훗날 홍콩에서 출간되었다고 지적한다. 삼자교회의 방침에 따라 그 목사는 그 엄마가 교회에서 공개적으로 증언하도록 허락하지 않았다. Oblau, "Healing," 319에 수록된 기사도 주목하라.
256 Wesley, *Stories*, 133. Idem, *Church*, 47은 전에 수감되었던 신자의 증언을 보고한다.
257 Oblau, "Healing," 318.

타 기적에 대한 증언을 제공할 수 있다"고 지적한다.[258] 그 책은 남부 푸젠성에 있는 기독교 마을 한 곳에서 보고된 많은 치유 증언을 담고 있는데,[259] 이로 미루어볼 때 중국 전체적으로는 그런 사례가 수백 배 또는 수천 배 많을 수도 있다. 이런 주장 중 일부는 비자연적 설명으로도 충분히 설명될 수 있지만, 그 이야기들은 확실히 소문이 아니고 자신의 긍정적인 경험에 관한 사람들의 이해를 반영한다.

우시닝은 1980년대에 병에 걸려 일어나지 못하게 되었다. 그녀는 자신이 물질주의를 추구한 것을 회개하고 난 뒤 치유되었고 그 지역을 효과적으로 복음화하기 시작했다.[260] 그녀는 아버지는 사고로 걸을 수 없게 되었고 아들은 위장병이 7년간 계속되어 먹을 수 없게 되었는데 의학적인 치료가 효과가 없었던 한 가족에 대해 말한다.[261] 아버지는 회심 후 머지않아 다시 걸을 수 있게 되었고 아들은 신자들이 그들을 위해 기도한 후 1년 안에 건강을 완전히 되찾았다.[262] 그녀는 그 마을의 주민들이 이 치유들을 본 후 그리스도인이 되고 치유되었다고 말했다. 첸 칭페이는 "몇 년 동안 걸을 수" 없었는데 개종한 지 몇 주 뒤 치유되었다.[263] 웨이 동베이는 두 다리가 마비되었는데 개종한 뒤 목발을 짚고 걸을 수 있게 되었다.[264] 행신의 소들이 독에 중독되어 죽어가고 있을 때 그는 다급하게 어떤 그리스도인을 집으로 데려와 기도를 요청했고 그 소들은 즉시 치유되었다.[265] 우시닝은 이

---

258 Yamamori and Chan, *Witnesses*, 42.
259 Ibid., 43.
260 Ibid.
261 Ibid., 44.
262 Ibid., 45.
263 Ibid., 46.
264 Ibid.
265 Ibid. 가난한 시골의 농부들에게는 가축의 치유가 중요하다. 예컨대 2009년 1월 27일 나는 필리핀에서 돼지 한 마리의 치유에 관해 들었다. 20세기 초 미국에서

마을에서 발생한 사례들에 관한 더 많은 증언을 제공할 수도 있지만 자기가 그 사례들을 모두 기록한 것도 아니고 독자들이 그런 기록을 다 읽느라 시간을 소비할 것도 아니므로 이쯤 해서 이야기를 마친다고 설명한다.[266]

그 책은 인터뷰를 통해 수집한 치유 주장들도 담고 있다. 1,500명이 출석하는 교회의 나이든 목사는 자기가 1961년 병상에 누워있는 여성을 위해 수차례 기도했는데 그녀가 결국 "일어나 걷기 시작했다"고 말했다.[267] 그녀는 이제 사람들의 치유를 위해 기도하지 않는다. 그녀는 사람들의 영적 상태를 위해 기도하는데, 그녀가 기도한 후 치유되는 사람이 많다.[268] 산둥성의 또 다른 나이든 목사는 자기가 어렸을 때 왼쪽 다리에 종양이 생겨서 다리를 절단하게 되었다고 말했다. 그녀는 무릎을 꿇고 예수께 간절하게

가난한 가족의 염소가 명백히 죽었다가 다시 살아난 일에 관해서는 Stewart, *Only Believe*, 154을 보라. 다음 문헌들을 참조하라. Godwin, *Strategy*, 14에 수록된 개의 치유; 콜롬비아에서 일어난 (사역자가 타고 다니던) 당나귀의 치유(출혈이 멎고 상처가 즉시 치유됨, Ronald Ballenger, Nov. 9, 2009에 Douglas LeRoy가 나에게 보내준 보고들 중 하나); 죽어가던 노새가 즉각적으로 치유되어 일어나 먹으러 나감(Jones, *Wonders*, 120); Duffin, *Miracles*, 18에 수록된 노새의 치유; Wesley의 말의 치유(및 Wesley 자신의 동반적 치유; Telford, *Wesley*, 196); Bede를 통한 말의 치유(Young, "Miracles in History," 114, Bede *H.E.G.A.* 3.9에 수록됨); Llewellyn, "Events," 256-57에 수록된 특수한 사례; 그것이 무슨 가치가 있을지 모르겠지만, 내가 그리스도인이 되고 나서 1년도 안 되었을 때 개인 전도를 하고 있었는데 내 전도 대상자가 내게 자기 손에 있던 죽은 나비를 살려보라고 도전해서 내가 기도했더니 분명히 죽어있던 그 나비가 즉시 살아났다; 또한 A. H. Dallimore의 이단적인 사역에 나타난 동물들의 치유(Guy, "Miracles," 458). 동물들의 치유는 전통적인 애팔래치아 신앙의 치유 보고에 등장한다(Wigginton, *Foxfire Book*, 347, 352, 364, 368). 어느 간접적인 보고는 심지어 치유 은사가 있는 어떤 사람이 갓 잡은 소의 출혈을 멎게 했다고 주장한다(Wigginton, *Foxfire Book*, 349). 비록 이 보고는 성경의 틀 안에서 설명하기가 너무 어려워 보이지만 말이다(즉 그것은 절실한 필요를 완화하기보다는 인간의 힘을 과시하는 것으로 보인다).

266 Yamamori and Chan, *Witnesses*, 48.
267 Ibid., 10.
268 Ibid., 11(12도 참조하라).

자비를 구했고 즉시 완전히 치유되었다.[269] 또 다른 노파는 죽어가면서 본 환상에서 자기가 1년 더 살 것이라는 말을 들었다. 그녀는 그때 회복되었다가 1년 뒤 사망했다.[270] 첸 샤오잉은 초신자였다. 1991년 그녀가 칭위안시에서 기도해준 몇 사람이 치유되었을 때 "첸의 하나님은 기적을 일으킬 수 있는 능력 있는 신이라는 말이 퍼졌고" 그 지역에 기독교가 퍼지고 첸 여사는 그 교회 지도자 중 한 명이 되었다.[271]

(3) 몇몇 중국 목회자를 방문한 경험

2007년 다른 곳에서 강의하기 전에 아시아의 한 지역을 짧게 방문했을 때, 나는 거기서 만난 중국의 여러 목사에게 예기치 않은 질문을 할 기회를 얻었다. 나는 이 목사들이 "은사주의적"이거나 오순절파가 아니라는 말을 들어서 알고 있었지만,[272] 내가 그들에게 치유를 직접 목격한 적이 있느냐고

---

269 Ibid., 37.
270 Ibid., 59-60. 다른 지역에서도 그런 보고들을 들을 수 있다. 어느 기사는 노스웨일스의 어떤 사역자가 명백히 죽어가고 있었는데 어떤 사람이 (사 38:1-9을 언급하며) 그가 15년을 더 살 수 있게 해 달라고 기도한 이야기를 전한다. 그 설교자는 자기가 예상한 바와 같이 15년이 지난 뒤 사망했다("Fifteen Years," Thomas Charles에 관한 이야기). 비슷한 사례를 들자면, 영국의 침례교인인 Benjamin Keach가 동일한 구절을 언급하며 기도해서 1689년부터 1704년까지 추가로 생존했다 (Crosby, *History*, 4:307-9. 뉴올리언스의 침례교 신학교 교수인 Lloyd Harsch가 내게 이 자료를 알려줬다). H. C. Morrison in Kinghorn, *Story*, 98도 참조하라.
271 Ibid., 70.
272 나는 그들이 은사주의자가 아니라고 들은 외에는 그 목사들이 소속한 교단을 알지 못한다. 그러나 명백히 중국의 대다수 "비은사주의자"는 "은사주의자" 못지않게 치유를 강조한다(Wesley, *Church*, 47-48을 보라. 이 대목에서는 비은사주의적인 생명의 말씀 교회[Word of Life Church]를 다룬다. 그 교회와 관련된 치유는 Xin, "Dynamics," 177에도 언급된다). 중국 교회의 대다수는 서구의 기준으로는 은사주의적이다(Oblau, "Healing," 311을 보라). Aikman, *Jesus in Beijing*, 81-82은 가정 교회의 대다수는 1980년대 말부터 신학적으로 "은사주의적"으로 되었다고 주장한다.

즉흥적으로 물었을 때 나는 시간이 부족해서 그들이 들려주는 이야기 중 몇 개만 기록할 수 있었다.[273] 그곳에 있던 두 명이 내게 독립적으로 들려준 어떤 사례[274]는 유력한 무신론자 가정과 관련이 있었다. 노모가 병원 세 곳

은사주의자 추정에 있어서 이 외관상 불일치는 "은사주의"의 정의에 의존할 수도 있다. 대다수는 방언을 허용하지만 그것을 필수 조건으로 삼지는 않기 때문이다(비록 외교적으로 다른 해석들이 있을 수는 있지만, 가정 교회들에 관한 진술은 300을 보라). 그러나 방언을 필수 조건으로 삼는 비율도 상당히 높다(273-74).

273 안전 및 특히 분별을 위해, 그리고 정부 방침(본서를 집필하고 있는 현재 지방 정부 차원에서는 모호할 때가 있다)과 이 목사들을 존중해서 내가 그들에게 약속한 대로 나는 누구의 이름도 적지 않았다. 책을 펴낸 몇몇 연구자들도 "정치적인 고려 때문에" 특수한 사례들을 생략했다(McClenon, *Events*, 80. 오늘날에는 그런 주의가 덜 중요할지도 모르지만 말이다). 이 사례들 대다수에서 그들은 더 길게 그리고 매우 진지하게 얘기했지만 나는 그 이야기들을 간략하게만 수록했다. 진지성에 관해 예를 들자면 내가 제보자 중 한 명에게 자신이 보았고 들려준, 설명할 수 없는 현상의 영적 기원을 무엇에 돌리고 싶은지 질문하자 그녀는 자기의 최상의 추측을 제시했지만 솔직히 모르겠다고 인정했다. 제보자 모두는 아니지만, 그들 대다수는 대학 교육을 받았다. 신학적으로는 내가 질문한 사람 중 두 명은 자기에게 어떤 치유 "은사"가 있음을 강하게 부정했다. 여러 목사가 하나님은 치유가 일어나게 할지 여부를 주권적으로 결정하며, 자신의 영광을 위해 기적을 일으킨다고 강조했다. 치유에서 하나님의 주권에 대한 이러한 믿음은 중국에서 보편적이지 않을 수도 있지만(Währisch-Oblau, "Healthy," 94-95), Danyun, *Lilies*, 94-95에 수록된 사람조차(91-93에서 매우 유별난 몇 가지 주장을 말해주었음에도 불구하고), 하나님이 언제나 치유해주는 것은 아니라는 점과 이 사례에서도 치유해주지 않았다는 점을 인정했다(ibid., 218에서 다른 사람을 통해서 들었다. Oblau, "Healing," 311에서 논의되는 하나님의 주권을 보라). 의사들이 이미 포기했는데 하나님이 치유하지 않은 사례들에서 신자들이 그 죽음에 책임이 있었다(Danyun, *Lilies*, 94-95, 218-22에 수록됨). 마오쩌둥 사망 후 의학적 처치를 추구하지 않았다면 치유는 여전히 불법으로 간주되었는데(Lambert, *Resurrection*, 69), 이는 몇몇 민속 종교들에서도 발견되는 접근법이다(134). 민속 종교들을 구분하지 않는 많은 비그리스도인은 모든 치유와 축귀를 미신적이라고 여겼다(60).

274 한 사람은 치유된 여성이 사는 도시 출신이었고 다른 사람은 먼 도시에 사는 그 여성의 친척이었다. 내가 즉흥적으로 요청했고 그들이 설명을 조화시킬 시간도 없었지만, 그들은 다르지만 양립할 수 있는 세부적인 내용을 제공했다. 나는 의도적으로 불필요한 세부 사항을 모호하게 남겨두었다. 나 자신이나 자원봉사 통역자 또는 제보자 중 누구도 정확한 의학 용어를 사용하지 않았고 그것을 알지도 못했다.

에서 수술할 수 없고 급속히 퍼지고 있는 뇌 줄기세포 말기암 진단을 받았다. 이런 상태에서 곧 걸을 수 없게 되었다. 그러나 기도를 받고 나서 한 달 뒤 종양이 2cm에서 쌀 한 톨 크기로 작아졌고, 그녀가 곧 걷고 정상적으로 거동하기 시작해서 의사들을 놀라게 했다. 지금은 온 가족이 신자가 되어 있으며 그 노모는 자신의 회복에 관해 널리 증언했다.

또 다른 목사는 1980년 산둥성의 비그리스도인 가정에서 반신불수가 된 비그리스도인 가족을 교회로 데려왔다고 말했다. 그들이 그녀를 위해 기도하자 그녀는 즉시 일어나 걸었고, 그 사건이 급속한 교회 성장에 박차를 가했다. 다음 10년 동안 그 교회에서 말하지 못하던 사람들 약 100명이 말하기 시작했고 그 교회는 약 2,000명으로 성장했다고 한다.[275] 또 다른 사례에서는 1995년 어떤 마을에 사는 58세 여성이 불치병으로 죽어가고 있었다. 그녀는 3일 동안 전혀 먹거나 마시지 못했다. 그녀의 남동생은 그리스도인이었기 때문에 그리스도인들이 모여서 기도했고 마을 사람들이 모두 구경하러 왔다. 마을 사람들이 그녀가 치유되면 믿겠다고 약속했다. 신자들이 1시간 반 동안 기도했다. 그녀는 마시기 시작했고 다음 날 완전히 회복되었다. 마을 사람들 대다수가 그리스도인이 되었다.[276]

1년간 의학 교육을 받은 나이든 어느 여성 목사는 자기의 믿음이 작아서 그동안 7, 8건의 극적인 치유와 덜 극적인 많은 치유밖에 경험하지 못했다고 내게 한탄했다.[277] 내가 그녀에게 눈이나 귀가 치유된 사례를 목격했는

---

275 내 제보자가 이 치유들 모두를 직접 본 것은 아니지만 그중 몇몇은 잘 알고 있었고, 그렇지 않은 사례들에 관해서는 교회의 보고서들에 의존했다.

276 내 형제는 중국에서 나이든 여성이 치유된 것을 계기로 온 마을 사람들이 개종했다는 구술 보고를 미국에 공부하러 온 그녀의 손녀에게 들었다고 알려줬다. 중국 기독교의 규모 및 이 일이 일어난 시기(아마도 1995년 이전이었을 것이다)에 비춰 볼 때 이런 사례들은 확실히 특이한 경우다.

277 그녀는 자기 교회 교인 중에서 고혈압과 심장병(그녀는 이런 병의 치유는 극적인

지 물어보자 그녀는 즉시 약 10년 전에 일어난 비그리스도인 노파의 이야기를 들려줬는데, 그녀는 신경 문제로 27-28년 동안 한쪽 눈이 보이지 않았었다. 이 목사가 그녀에게 안수하고 기도하자 그 눈이 뜨였다. 치유된 여성은 즉시 그리스도인이 되었고 지금도 신앙생활을 하고 있다.

어느 도시 지역 출신인 또 다른 여성은 자기의 동창생에 관해 얘기해 줬는데 그녀는 결혼 후 7, 8년 동안 자녀가 없었다고 한다. 의사는 그녀에게 두 개의 자궁이 있는데 하나는 난소관에 결함이 있고 다른 하나에는 난소관이 없다는 것을 발견했다. 의사가 첫 번째 자궁의 흠이 있는 난소관을 고쳤지만 임신이 되지 않았다. 내 제보자는 자기 동창을 위해 끈질기게 기도했고 그녀는 난소관과 연결되지 않은 자궁에 임신하게 되었다! 내 제보자는 이 자궁은 일반적인 산도(産道)와도 연결되지 않았기 때문에 놀란 의사가 아기를 수술해서 꺼내야 했지만, 그 여아는 건강했다고 말했다.[278] 같은 제보자는 내게 또 다른 동창의 모친에 관해 얘기해 줬는데, 그녀의 심장병을 의학적으로 치료하려면 치료비가 너무 많이 들 터였다. 우리가 대화를 나누기 약 6개월 전 그들은 그 모친과 함께 기도했고 그녀는 신속하게 회복되었다. 그들이 기도한 지 약 1주 뒤 의사는 또 다른 검사를 하다가 그 모친

치유로 꼽지 않았다)이 예사로 치유되고 있지만, 자신은 안수하라는 특별한 영감을 받을 때만 그렇게 한다고 주장했다. 그녀는 자신이 "치유 은사"를 갖고 있음을 부인했다.

278 내 제보자는 자신의 오랜 친구인 그 여성에 관해 다양한 다른 세부 사항도 제공했다. 그녀가 이 이야기를 해주면서 보여준 진지함을 내가 글로 전달하기는 어렵다. 그녀는 내가 이 이야기를 세상에 알려주기를 염원했다. 그녀는 그렇게 하면 하나님이 (비록 아무도 출산하게 된 그 여성이 처녀라고 주장하지는 않지만) 동정녀 출산 같은 사례를 포함한 기적을 일으킬 수 있다는 사실에 대한 회의주의에 도전하는 데 도움이 될 것으로 믿었기 때문이다. 그녀는 자기의 친구가 이 기적을 받은 뒤 그것을 널리 알려 하나님께 영광을 돌리지 않은 데 실망했다.

이 사실상 치유된 것을 발견하고 깜짝 놀랐다.[279]

　많은 시골 지역에서는 사람들이 적절한 의학적 돌봄을 받지 못하기 때문에 어떤 관찰자는 몇몇 지역에서는 "믿음의 치유가…의학적 돌봄을 대체했다"고 보고한다.[280] 많은 신자의 신학은 때때로 유감스럽게도 치유되지 않은 사람들을 위한 적절한 여지를 남겨두지 않는 것으로 보이지만,[281] 실제로 치유 사역을 실천할 때에는 그리스도인들이 강력한 사회적 지원을 제공하는 것으로 보인다.[282] 관찰자는 사회 시스템이 가난한 사람들에게 도움을 줄 수 없을 때 치유가 특히 하나님을 신뢰하는 가난한 사람들에게 일어난다고 말한다.[283] 전통적으로 숙명론적인 문화에 반해서 새로운 희망이 그들로 하여금 숙명에 굴복하지 말라고 동기를 부여한다.[284]

279　내가 내 제보자가 잘 알지 못하는 다양한 세부 사항을 묻자 그녀는 휴대 전화기를 꺼내 자기 동창에게 전화를 걸었고, 그 동창은 우리가 필요로 하는 것보다 훨씬 많은 세부 사항을 제공해줬다.

280　Währisch-Oblau, "Healthy," 94. 그녀는 적절한 의료에 접근할 수 없었고 서구의 약품을 그다지 신뢰하지 않았던, 독일의 아프리카인 이민자들을 비교한다(95).

281　Ibid., 94-95에 수록된 예를 보라. 그녀는 그럼에도 불구하고 마비되었던 여성이 그러한 처지에 있던 교회 밖의 사람에게 받은 지지와 존중을 지적한다. 이 사례는 Oblau, "Healing," 323에도 언급되었다. 장애인에 대해 민감하지 않은 문제는 중국에 독특한 것이 아니며(Black, "Preaching"과 idem, Homiletic에 수록된 논의를 보라), 몇몇 갱신주의 신학자들은 이제 장애인들을 도움이 되는 방식으로 다루고 있다(Yong, "Disability"보라).

282　Währisch-Oblau, "Healthy," 94(89에 수록된 사회적 지원에 관한 언급을 참조하라).

283　Ibid., 97.

284　Ibid.

(4) 1930년대 중국의 사례

치유와 기적 체험이 오늘날 중국의 기독교 성장에만 박차를 가한 것은 아니다. 그런 체험은 20세기 초 토착 중국 교회에서도 그랬다.[285] 세계의 다양한 지역에서 보고된 기적 주장의 예를 더 많이 제공할 수도 있지만, 나는 이 대목에서 특히 영웅적인 예에 초점을 맞추기로 했다. 아래의 예는 그것이 제공하는 주장 대다수의 목격자였던 전도자의 개인 일기라고 널리 인정되는 기록에 의존한다.[286] 적어도 그 일기는 전통적인 현대 서구의 접근법에는 낯선, 초기 기독교 복음 전도 틀에 대한 개방성을 반영한다. 1930년대 중국 남동부 푸젠성 출신 샹치에송 박사(또는 존 성 박사)는 사도행전에 묘사된 것과 같은 사도적인 복음 전도에 관여했다.[287] 그는 오순절파가 아니었고(그리

---

285 Zhaoming, "Chinese Denominations," 440. 1930년대 산둥 부흥도 참조하라 (Oblau, "Healing," 309; Bays, "Revival," 173; McGee, Miracles, 191). Stanley, "Christianity," 78에 수록된 논평을 참조하라. 이미 1919년에 반(反)선교사적이고 토착적인 오순절파가 출현했다(Bays, "Revival," 169-70, 173-74; Shaw, *Awakening*, 186). 좀 더 이전 시기의 치유 기사에 관한 구체적인 예를 들자면, 1920년대 위린의 Zhang Zhentang이 결핵에 걸렸었다. 의사들이 그의 병은 고칠 가망이 없다고 선언한 뒤, 그는 3개월 동안 기도하고 치유되었다(Lambert, *Millions*, 112). 어떤 젊은이는 결핵을 치유받고 101세까지 살았다(Fant, *Miracles*, 116, 의사 Thomas Moseley에게 들은 이야기임). 동일한 제보자는 결핵으로 죽어가던 또 다른 젊은이("Keo Loh Tien이라는 젊은 유교 학자")가 회복되어서 몸이 허약했음에도 불구하고 65세까지 그리스도를 전했다고 보고한다(ibid., 115-16). Miao Zizhong은 1948년 그리스도를 믿은 후 병원에서 치료할 수 없다고 했던 치명적인 병이 치유되었다(Danyun, *Lilies*, 8-9). 20세기 초에, 중국에서 40년 넘게 보낸 성결교 선교사는 많은 중국인이 성공적인 축귀를 목격한 뒤 신자가 되었다고 보고했다(McGee, "Strategy in Mission," 91). 의사 Henry Frost 역시 중국에서 일어난 치유를 기술했다(Miller, *Miracle of Healing*, 86-87).

286 이 중에서 많은 이야기가 기록된 날짜의 진위는 의문스럽지만, 그 일기의 다른 부분들, 특히 그의 초기 사역에 대한 요약은 그 이전의 사건들을 훗날 요약한 것일 수도 있다. 이 기간에 나온 다른 자료들도 John Sung의 활동을 보고한다.

287 Sung은 치유와 관련된 아시아의 초기 부흥 운동가로 잘 알려져 있다. 예컨대 다음

고 때로는 방언을 고수하지 않는다는 이유로 오순절파로부터 반대에 직면했다),[288] 서
구 모델의 영향을 받지도 않았다. 사실 몇몇 서양 선교사들은 그에게 반대
했고[289] 그는 중국인들이 서양 선교사들에게 의존하는 것을 반대했다.[290]

그의 일기는 특히 자신의 사역을 통해 일어나고 있는 많은 치유를 보

문헌들을 보라. Solomon, "Healing," 362; Yung, "Power," 81(다음 인물들도 거명
한다. 인도의 Sadhu Sundar Singh과 Baht Singh; 중국의 Hsi 목사; 그리고 인도네
시아의 Petrus Octavianus); Young, "Miracles in History," 116; Koch, *Revival*, 43-
64(치유에 관해서는 59에 수록되었다). Osborn, *Christ*, 82-87(당시 중국의 "가
장 위대한 전도자")을 참조하라. 좀 더 최근의 저술은 다음 문헌들을 보라. Bays,
"Revival," 173("아마도 1930년대 중국 부흥 운동의 가장 강력한 단 하나의 인물");
Robert, "Introduction," 15(아마도 20세기 중국의 가장 위대한 부흥 운동가"); Wu,
"Yu," 98("중국의 George Whitefield"). 그는 대개 토착 중국 기독교의 초기 지도
자 중 한 명으로 여겨진다(Tan, "Work," 98; Leung, "Conversion," 89, 106; Oblau,
"Healing," 309; Aikman, *Jesus in Beijing*, 43). 그의 소그룹을 통한 전략적 제자화
는 인도네시아에서조차 여전히 중요한 전략이 되어 있다(Brougham, "Training,"
141). 사실 그는 중국 외에 인도네시아(Koch, *Revival*, 54-57, 60-62), 필리핀의 중
국계 필리핀 교회(Shao, "Heritage," 96), 그리고 19340년에 태국, 말레이시아, 싱
가포르의 중국인 교회들(Anderson, *Pentecostalism*, 129)에도 영향을 끼쳤다.

288 우연한 언급을 통해서 우리는 그가 방언으로 기도했다는 것을 안다(Sung, *Diaries*,
29). 그러나 그는 성령 세례의 참된 증거는 증언 능력이라고 주장했다(32. 참조.
212). 그는 영적 은사와 방언보다 성결과 사랑이 더 중요하다고 주장했다(163-
64). 그는 열매를 희생하고 영적 은사를 지나치게 강조하면 오류를 낳는다고 생각
했다(114). 그는 믿음의 역할을 강조했지만(112, 115), 하나님의 주권(131)과 하
나님의 음성을 듣는 것(예컨대 118-19)의 중요성도 강조했다. J. R. Straton의 침
례교회의 Uldine Utley의 사역이 그에게 큰 영향을 끼쳤다(McGee, *Miracles*, 191,
303).

289 몇몇 갈등에 관해서는(이 사례에서는 서구 선교사의 회심 경험으로 이어졌다) 예
컨대 Sung, *Diaries*, 146을 보라. Hunter and Chan, *Protestantism*, 147은 몇몇 "선교
사들은 John Sung의 '치유들'을" 집회에서 나타나는 감정주의에 귀속시켰다고 언
급한다.

290 그가 서구의 통제와 재정으로부터 독립할 것을 주장한 내용은 예컨대 Sung,
Diaries, 54, 56, 183을 보라. 그는 희생적으로 중국의 생활 방식을 채택한 소수파
서구 선교사들을 인정했지만(118, 154), 서구의 안락함을 가치 있게 여긴 선교사
들을 비판했다(24).

고한다.[291] 그가 치유되었다고 믿은 질병에는 한센병,[292] 시각 장애,[293] 마비 및 보행 불능,[294] 말하지 못함,[295] 청각 장애,[296], 척추 기형,[297] 폐렴,[298] 결핵[299] 및 여러 질병[300]이 포함된다. 대다수 치유는 즉각적으로 명백하게 일어났지

---

291 예컨대 1901-20년에 일어난 사례는 ibid., 2, 4을 보라. 1934년 사례는 23, 40-41, 43-44을 보라. 1935년 사례는 48-49, 52, 61을 보라. 1936년 사례는 74, 76, 87, 91, 93-94, 99을 보라. 1937년 사례는 104, 106, 111을 보라. 1938년 사례는 145을 보라. 1939년 사례는 152(말레이시아에서 발생한 사례), 161을 보라. 그는 다른 사례들보다 특정한 종류의 치유를 언급한다. 축귀는 비교적 적으며(예컨대 23, 30, 34), 소생 이야기들은 간접적인 경향이 있거나(45, 59) 한 시간 후에 다시 사망했다(43). 버스 엔진 "치유"(142) 및 비가 멎은 것(143, 158, 161) 같은 치유 외의 기적들도 몇 건 보고되었다.

292 Ibid., 27, 52, 111(그 한센병 환자가 이제 깨끗해진 피부를 보여주었다. 일기, April 15, 1937), 155(대리인을 통한 기도 후. 이 방법은 117에도 채택되었다), 162(여러 건). 참조. 습진 치유(125)와 머리털 성장(133); 코 위의 피부 질환이 즉시 치유되었고 48년 뒤에도 치유됨(1985년 현재. 150-51에 수록된 보고).

293 Ibid., 28, 36, 56(7세의 시각 장애 여아), 111(여러 건), 116(여러 건), 153(싱가포르의 소녀), 158 (여러 건), 161(4건).

294 Ibid., 32(대체로), 44, 48(6년 동안 걷지 못했던 아이), 56(여러 건), 91, 111(여러 건), 121(Sung 외에 어떤 사람이 목발을 치운 사람이 많다고 증언함), 134(여섯 살 남자아이), 135(다른 사람이 장애자인 거지가 손으로 기어 왔는데 이제 치유되어서 궁극적으로 좋은 일자리를 얻었다고 증언함), 140, 162(여러 건). 대다수의 경우 걷지 못하던 사람이 즉각적으로 걸을 수 있게 되었다. 109에서는 반쯤 죽어서 악취를 풍기는 발이 흉터만 남기고 즉각적으로 치유되었다.

295 Ibid., 29(전에 말하지 못하던 사람이 치유된 뒤 설교자가 됨), 40, 48, 56, 93, 125, 153(싱가포르의 아이), 155(여러 건), 161(4건). 말하지 못하던 이들 중 최소한 몇 사람은 듣지도 못했다.

296 Ibid., 40(6년 동안 듣지 못한 뒤 치유됨), 91, 109(3건), 111(여러 건), 116(여러 건), 155(여러 건), 161(2건).

297 Ibid., 109, 111(곱사등).

298 Ibid., 134(치유에 관한 다른 사람의 증언).

299 Ibid., 137, 138. Sung의 시대에 Watchman Nee는 휴식, 식사, 병을 이기기 위한 그리스도의 사죄를 믿음을 통해 점진적으로 폐결핵에서 치유되었다(Kinnear, Tide, 117-20). Dora Yu 역시 자신의 심장병 치유가 기적적인 것이었다고 믿었다(Wu, "Yu," 95).

300 Sung, Diaries, 43(걷지 못하는 시각 장애인), 58(듣지 못하고 말하지 못하는 사람),

만,[301] 한센병이 2일에 걸쳐 치유된 사례[302]나 마비의 점진적인 치유[303] 같이 점진적인 경우도 있었다. 그는 거의 모든 치유가 영구적이었지만 일부는 일시적이었다고 증언했다.[304] 때로는 그가 사람들에게 안수할 때 그들이 전기처럼 느낀 것이 그들에게 밀려들었다.[305] 그런 증언들은 그리스도인들 사이에서조차 의심을 일으켰지만,[306] 치유되었다고 주장하는 사람이나 치유를 목격했다고 주장하는 사람이 속출했다. 어떤 서양인은 그런 증언을 조사했는데 100건이 넘는 치유 증언을 발견했다고 한다.[307]

존 성의 이야기는 승리주의적이지 않으며 반대되는 데이터를 무시하지도 않는다. 그는 치유되지 않은 사람도 있고,[308] 부분적으로만 치유된 사람도 있으며,[309] 자신이 종종 병에 걸린다[310]고 인정했다. 그는 여러 해 동안 고통

110(말하지 못하고 걷지 못하는 사람), 137(말라리아와 결핵에서 치유되었다는 다른 사람의 증언).

301 예컨대 큰 갑상선 종양이 즉각적으로 치유되었다(ibid., 58).

302 Ibid., 52.

303 Ibid., 108.

304 예컨대 걷지 못한 것 치유 사례(ibid., 93); 시각 장애 치유가 2일만 지속된 사례 (108).

305 Ibid., 62.

306 몇몇은 예컨대 어떤 설교자는 자기 딸이 치유된 뒤 마음을 바꿨고(ibid., 108), 또 다른 사람은 자기 교회 회중의 몇몇이 치유된 것을 보고 마음을 바꿨다(115).

307 Ibid., 94. 마찬가지로 Sung의 일기뿐만 아니라(120) 현지의 목격자도 많은 치유를 증언한 사례가 있다(121. 편집자의 논평을 주목하라).

308 Ibid., 51, 52, 58, 100, 131, 165. 그는 대다수가 치유되었다고 믿었다. 예컨대 그가 1937년 4월 6일에 기도해준 234명 중 170-80명이 "훗날 치유되었다고 증언했다"(110). 4월 14일 오전에 기도해준 774명 중 576명이 오후에 치유되었다고 증언했다(111). 8월 25일에 기도한 1,583명 중 "대다수"가 치유되었다(120).

309 Ibid., 117(어떤 여성의 손은 치유되었지만 발은 치유되지 않았다. 그렇지만 그녀는 행복했다), 158(정신 질환을 앓던 소년의 증세가 호전되었다).

310 Ibid., 8, 55-56, 70, 73, 74, 79, 82, 100, 128, 187, 188. 그는 약을 사용했고(146, 223), 수술을 받았으며(157, 174, 188-89, 221, 223), 날씨가 좋을 때 더 기운이 난다고 느꼈다(152).

중에도 계속 설교를 했지만,[311] 생애 말기 3년은 고통 가운데 보냈고 결국 괴로운 병으로 사망했다.[312] 그는 이 때 믿음을 잃지 않았고, 그의 이전의 고통에서도[313] 자기가 그 안에 담긴 하나님의 목적을 이해한다고 믿었다.[314]

9. 이번 장의 결론

7장에서 나는 아프리카, 아시아, 라틴 아메리카에서 수억 명이 기적적인 치유를 목격했거나 경험했다고 주장한다고 말했다. 신자들은 이 모든 주장에 대해 하나님을 찬양하겠지만, 직접적인 신적 행동에 관한 증거로서 그 주장들의 중요성은 각양각색이며 몇몇 주장은 다른 주장보다 상당히 중요해 보인다. 이 장에서 나는 아시아의 여러 지역에서 보고된 치유 목격담에 관한 구체적인 예들을 보여주려고 했다. 다음 장에서 나는 아프리카와 라틴 아메리카에서 보고된 예들을 살핀다. 12장에서 나는 이 대륙들 및 서구에서 일어난 시각 장애와 마비 치유 그리고 죽었다가 다시 살아난 사례들을

---

311 Ibid., 156, 158, 164-66. 설교를 위한 그의 피나는 노력(예컨대 128)은 Whitefield 의 노력을 닮았다(그의 건강 문제에 관해서는 예컨대 Stout, *Dramatist*, 249-50을 보라). 비록 Livingstone을 괴롭히는 신체 부위에 문제가 있었지만 말이다(예컨대 Livingstone, *Last Journals*, 397-98).

312 Sung, *Diaries*, 190-91, 221-25. 그는 1901년부터 1944년까지 살았다(그의 아내는 1980년에 사망했다. 226).

313 Ibid., 159, 170. 180에 수록된 Sheng 자매의 교훈을 참조하라. 그는 "번영" 설교자가 아니었다. 고통을 효과적인 사역을 위한 필요조건이자 통로로 보는 그의 신학(160-61, 191)을 참조하라. 하나님의 참된 종에게서 가난을 기대하고(192) 교회에서 단순성을 기대함(47); 중국 교회가 고난을 통해 정화됨(197); 성결은 영화 관람(33, 52)과 수다(164) 포기를 포함함.

314 Ibid., 189, 215-16. 열왕기 편집인은 아무 설명도 제공하지 않지만 엘리사 역시 병으로 죽었다(왕하 13:14, 20).

다시 다룰 것이다.

9장

아프리카, 라틴 아메리카, 카리브해에서 보고된 사례

하나님의 은혜로 나는 하나님께서 자신의 능력으로 모든 종류의 질병과 아픔을
치유하신 것을 보았다. 말라리아, 고통과 통증, 암, 우울증, 뼈가 치유되었고 죽
은 자가 다시 살아났다.

레오 바와[1]

우리가 귀신이나 사탄에 대해 말하면 주류 [백인] 사회는 우리를 비웃고 우리를
미신적인 시골뜨기로 여긴다. 그들은 우리가 성경의 기적과 치유 내러티브를 믿
으면 우리를 순진하고 너무 문자적이라고 여긴다. 그러나 미국의 히스패닉계나
라틴계 사람들이 성경을 읽으면 그것은 근본주의자의 견해가 아니다. 우리는 하
나님의 구원 약속과 소망을 믿으면서 성경을 읽는다.

로이다 마르텔-오테로[2]

---

1   Leo Bawa, 사적 교신, Aug. 10, 2009.
2   Martell-Otero, "Satos," 31–32(16에서도 히스패닉계/라틴계의 신앙을 미신적으
     로 보는 주류 문화의 견해에 항의한다). 그녀는 학자들이 소외계층의 놀라운 경
     험을 공감적으로 들을 능력을 상실한 데 대해 Brueggemann, *Astonishment*, 39,

8장과 9장에서 나는 제3세계의 치유 주장을 조사한다. 나는 8장에서는 세계에서 가장 많은 인구를 보유한 대륙인 아시아에 초점을 맞췄다. 나는 이 장에서는 아프리카와 라틴 아메리카를 다룬다. 내 자료의 성격은 지역에 따라 다르지만(예컨대 나는 아시아에서는 출간된 자료를 좀 더 많이 구할 수 있었다) 치유 주장이 여러 문화에 널리 퍼져 있다는 점은 명백하다. 나는 좀 더 극적인 몇몇 사례(시각 장애 치유 및 죽은 사람을 살린 것 같은 치유 사례)는 12장을 위해 남겨두었다.

앞 장에서 언급된 바와 같이 나는 이곳에 수록된 사례들은 가능한 표본의 극히 일부에 지나지 않는데 특히 내 자료가 매우 제한되어서 자료가 더 적어졌음을 강조하고자 한다. 나의 아프리카 자료의 성격은 특히 아프리카 현지의 역사 기술의 구전적인 성격으로 인해 몇몇 다른 지역의 자료의 성격과 다르다.[3] 나는 자료나 접촉을 통해 정보를 구할 수 있는 특정 국가들에서 사례를 모았다. 나는 이 사례들이 대표적인 표본을 구성하며 그런 정보를 몇 배 더 추가할 수 있다고 믿는다.

예컨대 나는 콩고-브라자빌[콩고]에서 나온 보고들을 길게 다뤘는데, 이는 내가 이 정보를 직접 접했기 때문이다. 아주 작은 국가인 콩고-브라자빌(큰 이웃 국가인 콩고-킨샤사[콩고 민주공화국]와 혼동하지 말아야 한다)은 두 가지 이유로 특히 가치가 있다. 첫째, 나 또는 내 직계 가족이 내가 그곳에서 인터뷰했던 사람 대다수를 알고 있으며, 따라서 그들의 장기적인 정직성을 확인할 수 있었다. 둘째, 그 작은 국가의 주류 개신교인(내가 인터뷰한 사람들 대다수)이 치유를 목격했다는 많은 주장을 제공할 수 있다면, 우리는 적극적인 그리스도인이 많은 글로벌 사우스의 더 큰 국가들에서는 기적 주장을

42을 인용한다. 글로벌 오순절파와 근본주의 간의 뚜렷한 구별은 예컨대 Cox, "Miracles," 92-93과 Spittler, "Review"를 보라.

3   Burgess, *Revolution*, 21을 보라. 그는 그곳의 민속적 접근법의 가치를 지적한다.

더 많이 접할 수 있을 것으로 추론할 수 있다. 따라서 덜 알려진 이 나라는 내가 개인적으로 조사할 수 없었던 많은 국가에 대한 표본(바라기로는 대표적인 표본) 역할을 할 수 있다. 마찬가지로 쿠바는 상당히 작은 국가다(비록 인구가 약 1,100만 명에 지나지 않지만 그래도 이는 콩고-브라자빌의 인구보다 700만 명 많은 수치다). 하지만 내가 그곳을 여행한 짧은 기간 동안 증언이 너무 많이 나와서 나는 본서를 쓰는 프로젝트를 언급하기를 그만뒀다.

1. 아프리카 사례

2009년 뉴올리언스에서 개최된 세계성서학회 회의 시 발표한 논문에서 나는 제3세계의 기적 독법이 우리의 최근 유산이 격려하는 것보다 성경의 기적 내러티브를 더 공감적으로 읽기 위한 모델을 제공할 수 있다고 주장했다. 이 맥락에서 나는 본서에서 수집한 몇몇 예를 간략히 언급했다. 내가 발표를 마친 뒤 토론 시간에 현재 미국에서 교수로 재직 중인 바울 학자인 J. 아요데지 아데우야 박사가 일어나 나이지리아인으로서 자신의 관점에 대한 이유를 공개적으로 제시했다. 나는 이전 몇 년 동안 이 성경 연구 컨퍼런스에서 나눈 대화를 통해 그를 알고 있었지만, 이번 컨퍼런스에서야 비로소 그의 비학문적인 개인 경험에 관해 얘기를 나눌 기회가 생겼다. 아요데지는 자연 기적에 관한 자신의 목격담을 제공한 뒤 1981년 1월 1일 산파가 출생 시 죽었다고 선언했던 자기 아들이 20분 동안 기도한 뒤 살아난 일에 관해 얘기했다. 그 아들은 후유증 없이 자라서 과학 석사 학위를 취득했다. 나는 그 방에 있던 사람 중에서 이 이야기에 흥미를 느낀 사람은 비단 나만

이 아니었을 것으로 생각한다.[4]

가나의 비뇨기과 전문의사인 켄 아보야는 자신이 의료 자원이 적절하지 않을 때 거의 죽었던 환자들이 기도를 통해 기적적으로 살아나는 것을 종종 보았다고 언급했다.[5] 스코틀랜드에서 교육을 받은, 아크라 소재 37 군사 병원 소아과 의사이자 몇 년 동안 소아과협회 회장을 맡고 있는 사무엘 아난크라는 네 살 된 자신의 딸을 쇠약해지게 하던 질병과 그 아이를 위한 가족의 기도들에 관해 말한다. 15일 동안 열이 나고 다리가 마비된 것을 시작으로 그 아이의 질병이 몇 달간 지속되었다. 엑스레이를 찍어보니 두 다리에 생리적인 변화가 일어나 있었다. 그런데 다섯 달 뒤 어느 날 그 아이의 상태가 갑자기 호전되었는데 그는 이 치료를 하나님의 기도 응답으로 돌린다.[6]

아프리카인들은 서구 문화에서 교육을 받은 경우에도 우리가 물려받은 서구의 가정들과는 현저하게 다른 경험과 문화적 해석 목록에 의존한다.[7] 초자연적 현상은 아프리카의 대다수 세계관과 양립 가능하며,[8] 아프리

---

4   Nov. 22, 2009. 그 논문은 Keener, "Readings"였고 Ayo는 전화 인터뷰(Dec. 14, 2009)에서 자신의 보고를 확인해줬다. Ayo의 학술 저서로는 *1-2 Corinthians*, *Transformed*, 그리고 *Holiness*가 있다.

5   Mensah, "Basis," 177.

6   Ibid., 179은 자동차에 치어 지속적인 "식물인간 상태"에 빠진 스코틀랜드의 소년에 관해서도 보고한다. Anankra는 날마다 그 아이를 위해 기도했는데 얼마 후 그 아이가 "앉아서 비디오 게임을 하고 있고", 보고, "말하고, 걸을" 수 있는 것을 보았다. 그 아이의 부모들은 큰 감동을 받아 그리스도인이 되었다. "나는 우리가 그 아이를 위해 의학적으로 해준 일이 사실상 아무것도 없음을 안다."

7   어떤 철학자는 자기가 알고 있는, 교육 수준이 높은 우간다와 나이지리아의 성직자들이 "기적, 마법과 영적 전쟁이 확실히 매일의 삶의 참된 측면임을 확고하게 확신하고 있고, 많은 경우에 그들 자신이 직접적이고 논박할 수 없는 경험을 했다"고 말한다(Hart, Delusions, 102은 우리의 단언보다 그들의 경험을 선호한다).

8   예컨대 Abogunrin, "Search"와 Mbiti, *Religions*, 253-57을 보라. 조상들과 치유에 관해서는 Moodley, Shembe, 44-45을 보라. 아프리카의 많은 토착 기독교 교파들

카에서는 기적적인 치유 보고가 흔한데,[9] 특히 정상적인 의료 자원을 이용하기 어려운 경우에 그런 보고가 많다.[10] 치유 및 기타 기적들은 아프리카에서 성장하고 있는 대다수 교파의 교회들을 포함한 종교의 성장에 중요한 요소다.[11] 이전의 서구 선교사들은 마법이나 치유 등 아프리카인들의 특

은 "일상생활에서 기적을 경험할 것으로 기대했다"(Kalu, African Pentecostalism, 98). 아프리카에서 기적적인 힘의 적실성에 관해서는 Gräbe, "Discovery"도 보라. 일찍이 나이지리아의 쿠아 이보에 선교회(Qua Iboe Mission)에서는 "수백 킬로미터 이내에…오순절파의 영향"이 없었음에도 "자연적 방언 분출"이 일어났다(Orr, Awakenings, 160).

9   De Wet의 아프리카 치유 사례 자료는 다음 문헌들을 포함한다. Olson, "Growth," 229-30; Ross, "Search," 146-47, 216-17(Ross는 지금은 콩고 민주공화국에 있는 남중부 자이레를 다룬다); Oosthuizen, *Penetration*, 309-23; Riddle, "Growth," 38-42; McGavran, "Faith-Healing," 376-77. Stinton, *Jesus of Africa*, 65-71에 수록된 몇몇 주장들도 보라. 어느 아프리카 가톨릭교회에서 일어난 치유 사례에 관해서는 Jenkins, *New Faces*, 118-19을 보라. 유감스럽게도 이런 진영에서는 많은 사람이 (전통적인 샤머니즘에서처럼) 치유를 성취할 수 있는 가장 "영험한" 목사들을 찾아다니느라 경쟁과 과장된 주장으로 이어진다(Währisch-Oblau, "Healing in Migrant Churches," 72을 보라). 나는 진정한 건강상의 변화가 보고된 사례에 초점을 맞추려고 노력했다.

10   의료에 대한 접근이 충분치 않을 경우 초자연적 치유에 대한 호소가 증가하는 현상에 관해서는 예컨대 다음 문헌들을 보라. Folarin, "State," 84; Brown, "Introduction," 7; Oblau, "Healing," 315. 선교사인 어느 의사는 자기가 종종 적절한 의료 자원이 없어서 기도할 수밖에 없었는데 그런 상황에서 "예기치 않은 결과에 경악했다"고 말한다(Lees and Fiddes, "Healed," 24). 의사 David Zaritzky는 최근에 자기가 탄자니아에서 2시간 동안 사람들을 위해 기도해줬는데 한 명을 제외하고 모두 치유되었다고 내게 말했다(July 24, 2009).

11   예컨대 이른 시기의 은사주의에 관한 Burgess, *Revolution*, 182-83을 보라. 아프리카 인구 대비 부흥주의자 비율은 아마도 전 세계 평균보다 3배 높을 것이다(Johnson and Ross, *Atlas*, 103). 하지만 (아프리카의 관심사를 위해 맥락화하는 한편) 좀 더 오래된 교회들과 양립 가능한 교회들부터 전통적인 아프리카 종교의 요소들과 혼합된 교회에 이르기까지 좀 더 오래된 교회, 오순절 교회와 토착 교회 모두에 이 양상이 적용된다. 예컨대 (특히 20세기의 사례에 관해) 다음 문헌들을 보라. Akinwumi, "Babalola"; idem, "Idahosa"(Idahosa에 관해서는 Kalu, "Mission," 14-15도 보라); Brockman, "Kimbangu"; Dayhoff, "Marais"(9년 동안 마비되었

별한 관심 대상인 초자연적 요소들을 소홀히 하거나 부인하는 경향이 있었다.[12] 그러나 아프리카 세계관의 이 중심적인 관심사는 토착적인 아프리카 교회에서 명백히 드러난다.[13] 이 요소들은 오늘날에도 다양한 아프리카 토착 기독교에서 중요한 강조 대상인데 강조하는 정도는 각각 다르다[14](아프리카 토착 기독교는 이론적으로 넓은 범위에 걸쳐 있는 이질적인 범주다[15]). 독립적인

던 손 한쪽이 1949년에 기도를 통해 치유되었다); Etienne, "Diangienda"; Fuller, "Tsado"; Hexham, *"Shembe"*; Keener, "Ndoundou"; Larbi, "Anim"; Lygunda li-M, "Pelendo"; Manana, "Kitonga"; idem, "Ndaruhutse"; Menberu, "Mekonnen Negera"; Millard, "Duma"; Moodley, Shembe, 74-77; Nsenga, "Fuisa"; Odili, "Osaele"; idem, "Agents"; Akinwumi, "Orimolade"(모든 구전 전승이 진짜라고 암시하지는 않는다); idem, "Oschoffa"; Brockman, "Kivuli"; Buys and Nambala, "Hambuindja"; idem, "Kanambunga."

12 남부 가나에서 활동한 초기의 바젤 선교사들은 예외였는데, 종교적인 치유에 대한 그들의 믿음은 아칸족의 전통과 일치했다. 이런 시각은 19세기 말 몇 년 동안에 바뀌었다(Mohr, "Medicine").

13 참조. 1927년 나이지리아에서 오순절 교회와 유사한 토착적인 교파(Burgess, *Revolution*, vi)와 7장에 인용된 Harris, Braide 그리고 Kimbangu의 예언적 교파. 하지만 카보베르테에서 활동한 나사렛 선교사인 Everette Howard 같은 몇몇 선교사들은 신적인 치유를 가르쳤고 그들의 아프리카 신자 진영에서 많은 치유가 보고되었다(Miller, *Miracle of Healing*, 51-52, 80).

14 예컨대 다음 문헌들을 보라. Oosthuizen, *Healer-Prophet*, 16-18(아프리카 토착 교회에 관한 사례), 120-21; Daneel, *Zionism*, 21(대다수 시온주의자는 신앙 치유를 통해 합류한다); Ellingsen, Roots, 2:259-60; Hanciles, *Beyond Christendom*, 129(이전의 아프리카 문화와 아프리카 기독교에서 치유가 핵심이라는 사실에 연속성이 있다는 점에 관한 내용), 357, 360-62, 364(초자연적 현상과 치유가 아프리카의 일반적인 관심사라는 내용); Molobi, "Knowledge," 90; Akogyeram, "Ministry," 149; Shaw, *Awakening*, 60; Burgess, *Revolution*, 160. 참조. Brinkman, *Non-Western Jesus*, 234-35.

15 주류 그리스도인과 오순절파 그리스도인들은 이들 중 많은 교회를 혼합적이라고 여길 것이다(Gilliland, "Churches," Adeney, *Kingdom*, 288에 인용된 글을 보라). 이러한 혼합적인 요소에는 예컨대 점쟁이와 조상에 대한 제사(Oosthuizen, *Healer-Prophet*, 25-26), 그리고 특히 자기들의 지도자에게 메시아적인 역할을 부여하는 교파(Moodley, *Shembe*, 65-66. 참조. Shaw, *Kingdom*, 246-47) 또는 다양한 영에 신들리는 것을 조장하는 교파(Behrend, "Power"를 보라)가 포함될 것

교회들은 많은 치유 주장을 제공하지만[16](그리고 앞서 언급된 바와 같이 치유 주

이다. 그러나 다른 교파들은 전통적인 기독교의 접근법과 좀 더 궤를 같이한다 (다음 문헌들에 수록된 요약을 보라. Oosthuizen, *Healer-Prophet*, xix; Moodley, *Shembe*, 65; Molobi, "Churches," 70-71. 적절한 상황화를 찬성하는 입장은 Nussbaum, "AICs," 특히 102-8을 보라). Daneel, "Churches," 182은 메시아적인 지도자를 갖고 있는 (치유와 방언을 하는) "성령 유형"의 남부 아프리카 토착 교회는 소수에 지나지 않는다고 주장한다. 성경적인 모델들은 문화적 상황화에는 (오늘날 가정되는 것 이상의) 많은 유연성이 있음을 암시하지만 영적 혼합은 정죄한다(선교학자들은 정확한 경계에 관해 논쟁을 벌인다). 아프리카의 기독교와 이슬람 교도 가정에서는 혼합주의가 흔하다(Dasuekwo, "Charms"; "Islam and Christianity," 170, 174, 180-82. 참조. West, *Sorcery*, 40. 특히 이슬람에 관해서는 Adeniyi, "Interaction," 60을 보라. 몇몇 오순절파 그리스도인들에 관해서는 Ayuk, "Transformation," 200을 보라. 그곳의 흑인 은사주의자보다 좀 더 전통적인 흑인 남부 아프리카 그리스도인들에 관해서는 Joubert, "Perspective," 131-33에 수록된 데이터를 보라). 비록 다양한 문화의 그리스도인들이 어떤 관행들이 실제로 혼합주의인지에 관해 의견을 달리 하지만 말이다(Noll, *Shape*, 25은 그런 비난은 서구의 그리스도인들을 향해서도 손쉽게 가해질 수 있다고 지적한다. 참조. Brown, "Awakenings," 373은 맥락화를 강조한다). 예컨대 서구의 그리스도인들은 종종 혼합주의적인 자연신론을 맹종하는데, 아프리카의 그리스도인들은 이를 "경건의 모양은 있으나 경건의 능력은 부인하는" 것에 가깝다고 생각할 수도 있을 것이다(딤후 3:5. 다음 구절들에 나타난 물질주의와 혼합하는 위험도 참조하라. 마 6:24//눅 16:13; 아마도 골 3:5도 여기에 해당할 것이다). 아프리카의 혼합주의는 종종 영들을 다루는 기독교적 가르침의 결여에 기인한다(예컨대 케냐에 있는 아프리카 내륙 교회 목사인 Jackson Mutie Munyao도 같은 입장이다. 그는 Wagner, "World," 91에 인용되었다. 인도에서는 Hiebert, "Excluded Middle," 39을 참조하라). 마찬가지로 문화적인 남성중심주의도 성적 착취 문제를 악화시켰다(Chitando, "Prophetesses," 6).

16 예컨대 Isaiah Shembe(예컨대 Becken, "Healing Communities," 234-35, 238, 그의 인터뷰에 근거함; Moodley, *Shembe*, xi, 20-21, 123-24, 137)와 관련된 주장. Kimbangu와 마찬가지로 Shembe는 훗날 몇몇 추종자들에게 신격화되었다(다음 문헌들을 보라. Mzizi, "Images"; Moodley, *Shembe*, 96, 98, 136-37); 그가 자신에 관한 이 주장을 결코 인정하지 않았다고 말하는 사람이 있다(Isichei, *History*, 316-17. 참조. Pirouet, *Christianity*, 161). 모든 사람이 그 주장에 동의하는 것은 아니지만 말이다(Moodley, *Shembe*, xi에 수록된 자료들을 참조하라). 그의 아들은 모든 신자가 치유를 위해 기도할 수 있다고 가르쳤다(Becken, "Healing Communities," 236). 그의 손주 Vimbeni도 기도를 통해 치유했다고 한다(Moodley, *Shembe*, 138,

장이 사람들이 그런 교회에 모이는 보편적인 원인이다), 치유 주장은 그런 진영을 넘어서도 널리 퍼져 있다. 치유와 건강은 삶에 중요한 요소이고 아프리카의 전통은 종교가 이런 유익을 제공할 것으로 기대하기 때문에 이 관심사를 소홀히 하면 교회가 위험해진다.[17] 몇몇 학자는 치유와 축귀에 대한 강조를 아프리카의 그리스도인들이 전 세계 교회에 기여하는 중요한 요소로 본다.[18] 확실히 치유는 중요한 인간의 관심사이자 기독교의 성경에서 현저한 관심사다.

성장하고 있는 기독교 교파 가운데서 나타난 예로는[19] 몇몇 전도자들의 이례적인 치유율과 예상치 않은 세부 사항에 관한 예언자들의 이례적인 정확성이 포함된다. 사하라 남부 아프리카에서 전체적으로 56%의 그리스도인이 신적인 치유를 목격했거나 경험했다고 주장한다.[20] 오순절 교인이었던 이전 시기의 인물 가운데서는 케냐의 부흥에 감동된 학생인 마가레트

173-74). 이 운동은 신흥 종교로서(Mzizi, "Images"), 어떤 역사적 정의에 의하더라도 더 이상 기독교로 인식될 수 없다(특히 Moodley, *Shembe*, 130-37, 140-43, 160-61, 177-88, 211을 보라).

17 Manala and Theron, "Need"(특히 172-77). Olaiya, "Praying," 101은 전통적인 서구 선교사들이 전통적인 종교들을 통해 제공되었던 초자연적 유익에 대한 대안이 없이 "문명화"를 제공했다고 주장한다.

18 Taylor, "Future," 647을 보라.

19 치유는 동료 아프리카인들 및 때때로 유럽의 아프리카 이민자 교회 교인들을 복음화하는 수단 역할도 한다(Währisch-Oblau, "Healing in Migrant Churches," 69-75). 아프리카의 오순절 교회와 미국의 기타 이민 교회들의 상당한 교회 성장에 관해서는 Hanciles, *Beyond Christendom*, 294, 297-98을 보라. 예컨대 전통적인 종교의 방법이 1873년과 1912년에 오니차에서 발생한 천연두 전염병을 억제하지 못한 것 같은 기타 건강 관련 요인들도 사람들의 종교 간의 이동을 유발할 수 있다(Ekechi, "Medical Factor," 294. 부적이 아동 사망률을 낮추지 못해서 한 가족이 개종한 사례를 수록한 Numbere, *Vision*, 39을 참조하라).

20 "Islam and Christianity," 30, 21(그곳의 다른 종교 신자들에게서 나타나는 비율보다 유의미하게 높다). 기적을 믿는 사람의 비율도 다른 지역에서보다 더 높은데 특히 서부 아프리카에서 그렇다. 동부와 중부가 그 뒤를 따른다(ibid., 176).

왕가리가 죽어가는 할머니를 위해 기도했더니 그녀가 즉각적으로 치유되었다. 왕가리는 중부 케냐에서 토착 오순절 교회를 세웠다.[21]

(1) 주류 교회들에서 보고된 치유

치유 강조는 독립 교회나 오순절 교회에 국한하지 않고 전통적인 여러 주류 교회에서도 나타난다.[22] 어떤 연구자는 "오늘날 몇몇 주류 교회의 기풍"은 "오순절 교회와 은사주의 교회의 기풍"을 닮았다고 말한다.[23] 가나의 주류 교회는 잘 알려져 있고 자주 연구되는 사례다.[24] 예컨대 가나 장로교회는

---

21 Kalu, *African Pentecostalism*, 96.
22 은사주의가 아프리카의 많은 주류 교회들에 영향을 끼쳤다. 예컨대 Maluleke and Nadar, "Pentecostalisation," 1을 보라. 나이지리아에 관해서는 Kalu, "Afraid"를 보라. 케냐에 관해서는 Parsitau, "Pentecostalisation"을 보라.
23 Parsitau, "Pentecostalisation," 92(그것이 어떻게 "주류 기독교를 휩쓸고" 있고 "교파의 경계를 모르는지"에 관해 말한다"). Burgess, *Revolution*, 304-8도 보라. 오늘날 토착적인 기독교가 강세를 보이는 가운데 오순절 교회가 가장 두드러진 것으로 보일 수도 있다(Gruchy and Chirongoma, "Elements," 301). Asamoah-Gyadu, "Hearing," 142-43은 "오순절파"가 경험에 초점을 맞춤으로써 아프리카 기독교에서 새로운 초교파적 연합 운동이 되고 있다고 지적한다. 이 대목에서 정의들은 유동적이지만(고전적인 오순절파는 개인의 필요 중심적이라기보다는 좀 더 선교 중심적이었다. Watt, "Dangers," 385-86), 확실히 아프리카의 그리스도인들은 은사중지론자가 아니다.
24 예컨대 Omenyo, Pentecost과 idem, "Healing"을 보라. Gifford, "Developments," 524-25을 참조하라. 그곳의 주류 교회의 은사주의적인 교파 일반에 관해서는 Atieno, *Movement*와 Omenyo, "Charismatization"을 보라. 은사주의적 부흥은 가나의 가톨릭교회가 그들의 신앙을 통해 전통적인 아프리카의 문제들을 다루는 데 도움이 된다(Rakoczy, "Renewal"). 신오순절파의 수가 많아졌지만, 전통적인 주류 교회들은 현상을 유지하거나 성장하고 있다(Shaw, *Awakening*, 166). 급속히 성장하고 있는 토착적인 오순절 교회 같은 가나의 많은 오순절파 교회들은 치유를 강조한다(Hanciles, *Beyond Christendom*, 351). Gifford, *Pentecostalism*, 81은 가나의 오순절파 교회들이 치유보다 경제적 성공을 더 강조한다고 주장한다. Omenyo, "Healing," 243은 그와 반대로 주장한다.

1940년대 말 교리문답 교사인 만테오를 그들의 병원 평신도 사역자로 임명했다. "그는 말기의 질병에 걸렸다고 선언된 여러 사람을 즉각적으로 치유했다고 믿어지며" 교회는 그 은사를 격려해서 훗날(1959년) 그를 목사로 임명했고 이 은사가 있다고 알려진 다른 사람들도 목사로 임명했다.[25] 1970년대 가나 감리교회는 이 교파의 전 감독인 사무엘 B. 에싸무아의 순회 치유 사역을 승인했다[26] 오늘날 가나의 감리교인들과 장로교인들은 치유 사역자들을 후원한다.[27] 가나의 수도에서 사역하는 어느 사역자에 관한 감리교의 2001년 공식 보고서는 어떤 청각 장애인이 들을 수 있게 되었고, 또 다른 사람의 다리 한쪽이 대중이 보는 가운데 즉각적으로 10cm가 늘어나 그 사람이 걷기도 하고 뛰기도 할 수 있게 되었다고 설명했다.[28]

이 양상은 일찍 시작되었다. 감리교도들은 1918년부터 치유를 통한 부흥을 경험했다.[29] 그해에 존 체케와 데이비드 만디소드자가 장애를 입은 소녀에게 예수의 이름으로 일어나라고 명령했을 때 초기의 중요한 치유가 일어났다. 샤먼들을 통해 도움을 받지 못했던 그 소녀는 치유되어서 일어나 외쳤다. "예수 그리스도께서 저를 고쳐주셨어요. 저는 이제 더 이상 장애인이 아녜요. 할렐루야, 할렐루야!" 이 사건을 계기로 부흥이 확산했다.[30]

---

25 Omenyo, "Healing," 242-43(242에서 인용했음).

26 Ibid., 243.

27 Ibid. 몇몇 이슬람 교도는 장로교인을 통한 치유를 모색한다(idem, "Renewal," 149).

28 Omenyo, "Healing," 244. 가나 감리교회는 치유 은사를 지닌 많은 전도자를 목사로 임명했는데, 그들 중 몇몇은 1년에 수만 명에게 사역했다(244-45).

29 Ranger, "Dilemma," 352-53.

30 Ibid., 353. 1920년대 가나 감리교 성장의 중요한 계기 하나는 예언적인 꿈을 꾼 뒤 설교한 Sampson Oppong을 통해서 찾아왔다(Walls, *Movement*, 88. 더 자세한 내용은 Southon, *Methodism*, 149-52을 보라[Samson Opon이라는 이름으로 등장한다]. 간략한 내용은 Alleyne, *Gold Coast*, 78-79과 Orr, *Awakenings*, 162을 참조하라).

1920년대에 시작해서 그 후 40년 동안 만개한 동부 아프리카의 부흥에는 치유, 환상, 방언 그리고 적대적인 영들과의 투쟁이 수반되었다.[31] 이 부흥은 대다수 교회에 영향을 주었다.[32]

또한 중앙아프리카의 이삭 펠렌도에 관한 이전 세대의 보고를 비교하는 사람도 있을 것이다. 그는 복음주의적인 교회(비오순절파)와 관련이 있었다.[33] 펠렌도는 환자들을 위해 기도한 것으로도 알려졌는데, 많은 사람이 그가 기도해준 날 치유되었다.[34] 그중에는 죽어가던 사람들도 있었다[35](우리가 12장에서 살피는 바와 같이 펠렌도는 이미 죽은 것이 확실한 누군가를 살려냈다고 한다). 치유에 관한 관심이 아프리카의 좀 더 오래된 교회들에서 상당히 오랜 기간 동안 존재해왔지만, 지난 반세기 동안 아프리카의 필요에 민감해짐에 따라 치유가 강조되었다.[36] 특히 루터 교회는 마다가스카르에서 오랜 치

---

31 Noll, *Shape*, 186.
32 Ibid., 181; Reinhardt, "Movements," 270. 이 부흥을 이전 수십 년 동안의 다른 부흥들(특히 1893년과 1906년 우간다의 부흥)이라는 더 큰 맥락에서 살피는 논의는 Griffiths, "Fruit," 234-42을 보라.
33 영어로 쓰인 인기 있는 저술은 예컨대 Anderson, *Pelendo*(Pelendo 및 많은 목격자의 생전에 쓰였고, 5에 미국 복음주의 자유 선교회 사무장의 인증을 포함했는데 그 사무장 역시 Pelendo를 알고 있었다. 좀 더 학술적인 문헌은 Lygunda li-M, "Pelendo를 보라")를 보라. 다른 학자들 역시 종종 그를 언급한다(예컨대 Adewuya, 1-2 Corinthians, 22). 수단의 성공회 감독인 Yeremaya는 정확한 예언 때문에 예언자로 여겨졌다(Simeon, "Datiro"). 물론 많은 지도자는 "기록"이나 정직성 면에서 훨씬 덜 성공적이었고, 치유 주장들을 어느 정도까지 전개할 수 있는지에 관한 의견 불일치는 다른 곳에서뿐만 아니라 아프리카에서도 논란을 일으킨다(예컨대 Stinton, *Jesus of Africa*, 77을 참조하라).
34 Anderson, *Pelendo*, 131. 그가 하던 일을 중단할 수 없어서 어떤 아이를 위해 당장 기도할 수 없었을 때 그들이 그의 담요로 그 아이를 덮어주자 아이가 회복되었다(133).
35 Ibid., 69-70, 99-100(그러나 모두 치유된 것은 아니라는 사실을 인정한다), 119-20, 120-22, 124-25, 129-30. Pelendo 자신이 임종 순간에 환상을 본 뒤 일어나 다시 힘을 얻었다(112-14).
36 Omenyo, "Healing," 238-40을 보라. 그는 240에서 서구의 급진적인 계몽주의 틀

유 사역 전통을 갖고 있다.[37] 그곳의 주류 교회들은 기도와 축귀를 통한 치유 예배를 드리는데[38] 주술과 관련된 질병과 서구 의학으로 치료할 수 없는 기타 질병들도 치료되었다고 보고된다.[39] 치료되었다고 보고된 질병에는 뇌종양, "백혈병, 뇌졸중, 중증 정신 질환"이 포함된다. 모든 환자가 치유된 것은 아니었지만 말라가시어를 사용하는 그리스도인들은 치유를 믿었다.[40] 말라위의 대다수 장로교인도 치유를 위해 기도했다.[41] 부르키나 파소의 메노파 선교사들은 그들 교회의 대다수 신자가 아프리카의 다른 곳의 신자들과 마찬가지로 "치유나 악한 영으로부터의 해방을 통해 믿게 되었다"고 말한다.[42] 나이지리아에서는 1969년 무렵 복음주의적인 성서유니온을 통해 개종한 사람이 많았을 뿐만 아니라, 병원 방문에서도 종종 치유가 보고되었다.[43] 오순절 교회들이 많은 치유 주장을 회람하고 있지만 그런 증언이 다

을 거부하는 것을 강조한다.

37 Rasolondraibe, "Ministry," 347-50. 현안 문제는 지역에 따라 다르다. 탄자니아의 많은 루터교인은 환자들을 위해 기도하지만, 많은 사람이 비루터파 은사주의 집회에 끌렸다(Vähäkangas, "Responses," 163-64. 참조. Lugazia, "Movements"). 그곳의 루터교인 중에는 은사주의 교회의 은사를 환영하는 사람들도 있고 부정적으로 반응하는 사람들도 있다(Mchami, "Gifts," 170-71은 환영하는 접근법을 촉구한다).

38 Rasolondraibe, "Ministry," 349.

39 Ibid., 350.

40 Ibid(특히 루터교가 강했다).

41 Ross, "Preaching," 15(장로교 목사의 73%; 교인의 79%); 로마 가톨릭에서는 그 비율이 낮다(목사의 30%; 교인의 37%). 말라위의 오순절파에 관해서는 예컨대 Englund, "Quest"를 보라(한 가지 문제를 다룬다).

42 Entz, "Encounter," 136. 부르키나 파소에서 최대의 개신교 집단은 하나님의 성회인데(Laurent, "Transnationalisation," 256), 거기서는 치유와 축귀도 주장된다 (268).

43 Kalu, "Mission," 12-13; Burgess, *Revolution*, 150, 152. 나이지리아의 은사주의적 기원이 성서유니온에 국한되지는 않지만 (ibid., 95), 성서유니온에서의 부흥이 초기의 나이지리아 은사주의 형성에 큰 영향을 주었다(ibid., 82, 101-2, 137, 144-45, 148-50, 157-59). 나이지리아에서 일반적으로 장로교는 처음에는 은사주의

양한 교파에 널리 퍼져 있는데 그중 몇몇을 아래에 소개한다.

(2) 동부 아프리카 및 중앙아프리카에서 보고된 다양한 기적 주장 표본

아프리카에서 보고된 몇몇 다른 치유 주장 표본에는 케냐의 어느 마을에서 거의 죽었던 아이가 기도 후 즉각적으로 치유된 사례가 포함된다.[44] 예수의 이름으로 한 소녀가 치유된 데 대한 반응으로 수만 명이 예수를 믿게 된 사례도 있고[45] 스위스 교회 설립자인 자크 베르노드의 딸이 세 살 때 콩고의 브라자빌에서 기도를 통해 백혈병이 영구적으로 치유된 일도 있었다(나는 자크 베르노드와 그의 딸을 모두 알고 있는데, 그녀는 나와 같은 대학에 다녔고 현재 건강하게 살아 있다[46]). 아프리카 내륙 교회 목사인 잭슨 무티에 무냐오는 오늘날에는 기적이 일어나지 않는다고 가르쳤으나 1963년 죽어가던 그의 교회 교인 무테미 므윈지가 기도 후 즉시 치유되자 그 교회는 환자들을 위해 기도하기 시작했고 그 결과 성장했다.[47]

운동에 반대했지만 규모가 큰 성공회 교회는 그것을 환영했다(Kalu, "Mission," 17). 그러나 많은 경우에 초기 상황은 좀 더 복잡했다(Burgess, *Revolution*, 93, 98, 185-87). Young, "Miracles in History," 117은 1966-67년에 나이지리아에 체류했던 한 서양인이 한 장소에서 적어도 6명이 살아난 것을 보았다고 전해준다.

44 Wimber, *Power Evangelism*, 18(자기의 제자가 그 보고를 기록했다고 언급한다).

45 Stearns, *Vision*, 172은 그 소녀가 모스크에서 예수의 이름으로 치유된 뒤 케냐의 이슬람 교도들이 예수를 믿었다고 언급한다.

46 Vernaud 목사는 콩고 사람인 내 장인의 친구였는데 내 장인은 그의 치유 사역을 알고 있었고, 나는 미래에 내 아내가 될 사람이나 그녀의 가족을 만나기 전에 Vernaud의 딸 Liliane와 같은 대학에 다니면서 그녀와 친구가 되었다. 지금은 킨샤사에 거주하는 Jacques Vernaud 역시 사적 교신(Aug. 29, 2005)에서 이 내용을 확인해줬다. 나는 그 부녀와 킨샤사에서 개인적으로 대화했다(July 23, 2008). 순전히 의학적인 관점에서는 그녀가 살 가망이 없었기 때문에 유럽에서 의료적 처치를 받지 않았다.

47 Wagner, "World," 92-93.

우간다에서도 다양한 증언이 나왔다.[48] 예컨대 솔로몬 무콘조 목사는 시각 손상이 치유되어 더 이상 안경이 필요 없게 된 자기 교회 부목사를 비롯한 다양한 치유를 보고한다. 천식이 치유되었다고 주장된 사례도 있다.[49] 에스더 구미키리자 목사는 "2년 동안 극심한 출혈에 시달려" 임신하지 못하게 된 자기 교회 교인인 할리마 나마쿨라를 위해 기도했다. "출혈이 즉시 멈췄고" 그녀는 또 다른 아이를 낳았다.[50]

규모가 큰 우간다의 성공회 교회 교회에서도 종종 치유가 보고된다. 우간다 성공회 대주교 비서 목사인 오네시무스 아시이므웨는 내게 자신의 사역 중 일어난 몇몇 치유 사례를 알려줬다.[51] 그중 하나의 사례로는, 그가 미국인 찬양 인도자를 위해 기도하자 그 인도자의 성대 낭종이 없어져서 그녀의 사역에 큰 도움이 되었다.[52] 우리 두 사람 모두의 친구인 안나 굴리크는 내게 자기가 시력을 치유받기 위해 그에게 기도를 받을 계획을 세웠다고 말했다. 90대인 안나는 몇 년 동안 오른쪽 눈이 사실상 완전히 실명

---

48 총알 제거 수술이 남아 있기는 했지만, 기도 후 즉시 출혈이 멈춘 소년을 참조하라(Eshleman, *Jesus*, 86-87). Kassimir, "Politics," 261-62 역시 우간다에서 가톨릭교회가 치유 및 마법을 다루는 축귀로 유명하다고 지적한다(비록 아프리카 교회의 지도자들은 때로는 이 접근 방식을 불편하게 생각하지만 말이다. Spear and Kimambo, "Revival," 245-46을 보라).

49 하나님의 교회 세계 선교회 이사인 Douglas LeRoy가 하나님의 교회의 증언 표본을 내게 보내주었다(사적 교신, Nov. 9, 2009).

50 Douglas LeRoy가 내게 보내준 증언들에 포함된 사례(사적 교신, Nov. 9, 2009).

51 Onesimus Asiimwe는 인터뷰(Oct. 13, 2008)에서 예컨대 Henry Mugsha의 회복을 언급한다. 비록 이 경우는 의학이 개입했지만 말이다. Onesimus는 불임 치유(특히 그가 1996년 기도해준 부부) 및 자신의 회심 시(Jan. 8, 1988) 즉각적인 위궤양 치유(그 후 결코 재발하지 않았다) 이야기도 알려줬다. 그는 또한 미국에서 수행된 자신의 사역을 포함해서 이후의 다른 치유 증언도 알려줬다(예컨대 사적 교신, April 4/ May 2, 2009).

52 Onesimus Asiimwe, 사적 교신, May 2, 2009(찬양 인도자의 의사가 황반변성이 사라졌다고 언급한 뒤 그가 받은 서신 사본); May 27, 2009.

되었고 그 눈의 돌이킬 수 없는 황반변성으로 고생했다. 오네시무스가 기도한 뒤 그녀는 그 눈에서 이상한 감각을 느꼈고 어느 정도의 시력이 돌아왔다. 본서를 집필하고 있는 현재 그녀의 시력은 부분적으로만 회복되었지만, 의사는 그녀의 눈에 일어난 물리적 변화가 의학적으로 설명될 수 없음을 인정했다.[53]

마찬가지로 40만 명이 넘는 교구민을 상대로 사역하는 영국 성공회 주교 나단 키아마니와는 그가 젊었을 적에 자기 마을에 찾아온 전도자가 오른쪽 다리에 오랫동안 의학적으로 고칠 수 없었던 문제가 있던 사람을 위해 기도해야겠다고 생각했을 때 그의 삶이 완전히 바뀌었다고 말한다. 다리가 붓고 악취가 나는 썩은 상처에서 고름이 나오고 있는 어떤 사람이 주저하면서 앞으로 나왔다. 그 전도자와 나단 그리고 다른 성직자들이 그를 위해 기도할 때 그는 따뜻함을 느꼈고, 그의 통증이 그쳤으며, 1주일 안에 부기가 사라졌다. 그 사람이 사망할 때까지 8년이 넘는 기간 동안 그 병은 재발하지 않았다.[54] 나단 감독 자신이 2009년 초 심장 발작을 겪었다. 수도에 소재한 주요 병원에서 자세한 검사를 한 뒤 의사들은 나단 감독이 심장 발작이 일어났음에도 살아남은 데 경악했다. 캄팔라 소재 병원의 의사들은 최선을 다해 처치를 했지만 나단이 해외에서 추가로 치료를 받을 필요가

---

53   Anna Gulick, 사적 교신(April 4월 19, 23, 24, 25, 2010; June 10, 11, 12; July 31; Sep. 4, 9, 2010일). 그녀는 의사의 진단서도 제공해줬다. 의사(황반변성 전문의; July 6, 201; April 15, 2011) 및 검안사(June 10, 2010)가 설명할 수 없는 그녀의 변화를 알아봤고, 전에 시력을 상실했던 눈을 포함해서 새 안경을 처방했다(Aug. 26, 2010. 검안사의 시력 측정 기록은 Mar. 10, 2008과 Aug. 26, 2010자다). 우리가 Aug. 28, 31, 2010 그리고 Sep. 3일자 편지를 받았을 때는 그녀는 전에 보지 못했던 눈으로 (힘들게) 읽을 수 있었고 점점 더 호전되었다(Aug. 30, 2010; Jan. 11; April 15; May 25; June 11, 2011).

54   Nathan Kyamanywa 주교, 사적 교신, Nov. 15, 27, 2010. 나는 Anna Gulick, 서신, Oct. 11, 2010을 통해 이 이야기를 처음 들었다.

있다고 주장했다. 병세가 긴급했음에도 그의 영국행 비자 발급이 지연되었다. 안나 굴리크는 내게 이 기간 동안 나단 주교는 자신이 전에 심장 발작을 일으켰을 때보다 더 약해 보였다고 알려줬다. 수천 명이 그의 비자 발급뿐만 아니라 그의 심장을 위해서도 기도했는데, 몇몇은 하나님께서 그에게 새 심장을 주실 것을 확신했다. 그가 드디어 런던으로 갈 수 있게 되어 검사해 보니 그의 심장은 애초에 심장 발작을 일으켰다는 아무 흔적도 없이 완전히 건강해져 있었다.[55]

동부 아프리카와 중앙아프리카 다른 지역의 다양한 교파에서도 여러 치료 사례가 보고된다. 1972년부터 1975년까지 성공회 주교의 동생인 에드몬드 존은 놀라운 치유 사역을 통해 여러 사람을 개종시켰는데 그 가운데는 많은 이슬람 교도도 포함되었다.[56] 어떤 남침례교 선교사는 자기가 죽어가던 탄자니아 사람 두 명을 위해 기도해줬는데 그들이 즉각적으로 완전히 회복된 데 깜짝 놀랐다. 그 뒤로 복음을 받아들이는 사람이 많아졌다.[57] 서양인 정신과 의사가 명백히 "심한 중증 강직성 척추염"으로 완전히 마비된 사람을 위해 기도한 뒤 그 사람은 궁극적으로 회복되어서 춤을 추기까지 했다.[58] 1년 동안 말을 하지 못했던 르완다의 어떤 여성이 오순절 교회

---

55 Nathan Kyamanywa 주교, 사적 교신, Sep. 2, 2009; Anna Gulick, 사적 교신, Aug. 23, 2009. 참조. 서신, Aug. 24-25. 나는 지면 관계상 많은 세부 사항을 생략했다.

56 McGavran, "Healing," 73. (비록 위계질서에 따른 교회의 공식적인 승인을 받지는 않았지만) 탄자니아의 유명한 가톨릭 운동에서 보고된 치유는 Comoro and Sivalon, "Ministry," 282, 286-87과 Wilkins, "Mary and Demons"에 수록된 논의를 보라.

57 Knapp, *Thunder*, 189-91. 이 남침례교 서적은 다른 치유 역시 기록한다(예컨대 188-92). 치유되지 않은 다른 많은 사람이 헌신의 모델이 되었다(199-200). 탄자니아의 많은 개신교 평신도 중에서 시행되는 환자를 위한 기도와 축귀에 관해서는 Mlahagwa, "Contending," 304을 보라.

58 Wilson, "Miracle Events," 272-73. 그는 언제 완전한 회복이 일어났는지 확인할 수는 없지만, 그 사람이 2년 뒤 건강하게 지내고 있었다는 것은 안다. 그는 또한 이

부흥 집회에서 갑자기 그리고 완전히 치유되었고 이제 큰소리로 기도해도 아프지 않게 되었다.[59] 중앙아프리카 공화국의 존 뭄바 주교는 그곳에서 많은 치유를 보고했는데, 그중에는 죽어가던 아이가 건강해진 사례와 한쪽 발의 건강 상태가 좋아져 예정되었던 수술이 취소된 사례가 있다.[60]

에티오피아에서는 어느 루터 교회(메카네 예수스 교회)의 조사에서 응답자의 83%가 치유나 축귀가 자신의 개종 동기라고 답변했다.[61] 아프리카의 메노파 교회(메세레테 크리스토스 교회) 역시 많은 기적을 경험했다고 보고한다.[62] 박해받던 시기에 하도 심하게 맞아서 걸을 수 없게 된 메카네 예수스 교회 신자인 게네트 룰세게드 쿰사는 메세레테 크리스토스 교회에 기도를 받으러 왔다. 다니엘 메코넨이 기도했고 게네트는 자기가 전기 수술을 받는 듯한 느낌을 받았고 모든 통증이 사라졌다고 말했다.[63] 박해받던 시기에 "암, 마비, 시각 장애, 천식" 등의 치유가 보고되었다.[64] 치유는 신자들 사이에서 가장 흔했지만 많은 비신자도 치유되었다. 메세레테 크리스토스 교회 전도자인 다니엘 메코넨은 비신자들의 치유가 신앙의 치유가 아니라 사랑의 치유라고 설명했다. 즉 이는 하나님이 신자의 신앙을 통해 치유한 것이 아니라 자신의 사랑으로 말미암아 비신자를 치유한 것이었다. 한번은 다리가 매우 아픈 어떤 무신론자가 집회에 참석했다. 그 전도자가 하나님께서

런 병은 의학적인 개입이 없으면 치료될 수 없는데 그런 개입을 한 적이 없다는 것도 안다(ibid., 278).

59 Douglas LeRoy, 내게 보낸 보고서, Nov. 9, 2009에 수록된 내용.

60 Douglas LeRoy, 내게 보낸 보고서, Nov. 9, 2009에 수록된 내용.

61 McGavran, "Healing," 75.

62 기적들이 기대되고, 능력 대결도 기대된다(Hege, *Prayers*, 244). Sharon Kraybill 역시 그곳에서 많은 기적이 일어난다고 전한다(사적 교신, May 26, 2009; Nov. 10, 2009). Sharon은 그곳의 서양인 메노파 선교사였다..

63 Hege, *Prayers*, 179.

64 Ibid., 170.

아픈 다리를 치유하기를 원하신다고 선언했을 때 그 무신론자는 충격을 받았고, 치유되었으며, 신자가 되었다.[65] 많은 치유를 통해 그 교회가 알려졌다.[66] 올레가에서 교회의 사역 초기에 치유와 축귀를 본 사람들은 부적을 버렸다. 그곳의 메노파 교회에서는 계속 많은 사람이 치유되고 있다.[67] 레가싸 페이사 같은 다양한 교파의 개인들을 통해 마비 환자, 정신분열 증세가 있는 소년, 귀신 들렸다고 생각된 사람 등 많은 사람이 치유되었다.[68] 에티오피아와 미국에서 여전히 활발하게 사역하고 있는 다니엘 메코넨이 내게 40년에 걸친 자신의 사역에 관해 말해주었는데, 나는 그중 몇몇 사례를 읽어보았다. 그는 설교 후에 환자들을 위해 기도한다. 치유되었다고 보고된 사람 중에는 시각 장애인이나 청각 장애인, 걷지 못하는 사람, 암에 걸린 사람 등이 있다. 대체로 치유는 가시적으로 일어난다. 그렇지 않을 경우 그는 치유된 사람들에게 공개적으로 증언하기 전에 의사의 확인을 받아야 한다고 말한다. 그의 에티오피아 사역은 현재 치유된 사람들의 증언집을 쓰기 위해 사례를 수집 중인데 그 책은 먼저 암하라어로 출판되고 나서 영어로도 발행될 것이다.[69]

에티오피아의 전도자인 게브루 올두는 50개국에서 사역했는데 수많은 치유와 기타 기적 사례를 제공한다.[70] 예컨대 그는 다리 한쪽이 비브리

---

65   Ibid.
66   Ibid., 199.
67   Ibid., 227-28.
68   예컨대 Menberu, "Regassa Feysa"; idem, "Mekonnen Negera."
69   Daniel Mekonnen, 전화 인터뷰, Dec. 10, 2009. 증언들은 가능한 경우 의료 서류를 제공할 예정이지만, 그가 말한 바와 같이 에티오피아에서는 종종 (예컨대) 시각 장애인의 경우에조차 의료 서류를 갖출 수 없는 경우가 있다. Mekonnen 목사는 내게 1978년부터 1981년까지 발생한 에티오피아의 부흥 사례들에 관해 알만한 메노파 선교사들도 소개해줬다.
70   예컨대 출산 전에 자리를 잘못 잡아 의학적 개입이 필요했던 아기가 자리를 바로

오 패혈증에 걸린 여성을 위해 기도했다고 말한다(어떤 약도 그 병을 고치지 못했었다). 그는 다음 주에 그녀를 만났을 때 자기가 기도한 날 그녀의 다리가 치유되었다는 말을 들었다.[71] 전도자 올두는 자기 스스로 그 치유를 목격했지만 (광신도나 그런 치유를 믿지 않으려는 사람 같은) 잠재적인 문제를 방지하기 위해 그의 사역은 치유가 친척들이나 의사들을 통해 확인될 수 있는 믿을 만한 사람의 공개적인 증언만 허용된다고 말한다. 함께 식사하고 다양한 대화를 나누고 난 뒤 나는 종이를 꺼내 게브루 올두 자신의 경험에 관해 질문하기 시작했다. 그는 먼저 자신은 단지 기도할 뿐이고 사람들을 치료해 줄지 그러지 않을지 결정하는 분은 하나님이라고 말했다.

그러고 나서 그는 시각 장애 및 기타 질병들의 즉각적인 치유에 관한 이야기를 해줬는데, 그중 몇몇은 본서의 뒤에 수록되었다. 그는 탈골된 어깨가 즉각적으로 치유된 서양인 의사와 문제가 있는 좌골이 즉각적으로 완전히 치유된 서양인 변호사 등 광범위한 다른 사례를 들려줬다. 그는 HIV 양성 판정을 받고 이미 그 증상이 나타나고 있던 사람들이 치유되었다고 말했다. 그는 서양인 두 명을 포함한 사람들이 다시 검사를 받아보니 (그는 항상 증언하기 전에 검사를 받게 한다) 음성이 나타났다고 말했다.[72] 간암으로 호

<hr/>

잡았다(Woldu, *Gifts*, 157). 이 일은 1997년 콩고에서 내 아내에게도 일어났다(그녀의 일기, Aug. 29- Sep. 1, 1997. 그녀는 의사로부터 아기가 자리를 잘못 잡았다는 통보를 받고 기도했는데 아기의 위치가 이동하는 것을 느꼈다. 다음 날 초음파 사진을 촬영해 보니 위치 이동이 확인되었다. 예컨대 Schiappacasse, *Heals*, 27- 28, 54 등 다른 사람들도 출생 전의 치유를 보고한다). 일본계 병원의 의사들은 그의 사역을 통해 어떤 여성의 임신 중독증이 치유되자 깜짝 놀랐다고 한다(142). 요약은 예컨대 141, 157을 보라. 그는 친절하게도 내게 편지도 보내주었다(Jan. 28, 2010자 포함). 그는 자기에게 입증 서류가 있는 것은 아니지만 자신의 사역은 의사들에게 확인된 사례만 공개적으로 인정한다고 지적했다(사적 교신, Feb. 5, 2010).

71 Woldu, *Gifts*, 140.
72 멜버른에서 일어난 사례는 너무도 놀라워서 지역의 어느 신문사 기자가 그 사람을 인터뷰하러 왔는데 그 사람이 예수가 자기를 치유해줬다고 말하자 흥미를 잃었다.

주 브리즈번의 아동병원에 입원해 있던 한 아이는 간 이식 수술을 받지 못해 죽어가고 있었지만, 기도하고 나서 1주 후에 건강하게 교회에 출석했다. 그는 종종 갑상선 종양이 즉각적으로 사라진 것과 척추 문제(척추에 문제가 생긴 몇몇 사람은 걸을 수 없었다) 치유에 관해 증언했다.[73] 나는 다양한 장소에서 발생한 치유 주장에 관한 보고를 계속 요약할 수도 있지만, 이 대목에서 몇몇 주장을 다소 상세하게 제시하기를 원한다. 2006년 여름 나는 케냐에 있는 내 학생들에게 극적인 치유를 목격한 사람이 있느냐고 물었다. 베르나르드 루부체는 그들이 어렸을 적에 자기 여동생에게 일어난 일에 관해 말해줬다. 그녀는 두 다리가 마비되어 1년 넘게 바닥에 앉아 몸을 끌고 다녔다. 어떤 전도자가 병자들을 위해 기도하려고 한다는 얘기를 들은 아이 엄마가 딸을 업고 아주 먼 길을 걸어서, 심지어 험한 강까지 건너서 그곳에 찾아갔다. 그들은 전에도 기도한 적이 있었기 때문에 아이의 아빠는 이번에는 결과가 다를 것이라고 희망하지 않았다. 하지만 기도를 받은 그 주간 동안에 그 아이는 완전히 회복되기 시작해서 30년이 지난 지금 그녀는 여전히 잘 걷고 있다.[74]

브루스 콜린스는 새 포도주(New Wine)라 불리는, 원래는 성공회를 기반으로 한 국제적인 초교파 갱신 그룹의 지도자다. 그는 자기 그룹이 몇 명의 고아들을 돌보고 있는 케냐 서부 메세노 지구의 에크완다에 거주하는 어린 고아에 대해 말해줬다. 그 소년은 아마도 거의 90% 정도 시력을 상실해서 손을 잡아 인도해줄 필요가 있었고 자기 얼굴 앞에서 손가락을 편 것

---

73 인터뷰, May 20, 2010; 사적 교신, Feb. 5, 2010. 나는 내 질문 중 어느 것도 그에게 미리 알려주지 않았지만, 그는 내가 그에게 물어본 모든 질문에 충분히 대답했고 나는 이러한 흥미로운 기사들을 본서에 압축해서 요약했다. 내가 경험한 Gebru는 매우 겸손하고, 자신을 드러내지 않고, 동정적이고, 진지한 사람이었다.

74 Bernard Luvutse, 사적 교신, Aug. 17, 2006. 참조. Marszalek, *Miracles*, 158에 보고된, 케냐에서 발생한 무릎 치유.

도 볼 수 없었다. 약 10분 동안 기도한 뒤 그는 심지어 10m 떨어진 곳의 열 손가락을 모두 셀 수 있었다. 10분이 더 지나자 그는 30m 떨어진 곳의 손가락을 볼 수 있었다(그 정도의 시력은 내 맨눈 시력보다 더 좋은 수준이다). 브루스는 그 치유를 직접 목격했는데 그날 저녁 센터에 돌아와서 그 아이가 처음으로 축구를 하는 것을 보고 울음을 터뜨릴 뻔했다.[75]

우리 대학교의 박사 과정 학생이자 에티오피아의 교수인 리데투 케페니는 자기가 기도와 관련된 (다리를 저는 사람의 치유 같은) 치유를 목격했는데 자신의 가족 중 한 명도 그런 치유를 경험했다고 말했다. 2년 동안 그의 아내의 등 통증이 점점 심해지더니 급기야 특히 밤에는 움직이기가 어렵게 되었다. 어느 날 밤 통증이 참을 수 없게 되자 그가 간단하게 기도했는데 그 통증이 즉시 사라졌다. 그녀는 일어나서 자기가 나아졌음을 보여주었다. 그는 놀라서 아침에도 상태가 나아졌는지 보자고 말했다. 다음 날 아침뿐만 아니라 그가 내게 이 얘기를 해주기 전 몇 달 동안 그의 아내의 등 통증은 완전히 사라졌다.[76]

마찬가지로 나의 친한 친구이자 신뢰하는 친구인 멜레쎄 올데트사디크는 그의 친구이자 동료인, 에티오피아 아디스아바바의 믿음 침례교회 목사 다위트 몰라렌의 최근 사역에 관해 말해줬을 뿐만 아니라 동영상도 보내줬다. 이 동영상 중 하나에서 나이든 여성 한 명이 고통스러워하면서 목발을 짚고 천천히 기도를 받으러 나왔다. 간단한 기도 뒤에 그녀는 목발의 도움을 받지 않고 걷기 시작하더니 곧바로 자신을 얻었고 아무 통증도 느끼지 않았다. 이것은 순간적인 감정의 분출이 아니었다. 그 동영상은 그녀

---

75 Bruce Collins, 전화 인터뷰, April 11, 2009. 그는 그 아이가 여전히 건강하다고도 말했다. 이 아이를 포함해서 아이들 수백 명이 HIV 양성이었지만, 우리가 인터뷰를 실시했을 당시인 2005년 1월 이후 한 아이만 사망했다.
76 Lidetu Alemu Kefenie, 인터뷰, Sep. 30, 2010; 사적 교신, Oct. 1, 2010.

가 계속 걸으면서 하나님을 찬양하는 몇 분의 장면을 포함했다. 그녀는 자기가 2년 전인 2005년 10월 19일 자녀를 방문하러 그 도시에 왔을 때 자동차 사고로 다쳤는데 이제 치유되었다고 증언했다.[77]

또 다른 동영상은 심한 심장 질환이 치유되었다고 증언하는 소녀와 관련이 있었다. 그녀는 다른 아이들이 뛰놀 때 자기는 그럴 수 없어서 지켜보기만 했다고 울면서 얘기했다. 그녀는 왜 하나님이 자기의 기도를 들어주지 않는지 의아했지만, 그녀의 엄마는 딸에게 하나님이 결국은 치유해 줄 것이라고 안심시켰다. 그녀는 뛸 수 없었고, 식욕도 없었고, 손이 약해서 컵을 들 수도 없었다. 그녀는 자기가 하루에 12번씩 주사를 맞고 있었다고 말했다. 그녀의 제한된 묘사에 근거해서 이해할 수 있는 한 그녀의 심장 상태는 이식을 받거나 치료를 받아야만 고칠 수 있었지만, 그녀의 가정은 그런 치료를 받을 형편이 못 되었다.[78] 그녀는 2007년 3월 6일 기도를 받고 3일 뒤 예정된 검진을 받으러 갔다. 놀랍게도 의사는 그녀가 이제 건강해졌다고 선언하고 모든 약을 중단했다. 그때부터 그녀는 정상적으로 먹고, 뛰고, 놀 수 있었고, 다시 학교에 갔다.[79]

나의 신뢰하는 친구 멜레쎄의 형제인 타데쎄의 친구들은 다위트 목사에게 그가 기도했을 때 자기들이 치유된 이야기를 나와 공유하도록 허락해 줬고 의료 서류들도 제공해줬다. 산부인과 의사가 미국에 이민 간 카리쿠 케베베 올데이에스와 그의 아내 아다네치 네가쉬 테세마가 아이를 가질 수 없는 상태였고 그 상태가 그들이 내게 보내준 자료에 명백히 기록되었다고

---

77 Pastor Dawit Molalegn, Atsheber DVD 2 (다섯 번째 트랙). 콜럼비아 성경 신학대학원을 졸업한 Melesse는 자신이 참석했을 때에도 초자연적 현상이 발생했지만 내가 직접 그 예들을 볼 수 있도록 이 동영상들을 제공했다고 지적했다.
78 나는 이 평가를 Nicole Matthews 박사에게 빚지고 있다. 사적 교신, April 1, 2009.
79 Pastor Dawit Molalegn, Atsheber DVD 2 (여덟 번째 트랙).

설명했다.[80] 다위트 목사는 그들의 특정한 신체 문제를 언급하며 그들을 위해 기도하고, 1년 안에 그 아내가 임신할 것이라고 선언했다. 그 아내가 임신한 뒤 그들이 그 산부인과에 찾아갔을 때 의사와 간호사는 이것은 정상적인 자연적 예상을 뛰어넘는 사건이라고 확인했다.[81] 2009년 10월 19일 오후 1시 20분경 노스캐롤라이나주 랄리에 소재한 웨이크메드 병원에서 야브시라 케베베 타리쿠가 태어났다.[82]

(3) 서부 아프리카와 남부 아프리카에서 보고된 다양한 기적 주장 표본

가나의 쿠마시에 거주하는 조슈아 오벵은 내게 자기 가족의 이야기 두 건을 얘기해줬다. 첫 번째 이야기는 그의 여동생 유니스와 관련이 있는데, 조슈아가 10살이고 유니스가 8살이었을 때 그녀는 2주밖에 살 수 없다는 말을 들었다. 그녀의 엄마가 딸을 안고 약 1주일 동안 기도했는데 그 뒤 유니스는 토하고 나서 괜찮아졌다고 느꼈다. 내가 조슈아와 말하기 약 2주 전에 유니스는 영국의 대학교 교수와 결혼했다. 두 번째 이야기는 특히 그의 어머니의 기억에 의존하는데, 조슈아는 이 얘기를 자기의 모친에게 들었다.

---

80 Tadesse Woldetsadik, 사적 교신, Sep. 28, 2009, Tariku Kebede Woldeyes와 Adanech Negash Tesema로부터 받은 정보와 의료 서류가 동봉되었음; 후속 서신, Oct. 1, 2009; Oct. 17, 2009(2회). 2006년부터 2007년 사이의 의료 보고서는 정자의 99%가 비정상이고 빠르게 앞으로 전진하는 정자는 0%임을 보여준다. 2009년 임신이 철저하게 기록되었다. 그들은 에티오피아인이었지만 예멘에서 결혼했으며, 여기에 묘사된 사건들은 대부분 미국에서 발생했다(의료 서류도 미국에서 발급되었다).

81 그들은 그 의사와 면담하는 동안 대화를 기록했다(간호사가 통역해줬다). 그들이 내게 제공한 12쪽 분량의 자료 중에 이 대화의 사본이 포함되었다.

82 Tadesse Woldetsadik, 사적 교신, Oct. 30, 2009, 출생증명서 사본이 동봉됨; 후속 서신, Nov. 1, 2009. "야브시라"는 암하라어로 "아버지의 일", 즉 이 경우 "하나님이 하신 일"을 의미한다.

조슈아는 두 살 때 난로에 부딪혀 펄펄 끓는 주전자 물이 쏟아져 머리와 거의 온몸에 심한 화상을 입었다. 그는 바닥에 세게 넘어져 뇌를 다쳤고 말을 할 수 없었다. 당시 쿠마시에서 이용할 수 있는 대부분의 의료적 도움은 적절하지 못했고 그가 누워있던 침대보에 그의 피부가 달라붙곤 했다.

가나인 의사 두 명과 영국인 의사 한 명이 조슈아가 회복되더라도 결코 적절하게 걸을 수 없고, 몸을 떨 것이고, 말을 잘하지 못할 것이라고 결론지었다. 그의 엄마는 이것을 받아들이기를 거부하고 밤낮으로 기도했지만 1주 뒤에도 그의 증세가 호전되지 않았다. 그때 하나님이 꿈에 자기에게 말씀하셨다고 느낀 엄마는 의사들이 조슈아가 퇴원하면 죽을 것이라고 주장했지만 아들을 퇴원시켰다. 의학적으로는 의사들이 옳고 그녀가 틀렸을 것이다. 이렇게 심한 화상에는 심각한 감염과 탈수의 위험이 있다.[83] 하지만 이틀 후 그는 말하기 시작했고, 두 달 안에 그의 몸이 회복되기 시작했다. 그는 내게 남은 흉터 하나를 보여줬지만, 그의 머리에는 화상의 흔적이 없으며 그는 아무런 장애도 입지 않았다.[84]

전도 집회에서도 치유 보고가 제공되었다. 선교학자들은 1973년 3월 코트디부아르에서 열린 자크 지로의 전도 집회 기간에 지체장애인이 목발을 버렸고 시각 장애인이 시력을 회복했다고 보고한다. 지로는 이전에는 많은 치유를 목격하지 못했지만, 이번에는 그가 그리스도를 전할 때 초자

---

83   의사 Nicole Matthews, 사적 교신, April 1, 2009.
84   Joshua Obeng, 인터뷰, Jan. 28, 2009. Joshua는 자기 어머니가 쓴, 자신과 그의 여동생에게 일어난 사건을 자세하게 다룬 책에 관해 말했다. 다른 심한 화상 치유에 관해서는 예컨대 Chevreau, *Turnings*, 143-44을 보라. 다른 곳에서 일어난 치유 사례로서 생후 8개월 된 Jaewoo Lee가 2006년 1월 28일에 기도를 받고 3주에 걸쳐 심한 화상에서 치유된 사례(http://www.wcdn.org/wcdn_eng/case/case_content.asp-id=46&page=2; May 6, 2009 접속)는 흥미롭지만 자연적 치유 과정의 일부로 이해될 수도 있을 것이다(의사 Nicole Matthews, 사적 교신, May 28, 2009).

연적 일들이 일어나는 것을 발견했다. 코트디부아르 전역에서 다양한 교파들이 그의 사역을 환영했고 몇몇 정부 관리(예컨대 다리가 마비되었던 관리)도 치유되었다. 그 결과 정부 관리들조차 좀 더 많은 집회를 조직했고 마을 전체가 회심하는 곳들도 생겨났다. 강조점은 복음 전도였다. 치유된 사람들 대다수는 이슬람 교도이거나 전통적인 부족 신앙을 믿었다.[85] 이 10개월 동안 15,000명이 치유되었다고 한다.[86] 우리는 같은 시기에 전도 집회에서 일어난 많은 사례를 인용할 수 있다.[87]

달링턴 존슨 감독이 라이베리아의 장로교 가족에서 성장하고 있을 때 자동차 사고로 그의 이모가 사망하고 누나 둘이 몇 주 동안 혼수상태에 빠졌다. 달링턴의 어머니가 기도했을 때 그녀는 자기가 하나님의 음성이라고 생각하는 경험을 했는데 그 후 그의 누나들이 기적적으로 회복되었다. 그는 이 일로 기도를 강조하게 되었다.[88]

남부 아프리카에서도 치유가 자주 보고된다. 은사주의자가 아닌 유럽의 어느 연구자는 1970년대 남아프리카공화국의 줄루 부족에서 일어난 부흥과 관련된 많은 치유를 보고했다.[89] 특히 이 보고에서는 청각 장애와 언어

---

85 Wagner, "World," 98-100(그곳의 C&MA 선교사인 Don Young의 보고를 따름); De Wet, "Signs," 93-94(McGavran, "Healing and Evangelization," 294-96을 따름); Devadason, "Missionary Societies," 187-88; Wimber, *Power Evangelism*, 178-80. 이런 종류의 치유에 관해서는 12장을 더 보라. 코트디부아르의 오순절 교회는 1990년대에 더 많이 성장했는데(Newell, "Witchcraft," 468), 그 기간 말에 전 국민의 11%가 은사주의 교회의 교인이었다(Newell, "Witchcraft," 490 각주 1; Johnstone and Mandryk, *Operation World*, 209에 기록된 수치는 이보다 낮다; *Operation World*, 285도 마찬가지다).

86 Wagner, "World," 100.

87 Stewart, *Only Believe*, 149-50 등(나는 이 책에서는 아래에서 한 건만 인용했다).

88 Hanciles, *Beyond Christendom*, 329.

89 Koch, *Zulus*, 여러 곳, 예컨대 71-85, 90-105, 140. 이런 치유들은 종종 회개나 회심과 연결되어 발생했다. 예컨대 97, 140, 175-6, 177-8, 178-9, 203, 290. 그 시대

장애가 치유된 사례,[90] 죽어가던 사람이 치유된 사례,[91] 그리고 12장에서 언급되는 시각 장애 및 마비에 관한 주장이 많다. 드 웨트는 남아프리카공화국의 사도 신앙 선교회 회원들과 인터뷰를 실시했는데, 거기서도 시각 장애인이 볼 수 있게 되었고 다리를 저는 사람이 완전하게 걸었으며 치유 집회가 교회 성장을 낳았다고 지적했다.[92] 20세기 중반에 특히 줄루족 전도자인 윌리엄 두마를 통해 많은 기적이 일어났다고 알려졌는데, 그중에는 죽은 소녀를 살린 사례도 있었다.[93] 줄루족 평신도인 리처드 느기디는 자기가 거주하는 지역의 필요에 부담을 느끼고 40일간 금식 기도한 뒤 기적이 일어나는 것을 보기 시작했다고 보고했다. 그와 그의 동료들은 현재 치유 집회와 결합해서 교회를 개척하고 있다.[94] 남아프리카공화국의 많은 힌두교인이 기도 후 말을 하지 못하던 소녀가 즉시 치유된 것 같은 치유의 결과로

의 보편적인 접근법을 반영하는 그 책의 인종적 관점은 많은 지점에서 반대할 만하다(그러나 동조할 만한 부분도 있다). 한편 다른 인종에 대한 사역과 그리스도 안에서의 인간의 평등을 지지하는 것은 대체로 탈정치적이다.

90 Koch, *Zulus*, 80-84(4건, 그중에서 3건은 81-82에 수록된 형제자매들의 사례다). 146-48, 196에 수록된 언어장애.

91 Ibid., 72, 197. 참조. 80.

92 De Wet, "Signs," 94-95. Johan Engelbrecht in Wagner, "World," 104은 자기가 최초로 치유를 위해 기도한 사람은 "고질적으로 말을 더듬는 사람"이었다고 말한다. 완벽하게 치유된 그 사람은 유명한 전도자가 되었다. 예컨대 Hollenweger, *Pentecostals*, 126-39, 특히 129, 131에 수록된 줄루족 하나님의 성회 전도인 Nicholas Bhengu의 광범위한 사역을 주목하라. Bhengu 등은 복음이 전해지지 않은 지역에서 설교를 시작하곤 했는데 사람들이 치유됨에 따라 공동체가 복음에 마음을 열곤 했다(Bhengu, "South Africa," McGee, *Miracles*, 219, 316에 인용됨). Bhengu는 많은 사람에게 영향을 주었다(Poewe, "Nature," 6).

93 Deere, *Power of Spirit*, 123-24(Garnett, *Duma*, 40 이하를 인용한다). 20세기 초 어느 줄루족의 영적 리더를 통한 회복과 치유 활동에 관해서는 Draper, "Land"를 보라.

94 Johan Engelbrecht in Wagner, "World," 101-2.

침례교인이 되었다.[95] 나의 친구인 로드니 라그완은 남아프리카공화국에 거주하던 양복 직공이었던 자기 할아버지 키스텐 라그완이 인도 출신 침 례교 신자였는데 그가 기도했을 때 많은 사람이 치유되었다고 내게 말해줬 다. 8개월 동안 심한 복통으로 고생하던 어느 힌두교인은 의사나 전통적인 치유사를 통해 낫지 않았지만, 키스텐이 그를 위해 기도했을 때 즉각적으 로 치유되었다. 그는 [이것이 하나님의 치유라고] 확신해서 그리스도인이 되었다.[96]

숫자상으로 가장 대규모의 응답은 남아프리카에 기반을 둔(그러나 그 곳에 제한되지는 않은) 독일인 사역자 라인하르트 본케의 치유 집회였다.[97] 본 케의 비디오 중 하나는 치료된 사람들과 그들의 치유 전후 모두를 아는 사 람들의 증언을 포함한다. 대개 본케는 모인 사람들에게 스스로 안수하라고 말했다. 그는 치유를 자신에게 돌리지 않고 예수께 돌린다. 이 비디오에 포 함된 많은 사례는 나이지리아와 관련이 있다. 예컨대 다니엘 아타는 사고 를 당한 뒤 몇 년 동안 듣지 못하고 말하지 못했는데, 기도하다 빛에 압도되 었고 갑자기 말할 수 있게 되었다.[98] 또 다른 사례는 매튜 콜라올레와 관련

---

95 Knapp, *Thunder*, 191-2.
96 Rodney Ragwan, 인터뷰, Dec. 17, 2009. Dec. 16. 나를 위해 그의 부친 Raymond Ragwan에게 의도적으로 질문한 내용에 근거함.
97 De Wet, "Signs," 95-98; Johan Engelbrecht in Wagner, "World," 102-3; Heron, *Channels*, 113; Cutrer, "Miracle." Synan, *Voices*, 26은 오늘날 Bonnke의 운동은 수 천만 명을 끌어들인다고 지적한다(1주일 만에 "340만 명의 결신 카드"가 작성되 었다). 피지의 Josiah Mataika는 이 집회 중 하나에서 일어난 그의 치유 경험 목격 담을 내게 들려줬다(인터뷰, Jan. 29, 2009). 비판자들은 "장애인들은 다음 날 그 들이 너무 쉽게 버렸던 목발을 찾으러 돌아왔다"고 비난하지만(May, "Miracles," 151, 언론 보도를 인용한다), 그들이 긍정적인 사례를 다루었는지는 명확하지 않 다. May, "Miracles," 152은 그가 조사한 치유 주장 중 중대한 과장을 발견했지만, 그 과장의 원래의 출처는 불분명하다.
98 Miracle Investigation, 트랙 1은 방대한 세부 사항을 제공한다.

이 있는데, 그는 편두통에 시달리다 시력을 상실했고 약 1년 동안 이 괴로움을 당했는데 2000년 6월 19일 기도하던 중에 즉각적이고 영구적으로 치유되었다.[99] 베르나르 오조르는 너무 무거운 짐을 나르다 다친 후 약 10년간 심한 통증에 시달리던 데서 치유되었다고 주장한다.[100] 본케의 조수인 다니엘 콜렌다는 28만 명이 참석한 것으로 추정되는 최근 집회에서 세 명의 시각 장애인 아이들을 위해 기도했는데 세 명 모두 즉각적으로 볼 수 있게 되었다고 보고한다. 다음 날 콜렌다의 팀은 모든 세부 사항을 그 가족의 마을에서 확인했다.[101]

나의 직접적인 경험은 매우 제한적이지만, 내가 본케의 사역이 그들이 사실이라고 믿은 보고만을 제공한다는 것을 의심할 이유가 없다. 이는 특히 내가 다니엘 콜렌다와 아주 가까운 사이인 히브리 성서학자(그리고 개정판 『엑스포지터스 성경 주석』[*Expositor's Bible Commentary*] 예레미야서 부분의 집필자)인 내 친구 마이클 브라운 박사를 포함한 몇몇 사람의 판단을 신뢰하기 때문이다. 콜렌다는 본케의 사역에서 그와 밀접하게 일하고 있다. 나는 열 차례 서신을 주고받은 다니엘 콜렌다도 믿는다. 그는 내게 가능한 최대의 도움을 제공했고 개인적으로 그 집회들에 참석하도록 초대하기도 했다(유감스럽게도 나는 아직 그곳에 가보지 못했다). 마찬가지로 윌리엄 윌슨 교수도 본케를 미국에서 열린 집회에 초대한 그룹의 일원이었는데, 그는 자신이 직접 시각 장애인이 보고 지체 장애인이 걷는 것을 목격했다고 주장한다.[102] 대규

---

99 Miracle Investigation(다른 증인들과 세부 사항을 제공한다).
100 Ibid(그의 형제로부터 이를 지지하는 증언을 제시한다).
101 Bonkke의 나이지리아 느수카 사역 업데이트, Oct. 9, 2008. 이 업데이트는 2008년 11월 15일 내게 보낸 사진을 포함했다. 그리고 나는 Kolenda를 잘 안다고 말한 내 친구 Michael Brown 박사로부터 좀 더 자세한 내용도 들을 수 있었다.
102 Wilson, "Miracle Events," 277. Wilson은 기적적인 치유가 일어났다고 주장하는 사람의 행동과 증언에 의존하지만, Bonkke가 다른 나라에서, 자신에 의해 조직되

모 전도 운동의 전도자가 모든 치유 주장을 개인적으로 확인하는 것은 불가능하다. 따라서 그 지도자가 완전히 정직하게 사역한다고 해도 몇몇 개별 치유 주장은 정밀한 조사를 견뎌내지 못할 가능성이 있다. 그러나 그들이 자기들이 목격한 사건을 설명하고 있고 몇 건의 사례들을 확인하기 위해 최선을 다했음을 내가 의심할 이유는 없다.

(4) 나이지리아 사례

나이지리아의 광범위한 교회들에서 치유가 흔히 보고된다.[103] 이런 치유들은 복음 전도 상황에서 흔히 발생한다. 남부 지역의 저명한 사역 하나만 예를 들자면, 제프리 눔베레는 많은 치유를 증언했다.[104] 국제기독학생협회(International Institute for Christian Studies) 설립자이자 나이지리아 조스 대학교 강사인 나의 가까운 친구 대니 맥케인은 이 사역을 잘 알고 있으며, 내게 그의 이야기를 소개해줬다.[105] 눔베레의 사역 초기에 그는 병상에서 죽어가

지 않고 Wilson의 그룹을 통해 조직된 집회에서 이 사람들을 모두 미리 배치해 두었다고 가정하는 것은 믿기 어렵다.

103 예컨대 의사 Danny McCain, 사적 교신, June 1, 2009; 의사 Gary Maxey, 사적 교신, May 26, 2009. Chinowkwu, "Localizing," 18-19에 수록된 이그보족의 경험을 주목하라.

104 Numbere, *Vision*, 여러 곳. 그 책은 자기의 사역과 관련된 다른 많은 기적을 설명하고(예컨대 65, 130-32, 167, 210, 443-44) 요약한다(예컨대 61, 63, 99, 130-31, 134, 185, 192, 210, 213, 233, 414). 특히 415-16에 수록된 치유 예배 요약을 보라(416에서 좀 더 상세한 내용이 그들이 잡지에 보고되어 있다고 언급한다). "부러진 뼈가 붙었고 마비 환자, 간질 환자, 시각 장애인, 청각 장애인, 지체 장애인 그리고 다른 많은 사람이 치유되었다. 그중에는 심장병과 간 질환도 포함되었다. 간 질환자 중 한 명은 의사였다." 다른 경우에는, Numbere는 가능하면 좀 더 자연스러운 건강 회복 수단을 사용했다(230, 293, 345). 그 책의 저자인 Numbere의 부인은 목사이자 의사다.

105 Danny McCain(사적 교신, July 11, 2009)은 그가 "아주 좋은 친구이고 매우 믿을

는 사람을 위해 안수 기도했다. 그 사람은 즉각적으로 완전히 나은 몸으로 병상에서 일어나 이 지역에 눔베레의 기독교 메시지가 상당한 관심을 끌게 했다.[106] 이 사건이 일어난 직후 그는 죽어가는 여인을 심방했다. 그녀는 심장 이식을 통해서만 살 수 있다고 했다. 유감스럽게도 이식할 심장이 없었고 그녀에게는 그럴 돈도 없었다. 그녀의 다리가 부어올랐고 호흡도 가빠졌다. 눔베레가 기도하고 나서 몇 초 만에 그녀는 완전히 회복되어서 일어나 앉았다. 그녀는 퇴원해 귀가했고 많은 사람이 그녀를 방문해서 하나님의 능력을 알게 되었다.[107]

눔베레는 이후의 사역에서 일어난 많은 사례도 보고한다. 어느 산파는 자궁 수술 후 계속된 출혈로 죽어가고 있었는데, 그가 기도하자 치유되어서 이 문제가 재발하지 않고 15년을 더 살았다.[108] 태어날 때부터 청각 장애인이었던 어떤 소년은 열다섯 살 때 즉각적으로 치유되었다.[109] 눔베레의 사역 팀원의 그림자가 닿기만 해도 즉각적으로 치유되기 시작한 사람들도 있었다.[110] 특별한 기도를 하지 않았음에도 헨더슨 점보의 부러진 척추가 예배 중에 치유되었다.[111] 리버스주의 수석 판사였던 코리파모 D.

수 있는 증인"이라고 언급했다. 나이지리아에서 여름 세 번을 Danny와 함께 거주하고 사역하면서 나는 그의 정직성과 판단을 완전히 신뢰하게 되었다. 그는 나이지리아에서 (모든 교파의) 그리스도인들과 이슬람 교도에게 존경을 받는다.

106 Numbere, Vision, 61.
107 Ibid., 62-63. 이러한 초기 사례의 경우 Numbere는 환상과 치유를 경험했지만 몇 년 뒤까지 방언을 말하지는 않았다(120-21).
108 Ibid., 122-23.
109 Ibid., 213. 그는 말을 하지 못하던 데서도 치유되었다.
110 Ibid.(부기가 동반된 탈장, 여러 해 동안의 임질 사례, 월경의 회복 등이 포함된다).
111 Ibid., 415. 그들은 계속 Jumbo와 관계를 유지했기 때문에 의사인 Numbere의 아내 Nonyem은 내게 좀 더 많은 정보를 제공할 수 있었다. 그녀는 특히 Jumbo, "Healed"에 수록된, 즉각적인 치유에 대한 Jumbo 자신의 증언(그가 운반 수단에 누워 있는 사진과 치유 전에 몸이 나동그라진 사진 그리고 그 후 건강해진 상태의

웅부쿠는 3년 동안 고생하던 "오른손이 떨리는 마비증이 치유되었다."[112] 마찬가지로 1981년 1월, 다음 날 부패한 손을 절단할 예정이었던 의과대학 학생이 눔베레의 집회에 참석했는데, 그 집회에서 손이 치유되어 경악했다.[113] 이 경우 나는 목격자 중 한 명으로서 당시 그의 동료 의과대학생이었고 지금은 텍사스에서 의사로 일하고 있는 토네 브릭스에게 그 이야기를 확인할 수 있었다.[114] 토네는 그 상처의 길이가 약 10-15cm였고 넓고 깊었다고 말했다. 계속 분비액이 흘렀기 때문에 그들은 매일 밤 붕대를 갈아야 했다. 기도한 뒤 하룻밤 사이에 그 상처가 아물었고 그 자리에 작은 점만 남았다. 캠퍼스의 모든 사람이 그것을 보았고 놀랐으며, 토네는 직접 그 사건을 증언했다.[115]

토네는 많은 기적이 뒤따랐고 그중 몇몇 사례는 자기가 직접 목격했다고 말했다. 그가 알던 어떤 남성은 치아 두 개가 빠져서 제대로 씹을 수 없었는데 집회 도중에 새 치아가 생겼고 심지어 다른 치아들과 색깔도 어울리는 것을 발견했다(그 남성은 의과대학에 들어갔고 지금은 트리니다드에 있는 큰 교회의 목사가 되어 있다). 토네가 병원에서 주니어 의사(레지던트와 비슷하다)였을 때 그의 환자 중 한 명은 상태가 심각해서 산부인과 의사인 의사 멤브레가 양쪽 난관을 제거해야 했다. 그 여성은 눔베레 사도의 월례 기도 모임

사진 포함, Jan. 6, 2010자 사적 교신을 동봉함)도 제공했다.

112 Numbere, *Vision*, 415.

113 Ibid., 246-47. 그 학생의 이름은 Martins Okokowre(Ikokobe)였는데, 그는 1981년 1월 11일에 치료되었고 그를 검진하던 의사는 이를 부인할 수 없었다. 의사 Tonye Briggs는 사람들이 그것을 "자연적 치유"로 불렀지만, 그 의대생들은 그것이 기적임을 알았다고 내게 말해줬다(전화 인터뷰, Dec. 16, 2009).

114 의사 Tonye Briggs, 전화 인터뷰, Dec. 14, 16, 2009. 그는 의료 서비스에 접근하기 어려운 지역에 거주하는 사람들에게 의료상의 도움을 주는 미국 의사 선교회(Doctors on Missions, U.S.A.)라는 선교 단체를 이끌고 있다.

115 의사 Tonye Briggs, 전화 인터뷰, Dec. 16, 2009.

에서 기도했는데 3개월 후 의사 멤브레가 그녀가 임신한 것을 발견했을 때 토네가 그 현장에 있었다. 자기가 난관을 직접 제거했기 때문에 그는 그저 "부인의 하나님은 위대하십니다"라고 인정할 수밖에 없었다. 아이가 태어난 후 염료를 사용한 엑스레이의 일종인 자궁 난관 조영 촬영을 해본 결과 그녀에게 실제로 두 개의 건강한 난관이 있음이 확인되었다. 토네 자신이 직접 이 테스트를 목격했고, 그 여성은 그 후 다른 자녀들을 낳았다.[116]

급속히 성장하는 토착 교회인 구속받은 하나님의 그리스도인 교회 (Redeemed Christian Church of God) 같은 다른 교회들은 치유를 핵심적인 강조 사항으로 삼고 있으며 다양한 치유 증언을 제공한다.[117] 치유는 대형 교회인 더 깊은 생명 성경 교회(Deeper Life Bible Church)에서도 강조된다.[118] 마찬가지로 젊은이들의 치유가 엠마누엘 오코리의 나이지리아 및 미국 사역

---

116 Dr. Tonye Briggs, 전화 인터뷰, Dec. 16, 2009. 그는 자궁절제 후 임신한 유사 사례도 얘기해줬는데, 이번에는 그가 직접 목격하지는 않았지만 그는 그 여성이 수술한 사실을 알고 있었다. 나는 그가 목격자인 사례를 듣기를 원했다. 아프리카 여성들 사이에서는 불임에 대한 우려가 크며, 따라서 그것은 아프리카 독립 교회들에서 사역의 핵심적인 목표다(예컨대 Chitando, "Prophetesses," 7에 수록된 짐바브웨의 여성 예언자들). 그것은 또한 나이지리아의 어느 가톨릭 은사주의 여성의 강조 사항이기도 했다(Csordas, "Global Perspective," 341). 비록 그녀는 교회 당국의 호의적인 대우를 받지 못했지만 말이다(341-42). 아프리카 개신교의 증언들에서도 마찬가지다(예컨대 Koch, *Zulus*, 84-85; Baker, *Miracles*, 152; Jeanne Mabiala, 인터뷰, July 29, 2008; Onesimus Asiimwe, 인터뷰, Oct. 13, 2008).

117 Hanciles, *Beyond Christendom*, 354, 355. 참조. Adeboye with Mfon, "Preparing," 서론, 204. 하나님의 성령 성회 구속받은 그리스도인 교회(Redeemed Christian Church of God's Holy Ghost Congress), Dec. 14-19, 2009의 프로그램 북인 *Our God Reigns*에 몇몇 증언의 예가 등장한다(pp. 35-38). 이 이야기는 James Fadele 목사가 내게 알려줬다. 추가로 http://www.rccg.org를 보라. 다른 사람들은 이 운동이 서부 지역으로 확장된 것에 관해 말했다(예컨대 Adeboye, "Running"). 그 교회는 110개국에 지부를 갖고 있으며(Shaw, *Awakening*, 162, 172), 날마다 5-10개의 교회를 개척하는 것으로 추정된다(Wagner, "Introduction: Africa," 14). 그 교회의 성장에 관해서는 Clarke, "Wine," 151도 보라.

118 Shaw, *Kingdom*, 261-62.

의 문을 열었다.[119] 다른 제보자로부터 우리는 매우 이례적이지만 기억할 만한 재미있는 이야기를 발견할 수 있다. 이 사례에서는 어떤 나이지리아인 이슬람 교도가 전도자에게 하나님이 그 전도자가 듣지 못하는 자기 아내의 귀에 침을 뱉으면 그녀가 나을 것이라고 알려 줬다고 주장했다(이는 아마도 막 7:33; 요 9:6 또는 아프리카의 민속을 환기했을 것이다).[120] 그 전도자는 처음에는 내키지 않았지만, 그 사람이 하도 강하게 졸라대서 그녀의 귀에 침을 뱉었다. 그녀는 치유되었고(그 전도자는 이 사건을 전적으로 하나님이 그녀와 그녀의 남편의 믿음에 응답한 것으로 돌렸다), 그 이슬람 교도는 유명한 기독교 설교자가 되었다.[121]

히브리 성경 분야에서 나의 동료인 서아프리카 복음 교회 출신 엠마누엘 이탑슨이 내게 그의 누이 라디 아나나의 회복에 관해 들려줬는데, 나 역시 나이지리아 방문을 통해서 그녀를 알고 존경하게 되었다. 그녀의 복부에 혹이 상당한 크기로 자라서 고통스러운 압박을 일으켜 의사들이 엑스레이를 촬영했다. 그녀를 위해 많은 기도가 드려졌는데, 그녀가 수술을 받으러 가자 의사들은 혹을 발견할 수 없었다. 그 상황은 매우 이례적이었지만 그들은 다시 검사하기로 했다. 그들은 아무것도 발견하지 못했고 그녀의 통증과 압박은 즉각적으로 사라졌다. 미리 납부한 수술비가 반

---

119 Burgess, *Revolution*, 183.
120 아프리카의 전통 종교에서 나타난 사례는 Evans-Pritchard, *Religion*, 308을 보라. Simon Kimbangu의 사역에서 침을 통한 치유 보고는 예컨대 Rabey, "Prophet," 32을 보라. 고대 지중해의 예도 있는데 베스파시아누스의 사례가 가장 유명하다 (Tacitus *Hist.* 4.81; Suetonius *Vesp.* 7.2-3). Pliny *Nat.* 28.7.35-37과 28.22.76에 수록된 고대 민간 치료를 참조하라. 고대 이집트의 마법에 나타난 사례는 Ritner, *Mechanics*, 73-92을 보라. 아마도 이 사례와 관련이 있는 것으로 보이는 이슬람의 유사한 관행에 관해서는 Ritner, *Mechanics*, 92을 참조하라.
121 Stewart, *Only Believe*, 149-50(그가 바로 그 전도자이자 목격자다). 그가 이 이야기를 전하는 것은 그것이 유일한 치유이기 때문이 아니라 이례적이기 때문이다.

환되기까지 했다.[122] 엠마누엘의 가까운 가족에게서 발생한 이례적인 경험은 이번만이 아니었다. 나는 12장에서 자연 기적에 관해 언급하고 14장에서 가망성이 없는데 건강을 회복한 또 다른 이야기를 설명할 것이다. 그의 부친 라디에 관한 사례들과 내가 언급하지 않은 다른 사례들도 있다. 몇몇 독자는 이례적인 사건을 변칙이라며 무시할 수도 있겠지만, 그런 경험이 동일 진영에서 좀 더 자주 발생한다면 우리는 공통 요인을 찾아볼 필요가 있을 것이다.

나는 내 지인 중에서는 내 친구 레오 바와를 접촉했다. 그는 저명한 나이지리아 선교 기구인 카프로(Capro)의 전 연구 이사였고 지금은 옥스퍼드 선교 연구 센터의 Ph.D 과정 학생이다. 나는 과거에 나눈 대화로부터 그가 자신의 사역에서 치유를 경험하곤 했다는 것을 알았기 때문에 그와 접촉했다. 답신에서[123] 그는 "아프리카에서 모든 생명은 기적"이며 아프리카인들은 규칙적으로 기적에 의존해야 한다고 지적했다. 그는 과부, 고아, 노인 그리고 병원에 갈 경제적 여유가 없는 가난한 사람들을 대상으로 사역한다. 그는 병원과 약을 이용할 수 있으면 그것들을 이용하는 것을 옹호하지만, 많은 사람은 그럴 여유가 없으며 하나님의 치유 능력이 "이 지역의 수백만 명에게는 더 나은 대안"이라고 말한다. 그는 의사소통의 어려움 때문에 자기가 원하는 만큼 많은 직접 경험 사례를 모을 수 없었다고 말했지만 9쪽에 달하는 사례를 제공했는데, 나는 거기서 아래의 사례들을 채택했다. 레오는 이 사례들은 표본일 뿐이라고 지적하고 이렇게 요약했다. "나는 하나님의 은혜로 그의 능력을 통한 말라리아, 통증, 암, 우울증, 뼈 등 모든 종류의 질병 치유를 보았습니다. 그리고 죽은 자가 다시 살아나기도 했습니다."

---

122 Emmanuel Itapson, 전화, Dec. 17, 2009. 이 사건은 직접 관련된 의사들과 Emmanuel의 친척들 사이에 알려졌다.

123 이 단락은 Leo Bawa, 사적 교신, Aug. 10, 2009에 기초하고 있다.

나이지리아에서는 교통사고가 흔한데, 그는 교통사고 사례 두 건에 관해 말했다. 그가 조언하던 신자인 보니페이스는 2002년 7월 조스시 루부카 도로를 운전하다 차량이 강 아래로 굴러 바위에 부딪히는 사고를 당했다.[124] 그는 몇 달 동안 의식이 없었고, 의사들은 그가 회복될 가망이 없으며 혹시 회복되더라도 여생을 의료적 돌봄을 받아야 할 것이라고 예상했다. 그러나 몇몇 신자가 그를 위해 기도한 후 그는 빠르게 그리고 완전히 회복되었고 오늘날 사람들은 그가 사고를 당했다는 사실조차 모를 것이다. 엘리자 아마는 2008년 7월 오토바이 사고를 당한 후 트럭에 치었다. 많은 사람이 그가 죽었다고 생각했고 의사들은 그가 산다고 해도 여생을 의료적 돌봄을 받아야 할 것으로 예상했다. 레오와 한 친구가 아마에게 안수했을 때 그들은 그가 살 것이라는 평온함을 느꼈다. 그는 신속하게 회복되었고 보니페이스의 경우에서와 마찬가지로 오늘날 그가 사고를 당했다는 사실을 아는 사람이 없을 것이다. 두 경우 모두 의사들은 그 회복들이 기적과 관련이 있다고 믿었고 친척들과 이웃들은 그 회복에 놀라서 그중 몇몇은 신자가 되었다.

그는 여러 해 동안 아이를 잉태하지 못하다 잉태할 수 있게 된 많은 여성의 사례를 보고한다.[125] 예상치 못한 은혜의 행동으로는, 그는 좀 더 이전 시기의 연구 여행들(우리가 몇 년 전에 때때로 논의했던 여행들)에서 신적인 도움을 경험했다. 그는 "예컨대 아다마와주와 타라바주의 몇몇 부족을 찾

---

124 나는 (1998-2000년 여름에) 이 도로를 몇 번 지나갔는데 당시에 Boniface의 얘기를 알지 못했지만, 서양인으로서 때때로 누군가가 강 위에서 사고를 당한다면 위험하겠다고 생각했다. 강변도로의 몇몇 다리 옆에 치워지지 않은 채 놓여 있는 파편들은 지나는 사람들에게 충분히 암울한 경고를 발했다.

125 많은 서양인 독자는 이런 사례에 흥미를 느끼지 않기 때문에 나는 이런 사례를 자세히 설명하지 않지만, 아프리카 사회에서는 그런 사례들이 매우 중요하다(예컨대 Anderson, *Pelendo*, 122-5에 보고되었다).

아갔을 때 통역자를 구할 수 없었는데 주께서 내게 그 부족의 언어를 이해하고 말할 수 있는 능력을 주신 적이 몇 번 있습니다. 그때를 제외하면 나는 그 전이나 후에 다시는 그런 일을 하지 못했습니다"고 말했다. (이 현상에 대한 다른 설명도 존재한다. 그중 많은 사례는 간접적이지만 말이다.[126]) 12장에서

---

126 나는 다음 인물들로부터 다른 사람들이 언어들을 인식하는 것을 직접 목격했다는 말을 들었다. Derek Morphew(Nov. 12, 2007); David Workman 목사(April 30, 2008); Médine Moussounga Keener 박사(Aug. 12, 2009, Daniel Ndoundou 목사에 관해 전해 들은 말); 나의 학생 Leah Macinskas-Le(April 25, 2010, 유대인인 자기 어머니가 교육받지 않은 목사가 히브리어로 방언 기도를 하는 말을 이해했기 때문에 예수를 믿게 된 사례); Del Tarr, 사적 교신, Sep. 30, 2010(한국어와 관련된 최근 사례를 포함하여 자신이 목격한 세 건의 사례를 언급했다. 사적 교신, Oct. 5, 6, 2010도 참조하라). 기록된 자료에서는 다음 문헌들을 보라. Tarr, *Foolishness*, 401-3(약 10건의 사례 중 몇 건에 관해서는 이를 뒷받침하는 상당한 증거도 있는데 특히 언어학자인 Tarr가 목격자 중 한 명인 경우가 그렇다); Prather, *Miracles*, 166-71(목격담); Mansfield, *Pentecost*, 50(프랑스어를 전공하는 Mansfield는 한 친구가 방언 기도에서 완벽한 발음의 프랑스어로 기도하는 것을 들었는데, 그 후 그 친구가 자신이 프랑스어로 기도했다는 사실조차 모른다는 것을 발견했다); Warner, *Evangelist*, 256-57(267 각주 13에서 인터뷰 대상자가 어떤 사람이 루마니아어를 모르는데 그 언어로 25분간 말했다고 주장한다고 언급한다); Burton, "Villages," 8(중앙아프리카의 신자들이 방언을 받았을 때 "우리는 그 언어들을 전혀 들어본 적이 없는 원주민들이 완벽한 영어와 아름다운 프랑스어를 말하는 것을 들었다." 그뿐만 아니라 그들은 "남아프리카 네덜란드어와 독일어"로도 말했다); Simpson, "Utterance"(중국 북부에서 어느 중국인 그리스도인이 부지불식간에 일본어로 기도해서 적대적이었던 일본인 관리의 마음을 부드러워지게 하고 개종시켰다고 한다); Aikman, *Jesus in Beijing*, 271(Dennis Balcombe에 따르면 어느 유대인 구경꾼이 완벽한 히브리어로 방언이 말해지는 것을 확인했다); Koch, *Gifts*, 36; Tari, *Wind*, 26-27(그는 26에 언급된 영어로 말한 사람이 영어를 모른다는 사실을 알았다; 124; *Breeze*, 172도 보라); Jones, *Wonders*, 66(만일 내가 정확히 이해했다면 말이다); Stibbe, *Prophetic Evangelism*, 75; Olson, *Bruchko*, 152; Gardner, *Healing Miracles*, 38, 97, 142-43; Bennett, *Morning*, 107-8; Robertson, *Miracles*, 10-11(뒷받침하는 증거를 인용한다); Bredesen, *Miracle*, 139-44(4건). 가장 광범위하게는 Harris, *Acts Today*, 108-30에 수록된 약 25건의 사례(7에서 그는 75건의 사례를 수록한 그의 이전 책을 소개한다). 좀 덜 확실하게는 Yeomans, *Healing*, 119(저자가 "조금" 이해했다). 다음 문헌들도 보라. Woodworth-Etter,

나는 죽었다고 생각된 소년이 살아난 사례에 관한 레오의 목격담을 설명할 것이다.

나의 학생인 벤자민 하노누는 다양한 치유와 극적인 다른 사건들에 관한 기사를 내게 들려줬다.[127] 한 건은 미국에서 발생했는데, 그가 수강하고

Miracles, 110; McGee, *People of Spirit*, 24, 46-47, 57, 61, 64, 75; idem, *Miracles*, 112; Robeck, *Mission*, 268-69; Lindsay, *Lake*, 25, 27; Blumhofer, "Portrait," 96, 99; Sherrill, *Tongues*, 19, 20, 42-43, 45, 90-91, 93, 94, 95, 96-97, 99-100; Synan, *Voices*, 60, 76-77, 84, 101-2. 관련된 예일 수도 있는 몇몇 사례로는 다음 문헌들을 보라. McGee, "Radical Strategy," 78-79, 84-85; idem, "Shortcut"(한 언어를 아주 조금 알게 된 후의 사례로 예컨대 다음과 같은 문헌을 인용한다. "Tarry"; "Gift of Tongues"; Goforth, *Goforth*, 87-88; Wagner, *Wave*, 102-4. 다음 문헌들도 보라. McGee, "Strategy in Mission," 78-79; idem, Miracles, 64. 이 현상에 관해서는 다음 문헌들도 보라. Rutz, *Megashift*, 38, 90-1; Synan, *Voices*, 147; 아마도 Kidd, *Awakening*, 226에 보고된 체로키어 기량). 이와 유사하게 Rutz, *Megashift*, 88-89에 수록된 영감을 통해 읽는 법을 배웠다는 주장을 참조하라. 다음 문헌들을 참조하라. Rumph, *Signs*, 124-8, 단어들에 노출된 후의 사례이기는 하지만 말이다; Koch, *Zulus*, 201-3(성경에 대해); Bredesen, *Miracle*, 92-93(Sherrill도 이 사례를 사용했다; 다른 학문적 이슈들이 90-97, 특히 90-92에 수록되었다); DeGrandis, *Miracles*, 40; Adeboye with Mfon, "Preparing," 207; Marszalek, *Miracles*, 156(케냐 어로). 참조. Anderson, *Pelendo*, 37-40. 두 개의 다른 언어로 독립적이지만 동일하게 방언을 "해석"했다고 보고된 사례로는 Pullinger, *Dragon*, 69-70을 보라(두 번째 해석자는 첫 번째 해석자의 언어를 몰랐다). 다른 언어로 듣는 것에 관한 보고는 다음 문헌들을 보라. Young, "Miracles in History," 119; Anna Gulick, 인터뷰, Mar. 11, 2011. 몇몇 검증된 사례들은 좀 더 잘 설명된다(Hilborn, "Glossolalia," 115-16; Wacker, *Heaven Below*, 47-48). Hudson, "Strange Words," 61은 대다수 사례는 들은 사람들이 여기저기서 인식한 조각들이나 말한 사람들이 전에 들었다가 무의식적으로 발설한 소리에 기초한다고 주장한다. 이런 설명은 언어 인식이라고 주장된 몇몇 사례(위에서 인용한 몇 사례를 포함할 수도 있다)에 해당할 수도 있지만, Leo의 보고가 묘사하는 것 같은 언어의 유창함(또는 내가 보고받은 몇 건의, 다른 언어를 길게 사용한 현상)에는 해당하지 않는 것으로 보인다. 전통적인 종교에서 배우지 않은 언어나 영적인 언어를 말했다는 보고에 대한 접근과 몇몇 기독교 방언에 대한 인류학적 접근 및 사회학적 접근에 관해서는 예컨대 Keener, *Acts*의 행 2:4에 관한 주석을 보라.
127 그의 가장 최근 사례는 간호사인 그의 누이 Charity와 관련이 있다. 그녀는 자기 친

있던 내 사도행전 수업 시간에 우리가 기적에 관해 토론하고 있을 때 그에게 어떤 친구의 부인을 위해 기도해 달라는 전화가 왔다. 그 친구 부부가 타고 있던 차량이 들이받혔는데 엑스레이를 찍어보니 그녀의 목뼈가 부러져 있었다. 나는 그의 친구가 들려준 세부 내용을 이곳에 요약한다. 그녀는 더 좋은 장비를 갖추고 있는 다른 병원으로 이송되었고 그들은 그동안 기도했다. 이 병원에서 새로 엑스레이를 찍어보니 최초의 엑스레이 결과와 달리 그녀에게는 아무 이상이 없었다. 두 번째 병원의 의사는 어떻게 이해해야 할지 확실하지 않다는 점을 인정했지만 아마도 첫 번째 엑스레이에서 뼈 골절로 보였던 것은 신경 골절처럼 보인 것이었다고 결론지었다. 그러자 벤자민의 친구는 자기들이 기도한 것을 설명하고 벤자민이 증인이라고 말했다. 의사는 그 설명을 받아들였다. 그녀는 즉시 퇴원했다.[128]

(5) 모잠비크 사례

이례적인 회복에 관한 보고는 롤랜드 베이커와 하이드 베이커 부부의 사역, 특히 모잠비크에서 수천 명의 고아를 대상으로 한 그들의 사역의 특징이기도 하다.[129] 기적이 일어날 수 없다는 전제를 갖고서 접근하지 않는다면

구 Robin Flores를 위해 기도했다. Flores는 왼쪽 팔에 약 6개월간 점이 있었는데 의사는 그것이 암이라고 생각했다. 기도하고 나서 약 3일 뒤 의료적인 처치 없이 그 점이 사라졌다(Charity Ahanonu, 전화 인터뷰, May 19, 2010; Robin Flores, 전화 인터뷰, May 23, 2010). 그러나 치료 전에 생체 조직 검사를 통해 확인한 것은 아니었다. 예컨대 Prather, *Miracles*, 200-1에서는 조직 검사를 통해 확인된 암이 사라졌다.

128 Chibuzo Oparanyawu(사적 교신, Dec. 8, 2009; Feb. 22, 2010; June 7, 2010; Sep. 1, 2010); Benjamin으로부터의 재확인, Sep. 4, 2010.
129 치유에 관해서는 Baker, *Miracles*, 108, 137, 152(불임), 170, 172, 180(명백히 죽어 가던 사람)을 보라. Clark, *Impartation*, 107-22, 173-77, 190-93, 218-20에서

사람들 대다수는 베이커 부부를 신뢰할 만한 제보자로 여길 것이다. 하이디 베이커는 런던 대학교의 킹스 칼리지에서 Ph.D 학위를 취득했고, 그들 부부는 의사들과 동역하며,[130] 그들은 많은 사람이 치유되지 않았음을 솔직하게 그리고 공감적으로 인정한다.[131] 하지만 그들은 자기들이 모잠비크에서 행하는 사역과 연계된 기적적인 치유들에 대한 목격담과 요약도 제공하

도 보고되었다. 모잠비크 밖에서 일어난 치유에 관해서는 예컨대 Baker, *Enough*, 25(난독증), 32(인도네시아와 홍콩에서), 48(폐렴)을 보라. Baker, *Enough*, 144에는 콜레라에서 회복된 많은 사례가 수록되었다(168에 수록된 치유도 참조하라); Clark, *Impartation*, 191-92. 다른 학자들은 모잠비크의 오순절 교회와 은사주의 교회들의 급속한 성장을 지적한다(Schuetze, "Role," 36-7). 그들의 사역에 관한 학문적 연구는 Kantel, "Revival"을 보라(Brown, "Awakenings," 367 각주 15에 인용됨). 최근의 다른 연구들은 그 사례들을 최소한 간단하게라도 언급한다(예컨대 McGee, *Miracles*, 306 각주 13).

130 Baker, *Enough*, 56, 58, 61, 90, 97, 148-49, 172. 참조. Idem, *Miracles*, 80-81; Chevreau, *Turnings*, 182, 214.

131 Baker, *Enough*, 37, 41, 61, 65, 148-49, 163-64, 179-80 그리고 특히 169, 171-72; 또한 idem, *Miracles*, 43, 58, 86, 93-94, 115, 135, 137, 149, 163, 165. 참조. Chevreau, *Turnings*, 55, 211-22. 가난한 사람들을 대상으로 사역하는 그들은 북미인들이 번영 신학으로 규정할 만한 것을 선전하지 않는다(Baker, *Enough*, 30-31, 42, 52, 70-77, 81, 156; idem, *Miracles*, 58, 86-89, 131; Brown, "Awakenings," 354).

는데, 그러한 사례에는 청각 장애,[132] 에이즈,[133] 간질,[134] 종양,[135] 결핵,[136] 그리고 "몇 달 동안 뇌사 상태"에 있던 소년[137]의 치유가 포함된다. 하이드는 자기가 "앞을 전혀 보지 못하는 두 눈이 백내장으로 흰색이었는데 색이 변하더니 정상이 되고 건강해진" 것을 처음 보았을 때에 관해 말한다.[138] 베이커 부부와 동역하는 캐씨 에반스는 그녀가 최근에 학생들을 데리고 그들을 방

---

132 Baker, *Enough*, 157(선천적인 청각 장애자 소녀), 169, 173; idem, *Miracles*, 7-8(두 건), 39(두 건), 43, 78(종종 예들을 포함한다), 108, 114(여러 건), 163(두 건), 172(12명의 사례 및 기타 사례들), 180, 183, 192-3; Chevreau, *Turnings*, 142. 청각 장애와 시각 장애 모두 치유된 사람들의 예는 145, 174, 182을 보라. 아프리카의 다른 지역에서 일어난 사례는 예컨대 다음 문헌들을 보라. Numbere, *Vision*, 210; Crandall, *Raising*, 152; "Our God Reigns," 35에 수록된 여러 건에 관한 주장; Marszalek, *Miracles*, 160.

133 Baker, *Enough*, 160(그 후 음성 테스트를 통해 확인됨). 아프리카에서 에이즈가 치유된 사례 대다수는 초자연적 치유가 아니며(예컨대 Numbere, *Vision*, 270-71), 교회들은 다양한 실제적인 방법들과 영적인 방법들을 사용해서 고아원을 운영하고 환자들을 돌봤다(참조. 예컨대 Adogame, "Walk"). Binsbergen, "Witchcraft," 225-6은 자신이 죽기 직전에 에이즈를 치료할 수 있다고 약속한 예언자-치유자를 언급하지만, 전통적인 사역자 대다수는 그렇게 주장하지 않는다(Bond, "Ancestors," 154). 내가 다양한 제보자로부터 받은 많은 치유 주장은 HIV와 에이즈를 구분하지 않는다. 따라서 내가 그들이 어떤 주장을 하고 있는지 항상 확신하는 것은 아니다. HIV에 감염된 사람이 에이즈 상태로 전이되지 않고서 (대개 치료를 통해) 회복될 수 있으며 Tahira Adelekan, 전화 인터뷰, April 24, 2009), 때때로 차도를 보인 뒤 재발될 수도 있다(Eaton, "AIDS," 319). 그러나 내 제보자들이 테스트에 관해 언급한 것은 아마도 대개 HIV 감염을 지칭할 것이다.

134 Baker, *Enough*, 63.

135 Baker, *Miracles*, 57: "주먹 크기의 종양이 즉각적으로 사라졌다."

136 Baker, *Enough*, 56. 참조. Chevreau, *Turnings*, 181-82에 수록된 사례에서는 결핵 포낭이 파열되어서 환자가 그날 밤에 출혈이나 질식으로 사망할 수도 있었는데 기도하고 나서 잠시 뒤 회복되었다.

137 Baker, *Enough*, 65.

138 Ibid., 76(171-72, 173에서 또 다른 사례들을 언급한다). 대다수 연구는 수술을 백내장에 대한 유일한 대안으로 추천한다(Nicole Matthews, 사적 교신, April 1, 2009).

문했을 때 캐씨와 학생들이 중년의 선천적인 청각 장애인 남성을 위해 기도했을 때 그가 치유되는 것을 목격했다고 내게 말했다.[139]

내가 롤랜드 베이커와 연락을 취하는 동안 그는 내게 기적에 관해 배우는 가장 의미 있는 접근법은 내가 직접 모잠비크에 가서 기적을 목격하는 것이라고 권했다.[140] 당시 내 상황 때문에 나는 그 여행이나 유익했을 다른 많은 여행을 할 수 없었지만 다른 방문자들이 그런 사례들을 보았다고 보고했다. 당시 저드슨 대학교에서 가르치던 젊은 영화 제작자가 하이디와 몇몇 고아들이 자기 마을에서 청각 장애인으로 알려진 비그리스도인 여성을 위해 기도하는 장면을 비디오로 녹화했다. 이 여성의 청력 회복과 또 다른 사람의 치유는 그 테이프에 수록된 좀 더 극적인 장면이었다.[141] YWAM을 통해 하이디 베이커를 만난 내 학생 중 한 명인 아만다 함밀 카민스키는 자기의 룸메이트가 얼마 동안 하이디 베이커와 함께 일했는데 그동안 가시적인 기적들을 많이 목격했다고 말했다.[142]

내가 그녀가 목격한 또 다른 치유에 관해 얘기해 달라고 요청하자 셸리 홀리스는 우리가 대화하기 약 1년 반 전 자신이 모잠비크에서 경험한 일에 관해 말했다.[143] 그녀가 그 주제를 꺼냈을 때 나는 그녀가 모잠비크에 가본 적이 있다는 것도 몰랐는데, 그녀는 베이커 부부와 그들의 모잠비크 동

139 Kathy Evans, 사적 교신, Nov. 10, 2008(그날 이메일을 두 번 보냈는데, 첫 번째 이메일은 치유된 사람이 경악했다는 말도 했다).
140 예컨대 사적 교신, April 26, 2008. 그가 내게 와서 직접 보라고 초대했던 사례(그들이 비그리스도인 마을들에서 기도할 때 청각 장애인의 치유 사례)를 다른 사람들이 독립적으로 확인해줬다. Shelley Hollis(아래에 언급됨)가 증언하기 시작했을 때 그녀는 내가 Baker 부부를 안다는 사실조차 몰랐다.
141 그 DVD는 "하나님의 손가락"으로 불렸다.
142 Amanda는 내가 2008년 봄 팔머 신학교에서 마태복음 과정을 강의할 때 내게 이 얘기를 들려줬다. 우리는 그녀의 종전 룸메이트와 접촉할 수 없었다.
143 Shelley Hollis, 전화 인터뷰, Jan. 10, 2009.

료들의 사역에 관한 보고를 독립적으로 확인했다. 그녀는 자기가 그곳에 있을 때 그리스도인이 한 명도 없는 마을에서 하이디가 약 1000명쯤 되는 군중에게 아픈 사람이 있는지 물어보았다고 말했다. 듣지 못하고 말하지 못하는 8-9세 또래로 보이는 소녀가 나왔고 하이디가 기도했다. 그 소녀는 먼저 듣기 시작했고 이어서 차츰 자기 귀에 속삭이는 소리를 흉내 내려고 시도하기 시작했다. 셀리는 군중 사이에서 앞에서 뒤로 물결처럼 반응이 번져 처음에는 속삭이다 나중에는 오열로 변했고 급기야 폴짝폴짝 뛰는 것을 보았다. 셀리는 그날 밤 같은 나이 또래의 청각 장애 소년이 치유되었고 다음 날 교회가 시작되는 것을 목격했다.

이 일이 일어난 후 얼마 지나지 않아서 셀리가 그리스도인이 없는 다른 마을에서 설교하고 있었다. 그녀가 설교하고 있을 때 뒤에서 소란이 일었지만, 그녀는 설교를 계속했다. 그러다 그녀는 뒤쪽에서 어느 10대 소녀가 처음으로 듣기 시작했다는 것을 알았다. 그 소녀의 엄마는 그 아이를 앞으로 데리고 나와서 자기 딸이 듣기 시작했다고 증언했다. 그들이 증언하고 있는 동안 셀리의 왼쪽에 있던 여성의 보이지 않던 오른쪽 눈이 갑자기 치유되었다. 셀리는 하나님이 사람들을 치유하고 있다고 선언하고 그들에게 아픈 사람을 데려오라고 말했다. 이에 반응해서 그들은 마비된 여성을 돗자리에 눕혀서 데려왔다.[144] 그 여성은 일어나 춤추기 시작했다. 셀리는 이들 중 아무도 그리스도인이 아니었지만 그날 밤이 끝나기 전에 약 500명이 그리스도를 따르기로 약속했고 다음 날 교회가 시작되었다고 강조했다. 아마도 치료된 사람들을 알고 있던 현지인들은 뭔가 극적인 일이 일어났다고 믿었을 것이다. 다른 설명의 가능성은 아주 낮아 보인다. 이미 특정한 종

---

144 장기간의 마비는 대개 되돌릴 수 없다. 청각 장애는 치료될 수 있지만 일반적으로 수술을 통해서 치료된다(의사 Nicole Matthews, 사적 교신, April 1, 2009).

교에 헌신하고 있는 마을이 자기 마을을 방문한 몇몇 그리스도인을 속이기 위해 이 모든 치유를 꾸며내고 이어서 그렇게 많은 사람이 새로운 교회의 교인이 되겠는가? 좀 더 최근에 어느 연구팀이 그곳에서 시각 장애와 청각 장애 치유가 일어나고 있다는 주장에 관한 놀라운 의학적 확인을 발견했다.[145] 그런 증거에 비추어서 나는 베이커 부부와 관련된 주장들이 그런 사건들은 일어날 수 없다[146]고 전제하지 않는 사람들에게 신뢰할 만하게 보인다고 믿는다.

(6) 콩고의 전도자들

이 예들은 치유되었다고 주장하는 수만 명의 사례 중 일부에 지나지 않는다.[147] 이러한 치유는 치유 은사로 알려진 전도자들의 많은 치유 집회와 기타 활동들을 통해서 발생하기도 하지만, 덜 공개적인 환경에서 발생하기도 한다.[148] 그러나 나는 상당히 많은 수의 아프리카 치유 사례들을 인구 3,

---

145 그들은 청각 손상과 시각 손상의 치유를 위한 기도 전과 후의 청각 기능과 시각 기능을 측정했는데, 개선된 청각 기능과 시각 기능 측정 결과가 기도 후 스스로 보고한 개선과 가깝게 일치함을 발견했다(Brown, Mory, Williams, and McClymond, "Effects"; Brown, "Awakenings," 363-4에도 간략하게 언급된다). 그런 보고에 대해 비판할 수도 있겠지만 나는 보고자들(나는 그들 중 두 명을 안다)이 신뢰할 만하다고 확신한다. 우리가 그런 치유가 일어날 수 없다고 전제하지 않는다면, 그들의 주장을 의심할 이유가 없다. 그 상황들은 복음서들 및 특히 사도행전에 묘사된 상황들과 비슷하다.

146 모잠비크에서 발견되는 종교적 변이와 기타 변이들에 비춰 볼 때 그곳에서 그렇게 비방하는 사람들이 있을 가능성이 있다. 그러나 비방하는 사람들이 치료되어서 지금도 건강하게 지내고 있는 엄연한 증거를 제거하지는 못한다.

147 McGee, "Strategies," 206이 언급하듯이 "엄청난 증언의 수만으로도 진지하게 고려될 가치가 있다."

148 예컨대 Wimber, *Power Evangelism*, 178-80을 보라. Kenya에서 보고된 사례는 Clark, *Impartation*, 169을 보라.

4백만 명의 작은 나라인 콩고 공화국에서 취했다(이 나라는 콩고 민주공화국과 혼동되지 않아야 한다. 콩고 민주공화국은 훨씬 더 클 뿐만 아니라 오순절파와 은사주의 교파의 비중도 더 높다). 내가 이 작은 나라에서 사례를 취한 것은 그 나라가 내 아내의 모국이고 따라서 그곳의 직접 목격자들과 전해 들은 목격자들을 접촉할 기회가 많았기 때문이었다. 그 나라는 인구가 많지 않고(대략 필라델피아주의 인구 규모다), 거의 모든 내 표본들은 그곳의 오순절파 교회, 독립 교회, 가톨릭 은사주의 진영에서 나온 것이 아니라 주류 개신교 교회(콩고 복음주의 교회)에서 나온 것이며,[149] 내가 면담한 사람들 대다수는 교회 지도자들이 아니라 평신도 사역자들이었기 때문에 나의 무작위 표본들은 명백히 아프리카에서 발생하고 있는 기적 주장들의 지극히 일부분만을 대표한다.[150] 즉 나는 그것이 사하라 사막 이남 아프리카의 대다수 지역에서 보

---

149 콩고에서는 이 진영들의 교세가 큰데, 가톨릭이 지배적이고 중앙아프리카 인구의 23.2%는 갱신주의자다(Johnson and Ross, *Atlas*, 103, 이 수치는 남부 아프리카의 비율보다는 낮지만, 동부나 서부 아프리카의 비율보다는 높다). 복음주의 교회 자체는 1947년 "영적 부흥" 이후 치유를 포함한 영적 은사들에 개방적이었다(Dorier-Apprill, "Networks," 296).

150 이야기들 자체가 명확히 밝혀 주겠지만, 이런 사례 중 의료 문서를 구할 수 있는 환경에서 발생한 것은 거의 없다. Joseph Harvey는 그곳에서 기도 후 회복되는 것을 본 적이 있는데 자신은 그것을 의학적으로 설명할 수 없다고 믿는다고 말했다(July 25, 2008, 브라자빌에서 실시함). 예컨대 그와 그의 아내 Rebecca는 콩고에 정착한 르완다인 생존자인 Marie-Rose Nyiragwiza가 2003년 죽기 직전에 예기치 않게 회복되었고 지금 병원에서 일하고 있다고 말했다. 우리가 대화하고 있을 때 Harvey에게 진료를 받으러 온 어떤 남성도 증언했는데, Harvey는 자기가 그것을 확인해 줄 수 있다고 말했다. 같은 날 Harvey는 내게 회복될 수 없는 간장 질환에서 회복된 미국인 선교사 Gary Dickinson을 접촉해보라고 권했다. 나는 이미 Gary를 알고 있었지만(우리는 대학을 같이 다녔다) 그의 이야기를 알지는 못했는데, 그 후 Gary가 내게 자신의 이야기를 해주었다(사적 교신, Aug. 5, 2008; 회람 편지, March 2010). 그는 1991년 심각한 간장 질환을 진단받고 이식 수술을 하지 않으면 4-12년밖에 살 수 없을 것이라는 말을 들었다. 그는 약물치료를 계속했지만 1999년 병세가 너무 나빠져 3주 만에 체중이 약 20kg 줄었고 종종 하루에 20시간을 잤다. 2000년 그의 피부색이 노래졌다. 그러나 그는 2002년 하나님이 자기를 만진 후 약을 바꾸지

고되는 훨씬 더 편만한 현상의 일부만 대표한다고 믿는다. 이 사례들 모두가 자연적으로 설명될 수 없는 것은 아니다. 그러나 나의 제보자들에게 치유는 그것이 두통이 사라진 것이든 죽은 자가 살아난 것이든 간에 하나님께서 하신 일로 남아 있다.

내 아내 메디나 무쏭가 키너 박사는 기적을 일으키고 심지어 죽은 사람을 살리기도 한 것으로 유명한 다니엘 느둔두(1911-86) 목사의 사역에 관한 몇몇 보고를 내게 들려줬다. 그녀는 느둔두 목사에 관한 자료를 수집했지만[51] 나의 장인은 그녀보다 느둔두를 개인적으로 훨씬 더 잘 알았다(내 아내나 처부모는 일반적인 서구의 의미에서 뚜렷한 은사주의 진영에 속하지 않았다. 그들은 콩고의 전통적인 개신교인이다[52]). 느둔두 목사의 사역 초기의 예를 들자면 밀란두 시몬느의 두 다리가 마비되었는데 느둔두 목사가 1948년 그녀를 위해 기도하자 그녀가 치유되었다.[153] 내 장모 앙투아네트 말롬베[154]는 느둔두 목사에 관한 다양한 얘기를 들려줬는데[155] 그중에는 자궁이 제거된 여성이 아이를 낳은 기적 이야기도 있었다.[156] 그는 내 장인 자크 무쏭가에 관한

않고서도 개선되고 있으며 지금 (대체로 이 열대 국가에서) 정상적으로 일하고 있고 건강 상태도 양호하다고 말한다.

151 발행된 형태로는 Keener, "Ndoundou"를 보라.

152 다른 제보자들이 내게 은사주의 운동이 콩고의 가톨릭교회와 개신교 교회에 영향을 주었다고 말해줬지만 내 아내와 처부모들은 뚜렷이 은사주의적인 교회에 속하지 않았고, 방언 기도를 하지도 않았다.

153 Keener, "Ndoundou," Église Évangélique, *Ngouédi*, 27을 인용한다.

154 그녀는 내 장인 Jacques Moussounga가 최근에 사망할 때까지 결혼 관계를 유지했지만, 당시 그들의 관습에 따라(오늘날 서구에서도 상당히 흔하다) 그들은 각자 다른 성을 유지했다.

155 모두 2008년 7월 13일에 들려줬다.

156 물론 의학적으로는 불가능하다(의사 Nicole Matthews, 사적 교신, April 1, 2009). 따라서 기적이 일어난 것으로 생각된다(나는 새 자궁 비슷한 것이 만들어졌다고 생각한다). 그런 보고들이 서구의 초기 오순절파에서도 발생했다(Edmonton, Alberta에 수록된 Cadwalder, "Healings"를 보라).

여러 가지 일을 예언했는데 그 일들이 실제로 일어났다.[157] 내 장모는 또한 자기가 또 다른 아프리카인 예언자인 말롱가에게서 들은, 1980년대 중반에 일어난 사건에 관해 들려줬다. 어느 날 말롱가는 장애가 있는 여섯 살쯤 된 소년이 그 주의 특정한 날에 치유될 것이라고 선언했다. 그러고 나서 그는 자기가 이 치유를 그렇게 자신 있게 약속하지 말았어야 했다고 걱정하기 시작했다. 그날 그리스도인들은 기도하러 모였지만 다른 사람들은 호기심에서나 그리스도인들을 조롱하기 위해 모였다. 그리스도인들은 계속 기도하고 노래했지만 아무 일도 일어나지 않았다. 그러나 그 아이의 엄마가 아들을 배변시키려고 덤불로 데려갔을 때 그녀는 예기치 않게 아이가 치유된 것을 발견하고 아이를 즐겁게 모임 장소로 데려왔다. 사람들은 그 아이가 스스로 서 있는 것을 보고 일어나 박수를 쳤다. 그러나 말롱가는 자신은 얼굴을 바닥에 대고 그의 기대가 어긋나지 않았음에 대해 하나님께 감사드렸다고 말했다.

내 아내의 가족들은 전도자인 느고마 모이즈와 개인적인 친분이 있었다.[158] 그들은 모이즈로부터 당시 10대이던 그의 큰아들 조엘에 관한 이야기를 들었다. 그가 큰 병에 걸렸을 때 그들은 아들을 콩고 민주공화국의 킹고이 소재 병원에 데려갔다. 아이의 아버지가 병원에서 밤을 보내고 있을 때 꿈을 꾸었는데 어느 오솔길에서 어떤 사람이 그곳에 있는 작은 나무의 잎에 관해 알려줬다. 잠에서 깨어난 그는 아들을 업고 밖으로 나가 꿈에서 보았던 오솔길에 갔다. 그 길을 따라가다가 꿈에서 보았던 작은 나무를 발견한 그는 아들을 내려놓고 이 나뭇잎의 즙을 짜서 아들의 몸을 문지르기 시작했다. 아들은 갑자기 치유되어 일어났고 그들은 그날 아침에 퇴원해서

---

157 Antoinette Malombé, 인터뷰, July 13, 2008.
158 내가 룰롬보에서 일어난 사건에 관한 그 이야기를 들은 날은 2008년 7월 13일이었지만 그 사건은 30년도 더 전에 발생했다.

의사들이 깜짝 놀랐다.[159] 우리는 훗날 느고마 모이즈로부터 기본적인 이야기를 간략하게 확인할 수 있었다.[160]

(7) 파파 자크의 경험

그러나 그런 주장은 순회 전도자들에게만 한정된 것이 아니고, 그들이 모두 다른 사람의 증언을 되풀이해서 말하는 것도 아니다. 내 장인은 순회 전도자라기보다는 콩고의 철도 공무원이었지만 믿음으로 치유를 위한 간단한 기도를 드렸다.[161] 내 아내는 어릴 적에 내 장인의 기도로 심한 열이 즉각적으로 치유되었다.[162] 마찬가지로 당시에는 헨리에트 마키타였던 헨리에트 마비알라는 어릴 때 병으로 허약해져서 서 있을 수도 없었는데 파파 자크(내 장인은 그렇게 알려졌다)가 자기를 위해 간단하게 기도했다고 말했다.

---

159 나는 약초 사용이 아프리카의 전통적인 관습을 반영한다는 것을 알지만(참조. Byaruhanga-Akiiki and Kealotswe, *Healing*, 61-78, 그리고 앞에서 언급한 자료들), 기적적인 치유를 인정하기를 주저하는 서구의 그리스도인 독자들은 서구 그리스도인들이 종종 하나님께 약을 통해 역사하시도록 기도하듯이 하나님이 다양한 문화의 치유 전통을 상황에 맞게 전용할 수 있다고 생각할 수도 있을 것이다. 편만하지는 않지만, 성경에도 하나님이 습포를 통해 역사한 경우(사 38:21)나 특정한 강에서 씻으라는 이상한 명령에 대한 순종을 통해 역사한 경우(왕하 5:10-14)가 있다. 확실히 문화와 지역의 역사가 사람들이 치유를 추구하는 방법에 영향을 준다. 아르헨티나에서 사용된 독특한 형태(Marostica, "Learning")를 참조하라.

160 훗날 Ngomo Moïse는 내 처가를 방문했는데, 나는 그가 내가 자기의 몇몇 이야기를 사용하려고 한다는 것을 알고 즐거워했다는 말을 들었다. 우리는 기본적인 이야기를 간단한 전화 인터뷰를 통해 확인했다(May 14, 2009).

161 그의 이야기 중 몇몇이 Keener, "Moussounga"에 수록되었는데, 그 이야기 중 몇몇 사례는 본서에 포함되었다. Médine는 "Special Men," 9-14에서도 그에 관해 썼다.

162 나는 내 아내로부터 자신의 치유에 관해 들었는데, 우리가 결혼하기 전부터 지금까지 여러 번 들어와서 날짜를 적지 않았다. 그녀는 그 이야기를 "Special Men," 12에도 수록했다. 내 처남 엠마누엘도 비슷한 치유 경험을 했다(사적 교신, July 2, 2011).

기도를 마친 그는 그녀의 손을 잡고 일어나도록 도와주었다. 그녀는 갑자기 나았다고 느꼈고 열도 없어졌다. 그리고 그 병이 재발하지도 않았다.[163]

파파 자크는 자기에 관한 사례 하나를 포함해서 지인들의 몇몇 치유 사례를 적어 주었다. 1960년부터 1981년까지 그는 구강 종기로 고생했다. 때때로 혀의 종기로 인해 그는 식사나 말하기가 매우 고통스러웠다. 그는 병원 치료를 세 번 받았지만, 그 병이 낫지 않았다. 그가 1980년에 세 번째 입원했을 때에는 1주일 동안 말하거나 먹지 못했는데, 여전히 매월 종기가 발생했다. 고통에도 불구하고 그는 치유를 위한 기도를 중단하고 다른 사람들에게 그것을 위해 기도해 달라고 요청하기를 중단했다. 이듬해 그는 다른 도시로 옮겨갔다. 거기서 그는 기도 모임에 가입했는데 자기의 병에 관해서는 말하지 않았다. 어느 날 밤 그 모임을 주최한 수잔느 마쿠누가 내 장인이 구강 종기로 끔찍한 고통을 겪고 있는 꿈을 꾸었다. 그녀는 그것에 관해 아는 바가 전혀 없어서 자크에게 왜 기도를 요청하지 않았느냐고 물었다. 그녀는 단순히 "하나님, 제게 왜 그의 병을 보여주셨나요? 만일 그를 구해주기 위함이었다면 그를 치료해 주세요"라고 기도했다. 약 한 달 반쯤 뒤에 그는 자기가 그녀의 기도 후 종기를 경험하지 않았음을 알아챘다. 그는 다시는 구강 종기로 고생하지 않았다.[164]

한번은 그의 막내딸 그라시아가 생후 7개월이었을 때 뇌막염에 걸려서 그들은 그녀를 A. 시스 병원에 데려갔다. 그러나 다음 날 병원의 직원 바르델레미 부붕가가 그라시아가 24시간밖에 살지 못할 것이라는 말을 전해

---

163 인터뷰, July 24, 2008, 브라자빌에서 실시함. 그녀와 그녀의 남편은 다른 사례들도 제공했다.
164 2005년 9월 8일에 글로 적었다. 참조. Heron, *Channels*, 128-9에 수록된, 의학적으로 좀처럼 치료되지 않는 악성 구강 궤양 치료.

줬다.[165] 그날 밤 파파 자크와 앙투아네트 말롬베(현지에서는 자크 부인으로 알려졌다)는 병원에서 밤새워 기도했다. 자크 부인은 작은 수저로 우유를 떠서 딸의 입에 밀어 넣었다. 아이가 정말 죽을 것으로 생각한 자크 부인은 화장실로 가서 울면서 하나님께 아이를 돌려달라고 요청했다. 그렇게 기도하기는 했지만 그녀는 절망했다. 아침에 병실에 온 프랑스인 의사와 간호사(수녀)는 머뭇거리면서 아이가 아직 살아있는지 물었다. 그들은 아이가 살아있는 것을 보고 놀랐다. 의사는 그들이 어떤 신께 기도했는지 물었다. 그들이 예수께 기도했다[166]는 말을 들은 그 의사는 "선생님은 참된 하나님께 기도하시는군요"라고 논평했다. 그라시아는 그 후 한 달 넘게 입원했지만, 서서히 회복되더니 완전히 회복되었다. 내가 이 사례를 쓰고 있는 현재 그라시아는 35세이며 건강하다.[167] 이 회복에 관해 내가 내 장모를 인터뷰하고 있을 때 그라시아가 동석해서 자기가 어렸을 때 들은 내용에 기초해 자

---

165 뇌막염이 항상 치명적인 것은 아니지만 유아들은 생존할 가능성이 좀 더 낮고 대개 응급적인 돌봄과 항생제를 필요로 한다(Nicole Matthews, 사적 교신, April 1, 2009). 병원의 경고와 의사의 반응으로 미루어 볼 때 그녀의 생존 가능성은 아주 낮았다. 서구의 어떤 병원에서 한 의사의 아들이 이 사례와 유사하게 뇌막염에 걸렸었는데, 그 아이가 죽을 것으로 예상했던 다른 의사들은 그가 생존하고 손상 없이 점차 회복된 것을 기적적이라고 간주했다(Woodard, *Faith*, 30-35). 다양한 문제로 그날 밤을 넘기지 못할 것으로 예상되었지만 치유된 또 다른 아이의 이야기는 DeGrandis, *Miracles*, 128을 보라. 뇌막염으로 죽어가던 또 다른 아이의 치료는 Salmon, *Heals*, 87-8을 보라. Gisángel Curvelo Jiménez의 치료도 보라(쿠바에서 치료받았다).

166 실제로 파파 자크는 "나는 개신교인입니다"라고 말했다. 나는 당시 그 지역의 문화에서 그 말은 그가 예수께 기도했다는 말로 이해되었다는 설명을 들었다.

167 Jacques Moussounga의 설명은 2005년 9월 8일자다. 나는 2008년 7월 12일 Antoinette Malombé가 별도로 말해준 그 사례로부터 세부 내용을 덧붙였다. 그 때 Gracia는 자신의 나이를 확인해줬다. 각각의 이야기는 별도의 세부 사항을 포함했지만, 본질에 있어서 일치하지 않는 내용은 없었다(그 사건이 발생하고 나서 30년도 더 지났는데 말이다).

기 부모의 설명을 확인 및 보충했다.[168]

(8) 마마 잔 등의 경험

이 가족 외에 나는 잔 마비알라(위에서 언급한 헨리에트 마비알라와는 아무 관계가 없다)와도 대화를 나눴다. 마마 잔은 유명하지 않았다. 우리가 그녀를 알게 된 것은 그녀가 내 처가의 친한 친구였기 때문이었다. 즉 그녀는 독특한 사역을 하는 사람으로서 본서에 등장하는 것이 아니라(우리는 유사한 사역을 하는 다른 사람을 몇 명 알고 있었다) 우리의 가까운 지인 중 이런 사역을 하는 사람으로서 등장한다. 우리가 그녀의 집에 갈 때마다 그녀는 자기를 찾아온 많은 사람을 위해 기도하고 있었는데 그들 중 몇몇 사람은 그녀의 기도와 관련하여 자기들이 기적이라고 믿는 치유를 경험했다.[169] 마마 잔은 브라자빌에 있는 주류 개신교 교회의 집사로서 사람들의 필요에 관심을 기울이며 하나님이 그 필요를 채워줄 것으로 확신한다. 그녀는 내게 심각한 섬유종으로 인해 남편과 함께 프랑스에서 지낼 때 자궁을 제거한 어느 산파에 관해 들려줬다. 그들이 콩고로 돌아온 뒤 대령인 그녀의 남편의 가족은 그가 자녀를 가질 수 있도록 더 젊은 여성을 구해주었다. 그래서 그녀는 속이

---

168   Gracia Moussounga, 인터뷰, July 12, 2008.
169   인터뷰, July 29, 2008, 브라자빌에서 시행함. 마마 잔은 의료적인 치유와 신적인 치유 간에 아무런 긴장을 느끼지 않는다. 그녀는 전쟁 전에 자신이 세계보건기구로부터 받은 훈련이 자기가 전쟁 기간에 아이들을 구제하는 데 도움이 되었다며 그 점에 대해 감사하게 생각한다. 의사들은 그녀가 처방해야겠다고 생각하게 된 효과적인 식물 치료를 믿었고 그것을 원했으며, 화학 박사이고 약학 석사인 내 처남은 연구 기금을 구할 수 있으면 의학적인 관점에서 몇몇 약용 식물을 좀 더 연구하곤 했다. 본서에서 나는 그녀의 이야기 중 일부만 사용했다. 다른 이야기들은 2006년에 한 아이의 심장과 뇌가 점진적으로 치유된 것과 2005년에 한 여성의 간질병이 치유된 것(그녀는 우리가 도착했을 때 마마 잔의 집을 떠나고 있었다)이 포함된다.

상했다. 이 상황이 4년 동안 계속되었는데 그동안 더 젊은 두 번째 아내도 임신하지 못했다.

마침내 1992년 이 산파는 꿈에 어떤 음성으로부터 포토 포토에 있는 특정한 교회에 가라는 지시를 받았다. 그녀가 그 교회에 가서 기도를 요청했을 때 마마 잔이 하나님이 자기와 다른 어떤 사람에게 이 산파를 위해 3개월 동안 기도하라고 말했다고 했다. 3개월째 접어들 무렵에 그 산파는 복통을 느꼈다. 기도하던 사람들은 그 산파가 임신한 것이라고 믿었지만 그녀는 납득되지 않았다. 그녀는 자기가 임신하는 것이 불가능함을 알고 있었다. 하지만 이 여성은 40대 말에 쌍둥이를 낳았고 훗날 또 다른 쌍둥이를 낳았다. 두 번째 아내는 화를 내며 떠나갔지만, 그 산파는 마마 잔의 교회에 합류해서 전쟁 때까지 머물렀다. 나는 이 사례가 의학적으로 불가능하다는 것을 알지만,[170] 치유가 의학적으로 가능하다면(내가 위에서 언급한 많은 사례처럼) 우리 서구인들은 그것들을 기적으로 부르지 않는 경향이 있다.

어느 남편이 난잡하게 살고 있었는데 1986년에 그 부부 모두 HIV 양성 판정을 받았다. 그 아내는 자기가 죽게 되었다며 울었다. 마마 잔은 그들을 위해 20일간 기도에 돌입했고 그녀는 그 부부에게 하나님이 그들의 병을 제거했지만, 그들이 다시는 외도하지 않아야 한다고 말했다. 새로 검사했을 때 HIV의 흔적이 없었는데 그들은 훗날 프랑스를 방문했을 때 재검사하고 나서 그것을 확신했다.[171] HIV 바이러스 흔적이 없었고 남편에게 경미한 당뇨병이 있는 것을 제외하고 그들의 건강 상태는 양호했다. 그 사람

---

170 Nicole Matthews 박사(사적 교신, April 1, 2009)는 자궁이 없이는 "(쌍둥이는 고사하고) 한 아이가 잉태되어 살아서 출생하는 것이 물리적으로 불가능하다"고 언급했다. 그렇다면 그 사례는 분명히 자궁의 회복을 전제한다.

171 HIV 바이러스는 "수 년 또는 심지어 수십 년 동안 발견되지 않을 수도 있지만" 일단 발현하고 나서 사라지기는 어렵다(Nicole Matthews 박사, 사적 교신, April 1, 2009).

을 알고 있던 내 아내와 처남이 인터뷰에 동석했는데 나는 신원을 알게 할 수 있는 세부 사항을 생략하고서 이 이야기를 사용하도록 허락을 받았다.

또 다른 사례에서는, 마마 잔이 돌리지에서 기도 모임을 하고 있을 때 어떤 엄마가 허둥지둥 등에 딸을 업고 왔다. 열아홉 살쯤 된 그 딸은 마치 죽어가는 것처럼 흰 거품을 내며 경련하고 있었다. 그녀는 치유되어서 자기 힘으로 그 교회를 걸어 나갔다. 강렬한 인상을 받은 그 엄마는 그 교회 기도 모임의 일원이 되었다. 마마 잔과 인터뷰할 때 동석했던 내 처남 엠마누엘 무쏭가는 묘사된 내용을 확인해줬고 자기가 그 젊은 여성이 회복되는 것을 보았을 뿐만 아니라 돌리지에 방문할 때마다 그녀를 본다고 말했다.[172] 나는 자크 부인이 들려준 좀 더 극적인 증언 및 마마 잔이 들려준 좀 더 많은 이야기를 12장에 수록할 것이다.[173] 나는 내 장인의 친구이고 내 아내도 잘 알고 있는 또 다른 사역자 장 무코 목사와도 얘기를 나눴다.[174] 내가 그에게 치유 경험이 있느냐고 묻자 그는 하도 많아서 어떤 얘기를 해야 할지 모르겠다고 말했다. 인터뷰할 시간이 많지 않아서 그는 먼저 마음에 떠오르는 대로 말했다. 그는 2007년 오순절 기간에 음부티에서 예배 도중에 밖에 누군가 죽어가는 사람이 와 있다는 말을 들었다. 환자를 데려온 사람은 그 환자가 살 수 있을 것으로 생각하지 않았다. 무코 목사는 예수의 이름으로

---

172 내 처남 Emmanuel Moussounga는 내 아내처럼 프랑스에서 Ph.D 학위를 받았다. 그는 화학 Ph.D 학위 및 약학 석사 학위도 취득했다. 따라서 그는 서구의 의료 치료 전통을 잘 알고 있지만 보완적인 영적 실재도 긍정한다. 그는 초자연적 요소와 관련된 다른 치료들도 말해줬다(July 25, 2008).

173 그 이야기들을 듣고서 나는 몇몇 미국인 독자는 콩고에 와서 마마 잔에게 기도를 받기를 원할 것이라고 농담했다. 그녀와 그녀의 조카는 웃음을 터뜨리면서 벽에 걸린 오래된 예수의 사진을 가리켰다. 마마 잔은 "치료해 주시는 분은 예수님이죠!"라고 말했다. 즉 그들은 치유에서 공통적인 요인을 자신들에게 돌리지 않고 예수께 돌렸는데, 그분은 다른 곳에서도 똑같은 일을 하실 것이다.

174 그 인터뷰는 2008년 7월 31일 브라자빌에서 실시되었다.

기도하면서 성령의 능력을 느꼈다. 그는 큰 소리로 "주여, 주여, 주여, 주의 뜻을 보이소서!"라고 외쳤다. 그곳에 누워있던 사람이 갑자기 눈을 뜨고 자기가 있는 곳이 어디인지 궁금해하기 시작했다. 무코 목사는 "그분에게 물을 좀 주세요. 그는 허약합니다"라고 지시했다. 그 사람은 물을 마시고 나서 일어나 말했다. "누가 나를 이곳에 데려왔나요?" 사람들이 그에게 무슨 일이 일어났는지 말하자 그는 하나님을 찬양하기 시작했다. 무코 목사는 1997년 전쟁 중 어떤 마을에서 일어난 치유도 얘기해줬다. 사람들이 그에게 2주 동안 배변하지 못한 여성을 데려왔다. 그녀는 통증이 심했고 울면서 "나는 곧 죽을 거예요"라고 말했다. 이 증세가 계속된다면 그것은 참으로 위험한 상황이었다.[175] 그들이 기도한 뒤 그는 그녀에게 물을 1리터쯤 줄 필요가 있다고 느꼈다. 그녀는 물을 마신 직후 배변할 필요가 있었는데, 그는 배변에 10분쯤 소요되었다고 말했다.

내 처남이 다니는 교회의 집사인 파파 알베르 비수에수에는 자신의 사역, 특히 1985년에서 1987년까지 자기가 콩고 북부의 오온도와 에툼비에서 교사로 일할 때 보았던 기적들에 관해 말해줬다.[176] 그는 이렇게 설명했다. "내가 젊을 때부터 예수 그리스도를 경외했기 때문에 하나님이" 그가 콩고의 다양한 지역, 특히 복음화가 덜 된 지역에 있을 때 "내게 치유와 기적이라는 영적 은사를 주셨습니다."[177] 그는 50세가 넘은 여성이 임신했다

---

175 Nicole Matthews(사적 교신, April 1, 2009)는 내게 이렇게 설명했다. "장 폐색은 수술을 필요로 하는 응급 상황으로서 사람이 그 상황에서 수술을 받지 않으면 대개 죽습니다"(사적 교신, April 14, 2009에서도 그것의 심각성이 확인되었다).

176 나는 2008년 7월 29일에 브라자빌에서 그를 인터뷰했다. 그는 기쁘게 증언했지만 내가 요점을 놓치지 않아야 한다고 주장했다. 그는 "우리가 아니라 하나님이 기적을 일으켰습니다"라고 설명했다.

177 사적 교신, Dec. 17, 2009.

고 말했다.[178] 사람들이 죽은 사람을 그에게 데려왔는데, 그 사람이 살아나기도 했다[179](나는 이 사례 및 몇몇 다른 사례를 12장에서 자세히 묘사한다). 나는 사례들을 더 많이 제시할 수 있다.[180] 나는 내 가족의 지인 중 내가 콩고에 갔을 때 만날 수 있었던 몇몇 사람에게 들은 사례를 무작위로 제공했다. 이 중 많은 사례는 초자연적 현상에 의존하지 않고서도 설명될 수 있었다. 나는 가장 극적인 예들을 12장에서 제시하기 위해 이곳에서는 아껴두었는데, 그 중 몇몇 사례는 순전히 자연주의적인 관점에서는 설명하기가 매우 어렵다.

2. 라틴 아메리카와 카리브해 국가의 사례

전 세계의 기독교에 관한 몇몇 표준적인 연구는 라틴 아메리카에서 치유 주장이 가톨릭교회에서 오순절 교회에 이르기까지 광범위하게 퍼져 있음을 보여준다.[181] (부분적으로는 언어 문제로) 제보자에 대한 나의 접근이 제한되어서 이 부분에서 내가 인용하는 사례 대다수는 복음주의, 오순절파, 침례

---

178 인터뷰, July 29, 2008. 50세가 넘은 여성이 임신할 수는 있지만, 자연적으로 임신하는 경우는 드물다(대개 불임 치료가 관여한다. Nicole Matthews, 사적 교신, April 1, 2009).

179 인터뷰, July 29, 2008. 나는 내가 12장에서 채택한, 기록된 버전의 이야기가 같은 사건을 가리킨다고 생각한다.

180 우리가 2008년 7월 21일에 만난 그 교단의 회장은 자신 역시 몇몇 기적적인 치유 사례를 경험했다고 말했다. 우리는 콩고에 그런 체험을 한 다른 사역자들도 있다는 것을 알았지만 그들을 만날 시간이 없었다. 따라서 나는 내가 포함한 사례들은 표본에 지나지 않음을 강조한다.

181 Rivera-Pagán, "Transformation," 193-95을 보라. 증언이 라틴 아메리카 오순절파에서 차지하는 중요성에 관해서는 Chaván de Matriuk, "Growth"(예컨대 218-22)를 보라. 주류 북아메리카 히스패닉과 라티노 개신교에 나타난 상황은 Pedraja, "Testimonios"를 보라.

교에서 나온 것들이지만 기적 보고들이 이런 예에 국한될 이유는 없다. 치
유 보고들이 새로운 것도 아니다. 한 세대 전에 이미 치유 캠페인이 라틴 아
메리카의 복음주의 교회 성장을 촉진했다.[182]

사실 이 새로운 틀이 이미 약 한 세기 전 특히 멕시코 태생의 사역자인
프란시스코 올라사발(1886-1937)의 라티노 치유 집회에서 등장했다.[183] 그
의 집회에 수만 명이 참석했는데, 한 번은 10만 명이 넘는 사람이 참석했다
고 한다.[184] 치유 주장은 유명한 인물에게만 국한되지 않았다. 20세기 초 어
떤 설교자는 많은 치유가 일어나고 있다고 말했는데 그중에는 잘 걷지 못
하는 사람이 치유된 사례도 있었다.[185] 그런 증언들은 손쉽게 국경을 초월
했다.[186] 멕시코 출신인 나바 오캄포의 누이가 1919년 아리조나주에서 암이
치유되었다고 보고되었을 때 많은 멕시코 개신교인이 나바 오캄포의 운동

---

182 Read, Monterroso, and Johnson, *Growth*, 323. 라틴 아메리카의 표적과 교회 성장
    에 관해서는 추가로 De Wet, "Signs," 100-8(아르헨티나, 101-3; 에콰도르, 104-
    5; 칠레, 105-6; 브라질, 106-7; 도미니카 공화국, 107-8)을 보라.
183 다음 문헌들을 보라. Espinosa, "Olazábal"; 특히 idem, "Borderland Religion";
    idem, "Healing in Borderlands"; idem, "Revivals," 238; De Leon, *Pentecostals*,
    23-30(다른 주요 인물 중); Sánchez Walsh, *Identity*, 25-31; Deiros and Wilson,
    "Pentecostalism," 302-3; Ramirez, "Faiths," 94, 99-102, 165. 라티노가 아주사
    스트리트 부흥 운동에 공헌한 점에 관해서는 Espinosa, "Contributions"를 보라.
    Ramirez, "Faiths," 76, 81-83을 참조하라. 많은 치유가 일어났다고 주장되었다
    (Espinosa, "Healing in Borderlands," 139, 141. 그가 확실하게 안 정보에 관한 몇
    몇 특정한 보고에 관해서는 135, 그의 아내에 관해서는 136, 지인 가족의 청각 장
    애인에 관해서는 140을 보라). 그러나 그의 강조점은 복음 전도에 있었고 그는 하
    나님이 치유자라고 주장했다(139). 라티노가 주도하는 그의 조직은 스페인어권에
    많은 선교사를 보냈다(142은 그 조직의 토착적인 성격을 강조한다).
184 Espinosa, "Healing in Borderlands," 137을 보라.
185 Ruesga, "Healings."
186 오늘날 이 나라들의 국경에서 대규모의 이민(합법적인 이민 및 불법적인 이민,
    영구적인 이민 및 일시적인 이민)이 일어나고 있으므로 이 현상이 더 심화된다
    (Durand and Massey, *Miracles*, 2을 보라).

에 가담했다.[187]

나는 이 대목에서 라틴 아메리카의 기적 주장 중 몇 가지 표본을 제시할 것이다.

연구자들은 라틴 아메리카의 표적들과 교회 성장에 관한 많은 보고를 제공했는데[188] 이 대목에서도 내가 아래에 간략한 요약만을 제공했음이 지적되어야 한다. 예컨대 치유를 위한 기도가 전에 분열되었던 아르헨티나의 복음주의에 일치를 가져왔다고 한다.[189] 1954년 부에노스아이레스에서 거의 200만 명이 참석한 것으로 추산되는, 치유를 특징으로 하는 전도 집회가 아르헨티나 개신교에 "획기적인 약진"을 가져왔지만[190] 많은 그룹에는 편견이 남아 있었다. 그러나 아르헨티나 개신교 전도자인 카를로스 안나콘디아가 치유 집회를 인도하기 시작했을 때 그는 복음의 연합을 주장했다.[191]

---

187 Ramirez, "Faiths," 90-1.
188 De Wet의 라틴 아메리카 사례 자료는 다음 문헌들을 포함한다. McGavran, "Healing and Evangelization," 289-99; Enns, "Profiles," 103-17; Platt, "Hope," 61-65; Nyberg, "Field," 81-85; Bennett, "Multiplication," 85-87; Weld, "Impasse," 100-17; Larson, "Migration," 304-14; Alsop, "Analysis," 27-28; Aspinal, "Church," 31-35; Mast, "Training," 61-63; Reed, "Componential Analysis," 21-22, 49-52, 136-37; Wiebe, "Persistence of Spiritism," 122-42; Baird, "Analytical History," 60, 134-36. 멕시코의 사례는 Gaxiola, "Serpent," 99-101과 Bennett, "Tinder," 176-77을 보라. Aulie, "Movement," 128-85을 참조하라. 멕시코에서는 오순절파, 가톨릭 은사주의, 강신술사, 전통적인 토착 치유자들이 경쟁하면서 치료에 대한 저마다의 독특한 특질을 장려한다(오순절파에 관한 내용은 Garma Navarro, "Socialization"을 보라).
189 Marostica, "Learning". 참조. Devadason, "Missionary Societies," 188.
190 McGee, "Strategy in Mission," 89-90(Tommy Hicks에 관한 내용). 참조. Marostica, "Learning," 209; "Argentina Campaign"에 수록된 당대의 보고
191 Marostica, "Learning," 210-12, 224. 몇몇은 자기들의 맥락이 다르다는 점에 대한 고려 없이 Annacondia의 방법을 차용해서 아르헨티나의 상황에 변용한 것으로 보인다(마법에 관여했던 사람들의 구원 등. 참조. 215-7).

그의 접근법은 현재 아르헨티나의 개신교에 편만해 있다.[192] 치유는 아르헨티나에서 "현재 가장 중요한 전도 도구다."[193] 아르헨티나의 어느 교회에서 도시 이주자들을 인터뷰했을 때 그들 중 37.7%가 치유를 통해 복음 메시지를 받아들였다고 응답했다. 그들이 보고한 치유 사례에는 시각 장애, 암, 청각 장애, 심장 질환, 마비, 결핵이 포함되었다.[194]

(1) 남아메리카의 다양한 사례

개신교도들은 현재 라틴 아메리카 인구의 약 1/8을 차지하는데 그들 중 다수는 은사를 강조하는 집단 출신이다.[195] 라틴 아메리카에서 오순절파의 성장이 현저했지만[196] 치유가 오순절파에만 한정된 것은 아니다. 예컨대 볼리비아의 어느 감리교회는 그들의 설교에 치유가 수반되었기 때문에 놀라운

---

192 Ibid., 217-9.
193 Ibid., 207.
194 De Wet, "Signs," 103-4. 이 대목에서 그는 Larson, "Migration," 312을 따른다. 예컨대 Brusco, *Reformation*, 62에 수록된 콜롬비아에서 보고된 증언을 참조하라.
195 Escobar, Tides, 88-9(오순절파, 나사렛파 등).
196 많은 저자가 라틴 아메리카에서 오순절파가 급속히 성장한 것에 관해 언급한다(예컨대 Alvarez, "South," 148; González, *Guide*, 94; Escobar, "Scenario," 40-1; Taylor, "Future," 642; Deiros and Wilson, "Pentecostalism," 308; Pirouet, *Christianity*, 120; Balling, *Story*, 284; Freston, "Contours," 221-2; Dyrness, *Theology*, 83). 오순절파는 인구의 10%(개신교인의 2/3)를 점할 수도 있는데, 몇몇 학자는 명목적인 신자가 아니라 적극적인 가톨릭 신자는 인구의 20%에 미치지 못할 것으로 추정했다(Davies and Conway, *Christianity*, 76-7. 참조. Edwards, *Christianity*, 521에서는 그 비율이 10%다. 참조. Hanciles, *Beyond Christendom*, 109에 따르면 1930년부터 1960년까지 라틴 아메리카의 개신교 신도 비율은 1%에서 10%로 상승했는데 오순절파가 개신교를 주도한다). 라틴 아메리카의 오순절파에 관한 논문은 예컨대 다음 문헌들을 보라. Cleary and Stewart-Gambino, *Pentecostals*; D'Epinay, "Conquest"; Gill, "Veil"; Rivera-Pagán, "Transformation." Martin, *Tongues*에 수록된 논의도 보라.

성장을 경험했다(한 마을의 170 가족 중 160 가족 포함).[197] 로마 가톨릭에서는 랄프 로가우스키 신부와 헬렌 레이크래프트 수녀가 "가장 가난한 구획에서 기도를 요청한 환자의 약 80%가 치유되었다고 추정하며",[198] 신문들은 율리오 케사르 루이발의 복음 전도 설교와 관련하여 발생한 치유들에 관해 폭넓게 보도했다.[199] 또 다른 사례에서는 어떤 소년이 "심한 화상과 염증으로 고생했는데" 미사에서 사람들이 그를 위해 기도한 후 완전히 치유되어 다른 아이들과 놀았다.[200] 안면 기형이 있던 또 다른 소년 역시 그 미사에서 치유되었다.[201] 나는 이 대목에서 순례자들이 기적이나 호의(일자리를 얻음, 법적 분쟁 해결, 인척과 화해함, 부상으로부터 보호받음 등)에 대한 자신의 감사를 표현하기 위해 전통적인 사당들에 봉헌판을 남긴 사례들은 포함조차하지 않았다.[202]

많은 국가에서, 그리고 전체적으로 라틴 아메리카 개신교 신자의 대다수를 차지한다고 전해지는 오순절파들은 많은 이야기를 제공한다.[203] 이는

---

197 McGavran, "Healing," 73-74.
198 MacNutt, *Healing*, 26-27.
199 Ibid., 27.
200 McKenna, *Miracles*, 59-60은 이러한 가난한 신자들의 단순한 믿음을 칭찬한다.
201 Ibid., 60. 저자는 그 미사에 참석한 라틴 아메리카 신자들은 놀라지 않았는데 자신만은 놀랐다고 말한다.
202 예컨대 Durand and Massey, *Miracles*, 45-66을 보라. 71에 수록된, 몇몇 범주로 나눈 내용을 보라.
203 가톨릭 교인 중 약 1/10만 정규적으로 교회에 출석하기 때문에, 많은 학자는 오순절파가 교회 출석 면에서는 가톨릭에 필적한다고 말한다(Edwards, *Christianity*, 521). 물론 라틴 아메리카에서 전체 신도 수 측면에서는 가톨릭이 개신교를 능가한다. 오순절 신자 중 많은 이들이 종전에 명목적인 가톨릭 교도였다가 오순절파로 바꾼 사람이지만 가톨릭도 자신의 이야기를 갖고 있다. 예컨대 캘리포니아의 오순절파 신자가 가톨릭 전도자가 되었고(DeGrandis, *Miracles*, 47에 수록됨), 예수회 신자가 기도했을 때 개신교 신학생이 치유되었으며(ibid., 17), 어떤 개신교 신자는 다리 부상이 기적적으로 치유되어 전향했다(Duffin, *Miracles*, 45). 라틴 아메리카에서 가톨릭도 성장했다(Shaw, *Awakening*, 141 각주 16).

부분적으로는 라틴 아메리카의 오순절파에서는 치유가 가장 특징적인 영적 은사이며,[204] 라틴 아메리카에서 오순절 교회에 가담하는 사람들의 가장 공통적 요인 중 하나는 기도 후 치유를 경험한 것이기 때문으로 보인다.[205] 라틴 아메리카에서 가장 보편적으로 나타나는 오순절파는 또한 현지의 문화에 고도로 적응한 것으로 보인다.[206] 라틴 아메리카의 오순절파와 은사주

---

204 예컨대 Kwon, "Foundations," 188.
205 Chiquete, "Healing," 480-81. 참조. Kamsteeg, "Message"; idem, "Healing"; idem, *Pentecostalism*, 4; Sánchez Walsh, *Identity*, 29, 41, 43; McGavran, "Seeing," 67. Chiquete는 ("Healing," 481에서) 치유되지 않은 많은 사람도 이 교회들이 그들의 건강에 관심을 보이고 그들을 돌봐주기 때문에 이 교회들에 가담한다고 지적한다. 참조. Chesnut, *Born Again in Brazil*, 52. 이 대목에서는 신체의 질병이 브라질에서 오순절파와 관련을 맺는 가장 보편적인 원인이라고 지적한다.
206 오순절파는 라틴 아메리카 문화의 많은 측면에 잘 적응했다(Chaván de Matviuk, "Growth," 211-12을 보라). Freston, "Contours"도 주목하라. 그는 (249에서) 실제적으로 새로 태어났고 따라서 라틴 아메리카에 도달했을 때 유연했던 오순절파가 몇몇 측면에서는 "가톨릭이나 전통적인 개신교보다" 현지 상황에 더 적응했다고까지 주장한다. Ramirez, "Faiths," 266-68, 394-96, 420도 지리적으로 좀 더 좁은 지역을 대상으로 같은 취지로 주장한다. 라틴 아메리카 개신교 교회는 북미와 유대 관계가 있는 곳도 있지만 대체로 토착 교회다(Tombs, "Church," 312. 참조. Wilson, "Revival"; Espinosa, "Healing in Borderlands," 142). Cox, "Miracles," 93은 (신학적 관점에서가 아닌) 사회학적 관점에서 라틴 아메리카의 오순절파는 전통적인 복음주의적 개신교보다 민속적인 가톨릭과 더 유사성이 많다고 주장한다. Rivera-Pagán, "Transformation," 193-94은 민속적인 가톨릭에서 나타난 기적들을 비교하여 가톨릭은 현재 매우 민주화되고 대중화되었다고 주장한다(194,196); Sánchez Walsh, "Santidad," 161은 라티노의 신은사주의적인 믿음의 말씀(Word of Faith) 고백 사용을 "가톨릭의 예전 기도"와 비교한다. Tennent, *Christianity*, 176-77은 오순절파와 가톨릭 간의 영성을 비교한다. Escobar, *Tides*, 100은 라틴 아메리카 개신교는 일반적으로 "16세기 개혁주의자들보다는 18세기와 19세기의 경건주의자 및 부흥주의자와 좀 더 가깝다"고 주장한다. 그는 나아가 오순절파에 대한 직접적인 지식이 없는 사람들이 오순절파를 잘못 나타낸다고 지적한다(89-91). 오순절파가 치유와 구원을 강조하는 것이 그들의 매력의 일부다(Davies and Conway, *Christianity*, 77).

의 사역자의 다양한 책이 기적이 일어나고 있다고 보고한다.[207] 아래에 수록
한 나의 예들은 다양한 교파에서 보고되었지만(나의 제보자는 때때로 나라마다
다르다), 내가 다른 대륙에서 제공했던 예보다 특히 오순절파의 예가 더 높
은 비중을 차지한다.

브라질의 많은 극빈자는 적절한 의료적 돌봄을 받지 못하고 있으며[208]
치유를 강조하는 오순절 교회에 매력을 느낀다.[209] 한 연구에서는 브라질 오
순절파의 86.4%가 신적 치유를 경험했다고 주장했다.[210] 그들은 치료가 필
요한 사람의 주의를 끌기 위해 강신술사들과 경쟁한다.[211] 오진, 위약 효과

---

207 예컨대 Freidzon, *Spirit*, 91-98; Silvoso, *Perish*, 133. 아르헨티나에서 Freidzon의 사
    역에 관한 외부인의 관점에 관해서는 Marostica, "Learning," 219-24을 보라.
208 브라질의 건강 위기에 관해서는 Chesnut, *Born Again in Brazil*, 54-56과 idem,
    "Exorcising," 169-70을 보라.
209 Chesnut, "Exorcising," 182. 브라질에서 나타난 신적 치유에 관해서는 Brown,
    "Awakenings"도 참조하라. 그곳에서 오순절파 성장의 주요 원인은 McGavran,
    "Seeing," 67을 보라. 치유는 오순절 교회가 브라질에서 1910년 시작할 때부터 발
    생했다(Shaw, *Awakening*, 138). 브라질에서 오순절파의 대규모 성장(예컨대 하
    나님의 성회는 1993년 새 신자가 50만 명이 넘는다고 보고했다)은 예컨대 César,
    "Babel," 25을 보라. 오늘날 브라질 오순절 교회의 세계적 연결에 관해서는 예컨
    대 Oro and Semán, "Pentecostalism"과 Freston, "Transnationalisation"을 보라. 브
    라질 오순절 교회의 역사는 예컨대 Shaw, *Awakening*, 135-57을 보라. 간략하게
    는 Deiros and Wilson, "Pentecostalism," 311-13을 보라. 브라질의 한 오순절 교
    단은 미국으로 이주한 스웨덴 이민자들에게 주어진, 특정한 "단체"에 관한 예언
    에 대한 응답으로 시작되었다(다음 문헌들을 보라. McGee, "Regions Beyond,"
    93; idem, *Miracles*, 166-67; Hollenweger, *Pentecostals*, 75-84; Deiros and Wilson,
    "Pentecostalism," 312; Shaw, *Awakening*, 138). 브라질의 가톨릭 은사주의에 관해
    서는 Csordas, "Global Perspective," 336-8을 보라.
210 Chesnut, "Exorcising," 175-76을 보라(176에서는 대체로 목사들과 특히 여성
    들의 11.4%만 다른 사람들의 치유를 들어보았다고 주장했지만 말이다. Brown,
    "Awakenings," 361에서도 마찬가지다). 조사 범위는 좀 더 넓지만, 설명은 좀 더 적
    은 퓨 포럼(Pew Forum)의 "성령과 능력"(Spirit and Power)에서는 그 비율이 77%
    였다.
211 Greenfield, *Spirits*, 141, 145-47, 202.

그리고 때때로 종교적 사기와 관련된 경우도 있겠지만,[212] 브라질에서는 문자적으로 "오순절파 신자 수백만 명"이 하나님이 치유한다고 믿는다. 따라서 그 데이터를 논의하는 서구의 연구자는 치유에 대한 그들의 믿음은 최소한 효과가 있는 주관적 실재임을 인정한다.[213] 브라질의 어떤 주민은 인터뷰에서 고질적인 간장 질환이 4년간 자신의 건강을 점점 망치고 있었는데 예수가 나타나서 자기를 치유해주었다고 말했다.[214] 같은 나라에서 죽어가던 사람이 간단한 기도 후 말기 암과 혼수상태에서 치유되었다.[215] 또 다른 제보자는 브라질에서 사역자 두 명이 "소프트볼 크기의 복부 탈장"이 있던 소년을 위해 기도하자 그들의 앞에서 탈장이 사라지고 그 소년이 치유되었다고 보고했다.[216] 의사들이 흉부 암에 걸린 TV 뉴스 앵커 실비아를 가망이 없다며 집으로 돌려보낸 뒤 그녀는 치유 집회에 참석했다. 그녀는 피를 토

---

212 영적 속임수가 발생하기는 하지만(가장 흔하게 발생하는 경우는 하나님 왕국의 보편적 교회[IURD, Igreja Universal do Reino de Deus]와 관련하여 언급된다), "사기보다는 의료 과실, 오진 그리고 가난한 사람들의 일반적인 건강 무시가 오순절파가 신앙 치유로 주장하는 것의 상당한 부분을 차지한다"(Chesnut, *Born Again in Brazil*, 86. 이 대목에서 초자연적 요인을 다루지는 않지만, 그것을 배제하지도 않는다. idem, "Exorcising," 180). IURD에서 발생하는 치유 담화에 관한 사회학적 연구는 Corten, "Obéissance"를 보라.

213 Chesnut, *Born Again in Brazil*, 87(위약 효과의 여지를 인정한다). 그는 치유 주장의 예들을 제공한다 (81-2, 86-8).

214 Ibid., 81-82. 남편의 시력 회복과 함께 아내도 치유된 사례는 87-88을 보라. 간의 많은 부분이 3-4주 안에 회복될 수 있다. 그 증언에서 언급된 치유는 그 과정이 이례적으로 신속하게 진행된 것으로 이해될 수 있다(Nicole Matthews, 사적 교신, April 1, 2009).

215 Johnson, "Work."

216 Moreland, *Triangle*, 169. 브라질에서 보고된, Davi Silva가 다운증후군에서 부분적으로 치유된 이야기는 그의 얼굴과 손바닥에 치유와 관련될 수도 있는 물리적 특징을 보이기는 했지만 정말로 치유된 것인지는 의심스럽다. Silva가 증언할 때 요소들을 거짓으로 진술했다고 인정했는데 어느 요소가 거짓인지는 아직 밝혀지지 않았다(http://casadedavi.wordpress.com/davisilva/#ingles; Jan. 1, 2011 접속. 참조. 사적 교신, Candy Gunther Brown, May 22, 26, 28, 2009; Jan. 1, 2011).

했고 체중이 겨우 약 30kg밖에 되지 않았지만 거기서 한 시간 동안 기도한 후 자신이 치유될 것으로 믿었다. 더 이상 암의 징후가 보이지 않았고 그녀는 빠르게 체중이 회복되었으며 방송국에 복직했다. 2년이 지난 현재 그녀는 건강하게 지내고 있다.[217] 그런 주장들은 오순절파에 국한되지 않는다. 예컨대 나는 브라질의 어느 침례교회가 극적인 많은 치유를 보고하고 있으며 10년도 안 되는 기간에 40배가 넘게 성장했다고 들었다.[218]

마찬가지로 치유를 강조하는 콜롬비아의 오순절 교회는 너무도 가난해서 때때로 건강과 희망이 없는 사람들에게 중요한 사회적 필요를 채워주고 있다.[219] 어느 학자에 따르면 "이 연구에서 만나 본 모든 신자는 자기가 경험한 몇몇 기적적인 사건을 얘기했고", "치유, 부활, 영적 조우" 같은 사건들이 가장 보편적인 회심 요인이었는데 그중에서 "신적인 치유"가 가장 흔했다.[220] 콜롬비아에 거주하는 로즈(당시 21세)는 안면 부위의 종기에서 "피와 고름"이 나오는 심한 피부병으로 고생했다. 그녀는 외출할 때 얼굴을 가리고 다녔다. 그리스도를 영접한 날 밤 그녀는 석 달 만에 처음으로 잘 잤고 다음 날 아침에 일어나 "확실히 얼굴에 염증이 없는" 것을 알았다. 그녀

---

217 Brown, "Awakenings," 351-52. 북미의 사역자인 Randy Clark가 그녀를 위해 기도한 팀을 이끌었다. "실비아"는 가명이다(365 각주 1).

218 Randy Clark, 사적 교신, April 1, 2011.

219 Bomann, *Faith in Barrios*를 보라. Idem, "Salve," 190: "중추적인 대처 전략"(a pivotal strategy for coping)을 참조하라. 203도 참조하라. 라틴 아메리카에서 오순절파가 전통적으로 가난한 사람들 및 소외된 사람들과 관련을 맺은 데 관해서는 다음 문헌들을 보라. Escobar, "Scenario," 40, 42; idem, *Tides*, 79-81, 134; Bonk, "Engaging," 53. 오순절파의 뿌리와 가난한 사람 일반에 관해서는 Hollenweger, "Elites," 201-3을 보라. 번영 신학은 원래의 오순절파에서 나온 것이 아니라 신은사주의에서 나왔다(Escobar, *Tides*, 81; Corten and Marshall-Fratani, "Introduction," 5).

220 Bomann, *Faith in Barrios*, 62. 참조. Idem, "Salve," 190, 194. 구체적인 사례에 관해서는 194-99, 201-2을 보라.

의 할머니가 놀라워하자 그녀는 거울을 보고서 자신이 완전히 치유되었음을 발견했다.[221] 같은 나라에서 올가라는 여성은 자기 딸이 죽어가고 있었고 의사들도 포기했다고 말했다. 그 지역의 어느 목사가 기도한 다음 날 그 아이가 회복되기 시작하더니 궁극적으로 완전히 회복되었다.[222] 콜롬비아에서 또 다른 사람은 혈액 상태가 치유되었다.[223] 콜롬비아 가톨릭교회도 피부 상태 및 기타 질병 치료 같은 은사적 치유 경험들을 증언한다.[224]

수리남은 남아메리카의 다문화 국가로서 네덜란드어를 국어로 사용한다. 내가 2006년 더글라스 노어우드 박사를 만났을 때, 자기가 1994년 11월 수리남의 니케리에에서 설교할 때 연로한 회의주의자가 인간의 개입 없이, 평생 고생하던 마비로부터 즉각적으로 치유되는 것을 목격한 경험을 들려줬다. 그 회의주의자는 신앙이나 치유에 도움이 될만한 심리적 요인을 지니고 있지 않았다. 그는 그리스도인이 아니었고 자기가 치유되었을 때 그리스도인들에게 도전하고 있었다. 그러나 그는 그리스도의 이름이 자신을 치유한 것을 인식했고 예기치 않은 치유를 경험한 뒤 즉시 그리스도인이 되었다. 이 사건은 전에 그리스도인이 별로 없던 지역에서 갑작스러운 대규모의 교회 성장에 이바지했다.[225]

---

221 Bomann, *Faith in Barrios*, 62-63(그녀는 30년 뒤에 자신의 치유 이야기를 했다). 아마도 idem, "Salve," 201-2에 같은 이야기가 수록되었을 것이다(거기서 Bomann 은 그녀의 이름을 Mariela로 제시한다).
222 Bomann, *Faith in Barrios*, 63. 그런 증언의 수가 증가하기는 했지만 콜롬비아에서 치유 주장이 새로운 것은 아니다(참조. 예컨대 Palmer, "Growth," 62에 수록된 인 터뷰, Nov. 12, 1969에서 심한 부비강염이 치유되었다고 주장했다).
223 Redpath, "Change." Harris, *Acts Today*, 92-93에도 보고되었다. 혈액의 변화와 관 련된 이 치유는 현재의 의학 지식으로는 설명될 수 없다.
224 MacNutt, *Healing*, 233-39을 보라.
225 인터뷰, June 6, 2006. Norwood, "Colloquium," 24-26에도 수록되었다. 그는 내가 물었을 때 즉시 목격자들의 이름을 제공했다.

토착민들 가운데서도 종종 치유가 보고된다. 예컨대 마야의 마을에서 제사장의 치유가 사람들로 하여금 복음을 널리 수용하게 했다고 전해진다.[226] 몇 시간 동안 숨을 헐떡이며 괴로워하던 아마존 유역의 비그리스도인 마을 추장이 곧 죽을 것으로 보였는데, "예수 영화"(*Jesus Film*) 사역자들이 그를 위해 기도했다. 그는 갑자기 일어나 춤추며 집안을 돌아다니다가 그 부족의 장로들에게 소리치기 시작했다.[227] 또 다른 사례를 들자면, 콜롬비아의 모틸로네 인디언인 아타바크도라가 낙상으로 목이 부러져 3개월 동안 가만히 누워 있으라는 지시를 받았다. 사냥꾼인 그는 1주일도 가만히 누워 있기가 어려웠다. 아타바크도라를 좋아하는 그의 친구 보바리쇼라는 기독교 신앙을 가진 지 얼마 되지 않았지만 그를 위해 기도하자고 주장했다. 그와 또 다른 친구 브루스 올슨은 그에게 기름을 바르고 간단히 기도한 후 떠났다. 아타바크도라가 일어나 돌아다닌다는 말을 들은 그들은 그런 행동을 하면 그의 목이 결코 치유되지 않을 것으로 확신하고서 서둘러 그를 만류하러 왔다. 그러나 아타바크도라가 아무런 통증을 느끼지 않자 그들은 의사에게 다시 엑스레이를 찍어보라고 했다. 이제 경미한 골절 흔적도 없어서 의사는 경악했다. 그는 그것을 "모종의 기적"으로 묘사할 수 있을 뿐이었다. 보바리쇼라에게 그것은 두통의 치유와 다를 것이 없었다. 서구 의학을 좀 더 많이 아는 북미인 브루스 올슨에게 부러진 목의 치유는 자연적으로는 좀 더 놀라운 현상이었다.[228]

다른 보고들도 빈번하다. 한 연구자는 라틴 아메리카의 의사들이 자기 딸의 시력이 상실될 것이라고 했지만 딸이 회심 후 시력이 회복되어 안경

---

226 Clark, *Impartation*, 126.
227 "예수 영화" 프로젝트 교신, Oct. 30, 2009, p. 1.
228 Olson, *Bruchko*, 148-51. Olson은 자신의 놀라운 회복에 관해서도 증언한다(122-23).

을 쓸 필요조차 없게 되었다고 주장한 어떤 엄마에 관해 보고한다.[229] 또 다른 보고는 "자기 어머니의 뇌 감염이 치료된" 뒤 회심한 사람에 관해 말한다.[230] 또 다른 제보자는 자기가 30년 동안의 사역에서 "많은 치유와 부활을 보았다"고 주장한다.[231] 나는 미국의 어느 신학교 학장인 바이런 클라우스를 개인적으로 아는데, 그는 베네수엘라 카라카스에서 "HIV와 유사한 면역 결핍"에 걸린 네 살 여자아이를 위해 기도했다. 그 아이의 엄마는 과부였는데, 그녀는 자기 딸이 치유되었다고 확신해서 딸의 혈액 검사를 받았다. 이전의 검사 결과와 달리 그 아이의 면역 체계는 이제 정상적이었다(클라우스는 내게 향상된 검사 결과를 보내 주었다). 그녀는 현재 16세다.[232] 다른 주장으로는 페루에서 일어난 부분적인 청력 치유,[233] 브라질에서 일어난 10년 동안의 불임 치유[234] 등이 포함된다. 이 중 몇몇은 자연적으로 일어난다고

---

229 Lehmann, *Struggle*, 197.
230 Sánchez Walsh, *Identity*, 43.
231 Ibid., 44.
232 Byron Klaus, 사적 교신, July 6, 2009. 그는 베네수엘라에서 자기에게 보낸 새 혈액 검사 결과들의 팩스 원본의 사본을 제공했다(2009년 7월 10일에 보냈다. 검사들은 1998년 8월 10일과 17일, 9월 9일, 10월 15일과 22일에 실시되었다). 베네수엘라에서 좀 더 이전 시기의 다리 마비, 언어 장애, 청각 장애 등을 포함한 질병 치유에 관한 주장은 Ollson, "Healings"를 보라.
233 WCDN 웹사이트에 게시된 사례 연구는 서명된 오디오그램 원본을 포함한다(http:// www.wcdn.org/wcdn_eng/case/case_content.asp-id=38&page=3; May 6, 2009 접속). 그러나 우리가 오디오그램에서 10포인트의 오류 한계를 허용할 경우(청력도가 75dB에서 59dB로 변했을 뿐이다) 그 유의도가 그다지 확실하지 않다고 생각하는 사람도 있을 것이다. 청력을 상실한 기간도 하나의 요인일 수 있다. 온두라스에서 시력이 부분적으로 회복된 사례일 수도 있는 보고도 참조하라. 나는 WCDN 웹사이트에 실린 이 사례에 관한 문서의 일부만 구할 수 있었다(기도 후 그녀의 상태 및 그녀의 이전 상태에 관한 그녀의 모친의 증언. 그 기록들이 너무 오래되어서 병원은 더 이상 그녀의 의료 기록을 갖고 있지 않다. http://www.wcdn.org/wcdn_eng/case/case_content.asp-id=22&page=4; May 6, 2009 접속).
234 Rance, "Child."

알려졌기 때문에 자연주의적인 관점에서도 믿을 수 있다. 관찰자 대다수는 다른 사례들을 이례적인 치유 범주로 분류할 것이다.

(2) 쿠바에서 보고된 기사

내 친구 중 한 명은 쿠바의 침례교 목사인 카를로스 알라미노와 가깝게 동역했다. 알라미노는 전도나 기도 상황에서 나타난 극적인 치유 사례를 많이 제공했는데 나는 그중에서 몇몇 사례를 12장에 수록했다.[235] 쿠바 교회들 및 정부의 호의와 환대 덕분에 나는 본서를 편집하는 동안 쿠바의 목사 모임에서 가르칠 수 있었다. 그때 많은 교회 지도자가 자유롭게 내게 그들의 치유 이야기를 들려줬다. 신뢰할 만한 통역자인 데이비드 고메로 보르게스 역시 자신이 침례교 평신도였을 때 및 사역자가 된 뒤 경험한 몇몇 사례를 조심스럽게 얘기했다.[236]

예컨대 침례교 신자인 미르따 베네로 보사는 신자가 된 지 6년이 되었는데 그녀의 전도 집회에서 많은 기적을 보았다고 보고한다. 그러나 그녀는 내게 특별히 자신에게 가까운 사람의 이야기를 들려줬다. 그녀의 손녀의 손이 뜨거운 다리미에 데어 심한 화상을 입어 손이 붓고 피부가 벗겨졌다. 그녀가 30분쯤 기도한 후 의료적 치료 없이 그 아기의 손이 전혀 덴 적이 없다는 듯이 완전히 회복되었다. 미르따는 의사여서 그 화상이

---

235   Alamino, *Footsteps*, 여러 곳을 보라. 그 책에 수록된 사례 외에 그는 신부전증이 즉각적으로 치유된 사례를 보고한다(워싱턴주 에버레트 소재 제일침례교회에서 한 설교, Feb. 1, 2009. 참조. Brian Stewart [사적 교신, June 7, 2010]).

236   David Gomero Borges, 인터뷰, Aug. 12, 2010. 이 사례들에는 두 건의 즉각적인 회복(한 건은 1990년에 발생한 고열과 통증 치유였다)과 의사들이 "기적"이 일어나지 않는다면 틀림없이 죽을 것이라던 아기의 완전한 회복이 포함된다. 교수인 그 아기의 엄마는 신자가 아니었지만 그 회복이 "기적"임을 인정했다.

얼마나 심한지 알 만한 입장에 있었기 때문에 그녀의 경험은 특히 놀라워 보인다.[237]

마찬가지로 루터교 목사로서 쿠바 복음주의 루터교 연합교회 주교인 이스마엘 라보르드 피구에라스는 1995년 초 간 종양이 발생했는데 공교롭게도 자기가 그때 다른 교회의 지도자에 대해 심한 분노를 품고 있었다고 말했다. 많은 사람이 그를 위해 기도했고 그는 의학적 치료를 받지 않고 기도와 금식에 전념했다. 그가 그 사람을 용서한 것과 동시에 1년 뒤 새로 시행한 검사에서는 종양이 사라졌다. 그는 이 이야기를 널리 공유했으며, 그와 함께 이 사건들을 보았던 다른 사람들도 그 이야기를 확인할 수 있었다.[238]

1998년 야밀카 헤르난데스 구스만은 산티아고 소재 암 병원에서 정신과 의사로 일하고 있었다. 그때 의사들이 그녀에게 그녀의 자궁 두 곳이 자리를 잘못 잡아서 아이의 자궁 크기밖에 되지 않는다고 통보했다. 그래서 그녀는 아이를 낳을 수 없었다. 라보르드 목사가 그녀가 임신할 수 있도록 기도했고 2개월 뒤 그녀는 임신했다. 의사들은 그녀가 월경을 하지 않았을 때 처음에는 그녀가 임신한 것을 믿을 수 없었지만, 두 번째 월경을 하지 않자 그녀를 검사했다. 우리가 인터뷰할 때 그녀의 건강한 딸이 옆에서 자기가 임신된 이야기를 즐겁게 다시 들었다.[239]

현재 크리스천 어셈블리의 교회 개척자인 에우스바리나 아코스따 에스떼베는 1988년에 경험한 일을 들려줬다. 그녀는 심장 상태가 좋지 않아

---

237 Mirtha Venero Boza, 인터뷰, Aug. 6, 2010.
238 Ismael Laborde Figueras, 인터뷰, Aug. 7, 2010(같은 날 그의 아내와도 간략하게 인터뷰했다).
239 Yamilka Hernández Guzmán, 인터뷰, Aug. 8, 2010. 나는 이 이야기를 찾기 위해 멀리 갈 필요도 없었다. Yamilka는 내가 Laborde를 인터뷰한 둘째 날 사무실에 오랫동안 우리와 함께 있었던 유일한 다른 사람이었다.

서 겨우 세 걸음밖에 걷지 못했다. 게다가 신장 문제로 그녀는 3개월간 입원해 있었다. 그녀는 사지가 붓고 혈뇨가 나왔다. 그녀는 다른 영들에게 기원하고 있었지만, 사촌 중 한 명이 그녀를 그리스도께 데려왔다. 사역자들이 그녀를 위해 기도하자 그녀는 바닥에 쓰러졌고 몇 분 뒤 극적으로 회심했다. 동시에 그녀는 즉각적으로 완전히 치유되었다.[240]

라울 리게로 산체스는 내게 자기가 젊고 미성숙한 그리스도인이었을 때 에우스바리나가 자기를 그녀가 전도하고 있던 곳에 데려가서 환자들을 위해 기도하게 했다고 말했다. 놀랍게도 출혈증이 있던 여성이 치유되었고 고질적인 두통이 있던 여성도 치유되었다. 그가 이런 종류의 사건들을 계속 경험하지는 못했지만, 이 놀라운 경험은 훗날 그가 성숙한 그리스도인이 되는 데 도움이 되었다. 그의 아내는 출혈성 뎅기열에 감염된 뒤 한 달 동안 피를 흘렸다. 그가 자기 아내에게 안수하고 기도하자 그녀는 즉각적으로 치유되었다.[241] 그는 어떤 사람의 피부암 치유에 관해서도 보고했는데, 그 사람은 기도 후 1주일 이내에 차이를 알아볼 수 있을 정도로 호전되었다. 그가 내게 말해준 증인이 그 보고를 확인했다.[242]

오순절파 사역자인 로데 곤살레스 조릴라는 쿠바 교회 협의회의 전직 회장이자 쿠바 오순절파에 관해 저술한 전문가다. 그녀는 자기가 1993년 코스타리카에서 공부할 때 버스에서 내리다 배수구에 떨어졌는데 온몸의 체중이 오른발에 쏠렸다고 말했다. 그녀의 중족(中足) 골이 피부 위로 가시

---

240 Eusbarina Acosta Estévez, 인터뷰, Aug. 7, 2010. 인터뷰를 마치기 전에 Eusbarina는 좀 더 최근에 발생한 고질적인 다른 문제의 치유도 들려줬다. 이 치유는 우리가 처음 만났을 때 불과 3일 전에 최근의 환상과 연결하여 일어났다.
241 Raúl Regueiro Sanchéz, 인터뷰, Aug. 7, 2010. 나는 이후에 Eusbarina에게 다시 물어보았는데 그녀는 이 사건을 확인했다.
242 Raúl Regueiro Sanchéz, 인터뷰, Aug. 7, 2010. Juan Carlos Riestra Matos, 인터뷰, Aug. 7, 2010.

적으로 올라왔고 그녀의 발이 붓기 시작했다. 그녀는 보험에 가입하지 않았기 때문에 병원에 갈 수 없었고 깁스를 할 수 없었기 때문에 친구에게 자기를 거처에 데려다 달라고 부탁했다. 그녀는 진통제를 먹었으나 통증이 견딜 수 없을 정도로 계속되었다. 그녀는 하나님께 자기에게는 하나님 외에 아무도 도움을 줄 존재가 없다고 부르짖었다. 그녀는 그럭저럭 잠이 들었는데 일어나 보니 다리가 완전히 정상으로 돌아왔고 그 후 다리에 아무 문제가 없었다. 그녀는 기도하기는 했지만 너무 놀라서 친구에게 자기의 다리가 자신이 기억하는 것처럼 심하게 다쳤었는지 물었고 친구는 이를 확인해 주었다.[243]

쿠바 기독교 오순절 교회의 집행 간사인 알테르난 클라로 푸포는 자기가 청소년이었을 적에 요통으로 인해 때때로 거의 마비되었다고 한다. 열여섯 살 적에 의사가 그에게 추간판 디스크가 있다고 말했다. 그에게 체육 활동이 허용되지 않았지만 그는 수술을 거부했다. 이듬해에 의사가 가슴 통증과 숨이 차는 현상을 유발하는 심장병도 발견했다. 그는 스무 살 무렵에 그리스도인이 되었고 치유를 위해 기도하기 시작했다. 어느 날 밤 그는 몇 시간 동안 기도했고 하나님이 자기를 치유해주셨다고 확신했다. 그날 이후 25년이 넘도록 아무 증상도 나타나지 않았다, 그는 치유된 직후 2년 동안 모든 훈련을 소화하며 군 복무를 마쳤다.[244]

---

243 Rhode Gonzàlez Zorrilla, 인터뷰, Aug. 11, 2010. 그녀는 최근에 양손의 관절염 때문에 의사들이 그녀의 사지의 엑스레이를 촬영했다고 말했다. 그녀의 발은 멀쩡했다. 그녀는 쿠바 국립 과학 아카데미의 사회 종교 연구 센터에 쿠바의 오순절파에 관한 논문들을 발표했다.

244 Alternán Claro Pupo, 인터뷰, Aug. 3, 6, 2010. Alternán은 치유되고 나서 27년 뒤인 현재까지 요통 증상들이 나타나지 않았다고 말했다. 그러나 그는 우리가 만났을 때는 건강했지만 우리가 만나기 약 7개월 전(그가 치유된 지 최소 26년 후) 심장병이 발작했었다. 우리가 만났을 때 그는 활동적이었고 요통 증세는 전혀 없었다.

레오넬 카메조 타세는 2년 전 약 4개월 동안 두통이 계속되어 MRI를 촬영해 보니 뇌에 문제가 생겨 약을 처방받았다. 그 후 그는 곧 개종했고 하나님이 자기를 치유해주셨다고 믿었다. 그는 약을 복용하기를 중지했다. 그는 그날 밤 두통이 즉각적으로 사라졌고 다시는 재발하지 않았다고 증언한다.[245]

엘림 성경 연구소 소장인 도르카 R. 로하스 크루스는 내게 라스투나스에 있는 자기 교회에서 치유된 몇몇 사람에 관해 말해줬다.[246] 1956년 의사들이 펠리페 로하스 로하스가 43일 동안의 열로 앉아 있지도 못할 정도로 쇠약해져 회복할 가망이 없다고 생각했다. 그들은 그를 집에서 죽도록 돌려보내면서 그가 아마도 5, 6일만 더 살 수 있을 것이라고 말했다. 죽어가면서 절망에 빠진 그는 자기 어머니에게 기도로 알려진 마리아 마친과 기젤라라는 여성을 초대해 달라고 부탁했다. 그 여성들은 그의 집으로 가는 도중에 그가 치유될 것이라고 느꼈고, 기도도 하지 않은 채 그의 어머니에게 직접 하나님이 그를 일으킬 것이라고 말했다. 몇 초 뒤 그들이 집을 떠나기도 전에 그는 치유되어 일어났고 곧 그리스도인이 되었다. 그는 지금 73세인데 도르카의 부친이다.

마찬가지로 복수의 의사들이 9년 전 로자 토레스 탈라스의 대장암을 확인했다. 기도 후 그녀의 통증과 출혈이 그쳤다. 수술하려던 의사들은 그녀가 치유되었음을 깨달았다.[247] 세 번의 심각한 심장 발작 후 의사들은 아

---

245 Leonel Camejo Tazé, 인터뷰, Aug. 11, 2010.
246 Dorka R. Rojas Cruz, 사적 교신, Sept. 1, 2010(상세하게 설명하고 확인한 교신, Oct. 29, 2010). 그녀는 치유된 사람들의 이름뿐 아니라 주소도 제공했다.
247 Dorka는 그녀를 직접 인터뷰하고 추가적인 세부 사항을 제공했다(사적 교신, Sept. 1; Oct. 5, 12, 2010). 그녀를 위해 기도한 사람들은 Dorka의 가까운 지인들로서 아래에 언급된 Marciano Jiménez Castro와 Dorka의 자매 Noemí Eunice Rojas Cruz 다.

우렐리아 로드리게스 페레스에게 그녀가 여섯 시간에서 여섯 달 가량 힘겹게 살 것이라고 말했다. 집중적인 기도 후 새로 심전도 검사를 해 보니 그녀가 심장 발작을 경험했다는 아무런 흔적도 없었고, 그녀는 30년 이상을 더 살았다.[248] 고령으로 사망한 그녀는 도르카의 외할머니였다.[249]

도르카는 쿠바 기독교 오순절 교회 집행 회계인 마르시아노 히멘스 카스트로가 직접 경험해서 알고 있는 사례에 관해서도 듣기 위해 그를 인터뷰했다.[250] 의사들은 그가 만성 당뇨병을 앓고 있다는 진단을 내렸다. 어느 날 그는 집에 앓아누워 있으면서 한 라디오 설교자가 환자들을 위해 기도하는 것을 들었다. 그는 치유되었고 훗날 사역자가 되었다. 그는 또한 1999년 1월 의사들이 세 살이던 자기 손자 지산젤 쿠르벨로 히멘스가 뇌막염으로 죽을 것이라고 말했다고 했다. 지산젤이 입원한 지 3일째 되던 날 의사들은 그 아이가 그날 오후에 죽을 것이라고 경고했다. 당시 목사이던 마르시아노가 기도한 후 그 아이는 증세가 호전되기 시작했다. 밤이 되자 아이는 상태가 좋아져 공을 갖고 놀았다. 의사들은 그가 눈이 멀고 정신적으로 및 신체적으로 장애가 남을 것으로 예측했다. 그는 현재 14세인데 교회의 건강한 음악가다.

도르카는 관타나모주 이미아스에 있는 그들의 교회와 관련된 연구 논문에 실린 추가 사례도 제공했다. 예컨대 아메리카 오나테 브라베트는 병원에서 가망이 없다며 퇴원조치되었다. 그녀는 사람들이 기도하자 치유되었다. 에르쿨리라는 사람들이 기도할 때 즉각적으로 자궁암이 치유되었다. 교회 앞에 사는 미리암 디아스 브라베트는 18개월 된 자기 아들 아르키메

---

248 Dorka R. Rojas Cruz, 사적 교신, Sept. 1, 2010. 249.
249 Ibid., Oct. 29, 2010.
250 그녀는 그를 2010년 9월 26일에 인터뷰했다. 나는 이 정보를 2010년 10월 12, 17
     일자 사적 교신을 통해서 입수했다.

데스가 하루에 50번씩 경련을 일으키곤 했다고 보고했다. 그는 기도하고 나서 3일 안에 치유되었고 현재 20세다.[251]

(3) 라틴 아메리카와 카리브해 국가의 다양한 기타 사례

멕시코 및 미국-멕시코 국경 양쪽의 멕시코인들로부터도 많은 사례가 있는데 나는 그중에서 몇몇 표본을 제공한다. 아주사 스트리트의 초기 오순절 부흥에서 최초로 치유가 목격된 사람은 멕시코인이었는데, 그는 내반족(內反足)이 치유되었다.[252] 마리아 리베라 아트킨슨이라는 멕시코 여성의 말에 의하면 그녀는 1924년 40대 중반에 암을 진단받았다. 자기가 두 명의 오순절파 여성의 기도를 통해 치료된 것을 발견한 그녀는 오순절파 신자가 되었고 궁극적으로는 멕시코에서 하나님의 교회를 시작했다.[253] 미국의 어느 신학 교수는 대학생 때 멕시코에서 시각 장애, 청각 장애, 언어 장애 등의 치유를 목격한 것에 관해 말한다.[254] 어느 치과 의사가 농가진이 있는 아이를 위해 기도하자 그 아이는 15분 이내에 가시적으로 치유되었다.[255] 스웨덴인 선교사에게 훈련받은 어느 멕시코인 신자가 노상 설교를 통해 군중

---

251 Dorka R. Rojas Cruz, Oct. 12, 17, 2010, Quintero Pérez, "Folleto"를 인용한다.
252 Espinosa, "Borderland Religion," 130. Espinosa는 131에서 아주사 스트리트에서 치유를 목격했다고 증언한 다른 멕시코계 미국인들을 인용한다(자기 아버지의 치유에 관해 말한 사례도 있다).
253 Avalos, *Health Care*, 1. Avalos는 그녀가 치료된 후에도 여생 동안 건강이 좋지 않았음을 지적한다. 그러나 그녀는 1924년에 암 진단을 받았지만 그후 거의 40년을 더 살다가 80세가 넘어서 사망했다(1879-1963). Atkinson이 개척한 교회는 하나님의 교회 교단에 가입했다(McGee, *Miracles*, 169).
254 Alexander, Signs, 86(말하지 못하는 소녀의 집에서 기도했을 때 그녀가 치유되었다).
255 Llewellyn, "Events," 250. 자기 친구의 경험을 얘기했다.

을 모으려고 노력했지만, 이 방법으로는 전도에 별로 성공하지 못했다. 그는 약국에 가서 사람들에게 그들을 치유할 수 있는 존재를 만나고 싶으면 앞으로 나오라고 요청해야겠다는 생각이 들었다. 그는 사람들과 함께 자기 집에 가서 예수의 이름으로 기도하곤 했는데 그러면 사람들이 치유되었다. 이 방법을 통해서 그는 교회를 시작할 수 있었다. 그 선교사는 자기는 이 방법을 생각하지 못했다고 말했지만 그 방법은 효과가 있었다.[256]

내가 멕시코 출신 침례교인인 내 학생 에두아르도 라라 레이에스에게 치유 경험이 있느냐고 묻자, 그는 내게 자기 아내인 님시 아르실라 레알을 소개해줬다. 그녀는 2003년 여러 차례의 검사 결과 자궁 경부에 최고 수준의 전암(前癌) 증상이 있었는데, 내시경과 조직 검사에서 그것이 거듭 확인되었고 다른 의사도 이를 확인했다고 말했다. 복용한 약도 효과가 없어서 (방사선 치료나 화학 요법은 시행되지 않았다) 의사는 전암 조직을 제거하기로 했다. 님시와 그녀의 가족은 기도하고 있었다. 제거된 조직을 검사해 보니 전암 조직이 없었다. 의사는 사과하고 수술할 필요가 없었다고 말했다. 아무 약도 필요치 않았고 이후의 검사에서 어떤 문제도 재발하지 않았다.[257] 퍼지지 않은 암은 증상이 나아진다고 알려졌지만, 이 사건이 에두아르도와 님시에게는 인간적으로는 극복하기 어려운 중대한 기도에 대한 응답 양상에 부합했다.

이 양상에 포함되는 증언으로서, 님시의 부친인 윌베르트 아르실라 곤잘레스는 자기 아내 A. 레알 피나에 관한 이야기를 들려줬다.[258] 1985년 그녀는 열병이 재발했는데 처음에는 장티푸스로 오진되었다. 여러 의사가 그

---

256 McGavran, "Seeing," 68.
257 Eduardo Lara Reyes and Nimsi Arcila Leal, 인터뷰, Sept. 17, 2009.
258 Wilbert Arcila Gonzalez(사적 교신, Nov. 30, 2009, Eduardo Lara Reyes가 나를 위해 번역해 줌).

녀를 쇠약해지게 하는 병의 원인을 알아내지 못했지만 마침내 IMSS 병원[259]에서 홍반성 낭창이 원인일 가능성이 높다며 이 병은 회복할 수 없다고 말했다. 어떤 약도 소용이 없었고, 그녀는 걸을 수 없었기 때문에 매일 일하기 전에 윌베르트 씨는 아내를 욕실로 옮겨줘야 했다. 치료가 소용이 없어서 그들은 치료를 중단했지만 그녀는 진통제는 사용할 수 있었다. 그녀는 고통에 대해 불평하지 않았지만 궁극적으로는 다리에 홑이불이 닿기만 해도 너무 아팠다. 어느 날 밤 그녀는 고통이 너무 커서 어떤 약도 먹지 않고 하나님이 자기를 치유하든 하늘 집으로 데려가든 간에 온전히 하나님만 의지하겠다고 기도했다. 다음 날 아침 그녀는 갑자기 통증이 사라지고 다리의 혹도 없어졌음을 깨달았다. 그녀는 즐겁게 하나님을 찬양했고 다시는 그 병이 재발하지 않았다.

그들의 친구인 야스민 홈머 역시 자신의 증언을 제공했다.[260] 1998년 서부 아프리카에서 돌아온 직후 그녀는 고열((40°C)과 폐렴으로 40일 동안 혼수상태에 빠졌다. 그녀는 심각한 대뇌 말라리아를 앓고 있었고 그녀의 장기들이 기능을 상실하기 시작했다. 의사들은 그녀의 생존 가능성을 크게 보지 않았다. 그러나 그녀는 많은 신자가 중보 기도한 뒤 회복되기 시작했다. 계획했던 기관 절개 수술은 불필요해졌다. 의사들은 중간 정도의 돌봄 병동에서 3개월을 요양할 필요가 있으며 일부는 집중 치료 병동으로 돌아오는 경우도 있다고 말했지만, 그녀는 1주일 후 퇴원했다. 의사들은 충격을 받았고 그 회복을 경악스럽다고 여겼다.[261] 야스민은 자신의 상황에 관한 많

259 멕시코 사회보장 제도 병원(The Mexican Social Security Institute Hospital).
260 Yazmin Hommer, 사적 교신, Oct. 26-27, 2009. Eduardo와 Nimsi가 사적인 대화와 교신(Oct. 23, 2009)에서 내게 그녀를 소개해줬다.
261 Yazmin Hommer, 사적 교신, Nov. 20, 2009.

은 의료 서류들을 제공했다.[262]

그런 주장에 관해 훨씬 폭넓게 기록한 사람들이 있다. 기생충이 코스타리카의 3학년 학생인 사라 로드리게스의 간을 파괴하고 있었다. 엑스레이 검사를 해 보니 그녀의 간 1/3이 파괴되어 있었다. 의학적으로 아무것도 할 수 없음을 깨달은 의사들은 그녀에게 집에 가서 죽으라고 했다. 그러나 그리스도인들이 사라를 위해 기도하기 시작했고 그녀는 하나님이 자기를 치유해 줄 것으로 확신했다. 면담자는 "며칠 안에" "그 아이가 호전되었다"고 말한다. "그녀의 모친은 다시 사라를 병원에 데려가 검사와 엑스레이 촬영을 했다. 이전의 검사 결과와 달리 사라의 간은 완전히 정상이었다." 그녀는 건강한 상태를 유지했고 학업을 계속했다.[263] 코스카리타에서 또 다른 사람은 말기 폐암을 치료받지 않았으나 치유되었다.[264] 드론 란스는 "열두 살 때 과테말라의 어느 도시에서 자동차 문이 내 오른손 손가락들을 짓이겼다"고 말한다. 그의 아버지가 그를 병원으로 데려가기 전에 현지의 성경학교 학생들이 기도했고 그의 손은 "즉각적으로 치유되었다."[265]

나는 앞에서 신학 분야의 내 동료 중 한 명인 로이다 마르텔-오테로를 인용했다. 그녀는 기도와 관련된 상황에서 치료된 많은 사례를 내게 들려줬는데, 나는 그중에서 하나를 여기에 언급한다[266](로이다는 신학자가 되기 전

---

262 Dec. 1, 2009 더 많은 내용과 함께 보내줬다.

263 Petersen, *Might*, 100-1(그녀의 모친 및 목사와 실시한 인터뷰, Sept. 25, 1990 및 1992 이후의 추가적인 지식에 근거함). 코스타리카에서 오순절파의 놀라운 성장에 관해서는 Bastian, "Pentecostalism," 특히 167을 참조하라.

264 Klaus, "Miracle." Byron은 그 치유는 엑스레이를 통해 확인되었고 그 소년은 이후 건강하게 지냈다고 언급한다(사적 교신, July 7, 2009).

265 사적 교신, Sept. 27, 2010. 그리고 그는 1992년에 자기 딸의 종기가 치유되어 수술하려던 의사가 놀랐다고 언급했다(Sept. 27, 28, 2010. 그들의 증언은 웹사이트 http://delonnandvalerierance.com에도 게시되었다. Sep. 27, 28, 2010 접속).

266 토론, Feb. 23, 2010; 인터뷰, April 22, 2010; 후속 교신, April 23, 2010. 그녀의 다

에 수의사로 훈련받았기 때문에 대다수의 다른 사람들보다 의학적으로 지식이 있다).
도미니카 공화국 출신의 한 여성이 건성 각막염을 치료받기 위해 미국으로
왔다. 이 상태가 나빠지면 각막이 말라서 궁극적으로 눈에 궤양이 생기고
시력을 잃을 수도 있다. 의사들은 눈에 눈물을 공급하는 관을 삽입하는 수
술을 계획했다. 미국에 있는 동안 그녀는 로이다의 부친인 라파엘 마르텔
이 목사로 시무하는 사운드뷰 스페인 침례교회를 방문했다. 로이다는 당시
부목사였다. 로이다의 부친이 기도를 요청했을 때 그 여성은 누군가가 그
녀를 위해 기도를 시작하기도 전에 긴 복도를 걸어 나와 큰 소리로 울기 시
작했다. 눈물이 계속 흘렀고 수술은 취소되었다.

20세기 초 푸에르토리코의 어느 전도자가 그들의 연례 집회에서 "여
러 해 동안 병들어 의사들도 포기했던 많은 사람이 기도에 대한 응답으로
치유되었다"고 주장했다.[267] 라틴계 오순절파 신자이자 내가 일하고 있는
신학교에서 신뢰받는 동료인 보니 오르티스는 푸에르토리코의 어느 전도
자가 자기의 친한 친구에게 그 친구의 치아가 기적적으로 채워졌다고 선언
할 때 그 자리에 같이 있었다고 내게 말했다. 보니는 친구가 충격을 받은 것
을 목격했고 치아를 검사해서 그중 두 개가 채워진 것을 확인했다. 그 친구
는 치아가 자연적으로 채워진 것을 본 적이 없었다.[268] 나는 개인적으로 이

른 사례는 가까운 가족에 관한 사례와 의학적으로 이례적인 사례를 포함한다.

267 Otero, "Convention." 1950년 푸에르토리코에서 일어난 주요 치유 부흥 기간에 시
각 장애, 청각 장애, 보행 불능과 기타 심각한 문제 치유가 다수 보고되었다(Miller,
Miracle of Healing, 42-43. 종종 이름들이 제공된다).

268 인터뷰, Jan. 10, 2009. 그 전도자는 Jiye Avila였다. 확실히 치아의 법랑질은 자연적
으로 개선되지 않으며 치과적인 개입 없이 치아가 자연적으로 채워지지 않는다(의
사 Nicole Matthews, 사적 교신, April 1, 2009). Schiappacasse, *Heals*, 59은 어느 치
과의사가 어떤 환자의 치아가 그들의 치료 예약일 전에 기적적으로 채워진 것을
발견하고 처음에는 그 환자가 다른 치과의사에게 치료를 받은 것으로 생각했다고
보고한다.

런 보고를 수록하고 싶지 않았다. 치아를 채우는 것의 가치에 관해 의문을 제기할 독자가 많을 수도 있지만, 치과가 적거나 치과 치료 비용을 지불할 여유가 없는 사람들에게는 그 가치가 작지 않을 것이다.

푸에르토리코에서 보고된 치유 주장은 오순절파에 국한되지 않는다. 예컨대 나의 동료인 침례교 신자 로이다 마르텔-오테로의 가까운 친척은 가시적인 피부 종양이 있었는데 검사해 보니 그것이 악성으로 진단되었다. 그 가족이 계속 기도하자 종양이 사라지기 시작했고 다시 검사해 보니 암이 없었다. 여러 해가 지난 현재 그 여성은 여전히 건강하다.[269]

좀 더 편만한 사례를 들자면 푸에르코리코의 침례고 사역자인 마릴루 도네스 레이에스는 환자들을 위한 기도 사역을 수행했다.[270] 보고된 치유 사례 중 히스토플라스마 병에 걸려 필요한 산소의 51%밖에 받아들이지 못하는 의사가 있었다. 그는 마릴루의 교회에서 기도한 후 치유되었다.[271] 다른 사례를 예로 들자면, 돈 라몬 리베라 아도르노가 병원에 74일 동안 입원해 있었는데 의사들이 그에게 길어야 1주일밖에 더 살지 못할 것이라고 경고했다. 의사들은 퇴원을 허락하지 않았지만, 그는 치유되어 책임 면제 각서에 서명하고 하나님이 자기를 치유해주셨다고 설명하면서 퇴원했다.[272] 마릴루는 하나님께 자유롭게 요청하기도 하고, 다니엘 3:17-18을 인용하며 하나님이 언제나 치유하지는 않는다는 점도 인정한다.[273] 그녀는 자신의 다

---

269 인터뷰, April 22, 2010.
270 Gutierrez, *Mujer de Milagros*, 78-79. 나의 동료인 Mayra Picos-Lee 박사가 이 책에 수록된 관련 자료를 찾아서 해석해 주었다(사적 교신, Sept. 30, 2009). 히스토플라스마 병은 폐 안의 균과 관련된 질병이다.
271 Gutierrez, *Mujer de Milagros*, 78-79.
272 Ibid., 79.
273 Ibid.

른 질병에 대해서는 수술을 환영했다.[274]

카리브해의 세인트루시아 섬에서 1986년 5월 아데 루이스라는 생후 21개월 남자아이의 왼쪽 검지 일부가 사고로 잘렸다. 손톱이 빠졌고 손가락 끝과 뼈 일부가 절단되었다. 잘린 손가락을 접합하는 데 필요한 의료 자원이 없어서 아기 엄마는 겁에 질렸다. 가톨릭 치유 사역자인 랄프 디오리오 신부가 기도하고 나서 사람들에게 하나님께 영광을 돌리라고 촉구했다. 아기 엄마는 손톱뿐만 아니라 손가락의 나머지도 곧바로 다시 자라서 왼쪽 검지 길이가 거의 오른쪽 검지의 길이만큼 된다고 증언했다.[275] 아프리카와 카리브해 출신 이주자들 역시 영국 등 서구에서 치유 체험에 관한 보고를 제공한다.[276]

서인도 연합신학대학 전 학장이자 오랫동안 팔머 신학교에서 재직한 내 선배 동료였던 호레이스 러셀 박사[277]는 내게 자신의 경험 몇 가지를 전해줬다. 그는 자기가 사역을 시작한 곳인 자메이카에서는 신자들이 기적이라고 믿을 만한 경험이 흔하다고 지적했다. 하나님이 의료 기술 같은 은사들을 제공한 서구에서는 그런 경험이 덜 흔하기는 하지만 서구에서도 특히 하나님 외에는 의지할 곳이 없는 사람들 사이에서는 그런 일이 여전히 일어난다. 킹스턴 소재 서인도 대학교의 불가지론자인 어느 교수가 암으로 죽어가고 있었다. 비록 그녀는 신자가 아니었지만, 러셀 박사가 그녀를 위해 기도하도록 허용했다. 그녀는 다음 날 아침 회복되었고 이후 건강을 유

---

274   Ibid., 95-97.
275   DiOrio, *Signs*, 130-35. 다른 형태의 재성장과 달리 뼈는 의료적 개입이 없이는 좀 처럼 이렇게 자연적으로 다시 자라지 않는다(Nicole Matthews, 사적 교신, April 1, 2009).
276   예컨대 Michel, *Telling*, 64을 보라. 참조. Schaefer, "Miracles."
277   그는 침례교 유산과 정체성에 관한 침례교 세계연합위원회 사역 및 자메이카 침례 교 역사에 관한 연구로도 유명하다.

지했지만, 여전히 불가지론자로 머물렀다.[278]

(4) 에콰도르의 사례

내가 앞서 언급한 바와 같이 기적 보고는 결코 오순절파나 은사주의에 국
한되지 않는다.[279] 하지만 이 단락에서 나는 조셉 캐슬베리의 콜럼비아 대학
교 학위 논문에 수록된 몇몇 사례에 상당한 지면을 할애할 것이다. 그 논문
은 에콰도르의 한 오순절 교파(하나님의 성회)의 발전을 다루며 그곳의 많은
교회 지도자와 교인들에 대한 설문 조사 및 인터뷰를 포함한다.[280] 에콰도르
과야킬에서 교회 설립 초창기에 개최된 대중 집회는 많은 치유 주장을 낳
았다.[281] 마르코 팔메크는 오른팔이 마비되어서 사람들이 그를 엘 만코("외
팔이")라고 불렀다. 그는 치유된 뒤 그 교파에 합류했고 궁극적으로 에콰도
르 하나님의 교회에서 최초의 에콰도르인 감독자가 되었다.[282]

1972년 키토에서 전도 운동을 하던 기간에 "시각 장애 소녀와 청각 장
애 어린이"가 치유된 후 교회가 급속히 성장하고 다른 많은 치유 보고가 이
어졌다.[283] 목격자이자 교회 지도자인 한 사람이 1982년 전도 운동에 관한

---

278 Horace Russell, 인터뷰, July 2, 2009.
279 가톨릭의 기적 주장은 은사주의 진영에 국한되지 않는다. 자기들이 소위 가톨릭의
    과도함이라고 부르는 현상에 반대한 몇몇 개신교인과 달리 가톨릭 신학이나 정교
    회 신학은 결코 은사중지론 입장을 채택하지 않았다(예컨대 Mullin, *Miracles*, 133;
    Kselman, *Miracles*, 197).
280 Castleberry, "Impact." 그 논문은 문서 및 목격자 인터뷰를 모두 사용하는데, 인터
    뷰 대상자에는 대개 내가 인용한 치유 증언자들이 포함된다. 나는 그 논문의 저자
    를 20년 넘게 알고 있다. 그는 현재 워싱턴주 커클랜드 소재 노스웨스트 대학교 총
    장이다.
281 Ibid., 106(예컨대 Walker, *Siembra*를 인용한다).
282 Castleberry, "Impact," 106.
283 Ibid., 108(Walker, *Siembra*를 인용한다).

좀 더 광범위한 보고를 제공했다. 그는 전도자가 환자들을 위해 기도하지 않았는데도 사람들이 예기치 않게 치유되기 시작했다고 말했다. 관절염으로 팔을 들지 못했던 많은 사람이 치유되었다. 그다음에는 사람들의 치아가 채워지기 시작했고 몇몇 지체 장애인이 걸을 수 있게 되었으며 암과 시각 장애가 치유되었다.[284] 이때 개종한 사람 중 한 명이 에콰도르 키토 중앙대학교 교육 연구 교수인 루이스 플로레스 박사다. 그는 무신론자였지만 "다섯 번째 요추골 이탈, 고질적인 인두염", 알레르기 "그리고 십이지장 궤양" 등 많은 고질병의 영구적인 치유를 경험했다. 그는 그 교파에 합류해서 1985년 목사가 되었고 계속 그 지위를 유지했다.[285]

그곳의 어느 의사는 자기가 기도하면 종종 환자들이 치유된다고 보고한다. 그녀는 한번은 자기의 내부에서 불이 타는 것 비슷한 느낌이 있어서 뭔가 치유가 일어나려 한다고 확신했다고 보고한다. 그녀는 하나님이 자기의 어린 아들과 조카들의 어금니를 채웠다고 주장한다.[286] 조사에 응한 교인 22%가 "치유가 자기의 회심 결정에 도움이 되었다"고 응답했는데 이 비율은 남성에게서 좀 더 높았다.[287] 좀 더 일반적으로는 응답자의 90%가 기적적인 치유를 경험했다고 보고했다.[288] 치유되었다고 보고된 질병의 목록은

---

284 Castleberry, "Impact," 112은 Benjamin LaFon을 인용한다. LaFon은 초교파적인 전도 운동을 가장 열성적으로 지지하던 사람조차 이 현상을 예상하지 못했다고 반복했다. 이 대목에서 언급한 종류의 질병들은 대개 의료적 개입 없이는 저절로 사라지지 않는다(의사 Nicole Matthews, 사적 교신, April 1, 2009, 치아가 채워진 것과 암이 치료된 것에 관한 의견).

285 Castleberry, "Impact," 112-13(그 상태들은 113 각주 20에 자세히 묘사되었다)은 의사 Flores에게서 온 연락(Nov. 24, 1998)을 인용한다.

286 Castleberry, "Impact," 143.

287 Ibid., 151. 대학 졸업자 비율도 약간 높았지만 표본의 수가 적은 점에 비춰 볼 때 그 차이는 아마도 통계적으로 유의성이 없을 것이다. "치유나 기적에 기인한 회심" 단락 전체는 151-52을 보라.

288 Ibid., 166.

다음과 같다.[289]

- 장 폐색
- 암
- 정신 착란
- 안면 마비
- 담석
- 심장 문제와 폐 문제
- 임신 중 출혈
- 불임
- 무릎 문제
- 거의 치명적인 재생 불량성 빈혈
- 뇌졸중으로 인한 마비
- 자살 경향
- 충치
- 자궁 문제

---

289 나는 Castleberry, "Impact," 166에 수록된 것과 똑같은 단어들을 사용하고 있지만, 그것들을 목록 형태로 재배열하고 몇몇 예를 생략했다. 내가 생략한 사례 중 난소 낭종이 있는데 그것은 자연적으로 해결될 수 있다(터져도 아프기는 하지만 생존에는 문제가 없이 해결될 수도 있다. 의사 Nicole Matthews, 사적 교신, April 1, 2009). 내가 생략하지 않은 몇몇 예도 그럴 수 있다(예컨대 모호한 "무릎 문제"). 그러나 장 폐색은 심하며 오래되면 치명적일 수도 있다(의사 Nicole Matthews, 사적 교신, April 14, 2009). 경미한 뇌졸중은 일반적으로 24시간 이내에 해결되지만, 며칠 후까지 남아 있는 손상은 회복될 가능성이 작으며 진전은 대개 점진적이고 "강렬한 물리 치료"를 필요로 한다(의사 Nicole Matthews, 사적 교신, April 1, 2009).

많은 전문가가 치유나 신적으로 축복받은 치료를 보고했다. "어느 대학교에서 사회학을 가르치는 한 남자 교수는 버스가 자신의 다리를 치었을 때 신적인 보호와 이후의 신속한 회복에서 나타난 신적인 치유를 증언했다.… 치유를 보고한 몇몇 사람은 의료 전문가였다. 어떤 치과의사는 자기의 다친 손가락이 즉각적으로 치유되고 부기가 즉시 사라졌다고 증언했다."[290] 최근 에콰도르 하나님의 성회 역사는 몇몇 측면에서 라틴 아메리카의 오순절파에 특이한 요소가 있지만, 신적인 치유를 경험했거나 목격했다는 주장이 좀 더 편만하다.

(5) 칠레의 사례

칠레에서 활동하는 침례교 선교사인 카를로스 보닐라와 마이라 보닐라 부부는 자기들이 많은 경험을 했다고 언급했는데, 그들은 내게 칠레에서 그들과 가까이 지내는 어떤 사람의 최근의 회복에 대해 말해줬다. 침례교 사역자인 마르가리타 캄포스는 2007년 4월 27일 금요일 중병에 걸렸다. 그녀는 주말 내내 몸을 떨고 토하다가 월요일에는 경련을 일으켰다. 그녀는 혼수상태에 빠졌고 뇌막염이 진행되었다는 진단을 받았다. 의사는 그녀가 혼수상태에서 깨어나지 못할 것이고 설령 살아난다고 해도 여생을 병상에 누워서 지내게 될 것이라고 경고했다. 뇌가 심각하게 손상된 것(보닐라 부부에 의하면 그녀의 뇌는 50% 넘게 손상을 입었고 스캔상으로 검게 보였다)을 보고서 의사들 대여섯 명이 의논한 뒤 설령 그녀가 살아난다고 해도 식물인간이 되리라고 의견의 일치를 보았다.

---

290 Castleberry, "Impact," 167-68. 어느 산부인과 의사도 자신의 어머니가 뇌졸중 후 점진적으로 개선된 것을 신적인 치유로 돌렸다(168).

교회가 오랫동안 기도한 뒤 마르가리타는 움직이고, 식사하고, 말하기 시작했다. 한 달 반 뒤 뭔가를 써달라는 요청을 받은 그녀는 "나는 내 주님 때문에 괜찮아요"라고 썼다. 그녀로 인해 기분이 좋아진 의사들은 "당신은 죽게 돼 있었는데, 그곳에 좋은 연줄을 갖고 있나 봅니다"라고 말했다. 그녀는 검사할 때마다 더 개선되었다. 그녀는 다시 걸어서 교회에 나오기 시작했고 어떤 측면에서는 아프기 전보다 더 건강해졌다.[291] 그들의 동료였던 스티브 헤네이제와 쉐일라 헤네이제 부부는 마르가리타의 의사들이 최근에 계속 놀라움을 표현했다고 말해줬다. 그녀는 현재 파괴되었다고 생각되었던 그 두뇌로 다시 설교하고, 노래하는 등의 사역을 하고 있다. 그들은 유아 세례식에서 그녀가 한 유아를 들어 올리고 있는 사진을 갖고 있다.[292] 후에 마이라는 이 보고를 확인했다. 마르가리타는 새 구속자 침례교회에서 선임 목사 지위를 회복했고 아직도 그녀의 신체적 건강의 일부를 회복하고 있는 점을 제외하고 뇌막염에 걸리기 전의 "그녀의 '정상적인'…상태로 돌아왔다."[293] 그녀의 뇌의 절반 이상이 손상되었음을 보여주던 이전의 검사 결과와 달리 현재 검사 결과들은 약간의 흉터만을 보여주고 있고 그녀의 뇌는 정상적으로 기능을 수행하고 있다.[294]

스티브와 쉐일라 부부는 그들이 칠레에서 목격한 다른 치유 사례들도 내게 전해줬다. 그들은 다른 사례도 구할 수 있었지만 그들의 예를 몇몇 사례로 좁혔다.[295] 한 사례는 루스 루네스와 관련이 있는데, 그녀는 1998년 산

291 Carlos Bonilla and Mayra Giovanetti Bonilla, 인터뷰, Sept. 13, 2008.
292 Sheila Heneise, 인터뷰, April 5, 2009.
293 Mayra Giovanetti Bonilla, 사적 교신, July 9, 2009에 두 번 썼음.
294 Ibid.
295 그들은 자기들이 내게 얘기해 줄 수 있는 경험들의 목록을 만든다면 "곧바로 한 페이지를 채울 수 있는데 그중에서" 3건만 선택했다고 언급했다(사적 교신, Aug. 20, 2008).

티아고 침례신학교에 입학했다. 그녀에게는 선천적으로 여러 장애가 있었다. 그녀에게 공부할 때 가장 큰 어려움은 그녀가 부분적으로만 들을 수 있었고 그것도 한쪽 귀로만 들을 수 있다는 것이었다. 더구나 그녀는 보행도 불편했다. 그해 여름 칠레 선교회의 침례교회 청년부에서 연사가 치유가 필요한 사람은 나와서 기도를 받으라고 초청했지만 루스는 망설였다. 다음 날 그녀는 쉐일라 헤네이제에게 자기가 사역의 소명을 받아들여야만 하나님이 자기를 치유해 줄까 봐 두려웠고 그 생각과 싸우고 있다고 고백했다. 그러나 그날 저녁 그녀는 사역자가 되기로 다짐했다.

스티브와 쉐일라는 그 후 일어난 일을 묘사했다. "그녀는 다음 날 아침 일찍 일어나 숲으로 기도하러 가서 자기의 결심을 숙고했다. 기도하며 묵상하고 있을 때 그녀는 자기 주변의 소리—토끼가 풀 속에서 바스락거리는 소리, 머리 위에서 벌이 윙윙거리는 소리—를 알아채기 시작했다. 그녀는 이런 소리를 들어본 적이 없었다. 그녀의 청각이 치유되었다." 헤네이제 부부는 이후 루스와의 접촉을 유지하고 있다. 2000년 1월 어느 침례교 목사가 "그녀가 발을 저는 것을 알아차리고 자기가 그녀를 위해 기도해도 되겠느냐고 물었다. 사적인 장소에서 그가 기도하기 시작하자 몇 분 안에 하나님이 루스의 둔부를 치유하고 그녀의 짧은 다리를 길어지게 해서 그녀는 정상적으로 걸을 수 있게 되었다."[296] 그녀의 치유는 영구적이었다.[297]

그들은 1998년 침례교 총회 저녁 예배 때 일어난 일도 언급한다. 쉐일라는 사람들이 거기서 규칙적으로 치유되었다고 말했다. 이번에 그들이 기

---

296 Steve Heneise and Sheila Heneise, 사적 교신, Aug. 21, 2008. 그들은 "Ruth Nuñez가 지난 5년간 칠레의 디에고 데 알마그로 침례교회의 목사로 일하고 있다"고 덧붙인다. 대중 집회에서 종종 다리가 길어진 것처럼 날조하는 경우가 있었지만, 날조는 유기적으로 손상된 보행을 영구적으로 치유하지는 못할 것이다.

297 Steve Heneise and Sheila Heneise, 사적 교신, Aug. 22, 2008. 그들은 "그녀에게는 다른 건강 이슈들도 있었지만 둔부/다리의 치유는 영구적이었다"고 지적한다.

도해준 사람은 도밍가라는 여성이었는데 그녀는 심한 두통을 앓고 있었다. 부상으로 혈액 덩어리가 뇌를 압박하고 있었기 때문에 그녀는 수술을 앞두고 있었다. 그녀가 그날 밤 완전히 치유되어서 수술할 필요가 없어졌다.[298] 좀 더 최근 사례에서는, 쉐일라가 목 수술을 받을 필요가 있는 여성과 함께 기도했다. 그들이 그때 드린 기도는 그녀의 감정적 치유를 위한 것이었다. 그녀가 용서하자 그녀는 즉각적으로 깊이 자리 잡은 분노에서 풀려났다. 그 주간에 의사는 그녀가 육체적으로도 치유된 것을 발견하고 수술을 취소했다. 이듬해 그 가족은 다른 마을에서 새로운 교회를 시작했다.[299]

스티브와 쉐일라는 2002년 12월 칠레 북부의 작은 해안 마을인 피사과에서 발생한 일을 언급한다. 그곳의 침례교 전도 집회를 위한 버스 운전기사인 호르헤는 자기 앞에서 기도하다 유방암이 치유된 아내 파트리샤의 영향으로 최근에 개종했다. 호르헤는 자궁암이 있는 여성에게 하나님이 그녀 역시 치유해 줄 것이라고 확신시키면서 기도 받으러 오라고 열성적으로 초대했다. 스티브 헤네이제는 기도한 사역자 중 한 명이었다. 베르나베 아미고 목사가 그 기도를 인도했고 기도하고 나서 그녀에게 "무언가를 느꼈는지" 물었다. 그녀는 복부에 열을 느꼈다고 말했다. 한 달 뒤 욥 이슬라 목사가 피사과에 돌아왔을 때 그녀는 그에게 검사해 보니 암이 없어졌다고 말했다.[300]

마지막으로, 그들은 2002년 치얀 비에호 소재 새소망 침례교회가 산

---

298 Sheila Heneise(인터뷰, April 5, 2009). 그녀는 그 기도를 할 때 그곳에 있었고 훗날 Dominga가 이 이야기를 확인해 주었다. 또 다른 경우로는, 그해에 그들이 Margarita와 함께 수년 동안 고질적인 요통으로 때때로 기절하고 때로는 병원에서 주사를 맞기도 했던 여성을 위해 기도했다. 이 기도 뒤로 그녀는 더 이상 문제가 없었다(Sheila Heneise, 인터뷰, April 5, 2009).

299 Sheila Heneise, 인터뷰, April 5, 2009.

300 Steve Heneise and Sheila Heneise, 사적 교신, Aug. 21, 2008.

카를로스에 개척한 새 교회에서 발생한 이야기를 들려줬다. 최근에 개종한 나이든 여성이 죽어가는 자기 남편 마누엘을 위해 기도해 달라고 요청했다. "그의 몸은 평생 방탕한 삶으로 인해 황폐해졌다." 더 이상 할 수 있는 것이 없어서 그는 퇴원 조치되었다. 그는 죽음이 임박했지만 그리스도가 그를 용서하고 구원하도록 초대하는 메시지를 충분히 이해할 수 있었고 스티브 헤네이제는 그와 함께 기도했다. 다음 주에 카를로스 목사가 스티브에게 전화를 걸어서 "마누엘 영감"을 언급했다. 스티브는 장례일이 언제냐고 물었다. 그는 "믿기 어렵겠지만 그가 어제 저녁 교회에 와서 하나님이 자기를 죽음의 자리에서 어떻게 일으켰는지 증언했습니다"라고 대답했다.[301] 마누엘은 궁극적으로 1년 안에 사망했지만[302] 즉각적인 호전으로 그의 생명을 연장한 사건은 그가 "잘 알려졌던" 그 공동체에 영향을 주었다.[303] 그 결과 "오늘날 산카를로스 새소망 침례교회는 치얀 비에호에 소재한 모 교회보다 몇 배 더 크다."[304]

우리는 이 예들이 무작위적인 사례라는 점을 명심해야 한다. 이 사례들은 단순히 내가 보닐라 부부 및 헤네이제 부부와 접촉했기 때문에 본서에 등장한다. 침례교인은 칠레 그리스도인 중 소수에 지나지 않는다. 칠레 국민의 대다수는 가톨릭 교도이며 칠레에서 가장 큰 개신교 교파는 오순절 감리교회다.[305] 칠레 오순절파 목사의 57%만이 "'천사의 말'로 말했

---

301 Ibid.
302 Idem, Aug. 22, 2008.
303 Idem, Aug. 20, 2008.
304 Idem, Aug. 21, 2008.
305 칠레에서 1990년 발생한 가톨릭의 어느 사례에 관해서는 Duffin, *Miracles*, 155과 그녀에 관한 제보자를 보라. 나도 그들로부터 치유 증언을 들은 바 있는(Claudia Palma, 인터뷰, April 19, 2011) 오순절 감리교회의 역사에 관해서는 예컨대 다음 문헌들을 보라. Anderson, *Pentecostalism*, 239-41에 수록된 설문 조사; McGee, "Regions Beyond," 92-93; Deiros and Wilson, "Pentecostalism," 310-11; Synan,

다"고 보고한 반면 98%가 하나님이 자기를 사용해서 치유했다고 보고한다.[306] 침례교인 중에서도 나는 내가 아는 두 가족에게서 입수한 소수의 증언만을 본서에 수록했다. 다른 진영의 예를 들자면, 어느 성공회 사제는 자기가 병원에서 포기해서 퇴원한 아기를 위해 별로 믿음이 없이 기도했다고 증언한다. 3일 뒤 그는 아기 엄마로부터 아기가 완전히 치유되었다는 말을 들었다.[307]

따라서 그 나라에서만도 연구자가 인터뷰에 근거해서 치유 주장에 관한 책 한 권을 쓸 수도 있을 것이다. 예컨대 반 세기도 더 전에 초교파 전도 모임에서 청각 장애, 보행 불능과 기타 질병의 치유가 보고되었다.[308] 그러나 이 예들은 하나님이 치유한다는 믿음이 라틴 아메리카에 보편적이라는 것과 종종 이 믿음을 지지하는 목격자 증언이 인용된다는 것을 보여주기에 충분하다. 나는 라틴 아메리카에서 보고된 더 많은 자료를 갖고 있지만, 가톨릭은 몇몇 개신교 진영과 달리 기적이 중지되었다고 가르친 적이 없으며, 따라서 내가 구할 수 있는 것보다 훨씬 많은 치유 주장을 제공할 수 있으므로 나는 특히 개신교 소수파에서 나온 주장을 사용했다.

Grow, 45-47; Escobar, Tides, 79. 1967년 이후 이 교회는 북미의 오순절 성결교회와 관계를 맺었다(Synan, "Churches," 113). 내 통계치는 추정치이지만 대체로 오순절 감리교회는 침례교회의 15배 정도 규모다. 오순절파 전체적으로는 침례교보다 40배 정도의 규모다. 그리고 가톨릭은 그들보다 150배 이상 크다(Mandryk, Operation World, 210-11).

306 Chesnut, "Exorcising," 175.
307 Pytches, Come, 121-22. 그 사례를 직접 경험한 Pytches는 당시 또는 훗날 칠레, 볼리비아, 페루의 주교였다.
308 Doleshal, "Healings." Wagner, "Genesis," 43은 자기가 은사중지론자였음에도 불구하고 칠레 오순절파의 성장에 깊은 인상을 받았다고 언급하며, 자기의 경험이나 신앙 체계의 일부가 아니었던 치유, 예언 그리고 기타 현상들을 "목격"했다고 덧붙인다.

3. 이번 장의 결론

7장에서 나는 아프리카, 아시아와 라틴 아메리카에서 수천만 명이 기적적인 치유를 목격했다고 주장한다고 언급했다. 그러한 대략적인 진술을 넘어, 나는 두 장(8장과 9장)에서 좀 더 구체적인 다양한 종류의 예를 통해 이점을 보여주려고 했다. 초자연적 현상의 실재를 받아들이는 진영에서는 대다수 서구인이 자연적으로 설명할 회복(두통이나 심지어 몇몇 치명적인 병에 걸렸다 회복한 사례 등)과 그렇게 설명하기가 쉽지 않은 회복(예컨대 장기간의 시각 장애나 청각 장애의 즉각적 치유 또는 갑상선 종양의 즉각적이고 가시적인 사라짐) 모두에 관한 치유 주장이 보고된다. 나는 후자에 속하는 종류의 더 많은 예를 12장에서 제공할 것이다.

나는 목격자들이 치유를 보았거나 경험했는데 그중 몇몇 사례는 극적인 치유라고 주장될 수 있고 실제로 그렇게 주장된다고 말할 수 있다. 이에 비춰 볼 때 우리가 1세기의 그런 주장들이 이후 세대에 첨가된 전설적인 내용이라고 믿을 이유가 없다. 그들은 예수나 그의 제자들을 경험한 사람에게서 나온 목격자 보고의 실체를 손쉽게 반영할 수 있었다. 나는 초자연적 인과 관계에 관한 좀 더 충분한 논의를 13-15장(특히 15장)으로 미룬다. 이제 나는 서구에서 일어난 치유 주장을 살펴볼 것이다.

10장

이전의 기독교 역사에 나타난 초자연주의

내가 밀라노에 있을 때 그곳에서 시각 장애인의 시력이 회복되는 기적이 일어났는
데 밀라노는 중요한 도시였기 때문에 그 사건은 좀 더 널리 알려졌다.…이와 대조
적으로 카르타고에서는 한때 부총독 고문이었던 이노켄티우스의 치유에 관해 아는
사람이 아주 소수에 지나지 않을 것이다. 그러나 나는 목격자로서 현장에 있었다.

히포의 아우구스티누스[1]

나는 옛적에 일어났던 신적 능력의 표적 같은 표적들이 현대에도 자주 일어나는
것을 보았기 때문에 그런 기사들이 출간되어야 한다고 생각하고 있었다.…우리
가 말하고 있는 성소가 히포에 세워진 지 2년밖에 되지 않았지만 나는 출간된 문
서에 기록되지 않은 많은 기적이 그곳에서 일어났다는 것을 확실히 안다. 그리
고 내가 이 글을 쓰고 있는 현재 그런 문서가 거의 70종이나 나왔다.

히포의 아우구스티누스[2]

---

1   Augustine, *City of God* 22.8 (trans. Bettenson, 1034, 1035).
2   Ibid. (trans. Bettenson, 1043).

초자연적 활동에 관한 주장은 현대 비서구 세계만의 영역이 아니다. 그런 주장은 초기 기독교 자료 및 서구에서 전통적으로 자신의 문화유산으로 생각하는—서구에 국한하지는 않는—초기부터 현대에 이르는 교회 역사에서 빈번하게 등장했다.[3] 이집트, 카르타고, 시리아, 그리고 아프리카와 아시아의 초기 기독교 영향권은 지리적으로나 문화적으로 서구가 아니지만, 전체 교회가 일반적인 기독교 유산의 일부로서 그런 자료에 의존한다.[4] 흄의 시대에도 인간의 획일적인 경험이 기적에 반대한다는 확신으로 인해 그는 사전 조사도 하지 않고 많은 기적 주장을 일축했다. 우리가 앞으로 보게 되는 바와 같이 흄은 반동적·변증적 맥락에서 그렇게 했던 이전 시기의 기독교 전통에 의존해서 기적 주장을 일축할 수 있었다. 하지만 나는 역사적 기적 주장에 관한 이 장에서 흄의 시대보다 좀 더 최근의 보고들에 보다 더 주의를 기울였다. 이는 더 많은 기록이 남아 있고, 이 보고들의 다수는 좀 더 완전하게 기록되었으며, 이 예들이 당대의 맥락을 좀 더 직접적으로 알려주기 때문이다.

몇몇 예들은 재구성하기가 좀 더 어려운 시기에 나온 것들로서 우리

---

3   나는 내가 본서에서 주장하는 논지를 더 충분히 보여줄 수 있는 자료를 이곳에 제시한 수준보다 좀 더 찾지 못한 것을 유감스럽게 생각한다. 나는 몇몇 지점에서는 내 주전공 분야에서 연구하는 경우와는 달리 매우 한정된 자료에 의존했다. 나는 내가 믿고 의존할 수 있는 사람들의 자료에 감사한다. 그들 중 몇몇을 열거하자면 다음과 같다. Porterfield, Curtis, Opp, Mullin, Baer, Kidd, Alexander, Hardesty 그리고 Kydd.

4   로마 제국의 기준에 의하면 기독교가 번성했던 지역에 편만했던 문화는 동방 문화였다. 서북 아프리카는 라틴과 베르베르 모두의 영향을 받았다. 기독교는 아시아의 신앙이었다(참조. Keener, "Asia"). 이 대목에서 구분선은 자의적이다. 나는 이번 장에서 대부분의 기독교 역사를 서구 기독교의 역사나 비서구 기독교의 역사로 취급하지 않으면서도, 그 구분을 사용해서 자료를 구분하고 반초자연주의는 전통적인 기독교 문화, 따라서 현대 학계를 제외한 역사적인 서구 문화 대부분에서조차 지배적인 특징이 아니었음을 보여주고자 한다.

가 그것들을 피상적으로라도 다루기에는 복음서들과 사도행전에 기록된 사건들과는 동떨어진 종류의 이야기들을 다루고 있다. 나는 역사상 기록된 많은 사례가 그것을 보도한 사람의 건강치 않은 경신을 잘 보여 줄 수도 있다고 확신하지만(특히 부록 C 및 성인의 전기와 좀 더 믿을 수 있는 역사 기술 간의 구분을 보라), 다른 많은 경우에는 이례적인 진정한 회복들이 목격자와 매우 가까운 사람들에게서 충분히 입증되는 것으로 보인다. 이 점은 우리가 뒤에서 논의할 내용과 관련이 있는데, 나는 이 중 몇몇 사례에 대해서는 초자연적 설명이 선험적으로 배제되지 않는다면 그 설명이 비초자연적 설명보다 더 타당하다고 생각한다. 그러나 이 대목에서 더 중요한 점은 전설이 기적에 관한 이야기를 지어낼 수 있고 그것을 확대할 수도 있지만, 그 이야기들이 목격자에게서 나올 수도 있다는 것이다.

1. 근대 이전 세계의 관점

교회는 오랜 초자연주의 전통을 갖고 있다. 내가 역사상 그런 견해를 언급하는 것으로 논의를 시작하는 이유는 이 접근법이 오늘날 제3세계 여러 지역의 이해와 마찬가지로 여전히 복음서와 사도행전에 나타나는 기사들에 대한 초자연주의적인 독법에 익숙하기 때문이다.[5] 예컨대 W. D. 데이비스

---

5 성경이 기록된 후의 계시 또는 기적 주장의 모호성과 그런 주장 중 일부는 허위임을 토대로 몇몇 은사중지론자인 성경의 기적 옹호자들은 성경의 기적 주장과 그 후의 기적 주장을 구분하고 전자는 보존하되 후자는 무시하는 것이 (모호성을 제거함으로써) 더 간단하다고 생각했다. 그러나 나는 성경이 기록된 후의 역사에서 나타난 주장들과 오늘날 나타난 주장들이 너무도 편만하고 때로는 너무도 설득력이 있어서 그것들을 모두 위조나 상상으로 돌릴 수는 없다고 믿는다. 그 입장이 위에서 언급한 이유로 매력이 있을지라도 그것은 성경의 텍스트가 그 입장을 지지하

와 데일 앨리슨은 역사상 및 오늘날의 다양한 목격자 주장을 인용하며 그런 주장들을 단순히 "고대의 순진함"으로 무시할 수 없다고 주장한다.[6] 취급된 영역이 모두 엄격하게 서구에 속하지는 않지만 그것들의 많은 부분은 흄 시대 이전의 서구 기독교 세계, 곧 서구 문화의 유산을 알려준다.[7]

표적과 대중의 반응에 관한 복음서들의 주장은 계몽주의 후 대중적인 차원의 대다수 신자를 포함한 역사상 대다수 그리스도인 독자들에게 소설적으로 보이지 않았다.[8] 내 전문 분야인 복음서 시대 자료에 관한 연구와는 대조적으로 나는 이 대목에서는 대체로 2차 자료에 의존했다. 그러나 나는 여기에 제시된 예들이 내가 주장하고 있는 최소한의 요점을 뒷받침하는 데 충분하리라고 믿는다. 최근까지 과학적 연구는 치유 주장들에 관심이 없었기 때문에 이런 치유 주장 대다수는 대중적이고 일화적인 자료에서 나온다. 그러나 그 자료들은 대중의 믿음을 보여주는데, 역사가들은 대개 대중의 보고들을 사용해서 믿음을 기록한다.

는 것으로 만들기 위해서는 엄청난 해석학적 창의력이 필요하다는, 더 큰 난점이 있다. 실로 그것은 성경에 찬성하고 모호성에 반대하면서도 신약성서의 기적 신학 중 어떤 측면들에 도전할 것이다.

6   Davies and Allison, *Matthew*, 2:62-65.
7   나의 역사상 보고를 위해 가장 쉽게 구할 수 있는 자료 대다수는 오늘날 서구에서 자신의 종교적·지적 유산과 관련이 있다고 여기는 지역에서 나온 것들이다. 그러나 비슷한 보고들이 중세 에티오피아 등에서도 등장한다. 전통적인 문화적 경계의 자의성에 관한 논평은 예컨대 Usry and Keener, *Black Religion*, 41-44에 수록된 논의를 보라.
8   그리스도인들은 수백 년 동안 계속 기적을 보고한다(예컨대 다음 문헌들을 보라. Irvin and Sunquist, *History*, 145-47; McGee, "Strategy," 50-52; idem, "Miracles and Mission," 146-48. 역사 전체를 통해 나타난 기적에 관해서는 Gardner, *Healing Miracles*, 67-92을 보라). 역사 전체를 통해 나타난 몇몇 견해에 관해서는 Muzur and Skrobonja, "Healings"를 보라(Kub, "Miracles," 1273에 요약되었다). 초기 기독교 미술은 예수의 기적이 현저한 주제였다(Frend, *Rise*, 416). 이는 문학 자료에서 입증되는 것과 똑같은 관심이 있었음을 암시한다.

역사상 대다수 그리스도인 독자 공동체는 복음서들과 사도행전에 기록된 기적 보고들을 진정한 신적 활동을 가리키는 것으로 받아들였고, 진실한 많은 목격자가 그런 활동을 보았다고 주장했다. 본서의 뒤에서 나는 자연적 설명과 초자연적 설명 모두를 포함하는, 제안된 몇몇 설명을 간략히 살펴볼 것이다. 그러나 역사적 분석의 관점[9]에서 볼 때 이 대목에서 나의 기본적인 요점은 그런 현상을 보고한 많은 사람이 그것을 직접 경험했고 그 현상을 초자연적 관점에서 해석했다는 것이다. 아직 기적 주장이 어떤 종류의 것인지 설명하지 않으면서도 복음서 저자들이 그들의 기적 이야기들을 지어냈거나 지어낸 자료들에 의존했다고 선험적으로 가정할 논리적 이유가 있다는 주장에 대해 이의를 제기할 수 있다.

(1) 교부 시대

고대의 그리스도인들은 널리 치유와 축귀를 주장했다. 초기 기독교 자료뿐 아니라 랍비 자료도 몇몇 동시대 그리스도인들이 치유 기적을 행했다고 기록한다.[10] 2세기와 3세기 그리스도인 변증가들은 사도적 지도자뿐 아니라

---

9   Opp, *Lord for Body*, 4-5은 신앙 치유에 관한 대다수 역사적 접근법은(A. B. Simpson 같은 지지자를 통한 것이든, Morton Kelsey처럼 Jung의 관점에서 보든, Ronald Kydd처럼 좀 더 미묘한 입장에서 보든 G. B. Cutten이나 Keith Thomas처럼 반대 입장에서 보든 간에) 본질주의로서 그 현상이 오랜 세월에 걸쳐 똑같다고 제시한다. 그런 접근법들은 구체적인 사항에서 약점이 있고 그 접근법들 사이에서도 차이가 있지만, 그것들은 이 대목의 기본적인 논지를 보여준다. 즉 반초자연주의적인 접근법은 기독교 역사상 나타난 치유를 해석하는 유일한 방법이 아니며, 지배적인 방법은 더더욱 아니다.

10 그리스도인들은 예수의 이름으로 치료했다(*tos. Hul.* 2:22-23. 다음 문헌들도 보라. Urbach, *Sages*, 1:116; Herford, *Christianity*, 103-11; Klausner, *Jesus*, 40; Pritz, *Nazarene Christianity*, 96-97). 그런 랍비들은 종종 그들의 힘을 마법이나 가짜로 여겼다(예컨대 *p. A.Z.* 2:2, §3; Urbach, *Sages*, 1:115-16; Herford, *Christianity*,

일반 그리스도인들도 기적 사역자로 묘사한다.[11] 300년대 전에는 축귀가
기독교 확산에서 주요 요인 중 하나였고,[12] 300년대에는 축귀와 기적이 초
기 기독교 자료에 언급된 가장 명시적인 기독교로의 개종 이유였다.[13]

그리스도인 자신들은 공개적인 담화에서 축귀와 기적에 증거의 가치
가 있다고 주장했다. 예컨대 오리게네스는 켈수스에 반대하고 이교도들을
대하면서 그리스도인들은 여전히 악령을 쫓아내고 치료를 행하고 있으며
자신이 이런 사건 몇 개를 목격했다고 주장했다.[14] 마찬가지로 아타나시오

115-17; Lachs, *Commentary*, 178. 참조. 신 13:1-5). 몇몇 묵시 이야기에서는 거
룩한 랍비들이 더 큰 마법으로써 기적을 행하는 그리스도인들을 멸망시켰다
(Herford, *Christianity*, 112-15을 보라).

11   Kelhoffer, "Miracle Workers"에 수록된 논의를 보라.

12   MacMullen, *Christianizing*, 40-41, 60-61. 다음 문헌들도 참조하라. Brown, *Late
Antiquity*, 55, in Jenkins, *Next Christendom*; "Miracles, Miracle-Workers," 54. 기독
교는 처음에는 도시 지역에서 가장 빠르게 확산했는데, 도시는 전염병에 취약했을
것이다(참조. Avalos, *Health Care*, 4). 기적 보고들 역시 인구가 좀 더 밀집한 지역
에서 더 빨리 확산되었다(예컨대 Lawal, "Psychology," 135을 보라).

13   MacMullen, *Christianizing*, 61-62; Frend, *Rise*, 566-67(이 시기에 만연한 귀신
에 대한 두려움도 강조한다); idem, "Place of Miracles"(11에서 Sozomen이 자기
조부의 기일에 성공적인 축귀를 통해 자기 가족이 개종했다는 그의 설명을 언급
한다). Hart, *Delusions,* 153-55은 축귀와 기적이 편만했음을 부정하지 않으면서
MacMullen의 접근법이 일방적이라며 이에 도전한다(147-58에서 그를 적대적
으로 본다). 다른 설득 방법이 있기는 했지만 현존하는 자료를 바탕으로 내린 우
리의 최상의 추론에 따르면 이 접근법이 가장 인기가 있었다. 교부 교회의 치유와
축귀 사역, 그리고 그것을 통한 성장에 관해서는 Burgess, "Proclaiming"과 Cho,
"Foundation," 31-35을 참조하라. 좀 더 대중적으로는, MacNutt, *Crime*, 82-88과
Baxter, *Healing*, 29-48을 보라. Justin *Dial*. 35.8에서조차 표적들은 입증하는 기능
을 수행한다. 그런 표적들이 취하는 형태는 어느 정도 문화의 영향을 받았다(좀 더
최근에도 마찬가지다. 예컨대 Love, *Stewart*, 5, in McGee, "Miracles and Mission."
기적 보고들은 3세기 중반부터 성인 숭배와 결합해서 성장했다("Miracles, *Miracle-
Workers*," 54. 같은 시기의, 이와 유사한 이방 영웅 숭배를 참조하라).

14   *Cels*. 1.46, 67, in Kelsey, *Healing*, 136. 오리게네스에 관한 추가적인 내용은
Woolley, *Exorcism*, 20-23을 보라(다음 문헌들을 인용한다. *Cels*. 1.22; 4.33; 7.4,
67; *Hom. Jos*. 24; *in Matt. comm. ser*. 110). Kelsey는 (*Healing*, 137-38에서) 이렇

스는 350년대 이집트의 은자(隱者) 안토니우스가 회의주의자들에게 그들의 개념과 우상들을 통해 이처럼 귀신들린 사람들을 치료하거나 그리스도가 그들을 치료하는 힘을 지켜보라고 도전함으로써 그들과 대결했다고 묘사한다. 그러고 나서 아타나시오스는 안토니우스 자신이 그들을 치료했다고 선언했다.[15] 다양한 교부들은 시기적으로 멀리 떨어져 있고 확인할 수 없는 과거에 관해 회의적이지 않았을 뿐만 아니라[16] 기적과 치유가 자기 시대에도 계속된다고 지적했다.[17] 방금 언급된 오리게네스 외에 키프리아누스

게 언급한다. "오리게네스는 한번은 그가 자기의 경험상 기록할 수 있는 많은 예가 있지만 비그리스도인들에게 그리스도인이 치유 같은 것을 상상한다고 비웃을 또 다른 기회를 주는 것이 아무 의미가 없다고 생각한다고 논평했다"(Cels. 1.46).

15 Life of St. Anthony 80, in MacMullen, Christianizing, 112. 그 사역은 피타고라스 모델을 모방했을 수도 있다(Judge, Athens, 223). 비록 몇몇 현대인의 귀에는 안토니우스가 조현병에 걸린 것으로 들릴 수도 있지만 말이다(Toner, Culture, 54). 아타나시오스의 사역에서 나타난 질병과 치유에 관해서는 Barrett-Lennard, Healing, 167-96을 보라(아타나시오스의 사역에서 나타난 신들림과 축귀에 관해서는 197-225을 보라). 간략하게는 Darling, Healing, 42-53을 참조하라(히에로니무스에 관해서는 54-66을 보라).

16 성경의 기적들은 인정하는 반면 (때때로 가톨릭에 반대하는 이유로) 성경 시대 후의 기적들은 배제하는 현대의 신학 논증은 신학적 선험론과 철학적 비일관성에 의존한다(Ruthven, Cessation, 83-92을 보라. 참조. 35-40, 64-71. 참조. Jaki, Miracles and Physics, 38).

17 Woolley, Exorcism, 13-25(이 대목에서는 특히 13); Young, "Miracles in History," 106-8(106-7에서 그들은 기적을 경시하는 자신들의 경향에도 불구하고 그것들을 보고했다고 강조한다); Kelsey, Healing, 149. Frost, Healing, 61-110에 주제별로 정리된 증거를 보라(니케아 공의회 이전 텍스트들의 번역본이 포함되어 있음. 치유와 가장 적실성이 있는 내용은 71-110에 수록되어 있음). 교부 시대에 치유와 축귀가 계속된 것에 관한 언급으로 그들(그리고 특히 Kelsey)은 다음 문헌들을 인용한다. Quadratus Apol. frg.; Justin 2 Apol. 6; Dial. 30.3; 39; 76.6; 85.2; Theophilus Autol. 1.13; 2.8; Tertullian Scap. 4; Test. 3; Spect. 26, 29; Apol. 23, 27; An. 57; Tatian To the Greeks 17-18, 20. Kelsey, Healing, 135-99은 그레고리오스를 통해 초기 교부들에게 나타난 치유 주장을 다룬다. 관련된 사안들에 관해서는 Kydd, Gifts를 보라. 좀 더 간략하게는 기원후 100-400년의 자료를 다루는 De Wet, "Signs" 62-70을 보라. 다음 문헌들도 보라. Woodward, Miracles, 146-56; Wimber, Power

는 그리스도인들이 때때로 세례를 통해 치유된다고 언급했다.[18] 테르툴리아누스는 악령으로부터 치유되어 그리스도인들에게 감사를 표한 저명한 이교도들을 거명했다.[19] 이레나이우스는 복음서들과 사도행전에 나타난 것과 거의 같은 범위의 가장 완전한 표적 목록을 제시하면서 그런 표적들이 이교도들을 개종시킨다고 언급한다.[20] 키프리아누스는 자기 시대에 교회가 세속적이어서 영적 힘이 약해졌다고 불평했지만[21] 다른 곳에서 치유가 계속됨을 확언했다.[22] 바실레이오스와 나지안주스의 그레고리오스,[23] 니사의

Evangelism, 157-65; Ruthven, Cessation, 18-19에 수록된 참고 문헌. 좀 더 일반적으로는 Porterfield, Healing, 43-65을 참조하라.

18 Woolley, Exorcism, 29-30은 Cyprian Ep. 69.15을 인용하지만 내가 본서에서 사용하는 곳은 75.15다.

19 Tertullian Scap. 4, in Kelsey, Healing, 136-37. 테르툴리아누스의 기록에 나타난 축귀에 관한 추가적인 내용은 Woolley, Exorcism, 20-21을 보라(다음 문헌들을 인용한다. Idol. 11; Ux. 2.5; Cor. 11; de Spectac. 26; Praescr. 41). Woolley, Exorcism, 21과 Kelsey, Healing, 150은 Acts of S. Eugenia 10-11이 에우게니아가 어떻게 귀신들을 쫓았는지 말한다고 언급한다. Minucius Felix Oct. 27 역시 그리스도인들이 귀신을 쫓는다고 언급한다.

20 Kelsey, Healing, 150-51(Irenaeus Haer. 2.6.2; 2.10.4; 2.31.2; 2.32.4-5; 3.5.2을 인용한다). Woolley, Exorcism, 14-15도 참조하라. 좀 더 자세한 내용은 Barrett-Lennard, Healing, 89-135을 보라(이레나이우스와 관련된 신들림과 축귀에 관해서는 137-65을 보라). Apostolic Constitutions는 장로들이 치유 은사와 가르치는 은사 모두로 충만해지도록 요청하는 기도를 포함한다(8.16; Dawson, Healing, 147).

21 Kelsey, Healing, 151은 Cyprian Laps. 6-7을 인용한다. 키프리아누스 시대에 축귀는 카리스마에서 질서의 일부로 변화했다(Woolley, Exorcism, 27).

22 Kelsey, Healing, 151(다음 문헌들을 인용한다. On the Vanity of Idols 7; Ep. 75.12-13, 15-16)은 계속되는 치유에 관해 다음 문헌들도 인용한다. Hippolytus Scholia on Daniel 10.16; Dionysius of Alexandria Ep. 12, To the Alexandrians 4; Clement of Alexandria Quis div. 34; Origen Cels. 1.6, 25, 46-47, 67; 2.8, 33; 3.24, 28, 36; 7.35, 67; 8.58.

23 Woolley, Exorcism, 45; Kelsey, Healing, 167-71. Gregory Thaumaturgos in Basil On the Spirit도 보라(McGee, Miracles, 5에 인용됨).

그레고리오스,[24] 요한네스 크리소스토모스[25] 같은 교부들 사이에서 및 사막 수도사들[26] 사이에서도 보고가 계속되었다. 이레나이우스와 아타나시오스는 기적과 축귀 주장을 변증적으로 사용해서 정통파를 하나님의 운동으로 옹호했다.[27] 마찬가지로 아타나시오스는 회의주의자들에게 와서 축귀의 효능을 직접 보라고 초대했다.[28] 오늘날 많은 독자에게는 이상하게 들리겠지만 바실레이오스, 크리소스토모스, 암브로시우스, 아우구스티누스 같은 교부들은 치유가 종종 유물을 통해 중개된다고 믿었다.[29]

---

24 Kelsey, *Healing*, 171-75.

25 Ibid., 175-77. 역사적으로 성례를 통해 많은 치유 보고가 나왔으며(Dawson, *Healing*, 146-59. 최근의 보고는 다음 문헌들을 보라. Kerin, *Touch*, 8; White, *Adventure*, 73-78; Oursler, *Power*, 125[감독 교회]; MacNutt, *Healing*, 163-64; Neal, *Power*, 33-34), 감독들과 장로들이 문병 가서 기름을 바르고 기도하는 것을 통해서도 치유가 일어났다(147). 크리소스토모스는 대체로 은사들을 과거에 속한 것으로 취급했다(Woolley, *Exorcism*, 54). 교부 시대의 도유(塗油, 기름 바르기)에 관해서는 Rogge, "Relationship," 179-227을 보라. 훗날 도유가 다른 의미로 쓰인 것에 관해서는 Rogge, "Relationship," 228-42(카롤링 왕조 시대), 242-66(스콜라 시대)을 보라. 개정된 의식에 관해서는 (예컨대 제2차 바티칸 공의회 시대) 333-70을 보라.

26 Woolley, *Exorcism*, 45-47(목격자 주장은 아니지만 파코미우스와 힐라리온의 이야기를 언급한다); Kelsey, *Healing*, 163-67(166-67에 Athanasius의 *Life of St. Antony*가 포함되었다); Lietzmann, *History*, 4:160-62(성인전을 강조한다); Frend, *Rise*, 575과 Ellingsen, *Roots*, 1:96를 참조하라. 4세기 중반 이집트의 수도사들에 관해서는 Porterfield, *Healing*, 48도 보라.

27 Barrett-Lennard, *Healing*, 329을 보라. 기적이 변증적으로 사용됨으로써 아르노비우스 같은 중요한 개종자가 나왔다(Lietzmann, *History*, 3:174).

28 Woolley, *Exorcism*, 47(Athanasius *Inc.* 48.3을 인용한다). Lietzmann, *History*, 4:135-36은 아타나시오스의 기적 이야기들에 관해 불평한다. 3:136에서 그는 아리우스의 죽음을 심판으로 보는 아타나시오스의 해석을 의심하며 "좀 더 비판적인 독자"는 그가 독살되었다고 볼 것이라고 말한다.

29 MacMullen, *Second Church*, 65, 90, 108. 순교자의 유물이 있는 무덤에서 축귀가 발생할 것으로 기대되었다(ibid., 29은 Chrysostom *Jul.* 2[PG 31.489A]를 인용한다). 암브로시우스는 유물을 통한 치유의 목격자였다(ibid., 90은 Ambrose *Ep.* 22.1 이하를 인용한다).

4세기 초에도 치유 보고가 풍부하게 남아 있으며 그런 보고가 교부들에 국한하지도 않는다.[30] 현재까지 남아 있는, 이집트에서 그리스도인들이 4세기에 쓴 개인 간 서신은 그리스도인들이 신뢰받는 거룩한 사람을 통해 하나님에게서 오는 치유를 추구했음을 증언한다.[31] 4세기에 작성된 것으로 보이는 다른 자료들도 치유 사역이 여러 지역의 교회에서 계속되었음을 암시한다. 비록 이 활동이 평신도의 활동이 아니고 목회자의 특권이 되기는 했지만 말이다.[32] 우리가 오늘날 이런 보고들을 확인할 길은 없지만, 그 보고들은 기적에 대한 믿음과 많은 경우 기적을 직접 또는 간접적으로 목격한 주장이 계속되고 있음을 보여준다.

대중적인 차원에서 고대 이집트인 대다수는 증상이나 악마적 원인의 관점에서 자기들의 병에 접근했다. 기독교의 치유에 관한 이집트의 콥트어 텍스트는 일련의 증상들을 다루는데 이 증상들은 대개 의사가 다룰 수 없었던 것들—신들림, 편두통, 유방 염증, 신체 여러 부위의 통증, 치질, "지체 부자유자 9건, 발을 절고 허약한 사람, 골절 탈구, 통풍, 피부병…열병, 뱀에 물림—이다.[33] 사람들이 많은 건강 문제로부터 자연적으로 회복되기 때문에 이런 회복들 대다수는 순전히 자연적 관점에서도 믿을 수 있지만, 걷지 못하던 사람의 회복 같은 몇몇 회복들은 좀 더 극적인 것으로 보인다.

북아프리카 신학자인 아우구스티누스는 한때 기적이 그쳤다고 생각

---

30 Kelsey, *Healing*, 152 교회 지도자들의 다음 저서 중에서 인용한다. Lactantius *Epit.* 51; *Inst.* 2.16; 5.22; Arnobius *Against the Heathen* 1.48 이하. Victorinus of Petau *On the Creation of the World.* 그들에게 가까운 이 참조 자료나 인용 자료 중 몇몇은 Woolley, *Exorcism*, 28-29에도 등장한다.

31 Barrett-Lennard, *Healing*, 44-86을 보라.

32 4세기 자료로 추정되는 *Sacramentary of Sarapion*을 보라(Barrett-Lennard, *Healing*, 277-323, 322-23에는 요약이 기록되어 있다).

33 Godron, "Healings," 1212-13.

했지만, 훗날 그 견해를 철회했거나 최소한 그것에 관해 말한 방식을 바꾼 것으로 보인다. 그가 세례 시 안수할 때 모두 방언을 말하는 것은 아니고 환자들이 항상 치유되는 것도 아님을 인정했다는 것은 사실이다.[34] 그러나 그는 자기가 기적적인 치유를 부인하는 글을 썼음에도 불구하고 자기가 밀라노에 있을 때 앞을 보지 못하는 사람이 순교자들의 시신에 접근했을 때 많은 목격자 앞에서 치유된 것과 다른 많은 기적에 관해 알았다.[35] 『하나님의 도성』(City of God) 22.8에서 아우구스티누스는 단지 2년 전에 히포에서 일어난 기적들을 기록하는 문서 보관소가 세워졌고 이미 발행된 문서가 70종이 넘었다고 지적한다. 그는 기록되지 않은 많은 기적도 알았다. 더욱이 더 오랫동안 기록들을 보관해온 또 다른 성소에는 훨씬 많은 기적 관련 기록이 있었다.[36] 이전에는 좀 더 회의적이었던 그는 경험을 통해 계속되는 치유

---

34 초기 기독교에서 세례 때나 기타 입회식 때 예언과 방언을 포함한 은사에 대한 기대가 널리 퍼져 있었음에 관해서는 McDonnell and Montague, *Initiation*, 314을 보라(책 전체를 통해 테르툴리아누스, 힐라리우스, 키릴로스, 바실레이오스, 나지안주스의 그레고리오스, 요한네스 크리소스토모스, 세베루스 등에 관한 상세한 정보를 요약한다).

35 Augustine, *City of God* 22.8 ("before all those witnesses," trans. Bettenson, 1034); Kelsey, *Healing*, 185(다음 문헌들을 인용한다. *Retract.* 1.13.7, in Migne, *Patrologiae Latinae* 32, cols. 604-5; *Util. cred.* 16.34; *Conf.* 9.7.16; Larmer, "Manuscript"는 *Retract.* 1.12.7과 1.13.5을 인용한다); Brown, *Miracles*, 8(이것이 Warfield에게 야기한 "불편"을 언급한다); Houston, *Miracles*, 9; Darling, *Healing*, 67-82; Dearmer, *Body and Soul*, 237-48(밀라노의 암브로시우스를 인용한다). 그는 이 기적 중 많은 것을 성 스테파노의 유물들에 돌린다(Bentley, *Relics*, 66; Woodward, *Miracles*, 162). 비록 우리가 그 유물들이 스테파노와 역사적 연결점이 있는지 의심할 이유가 있지만 말이다(꿈을 통해 "발견되었다", Bentley, *Relics*, 34-35). 밀라노에서 시각 장애인을 치유한, 순교자의 뼈로 생각된 뼈는 실제로는 구석기 시대에 매장된 것일 수 있다(Frend, *Rise*, 623. 그러나 Augustine *Conf.* 9.7에 수록된 "부패하지 않았음" 주장을 참조하라). 따라서 유물 자체보다는 신앙이 주된 원인이었을 가능성이 있다. 성경에서 이미 유별난 치유 방법이 등장한다(참조. 왕하 13:21; 행 19:11-12). Gaiser, *Healing*, 166은 유물들을 막 6:56 및 행 19:11-12과 연결한다.

36 이 점은 예컨대 Kelsey, *Healing*, 185과 Ruthven, *Cessation*, 30에서 자주 언급된

를 긍정하게 되었다.[37] 아우구스티누스가 확신했던 기적의 예에는 장기간
의 마비 치유 같은 극적인 사례가 포함된다. 그는 자유롭게 목격자를 인용
한다. 그는 때때로 누군가가 치유되고 나서 하나님이 무슨 일을 했는지를
공개적으로 증언하지 않는 경우 불쾌감을 드러낸다. 그들은 그 치유가 자
기의 개인적인 교화만을 위한 것이고 하나님의 영광을 위한 것은 아니라는
듯이 행동하고 있었기 때문이다. 그는 덜 극적인 자신의 회복을 자세히 말
하는데, 그는 그것을 기적적인 치유로 여긴다. 그는 자기가 며칠 동안 심한
치통(아마도 농양에 기인했을 것이다)에 시달리다 결국은 말을 할 수 없게 되었
다고 보고한다. 그의 친구들이 그를 위해 기도하자마자 그 통증이 사라졌
다(*Conf.* 9.4.12).[38]

그는 자기 친구 중 한 명과 관련된 사례를 특히 길게 상술하며 자신과

다. 다음 문헌들을 참조하라. Gardner, *Healing Miracles*, 136; Dearmer, *Body and
Soul*, 239(그러나 참조 대상을 잘못 표시한다); Martin, *Healing*, 28-29; Kirby,
"Recovery," 112; MacMullen, *Second Church*, 65. 번역은 Bettenson and Knowles,
City of God, 1043을 보라. 22.8에서 그는 자기가 이런 초자연적 치유를 많이 목격
했다고도 주장한다. Warfield, *Miracles*, 43은 변증 상의 필요로 아우구스티누스가
나중에 기적 성소에 관심을 기울였다고 암시하는 것으로 보인다. 그러나 만일 아
우구스티누스가 이 토대에서 자기의 목격담 증언을 지어낸 것이라면 우리는 그를
완전히 부정직한 사람으로 여겨야 할 것이다.

37 Kelsey, *Healing*, 186-88; Gardner, Healing *Miracles*, 135-37. 좀 더 이전 시기에
    는 Gordon, "Ministry of Healing," 174-76에서 언급되었다. 참조. Daston, "Facts,"
    96. 다른 면에서는 아우구스티누스를 신뢰할 만하다고 생각했던 Warfield는 아우
    구스티누스가 기적을 믿은 것은 그 시대를 반영한다며 이를 비난했는데(Herum,
    "Theology," 9은 Warfield, *Miracles*, 77-78을 인용한다), 이는 Warfield의 회의주의
    가 마찬가지로 그 자신의 시대를 반영한 것은 아닌지를 고려하지 않은 처사다. 기
    적적인 사건에 관한 아우구스티누스의 신학에 관해서는 특히 Herum, "Theology"
    를 보라. 그는 아우구스티누스가 실용적인 이유로 기적 주장을 지지했을 수도 있
    음을 강조하는 학자들(15-19)과 아우구스티누스가 보고하는 사건들에 대한 그의
    믿음을 강조하는 경향이 있는 학자들(19-24)을 조사한다. 아우구스티누스의 저술
    에 나타난 기적들과 영들에 관한 많은 구절은 85-94을 보라.
38 Herum, "Theology," 26에 수록된 내용이 내 관심을 끌었다.

함께 그 사건을 목격한 또 다른 친한 친구도 인용한다. 이전에 관리였던 인노켄티우스라는 사람이 오랫동안 고통스러운 항문 농양으로 고생하고 있었는데, 수술도 받아보고 연고도 발라보았지만 차도가 없었다. 당시에는 마취제가 없었기 때문에 고통스러운 수술을 받는 환자들은 때때로 쇼크에 빠져 사망하기도 했다. 그래서 인노켄티우스는 또 다른 수술을 받아야 한다는 생각에 겁에 질렸다. 아우구스티누스 등이 인노켄티우스를 위해 기도했지만, 아우구스티누스는 그가 하나님께 울부짖는 소리에 정신이 팔려 기도에 집중할 수 없었다. 아우구스티누스는 만일 하나님이 인노켄티우스의 그런 필사적인 절규에 응답하지 않는다면 어떤 기도가 하나님의 마음을 움직일 수 있을지 궁금했다. 다음 날 아침 아우구스티누스 등은 인노켄티우스의 수술을 위해 다시 왔다. 의사들은 붕대를 벗기고 농양을 살펴보기 시작했는데 그들은 여러 번 보았어도 완전히 건강한 조직만 발견했다.[39]

로마 제국 동부의 아시아 교회들에서도 치유 보고들이 출현한다. 2세기에 기록된 것으로 여겨지는 자료에 의하면 메소포타미아 아르벨라의 첫 주교는 기원후 99년 시리아의 어느 전도자가 죽은 사람을 일으키는 것을 목격하고서 회심했다.[40] 관련 자료에는 중세 성인전의 특성은 결여되었지만 치유 및 자연 기적일 수도 있는 사건도 등장한다.[41]

---

39 Augustine, *City of God* 22.8. 인노켄티우스에 관한 이 이야기는 Larmer, "Manuscript"에서 좀 더 자세하게 제시된다.

40 Young, "Miracles in History," 110은 Mashiha-Zakha, *Chronicle of Arbil*, 2-3을 인용한다.

41 Young, "Miracles in History," 110-11은 Mashiha-Zakha, *Chronicle of Arbil*, 32-33과 (자연 기적일 수도 있는 사건에 관해서는) *The Life of Mar Aba*를 인용한다.

(2) 중세[42]

치유 보고의 전형적인 특징은 우리가 최초의 기독교 자료들에서 발견하는 것에서 좀 더 바뀌었지만, 치유 보고 자체는 계속되었다.[43] 치유가 투르의 마르티노,[44] 4세기 초 노섬브리아의 성인들,[45] 베네딕트[46] 등을 따랐다고 한다. 의심할 나위 없이 이 보고 중 많은 내용이 성인전에 가려져 있지만, 현대의 의사 중 한 명은 오늘날 기도에 대한 응답으로 유사하게 회복된 기사들을 그런 보고들에 대한 병행으로 인용할 수 있으므로 그중 많은 것을 인정한다.[47] 기적들은 종종 사망한 성인들의 중보와 관련이 있는 것으로 여겨졌지만[48] 당대의 목격자들이 이런 기적 중 몇몇을 기록했다. 예컨대

---

42 중세의 학문에 대한 학계의 취급은 오늘날 지배적인 대중의 고정관념보다 훨씬 긍정적이다(Hart, *Delusions*, 33-35에 수록된 논의를 보라).

43 중세 기적 보고에 관해서는 예컨대 다음 문헌들을 보라. Ward, *Miracles*; Woodward, *Miracles*, 156-71; Platelle, "Miracle"(Sigal, *L'homme*에 관해); Martin, "Resisting," 51-52. 중세 말의 보고에 관해서는 예컨대 Goodich, *Miracles*를 보라.

44 다음 문헌들을 보라. Woolley, *Exorcism*, 48; Kelsey, *Healing*, 189-91; Gardner, *Healing Miracles*, 67-72. 간략하게는 Frend, *Rise*, 709과 Rapp, "Saints," 553을 보라.

45 Gardner, *Healing Miracles*, 72-78. 특히 idem, "Miracles"(뉴캐슬 및 노던 카운티 의학협회 회장 연설 수정본, Oct. 1982)를 보라. 그는 그곳의 켈트 기독교에 초점을 맞추는데 그들은 664년 이후에도 계속 번창했다. 앵글로-색슨 기적 기사는 신적 기적을 "통해 전달된 구원의 약속"에 초점을 맞춘다(Fadda, "Miraculous," 65).

46 Gregory the Great, *Dial.* 2에 수록된 글. 그 글에 관해서는 예컨대 Cavadini, "Note"를 보라. 교황 그레고리오 1세는 정원에서조차 초자연적 이야기들을 말한다(예컨대 *Dial.* 1.4.7에 수록된 상추 위의 귀신. Müller, "Power," 47-48을 보라).

47 Gardner, *Healing Miracles*, 71-72, 74, 76-77. 「영국 의학 저널」(*British Medical Journal*)에 실린 그 주제에 관한 Gardner의 논문은 상당한 주목을 받았다(Bridge, *Signs*, 163-64).

48 원래는 순교자의 유물과 관련이 있었던 기적은 때때로 사회적 계급으로 말미암아 주교 지위에 오른, 사망한 주교와도 연관지어졌다(MacMullen, *Second Church*, 100). 아우구스티누스 등의 노력에도 불구하고 많은 사람이 삼위 하나님으로부터

579년 11월 성 마르티노 축제에서 지체 장애인 한 명과 시각 장애인 한 명이 치유되었다.[49] 생존해 있는 몇몇 치유자는 좀 더 모호했다. 투르의 그레고리우스는 금욕적인 시골의 그리스도인 치유자에 관해 말한다. 이 치유자가 열로 인해 듣지 못하고 말하지 못하게 된 젊은이에게 성별된 기름을 바르자 그 젊은이가 치유되었다.[50] 5세기에 시리아 주교였던 필로크세노스는 하나님이 아직도 몇몇 금욕주의자들에게 치유의 은사를 부여했다고 믿었다.[51] 치유와 축귀는 금욕적인 시리아 수도사인 주상고행자 시므온과도 연관되었다.[52]

하지만 고대 말에는 일반적으로—특히 공식적인 차원에서—살아있는

직접 신적인 도움을 구하기보다 성인 숭배를 통해 도움을 구하는 것을 좀 더 편안하게 생각했다(ibid., 106). 교육을 받지 않은 사람들이 기도를 분명하게 말하기를 우려해서(참조. Duffin, *Miracles*, 148) 다른 중보자에 대한 의존이 조장되었을 수도 있다.

49 Van Dam, *Saints*, 70을 보라. 그는 Gregory of Tours *Hist.* 5.47과 기타 자료들을 인용한다. Van Dam은 그레고리우스가 자신의 후두염—현대의 독자 대다수에게는 아마도 그다지 인상적이지 않을 것이다—을 포함한 치료에 호소한다고 보고한다(81). 마르티노의 사후 숭배에 관해서는 Van Dam, *Saints*, 13-28, 68-70, 81을 보라. 주로 사후의 기적에 관해서는 Van Dam, *Saints*, 50-151 여러 곳을 보라. Gregory of Tours의 *Miracles of the Bishop St. Martin* 번역은 Van Dam, *Saints*, 199-303을 보라. Fortunatus *Miracles of St. Hilary*에 관해서는 Van Dam, *Saints*, 155-61을 보라. Gregory of Tours *Suffering and Miracles of the Martyr St. Julian*은 Van Dam, *Saints*, 162-95과 *Suffering of the Martyr St. Julian*, 196-98을 보라. 그레고리우스를 통해 선전된 그의 유물에 관해서는 Bentley, *Relics*, 57-58을 보라(1793년 프랑스 혁명으로 그 유물이 파괴되었다; 59).

50 Porterfield, *Healing*, 67-69(Gregory of Tours, *History of the Franks*, 기원후 592년경을 인용한다). 그레고리우스에 수록된 에우게니우스를 통한 치유 기적에 대해 제안된 자료에 관해서는 Cain, "Miracles"를 보라.

51 McDonnell and Montague, *Initiation*, 289.

52 Rapp, "Saints," 555. 시므온이 새로운 금욕적 이상을 역설적으로 뒤집은 데 관한 주장은 Blowers, "Interpreting," 623을 보라.

중보자를 통한 기적을 강조하는 것이 줄어들었다.[53] 기적적인 치유 보고가 이처럼 감소한 지역이 지리적으로 새로운 복음 전도가 덜 강조된 지역과 겹친다는 점은 놀라운 일이 아닐 것이다.[54] 표적 주장들은 획기적인 복음 전도의 맥락에서 가장 흔하게 나타난다.[55] 이 양상은 역사 전체에서 유지되었

---

53 Kelsey, *Healing*, 191-217. 교황 그레고리오 1세의 관심은 다른 많은 사람의 관심과 달랐지만(Müller, "Power," 49) Dal Santo, "Gregory"는 그가 성인 숭배를 옹호하고 있었다고 주장한다. 5세기 초 중요한 변화가 일어났음을 강조하고 성례에서 하나님의 임재에 대한 강조가 대체로 축귀에 대한 강조를 대체했다는 주장에 관해서는 Woolley, *Exorcism*, 54-68을 보라(예컨대 축귀자에게서 주교로 강조점이 옮겨졌다고 언급한다, 63). Gardner, "Miracles," 1932도 보라(Bede *H.E.G.A.* 1.31에 근거해서 교황 그레고리오 1세가 선교사 아우구스티누스의 시각 장애 소녀 치유 같은 사건을 장려하지 않은 것으로 보인다고 지적한다). 그러나 (약 5:14-15을 따라) 기름을 사용하는 기도가 여전히 드려지고 있었다. Woolley, *Exorcism*, 63-64를 보라. 좀 더 이전 시기에 은사들이 지배적이었다는 견해에 관해서는 예컨대 Severus of Antioch *Comm. 1 Cor.* 240(Bray, *Corinthians*, 117)을 보라. 몇몇 학자는 중세의 의사들은 해부학을 배우기 위해 인체를 해부하는 것조차 허용되지 않았다고 주장하지만(Kelsey, *Healing*, 211), 이는 Andrew Dickson White로 말미암아 만들어진 그릇된 신념이다(Park, "Dissection"을 보라). 중세 시대의 (살아있는 중보자를 통한 은사의) 쇠퇴에 관해서는 MacNutt, *Crime*, 117-37도 보라. 좀 더 이른 시기의 문헌은 Frost, *Healing*, 180-83, 235를 보라. [그런 은사는] 종교 개혁(MacNutt, *Crime*, 139-44)과 특히 계몽주의와 기독교 은사중지론을 통해(145-52. 추가로 Ruthven, *Cessation*을 보라) 더 쇠퇴했다. 그 쇠퇴가 항상 이상적인 상태로 여겨진 것은 아니며 몇몇 학자는 과거를 동경하는 듯이 말했다(다음 문헌들을 보라. Theodoret of Cyr *Comm. 1 Cor.* 240, in Bray, *Corinthians*, 117; Chrysostom *Hom. Cor.* 36.7, in Bray, *Corinthians*, 146). Bengel과 Christlieb 같은 해석자들은 [치유 은사] 쇠퇴 기간을 단지 "신앙이 무뎌진 기간"에 "일시적인"것으로 보았다(Dod, "Healer," 173; McGee, *Miracles*, 42).

54 중세 유럽은 자신을 복음화된 것으로 보았다(Ward, "Monks," 134). 표적들을 복음 전도와 연관시킨 Severus of Antioch *Catena on Acts* 10.44(Martin, *Acts*, 140)은 복음이 널리 확산된 이상 이제 표적이 더 이상 필요치 않다고 단언했다.

55 Ammonius *Catena on Acts* 28.9(Martin, *Acts*, 314)은 "기적들은 대개 불신자들 사이에서 그리고 그들을 위해서 일어났다"고 말한다(참조. Bede *Comm. Acts* 28.8; Martin, *Acts*, 314). 그런 접근법은 오늘날 표적들이 주로 덜 복음화된 지역에서 일어나리라고 예상할 것이다. 사회학적으로 표적과 이적은 부흥 운동 초기 국면의

는데 예컨대 캔터베리의 아우구스티누스,[56] 스코틀랜드의 콜럼바,[57] 프리슬
란트와 덴마크 선교사 윌리브로드,[58] 독일 선교사 보니파시오,[59] 20세기 초
의 선교사,[60] 좀 더 최근의 선교사,[61] 그리고 상대적으로 소홀히 취급된 19세
기 선교 보고[62]의 경우에 그러했다. 중세 초기의 서구 사회는 기독교 신앙을

특징이지만 그 교파가 기능을 발휘하는 데 필요한 제도화가 진전됨에 따라 쇠퇴하
는 경향이 있다(Tomlinson, "Magic Methodists," 389, 398을 보라). 그러나 은사주
의적인 교회와 제도화된 교회를 지나치게 단순하게 비교하는 것은 Max Weber를
잘못 적용한 것이다(Kee, *Miracle*, 52-54를 보라).

56 Young, "Miracles in History," 115은 Bede *H.E.G.A.* 1.31에 수록된, 교황 그레고리
오 1세가 601년 아우구스티누스에게 보낸 편지에서 기적이 모든 신자에게 수반되
는 것은 아니므로 그에게 기적 때문에 복음 전도에 성공한 것을 자랑하지 말라고
경고한 것을 인용한다(Gardner, "Miracles," 1932도 참조하라).

57 Latourette, *History of Christianity*, 344과 Tucker, *Jerusalem*, 41을 보라. 몇몇 학자
는 현대의 기적들을 사용하여 콜럼바에게 귀속된 모든 기적에 관한 회의주의에 도
전한다(Finlay, *Columba*, 173; Gardner, "Miracles," 1929도 마찬가지다). 그러나
Finlay는 성인전의 정교화를 인정한다(Columba, 171-72, 184-85. 참조. Wilson,
"Miracles," 23-24도 마찬가지다).

58 Kelsey, *Healing*, 230.

59 Ibid. 서구에 덜 알려진 사람 중 게오르기아의 회심은 황태후의 치유를 위해 기도
한 외국인 노예 소녀의 기도로 말미암았다고 전해진다(McGee, *Miracles*, 5-6. 그는
Lang, *Lives*, 13-19을 따른다).

60 예컨대 Warner, *Evangelist*, 161을 보라. 1921년 중국에서 열린 Hickson의 집회
에 참석했던 한 선교사는 이전에 인도에서 보고된 것처럼 그리스도인들보다 비신
자들이 더 많이 치유되었다고 보고했다. 이는 아마도 비그리스도인들은 "자기들
이 치유될 것이라는, 단순하고 아이 같은 믿음을 갖고서" 왔기 때문이었을 것이다
(Hickson, *Heal*, 76). 모인 사람이 1만 명으로 추산된 남아프리카의 어느 집회에서
는 청중의 70%가 그리스도인이 아니었는데, 놀라운 치료들이 보고되었다. 36건
의 "시각 장애가 치유되었고…그들 중 두 명은 태어나면서부터 시각 장애인이었
다"(Hickson, *Heal*, 141).

61 예컨대 Pullinger, *Dragon*, 123, 142; Osborn, *Healing*, 282-83, 286, 306.

62 McGee, "Miracles and Mission," 여러 곳(예컨대 146은 Mason, *Ko Thah Byu*, 160
을 언급한다)을 보라. 예컨대 Gordon, "Ministry of Healing," 196-97을 보라. 그는
그린랜드의 아메리카 원주민들의 보고(18세기 초. Garnett, *Mountains*, 120-21도
보라. 이 내용은 McGee, *Miracles*, 9에 인용되었다)와 1866년 보고에 수록된 남부

완전히 배우지 못했지만 많은 사람이 그 사회를 기독교화된 것으로 취급했다.[63] 일반적으로 강조 대상이 치유 및 건강 개선에 관한 관심에서 고난을 "하나님의 손으로부터 오는 훈육"으로 높이는 방향으로 이동했다.[64]

그럴지라도 치유 보고는 계속되었으며[65] 중세 서구 교회에서 계속 현저한 요소로 유지되었다.[66] 예컨대 프랑스 북부에서 수도 생활에 서원한 타

아프리카의 현지 신자들의 보고, 그리고 1873년 보고에 수록된 어느 선교사의 초자연적 보고를 인용한다. Gordon, "Ministry of Healing," 198-99은 버마(지금은 미얀마)에서 발생한 치유를 보고한다. 1879년 인도에서 명백히 죽어가던 선교사가 기도 후 즉시 치유되었다(199-200).

63 Ward, "Monks," 134.

64 Ludwig, *Order Restored*, 140은 이처럼 통합적인 관점에서 벗어난 원인을 (아우구스티누스 시대부터 그리고 그 이후) 플라톤과 영지주의의 영혼 강조로 돌린다.

65 Kelsey, *Healing*, 225-30. 교황 그레고리오 1세는 자신이 치유되었고(ibid., 228) 그런 표적이 적그리스도가 일어날 때까지 계속될 것으로 믿었다고 말한다(Bredero, *Christendom*, 69). 가경자 비드는 "요크의 주교였던 베벌리의 요한의 치유 기사에 관한 많은 목격자"를 보고한다(Kelsey, *Healing*, 229. 추가로 Young, "Miracles in History," 114을 보라. 그는 Bede *H.E.G.A.* 5.3에 수록된 목격자들을 언급하며 요한은 명백히 "치유 은사"를 지닌 "좀 더 나이가 많은 동시대인"이었다고 지적한다. McCready, *Miracles*, 40-43에 수록된 상세하고 미묘한 제시를 보라). 비드의 저술은 자기 시대에 기적이 성경의 수준에서 계속된다는 것에 대한 의심과 자신의 그런 보고 사이의 긴장을 반영한다(McCready, *Miracles*, 특히 230-31을 보라). McFadden, "Elements," 443-50은 비드와 그의 자료들은 상세한 내용의 확인 가능성보다는 공동체에 더 관심을 기울였다고 주장한다(McCready, *Miracles*, 199-202, 214과 같은 의견이다). 그러나 Gardner, "Miracles"는 이후 의료 문서가 갖춰진 유사한 사례들에 비춰 볼 때 비드의 기적 기사 중 많은 것들이 역사적으로 그럴 법하다고 주장한다. 비드는 몇몇 장소에서는 기적을 보고하지 않는데, 그 시대의 다른 자료들에도 이 지역들에서 발생한 기적은 수록되지 않았다(Gardner, "Miracles," 1932). 비드의 기사 중 일부는 전설이고 다른 일부는 자연적 사건일 수도 있지만 Young, "Miracles in History," 113-14은 최소한 몇 건은 믿을 만한 치유 보고로 보인다고 주장한다.

66 Porterfield, *Healing*, 67-91을 보라. 참조. Cho, "Foundation," 35-37. 서술은 종종 교회의 수도원 강조와 관련이 있었다. 예컨대 수녀들에 관한 신원 이야기(Pilsworth, "Miracles"를 보라)와 수도원의 기적 주장(1040-1140; Loud, "Miracles")을 보라.

이나르드는 1085년 마비를 경험했지만 1088년 환상을 본 뒤 갑자기 회복되었다고 한다.[67] 1100년경 클레르보의 베르나르(1091-1153)가 한 소년의 마른 손을 죽은 성인의 손 위에 놓자 그 소년의 손이 치유되었다고 전해진다.[68] 베르나르는 자기의 지인이며 자기가 상의한 동료였던 말러키(1094-1148)에 관해 썼다.[69] 전승에 의하면 성 프란치스코(1182-1226)[70]가 한센병 환자의 피부의 즉각적인 치료[71] 등 치유를 행했다고 한다. 때로는 치유된 상태가 충분히 자세하게 묘사되어서 현대의 전문가들에게 잠정적인 진단을 받을 수도 있다.[72]

많은 종류의 주장들과 유사한 현대의 사례들이 인용될 수도 있지만, 그 보고 중 몇 건은 오늘날 주류 기독교의 관점과는 다르다. 현지 유럽 문화에서 그리스도인들이 좀 더 특수한 전통적인 신들에게 노출되었던 중세 때에는 축귀와 귀신의 영향으로 말미암은 질병에 대한 믿음이 번창했다.[73] 성

---

67 Karnofsky, "Vision," 15-16(그 사건 발생 후 3년 뒤 쓰인 저술에 수록되었다).

68 De Wet, "Signs," 73. 훗날 다른 학자들은 기적들을 베르나르 자신에게 돌렸다(예컨대 Darling, *Healing*, 137-44). 당대의 자료는 헨리 2세 왕이 1170년 9월 기도 후 회복되었다고 보고한다(Mason, "Rocamadour," 39을 보라).

69 Darling, *Healing*, 144-48.

70 오늘날 다양한 수준에서 기적에 관해 저술하는 사람들을 통해 종종 상기된다. 예컨대 다음 문헌들을 보라. Young, "Miracles in History," 115; Synan, *Voices*, 61; Cho, "Foundation," 36-37; Darling, *Healing*, 149-55.

71 Jürgensen, *Francis*, 253은 *Fioretti*, 25장에 수록된 이야기를 자세히 서술한다. 우리는 그 이야기가 누구에게서 기원했는지 확신할 수 없다. 프란치스코가 겸손함으로 명성이 높았음에 비춰 볼 때 그런 사건들이 그 자신의 저술(이런 저술에 관해서는 Jürgensen, *Francis*, 278-91을 보라)의 관심사가 아니었다는 사실이 놀랄 일은 아니다. 그러나 프란치스코가 그런 이야기의 직접적인 원천일 가능성이 작다고 하더라도, 만일 그 이야기가 진정한 전승에 기초한 것이라면 그것이 그 기사에 따를 때 그 한센병 환자를 돌보고 있던 형제 중 일부를 통해 보존되었을 가능성이 없지 않다.

72 따라서 Moog and Karenberg, "Francis"에서는 신경성으로 접근한다.

73 Porterfield, *Healing*, 85-87. 고대 및 오늘날 다양한 문화에서 나타나는 축귀에 관해서는 부록 A와 부록 B를 보라.

인전은 많은 중세 기사를 자유롭게 상술했다(부록 C를 보라). 더구나 비록 그 사건들의 본질은 유지되었을지라도 직접적인 보고와 간접적인 보고가 자연스럽게 보고자들의 이념을 통해 걸러졌다.[74] 많은 치유가 유물들에 귀속되었는데, 이를 통해 교육을 받지 않은 그리스도인들은 하나님이 역사하던 과거 시대와 연결될 수 있다고 생각했다.[75] 중세 그리스도인들은 종종 치유를 고해나 성찬 같은 성사와 결부시켰고[76] 특정한 성소와도 결부시켰다[77](이

---

74   Midelfort, "Possession," 118-19에 수록된, 17세기 축귀 대화에 관한 논평을 참조하라. 하지만 몇몇 중세 기사들은 이전 시기의 기적 보고들을 축소했다(Crostini, "Miracles," 특히 86-87). 더욱이 교황 인노첸시오 3세(1198-1216) 때부터 증인들은 선서하고 맹세해야 했다(Bolton, "Signs," 165). McGee, "Miracles," 252은 공상적인 이야기와 실제로 발생했을 가능성이 있는 이야기가 섞였다고 지적한다.

75   Porterfield, *Healing*, 69-70; Kydd, *Healing*, 117-29; Woodward, *Miracles*, 160-62; Dearmer, *Body and Soul*, 256-73; Gardner, *Healing Miracles*, 78-81. 그런 주장들은 기독교에만 한정되지 않는다. 참조. 무함마드의 손자인 후사인의 머리(Sindawi, "Head"). 몇몇 이야기들은 마리아에 대한 헌신의 효능을 고백 성사 이상으로까지 강조했다(Price, "Marian Miracles." 그는 원래의 청중이 그 이야기들을 교화를 위한 허구로 이해했을 것이라고 언급한다). 시체가 일시적으로 부패하지 않는 것 같은 "기적들"은 1984년 발견된 2500년 된 "습지 인간" 같은 맥락에서 유사한 조건이 만들어질 수 있다면 자연적으로 설명될 수 있다(Bentley, *Relics*, 65).

76   각각 Porterfield, *Healing*, 81-83, 87-88을 보라. 고전 11:28-30과 약 5:16이 좀 더 이른 시기의 사례일 수도 있다.

77   Woodward, *Miracles*, 163-65은 커스버트(163-64)에 특별히 초점을 맞춘다. 오늘날 로마 가톨릭교회는 자연적 원인이 부패하지 않는 현상을 설명하도록 허용한다(Woodward, *Miracles*, 163; 일종의 자연적 미라화, Duffin, *Miracles*, 100-2). 비록 커스버트 사망(163-64) 후 300년도 더 지나 검사했을 때 그의 시신이 썩지 않은 것은 유별난 현상으로 보였지만 말이다. 커스버트 숭배를 둘러싼 중세의 사후 기적 주장에 관해서는 Crumplin, "Cuthbert"를 보라. 성흔 보고 역시 중세 자료들에 좀 더 흔하다(예컨대 Purkis, "Stigmata"를 보라). 프란치스코에게 말해진 것 같은 기적적인 십자고상(十字苦像)도 주목하라(Jansen, "Crucifixes," 특히 203을 보라. 기독교 이전의 고대 지중해에서 조각상이 말하는 현상에 관해서는 본서의 4장 각주 55를 보라). 무덤에서 피가 흐른 현상(Piroyansky, "Bloody Miracles," 14세기 초 어떤 인물의 무덤에서 일어난 현상. 참조. 이른 시기의 다음 유대 자료들에 나타난 유사한 피의 기적들. *b. Git.* 57b; *p. Taan.* 4:5, §14; *Pesiq. Rab Kah.* 15:7; *Lam.*

런 관행이 당시에 널리 퍼져 있었지만 그중 많은 것들은 중세에만 국한하지 않는다[78]).
현대의 많은 독자를 포함하여 유물 자체의 힘에 관해 불편해하는 비판자들
이[79] 그럼에도 불구하고 때때로 그 유물들이 하나님께 대한 간구자의 신앙
을 위한 접촉점 역할을 한다는 것을 인정하기도 한다.[80]

Rab. 2:2, §4; 4:13, §16; *Eccl. Rab.* 3:16, §1; 10:4, §1. 참조. Urbach, *Sages*, 1:559; Brownell, "Experience," 221-22에 수록된 가톨릭 미사에서 나타난 인간의 피). Krippner and Kirkwood, "Bleeding"은 입증된 성흔 현상을 인정하고 그것을 심인성 작용으로 설명한다. 교회 당국들은 종종 유럽과 (훗날) 라틴 아메리카에서 기독교와 기독교 이전의 성소들 사이의 대중적인 혼합주의를 용인하고, 그것을 미신이지만 최소한 "가톨릭적인 미신"으로 보았다(Kassimir, "Politics," 257). 몇몇 유대인들조차 치유를 위해 기독교 성소들을 방문했을 수도 있다고 주장하는 학자도 있다(Shoham-Steiner, "Healing").

78 (자신의 신학적 입장에 따라) 그리스도의 임재를 중재하거나 신앙을 위한 접촉점이 될 수 있는 성사를 통한 현대의 치유에 관해서는 예컨대 다음 문헌들을 보라. Duffin, *Miracles*, 61(1915에 발생한 시각 장애 치유); DeGrandis, *Healing*(몇몇 사례에 관해서는 예컨대 138-43을 보라); idem, *Miracles*, 131-32; Heron, *Channels*, 20-34; McKenna, *Miracles*, 59-61; Maddocks, *Ministry*, 113-16에 수록된 논의. 심지어 성사를 중시하지 않는 오순절 진영에서 주의 만찬 시 나타난 치유 주장을 참조하라(예컨대 Glover, "Healings," 15; Harris, *Acts Today*, 7). 유물에 관해서는 Duffin, *Miracles*, 156-60을 보라.

79 예컨대 Saucy, "View," 116을 보라. 그러나 Deere, *Power of Spirit*, 74을 참조하라. Warfield, *Miracles*, 94-96에 수록된 처녀 마리아의 모유를 통한 기적적인 치료와 96-97에 수록된 혈액의 용해를 참조하라.

80 왕하 13:21은 엘리사의 뼈에 아직 능력이 남아 있음을 전제하는 것으로 보이며 눅 8:46; 행 5:15; 19:12 같은 다른 구절들도 접촉을 통한 능력을 암시할 수도 있다. Gaiser, *Healing*, 166도 참조하라. 하나님께 대한 신앙 문제는 차치하고, 성인들의 유물이라고 주장되는 것 중 얼마나 많은 것이 실제로 그 성인의 것인가라는 중요한 문제가 남아 있다.

동방 교회들 역시 예컨대 콘스탄티노플[81]과 에티오피아[82]에서 치유를 계속 보고했다. 9세기 동방 교회의 저자인 마르가의 토마스는 이전 세대에 아시아에서 활동한 선교사 네 명의 활동을 자세히 얘기한다. 그는 그중 세 명에 관해서는 기적 보고가 없음을 명시하지만 모칸에 복음을 전한 엘리야에 관해 보고된 치유와 몇 건의 축귀를 언급한다.[83] 서방보다 더 교육을 많이 받고 통합적으로 사고했던 동방의 기독교 세계는 계속해서 의학적인 치유와 기적적인 치유를 모두 포용했다.[84] 수도사들은 당대에 의약품이 제한되었지만 때때로 의료 사역에 관여했다.[85] 그들은 때때로 금욕 생활로 인해 특별히 능력을 부여받은 치유자로서 명성을 얻었다.[86] 동방 교회에서는 종종 성상들이 치유의 매개체로 사용되었다.[87]

수백 년 동안 사람들은 하나님께 임명된 영국 왕이나 프랑스 왕이 만

---

81 예컨대 콘스탄티노플의 아타나시우스 1세 같은 동방 교회의 몇몇 인물들은 서구에서는 덜 인용된다. (사후에조차) 그에게 귀속되는 치유 사례는 *Oration on the Translation of the Relics of Our Holy Father Athanasios, Patriarch of Constantinople* 여러 곳, 예컨대 31-34을 보라(Talbot, *Healing in Byzantium*, 예컨대 83-85). 초기 정교회의 제의상의 치유 관행에 관해서는 Harakas, "Sacrament"를 보라. 환자에게 기름을 바르는 것과 관련하여 동방의 치유 형태에 관해서는 Woolley, *Exorcism*, 69-76도 보라. 동방의 기독교 세계는 전통적으로 예수의 기적을 정교회 신학의 맥락에서 접근했다(Hargreaves, "Miracles"를 보라).

82 예컨대 13세기 에티오피아의 은자 게브라-세이온(Michael, "Gäbrä-Seyon")을 보라. 에티오피아의 성자 아바 에스티파노스(1380-1450년경; Menberu, "Estifanos")도 보라. 나는 부록 C에서 타클라 하이마노트에 관해 길게 논의한다.

83 Young, "Miracles in History," 112. 토마스는 840년경 티모스 1세(780-823)의 족장정치에 관해 *Book of Governors*를 썼다.

84 Porterfield, *Healing*, 75-77. 참조. Constantelos, "Physician-Priests"; Crisafulli and Nesbitt, *Miracles*, 44-45.

85 Porterfield, *Healing*, 79-80.

86 Ibid., 80.

87 Ibid., 77-79.

지면 치유가 일어날 수 있다고 믿었다.[88] 왕의 만짐을 통해 일어난 것으로 묘사된 치료는 단순히 자연적 회복일 수도 있으며, 확실히 많은 통치자가 자기에게 이런 능력이 있음을 의심했다. 하지만 탄원자가 필사적으로 예수께 호소하고 나서 3일 뒤 시각 장애가 치료된 경우를 포함한 몇몇 이례적인 치료가 보고되었다.[89] 오랜 시간이 지난 현재 많은 탄원자가 확실히 왕의 축복의 신적인 효능을 믿었다고 말하는 외에 이 이야기들을 평가하기는 어렵지만, 최소한 몇몇 사람은 하나님이 왕의 축복을 통해 일하는 것에 의존했고 당대의 몇몇 보고에 의하면 많은 탄원자가 현저하게 회복되었다.[90]

(3) 종교 개혁자들의 반응

개신교 종교개혁 당시 편만했던 금전상의 동기에 기인한[91] 가짜 유물 매매[92] 같은 몇몇 중세의 관행은 오늘날 사실상 거의 모든 교회에서 거부된다. 다

88　Gusmer, *Healing*, 86-90(1500년대부터 1800년대까지 등장한 자료를 인용한다) 과 Schwarz, *Healing*, 110-14(그 책 201 각주 1에 인용된 19세기와 20세기 초 학계 의 자료들을 따른다)을 보라.

89　Schwarz, *Healing*, 112을 보라. Dod, "Healer," 175을 참조하라. 의심스러운 사례 들에 관해서는 Bishop, *Healing*, 46도 보라. 많은 학자가 어떤 왕이 하나님께 건 강과 더 나은 지각을 달라고 기도했음을 보고한다(예컨대 Charpak and Broch, *Debunked*, 131).

90　예컨대 Gusmer, *Healing*, 89은 찰스 2세 통치 때의 왕실 의사를 인용한다.

91　유물들은 그것들을 통제한 장소들에 부를 창출해줬다(ibid., 89-116).

92　참조. Heinze, *Reform*, 38. 퀼른은 우르술라 여왕과 그녀의 동정녀 1,100명의 유물 (Bentley, *Relics*, 15-17)과 관을 쓴 마법사 세 명의 해골을 소장하고 있다(17-19). 전자는 기괴하다고 묘사될 수 있을 뿐이고(참조. 21) 후자는 아마도 12세기에 묘 지에서 가져온 해골로 보충했을 것이다(82). 천사들이 1296년 동정녀 마리아의 출 생지 나사렛을 이탈리아로 재배치했다고 전해진다(137). (특히 3세기 이후) 그리 스도인의 순교자 유물 숭배는 이교도의 신화적인 영웅의 유물 숭배를 닮았다(40-41, 43). 그리스도인들은 때때로 꿈에 근거해서 시신들을 발견했는데(34) 이는 이 교도의 병행 사례와 유사하다(41).

양한 종류의 중세 유물[93]에는 다음과 같은 것들이 포함된다. 예수가 오천 명을 먹인 빵 조각,[94] 예수의 의복을 갖고 있다고 경쟁적으로 주장하는 장소들,[95] (이상하게도 증가하는) "[예수가 못박힌] 진짜 십자가"의 잔존물,[96] 모종의 방식으로 증가하는 예수가 못박힌 십자가의 못들,[97] 가시관,[98] 예수의 옆구리를 찌른 여러 창,[99] 예수의 거룩한 눈물,[100] 그의 머리카락 몇 개,[101] 닦아낸 구주의 피,[102] 예수의 유치 중 하나,[103] 예수의 탯줄,[104] 마지막으로 예수의 할례 때 나온 거룩한 포피를 보유하고 있다고 주장하는 장소 여덟 곳.[105]

루터는 그런 오용에 반대하면서 유물들을 비난했던 당대[106] 및 이전 시

---

93   도마의 유골들은 오랫동안 인도와 키오스에 있는 것으로 주장되어왔다(ibid., 19-20). 나폴리에 있는 대성당은 순교자 성 야누아리오의 1,700년 된 피로 주장되는 칙칙하고 끈끈한 물질 두 병을 400년 넘게 보관하고 있는데(ibid., 23), 그것은 정기적으로 액화되어서 간구하는 나폴리 사람들에게 나폴리의 번영에 관한 징조를 제공한다(ibid., 24-25. 원인이 무엇이든 간에 그것은 실제로 액화하는 것으로 보인다, 26. Warfield, *Miracles*, 96-97은 그런 액화에 관해 불평한다).

94   12세기의 수도원에 있다(Bentley, *Relics*, 26).

95   생드니의 바실리카 양식 교회당은 예수의 것으로 생각되는 의복을 1,200년 동안 보관하고 있다(ibid., 116은 1982년 실시한 과학적 검사 결과 그것이 1세기의 것일 수 있음을 허용한다고 지적한다. 프랑스의 테러분자들이 그 의복을 탈취했다). 그러나 뜻밖에도 트리어에 있는 다른 의복이 더 많은 대중의 지지를 자랑한다(126).

96   Ibid., 118-22을 보라.

97   Ibid., 122-24.

98   Ibid., 124-26.

99   Ibid., 129-31.

100 Ibid., 134-36.

101 Ibid., 134.

102 Ibid., 131-33.

103 Ibid., 133-34

104 Ibid., 134.

105 Ibid., 138-42. 1872년 몇몇 여성이 그 성물함에 입을 맞췄지만(141), 교황청은 의심스러운 유물에 반대한다(1900년 8월 3일 이 문제가 해소된다; ibid.).

106 Woodward, *Miracles*, 171-72은 유물과 성인들의 사후 기적 및 좀 더 일반적으로 성경 이후의 기적에 대한 종교개혁의 반대를 다룬다.

기의[107] 다른 비판자들에 가세했다. "어떤 사람은 천사 가브리엘의 날개에서 나온 깃털을 갖고 있다고 주장하고, 마인츠의 주교는 모세의 불타는 덤불에서 나온 불꽃을 갖고 있다고 주장한다. 그리고 예수는 열두 명밖에 선택하지 않았는데 어떻게 열여덟 명의 사도가 독일에 묻히게 되었는가?"[108] 유물에 대한 그의 반대는 좀 더 일반적으로 초자연적 주장에 대한 그의 접근법에 영향을 주었다. 루터는 원칙적으로 모든 계시에 반대하지는 않았지만, 그리스도에게서 나온 것이 아니라 마리아, 성인, 사망한 사람들에게서 나왔다고 주장되는 중세의 계시 번창에 대한 그의 반감에 비추어 그런 모든 주장을 엄격히 검증했다.[109] 유물에 대한 루터의 [부정적인] 반응에도 불구하고 그의 말년에는 목회적 관심에서 그가 치유에 마음을 연 것으로 보

---

107 예컨대 12세기 베네딕트 수도회의 대수도원장인 노장의 기베르(Bentley, *Relics*, 174-75. 다른 사람들에 관해서는 176을 보라)와 14세기 초 프랑스의 외과 의사인 앙리 드 몽드빌(McCleery, "Curing," 201-2)을 주목하라. 유물을 완전히 거절하지는 않으면서도 제4차 라테라노 공의회를 포함한 많은 사람이 유물의 오용을 제한하려고 했다(Bolton, "Signs," 158).

108 Bentley, *Relics*, 177.

109 Föller, "Luther on Miracles," 337-39, 347-48. 그는 분별의 어려움 때문에 계시를 회피했으며(ibid., 339은 아우구스티누스에게서도 유사한 경향이 있었다고 지적한다) 모든 주장을 성경을 통해 검증할 것을 주장했다(338, 340-41, 347-48). 루터의 강조는 대개 성경 해석에 대한 현재의 예언 은사 식별로 귀결되었는데(347-48), 이는 자신을 텍스트에 덜 기초한 도전자들에 반대하는 규범적인 해석자로 본 고대 랍비들의 접근법과 다르지 않은 접근법이다(Greenspahn, "Prophecy"; Keener, *Spirit*, 12-13, 20-23과 그곳에서 인용된 자료들. 참조. *Tg. Jon.* on 1 Sam 19:23-24; 왕하 6:1; 9:1, 4). 필요한 영원한 문제들은 성경에서 다뤄진 반면에 특별 계시는 개인적인 문제들과 관련이 있었다(Föller, "Luther on Miracles," 340). 새로운 계시는 정경의 계시와 충돌할 수 없고 표적으로 입증되어야 한다(341-42). 루터는 몇몇 재세례파 신자들의 주관적인 카리스마적 계시에 부분적으로 반대했다(348. 참조. Williams, *Radical Reformation*, 49, 164, 177, 189, 199, 263, 692, 759에 수록된 계시 주장들). 적어도 재세례파 신자들과 그들의 지향점을 공유하는 사람들을 통한 계시들 중 일부는 가짜라는 데 보편적으로 합의가 이뤄졌다(좀 더 일반적으로는 고전 14:29과 살전 5:20-21을 참조하라).

인다.[110]

목회적 가르침에서 루터의 강조점은 그가 다루는 이슈에 따라 변한다. 따라서 한편으로 그는 기적이 처음에는 사도적 교회를 입증하기 위해 필요했지만 이제 더 이상 필요치 않은 것으로 보았고, 수도사들과 관련된 대다수 기적 주장이 성경과 모순되고 따라서 거절되어야 한다고 주장했다.[111] 다른 한편 그는 어느 그리스도인이라도 필요할 경우, "특히 선교 상황에서" 기적을 일으킬 수 있다고 단언했다.[112] 하나님은 "기적이 필요할 때마다" 여전히 기적을 일으킬 것이다.[113] 실제로 루터는 자기 시대에는 기적이 필요치 않다고 생각했지만, 이례적인 시기에는 기적이 필요할 수도 있음을 인정했다.[114] 한편으로 그는 질병과 고통을 일반적인 것이며 은혜의 수단으로 보았다.[115] 다른 한편으로 그는 자기와 자기 아내 그리고 멜란히톤이 기도 응답으로 기적적으로 치유된 것을 언급한다. 멜란히톤은 명백히 죽어가다가 루터 자신이 기도한 뒤 살아났다.[116] 루터는 사망하기 1년 전에 야고보서 5:14-15을 따라 환자들을 위해 개인적으로 및 교회에서 기도할 것에 관해

110　Kelsey, *Healing*, 233은 약 5:14-15의 지시에 따름으로써 그리스도의 이름으로 치유된 사람을 지적한다.

111　Föller, "Luther on Miracles," 342-44. 루터는 구원하는 신앙을 규범적으로 간주했고 기적 신앙을 이차적으로 여겼다(335-37).

112　Ibid., 342. 344도 참조하라: 이례적인 시기에는 "예외 없이 모든 그리스도인 각자가 기적을 일으킬 능력을 가질 것이다."

113　Ibid., 344. Bengel과 Christlieb 같은 몇몇 해석자들은 쇠퇴 시기를 단지 "무뎌진 신앙의 시기" 동안 "일시적인" 것으로 보았다(Dod, "Healer," 173).

114　Föller, "Luther on Miracles," 344.

115　Ibid., 345.

116　Ibid., 346; Kidd, "Healing," 149; Kirby, "Recovery," 113; Dod, "Healer," 174. 대중적인 차원에서는 다음 문헌들을 보라. Baxter, *Healing*, 76-77; Miller, *Miracle of Healing*, 40, 57-58; Oursler, *Power*, 45. Gordon, "Ministry of Healing," 177-79은 루터와 치유에 관한 많은 이야기를 보고한다.

가르쳤다. 한 편지에서 그는 비텐베르크에서 발생한 "안수를 통한 치유 기도"를 언급했다.[117]

우리는 중세의 유물 오용의 많은 것들을 거부할 수 있지만, 하나님이 종종 탄원자가 잘못 알고 있는 수준에서 개입했다고 믿을 수 있다. 칼뱅은 성인 숭배를 거절했지만[118] 그가 "열병에 걸렸을 때 성 주느비에브에게 기도해서 자기의 목숨을 구한 것으로 믿었다"고 전해진다.[119] 그는 사도적인 기적이 그쳤다고 믿었지만 하나님이 여전히 치유를 구하는 기도에 응답할 수 있음을 의심하지 않았다.[120] 많은 개신교인이 과격한 계몽주의의 영향을 받기 전에는 계속 기적적인 치유를 긍정했고 그것을 경험했다(예컨대 스코틀랜드의 첫 세대 종교 개혁자들[121] 및 퀘이커교도들과 초기 침례교인들도 주목하라).[122]

---

117 Föller, "Luther on Miracles," 346. 참조. Kelsey, *Healing*, 233. 야고보서에 대한 루터의 [부정적인] 견해에도 불구하고 말이다!

118 칼뱅의 유물 조롱에 관해서는 Bentley, *Relics*, 169-74을 보라. 칼뱅은 가톨릭교회에 초자연적 기적이 있음을 인정했지만, 이것들을 성경적인 기적으로 보지 않고 사탄에게 돌렸다(Brown, *Miracles*, 15). 칼뱅과 부처의 은사중지론에 관해서는 예컨대 Gusmer, *Healing*, 71-73을 보라. 칼뱅의 성경 중심적인 신학 접근법에 관해서는 추가로 Jensen, "Calvin"을 보라. 오늘날 은사중지론자가 아닌 몇몇 개신교인은 여전히 적어도 중세 기적의 일부나 많은 것을 사탄에게 돌리는 한편(예컨대 Baxter, *Healing*, 61, 64), (훗날 윤색되기는 했지만) 클레르보의 베르나르, 성 프란치스코 등을 통한 진정한 치유의 가능성을 허용한다(68-69). 그들은 발도파 같이 그들이 원시 개신교도라고 보는 집단 가운데서 보고된 치유에 특히 동정적이다(70-71).

119 Porterfield, *Healing*, 97-98.

120 Pink, *Healing*, 25. 그는 칼뱅과 약 5:15을 인용한다.

121 스코틀랜드 첫 세대 종교 개혁자들에 관해서는 Gardner, *Healing Miracles*, 81-89과 Gordon, "Ministry of Healing," 163-66을 보라.

122 Norman, "Healing"; Kelsey, *Healing*, 234-35; 그리고 Buskirk, *Healing*, 72. 초기 오순절파는 이전의 침례교 유산에 나타난 이 요소를 기꺼이 지적한다("Healings among Baptists"). 그가 사망하기 약 2년 전에 편찬된 George Fox의 *Book of Miracles*는 "150건이 넘는 퀘이커 교도의 기적을" 자세히 설명하는데 "그중 대다수는 치유이며 많은 치유가 조지 폭스 자신을 통해 수행되었다"고 한다(Moore,

몇몇 학자는 발도파와 후스파 등 루터 전의 종교 개혁 집단의 치유 주장도 인용했다.[123]

대다수 기적 주장에 반대하는 종교개혁자들의 반응을 읽을 때 우리는 그들의 맥락을 고려해야 한다. 종종 그들은 유물이나 가톨릭의 변증에 반대했다.[124] 기적 주장들은 특히 종교개혁 직전에 유행했다. 1350년에서 1520년 사이에 바이에른 지역에서 나온 기적 주장이 12,500건 넘게 남아 있는데 이런 주장 중 대다수가 종교개혁 직전 30년 안에 나왔다.[125] 루터와 특히 부처는 가톨릭의 기적들을 마귀에 의존한 것으로 비난했으며[126] 훗날 개신교인들은 이 비난을 한층 더 강하게 유지했다.[127] 로마 가톨릭이나 동방 정교회 그리스도인들에게는 결코 채택되지 않았던 종교개혁자들의 반초 자연주의가 가톨릭이 기적 주장을 변증적으로 사용하는 데 반대하는 그들의 논쟁적인 상황에 즉각적으로 도움이 되었다.[128] 초기 개신교인들은 중세의 기적들을 대체로 전면적으로 불신하려고 했다. 비판적인 조사를 했더라

"Quakerism," 335). 예수의 대적자들이 예수의 치유에 대해 그랬던 것처럼 그들의 반대자들은 그런 치유들을 마법과 결부시켰기 때문에 그 치유들은 논란이 있다 (336-37). 이후 퀘이커 지성인들은 다른 많은 개신교인이 그랬던 것처럼 기적을 부인하지는 않으면서 기적의 중요성을 경시했다(340-41).

123 Norman, "Healing"; Young, "Miracles in History," 115-16.
124 Harrell, "Divine Healing," 215. 그는 종교 개혁 개신교인들은 원칙상으로는 여전히 치유를 위한 기도를 믿었지만 중세 가톨릭의 유물 사용에 반대하는 반응을 보였다고 지적한다.
125 Soergel, "Legends," 21.
126 Ibid., 22. 칼뱅에 관해서는 Brown, *Miracles*, 15을 보라.
127 Soergel, "Legends," 22-29. 16세기와 17세기의 마귀적 원인 강조(Daston, "Facts," 98)는 분파의 논증 목적에 이바지했지만(101) 수천 명의 살해로 이어진 마녀 히스 테리에도 반영되었다(부록 B에서 언급된다). 마법과 귀신에 대한 우려로 인해 우선 귀신적인 설명이 추구되고 나서 좀 더 자연스러운 설명이 추구되었다(106-7).
128 예컨대 Harrison, "Miracles," 500-1과 Daston, "Facts," 114을 보라. 16세기와 17세기 성공회의 은사중지론이 같은 목적에 이바지한 데 관해서는 Walsham, "Miracles," 279, 283을 보라.

면 좀 더 유익했겠지만 전통적인 로마교회와 관련된 기적에 반대하는 반응은 압도적으로 변증적이었다.[129]

매우 다른 환경에 있는 오늘날[130] 가톨릭뿐만 아니라 개신교의 그리스도인 학자 대다수는 하나님이 1세기가 지난 후에는 사람들을 치유하기를 그쳤다고 가정하는 것을 성경적 근거가 희박한 억측으로 인식한다.[131] (성경에 근거해서 "언제나 개혁하기"보다는) 특정한 개혁 전통에 근거해서 현재 기적이 일어날 가능성을 부인하는 사람은 루터의 후예 중 몇몇 사람을 성경 해석에서 전통을 규범적인 것으로 만드는, 성서 해석학적·인식론적으로—새로운 입장은 아니더라도—역설적인 입장에 위치시킬 것이다.[132]

---

129 예컨대 다음 문헌들을 보라. Parish, "Histories"; Mullin, "Bushnell," 460-61; Lovelace, *Dynamics*, 269.

130 사실 내가 9장에서 언급한 바와 같이 기적 주장이 개신교 성장에 기름을 붓고 있는 라틴 아메리카에서 어느 것이라도 뒤집힌다면 논쟁적인 상황이 될 것이다. 몇몇은 가르침에 약한 진영에서 등장하는 극단적인 카리스마적 주장에서 위협을 느낄 수도 있지만, 어떤 종류의 주장이 진정한 것인 경향이 있는지 분별하려고 노력하면서 가르침을 통해 이 진영들을 섬기려고 노력하는 것이 이상적인 반응이 아니겠는가?

131 개신교 은사지속론자의 주장에 관해서는 예컨대 다음 문헌들을 보라. Green, *Holy Spirit*; Snyder, *Renewal*, 140-41; Grudem, *Theology*, 355-75; Turner, *Gifts*, 286-302; Ruthven, *Cessation*; Fee, *Paul, Spirit and People*, 여러 곳; 본서 7장의 각주에 수록된 좀 더 자세한 논평. 그러나 오늘날 대다수 은사중지론자조차 하나님이 여전히 치유할 수 있음을 부인하지 않을 것이다.

132 자기 교회의 전통으로 말미암아 기적에 대해 반가톨릭적인 은사중지론을 따라야 한다고 느끼는 사람이 오늘날 좀처럼 당시 주로 가톨릭의 관행이었던 선교에 대한 일반적인 망설임에 관해 같은 정도의 반감을 느끼지는 않으며(참조. Neill, *History of Missions*, 220-23; Tucker, *Jerusalem*, 67-68; Hanciles, *Beyond Christendom*, 94. Sweeney, *Story*, 80-82, 86에서는 제한을 둔다. 참조. 경건파의 선교가 번창하기 시작했을 때 개신교 학자들이 선교에 보인 반감, Syrdal, *End*, 11에 수록된 내용), 확실히 결코 재세례파 박해를 반복하려 하지 않을 것이다. 오직 성경으로부터만 나온 접근법에서는 사망한 성인들과 관련하여 번성하는 기적과 하나님께 대한 기도 응답을 구분했을 (또는 하나님이 때때로 잘못 알고 있는 그리스도인 탄원자에게 자비를 보이는 것을 허용했을) 테지만, 우리들 대다수는 이 시기 유럽의 그리스도

종교개혁 초기 및 그 이후 로마 가톨릭은 계속 치유를 주장했다. 프란치스코 하비에르(1506-52)의 편지들은 몇몇 기적적인 치유에 관해 직접적인 세부 사항을 보여준다.[133] 덜 극적이기는 하지만 16세기 헤수스의 테레사(1515-82)는 장기간 마비로 고생했고 명백히 죽어가고 있었지만 차츰 회복되어 완전히 건강을 되찾았다. 그녀의 동시대인들은 이 회복을 기적적인 것으로 여겼다.[134] 다양한 성소[135]에서도 계속 치유가 주장되었다.

종교개혁자 등의 비판에 대응하여 가톨릭도 개혁에 착수했다. 그들은 중세 영성과의 연속성을 개신교보다 더 많이 유지했지만, 이제는 그것에 대해 전보다 좀 더 비판적으로 접근했다.[136] 따라서 예컨대 몇몇 학자는 17세기 말 프랑스에서 전보다 훨씬 적은 기적 주장이 인증되었지만, 조사를 견뎌낸 기적 주장들은 이 시기의 다른 사건들 대다수보다 강력한 역사적 문서 기록을 갖췄다고 생각한다.[137]

___

인들이 처해 있었던 변증적 상황의 격렬함을 이해하기 어려울 것이다.

133 Kelsey, *Healing*, 233(시에나의 카테리나 등의 기사도 언급한다. 그녀에 관해서는 Hebert, *Raised*, 95, 105-7과 Darling, *Healing*, 156-65도 보라).

134 Matthews and Clark, *Faith Factor*, 60-61에 서술됨. 예컨대 산타 마리아 마달레나 등의 기적들이 보고된다(Morrison, "Miracles"를 보라).

135 예컨대 17세기 중반 브뤼셀 근처 숲의 "예수 참나무."

136 Porterfield, *Healing*, 106-7. 참조. 180. 트리엔트 공의회는 기적 주장 조사 책임을 감독에게 부여해서 "대중적인 신앙의 일탈"에 대한 통제를 강화했다(Daston, "Facts," 121). 샬롱의 주교는 1707년 예수의 성스러운 탯줄 숭배를 금지했다(Bentley, *Relics*, 180). 어떤 장소는 십자군이 성지에서 가져온, 예수의 땀이 밴 것으로 생각되는 옷을 800년 넘게 보존했는데 교황은 그것 앞에서 기도하는 사람들을 방종하다고 선언했다. 1934년 그 위에 쓰인 글은 알라에게 기원하는 것으로 드러났으며 그것의 연대는 1094년에서 1101년으로 추정되었다(ibid., 225-26). 그런데도 여전히 그 유물의 도움을 기념하는 명판들이 새겨졌다(227).

137 Viguerie, "Miracle," 316. Daston, "Facts," 121-22에 인용된 내용임.

2. 좀 더 이전의 근대 서구의 관점

나는 지금까지는 비서구 세계(즉 제3세계)와 근대 이전 세계(즉 지금까지의 세계 역사의 대부분)의 관점에 관해 논의해왔지만, 근대 서구[138]에서조차 유의미한 하위문화는 항상 반초자연주의적인 가정에 동의하지 않았고, 따라서 특이한 현상을 강조하고 그것을 신학적 원인이나 기타 영적 원인과 관련해서 해석했다[139]는 점을 지적하고자 한다.

(1) 기적에 반대하는 주장

몇몇 개신교인은 오용에 반대하는 종교개혁자들의 반응을 발전시켜서 궁극적으로 급진적인 계몽주의(5장과 6장에서 다뤘다)의 독단적인 반초자연주의를 선별적으로 채택했다. 그들에게는 성경에 기록된 기적은 예외로 취급하면서도 "교황주의자"와 "열광주의자"의 기적 주장을 거부하기 위해서는 철저한 자연주의를 수용하는 것이 편리했다.[140] 기적이 중지되었다는 믿음은 성경의 기적에 대한 믿음을 현대의 "질서 있고 합리적인 우주"와 조화시킬 수 있는 길을 제공했다.[141] 비록 그것이 과거에 자연법칙의 주도권을

---

138 아래에 수록된 나의 많은 예는 서구에 한정되지 않지만(예컨대 Hickson의 전 세계적인 활동), 대다수는 서구에서 기원했다.

139 특히 Eddy and Boyd, *Legend*, 74-78과 거기서 인용하는 많은 자료를 보라. 본서의 아래에 수록된 많은 예들 외에 Shaub, "Analysis," 118-19도 보라.

140 계몽주의가 철저한 은사중지론 형성에 끼친 영향에 관해서는 Ruthven, *Cessation*, 35-40, 71을 보라. MacNutt, *Crime*, 145-52을 참조하라. 창조주와 영원한 처벌을 인정하기는 했지만(Brown, *Thought*, 281), Thomas Paine의 이신론은 반초자연주의를 포함했다(Noll, *History*, 166).

141 Mullin, *Miracles*, 30(좀 더 자세한 내용은 9-30을 보라)은 19세기 초까지 합의된 타협에 관해 서술한다. 16세기와 17세기 영국의 성직자 사이의 은사중지론에 관

요구하는 동일 과정설을 궁극적으로 만족시킬 수 없었지만 말이다.[142] 은사
중지론자가 이처럼 이신론에 양보한 것은 철학적으로 내적 일관성이 없는
처사였다.[143] 역설적이게도 지금도 기적이 일어난다는 주장에 대한 반대는
한때 근대 초기 근본주의와 모더니즘이 취했던 공통적인 대의였다. 그들은
은사중지론자들이 성경의 기적들은 비판에서 제외한 점을 빼면 종종 같은
논증을 채택했다.[144]

성경 시대 이후의 많은 기적 주장이 성경에 기록된 주장들과 유사한
증거와 종류를 보였기 때문에 은사중지론의 입장은 필연적으로 성경의 기
적에 대해 방어하기가 어려웠다.[145] 성경의 기적을 인정하는 토대에서는 역

해서는 Walsham, "Miracles," 273-78을 보라. 은사중지론이 계몽주의의 민감성에
주는 매력에 관해서는 278을 보라.

142 예컨대 Mullin, *Miracles*, 33을 보라. 만일 이신론자들이 창조주로서 하나님의 역할
은 인정하면서도 창조 활동에서 예상된 자연적 양상 외의 그의 물리적인 활동은
부인한다면, 우리는 그들을 어떤 의미에서는 창조 후 은사중지론자들로 부를 수
있을 것이다.

143 그것의 철학적 모순에 관해서는 다음 문헌들을 보라. Ruthven, *Cessation*, 64-71(특
히 선별적 자연주의에 관한 70); Mullin, *Miracles*, 265-66(그것의 일반적인 붕괴
도 언급한다); Tennent, *Christianity*, 178. John Henry Newman의 비판(Brown,
Miracles, 138에 언급되었음을 참조하라).

144 Curtis, *Faith*, 202-3을 보라. Mullin, *Miracles*, 210-13을 참조하라.

145 Lawton, *Miracles*, 68(교부들의 증언을 예로 제공한다); Barnes, "Miracles," 229-
30; Mullin, "Bushnell," 462(18세기 이신론자들이 기꺼이 이 관찰을 이용했다고
지적한다). Hume, *Miracles*, 38에서 Hume이 이미 개신교 은사중지론자의 논증
을 이용해 자기가 기적을 반대하는 논거로 삼는 것을 참조하라. 특히 Kant는 기
적 주장들을 시기에 따라 구분하는 것을 부적절하다고 보았다(Nuyen, "Kant on
Miracles," 311). 오늘날에도 May, "Miracles," 147은 복음서들에 수록된 듣지 못
하고 말하지 못하는 사람의 치유에서 자연적 치료의 타당성을 부인하지만, 오늘
날 발생한 사례는 자연적 치료라고 좀 더 자세하게 주장한다. (150-51). 그는 예수
의 시각 장애나 피부병 치료에서 심리적인 요소를 부인하지만, 현대의 그런 몇몇
치유 주장들을 심리적 요인에 돌린다(154에 수록된 16년 동안 시각 장애인이었던
여성이 치료된 사례에서 그녀가 전에 단순히 "의기소침"했을 수 있다고 주장한
다).

사적인 기적 주장이 허용되지만, 비판자들은 이를 전면적으로 거부하기 때문에 성경의 기적에 대해 예외를 인정하는 것은 신앙주의다. 실로 표준적인 역사 기술 규칙 등을 채택해서 역사적인 사건을 임의로 구분하는 것이 모든 기적에 대한 흄의 반대를 촉진했다. 이는 그가 자기의 청중이 자기의 주장에 반하는 예로 제시된 강력한 현대의 사례들을 일축할 것으로 믿을 수 있었기 때문이었다. 개신교도와 가톨릭 교도가 그들의 신학적 제약을 위반한 기적들을[146]—그것들이 아무리 잘 입증될지라도—일축함에 따라 볼테르와 흄 같은 기적에 대한 전면적인 회의주의자들이 어떤 기적에 대해서도 증거를 인정할 필요를 느끼지 않았다.[147] 예컨대 코니어스 미들턴은 그의 유명한 반가톨릭 저서에서 성경이 기록된 뒤의 모든 기적 증거를 일축하고 좀 더 최근 목격자들의 증언뿐 아니라 교부들의 정확성도 부정했다. 그는 신중하게 신약성서의 기적에 대한 논의를 피했다.[148]

그러나 존 웨슬리는 모든 증거를 거부하는 미들턴의 비판은 손쉽게 성경의 기록에 반대하는 것으로 변할 수 있다고 올바로 경고했다.[149] 성경의 기적 주장과 성경 후의 기적 주장 간의 대조를 가정하고 각각 "뚜렷이 다른 증거의 규칙과 확률"을 가지도록 요구하는 철저한 은사중지론은 외부 학계의 비판을 견뎌낼 수 없었고, 그러한 구분이 무너진 결과 성경의 기적을

---

146 Daston, "Facts," 119. 17세기 초 신학자들은 기적 주장을 사용해서 교리를 방어했다. 다른 교파의 기적에 반대하는 분파적 논증 때문에 17세기 말에는 기적을 타당한 것으로 증명하기 위해서는 적절한 교리와의 결부가 필요했다(ibid., 120).

147 Ibid., 119-20. 가톨릭의 어느 대주교가 얀센파를 지지하는 잘 확증된 기적들을 강하게 비난했기 때문에 Hume은 그런 기적들에 대한 우수한 증거를 인정했음에도 불구하고(그는 그 증거들이 복음서들에 수록된 증거보다 더 잘 확인되었다고 생각했다; 122) 그런 주장들을 거절하는 것이 정당하다고 생각했다.

148 Brown, *Miracles*, 64-71. 참조. Idem, *Thought*, 212-13; Fogelin, *Defense*, 1. Warfield, *Miracles*, 28-31은 Middleton을 칭찬한다.

149 Brown, *Miracles*, 72.

부인하거나 성경 후 기적의 가능성을 부인하는 두 가지 반응 중 하나가 선택되었다.[150]

(2) 17, 18세기 개신교의 치유 보고

19세기 말 기적에 관한 철학적 기반의 대부분은 성경의 기적과 성경 후의 기적을 다룰 때의 일관성에서 벗어났지만, 이전 시기의 은사중지론조차 모든 초자연적 주장을 억누르지는 않았다[151](내가 언급했듯이 현대의 많은 은사중지론자는 은사를 받은 개인을 통한 치유의 중지만을 언급하고 하나님이 종종 기도에 대한 응답으로 기적적으로 치유하기를 중단했다고 주장하지는 않는다). 칼뱅주의자들은 성경 이후 기적을 허용하지 않는 반면에 일반 섭리뿐 아니라 특별 섭리도 허용하는데, 특별 섭리는 다른 명칭 아래서 기적을 수용할 수도 있다.[152]

---

150 Mullin, *Miracles*, 30; Lawton, *Miracles*, 58. 20세기 초에는 다양한 학자들이 어느 시대에든 기적이 일어날 가능성을 부정할 선험적인 이유가 없음을 긍정하면서도 사도 시대 후에는 기적이 특성상 감소했음을 인정했다(Maclean, "Miracles," 42; Bernard, "Miracle," 395-96. 참조. Wright, "Miracles," 191은 사도 후의 몇몇 기적들은 "매우 잘 입증되어서 경멸적으로 그리고 즉석에서 일축할 수 없다"고 주장한다).

151 Warfield의 영향력 있는 완전한 은사중지론 옹호(*Miracles*. 참조. Idem, "Kikuyu") 가 이전 시기의 은사중지론과 20세기 근본주의 사이의 가교를 제공했지만, 지금은 이에 대항하는 경향이 존재한다. 이전 시기의 개신교 기적 주장에 관해서는 위의 논의를 보라. 17세기 신들림 기사에 관해서는 예컨대 Midelfort, "Reactions"를 보라.

152 Woodward, *Miracles*, 371; Kidd, "Healing," 150, 157; Walsham, "Miracles," 284-86; Lehmann, "Miracles," 328; McGee, *Miracles*, 9. 참조. Deconinck-Brossard, "Acts of God," 360. 웨스트민스터 신앙고백조차 당시에 성행했던 자연법칙 개념을 다루면서 "하나님은 그분의 통상적인 섭리에서 자연적 수단을 사용하지만, 자신이 기뻐하는 바에 따라 그것 없이, 그것 위에서, 그것에 반해서 자유롭게 일할 수 있다"고 지적한다(5.3, Sharp, "Miracles," 2에 인용된 내용임). 복음서들과 사도행전에서보다 덜 자주 발생하기는 하지만 기적이 계속된다는 주장이나 기적이 주로 선

데이비드 흄은 이신론자들의 논증에 의존해서 그의 현대의 학문적 후예를 제외하고 가장 회의적인 시기였을 수도 있는 시기가 동틀 때 추종자를 얻었다. 그러나 부분적으로는 이신론적 접근법에 대한 반발로 17세기 말 기적 기사들이 좀 더 풍부해졌다.[153] 17세기 개신교인들은 "하나님이 박해받는 자기 백성을 위해 행한 이적들에 관한 책을 발행했다."[154] 18세기 개신교 변증자들은 하나님이 자연법칙을 통해 행한 기적과 자연에 반하는 가톨릭의 주장을 구분했다.[155] 논쟁적인 맥락에서 저술하지 않을 경우 개신교 성직자들은 종종 기꺼이 다른 성직자를 통한 치유에 대해 말한다.[156] 그들은 때때로 그들의 특별 섭리를 자유롭게 "기적"으로 부른다.[157] 그런 사례에는 개신교 순교사학자인 존 폭스의 생애에서 실제로 발생했던 사건이 포함된다.[158] 17세기에 장로교인인 리처드 백스터는 자신의 상당한 크기의 종양

교 상황에서 발생한다는 주장은 역사적 은사중지론보다는 훨씬 온건한 것으로 보인다. 그러나 Mullin, *Miracles*, 여러 곳, 예컨대 14-17, 23, 35-36에서는 "특별 섭리"는 대개 하나님이 계몽주의 환경에서 수용될 수 있는 자연주의적인 수단을 통해 일함으로써 같은 효과를 달성하는 것과 관련이 있는 것으로 보인다(참조. 예컨대 Pullum, "Believe," 146-52은 [151-52에서] 오늘날 "섭리는 실제로 증명할 수 없다"고 강조한다. 이 접근법은 신의 행동을 반증 가능성의 영역에서 제거한다). 많은 학자는 이를 "기적"(자연법칙 위반으로서; Freeman, "Famous Miracle," 311-12)으로 부르기보다 "이적"(하나님 또는 영들이 자연을 조종하는 것)으로 부른다.

153 Walsham, "Miracles," 304-5.

154 Woodward, *Miracles*, 371(Hall, *Worlds*를 인용한다).

155 Woodward, *Miracles*, 371. 심판을 위한 자연 기적(미국의 보험회사들이 여전히 "신의 행동"[불가항력]으로 부르는 사건들)이 특히 유행했던 것으로 보인다(Walsham, "Miracles," 289을 보라. 근대 초기 독일에서 재앙에 대해 신적으로 설명한 것에 관해서는 예컨대 Lehmann, "Miracles," 332을 보라. 몇몇 사람이 그런 재앙에서 기적적으로 탈출한 것에 관해서는 ibid., 특히 327을 보라).

156 Freeman, "Famous Miracle," 308.

157 Ibid., 311-12, 318-19(청교도 주석가 사이에서 이 용어가 사용됨을 언급한다).

158 Ibid., 여러 곳. Simeon Foxe가 이전 판본들의 어조를 낮추려고 했을 수도 있다(참조. 315).

이 치유되었고 자기가 다른 사람들이 치유된 것도 안다고 주장한다.[159] 스코틀랜드의 언약도들(Covenanters)은 많은 기적을 보고한다.[160] 1644년, 목발의 도움이 없이는 걸을 수 없던 한 여성이 어느 설교자가 "예수의 이름의 기적적인 힘"에 관해 말하고 있을 때 자신이 갑자기 치료된 것을 발견했다.[161] 이전의 행적이 모호한 발렌타인 그레이트레이키스(1628-83)의 사례는 그의 기도를 통해 많은 사람이 치유된 것으로 기록된 가장 좋은 사례다. 그는 1661년부터 청각 장애와 마비를 포함한 다양한 병을 치료하기 시작했다. 그의 치료가 하도 효험이 있다 보니 런던에서만 수천 명이 그에게 모여들었고 그중 수백 명이 치료되었다고 주장되었다. 어떤 치료는 완료되기까지 몇 주가 소요되었고 그의 아내는 계속 회의적이었다. 더욱이 그레이트레이키스 자신도 치유가 어떻게 일어나는지 몰랐다. 동시대의 목격자는 그 치료를 심리적 현상으로 여겼고, 그레이트레이키스를 진지하지만 교육을 받지 못한 사람으로 보았다.[162] 그런데도 그 증인은 "그가 만지자 청각 장애가 치유되었고" "흐르던 고름이…마른" 것 등을 목격했음을 인정했다.[163] 그 결과 많은 회의주의자조차 경악했는데 그중 많은 이들이 치유되었다. 그러나 그는 국왕의 궁정에서 치유해보라는 초대를 받고 이를 받아들였는데 거

---

159 Gordon, "Ministry of Healing," 181-83; Baxter, *Healing*, 86-88; Gardner, *Healing Miracles*, 89-90. 간략한 언급은 Dod, "Healer," 174과 Miller, *Miracle of Healing*, 78-79을 보라.

160 예컨대 Baxter, *Healing*, 78-86에 수록된 조사 결과를 보라. 간략하게는 Dod, "Healer," 174을 보라.

161 Baxter, *Healing*, 89. 그는 Johann Albrecht Bengel을 인용한다.

162 Henson, *Notes*, 67-72에 인용됨(특히 69는 많은 사람이 치유되지 않았거나 병이 재발했다고 지적한다).

163 Henson, *Notes*, 68-69에 인용됨. 그 증인과 마찬가지로 교육을 받은 Henson 감독 역시 그 치료들을 심리적인 현상으로 취급한다.

기서 실패했다. 충격을 받은 그는 여생을 잊힌 채로 보냈다.[164]

계몽주의가 18세기 종교에 대한 지성인의 접근법에 훨씬 큰 영향을 주었지만, 대중 차원에서는 치유 보고가 계속되었다. 예컨대 1707년 성공회 신자인 조시아 우드워드는 1690년대 영국으로 이주한 프랑스의 위그노 도피자들이 1693년 매리 밀라드에게 일어난 기적 등 많은 기적을 주장했다고 언급했다. 그녀의 왼쪽 다리는 태어날 때부터 약했지만 마가복음 2:1-12에 기록된 장애인이 치유된 기사가 낭독되는 것을 들을 때 "그녀는 '너는 치유되었다'고 말하는 음성을 들었다고 생각했다." 그리고 그녀는 즉시 자신이 치유된 것을 발견했다. 우드워드는 그런 사건이 자기 시대에 희귀하다는 점을 인정하면서도 "1705년 레스터주 인근에서 발생한 치유 등" 다른 치유들도 언급했다.[165] 이 사건들은 잘 알려졌다. 그래서 1696년 코튼 매더는 위그노파의 기적들을 얘기하면서 가톨릭의 "배교" 때문에 한때 제약되었던 기적들이 이제 새로운 "기적의 시대"에 갱생하고 있을지도 모른다

---

164 Rose, *Faith Healing*, 41-42; Robertson, "Epidauros to Lourdes," 187-88; Major, *Faiths*, 164-69. Worcester는 Greatrakes가 보수를 받지 않고 많은 사람을 치료한 데 대해 경의를 표했다(Henson, *Notes*, 73). 많은 학문적 변증가가 그를 불신했지만(Daston, "Facts," 120) 19세기 치유 옹호자들은 그를 재발견했다(Mullin, *Miracles*, 284 각주 30). 다른 곳에서 전해지는 전승에 의하면 스페인의 성직자인 San José Oriol이 기적을 일으켰다(1650년생; Oktavec, *Prayers*, 210 각주 25). 예수회에서 브라질에 파송한 선교사인 José de Anchieta(1534-97)도 기적을 일으켰다고 한다. 가톨릭 변증가들은 이 사례들을 사용해서 개신교인들이 자기들의 기적 주장 결여에 관해 난처해지게 했다(McGee, *Miracles*, 8).

165 Kidd, "Healing," 162. Maillard에 관해서는 Walsham, "Miracles," 303도 보라. 그는 (303-4에서) 이 사건이 "침례교 신자와 성공회 신자 사이에 유사 사례"를 고취했다고 지적한다(직접 자료를 인용한다). 역시 18세기에 Johann Josef Gassner 신부가 많은 치유를 보고했다(Major, *Faiths*, 172-80). Gordon, "Ministry of Healing," 238도 프랑스 개신교인들 사이에 일어난 치유 기사들을 알고 있었다(Godet를 인용한다).

고 생각했다.[166] 나는 다른 곳에서 얀센파(아우구스티누스적인 가톨릭 분파로서 훗날 압제를 받았다) 수도원에서 일어난 기적과 그들의 지도자 중 한 명의 무덤에서 일어난 기적 등 얀센파에 돌려진 몇몇 기적을 다뤘다. 얀센파의 기적 주장은 최초로 보고된 치료 뒤에도 오랫동안 계속되었다. 1727년 1월 암스테르담에서 20년 넘게 병으로 고생하던 아가다 린더스-스트라우산들 (45세)이 치료되었는데 이 치료는 "몇몇 의사와 많은 비가톨릭 신자를 포함한 증인 170명"에게서 확인되었다.[167] 1727년 3월 천연두를 앓아서 시각 장애가 된 3세 아이가 시력을 회복했다.[168] 1727년 7월 초 "22년 동안 마비되었던 애니 오지에르가 갑자기" "목격자 수십 명"이 보는 가운데 얀센파 성직자의 무덤에서 치유된 것을 발견했다. 그러나 당시 얀센파는 교회에서 냉대받고 있었고 교회 당국은 그 기적 주장을 고려하기를 거부했다.[169] 1728년 5월 제인 스타파르트는 몸 왼쪽 반신 마비와 11년간 앓았던 왼쪽 눈 시각 장애로부터 치유되었는데, 교회 당국은 그녀의 사례도 고려하기를 거부했다.[170]

마지막으로, 프랑수아 드 파리의 무덤에서 치료가 일어나기 시작했다. 20년 동안 팔이 마비된 어떤 과부가 하나님이 자기를 치유해줄 것을 바

---

166 Kidd, "Healing," 162. 계속 기적의 회복을 기대했던 몇몇 18세기 급진적인 복음주의자들에 관해서는 170을 보라. 이신론자들은 당연히 이 기적 주장들이 그들의 믿음과 양립할 수 없다고 생각했다(예컨대 Burns, *Debate*, 74). Jonathan Edwards는 몰아지경과 "심지어 즉각적인 치유"마저도 성령의 사역일 수 있음을 인정했지만 (Kidd, "Healing," 164), 그는 종말의 시기에 그것들의 부흥에 관한 기대가 필요하다는 것을 부인했다(165).

167 Kreiser, *Miracles*, 79.

168 Ibid., 78-79.

169 Ibid., 79-80. 무덤에서 기도한 것에 관해서는 Duffin, *Miracles*, 153-55과 Cunningham, *Holiness*, 155을 보라.

170 Kreiser, *Miracles*, 80.

라고 있었는데 그 사제의 무덤에서 자기가 치료된 것을 발견했다.[171] 노아 유 추기경의 지시를 받은 위원회가 증인 수십 명으로부터 선서를 받아 철저한 서류 일체를 제공했는데, 그들은 심한 종양이 생긴 다리, 수십 년 묵은 질병, 반신 마비 같은 다양한 치료를 확인했다.[172] 그러나 곧 교회 정치가 개입해서 그 숭배를 억압했다.[173] 1730년 11월 거의 30년간 한쪽 눈의 시력이 상실되었고 부분적으로 마비된, 얀센파에 동정적인 안 르프랑은 하나님께 기도한 뒤 며칠 안에 자신이 치료된 것을 발견했다.[174] 그러나 종교 당국은 기적 주장에 반대하면서 그녀의 치료는 점진적이라고 주장했고 그녀가 결코 시력이 상실된 적이 없다는 증언을 내놓았다.[175] 이런 논쟁적인 상황에서 민간의 담론은 자연히 퇴화했고 얀센파에 동정적인 사람들은 점차 경련 등 약하거나 입증되지 않은 주장을 내놓았다.[176] 그러나 존 웨슬리는 이전(1750년과 1762년)의 기적들을 언급하면서 진정한 얀센파의 치유 증거들을 "인간의 모든 증언을 무효로 하지 않는 한" 설득력이 있고 부인할 수 없는 것으로 여겼다.[177]

---

171 Ibid., 91.
172 Ibid., 94-95.
173 Ibid., 95-139, 160-71. 기적에 대한 공식 인증을 확보하려는 정중한 시도들이 명백히 정치적인 이유로 한층 더 억압되었다(131-35).
174 Ibid., 122-23.
175 Ibid., 128.
176 참조. ibid., 149-60. 경련에 관해서는 173-78을 보라(얀센파 신학자 반대자들에 관해서는 178-79을 보라). 최초의 경련은 간질이 치유되고 있는 동안에 발생했는데(173-74) 몇몇 사람은 그것이 치료에 필수적이라고 믿고서 이 행동을 모방했다(211-12). 그러나 다른 사람들은 그들의 경련이 실제로 무의식적인 것으로 믿었다(212). 종교 당국은 바스티유 감옥에 구금된, 경련을 일으킨 몇몇 사람에 대한 특정한 의사들의 심문을 근거로 순례자 수천 명을 정죄했다(212-13). 그러는 동안 그들은 이전의 기적 주장들을 사실상 무시했다(213-14).
177 Ibid., 398(Wesley가 그 주장들을 사용해서 프랑스의 가톨릭이었던 얀센파와는 대조적인 가톨릭에 대해 반대했다고 지적한다).

재세례파, 퀘이커교도, 경건파 모두 치유를 주장했다.[178] 영국의 침례교인들은 이 시기에 임종의 자리에서 극적으로 회복된 사례를 인용했다.[179] 18세기에 모라비아 교도 역시 기적적인 치유를 보고했다.[180] 기적적인 즉각적 치료는 특히 헤른후트에서 유명한 부흥이 일어난 지 몇 년 뒤인 1731년에 보고되었다. 니콜라우스 루트비히 친첸도르프 백작은 그런 경험들을 인정했지만 그 경험들이 모라비아 교도에게서 나타나는 다른 은사들과 다르게 취급되지 않아야 한다고 주장했다.[181]

또 다른 치유자인 브리지트 보스톡이라는 65세 또는 67세쯤 된 교육받지 않은 여성이 1748년부터 1749년까지 환자들에게 치유 사역을 했다고 한다. 그녀는 사례비를 받지 않았고 금식했으며 "금식"침[182]이나 붉은 액체를 바르고 짧게 기도했다. 많은 기적이 보고되었는데 그녀는 때때로 하루에 600명까지 기도해줬다. 그녀가 기도해준 사람은 모든 사회 계층 출신이었다.[183] 하지만 치유되지 않은 사람들이나 일시적으로만 회복된 사람들은 회복되었다고 증언한 사람들과 달리 환멸을 느꼈다.[184]

영국 식민 치하의 미국에서 초자연적 현상 주장이 제1차 대각성에 동반되었다.[185] 1740년대 복음주의 지도자들은 성령의 활동을 강조했는데, 그

---

178 Anderson, *Pentecostalism*, 30.

179 Crosby, *History*, 4:307-9을 보라(뉴올리언즈 침례신학교 교수인 Lloyd Harsch가 내게 소개해줬다).

180 예컨대 Baxter, *Healing*, 77-78. 기도를 통해 불치병으로 여겨진 암과 궤양이 치유된 사례가 포함된다(Miller, *Miracle of Healing*, 40).

181 Snyder, *Signs*, 133.

182 "금식 침"은 상당히 오래된 민간 치료법이다(Pliny *Nat.* 28.7.35-37; 28.22.76을 보라).

183 Rack, "Healing," 140-41; Rose, *Faith Healing*, 43-44.

184 Rack, "Healing," 141-42.

185 MacNutt, *Crime*, 171-76을 보라.

중 몇몇은 신체의 즉각적인 치유까지도 인정했다.[186] 청교도를 포함한 이전 시기의 종교개혁 사상가들은 대체로 다양한 형태의 은사중지론을 포용했지만, 대각성의 후기 국면에 몇몇 사람의 생각이 바뀌기 시작했다. 머시 휠러의 장애 치유 같이 잘 알려진 사건들로 인해 현재의 기적에 대해 비판적이었던 몇몇 사람이 그들의 견해를 재고하게 되었다.[187] 1726년 이후 누워 지내던 그녀는[188] 1743년 5월 25일 즉각적으로 치유되었다.[189] 그녀는 하나님의 임재를 느꼈을 때 떨고, 몸을 흔들고, 듣는 사람들이 알아들을 수 없는 말만 할 수 있었다. 떨림은 그녀의 손에서 시작해서 그녀의 온몸에 번졌고, 그것이 지나갔을 때 그녀는 수년 동안에 처음으로 몸에 힘이 있는 것을 느꼈다.[190] 행동하고 싶은 충동을 느낀 그녀는 일어나 열여섯 걸음을 걷고서 "저를 치유하신 주 예수를 축복합니다"라고 외쳐서 그곳에 있던 모든 사람을 놀라게 했다.[191] 설교자가 그녀를 진정시키려고 했지만, 그녀는 그 방안을 몇 차례 더 걸었고 그 후 5개월 동안 그녀는 계속해서 점점 더 멀리 걸

---

186 Kidd, "Healing," 149.

187 Ibid.

188 Ibid., 152(그 사실과 그녀가 1733년 하나님의 은혜로 말할 수 있는 능력을 회복했음을 밝히는 그녀의 1733년 저술을 언급한다). 1726년 그녀는 시력을 거의 상실했고 침을 흘렸으며 단단한 음식을 먹을 수 없었다(155). 1734년에 그녀는 말하고 보고 "침상에 앉아 있을" 수 있었지만 여전히 걷지는 못했다(155). 1743년 그녀는 목발을 짚고 조금 움직일 수 있었지만 16년 동안 목발의 도움이 없이는 걷지 못했다(idem, *Awakening*, 162).

189 Idem, "Healing," 153. Kidd는 그 치유가 일어나기 전에 하나님이 뭔가를 하시리라는 그녀의 확신이 점증했음을 지적한다(155). 코네티컷주 복음주의 목사인 Benjamin Lord는 이 치유가 부흥을 증진하는 데 귀중하다고 생각하고 그것을 출간했다(153). 그는 그것을 명시적으로 기적이라고 부르지 않은 채(153, 157) 그것을 복음서들과 사도행전에 수록된 치유들과 비교했는데(155) 이 비교는 비판의 대상이 되었다(161, 163). Wheeler가 치유되기 전에 복음서들이 그녀의 신앙을 촉진했다(156).

190 Ibid., 156; idem, *Awakening*, 163.

191 Kidd, "Healing," 157; idem, *Awakening*, 163.

을 수 있게 되었다.[192] 부흥 시기에 일어난 치유로는 장로교 목사인 존 무어 헤드를 통한 보고가 있으며,[193] 이 시기의 많은 복음주의 사역자들이 자신의 놀라운 회복을 언급했다.[194] 조너선 에드워즈는 부흥에 정신적·육체적 건강의 시기가 수반되었고 우울증과 질병이 유의미하게 감소했음을 관찰했다.[195] 다른 사람들은 그런 사건들을 인정했지만 개신교인들이 가톨릭의 "미신"에 빠져들지 않도록 그 사건들을 기적으로 부르기를 주저했다.[196] 청교도 신학자들은 대개 그런 사건들을 특별 섭리로 불렀다. 특별 섭리와 기적 간의 구분선이 종종 모호했지만 말이다.[197] 당대의 개신교인들은 야고보서 5:14-15을 따라서 사람들의 치유를 위해 규칙적으로 기도했지만, 그들은 즉각적인 기적을 기대한 것이 아니라 "섭리적 수단을 통한" 회복을 기대했다[198](이 접근법은 벤저민 워필드 같은 이후의 은사중지론자들의 견해와도 일치

---

192 Kidd, "Healing," 157; idem, *Awakening*, 163. Benjamin Lord는 그녀가 체질상으로 허약했지만 1752년에도 여전히 걸을 수 있었다고 보고했으며("Healing," 169) 1771년에 "Wheeler가 계속 '그녀의 사지를 전처럼 자유롭게 사용'했다고 보고했다"(170).

193 Kidd, "Healing," 151.

194 Ibid., 159.

195 Ibid., 160.

196 Ibid., 149. 가톨릭에 반대하는 우려에 관해서는 151, 164도 보라(이 대목에서 "가톨릭에 대한 반대가 영국 개신교 정체성의 본질적인 구성 부분 역할을 했음"을 주목하라). Daston, "Facts," 118을 참조하라.

197 Kidd, "Healing," 150, 157. 진정한 반초자연주의자가 아닌 청교도들은 아무것도 우연히 일어나지 않으며 하나님이 일상의 세부 사항(McKim, "View," 233)과 역사(237)에서 활동한다고 믿었다. 이 접근법은 하나님이 만물을 다스린다는 의미의 칼뱅의 "섭리"와 비슷했다(215).

198 Kidd, "Healing," 157. 좀 더 급진적인 몇몇 복음주의자들은 Mercy Wheeler의 치유를 순전하고 단순한 기적으로 보았는데, 그녀의 기적의 대한 Benjamin Lord의 견해도 마찬가지였다(170). 내가 5장에서 채택한 언어를 차용하자면 그들은 하나님이 자연법칙을 명백히 어기기보다는 자연을 통해 일할 것으로 기대했다. 즉 개신교인들과 Hume 사이의 주된 차이는 **성경의** 기적 문제였다. 건강에 관한 기도는 보편적인 현상이었다(ibid., 158에 기록된 풍부한 증거를 보라).

할 수 있다[199]). 머시 휠러의 건강이 차츰 회복되었음에도 불구하고 그것은 점진적이라기보다 즉각적이었다고 볼 수 있어서 그녀의 회복은 이 틀 안에서 수용되기가 어려워 보였다.[200]

대각성 운동 비판자들은 그 운동의 신체적 "열광"을 거부했고 따라서 어느 비판자는 1744년 머시 휠러의 치유를 단지 열광 및 가톨릭과 유사한 미신으로 폄하했다.[201] 이에 대응해서 「보스턴 가제트」(Boston Gazette)는 그녀의 치유는 "잘 알려져 있고 입증되었다"고 지적하고 위에서 언급된 매리 밀라드의 1693년 치유를 인용했다.[202] 그러자 그 비판자는 그 치유가 진짜임을 인정했지만, 그 치유가 성경의 마비 치유 기사(예컨대 막 2:10-12; 행 9:33-34)와 명백히 유사함에도 불구하고 그것에 성경의 "기적"이라는 명칭을 적용하는 것에 항의했다.[203] 역사가인 토머스 키드의 말마따나 "은사중지론이 매우 깊이 뿌리박고 있어서 복음주의자들은 그런 놀라운 경험들을

---

199 Warfield, *Miracles*, 191은 하나님이 기도에 대한 응답으로 치유한다는 것을 보편적인 기독교 신앙으로 긍정하지만, 이것이 기적적인 것으로 여겨져야 한다는 견해는 부인한다. 어떤 의미에서 그는 치유를 받아들이면서도, 특별한 범주의 치유 및 기타 신적 행동인 표적은 거부하는지도 모른다. 따라서 그는 어떤 의미에서는 신적 행동이 계몽주의가 주장했던 기계적 자연관을 위반하지 않는 것으로 보이고 따라서 그 당시 팽배했던 지성인들의 감성에 너무 직접적으로 도전하지 않는 한 신적 행동을 인정할 수 있었다. 그러나 경험상 성경의 치유 주장과 성경 후의 치유 주장은 이 분류를 통해 의미하는 것에 부합할 수 없다.

200 Kidd, "Healing," 150, 157. 그녀가 그 치유 전에 때때로 목발을 짚고 움직일 수 있었다는 것은 그 전에 훨씬 더 나쁜 상태였던 마비가 장기적으로 차츰 풀렸음을 반영했다(155). 이 치유 뒤에 그녀는 몇 달 동안 점점 더 멀리 걸을 수 있었지만, 한때는 활동하지 않아서 "흔들리고 약했던" 그녀의 발목이 이제는 강해졌다(157. 참조. 행 3:7).

201 Ibid., 161; idem, *Awakening*, 163. 대각성 비판자들은 자기들이 거절했던 위그노의 치유(신장 결석, 종기 감염 포함)와 비교함으로써 대각성의 치유 주장들도 비판했다(idem, "Healing," 162-63).

202 Kidd, "Healing," 162.

203 Ibid., 163.

어떻게 기적으로 부르지 않을 수 있는지 골머리를 앓았다."[204]

비록 머시 휠러의 사례가 유명하기는 했지만, 그 사례만 발생한 것은 아니었다. 1769년 7월 24일 매리 리드는 3년 동안 누워 지낸 뒤 자기가 일어나 걸을 것이라고 세 번 반복하는 것 같은 음성을 듣고 갑자기 나은 것을 발견했다.[205] 1794년 7월 10일 여러 해 동안 앓고 있던 매리 스폴딩은 예수가 피가 흐르는 여인을 치유했듯이 자기도 치유할 것이라는 압도적인 느낌을 받았다. 그녀는 하나님을 찬양하면서 "나는 즉시 병상에서 일어났다. 나는 내 모든 연약함에서 해방되는 것을 느꼈다"고 증언했다.[206] 역시 1700년대에 뉴저지의 한나 콜맨은 말에서 떨어져 장애인이 되었는데, 어느 날 하나님이 자기를 만지는 것을 느끼고 나서 집안을 뛰어다니고 침대와 가구를 옮기고 하나님을 찬양했다.[207] 그러나 치유를 소망한 사람이 모두 치유를 경험한 것은 아니다.[208]

당시의 다른 신학자들과 달리 복음 전도의 전선에서 더 많은 시간을 보냈던 존 웨슬리는 동시대인들의 은사중지론에 대해 학자들보다 더 강하게 도전했다.[209] 그의 일기는 많은 치유 기적을 보고하는데 종종 그런 기적

---

204 Ibid., 164. 많은 사람이 기적이 고통을 받는 사람들에게 주는 (기적으로서) 유익을 고려하기보다는 그것이 (애초에) 복음을 확인하는 것을 의도했을 뿐이었다고 생각했다(165).

205 Ibid., 168.

206 Ibid., 168-69(인용문은 169에 수록되어 있다).

207 침례교 사역자인 Morgan Edwards에 의해 보고된 내용으로서 Gordon, "Ministry of Healing," 236-38에 수록되었다.

208 1760년대 사역자 Charles Jeffery Smith의 비극적인 이야기를 보라(Kidd, "Healing," 167).

209 Lawton, *Miracles*, 60-61과 Mullin, "Bushnell," 462을 보라. 그는 자기 시대의 "성령의 이례적인 은사" 결핍을 특히 "교회의 타락한 상태"에 돌리고 갱신이 그런 이상적인 발현을 회복하기를 기대했다(Snyder, *Signs*, 216). 가나의 몇몇 감리교인들은 그를 현대 감리교에서 카리스마적 갱신을 위한 모델로 칭송한다(Omenyo,

이 그의 기도에 대한 응답인 경우도 있었다.[210] 예컨대 한번은 웨슬리가 기도했을 때 죽은 것으로 보였던 사람이 살아났다.[211] 존 웨슬리의 동생 찰스 웨슬리는 늑막염으로 의식불명 상태에 빠져 쇠약해졌는데, 꿈을 통해 감동을 받은 한 여성이 "나사렛 예수 그리스도의 이름으로 일어나 믿으라. 그러면 네 모든 병이 치유될 것이다"라고 선언하자 회복되었다.[212] 어떤 의사는 웨슬리의 집회에서 나타나는 흥분을 비난하고 있었는데, 흥분으로 말미암아 경련을 일으켰던 자기 환자 중 한 명이 그 집회에 참석하고 나서 완전히 치료되었다.[213] 그의 감리교 설교자 중 한 사람인 존 발튼은 기도 응답으로 치유하고 비를 내렸다고 전해진다.[214] 초기 웨슬리파에 관한 세 개의 다른

"Healing," 241).

210 Kelsey, *Healing*, 235; Miller, *Miracle of Healing*, 40-41; Rack, "Healing," 146, 149-50. 참조. Mullin, *Miracles*, 89. Wesley는 행 14:3과 눅 17:5 및 막 16:17의 언어를 차용해서 기도했고 즉각적으로 통증과 열에서 치유되어 몇 주 동안 건강을 유지했다(*Journal*, 2:455, May 10, 1741 [『존 웨슬리의 일기』, CH북스 역간]. 참조. 눅 5:17을 언급한 6월 7일자 일기[p. 461]의 주의 임재의 치유 능력. 만일 Wesley가 그것을 문자적으로 의도했다면 말이다). 그는 1756년 9월 16일 많이 아팠다(일기, 4:187). 9월 22일 그는 치유를 위해 기도해야겠다고 생각했고 즉각적으로 나았다(187-88). 10월 3일 병이 재발했고 그가 기도했을 때 그는 "즉시 나은 것을 발견했고 더 이상 약이 필요 없었다." 그는 여행할 때 때때로 발생한 병을 하나님이 치유해 줄 것을 믿었다(Tomkins, *Wesley*, 98). 때로는 그가 그 고통을 겪어야 했지만 말이다(98-99). Wesley의 초기 운동은 "인도나 경고를 위한 꿈과 환상"뿐만 아니라 축귀도 포함했다(Rack, "Healing," 145. 참조. 좀 더 광범위하게는 Webster, "Salvation"을 참조하라). 따라서 우리는 "최초기 감리교를 일종의 오순절파의 예고편"으로 볼 수 있을 것이다(Rack, "Healing," 138). Noll, *Shape*, 46도 참조하라.

211 Kidd, "Healing," 159. Wesley, *Journal*, 56(Dec. 25, 1742)을 보라. Tomkins, *Wesley*, 106은 Wesley가 그 경험을 "죽었거나 최소한 위중한 병이 든 사람을 살렸다"고 "해석한 것 같다"는 점과 그가 비방자들이 이 사건을 부인하는 것에 도전했다는 점을 지적한다.

212 Tomkins, *Wesley*, 60.

213 Ibid., 72. 그러나 Wesley는 그의 운동에서 탈퇴해서 흥분과 최소 한 건의 치유를 보인 몇몇 극단주의자들과 싸웠다(162-63).

214 Rack, "Healing," 146(1788년부터의 일기를 인용한다). Valton은 영적으로 조명

자료들이 앤 브루키스가 시각 장애 치유를 위해 기도하고 그리스도가 자기 눈을 만지는 꿈을 꾼 뒤 시각 장애가 치료된 것을 언급한다.[215] 웨슬리는 그의 집회에서 성령의 표적들이 규칙적으로 나타나기를 기대했다. 이런 표적들은 종종 죄에 대한 성령의 지적하에 고통스러운 부르짖음이나 바닥에 구르는 것으로 나타났지만 말이다.[216]

(3) 19세기 루르드에서 나타난 치유와 로마 가톨릭의 치유

지난 4세기 동안 로마 가톨릭교회는 성인 및 기타 인물들과 관련된 기적을 보고했는데, 그런 기적이 1,400건 이상이며 종종 상당한 증언과 의학 서류로 뒷받침되기도 한다.[217] 나는 이 대목에서 몇몇 사례에 초점을 맞춘다. 미국 가톨릭교회는 1824년 3월 10일 워싱턴 D.C.에 거주하는 앤 매팅리의 회복을 언급했다. 그녀는 7년 동안 "'등의 궤양'과 비둘기 알 크기의 '종양'"으로 고생했고 이제 의학적으로 도움을 받을 수 없다고 여겨졌지만, 성사를 받고 몇 시간 안에 회복되었다. 선서 진술서 35건이 그녀의 병과 회복의 진정성을 확인했다.[218] 가톨릭교회는 성소에서 보고된 회복도 계속 강조

해주는 꿈들을 꾸었다고도 주장했다(Webster, "Salvation," 382-83을 보라). 치유, 축귀, 환상 기사들은 원시 감리교를 낳는 데 기여한 어떤 분파의 특징이었지만 (Tomlinson, "Magic Methodists," 393-94), 극단성이 그 분파의 가치를 훼손했다 (394-97).

215 Rack, "Healing," 147. Baer, "Bodies," 34-37, 43-47에 수록된 초기 감리교인의 치유도 참조하라.

216 White, *Spirit*, 181(그러나 126-28에 언급된 White의 주의를 주목하라); Tomkins, *Wesley*, 72-74(73에서 1994년의 "토론토 축복"과 관련된 현상을 비교하고 다양한 요인을 제안한다).

217 Duffin, *Miracles*, 7을 보라.

218 Mullin, *Miracles*, 117. 19세기에 미국으로 이주한 가톨릭 교도를 "재복음화"하려는 가톨릭 선교사들은 많은 치유를 보고했다. Dolan, *Catholic Revivalism*, 146을 보

했다. 1805년 어느 가톨릭 주교는 걷지 못해 큰 고통을 겪어왔고 의사들로부터 그 병을 고칠 수 없다는 선언을 들은 와인프리드 화이트가 최근에 치료된 사례를 보고했다. 그녀가 성 와인프리드의 우물에 있는 목욕장에서 목욕했을 때 그녀는 치유되었고 18년 후 임종을 맞을 때까지 그 치유의 진정성이 유지되었다.[219]

어느 19세기 말 자료에 의하면 아일랜드가 기근 중이었던 1879년 8월 21일 오후 8시 세 명의 성인의 환영이 아일랜드 노크 마을에 나타난 것을 15명이 동시에 목격했다고 주장했다. 이 출현 뒤 많은 치유가 일어났다.[220] 이 치유에는 어느 젊은 여성의 귀 질병 치유와 지체 장애인 두세 명이 목발을 버린 사례가 포함된다.[221] 그 후에도 치유 보고가 계속되었다. 인류학자 두 명이 1971-72년 노크를 방문했을 때 한 사람이 그들에게 자기가 부상으로 12년 동안 누워 지냈는데 즉각적으로 완전히 치유되어 목발의 도움을 받지 않고 걸어서 땅을 밟을 수 있게 되었다고 말했다.[222]

19세기 말과 20세기 초 안드레 형제가 된 알프레드 베세트는 몬트리올 인근 출신인데 그에게 치유 은사가 있었다.[223] 1908년 찾아오는 사람이 너무 많아서 그들 중 몇몇 사람을 위해 음식이 제공되어야 했다.[224] 15년 동안 그의 조수였던 어떤 사람은 자기가 거의 매주 기적을 목격했다고 말했다. "종종 마비된 사람이나 시각 장애인 또는 들것에 실려 왔던 사람이 치

라. 이 내용은 McGee, *Miracles*, 9에 인용되었다.
219 Champ, "Holywell," 160. Winefrid 숭배는 14세기에 캔터베리 지방 전역에 확산되었다(154).
220 Turner, *Healers*, 108-10.
221 Ibid., 110-11.
222 Ibid., 111-12.
223 Oursler, *Power*, 78-81.
224 Ibid., 81.

료되곤 했다." 우리가 언급한 다른 몇몇 치유자(예컨대 존 성)와 마찬가지로 안드레 형제 자신도 질병에서 면제되지 않았다. 안드레 형제는 90대 때 상당한 통증을 겪었고 스스로 치유할 수 없음을 알았다.[225] 그곳의 의료국은 많은 사례가 과장되었거나 심인성이라고 생각했지만 자연주의적으로 설명할 수 없다고 생각하는 사람들도 있었다.[226]

전에 신비한 현상들이 일어났던 장소인 루르드의 한 동굴[227]에서 1858년 많은 치유가 보고되기 시작했다.[228] 프랑스 중앙 정부는 처음에는 루르드에서 보고된 사건들이 허풍이라며 그것들에 반대했지만 가난한 이 산악 지대에 거주하는 현지인들은 정부의 통제에 저항했다.[229] 그 지방 사람들은 그 동굴의 성모를 대적한 사람들은 마비나 악몽 같은 심판을 받는다고 주장했지만, 관리들은 이런 주장이 근거 없는 소문이라고 반박했다.[230] 가톨릭은 결코 몇몇 종교개혁자들의 은사중지론을 채택한 적이 없지만, 프랑스 교회 지도자들은 세속 사회의 지도자들과 마찬가지로 처음에는 루르드에서 보

---

225 Ibid(Bernadette와 비교한다). 참조. 창 11:30; 20:17-18.
226 Ibid., 82.
227 그 동굴은 전에 개발되었는데 그곳은 사람이 혼자 있을 때나 밤에 신비한 신음이 들리는 무서운 장소라는 현지의 명성이 있었다(Taylor, "Letters from Lourdes," 462-63은 Adelaide Monlaur, 서신, March 8, 1858을 인용한다). 이러한 "출몰" 측면 중 일부는 이어진 환영들 가운데 재등장했다(472-73, Monlaur, 겁에 질린 서신, July 16, 29, 1858을 인용한다).
228 예컨대 다음 문헌들을 보라. Taylor, "Letters from Lourdes"(1858년 당시 현지의 목격자가 쓴 편지들을 조사한다); Porterfield, *Healing*, 180-84; Mullin, *Miracles*, 120-23; Smith, *Comparative Miracles*, 80-96. 역사적으로 치료를 보고한 다른 가톨릭 성소들에 관해서는 예컨대 Oursler, *Power*, 83-96, 99을 보라.
229 Taylor, "Letters from Lourdes," 459-60, 465. 이 저항에는 1858년 여름 정부의 바리케이드를 파괴한 것이 포함된다(473).
230 Ibid., 475-77(관리들의 [기적 주장] 부인에 관해서는 476을 보라). Taylor(477)는 이미 성모가 자신의 명예를 위해 앙갚음한다는, 프랑스 농부들 사이에 널리 퍼진 믿음들을 비교하는데 이는 종종 좀 더 희미한 환영과 관련이 있다. 그 성소의 메시지의 공식적인 최종판에서는 그런 요소들이 제외되었다(478).

고된 주장을 받아들이기를 주저했다.[231]

　　현지 농부들의 보고를 믿을 용의가 있는 몇몇 비평가조차 이런 보고 중 일부는 부정확하거나, 바위에 새겨진 거룩한 "비둘기" 자국이라고 상정된 현상의 경우 단순히 희망적인 상상이라고 생각했다.[232] 더욱이 환영 목격자인 베르나데트 수비루 자신이 신속하게 그녀와 관련하여 퍼진 대중의 주장에도 불구하고 자기는 기적을 일으키는 사람이 아니라고 부인했다.[233] 마찬가지로 현지인들은 외부 세계와 달리 베르나데트를 그 동굴만큼 칭송하지 않았다.[234] 베르나데트 외에 환영을 본 다른 현지인들이 늘어났는데 그들은 처음에는 현지에서 존중받았지만, 민간 정부와 교회 관리들에게 부정되

231　Ibid., 460. 스리랑카 소재 쿠다가마의 "기적적인 가시"에 대한 좀 더 최근의 적대감을 참조하라(Stirrat, "Possession," 136-37).

232　Taylor, "Letters from Lourdes," 464.

233　Ibid., 468-69(그 경찰서장의 인터뷰가 정확하고 그 자신이나 당시 14세였던 환영 목격자의 해석을 통해 왜곡된 것이 아님을 가정한다). Garner, "Regressions," 1254(Massy는 그녀의 부인을 믿지 않았다고 암시한다). 지역의 관리들은 그 사건들에 노골적으로 반대했다(Taylor, "Letters from Lourdes," 474-76). 여성 동행자들은 Bernadette가 몰아지경 상태에서 숨을 헐떡이며 창백해져서 그녀에 대해 걱정했다(Taylor, "Letters from Lourdes," 469). 우리는 변화된 의식상태 중에 특정한 심리적 변화가 일어나리라고 예상하는데(참조. 예컨대 Goodman, *Speaking in Tongues*, 8, 58-86, 153-54; idem, "Glossolalia," 238), 종교 집단은 이 현상을 긍정적으로 볼 수도 있다(Ludwig, "Altered States," 88. 참조. Goodman, *Trance Journeys*; idem, *Ecstasy*).

234　Taylor, "Letters from Lourdes," 470. 그러나 McInerny, *Miracles*, 82-85에 수록된 그 후 Bernadette의 시신이 부패하지 않았다는 주장(이를 뒷받침하는 정보도 수록되었다)을 참조하라(가톨릭교회는 오늘날 시신이 부패하지 않은 현상이 "종종 자연적 원인을 통해 해석될 수 있음"을 인정한다, Woodward, *Miracles*, 163). "시신이 부패하지 않은 사건" 보고들은 1901년 출산 중 사망한 어느 쿠바 여성의 사례 같은 다른 사례들에서도 주의를 끌었다(Lawal, "Psychology," 135). 성경의 내러티브들에서 제공된 기적 표본에서는 유사한 주장들이 등장하지 않는다.

었고[235] 신들림 행동으로 인해 지역에서도 급속히 거절되었다.[236]

하지만 몇몇 자료는 예기치 않은 유별난 치유들을 보고한다. 이런 치유 중 하나는 마비되고 고열에 시달린 어느 유아의 사례로서 베르나데트에 대해 회의적인 의사는 그 아기가 죽기 직전이라고 생각했는데 그가 완전히 치료된 것을 발견했다.[237] 이 아이는 루이 쥐스탱 부오르였는데 그는 75년 뒤 로마에서 열린 베르나데트의 시성식에 건강한 상태의 귀빈으로 참석했다.[238] 사고로 20년 동안 실명하고 상처에서 분비물이 나오던 피에르 부리에트는 그곳에서 시력을 되찾았다.[239] 궁극적으로 그 동굴과 베르나데트의 역할에 관한 관리들의 회의주의에 반해 대중의 정서가 우세해졌다. 최근의 어느 학자가 말한 바와 같이 "환상 18건, 그 샘에서 일어난 많은 치유, 대중의 헌신 고조 후 교회 당국은 베르나데트의 환상에 대한 그들의 반대를 누그러뜨렸다."[240] 여러 계층의 많은 교회 지도자는 "그곳에서 벌어진 활동들이 너그럽게 봐주기에는 너무도 이교도적이라고 보았다." 그러나 베르나데트가 최근의 "무염시태" 교리를 확인한 것이 호의를 얻었다. 교회 지도자들

---

235 Taylor, "Letters from Lourdes," 470-72.
236 Ibid., 472-73. 실제적이면서도 귀신에 기인한 듯한 행동에 충격을 받은 그 지역의 어떤 주민은 그 동굴에서 일어난 사건은 하나님이나 마귀에게 영광을 돌리는 것이 틀림없다고 말했다(473). 승인된 행동과 거부된 행동이 함께 나타나는 것은 제1차 대각성 이후 북미 부흥 운동 대다수의 특징이기도 했으며, 초기 급진적인 종교개혁도 그런 극단을 경험했다.
237 Cranston, *Miracle*, 37-38; Garner, "Regressions," 1255; McNamara and Szent-Imrey, "Learn," 212-13.
238 Garner, "Regressions," 1255.
239 McNamara and Szent-Imrey, "Learn," 211-12.
240 Porterfield, *Healing*, 180-81(인용문은 181에 등장한다). Taylor, "Letters from Lourdes," 460-61은 순례자들의 필요 때문에 자기에게는 다른 대안이 거의 없다고 암시하는 현지 주교의 서신을 인용한다.

과 의사들이 조사에 협력했다.[241] 1883년부터 성직자들을 고문으로 두고 의사들로 구성된 의료국이 기적을 인증하는 절차를 인계받았다. 그러나 "요건이 엄격했고 인증은 매우 드물었다."[242] 기적 주장이 이 엄격한 절차를 견뎌내면 그 사례는 큰 관심을 끌었다.

그 시대에는 여전히 다소 변증적인 성격이 있었는데도 앨버트. B. 심슨 같은 저명한 19세기 개신교인 다수가 가톨릭 신학에는 반대하면서도 그런 가톨릭 기적들의 진정성과 신적 성격을 긍정했다.[243] 물론 그런 인정은 결코 만장일치가 아니었다.[244] 오늘날에도 다른 몇몇 개신교인은 루르드에서 성모 마리아에게 부여되는 역할에 비추어 그곳의 신적 기적을 받아들이는 데 의문을 제기한다.[245] 그러나 우리가 루르드에서 보고된 주장의 여러 측면

---

241 Porterfield, *Healing*, 182. 긴장에도 불구하고 교회 고위층은 이런 대중의 기적 주장들이 회의적인 근대성과 싸우는 데 유익함을 발견했다(Kselman, *Miracles*, 189-94, 198, 200, 특히. 193).

242 Porterfield, *Healing*, 183. Mullin, *Miracles*, 120도 참조하라.

243 Mullin, *Miracles*, 100. 20세기 초반에 관해서는 181을 참조하라. Dowie, 206과 20세기 중반 감리교 목사인 Albert Day(Oursler, *Power*, 142, 145)도 참조하라. 훗날 10년 이내에 가톨릭 신자가 된 G. K. Chesterton도 루르드에서 보고된 주장을 수용했다(Mullin, *Miracles*, 219). 루르드에서 보고된 기적을 지지한 20세기 선도적인 작가 Ruth Cranston은 개신교 신자였다(Cranston, *Miracle*, 예컨대 30). 가톨릭 교도와 비은사중지론자인 개신교도는 오늘날 성경 후의 기적 문제에 관해 연합하는 경향이 있다(Mullin, *Miracles*, 265).

244 Warfield, *Miracles*, 71-124. 그는 "로마 가톨릭의 기적", 특히 (103-24에서) 루르드의 기적에 도전한다. 영국 성공회 주교인 Henson 역시 루르드를 부정적으로 취급한다(*Notes*, 41-62).

245 Baxter, *Healing*, 90-96과 Miller and Samples, *Cult of Virgin*, 126도 보라(134에서 루르드의 많은 사람이 교회의 공식적인 가르침과 달리 마리아를 예배한다고 주장한다). 그러나 Miller와 Samples의 주된 비판은 메주고레에서 나타난 계시에 집중된다. 그들은 그것을 루르드에서 나타난 계시와 구분한다(105). 그들은 당시 그 지역 주교인 Pavao Zanic 등 많은 가톨릭 지도자가 메주고레에 우려를 표명했다고 지적한다. 어떤 증거도 그곳에서 보고된 기적 주장을 확인하지 않는다는 그의 의견 (160)을 포함하여 그들이 Pavao Zanic를 인터뷰한 내용의 많은 부분이 157-60에

에 동의하지 않을지라도(그리고 그곳 주위에서 성장한 관광 산업에 훨씬 더 동의하지 않을지라도),[246] 아무도 많은 순례자가 기독교의 관점에서 볼 때 의학적으로 설명될 수 없는 회복을 위한 배경을 제공할지도 모르는 깊은 헌신과 믿음을 보인다는 점을 의심하지 않는다[247](몇몇 전통적인 가톨릭 교도는 가톨릭이 아닌 그리스도인 중에서 일어난 기적에 관해 유사한 관점을 제공했다[248]). 본서의 목적은 복음서들 및 사도행전에 보고된 것과 같은 종류의 치유와 관련이 있으므로 나의 초점은 치유 장소보다는 개인들의 기도에 맞춰진다. 내가 앞에서 아스클레피오스의 성소보다 고대 유대인이나 이교도 기적 행위자의 맥락에 더 초점을 맞췄듯이 말이다. 그러나 루르드에서 일어난 몇몇 치료의

수록되었다(O'Connell, "Hallucinations," 87 각주 65에 수록된 사기라는 의심도 참조하라). 이와 대조적으로 DeGrandis, *Miracles*, 135-38은 그곳에서 일어난 회복 두 건을 기술한다(많은 논란이 있는 Laurentin, *Medjugorje*도 보라). 본서를 집필하고 있는 현재 교황이 설치한 위원회의 보고서가 나오기를 기다리고 있다. 이 대목에서 나는 이 단락에 수록된 다른 주장들과 마찬가지로 진정한 주장과 가짜인 주장을 판단하지 않고 견해들을 보고하고 있다. 우리는 신학적으로는 하나님이 동굴의 샘물에 치유 효과를 부여할 타당성에 의문을 제기할 수도 있지만(Hambourger, "Belief," 602), 본서에서 나의 초점은 몇몇 사람이 특이하게 치료되었는지에 맞춰지는데 많은 관찰자는 루르드와 관련해서 긍정적으로 대답할 것이다.

246 오늘날 그곳의 관광 산업에 관해 쓰인 것과는 별도로 관광 산업은 Bernadette 당시에 이 산악 지역의 안정적인 경제 분야였다(Taylor, "Letters from Lourdes," 459-60).

247 유신론자라고 해서 특이한 치료를 모두 하나님 덕으로 돌릴 **필요**는 없지만 우리는 전 세계의 치유 보고에서 다양하게 나타나는 수단의 세부 사항을 모두 인정하지는 않으면서도(어떤 기독교 집단도 다른 모든 집단이 주장하는 모든 수단을 인정하지는 않는다) 많은 치료를 하나님께 돌릴 수 있을 것이다(예컨대 개신교인이 루르드에서 몇몇 신적 치유가 일어났음을 인정하거나 가톨릭 신자가 개신교 전도자를 통한 치유를 인정한다).

248 몇몇 사람은 이런 기적들이 하나님으로 말미암아 일어났기 때문에 진정한 가톨릭 기적이라고 인정했다(Monden, *Signs*, 138-39. 그러나 그가 309-21에서 얀센파의 기적을 다룬 내용도 참조하라). 제2차 바티칸 공의회와 점증하는 교회 일치에 대한 민감성 때문에 가톨릭과 개신교는 다른 쪽의 신적 기적 보고를 훨씬 더 환영하는 경향을 보일 것이다.

증거는 매우 강력해 보인다. 그곳의 기적 증명 기준이 엄격하므로 나는 14
장에서 루르드를 좀 더 자세하게 살펴볼 것이다.

(4) 19세기 개신교의 치유

내가 언급했듯이 개신교 신자들은 처음에는 치유 주장에서 가톨릭 신자들
보다 크게 뒤졌지만, 궁극적으로는 개신교인들도 점점 치유를 강조하게 되
었다. 내가 아래에서 의존한 많은 학자, 특히 최근에는 헤더 커티스와 제임
스 오프가 19세기 대서양 북부에서 개신교인 가운데 치유에 대한 강조가
증가한 것을 기록했다.[249] 복음주의적인 개신교가 19세기 미국 개신교를 지
배했으며 영국과 유럽의 다른 개신교인들로부터 많은 단서를 얻었다.

　독일의 어느 마을의 목사로서 사역을 시작해서 나중에 바트 볼에 소
재한 특별한 치유 센터에서 거의 30년 동안 사역을 계속한 요한 크리스토
프 블룸하르트(1805-80)는 논란이 있는 치유 사역을 했다. 기도만을 강조한
그는 민간의 치유 형태를 엄격하게 회피했으며[250] 자신의 루터교 전통에 충

249　예컨대 Curtis, *Faith*. 캐나다에 관해서는 Opp, *Lord for Body* 및 19세기 치유 운동
　　일반에 대해 유용한 Alexander, *Healing*, 8-63도 보라.
250　Ising, *Blumhardt*, 134-35, 165, 177-78, 196, 206, 222, 276, 333.

실했다.[251] 블룸하르트 등은 다양한 치료를 보고하는데,[252] 그런 치료에는 부분적인 치료도 있고 완전한 치료도 있다.[253] 치유 기도는 블룸하르트 자신의 병부터 시작했다. 젊은 시절에 선교회 강사였던 그는 열로 고생하고 천연두 진단을 받자 밤을 새워 기도하고 나서 갑작스러운 치유를 경험했다.[254] 1843년 죽어가던 그의 아이가 기도 후 회복되었고 1844년 죽어가던 그의 아내도 회복되었다.[255]

나는 이 대목에서 다른 몇몇 보고의 표본만을 제공한다. 1845년 다량의 핏덩어리를 토하며 죽어가던 여성이 기도 후 몇 분 안에 회복되기 시작했는데 처음에는 여전히 피곤했지만 결국 건강을 되찾았다.[256] 1846년 한

---

251 Kydd, *Healing*, 34-45; Kelsey, *Healing*, 235-36; Anderson, *Pentecostalism*, 30; Wilkinson, *Health*, 168-69; idem, *Healing*, 277; Bundy, "Blumhardt"; Curtis, "Character," 31. 참조. MacNutt, *Crime*, 167-70; Gordon, "Ministry of Healing," 220-23, 280-82. 축귀에 관해서는 Rüsch, "Dämonenaus-Treibung"을 보라. 간략하게는 Collins, *Exorcism*, 9을 보라. 그의 초기 사역에 대한 몇몇 합리주의자의 비판은 아주 일방적이며(Ising, *Blumhardt*, 262-63을 보라), 많은 사람이 조사해 보지도 않고 목격자들의 주장을 무시했다(263-64). Blumhardt가 사역한 지역의 부흥이 기억되고 있지만, 19세기 독일의 다른 많은 지역에서도 부흥이 일어났다(Reinhardt, "Movements," 259). 경건파의 영향(예컨대 앞에서 언급된 약 5:14-15에 관한 J. A. Bengel의 논평)이 컸다(Mullin, *Miracles*, 88-89; Dayton, *Roots*, 119-21; 특히 Macchia, *Spirituality*). 오늘날 많은 루터 교회에서 그런 은사가 새롭게 나타나는 점에 관해서는 예컨대 Synan, "Renewal," 162-66을 보라. 좀 더 많은 치유 예배에 관해서는 Schiefelbein, "Oil"을 보라.

252 예컨대 Ising, *Blumhardt*, 206(Blumhardt가 딱 한 번 기도하자 화상을 입은 아이의 통증이 멈췄다), 226, 351, 그리고 여러 곳. 내가 이 대목에서 다시 언급하지는 않았지만 Ising은 1차 자료(당시 Blumhardt와 기타 목격자들의 편지 포함)를 언급한다.

253 Ibid., 209.

254 Ibid., 78. 그는 여러 번 극도의 피로로 야기된 상태에 대한 치유를 구할 필요가 있었다(78, 133-34). 그가 항상 치유를 경험한 것은 아니다(216).

255 Ibid., 206-7. 참조. "Bodies," 46에 수록된 사례에서는 죽어가던 아이가 즉시 치유되었다.

256 Ising, *Blumhardt*, 176.

의사가 전에 치료할 수 없었던 피부 발진이 치유된 것을 증명했다.[257] 다른 목격담으로는 시각 장애,[258] 마비,[259] 간질[260] 등의 치유가 포함된다. "발작으로 손이 움직이지 않던" 여성이 튀빙겐의 의사들로부터 아무 도움도 받지 못했는데, 블룸하르트의 교회에서 처음 예배를 드린 뒤 치료되었다. 그녀의 의사들은 처음에는 그녀가 같은 사람이라는 것을 믿으려고 하지 않았다.[261] 1872년 어떤 젊은 남성이 곤봉으로 한 소년의 머리를 가격한 뒤 의사는 그 소년의 두개골이 빠개졌을 수도 있다고 경고했다. 그 소년은 두 시간 안에 사망할 것으로 예상되었지만, 다음 날부터 회복되기 시작했고 블룸하르트를 할아버지처럼 대했다.[262]

심인성으로 설명될 수 있는 치료도 있고 그렇게 설명될 수 없는 치료도 있다.[263] 블룸하르트는 치유를 하나님 나라의 전조로 보았고,[264] 처음에는 그의 사역에서 경험된 치유들이 기대된 종말론적 성령의 부으심과 은사의 갱신이 임박했다는 표적이기를 희망했다.[265] 그의 지인들을 비롯한 몇몇 사

---

257 Ibid., 210. 시간이 없어서 그는 심한 피부 문제가 있는 어떤 남성을 위해 간결하게 기도했다. 그 사람은 기도가 짧아서 화가 났지만(따라서 심인성으로 치료되었을 가능성이 낮다) 귀가하다가 자기의 피부가 깨끗해지기 시작하는 것을 발견했다 (329).

258 Ibid., 209; 210에 수록된 부분적인 시각 장애 및 청각 장애 치유에 관한 사례; 329에 수록된 완전한 시각 장애의 부분적인 치유일 수 있는 사례.

259 Ibid., 212-13.

260 Ibid., 329-30은 즉각적인 치유 사례 두 건을 언급한다(그가 도와줄 수 없었던 다른 사례도 언급한다).

261 Ibid., 267. 사람들은 때때로 교회에서 합심 기도하는 동안에 치유되었다(279).

262 Ibid., 328-29.

263 ibid., 211, 326, 329을 보라.

264 Ibid., 234, 410. 참조. Macchia, *Spirituality*, 76.

265 Ising, *Blumhardt*, 214, 229-31, 234-35, 329, 334, 342, 346, 349, 400-1, 405, 414. 그리스도의 재림 전에 약속된 미래의 성령의 부으심이라는 그의 견해에 대한 반대 의견은 예컨대 270-73을 보라. 생애 말년에 그는 자기가 생전에 바라던 때를 보지 못하리라는 점을 이해했다(395). 다른 많은 개신교인이 오랫동안 장차 있을 성령

람은 치유되지 않았다.[266] 그는 환자들을 위해 열심히 기도했지만 하나님의 주권을 인정했다.[267]

블룸하르트의 유산은 20세기에도 잘 알려졌으며 그의 아들 크리스토 프가 부친의 예언 사역과 치유 사역을 물려받았다.[268] 불트만은 기적에 대한 그의 회의론에 따라 블룸하르트에 관한 "전설들"이 "터무니없다"고 생각 했지만[269] 칼 바르트는 불트만이 이 기사들을 무비판적으로 거부한다고 비 판했다.[270] 사실 블룸하르트는 칼 바르트가 자기의 "멘토들"로 언급한 단 세 명 중 한 명이었고,[271] 바르트는 그가 이야기한 축귀를 우호적으로 인용한 다.[272] 위르겐 몰트만은 블룸하르트가 칼 바르트의 변증법적 신학과 자신의

의 부으심(McGee, *Miracles*, 22-25을 보라)과 때로는 기적(50, 51을 보라)을 기대 해왔다.

266 Ising, *Blumhardt*, 예컨대 161, 209, 267, 329, 334, 354-56, 363.

267 Ibid., 333-35. 그는 한때는 약에 반대했지만 생각을 바꿨다(213-14, 267, 337-38). 치유에 관한 훗날의 몇몇 교사들과 달리 Blumhardt는 온건했고 하 나님이 모든 사람을 초자연적으로 치유하지는 않는다는 것을 인정했다(Reyes, "Framework," 88). Warfield, *Miracles*, 195조차 그를 존경했다.

268 Moltmann, "Blessing," 149(이 대목에서 Ragaz, *Kampf*를 인용한다).

269 Kydd, *Healing*, 42 각주 40(Bultmann, *Kerygma and Myth*, 120을 인용한다). 사 실 종종 그 치유들이 발생한 직후에 쓰인 직접적인 편지와 기타 자료들은(Ising, *Blumhardt* 도처에 수록된 방대한 문서를 보라) 우리가 그 경험들을 어떻게 설명하 든 간에 그것들은 전설이 아님을 보여준다.

270 Kelsey, *Healing*, 236-37.

271 Kydd, *Healing*, 34. Barth, *Letters*, 251을 보라(참조. 270). 바트 볼 소재 Blumhardt 의 공동체에서 시간을 보낸 Barth는 자기의 책을 부친의 사역을 이어받은 Blumhardt의 아들 Christoph에게 헌정했다(Ising, *Blumhardt*, 420). Blumhardt 시 대의 다양한 학자가 바트 볼 소재 그의 치유 본부에 손님으로 머물렀다(예컨대 Ernst Wilhelm Hengstenberg, Johann Jakob Herzog, Immanuel Hermann Fichte; 303).

272 Barth, *Dogmatics*, 4.3:165 이하, Kauffman, "Introduction," 7-8에 언급됨. 참조. Wilkinson, *Healing*, 2.

희망의 신학 모두에 미친 영향을 언급한다.[273]

스위스 메네도르프에서 활동한 도로테아 트루델(1813-62)과 그녀의 동료들의 사역도 중요했으며 영어권에 직접적인 영향을 끼쳤다.[274] 심지어 한 세대 후 어느 학자가 그녀의 치료들은 "저명한 의사들을 통해 증명되었다"고 언급했다.[275] 블룸하르트나 트루델은 누구도 약이나 의사를 통한 치료에 반대하지 않았다.[276] 다른 곳에서도 개인들의 다양한 치료가 알려졌다. 영국의 팽코트 양은 8년 동안 둔부 질병으로 고생했고 마지막 2년은 거의 누워 지냈다. 한 친구가 1830년 10월 20일 마태복음 21:22을 생각하고 그녀를 위해 기도했다. 그리고 그녀는 완전히 치유되어 일어났다.[277] 에드워드

---

273 Moltmann, "Blessing," 149(Barth, *Theology*를 인용한다). 다른 독일 신학자들 역시 Blumhardt의 예를 긍정적으로 인용했다(예컨대 Heim, *Transformation*, 173-74. 좀 더 보수적으로는 Koch, *Gifts*, 100을 보라). 그리고 Moltmann의 지도하에 Blumhardt에 관해 학위 논문을 쓴 Ising은 Blumhardt가 Moltmann에게 끼친 영향을 지적한다(*Blumhardt*, 413). Bonhoeffer에 관해서는 Macchia, *Spirituality*, 1, 4을 보라.

274 Mullin, *Miracles*, 89; Kydd, *Healing*, 142-53(정신 이상, 결핵, 기타 질병 포함, 152); Wilkinson, *Health*, 168-69; Bundy, "Trudel"; Curtis, "Character," 31-32; Hardesty, *Faith Cure*, 17-19. 좀 더 이전의 사례로는 Cullis, *Trüdel*(Wilkinson, *Healing*, 323에 인용됨)과 Gordon, "Ministry of Healing," 213-19을 참조하라. Warfield, *Miracles*, 184은 Trudel이 "젊은 나이에 척추 굴곡으로 고생했고 48세 때 발진티푸스 열로 사망했다"고 불평했지만 그런 불평은 그 당시에 믿음이 있는 사람은 모두 치유되리라고 믿은 사람에게 더 어울린다. 그녀의 고통 자체가 그녀에게 병에 걸린 사람에 대한 특별한 동정심을 제공했을 수도 있다. 그녀는 자기가 도와주던 환자로부터 발진티푸스에 감염되었다(Wilkinson, *Healing*, 277). Blumhardt는 그녀의 사역에 대해 좋게 말했지만 때로는 메네도르프에서 반복적으로 안수하는 것이 하나님의 손을 억지로 일하게 하는 것 같다고 느꼈다(Ising, *Blumhardt*, 335-36).

275 Dod, "Healer," 174.

276 Wilkinson, *Healing*, 277.

277 Gordon, "Ministry of Healing," 233-34은 그녀가 건강을 유지했다고 언급한다. Gordon은 그 후 그녀가 박해를 받자 전에는 은사중지론을 신봉하는 목회자였던 그녀의 부친이 그녀의 설명에 자신의 확인을 덧붙였다고도 언급한다(234-35).

어빙의 진영은 이미 1830년에 결핵의 치유를 보고했고[278] "어빙의 진영 중 영국에서만" 1년에 치유 46건이 보고되었다[279](역설적이게도 초기 치유 주장 중 대다수는 어빙의 진영과 관련이 없었다[280]). 그러나 신학적인 논쟁으로 말미암아 어빙의 증언은 많은 진영에서 의심을 받았고[281] 다른 운동들이 더 영향력이 있었다.

19세기 말 미국의 성결을 강조하는 진영에서 이전 개신교에서 나타났던 것보다 훨씬 광범위하고 일관성 있는 치유 운동이 성장했다. 성결에 대한 강조는 초교파적이었고 신적 치유를 옹호하는 진영이 미국의 많은 교회에서 두각을 나타냈다.[282] 그리스도인들이 종종 치유를 위해 기도하기는 했

Gordon은 Irving에 관한 자료에서 인용하지만 신중하게도 Irving을 강조하지 않는다. Stunt, "Trying Spirits," 401은 "Thomas Fancourt 목사의 장애인 딸 Eliza"의 1830년 치료를 인용한다.

278 Gardner, *Healing Miracles*, 93-98; Gordon, "Ministry of Healing," 184-89. 참조. Vidler, *Revolution*, 66.

279 Bebbington, *Evangelicalism*, 91.

280 Stunt, "Trying Spirits," 402: 초기의 대다수 치유 주장은 "Edward Irving의 회중과 **공식적**인 관계가 없었다." 영국에서 치유 보고는 19세기 말까지 계속되었지만, 어느 성공회 주교는 그 보고들이 특히 "플리머스 형제단과 성경을 존중하는 다른 개신교인들"에게서 발생한다고 전한다(Henson, *Notes*, xi은 실패를 강조한다).

281 Warfield, *Miracles*, 125-53은 Irving 진영의 주장들을 자신이 잘못된 주장으로 간주하는 것의 주요 예로 사용한다(Pink, *Healing*, 23도 보라). Irving과 그의 초기 예언자들은 그리스도 중심의 검증을 강조했지만 (Stunt, "Trying Spirits," 405-7), 최소한 몇몇 사람은 그의 신학에서 외부인들이 이단이라고 간주한 요소를 긍정했다(408). Blumhardt는 그들 중의 정직한 사람들을 경멸하지 않으면서 성령과 은사의 최종적인 부음이 시작되었다는 그들의 주장에 도전했다(Ising, *Blumhardt*, 235). 비록 그는 그것이 곧 시작되기를 바랐지만 말이다(214, 229-31, 234-35, 329, 334, 342, 346, 349, 400-1, 405, 414). 몇몇은 Irving을 이어받았다고 주장하는 운동에 대해 그것의 이단적인 믿음을 비판했다(Kuligin, "Church"를 보라).

282 Chappell, "Healing Movement," 1-80, 특히 58-86; Hardesty, *Faith Cure*, 27-40; Curtis, "Lord for Body"; idem, "Houses of Healing"; idem, *Faith*; Cunningham, "Holiness." 좀 더 간략하게는 MacNutt, *Crime*, 176-78과 Alexander, *Fire*, 62-63을 보라. 추가로 Brown, "Tent Meetings"와 Baer, "Bodies"를 참조하라. 많은 영

지만 새로운 운동은 종종 좀 더 구체적으로 사죄에 치유가 포함되었다고
강조했고 따라서 많은 사람이 누구에게나 치유가 일어날 수 있다고 주장
했다.[283] 이 운동은 19세기에 지배적이었던, 그리스도인은 고통에 저항하지
말고 그것에 소극적으로 굴복해야 한다는 종교적 합의에 반하는 반응을 보
였다.[284] 질병에 적극적으로 저항하는 것에 대한 강조는 하나님을 적극적으
로 섬기기에 대한 강조와 동시에 일어났다.[285]

향 중 다음 문헌들에 수록된 남북전쟁 전 Horace Bushnell의 영향을 보라. Ibid.,
15-16; Chappell, "Healing Movement," 1-4; Mullin, *Miracles*, 66-75; idem,
"Bushnell," 464-72(473에서 그는 "자유주의"의 선구자가 아니라 "사람들이 가보
지 않은 길의 옹호자"였다고 지적한다. 다음 문헌들도 참조하라. Finney, *Memoirs*,
416); Sweet, *Health*, 151; Lloyd-Jones, *Spirit*, 45(비록 Bushnell의 접근법이 모든
점에서 유용하지는 않지만 말이다. Bebbington, *Dominance*, 163-64을 보라).

283 Opp, *Lord for Body*, 9-10(32에서 성결 진영에 속한 사람을 포함한 비방자들을 언
급한다); Petts, "Healing and Atonement," 12-24(예컨대 Boardman, 12-13; Judd,
13-14; Gordon and Simpson, 14; 그리고 Carter, 15-17; Stephens, *Healeth*, 98-
100). Stockmayer는 그 운동에 대한 이 접근법을 명확히 표현하는 데 도움을 주었
고(Curtis, "Character," 33), Elizabeth Baxter는 그것을 전파하는 데 도움을 주었다
(33-34). 몇몇 사람은 계속 이 접근법을 가르쳤으며(예컨대 Witty, *Healing*, 209에
수록된, 자신이 치유되었다고 주장한 R. A. Torrey; McGee, *Miracles*, 192에 인용된
Torrey, *Healing*, 63을 비교하라. Baer, "Bodies," 318에서는 미묘하게 표현되어 있
다) 몇몇 사람은 오늘날에도 그렇게 가르친다(Witty, *Healing*, 129-42).

284 이전의 합의에 관해서는 Curtis, *Faith*, 11-12, 26-50을 보라(심지어 사혈[瀉血]을
실시하는 소수파의 "영웅적인" 고통스러운 치료법에 대한 많은 의사의 지지 포함;
30-32을 보라). 이 합의에 반하는 반응은 51-80을 보라. 신체적 고난을 하나님의
축복과 관련시키는 가정에 대한 도전은 21을 보라. 이처럼 이전 시기에는 많은 사
람이 기도와 영적 조언을 위해 신체를 절단하곤 했다(41). 그러나 1870년대에 이
르러서는 마취제를 널리 사용하게 되어서 "수동적으로 고통을 받아들일 필요가 없
게 되었고 때때로 그것은 병적인 것으로 여겨지기까지 했다"(15). 1700년대에도
이처럼 고통을 받아들이기를 강조했음을 참조하라(Kidd, "Healing," 165). 걸출한
19세기 논객들을 통해 유포된 선전에 반대하는, 마취제에 대한 적대감은 성직자가
아니라 의사들이 주도했다(Schoepflin, "Anesthesia," 129).

285 Curtis, *Faith*, 17-18, Curtis는 이 새로운 접근법을 "신체적 아르미니우스주의: 소
극적 체념의 윤리 교정하기"로 부른다(59). 많은 사람이 자기가 고통을 당하는 것

보스턴의 의사 찰리 컬리스(1833-92) 같은 미국의 치유 운동 초기 지도자들은 트루델, 오토 스톡마이어, 블룸하르트 같은 유럽의 치유 사역자들의 최근 사례에 영향을 받았다.[286] 1870년 1월 자기 환자들의 고통에 슬퍼하고 트루델의 기사에 격려를 받은 컬리스는 병상에 누워 지내는 환자 루시 리드 드레이크의 뇌종양이 치유되기를 기도했다. 그 후 오래 지나지 않아 종양이 사라졌고 드레이크는 복직했으며 컬리스는 확신에 찬 신앙 치료 실천자가 되었다.[287] 1873년 컬리스와 장로교 사역자인 윌리엄 보드먼 그리고 그들의 아내 루크레시아와 매리는 트루델과 블룸하르트의 모델을 배우기 위해 유럽을 방문했다.[288]

보드먼은 초기의 몇몇 치유를 보고한다. 예컨대 사고로 다른 내과 의사의 아들의 팔뚝 뼈 두 개가 부러졌다. 외과 의사인 그의 삼촌이 뼈를 맞춰

이 하나님의 뜻이라고 믿었지만(52-53), Cullis는 그런 생각에 반대했다. 사람들은 적극적으로 의학적 도움을 구하는데 왜 기도하지 않는가?(53) 의사들은 이제 "종종 환자들에게 신체의 회복을 위해 기도하라고 권장했다"(67).

286 Ibid., 6; Opp, *Lord for Body*, 27-29, 31; Mullin, *Miracles*, 92-93; Gordon, "Ministry of Healing," 213-25(223-25에 수록된 Stockmayer; 219-20에 수록된 Samuel Zeller; 225-27에 수록된 Rein이라는 목사; 영국에서는 227-28에 수록된 Lord Radstock). 개인들 역시 기도와 연결된 이전의 치유를 보고했다. 예컨대 Finney, *Memoirs*, 36-37에 보고된 죽어가던 사람의 회복; Taylor, *Secret*, 118에 수록된 치료와 그 성격.

287 Curtis, *Faith*, 6-7; idem, "Character," 32. Cullis에 관해서는 다음 문헌들을 더 보라. Gordon, "Ministry of Healing," 228-30; Dayton, *Roots*, 122-24; Baer, "Bodies," 50-75; Alexander, *Healing*, 16-18; Hartley, *Evangelicals*, 53-64(58에 수록된, 감리교 신자로서 성결 옹호자인 John Inskip이 1871년 이 사역을 통해 치유되었다는 주장 포함; 202-3 각주 148에서 신앙 치료는 Cullis의 많은 활동 중 하나에 지나지 않았음을 강조한다). 몇몇 의료기관은 Cullis의 접근법의 요소들을 긍정했다(207-8 각주 22). 나는 이곳에 언급된 몇몇 문헌들에서 "신앙 치료"라는 용어를 차용했다. 개업의들은 "신적 치유"라는 표현을 더 선호하는데 이는 특정한 대상을 신뢰하고 치유를 인간의 믿음 덕으로 보기보다 높은 곳에 있는 원인 덕으로 돌리는 것을 의미한다(Brown, "Introduction," 4-5을 보라).

288 Curtis, "Character," 32. Boardman에 관해서는 Dayton, *Roots*, 124-25도 보라.

놓고 최소 6주 동안 부목과 팔걸이 붕대가 필요할 것이라고 말했다. 그 아이는 그날 밤 예수께 자기를 낫게 해 달라고 기도했고 다음 날 붕대를 제거해 달라고 요청했다. 그의 부친과 삼촌은 그를 나무랐지만, 아이가 하도 고집을 부려서 그 아이의 삼촌인 외과 의사는 아이에게 팔이 아직 낫지 않았다는 것을 보여주기 위해 붕대를 풀었다. 그런데 그는 아이의 팔이 나았음을 발견했다. 신앙이 흔들리던 그 삼촌은 신앙을 회복했다.[289] 새 운동에 감리교 신자가 상당히 많이 관여했는데 예컨대 전에는 회의주의자였던 존 인스킵이 자신이 치유된 뒤 입장을 바꿨다.[290] 이미 1860년대부터 피비 팔머와 월터 팔머 부부는 성결 진영에서 신적 치유에 대한 믿음을 장려하기 시작했다.[291] 1880년경 보드먼 부부와 그들의 동료인 엘리자베스 백스터와 샬롯 머레이는 그 메시지를 영국에 확산시켰고 1885년경 유럽의 많은 곳에서 신적 치유가 강조되었는데 종종 트루델과 블룸하르트의 영향이 인용되었다.[292]

1876년 제니 스미스는 자기가 어떻게 하나님의 뜻에 굴복하고 자신의 병을 받아들이는 법을 배웠는지에 관한 책을 출판했는데,[293] 이는 고통에 겸

---

289 Gordon, "Ministry of Healing," 239-40. 그는 Boardman의 이야기를 내과 의사인 그의 부친으로부터 직접 들었다.

290 Curtis, Faith, 8-10(Inskip에 관해서는 8-9).

291 Ibid., 64-65. Walter는 유사 요법 의사였지만 유사 요법 치유와 신적 치유는 곧 분리되었다(Opp, Lord for Body, 25). 유사 요법 접근법의 공통점에 관해서는 예컨대 Sweet, Health, 143-49을 보라. 1870년대 중반 "은사를 받은 사람들"(Gift People)처럼 좀 더 지역적으로 고립된 집단에서도 치유가 보고된다(Menzies, Anointed, 29). 19세기 말 초교파적 복음주의 운동에서 성결과 치유 모두에 대한 강조는 예컨대 다음 문헌들을 보라. Curtis, "Character," 38; Dayton, Roots, 133-37; Choi, Rise, 10, 18-20.

292 Curtis, "Character," 32-33. Baxter에 관해서는 Hardesty, Faith Cure, 21-22도 보라.

293 Curtis, Faith, 1

손히 체념하는 것에 관한 그 시대의 전통적인 종교적 관점[294]에 따른 것이었다. 전기 충격 등 당시에 유행하던 요법을 적용했던 의사들은 그녀가 병석에서 일어나도록 도와주지 못했다.[295] 그러나 이듬해 그녀는 만일 하나님이 모든 사람이 치유되기를 원한다면 자기 또한 치유해줄지도 모른다고 생각했다. 그리고 그녀는 하나님이 자기가 치유를 위한 믿음을 행사하기를 기대할지도 모른다고 생각했다.[296] 1878년 4월 23일 화요일 저녁에 그녀의 의사, 자매, 감리교와 장로교의 몇몇 사역자 그리고 다른 몇몇 사람이 그녀와 함께 두 시간 동안 기도하기 시작했다. 그녀는 다시 하나님의 뜻을 물었고 힘이 나는 것을 느꼈으며 자리에서 일어나 앉았다. 궁극적으로 그녀는 16년 만에 처음으로 일어섰다. 그녀는 방안을 돌아다녔고 그 후로 건강을 유지했다. 그녀는 1924년 82세로 사망하기 전까지 철도 노동자들에게 설교하는 전도자가 되었다.[297]

1880년 캐리 저드(1858-1946)는 아프리카계 미국인이자 재림파 신자인 사라 믹스의 신앙 치료에 격려를 받았다. 그녀는 2년 동안 병석에 누워 있었으나 자기 발로 일어서려고 안간힘을 쓰다가 자기가 치유된 것을 발견했다.[298] 그녀는 자기의 치유의 어떤 측면들은 즉각적이었지만 자신이 완전

---

294 Ibid., 11-12. 이 접근법은, 질병이 대체로 대항해 싸워야 할 적으로 묘사되고 목회자들이 환자들을 고통을 체념하고 받아들이도록 내버려 두지 말고 그들을 지원하라고 암시하는 복음서들의 접근법과 대조된다(Seybold and Mueller, *Sickness*, 191-92을 보라).

295 Curtis, *Faith*, 1

296 Ibid., 4-5.

297 Ibid., 5. Gordon, "Ministry of Healing," 241-43에 수록된 그녀의 기사 요약도 보라.

298 Opp, *Lord for Body*, 46; Curtis, *Faith*, 81-82; Hardesty, *Faith Cure*, 10-11(Mix에 관한 내용), 11-12(Judd에 관한 내용); Alexander, *Healing*, 24-27(Judd에 관한 내용), 15, 26, 31-32(Mix에 관한 내용); Anderson, *Pentacostalism*, 31. Sarah Mix에 관해 좀 더 자세한 내용은 Gooden, "Help," 148-50과 특히 idem, *Faith Cures*

히 건강을 회복하기까지는 몇 주가 걸렸다고 지적했다.[299] 그녀는 널리 알려진 신적 치유 옹호자가 되었다. 덜 알려지기는 했지만, 캐나다의 매기 스코트는 1882년 저드의 증언에 격려를 받아 오랫동안 묶여 있던 병석에서 믿음으로 일어났고 통증이 사라졌다.[300] 1885년 병약자로 여겨졌던, 나이가 지긋한 아프리카계 미국인 여성인 바이올렛 에드먼즈는 믿음을 통한 치유를 받아들이고 즉각적으로 치유되어 통증과 농양에서 해방되고 말을 할 수 있게 되었다.[301]

그런 일은 유럽에서도 계속되었다. 1894년 의사 두 명(그중 한 명은 대학교 교수였다)이 마리 헤세에게 골격 질환이 있음을 확인했다. 그녀는 1895년 내내 누워 지냈는데 1896년 1월 12일 헤르 쉬렝크가 그녀를 위해 기도했다. 헤세는 자기가 병석에서 일어날 수 있음을 발견했고 4일에 걸쳐 통증이 사라지고 완전히 회복되었다.[302] 남아프리카의 네덜란드 개혁 교회 사역자인 앤드류 머레이—그는 오늘날 기도에 관한 저술로 더 알려졌다—는 유럽의 신앙 치유 센터에서 자신의 인후가 치유되기를 바랐다. 완전히 치료

를 보라. Mix의 치유는 Ethan O. Allen의 사역을 통해서 왔다(Alexander, *Healing*, 15). 치유 운동에서 Sarah Mix 외의 아프리카계 미국인으로는 저명한 전도자인 Amanda Berry Smith가 있었다(Curtis, *Faith*, 10. 라이베리아에서 그녀의 부흥에 관한 보고는 McGee, *Miracles*, 28에 인용된 Smith, *Autobiography*, 366을 보라). 제칠일 안식일 재림교회는 선교지에서 많은 기적을 보고했다(McGee, *Miracles*, 11, 228에 인용된 Spicer, *Miracles*를 보라).

299 Curtis, *Faith*, 91. 몇몇 사람들과 달리 그녀는 의학적인 수단에 의존하는 것에 반대했다(Petts, "Healing and Atonement," 17-18).

300 Opp, *Lord for Body*, 46-47. 그녀는 훗날 중국내륙선교회 선교사로 일하던 중 결핵에 걸렸고 2년 뒤인 1893년에 사망했다(44).

301 Curtis, *Faith*, 96-97. Schrenk는 Curtis, "Character," 33, 38, 39, 42에도 등장한다.

302 Heim, *Transformation*, 193-95은 그 치료가 유기적인 과정을 거쳐 일어났지만 예기치 않은 것이었음을 강조한다. Hesse는 시인인 Hermann Hesse의 모친이었다(193).

된 것을 발견하고 그는 1884년 치유에 관한 책을 발간했다.[303]

침례교 사역자[304]인 A. J. 고든(고든 대학과 고든 콘웰 신학교는 그의 이름을 딴 것이다),[305] 그리스도인과 선교사 연합[306] 설립자인 A. B. 심슨, 장로교 신자인 윌리엄 보드먼[307] 등이 19세기 말과 20세기 초 치유 운동에서 널리 인정된

303 Le Roux, "Le Roux," 50(Sundkler, *Zulu Zion*, 17을 따른다); Wilkinson, *Healing*, 278-79; Hollenweger, *Pentecostals*, 115-16; Alexander, *Healing*, 23-24; Baer, "Bodies," 129-31. 스위스의 Otto Stockmaier가 그에게 치유 사역을 했다(Choy, *Murray*, 144-46). Murray는 치유된 뒤(147) 다른 사람들에게 신앙 치유 사역을 했다(151. 그의 견해에 관해서는 Murray, *Healing*을 보라. Idem, "Healing"은 5에서 자신의 치유를 언급한다. van de Vyfer, "Theology"는 문제들을 지적한다). 그의 생애 동안 치유에 대한 그의 관심이 그의 가장 논란의 대상인 입장이었을 수도 있다(Ross, "Murray," 807). 그의 제자인 Pieter le Roux의 딸이 의학적인 개입 없이 치유되었을 때 Le Roux는 개혁 교회를 떠났다(Le Roux, "Le Roux," 53).

304 1882년 보스턴의 개신교 집단 중 침례교 신자는 삼위일체 회중 교회에 이어 두 번째로 큰 집단이었다(Hartley, *Evangelicals*, 67). 초기 침례교 신자 중 일부는 다양한 카리스마적 은사를 경험한 것으로 보이지만(예컨대 1743년경 필라델피아 협회의 기록물에 수록된 내용), 20세기 초 침례교 신자 대다수는 은사중지론자들의 논증을 받아들였다(Synan, "Charismatics," 185). Kidd, *Awakening*, 246은 18세기 중반 몇몇 침례교 신자들이 많은 표적을 보고했다고 지적한다. 은사중지론자가 아니었던 Spurgeon과 Gordon은 소수파였다(186). 비록 초기의 다른 많은 예외도 존재했고(자유의지 침례교인들과 심지어 초기 오순절 운동의 많은 침례교인 선구자들, 186-88), 오늘날 훨씬 많은 침례교 신자들도 은사중지론자가 아니지만 말이다(187-92). 이전에도 기도 응답으로 하나님이 치유할 가능성을 부정하는 사람은 별로 없었을 것이다.

305 보스턴의 유명한 교회의 목사였던 Gordon은 시카고의 D. L. Moody 성경 연구소 등에서 인기 강사이기도 했다(Barron, *Gospel*, 39). 그는 D. L. Moody의 친한 친구였고 Moody의 집회에서 때때로 Moody 대신 말씀을 전하기도 했다(Hartley, *Evangelicals*, 23).

306 1887년 설립된 그리스도인 연합은 초교파 단체였지만 1897년 Simpson의 복음주의 선교사 연합과 합병해서 1926년 교파의 기구가 되었다(Curtis, "Character," 36).

307 예컨대 다음 문헌들을 보라. Curtis, "Character," 29-32; Hardesty, *Faith Cure*, 16-17; Baer, "Bodies," 121-27.

인물이 되었다.[308] 심슨과 고든은 선교에서 "급진적인 전략", 즉 세상을 좀 더 빨리 복음화하기 위해 기적에 대한 믿음을 행사하는 것에 큰 영향을 주었다.[309] 고든은 사실 내가 본서에서 제공한 것보다 훨씬 많은 치유 증언을 수집했다.[310] 심슨은 자기가 극적으로 치유되었다고 주장했는데[311] 이는 부

---

308 Chappell, "Healing Movement," 192-283; Hardesty, *Faith Cure*, 41-50; Alexander, *Healing*, 18-23; Cook, "Simpson," 401(Simpson); Alexander, *Healing*, 18-19(Gordon), 19-23(Simpson); Baer, "Bodies," 83-96(Simpson), 110-19(Gordon). 선교 옹호자인 A. T. Pierson의 생애와 신학에 나타난 치유에 관해서는 119-21을 보라. Robert, "Pierson," 345-46(McGee, *Miracles*, 50-51, 242에 언급되었다). Gordon은 Moody의 1877년 집회에서 턱이 즉각적으로 치유되는 것을 목격하고 치유가 계속됨을 확신했다(Hartley, *Evangelicals*, 58). 좀 더 이상한 사례는 John Alexander Dowie를 보라(Chappell, "Healing Movement," 284-341; Hardesty, *Faith Cure*, 51-53; Synan, *Voices*, 46-48; idem, "Healer," 192-95). 그는 치유 운동의 다른 지도자들을 멀리했고, 그들 역시 Dowie와 거리를 두었다(Alexander, *Healing*, 58; Curtis, *Faith*, 197, 200). 그러나 그를 알았던 의사 Lilian Yeomans는 그의 사역에서 진정한 치유가 일어났다고 주장했다(*Healing*, 107-9). 그 시대에 쓰인 그 주제에 관한 몇몇 저술에 관해서는 Murray, Gordon, and Simpson, *Healing*을 보라. Warfield, *Miracles*는 Gordon(159)과 Simpson(195)을 존경했지만 Dowie 같은 인물을 그 운동의 부정적인 열매로 여겼다(196).

309 McGee, "Radical Strategy," 76-77; idem, *Miracles*, 54-55.

310 Murray, Gordon, and Simpson, *Healing*, 156-203(Gordon의 치유 사역에서 보고된 사례들). 이전 사례로는 Bushnell에 수록된 내용을 참조하라(Mullin, *Miracles*, 79). 다른 사람들에 관해서는 Mullin, *Miracles*, 93-94을 보라. 간략하게는 Wright, *Miracle*, 136-39을 보라. 대중적인 차원에서는 Yeomans, *Healing*, 102-6을 보라. 그리고 Venter, *Healing*, 147-54은 좀 더 간략한 목록을 제공한다. Gordon은 현대에 기적이 일어날 가능성을 부인하는 사람들로부터 공격을 받았다(Ruthven, *Cessation*, 105. 참조. Mullin, *Miracles*, 98-99). Warfield는 그를 "가장 합리적인" "치유 신앙" 지지자로 존경했지만(159) 그는 Warfield의 주된 비판 대상이었다 (*Miracles*, 155-96 여러 곳).

311 Simpson의 치유 증언에 관해서는 다음 문헌들을 보라. Fant, *Miracles*, 129-40; Miller, *Miracle of Healing*, 11-12, 106; 그리고 특히 Simpson, "Gospel of Healing," 359-69. Yeomans, *Healing*, Simpson의 치유(109)와 치유 사역(110-11)을 참조하라. Simpson은 Cullis를 알았고(Simpson, "Gospel of Healing," 364) 1881년 그의 사역을 통해 치유되었다(Hartley, *Evangelicals*, 204 각주 160; Baer, "Bodies," 85).

분적으로는 자기 회중 가운데서 마비되고 죽어가던 사람이 완전히 그리고 영구적으로 회복된 사건을 통해서 고취되었다.[312] 19세기 말과 20세기 초에 그런 표적들은 아프리카 등 서구 밖에서도 나타났다.[313] 치유와 축귀는 그곳에 속한 서구의 대다수 신자가 영적인 모든 은사는 사도 시대에 끝났다고 믿는 교파나 단체에서 파송한 20세기 초의 많은 선교사를 통해서도 잘 기록되어 있다.[314]

(5) 비판과 절제

대체로 19세기 말의 신앙 치유, 특히 심슨의 그리스도인 연합과 관련된 신앙 치유는 존경할 만하고 초교파적인 개신교 운동이었다.[315] 20세기 초에도 많은 사람이 높은 관심을 보였다.[316] 예컨대 과도함에 대한 엄격한 비판자인 R. A. 토레이는 자신의 기도에 대한 응답으로 진정한 치유가 일어났다고 보

그는 치유의 목적 중 일부는 사역을 위한 능력 부여로 보았다(Curtis, "Character," 35-36).

312 Simpson, "Gospel of Healing," 361-62.

313 1834년에서 1917년까지 살았던, 치유 능력으로 존경을 받았던 어떤 가나인에 관해서는 Jenkins, "Reindorf"를 보라. 나이지리아의 영국 성공회 사역자인 Emmanuel Moses Lijadu는 특히 1895년 나이지리아 인플루엔자 전염병 기간 중의 치유와 관련이 있었다(Kalu, "Lijadu").

314 McGee, "Radical Strategy," 90-91과 idem, *Miracles*, 191 그리고 관련 문서 (Crawford, *Shantung Revival*, 35에서 인용하는 중국 북부 산둥 지방의 남침례회 선교사들의 문서 포함; Bays, "Revival," 173도 보라)를 보라. 전천년설(또는 후천년설 낙관론의 남은 자들)이 부상할 때 선교지의 기적을 보고하는 많은 집단이 종말론적 열심을 공유했다. 예컨대 19세기에서 20세기 초 재림파 선교사 가운데서 보고된 기적 주장들을 주목하라(McGee, "Radical Strategy" 74는 Spicer, *Miracles*를 인용한다). 그 주제가 논의되기 시작하자 19세기 말 선교사들은 자신의 증언들을 쏟아냈다(McGee, *Miracles*, 54를 보라).

315 Opp, *Lord for Body*, 64-90.

316 예컨대 Torrey, *Healing*을 보라(Baxter, *Healing*, 15에 인용된 내용).

고했다.[317] 그러나 시대가 변했고 문화적으로 덜 존중받은 20세기 초 오순절 운동에 반대해서[318] 심지어 심슨의 그리스도인 연합마저 오순절파의 사죄에서의 치유 교리와 거리를 두었다.[319] 실로 오순절파를 비판하려는 동기가 20세기 초 근본주의가 기적이 그쳤음을 새로 강조하게 된 요인 중 하나였다.[320] 그러나 19세기 말 무렵 다양한 요인들이 치유 운동 초창기의 열정을 누그러뜨렸다.

존 알렉산더 도위[321]는 대다수 동시대인보다 급진적이었으며 의사와

---

317 Torrey, *Healing*, 27-32, 47-48에 수록된 예들을 보라. 그런 예에는 척추 기형과 자신의 찢어진 고막 치유가 포함된다(Baxter, *Healing*, 97-99에서 Torrey를 인용해 길게 언급된다).

318 우려 중 하나는 이전의 치유 운동은 믿음을 통해 단순히 하나님으로부터 치유를 받는 것을 강조한 반면 초기 오순절파는 개인들에게 치유 은사가 있을 수도 있음을 강조한 것이었다(Curtis, "Character," 39). 이 접근법들이 반드시 양립할 수 없는 것은 아니지만 Simpson 등은 하나님으로부터 치유자로 초점이 옮겨질까 봐 우려를 표명했다(ibid.).

319 Opp, *Lord for Body*, 129. 참조. Curtis, *Faith*, 201. 미국과 영국의 초기 오순절파에서 당시 유행하던 사죄에서의 치유 신학 채택에 관해서는 다음 문헌들을 보라. Petts, "Healing and Atonement," 31-78; Synan, "Healer," 195-96; Reyes, "Framework," 83-84(몇몇 카리스마파에 관해서는 Petts, "Healing and Atonement," 79-92을 보라. 그러나 몇몇 오순절파[54-69]와 신오순절파[92-95]는 이제 그 신학을 거부한다). 역설적으로 Simpson은 Boddy와 마찬가지로 초기 오순절파에 영향을 준 주요 인물이었다(Hudson, "British Pentecostals," 284-86[Simpson에 관한 내용]과 286-89[Boddy에 관한 내용]을 보라).

320 Mullin, *Miracles*, 214(옛 형태의 세대주의에 대해서도 언급하고 Philip Mauro 같은 그 운동 내에서의 예외에 대해서도 언급한다). 약 5:13-14의 적절성마저 부인한 구 세대주의에 관한 언급은 259-60을 보라. 그 문제는 다른 요소를 강조하는 오늘날의 점진적 세대주의자들이 재고할 여지가 있을 수도 있다(점진적 세대주의에 관해서는 예컨대 Saucy, *Progressive Dispensationalism*과 Blaising and Bock, *Progressive Dispensationalism*을 보라). Sweet, *Health*, 158은 복음주의 진영의 오순절파에 대한 반대를 지적한다. Lovelace, *Dynamics*, 121-23도 보라.

321 Dowie에 관해 좀 더 자세한 내용은 예컨대 다음 문헌들을 보라. Baer, "Bodies," 212-19; Mullin, *Miracles*, 203-8; Opp, *Lord for Body*, 91-120; Wacker, "Marching"; Major, *Faiths*, 208-22; Hollenweger, *Pentecostals*, 116-20; Alexander,

약에 반대하고 오직 믿음을 통한 치유를 주장했다.[322] 도위의 사역에서 많은
치유가 보고되었지만[323] 의학적인 치료를 거부한 많은 사람이 사망했다[324]
(19세기 말까지 의학이나 의약품은 바람직한 수준에 도달하지 못했음이 지적되어야 한
다.[325] 그렇다고 해서 도위의 사역에서 나타난 문제가 그다지 완화되는 것은 아니지만 말

Healing, 58-63. Kay, *Pentecostalism*, 47-49은 Irving의 영향을 제안한다. 1906에 그
의 조직은 세계적으로 20만 회원을 자랑했다(Mohr, "Zion," 59은 Faupel, *Gospel*,
116을 따른다). Dowie는 어떤 면에서는 대다수 동시대인보다 앞서 있었고 그의 공
동체가 계급을 초월해서 "인종과 성의 평등" 및 인종 간 결혼을 지지하려고 했다.
그는 아프리카인에 대한 식민지 착취에도 반대했다.

322 Opp, *Lord for Body*, 52-53; Mullin, *Miracles*, 204; Blumhofer, "Apostolic Church,"
129; Wilkinson, *Healing*, 280; Harrell, "Divine Healing," 217-18; Hudson, "British
Pentecostals," 290(의사들은 마귀에게서 나왔다고 주장한다); Synan, "Healer,"
201; Brown, "Dowie," 145; Hardesty, *Faith Cure*, 76-81에 수록된 초기 치유 운동
에서의 다른 인물들. 보편적인 중간 입장은 약을 사용해도 괜찮지만 약 없이 하나
님이 치유해 줄 것을 신뢰하는 것이 더 좋다는 견해였다(예컨대 Shearer, "Believe,"
5-6. 초기 치유 운동에서는 Curtis, "Character," 40-41을 보라). 약품 사용 거부
는 치유를 강조하는 몇몇 혼합주의적인 운동에서도 나타난다(Ma, "Santuala," 81;
Jules-Rosette, "Healers," 135; Shoko, *Religion*, 125; Githieya, "Church," 241). 1930
년대 뉴질랜드에서 양자론(adoptionist)적인 기독론, 영국의 이스라엘주의, 영국
의 통치자를 제2의 메시아로 보는 기대를 지녔던 A. H. Dallimore(Guy, "Miracles,"
457)는 정통적인 의료를 거부했다(461-62).

323 예컨대 전에 하반신이 마비되었던 Sadie Cody(Cody, "Miracle," 20-22에서 증언
한다); Lydia M. Markley(Reiff, "Asleep," 2). 몇몇 증인은 그가 뇌졸중을 겪은 뒤에
도 여전히 치유 은사를 갖고 있었다고 확인했다(Wacker, "Marching to Zion 2," 9).
Boddy, "Experiences," 38은 Dowie의 사역자 중 한 명이 그의 사역을 통해 약 4만
명이 치유되었을 것으로 추정했다고 지적했다.

324 Opp, *Lord for Body*, 103-11, 115(그러나 오늘날의 기준에 의하면 대다수 법적 소
송의 근거가 취약하다. 그 개인들은 치료를 받았더라도 사망했을지도 모른다).
Dowie는 유연성이 없이 일관적이었는데 자기 딸이 불에 타 죽은 것조차 죄의 탓으
로 돌렸다(Baer, "Bodies," 249; Barron, *Gospel*, 42-43은 이것을 의학적인 치료의
결여와 결부시키지 않았다).

325 유용한 다음 문헌들을 보라. Kselman, *Miracles*, 38-40; Schwarz, *Healing*, 147-52,
171; Sweet, *Health*, 142-47; Gordon, "Ministry of Healing," 233; Hardesty, *Faith
Cure*, 73-76; Baer, "Bodies," 17-18; Wigger, *Saint*, 67-68, 75, 229, 248-49, 275,
329-30에 수록된 이전 시기의 예들; Duffin, *Miracles*, 127-28, 132, 137; Ising,

이다). 다른 대다수 치유 운동 관련자들은 도위에 반대해서 모든 사람이 반드시 믿음을 통해 치유되는 것은 아니라는 점을 명확히 인정했다.[326] 사실 A. J. 고든은 (그 운동에 속한 다른 많은 사람과 달리) 예수의 대속적인 고난이 치유를 제공했음을 강조했지만, 결코 하나님이 언제나 모든 사람을 즉시 치유할 것으로 주장하지 않았다.[327] 당시 치유를 믿는 대다수 신자는 오늘날의 거의 모든 사람과 마찬가지로 의사들과 약들을 좀 더 긍정적으로 보았다.[328]

Blumhardt, 210. John Taylor는 자기가 20년 동안 ("전기요법"을 포함하여) 계속 실험적인 치료를 시도해왔지만, 그리스도께 치유를 요청한 뒤 2주도 지나지 않아 치료되었다고 주장한다(Curtis, "Character," 41).

326 Opp, *Lord for Body*, 32-33. Dowie와 거리를 둔 운동에 관해서는 Alexander, *Healing*, 58과 Curtis, *Faith*, 197, 200을 보라. Blumhofer, "Apostolic Church," 131을 참조하라. 다른 개신교인들의 공격에 관해서는 Mullin, *Miracles*, 206-7을 보라. Dowie는 어울리기 어려운 사람으로 악명이 높았다. Wacker, "Marching to Zion 1," 8을 보라. 유사한 갈등으로 인해 몇몇 진보적인 도시 교회들이 그들의 모체인, (Mutendi의 집단 같이) 약품을 거절하는 좀 더 전통적인 아프리카 시온주의자 운동으로부터 분리되었다(Daneel, *Zionism*, 58-59).

327 Curtis, *Faith*, 88. Barron, *Gospel*, 40이 지적하는 바와 같이 "그의 절제의 모범을 따른 사람은 너무도 적었다."

328 당시에 관해서는 Opp, *Lord for Body*, 51-52을 보라. 비록 많은 사람이 모르핀의 잠재적으로 해로운 효과를 우려했지만 말이다(56-57). Van De Walle, "Cobelligerence." John G. Lake는 약에 대해 언제나 긍정적이지는 않았던 것으로 보인다(Lake, *Sermons*, 134-35). 의사 Lilian Yeomans는 Dowie를 통해 치유되었지만, 그녀는 자신의 이전 직업에 대한 그의 반감을 따르지는 않았다(Opp, *Lord for Body*, 198). 이후의 사례로는 다음 문헌들에 나타난 약에 대한 긍정적인 태도를 보라. Mullin, *Miracles*, 241에 수록된 Hickson; Hickson, *Bridegroom*, 23-24, 392. 훨씬 더 훗날의 인물들에 관해서는 다음 문헌들을 보라. Schwarz, *Healing*, 31-33에 수록된 Oral Roberts; *Miracles*, 15에 수록된 Kuhlman; *Miracles*, 143-44에 수록된 Pat Robertson; 예컨대 Graham, *Spirit*, 160에 수록된 다른 사람들; Braden, "Study," 233에서 조사된 많은 목사들; Martin, *Healing*, 34-35; Lawrence, *Healing*, 52-57; Baxter, *Healing*, 288; Witty, *Healing*, 17; White, *Adventure*, 44-50; Hock, *Miracles*, 31; Dearing, *Healing*, 159-71; Wilkerson, *Beyond*, 126, 131; Neal, *Power*, 22-29; Althouse, *Healing*, 57; Sweet, *Health*, 160; Godwin, *Strategy*, 19, 32, 46; Anderson, *Miracles*, 52-54(기적적인 의료적 도움 공급을 서술한다);

언제나 몇몇 사람은 치유되지 않았는데 이에 관해서는 다양하게 설명되었다.[329] 고든처럼 하나님의 주권으로 설명한 사람도 있고[330] 치료되지 않은 원인을 믿음의 부족에 돌린 사람도 있었다.[331] 컬리스 같은 사람들은 우리가 증상에 무관하게 [치유된 것으로] 믿어야 한다고 주장했으며,[332] 따라서 몇몇 사람은 치유가 명백해질 때까지 믿음으로 자기가 치유된 것처럼 행동할 것을 강조했다.[333] 비판자들은 많은 사람이 결코 치유가 일어나지 않

Brown, "Introduction," 8("오순절파 신자 대다수." 참조. 14). 아프리카에서는 다음 문헌들을 보라. Burgess, *Revolution*, 225(나이지리아의 오순절파 신자 대다수); Bomann, "Salve," 198-99(콜롬비아의 오순절파 신자, 다수가 의료적 돌봄에 접근할 수 없었다); Bergunder, "Miracle Healing," 299-300(인도의 오순절파 신자 대다수, 그러나 301에서 가난한 사람들은 어쨌든 접근할 수 없었다고 지적한다); Rasolondraibe, "Ministry," 348; Woldu, *Gifts*, 132; Numbere, *Vision*, 293, 345; Hanciles, *Beyond Christendom*, 360-61(아프리카 기독교 일반); Ayegboyin, "Heal," 237, 246(알라두라파에 관해). 일반적으로는 Harrell, "Divine Healing," 227에 수록된 요약을 보라. 가톨릭 카리스마주의자들은 전통적인 약품을 강력하게 긍정한다(Csordas, *Self*, 34-35. 예컨대 MacNutt, *Healing*, 14, 164-67을 보라). 다소의 모호성이 존재하지만 믿음의 말씀(Word of Faith) 운동조차 의료적인 치료를 인정한다(Barron, *Gospel*, 83-86에 수록된 조사와 Hagin, *Midas Touch*, 191, 194에 수록된 논평을 보라). 하지만 소수의 예외가 존재한다(Bowler, "Bodies," 84, 94-96와 Bergunder, "Miracle Healing," 299에 나타난 바와 같이 말이다. 좀 더 이전 시기의 사례는 Alexander, *Fire*, 95, 106, 302을 보라).

329 Curtis, *Faith*, 24-25, 87-88, 195-97.

330 Ibid., 88, 197. 참조. Barron, *Gospel*, 39. 이는 아마도 여전히 가장 빈번한 설명일 것이다. 나는 이 견해의 많은 예를 다음 장의 각주(각주 360)에서 요약한다.

331 Curtis, *Faith*, 88-90. 때때로 그와 반대되는 목회적 가르침에도 불구하고 몇몇 열광적인 치유 옹호자들이 이 입장을 고수했다(예컨대 Roque Cagas, 번역문, April 11, 2002에 나타난 불평).

332 Curtis, *Faith*, 90-91. Cullis가 한동안 약을 거부했다는 점에 관해서는 Synan, "Healer," 201을 보라.

333 Curtis, *Faith*, 91-93(Judd), 94(Simpson); Wacker, "Searching," 152-53(초기 오순절파). 옹호자들은 이것과 의지의 힘을 구별했으며(Curtis, *Faith*, 94-95) Simpson은 자신의 믿음에 의존할 것이 아니라 하나님이 주시는 믿음의 선물에 의존할 것을 강조했다(94-95). 오늘날 많은 사람이 이 접근법을 취한다. 예컨대 Bowler,

았음에도 치유되었다고 주장한다고 지적했다.[334] 컬리스는 궁극적으로 "그의 심각한 심혈관 문제로 인해 약을 사용"했지만 캐리 저드 몽고메리 같은 이들은 그녀의 남편이 건강 상태가 좋지 않았고 그녀 자신도 안경이 필요했음에도 계속 약을 사용하는 것에 저항했다.[335]

D. L. 무디는 하나님이 오늘날에도 치유할 수 있음을 긍정하면서도 사죄에 치유가 포함됨을 부인했고 그런 견해가 극단적이라고 생각했다.[336] 다른 많은 사람이 이 우려를 공유하게 되었다. R. 켈소 카터는 1879년 컬리스

___

"Bodies," 89-91은 E. W. Kenyon의 "감각 지식" 불신의 영향을 지적한다(89; 플라톤적인 뿌리를 반영한다). Sánchez Walsh, "Santidad," 155-56, 158도 보라.

334　Ibid., 113. 이미 1880년대에 회의론자들이 신앙 치유 증명서들이 약이나 크리스천 사이언스의 주장들과 같은 방식으로 마케팅되고 있다고 불평했다(112). 동정적이지 않은 관점에서 크리스천 사이언스의 역사에 관해 수행한 대중적인 조사는 예컨대 Schwarz, *Healing*, 124-38을 보라. 좀 더 동정적인 관점은 Oursler, *Power*, 101-12을 보라(치유 포함). 처음에 크리스천 사이언스에 영향을 주었던 최면술(Mesmerism)에 관해서는 121-24과 McClenon, *Events*, 187-89 그리고 Bishop, *Healing*, 89-92을 보라(최면술[hypnotism]은 19세기 중반까지 메스메리즘(mesmerism)으로 불렸다. McClenon, *Healing*, 92-93). 크리스천 사이언스 창시자인 Mary Baker Eddy는 Charles Cullis가 믿음과 더불어 약을 사용한다고 비판했다(Hartley, *Evangelicals*, 63). 질병의 실재를 부정하는 것은 치유를 주장하는 신약성서의 예와 유사하지 않기 때문에 나는 본서에서 크리스천 사이언스의 주장을 많이 다루지 않았다. 7장에서 언급된 바와 같이 다양한 다른 종교의 치유 주장을 포함하여 더 광범위한 주장을 다루는 책이라면 이런 기사들을 더 많이 포함할 필요가 있을 것이다. 마찬가지로 *Course in Miracles*는 전통적인 기적들과는 다른 내용을 갖고 있다(Perry, "Course in Miracles," 특히 184).

335　Reyes, "Framework," 87; Kay, *Pentecostalism*, 47. Hudson, "British Pentecostals," 294은 어떤 사람이 사망하자 Boddy가 하나님이 개인들을 각자의 상황에 따라 인도한다고 주장했다고 지적한다. Reyes, "Framework," 86-87은 Boddy의 아내의 관절염으로 인해 그가 약에 대해 저항하던 태도를 바꿨다고 전한다. E. N. Bell은 치유 "주장"을 승인하기는 했지만 좀 더 온건했다(85, 87. 참조. Shearer, "Believe," 7도 유사하다). 그러나 초기 오순절파의 많은 지도자들은 약을 불신했다(다음 사례들을 보라. Synan, "Healer," 196에 수록된 Seymour; 197에 수록된 많은 오순절파 신자들; idem, "Churches," 111-12에 수록된 초기 오순절 성결교회).

336　Curtis, *Faith*, 11.

의 사역을 통해 치유된 뒤 치유를 위한 속죄 신학의 선도적인 옹호자가 되었고 지금은 유명해진 찬송가 "주님 약속하신 말씀 위에 서"(Standing on the Promises, 1886, 찬송가 546장)를 작사했다.[337] 하지만 그는 훨씬 훗날에 3년 동안 병으로 고생하다 결국 의사의 말에 따랐다. 이 경험 뒤 그는 의사가 되어서 1897년 저술에서 그의 입장을 공개적으로 변경했다. 그는 여전히 치유를 믿었고 환자들을 위해 기도했지만, 치유가 자동으로 전유될 수 있다는 주장을 의심했다. 그는 이제 치유가 때때로 신비로울 수 있는 하나님의 뜻에 의존한다고 주장했다.[338] 도위를 제외하고 대다수 치유 교사들이 치유된 사람들의 사례에서 하나님의 주권을 더 많이 인정하는 쪽으로 이동했다.[339]

롤런드 빙햄 같은 몇몇 신앙 치유 선교사들은 말라리아 및 선교지의 다른 골칫거리에 직면했을 때 그들의 믿음으로는 충분치 않음을 발견하고 모든 사람이 신앙을 통해 치유될 것이라는 견해에 반대하게 되었다[340](하

---

337 그의 증언에 관해서는 Morgan, Sings, 215을 보라(그 노래는 214에 수록되었다). 다른 유명한 노래들이 큰 비극으로부터 나왔다(예컨대 "내 평생에 가는 길"[It Is Well with My Soul], 185, 찬송가 413장). 그의 속죄 신학에 관해서는 예컨대 Hartley, Evangelicals, 62을 보라.

338 Curtis, Faith, 197-99; Opp, Lord for Body, 32; Reyes, "Framework," 76; Baer, "Bodies," 150-51; Dayton, Roots, 129-32. Carter는 전에는 의학적 수단에 반대했다(Petts, "Healing and Atonement," 17).

339 Curtis, Faith, 199. 204에서 Curtis는 Elizabeth Annabelle Needham의 예를 언급한다. 그녀는 많은 사람이 치유되지 않았고 실현되지 않은 치유 주장에 대한 그 운동의 접근법에 반감을 드러냈다고 지적했다.

340 Opp, Lord for Body, 129(그가 병에 걸리고 그의 동료들이 사망한 후). A. B. Simpson이나 (대체로) R. A. Torrey와 달리 그는 사죄에 치유가 포함되어 있다는 것을 부인했다(Baxter, Healing, 128-30. Baxter 자신이 이 개념을 거부한 데 관해서는 127-37을 보라). (오늘날 몇몇 사람은 Baxter가 설명한 Torrey의 모호성을 하나님 나라의 이미/아직의 적용으로 생각할지도 모른다.) 말라리아는 아프리카 이외의 지역에서도 위험한 질병이었다(예컨대 인도 북동부에서도 그랬다. Downs, History, 60에 수록된 Miles Bronson의 역경도 참조하라).

지만 빙햄은 진정한 치유가 많이 발생했음을 계속 긍정했고[341] 직접 환자들을 위해 기도했는데 그들 중 때때로 치유되는 사람이 있었다[342]). 열성적인 찰리 밀러라는 사람이 겨우 스무 살 때 감리교 감독인 윌리엄 테일러를 돕기 위해 아프리카로 갔다. 그는 [기도를 통해] 치유되었다고 고백하면서 계속 약을 거부하다가 1885년 5월 7일 병으로 사망했다.[343] 이에 대응해서 테일러 감독은 밀러의 생명을 앗아간 극단적인 교리에 관해 불평했다. 테일러 감독 자신은 그리스도의 죽음이 "영적 회복뿐만 아니라 신체적 회복"도 제공했음을 긍정했지만 "부활 때까지는 몸의 구속 사역이 완성되지 않을 것"이라는 입장을 취했다.[344] 많은 그리스도인 연합 선교사들이 말라리아 치료를 거부하다 사망했으며 1890년대 무렵 그곳 소속 선교사들은 말라리아 치료를 위해 퀴닌을 사용했다.[345] 심슨 등은 이런 실패에 비추어 그들의 견해를 완화했다.[346]

현대 오순절파가 시작되고 나서 10년이 갓 지났을 때인 1915년 윌리엄 버튼은 "오순절파의 남아프리카 선교사 45명이 퀴닌을 사용하기를 거부해서 사망했다"고 지적한다. 그 선교회의 지도자인 보위는 몇 시간 동안

---

341 Baxter, *Healing*, 99-100에서 Bingham이 Cullis를 통해 많은 사람이 치유된 것을 찬양했음을 보라(Baxter는 Bingham의 친구였다). McGee, *Miracles*, 192-94에 수록된 논의를 보라.

342 Bingham이 기도했던 어떤 사람이 결핵이 치유되었고 50년 뒤에도 살아 있다고 증언했다(Fant, *Miracles*, 16-19에 수록된 P. W. Philpott. Bingham의 기도는 18에 수록되었다).

343 Curtis, *Faith*, 194.

344 Ibid.

345 Ibid. 그리스도인 연합 최초의 선교사가 벨기에령 콩고에 도착한 후 곧 사망한 사례를 포함한 몇 건의 사망에 관해서도 McGee, "Radical Strategy," 81을 보라. 의학적 치료를 거부하다 사망하는 일은 좀 더 최근에도 보고되는데, 예컨대 1980년대 초 미국의 한 교회에서 50명 넘게 사망했다(Sweet, *Health*, 160).

346 예컨대 Reyes, "Framework," 88. 참조. 하나님의 교회의 Anderson(Stephens, *Healeth*, 81, 106-9, 169-70).

열렬히 기도했음에도 27세에 사망했다.[347] 아프리카 그리스도인들은 서구의 오순절파 선교사들의 퀴닌 사용이 일관적이지 않음을 발견했고[348] 버튼 자신도 처음에는 퀴닌 사용에 저항했지만[349] 생존할 필요가 있다는 관점에서 퀴닌 사용에 동의했다.[350] 덜 급진적인 진영은 이미 하나님께서 종종 자연적 수단을 활용할 수 있을 때는 사람들이 그것을 사용하기를 기대한다고 믿었다. 치유되지 않는 것은 달리는 설명하기 어려워 보였고, 몇몇이 치유된 경험이 치유 신학을 정당화했던 것처럼 치유의 결여는 다른 사람들에게 그 운동을 비판하도록 동기를 부여한 것으로 보인다.[351] 19세기 중반 오순

---

347 Hudson, "British Pentecostals," 295. (아시아의 Grace Agar 같은) 몇몇 선교사는 계속 건강을 유지했지만, 오순절파 선교사들은 라이베리아에서도 종종 사망했다 (McGee, "Regions Beyond," 82-83).

348 Anderson, "Signs," 207, 당시 벨기에령 콩고로 불리던 곳에서 활동한 Burton의 사역의 맥락에서 기록한 내용임. Walls, *Movement*, 99은 그리스도 사도 교회가 탈퇴한 이유 중 하나는 "퀴닌을 사용한 선교사들에 대한 환멸이었다"고 지적한다 좀더 이른 시기의 사례로는 Parrinder, *Religion*, 97을 보라. 비록 다른 사람들은 유럽의 통제를 거부한 것이 핵심적인 요인이었다고 주장했지만 말이다. Burgess, *Revolution*, 69을 참조하라.

349 Hudson은 Burton이 현지인들이 치유되는 것을 보고서 선교사들의 사망을 이해할 수 없었다고 지적한다. 몇몇 오순절파 선교사들은 퀴닌을 복용하고 살아남아서 하나님께 영광을 돌렸지만, Burton은 필요하면 죽음을 통해서 하나님께 영광을 돌리는 것이 더 낫다고 주장했다(Hudson, "British Pentecostals," 295-96). Hudson(296)은 이를 사죄에 치유가 포함된다는 믿음의 논리적인 확장으로 본다.

350 Anderson, "Signs," 207. 그럴지라도 선교사들은 여전히 말라리아로 사망할 수 있었다. 예컨대 1951년 인도네시아에서 Ralph Devin이 53세로 사망했다("Devin"). Burton, "Villages," 7에서 Burton의 아내에 대해 언급되었고 그 자신에 대해 암시되었던 질병은 말라리아였을 수도 있다. 말라리아로부터 치유되었다고 주장한 사람들도 있었지만("Certainty of Healing"), 혈액 검사를 하지 않고서는 이 주장을 과학적으로 입증하기 어려울 것이다.

351 기적을 완전히 부인하기 위해 어떤 이들은 B. B. Warfield가 *Counterfeit Miracles*를 집필 중일 때 비극적으로 그의 병약한 아내를 잃은 것을 인용한다. 예컨대 Mullin, *Miracles*, 214을 보라(참조. Brown, *Miracles*, 199은 그들의 결혼 생활 내내 그녀가 끔찍한 병을 앓았다고 지적한다). A. C. Cooke의 딸의 질병 및 그녀가 치유되지 않

절파 지도자인 도널드 지는 사죄에 치유가 포함된다는 가르침이 너무 엄격하다고 생각했다. 그는 약을 거부해서 죽은 사람들의 영적 헌신을 긍정했지만 "그들의 건전한 판단"에는 의문을 제기했다.[352] 오늘날 많은 문화에서는 심지어 대다수 오순절파 신자들조차 자연적 수단을 사용할 수 있을 때는 하나님이 종종 믿음과 더불어 자연적 수단을 통해 역사하며 대개는 사람이 그것을 사용하기를 기대한다고 인정한다.[353]

개신교 비방자들은 그들의 기적들을 변증적으로 가톨릭이나 몇몇 기독교가 아닌 종교들에 돌려진 기적들과 비교했지만,[354] 초자연적 치유를 추구한 급진적인 개신교인들은 자신을 성경에 서술된 가르침과 초기 교회의 예를 믿고 그것들로 돌아가는 것으로 보았다. 다른 많은 성직자는 이례적인 예외를 인정하면서도 기적이 대체로 사도 시대에 그쳤다고 믿었다.[355] 이처럼 신적 치유에 관해 다양한 입장이 존재했다.

좀 더 심각한 비난은 많은 공개 집회에서 발생한 명백한 오용과 관련

은 뒤 Cooke가 Charles Price의 치유 운동에 대해서 보인 적대감에 관해서는 Opp, *Lord for Body*, 162을 보라. 그런 상실을 겪은 사람들의 감정은 이해될 수 있으며 그것이 사기를 폭로하려는 칭찬할 만한 욕구의 동기를 부여할 수도 있다. 예컨대 Peter May("Miracles," 146)의 며느리는 많은 경화증이 있었는데 이 점 및 다른 경험들이 "도덕적 분노"를 일으켰다.

352 Hudson, "British Pentecostals," 297. 몇몇은 더 나아가 그 견해를 거절했다(Kay, *Pentecostals*, 87-88). 이미 1915년에 독일의 오순절파 지도자인 Jonathan Paul이 대안을 제시했다(Hudson, "British Pentecostals," 297). 엘림 오순절 교회의 지도자 George Jeffreys 같은 사람들은 치유되는 사례와 치유되지 않는 사례 간의 긴장을 유지했다(Hudson, "British Pentecostals," 297-99. Jeffreys에 관해서는 298-99을 보라).

353 이 사안은 우리가 매일 필요한 양식을 위해 기도할 뿐만 아니라 그것을 위해 일하는 것과 비교될 수 있을 것이다. 재림파의 평균 수명이 다른 사람들의 평균 수명보다 길다는 사실은 운동, 식사, 휴식 같은 자연적 건강 수단의 가치에 관한 원칙을 제공할지도 모른다.

354 예컨대 Curtis, *Faith*, 76, 98을 보라.

355 Opp, *Lord for Body*, 75.

이 있었다. 빙햄은 지체 장애인들이 집회 중에는 그들의 다리에 힘이 있었지만, 집회 후에는 "무력한 상태로 돌아가는" 것을 보았다.[356] 1930년 어느 비판자는 새 치유 전도자가 그 마을에 올 때마다 치유되었다고 주장하는 사람이 많다고 불평했다.[357] 그런 관찰들로 말미암아 치유를 경험하고 건강을 유지한 사람들의 증언이 약해지는 것은 아니지만, 그 관찰들은 우리로 하여금 대중 집회 현장에서 제공된 모든 주장을 곧이곧대로 믿지 말도록 주의를 준다.

(6) 성별에 따른 치유

"박력 있는" "남성적인" 기독교를 강조하던 시기에 유행했던 신앙 치유에 대한 비판 중 하나는 오늘날 대다수 사람에게는 그다지 설득력이 없을 것이다. 많은 비판자가 신앙을 통한 치유를 "여성의 미신"으로 생각했다.[358] 이 불평은 부분적으로는 치유를 주장하는 사람 중 여성이 압도적으로 많은 데 기인했다.[359] 이 경향은 몇몇 다른 시기에도 존재했지만[360] 그런 불일치

---

356 Ibid., 171.

357 Ibid. 그 비판자는 근본주의 설교자인 T. T. Shields였는데 그는 객관적이지 않고 변증적이었지만, 이 비판은 타당해 보인다(그가 증언하는 모든 사람을 실제로 알아보았을 것 같지는 않지만 말이다).

358 Ibid., 76.

359 예컨대 Price의 집회에서 치유되었다고 주장하는 사람의 대다수는 여성이었다(때로는 여성의 비율이 92%나 되었다. Ibid., 160). 비록 Price 자신은 좀 더 많은 남성이 관여하기를 바랐지만 말이다(Tallman, *Shakarian*, 152). 같은 시기 Francisco Olazábal의 집회에서 보고된 치유 증언에서 여성의 증언이 압도적이었다(Espinosa, "Healing in Borderlands," 141).

360 여성이 그렇게 우세를 점한 현상이 모든 문화와 모든 표본에서 나타나는 것은 아니다(예컨대 Castleberry, "Impact," 151을 참조하라). 대다수 문화에서 여성이 압도적인 경향이 있지만 말이다(이는 아마도 다른 지역에서 표현이 제한되었

중 적어도 일부는 그 시기의 사회적 요인들에 기인한다.

빅토리아 시대의 정서에서 일하는 남성들은 건강을 그들의 정상적인 상태로 간주했고 종종 육체적 불평을 억압한 반면에, 여성은 대개 자신이 치유를 필요로 하는 존재라고 보았다.[361] 그 시대의 문학이 특히 병들고 고통 받는 여성을 이상화했다.[362] 그래서 여성이 공개적으로 건강 문제를 인정하고 치유를 증언하는 것이 남성이 그렇게 하는 것보다 문화적으로 더 쉽게 받아들여졌다. 오프는 빅토리아 시대 후 "신앙 치유에 대한 비판은 성별에 따른 색조를 유지했다. 이제 최면에 '걸리기 쉬움'이 빅토리아 시대 말기의 '감상주의'에 대한 우려를 대체했다"고 지적한다.[363] 어떤 근본주의 설교자는 1925년 신앙 치유를 여성의 "신경증"(hysteria)과 결부시켰고[364] 1910년 어떤 연극은 신앙 치유를 여성이 더 경신하는 것과 연결지었다.[365]

기 때문일 것이다). 1700년대 개신교 치유 기사에서 여성이 압도적이었다(Kidd, "Healing," 168). 루르드에서 그 수치는 약 2/3이지만(Marnham, *Lourdes*, 183. 참조. Cranston, *Miracle*, 154), 이는 그곳을 찾는 사람들의 여성 비율에 상응한다 (Cranston, *Miracle*, 154. 예컨대 247-58을 보라. 유명한 남성으로는 예컨대 137에 언급된 이름들을 보라). 가톨릭의 카리스마적인 기도 그룹 참여자 중 여성이 남성을 압도하지만 그들의 [치유] 경험은 대등하다(Csordas, *Self*, 31-32). 줄루 부족의 신앙 치유자(Crawford and Lipsedge, "Help," 138)와 브라질의 오순절파(Chesnut, "Exorcising," 172)에게서도 마찬가지다.

361 Opp, *Lord for Body*, 48. 이와 대조적으로 남성은 수동성을 칭찬받지 않았다(Curtis, *Faith*, 43).

362 Curtis, *Faith*, 38-50. 인기 소설에도 나타나는 "여성 병약자" 이미지에 관해서는 43을 보라. "신경증"에 대한 접근법의 역사에 관해서는 Capps, *Village Psychiatrist*, 15-21을 보라. 19세기 여성에게서 많이 진단되었던 신경증은 1930년대에는 사실상 사라졌다(22). 신경증은 간질 발작과 비슷했지만(111), 의사들은 별로 동정적이지 않았고 그것을 여성 신경 시스템의 약점으로 보았다(112).

363 Opp, *Lord for Body*, 168.

364 Ibid. (A. C. Gaebelein).

365 Ibid., 204(205-6도 참조하라). 아프리카계 미국인도 경신하는 것으로 나타난다 (Mullin, *Miracles*, 208-9에 나타난 묘사를 보라). 비록 그 연극의 저자가 신앙 자체를 거부한 것은 아니지만 말이다(208-10). G. K. Chesterton의 1913년 연극 역시

그런 비판이 성차별로 폄하될 수도 있지만, 문화적 기대로 인해 때때로 여성이 남성보다 이 운동과 동일시하는 것이 쉬웠을 수도 있다. 의술에 대한 강조에서 신적 치유에 대한 강조로 이동한 소수의 의사 중 대다수는 여성이었다.[366] 신적 치유 사역으로 전향한 많은 의사는 처음에 직접 치유를 경험했다. 예컨대 제인 베이커의 유방암이 기적적으로 치유되었을 때 뜨거운 다리미가 그녀의 가슴을 지나가는 것처럼 느껴졌다(1892년 보고). 그리스도인 몇 명이 그녀를 위해 철야 기도한 뒤 엘리자베스 켈러는 마차 사고로 발생한 어깨와 신경 부상이 치유되었다(1910년 보고). 플로렌스 머커트는 낙상으로 "내상을 입고 팔이 부러졌다." 하지만 기도 후 엑스레이를 찍어보니 치유된 것이 확인되었다(1922년 보고).[367]

캐나다에서 최초로 공식적인 의사 면허를 딴 여성인 제니 키드 트라우트는 퀸스 대학교에 여성 의과 대학이 설립되는 데 도움을 주었다. 그러나 오프에 따르면 그녀는 1891년 병에 걸렸다. 그녀는 기도 후 회복되었고 의료 분야에서 은퇴하여 환자들을 위해 기도하기 시작했다.[368] 의사에서 치유 사역자로 전환한 가장 유명한 사람은 릴리안 B. 여먼스였는데 그녀는 모르핀 중독에서 치유된 뒤 신적 치유를 공개적으로 옹호했다.[369] 아직도 읽히고

"여성과 사회적 소외층을⋯참된 신자"로 묘사했다(이 경우 효능이 있는 것으로 입증된 마법에 대한 믿음이었다, 219). 1923년 Wilson, *Power*, 14은 현지의 치유 사역에서 여성이 두드러짐을 지적했다.

366 Opp, *Lord for Body*, 195-202, 이 대목에서는 특히 196. 몇몇 남성 의사도 환자를 위해 공개적으로 기도하며 예컨대 Yoakum처럼 기도에 기인한 치유 주장을 하기도 한다(Glover, "Modern Miracles," 2에 수록된 내용). 하지만 Cullis는 계속 기도와 의료적 치료를 병행하면서 그것이 모순이라는 비난을 일축했다(Hartley, *Evangelicals*, 62-63).

367 Opp, *Lord for Body*, 196.

368 Ibid.

369 Yeomans, *Healing*, 7-16; Opp, *Lord for Body*, 196-98.

있는 그녀의 저서는 갑상선종, 시각 장애, 청각 장애, 보행 불능 치유 및 죽어가던 여성의 즉각적인 치유 등 다양한 신적 치유를 주장한다.[370]

3. 20세기 초 서구 기독교의 초자연주의적 주장

20세기 초에도 치유 주장이 계속되었지만, 경험이나 설명은 때로는 사회 계급 및 그것들이 보고된 교파에 따라 달랐다. 성경에 기록된 기적과 같은 종류의 기적이 지금도 계속된다는 믿음은 20세기 초에 주로 두 가지 형태를 띠었다.[371] 어떤 사람들은 당시의 지적 환경과 같은 맥락에서 현대의 신앙 치유는 마음이 물질을 지배하는 치료이고 이런 치료가 성경에 기록된 기적에도 빛을 비춰준다고 믿었다. (전적으로는 아니지만) 종종 사회적으로 덜 존중받는 계층의 사람들은 성경에 기록된 기적들은 초자연적 사건들이고 그런 사건들이 지금도 계속된다고 믿었다.[372] 기적적인 치유가 일반 교인들 사이에서 여전히 활발하게 발생하고 있었지만, 교회 정치와 지적인 체면에 대한 우려로 인해 많은 교회 지도자가 순전히 자연주의적인 설명을

---

370 이런 사례는 Yeomans, *Healing*, 123을 보라. 그는 다음과 같은 치유도 언급한다. 천연두(57-59) 결핵이 영구적으로 치유됨(60, 69), 불임(121-22), 기도 후 한 아이의 시력이 좋아짐(115-16), 안면 육종이 치유됨(그러나 즉각적인 치유는 아니었다, 119-20). 임종 직전의 회복 주장(예컨대 Woodard, *Faith*, 30-35, 64-65, 68-70, 90-91)은 기독교에만 국한되지 않는다. 자기를 믿었던 어떤 일본인은 명상을 통해 죽음의 문턱에서 회복된 후 샤먼이 되었다(McClenon, *Events*, 89-90).

371 20세기 치유 주장에 관한 간략하고 유명한 조사는 예컨대 Wimber, *Power Evangelism*, 175-85을 보라.

372 Mullin, *Miracles*, 214-16, 249(자연 기적은 부인하지만, 하나님이 마음 치료라는 자연적 방법을 통해 일하는 것을 인정하는 입장).

제공했다.[373]

기적 보고가 적용되는 방식에 관한 계급 간의 차이가 지속되었다. 현대 서구 학자들이 몇몇 기적 주장을 신용하지 않고 무시하는 경향이 있었던 데는 아마도 문화적 이유뿐만 아니라 무의식적인 계급적 이유도 있었을 것이다.[374] 그런 기적적인 치유 주장에 회의적인 어떤 저자는 반 세기도 더 전에 그런 주장이 "경제적·문화적·사회적으로 완전히 다른 배경 출신 계급의 사람들" 즉 "가난하고 소외된 사람들, 감정적인 종교에 특히 매력을 느끼는 서민들 사이에서" 발생해서 그들 가운데 번졌다고 불평했다.[375] 20세기, 특히 (주류 교파에서 카리스마적인 운동이 확산하기 전인) 20세기 초반 서구의 많은 기적적인 치유 주장이 매우 가난한 사람들에게서 보고되었다. 가난한 사람들은 의료 자원에 접근하기가 더 어려웠고[376] 서구 학계의 반초자연주의적인 철학적 전제에 영향을 덜 받았기 때문에 이 관찰은 놀랄 일이 아니다. 그리고 당시 사회 일반에서 교육을 받을 기회가 적었고 많은 치

---

373 Ibid., 248. 예수의 기적을 중시하지 않는 현대주의 신학도 참조하라(Idem, *History*, 206-7, 234; 211-12에 수록된 오순절파와 대조된다).

374 예컨대 Storms, *Convergence*, 29에 수록된 회고들에서처럼 말이다. Cox, "Foreword," xix은 서구에서조차 "소득, 인종과 사회적 지위상의 간극"으로 인해 오순절파들이 이전 시기 종교개혁의 유력한 교회들과 달라졌다고 불평한다. Hardesty, *Faith Cure*, 142-44에 수록된, 치유에 관한 계급의 편견에 대한 명시적이고 솔직한 논의를 보라.

375 Buskirk, *Healing*, 78-79.

376 몇몇 학자는 오늘날 서구에서는 적절한 의료 수단에 의존함에 따라 서구인들이 다른 많은 사람에게는 유일한 회복 수단인 신적 또는 초자연적 개입에 덜 의존하게 되었다고 주장한다(Winckley, "Healing," 178-79). 이 주장에 대해 어떻게 생각하든 간에 그런 의료 수단에 접근할 수 있는 우리는 그것에 대해 감사해야 한다. 그런 수단을 더 많이 이용할 수 있으면 더 좋다. Dowie의 집단 같은 소수의 집단과 달리 대다수 그리스도인은 경험 의학을 하나님의 창조 질서의 선물로 받아들인다. 그러나 Chevreau, *Turnings*, 16-17은 전 세계적으로 기적이 가난한 사람들 가운데서 훨씬 더 보편적임을 올바로 강조한다. 이 점은 확실히 누가복음의 신학에 부합한다 (참조. 눅 4:18-19).

유 주장이 나왔다.[377] 많은 학자는 예수와 1세기 사도들을 우리처럼 "합리적인"(또는 합리주의적인) 사람들로 보는 경향이 있다. 그러나 어떤 의미에서는[378] 예수와 열두 제자는 사두개파 대제사장들과 달리 특히 사회적으로 비천한 계층에게 인기가 있었던 대중적인 치유 운동의 몇몇 지도적인 인물에 좀 더 가까웠을 수도 있다. 확실히 사회적 엘리트와 학문적 엘리트는 그들의 교육 및 체면의 기준에 미치지 못하는 갈릴리의 예언자이자 현자인 예수를 경멸했다.

사실 만연한 치유 주장이 지난 세기 다양한 시기에 미국 대중문화의 많은 영역에서 관심을 끌었는데 나는 아래에서 그중 몇몇을 간략하게 요약할 것이다. 나는 이 단락에서 치유 사역과 관련된 몇몇 인물에 초점을 맞추기 때문에 내가 그렇게 하는 근거와 그렇게 하는 것이 복잡함을 알고 있음을 설명해야겠다. 내 근거는 신학적이 아니라 실용적이다. 대중 차원에서 보고된 치유 주장은 특별한 유명 인사에 국한하지 않으며, 이 인물들 대다수는 치유를 자신에게 돌리기보다는 직접 하나님께 돌리거나 (종종) 치유를 구하는 이들의 믿음에 돌린다. 따라서 우리는 치유를 그것을 보고하는

---

377 건강에 대한 지역 특유의 믿음에 관한 이전 연구들은 비전통적인 "주변" 인구에 초점을 맞춘 경향이 있었던 반면에 교육을 받고 철저하게 문화에 적응한 "주류" 집단 가운데서 지역 특유의 치료 전략에 의존하는 것에 대한 방대한 연구는 최근에야 인식되기 시작했음이 주목될 필요가 있다(O'Connor, *Healing Traditions*, 18과 거기서 인용된 많은 연구).

378 나는 이 대목에서 치유와 축귀 문제만 언급한다. 더욱이 그 관찰은 1세기 모든 그리스도인의 의견에 적용되려는 것도 아니다. 바울은 교육을 많이 받은 사람이었고 우리는 당시의 지적 환경과 연결지어 그에게 접근할 수도 있다. 역사가나 문헌에 관심이 많은 사람은 누가와도 공감할 수 있다. 그러나 Albert Schweitzer가 19세기 학자들이 예수를 1세기 묵시론자로 보지 않고 현대의 자유주의자로 본다고 도전했듯이 학자들은 예수의 대중주의적이고 카리스마적인 측면이 우리 자신의 접근법에 낯설어서 그것을 경시할 위험이 있다.

개인들에게 돌리기보다는 그런 요인들에 돌려도 무방하다.[379] 대중 집회에서 보고된 주장들도 이후 확인된 보고와 다르며 내 연구에서는 진정한 치료 대다수가 그런 집회들에서 나온다고 가정하지 않는다.[380]

더욱이 나는 부분적으로는 무작위 인터뷰에 근거해서 특정 진영에서 등장하는 기적 주장의 수(그 진영의 규모에 비례한다)가 그 진영이 얼마나 잘 알려지는지와 일치하지 않는다고 확신한다. 다른 사람들보다 효과적으로 자신을 광고하는 사역자들이 있는데, 나는 내가 특정 진영(다른 곳보다 더 많은 주장에 접근할 수 있는 곳)을 인용한 것이 다른 진영보다 그 진영을 좀 더 인정한 것으로 여겨질 것을 의도하지 않는다.[381] 나는 대체로 실용적인 이유로 이 진영들을 인용한다. 책으로 발행된 그런 주장들은 이런 인물들과 관련된 사례를 대량으로 수집하는 경향이 있는데, 그런 주장들을 수집하는 것

---

379 따라서 내가 이미 언급했듯이 반초자연주의자들과 달리 현재의 치유 은사는 부인하지만, 하나님이 때때로 기적적인 방식으로 기도에 응답한다는 것은 인정하는 온건한 은사중지론자들은 본서에 포함된 이런 많은 예를 인정할 수도 있다. 본서에 인용된 사람 중 그 기적을 자신에게 돌리기보다 하나님께 돌리는 사람의 비율이 높다. 온건한 은사중지론자는 루르드 같은 장소나 치유와 관련된 전도자의 사례에서 하나님이 주권적으로 또는 필사적인 개인의 믿음에 응답하여 행동할 수 있음을 인정할 것이다. 우리는 바울 서신에 등장하는 교회에서 나타난 치유 은사와, 누가가 강조하는 특히 새로운 장소에서 선교와 관련된 복음 전도에서 나타난 표적을 구분할 수도 있다. 누가의 신학에서 표적은 메시지를 전하는 사람이 아니라 메시지에 대해 하나님이 은혜롭게 증명하는 것을 반영한다(행 3:12, 16; 14:3). 그러나 많은 경우 바울 서신에 나타난 치유 은사(고전 12:9)조차 하나님이 치유하실 것이라는 데 대한 특별한 믿음을 암시할 수도 있다(참조. 롬 12:3, 6; Keener, *Romans*, 145-46에 수록된 논의를 보라). 이례적인 힘(참조. 왕하 13:20-21; 막5:27-31; 눅 6:19; 8:46; 행 5:15-16; 19:11-12)이 표적에 속하는지 아니면 치유 은사에 속하는지에 관해 논란이 있을 수 있다(엄밀히 구분하자면 아마도 전자일 것이다).

380 Schwarz, *Healing*, 35-51에서 논의되는, 유명 인사 스타일의 복음 전도자들에 반대하는 대체로 균형 잡힌 경고를 보라. 설교자들이 설교 현장에서 일어나지도 않은 치유를 주장할 수 있음을 상기시켜주는 내용은 117, 146을 보라.

381 기적을 주장하는 사람들은 다른 모든 사람과 마찬가지로 다양한 인간적인 약점을 보인다. 나는 어떠한 약점도 부인하는 사람들의 판단을 신뢰하지 않는 편이다.

이 이 단락의 목표 중 일부이기 때문에 내가 이 대목에서 그런 다양한 주장을 언급하는 것이 내게 실용적으로 유익하다.[382] 복음서들과 사도행전에서도 하나님은 종종 개인들을 통해 기적을 일으켰기 때문에 내가 그렇게 하는 것으로 인해 비교가 약해지지는 않는다.[383]

(1) 도로시 케린

나는 브리튼 제도의 20세기 성공회 치유자인 도로시 케린과 제임스 무어 힉슨부터 시작한다.[384] 1912년 2월 18일 성공회 신자인 젊은 도로시 케린은 환상 중에 결핵이 치유되었다.[385] 그녀는 이렇게 증언했다. "나는 5년간 걷지 못했지만 이제 아주 잘 걸을 수 있고 조금도 흔들리지 않는다. 사실 나는 전혀 아프지 않았던 것 같이 아주 건강하고 힘이 있다고 느낀다."[386] 그녀의 의사는 토요일 저녁 기력 소진과 당뇨병으로 죽어가는 그녀를 떠났다. 다음 날 그녀가 회복되었다는 말을 들었을 때 그는 그녀가 죽은 것

---

382 1904-5년 웨일스 부흥에 관련된 인물들도 마찬가지다(Synan, *Voices*, 90-92). 그 부흥은 전 세계에 영향을 끼쳤다(Orr, *Awakenings*, 115-18).

383 Go, "Ministry," 81과 같은 의견이다(좀 더 자세하게는 예수가 제자들에게 그들의 천국 선포와 관련하여 이 활동을 위임한 것을 보라, 81-86). 출애굽 내러티브에서는 Osborne, "Miracles," 305을 보라(모세와 아론을 통한 하나님의 특별한 활동을 강조한다). 나는 그 비교가 특별히 유용하다고 생각하지 않지만 심령 현상과의 병행을 주장하는 사람들은 이런 현상이 특정한 개인들을 통해서 좀 더 현저하게 나타난다고 지적한다(Thouless, "Miracles," 257).

384 당시에 공식적인 "카리스마적 갱신"은 존재하지 않았지만, 성공회의 카리스마파는 훗날 교회의 중요한 요소가 되었다(Synan, "Renewal," 151-58).

385 Gusmer, *Healing*, 13; Rose, *Faith Healing*, 105; Maddocks, *Ministry*, 101-2. 몇몇 저자들은 뇌막염도 인용한다. 그녀는 성찬식이 자기에게 영향을 끼쳤고(Kerin, *Touch*, 8) 천사가 자기를 치유했다고 믿었다(10-11).

386 Kerin, *Touch*, 12(치유된 직후 몇 년 만에 처음으로 배불리 먹었다고 지적한다).

을 누군가가 오해했다고 생각했다. 병원에 도착해서 그녀가 걸어 다니고 계단을 뛰어서 오르내리는 것을 본 그는[387] "위대하신 하나님, 이 모든 것의 의미가 무엇인지요?"라고 외쳤다.[388] 그녀의 이전 진단에는 어떤 의문도 없었다고 주장하는 그의 진술이 2월 21일 그 지역의 신문에 실렸다. 그는 "내가 그것을 읽는다면 나는 확실히 그것을 믿지 않을 것이다. 그녀는 지금은 건강해졌지만 나는 그녀가 어떻게 병이 나았는지 알지 못한다"고 인정했다.[389] 또 다른 인터뷰에서 그는 그녀가 이미 오래전에 죽었어야 정상이었을 정도로 그녀의 결핵 및 다른 병들이 너무 많이 진행되었다고 지적했다.[390] 훗날 그녀가 강도를 만나 중상을 입었을 때 그녀는 또 다른 극적인 치유를 경험했다.[391] 다양한 목격자들이 그녀가 이 사례들에서 얼마나 죽음에 가까웠는지, 그리고 그녀의 즉각적인 치유가 얼마나 놀라운 것이었는지에 관해 증언했다.[392]

대주교 랭은 훗날 그녀에게 안수하여 치유 은사를 통해 사역하도록 위임했고 그녀는 사역을 위해 유럽의 다른 지역과 미국도 방문했다.[393] 사람들은 그녀가 저명한 의사를 포함하여 여러 사람을 치유했다고 믿었다.[394] 많은

---

387 Ibid., 13. 의사가 그녀의 죽음이 임박했다고 믿은 데 관해서는 7도 보라.

388 Ibid., 14.

389 Ibid., 14-15.

390 Ibid., 15.

391 Ibid., 28-37. 이 때의 환상에는 천사와 예수(31, 36)뿐만 아니라 성모 마리아(33) 도 포함되었다.

392 Ibid., 49-85에 수록된 부록은 그녀의 병과 회복에 관한 목격자 증언을 포함하고 있는데 그중 몇몇은 몇 개월간의 관찰에 근거했다(간호사들의 증언, 58-59, 83-85; 또 다른 의사의 증언, 80-82).

393 Gusmer, *Healing*, 13. 그녀는 예컨대 Kerin, *Touch*, 39-40에 수록된 치유들을 언급한다. 그녀는 하나님이 자신의 "시간에 그리고 자신의 방법으로" 기도를 듣는다고 지적한다(ibid., 40).

394 Rose, *Faith Healing*, 105은 치료된 질병 대다수는 명백히 "심인성"이었다고 지적

치유 주장[395]에는 담석[396]이 사라진 사례와 한쪽 눈이 예기치 않게 회복된 후 수술을 취소한 사례[397]가 포함된다. 개별적으로 살펴보면 이런 주장 중 많은 사례는 때때로 저절로 완화되는 것으로 알려진 질병들과 관련이 있지만(질병이 종종 저절로 낫듯이 말이다), 그녀의 최초의 치유 같은 몇몇 주장들은 이례적인 것으로 보인다.

(2) 제임스 무어 힉슨

영국 성공회의 제임스 무어 힉슨은 1920년대 초 존경받는 저명한 치유 사역자였는데 그의 치유는 전 세계의 성공회 주교들을 통해 확인되고 정리되었다.[398] 그 시기의 미디어 보도들은 성공회 교회에서 받아들여진 그의 사역

한다. 그녀의 성공회 치유 사역에 관해서는 Gusmer, *Healing*, 112-14을 보라.

395 Kerin, *Fulfilling*, 123-60에 길게 수록된 내용을 보라.

396 또는 신장 결석(어느 것인지는 특정되지 않았다). Thomas Golby는 70세 때 결석이 발견되기 전 1년간 병석에 누워있었다. 그녀가 기도한 뒤 통증이 그쳤고 두 달 안에 결석이 사라졌다(Kerin, *Fulfilling*, 142). 결석은 통증 없이 사라지는 경우가 드물기는 하지만 저절로 없어지기도 한다.

397 Ibid., 146-47. 그 텍스트는 녹내장이 사라졌는지를 명시하지 않았지만, 의사의 판단은 이 판단을 암시할 수도 있다.

398 Hickson, *Heal*, 여러 곳을 보라(나는 의사 Gary McGee를 통해 이 책을 알게 되었다). 그 책은 많은 목격자로부터 보고된 치유 주장이 담긴 서신들을 포함한다. 출간 연대를 감안할 때 그가 이름들을 지어냈거나 서신들을 위조했다면 그것은 이례적으로 자만한 행동으로서 바로 탄로 나고 불신되었을 것이다. 성공회에서 그를 비방한 사람들은 대개 심리적인 설명을 선호했지만, 주교들에게서 나온 목격담을 마지못해 인정했다(Henson, *Notes*, xiii-xiv). Opp, *Lord for Body*, 150은 Hickson이 오순절파 스타일이나 치유가 사죄에 포함된다는 이론을 채택하지 않고 성공회와 영적 치유에 대한 성공회의 관심에 충실히 머물렀음을 강조한다. 그의 치유 사역은 성공회에서 오랫동안 우호적으로 기억되었다(예컨대 Gusmer, *Healing*, 12-13, 46; Maddocks, *Ministry*, 100-1). Mews, "Revival," 299, 303-5, 312-19, 322-23, 328-31에 수록된 좀 더 다양한 의견을 참조하라. 1908년, 1920년, 1930년, 1958년 램버스 회의는 치유 사역을 논의했고(Gusmer, *Healing*, 12) 1978년 회의는 치

이 넓은 관심을 끌었고 신앙 치유를 존중하는 사회 계층의 수준을 높였음을 입증한다.[399] 힉슨은 자신에게는 어떤 능력도 없음을 강조했다. 그는 예수의 이름으로 사람들에게 안수했다[400](아쉽게도 그의 은사는 가르침에 있지 않고 치유에 있었는데, 몇몇 관찰자는 그가 후에 공개적으로 강론한 내용으로 인해 상당히 많은 그의 초기 치유 사역이 무색해졌다고 생각했다[401]).

그는 자기가 열네 살 때 호주에서 사람들을 위해 기도하기 시작했을 때 그들이 치유되기 시작했다고 주장한다.[402] 그는 미국에서 수천 명을 대상으로 사역했는데, 그 사역은 성공회 교회들에 기반을 두었지만 다양한 교파에 소속된 사람들에게도 영향을 주었다.[403] 그는 이집트의 콥트교도들을 대상으로 사역했으며,[404] 실론(현재는 스리랑카)에서도 사역했고,[405] 인도[406]와

유 사역을 훨씬 더 강하게 긍정했다(Maddocks, *Ministry*, 107; idem, *Call*, 66-67).

399 Mullin, *Miracles*, 237-41.

400 Mews, "Revival," 304. 예컨대 Hickson, *Bridegroom*, 283을 참조하라.

401 Mullin, *Miracles*, 246. 나는 내가 Bridegroom(1937)의 저술에서 수집한 표본들에 대해 심각한 문제를 발견하지 못했다.

402 Hickson, *Heal*, 6-7. 참조. Idem, *Bridegroom*, 101. 대주교는 1909년 Hickson이 자신에게 보낸 유사한 보고를 회상했다(Mews, "Revival," 312-13).

403 Hickson, *Heal*, 15-17. 그에게 보낸 서신들, 특히 교회 지도자들이 보낸 서신들에서 확인된 치유로는 다음과 같은 사례가 있다. 파손되어 외과적으로 제거하려던 코가 자라남(19), 여러 청각 장애, 시각 장애, 갑상선종(29), 관절염으로 누워 지내던 사람(29), 시각 장애(31-32), 한 아이의 시력이 회복됨(37-38), 그리고 마비(43-44). 다양한 교파들에 관해서는 예컨대 45-46을 보라.

404 Ibid., 47-48. 그를 비방하는 사람 중 한 명은 "내가 사례를 수집할 수 있는 한" 그곳에서 치유된 사람은 소수에 지나지 않았다고 주장했지만(Mews, "Revival," 323), Hickson 자신은 대다수가 치유되었다고 주장하지 않았다.

405 Hickson, *Heal*, 48-51.

406 Ibid., 51-67; idem, *Bridegroom*, 177-78, 393. 1920년 인도에서 일어난 치유에는 그곳의 목사가 말한 사례들이 포함된다(*Heal*, 53). "지금까지 휘었던 한 소녀의 두 다리가 펴졌다. 어떤 청년은 3년 만에 최초로 보았다. 우리는 어떤 여성이 들것에 실려 교회에 왔는데 집에 갈 때는 걸어서 갔다는 말을 들었다. 그리고 우리는 가난하고 늙은 그리스도인 여성의 시력이 회복된 것을 보았다." 질병이 점진적으로 치

중국,[407] 일본,[408] 필리핀,[409] 중동[410]과 유럽[411]에서 사역했고 남아프리카공화국과 로데시아(지금은 짐바브웨)의 다양한 인종[412]에게 사역했으며 호주, 태즈메이니아 그리고 뉴질랜드에서도 사역했다.[413] 그는 즉각적인 치유와 점진적인 치유를 확인하는 이 지역들의 교회 지도자들로부터 받은, 날짜가 적힌 서신들을 수록한다(물론 안타깝게도 기도를 요청한 많은 이들이 병세가 호전되지 않았다). 그는 현지 신문들이 치유 집회와 치유된 사람들을 보도한 기사들도 수록한다. 신문에 보도된 치유 사례에는 청각 장애, 시각 장애, 마비 등의 치유가 포함된다.[414] 콜카타 집회(1921년 3월 19-24일)의 어느 목격자는

유된 경우도 있었다. 인도의 다른 곳에서 일어난 치유들은 55, 62에 언급되었다(청각 장애, 시각 장애, 마비). 1921년 초 한 제보자(63-64)는 자기들이 17건을 확인했으며 자기는 오랫동안 걸을 수 없던 사람이 걷는 것을 보고 너무 놀라서 길을 멈추고 그녀의 신원을 확인해야 했다고 지적했다.

407 Hickson, *Heal*, 68-81.
408 Ibid., 81-88.
409 Ibid., 88-90.
410 Ibid., 91-97.
411 Ibid., 97-110.
412 Ibid., 111-43(남아프리카공화국); 143-54(로데시아, 지금은 짐바브웨). 이 방문은 성공회의 영적 치유 수용에서 정점을 기록했는데, 영적 치유는 현지의 관심사에 잘 부합했다(Ranger, "Dilemma," 355-58).
413 Hickson, *Heal*, 155-203(호주와 태즈메이니아); 204-39(뉴질랜드). 호주에서는 다수의 완전한 청각 장애, 장기간의 보행 불능, 시각 장애 치유 사례가 있었고 (196) 뉴질랜드에서는 많은 시각 장애, 마비, 갑상선종 등의 치유가 있었다(205-6, 212-13, 217-20). 어떤 비판자는 호주의 집회에서 많은 사람이 치유되지 않아 실망했다고 주장했다(Mews, "Revival," 305). 그러나 우리는 Hickson이 결코 모든 사람이 치유된다고 주장한 적이 없음을 지적해야 한다. 뉴질랜드(1923)에서는 영구적인 치료를 경험한 사람의 수가 원래 추정했던 것보다 적었지만, Hickson의 뉴질랜드 사역은 장기적인 영향을 주었다(Farley, "Mission을 보라").
414 때때로 장기간의 완전한 청각 장애가 치유된 사례는 예컨대 Hickson, *Heal*, 29, 74-75, 87-88, 118, 121, 123, 124, 128, 129, 130, 134, 135, 141, 151, 152-53, 159, 162, 183, 191, 196, 212-13, 218, 220을 보라. 갑상선종 치유는 29, 212, 220, 226을 보라. 시각 장애가 치유된 몇몇 사례는 Keener, *Acts*의 행 9:18 주석 부분에

이렇게 썼다.

> 나는 시각 장애인의 눈이 즉각적으로 뜨이는 것을 보았다. 한 명은 노인이었고 한 명은 선천적 시각 장애인인 여섯 살 아이였다. 다른 사람들이 내게 그들이 보기 시작했다고 말했다. 집회 마지막 날 아침 예배에서 어느 뱅골인 아버지가 내게 달려와서 12년 동안 마비 환자였던 자기 아들을 보여주었고, 사람들이 힉슨 씨에게 데려올 때는 움직일 수 없어서 들것에 실려 왔던 사람이 걸어서 집회 장소를 떠났다.[415]

한커우와 우창에서 열린 집회에 참석한 어느 사역자는 이렇게 증언했다.

> 보행 지체 부자유자였던 사람이 똑바로 걷는다. 말하지 못하던 두 아이가 말할 수 있다. 명백히 죽어가던 상태에서 성당에 온 아기가 거의 즉각적으로 치유되었다. 의사에게 4년 동안 치료를 받았어도 눈의 질병이 치유되지 않던 어떤 병원 전도자는 거의 치유되어서 성당을 떠났다.[416]

한 목격자는 남아프리카공화국에서 세 살 때부터 듣지 못하고 말하지 못하던, 아홉 살쯤 된 인도 소년 주위에 군중이 모여든 것을 묘사했다. 그 목격자는 그 소년이 이제 들을 수 있다는 것을 발견했다. "그때 시청의 시계가 정각을 알리는 소리를 내자 그 아이는 매우 즐거운 표정으로 시계를

등장하고 마비 사례는 행 9:34 주석 부분에 등장한다. McGee, *Miracles*, 186, 300은 Hickson의 집회에 관한 당시의 많은 신문 기사를 인용한다.
415 Hickson, *Heal*, 65-66. 제보자는 자기가 아직 조사하지 못한 다른 사례들에 대해서도 들었다고 지적한다.
416 Ibid., 76.

올려다보았다."[417] 남아프리카공화국 현지 신문들은 1922년에 발생한 많은 치유를 확인했으며 청각 장애 및 다른 질병의 치유 사례를 기사로 실었다.[418] 어떤 열여섯 살 소년은 치유되고 나서 소리에 반응했지만, 말에 "익숙하지 않아서 자기가 말하고 싶은 것을 말할 수 없어 그저 웃기만 했다."[419] 힉슨을 통해 보존된 증언 서신들 외에 우리는 1920년 인도에서 힉슨이 사역한 활동에 관한 나구푸르 주교 에어 채터턴의 회고도 갖고 있다. 그는 그리스도인뿐만 아니라 힌두교도와 무슬림도 치유받으러 왔다고 지적한다. 힉슨의 몇몇 견해에 대한 유보에도 불구하고 채터턴은 힉슨이 하나님에게서 나온 진정한 치유 은사를 지닌 따뜻한 사람이라고 생각했다.[420] 1924년 10월 영국에서는 다양한 신문(「브래드퍼드 데일리 텔레그래프」[Bradford Daily Telegraph], 「요크셔 이브닝 아르거스」[Yorkshire Evening Argus], 「요크셔 업저버」[Yorkshire Observer])이 영국에서 힉슨의 사역을 통해 일어난 놀라운 치유들을 보도했다.[421] 그 신문들은 예컨대 브래드퍼드에 거주하는 사라 앤 핀폴드 여사가 류마티스 관절염으로 몸이 마비되었고 두 번의 수술을 받았어도 차도가 없었지만, 갑자기 목발을 버리고 걷기 시작했으며 이후 계속 걸을 수 있

---

417 Ibid., 121. 태어날 때부터 듣지 못했던 다른 이들의 치유에 대해서도 비슷한 표현이 서술된다(예컨대 Miller, *Miracle of Healing*, 49-50). 선천적으로 듣지 못하던 사람의 치유에 대해서도 마찬가지다(Tari, *Breeze*, 15-16).

418 Hickson, *Heal*, 122-23, 129-30, 134-35. 참조. 152-53. 1922년 더반 근처의 한 성직자는 시각 장애, 청각 장애, 마비의 치유 등 자기 눈으로 본 것을 좀처럼 믿을 수 없다고 지적했다(124). 요하네스버그에서 일어난 것으로 알려진 치료 목록은 상당히 길다(128). 남아프리카공화국 신문들 역시 한 세대 후 다른 사람들을 통한 치유를 정리했다(Stewart, *Only Believe*, 99-100).

419 Hickson, *Heal*, 134.

420 Mews, "Revival," 307.

421 Ibid., 301-4. Hickson, *Bridegroom*, 223-24 역시 죽어가던 여인이 병상에서 일어나 며칠에 걸쳐 회복된 것을 필두로 Hickson이 영국에서 행한 치유 사역을 보고한다.

었다고 보도했다.[422] 좀 더 회의적인 조사자는 그녀가 여전히 걸을 수 있고 좀 더 나아지기는 했지만, 완전히 치료된 것은 아니라고 불평했다.[423] 신문들은 치료에 대해 보도하기는 했지만 그 집회들의 조용한 예배를 더 강조하는 것으로 보였는데,[424] 그것은 아마도 당시에는 집회의 소리 수준에 제한을 두지 않았던 오순절파와 대조하기 위함이었을 것이다.

이 시기 교회 지도자들이 "자연의 획일성"(초자연적 활동을 부인하는 일반적인 근거)을 널리 받아들였기 때문에[425] 힉슨의 사역은 칭찬뿐만 아니라 교회의 비판도 받았다. 그는 특히 제1차 세계대전 전에 어려움을 겪었다. 뭄바이의 은퇴 주교와 몇몇 부유한 여성, 그리고 몇몇 성직자가 1905년에 설립된 그의 엠마누엘 소사이어티(Society of Emmanuel)와 가깝게 동역했지만, 그는 특히 가난한 사람들 가운데서 사역했다.[426] 1909년에 힉슨을 만난 대주교 데이비드슨은 힉슨의 견해 중 일부는 받아들였지만, 손수건을 통한 치유 전달 가능성 같은 다른 견해들에 관해서는 매우 회의적이었다.[427]

---

422 Mews, "Revival," 302-3은 그 신문들을 인용한다.

423 Ibid., 306.

424 Ibid., 303. Mews는 젊었을 때 그 예배에 참석했던 목사와 나눈 대화도 인용하는데, 그 목사는 Hickson이 축복한 후 주교가 안수했다고 기억했다(304).

425 Ibid., 313-14을 보라.

426 Ibid., 312. 참조. 1906년 보스턴에서 설립되어 Elwood Worcester 목사를 통해 인도된 성공회 엠마누엘 운동(Oursler, *Power*, 113-17)과 1947년 설립된 성 누가 단체(117-18)도 마찬가지였다.

427 Mews, "Revival," 312-13. 환자 자신이 직접 갈 수 없을 때 손수건을 사용한다는 Hickson의 아이디어는 행 19:12에서 나왔다. 초기 오순절파의 관행은 진짜이고 속임수가 없었던 것으로 보인다(Parsons, *Acts*, 278-79. 279-80에서는 유물과도 비교한다). 예컨대 영국의 어느 오순절파 신자는 정신질환을 앓고 있는 미국의 젊은이가 이 방법을 통해 기도를 받았고 그 후 18세에 고등학교를 무난히 졸업했다고 보고했다(Stormont, *Wigglesworth*, 105-6). Osborn, *Healing*, 47은 물리적으로 집회에 참석할 수 없을 때 믿음을 위한 접촉점으로서 그 방법의 효능을 보고한다. Salmon, *Heals*, 80-81은 그런 치유를 언급한다(그러나 손을 "얹는 것"을 선호한다, 81). 대리 및 원격 치유에 관한 좀 더 일반적인 내용에 관해서는 78-81을 보

그러나 1920년대 프로이트 등에 의해 개척된 새로운 심리학이 점점 더 수용됨에 따라 사회에서 마음 치료와 신앙 치료를 허용하는 문이 열렸고[428] 따라서 종교적인 치유 주장이 덜 병적으로 보이고 덜 하위 계층에 속한 것으로 보이게 되었다. 그런 설명이 힉슨 자신의 설명과 일치하는지는 요점을 벗어난 것이다. 그런 상황은 치유 사역을 위한 사회적 공간을 창출했다. 그러나 힉슨이 이 시기에 새롭게 인기를 얻었는데도 특히 영국에서는 목회적인 비방자들이 남아 있었다. 1924년 모든 초자연적 현상 주장을 의심하는 런던의 세인트 폴 대성당 주임 사제는 힉슨의 사역이 미신적이고, "충분히 교육받지 못한" 사람들에게 영합하며, 따라서 교회의 체면을

라(아이의 고열 포함, 78-79). 복음서에서는 마 8:8-13//눅 7:6-10; 요 4:50-53을 보라. 나이지리아에서 유행하는 예는 예컨대 Folwarski, "Point of Contact"를 보라. Koch, *Zulus*, 106에서는 아프리카 남부에서 슬리퍼가 사용되었다. Ibid., 105에서는 인도에서 외투가 사용되었다(두 경우 모두 응급상황에서였다). 다음 사례들을 참조하라. Anderson, *Pelendo*, 133에 수록된 담요 사용; Robeck, *Mission*, 106에 수록된 아주사 스트리트와 관련된 사례; Wacker, *Heaven Below*, 94에 수록된 Wigglesworth와 기타 초기 오순절파 신자들의 사례; Shearer, "Believe," 7-8에 수록된 초기 오순절파 신자들(그것이 죽어가던 여성의 몸에 닿자 그녀가 치유되었으며 그녀는 이후 건강을 유지했다); Glover, "Healings," 16(죽어가던 사람이 접촉한 순간부터 점진적으로 호전되어 완전히 치유되었다); idem, "Recent Healings," 13(두 건); Reiff, "Los Angeles Campmeeting"(두 건. 14에 수록된 사례는 장로교 사역자의 아내가 치유된 경우였다); Otero, "Convention"; Wise, "Healings"(보지 못하는 선교사가 치유되었다); 이단자 A. H. Dallimore(Guy, "Miracles," 457-58). 좀 더 최근 사례로는 예컨대 다음 문헌들을 보라. Woldu, *Gifts*, 141-42; Stewart, *Only Believe*, 149; Bowler, "Bodies," 93. 루르드를 신봉하는 사람들도 마찬가지로 신앙을 위한 접촉점을 발견하는데(Cranston, *Miracle*, 161) 때때로 루르드에서 가져온 물이 사용된다(311). 유물 외에 신앙을 취한 다른 접촉점으로는 예컨대 게브르시온의 동굴에서 가져온 기름을 보라(Michael, "Gäbrä-Seyon").

428 Mews, "Revival," 316-18. 미국에서는 인기 있는 잡지들조차 치유 주장에 관한 글을 실을 수 있었다. 예컨대 Daggett, "Miracles"를 보라(McGee, *Miracles*, 174에 인용되었다).

손상한다고 비난했다.[429] 1925년 더럼의 주교는 힉슨과 그의 동료들의 접근법이 그릇되었다고 비판하면서도[430] 전 세계의 성공회 감독들이 힉슨의 주장에 대한 목격담을 제공한다는 점을 마지못해 인정했다.[431] 치체스터의 주교는 힉슨이 "개종하지 않은 아프리카인 수백 명"에게 안수했으며 그들 중 몇몇이 치유되었다는 것을 발견하고 경악했다.[432] 영국의 여러 주교가 소수의 환자를 위해 조용히 기도하는 것은 수용할 수 있지만, 군중을 위해 기도하는 것은 받아들일 수 없다고 지적했다. 그러나 힉슨은 이 시점에 자신이 그것을 원했든 원치 않았든 간에 불가피하게 많은 군중을 끌어들였고 그 일로 말미암아 몇몇 성직자의 적대감을 유발했다.[433] 긍정적인 성공 사례가 아무리 많아도 몇몇 비판자의 적대감을 막을 수 없었다는 것은 말할 필요도 없다.[434]

힉슨이 설립한 성공회 신적 치유 선교회(The Anglican Divine Healing Mission)는 그의 사후 차츰 쇠퇴했다.[435] 하지만 이 치유 본부는 훗날 조지 베

---

429 Mews, "Revival," 304-5은 "동료 성직자"가 그 사제의 논증을 "순수한 자연주의"로 거절했다고 지적한다. 우리는 이 시기가 미국에서 근대주의-근본주의 논쟁의 시대였다는 점도 인식해야 한다.

430 Henson, *Notes*, 90-113.

431 Ibid., xiii-xiv. Henson은 이 대목에서 Hickson에 대한 자신의 반대는 성공회 전체의 정서에서 소수 의견이라는 점을 인정한다.

432 Mews, "Revival," 326.

433 Ibid., 326-28. Hickson은 자기가 일부러 대규모 사역을 하려고 한 것이 아니며 참석 규모를 미리 알 수도 없었다고 항의했다(328).

434 훨씬 훗날에도 몇몇은 "비이성적인" 신앙 치유를 모독하여 "마법적인" 접근법이라고 정죄했다(예컨대 Salsman, "Healing," 149-53은 참으로 사기적인 치유자들뿐만 아니라 다른 치유자들도 반대했다. 154-55에서 그는 자신의 상태를 받아들이는 것만이 타당한 영적 치유 형태라고 본다. Boggs, "Cults"; idem, *Faith Healing*). 20세기 중반의 다른 사람들은 좀 더 긍정적이었다(Bonnell, "Valid"는 약뿐만 아니라 기도도 허용한다).

435 Bennett, *Miracle*, 13.

네트의 리더십을 통해 재기해 추가적인 치유를 보고했다. 그러나 이때는 힉슨이 사역하던 기간과는 달리 심리적 치유가 좀 더 강조되었다.[436] 힉슨은 알프레드 프라이스 등에게 영향을 주었는데 프라이스는 결국 필라델피아 성 스데반 성공회 교회에서 치유 사역을 시작했다.[437] 이 교회는 그동안 많은 치유를 보고했다. 예컨대 어떤 여성은 발목부터 무릎까지 종기가 생겨 고름이 나오고 있었다. 그녀는 여러 의사에게 괴저 진단을 받았고 제퍼슨 병원에 입원하려고 준비하고 있었는데 여차하면 다리를 절단할 수도 있었다. 하지만 그녀는 그 교회에 기도하러 갔다가 지팡이 없이 그곳을 나왔다. 다음 날 아침 그녀의 붕대가 풀렸을 때 의사는 경악했다. 그녀는 "나는 이틀 만에 완전히 치료되어 퇴원했습니다"라고 말했다.[438] 또 다른 예를 들자면 1949년 복부 종양으로 피를 흘리고 있던 루터파 사역자의 나이든 미망인이 수술받지 않으면 사망할 것이라는 말을 들었다. 기도 후 그녀는 호전된 것을 느꼈고 엑스레이를 찍어보니 종양이 사라졌다.[439] 다른 치유 증언으로는 한 소년의 내반족, 한 소녀의 뇌막염 치유 등이 있다.[440]

---

436 Ibid., 41, 48. Howard J. Cobb 목사는 자기가 곧 죽을 것으로 믿고 있다가 살아났다. 그는 치유 사역에 헌신하여 1928년 크로우허스트 치유 본부를 설립했다. Bennett는 1958년 크로우허스트 본부의 수장이 되었다(Maddocks, *Ministry*, 103). Maddocks 자신의 이야기에 관해서는 Maddocks, *Call*을 보라.

437 Oursler, *Power*, 201. Oursler는 그 교회의 치유 사역에 관해 추가로 세부 사항을 제공한다(120-24). 다른 사람들도 Price의 광범위한 영향을 인용한다(예컨대 Peterman, *Healing*, 3). Hickson은 많은 성공회 교회로 하여금 치유 기도를 수용하도록 영향을 주기도 했다(참조. 예컨대 Hickson, *Bridegroom*, 349-53, 363). 마찬가지로 "척추 문제가 치유된 Prebendary Carlisle"은 처치 아미(Church Army)를 설립했다(Maddocks, *Ministry*, 101)

438 Oursler, *Power*, 32. 참조. Seibert, *Church*, 98-99에서는 괴저가 하룻밤 사이에 치유되었다.

439 Oursler, *Power*, 122-23. 그녀는 Oursler의 집필 시기에 가까웠던 7년 후까지도 예배에 참석하고 있었다(123).

440 Ibid., 124.

(3) 다른 전통적인 교회들에 나타난 치유

이 시기에 성공회뿐만 아니라 사회적으로 존경받는 다른 교회들도 치유를 보고했다. 예컨대 1907년 오하이오주에서 최근에 임명을 받은 감리교 사역자 알버트 E. 데이는 자기가 결핵에 걸렸다는 것을 발견했다. 심한 출혈로 고생하던 그는 콜로라도 스프링스로 보내졌고 의사들로부터 그곳에 머물러 있지 않으면 6개월 안에 사망하리라는 경고를 들었다. 하나님께 20년만 더 설교하고 자신의 소명을 완수할 수 있게 해 달라고 기도한 후, 그는 그곳을 떠나면 곧 죽으리라는 의사들의 엄중한 경고에도 불구하고 오하이오의 사역지로 돌아갈 것을 결심했다. 그 직후 출혈이 멈췄다.[441] 그의 폐 조직에 결핵 흔적이 남기는 했지만 "그는 다시는 이 병의 어떤 증상도 경험하지 않았다."[442] 1940년대 후반 그는 심장 발작을 경험했고 엑스레이를 찍어보니 심장이 부어 있었다. 하지만 그는 사역을 계속했는데 1947년에 선도적인 심장학자가 검사해 보니 그의 심장이 완전히 정상이었다. 의사들은 이 상황을 유별나다고 생각났다.[443]

1950년 데이와 다른 몇몇 사람은 독립적으로 볼티모어에 있는 그의 교회에 모여 치유 사역을 시작해야겠다고 생각했다.[444] 모든 사람이 치유된 것은 아니었지만 심인성 문제부터 "진전된 장기의 질병에 이르기까지" 많은 질병이 치유되었다.[445] 예컨대 "눈에 종양이 있는 여성"이 치료되었다고 보고되었다. 의사가 다음 날 수술하기로 했지만 그녀는 먼저 기도하러 갔

---

441 Ibid., 137. 감리교회의 치유 사역 부흥에 관해서도 Maddocks, *Ministry*, 108-9을 보라.
442 Oursler, *Power*, 137-38.
443 Ibid., 138.
444 Ibid., 138-41.
445 Ibid., 141.

다. 다음 날 수술하려던 의사는 종양이 느슨해지고 있음을 발견했고 핀셋으로 그것을 손쉽게 떼어냈다.[446] 또 다른 예를 들자면 기도 후에 한 의사가 예정된 뇌종양 수술 몇 시간 전에 수술을 취소했다. 젊은 환자는 곧 귀가했고 그 병은 재발하지 않았다.[447]

남아프리카공화국의 어느 감리교 사역자의 아내인 엘시 새먼은 1940년대부터 치유 은사를 보여줌으로써 요즘에는 그런 일이 일어나지 않는다고 믿던 몇몇 사람마저 납득시켰다(그녀의 남편도 처음에는 믿지 않았다).[448] 궁극적으로 그녀의 사역은 그 나라의 많은 사람에게 영향을 주었다. 어느 감리교 사역자는 그녀가 자기 교회의 요청으로 신장 출혈이 있는 사람을 위해 기도했다고 말했다. 출혈이 멈췄고 이틀 후 요양소는 그를 퇴소시켰

---

446 Ibid., 143-44.

447 Ibid., 144.

448 Sangster, "Foreword"를 보라(그녀의 남편에 관해서는 6-7을 보라. Sangster에 관해서는 5-6을 보라). 그녀의 치유 예배는 특히 감리교회에 기반을 두었지만 많은 교파의 신도들이 참석했다(Salmon, *Heals*, 36). 치유를 확인한 증인으로는 남아프리카공화국 감리교 협의회 총무(ibid., 10) 등이 있다. 그녀는 치유 후 재발한 경우는 거의 없지만(14) 몇몇 치유는 일시적이었다고 지적한다(113-16, 전부는 아니지만 그중 일부는 이전의 생활 양식으로 돌아갔거나 상식을 따르지 않은 데 기인했다). 그녀는 독실한 많은 사람이 치유되지 않은 반면(118) 몇몇 회의주의자(34)나 불신자(참조. 63-64)가 치유되었다고 인정했다. 그녀의 보고는 치료된 사람들에게 받은 피드백(대개 편지)에 의존했다. Salmon 자신은 자기에게 진단 역량이 있다고 주장하지 않았지만 이런 자료들은 대개 원래의 진단과 치료되었다는 의료적 확인을 인용한다(14). Salmon을 언급하는 사람들이 있으며(93-104) 나는 인터넷에서 Freda Phipps라는 사람의 회고록을 발견했는데 (많은 기억을 수집해 놓은) 그 회고록은 Turner 부인이라는 사람의 경험을 수록하고 있었다(그녀의 양손은 관절염으로 불구가 되어 있었는데 "내가 그녀와 함께 Salmon이 인도하는 치유 예배에 갔을 때 그녀는 기적적으로 치료되었다"; http://jamesell.tripod.com/id14.html; Oct. 5, 2010 접속). 그녀의 방법 중 일부는 유별났지만(예컨대 33, 59, 67에 수록된 염증을 "꺼내기"는 전통적인 치유자들에게서도 나타난다) 교회들이 빈번하게 질병에 대처하지 못하는 것보다는 확실히 효과적이었다.

다.[449] 그녀는 뼈 질환,[450] 척추 질환,[451] 피부 질환,[452] 관절염,[453] 시각 장애와 마비[454] 등 다양한 치료를 묘사한다. 그녀는 10년간 전혀 듣지 못했던 사람이 기도 후 치유되었고 보조장치 없이는 듣지 못했던 또 다른 사람도 치유되었다고 보고한다.[455] 나는 본서에서 치유 주장의 일부만을 열거할 수 있었다.[456]

뉴저지 레드 뱅크의 감리교 목사인 로저 스콰이어는 또 다른 사례를 제공했다. 1951년에 미국 역사상 최악의 통근 열차 사고가 일어났다. 열차가 탈선하여 제방에 충돌해서 85명이 사망하고 수백 명이 다쳤다. 로버트 스타우트라는 사람은 며칠 동안 혼수상태에 빠졌고 뇌수술이 예정되어 있었다. 수술 예정 시간 직전인 일요일 오전 11시 15분 스콰이어 목사는 교인들이 스타우트를 위해 기도하도록 인도했는데, 스타우트는 그 무렵에 의식을 회복하기 시작했다. 의사는 수술을 취소했고 스타우트는 몇 주 안에 "간헐적으로 기억이 나지 않는 것"을 제외하고 완전히 회복되었다.[457]

1915년 피츠버그에 거주하던 르위스 르웰린은 당시 다섯 살이었는데 "뇌염, 척추 수막염, 유양 돌기염과 폐렴"으로 죽어가고 있었다. 의사들은 그가 생존한다고 해도 식물인간이 될 것으로 예상했다. 그가 다니던 침례

---

449 J. Wesley Allen, in Salmon, *Hands*, 12.

450 Ibid., 52-53.

451 Ibid., 57-62.

452 Ibid., 63-66.

453 Ibid., 94-96(병상에 누워 있던 사람 포함, 95).

454 12장에서 다루어진다.

455 Ibid., 75-76.

456 예컨대 출혈이 있는 아이의 회복(ibid., 82-83); 찢어진 혀가 즉시 치유됨(85); 위염 치유(88) 등. Koch, *Zulus*, 177-78 역시 남아프리카공화국에서 일어난 장염 치유를 보고한다.

457 Oursler, *Power*, 147-49은 6년 뒤 그가 건강한 상태를 유지하고 있다고 언급한다.

교회와 그가 입원한 병원의 수녀들이 기도했고 그는 완전히 "치유되고 회복되었다."[458]

가톨릭교회 역시 이 시기에 계속 치유를 보고한다. 예컨대 1921년 어느 간호사가 유아 피터 스미스의 눈에 은 질산염 용액 한 방울을 떨어뜨린 후 1% 용액을 사용해야 하는데 실수로 50% 용액을 사용한 것을 발견했다. 그녀는 스미스의 눈이 "붓고 염증이 생긴" 뒤에야 그 실수를 발견했고 그의 눈을 검사한 의사는 기적이 일어나지 않는 한 그가 실명할 것으로 믿었다. 기도가 드려졌고 다음 날 아침 그 아이의 눈이 회복되어 있었다. 그 병원의 여러 의사와 간호사가 그 사건에 관한 서면 증언을 제공했다.[459] 1925년 12월 델피나 그라지올리 수녀는 몇 년 동안 암으로 고생하고 있었다. 이전에 받았던 몇 차례 수술이 실패했고 그녀는 며칠 안에 사망할 것으로 예상되었다. 그녀가 속한 수녀회의 다른 수녀들과 고아들이 그녀를 위해 기도해오고 있었는데, 그녀는 갑자기 성녀 카브리니가 나타나 자기가 할 일이 남아 있다고 말하는 것을 느꼈다. 그녀는 일어나 앉아서 자기가 치유되었다고 선언했다. 3일 뒤 그녀는 걸어서 예배당에 갔고 내가 참고한 자료를

---

458 Llewellyn, "Events," 242은 그의 부친의 치유를 설명한다. 그 치유가 즉각적이었는지는 분명치 않지만 수녀들은 그것을 기적으로 불렀다.

459 Sabourin, *Miracles*, 165-67. 그러나 Sabourin은 그의 몇몇 제보자와는 달리 은 질산염이 "실제로 안구에 도달했는지" 의심한다(167). 치유에 관한 다른 몇몇 저자가 인정하듯이(참조. 예컨대 Oursler, *Power*, 97-98) 그 사례는 사망한 성녀 Cabrini를 통한 중보와 관련이 있으므로 많은 개신교도는 그 보고가 신학적으로 문제가 있다고 볼 것이다. 그러나 개신교도 중 하나님이 반드시 기도의 세부 내용을 승인하지는 않으면서도 신자의 진지한 간청에 응답할 수 있다고 인정하는 사람도 있을 것이다. Sabourin, *Miracles*, 171-72은 사후 기적 사례를 정리해서 성인들의 시성식에 사용하는 것이 부적절하다고 생각한다. 그러나 이런 사례 중 최소한 일부에 대해서는 인간의 증언을 수집하는 것이 우리가 할 수 있는 최선일 수도 있다. 우리가 요구하는 증거의 기준에 따라서는 증거가 반드시 완벽하지 않아도 적절할 수 있다.

저자가 저술할 당시인 30년 후에도 여전히 사역하고 있었다.[460]

1908년부터 1927까지 잔 마리 수녀의 시력이 나빠졌다. 의사 네 명(그들 중 두 명은 전문의였고 한 명은 개신교 신자였다)이 그녀의 "왼쪽 시신경이 완전히 위축되었고 오른쪽 시신경의 4/5가 위축되었다"고 결론지었다. 그녀는 1927년 1월 21일 두 번의 노베나(노베나는 9일 간의 기도 기간이다) 기도를 시작했는데 그녀의 노베나 마지막 날인 2월 8일 통증이 사라졌고 시력이 회복되었다.[461] 카푸친 형제회 비오 포르지오네 신부(1887-1968)는 치유 은사로 알려졌으며, 1920년대와 1930년대 시카고의 솔라누스 캐시 신부가 기도해준 사람 대다수가 치유되었다.[462]

동방 정교회 신도들 역시 치유를 보고했다.[463] 키몰로스 섬의 성 메소디아(1865-1908)가 성호를 긋고 기도자의 환부에 기름을 발랐다고 알려졌다. 그녀의 기도와 믿음을 통해 종양 등의 질병이 치유되었다고 전해진다.[464] 다소 이전 시기에는 파로스의 성 아르세니오스(1800-77)[465]와 사로프의 성 세라핌(1759-1833)[466]에게 치유가 돌려졌다. 다른 동방 교회들에도 치유 전통

---

460 Oursler, *Power*, 98(이 이야기도 1917년 사망한 성녀 Cabrini의 중보와 관련이 있다).

461 Garner, "Regressions," 1262.

462 DeGrandis, *Miracles*, 61-62; Zagrans, *Miracles*, 207.

463 동방 정교회는 몇몇 현대의 카리스마적 갱신주의자들로 말미암아 어려움을 경험했지만(Synan, "Charismatics," 199-200) 항상 기적과 카리스마적 은사를 긍정해왔다(199).

464 Cavarnos, *St. Methodia*, 43-44, 68-69(치유된 사람의 이름과 함께 치유 주장 다섯 건을 제공한다). 특히 훗날 알렉산드리아의 총대주교가 그녀를 인정했다(51).

465 그가 사망하기 전에 그에게 돌려진 치유에 대한 예는 Zervakos, "Miracles," 84-85, 86-87을 보라(정확한 예언에 관해서는 85-86을 보라). 성 Arsenios에 관한 보다 일반적인 내용은 Cavarnos, *St. Arsenios*를 보라.

466 Cavarnos and Zeldin, *St. Seraphim*, 22-23(1831년 Nicholas Motovilov의 류머티즘 포함). 그가 사망한 후 몇몇은 자기가 Seraphim이 공중 부양하는 것을 보았지만 그것에 관해 더 일찍 말하는 것이 금지되었다고 주장했다(24-25). 성인전 전통이

이 있다. 어느 서구인 방문자는 약 14세기 동안 환자들의 치유를 위해 기도해온 아시리아의 어느 기독교 마을 교회를 언급한다.[467] 정교회 그리스도인들은 계속 신적 개입에 관한 기사를 서술해왔는데, 그것은 성인들과만 관련되지도 않았고 과거에 한정되지도 않았다.[468]

(4) 초기 오순절파

성결 운동 및 다른 진영에서 치유와 선교를 위해 기도하는 상황에서 탄생한 초기 오순절파에서 치유 증언의 양이 증가했다는 것은 놀랄 일이 아니다.[469] 초기 오순절파는 이전의 인기 있던 운동 대다수와 마찬가지로 일반적으로 (특히 종말론적인 이유로) 그들의 증언에 관한 문서를 보존하는 데 관심

Kerin이나 Hickson 같은 보수적인 영국 성공회 신자들의 치유 기사에서보다 이런 인물들의 보고에 더 직접적인 영향을 주었다. (불교에서 시행된) 공중 부양을 확인하려는 시도들은 지금까지는 그 주장이 사실이 아님을 확인하는 경향만이 있었다 (Benson, *Healing*, 166을 보라). 하지만 McClenon, *Events*, 216-17을 참조하라(217에 수록된 자신이 목격한 사례 포함, 그러나 그는 사기의 가능성을 남겨둔다. 144-45에 수록된 다른 사람의 주장과 idem, *Healing*, 59을 참조하라). 사기적인 공중 부양에 대한 설명은 Charpak and Broch, *Debunked*, 25-27을 보라.

467 Young, "Miracles in History," 113.
468 Bredesen, *Miracle*, 97-98에 수록된 나이로비의 그리스 정교회 여성 Stavritza Zacharion의 이야기.
469 치유에 관한 초기 오순절파의 믿음에 관해서는 Alexander, *Healing*, 64-242을 보라. 초기 오순절파에서 보고된 치유는 Reyes, "Framework," 67-90과 Baer, "Bodies," 254-58을 보라. 초기 그리스도 안의 하나님의 교회(Church of God in Christ)에 관해서는 예컨대 Synan, "Churches," 103에 수록된 언급을 보라. 오순절 운동을 포용한 소수의 주요 복음주의 치유 지도자 중 한 명인 Carrie Judd Montgomery에 관해서는 Baer, "Bodies," 96-110, 272과 Alexander, *Healing*, 24-27을 보라. 초기 오순절파의 치유와 기적에 관한 다른 주장은 McGee, *People of Spirit*, 83, 138, 198-99, 206, 243, 266, 275, 337-38, 358과 MacNutt, *Crime*, 185-97을 보라.

이 없었지만, 그들은 최근에 출현했기 때문에 많은 자료가 남아 있다. 그 자료들은 공통적인 몇몇 문제를 제기한다. 우리는 그들이 종종 자기들의 회복에 대한 가장 낙관적인 신학적 해석을 포용하는 경향이 있다고 의심할 수 있다(이는 그들의 긍정적인 신앙의 특징이다). 몇몇 증언은 성급했으며 몇몇 경박한 주장자와 전문가는 성실하지 않았을 수도 있다. 하지만 목격자들로부터 극적인 회복에 관한 많은 증언이 나왔으며 이런 사례가 풍부하다는 점은 초기 오순절파에서 모종의 역동성이 활발하게 작동했음을 암시하는 것으로 보인다.[470]

초기 오순절파의 많은 신자는 자기들을 하나님이 사용할 수 있는 교파로 보았지만, 자신의 교파 자체보다는 성령의 사역에 헌신했다.[471] 오순절파는 방언을 추가한 것 외에는 세기의 전환기에 이미 존재하고 있던 치유 운동의 이상을 계속 유지했다. 그러나 예외가 있기는 했지만, 이 시기의 오순절파는 엘리트들로부터 사회적 존경을 받지는 못했다. "노예 종교"에서 차용한 오순절파의 감정적인 몇몇 예배 관행으로 인해 엘리트의 경멸이 한층 더 심해졌다.[472]

---

470 애초의 가정이 우리가 그 원동력을 심리적으로 볼지 아니면 신학적으로 볼지(또는 그 둘의 조합으로 볼지)에 영향을 줄 수도 있는데, 오순절파는 확실히 질병과 회복을 경험한 많은 사람이 그것을 어떻게 해석할지에 영향을 주었다.

471 예컨대 "Episcopal Ministers"; Stormont, *Wigglesworth*, 113에 수록된, 이 교파가 향후 더 커질 것이라는 Wigglesworth의 예언(Parham은 오순절파가 마지막 시기 최후의 부흥이 될 것으로 예상했지만 말이다; Blumhofer, *Sister*, 69). Aimee Semple McPherson은 교파 간 협력을 위해 노력했다(Blumhofer, *Sister*, 202, 211-21; 오순절파에 대한 그녀의 비전 역시 종말론적 회복주의였지만, 그것은 전체 교회에 대한 비전이었다. 206, 213-14; 카리스마파는 회복주의보다 유서가 깊다. Nienkirchen, "Visions").

472 오순절파는 일반 대중에게 매력이 있었으며, 아주사 스트리트 부흥 초기 아프리카계 미국인의 영향도 오순절파의 인종 간 화해와 글로벌 다문화주의에 대한 잠재력에 기여했다(Robeck, *Mission*, 88, 137-38; Horton, *Corinthians*, 66 각주 29에 수록

A. B. 심슨 같은 치유 옹호자들은 오순절파와 거리를 두었으며 심슨의 운동은 점차 초기에 강조하던 신적 치유를 경시했다.[473] 다른 많은 복음주의자가 치유를 버리자 오순절파와 성결파가 치유에 대해 강조했다[474](그리고 아마도 몇몇 치유 옹호자가 새로운 오순절 운동에 가담했을 것이다). 심지어 일리노이주 자이언시에서 도위의 추종자 중 다수도 신생 오순절파에 합류했다.[475] 도위의 직계 후계자가 이 탈출을 막기 위해 노력했음에도 불구하고 말이다.[476] 많은 오순절파 신자는 긍정적인 요소와 부정적인 요소 모두를 인식하

된 증언. 참조. Synan, *Movement*, 80, 109-11, 165-69, 172, 178-79, 182-83, 221; idem, "Seymour," 778-81; idem, "Legacies," 148-49; Lovett, "Pentecostalism," 83; Daniels, "Differences"; Jacobsen, *Thinking in Spirit*, 63, 260-62). 이 연결들은 행 2장 자체의 자연스러운 적용이며(Bediako, "African Culture," 120; González, *Months*, 18; Solivan, *Spirit*, 112-18; Míguez-Bonino, "Acts 2," 163-64. 참조. Keener, "Acts 2:1-21," 526-27; idem, "Diversity"; Marguerat, *Actes*, 81; Yong, *Spirit Poured*, 94, 169-73; Park, *Healing*, 130-32; Williams, "Acts," 219-20) 사도행전 2장은 아주사 스트리트에서 그렇게 적용되었다(Yong, *Spirit Poured*, 183. 참조. Bartleman, *Azusa Street*, 54).

473 Curtis, *Faith*, 201; Opp, *Lord for Body*, 129; Hardesty, *Faith Cure*, 144-45. 참조. Barron, *Gospel*, 44. 그렇다고 해서 그들이 신적 치유에 대한 믿음을 버린 것은 아니다. 예컨대 Fant, *Miracles*, 여러 곳을 보라. 1920년대 근본주의자들은 오순절파를 거절했지만, 그들의 지도자 중 한 명인 침례교 목사 John Roach Straton조차도 자기 교회와 가족 가운데서 치유를 목격했다고 주장했다(McGee, *Miracles*, 180-81은 Straton, *Healing*도 언급한다. 특히 Baer, "Bodies," 321-24을 보라).

474 Curtis, *Faith*, 201. (모든 사람은 아닐지라도) 많은 사람이 방언이 언제나 성령 세례에 수반될 것으로 기대한 것처럼 많은 사람이 신앙이 언제나 질병을 치료할 것으로 기대했다. 최소한 서구에서는 오순절파의 많은 사람이 그 주장으로부터 멀어져갔다. 이는 신학적 향상으로 보이지만(다른 사람들과 마찬가지로 많은 초기 오순절파 신자들도 치유되지 않았다) 그들의 기대가 줄어듦에 따라 치유 보고도 감소한 것으로 보인다.

475 Boddy, "Experiences," 33을 주목하라. 그중에는 자이언시의 몇몇 지도자도 포함된다(Blumhofer, "Invasion," 4-5을 보라). Dowie의 많은 추종자는 그의 사후 오순절파가 그의 회복주의 비전을 계승했다고 보았다(Blumhofer, "Apostolic Church," 140).

476 Wilbur Glenn Voliva와 Dowie의 추종자들 간의 갈등에 관해서는 Blumhofer,

면서 도위가 남긴 유산의 몇몇 측면을 비판적으로 긍정했다.[477] 헤더 커티스
가 지적하듯이 19세기 후반 미국 동부 해안의 "국제적·초교파적" 운동이
이 시기에 남부 및 중서부의 마을들과 시골 지역으로 옮겨갔다.[478]

"Invasion," 4-5을 보라. 하지만 Dowie가 가장 신임했던 사람인 Voliva와 충돌한
사람은 Charles Parham만이 아니었다. 그는 Dowie가 뇌졸중에서 회복하느라 요
양하고 있을 때 Dowie를 직무에서 물러나게 했다(1905-6; Wacker, "Marching to
Zion 2," 9).

477 예컨대 Booth-Clibborn, "John the Baptist," 7(그의 사역 초기에 치유에 대한 강
조를 회복한 것을 긍정하는 한편, 자기가 마지막 때의 예언자라는 그의 후기 견해
를 비난했다); Boddy, "Experiences," 38(그는 시작은 좋았지만, 적들의 공격 목표
가 되었다); Gee, "Apostles"에 수록된 비판. Dowie는 Wigglesworth 등(Hudson,
"British Pentecostals," 291-94) 초기 오순절파에 영향을 주었다(Hudson, "British
Pentecostals," 289-94; Hyatt, Years, 161).

478 Curtis, Faith, 201. 오순절파가 대서양 양쪽에 퍼졌다는 점에 관해서는 idem,
"Character" 29-30을 보라. 훗날 치유 운동에 관한 국제적인 관심이 회복된 것은
(많은 진영에서) 일시적으로 후퇴했다가 다시 부상한 것이었을 수도 있다. 마치 19
세기 북미의 복음주의 정신이 20세기 초 근본주의 시기 동안 동면한 후 다시 부상
했듯이 말이다. 비록 본서에서 다뤄지지는 않지만 가장 독특하고 고립된 미국의
신앙 치유 형태가 몇몇 애팔래치아 지방 가족들의 민간 전통 형태로 존속했다. 그
치유는 확실히 개별적으로 특히 화상, 출혈, 아이의 입 주변의 노란 물집("아구창")
에 적용되었다. Wigginton, Foxfire Book, 346-68을 보라(화상은 350, 355, 360-63
을 보라. 출혈은 347-55, 364, 368을 보라. "아구창"은 355-59를 보라.). 치료자들
은 은밀하게 특정한 구절(출혈에 관해 몇몇은 겔 16:6을 사용했다, 352, 354, 368.
또 다른 사람은 화상에 대해 성경에 존재하지 않는 합성된 구절을 사용했다, 367)
을 암송하곤 했다(350, 355, 356, 363). 그들은 표준적인 기도문을 갖고 있었을 수
도 있으며(363) 예수의 이름으로 기도했다(그들은 다른 기도들과 함께 그렇게 했
다고 전해진다, 365). 하지만 몇몇은 치유자가 반드시 신앙인일 필요는 없다고 생
각했다(363). 치료는 공식이나 구절을 밝히지 않고 효력을 발휘해야만 했으며(참
조. 347, 356-57, 365-66). 몇몇 치유자에게 있어서 치료는 대개 즉각적이었고
(355, 그러나 360-62을 참조하라), 실패는 정확한 공식을 사용하지 않은 탓으로
돌려졌다(354). 이 치유자들은 모든 치유를 주님께 돌렸으며(346, 349, 355, 362)
종종 신앙을 언급했다(346, 355, 356, 359, 363). 그들은 결코 돈을 받으려고 하지
않았다(346, 355). 몇몇 사람은 자신의 치유를 증언했다(355). 의사들은 대개 회의
적으로 보였지만(364) 어떤 의사는 그들의 방법을 배우기 위해 대가를 지불할 용
의가 있었다(355. 참조. 왕하 5:11). 특정 구절 암송(참조. p. Erubin 10:11)은 다른

초기 오순절파에서 보고된 치유 주장에 대해서는 몇몇 예만을 언급할 수 있다(나는 사례를 수집하면서 제목에 "치유"라는 단어가 들어 있는 이전의 몇몇 논문들을 조사해 보았는데 수백 개가 넘는 논문들이 그것 자체로 책 한 권을 쉽게 채울 수 있는 치유 기사들을 포함하고 있었다). 의심할 나위 없이 그 보고 중 일부는 오진과 관련이 있다. 일반적인 보고들에 나타난 의사들의 판단에 대한 묘사를 읽어보면 우리가 지난 세기 동안 의학이 얼마나 발전했는지에 대해 감사해야 한다고 느끼게 된다. 많은 오순절파 신자들 자신도 치유되지 않은 사람—종종 선교 현장에서—의 비극을 언급했다.[479] 그러나 확실히 심각한 많은 상태가 치료되었으며 이 운동은 또한 소외된 계층에 사회적인 힘을 부여했다.

(5) 초기 오순절파의 증언

로스앤젤레스에 기반을 둔 아주사 스트리트의 부흥은 오순절파의 전 세계적 확산을 촉진했으며 그 부흥 및 그 여파와 관련하여 많은 치유가 주장되었다.[480] 아래 단락에서 다뤄진 중요한 치료들에 관한 많은 보고는 그 운동의 중요 인물들과 관련이 있지만, 그런 저명한 인물들과 연결되지 않은 사례도 존재한다. 예컨대 20세기 초 영국에서 하반신이 마비된 어떤 여성이

전통에서도 나타나는 것으로 보인다. 비밀스러운 공식도 마찬가지다(예컨대 *PGM* 1.192-94과 Frankfurter, *Religion in Egypt*, 233에 나타난 마법 전통에서 그렇다). 얼마나 많은 부분이 단순한 민속 설화와 관련이 있고(참조. Wigginton, *Foxfire Book*, 359) 얼마나 많은 부분이 하나님께 대한 신앙과 관련이 있는지는 사람마다 다를 수 있다.

479 예컨대 몽고에서 선교사인 엄마가 홍역으로 딸을 잃고 이것을 하나님의 뜻으로 받아들였지만, 확실히 깊은 슬픔에 빠졌다(Hindle, "Heart").

480 예컨대 Robeck, *Mission*, 43, 46, 73, 76, 107, 142-44, 259, 269; Synan, *Voices*, 41, 43; Menzies, *Anointed*, 51; Alexander, *Fire*, 123.

기름을 바른 뒤 3개월 동안 하나님만 바라보았는데, 갑자기 고통 중에 예수의 음성을 듣고서 자기가 치유된 것을 발견했다. 그녀의 어머니는 딸이 서 있는 것을 보고 충격을 받아 기절했다.[481] 어떤 목사는 자기가 1926년 여러 부위에 발생한 심한 경화증으로 휠체어에서 지내는 클라라 섀넌이라는 여성을 위해 기도한 일을 보고한다. 그녀는 6개월 정도만 더 살 수 있을 것으로 예상되었다. 클라라는 치유되어서 그녀가 살고 있던 작은 마을 주민들을 경악시켰지만, 의사로부터 그 치유가 지속되지 않을 것이라는 얘기를 듣고 낙담해서 다시 휠체어로 돌아갔다. 다시 기도한 뒤 그녀는 또다시 치유되었고 이번에는 치유가 지속되었다. 그녀의 목사는 40년 후 이 기사를 썼는데 그녀의 현재 사진을 첨부해서 자기가 그 글을 쓰고 있는 당시 그녀가 건강한 상태를 유지하고 있다고 언급했다.[482] 또 다른 자료는 갑상선종, 청각 장애(13년 동안의 청각 장애 후), 한 아이의 코에 난 종양이 가시적으로 사라진 치유 사례 등을 보고한다.[483] 다른 많은 사람도 청각 장애 치유를 보고한다.[484] 1927년 플로리다주 마이애미에 거주하는 어떤 여성의 엑스레이를 찍어보니 결핵이 진전되어서 한쪽 폐가 심하게 손상되어 있었다. 그녀는 3개월쯤 후 자기가 신앙을 통해 즉각적으로 치유되었고 의사들이 새로 엑스레이를 찍어보고 깜짝 놀랐다고 보고한다. 의료 기록이 그녀의 이전 상태를 확인해주었는데, 의사들이 조사해 보니 그녀가 완전히 나아 있었

---

481 Stormont, *Wigglesworth*, 110-11. 그는 그녀의 목사에게 그 이야기를 들었다고 언급한다.

482 Hurst, "Healings." 두 번째로 기도할 때에는 마침 방문 중이던 의사 Lilian Yeomans도 함께 기도했다.

483 Forsberg, "Campaign," 15.

484 Reiff, "Later Healings"(5에서 한 사례를 소개하고 6에서 또 다른 사례를 소개한다); idem, "Los Angeles Campmeeting," 13; "Healings in Australia"; Mueller, "Blind, Deaf," 22; Ollson, "Healings"; "Revival in England"; Jessup, "Healings."

다.[485] 다른 많은 사람도 당시 흔한 질병이었던 결핵으로부터 치유된 경험을 보고한다.[486] 예컨대 결핵으로 죽어가고 있었고 체중이 약 36kg에 불과했던 어떤 여성이 최초로 기도를 받고 즉각적으로 치유되었는데 16년 후 보고할 당시 체중이 약 68kg이었으며,[487] 결핵으로 폐가 심하게 손상되었던 어떤 여성은 기도한 지 3시간 후 결핵에 걸렸었다는 어떤 징후도 보이지 않았다.[488] 그런 이야기들은 우리가 모두 다 언급할 수 없을 정도로 많다. 헝가리에서 심장병으로 죽어가던 어떤 여성이 한 천사가 자기에게 새로운 심장을 주는 꿈을 꾸고서 일어나 보니 나아 있었다고 주장했다.[489] 다른 곳에서는 수술을 받지 않으면 죽을 것이라는 말을 들은 어떤 여성이 기도하고 나서 세 시간 후 치유되었다고 전해진다.[490] 학교 당국이 "눈이 매우 나빠진" 한 여자아이의 부모에게 딸에게 안경을 맞춰주도록 요구했지만, 그 아이는 치

---

485 Calley, "Healed"는 그녀의 증언을 기록한 후 그녀의 이전 담임 목사의 확인을 제공한다.

486 예컨대 Reiff, "Later Healings," 6; Martin, "Healings at Kilsyth"(그 여성이 치유되기 전에 죽어가고 있었다고 전한다); Mueller, "Blind, Deaf," 22(그 사례는 치료 후 곧바로 보고되었다); Jessup, "Healings."

487 Shearer, "Believe," 5. 이 사례를 보고한 사람은 그녀의 남편인데 그는 하나님이 그분의 능력을 보여주시기 위해 (날씬한 그녀의 집안 내력과 달리) "그녀를 뚱뚱하게 만들어 주셨다"고 말한다. 그는 이제 그녀의 유일한 "소모"는 음식이라고 농담한다(이것은 "consumption"이라는 단어에 "소모"뿐 아니라 "폐결핵"이라는 뜻도 있는 것에 착안한 언어유희다—역자 주). 그는 아직 "증상들"이 남아 있을 수도 있지만 자기가 신장염과 고혈압 그리고 잦은 각혈에서 치유되었다고 주장한다 (Shearer, "Believe," 7).

488 Hansen, "Cures," 115(Hansen이 검사한 의사였다). 다른 사례는 예컨대 Glover, "Recent Healings," 14과 "Certainty of Healing"을 보라. 남아프리카공화국에 거주하는 Nicholas B. H. Bhengu의 아내가 결핵에서 치유된 사례는 *PentEv* 1944 (Aug. 12, 1951): 13에 수록된 사진 설명에서 언급된다.

489 Szabo, "Healings."

490 Mueller, "Blind, Deaf," 22.

유된 후 안경을 쓰지 않고서도 자기의 시력이 완벽하다고 선언했다.[491] 나이

든 한 여성이 백내장 수술을 받아도 별로 도움이 되지 않을 수도 있다는 말

을 들었으나 시력이 회복되었다. 이제 그녀는 시계를 더듬어서 시간을 아

는 대신 시계를 보고서 시간을 알 수 있었기 때문에 시계를 바꿔야 했다.[492]

다른 사람들도 예컨대 다음과 같은 치유를 보고한다. 장기간의 위장병이나

피부병 또는 종양 치유,[493] 잘린 손가락 뼈와 피부 치유,[494] 점진적이지만 비

정상적으로 신속한 골절 치유,[495] 고질적인 쓸개 문제 치유,[496] 중병이 든 아

기의 치유,[497] 갑상선종의 치유,[498] 디프테리아의 즉각적인 치유,[499] 간질의 영

구적인 치유,[500] 부종이 치유되어 신속하게(며칠 안에) 부기가 빠지기 시작한

---

491 Kortkamp, "Healings."

492 Ibid.

493 예컨대 모두 1931년에 발행된 오순절파 잡지 기사의 같은 면에 보도되었다.
    Sullivan, "Healed"; Kleiner, "Tumor"(그녀가 오랫동안 앓고 있던 유섬유종이 사라
    졌다); Ayers, "Eczema"(습진이 그의 온몸을 덮었었다고 말한다). 종양 치유에 대한
    다른 주장들은 예컨대 다음 문헌들을 보라. Nudgett, "Healed"; Glover, "Miracles
    of Healing"(점진적으로 치유되었다); "Scotland Stirred," 6; Fortune, "Healed."

494 Jenkins, "South Africa": "우리는 손가락 관절 부위의 뼈가 잘렸는데 의사가 그것을
    접합할 수 없었고 관절을 덮을 살을 구할 수도 없었던 소년을 위해 기도했다. 우리
    가 기도하자 그의 손가락이 멀쩡해졌다."

495 Schmidt, "Bones": 60대 남성이 넘어져 뼈 세 곳이 부러졌다(21). 그는 이 사례가
    자신이 본 최악의 사지 골절이라고 믿었으며(22) 금속판과 나사 삽입 수술을 해야
    한다고 주장했다(21). 그 남성은 수술받기를 거절했으나(21) 3주 후 자기의 팔이
    넘어지기 전과 마찬가지로 이상이 없다고 믿었다. 의사는 매우 놀랐지만, 그리스도
    인인 그는 하나님께서 이 일을 행하셨다고 인정했다(22).

496 Glover, "Miracles of Healing," 6. 그는 의사들이 쓸개를 제거해야 한다고 주장했지
    만, 그녀가 쓸개를 떼어내지 않고 치유되었다고 말한다.

497 Jamieson, "Healings."

498 Ibid.

499 Martin, "Healings at Kilsyth." 그는 "말하지도 못하고 듣지도 못했으며 그녀의 인
    후는 하얀 질병 덩어리"였으나 그녀가 병이 즉각적으로 치유되어 완전한 건강을
    되찾았다고 지적한다.

500 Richards, "Healings."

사례,[501] 생후 22개월된 아기의 심하게 부은 얼굴 치유,[502] 암 치유,[503] 그리고 다른 많은 질병 치유.[504]

오순절파는 제3세계에서 오순절 경험을 공유한 토착민 사역자들을 통해 급속히 퍼졌다. 초기 서구 오순절파는 그들의 선교사들 가운데서 특히 극적인 증언들을 보고했다.[505] 아프리카에서는 예컨대 1922년 한 선교사가 어느 마을의 추장이 자기의 마른 팔을 치료해줄 샤먼들에게 값을 지불하기 위해 모든 아내를 팔았지만 소용없었는데, 예수의 이름을 통해 그의 팔이 치유된 뒤 그 마을에서 기독교의 메시지가 환영을 받았다고 묘사했다.[506] 같은 해 서아프리카에서 한 소년의 "자연적으로 치유될 수 없는 것으로 보

---

501 Reiff, "Los Angeles Campmeeting," 13. 부기 치유에 관한 다른 보고는 Koch, *Zulus*, 75, 78-79을 보라.

502 Newman, "Healings."

503 Glover, "Miracles of Healing," 5; Mueller, "Blind, Deaf," 22은 외부의 암이 신속하게 사라진 사례 등 몇 건의 후속 치유 보고를 언급한다; Taylor, "Healings," 11; McNutt, "Healed."

504 Glover, "Healings"에는 한 교회에서 일어난 많은 치유 주장이 수록되어 있다. "런던의 부흥" 때 발생한 웨일스의 사역자인 Stephen Jeffreys의 사례도 제시되었다. 예컨대 Glover, "Recent Healings"; "Certainty of Healing"; Richards, "Healings"(종종 점진적이었지만 현저했다); Jessup, "Healings"; Mueller, "Blind, Deaf"; Buchwalter, "Asking"에 수록된 요약; "Reports: Little Rock." 한 사례에서는 "내장"이 매우 고통스럽고 심하게 튀어나와 수술이 필요했지만 기도하고 나서 하루 뒤에 내장이 적절한 위치로 돌아갔다(Glover, "Healings," 16). 아이들이 기도한 후 치유가 일어나기도 했다(Glover, "Recent Healings," 13). 나는 시각 장애 치유 사례 몇 건을 12장에 열거한다.

505 예컨대 인도에서 보고된 선(腺) 페스트로부터의 보호(Mueller, "Healings")나 다른 곳에서 보고된 모든 독감 환자의 회복(Reiff, "Healings." 전 세계적인 치명적 독감이 발생한 지 4년 뒤에 쓰였다). McGee, *Miracles*, 146에 수록된 요약을 보라.

506 Burton, "Villages," 6(그 자신이 추장을 위해 기도한 선교사였다). 자메이카에서 나사렛파 선교사가 손을 펴본 적이 없는 열 살 소년을 위해 기도했더니 즉시 손이 펴졌고 이후 정상적인 상태로 유지되었다(Miller, *Miracle of Healing*, 94. 그는 Evelyn Cohen의 목격담을 인용한다).

이는 심각한 잇몸과 치아가 즉각적으로 치유되었다"고 보고되었다.[507] 같은 자료는 명백히 죽어가던 자기 아내의 치유를 통해 개종한 남성을 보고한다.[508] 1925년 케냐의 키수무에서 어느 선교사가 명백히 마비되었던 여성이 즉각적으로 치유되었다고 보고했다. 그녀는 하나님을 찬양하고 즉시 자기 밭에 가서 땅을 팠다. 그리고 그 선교사는 자기가 폐렴으로 죽어가는 아이의 부모에게 하나님의 뜻이라면 아이와 헤어질 의향이 있느냐고 물었는데, 그 부모들은 그렇다고 대답했지만 "기도한 후 그 아이가 치유되었다"고 보고한다.[509]

그런 보고는 아시아에서도 나온다. 예컨대 1923년 중국에서 선교 기관이 운영하는 고아원의 여러 아이가 치유되었다고 전해진다. 최소 다섯 명은 인간적으로 희망이 없어 보였는데 그중 두 건의 사례는 그 지역의 비그리스도인들에게 상당한 관심을 받았다.[510] 1933년 만주의 새 신자가 죽어가는 자기 아이를 위해 간절히 기도했더니 그 아이가 치유되었다.[511] 이와 유사하게 같은 해 인도에서 어느 여성 신자가 기도했을 때 치유가 일어났다. 3년 동안 귀에서 고름이 나던 젊은 남성이 치유되었고, 죽을 것으로 생각되던 그녀의 자매도 치유되었다.[512] 1925년 콜카타에서 사역하는 어느 선교사는 자기가 기도하자 "31일 동안의 고열로 거의 죽었던" 12살 소녀가 회복되기 시작했다고 보고했다. 그 아이는 다음 날 완전히 건강을 회복했고 곧 주위를 뛰어다녔다.[513] 그리스도인들이 자기들이 모르는 어떤 선교사

---

507 Reiff, "Healings." "시에라리온의 Ira G. Shakely 여사의 편지"를 인용한다.
508 Ibid. 그는 Shakely에 의존하는데 Shakely는 다른 증언들도 제공했다.
509 Keller, "Healings."
510 Gleim, "Ministering."
511 Kvamme, "Raised."
512 Mueller, "Miraculously Healed."
513 Wise, "Healings."

를 위해 기도했는데, 하루 동안 금식한 뒤 그 선교사의 시각 장애가 치유되었다.[514]

1917년 한 부부는 하와이에 거주하는 어떤 여성의 몸이 한센병으로 덮여 있었다고 보고한다. 그녀는 한센병 환자 거주지인 몰로카이 섬으로 보내지지 않으려고 의사들을 피했다고 한다. 그러나 그녀는 기도 후 치유되었다.[515] 같은 기사는 하와이에서 일어난 다른 치유 사례도 보고한다. 명백히 "치료할 수 없는" 신장병이 치유되는가 하면, 놀란 의사가 수술을 취소해야 했던 경우도 있고,[516] "20년 동안 종기가 터져 있던" 여성의 피부가 24시간 안에 완전히 치유된 사례도 있다.[517] 라틴 아메리카에서는 아르헨티나의 한 남성이 맹장염으로 죽어가고 있었는데 기도하는 동안 치유되었다. 다음 날 밤에 통증이 있어서 "시험을 받았"지만 말이다. 다음 날 수술하기로 했던 의사가 그를 검사하고 나서 그가 나았다고 선언했다.[518]

(6) 초기 오순절파 인물

초기 오순절파에서는 치유가 중요했으며 거의 모든 초기 오순절파 지도자들은 자신이 "놀라운 신적 치유"를 경험했다고 주장한다.[519] 존 G. 레이크는

---

514 Ibid.

515 Johns, "Results," 10. 물론 많은 한센병 환자들이 치유되지 않았으며 오순절파 신자들은 다른 사람들과 마찬가지로 그들을 대상으로 사역하려고 했다(예컨대 인도에서 수행한 사역은 Eberhardt, "Fruit"와 Helmbrecht, "Leper"를 보라. 일본에서 수행한 사역에 관한 Hickson, *Bridegroom*, 211-12의 증언도 보라).

516 Johns, "Results," 10.

517 Ibid., 11.

518 Wood, "Healings in Argentina"(1922. 기도 후 5분 안에 한 소년의 경련 및 고열이 치유된 사례도 언급한다).

519 Wacker, "Searching,"151. 이런 지도자들 대다수의 유별난 대담함도 언급한다.

아주사 스트리트의 부흥에 의해 직접적으로 영향을 받은 저명한 초기 전도자 중 한 명이었다. 그의 사역은 죽어가던 몇몇 친척의 치유로 시작된 것으로 알려져 있으며[520] 궁극적으로 수천 명을 치유했다고 주장되는데[521] 그의 사역을 통한 치유는 북아메리카에서뿐만 아니라 남부 아프리카에서도 발생했다.[522] 예컨대 그의 전기 저자는 듣지도 못하고 말하지도 못하는 소년이 치유되었는데 그가 "처음으로 자기 주위에서 나는 소리에 당황했다"고 보고한다.[523] 좀 더 극적인 치유 주장 사례로는 자궁절제 수술을 받고 나서 엄

---

520 Lindsay, *Lake*, 10-14. 치유에 대한 그의 소명에 관해서는 Lake, *Sermons*, 5-9을 보라.

521 Zeigler, "Lake." 참조. Lake, *Sermons*; Lindsay, *Lake*, 26, 31. 몇몇은 그의 태평양 북서부 사역 기간 중 많게는 1만 명까지 치유된 것으로 추정하지만(Lindsay, *Lake*, 53), 다른 사람들은 "과장"되었다고 생각한다(Kalu, *African Pentecostalism*, 55에서 언급되었다). Lake에 관해서는 Baer, "Bodies," 263-68도 보라.

522 그는 5년 동안 남아프리카공화국에서 사역한 것으로도 알려졌다(예컨대 Lake, *Sermons*, 12-13; Maxwell, *African Gifts*, 40; Clark, "Challenge," 81; Anderson, "Signs," 200-1, 206; McGee, *Miracles*, 164, 292 각주 156. 특히 Kalu, *African Pentecostalism*, 55-59은 그의 모든 인종에 대한 사역을 강조한 것과 유감스럽게도 그곳의 인종차별에 기여한 것을 모두 지적한다. 다른 몇몇은 그가 인종차별에 기여했다는 것을 의심한다. 예컨대 Clark, "Apostolic Faith Mission," 44; Alexander, *Fire*, 125). 그가 설립을 도와준 교회들의 교인 수는 현재 약 5백만 명에 이른다고 전해진다. 그의 동료인 William T. Dugan을 통해 남아프리카공화국에서 수천 명이 전염병에서 치유되었다고 한다(Lindsay, *Lake*, 37). 또 다른 조력자도 많은 치유 사역을 했지만, 오류에 빠졌고 불신당했다(Lindsay, *Lake*, 49-50). 그의 운동의 토착적인 성격과 더불어 그것이 시온주의에 끼친 영향에 관해서는 예컨대 Hinchliff, "Africa," 479을 참조하라. 훗날 AFM의 지도자가 된 Pieter le Roux의 사역에 관해서는 Le Roux, "Le Roux," 53-60을 보라. 이 운동의 원래의 비인종차별주의가 후에 인종차별적으로 바뀐 데 관해서는 45-46, 58-60을 보라. 그가 남아프리카공화국 시온주의 교회들에 미친 영향에 관해서는 61과 Moodley, *Shembe*, 72-73을 보라. (다른 몇몇 사람들과 달리) Le Roux가 부분적으로는 "인종적 선호"로 인해 시온주의를 떠나 오순절파가 되었다고 생각하는 사람들은 그가 초기 시온주의에 끼친 영향도 언급한다(예컨대 Lang'at, "Experience," 99-100).

523 Lindsay, *Lake*, 27-28. 1921년 다른 사역과 관련해 발생한 부분적인 언어 장애 치유는 치유된 본인조차 놀라게 했는데 이에 관해서는 "Revival in London," 15을 보

마가 된 여성[524]과 잘못 형성된 두개골이 정상으로 돌아온 소년[525]의 경우가
있다.

초기 오순절파의 또 다른 치유 사역자로는 찰스 S. 프라이스가 있는데,
그는 옥스퍼드 대학교에서 법학 학위를 받았으며 에이미 셈플 맥퍼슨의 사
역을 통해 오순절파로 전향하기 전에는 "현대주의" 설교자였다.[526] 프라이
스는 다음과 같은 많은 치유를 보고했다. 손상된 남자아이의 무릎,[527] 어떤
여성의 척추 부위 만곡이 완전히 치유되어 커다란 등 받침대에서 풀려남,[528]
또 다른 척추 회복,[529] 그리고 그의 집회에서 즉흥적으로 발생한 치료들.[530]
프라이스에게 영향을 받은 훗날의 지도자는 프라이스의 기도를 통해 자기
누이가 극적으로 치유되었다고 보고했다[531](나는 14장에서 다른 곳과 연결된 프
라이스의 집회 중 하나에 대해 언급할 것이다).

20세기 초 많은 치유 주장을 제출한 또 다른 치유 전도자로는 마리아
우드워스 에터가 있는데 그녀는 성결 운동에 몸담았다가 훗날 초기 오순절

라.

524 Lindsay, *Lake*, 56.
525 Ibid., 57. 비즈니스 개선국(Better Business Bureau)이 치료 주장들을 조사하고 깊
     은 인상을 받았다고 한다(53-58. 실명을 밝힌다).
526 Blumhofer, *Sister*, 175-76; Opp, *Lord for Body*, 155; Baer, "Bodies," 301-2. 그의
     자서전(*Signs Followed*)을 보라. 그 책에는 빅토리아에서 일어난 치유(예컨대 60)
     등이 수록되어 있다. 오순절파 신자들은 그를 "성령 세례를 받은 회중 교회 사역
     자"로 묘사했다("Healings at Victoria," 9).
527 Opp, *Lord for Body*, 193. 의사가 그 소년에게 6주에서 8주 정도 학교에 가지 못할
     것이라고 말했는데 기름을 바른 후 "통증과 부기가 사라졌다." 194에 수록된 그 소
     년의 1929년 사진을 보라.
528 Ibid., 193. 194에는 1926년에 촬영한, 자기가 사용하던 등 받침대를 들고 있는 여
     성의 사진이 수록되었다.
529 Ibid., 157.
530 Ibid., 158-59.
531 Tallman, *Shakarian*, 101.

운동에 가담했다.[532] 그녀의 일기에 기록된 많은 치유 주장 중 몇 가지 예를 들자면, 그녀는 관절염으로 장애를 입어 4년 동안 걷지 못하고 자기 머리를 빗거나 팔을 들 수 없었던 여성이 자신의 집회에서 시각 장애자, 청각 장애자, 마비 환자 등과 더불어 치유되었다는 어느 목사의 관찰을 기록한다.[533] 마찬가지로 갈비뼈 세 개가 부러진 남성은 그녀가 옆구리를 만지자 고통으로 움찔했으나 기도를 받자마자 그의 갈비뼈들이 붙었고 "그는 손으로 그 갈비뼈들을 두드릴 수 있었다." 오클라호마 출신의 어느 촉타우 인디언은 30년 동안 "발의 고름"으로 고생했다. 우드워스 에터의 일기는 통증이 즉각적으로 사라졌고 그녀의 발이 이제 치유되고 있다고 주장한다.[534] F. F. 보스워스는 열다섯 살 난 에머트 마틴이 한 살 때부터 한쪽 팔이 마비되었고 다른 한쪽 팔은 현재 사고로 팔걸이 붕대를 하고 있었다고 증언했다. 기도 후 양쪽 팔 모두 치유되었고 붕대가 제거되자 그는 박수를 쳤으며 다음 날 저녁 집회에 다시 와서 증언했다.[535] 댈러스에서 열린 그녀의 집회에 참석한 어느 작가는 수백 명이 치유되었다고 보고했다. "시각 장애인이 보았고, 청각 장애인이 보았고, 말하지 못하던 사람이 말을 했고, 부러진 팔다리가 회

---

532 Warner, *Evangelist*, 여러 곳을 보라. 그는 Woodworth-Etter의 저술, 그녀의 집회에 관한 신문 보도, 그녀를 아는 사람들 및 종종 그녀의 사역으로 치유된 사람들의 자녀와의 인터뷰 같은 자료로부터 수집한 치유 주장을 정리한다. 간략한 조사는 다음 문헌들을 보라. Pope-Levison, *Pulpit*, 97-109; Baer, "Bodies," 203-12; Brown, "Woodworth-Etter"; Hardesty, *Faith Cure*, 122-23. 중국내륙선교회 선교사인 케임브리지 7인(중국내륙 선교사가 되기로 결심한 케임브리지 대학교 학생 6명과 영국 왕립 군사 아카데미 생도 1명—역자 주)에 속하는 Stanley Smith는 그녀의 사역을 확인했다. Woodworth-Etter, *Diary*의 서문을 보라.

533 Woodworth-Etter, *Diary*, 159; idem, *Miracles*, 117-18(출처: 텍사스주 댈러스에 거주하는 F. F. Bosworth의 서신, Aug. 11, 1912).

534 Woodworth-Etter, *Diary*, 161; idem, Miracles, 119. 몇몇 추가적인 예는 *Miracles*, 123-27을 보라. 이 사례들은 1913년 4월 21일에 보고되었다.

535 Woodworth-Etter, *Diary*, 159(출처: Bosworth의 서신, Aug. 11, 1912).

복되었고" 다양한 질병이 치유되었다.[536]

그녀의 모든 치유 주장이 성공적인 것은 아니었다.[537] 그러나 다른 치유들은 좀 더 오랫동안 지속된 것으로 보인다. 예컨대 어떤 의사는 몇몇 환자가 그녀의 집회에서 설명할 수 없게 치유된 것을 보고 깜짝 놀랐다고 전해졌다. 그 의사는 신문에 그 치유들을 확인해주었고, 자신이 집회에 와서 개종했으며, 그의 고질적인 기관지 상태가 치유되었다.[538] 루이스 로머라는 소년이 즉각적이고 영구적으로 무도병으로부터 치유되었다는 목격자 주장이 있는데, 여러 해가 지난 후 로머 자신이 이 치유에 관해서 독립적으로 확인했다.[539] 결핵으로 폐에서 피가 나며 죽어가고 있다고 알려졌던 벤저민 덴턴은 1917년 즉각적이고 영구적으로 치유되었다(이 증언도 여러 해 뒤 한 연구자를 통해 확인되었다).[540] 그녀와 관련해서는 위에 언급되지 않은 다른 치유 보고들도 있다.[541]

---

536 Frodsham, "Victories." 다른 오순절파 간행물들도 사람들이 그녀의 집회에서 치유를 목격했다고 보도했다(예컨대 Reiff, "Los Angeles Campmeeting").

537 Anderson, *Vision*, 94. 그는 그녀가 "자기 남편이 1년 뒤 결핵으로 사망한 뒤인" 1913년에도 "자기 남편의 결핵이 치유되었었다"고 계속 주장한다며 불평한다. 아마도 그녀는 일시적인 완화도 유익하다고 보았을 것이다. 다른 사람들 역시 병이 재발했음에도 불구하고 계속 치유를 주장했다(Reyes, "Framework," 89).

538 Warner, *Evangelist*, 160-61. 그는 *The Moline Daily Dispatch*, Nov. 28, 1902을 인용하며, 훗날 다른 자료들에서 좀 더 자세한 내용을 인용한다.

539 Ibid., 180-81. 그는 치유되었으며 그 책이 쓰일 당시 80세였다. 그는 1981년 7월 20일에 자신의 증언을 써서 그 책의 저자에게 보냈다.

540 Ibid., 181. 그 증언의 출처는 그의 가족 및 1978년 그 책의 저자에게 보낸 편지다.

541 Ibid. 그는 자기가 이 대목에서 "오순절 운동의 초기에 Maria의 집회를 통해 치유를 받았다고 보고된 수백 명 중 세 명의 사례만" 수록한다고 지적했다. 비록 그녀는 집회에서 사람들이 성령께 감정적으로 압도되어 "몰아지경"에 빠지거나 기절한다고 비판을 받았지만(Baer, "Bodies," 205), John Wesley 사역 같은 다른 부흥 집회에서도 유사한 현상이 나타났다(Cracknell and White, *Introduction*, 17). 다음과 같은 곳에서도 마찬가지였다. 미국의 초기 감리교(Wigger, *Saint*, 78, 80-81, 301-2, 307, 310, 320, 322, 327, 360); 케인 리지에서 일어난 장로교, 침례교, 감

저명한 다른 오순절파 사역자들이 다수의 공개적인 치유를 보고했다.[542] 영국의 전도자 스미스 위글스워스는 많은 치유 기적으로 알려진 유명한 치유 전도자 중 한 명이었다.[543] 위글스워스는 유의미한 치유 사역을 하기 전에 자신이 너무 많이 진전된 맹장염으로 죽을 뻔했다. 의사는 수술하기에 너무 늦었다고 생각했지만, 그는 의학적인 개입 없이 즉각적으로 치유되었다. 당시 배관공이었던 그는 치유된 뒤 배관 일을 했다.[544] 위글스워스는 치유보다 구원을 강조했지만[545] 그의 사역에서 많은 치유가 일어났

리교의 부흥(1801; Sweeney, *Story*, 72; Prather, *Miracles*, 27-28); 아마도 전통적으로 [그런 현상과] 관련이 없는 북스코틀랜드 헤브리스 제도의 매우 엄격한 칼뱅주의 장로교 신자들 사이에 일어난 부흥(1939, 1949-52; Peckham, *Sounds*, 104-5, 120, 183, 239-40); 1859-60년 스코틀랜드 부흥(Bebbington, "Clash," 78-79); 1904-5년 웨일스 부흥(Davies, "Roberts," 123). 그런 현상은 오늘날 다양한 부흥에서도 나타난다(예컨대 Marostica, "Learning," 215-16. 215에 불신자 한 명이 신비 현상과 연결된 데서 해방되면서 여섯 시간 동안 무의식 상태에 빠져 있었던 사례가 수록되어 있다). Pytches, *Come*, 147-48은 아빌라의 성녀 테레사의 몰아지경을 논의하고 웨일스의 부흥(1762-1905) 등에서 몰아지경에 빠진 것을 언급한다.

542 *Pulpit*, 206에 수록된 미국 시나이산 성결 교회(Mount Sinai Holy Church of America)의 Ida Robinson 감독과 관련된 간략한 보고(아쉽게도 세부 사항은 없다)를 참조하라.

543 Warner, "Wigglesworth"; Baer, "Bodies," 268-72; Frodsham, *Apostle*; Liardon, *Wigglesworth*; Gardner, *Healing Miracles*, 98-101; Stormont, *Wigglesworth*, 99-111에 수록된 어떤 친구의 예; Wigglesworth, *Anointing*, 66에 수록된 한 관찰자의 보고. Wigglesworth는 치유를 하나님께 돌렸는데 종종 믿음에도 돌렸다(Reyes, "Framework," 85). 그는 때때로 주께서 자기로 하여금 어떤 사람이 치유되도록 기도하게끔 인도하지 않는다고 느꼈다(Stormont, *Wigglesworth*, 111). 그러나 믿음을 통한 치유에 관한 그의 초기 주장은 McGee, *Miracles*, 183, 189을 보라. 영국의 오순절파 일반에 관해서는 Kay, *Pentecostals*를 보라.

544 예컨대 Liardon, *Wigglesworth*, 4-5을 보라. Shearer, "Believe," 6은 그의 모친이 19년 전 "고질적인 맹장염"으로 수술을 예약해 뒀는데, 치유되라는 명령을 받고 나서 나은 뒤 맹장염이 재발하지 않았다고 보고한다. 최초의 진단이 정확했든 그렇지 않았든 간에 그녀는 뭔가 심각한 상태로부터 회복되었다.

545 Andrews, "Healings"는 그가 호주에서 열린 집회 때 한 말을 인용한다.

다.[546] 좀 더 최근의 영국 성공회 저자는 위글스워스의 사역으로 14명이 살아났다고 언급한다.[547] 당대의 문서 외에 렉스 가드너 박사는 훗날 위글스워스의 부모로부터 그의 사역에서 발생한 몇 건의 치유에 관해 들었던 의사의 증언을 인용하는데, 그 의사는 전에도 그런 이례적인 주장들을 확인한 적이 있었다.[548]

북아메리카에서는 (위에서 언급된) F. F. 보스워스가 많은 치유를 보고했다. 예컨대 존 스프라울이 겨자탄의 여파로 고생하고 있었는데 보스워스가 기도하자 치유되었다. "장애 연금"을 받던 스프라울은 철도 업무에 복귀했다.[549] 피츠버그에 거주하는 J. B. 롱 여사는 (주소를 기재한) 서면으로 자기가 5년 동안의 완전한 청각 장애로부터 즉각적으로 완전히 치유되었고 (몇 년 동안 고생하던) 무릎 부상으로부터 치유되어 이제 들을 수 있고 뛸 수 있다고 증언했다.[550] 사팔뜨기이고 심각한 시력 문제가 있던 에디스 와트 라우 여사가 치유되었다.[551] 앨리스 베이커는 암이 치유되었고[552] 그녀의 위쪽 입술에서 떨어져 나갔던 피부가 하룻밤 사이에 회복되었다.[553] 토론토에 거주

---

546 예컨대 몇 년 동안 또는 전혀 걷지 못했던 사람들이 이제 걸을 수 있게 되었다 (ibid.; "Healings in Australia," 28; "Remarkable Healings in Australia"). 몇몇 청각 장애인들은 듣기 시작해서 흥분했다("Healings in Australia," 28).

547 Pytches, "Anglican," 194. Wigglesworth는 자신의 순종에 대한 최대의 시험은 자기가 조금 전에 사망한 자기 아내를 되살리려고 했으나 하나님이 그에게 그것을 중단하라고 말씀하셨을 때라고 주장했다(Stormont, *Wigglesworth*, 112).

548 Gardner, *Healing Miracles*, 98.

549 Opp, *Lord for Body*, 161.

550 Bosworth, *Healer*, 214-16. 214-15에서 그녀가 치유된 후 결코 증상이 재발하지 않았다고 언급한다. 216에서는 그녀를 아는 다른 사람도 이를 확인해주었다. 213-40에 많은 치유 증언이 수록되었다.

551 Ibid., 221-23. 그녀는 치유 1년 후 증언과 주소를 제공했다.

552 Ibid., 223-28. 228-29에는 자신의 이름과 주소를 밝힌 또 다른 사람의 확인이 수록되었다.

553 Ibid., 225. 다른 증인도 이를 언급했는데(228-29, 악취의 중단을 언급한다) 그는

하는 R. 닉스 여사는 부분적인 다리 마비와 거의 실명에 가까운 시각 장애 그리고 심장병과 당뇨가 치유되었다고 주장했다.[554] 펜실베이니아주 이스턴에 거주하는 에드워드 밴더 여사는 자기의 위암과 그 암의 장기적인 영향의 치유가 매우 극적이어서 그녀의 가까운 친인척 20명 모두 개종했다고 증언했다.[555] 3년 동안 말을 하지 못하던 한 여성이 갑자기 치유되었다.[556] 다른 사람들은 즉각적이거나 거의 즉각적인 자신의 암 치유를 문서로 증언했다.[557] 한 살 때부터 소아마비에 걸려 다리가 기형이 된 열세 살 소년이 즉각적으로 치유된 지 3일 후 롤러스케이트를 타는 법을 배우고 나서 "나는 이스턴에서 가장 행복한 아이에요"라고 선언했다[558](나는 보스워스를 오순절파에 속하는 것으로 취급했지만 그는 궁극적으로 방언의 보편적 필요성에 관해 당대의 오순절파와 견해를 달리해서 기독교선교동맹[Christian and Missionary Alliance]에 가입했다[559]).

역시 북아메리카에서 매우 보편적이지만 때때로 논란이 되는 에이미 셈플 맥퍼슨은 그녀의 부러진 발목 치유로 보고된 사례에서 극적인 치유를

의사가 놀랐다고도 언급했다(229).

554 Ibid., 232-34.
555 Ibid., 234-35.
556 Ibid., 238-39.
557 Ibid., 229-32, 239-40에 수록된 여러 건.
558 Ibid., 237-38. Bosworth에 관해 좀 더 비판적인 견해는 Baer, "Bodies" 290-94을 보라.
559 Menzies, *Anointed*, 129-30. Bosworth의 반대에 관해서는 Opp, *Lord for Body*, 152도 보라. 선도적인 몇몇 초기 오순절파 인사들은 성령 세례에 언제나 방언이 수반된다는, 오순절파의 새로 등장하고 있던 공식적인 입장에 반대했다. 다음 문헌들을 보라. Robeck, "Seymour," 81-89; McGee, "Hermeneutics," 108-10; Wacker, *Heaven Below*, 41; Williams, "Acts," 219(Seymour). 참조. Robeck, *Mission*, 178; Jacobsen, *Thinking in Spirit*, 10; Kalu, *African Pentecostalism*, 20(Abrams에 관해). Seymour는 성령 세례에 방언이 포함된다는 것을 부인했다기보다 방언의 역할을 경시했을 수도 있다(Jacobsen, *Thinking in Spirit*, 78).

경험했다.[560] 그러나 이듬해 그녀와 그녀의 남편은 심각한 말라리아에 걸렸으며 그녀의 남편은 치유되지 못하고 사망했다.[561] 궁극적으로 에이미의 신앙은 이 타격으로부터 회복되었고, 그녀는 자신의 집회에서 큰 성공을 거두었다.[562] 현존하는 어느 집회 보고는 많은 치유를 언급하는데, 목발이 없이는 걷지 못했던 소년이 걷기 시작했는가 하면 8개월간 다리가 마비되었던 여성이 걸었다. 듣거나 말하지 못하는 사람이 치유되었다고 주장했고, 걷지 못하던 여성이 걸을 수 있고 (예기치 않게) 부분적인 청각 장애가 치료되었음을 발견했다.[563] 1920년대 초 에이미의 댈러스 집회에 10만 명이 넘는 인원이 참석한 것으로 전해지며, 그녀가 치유보다는 구원을 강조했음에도 불구하고 환자들과 언론은 계속 환자들을 위한 그녀의 기도에 초점을 맞췄다.[564] 오하이오주 동북부 출신인 나는 자기 가족이 그녀의 오하이오주

---

560 Samuel Herrington은 1909년 10월 18일 그녀의 발목이 영구적으로 부러졌으며 그녀가 5주 동안 걸으면 안 된다고 경고했다. 다음 날 저녁 그녀는 William Durham의 기도에 대한 응답으로 자기가 치유되었다고 믿고서 깁스를 풀고 즉각적으로 걸었다(Blumhofer, *Sister*, 83. 이에 관해 간략하게 언급하는 Menzies, *Anointed*, 65을 참조하라). McPherson에 관한 추가적인 내용은 다음 문헌들을 보라. Blumhofer, *Sister*; Pope-Levison, *Pulpit*, 187-203; Ray, "McPherson"; Baer, "Bodies," 295-301. 멕시코계 미국인들에 대한 그녀의 온정주의적인 태도 (그것이 당시에는 진보적이었을 수도 있다)에 관해서는 Espinosa, "Healing in Borderlands," 136-37을 보라(누구의 이야기를 들어도 후기의 McPherson은 잘 통제되었던 것으로 보인다).

561 Blumhofer, *Sister*, 91-92.

562 예컨대 다음 문헌들을 보라. Ibid., 83, 160-61, 171-74, 213; McGee, *People of Spirit*, 149-50; Oursler, *Power*, 215.

563 "Healing from Side." 그 소년의 어머니는 그 아이가 두 살 때 "소아마비에 걸린" 때부터 걷지 못했다고 말했다. Aimee의 집회에 관한 1919-22년 신문 보도를 조사한 어느 연구원은 그 기록은 많은 사람이 심각한 상태에서 치유되었음을 예기치 않게, 그러나 압도적으로 확인한다고 지적한다(Epstein, *Aimee*, 111, 185. McGee, *Miracles*, 183, 300에 인용된 내용. 참조. Prather, *Miracles*, 92-93).

564 Blumhofer, "McPherson," 266.

캔턴 지부를 통해 큰 영향을 받은 사람들(오순절파 및 비은사주의자)[565]로부터 구두로 그녀에 관해 들었다. 이 집회들에서 나온 치유 주장으로는 마비되었던 세 살 여자아이가 걷기 시작한 사례와[566] 사우스 캔턴에 사는 J. A. 헨슨의 청각 장애가 치유된 사례[567] 등이 있다. 위치토 같은 다른 지역 신문의 머리기사들은 그녀의 "기도가 갑상선종을 녹였다"고 선언했다(그 기사는 그녀가 그곳에서 개최한 집회에서 청각 장애인이 듣고 다리를 저는 사람이 정상적으로 걸었다고도 보도한다).[568] 종전의 많은 전도자는 "치유의 집"들을 사용했지만 맥퍼슨 같은 전도자들은 대규모 집회를 선호했다.[569] 이 접근법은 궁극적으로 좀 더 가시적인 방법이 되었다. 1950년대 대다수 치유 부흥주의자는 대규모 집회를 채택했다.[570]

오럴 로버츠는 오늘날 학자들이 종종 연구하고 있는[571] 20세기 중반 오

---

565 자기의 부모가 그 집회에서 회심한 비은사주의자 선교사와 그 집회를 통해 설립된 오순절 교회 교인들. 또한 그 조직을 통해 오순절파가 된 내 교수의 가족(Klaus, "Foreword," xii에서 Gary McGee에 관해 언급했다. McGee는 *Miracles*, 182에서 그 집회에 관해 언급한다).

566 "Healing Service."

567 "Deaf Rear."

568 Blumhofer, *Sister*, 213.

569 Synan, "Healer," 201. 구세군과 Billy Sunday 등 당대의 광고 스타일을 창의적으로 채용한 McPherson은 신앙 치유를 기존의 전도 방법 목록에 추가한, 새로운 스타일의 복음 전도에서 선도적인 인물이었다(참조. Opp, *Lord for Body*, 148-50).

570 치유 부흥주의자에 대한 학문적 분석은 Harrell, *Possible*, 특히 53-116(1947-58년에 관한 분석)을 보라. 좀 더 대중적인 차원에서는 서면 자료뿐만 아니라 인터뷰에도 의존한 Liardon, *Generals*를 보라. Stewart, *Only Believe*, 여러 곳에 수록된 목격자 보고도 보라. 그의 신학이 치유 은사에 부여된 갈채에 훨씬 못 미치는 Branham에 관해서는 예컨대 Kydd, *Healing*, 168-80을 보라. 비판은 예컨대 Spraggett, *Kuhlman*, 22-26을 보라. Allen, *Price*나 Coe, *Coe* 같이 직접 그 운동 내부에서 나온 저술도 보라.

571 Harrell, *Possible*(1975)은 독창적이며 자주 인용되는 연구다. Roberts에 대한 비판은 Oates, "Roberts"를 보라.

순절파 전도자로서 오늘날까지 널리 알려진 사람 중 한 명인데 그는 나중에 감리교 신자가 되었다. 로버츠는 자기가 거의 회복될 가망이 없는 결핵에서 치유되었다고 주장하며[572] 자기의 집회에서 많은 사람이 치유되었다고 주장했다. 어떤 기자가 이런 치유 주장을 많이 인터뷰했는데 그는 극적인 많은 이야기를 접했다. 예컨대 1948년 테네시주 그린빌에 거주하는 도일 윌스는 결핵으로 죽어가고 있었다. 28개월간 병상에 누워있던 그는 이제 "거의 지속적으로 출혈하고" 있었고 의사들은 희망을 포기했다. 그는 자기가 치유 집회에서 걸으라는 명령을 받고 즉각적으로 치유되어 건강해졌으며 엑스레이가 그의 회복을 확인해주었다고 주장한다.[573] 그는 고된 육체노동에 복귀했다.[574] 말기 심부전증으로 고생하던 사람 역시 치유되어 10년 후에도 고된 육체노동을 계속했다.[575] 로버츠 자신의 추산에 의하더라도 소수(약 10%)만 치유되었다.[576] 그는 하나님이 치유자이고 자신은 단지 "접촉점"에 지나지 않음도 인정한다.[577] 하지만 이런 보고 중 몇몇은 우리의 전형적인 자연주의적 기대와 다르다.

주류 복음주의의 대다수가 한때는 치유에 개방적이었으나 20세기 초 당대의 치유 운동에서 과도하다고 인식된 상황에 부정적으로 반응했다.[578] 하지만 1960년대와 1970년대 이후 많은 사람이 그 전의 반응 자체가 과도했다고 생각했다. 레너드 스위트는 하나님이 언제나 치료하시는 것은 아니

---

572 Oursler, *Power*, 187.
573 Ibid., 181.
574 Ibid., 182.
575 Ibid., 182-83.
576 Stewart, *Only Believe*, 58.
577 Oursler, *Power*, 186.
578 예컨대 Spurgeon은 은사중지론을 비판했으나 훗날 Barr, Leonard, Parsons, and Weaver, *Acts*, 106-7에서 침례교도들은 오순절파에 반대했다. Baer, "Bodies," 312-24에 수록된 좀 더 긍정적인 사례를 참조하라.

지만 때때로 치료하신다는 것을 인정하는 새로운 중심세력이 등장하고 있는 것 같다고 지적한다.[579] 놀랍게도 초기 오순절파의 종교적 치유에 관한 관심과 종교 심리학에 관한 초기 연구는 종교적 요인이 건강에 미치는 영향에 대한 당대의 과학적 관심과 수렴했다.[580] 완전한 합의가 이뤄지지 않을 수도 있지만 우리는 많은 사람이 치유를 믿는다는 사실이나 많은 사람이 치유를 경험했다고 주장한다는 사실을 부인할 수 없다.

4. 이번 장의 결론

오늘날 제3세계뿐만 아니라 서구를 포함한 기독교 역사는 초자연적 주장으로 가득 차 있다. 기적 주장을 인정하거나 탐구하는 데 반대하는 현대 서구의 편견은 서구의 역사에서조차 그런 주장에 대한 근거가 전혀 없다는 데 기초한 것이 아니라, 그런 주장은 고려 대상에서 제외되어야 한다는 선험적인 주장에 기초한다. 그러나 그런 주장이 이전의 역사나 비서구의 문화에만 속하는 것은 아니다. 오늘날 서구에서의 주장을 포함한 많은 사례가 제시될 수 있다.

---

579 Sweet, *Health*, 158.
580 Eames, "History," 82. 본서 13장에 수록된 종교와 건강에 관한 논의를 보라.

오늘날에도 기적이 일어날 수 있는가? ㉦

신약성서의 기적은 믿을만한가?

Copyright ⓒ 새물결플러스 **2022**

1쇄 발행 2022년 6월 27일

지은이 크레이그 S. 키너
옮긴이 노동래
펴낸이 김요한
펴낸곳 새물결플러스

편 집 왕희광 정인철 노재현 정혜인 이형일 나유영 노동래
디자인 박인미 황진주
마케팅 박성민 이원혁
총 무 김명화 이성순
영 상 최정호 곽상원
아카데미 차상희

홈페이지 www.holywaveplus.com
이메일 hwpbooks@hwpbooks.com
출판등록 2008년 8월 21일 제2008-24호
주 소 (우) 04118 서울시 마포구 마포대로19길 33
전 화 02) 2652-3161
팩 스 02) 2652-3191

ISBN 979-11-6129-222-9 94230
SET 979-11-6129-002-7 94230

책값은 뒤표지에 있습니다.